Die Rechtsprechung und Praxis
vertraglicher Menschenrechtsschutzorgane
zum humanitären Völkerrecht unter
besonderer Berücksichtigung
der Rechte auf Leben und Freiheit

Europäische Hochschulschriften Recht

European University Studies in Law

Publications Universitaires Européennes de Droit

Band/Volume **6226**

Patrizia Wolf

Die Rechtsprechung und Praxis vertraglicher Menschenrechtsschutzorgane zum humanitären Völkerrecht unter besonderer Berücksichtigung der Rechte auf Leben und Freiheit

PETER LANG

Bibliografische Information der Deutschen Nationalbibliothek
Die Deutsche Nationalbibliothek verzeichnet diese Publikation in der Deutschen Nationalbibliografie; detaillierte bibliografische Daten sind im Internet über http://dnb.d-nb.de abrufbar.

Zugl.: München, Univ., Diss., 2020

D19
ISSN 0531-7312
ISBN 978-3-631-83624-8 (Print)
E-ISBN 978-3-631-84473-1 (E-PDF)
E-ISBN 978-3-631-84474-8 (EPUB)
E-ISBN 978-3-631-84475-5 (MOBI)
DOI 10.3726/b17944

Peter Lang – Berlin · Bern · Bruxelles · New York · Oxford · Warszawa · Wien

Diese Publikation wurde begutachtet.

www.peterlang.com

Für meine Mutter

Vorwort

Diese Dissertation ist berufsbegleitend in den Jahren 2012–2019 an der juristischen Fakultät der Ludwig-Maximilians-Universität München entstanden. Sie berücksichtigt die Rechtsprechung bis einschließlich Januar 2019.

Auf das für mich auch nach all diesen Jahren noch faszinierende Thema des Verhältnisses von Menschenrechten und humanitären Völkerrecht bin ich auf Anregung meines Doktorvaters Herrn Prof. Dr. Walter gestoßen, wofür ich mich sehr herzlich bedanken möchte. Ein Dissertationsthema wird gleichsam zu einem Lebensabschnittspartner, was ein gutes Auge für eine geeignete Konstellation umso wichtiger macht. Natürlich war die Beziehung nicht immer einfach – nicht zuletzt konnten auch sachlich-nüchterne Sachverhalte in den zu analysierenden Gerichtsentscheidungen nicht darüber hinweg täuschen, welche Abgründe sich im Krieg auftun –, jedoch immer herausfordernd und nicht zuletzt mit Blick auf die Perspektiven, die das Menschenrecht bietet, auch nicht ohne Hoffnung.

Darüber hinaus möchte ich Herrn Prof. Dr. Walter selbstverständlich auch für die gute Betreuung und Anregungen, die stets offen Türe und die Geduld, die eine berufsbegleitende Promotion erfordert, danken. Mein Dank gilt zudem Herrn Prof. Dr. Streinz für die zügige Erstellung des Zweitgutachtens und die wertvollen Anregungen.

Nicht zuletzt danke ich meiner Familie (meiner Mutter Regina Wolf, meiner Schwester Felicitas Wolf und meinen Brüdern Philip und Laurenz Wolf): Neben dem beständigen Zuspruch und den stets offenen Ohren hat jeder von euch auf seine Weise direkt zum Gelingen des Unterfangens beigetragen. Hinweise für Vorworte und Danksagungen geben zu bedenken, dass man nichts schreiben soll, was in 20 Jahren keine Gültigkeit mehr hat. Vor diesem Hintergrund an dieser Stelle ausdrücklich: Ihr seid die Besten!

Brüssel, 30. Juli 2020

Inhaltsverzeichnis

Einführung des Untersuchungsgegenstands ... 27

1. Hintergrund des Untersuchungsgegenstands ... 27
2. Auswahl der Menschenrechtsschutzorgane und Bedeutung ihrer Rechtsprechung ... 28
3. Das untersuchte Verhältnis: Recht der Menschenrechte und humanitäres Völkerrecht ... 31
4. Untersuchung der Rechtsprechung bezüglich der hierzu erforderlichen Voraussetzungen ... 34
5. Zwei besondere Rechte: Recht auf Leben und Recht auf Freiheit ... 35
6. Bedeutung des Untersuchungsgegenstands ... 36

Teil I: Extraterritoriale Jurisdiktion: Untersuchung der räumlichen Schnittmengen und Bedeutung kriegstypischer Situationen ... 37

A. Schnittmengen: Anwendungsbereich der Genfer Konventionen und Jurisdiktion der Vertragsstaaten ... 38

I. Anwendungsbereich der Genfer Konventionen gem. Art. 1 ... 38

II. Anwendungsbereich der Menschenrechtsverträge ... 40

1. Vertragsklauseln zum Geltungsbereich („jurisdiction“) ... 41
2. Meinungsstand ... 42

a) Der Begriff der Jurisdiktion im allgemeinen Völkerrecht ... 43

b) Jurisdiktion im Rahmen der Menschenrechtsverträge ... 46

aa) Territorialitätsprinzip ... 46

bb) Territoriales Modell ... 48

cc) Personales Modell ... 49

(1) Ausgestaltung der Beziehung ... 49

(2) Erfasste Sachverhalte ... 51

3. Rechtsprechung der Menschenrechtsorgane: Versuch einer Dogmatik ... 53

a) Materielle Aspekte ... 54

aa) Personales Modell: „state agent authority and control“ ... 54

(1) Tatbestand ... 56

(aa) Akte diplomatischen Personals ... 56

(bb) Einvernehmliche Ausübung von Regierungsfunktionen ... 58

(cc) Ausübung von Gewalt ... 61

α. Allgemeines ... 61

β. Festnahme und Haft ... 62

(2) Rechtsfolge ... 72

(3) Analyse der Rechtsprechung ... 73

(aa) Rechtmäßigkeit des jurisdiktionsbegründenden Handelns? ... 74

(bb) Entscheidend: tatsächliche Kontrolle über Individuen ... 76

(cc) Konkretisierung der tatsächlichen Kontrolle ... 79

(4) Ergebnis ... 80

bb) Territoriales Modell: „effective control over an area“ ... 80

(1) Tatbestand ... 81

(aa) Europäischen Organe ... 81

α. Der Nordzypern-Konflikt ... 81

β. Konflikte mit Russland ... 85

γ. Berg-Karabach-Konflikt ... 88

(bb) Menschenrechtsausschuss ... 91

(cc) Interamerikanisches System ... 94

(2) Rechtsfolge ... 97

(aa) Umfang der Verpflichtung des Vertragsstaats ... 97

(bb) Umfang der Verpflichtung des Territorialstaats ... 98

(3) Ergebnis ... 100

cc) Sonderfälle: Banković und Al-Skeini ... 103

(1) Die Banković-Rechtsprechung ... 104

(aa) Sachverhalt und Entscheidungsgründe ... 104

(bb) Rechtsprechung des EGMR in der Folge ... 108

(cc) Rechtsprechung anderer Organe in vergleichbaren Fällen ... 111

(dd) Analyse ... 113

(2) Al-Skeini ... 115

(aa) Sachverhalt und Entscheidungsgründe ... 115

(bb) Analyse ... 119

α. Aufgabe des Konzepts des „espace juridique“ ... 119

β. Jurisdiktion durch „cause-and-effect“ bei Ausübung von Regierungsfunktionen ... 119

(cc) Rechtsprechung des EGMR in der Folge ... 121

(3) Ergebnis ... 123

ee) Ergebnis ... 125

(1) Interamerikanisches System ... 125

(2) Menschenrechtsausschuss ... 125

(3) Die europäischen Organe ... 125

b) Prozessuale Ansätze ... 129

aa) Das Regel-Ausnahme-Verhältnis ... 129

bb) Rechtsfolgen ... 133

(1) Allgemeines ... 133

(2) Rechtsprechung der Organe ... 135

cc) Ergebnis ... 137

III. Ergebnis 138

B. Auswirkungen der Rechtsprechung der Menschenrechtsschutzorgane zur extraterritorialen Jurisdiktion auf kriegstypische Situationen 138

I. Ingewahrsamnahme und Haft im internationalen bewaffneten Konflikt 139

1. UN-Menschenrechtsausschuss 139

2. Praxis der Interamerikanischen Kommission für Menschenrechte 139

3. Rechtsprechung des Europäischen Gerichtshofs für Menschenrechte 140

II. Kampfhandlungen 141

1. Definition 141

2. Rechtsprechung der Menschenrechtsorgane 143

a) Interamerikanische Kommission für Menschenrechte 143

b) Europäischer Gerichtshof für Menschenrechte 144

3. Stellungnahme 146

III. Ergebnis 147

C. Die Rolle der Besatzung im Rahmen der Rechtsprechung zur Jurisdiktion 148

I. Die Besatzung im humanitären Völkerrecht 148

1. Klassische Besatzung 149

a) Rechtsquellen und ihr Hintergrund 149

b) Kriterien 151

aa) Wortlaut 152

bb) Militärische Präsenz 153

cc) Fehlende Zustimmung 154

dd) Effektive Kontrolle 156

(1) Faktische Kontrolle 156

(2) Gegenstand der Kontrolle 157

(3) Umfang der Kontrolle 159

(aa) Potentielle Kontrolle 159

(bb) Ausübung der Hoheitsgewalt durch sog. „Proxies“ ... 161

ee) Ergebnis ... 166

c) Dauer der Besatzung ... 166

2. Funktionale Besatzung ... 168

a) Problemaufriss ... 168

b) Meinungsstand ... 168

c) Ergebnis ... 171

3. Ergebnis ... 172

II. Die Rolle der Besatzung im Rahmen der Rechtsprechung zur Jurisdiktion ... 173

1. Meinungsstand ... 173

2. Die klassische Besatzung und das territoriale Modell ... 177

a) Keine Besatzung ohne Jurisdiktion ... 177

aa) Humanitärvölkerrechtlicher Hintergrund der Entscheidungen zum territorialen Modell ... 177

(1) Nordzypern ... 178

(2) Transdniestrien ... 179

(3) Berg-Karabach ... 182

(4) Israelisch besetzte Gebiete ... 183

(5) Irak ... 186

(6) Ergebnis ... 192

bb) Die Besatzung in der Rechtsprechung zum territorialen Modell ... 193

(1) UN-Menschenrechtsausschuss ... 193

(2) Interamerikanische Kommission für Menschenrechte ... 194

(3) Europäischer Gerichtshof für Menschenrechte ... 195

(aa) Besatzung als terminus technicus ... 195

(bb) Analyse der Rechtsprechung ... 197

α. Nordzypern ... 197

β. Banković et al v Belgium et al ... 199

γ. Assanidze v Georgia ... 200
δ. Moldawien ... 200
ε. Irak ... 201
ζ. Berg-Karabach ... 204
(cc) Ergebnis ... 205
(3) Gleichklang der Kriterien ... 205
cc) Ergebnis ... 206
b) Jurisdiktion ohne Besatzung ... 207
3. Die funktionale Besatzung und das personale Modell .. 208
4. Ergebnis ... 212
D. Gesamtergebnis ... 212

Teil II: Untersuchung der Rechtsprechung und Praxis der vertraglichen Menschenrechtsschutzorgane zum humanitären Völkerrecht ... 215

A. Das Recht auf Leben ... 216
I. Das Recht auf Leben im Recht der Menschenrechte und im humanitären Völkerrecht ... 217
1. Zusammenschau der verschiedenen Konventionen zum Recht auf Leben ... 217
a) Das Recht auf Leben als Abwehrrecht ... 218
aa) Eingriffe ... 219
(1) Todesstrafe ... 219
(2) Ausübung tödlicher oder lebensgefährdender Gewalt ... 220
bb) Schranken-Schranken ... 220
(1) Legitime Zwecke ... 221
(2) Verhältnismäßigkeit ... 222
(3) Das sog. „law enforcement model“ ... 223
cc) Beweislastverschiebungen ... 224
b) Das Recht auf Leben als Schutzrecht ... 227
aa) Grundsätzliches ... 227
bb) Untersuchungspflicht ... 229

cc) Inhaltliche Anforderungen an die Untersuchung ... 232
c) Derogation ... 234
2. Der Einsatz von tödlicher Gewalt im humanitären Völkerrecht ... 235
a) Kriegshandlungen ... 237
aa) Legitimes Angriffsziel ... 237
(1) Personen ... 239
(aa) Kombattanten ... 239
(bb) Zivilisten ... 240
(cc) Der unmittelbar an Feindseligkeiten teilnehmende Zivilist ... 241
(dd) „Kombattanten" auch im nicht-internationalen bewaffneten Konflikt? ... 244
(2) Objekte ... 245
bb) Prinzip der Verhältnismäßigkeit ... 248
cc) Vorsichtsmaßnahmen ... 249
b) Humanitärvölkerrechtliche Untersuchungspflichten ... 250
3. Schnittmengen ... 250
a) Einsatz tödlicher Gewalt ... 251
aa) Vergleich der Rechtsmaterien ... 251
bb) Schnittmengen ... 252
(1) Menschenrechtliche Wertungen im humanitären Völkerrecht ... 252
(2) Humanitärvölkerrechtliche Wertungen im Recht der Menschenrechte ... 254
b) Menschenrechtlicher Einfluss im Nachgang zum Einsatz tödlicher Gewalt ... 255
4. Ergebnis ... 256

II. Die Rechtsprechung und Praxis der Menschenrechtsschutzorgane zum humanitären Völkerrecht im Rahmen des Rechts auf Leben 257
1. Europäischer Gerichtshof für Menschenrechte 257
a) Das Recht auf Leben im bewaffneten Konflikt: materiell-rechtliche Aspekte 257
aa) Die Legitimität des Einsatzes von tödlicher Gewalt im bewaffneten internen Konflikt 258
(1) Entscheidungen im Rahmen des Konflikts zwischen Türkei und PKK 258
(2) Die Tschetschenien-Fälle 261
(3) Ergebnis 263
bb) Das Prinzip der Unterscheidung 265
(1) Kein Recht auf Leben des „Kombattanten" . 265
(2) Stattdessen: Prinzip der Unterscheidung 268
(aa) Internationaler bewaffneter Konflikt .. 268
(bb) Interner bewaffneter Konflikt 273
cc) Die Erforderlichkeit von Vorsichtsmaßnahmen 277
dd) Der bewaffnete Konflikt und Begründung von Schutzpflichten 279
b) Das Recht auf Leben im bewaffneten Konflikt: prozedurale Aspekte 280
aa) Beweislastverschiebungen und ihre Rechtsfolgen 281
bb) Untersuchungspflicht 284
(1) Interner bewaffneter Konflikt 285
(aa) Vermisstenfälle 285
(bb) Todesfälle 286
(2) Internationaler bewaffneter Konflikt 288
(aa) Vermisstenfälle 288
(bb) Todesfälle 289
cc) Ergebnis 292

c) Ergebnis ... 293
2. Interamerikanische Menschenrechtsorgane ... 294
a) Die Interamerikanische Kommission für Menschenrechte ... 294
aa) Absolutes Verbot der „summary execution“ ... 294
bb) Anwendung des humanitären Völkerrechts allein ... 295
(1) Prinzip der militärischen Notwendigkeit und Prinzip der Menschlichkeit ... 297
(2) Prinzip der Unterscheidung ... 298
(aa) Kombattanten auch im nicht-internationalen bewaffneten Konflikt? ... 300
(bb) Direkte Teilnahme an Feindseligkeiten durch Zivilisten ... 303
α. Direkte Teilnahme ... 303
β. Rechtsfolge: „Unlawful combatants“? ... 305
(3) Prinzip der Ergreifung von Vorsichtsmaßnahmen ... 307
(4) Prinzip der Verhältnismäßigkeit ... 308
(5) Ergebnis ... 311
cc) Menschenrechtlicher Einfluss ... 312
(1) Untersuchungspflicht ... 312
(2) Beweislastverschiebung ... 313
dd) Ergebnis ... 315
b) Der Interamerikanische Gerichtshof für Menschenrechte ... 316
aa) Fall des „Mapiripán Massacer v Colombia“ ... 317
bb) Fall der „Massacres of El Mozote and nearby places v El Salvador“ ... 319
cc) Fall des „Santo Domingo Massacre v Colombia“ ... 319

(1) Prinzip der Unterscheidung, der Verhältnismäßigkeit und der Ergreifung von Vorsichtsmaßnahmen 320
(aa) Bombenangriff aus der Luft 321
(bb) Schüsse mit dem Maschinengewehr ... 324
(2) Kinder als Ziele eines Angriffs 325
(3) Ergebnis 326
c) Ergebnis interamerikanische Organe 327
3. UN-Menschenrechtsausschuss 328
a) Aussagen zu ius ad bellum 328
b) Materielle Aspekte 330
c) Prozedurale Aspekte 335
aa) Untersuchungspflicht 335
bb) Soll-Vorschrift zur Transparenz 337
c) Ergebnis 338
III. Gesamtergebnis 339

B. Das Recht auf Freiheit 340
I. Das Recht auf Freiheit im Recht der Menschenrechte und im humanitären Völkerrecht 341
1. Zusammenschau der Konventionen 341
a) Allgemeines 341
b) Gewahrsamsgründe 344
aa) Strafhaft 344
bb) Beugehaft 345
cc) Untersuchungshaft 345
dd) Überwachte Erziehung Minderjähriger 348
ee) Kranke und andere Gruppe 348
ff) Abschiebe- und Auslieferungshaft 349
gg) Präventive Haft 349
c) Verfahrensrechte 353
aa) Recht auf Informationen 353
bb) Recht auf gerichtliche Haftprüfung 354

cc) Recht auf ein zügiges Verfahren 357
2. Das Recht auf Freiheit im humanitären Völkerrecht .. 358
a) Allgemeines 358
b) Gewahrsamsgründe 360
aa) Internationaler bewaffneter Konflikt 361
(1) Präventive Haft 361
(aa) Kriegsgefangene 361
(bb) Zivilisten 363
(2) Haft im Rahmen der Strafverfolgung 365
bb) Nicht-internationaler bewaffneter Konflikt 366
c) Überprüfung des Gewahrsams 369
aa) Internationaler bewaffneter Konflikt 369
(1) Kriegsgefangene/Kombattanten 369
(2) Zivilisten 370
bb) Nicht-internationaler bewaffneter Konflikt 372
c) Schnittmengen 372
aa) Vergleichende Betrachtung: Gemeinsamkeiten und Unterschiede 372
bb) Mögliches Zusammenspiel der Rechtsmaterien 375
(1) Pragmatischer Ansatz 376
(2) Dogmatischer Ansatz 377
(3) Bewertung 378
d) Ergebnis 381
II. Die Rechtsprechung der Menschenrechtsschutzorgane zum humanitären Völkerrecht im Rahmen des Rechts auf Freiheit 382
1. Die europäischen Organe 382
a) Cyprus v Turkey 382
b) Al-Jedda v UK 385

aa) Relevanter Inhalt ... 385
bb) Einordnung des Urteils ... 387
c) Hassan v UK ... 389
aa) Relevanter Inhalt ... 390
bb) Begründung des abweichenden Minderheiten-Votums ... 395
cc) Einordnung ... 396
2. Die interamerikanischen Organe ... 398
a) Internationaler bewaffneter Konflikt ... 398
b) Nicht-internationaler bewaffneter Konflikt ... 402
3. UN-Menschenrechtsausschuss ... 402
III. Gesamtergebnis ... 405

Teil III: Das Verhältnis der Rechtsmaterien Menschenrechte und humanitäres Völkerrecht ... 407

A. Grundsätzliche Voraussetzung: Gleichzeitige Anwendbarkeit der Rechtsmaterien ... 409
I. Anwendbarkeit der Menschenrechte zu Zeiten des bewaffneten Konflikts ... 410
1. Trennungstheorie „alter Schule“ ... 410
a) Meinungsstand ... 410
b) Bewertung ... 413
2. Weitergeltung der Menschenrechte nach maßgeblichem Recht ... 414
a) Menschenrechtsverträge ... 414
b) Humanitäres Völkerrecht ... 415
c) Ergebnis ... 416
3. Die Rechtsprechung des Internationalen Gerichtshofs ... 417
a) Aussagen des IGH zum „Ob“ der gleichzeitigen Anwendung der Rechtsmaterien ... 417
b) Aussagen des IGH zum „Wie“ der gleichzeitigen Anwendung der Rechtsmaterien ... 418

c) Rezeption in der Literatur 419
II. Versteckte Trennungstheorie 421
1. Die Derogationsklauseln und ihre Bedeutung für das Verhältnis der Rechtsmaterien 421
a) Ausgangslage: Derogationsklauseln als Lösung für das Verhältnis der Rechtsmaterien 421
b) Die Dogmatik der Derogationsklauseln: selbstgewählte Trennung der Rechtmaterien 424
c) Auslegung statt Derogation 427
2. Lex specialis als Trennungstheorie „neuer Schule“? 429
a) Humanitäres Völkerecht als lex specialis? 429
aa) Meinunsstand 429
bb) Bewertung 431
b) Menschenrechte als lex specialis? 431
aa) Meinungsstand 431
bb) Bewertung 434
3. Ergebnis 436
B. Das lex-specialis-Prinzip und das Verhältnis der Rechtsmaterien: eine Kritik 436
I. Inhalt 437
II. Anwendung im Völkerrecht 439
III. Anwendung auf das Verhältnis der Rechtsmaterien Menschenrecht und humanitäres Völkerrecht 442
IV. Ergebnis 445
C. Weitere Theorien zur Art des Verhältnisses 446
I. Grundsätzliches 447
II. Integrationistische Theorie 447
III. Komplementaristische Theorie 450
1. Lex-specialis-Prinzip 451
2. „Renvoi“ 452
3. Systemische Integration 453

a) Grundzüge ... 453
b) Abgrenzung systemische Integration von evolutiver Auslegung ... 456
aa) Konzept der evolutiven Auslegung ... 457
bb) Gemeinsamkeiten ... 461
cc) Unterschiede ... 461
dd) Bedeutung für den Untersuchungsgegenstand ... 462
c) Methode ... 463
d) Ergebnis ... 464
IV. Ergebnis ... 465
D. Die Rechtsprechung der Menschenrechtsschutzorgane zum Verhältnis der Rechtsmaterien ... 466
I. Der Europäische Gerichtshof für Menschenrechte ... 467
1. Weitergeltung der Menschenrechte im bewaffneten Konflikt ... 468
2. Das Verhältnis der Rechtsmaterien in der Rechtsprechung des Europäischen Gerichtshofs für Menschenrechte ... 468
a) Ursprünge der Einbeziehung fremder Rechtsmaterien ... 468
b) Systemische Integration des humanitären Völkerrechts? ... 470
aa) Internationaler bewaffneter Konflikt ... 470
(1) Varnava et al v Turkey ... 470
(2) Al-Jedda v UK ... 473
(3) Hassan v UK ... 476
(aa) Materielles Verhältnis der Rechtsmaterien ... 476
(bb) Prozedurale Voraussetzungen: von der Derogation zur Einwendung ... 480
(cc) Einordnung ... 481
(4) Ergebnis ... 483

bb) Nicht-internationaler bewaffneter Konflikt ... 484
3. Ergebnis ... 485
II. Die interamerikanischen Organe ... 485
1. Interamerikanische Kommission für Menschenrechte ... 485
a) Die Weitergeltung der Menschenrechte im bewaffneten Konflikt und der „non-derogable nucleus“ ... 485
b) Das Verhältnis der Rechtsmaterien: systemische Integration anhand des lex-specialis-Prinzips ... 487
c) Die Rolle der Derogationsklausel ... 494
d) Ergebnis ... 495
2. Interamerikanischer Gerichtshof für Menschenrechte ... 497
a) Dogmatik der Einbeziehung fremder Rechtsmaterien ... 497
aa) Art. 31 Abs. 3 WVRK: Evolutive Auslegung oder systemische Integration? ... 498
bb) Art. 29 AMRK ... 500
cc) Aktuelle Entwicklungen ... 502
dd) Ergebnis ... 502
b) Distanzierung vom Konsensprinzip? ... 503
aa) „Import und Export“ ... 503
bb) Philosophie des Gerichtshofs ... 505
cc) Ergebnis ... 506
c) Das Verhältnis des humanitären Völkerrechts zu den Menschenrechen in der Rechtsprechung ... 506
aa) Analyse der Rechtsprechung ... 506
bb) Ergebnis ... 513
III. UN-Menschenrechtsausschuss ... 515
1. Zur Anwendbarkeit der Menschenrechte im bewaffneten Konflikt ... 515
2. Zum Verhältnis der Rechtsmaterien ... 516

3. Derogation ... 518
4. Ergebnis ... 519

E. Gesamtergebnis ... 520

Teil IV: Die Kompetenz vertraglicher Menschenrechtsschutzorgane bezüglich des humanitären Völkerrechts ... 523

A. Das Mandat der vertraglichen Menschenrechtsschutzorgane ... 524
I. Direktes Mandat ... 524
1. Zuständigkeitsklauseln ... 524
a) Die Gerichtshöfe ... 524
b) Interamerikanische Kommission für Menschenrechte ... 525
c) UN-Menschenrechtsausschuss ... 526
d) Ergebnis ... 528
2. Andere kompetenzbegründende Normen ... 528
a) Das Günstigkeitsprinzip ... 528
b) Die Derogationsklauseln ... 531
3. Ergebnis ... 533
II. Indirektes Mandat ... 533
1. Kompetenz im Rahmen der „lex-specialis-Trennungstheorie“ ... 534
2. Kompetenz im Rahmen der systemischen Integration ... 536
a) Meinungsstand ... 536
b) Bewertung ... 538
2. Grenzen des indirekten Mandats? ... 539
a) Meinungsstand ... 539
b) Bewertung ... 540
III. Ergebnis ... 542

B. Die Kompetenzfrage in der Rechtsprechung der vertraglichen Menschenrechtsschutzorgane ... 542

I. Europäischer Gerichtshof für Menschenrechte ... 542
1. Keine ausdrückliche Stellungnahme ... 542
2. Das indirekte Mandat des Gerichtshofs ... 543
3. Reichweite des indirekten Mandats ... 544
4. Ergebnis ... 545
II. Die interamerikanischen Organe ... 545
1. Ansatz der Interamerikanischen Kommission für Menschenrechte ... 546
a) Frühe Phase ... 546
b) Progressive Phase ... 548
c) Restriktivere Phase ... 555
aa) Rechtsprechung im Rahmen der AMRK ... 555
bb) Rechtsprechung im Rahmen der Amerikanischen Deklaration ... 558
cc) Argumentation mit Blick auf beide Menschenrechtsinstrumente ... 561
d) Ergebnis ... 561
2. Ansatz des Interamerikanischen Gerichtshofs für Menschenrechte ... 562
a) Vor Las Palmeras und Bámaca Verlásquez ... 562
b) Las Palmeras und Bámaca Velásquez: Restriktiver Ansatz des Gerichtshofs in Bezug auf das humanitäre Völkerrecht ... 564
c) Entwicklungen nach Las Palmeras und Bámaca Velásquez ... 568
d) Ergebnis ... 572
III. Der UN-Menschenrechtsausschuss ... 573
C. Gesamtergebnis ... 574

Teil V: Ergebnisse ... 577

Résumé und Ausblick ... 589

Literaturverzeichnis ... 591

Einführung des Untersuchungsgegenstands

1. Hintergrund des Untersuchungsgegenstands

Wenn es uns in unserem täglichen Erleben (glücklicherweise) auch nicht so vorkommen mag, sind bewaffnete Konflikte doch allgegenwärtig. So zieht die Arbeitsgemeinschaft Kriegsursachenforschung für das Jahr 2018 die Bilanz, dass es 28 kriegerische Konflikte weltweit gab[1]. Dabei machen seit dem Zweiten Weltkrieg stets zunehmend sog. nicht-internationale bewaffnete Konflikte[2] die Mehrheit dieser kriegerischen Auseinandersetzungen aus[3]. Aber auch bewaffnete Auseinandersetzungen zwischen Staaten, sog. internationale bewaffnete Konflikte, hat es im letzten Jahrzehnt und bis in dieses hinein gegeben: Der Weltgemeinschaft steht sowohl der Krieg in Afghanistan, als auch der Krieg der von den Vereinigten Staaten von Amerika geführten Koalitionskräfte im Irak noch deutlich vor Augen. Der bewaffnete Konflikt in Syrien, der in seinem Verlauf zunehmend internationalisiert wurde[4], hält uns bis heute in Atem.

Diese Konflikte – sowohl die internen, als auch die internationalen – beschäftigen auch die vertraglichen Menschenrechtsschutzorgane[5], die die Hüter ihrer jeweiligen Menschenrechtskonventionen sind. Es verwundert nicht, dass *gerade* in bewaffneten Konflikten Menschen in ihren Menschenrechten besonders schwer betroffen sind. Mit dieser Betroffenheit der Menschenrechte stellt sich den vertraglichen Menschenrechtsorganen eine Reihe von rechtlichen Fragen, deren Beantwortung sowohl für die Lage der Menschen im bewaffneten Konflikt als auch für die Kriegsführenden ganz konkrete Auswirkungen haben. Die vorliegende Schrift möchte die Antworten bedeutender Menschenrechtsorgane zu diesen Fragen, soweit sie bereits gefunden sind, vorstellen. Dort, wo die Antworten noch nicht gefunden sind, möchte sie den derzeitigen Stand darstellen und einen Ausblick auf mögliche Entwicklungen geben.

---

1 Vgl. Pressemitteilung der Arbeitsgemeinschaft vom 06.12.2018, abrufbar unter https://idw-online.de/de/news707457, zuletzt besucht im Februar 2019.

2 Im Folgenden synonym auch als interner bewaffnete Konflikte bezeichnet.

3 Vgl. http://www.bpb.de/internationales/weltweit/innerstaatliche-konflikte/54569/einfuehrung, zuletzt besucht im Februar 2019.

4 Vgl. hierzu die Einschätzung der Genfer Akademie, abrufbar unter http://www.rulac.org/browse/conflicts/international-armed-conflict-in-syria#collapse2accord, zuletzt besucht im Februar 2019.

5 Im Folgenden synonym auch als menschenrechtliche Vertragsorgane und als Menschenrechtsorgane bezeichnet.

2. Auswahl der Menschenrechtsschutzorgane und Bedeutung ihrer Rechtsprechung

Die Auswahl der dargestellten Menschenrechtsorgane erfolgte zum einen aufgrund der Bedeutung der jeweiligen Menschenrechtsverträge und zum anderen danach, inwiefern sich die Organe zu dem Untersuchungsgegenstand bereits geäußert hatten[6]. Die Stringenz der Darstellung erforderte zudem eine gewisse Beschränkung. Vorgestellt werden die Ansichten des UN-Menschenrechtsausschusses als Hüter des Internationalen Pakts über bürgerliche und politische Rechte (im Folgenden: „IPBPR"), welcher einen Menschenrechtspakt von weltweiter Bedeutung[7] darstellt, und das europäische und das interamerikanische System, um den Bereich der regionalen Menschenrechtsverträge zu repräsentieren[8]. Zu untersuchen, wie diese beiden regionalen Systeme, denen insgesamt die beachtliche Anzahl von 72 Vertragsstaaten angehören[9], mit derselben Materie umgehen, erschien besonders interessant. Würde im Rahmen beider Menschenrechtskonventionen zu ähnlichen Ergebnissen gelangt oder würde sich die Rechtsprechung unterscheiden?

Die Äußerungen der ausgewählten Vertragsorgane haben Gewicht. Der UN-Menschenrechtsausschuss erläutert in sog. „General Comments"[10] seine

---

6 Nicht in die Untersuchung aufgenommen werden konnte der UN-Ausschuss für wirtschaftliche, soziale und kulturelle Rechte; obwohl auch diese sog. Menschenrechte der zweiten Generation im Zusammenspiel mit dem humanitären Völkerrecht einen interessanten Untersuchungsgegenstand bieten, sprengt eine solche Untersuchung den Rahmen der vorliegenden Schrift. Für das afrikanische Menschenrechtsschutzsystem lag zu Beginn der Untersuchung noch keine aussagekräftige Rechtsprechung zur Thematik vor.

7 Derzeit haben 172 Staaten den IPBPR ratifiziert (Stand Februar 2019), vgl. http://indicators.ohchr.org/.

8 Die im Englischen als „Convention for the Protection of Human Rights and Fundamental Freedoms" benannte Europäische Menschenrechtskonvention (nicht – amtliche, jedoch im Folgenden verwendete Abkürzung „EMRK") wurde bis 1998 ebenso wie die „American Convention on Human Rights" (im Folgenden als „AMRK" abgekürzt) bis heute von zwei Organen gehütet, von einer Kommission und einem Gerichtshof. Die Europäische Kommission für Menschenrechte (im Folgenden: „EKMR") wurde jedoch abgeschafft, sodass mittlerweile der Europäische Gerichtshof für Menschenrechte (im Folgenden. „EGMR") der einzige Hüter der EMRK ist. Die Interamerikanische Kommission für Menschenrechte (in der Folge: AKMR) weist zudem die Besonderheit auf, dass sie in ihrer Funktion als Organ der Organization of American States (im Folgenden: OAS) neben der AMRK auch die „American Declaration of the Rights and Duties of Man" auslegt.

9 Vgl. für die EMRK https://www.coe.int/en/web/human-rights-convention/home, für die AMRK http://www.oas.org/dil/treaties_B-32_American_Convention_on_Human_Rights_sign.htm; beides zuletzt besucht im Februar 2019.

10 Soweit eine Übersetzung bestimmter englischer Fachbegriffe nicht überzeugend erscheint, werden sie im Folgenden auch im deutschen Fließtext benutzt.

Auffassung zur Auslegung einzelner Paktvorschriften, äußert „Observations" bezüglich der menschenrechtliche Lage auf die entsprechenden Staatenberichte und entscheidet in sog. „Views" über die Beschwerden von Individuen, die sich in ihren Rechten verletzt fühlen[11]. Dabei ist der Ausschuss kein Gericht und seine Äußerungen im Verfahren zweier Parteien – wie auch im Übrigen – sind nicht verbindlich[12]. Der Ausschuss selbst schätzt die Bedeutung seiner Feststellungen hoch ein: „The views of the Committee under the Optional Protocol represent an *authoritative determination* by the organ established under the Covenant itself charged with the interpretation of that instrument. These views derive their character, and the importance which attaches to them, from the integral role of the Committee under both the Covenant and the Optional Protocol."[13] Soweit sich der Ausschuss insoweit zum authentischen Interpreten des IPBPR erklären will, ist zu bemerken, dass ihm diese Rolle als Ausfluss des Konsensprinzips von allen Vertragsstaaten zugesprochen werden müsste[14]. Da – wie erwähnt – aber nicht einmal die Entscheidungen im Rahmen der Individualbeschwerde verbindlich sind, ist von einer solchen Stellung nicht auszugehen. Dennoch messen sowohl die Vertragsstaaten als auch der Internationale Gerichtshof[15] (im Folgenden: „IGH") seinen Äußerungen große Bedeutung zu. Die Rolle des Ausschusses ist somit gerichtsähnlich, im Englischen „quasi-judicial".

Die AKMR kann zum einen die Rolle eines gerichtsähnlichen Körpers einnehmen und zum anderen Teil des Instanzenzugs zum AGMR sein. In

11 Die Möglichkeit der Individualbeschwerde gibt es unter dem Optional Protocol of the International Covenant on Civil and Political Rights (im Folgenden: OP I).

12 Art. 5 Abs. 4 OP I gibt dem Ausschuss lediglich das Recht „to forward its views to the State Party concerned and to the individual."

13 UN-Menschenrechtsausschuss, General Comment Nr. 33 vom 5.10.2008, UN Doc. CCPR/C/GC/33 Z. 13. Die Entscheidungen des Menschenrechtsausschusses können unter http://www.ohchr.org abgerufen werden.

14 Ipsen, S. 138.

15 IGH, Urteil vom 30.11.2010, Ahmadou Sadio Dallio(Republic of Guinea v. Democratic Republic of the Congo). Die Urteile des IGH können unter http://www.icj-cij.org/en abgerufen werden. In Z. 66 des Urteils führte der IGH, nachdem er sich in seinem Urteil auf eine Entscheidung des Menschenrechtsausschusses gestützt hatte, aus: „Since it was created, the Human Rights Committee has built up a considerable body of interpretative case law, in particular through its findings in response to the individual communications which may be submitted to it in respect of States parties to the first Optional Protocol, and in the form of its ‚General Comments'. Although the Court is in no way obliged, in the exercise of its judicial functions, to model its own interpretation of the Covenant on that of the Committee, it believes that it should ascribe great weight to the interpretation adopted by this independent body that was established specifically to supervise the application of that treaty." Kälin/Künzli nehmen an, dass „quasi-judicial bodies" autoritative Feststellungen (die im Individualbeschwerdeverfahren einem Feststellungsurteil nahe kommen) treffen, vgl. Kälin/Künzli, S. 242, 259.

ersterer Funktion ist sie – ob der Unverbindlichkeit ihrer „Reports“[16] – dem UN-Menschenrechtsausschuss ähnlich. In ihrer zweiten Funktion legt sie ihre Einschätzung dem AGMR zur Überprüfung vor. Dieser fällt dann ein Urteil, welches für die Parteien verbindlich ist[17]. Es haben sich inzwischen 22 Vertragsstaaten der Gerichtsbarkeit unterworfen[18]; da eine solche Unterwerfung im Unterschied zum europäischen System nicht zwingend ist, fehlen weiterhin drei Vertragsstaaten der AMRK, darunter die Vereinigten Staaten von Amerika[19]. Der Gerichtshof schreibt sich selbst zu, das über die Auslegung der AMRK endgültig bestimmende Organ zu sein[20]; wenn dies auch zweifelhaft ist[21], kommt seiner Rechtsprechung – ob nun in Urteilen oder Gutachten[22] – in der Staatengemeinschaft hohe Anerkennung zu[23].

Der Rechtsprechung des EGMR kommt faktische Bindungswirkung gegenüber allen Vertragsstaaten zu[24]. Er ist gemäß Art. 32 EMRK zur Auslegung und Anwendung der EMRK berufen. Seit dem 11. Zusatzprotokoll von 1998 sind die Vertragsstaaten zudem zwingend der Gerichtsbarkeit des Gerichtshofs unterworfen. Da Rechtsstreitigkeiten unter der EMRK allein der Entscheidungsgewalt des Gerichtshofs unterstellt sind[25], ist er faktischer authentischer Interpret der

---

16 Kälin/Künzli, S. 269.

17 Art. 68 AMRK.

18 Vgl. https://www.cidh.oas.org/Basicos/English/Basic4.Amer.Conv.Ratif.htm, zuletzt abgerufen im Februar 2019.

19 In der Folge synonym auch als USA bezeichnet.

20 AGMR, Urteil vom 26.9.2006, Almonacid Arellano et al. v. Chile, Z. 124: „(...) [T]he judiciary has to take into account not only the treaty, but also the interpretation thereof made by the Inter-American Court, which is the *ultimate interpreter of the American Convention.*“; Hervorhebung durch die Verfasserin. Die Urteile des Gerichtshofs können unter http://www.corteidh.or.cr/corte/index.cfm?lang=en abgerufen werden.

21 Auch wenn der Gerichtshof gem. Art. 62 Abs. 3 AMRK zur Durchsetzung und Überwachung der AMRK berufen ist, müssten ihm mit Blick auf das Konsensprinzip alle Konventionsnormgeber die Rolle als autoritativ Auslegenden zugewiesen haben, s.o.. Dies ist angesichts der mangelnden Unterwerfung dreier Staaten unter seine Gerichtsbarkeit nicht anzunehmen.

22 Den 20 bisher erstellten Gutachten des AGMR schreiben Kälin/Künzli „erhebliche Tragweite für die Fortentwicklung des Menschenrechtsschutzes in Lateinamerika“ zu, vgl. Kälin/Künzli, S. 275.

23 Über die eigentlichen Verfahren hinaus wurden wesentliche Effekte der Rechtsprechung des AGMR beobachtet: beispielsweise wurde in den sog. „Amnestie-Fällen“ die Rechtsprechung auch in Vertragsstaaten umgesetzt, die von dem Urteil konkret nicht betroffen waren.

24 Schmalenbach, Zeitschrift für Öffentliches Recht 2004, S. 226.

25 Vgl. Art. 55 EMRK.

EMRK. Von allen untersuchten Menschenrechtsorgane kommt seiner Rechtsprechung den Vertragsstaaten gegenüber die stärkste Stellung zu[26].

Angesichts der unterschiedlichen Bindungswirkung der Äußerungen aller behandelten Organe soll im Rahmen dieser Schrift diese als Praxis und Rechtsprechung bezeichnet werden.

Nicht unberücksichtigt gelassen werden kann darüber hinaus die Rechtsprechung des IGH. Das wegen seiner Tradition und Stellung in der Staatengemeinschaft[27] als Weltgericht bezeichnete Rechtsprechungsorgan hat verschiedentlich zu im Zusammenhang mit dem Untersuchungsgegenstand relevanten Rechtsfragen Stellung genommen. Eine umfassende Betrachtung des Untersuchungsgegenstands kommt ohne den Den Haager Gerichtshof nicht aus.

3. Das untersuchte Verhältnis: Recht der Menschenrechte und humanitäres Völkerrecht

Nachdem die ausgewählten Menschenrechtsorgane nun kurz vorgestellt wurden, liegt auf der Hand, dass es in der gegenständlichen Untersuchung um die Materie der ihnen anvertrauten Verträge gehen muss: das Recht der Menschenrechte[28]. Die Formulierung des Untersuchungsgegenstands zeigt jedoch, dass es im Schwerpunkt noch um eine andere Materie geht, welche durch das Vorliegen eines bewaffneten Konflikts bedingt ist: das humanitäre Völkerrecht[29].

Um zu verstehen, von was die untersuchte Rechtsprechung handelt, soll der Begriff des humanitären Völkerrechts näher definiert werden: Mit humanitärem Völkerrecht werden alle Rechtsnormen umschrieben, die potentielle oder tatsächliche Opfer eines bewaffneten Konflikts schützen, sowie die Kriegsführung und die Rechte und Pflichten der Kriegsparteien im bewaffneten Konflikt regeln[30]. Diese Definition beinhaltet beide Aspekte des humanitären Völkerrechts: das sog. „Genfer Recht", welches sich mit dem Schutz der Opfer eines bewaffneten

---

26 Vgl. SCHMALENBACH, Zeitschrift für Öffentliches Recht 2004, S. 226: „Seine Urteile sind zentrale Rechtserkenntnisquelle, die alle Vertragsstaaten zur Sicherstellung ihres konventionskonformen Verhaltens zwingend beachten müssen."

27 Zur Bedeutung der Rechtsprechung des IGH vgl. TAMS/TZANAKOPOULOS, Leiden Journal of International Law 2000, S. 783/784; WEERAMANTRY, Leiden Journal of International Law 1997, S. 311.

28 In der Folge wird dies synonym der Kürze wegen auch als „Menschenrecht" bezeichnet werden.

29 Trotz möglicher sprachlicher Monotonie soll es im Folgenden allein bei der Begrifflichkeit des humanitären Völkerrechts bleiben. Der Begriff des Kriegsvölkerrechts ist nicht mehr gebräuchlich.

30 Vgl. KOLB, Human Rights and Humanitarian Law, Max Planck Encyclopedia of Public International Law, Rn. 1.

Konflikts beschäftigt und aus den bekannten Vier Genfer Konventionen[31] und ihren drei Zusatzprotokollen[32] besteht sowie das sog. „Haager Recht", welches älteren Ursprungs ist[33] und sich mit der Regulierung der Kriegsführung befasst. Heute wichtigster Bestandteils des Haager Rechts ist die Haager Landkriegsordnung[34]. Die HLKO, die heute ganz überwiegend Völkergewohnheitsrecht darstellt, enthält unter anderem Normen zum Kombattantenstatus, zur Beschränkung bei der Wahl der Mittel zur Kriegführung, sowie zur Besatzung.

Die Anwendbarkeit des humanitären Völkerrechts wird durch das Vorliegen eines bewaffneten Konflikts bedingt. Dessen Vorliegen wird ebenfalls durch das humanitäre Völkerrecht bestimmt. Hierbei wird maßgeblich zwischen dem internationalen bewaffneten Konflikt und dem nicht-internationalen bewaffneten Konflikt unterschieden. Diese Differenzierung findet sich in einem Kernstück des humanitären Völkerrechts, den Vier Genfer Konventionen[35]. Im internationalen bewaffneten Konflikt sind die Vier Genfer Konventionen in ihrer Gesamtheit anwendbar[36]. Der gemeinsame Art. 2 Abs. 1 GK definiert den internationalen bewaffneten Konflikt als „armed conflict which may arise between two or more of the High Contracting Parties, even if the state of war is not recognized by one of them". Daneben ist der Anwendungsbereich eröffnet in „all cases of declared war or of all cases of partial or total occupation of the territory of a High

---

31 Genfer Abkommen (I) zur Verbesserung des Loses der Verwundeten und Kranken der bewaffneten Kräfte im Felde; Genfer Abkommen (II) zur Verbesserung des Loses der Verwundeten, Kranken und Schiffbrüchigen der bewaffneten Kräfte zur See; Genfer Abkommen (III) zur Behandlung der Kriegsgefangenen; Genfer Abkommen (IV) über den Schutz von Zivilpersonen in Kriegszeiten. Alle vier Abkommen sind am 12.8.1949 beschlossen worden und haben universale Geltung.

32 Zu nennen sind zum einen die beiden Protokolle vom 8.6.1977 „Protocol Additional to the Geneva Conventions of 12 August 1949, and relating to the Protection of Victims of International Armed Conflicts" (im Folgenden; ZP I) und „Protocol Additional to the Geneva Conventions of 12 August 1949, and relating to the Protection of Victims of Non-International Armed Conflicts" (im Folgenden: ZPII). Seit 2007 ist zudem ein drittes Zusatzprotokoll („Protocol additional to the Geneva Conventions of 12 August 1949, and relating to the Adoption of an Additional Distinctive Emblem") in Kraft, das den „Roten Kristall" neben dem „Roten Kreuz" und dem „Roten Halbmond" ein drittes Schutzzeichen festlegte.

33 Das „Haager Recht" geht auf die Friedenskonferenzen in Den Haag 1899 und 1907 zurück. Die Konferenzen waren Teil einer Initiative zur Abrüstung und friedlichen Streitbeilegung. Im Zuge dessen wurden Verhaltensregeln für den Konfliktfall ausgearbeitet.

34 Diese war eine Anlage zum zweiten Haager Abkommen von 1899. Später wurde sie zur „Anlage zum Abkommen vorn 18. Oktober 1907 betreffend die Gesetze und Gebräuche des Landkrieges"

35 Sie werden im Rahmen der Schrift synonym als Genfer Abkommen und Genfer Konventionen (auch „GK" genannt) bezeichnet.

36 Vgl. gemeinsamer Artikel 2 GK.

Contracting Party, even if the said occupation meets with no armed resistance."[37] Im Rahmen des Gemeinsamen Art. 2 Abs. 1 GK hat die Alternative des „erklärten Krieges" erheblich an Bedeutung verloren, sodass es zumeist auf die zweite Alternative des „anderen bewaffneten Konflikts" ankommt[38]. Ein bewaffneter Konflikt im Sinne des Gemeinsamen Artikel 2 ist jeder Konflikt zwischen zwei oder mehr Vertragsparteien, der zum Eingreifen der bewaffneten Streitkräfte einer Vertragspartei führt, unabhängig davon, ob es zu einem militärischen Kampf kommt, wie lange der Konflikt dauert oder wie groß die jeweiligen beteiligten militärischen Kräfte sind[39]. Unter den „Hohen Vertragsparteien" sind grundsätzlich Staaten zu verstehen[40].

Schwieriger ist es demgegenüber, das Vorliegen eines nicht-internationalen bewaffneten Konflikts festzustellen. Einen solchen setzt der Anwendungsbereich des Gemeinsamen Artikels 3 GK voraus, wenn er von einem „armed conflict not of an international character occurring in the territory of one of the High Contracting Parties" spricht. Bei Vorliegen eines solchen kommen die Vorgaben des Gemeinsamen Art. 3 GK zur Anwendung, die einen Mindestmaß an Schutz der vom Krieg Betroffenen garantieren sollen[41]. Die Parteien eines nicht-internationalen bewaffneten Konflikts sind weniger klar umrissen als im Falle des internationalen bewaffneten Konflikts, weshalb insbesondere auf das Ausmaß und die Dauer der eingesetzten Gewalt abgestellt wird[42]. Einig ist man sich, dass nicht jeder Einsatz von Gewalt zwischen Bürgern und Staat einen nicht-internationalen bewaffneten Konflikt begründet. Abgestellt wird unter anderem auf Zahl, Dauer und Intensität der einzelnen Konfrontationen, die eingesetzten Waffen, die Zahl der an den Kampfhandlungen Beteiligten, die Zahl der Opfer und das Ausmaß der Zerstörung sowie die Zahl der flüchtenden

---

37 Hinsichtlich der Merkmale einer Besatzung sei auf die Ausführungen in Teil I C verwiesen.

38 Für viele: Zechmeister, S. 36.

39 Zechmeister, S. 37.

40 Zur Diskussion über die Aufnahme anderer Entitäten vgl. Zechmeister, S. 35; hier ebenfalls Ausführungen zu staatsähnlichen Entitäten und der Abgrenzung des gemeinsamen Artikels 2 GK zum Anwendungsbereich des ZP II.

41 Für die Anwendbarkeit des ZP II wird wiederum von einer eigenen Schwelle ausgegangen, vgl. Sandoz/Swinarski/Zimmermann, Commentary on the Additional Protocols, Z. 4447. Hierbei werden insbesondere Ansprüche an die nicht-staatliche Kriegspartei gestellt: „a responsible command, such control over part of the territory as to enable them to carry out sustained and concerted military operations, and the ability to implement the Protocol", Sandoz/Swinarski/Zimmermann, Commentary on the Additional Protocols, Z. 4453.

42 Zechmeister, S. 39; hilfreich auch die Rechtsprechung des Internationalen Gerichtshofs für das ehemalige Jugoslawien (im Folgenden: „ICTY"), der von dem Erfordernis der „protracted armed violence" spricht.

Zivilisten[43]. Diese Kriterien lassen bereits vermuten, dass der interne bewaffnete Konflikt Raum für unterschiedlichen Auffassungen und Interpretationsspielräume bietet[44].

Muss nun ein menschenrechtliches Vertragsorgan vor dem Hintergrund einer der beiden bewaffneten Konflikte eine Entscheidung fällen, steht es vor der Frage, wie es mit dem Krieg und seinem speziellen Recht umgeht. Es prallen potentiell zwei Welten aufeinander – die der Menschenrechte und die des Krieges.

4. Untersuchung der Rechtsprechung bezüglich der hierzu erforderlichen Voraussetzungen

Ein Teil dieser Arbeit beschäftigt sich mit der grundlegenden Frage, ob aus dem potentiellen „Aufeinanderprallen" der Rechtsmaterien auch ein tatsächliches wird, und wenn ja, ob die vertraglichen Menschenrechtsorgane das Mandat haben, sich mit diesem zu beschäftigen. Da diese Thematik jedoch bereits eine intensive Diskussion in Literatur und Rechtsprechung erfahren hat, sollen diese beiden Aspekte (Teil C und D) am Ende beleuchtet werden.

Zunächst gilt es, den räumlichen Umfang möglicher Schnittmengen zwischen den beiden Materien zu bestimmen. Teil A beschäftigt sich deshalb mit

---

43 Wissenschaftliche Dienste des Bundestags, Aktueller Begriff „Zur Kategorisierung von Konflikten", abrufbar unter https://www.bundestag.de/blob/191426/3c0cf9515fa4bdf8337d042ae2b9fc5c/kategorisierung_von_konflikten-data.pdf, zuletzt besucht im Februar 2019.

44 Angesichts des Themas der Schrift soll nicht unerwähnt bleiben, dass sich die AKMR im Fall AKMR, Entscheidung vom 18.11.1997, Juan Carlos Abella v Colombia, Report Nr. 55/97, ausführlich zu ihrem (weiten) Verständnis der Kriterien eines nicht-internationalen bewaffneten Konflikts geäußert hat. „In contrast to these situations of domestic violence, the concept of armed conflict, in principle, requires the existence of *organized armed groups that are capable of and actually do engage in combat and other military actions* against each other. In this regard, Common Article 3 simply refers to, but does not actually define ‚an armed conflict of a non-international character.' However, Common Article 3 is generally understood to apply to low intensity and open armed confrontations between relatively organized armed forces or groups that take place within the territory of a particular State. Thus, Common Article 3 *does not apply to riots, mere acts of banditry or an unorganized and short-lived rebellion.* Article 3 armed conflicts typically involve armed strife between governmental armed forces and organized armed insurgents. It also governs situations where two or more armed factions confront one another without the intervention of governmental forces where, for example, the established government has dissolved or is too weak to intervene. It is important to understand that application of Common Article 3 does *not require* the existence of large-scale and generalized hostilities or a situation comparable to a civil war in which *dissident armed groups exercise control over parts of national territory.*", ibid, Z. 152. Im streitgegenständlichen Fall hatte es sich um einen kurzen, aber intensiven Schlagabtausch zwischen wenig organisierten Angreifern und dem Militär des Antragsgegners gehandelt. Die Entscheidungen der Kommission können unter http://www.oas.org/es/cidh/ abgerufen werden.

der Anwendbarkeit der Menschenrechtsverträge auch außerhalb des Hoheitsgebiets der jeweiligen Vertragsstaaten. Zwar können die in diesem Zusammenhang interessierenden Konflikte auch auf eigenem Hoheitsgebiet des Vertragsstaat stattfinden[45], jedoch tun sie dies jedenfalls im Bereich der EMRK kaum mehr. Man könnte auch sagen: Seit dem Zweiten Weltkrieg werden internationale bewaffnete Konflikte exportiert. Dementsprechend finden alle für diese Schrift interessanten internationalen bewaffneten Konflikte nicht auf dem Hoheitsgebiet des jeweiligen Vertragsstaat, sondern auf fremdem Hoheitsgebiet statt[46]. Seit der Entscheidung des EGMR in Banković et al v Belgium et al besteht jedoch über die extraterritoriale Anwendbarkeit der Menschenrechtsverträge erhebliche Unsicherheit, die bis heute nicht völlig beseitigt ist. Von dieser betroffen sind insbesondere auch kriegstypische Situationen auf fremdem Hoheitsgebiet. Um diese besser auf ihr Potential zur Überschneidung einschätzen zu können, soll die Rechtsprechung der Menschenrechtsorgane auf das Konzept der Jurisdiktion hin untersucht werden. Mit Blick auf den Untersuchungsgegenstand soll zudem der Zusammenhang zwischen der Besatzung und der Jurisdiktion analysiert werden.

5. Zwei besondere Rechte: Recht auf Leben und Recht auf Freiheit

Eine umfassende Betrachtung der Menschenrechte im Zusammenspiel mit dem humanitären Völkerrecht, obschon spannend, ist im Rahmen dieser Schrift nicht zu leisten. Jedoch sollte all die Theorie über die Möglichkeit der Überschneidung, dem abstrakten Verhältnis der Rechtsmaterien und der Kompetenz der Organe, sich auf eine bestimmte Weise auch des humanitäres Völkerrechts anzunehmen, nicht ohne konkrete Anwendungsfälle bleiben. Welche Rechte würden sich vor dem Hintergrund des bewaffneten Konflikts für eine solche Konkretisierung besser eignen, als das Recht auf Leben und das Recht auf Freiheit? In diesen beiden Menschenrechten findet ein Gutteil des Konflikts der beiden Rechtsmaterien seinen Ausdruck. Den Feind töten und hierbei Kollateralschäden an der Zivilbevölkerung in Kauf nehmen, den Feind festsetzen und ihn an einer

45 Ein internationaler bewaffneter Konflikt kann somit auf dem Hoheitsgebiet nur eines Staates ausgefochten werden; international hieran sind die beteiligten Kriegsparteien in Gestalt zweier Nationalstaaten. Demgegenüber kann auch ein nicht-internationaler Konflikt die Grenzen eines Staates überschreiten, solange eine der Parteien eine nicht-staatliche ist, vgl. Hartridge Samuel, in: Jinks (Hrsg.) 2014, S. 47.

46 Zu denken ist hieran die Beteiligung der Türkei im Zypernkonflikt, die Angriffe der NATO-Staaten auf Gebiete im Kosovo und die Beteiligung des Vereinigten Königreichs Großbritannien an dem Krieg im Irak. Auch die AMRK war außerhalb der Hoheitsgebiete ihrer Vertragsstaaten gefordert, so beispielsweise die Angriffe der USA auf Grenada und Panama.

weiteren Teilnahme im Kampf hindern – dies sind die Realitäten des Krieges, in deren Gegensatz das das Leben und Freiheit des Einzelnen hütende Recht der Menschenrechte steht.

Um zumindest dieses Herzstück der Rechte im bewaffneten Konflikt umfassend zu ergründen und die Rechtsprechung der Vertragsorgane einschätzen zu können, sollen im Rahmen der Untersuchung auch die Grundlagen der jeweiligen Rechte und mögliche Schnittmengen abstrakt betrachtet werden. Sodann folgt die Einordnung der Rechtsprechung der Organe zu diesen beiden Rechten.

6. Bedeutung des Untersuchungsgegenstands

Die Rechtsprechung der vertraglichen Menschenrechtsorgane zum humanitären Völkerrecht ist kein „mere toy for academics“[47], sondern hat ganz reale Auswirkungen. Dies gilt zum einen für die Menschen, die sich an die Menschenrechtsorgane mit der Forderung um die Wahrung ihrer Rechte auch in einer Extremsituation wenden, wie auch für die Vertragsstaaten, die mit der Rechtsprechung umgehen müssen. Durch die Vermischung des älteren, staatenzentrierten humanitärenVölkerrechts mit den Durchsetzungsmechanismen des auf das Individuum zugeschnittenen Menschenrechts kann sich der Einzelne aus seiner bloßen Objektrolle befreien. Inhaltlich ist jedoch große Achtsamkeit geboten; inwiefern kann, inwiefern darf das Recht der Menschenrechte das humanitäre Völkerrecht bereichern, inwiefern müssen die Menschenrechte im bewaffneten Konflikt den Wertungen des humanitären Völkerrechts folgen? Dies hat ganz konkrete Folgen für die Menschen, die vom bewaffneten Konflikt betroffen sind, aber auch für die Kriegsparteien, die sich mit ihrem Verhalten auf dem Schlachtfeld und im Rahmen der Besatzung vor Rechtsprechungsorganen konfrontiert sehen. Bereits bei oberflächlicher Betrachtung wird klar: Die Regeln für eine Ausnahmesituation wie einen bewaffneten Konflikt müssen klar sein und – mag man es sich angesichts des Leides, welches Krieg mit sich bringt, auch anders wünschen – den Realitäten des Krieges genügen. Andernfalls wären sie tatsächlich ein reines Gedankenspiel, da Unmögliches von den Kriegsparteien nicht eingehalten würde. Das Recht der Menschenrechte wird mit einem in vieler Hinsicht austarierten Materie konfrontiert; das letzte, was zu wünschen ist, ist, dass die Rechtsprechung der Menschenrechtsorgane zu einem „Weniger“ an Schutz führen. Umso gewichtiger ist die Frage, welchen Weg die Menschenrechtsorgane beschreiten.

47 So auch Lawson, in Coomans/Kamminga, S. 84.

Teil I: Extraterritoriale Jurisdiktion: Untersuchung der räumlichen Schnittmengen und Bedeutung kriegstypischer Situationen

Die Frage nach der Jurisdiktion der Menschenrechtsorganen ist grundlegend für die gesamte weitere Untersuchung der Rechtsprechung der Menschenrechtsorgane zum humanitären Völkerrecht. Vom Umfang des territorialen Anwendungsbereichs hängt es entscheidend ab, in welchem Ausmaß die Rechtsmaterien des humanitären Völkerrechts und der Menschenrechtskonventionen das Potential haben, sich zu überschneiden. Im Rahmen der Jurisdiktion ist zu beantworten, ob die Menschenrechtskonventionen einen Eingriff in die Menschenrechte überhaupt erfassen. Die Eröffnung des Anwendungsbereichs erscheint wenig problematisch, wenn innerstaatliche Sachverhalte in Frage stehen[48]. Die sog. extraterritoriale Anwendbarkeit der Menschenrechtsverträge wird demgegenüber intensiv diskutiert – gerade im Zusammenhang mit kriegstypischen Situationen sind hierbei noch Fragen offen[49]. Mit Blick auf humanitärvölkerrechtlichen Fragestellungen werden Konstellationen relevant, die sich nicht auf das Staatsgebiet des jeweiligen verpflichteten Staats beschränken, sondern sich auf fremdem Staatsgebiet abspielen und somit die extraterritoriale Anwendbarkeit der Konventionen betreffen. Zu denken ist an den klassischen Fall des humanitären Völkerrechts, nämlich an Auslandseinsätze von Streitkräften im bewaffneten internationalen Konflikt[50]. Daneben spielt sich auch die Besatzung denknotwendig auf fremdem Hoheitsgebiet ab. Hier stellt sich auch die spiegelbildliche Frage: Wie sieht es mit den menschenrechtlichen Verpflichtungen des besetzten Staates aus?

---

48 Johann in Karpenstein, EMRK, Art. 1, Rn. 2.

49 So ist bei aller Öffnung für extraterritoriale Jurisdiktion im Zusammenhang mit kriegstypischem Geschehen – vgl. zB EGMR, Urteil vom 7.7.2011, Al-Skeini et al v UK, Nr. 55721/07 oder EGMR, Urteil vom 20.11.2014, Jaloud v The Netherlands, Nr. 47708/08 – die stets problematische Rechtsprechung des EGMR zur Frage der extraterritorialen Jurisdiktion unter anderem noch nicht geklärt, ob „bloßes Töten" auch unter Art. 1 EMRK fällt, vgl. hierzu Teil I, B. II. Alle Entscheidungen des EGMR können auch folgender Seite abgerufen werden: https://hudoc.echr.coe.int/eng.

50 Johann in Karpenstein, EMRK, Art. 1, Rn. 2; Zimmermann/Jötten, MenschenRechtsMagazin 2010, S. 5.

Wären Menschenrechtsverträge auf eine solche Situation nicht anzuwenden, fiele eine erhebliche Schnittmenge zwischen Menschenrechten und humanitärem Völkerrecht weg. In Teil A sollen die Anwendungsbereiche der Rechtsmaterien deshalb genauer untersucht und festgestellt werden, in welchem Ausmaß prinzipiell die Möglichkeit der räumlichen Überlappung besteht. In Teil B der folgenden Ausführungen soll sodann dargestellt werden, wie sich die Rechtsprechung der Menschenrechtsorgane bezüglich der Jurisdiktion in kriegstypischen Situationen auswirken. Teil C beschäftigt sich mit der Frage, wie das Konzept der Besatzung und der Jurisdiktion zusammenhängen.

A. Schnittmengen: Anwendungsbereich der Genfer Konventionen und Jurisdiktion der Vertragsstaaten

Um den Umfang der Überschneidung der beiden Rechtsgebiete generell näher bestimmen zu können, muss sowohl der Anwendungsbereich der Menschenrechtsverträge als auch der des humanitären Völkerrechts genauer betrachtet werden. Als Herzstück des humanitären Völkerrechts gelten hierbei – neben der Haager Landkriegsordnung – die vier Genfer Konventionen sowie die beiden Zusatzprotokolle. Sowohl die Genfer Konventionen als auch die Haager Landkriegsordnung sind als Völkergewohnheitsrecht[51] anzusehen und gelten somit unabhängig von einem Beitritt zu den Abkommen. Von besonderer Relevanz ist somit der Anwendungsbereich der Genfer Konventionen, wie er in ihren gemeinsamen Artikeln 1 und 2 zum Ausdruck kommt.

I. Anwendungsbereich der Genfer Konventionen gem. Art. 1

Der gemeinsame Art. 1 der Genfer Konventionen lautet: „The High Contracting Parties undertake to respect and to ensure respect for the present Convention in all circumstances."[52] Als Schlüsselbegriff zur Bestimmung des Anwendungsbereichs wird zu Recht „in all circumstances" ausgemacht. Jedoch gehen die Bewertungen über die Bedeutungen des Ausdrucks auseinander. Teilweise wird angenommen, dass diese Formulierung auf den territorialen Anwendungsbereich hindeute und

51 IGH, Urteil vom 27.6.1986, Military and Paramilitary Activities in and against Nicaragua, Z. 218; IGH, Gutachten vom 8.7.1996, Legality of the Threat or Use of Nuclear Weapons, Z. 79ff; Meron, American Journal of International Law 2005, S. 817 ff.

52 Die Genfer Konventionen sind in ihren englischen und französischen Fassungen authentisch, Art. 55 GK I, Art. 54 GK II, Art. 133 GK III und Art. 159 GK IV. In der französischen Fassung heißt es: „Les Hautes Parties contractantes s'engagent à respecter et à faire respecter la présente Convention en toutes circonstances." Die (nicht-authentischen) deutschen Übersetzung lautet: „Die Hohen Vertragsparteien verpflichten sich, das vorliegende Abkommen unter allen Umständen einzuhalten und seine Einhaltung durchzusetzen."

zwar dahingehend, dass dieser eben nicht auf das eigene Territorium beschränkt sei[53]. Diese Ansicht scheint auch der EGMR zu vertreten, wenn er in seiner Entscheidung Banković et al v Belgien et al[54] im Rahmen der Ausführungen zur extraterritorialen Anwendbarkeit der EMRK meint: „Had the drafters of the Convention wished to ensure jurisdiction as extensive as that advocated by the applicants, they could have adopted a text the same as or similar to the contemporaneous Articles 1 of the four Geneva Conventions of 1949."[55] Bemerkenswert ist zum einen, dass der Gerichtshof hier ausdrücklich – und zudem ohne Not – zu einer Vorschrift des humanitären Völkerrechts Stellung nimmt, was, wie sich später noch zeigen wird, zu dieser Zeit ungewöhnlich war und zum anderen, dass er eine Ansicht äußert, die jedenfalls nicht unumstritten ist. Überwiegend wird die Bestimmung des gemeinsamen Art. 1 GK nämlich nicht territorial gesehen, was der Wortlaut „unter allen Umständen" auch nicht zwingend nahe legt. Diskutiert wird vielmehr, ob der Bestimmung ein zeitlicher Aspekt[56] zukommt bzw. ob er alle Arten des bewaffneten Konflikts erfassen will[57]. Überwiegend ist jedoch die Ansicht, dass „unter allen Umständen" im Sinne des Art. 1 GK „ohne Ausnahme" bedeutet[58]. Damit würde es den Konventionsstaaten verwehrt, Gründe gleich welcher Art anzuführen, um die Genfer Konventionen nicht einhalten zu müssen[59]. Vielfach werden die Genfer Abkommen als vom Grundsatz der sonst im Bereich der völkerrechtlichen Verträge herrschenden Reziprozität ausgenommen gesehen[60]. Insbesondere wird dies auf das völkerrechtliche Mittel der Repressalie bezogen[61]: Hält ein Konventionsstaat die Bestimmungen des Abkommens nicht ein, ist es dem anderen Staat verwehrt, dies ebenfalls mit Nichteinhaltung zu beantworten. Ein solches Repressalienverbot ist unbedingt notwendig, um den Schutz durch die Abkommen aufrecht zu erhalten – ein Zulassen der Repressalie als Durchsetzungsmittel würde lediglich zu Lasten der in den Abkommen Geschützten gehen, was dem Sinn des humanitären Völkerrechts zuwiderliefe.

---

53 Schäfer, Zum Verhältnis Menschenrechte und humanitäres Völkerrecht, S. 19; anderer Ansicht noch in Schäfer, MenschenRechtsMagazin 2002, S. 157.

54 EGMR, 12.12.2001, Banković et al v Belgien et al, Nr. 52207/99.

55 EGMR, 12.12.2001, Banković et al v Belgien et al, Nr. 52207/99, Z. 75.

56 Vgl. Kessler, S. 30 mwN.

57 Kessler, S. 30 mwN.

58 Kessler, S. 30.

59 Kessler, S. 30.

60 Kessler, S. 30 mwN; Orakhelashvili, European Journal of International Law 2003, S. 532, vgl. auch International Criminal Tribunal for the former Yugoslavia (in der Folge: „ICTY"), Urteil (Trial Judgment) vom 14.1.2000, Kupreškić et al, Nr. IT-95-16-T, Z. 518: „Unlike other international terms (...) compliance with humanitarian rules could not be made dependent on a reciprocal or corresponding performance of these obligations by other States." Die Urteile des ICTY sind unter http://www.icty.org abrufbar.

61 Kessler, S. 34; Schäfer, MenschenRechtsMagazin 2002, S. 157.

Damit wird dem gemeinsamen Art. 1 GK überwiegend keine territoriale Bedeutung zugemessen; jedoch würde sie in der Gestalt, wie sie vom EGMR angenommen zu werden scheint, auch nicht gegen eine Überlappung der Anwendungsbereiche sprechen. Eine territoriale Beschränkung des humanitären Völkerrechts würde angesichts der Vielgestaltigkeit bewaffneter Konflikte auch dem Zweck des umfassenden Schutzes des vom Krieg Betroffenen widersprechen. Dementsprechend fehlen auch in den übrigen humanitärvölkerrechtlichen Verträgen entsprechende Klauseln[62]. Es ist somit von einer Geltung der Genfer Konventionen für die Kriegsparteien völlig unabhängig vom Schauplatz des bewaffneten Konflikts auszugehen.

II. Anwendungsbereich der Menschenrechtsverträge

Wie bereits erwähnt, ist die Frage nach der Anwendbarkeit der Menschenrechtsverträge im bewaffneten Konflikt die Kernfrage für das tatsächliche Zusammenwirken der Rechtsmaterien und der Türöffner für eine Rechtsprechung der Menschenrechtsorgane in materieller Hinsicht. Mögen Kommentatoren auch befürworten, dass die prekäre Situation des Menschen im Krieg von einem Zusammenspiel der beiden Rechtsgebiete profitieren kann[63], bliebe dies doch reine Theorie, wenn es mangels Anwendbarkeit des Menschenrechtsvertrags keine Möglichkeit eines „Nebeneinanders“[64] gibt.

Es stellt sich somit die Frage, welche Prinzipien der Anwendbarkeit der Menschenrechtsverträge zugrunde liegen. Diese Frage spitzt sich – wie bereits angedeutet – insbesondere dort zu, wo die Anwendbarkeit nicht wie selbstverständlich gegeben ist: bei der extraterritorialen Anwendbarkeit, also der Anwendbarkeit außerhalb des eigenen Staatsgebiets. Hierbei soll versucht werden, die Rechtsprechung der Menschenrechtsorgane dogmatisch zu erfassen; mit einem umfassenden Ansatz wäre die Bewertung der Anwendbarkeit der Menschenrechtsverträge auf kriegstypische Fälle auch in noch nicht entschiedenen Konstellationen möglich. Zudem soll eine Dogmatik auch mit Blick auf das Verhältnis der Jurisdiktion zur Besatzung entwickelt werden. Im Mittelpunkt der Analyse muss hierbei der EGMR stehen, da dieser den differenziertesten Ansatz zur Thematik entwickelt hat und seine Rechtsprechung globale Beachtung findet.

---

62 Vgl. hierzu die Vertragstexte, wie auch Schäfer, Zum Verhältnis Menschenrechte und humanitäres Völkerrecht, S. 19.

63 Milanovic, Journal of Conflict and Security Law 2010, der sich als Teilnehmer an einem transformativem Prozess hin zu einem humanisierten humanitären Völkerrecht empfindet, S. 460.

64 Mit Ausdrücken wie „Zusammenspiel“ und „Nebeneinander“ soll nicht bereits die Art des Verhältnisses der beiden Rechtsmaterien vorweggenommen werden. Mit diesem beschäftigt sich in der Tiefe Teil III.

Die Entwicklung einer Dogmatik steht hierbei vor dem Problem, dass der EGMR die Frage der Jurisdiktion auf eine vorsichtige, kasuistische Weise[65] angeht und der Analyst vor einem Mosaik an Entscheidungen steht. Dennoch soll versucht werden, unter Ermittlung der materiellen und prozessualen Aspekte der Jurisdiktionsfrage die relevanten Prinzipien herauszuarbeiten. An passender Stelle soll hierbei die weniger komplexe Rechtsprechung des interamerikanischen Systems und des UN-Menschenrechtsausschusses eingearbeitet werden.

1. *Vertragsklauseln zum Geltungsbereich („jurisdiction")*

Grundsätzlich gibt es drei Fragen, die im Rahmen der Anwendbarkeit eines Menschenrechtsvertrags beantwortet werden müssen: Ist die Beeinträchtigung eines Menschenrechts *ratione personae, ratione loci* und *ratione materiae* von der Konvention erfasst[66]? Bei einer Unanwendbarkeit *ratione materiae* ist die geltend gemachte Beeinträchtigung von keinem Konventionsrecht erfasst, während bei der Unanwendbarkeit *ratione personae* und *ratione loci* eine Menschenrechtsverletzung materiell gegeben sein mag, die Person, die sie geltend macht jedoch nicht der Jurisdiktion der Vertragspartei untersteht. Nach klassischem Verständnis erstreckt sich im Falle der Unanwendbarkeit *ratione personae* die Hoheitsgewalt der Vertragspartei nicht auf diese Person, im Falle der Unanwendbarkeit *ratione loci* nicht auf das Gebiet, in dem die Beeinträchtigung stattfand. Zusammengefasst werden diese Anwendungsfragen unter dem Begriff der Jurisdiktion, welcher – wenn problematisch – einen eigenen Prüfungspunkt im Rahmen der Zulässigkeit darstellt.

Um die Frage nach der Jurisdiktion zu beantworten, muss ein Blick auf den Wortlaut der verschiedenen Klauseln in den Menschenrechtsverträgen geworfen werden. Der Prototyp[67] der Anwendbarkeitsklausel findet sich in Art. 1 EMRK. Dort heißt es: „The High Contracting Parties shall secure to everyone *within their jurisdiction* the rights and freedoms defined in Section I of this Convention."[68] In Art. 2 Abs. 1 IPBPR, der zum größten Teil zur selben Zeit wie die

---

65 Vgl. Milanovic, Extraterritorial Application of Human Rights Treaties, dessen Studie der Rechtsprechung zu diesem Schluss kommt; vgl. auch https://www.ejiltalk.org/ jaloud-v-netherlands-new-directions-in-extra-territorial-military-operations/.

66 Johann, in Karpenstein, EMRK, Art. 1 Rn. 1. Grundsätzlich kann sich daneben auch noch die Frage der Anwendbarkeit ratione temporis stellen, wenn es fraglich ist, ob der jeweilige Menschenrechtsvertrag zur Zeit des fraglichen Eingriffs in ein Menschenrecht bereits für die Vertragspartei in Kraft getreten war.

67 Milanovic, Human Rights Law Review 2008, S. 413.

68 Die französische Fassung lautet: „Les Hautes Parties reconaissent à toute personne *relevant de leur juridiction* les droits et libertés définis au titre I de la présente Convention". In deutscher Übersetzung heißt es: „ Die Hohen Vertragsparteien sichern allen *ihrer Hoheitsgewalt unterstehenden* Personen die in Abschnitt I bestimmten Rechte und Freiheiten zu."; Hervorhebungen durch die Verfasserin.

EMRK formuliert, jedoch erst 15 Jahre später verabschiedet wurde, wird hingegen eine andere Formulierung gewählt: „Each State Party to the present Covenant undertakes to respect and ensure to all individuals *within its territory and subject to its jurisdiction* the rights recognized in the present Covenant (...)"[69] Der EMRK wiederum ähnlicher lautet Art. 1 Abs. 1 AMRK: „The States Parties to this Convention undertake (...) to ensure to all persons *subject to their jurisdiction* (...)."[70] Daneben ist für die Rechtsprechung im interamerikanischen System von Bedeutung die Amerikanische Deklaration der Rechte und Pflichten des Menschen von Bedeutung (im Folgenden: Amerikanische Deklaration), deren Einhaltung von der interamerikanische Kommission überwacht wird. Wenn auch die Amerikanische Deklaration kein Menschenrechtsvertrag im eigentlichen Sinne ist, kommt ihr dennoch bindende Wirkung[71] zu. Obwohl die Deklaration kein Jurisdiktionserfordernis enthält, liest die Kommission ein solches in sie hinein[72].

Der Wortlaut der Klauseln zum Geltungsbereich menschenrechtlicher Verträge – mögen sich sich auf den gesamten Vertrag oder auf einzelne Bestimmungen beziehen – zeigt, dass der Begriff „jurisdiction" der Schlüssel zur räumlichen Anwendbarkeit der Menschenrechte ist. Dieser Begriff muss deshalb im Folgenden näher beleuchtet werden.

2. *Meinungsstand*

In der Literatur und auch in der Argumentation vor den vertraglichen Menschenrechtsorganen werden viele Ansichten darüber vertreten, für welche Art von Sachverhalten der Anwendungsbereich der Menschenrechtsverträge eröffnet sein soll. Die Diskussion entzündet sich insbesondere an extraterritorialen Sachverhalten. Demgegenüber wird der Anwendungsbereich auf dem Territorium des Vertragsstaates selbst für selbstverständlich genommen. Diese Sichtweise spiegelt einen Jurisdiktionsbegriff aus der Sphäre des allgemeinen Völkerrechts wider, der auch in der Rechtsprechung der Menschenrechtsorgane eine Rolle spielt[73]. Aus diesem Grund soll er kurz vorgestellt werden, bevor noch intensiver

---

69 Französisch: „sur leur territoire et relevant de leur compétence." In deutscher Übersetzung: „Jeder Vertragsstaat verpflichtet sich, die in diesem Pakt anerkannten Rechte zu achten und sie allen in seinem Gebiet befindlichen und seiner Herrschaftsgewalt unterstehenden Personen (...) zu gewährleisten."

70 Die spanische Version lautet: „Los Estados Partes en esta Convención se comprometen (...) a garantizar su libre y pleno a toda persona esté *sujeta a su jurisdicción* (...)"; Hervorhebungen durch die Verfasserin.

71 Vgl. hierzu LORENZ, S. 49. Teilweise wird angenommen, dass Art. 2 der Deklaration den Anwendungsbereich bestimmt, vgl. RESS, The Italian Yearbook of International Law 2002, S. 57.

72 Vgl. hierzu LORENZ, S. 49.

73 Nach hier vertretener Ansicht stellt das Urteil in Banković ein Aufleben des Jurisdiktionsbegriffs des allgemeinen Völkerrechts im Rahmen der menschenrechtliche Jurisdiktion dar. Ausführlicher hierzu unter Ziff. 3.a) cc).

auf die zur Jurisdiktion vertretenen Ansichten eingegangen werden soll. Voranzustellen ist den Ausführungen, dass – stark orientiert an der Rechtsprechung – auch in der Literatur insbesondere zwei konkrete Ansätze[74] zur Begründung extraterritorialer Jurisdiktion diskutiert werden: das „personale Modell", in dem es um „state agent authority and control" über Individuen geht, sowie das „räumliche Modell", in dem es um Kontrolle eines außerhalb des Hoheitsgebiets liegenden Territoriums geht. Hierauf wird unter Ziff. b) noch näher einzugehen sein.

a) Der Begriff der Jurisdiktion im allgemeinen Völkerrecht

Der Ursprung des Begriffs „Jurisdiktion" liegt im lateinischen „ius dicere"[75], was mit „das Recht sagen" übersetzt werden kann. Damit ist jedoch nicht die Rechtsprechung an sich gemeint – als „power to adjudicate" aber durchaus Bestandteil des völkerrechtlichen Jurisdiktionsbegriffs –, sondern vielmehr „authority to declare the law or the legal position, i.e. to pronounce on rights and obligations"[76]. Ins Deutsche übersetzen ließe er sich mit Hoheitsgewalt[77], Zuständigkeit, Entscheidungsbefugnis oder auch Gerichtsbarkeit[78]. Auch im Englischen gibt es Synonyme für den Begriff „jurisdiction": So übersetzte das American Law Institute „jurisdiction" mit „capacity of a State"[79]. Weiterhin werden die Begriffe „power" und „authority" und im Französischen der Begriff „pouvoir" benutzt[80]. Sowohl die englischen als auch die deutschen Synonyme weisen die Richtung: Im Völkerrecht wird mit „jurisdiction" die Befugnis eines Staates bezeichnet, die Rechts- und Lebensverhältnisse von natürlichen und juristischen Personen umfassend zu regeln[81]. Diese Befugnis ist Ausfluss seiner Souveränität[82]. Nach allgemeiner

---

74 Lorenz, S. 105; Milanovic, European Journal of International Law 2012, S. 122.

75 Amerasinghe, S. 52.

76 Amerasinghe, S. 52: Vgl. auch ICTY, Urteil (Appeals Chamber) vom 2.10.1995, Prosecutor vTadić, Decision on the Defence Motion for Interlocutory Appeal on Jurisdiction, IT-94-1, Z. 10: „But jurisdiction is not merely an ambit or a sphere (better described in this case as „comptence"); it is basically – as is visible from the Latin origin of the word itself, jurisdiction – a legal power „to state the law" (dire le droit) within it's ambit in an authoritative and final manner."

77 Vgl. hierzu die deutsche Fassung der EMRK.

78 Lorenz, S. 79.

79 Wilkes, Restatement (Second) of Foreign Relations Law of the United States (1965), Z. 6; abrufbar unter: https://scholarlycommons.law.case.edu/cgi/viewcontent.cgi?article=4461&context=caselrev, zuletzt abgerufen Februar 2019.

80 Vgl. Mann, S. 3; allerdings fügt Mann hinzu: „None of these terms are satisfactory. Although in particular context they may be unambiguous, they should be avoided."

81 So die ganz herrschende Meinung, vgl. Krieger 2002, S. 671; Ipsen, S. 310; Milanovic, Human Rights Law Review 2008, S. 420.

82 Wie Milanovic es ausdrückt: „In essence, a state's jurisdiction is an emanation or an aspect of its sovereignty, it's right to regulate its own public order.", Milanovic, Human Rights Law Review 2008, S. 420; vgl. auch Cassese, S. 49; Brownlie, S. 297.

Ansicht umfasst die Jurisdiktion alle dem Staat zur Verfügung stehenden Regelungsmechanismen der gesetzgebenden, gesetzesvollziehenden und rechtsprechenden Gewalt[83].

Den Inhalt dieser Gewalt der Staaten bestimmt das Völkerrecht, ebenso wie die Konsequenzen, wenn ihre Grenzen überschritten werden[84]. *Mann* drückt dies in seinem Werk „Studies in International Law" folgendermaßen aus: „Jurisdiction involves a State's *right* to exercise certain of its powers. It is a problem, accordingly, that is entirely distinct from that of internal power or constitutional capacity or, indeed, sovereignty. There is, of course, no doubt that, as a matter of internal law, a State is free to legislate in whatever manner and whatever purpose it chooses. But like all other attributes of sovereignty this liberty is subject to the overriding question of entitlement."[85] Nach dieser Ansicht hängt die Souveränität eines Staates also davon ab, ob ihm das Völkerrecht für den entsprechenden Hoheitsakt auch die Hoheitsgewalt zugesteht. „Jurisdiction" bestimmt somit, ob ein Staat zu dem Akt berechtigt, der Akt somit legitim ist.

Im allgemeinen Völkerrecht wird der Begriff der Jurisdiktion vornehmlich territorial[86] verstanden: Auf seinem Staatsgebiet ist ausschließlich der Staat befugt, die Lebens- und Rechtsverhältnisse seiner Staatsangehörigen zu regeln[87]. Dementsprechend wird – jedenfalls in der deutschen Völkerrechtsliteratur – zumeist von „Gebietshoheit" gesprochen[88]. Diese beinhaltet beispielsweise, dass der Staat auf seinem Territorium nach seinen Vorstellungen eine Verfassung annehmen, seine Regierung und Regierungsform frei bestimmen, das Eigentum seiner Staatsangehörigen und der sich auf seinem Territorium aufhaltenden Fremden, sowie ob und unter welchen Bedingungen diese Fremden sein Territorium betreten dürfen, regeln kann[89]. Allerdings sind auch im Rahmen dieser territorialen Sichtweise Ausnahmen von der strikten Bindung der Hoheitsgewalt an das Hoheitsgebiet denkbar. Nach der Lotus-Rechtsprechung des IGH sind derlei „extraterritoriale Akte" oder „Hoheitsakte mit Auslandswirkung"[90]

---

83 Oxman, Max Planck Encyclopedia of Public International Law 2007; Ipsen, S. 310; Lorenz, S. 80; Schäfer, Zum Verhältnis Menschenrechte und humanitäres Völkerrecht, S. 21.

84 Mann, S. 4.

85 Mann, S. 4; vgl. auch Milanovic, Human Rights Law Review 2008, S. 422.

86 Ryngaert meint hierzu: „The territoriality principle is the most basic principle of jurisdiction in international law.", Ryngaert, S. 42.

87 Mann drückt dies – allerdings bereits mit menschenrechtsbezogener Einschränkung – so aus: „No one doubts that, except possibly in the case of the infringement of the fundamental human rights, the scope of a State's jurisdiction within its own territory and over its own subjects is unlimited.", Mann, S. 7. Vgl. hierzu auch Ryngaert, S. 42 ff.

88 Vgl. zB Ipsen, S. 310 ff.

89 Ipsen, S. 310.

90 Ipsen, S. 318 ff.

völkerrechtlich zulässig, solange es keine völkerrechtliche Regelung gibt, die gegen sie spricht[91]. *Ryangaert* sieht demgegenüber einen anderen, restriktiveren Ansatz als den überwiegend vertretenen: „Under this approach, States are *not* authorized to exercise their jurisdiction, unless they could rely on such permissive principles as the territoriality, personality, protective, and universality principle."[92] Nach beiden Ansichten ist es jedoch durchaus möglich, dass Staaten auch Sachverhalte mit Auslandsbezug regeln. In diesem Fall ist der sachliche Anwendungsbereich der Regelung nicht mit dem räumlichen Geltungsbereich identisch[93].

Dennoch bleibt nach dem Verständnis des allgemeinen Völkerrechts die Erstreckung des sachlichen Anwendungsbereichs über den räumlichen hinaus eine Ausnahme[94]. Gerechtfertigt werden muss diese Ausnahme von der Kongruenz der räumlichen und sachlichen Geltung der Staatsgewalt nach Ansicht des IGH in den Fällen Nottebohm[95] und Barcelona Traction[96] und der Staatenpraxis mit einem „genuine link". Dies bedeutet, dass es eine Gesetzesnorm, die einen Auslandssachverhalt regelt, zugleich einen Inlandssachverhalt betreffen muss, mit dem der erfasste Auslandssachverhalt „echt" oder „substantiell und hinreichend" verknüpft sein muss[97]. Besteht dieser „genuine link" nicht, so übt der agierende Staat seine Hoheitsgewalt unter Verstoß gegen das völkerrechtliche Verbot der Einmischung in innere Angelegenheiten[98] aus und verhält sich somit völkerrechtswidrig. Diese Begründung der Völkerrechtswidrigkeit macht deutlich, was der Zweck der Jurisdiktion im Völkerrecht ist: Der souveräne Staat soll vor der Einmischung in seine Angelegenheiten geschützt werden[99].

Festzuhalten bleibt somit, dass Merkmale des allgemeinen völkerrechtlichen Jurisdiktionsbereichs um die Rechtmäßigkeit des hoheitlichen Handelns eines Staates geht, welches für sein eigenes Hoheitsgebiet ohne Weiteres angenommen wird, außerhalb desselben aber nur ausnahmsweise.

---

91 Der IGH sieht hierin einen Grundsatz der Völkerrechtsordnung als Ausdruck des Willens einer Gemeinschaft souveräner Staaten. Dem Wesen dieses Grundsatzes entspriche, dass dort, wo nichts geregelt ist, die Staaten in ihrem Handeln grundsätzlich frei bleiben, vgl. StIGH, Lotus-Fall, 18 f.

92 Ryngaert, S. 21.

93 Ipsen, S. 319.

94 Ipsen, S. 320.

95 IGH, Urteil vom 6.4.1955, Nottebohm.

96 ICJ, Urteil vom 5.2.1970, Barcelona Traction, Light and Power Company, Limited, S. 105.

97 IGH, Urteil vom 6.4.1955, Nottebohm, S. 24, 26; Ipsen, S. 321/322.

98 Vgl. Art. 2 (7) UNC.

99 Vgl. Milanovic, Human Rights Law Review 2008, S. 425.

b) Jurisdiktion im Rahmen der Menschenrechtsverträge

Was unter dem Begriff der Jurisdiktion im Bereich der Menschenrechte zu verstehen ist, ist in der Völkerrechtsgemeinschaft höchst umstritten. Dies wirkt umso schwerer, als der Anwendungsbereich der Menschenrechtsverträge kein „mere toy for academics“[100] darstellt, sondern angesichts der Auslandseinsätze von Streitkräften – sei es im Kosovo, in Afghanistan, im Irak oder in Syrien – von hoher praktischer Relevanz ist. Für die betroffenen Personen kann es einen großen Unterschied machen, ob sie durch die Menschenrechtskonventionen geschützt sind; nicht zuletzt, weil in diesem Fall der Rechtsweg zu den Vertragsorganen in Frage kommt.

Die Darstellung der vertretenen Ansichten wird dadurch verkompliziert, dass die Ausführungen der Autoren sich auf unterschiedliche Verträge mit unterschiedlichem Wortlaut vor dem Hintergrund unterschiedlicher Rechtsprechung beziehen. Bezüglich letzterem hat jedoch eine Entscheidung „vertragsübergreifend“ von sich reden gemacht und Kritikern einer extraterritorialen Anwendung der Menschenrechtskonventionen Wasser auf die Mühlen gegeben: Die Entscheidung des EGMR in Banković et al v Belgium et al[101]. Diese hat in der Literatur große Wellen geschlagen und auch die Rechtsprechung anderer Menschenrechtsorgane beeinflusst. Im Übrigen macht es der Wortlaut insbesondere des IPBPR („within its territory and subject to its jurisdiction“) sowohl Akademikern wie auch Vertragsstaaten leicht, für eine Anwendbarkeit nur auf dem Hoheitsgebiet des Vertragsstaats zu argumentieren[102]. Trotz all dieser unterschiedlichen Faktoren soll im Folgenden versucht werden, die Ansichten der Kritiker und Befürworter der extraterritorialen Anwendbarkeit abstrakt zusammenzufassen.

aa) Territorialitätsprinzip

Das sog. Territorialitätsprinzip[103] lehnt sich stark an dem Verständnis der Jurisdiktion im allgemeinen Völkerrecht an und will die Anwendung der Menschenrechtskonventionen auf das Hoheitsgebiet der Vertragsstaaten beschränken. Eine extraterritoriale Anwendbarkeit der Menschenrechte ist nach dieser Ansicht ausgeschlossen.

Diese strenge extraterritoriale Anwendbarkeit wird insbesondere im Zusammenhang mit dem IPBPR vertreten. Sowohl die USA[104], als auch Belgien[105] und

---

100 So Lawson, in Coomans/Kamminga, S. 84.

101 EGMR, Urteil vom 12.12.2001, Banković et al v Belgien et al, Nr. 52207/99.

102 So zum Beispiel die USA in der 53. Sitzung des UN-Menschenrechtsausschuss am 31.3.1995, U.N. Doc. CCPRIC/SR 1405; Schmidt, S. 127.

103 Vgl. Lorenz, S. 71/72.

104 MRA, Concluding Observations on the Second and Third Periodic Report of the United States am 18.12.2006, UN Doc. CCPR/C/USA/3, Z. 130.

105 MRA, Concluding Observations on the Fourth Periodic Report of Belgium am 12.8.2004, UN Doc. CCPR/CO/81/ BEL, Z. 6

die Niederlande[106] sind der Ansicht, dass der IPBPR – der eben nicht lediglich auf „jurisdiction“ abstellt, sondern von einer Anwendbarkeit „within its territory and subject to its jurisdiction“ ausgeht – sie nicht extraterritorial binde. Im Report einer Arbeitsgruppe des amerikanischen Verteidigungsministeriums wurde dies folgendermaßen zusammengefasst: „The United States has maintained consistently that the Covenant does not apply outside the United States or its special maritime and territorial jurisdiction, and that it does not apply to operations of the military during an international armed conflict.“[107] Auch Israel ist der Ansicht, dass menschenrechtliche Verträge sich auf das Staatsgebiet des Vertragsstaates beschränken. Sowohl hinsichtlich des IPBPR als auch des Internationalen Pakts über wirtschaftliche, soziale und kulturelle Rechte äußerte sich Israel wortgleich: „In its concluding observations on Israel's initial report, the Committee questioned Israel's position regarding the applicability of the Covenant to the West Bank and the Gaza Strip. Israel has consistently maintained that the Covenant does not apply to areas that are not subject to its sovereign territory and jurisdiction.“[108] Dieser Ansicht schließt sich *Dennis* an. Eine Auslegung des Art. 2 Abs. 1 IPBPR geht für ihn sowohl über den Wortlaut, als auch die Staatenpraxis, sowie die ursprünglichen Absichten der Vertragsstaaten hinaus[109].

Eine Variante des kompletten Ausschlusses der Anwendbarkeit auf einem anderen Gebiet als dem eigenen Hoheitsgebiet entwickelte sich im Gefolge der Banković-Entscheidung. Die Vertreter dieser Ansicht sprechen der Konvention eine Geltung außerhalb des Gebiets der Vertragsparteien der EMRK ab. Mit den Worten des ehemaligen parlamentarischen Staatssekretärs beim Verteidigungsminister des Vereinigten Königreichs: „The European Convention is intended to apply in a regional context in the legal space of the Contracting States. It was not

106 MRA, Addendum to Concluding Observations concerning the Report of the Netherlands am 29.4.2003, UN Doc. CCPR/CO/72/NET/Add. 1 (2003), Z. 19

107 U.S. Department of Defense, Working Group Report on Detainee Interrogations in the Global War on Terrorism: Assessment of Legal, Historical, Policy and Operational Considerations (6 März 2003), S. 6, abrufbar unter: http://hrlibrary.umn.edu/OathBetrayed/Rumsfeld%204-4-03.pdf, zuletzt abgerufen im Februar 2019. Das Dokument war ursprünglich geheim und vor seiner Veröffentlichung durch das Verteidigungsministerium geleakt worden.

108 Vgl. für den IPBPR: MRA, Addendum to the Concluding Observations on the second periodic Report of Israel vom 4.12.2001, UN Doc. CCPR/C/ISR/2001/2, Z. 8; vgl. für den Sozialpakt zweiter periodischer Bericht Israels, UN Doc. E/1990/6/Add.32, Z. 5, abrufbar unter: http://tbinternet.ohchr.org/_layouts/treatybodyexternal/Download.aspx?symbolno=E%2F1990%2F6%2FAdd.32&Lang=en, zuletzt abgerufen im Februar 2019; Ben-Naftali bestätigt dies: „Although [Israel] is a party to the leading human rights treaties, conscutive Israeli givernments have steadfastly objected to their application in the Occupied Territories“, Ben-Naftali/Shany, Israel Law Review 2003, S. 26.

109 Schmidt, S. 127.

designed to be applied throughout the world and was not intended to cover the activities of a signatory in a country that is not a signatory to the Convention. The ECHR can have no application to the activities of the UK in Iraq because the cititzens of Iraq had no rights under the ECHR prior to the military action by the Coalition Forces."[110]

bb) Territoriales Modell

In der Rechtsprechung der Menschenrechtsorgane spielt das Territorialitätsprinzip übergreifend keine Rolle, da alle Organe in gewissem Maße eine extraterritoriale Anwendung ihrer Konventionen bejahen (hierzu sogleich unter Ziff. 3.a)). Ganz allgemein hatten territoriale Anknüpfungspunkte in der Rechtsprechung zur extraterritorialen Anwendbarkeit kaum mehr eine Rolle gespielt[111], bis in Banković territoriale Anklänge wieder auflebten. Seitdem wird auch in der Literatur das sog. räumliche oder territoriale Modell als Konzept zur Begründung einer extraterritoralen Anwendung diskutiert. Dieses darf mit dem Territorialitäts*prinzip* nicht verwechselt werden, welches gerade von einer Beschränkung auf das Hoheitsgebiet und somit keiner extraterritorialen Anwendbarkeit der Menschenrechte ausgeht.

Das räumliche Modell gilt heute als der „kleinste gemeinsame Nenner"[112] der Befürworter extraterritorialer Menschenrechtsbindung. Ausgangspunkt der Überlegungen ist hierbei, dass bei Kontrolle eines Gebietes außerhalb des eigenen Hoheitsgebiets der Vertragsstaat an den Menschenrechtsvertrag gebunden ist[113].

---

110 Rt Hon. Adam Ingram MI., Verteidigungsministerium, Brief an Adam Price M.P. Vom 7.4.2004; mit der regionalen Begrenzung von Menschenrechtsverträgen sympathisierend, Cerna in ihrem Beitrag zur extraterritorialien Anwendung der Menschenrechte im interamerikanischeinteramerikanischen System, in Coomans/Kamminga, S. 170 ff.

111 Vgl. EKMR: „(...) [The term jurisdiction *is not equivalent to or limited to ‚within the national territory‘* of the High Contracting Party concerned. It emerges from the language, in particular of Ihe French text, and the object of this Article, and from the purpose of the Convention as a whole, that the High Contracting Parties are bound to secure the said rights and freedoms to all persons under their actual authority and responsibility, not only when that authoriry is exercised within their own territory but also when it is exercised abroad."; EKMR, Entscheidung (Zulässigkeit) vom 10.7.1978, Cyprus v Turke, Nr. 8007/77, Z. 19, Hervorhebung durch die Verfassern; MRA: „The reference (...) to ‚individuals subject to its jurisdiction‘ (...) is not to the place where the violation occurred, but rather to the relationship between the individual and the State in relation to a violation of any of the rights set forth in the Covenant, *wherever* they occurred.", MRA, View vom 29.7.2981, Lopez Burgos v Uruguay, Nr. R.12/52, U.N. Doc. Supp. No. 40 (A/36/40), Hervorhebung durch die Verfasserin.

112 Lorenz, S. 89; hier auch weitere Nachweise zu den Befürwortern des räumlichen Ansatzes.

113 Vgl. hierzu auch Lorenz, S. 88ff.

Teilweise wird die Bejahung der Bindung des Vertragsstaats mit einer Parallele zur Ausübung von Hoheitsgewalt im angestammten Hoheitsgebiet hergeleitet[114]. Möglicherweise erscheint territoriale Kontrolle zur Begründung von Jurisdiktion auch deshalb eingängiger, weil in solchen Fällen eine Ausübung von Hoheitsgewalt im humanitären Völkerrecht anerkannt ist[115]. Dennoch tun sich auch hier Fragen auf, die unterschiedlich beantwortet werden. Die mit Sicherheit prominenteste Frage ist, was „effektive Kontrolle über ein Gebiet" eigentlich ausmacht. Besonders diskutiert wird in diesem Zusammenhang auch, inwiefern das territoriale Modell im Verhältnis zur Besatzung im humanitären Völkerrecht steht[116].

cc) Personales Modell

Neben dem territorialen Modell, welches die Geltung der Menschenrechte von einem gewissen Grad an Kontrolle über ein Gebiet außerhalb des Hoheitsgebiets des Vertragsstaats abhängig macht, wird zur Begründung der extraterritorialen Anwendbarkeit auch ein Konzept vertreten, welches auf das Verhältnis zwischen Staat und Mensch direkt abstellt. Die Art der Beziehung und die Sachverhalte, die erfasst werden, sind wiederum höchst umstritten.

(1) Ausgestaltung der Beziehung

Eine enge Auffassung vertritt, dass sich die Beziehung zwischen dem Vertragsstaat und dem Individuum, welches im Rahmen des personalen Modells der Hoheitsgewalt unterfällt, durch eine Struktur ähnlich der eines Staates zu einer Person auf seinem Hoheitsgebiet auszeichnen müsse. *Lorenz* fasst die verschieden gewichteten Ansätze treffend zusammen: „Als einzelne, wenngleich miteinander verzahnte Elemente lassen sich somit Finalität im Sinne von bewusster Regulierung und Verhaltenssteuerung, Regelmäßigkeit und Dauerhaftigkeit, strukturierte Rechtsbeziehungen sowie ein zeitlich gestuftes Verhältnis von Jurisdiktion und Rechtsverletzung destillieren."[117] Diese Ansicht wird beispielsweise von den NATO-Staaten in Banković vertreten, wenn sie „jurisdiction" folgendermaßen auslegen: „The exercise of ‚jurisdiction' therefore involves the assertion or exercise of legal authority, actual or purported, over persons owing some form of allegiance to that State or who have been brought within that State's control. (...) [T]he term jurisdiction generally entails some form of structured relationship normally existing over a period of time."[118] Auch *Krieger* vertritt die Auffassung,

---

114 Krieger 2002, S. 675.

115 So geht beispielsweise Lorenz wie selbstverständlich im Rahmen der Erläuterung des territorialen Ansatzes auch auf die Besatzung ein, Lorenz, S. 91.

116 Auf diese Frage soll in Teil C genauer eingegangen werden.

117 Lorenz, S. 107.

118 Die Beschwerdeführer in EGMR, Urteil vom 12.12.2001, Banković et al v Belgium et al, Nr. 52207/99, Z. 36.

dass nur bei regelmäßiger, dem innerstaatlichen Verhältnis zwischen Individuum und Staat ähnlicher Rechtsbeziehung von einer Ausübung extraterritorialer Hoheitsgewalt auszugehen sei[119]. Dieses Erfordernis der regelmäßigen Hoheitsausübung schließe zudem aus, dass durch Einzelakte von Hoheitsträgern der Schutzbereich der EMRK eröffnet werde[120].

Dieser engen Auslegung des Begriffs Jurisdiktion steht eine Auffassung gegenüber, die für die Anwendbarkeit der Konvention keine derartig strukturierte, grundrechtsähnliche Beziehung zwischen dem Vertragsstaat und der betroffenen Person fordert, sondern *faktische* Ausübung von Hoheitsgewalt genügen lässt. Prominent vertritt der EGMR-Richter *Loucaides* die Meinung, dass unter dem Begriff der jurisdiction „actual authority, that is to say the possibility of imposing the will of the State on any person"[121] zu verstehen sei. Auch *Schäfer* stellt auf die faktische Situation ab, und kommt in seiner Kommentierung des Falles Banković zu dem Schluss: „Zusammenfassend lässt sich sagen, daß der Wortlaut von Art. 1 EMRK (...) auch die (faktische) Ausübung von Hoheitsgewalt eines Vertragsstaates gegenüber einem Individuum auf fremden Territorium erfasst. Ziel und Zweck der EMRK und deren Art. 1, einen größtmöglichen Schutz der Menschenrechte der durch hoheitliche Maßnahmen Betroffenen sicherzustellen, gebieten (...) eine Auslegung des Begriffs Jurisdiktion, der auch militärische oder sonstige hoheitliche Akte eines Vertragsstaats auf fremden Territorium erfasst."[122] *Scheinin* spricht sich für eine einzelfallbezogene Prüfung der faktischen Kontrolle hinsichtlich der Umstände, in dem eine mutmaßliche Menschenrechtsverletzung geschieht, aus[123]. *Lawson* weist ausdrücklich zurück, dass es für ein Bestehen von Jurisdiktion einer formellen Rechtsbeziehung bedarf und fordert lediglich das Bestehen eines „direct and immediate link" zwischen dem extraterritorialen Verhalten des Vertragsstaats und der Menschenrechtsverletzung[124].

Teilweise wird der personale Ansatz auch ganz abgelehnt, da seine Kriterien stets nur willkürlich sein könnten[125]. Vertreten wird deshalb auch, dass nach der Art der Verpflichtung zu unterscheiden sei: Die Abwehrrechte könne der Vertragsstaat stets einhalten, während die positiven Verpflichtungen aus den Menschenrechtsverträgen einer gewissen Kontrolle der Umstände bedürften[126].

---

119 KRIEGER 2002, S. 672/673.
120 KRIEGER 2002, S. 672.
121 EGMR, Urteil vom 8.4.2004, Assanidze v Georgia, Nr. 71503/01, Z. 112; EGMR, Urteil vom 8.6.2004, Ilaşcu et al v Moldova and Russia, 48787/99, Z. 107.
122 SCHÄFER, MenschenRechtsMagazin 2002, S. 162/163.
123 Scheinin, in COOMANS/KAMMINGA, S. 76.
124 Lawson, in COOMANS/KAMMINGA, S. 104.
125 MILANOVIC, Extraterritorial Application of Human Rights Treaties, S. 207.
126 Vgl. insbesondere MILANOVIC, Extraterritorial Application of Human Rights Treaties, S. 209: „The driving force behind the personal model is easy to spot – how could it be justified against the normative baseline of universality that a state which is in full control of its won agents is dispensed from respecting the human

In eine ähnliche Richtung gehen die Konzepte, die auf den Grad der Kontrolle abstellen, um den Grad der menschenrechtlichen Verpflichtung zu bestimmen[127]. Hintergrund beider Überlegungen ist, dass kein Grund ersichtlich ist, warum ein Staat nicht die Menschenrechte insoweit beachten soll, als er sie beachten *kann*[128]. In eine ähnliche Richtung scheint der funktionale Ansatz von Richter *Bonello* in seiner „Concurring Opinion" zur Entscheidung des EGMR in Al-Skeini et al v United Kingdom[129]. Seiner Ansicht nach haben die Vertragsstaaten im Rahmen der Menschenrechtsverträge fünf Pflichten, zu denen auch die typische abwehrrechtliche Seite der Menschenrechte gehört, die Menschenrechte nicht zu verletzen[130]. Einen Ansatz zur Bestimmung der Jurisdiktion bestimmt sich für ihn wie folgt: „Very simply put, a State has jurisdiction for the purposes of Article 1 whenever the observance or the breach of any of these functions is within its authority or control."[131]

(2) Erfasste Sachverhalte

Bejaht man die Existenz eines state-authority-and-control-Ansatzes, wird überwiegend der Gewahrsam als unstreitige Ausübung solcher Kontrolle angesehen. Dies zeigt sich anschaulich am Urteil des britischen Court of Appeal im Fall Al-Skeini, der keine Ausübung von Hoheitsgewalt bei einer Tötung annahm, jedoch der folgenden Ansicht war: „If troops deliberately and effectively restrict

rights of persons whose lives its agents affect, merely on account of their location? (...) Why then not simply say that states have to comply with their negative obligation to respect human rights in all circumstances, regardless of whether they exercise jurisdiction over a particular territory or area?"; ähnlich Künnemann, in Coomans/Kamminga, S. 228/229 (für den IPBPR). „States respect the rights. And states ensure the rights for all individuals subject to their jurisdiction. There are, in fact, no reasons, why the ICCPR should limit states' obligations to refrain from acts destroying human rights standards, as these are under the full control of the state party."; ebenso: Schäfer, Zum Verhältnis Menschenrechte und humanitäres Völkerrecht, S. 31.

127 Vgl. Lawson, in Coomans/Kamminga, S. 105 ff, 120; ebenso die Beschwerdeführer in EGMR, Urteil vom 12.12.2001, Banković et al v Belgium et al, Nr. 52207/99, Z. 46.

128 Schäfer, Zum Verhältnis Menschenrechte und humanitäres Völkerrecht, S. 31; Milanovic, Extraterritorial Application of Human Rights Treaties, S. 210; Künnemann, in Coomans/Kamminga, S. 288.

129 EGMR, Urteil vom 7.7.2011, Al-Skeini et al v UK, Nr. 55721/07.

130 Die weiteren Pflichten sind: „having in place systems which prevent breaches of human rights"; „investigating complaints of human rights abuses; „scourging those of their agents who infringe human rights"; „compensating the victims of breaches of human rights", vgl. Richter Bonello, Concurring Opinion, EGMR, Urteil vom 7.7.2011, Al-Skeini et al v UK, Nr. 55721/07.

131 Richter Bonello, Concurring Opinion, EGMR, Urteil vom 7.7.2011, Al-Skeini et al v UK, Nr. 55721/07, Z. 11.

someone's liberty, he is under their control."[132] Im Falle des Gewahrsams scheiden sich wiederum die Geister, unter welchen Umständen ein solcher jurisdiktionsbegründend sei. So schien das britische House of Lords[133] im personalen Modell lediglich ein territoriales Modell in kleinerem Maßstab zu sehen: Jurisdiktion könne lediglich im Fall der Inhaftierung in einem britisch-kontrolliertem Gefängnis begründet werden – ein solches sei einem Botschaftsgelände ähnlich. Nur im Rahmen einer Analogie zu dieser vom Vertragsstaat kontrollierten Örtlichkeit ergäbe sich Hoheitsgewalt[134]. Nach dieser Ansicht wäre eine Ingewahrsamnahme durch Organe des Staates für die Begründung von Jurisdiktion nicht ausreichend; erst die Verbringung in eine Haftanstalt würde zur Anwendbarkeit der Menschenrechtsverträge führen.

Noch umstrittener – insbesondere seit der Entscheidung in Banković – ist die Frage, ob „'mere' power to kill"[135] gegenüber Individuen ausreicht, um diese in den Anwendungsbereich der Menschenrechtsverträge zu bringen. Viele Autoren stellen sich die (rhetorische) Frage: Was, wenn nicht die Tötung eines Menschen, ist die ultimative Machtausübung[136]? So meint *Cassel* dann auch: „Where a state can kill a person outside its territory, it exercises sufficient control over that person to be held accountable for violating his right to life."[137] Eine Vielzahl von Autoren vertritt, dass extraterritoriale Tötungen Jurisdiktion im Sinne der Menschenrechtsverträge begründeten[138]. Dahinter stehen zumeist Wertungsgesichtspunkte: Soll wirklich ein Anreiz gesetzt werden, Menschen lieber zu töten als sie beispielsweise festzunehmen, um sich so der menschenrechtlichen Verpflichtung zu entziehen[139]? Zudem fällt es schwer, zwar eine Ingewahrsamnahme als Ausübung von Hoheitsgewalt zu sehen, den gravierendsten Eingriff in das Recht eines Menschen – sein Recht zu leben – aber auszuklammern. Die Frage, ob extraterritoriale Tötungen in den Anwendungsbereich der Menschenrechtsverträge fallen, spielt naturgemäß im Zusammenhang mit dem humanitären

132 Court of Appeal (Lord Justice Brooke), Al-Skeini, Z. 108; auch die Beschwerdeführer in Al-Skeini nennen „arrest and detention (...) a classic instance of State agent authority" (Z. 123), wenn sie das Konzept auch hierauf nicht beschränken wollen.

133 Die nächste Instanz im Fall Al-Skeini.

134 Lord Brown, House of Lords zitiert in EGMR, Urteil vom 7.7.2011, Al-Skeini et al v UK, Nr. 55721/07, Z. 127/132.

135 Milanovic, Extraterritorial Application of Human Rights Treaties, S. 190.

136 Milanovic, Extraterritorial Application of Human Rights Treaties, S. 190.

137 Cassel für die Rechtsprechung der AKMR, in Coomans/Kamminga, S. 177; vgl. auch Schäfer, Zum Verhältnis Menschenrechte und humanitäres Völkerrecht, S. 34.

138 Schäfer, MenschenRechtsMagazin 2002, S. 156; Künnemann, in Coomans/Kamminga, S. 288; Gondek, The Reach of Human Rights in a Globalising World, S. 185; Milanovic, Extraterritorial Application of Human Rights Treaties, S. 190.

139 Für viele: Gondek, The Reach of Human Rights in a Globalising World, S. 185; Milanovic, Extraterritorial Application of Human Rights Treaties, S. 191.

Völkerrecht eine herausragende Rolle: (Kampf)handlungen, die zum Tod von Menschen führen, machen Krieg gerade aus. Eine Einschätzung soll in Teil B vorgenommen werden.

3. Rechtsprechung der Menschenrechtsorgane: Versuch einer Dogmatik

Wie die vielen verschiedenen Ansichten in der Literatur bereits vermuten lassen, ist die Rechtsprechung zur extraterritorialen Jurisdiktion nicht kohärent und lässt eine Vielzahl von Deutungen zu. Dies gilt insbesondere für die Rechtsprechung des EGMR, der – wie bereits erwähnt – zunächst das sehr beschränkende Urteil in Banković fällte, um sodann von Fall zu Fall und ohne klar erkennbare Linie zu entscheiden. In den letzten Jahren öffnete sich die Rechtsprechung gerade für extraterritoriale kriegstypische Sachverhalte[140], ohne dass deshalb jedoch von kasuistischen Herangehensweise abgewichen worden wäre.

Dennoch soll versucht werden, aus der Rechtsprechung die grundlegenden Prinzipien herauszufiltern und eventuell doch eine Dogmatik mit Blick auf die so wichtige Frage der Jurisdiktion zu entwickeln. Dabei orientiert sich der Aufbau der Darstellung an der Rechtsprechung des EGMR in dem weiteren grundlegenden Urteil Al-Skeini, welches die Rechtsprechung seit Banković systematisierte. Als Sonderfälle müssen hierbei die Entscheidung in Banković und in Al-Skeini selbst einer Betrachtung unterzogen werden. An den passenden Stellen wird auch die Praxis der interamerikanischen Kommission und des UN-Menschenrechtsausschuss mit eingearbeitet[141]. Nicht außer Acht gelassen werden soll zudem der prozessualen Aspekt, der in der von den Menschenrechtsorganen entwickelten Formel seinen Ausdruck findet und der nach hier vertretener Ansicht ebenfalls Rückschlüsse auf die Rechtsnatur der Jurisdiktion im Allgemeinen zulässt.

Für die extraterritoriale Anwendbarkeit ist von besonderem Interesse, inwiefern der Jurisdiktionsbegriff des allgemeinen Völkerrechts Einfluss auf Jurisdiktion im menschenrechtlichen Sinne hat. Da ersterer weit überwiegend auf das

---

140 Vgl. Milanovic im Zusammenhang mit den Nagorno- Karabakh-Fällen (insbesondere EGMR, Urteil vom 16.06. 2015, Chiragov et al v Armenia, Nr. 13216/05: „ (...) [T]he overall picture coming from *Chiragov* is that it confirms the post *Al-Skeini* trend that the Court is now likely to find Article 1 jurisdiction and is being increasingly generous on threshold questions of the Convention's extraterritorial application.", vgl. Milanovic, European Journal of InternaZusammenhang mit EGMR, Urtteil vom 20.11.2014, Jaloud v The Netherlands, Nr. 47708/08, tional Law Talk! 2014, https://www.ejiltalk.org/the-nagorno-karabakh-cases/>; ähnlich auch de Koker in Koker Cedric de, Strasbourg Observers 2014, https://strasbourgobservers.com/2014/12/08/extra-territorial-jurisdiction-flexible-human-rights-obligations-the-case-of-jaloud-v-the-netherlands/.

141 Der AGMR hat sich mit der Frage der extraterritorialen Jurisdiktion noch nicht beschäftigt.

Hoheitsgebiet eines Staates bezogen ist (s. Ziff. 2.a)), bliebe für eine extraterritoriale Anwendung wenig Raum.

a) Materielle Aspekte

In der Rechtsprechung haben sich – wie oben bereits erwähnt – zwei Ansätze zur Begründung extraterritorialer Jurisdiktion entwickelt[142]. Das Verhältnis der beiden Ansätze ist nicht abschließend geklärt[143]. Spätestens seit der Entscheidung des EGMR im Fall Al-Skeini[144] ist klar, dass der Gerichtshof, ebenfalls von diesen beiden Modellen zur Begründung extraterritorialer Anwendbarkeit der Konvention ausgeht[145]. Im Folgenden soll gezeigt werden, dass das Kriterium der faktischen Kontrolle in beiden Modellen entscheidend ist[146]. Allerdings ist – wie *Scheinin* richtig bemerkt[147] – dieses Erfordernis ohne besonderen Erkenntnisgewinn, wenn man nicht spezifiziert, was Gegenstand dieser Kontrolle und wie sie ausgestaltet ist. Auch für diese Fragen soll versucht werden, in der Rechtsprechung der Menschenrechtsorgane eine Antwort zu finden.

aa) Personales Modell: „state agent authority and control"

Das Konzept der Ausübung von Kontrolle und Autorität durch einen Vertreter des Vertragsstaates, entwickelte sich insbesondere in der Praxis der Europäischen

---

142 Vgl. für viele andere: Milanovic, European Journal of International Law 2012, S. 122; Gondek, The Reach of Human Rights in a Globalising World; Schäfer, Zum Verhältnis Menschenrechte und humanitäres Völkerrecht; Lorenz.

143 Wie Milanovic es formuliert: „The relationship between these two strands of law has never been clear, as the question of extraterritoriality was never approached in a methodical way, and a number of deviations from the two models stood in between them." Selbst das bisschen bestehende Klarheit sei jedoch durch die Entscheidung in Banković zerstört worden, in der das personale Modell nicht einmal angesprochen worden sei, vgl. Milanovic, European Journal of International Law 2012, S. 122.

144 EGMR, Urteil vom 7.7.2011, Al-Skeini et al v UK, Nr. 55721/07.

145 Vgl. EGMR, Urteil vom 7.7.2011, Al-Skeini et al v UK, Nr. 55721/07, Z. 133 und 138, in denen er die beiden Ansätze als Fallgruppen für „exceptional circumstances" (Z. 132) auflistet.

146 Dieses Prinzip wird von Elementen der Fiktion durchbrochen. Im Urteil Sargysan v Azerbaijan vom 16.06.2015 nimmt der Gerichtshof Jurisdiktion ohne die Möglichkeit, faktische Kontrolle über umkämpftes sog. „no man's land" allein aus Wertungsgesichtspunkten an. Dieses Abweichen vom Prinzip der effektiven Kontrolle wird in den dem Urteil folgenden Ansichten (teils „concurring", teils „dissenting" der Richter Yudkivska, Hajiyev und de Albuquerque kritisiert.

147 Scheinin, in Coomans/Kamminga, S. 76: „To me, the notion of ‚effective control' is not the answer but part of the question: state responsibility under human rights treaties for extraterritorial acts of a state requires ‚effective control', but control over what?"

Kommission für Menschenrechte[148] (in der Folge: „EKMR“) und wurde in der Folge von der Interamerikanischen Kommission für Menschenrechte aufgenommen[149]. Auch der UN-Menschenrechtsausschuss bedient sich dieses Ansatzes zur Begründung extraterritorialer Bindung von Staaten an den IPBPR[150]. Im Fall Öcalan v Turkey[151] wurde Jurisidiktion auch vom EGMR erstmals mit der Ausübung von „state agent authority and control“ begründet und in Al-Skeini als eine von zwei Fallgruppen[152] zur Begründung extraterritorialer Anwendbarkeit der Konvention ausdrücklich bestätigt[153].

Der Grundgedanke dieses Konzepts ist, dass auch außerhalb des Hoheitsgebiets ein Organ eines Vertragsstaates eine Person in die Hoheitsgewalt des Vertragsstaates bringen kann[154]. Dies geschieht nach der Formel des EGMR durch Ausübung von „state agent authority and control“. Wie genau diese Ausübung von Kontrolle jedoch aussehen soll, ist in der Rechtsprechung nicht kohärent. Kern des Problems ist, dass die Anwendungsklauseln der Menschenrechtsverträge die Grundvoraussetzung – für die EMRK vom EGMR als „threshold criterion“ bezeichnet – für die Bindung der Vertragsstaaten sein sollen. Gerade für den personalen Ansatz wird es als schwierig gesehen, Kriterien zu finden, die weder zu eng, noch zu weit, noch willkürlich sind[155]. Während der territoriale Ansatz – also Ausübung von Hoheitsgewalt auf einem bestimmten Gebiet, sei es nun das eigene oder ein fremdes – relativ klar umrissen ist, kann die Beziehung zwischen einem Staat und einer einzelnen Person vielgestaltig sein. Wie können diese Beziehungen dahingehend bestimmt werden, dass Jurisdiktion ein Begriff mit Inhalt ist, der einerseits nicht jedes Handeln des Staates, welches Auswirkungen

---

148 Hierzu sogleich im Folgenden.

149 Vgl. AKMR, Entscheidung vom 11.3.1999, Victor Saldaño v Argentinien, Nr. 12.254, Z. 18.

150 Vgl. MRA, General Comment Nr. 31 on Article 2 vom 26.5.2004, UN Doc. CCPR/C/21/Rev.1/Add. 13, Z. 10; vgl. auch MRA, General Comment Nr. 36 on the Right to Life, UN Doc. CCPR/C/GC/36, Z. 63.

151 EGMR, Urteil vom 12.5.2005, Öcalan v Turkey, Nr. 46221/99.

152 Vgl. hierzu Leach, der der Ansicht ist, dass extraterritoriale Anwendbarkeit aber nicht nur durch diese beiden Fallgruppen begründet werden kann: „The Grand Chamber recalled that the Court had previously recognized such exceptional circumstances in two types of situation (‚state agent authority and control‘ and ‚effective control over an area‘), but did not find that jurisdiction can only arise extraterritorially in one or other of those situations. The test is a broader one: „in each case, the question whether exceptional circumstances exist which require and justify a finding by the Court that the State was exercising jurisdiction extraterritorialy must be determined with reference to the particular facts.“, vgl. Wilmshurst (Hrsg.) 2012, S. 345.

153 EGMR, Urteil vom 7.7.2011, Al-Skeini et al v UK, Nr. 55721/07, Z. 133 ff.

154 Johann in Karpenstein, EMRK, Art. 1 Rn. 28.

155 Milanovic, Extraterritorial Application of Human Rights Treaties, S. 173.

auf eine Person auf „fremdem" Gebiet hat, erfasst, und andererseits durch staatliches Handeln betroffene Personen auch nicht ungerechtfertigt des Schutzes der Konventionen zu berauben? Die Untersuchung der Rechtsprechung konzentriert sich zunächst auf die Erfassung der relevanten Rechtsprechung in Tatbestand und Rechtsfolge und analysiert dann die zugrunde liegenden Prinzipien.

(1) Tatbestand

Für den Anwendungsbereich der EMRK schlüsselte der EGMR im Fall Al-Skeini seine eigene Rechtsprechung zum personalen Modell auf. Spielte Jurisdiktionsbegründung durch „state agent authority and control"[156] in Banković zehn Jahre früher noch kaum einer Rolle[157], erläuterte der Gerichtshof nun die wichtigsten Fallgruppen[158]. Bevor der Gerichtshof auf die einzelnen Fallgruppen einging, statuierte er das übergreifende Prinzip dieses übergreifenden Ansatzes: „(...) [A] Contracting State's jurisdiction under Article 1 may extend to acts of its authorities which produce effects outside its own territory."[159] Der Gerichtshof kommentierte die eigene Rechtsprechung – konkret zitiert er an der Stelle die Fälle Drozd and Janousek, Loizidou v Turkey („Preliminary objections" und „Merits") und Banković – mit den Worten: „The statement of principle, as it appears in Drozd and Janousek and the other cases just cited, is very broad; the Court states merely that the Contracting Party's responsibilty ‚can be involved' in these circumstances. It is necessary to examine the Court's case-law to identify the defining principles." Die Aufschlüsselung in Fallgruppen soll hier nachvollzogen und die Rechtsprechung der anderen Menschenrechtsorgane an passender Stelle eingearbeitet werden.

(aa) Akte diplomatischen Personals

Als erste Fallgruppe nannte der Gerichtshof „the acts of diplomatic and consular agents"[160]. Ist solches diplomatisches Personal „present on foreign territory in

156 So die Überschrift in EGMR, Urteil vom 7.7.2011, Al-Skeini et al v UK, Nr. 55721/07, vgl. vor Z. 133 (lit. ß).

157 In EGMR, Urteil vom 12.12.2001, Banković et al v Belgien et al, Nr. 52207/99, Z. 73 heißt es lediglich: „Additionally, the Court notes that other recognised instances of the extra-territorial exercise of jurisdiction by a State include cases involving the activities of its diplomatic or consular agents abroad and on board craft and vessels registered in, or flying the flag of, that State. In these specific situations, customary international law and treaty provisions have recognised the extra-territorial exercise of jurisdiction by the relevant State."

158 Vgl. EGMR, Urteil vom 7.7.2011, Al-Skeini et al v UK, Nr. 55721/07, Z. 133 ff.

159 EGMR, Urteil vom 7.7.2011, Al-Skeini et al v UK, Nr. 55721/07, vgl. Z. 133.

160 EGMR, Urteil vom 7.7.2011, Al-Skeini et al v UK, Nr. 55721/07, Z. 134; *dies führte zB im Urteil des House of Lords in der Sache Al-Skeini dazu, dass einem personalen Ansatz kaum Raum eingeräumt wurde.*

accordance with provisions of international law, (...) [it] may amount to an exercise of jurisdiction when these agents exert authority and control over others."[161] Zum Beleg dieser Fallgruppe im Rahmen des personalen Modells zitierte der EGMR seine eigene Entscheidung im Fall Banković, sowie drei Fälle der Kommission, welche den personalen Ansatz begründet hatten: X v Federal Republic of Germany[162], X v United Kingdom[163], sowie WM v Denmark[164]. Während es im Fall X v Federal Republic of Germany noch um eigene Staatsbürger des Vertragsstaates ging[165] und insbesondere („in particular") auf die diplomatischen und konsularischen Repräsentanten des Vertragsstaates abgestellt wurde[166], setzte die Kommission in X v UK bereits einen anderen Schwerpunkt. Dort heißt es: „[it] is clear, in this respect, from the constant jurisprudence of the Commission that *authorised agents of a State*, including diplomatic or consular agents, *bring other persons* or property within the jurisdiction of that State to the extent that they *exercise authority over such persons* or property. Insofar as they affect such persons or property by their acts or omissions, the responsibility of the State is engaged."[167] Waren es zunächst besonders die völkerrechtlichen Repräsentanten eines Staates, die Hoheitsgewalt über Staatsbürger ausüben, sind diese später nurmehr *Beispiele* für „authorised agents", welche Personen, gleich welcher Nationalität, der Hoheitsgewalt eines Vertragsstaates unterwerfen. Geschieht diese Unterwerfung in X v Federal Republic of Germany noch recht zahm durch „[performance of] certain duties with regard to them [nationals of a Contracting State]"[168], entwickelt sich in X v UK bereits die Formel „exercise authority over such persons (and property)"[169].

Wer in die Gruppe der autorisierten Vertreter des Staates fallen konnte, wurde in einer frühen Entscheidung der Kommission zum Nordzypern-Konflikt weiter differenziert: „The Commission further observes that nationals of a State, including registered ships and aircrafts, are partly within its jurisdiction wherever they may be, and that authorised agents of a State, including diplomatic or

161 EGMR, Urteil vom 7.7.2011, Al-Skeini et al v UK, Nr. 55721/07, Z. 134.

162 EKMR, Entscheidung vom 25.9.1965, X v Federal Republic of Germany, Nr. 1611/62. Fälle abrufbar unter: https://hudoc.echr.coe.int, zuletzt besucht im Februar 2019.

163 EKMR, Entscheidung 15.12.1977, X v United Kingdom, Nr. 7547/76.

164 EKMR, Entscheidung 14.10.1993, WM v Denmark, Nr. 17392/90.

165 Im Fall wurde jedoch nicht geklärt, ob der Beschwerdeführer tatsächlich – wie behauptet – deutscher Staatsbürger war, sondern die Beschwerde als offensichtlich unbegründet („manifestly ill-founded") abgewiesen.

166 EKMR, Entscheidung 25.9.1965, X v Federal Republic of Germany, Nr. 1611/62, S. 158.

167 EKMR, Entscheidung 15.12.1977, X v United Kingdom, Nr. 7547/76, S. 74, Hervorhebung durch die Verfasserin.

168 EKMR, Entscheidung 25.9.1965, X v Federal Republic of Germany, Nr. 1611/62, S. 158.

169 EKMR, Entscheidung 15.12.1977, X v United Kingdom, Nr. 7547/76, S. 74.

consular agents and *armed forces*, not only remain under its jurisdiction when abroad but bring any other persons or property ‚within the jurisdiction' of that State, to the extent that they exercise authority over such persons or property."[170] Streitkräfte zählten somit bereits nach Ansicht der Kommission zu denjenigen Staatsorganen, die durch ihr Verhalten Jurisdiktion begründen können. Auch wenn der Gerichtshof die Entscheidung der Kommission in Cyprus v Turkey nicht ausdrücklich nennt, gehört er zu der Entwicklung des personalen Ansatzes durch die Kommission, welcher bereits Anklänge der vom Gerichtshof vorgestellten dritten Fallgruppe hat (s.u.).

(bb) Einvernehmliche Ausübung von Regierungsfunktionen

Als *zweite Fallgruppe* nannte der EGMR die mit dem Territorialstaat einvernehmliche Ausübung eines Teils oder aller „public powers". Genauer führte er aus: „[T]he Court has recognized the exercise of extra-territorial jurisdiction by a Contracting State when, through the consent, invitation or acquiescence of the Government of that territory, it exercises all or some of the public powers normally to be exercised by that Government"[171]. Zum Beleg dieser Fallgruppe führte der Gerichtshof wiederum Banković an[172]. Weiterhin meint er: „Thus, where, in accordance with custom, treaty or other agreement, authorities of the Contracting State carry out *executive or judicial functions* on the territory of another State, the Contracting State may be responsible for breaches of the Convention thereby incurred, as long as the acts in question are attributable to it rather than to the territorial State."[173] Auffällig ist, dass der Gerichtshof nur zwei der drei klassischen Staatsgewalten nannte – womöglich schienen ihm Exekutive und Judikative als für eine Ausübung auf fremden Staatsgebiet geeigneter als die Legislative[174]. Entscheidend schien, inwieweit die Ausübung der Hoheitsgewalt dem Vertragsstaat im Gegensatz zum Territorialstaat zuzurechnen ist. Als Beispiel für die Ausübung exekutiver Funktionen zitierte der Gerichtshof die Entscheidung der Kommission zur Zulässigkeit der Beschwerde X and Y v Switzerland[175]: In einem völkerrechtlichen Vertrag hatten die beiden

170 EKMR, Entscheidung 26.5.1975, Cyprus v Turkey (Zulässigkeit), Nr. 6780/74 und 6950/75, S. 136.

171 EGMR, Urteil vom 7.7.2011, Al-Skeini et al v UK, Nr. 55721/07, Z. 135.

172 Der Gerichtshof verweist auf Z. 71 des Banković-Urteils; Milanovic bemerkt richtigerweise, dass diese Fundstelle sich auf das räumliche Jurisdiktionsmodell bezieht, vgl. Milanovic, European Journal of International Law 2012, S. 128.

173 Al-Skeini, Urteil vom 7.7.2011, Al-Skeini et al v UK, Nr. 55721/07, Z. 135; Hervorhebung durch die Verfasserin.

174 Wenn gleichwohl auch Legislativakte bereits auf ihre extraterritoriale Wirkung hin untersucht wurden; hierzu sogleich.

175 EKMR, Entscheidung vom 14.7.1977, X and Y v Switzerland, Nr. 7289/75 und 7349/76.

Staaten vereinbart, dass die Schweiz bestimmte fremdenpolizeiliche Aufgaben für Liechtenstein wahrnehmen sollte[176]. Liechtenstein selbst war der Konvention nicht beigetreten. Die Kommission entschied, dass durch die Wahrnehmung exekutiver (polizeilicher) Funktionen durch die Schweiz anstelle Liechtensteins, von solcher Ausübung Betroffene nicht der Hoheitsgewalt Liechtensteins, sondern der Hoheitsgewalt der Schweiz unterstünden[177]. Tragende Erwägung war, dass Liechtenstein keine Einflussmöglichkeit auf die Ausübung der Hoheitsgewalt durch die Schweiz hatte[178].

Um die Ausübung judikativer Funktionen eines Staates außerhalb seines Hoheitsgebiets ging es in Drozd and Janousek v France and Spain[179]. Der Fall betraf eine seltene Konstellation der „Richterleihe". Entscheidend für den Gerichtshof war, in welcher Kapazität die Richter Recht sprachen: „Whilst it is true that judges from France and Spain sit as members of Andorran courts, they do not do so in their capacity as French or Spanish judges. Those courts, in particular the Tribunal de Corts, exercise their functions in an autonomous manner, their judgments are not subject to supervision by the authorities in France or Spain."[180] Während der EGMR extraterritoriale Judikativakte nicht ausschloss[181], kam es jedoch wiederum darauf an, inwiefern der Vertragsstaat auf einen solchen Akt Einfluss ausüben könne – beispielsweise in Form einer Überprüfung („supervision").

Obwohl der Gerichtshof in Al-Skeini Legislativakte nicht nennt, soll die hierzu bestehende Rechtsprechung zur Ausübung solcher „public powers" kurz genannt werden: In Gentilhomme, Schaff-Benhadji et Zerouki c France[182] hatte

176 Vereinbarung zwischen der Schweiz und dem Fürstentum Liechtenstein über die Handhabung der Fremdenpolizei für Drittausländer im Fürstentum Liechtenstein und über die fremdenpolizeiliche Zusammenarbeit.

177 EKMR, Entscheidung vom 14.7.1977, X and Y v Switzerland, Nr. 7289/75 und 7349/76, S. 73.

178 EKMR, Entscheidung vom 14.7.1977, X and Y v Switzerland, Nr. 7289/75 und 7349/76, S. 73.

179 EGMR, Entscheidung vom 26.6.1992, Drozd and Janousek v France and Spain, Nr. 12747/87.

180 EGMR, Entscheidung vom 26.6.1992, Drozd and Janousek v France and Spain, Nr. 12747/87, Z. 96; für Milanovic spiegelt dies die gewohnheitsrechtliche Regel wider, wie sie in Art. 6 ILC ASR zum Ausdruck kommt: „The conduct of an organ placed at the disposal of a State by another State shall be considered an act of the former State under international law if the organ is acting in the exercise of governmental authority at whose disposal it is placed.", vgl. Milanovic, Extraterritorial Application of Human Rights Treaties, S. 52, Fn. 133.

181 Vgl. EGMR, Urteil vom 26.6.1992, Drozd and Janousek v France and Spain, Nr. 12747/87, Z. 91.

182 EGMR, Urteil vom 14.5.2002, Gentilhomme, Schaff-Benhadji et Zerouki c France, Nr. 48205/99, 48207/99 und 48209/99.

französisches Recht extraterritoriale Wirkung, indem es die französische Staatsangehörigkeit auf Kinder in Algerien mit französischem Elternteil erstreckte. Für die Begründung von Jurisdiktion war wiederum entscheidend, ob die Umsetzung in der Hand Frankreichs lag: „Bref, les faits dénoncés ont été causés par une décision imputable à l'Algérie, prise souverainement par elle sur son propre territoire et *échappant au contrôle* de la France. Autrement dit, dans les circonstances particulières de la cause, lesdits faits ne peuvent être imputés à la France. Il s'ensuit que cette partie des requêtes est incompatible *ratione personae* avec les dispositions de la Convention (...).“[183] Wo eine solche Umsetzung des Territorialstaats für eine Wirkung der Rechtsetzung nicht erforderlich ist, scheint jedenfalls für den IPBPR die extraterritoriale Anwendbarkeit unproblematisch, wie der Fall Gueye et al v France[184] zeigte[185].

Deutlich wird aus diesen Fällen, dass es, gerade wenn es um die Übernahme von Staatsfunktionen mit Einverständnis des Territorialstaates geht, sehr schwer scheint, die Frage der „jurisdiction“ von der Frage der Zurechenbarkeit („attributability“) zu trennen. Zwischen diesen beiden Komplexen wird grundsätzlich sehr wohl unterschieden[186]; jedoch beklagen Kommentatoren auch anlässlich

---

183 EGMR, Urteil vom 14.5.2002, Gentilhomme, Schaff-Benhadji et Zerouki c France, Nr. 48205/99, 48207/99 et 48209/99, Z. 20; vgl. auch Lawson, in COOMANS/KAMMINGA, S. 118. Deutlich zeigten die Ausführungen in diesem Fall auch, wie sehr der EGMR zu dieser Zeit noch dem völkerrechtlichen Jurisidiktionsbegriff nachhing: „Ainsi, si le droit international n'exclut pas entièrement un exercise territorial de sa juridiction par un Etat et reconnaît notamment, dans certains limites, la possibilité pour un Etat d'excercer sa juridiction sur ses ressortissants qui se trouve sur le territoire d'un autre Etat, cette possibilité est subordoné à la compétence territoriale de cet autre Etat, et, en principe, un Etat ne peut concrètement exercer sa juridiction sur le territoire d'un autre Etat sans le consentement, l'invitation ou l'asquiescement de ce dernier'.“, Urteil vom 14.5.2002, Gentilhomme, Schaff-Benhadji et Zerouki c France, Nr. 48205/99, 48207/99 et 48209/99, Z. 20.

184 MRA, View vom 3.4.1989, Ibrahim Gueye et al. v France, Nr. 196/1983, U.N. Doc. Supp. Nr. 40 A/44/40; Frankreich hatte ein Gesetz erlassen, welches die Antragsteller, um die 700 Senegalesen, die vor der Unabhängigkeit des Senegals in der französischen Armee gedient hatten, hinsichtlich ihrer Rentenbezüge gegenüber französischen Veteranen benachteiligte. Weder Frankreich noch der Menschenrechtsausschuss bezweifelten, dass ein solcher Legislativakt auch im Senegal Wirkung haben könnte.

185 MRA, View vom 3.4.1989, Ibrahim Gueye et al. v France, Nr. 196/1983, U.N. Doc. Supp. Nr. 40 A/44/40. Der MRA bemerkte lediglich: „[T]he authors are not generally subject to French jurisdiction, except that theyrely on French legislation in relation to the amount if their pension rights“, ibid. Z. 9.4.

186 „It is submitted that these issues are separate, albeit to an extent related to each other as jurisdiction, similarly to attribution may be and has been determined by the level of state control“, GONDEK, The Reach of Human Rights in a Globalising World, S. 163; vgl. hierzu auch die Ausführungen des Gerichtshofs in Loizidou, die zwischen der Frage der „jurisdiction“ als Frage der Zulässigkeit und der

aktueller Entscheidungen, dass die Unterscheidung dem EGMR nicht trennscharf gelingt[187].

(cc) Ausübung von Gewalt

α. Allgemeines

Als dritte Fallgruppe, die gerade vor dem Hintergrund des vorliegenden Untersuchungsgegenstandes von besonderem Interesse ist, nennt der Gerichtshof sodann „use of force by a State's agent operating outside its territory"[188]. Die Ausübung von Gewalt durch das Staatsorgan „may bring the individual thereby [use of force by a State's agent] brought under the control of the State's authorities into the State's Article 1 jurisdiction"[189]. Diese etwas verschachtelte Formulierung besagt, dass Staatsorgane, die außerhalb des Staatsgebiets Gewalt („force") über eine Person ausüben, diese hierdurch in die Hoheitsgewalt des Vertragsstaates bringen können. Der Gerichtshof definiert diese Art der Kontrolle als „physical power and control over the person in question"[190]

Ähnlicher Ansicht scheint auch der UN-Menschenrechtsausschuss zu sein. Beschäftigt er sich im Rahmen der Staatenberichte vor allem und im General Comment Nr. 36 auch mit territorialer Kontrolle[191], scheint seine Haltung in abstracto eher einer personalen Sichtweise zuzuneigen. Im General Comment 31 heißt es zur Auslegung des Art. 2 Abs. 1 IPBPR: „[Art. 2, paragraph 1] means that a State party must respect and ensure the rights laid down in the Covenant *to anyone within the power or effective control of that State Party*, even if not situated within the territory of the State Party. (...) This principle also applies to those within the power or effective control of the *forces* of a State Party acting outside its territory, regardless of the circumstances in which such power or effective control was obtained, such as forces constituting a national contingent of a State

---

Zurechenbarkeit im Rahmen der Staatenverantwortlichkeit als Frage der „Merits" unterscheiden, EGMR, Urteil(Preliminary Objections) vom 23. 3.1995, Lozidou v Turkey, Nr. 15318/89, Z. 64.

187 Milanovic, European Journal of International Law Talk! 2014, https://www.ejiltalk.org/the-nagorno-karabakh-cases/ mit Blick auf Chiragov et al v Armenia, Urteil vom 16.6.2015, Nr. 13216/05 und Sargysan v Azerbaijan, Urteil vom 15.6.2015, Nr. 40167/06: „(...) [T]he unfortunate confusion between jurisdiction and responsibility that has long plagued the Court's case law persists in the two judgments (...)."; vgl. auch Sari in Zusammenhang mit der Entscheidung des Gerichtshofs in Jaloud v The Netherlands, Urteil vom 20.11.2014, Nr. 47708/08, Sari, European Journal of International Law Talk! 2014, https://www.ejiltalk.org/jaloud-v-netherlands-new-directions-in-extra-territorial-military-operations/.

188 EGMR, Urteil vom 7.7.2011, Al-Skeini et al v UK, Nr. 55721/07, Z. 136.

189 EGMR, Urteil vom 7.7.2011, Al-Skeini et al v UK, Nr. 55721/07, Z. 136.

190 EGMR, Urteil vom 7.7.2011, Al-Skeini et al v UK, Nr. 55721/07, Z. 137.

191 Vgl. die Ausführungen unter Ziff. bb) (1) (cc).

Party assigned to an international peace-keeping or peace-enforcement operation."[192] An anderer Stelle bekräftigt er die Möglichkeit der Jurisdiktion durch Kontrolle von Personen nochmals, indem er eine Verpflichtung der Vertragsparteien mit Blick auf den Pakt „for all persons in their territory and all persons under their control"[193] annimmt. Auch aktuell wird dies für das Recht auf Leben im General Comment Nr. 36 noch einmal bestätigt[194]. Die Lesart des „and" in der Jurisdiktionsklausel des UN-IPBPR ist somit eine alternative[195], nicht eine kumulative. Welche Form solche „power or effective control" in der Realität annehmen könnte, wird in General Comment Nr. 36 etwas konkretisiert; so soll eine solche Jurisdiktion bestehen, wenn Rechte durch militärische oder andere Aktivitäten in direkt vernünftigerweise vorhersehbaren beeinflusst werden („impacted by its military or other activities in a direct and reasonably foreseeable manner"[196]). Der UN-Menschenrechtsausschuss tritt mit dieser Einschätzung denjenigen entgegen, die eine extraterritoriale Anwendbarkeit des Zivilpakts aufgrund des Wortlauts der Jurisdiktionsklausel komplett verneinen (vgl. Ziff.2.).

Die interamerikanische Kommission stellt ebenfalls hauptsächlich auf „state authority and control" ab, um die extraterritoriale Anwendbarkeit der Amerikanische Deklaration zu begründen, wie sich sogleich zeigen wird.

β. Festnahme und Haft

Der EGMR konkretisiert die Fallgruppe „use of force" durch die zwei Konstellationen: Festnahme („taking into custody") und Haft („custody"). Zunächst nahm er Bezug auf seine erste eigene Entscheidung zum personalen Ansatz im Fall

---

192 MRA, General Comment Nr. 31 on Article 2 vom 26.5.2004, UN Doc. CCPR/C/21/Rev.1/Add. 13, Z. 10.

193 MRA, General Comment Nr. 31 on Article 2 vom 26.5.2004, UN Doc. CCPR/C/21/Rev.1/Add. 13, Z. 12; vgl. auch Concluding Observations on the Fourth Periodic Report Of Israel vom 21.11.2014, UN Doc. CCPR/C/ISR/CO/4, Z. 5: „In this respect, the Committee reiterates and underscores that the Covenant applies with regard to all conduct by the State party's authorities or agents adversely affecting the enjoyment of the rights enshrined in the Covenant by persons under its jurisdiction regardless of the location."

194 Vgl. MRA, General Comment Nr. 36 on the Right to Life, UN Doc. CCPR/C/GC/36, Z. 63: „ (...) [A] State party has an obligation to respect and to ensure the rights under article 6 of all persons who are within its territory and all persons subject to its jurisdiction, that is, *all persons* over whose enjoyment of the right to life it *exercises power or effective control.* This *includes persons located outside any territory effectively controlled by the State,* whose right to life is nonetheless impacted by its military or other activities in a direct and reasonably foreseeable manner.", Hervorhebung durch die Verfasserin.

195 Hierfür wird auch der Begriff „disjunctive" benutzt.

196 MRA, General Comment Nr. 36 on the Right to Life, UN Doc. CCPR/C/GC/36, Z. 63.

Öcalan v Turkey[197]. In dem Urteil wurde unter anderem die Rechtmäßigkeit der Festnahme Öcalans durch türkische Offizielle in Kenia untersucht. Die Große Kammer führte aus: „It is common ground that, *directly after being handed over to the Turkish officials* by the Kenyan officials, the applicant was effectively under Turkish authority and therefore within the ‚jurisdiction' of that State for the purposes of Article 1 of the Convention, even though in this instance Turkey exercised its authority outside its territory. It is true that the applicant was *physically forced* to return to Turkey by Turkish officials and was *under their authority and control following his arrest* and return to Turkey."[198] Der Gerichtshof bestätigte damit das fast wortgleiche Kammerurteil[199] und die selbstverständliche (von ihm als „common ground" bezeichnete) Weitergeltung des state-agent-authority-and-control-Ansatzes im Falle einer Ingewahrsamnahme[200] und Inhaftierung. Mit Blick auf den Jurisdiktionsbegriff des allgemeinen Völkerrechts erscheint es bemerkenswert, dass die *Rechtmäßigkeit* der Ingewahrsamnahme auf fremdem Territorium nicht diskutiert wird; für die Begründung der Anwendbarkeit der Konvention scheint es auf sie nicht anzukommen.

Auch in Issa et al v Turkey[201] traf der Gerichtshof eine Aussage bezüglich einer Ingewahrsamnahme, wenn diese auch im Ergebnis tatsächlich nicht zu belegen war. Der Gerichtshof bemerkte – bei letztendlicher Verneinung der Jurisdiktion

---

197 EGMR, Urteil vom 12.5.2005, Öcalan v Turkey, Nr. 46221/99; zuvor hatte aufgrund der Entscheidung in Banković erhebliche Unsicherheit darüber gegeben, inwiefern der personale Ansatz in der Rechtsprechung des Gerichtshofs noch eine Rolle spielte, vgl. GONDEK, The Reach of Human Rights in a Globalising World, S. 181; LORENZ, S. 106; MILANOVIC, Extraterritorial Application of Human Rights Treaties, S. 188ff.

198 EGMR, Urteil vom 12.5.2005, Öcalan v Turkey, Nr. 46221/99, Z. 91.

199 EGMR, Urteil vom 12.3.2003, Öcalan v Turkey, Nr. 46221/99, Z. 93.

200 Die Geltung für den Arrest ergibt sich deutlicher aus der Formulierung im Kammerurteil: „In the instant case, *the applicant was arrested by members of the Turkish security forces* inside an aircraft in the international zone of Nairobi Airport. *Directly after he had been handed over* by the Kenyan officials *to the Turkish officials the applicant was under effective Turkish authority and was therefore brought within the ‚jurisdiction' of that State* for the purposes of Article 1 of the Convention, even though in this instance Turkey exercised its authority outside its territory. The Court considers that the circumstances of the present case are distinguishable from those in the aforementioned Banković and Others case, notably in that the applicant was physically forced to return to Turkey by Turkish officials and was subject to their authority and control following his arrest and return to Turkey." EGMR, Urteil vom 12.3.2003, Öcalan v Turkey, Nr. 46221/99, Z. 93, Hervorhebung durch die Verfasserin.

201 EGMR, Urteil vom 16.11.2004, Issa et al v Turkey, Nr. 31821/96. In Issa et al war die Frage der extraterritorialen Anwendung von den Parteien nicht aufgeworfen worden, was der Gerichtshof in Banković bemerkte. Grundsätzlich prüft der Gerichtshof die Anwendbarkeit aber ex officio, vgl. LORENZ, S. 16.

der Türkei aus tatsächlichen Gründen –, dass die getöteten Personen in den Anwendungsbereich der Konvention gefallen wären, „had it been established that Turkish soldiers had taken the applicants' relatives into custody in northern Iraq, taken them to a nearby cave and had executed them"[202].

Um eine Festnahme – oder treffender: eine Entführung – ging es auch im Fall Lopez Burgos v Uruguay[203] vor dem UN-Menschenrechtsausschuss. Der Menschenrechtsausschuss hatte zu entscheiden, ob die Ergreifung eines uruguayischen Gewerkschaftsaktivisten in Argentinien durch uruguayische Sicherheitskräfte dem Anwendungsbereich des IPBPR unterfiel. Dies bejahte der Ausschuss mit folgender Begründung: „The Human Rights Committee further observes that although the *arrest* and initial *detention* and mistreatment of Lopez Burgos allegedly took place on foreign territory, the Committee is not barred either by virtue of article 1 of the Optional Protocol („... individuals subject to its jurisdiction ...") or by virtue of article 2 (1) of the Covenant („... individuals within its territory and subject to its jurisdiction ...") from considering these allegations, together with the claim of subsequent abduction into Uruguayan territory, *inasmuch as these acts were perpetrated by Uruguayan agents acting on foreign soil.* (...) Article 2 (1) of the Covenant places an obligation upon a State party to respect and to ensure rights ‚to all individuals within its territory and subject to its jurisdiction', but does not imply that the State party concerned cannot be held accountable for violations of rights under the Covenant *which its agents commit upon the territory of another State, whether with the acquiescence of the Government of that State or in opposition to it.*"[204] Auch der UN-Menschenrechtsausschus nimmt also für den Fall der Ingewahrsamnahme und Gefangenhaltung durch Staatsorgane außerhalb des Hoheitsgebiets die Anwendbarkeit des Zivilpakts begründende Jurisdiktion an. Die bestätigte er noch einmal ausdrücklich im „General Comment" Nr. 36[205]. Auch ihm scheint es hierbei nicht auf die völkerrechtliche Rechtmäßigkeit des staatlichen Tuns anzukommen, denn für diese spielt es eine wichtige Rolle, ob mit Einverständnis des Territorialstaates gehandelt wird.

---

202 Bewertung aus EGMR, Urteil vom 7.7.2011, Al-Skeini et al v UK, Nr. 55721/07, Z. 136; vgl. EGMR, Urteil vom 16.11.2004, Issa et al v Turkey, Nr. 31821/96, Z. 76 ff.

203 MRA, View vom 29.7.2981, Lopez Burgos v Uruguay, Nr. R.12/52, U.N. Doc. Supp. Nr. 40 (A/36/40).

204 MRA, View vom 29.7.2981, Lopez Burgos v Uruguay, Nr. R.12/52, U.N. Doc. Supp. Nr. 40 (A/36/40), Z. 12.1/12.3; die Ausführungen, die der MRA in der Folge in Hinblick auf Art. 5 IPBPR macht, um die Jurisdiktion zu begründen, sind allerdings umstritten, vgl. Gondek, The Reach of Human Rights in a Globalising World, S. 139.

205 MRA, General Comment Nr. 36 on the Right to Life, UN Doc. CCPR/C/GC/36, Z. 63: „Given that the deprivation of liberty brings a person within a State's effective control, States parties must respect and protect the right to life of all individuals arrested or detained by them, even if held outside their territory."

Die interamerikanische Kommission beschäftigte sich mit dem personalen Ansatz im Fall Victor Saldaño v Argentinien[206]. Im konkreten Fall kam die Kommission zu dem Schluss, dass keine extraterritoriale Anwendbarkeit gegeben sei. In ihren Überlegungen zur extraterritorialen Anwendbarkeit der AMRK rekurrierte die Kommission jedoch auf die Position der Europäischen Kommission und ihren „state- agent – authority – and- control“ – Ansatz[207]. Die AKMR ließ durchblicken, dass, gesetzt den Fall, eine solche personale Kontrolle läge vor oder das Verhalten der amerikanischen Organe könnte Argentinien zugerechnet werden, eine Jurisdiktion Argentiniens nach dem personalen Ansatz durchaus in Frage käme[208]. Wenn im konkreten Fall also die Voraussetzungen auch nicht gegeben waren, ist der Argumentation der Kommission doch zu entnehmen, dass Festnahme und Inhaftierung grundsätzlich eine extraterritoriale Anwendung der

---

206 AKMR, AKMR, Entscheidung vom 11.3.1999, Victor Saldaño v Argentinien, Nr. 12.254. Dem Fall lag eine kuriose Konstellation zugrunde: Saldaño war in den USA verhaftet, vor Gericht gestellt und zum Tode verurteilt worden. Seine Mutter erhob mit der Begründung Beschwerde, dass Argentinien verpflichtet gewesen wäre, gegen die USA eine Interstaaten-Beschwerde nach Art. 44 und 45 AMRK zu erheben und deshalb die in der Deklaration und Konvention geschützten Rechte auf Leben, Freiheit und Sicherheit und Verfahrensrechte verletzt hätte.

207 Die AKMR zitiert insbesondere ausführlich aus der Entscheidung der Kommission Cyprus v Turkey (admissibility), Entscheidung vom 26.5.1975, Nr. 8780/74 und 6950/75, sowie aus Loizidou v Turkey (1995) X v UK (1977). Für beachtenswert hält die AKMR diese Aussage der europäischen Kommission aus Cyprus v Turkey (1975), Z. 8: „The Commission finds that this term is not, as submitted by the respondent government, equivalent to or limited to the national territory of the High Contracting Party concerned. It is clear from the language, in particular of the French text, and the object of this article [Article 1], and from the purpose of the Convention as a whole, that the High Contracting Parties are bound to secure the said rights and freedoms to all persons under their actual authority and responsibility, whether that authority is exercised within their own territory or abroad.“ Dieses Verständnis von Jurisdiktion „a notion linked to authority and effective control, and not merely to territorial boundaries“ sei von den europäischen Menschenrechtsorganen bestätigt und in ihrer Rechtsprechung weiter ausgearbeitet worden, vgl. AKMR, Entscheidung vom 11.3.1999, Victor Saldaño v Argentinien, Nr. 12.254, Z. 19.

208 AKMR, Entscheidung vom 11.3.1999, Victor Saldaño v Argentinien, Nr. 12.254, Z. 21: „This admission confirms that the relevant events – the arrest, trial, and sentencing of the alleged victim – took place entirely within the territory of another State and were carried out by the local authorities and organs of that foreign State. The Commission wishes to point out that the petitioner has not adduced any proof whatsoever that tends to establish that the Argentine State has in any way exercised its authority or control either over the person of Mr. Saldaño, prior or subsequent to his arrest in the United States, or over the local officials in the United States involved in the criminal proceeding taken against him.“

AMRK begründen können. Im Fall Walker v United States of America[209] deutete sich an, dass das Ermöglichen einer Festnahme auf eigenem Hoheitsgebiet bereits durch Vorspiegelung falscher Tatsachen auf fremden Hoheitsgebiet Hoheitsgewalt begründen könnte. Die Kommission nahm zur Frage der „abduction by deceit and fraud“ nur sehr knapp Stellung, da die Beschwerde aus anderen Gründen nicht zulässig war, schien aber davon auszugehen, dass sich der Beschwerdeführer bei seiner Festnahme bereits in amerikanischer Hoheitsgewalt befand[210]. Woran sie aber genau anknüpfte (möglich erscheint auch das Besteigen des Flugzeugs oder das Erreichen amerikanischen Hoheitsgebiets vor der Festnahme), bleibt unklar[211]. Im Fall Djamel Ameziane v USA[212] bestätigte die Kommission, dass die Ergreifung des Beschwerdeführers in Pakistan durch US-Agenten diesen in die Hoheitsgewalt der USA brachte[213]. In ihren Ausführungen zur Begründung der Hoheitsgewalt in diesem Fall nahm sie ausdrücklich auf die Rechtsprechung des EGMR in den Fällen Öcalan, Al-Saadoon and Mufdhi, Issa et al und Medvedyev Bezug, indem sie die entsprechende Ziffer des Urteils in Al-Skeini zitiert[214].

In den vom Gerichtshof in Al-Skeini zitierten Fällen Al-Saadoon and Mufdhi v UK[215] und Medvedyev et al v France[216] sowie der Entscheidung der Kommission in Hess v UK[217] kam es darauf an, ob Personen in Haft außerhalb des Territoriums des Vertragsstaates der Hoheitsgewalt unterfielen. Der tatsächliche Hintergrund

---

209 AKMR, Entscheidung vom 10.10.2003, Kenneth Walker v Vereinigte Staaten, Nr. 62/03.

210 Vgl. AKMR, Entscheidung vom 10.10.2003, Kenneth Walker v Vereinigte Staaten, Nr. 62/03, Z. 39: „Finally, the Commission is competent ratione loci, given that the petition indicates that Mr. Walker was under the jurisdiction of the United States at the time of his arrest, detention and subsequent criminal proceedings.“

211 Die bisher einzige Gelegenheit zur Frage der Hoheitsgewalt im Rahmen einer Ingewahrsamnahme durch Staatsorgane auf fremden Hoheitsgebiet Stellung zu nehmen, bot sich dem interamerikanischen Gerichtshof im Fall Fairen Garbi and Solis v Honduras, Urteil vom 15.3.1989, Series C Nr. 6. Es bestand die Möglichkeit, dass die beiden Verschwundenen nach Honduras entführt worden waren. Da ein solcher Sachverhalt jedoch nicht nachgewiesen werden konnte, beschäftigt sich der Gerichtshof nicht mit der Frage der Jurisdiktion in einem solchen Fall.

212 AKMR, Zulässigkeitsentscheidung vom 20.3.2012, Djamel Ameziane v Vereinigte Staaten, Nr. 17/12.

213 AKMR, Zulässigkeitsentscheidung vom 20.3.2012, Djamel Ameziane v Vereinigte Staaten, Nr. 17/12, Z. 31: „The agents of the United States, even though operating outside its territory, brought Mr. Ameziane under U.S. jurisdiction when taking him into their custody.“

214 AKMR, Zulässigkeitsentscheidung vom 20.3.2012, Djamel Ameziane v Vereinigte Staaten, Nr. 17/12, Z. 31 und Fußnote 6.

215 EGMR, Urteil vom 2.3.2010, Al-Saadoon and Mufdhi v United Kingdom, Nr. 1498/08.

216 EGMR, Urteil vom 29.3.2010, Medyedyev et al v France, Nr. 3394/03.

217 EKMR, Entscheidung vom 18.51975, Hess v UK, 6231/73.

war hierbei in Al-Saadoon und Mufdhi v UK und Hess v UK ähnlich: beide Male wurde in einem (ehemals) besetzten Gebiet (einmal in Deutschland[218] und einmal im Irak[219]) ein Gefängnis unterhalten, welches der Besatzungsmacht unterstand. In beiden Fällen stellte sich die Frage, ob dort gefangengehaltene Personen der Hoheitsgewalt der ehemaligen Besatzungsmacht, welche (de facto und de iure) Kontrolle über die Einrichtung ausübte, unterstanden und die EMRK somit gemäß Art. 1 anwendbar war. Im Fall Hess v UK – auf welchen auch im Fall Al-Sadoon und Mufdhi Bezug genommen wird[220] – hatte die Kommission bereits keine Bedenken, die EMRK im Falle einer Haft außerhalb des Hoheitsgebiets anzunehmen[221]. In Al-Saadoon and Mufdhi betonte der Gerichtshof zunächst, dass die Kontrolle über die Einrichtung, in denen die Beschwerdeführer bis zu ihrer Überstellung an die Iraker festgehalten wurden, durch militärische Gewalt erlangt wurde und dass Großbritannien zunächst Besatzungsmacht gewesen sei. Die eigentliche Begründung der Hoheitsgewalt erfolgte jedoch aufgrund des rein faktischen (when auch „reflected in law“[222]) Vorliegens von Kontrolle: „The Court considers that, given the total and exclusive de facto, and subsequently also de jure, control exercised by the United Kingdom authorities over premises in question, the individuals detained there, including the applicants, were within the United Kingdom's jurisdiction.(...) In the Court's view, the applicants remained within the United Kingdom's jurisdiction until their physical transfer to the custody of the Iraqi authorities (...)“[223]. Wozu Großbritannien berechtigt oder nicht

---

218 Eine Einschätzung der völkerrechtlichen Lage in Deutschland nach dem Zweiten Weltkrieg bis 1990 bei Kolb, Zeitschrift für Rechtspolitik 1990; umstritten ist insbesondere, wann die Bundesrepublik Deutschland ihre volle Souveränität wiedererlangte, vgl. S. 279.

219 Eine Einschätzung des Konflikts findet sich bei Schmitt Michael N., in: Wilmshurst 2012, S. 361 ff.

220 EGMR, Urteil vom 2.3.2010, Al-Saadoon and Mufdhi v United Kingdom, Nr. 61498/08, Z. 88.

221 EKMR, Entscheidung vom 18.51975, Hess v UK, 6231/73:„La Commission fait observer d'abord que le Gouvernement défendeur exerce en l'occurrence ses pouvoirs non sur le territoire du Royaume-Uni, mais à l'extérieur de ce territoire, c'est-a-dire à Berlin. Elle a déjà eu l'occasion d'admettre que, *dans certaines circonstances*, un Etat est responsable, aux termes de la Convention, des actes accomplis par ses autorités en dehors du territoire national. La Commission estime que, d'un point de vue juridique, *on ne voit pas, en principe, pourquoi des actes accomplis par des autorités britanniques à Berlin n'engageraient pas la responsabilité du Royaume-Uni dans le cadre de la Convention.*“

222 Vgl. EGMR, Urteil vom 2.3.2010, Al-Saadoon and Mufdhi v United Kingdom, Nr. 61498/08, Z. 87; gemeint ist ein *späteres Abkommen* zwischen dem Irak und Großbritannien, welches letzterem die ausschließliche Kontrolle über die Einrichtung zuspricht.

223 EGMR, Urteil vom 2.3.2010, Al-Saadoon and Mufdhi v United Kingdom, Nr. 61498/08, Z. 88.

berechtigt gewesen sei, spiele bezüglich der Feststellung von Jurisdiktion keine Rolle[224]: „The questions whether the United Kingdom was under a legal obligation to transfer the applicants to Iraqi custody and whether, if there was such an obligation, it modified or displaced any obligation owed to the applicants under the Convention, are not material to the preliminary issue of jurisdiction and must instead be considered in relation to the merits of the applicants' complaints.“[225]

In Al-Skeini nicht zitiert, da am gleichen Tag entschieden, ist der Fall Al-Jedda v UK[226], der jedoch thematisch sowohl zu Al-Saadoon and Mufdhi als auch Hess v UK passt. Auch hier befand sich der Beschwerdeführer in einem von Großbritannien kontrollierten Gefängnis im Irak. Den Gerichtshof beschäftigte im Rahmen des Art. 1 EMRK hauptsächlich, ob nicht den Vereinten Nationen anstatt Großbritannien das gerügte Verhalten zurechenbar sei[227]. Dies verneinte der Gerichtshof letzten Endes und befand im Übrigen bezüglich des Vorliegens von Hoheitsgewalt knapp: „The internment took place within a detention facility in Basrah City, controlled exclusively by British forces, and the applicant was therefore within the authority and control of the United Kingdom (...). In conclusion, the Court agrees with the majority of the House of Lords that the internment of the applicant was attributable to the United Kingdom and that during internment the applicant fell within the jurisdiction of the United Kingdom for the purposes of Article 1 of the Convention.“[228] Im ebenfalls nach Al-Skeini entschiedenen, wichtigen Fall Hassan v UK[229] versuchte die Antragsgegnerin bezüglich der Ingewahrsamnahme eines Zivilisten zu argumentieren, dass eine solche Einschätzung des Gewahrsams damit zusammenhinge, dass zum Zeitpunkt der Inhaftierung bereits eine Besatzung vorgelegen habe[230]. Im Falle der aktiven Feindseligkeiten müsse sich dagegen der Gewahrsam allein nach dem humanitären Völkerrecht bestimmen, eine Jurisdiktion sei insofern ausgeschlossen[231]. Damit versuchte Großbritannien eine Art trennungstheoretisches Argument (vgl. hierzu näher unter Teil III) in die Frage der Jurisdiktion zu bringen. Dieses wurde vom Gerichtshof jedoch mit dem Argument abgewiesen, dass nach überwiegender Auffassung Menschenrechte

---

224 Vgl. hierzu auch Milanovic, Extraterritorial Application of Human Rights Treaties, S. 133, der hierin einen ausdrücklichen Widerspruch zur Position der „Vorinstanz“ Court of Appeal sieht: „(...) [L]ike the High Court, the Chamber expressly disagrees with the Court of Appeal's position that Article 1 jurisdiction requires the exercise of legal authority, and finds that the question of what impact the UK's legal obligation to surrender the applicants to Iraqi authorities had in its ECHR obligations, if any, belongs to the merits.“

225 Urteil vom 2.3.2010, Al-Saadoon and Mufdhi v United Kingdom, Nr. 61498/08, Z. 89.

226 EGMR, Urteil vom 7.7.2011, Al-Jedda v United Kingdom, Nr. 27021/08.

227 EGMR, Urteil vom 7.7.2011, Al-Jedda v United Kingdom, Nr. 27021/08, Z. 76.

228 EGMR, Urteil vom 7.7.2011, Al-Jedda v United Kingdom, Nr. 27021/08, Z. 85/86.

229 EGMR, Urteil vom 16.09.2011, Hassan v UK, Nr. 29750/09.

230 EGMR, Urteil vom 16.09.2011, Hassan v UK, Nr. 29750/09, Z. 70.

231 EGMR, Urteil vom 16.09.2011, Hassan v UK, Nr. 29750/09, Z. 71.

und humanitäres Völkerrecht gleichzeitig anwendbar seien und dementsprechend auch Art. 1 EMRK im Einklang mit dem übrigen Völkerrecht auszulegen sei[232]. Trotz des Vorliegens eines bewaffneten Konflikts bejahte der Gerichtshof die Jurisdiktion nach dem personalen Modell[233].

Thematisch nah verwandt[234] mit diesen beiden Fällen, ist der Fall Coard et al v United States[235], der der AKMR zur Entscheidung vorgelegt wurde. Im Zuge einer militärischen Aktion der Vereinigten Staaten 1983 in Grenada, gerieten die Antragsteller in Gefangenschaft. Im Anschluss wurden die Antragsteller an die grenadischen Behörden ausgeliefert und teils zum Tode, teils zu langen Haftstrafen verurteilt. Bezüglich ihrer Verhaftung und Gefangenschaft rügten die Antragsteller eine Verletzung der Amerikanischen Deklaration, da sie viele Tage isoliert festgehalten und misshandelt worden seien. Bezüglich der extraterritorialen Anwendung der Deklaration – obwohl von den Parteien nicht angezweifelt – führte die Kommission aus: „Given that individual rights inhere simply by virtue of a person's humanity, each American State is obliged to uphold the protected rights of any person subject to its jurisdiction. While this most commonly refers to persons within a state's territory, it may, under given circumstances, refer to conduct with an extraterritorial locus where the person concerned is present in the territory of one state, but *subject to the control of another state* – usually through the acts of the latter's agents abroad. In principle, the inquiry turns not to the presumed vitctim's nationality or presence within a particular geographic area, but on whether, under specific circumstances, the State observed the rights of a person subject to its authority and control."[236] Im Fall Djamel Ameziane v USA[237] entschied die Kommission zudem bezüglich der Gefangenhaltung des Beschwerdeführers in einer Militärbasis in Afghanistan: „By virtue of the same reasoning, the IACHR considers that the alleged acts committed against Mr. Ameziane during his detention at the U.S. airbase in Kandahar, Afghanistan also fall within the jurisdiction of the United States.(...) During this period, the alleged victim fell within the jurisdiction of the United States, since the U.S.

---

232 EGMR, Urteil vom 16.09.2011, Hassan v UK, Nr. 29750/09, Z. 77.

233 EGMR, Urteil vom 16.09.2011, Hassan v UK, Nr. 29750/09, Z. 80.

234 Anders als etwa Cerna dies in Coomans/Kamminga, S. 153 ff und wohl auch Gondek in Gondek, The Reach of Human Rights in a Globalising World, S. 144 sehen, ist der Fall Coard nicht zur Fallgruppe der effektiven Kontrolle über Territorium bzw. zu „military occupation" zu zählen. Zwar mag eine solche in der Folge der US-Invasion vorgelegen haben, jedoch fanden die gerügten Handlungen der USA noch vor Etablierung der erforderlichen Kontrolle statt. Ebenso: Lorenz, S. 54.

235 AKMR, Entscheidung vom 29.9.1999, Coard et al v United States, Nr. 10.951.

236 AKMR, Entscheidung vom 29.9.1999, Coard et al v United States, Nr. 10.951, Z. 37; Hervorhebung durch die Verfasserin.

237 AKMR, Zulässigkeitsentscheidung vom 20.3.2012, Djamel Ameziane v Vereinigte Staaten, Nr. 17/12.

exercised total and exclusive de facto control over this prison and the individuals detained there.“[238]

Ebenfalls bezüglich Gefangenhaltung durch das Militär äußerte sich der UN – Menschenrechtsausschuss in seinen „Concluding Observation“ zum Sonderreport Jugoslawiens[239], der im Zuge des damals dort wütenden Balkankriegs gefordert worden war. Hinsichtlich der Situation in Bosnien-Herzegovina bemerkte der Ausschuss mit Blick auf die Bindung Kroatiens an den IPBPR: „Persons were being held in deplorable conditions in places of detention in Bosnia-Herzegovina, which were under the control of the Croatian army or local Croatian military factions who received the backing of the Republic of Croatia. The international responsibility of the Republic of Croatia was engaged in relation to these events.“[240] Zudem stellte der Ausschuss fest: „Responsibility must be accepted for the acts of the military in other territories as well as in Croatia. Clear instructions should be issued to all military personnel as to their obligations under the Covenant. The foregoing had to be borne in mind in the context of support afforded, directly or indirectly, to local Croatian militia in Bosnia-Herzegovina.“[241] Damit scheinen auch andere Maßnahmen des Militärs als die Gefangenhaltung eine Bindung an den IPBPR auszulösen. Wie solche militärische Handlungen aussehen könnten, zeigt sich an anderer Stelle der „Concluding Observation“. In der Beurteilung der Haltung Jugoslawiens, es könne für extraterritoriale Akte keine Verantwortung übernehmen[242], führte der UN-Menschenrechtsausschuss aus: „Various concordant sources of information (...) describe mass arrests, summary and arbitrary executions, enforced or involuntary disappearances, torture, rapes and looting committed by Serbian nationalists both in Croatia (Krajina) and in Bosnia and Herzegovina. It is reported that some 20 camps are controlled by these armed men and that they are holding thousands of civilians, women, children and elderly people in conditions unworthy of the respect due to the human person. Massive violence has been unleashed, inter alia, against Dubrovnik and Vukovar and is still being directed against Sarajevo. The Committee observed that the

---

238 AKMR, Zulässigkeitsentscheidung vom 20.3.2012, Djamel Ameziane v Vereinigte Staaten, Nr. 17/12, Z. 32; Hervorhebung durch die Verfsserin. Die Kommission nimmt erneut Bezug auf die Rechtsprechung des EGMR, indem sie Al-Saadoon and Mufdhi v UK zitiert.

239 MRA, Concluding Observations on a Special Report of the Federal Republic of Yugoslavia vom 28.12.1992, UN Doc. CCPR/C/79/Add. 16.

240 MRA, Concluding Observations on a Special Report of the Republic of Croatia vom 28.12.1991, UN Doc. CCPR/C79/ Add.15, Z. 7.

241 MRA, Concluding Observations on a Special Report of the Republic of Croatia v. 28.12.1991, UN Doc. CCPR/C79/Add.15, Z. 9.

242 Jugoslawien war der Ansicht, „it could not assume responsibilty for acts committed outside its territory and hence beyond its control.“, MRA, Concluding Observations on a Special Report of the Federal Republic of Yugoslavia vom 28.12.1992, UN Doc. CCPR/C/79/Add. 16, Z. 4.

means deployed and the interests involved demonstrated the existence of links between the nationalists and Serbia which invalidated the Federal Government's claim to be exempt from responsibility. (...) The Committee strongly deplored this situation and regretted the refusal of the Federal Government to acknowledge its responsibility for such acts on the grounds that they were committed outside its territory."[243] Bemerkenswert erscheint auch, wie der Zusammenhang zwischen den Akteuren und dem Staat hergestellt wird. So scheint die Existenz einer „Verbindung" zwischen den Handelnden und dem Staat, die aus den eingesetzten Mitteln und den involvierten Interessen zu schließen ist, für eine Verpflichtung auszureichen.

Nicht im Zusammenhang mit einem bewaffneten Konflikt stand der Fall des EGMR Medvedyev et al v France[244]. Hier ging es um die Kontrolle eines Schiffes, welches wegen Drogenhandels in das Visier Frankreichs geraten war. Das Schiff „Winner", welches unter keiner Flagge fuhr, war von einem mit dieser Mission beauftragten französischen Kriegsschiff in internationalen Gewässern angehalten, geentert und die Crew auf dem Schiff in Gewahrsam genommen worden. Die französischen Behörden entschieden, das Schiff nach Frankreich bringen zu lassen. „That being so", entschied der Gerichtshof, „as this was a case of France having exercised *full and exclusive control over the Winner and its crew*, in a continouus and uninterrupted manner until they were tried in France, the applicants were effectively within France's jurisdiction for the purposes of Article 1 of the Convention (contrast *Banković and Others*, cited above)."[245]

Die gerade näher beleuchte Fallgruppe der „use of force by a State's agent" schließt die Darstellung des personalen Ansatzes im Fall Al-Skeini ab. Inwiefern die Entscheidung in der Sache Al-Skeini selbst zur Erhellung des Konzepts der Jurisdiktion beiträgt, wird noch zu untersuchen sein; ähnlich wie der Fall Banković lässt der Fall sich weder in das personale noch in das territoriale Modell einordnen und bedarf deshalb gesonderter Erörterung. Dasselbe gilt für die Entscheidung des Gerichtshofs in Jaloud v The Netherlands, die zwar im Schwerpunkt dem personalen Modell zuzuordnen sein könnte[246]; da sie jedoch in einem sehr ähnlichen Kontext wie Al-Skeini spielt und einen nach hier vertretener

243 MRA, Concluding Observations on a Special Report of the Federal Republic of Yugoslavia vom 28.12.1992, UN Doc. CCPR/C/79/Add. 16, Z. 6/7.

244 EGMR, Urteil vom 29.3.2010, Medyedyev et al v France, Nr. 3394/03.

245 EGMR, Urteil vom 29.3.2010, Medyedyev et al v France, Nr. 3394/03, Z. 67; Hervorhebung durch die Verfasserin.

246 Vgl.Koker Cedric de, Strasbourg Observers 2014, , https://strasbourgobservers.com/2014/12/08/extra-territorial-jurisdiction-flexible-human-rights-obligations-the-case-of-jaloud-v-the-netherlands/: „Here, [the Court] found that the applicant's son came within the personal jurisdiction of the Netherlands, not because the use of a weapon brought the victim under the authority of control [sic] of its State agents, but because he passed through a checkpoint specifically set up for the purpose of asserting such control and authority."

Ansicht ebenso wie dieser einen atypischen Fall der Jurisdiktion darstellt, soll sie an passender Stelle der Untersuchung Al-Skeinis eingearbeitet werden (s. Ziff. 3. a) cc)).

(2) Rechtsfolge

Die Rechtsfolge des personalen Ansatzes erscheint klar: Jurisdiktion ist begründet und somit ist der Menschenrechtsvertrag anwendbar. Betroffen von der Jurisdiktion sind diejenigen, die der Kontrolle im eben erläuterten Sinne unterstehen. Regelmäßig beschränkt sich die personale Kontrolle auf wenige Individuen; nicht außer Acht zu lassen ist jedoch, dass im Fall der Ausübung von „public powers" die gesamte Bevölkerung betroffen sein kann. In diesem Zusammenhang scheint die Abgrenzung des personalen Ansatzes von dem noch darzustellenden territorialen Ansatz besonders schwierig. „Public powers" ist als Begriff dem allgemeinen völkerrechtlichen Juridiktionsbegriff entnommen und beinhaltet die drei Hoheitsgewalten (s. Ziff. 2.a.). Diese beziehen sich im allgemeinen Völkerrecht auf ein Territorium, nämlich das Hoheitsgebiet des Staates. *Milanovic* hält die Subsumtion der Ausübung von Hoheitsgewalt unter den personalen Ansatz insofern auch für (absichtlich) falsch gewählt (hierzu sogleich ausführlicher)[247].

Für das Verhältnis des Individuums zu seinem *Territorialstaat* ergibt sich aus der durch den personalen Ansatz begründeten Jurisdiktion, dass das Individuum (insoweit) nicht mehr dessen menschenrechtlicher Jurisdiktion unterfällt. Besonders deutlich wird diese Rechtsfolge des personalen Modells in einer Fundstelle aus der Entscheidung der Interamerikanischen Kommission in Djamel Ameziane v USA: „Regarding the extraterritorial application of the American Declaration, the IACHR has held that even though a State's duty to protect the rights of any person is based on its territory, that duty may, under given circumstances, refer to conduct with an extraterritorial locus where the person concerned is present in the territory of one State, but subject to the control of another State, usually through the acts of the latter's agents abroad. In these cases, the inquiry turns on whether the alleged victim was subject to the authority and control of the acting State."[248] Es scheint, dass die unmittelbare Kontrolle des extraterritorial handelnden Vertragsstaats keinen Raum mehr für ein menschenrechtsrelevantes Verhältnis zwischen dem Territorialstaat und dem Einzelnen lässt.

Im der Entscheidung Al-Skeini kam es zudem zu einer bedeutenden Klarstellung der Banković-Rechtsprechung. In Al-Skeini führte der Gerichtshof aus, dass der Vertragsstaat im Verhältnis zu dem Individuum unter seiner Kontrolle allein zur Garantie derjenigen Menschenrechte verpflichtet ist, die für es relevant sind. Diese Aussage ist deshalb von erheblicher Bedeutung, weil Banković das

---

247 Milanovic, European Journal of International Law 2012, S. 128.

248 AKMR, Zulässigkeitsentscheidung vom 20.3.2012, Djamel Ameziane v Vereinigte Staaten, Z. 30.

Gegenteil behauptet hatte: Hier schien Jurisdiktion mit einem „alles-oder-nichts"-Gedanken einherzugehen[249]. In Al-Skeini wurde demgegenüber klargestellt: „It is clear that, whenever the State, through its agents, exercises control and authority over an individual, and thus jurisdiction, the State is under an obligation under Article 1 to secure to that individual the rights and freedoms under Section I of the Convention that are relevant to the situation of that individual. In this sense, therefore, the Convention rights can be ‚divided and tailored' (compare *Banković and Others*, cited above, § 75)."[250] Auch wenn sich der Gerichtshof von einer ausdrücklichen Abweichung von der Banković-Rechtsprechung scheute, sprach er sich in Al-Skeini erstmals ausdrücklich für eine partielle Menschenrechtsbindung im Fall des personalen Ansatzes aus[251]. Ob es ergänzend eine partielle Menschenrechtsbindung des Territorialstaates gibt, der nun keine unmittelbare Kontrolle mehr ausübt – bezüglich der Menschenrechte, auf deren Einhaltung er noch Einfluss hat – ist soweit ersichtlich für das personale Modell noch nicht thematisiert worden.

(3) Analyse der Rechtsprechung

Festzuhalten ist zunächst, dass das personale Modell in der Rechtsprechung aller Menschenrechtsorgane zur Begründung der Jurisdiktion dient. Von der EKMR als ursprüngliches Modell der extraterritorialen Anwendung entwickelt, spielt er bis heute eine wichtige Rolle. Mit Blick auf die soeben dargestellte Rechtsprechung heißt es nun, diese möglichst dogmatisch zu erfassen. Zunächst scheint die Rechtsprechung des EGMR, wie sie in Al-Skeini zusammengefasst und strukturiert wird, in heterogene Fallgruppen zu zerfallen. Dies ist auch dadurch bedingt, dass der Gerichtshof hier eine Rechtsprechung als zum personalen Modell zählend darstellt, welche bisher dem räumlichen Modell zugeordnet war: die Ausübung von Regierungsfunktionen. In Banković hatte der Gerichtshof die einvernehmliche Ausübung der „public functions" noch in einem Atemzug mit der Ausübung der Regierungsfunktionen während der Besatzung genannt[252]. Hierzu bemerkt *Milanovic* ganz richtig: „Note the Banković reference to 'public powers', which prove to be key later in the judgment, but which the Court actually (purposefully) misplaces. That paragraph of Banković was not about jurisdiction as

249 EGMR, Urteil vom EGMR, Urteil vom 12.12.2001, Banković et al v Belgium et al, Nr. 52207/99, Z. 75.

250 EGMR, Urteil vom 7.7.2011, Al-Skeini et al v UK, Nr. 55721/07, Z. 137.

251 Eine solche nach Lorenz in seiner Schrift bereits 2005 an, vgl. LORENZ, S. 105.

252 Vgl. EGMR, Urteil vom 12.12.2001, Banković et al v Belgium et al, Nr. 52207/99, 71: „[The Court has recognized exceptional jurisdiction] when the respondent State, through effective control of the relevant territory and its inhabitants abroad as a consequence of military occupation or through the consent, invitation or acquiescence of the Government of that territory, exercises all or some of the public powers normally to be exercised by that government."

authority and control over individuals (personal model), but about jurisdiction as effective control over territory (spatial model), and even in that context it was unclear what the Court had meant by this reference to 'public powers'."[253]

Dennoch soll versucht werden, den Kategorien in Rechtsprechung des EGMR wie auch der Rechtsprechung der übrigen Vertragsorgane gemeinsame Merkmale entnehmen.

(aa) Rechtmäßigkeit des jurisdiktionsbegründenden Handelns?

Mit Blick auf die Frage, inwiefern der menschenrechtliche Jurisdiktionsbegriff mit dem Begriff des allgemeinen Völkerrechts in Zusammenhang steht, ist besonders interessant, ob es zur Begründung der Anwendbarkeit der Konventionen auf die Rechtmäßigkeit des extraterritorialen Handelns der Vertragsstaaten ankommt. Wie oben bereits ausgeführt, stellt das allgemeine Völkerrecht zur Bestimmung der Jurisdiktion darauf ab, wozu ein Staat berechtigt ist (vgl. Ziff. 2.a.). In den in Al-Skeini präsentierten Fallgruppen scheinen die erste und zweite Fallgruppe des personalen Modells Elemente der Rechtmäßigkeit aufzuweisen. Wie bereits beschrieben, stellte der EGMR in der ersten Fallgruppe auf „acts of diplomatic and consular agents, who are present on foreign territory in accordance with provisions of international law"[254] ab, um Jurisdiktion zu begründen. Diplomatischen Missionen ist zu eigen, dass sie sich als Organe des Entsendestaates mit Einverständnis des Empfangsstaates unter Geltung bestimmter völkerrechtlicher Normen auf dem Hoheitsgebiets eines Staates befinden[255]. Diese Art der Staatsorgane und ihre Anwesenheit können somit mit dem „klassischen" Jurisdiktionsbegriff in Einklang gebracht werden. Tatsächlich beschäftigten sich die ersten Fälle der EKMR zur extraterritorialen Jurisdiktion mit diesen besonderen Staatsorganen (vgl. Ziff. (1) (aa)) und es ist nicht auszuschließen, dass der allgemeine Jurisdiktionsbegriff mit den Anfängen der Rechtsprechung etwas zu tun hatten. Jedoch muss betont werden, dass die Rechtmäßigkeit sich in der zitierten Rechtsprechung allein auf den *Aufenthalt* des diplomatischen Personals im Territorialstaat betrifft; das *Verhalten* des Personals, welches die Jurisdiktion tatsächliche begründete, wurde dagegen nicht auf Rechtmäßigkeit überprüft. Dies spiegelt letzten Endes auch die Fundstelle in Al-Skeini wider, wenn sie zur Jurisdiktionsbegründung allein auf darauf abstellt, dass die Diplomaten „authority and control over others"[256] ausüben.

Im Rahmen der zweiten Fallgruppe kommt es bei Ausübung der Hoheitsgewalt laut Al-Skeini darauf an, dass diese mit „consent, invitation or acquiesence"[257] des Territorialstaats an. Diesem Wortlaut zum Trotz, stellen die zitierten

253 Milanovic, European Journal of International Law 2012, S. 128.
254 EGMR, Urteil vom 7.7.2011, Al-Skeini et al v UK, Nr. 55721/07, Z. 134.
255 Vgl. Ipsen, S. 563.
256 EGMR, Urteil vom 7.7.2011, Al-Skeini et al v UK, Nr. 55721/07, Z. 134.
257 EGMR, Urteil vom 7.7.2011, Al-Skeini et al v UK, Nr. 55721/07, Z. 135.

Fälle nicht auf das Einverständnis des Territorialstaats ab, sondern auf die Möglichkeit der tatsächlichen Einflussnahme. Wegen des engen Zusammenhangs mit dem Merkmal der „tatsächlichen Kontrolle" soll diese Frage unter Ziff. (bb) weiter dargestellt werden. Festzuhalten bleibt, dass das Erfordernis der Rechtmäßigkeit angesichts der widersprüchlichen Rechtsprechung auch in dieser Fallgruppe nicht abschließend geklärt ist.

In der dritten Fallgruppe spielen Rechtsmäßigkeitserwägungen dagegen bereits ausdrücklich keine Rolle mehr, weder im Rahmen des Aufenthalts, noch im Rahmen des Verhaltens der Akteure. Dies zeigt sich zum einen in den in Al-Skeini zitierten Fällen, zum anderen aber auch in Rechtsprechung der EKMR, die in Al-Skeini nicht angesprochen wird. Die letztere betreffend sei der Fall Cyprus v Turkey genannt, in dem zum einen die Gruppe der Akteure bereits von diplomatischem Personal auf Streitkräfte erweitert wurde und es zum anderen nicht darauf ankam, ob diese sich mit Einverständnis des Territorialstaats auf dessen Hoheitsgebiet aufhielten[258]. Eine ganz ähnliche Rechtsprechung findet sich im Fall Issa et al v Turkey, welchen der Gerichtshof in Al-Skeini zitiert: Auch hier hatte ein Einverständnis des Territorialstaates mit dem Aufenthalt des Streitkräfte des Vertragsstaates keinesfalls bestanden; dennoch hätte der Gerichtshof im Falle des Nachweises der Ingewahrsamnahme Jurisdiktion angenommen[259]. In Öcalan v Turkey findet sich Ähnliches: Ob der Territorialstaat mit der Ingewahrsamnahme einverstanden war, schien nicht entscheidungserheblich; der Gerichtshof jedenfalls stellte rein auf die Ausübung von Kontrolle der Staatsorgane ab. Ebenso verhält es sich in den Fällen Al-Saadoon und Mufdhi v UK: mochte die Kontrolle der Staatsorgane nach Ansicht des EGMR auch „reflected in law" sein, zeigt bereits diese Formulierung, dass es auf die Rechtmäßigkeit nicht zwingend ankommen kann.

Die interamerikanische Kommission nimmt im Fall Djamel Ameziane v USA ausdrücklich Bezug auf die Rechtsprechung des EGMR in Öcalan, Issa et al, Al Sadoon and Mufdhi sowie Medyedyev, womit eine Orientierung an dem eben Ausgeführten einhergehen muss. Bestätigt wird dies dadurch, dass in dem Fall selbst im Rahmen der jurisdiktionsbegründenden Ergreifung und Ingewahrsamnahme des Antragstellers in keinster Weise auf die Rechtmäßigkeit des Vorgehens der US-Agenten eingegangen wird[260]. Auch in Coard et al v US verbietet sich angesichts des Hintergrunds eines bewaffneten Konflikts das Abstellen auf den Jurisdiktionbegriff des allgemeinen Völkerrechts.

258 Die türkischen Streitkräfte befanden sich in Cyprus v Turkey im Rahmen eines bewaffneten Konflikts auf Zypern. Damit fehlt das Einverständnis des Territorialstaats bereits denknotwendig.

259 EGMR, Urteil vom 16.11.2004, Issa et al v Turkey, Nr. 31821/96, Z. 76 ff.

260 Vgl. AKMR, Zulässigkeitsentscheidung vom 20.3.2012, Djamel Ameziane v Vereinigte Staaten, Nr. 17/12, Z. 30 ff.

Ausdrücklich meint auch der UN-Menschenrechtsausschuss, dass es auf das Einverständnis des Territorialstaates mit dem Akt des Vertragsstaates bei der Begründung von Jurisdiktion nicht ankomme[261].

(bb) Entscheidend: tatsächliche Kontrolle über Individuen

Für den menschenrechtlichen Jurisdiktionsbegriff spielt die Frage, wozu ein Staat berechtigt ist, somit keine Rolle. Um Jurisdiktion zu begründen muss somit zwingend tatsächliches Verhalten ausreichen. Dies gibt auch der vom EGMR gewählte Oberbegriff für das personale Modell wieder: entscheidend ist die Kontrolle durch Staatsorgane („state agent authority and control").

In diesem Zusammenhang ist zu bemerken, dass die vom Gerichtshof in Al-Skeini dargestellten Fallgruppen eindeutig restriktivere Merkmale aufweisen, als dies die übergreifende Formel tut. Diese lautete, wie eingangs dargestellt: „(...) [A] Contracting State's jurisdiction under Article 1 may extend to acts of its authorities which produce effects outside its own territory."[262] Wie der Gerichtshof selbst bemerkte, ist dies ein sehr weites Verständnis der Jurisdiktion, da nach ihm jedes Verhalten eines Staatsorgans, welches Auswirkungen außerhalb des eigenen Hoheitsgebiets hat, die Jurisdiktion des Vertragsstaats begründen würde[263]. Von Kontrolle über Individuen, wie dies in der Rechtsprechung anderer Vertragsorgane beinhaltet ist, ist nicht die Rede – allein Effekte auf außerhalb des Hoheitsgebiets reichen aus[264]. Es ist nicht mit letzter Gewissheit geklärt, in welchem Verhältnis die Fallgruppen zu dieser übergreifenden Formulierung stehen. Die Kriterien der Fallgruppen könnten als Einschränkung der weiten Formel zu verstehen sein; eine solche Auslegung legt die Aussage nahe, dass den Fallgruppen die „defining principles" zu entnehmen seien. Nicht zuletzt stellt sich die Frage, warum, wenn der Formel letzten Endes keine Bedeutung zukommen soll, sie überhaupt zitiert wird. Trotz dieser Unklarheit, soll die Frage, welche Prinzipien den Fallgruppen zugrunde liegt, untersucht werden.

Betrachtet man die Fallgruppen, die laut EGMR unter den Oberbegriff zu fassen sind, findet sich dieses gemeinsame Prinzip sowohl in der ersten als auch in der dritten Fallgruppe ausdrücklich: in ersterer ist Jurisdiktion möglich, „when [diplomatic and consular] agents exert authority and *control* over others"[265], in letzterer dann, wenn durch „use of force" ein Individuum „under the *control* of

261 MRA, View vom 29.7.1981, Lopez Burgos v Uruguay, Nr. R.12/52, U.N. Doc. Supp. Nr. 40 (A/36/40), Z. 12.1/12.3.

262 EGMR, Urteil vom 7.7.2011, Al-Skeini et al v UK, Nr. 55721/07, Z. 133.

263 Einem solch weiten Verständnis war in Banković eine Absage erteilt worden, wie unter Ziff. cc) noch zu erörtern sein wird.

264 Vor dem Hintergrund, dass Banković gerade ein solches Verständnis der Jurisdiktion vehement verneinte (vgl. hierzu sogleich unter Ziff. cc)), ist die Aufnahme der Formel besonders erstaunlich.

265 EGMR, Urteil vom 7.7.2011, Al-Skeini et al v UK, Nr. 55721/07, Z. 134.

the State's authorities"[266] gebracht wird. Die zweite Fallgruppe der Ausübung von „public powers" lässt das Kriterium der Kontrolle weniger anklingen – wenn auch „power" begrifflich nicht weit von „authority and control" entfernt scheint und von anderen Organen weitgehend synonym mit Kontrolle verwendet wird[267]. Jedoch hat auch die zweite Fallgruppe – die Ausübung von Staatsgewalt – bei näherer Betrachtung eine tatsächliche Komponente. Wie bereits unter Ziff. aa) angekündigt mag dies verwundern, ist doch ausdrücklich von der Ausübung der Staatsgewalt mit Einverständnis des Territorialstaates die Rede. Betrachtet man die Entscheidungen zur Ausübung von „public powers" aber genauer, kam es entscheidend nicht darauf an, wem die Ausübung übertragen wurde, sondern wer tatsächlich Einfluss darauf hatte[268]. Dies gilt sowohl für die Ausübung der Exekutive[269], als auch der Judikative[270], als auch der Legislative. Letzteres zeigt sich deutlich im Fall Gentilhomme: Rechtsetzungsakte sind mit Bezug auf fremdes Territorium durchaus rechtmäßig; was ihre Wirkung auf fremden Territorium betrifft, ist jedoch Umsetzung nötig. Hierauf hat der rechtsetzende Staat keinen Einfluss und somit auch keine Jurisdiktion. Anders verhielt sich der Fall in Gueye: Der Rechtsetzungsakt bedurfte keiner Umsetzung durch den Territorialstaat[271], womit die Rechtswirkungen allein in der Hand des Vertragsstaates lagen. Dementsprechend war Jurisdiktion auch ohne Weiteres begründet. Mag in den Entscheidungen zur zweiten Fallgruppe auch von „Einfluss" die Rede sein, ist inhaltlich doch wieder Kontrolle entscheidend. Dies passt auch zu den Einlassungen des EGMR, der die Zurechenbarkeit der „public powers" für entscheidend hält. Nach allgemeinem Völkerrecht spielt für die Zurechenbarkeit eines Aktes die Frage, wer die Kontrolle diesbezüglich hatte, die entscheidende Rolle[272]. Grundsätzlich erscheint es zwingend, dass menschenrechtliche Jurisdiktion dann begründet ist, wenn der Vertragsstaat sich durch Ausübung von Regierungsfunktionen wie ein Territorialstaat geriert und er der Bevölkerung wie auf eigenem Hoheitsgebiet entgegentritt. Eine solche Rolle geht stets mit der

---

266 EGMR, Urteil vom 7.7.2011, Al-Skeini et al v UK, Nr. 55721/07, Z. 136.

267 Vgl. insbesondere die Formel im General Comment Nr. 31 des UN-Menschenrechtsausschusses, Z. 10: „power and effective control".

268 EKMR, Entscheidung vom 14.7.1977, X and Y v Switzerland, Nr. 7289/75 und 7349/76, S. 73; EGMR, 26.6.1992, Drozd and Janousek v France and Spain, Nr. 12747/87, Z. 96; EGMR, 14.5.2002, Gentilhomme, Schaff-Benhadji et Zerouki c France, Nr. 48205/99, 48207/99 et 48209/99, Z. 20.

269 EKMR, Entscheidung vom 14.7.1977, X and Y v Switzerland, Nr. 7289/75 und 7349/76.

270 EGMR, Urteil vom 26.6.1992, Drozd and Janousek v France and Spain, Nr. 12747/87.

271 Einfluss darauf, an wen welche Rente gezahlt wird, hat nur der Vertragsstaat selbst.

272 Vgl. Art. 6 ILC ASR.

Möglichkeit der tatsächlichen Kontrolle einher, wenn sie auf eine solche auch nicht beschränkt ist.

Zwischen erster und dritter Fallgruppe gibt es nicht nur hinsichtlich der Akteure[273] einen Unterschied: Während die erste Fallgruppe relativ neutral davon spricht, dass Autorität und Kontrolle ausgeübt wird, scheint in der dritten Fallgruppe die Kontrolle durch „use of force" begründet werden zu müssen[274]. Die erste Fallgruppe ist hierbei semantisch näher an der Rechtsprechung der anderen Vertragsorgane, die ebenfalls lediglich von einer Ausübung von Kontrolle sprechen[275], nicht von Ausübung von Kontrolle durch Ausübung von Gewalt. Die Rechtsprechung des EGMR hatte zuvor jedenfalls ausdrücklich kein solches Verhalten der Staatsorgane gefordert[276]. Die Einführung des Kriteriums „use of force" stellt somit ein Novum dar. Zur Auslegung nimmt der Gerichtshof selbst Stellung: „What is decisive in such cases is the exercise of physical power and control over the person in question."[277] Ob dies bedeutet, dass Kontrolle über ein Individuum, die auf anderem Wege erlangt wurde – beispielsweise durch Täuschung wie in Walker v USA – nach der Rechtsprechung des EGMR nicht unter den personalen Ansatz fällt, bleibt abzuwarten. Unter Wertungsgesichtspunkten scheint es jedoch schwer nachvollziehbar, warum nur die Anwendung eines bestimmten Mittels – wenn dies auch den Regelfall darstellen wird – bei im Übrigen gleichem Ergebnis zu Jurisdiktion führen soll. Möglicherweise war es jedoch auch die Absicht des Gerichtshofs, das Kriterium der „Kontrolle", welches so zentral in der Rechtsprechung zur Jurisdiktion ist, mit Leben zu füllen. Dabei konkretisiert der Gerichtshof das Handeln, welches als „use of force" zu Jurisdiktion führt als „physical power and control over [a] person". Damit ist geklärt,

---

273 Die erste Fallgruppe beschränkt sie auf diplomatisches Personal, die dritte Gruppe umfasst alle Staatsorgane. Dabei scheint schwer vorstellbar, dass die Akteure der ersten Gruppe nicht von der dritten Gruppe umfasst sein soll. Dies ist nur einer der Gründe, warum die Aufteilung des personalen Modells in Al-Skeini nicht kohärent erscheint.

274 Vgl. Wortlaut: „(...) the use of force by a State's agents operating outside its territory may bring the individual thereby brought under the control of the State's authorities into the State's Article 1 jurisdiction.", EGMR, Urteil vom 7.7.2011, Al-Skeini et al v UK, Nr. 55721/07, Z. 136.

275 Vgl. beispielsweise General Comment Nr. 31 des UN-Menschenrechtsausschusses, Z. 10; AKMR, Entscheidung vom 29.9.1999, Coard et al v United States, Nr. 10.951, Z. 37; AKMR, Zulässigkeitsentscheidung vom 20.3.2012, Djamel Ameziane v Vereinigte Staaten, Nr. 17/12, Z. 31/32.

276 Vgl. die neutrale Formulierung in EGMR, Urteil vom 16.11.2004, Issa et al v Turkey, Nr. 31821/96, Z. 72; EGMR, Urteil vom 2.3.2010, Al-Saadoon and Mufdhi v United Kingdom, Nr. 1498/08, Z. 88; EGMR, Urteil vom 29.3.2010, Medyedyev et al v France, Nr. 3394/03, Z. 67; Anklang in EGMR, Urteil vom 12.5.2005, Öcalan v Turkey, Nr. 46221/99, Z. 91: „physically forced to return to Turkey by Turkish officials".

277 EGMR, Urteil vom 7.7.2011, Al-Skeini et al v UK, Nr. 55721/07, Z. 136.

dass die Beziehung zwischen Individuum und Vertragsstaat eine tatsächliche und keine formale[278] ist und augenblicklich entstehen kann. Ob insofern das in Banković geforderte Stufenelement – Verletzung und Jurisdiktion dürften nicht zusammenfallen[279] – aufgegeben wird, wird offen gelassen. Es erscheint jedoch schwer vorstellbar, wie ein solches mit der Rechtsprechung in Al- Skeini in Einklang zu bringen sein sollte.

Zuletzt ist noch zu bemerken, dass Bezugspunkt der Kontrolle in Fallgruppe eins und drei einzelne Individuen sind; allein in Fallgruppe zwei erstreckt sich die Ausübung der Regierungsfunktion auf eine größere Gruppe von Menschen, nämlich die Bevölkerung. Wie sogleich noch dargestellt werden wird, hat sie dies mit dem Modell gemein, aus dem die Fallgruppe eigentlich stammt: Jurisdiktion über eine größere Gruppe Menschen via Kontrolle über ein Gebiet (vgl. Ziff. bb)).

(cc) Konkretisierung der tatsächlichen Kontrolle

Der EGMR konkretisiert die tatsächlich Kontrolle über ein Individuum allein in der dritten Fallgruppe näher. Das Prinzip, welches in der Kontrolle durch Einsatz von Gewalt zu sehen sei, sei mit Blick auf Ingewahrsamnahmen und Haft angewendet worden[280]. Diese Ausprägung tatsächlicher Kontrolle findet sich auch in der Rechtsprechung der anderen Organe (vgl. Ziff. 3.aa)(1)(cc)), wobei dort nicht behauptet wird, dass dies der einzige Anwendungsfall sei. Jedenfalls in Al-Skeini ist Gewahrsam jedoch als einziger Anwendungsfall genannt. Durch die Unterscheidung zwischen Ingewahrsamnahme und Inhaftierung wird zwischen physischer Kontrolle eines Einzelnen und physischer Kontrolle mehrerer, die sich in einer vom Vertragsstaat kontrollierten Einrichtung aufhalten[281], unterschieden. Der Gerichtshof hat jedoch durch Einordnung beider Varianten unter das personale Modell klar gestellt, dass die Kontrolle eines Gefängnisses nicht unter territoriale Kontrolle fällt. Somit wird die Jurisdiktion in einer Haftanstalt oder auf einem Schiff[282] nicht durch die Kontrolle des – wenn auch kleinen – Gebiets begründet, sondern rührt allein aus der Kontrolle der Individuen selbst. Die Interamerikanische Kommission stellte zur Art der Beziehung zwischen Staat und Individuum darüber hinaus für ihre Praxis ausdrücklich fest, dass es für die

---

278 Vgl. oben Z. 2.b): wie bereits erwähnt fordern einige Autoren eine strukturierte Rechtsbeziehung, s. Lorenz, S. 107.

279 Vgl. EGMR, Urteil vom 12.12.2001, Banković et al v Belgium et al, Nr. 52207/99, Z. 75.

280 EGMR, Urteil vom 7.7.2011, Al-Skeini et al v UK, Nr. 55721/07, Z. 136.

281 EGMR, Urteil vom 2.3.2010, Al-Saadoon and Mufdhi v United Kingdom, Nr. 61498/08, Z. 88; EGMR, Urteil vom 29.3.2010, Medyedyev et al v France, Nr. 3394/03, Z. 67; EGMR, Urteil vom 7.7.2011, Al Jedda v United Kingdom, Nr. 27021/08, Z. 85/86; AKMR, Zulässigkeitsentscheidung vom 20.3.2012, Djamel Ameziane v Vereinigte Staaten, Nr. 17/12, Z. 31/32.

282 Wie in EGMR, Urteil vom 29.3.2010, Medyedyev et al v France, Nr. 3394/03.

Feststellung der extraterritorialen Jurisdiktion keiner „formal, structured and prolonged legal relation in terms of time“[283] bedürfe.

Festzuhalten bleibt, dass nach Ansicht des EGMR der Grundfall der jurisdiktionsbegründenden Kontrolle die unmittelbare Einflussnahme auf den Aufenthaltsort bzw. der Einschränkung der Bewegungsfreiheit durch körperliche Zwang zu sein scheint. Ob auch noch andere Verhaltensweisen des Vertragsstaates hierzu zählen, bedarf weiterer Analyse.

(4) Ergebnis

Zusammenfassend lässt sich nach Darstellung und Analyse der Rechtsprechung des personalen Modells sagen, dass der in diesem Zusammenhang entwickelte Jurisdiktionsbegriff mit dem des allgemeinen Völkerrechts nichts zu tun hat. Die Untersuchung der Rechtsprechung der Menschenrechtsorgane bezüglich der Jurisdiktion im personalen Modell hat ergeben, dass es auf eine völkerrechtliche Rechtmäßigkeit des Handelns des Vertragsstaates nicht ankommt; entscheidend ist allein, *dass* er (in einer bestimmten Weise) handelt. Konkretisiert wird dieses Handeln in drei Fallgruppen, in denen es übergreifend jedoch darauf ankommt, dass der Staat einen tatsächlichen Einfluss auf die Situation hat, die einen Menschen in seinen Rechten betrifft. Diese mag im Fall des Gewahrsams sehr konkret sein, umfasst jedoch in der Fallgruppe der Ausübung von Regierungsfunktionen auch weniger direkte Sachverhalte wie beispielsweise legislative und judikative Akte. Alle Fallgruppen zusammengenommen scheinen die Prinzipien sich durchaus nicht sehr von der weiten Formel aus Drozd and Janousek[284] zu unterscheiden, wenn natürlich die Ausübung von Gewalt eine sehr direkte Spielart der Formel sein mag.

bb) Territoriales Modell: „effective control over an area“

Das territoriale Modell ist das zweite Konzept, mithilfe dessen außerhalb des Hoheitsgebiet der Vertragsstaaten Jurisdiktion begründet wird. Es findet sich sowohl in der Rechtsprechung des EGMR, sowie in den Äußerungen des UN-Menschenrechtsausschusses. Stiefmütterlich wurde der territoriale Ansatz lange Zeit in der Praxis der interamerikanischen Kommission behandelt; neuerdings findet sich aber auch hier eine entsprechende Ausprägung[285]. Auch in der Erörterung dieses Modells soll zunächst der Rechtsprechung des EGMR in Al-Skeini gefolgt und sodann durch die Praxis der übrigen Organe ergänzt werden.

---

283 AKMR, Entscheidung (Zulässigkeit) vom 21.10.2010, Franklin Guillermo Aisalle Molina (Ecuador v Colombia), Nr. IP-02, Z. 99.

284 EGMR, Urteil vom 26.6.1992, Drozd and Janousek v France and Spain, Nr. 12747/87, Z. 91.

285 Vgl. AKMR, Entscheidung vom 5.10.2018 (Begründetheit), Salas v United States, Nr. 10.573.

(1) Tatbestand

(aa) Europäischen Organe

Die Ausnahme der „effective control of an area“ von der grundsätzlich hoheitsgebiet-bezogenen Anwendbarkeit der Konvention[286] wurde ebenfalls in Al-Skeini behandelt. Dort heißt es: „Another exception to the principle that jurisdiction under Article 1 is limited to a State's own territory occurs when, as a consequence of lawful or unlawful military action, a Contracting State exercises effective control of an area outside that national territory. The obligation to secure, in such an area, the rights and freedoms set out in the Convention, derives from the fact of such control, whether it be exercised directly, through the Contracting State's own armed forces, or through a subordinate local administration.“[287] Zum Beleg dieser Rechtsprechung werden die Fälle Loizidou („Preliminary objections“ und „Merits“)[288], Cyprus v Turkey[289], Banković et al v Belgium et al[290], sowie Ilaşcu et al v Moldova and Russia[291] genannt. Diese sollen in der Folge deshalb näher betrachtet und durch Rechtsprechung, wie sie sich seit der Entscheidung in Al-Skeini mit Blick auf das territoriale Modell entwickelt hat[292], ergänzt werden.

α. Der Nordzypern-Konflikt

Die Individualbeschwerde Loizidou v Turkey[293] und die Staatenbeschwerde Cyprus v Turkey[294] entzündeten sich an dem Einmarsch türkischer Truppen in Nordzypern im Jahre 1974 und der sich anschließenden Besatzung[295] eines Teils

---

286 Vgl. EGMR, Urteil vom 7.7.2011, Al-Skeini et al v UK, Nr. 55721/07, unter der Überschrift (α) als „The territorial principle“ bezeichnet, Z. 131.

287 EGMR, Urteil vom 7.7.2011, Al-Skeini et al v UK, Nr. 55721/07, Z. 138.

288 EGMR, Urteil vom 23.3.1995, Lozidou v Turkey (preliminary objections), Nr. 15318/89; EGMR, 18.12.1996, Loizdou v Turkey (merits), Nr. 15318/89.

289 EGMR, Urteil vom 10.5.2001, Cyprus v Turkey, Nr. 25781/94.

290 EGMR, Urteil(Preliminary Objections) vom 23. 3.1995, Lozidou v Turkey, Nr. 15318/89.

291 EGMR, Urteil vom 8.6.2004, Ilaşcu et al v Moldova and Russia, 48787/99.

292 Zu denken ist hierbei an die Entscheidung in Catan et al v Moldova and Russia, Urteil vom 19.10.2012, Nr. 43370/04, 8252/05 and 18454/06 sowie zwei Entscheidungen im Zusammenhang mit dem Konflikt in Nagorno-Karabakh: EGMR, Urteil vom 16.6.2015, Chiragov et al v Armenia, Nr. 13216/05 und EGMR, Urteil vom 16.6.2015, Nr. 40167/06.

293 EGMR, Urteil(Preliminary Objections) vom 23. 3.1995, Lozidou v Turkey, Nr. 15318/89; EGMR, 18.12.1996, Loizdou v Turkey (merits), Nr. 15318/89.

294 „(...) [A] Contracting State's jurisdiction under Article 1 may extend to acts of its authorities which produce effects outside its own territory.“, vgl. hierzu bereits unter Ziff. 3.aa).

295 Vom EGMR selbst im Sachverhalt so bezeichnet, vgl. EGMR, Urteil(Preliminary Objections) vom 23. 3.1995, Lozidou v Turkey, Nr. 15318/89, Z. 11.

der Insel durch die Türkei, die bis heute fortdauert[296]. Im Jahr 1996 waren noch 30.000 Soldaten auf dem Gebiet stationiert. 1983 wurde die „Turkish Republic of Northern Cyprus" (deutsche Abkürzung: „TRNZ") ausgerufen, welche 1985 eine Verfassung verabschiedete. Bis heute wird dieses Gebilde allerdings lediglich von der Türkei anerkannt[297].

Die Geschehnisse gaben Anlass zu vier Staatenbeschwerden Zyperns gegen die Türkei[298], von denen die erste bereits im Jahr der Eskalation 1974 erhoben wurde. Zwar erreichte nur eine dieser Staatenbeschwerden neben der Kommission auch den Gerichtshof[299], jedoch reichte dies aus, um ein Licht auf die Gesamtsituation der Menschenrechte auf besetztem Gebiet zu werfen. Daneben trugen auch Individualbeschwerden zur Klärung wichtiger Rechtsfragen bei, wie die bedeutende Entscheidung im Fall Loizidou v Turkey zeigt.

Die ersten Aussagen zum Nordzypernkonflikt traf zunächst die Kommission im Rahmen ihrer Spruchpraxis. Dabei gründete sie die Frage der Jurisdiktion nicht auf die effektive Kontrolle eines staatsfremden Gebiets, sondern entwickelte in diesem Zusammenhang den oben schon beleuchteten personalen Ansatz, welcher ihre Rechtsprechung zur extraterritorialen Anwendbarkeit der EMRK prägen sollte (s.o., unter Ziff. aa)). Aus der zweiten Kommissionsentscheidung vom 10.7.1978 in Sachen Zypern gegen die Türkei könnte man hingegen einen territorialen Anklang herauslesen[300]: „(...)Turkey's jurisdiction in the north of the Republic of Cyprus, *existing by reason of the presence of her armed forces* there which prevents exercise of jurisdiction by the applicant government, cannot be excluded on the ground that jurisdiction in that area is allegedly exercised by the ‚Turkish Federated State of Cyprus'."[301] Im Zusammenhang mit der Feststellung,

---

296 Zu den Fakten vgl. EGMR, Urteil vom 10.5.2001, Cyprus v Turkey, Nr. 25781/94, Z. 13 ff.; an dieser Einschätzung des EGMR hat sich bis heute nichts geändert, vgl. EGMR, Urteil vom 29.1.2019, Güzelyurtlu v Cyprus and Turkey, Nr. 36925/07, Z. 193: „First, the Court notes that Turkey is regarded by the international community as being in occupation of the northern part of Cyprus and that the international community does not recognise the 'TRNC' as a State under international law".

297 Information des Auswärtigen Amtes, abrufbar unter: http://www.zypern.de/infos/einreisebestimmungen/, zuletzt abgerufen im Februar 2019.

298 Nr. 6780/74, 6950/75, 8007/77 und 25781/94.

299 Die Türkei erkannte die Zuständigkeit des Gerichtshofs erst am 22. Januar 1990 an.

300 Vgl. Gondek, The Reach of Human Rights in a Globalising World, S. 131: „The second decision did not yet change the focus of the test onto the control over territory, but reference to the presence of Turkish forces in northern Cyprus as ‚a reason' of jurisdiction may be treated as a sign that already at that early stage such options for the relevant test were being considered."

301 EKMR, Urteil vom 10.7.1978, Cyprus v Turkey (admissibility), Nr. 8007/77, Z. 25, Hervorhebung durch die Verfasserin; beachtenswert erscheint zudem, dass die Türkei in seiner Argumentation bereits das räumliche Modell vorgestellt hatte: „At the hearing, the Government accpeted that Article 1 might also cover areas outside the national territory *provided that such areas were under the effective*

dass die Hoheitsgewalt Zyperns ausgeschlossen ist, wird lediglich auf die Anwesenheit türkischer Truppen im Hoheitsgebiet Zyperns abgestellt. Dies könnte die Territorialität der Hoheitsgewalt widerspiegeln: In dem Umfang, in dem Zypern daran gehindert ist, seine Hoheitsgewalt auszuüben, muss die Hoheitsgewalt des ausschließenden Staates gegeben sein. Nach dem klassischen Verständnis bezieht sich die Ausübung von Hoheitsgewalt regelmäßig auf ein Territorium.

Der Gerichtshof beschäftigte sich mit der Situation in Nordzypern erstmals im Fall Loizidou v Turkey[302]. Während die Kommission in ihrer Zulässigkeitsentscheidung[303] wiederum auf den personalen Ansatz abstellte[304], entwickelte das Gericht eine neue Herangehensweise hinsichtlich der Frage der Jurisdiktion[305]: „In this respect the Court recalls that, although Article 1 sets limits on the reach of the Convention, the concept of ‚jurisdiction' under this provision is not restricted to the national territory of the High Contracting Parties. According to its established case-law, for example, the Court has held that the extradition or expulsion of a person by a Contracting State may give rise to an issue under Article 3, and hence engage the responsibility of that State under the Convention. In addition, the responsibility of Contracting Parties can be involved because of acts of their authorities, whether performed within or outside national boundaries, which produce effects outside their own territory."[306] Weiter hieß es: „Bearing in mind the object and purpose of the Convention, the responsibility of a Contracting Party may also arise when *as a consequence of military action – whether lawful or unlawful – it exercises effective control of an area outside its national territory.* The obligation to secure, in such an area, the rights and freedoms set out in the Convention *derives from the fact of such control* whether it be exercised directly, through its armed forces, or through a subordinate local administration."[307] Der

---

control of the Government concerned, but they contended that Turkey had no such control over the north of Cyprus which was under the exclusive jurisdiction of the ‚Turkish Federate State'.", Z. 18, Hervorhebung durch die Verfasserin.

302 EGMR, Urteil vom 23. 3. 1995, Loizidou v Turkey (preliminary objections), Nr. 15318/89.

303 Zu dieser Zeit war der Fall noch mit anderen verbunden: EKMR, Zulässigkeitsentscheidung vom 4.3.1991, Crysostomos, Papachrysostomou and Loizidou v Turkey, Nr. 15299/89, 15300/89 und 15318/89.

304 Wenn auch mit einer etwas pauschalen Formulierung: „[T]he Commission recalls that the application of the Convention extends beyond the national frontiers of the High Contracting Parties and includes acts of State organs abroad.", Crysostomos, Papachrysostomou and Loizidou v Turkey, Nr. 15299/89, 15300/89 und 15318/89, Z. 32.

305 Hierbei unterschied der Gerichtshof zwischen „jurisdiction" als Frage der Zulässigkeit und „state responsibility" als Frage der Begründetheit, Z. 62.

306 EGMR, Urteil vom 23.3.1995, Loizidou v Turkey (preliminary objections), Nr. 15318/89, Z. 62.

307 EGMR, Urteil vom 23.3.1995, Loizidou v Turkey (preliminary objections), Nr. 15318/89, Z. 62, Hervorhebung durch die Verfasserin.

Gerichtshof nimmt also zum einen die „klassische" Formulierung der Kommission zur Begründung von extraterritorialer Hoheitsgewalt unter dem personalen Ansatz („responsibility (...) can be involved because of acts of their authorities, whether performed within or outside national boundaries, which produce effects outside their own territory"[308]), und fügt einen neuen Ansatz hinzu. So kann nach Ansicht des EGMR die Verantwortlichkeit eines Vertragsstaates auch dann gegeben sein, wenn er als Folge einer militärischen Handlung[309] effektive Kontrolle über ein Gebiet außerhalb seines Hoheitsgebiets ausübt. Der Fokus verschiebt sich von einer individuellen Herangehensweise, die die Machtausübung einzelner Personen über einzelne Personen zur Voraussetzung hatte[310], zu einer umfassenderen Herangehensweise, die die Machtausübung auf ein bestimmtes Gebiet und somit potenziell eine Vielzahl von Personen bezieht[311]. Grund hierfür könnte gewesen sein, dass die vorhergegangene Entscheidung der Kommission in diesem Fall die Grenzen des personalen Ansatzes aufgezeigt hatte: Die Beschwerde bezüglich der Verletzung des Art. 1 des Ersten Zusatzprotokolls („Protection of property") wegen fehlenden Zugriffs auf ihr (Grundstücks)Eigentum auf dem besetzten Gebiets wurde abgewiesen, da die Kommission befand, die Beschwerde beträfe im Kern die Freizügigkeit. Nach ihrem Ansatz zur extraterritorialen Anwendbarkeit mussten die türkischen Truppen direkt in den Eingriff in das Eigentum involviert sein – eine solche Rolle nahm sie jedoch nur dort ein, wo die Antragstellerin physisch daran gehindert wurde, das Gebiet, in dem ihr Eigentum sich befand, zu betreten[312].

In der Begründetheit zu Loizidou wird das neue Konzept der effektiven Kontrolle über ein Gebiet weiter ausgearbeitet. Hierbei wird nicht immer klar zwischen Fragen der Jurisdiktion und Fragen der Zurechnung sowie der Staatenverantwortlichkeit getrennt[313]. Dennoch werfen auch die Ausführungen des

---

308 Diese Formulierung war auch in Al-Skeini der Ausgangspunkt der Untersuchung, vgl. Ziff. 3.a) cc)).

309 Anders als Kovler dies in seiner Dissenting Opinion ausdrückt, wird nicht auf eine Invasion abgestellt, vgl. EGMR, Urteil vom 8.6.2004, Ilaşcu et al v Moldova and Russia, 48787/99, Z. 314.

310 Ohne diesen Ansatz jedoch aufzugeben, da er ebenfalls genannt wird, vgl. auch Gondek, The Reach of Human Rights in a Globalising World, S. 153.

311 Gondek, The Reach of Human Rights in a Globalising World, S. 150.

312 O'Boyle, in Coomans/Kamminga, S. 128/129; vgl. auch Gondek, The Reach of Human Rights in a Globalising World, S. 143: „The decision showed the limits of the Commission's approach to jurisdiction of state parties, which was based on acts of the state agents and the apparent need to connect concrete acts (violations) with concrete state agents."

313 Gondek, The Reach of Human Rights in a Globalising World, S. 155; dies zeigt sich schon daran, dass die Frage der Jurisdiktion in der Begründetheit des Falles Loizidou noch einmal erörtert wird, obwohl der Gerichtshof in der Zulässigkeit zwischen den Fragen der Jurisdiktion – ein Problem der Zulässigkeit – und der Frage der Zurechenbarkeit – ein Problem der Begründetheit – trennen wollte,

Gerichtshofs im Rahmen der Begründetheit ein Licht auf das territoriale Konzept, wenn sie auch unter der Überschrift „the imputability issue" erfolgen: „It is not necessary to determine whether, as the applicant and the Government of Cyprus have suggested, Turkey actually exercises detailed control over the policies and actions of the authorities of the ‚TRNZ'. It is obvious from the large number of troops engaged in active duties in northern Cyprus that *her army exercises effective overall control over that part of the island*. Such control, according to the relevant test and in the circumstances of the case, entails her responsibility for the policies and actions of the ‚TRNC'. Those affected by such policies or actions therefore come within the ‚jurisdiction' of Turkey for the purposes of Article 1 of the Convention. Her obligation to secure to the applicant the rights and freedoms set out in the Convention therefore extends to the northern part of Cyprus."[314] Sowohl Loizdou als auch Cyprus v Turkey schließen mit dem Gedanken, dass die Türkei Hoheitsgewalt ausübe und *deshalb* („thus"[315] und „therefore"[316]) Zurechenbarkeit bestehe. Dies scheint die Konzepte Jurisdiktion und Staatenverantwortlichkeit synonym zu machen, nachdem der Gerichtshof zunächst in der Zulässigkeitsentscheidung in Loizidou ausdrücklich von ihrer Unterschiedlichkeit ausgegangen war. Eine Klärung des Konzepts der Jurisdiktion in Abgrenzung zur Zurechenbarkeit und Staatenverantwortlichkeit erfolgte somit nicht. Dennoch zeigt sich in der Rechtsprechung in Loizidou und Cyprus v Turkey am Beispiel eines besetzten Gebiets, dass die Jurisdiktion durch effektive Kontrolle eines Territoriums durch einen Vertragsstaat begründet werden kann[317].

In Assanidze v Georgia[318] wurde die territoriale Rechtsprechung der Nordzypern-Fälle noch einmal auf den Punkt gebracht: „In addition to the State territory proper, territorial jurisdiction extends to any area which, at the time of the alleged violation, is under ‚overall control' of the State concerned, notably occupied territories, to the exclusion of areas outside such control."[319]

β. Konflikte mit Russland

Diese Rechtsprechung zum räumlichen Modell wurde im Fall Ilaşcu et al v Moldova and Russia[320] weiterentwickelt. Auffällig ist bereits, dass sich die Beschwerde gegen *zwei* Vertragsstaaten richtete (hierzu sogleich unter Ziff. (2), Rechtsfolge).

---

vgl. EGMR, Urteil vom 23. 3. 1995, Lozidou v Turkey (preliminary objections), Nr. 15318/89, Z. 61.

314 EGMR, 18.12.1996, Loizdou v Turkey (Merits), Nr. 15318, Z. 56.

315 EGMR, 18.12.1996, Loizdou v Turkey (Merits), Nr. 15318, Z. 57.

316 EGMR, Urteil vom 10.5.2001, Cyprus v Turkey, Nr. 25781/94, Z. 80.

317 Vgl. auch Johann, in Karpenstein, EMRK, Art. 1 Rn. 23.

318 EGMR, Urteil vom 08.4.2004, Assanidze v Georgia, Nr. 71503/01.

319 EGMR, Urteil vom 08.4.2004, Assanidze v Georgia, Nr. 71503/01, Z. 138; in dieser Ziffer wird auf die Nordzypern-Rechtsprechung verwiesen.

320 EGMR, Urteil vom 08.06.2004, Ilaşcu et al v Moldova and Russia, 48787/99.

Hintergrund des Urteils ist der Konflikt auf dem Gebiet Moldawiens (heute auch als „frozen conflict" bezeichnet[321]), der zur Entstehung der international nicht anerkannten Entität der Moldawischen Republik von Transdniestrien[322] führte. In Gang gesetzt wurden die Ereignisse durch die Auflösung der Sowjetunion und die Ausrufung eines unabhängigen moldawischen Staates, gefolgt von einer durch Russland unterstützten versuchten Sezession der Region Transdniestrien[323]. Für die „antisowjetischen Aktivitäten und Bekämpfung der Regierung Transdniestriens" wurden Ilaşcu und drei weitere Beschwerdeführer zu langen Haftstrafen verurteilt. Auch nach Aufhebung der Urteile durch den höchsten moldawischen Gerichtshof blieben die Beschwerdeführer in Haft. Im Jahr 2001 wurde Ilaşcu, im Jahr 2004 ein weiterer Beschwerdeführer freigelassen, währen die beiden anderen in Haft blieben[324]. Der Gerichtshof stellte sich die Frage, wie die Hoheitsgewalt Russlands in der vorliegenden Situation zu beurteilen war. Hierbei eruierte er die faktische Situation gründlich und untersuchte Russlands militärische, politische und wirtschaftliche Beteiligung in Transdniestrien genau. Im Gegensatz zur Türkei im Nordzypernkonlikt, bestand der Antragsgegner Russland darauf, dass er Transdniestrien niemals besetzt habe[325]. Hinsichtlich der Rolle Russland kam der Gerichtshof zu folgendem Schluss: „All of the above proves that *the ‚MRT'*, set up in 1991–92 with the support of the Russian Federation, vested with organs of power and its own administration, *remains under the effective authority, or at the very least under the decisive influence, of the Russian Federation*, and in any event that it survives by virtue of the military, economic, financial and political support given to it by the Russian Federation."[326] Es fällt auf, dass der EGMR vorliegend, anders als in den bisher dargestellten Fällen, nicht die Kontrolle über ein Gebiet direkt, sondern die Kontrolle einer politischen Entität, welche wiederum Kontrolle über das fragliche Gebiet ausübte, ansprach. Sollte jedoch – wie *Milanovic* für möglich hält[327] – originäre Kontrolle *über ein Gebiet* gemeint sein, würde der hierfür erforderliche Standard heruntergesetzt: „decisive influence" scheint zu genügen, wenn auch ausdrücklich angenommen wird, dass „effective authority"

---

321 So auch Bowring, in WALTER/UNGERN-STERNBERG/ABUSHOV, S. 157.

322 Alternative Bezeichnungen der Entität bei Bowring, in WALTER/UNGERN-STERNBERG/ABUSHOV, S. 157.

323 Vgl. auch Bowring, in WALTER/UNGERN-STERNBERG/ABUSHOV, S. 161 FF.

324 Mit diesem Sachverhalt beschäftigte sich der Gerichtshof später erneut in EGMR, Urteil vom 15.11.2011, Ivanţoc et al v Russia an Moldova, Nr. 23687/05.

325 EGMR, Urteil vom 8.6.2004, Ilaşcu et al v Moldova and Russia, 48787/99, Z. 354.

326 EGMR, Urteil vom 8.6.2004, Ilaşcu et al v Moldova and Russia, 48787/99, Z. 392.

327 Milanovic unterscheidet hier zwei Fälle: der Gerichtshof könnte sich einmal dafür aussprechen, dass das Verhalten des „MRT" Russland zurechenbar sind und über diesen Vermittler Kontrolle ausgeübt wird, welche wiederum zu Jurisdiktion führt; der Gerichtshof könne aber auch dahingehend zu verstehen sein, dass Russland „originäre" Jurisdiktion habe, vgl. MILANOVIC, Extraterritorial Application of Human Rights Treaties, S. 140.

bestehe[328]. Erneut schafft Verwirrung, dass der Gerichtshof nicht trennscharf zwischen Zurechenbarkeit und Jurisdiktion zu unterscheiden scheint.

In Catan et al v Moldova and Russia ging es ebenfalls um Verletzung der EMRK im Zeitraum, für den laut Ilaşcu et al die Jurisdiktion Russlands begründet war[329]. Die Begründung der Jurisdiktion brachte hier materiell keine neuen Aspekte; bemerkenswert erscheint allein die Beweislastverschiebung, wenn durch den Gerichtshof einmal extraterritoriale Jurisdiktion des Antragsgegners festgestellt worden ist. So war Russland aufgefordert, zu beweisen, dass es *nicht* extraterritoriale Jurisdiktion über das Gebiet in Frage hatte, wie dies in Ilaşcu et al festgestellt worden war[330]. Der Gerichtshof kam zu dem Schluss, dass Russland diese Vermutung nicht widerlegt hatte[331].

Eine weitere Möglichkeit für den Gerichtshof zur Frage der Jurisdiktion in besetzten Gebieten Stellung zu nehmen, könnte die Staatenbeschwerde Georgiens gegen Russland[332] bieten. Georgien rügte in der am 13.12.2011 für zulässig erklärten Beschwerde die Verletzung zentraler Konventionsbestimmungen durch unterschiedslose und unverhältnismäßige Angriffe in Abkhazien und Südossetien und darüber hinaus in der seitdem bestehenden Besatzung die Verletzung Art. 2 und 3 EMRK. Während nicht geklärt ist, ob in den Regionen Abkhazien und Südossetien seit dem Zusammenbruch der Sowjetunion und dem darauf folgenden bewaffneten Konflikt Anfang der 1990er Jahre eine Besatzung Russlands angenommen werden kann, gibt es hinsichtlich der Situation nach Beendigung der Kampfhandlungen im August 2008 durchaus eine Tendenz, die betroffenen

---

328 „If (...) Russia is being held responsible for its own failure to comply with its positive obligations, then the Court uses a pretty lax standard to establish Russia's jurisdiction over Transdniestria – all that mattered was that Russia had ‚decisive influence' over it. This is a far cry from requiring the exercise of ‚public powers' by Russia or a *de facto* government or administration of the territory.", Milanovic, Extraterritorial Application of Human Rights Treaties, S. 140.

329 EGMR, Urteil vom 19.10.2012, Catan et al v Moldova and Russia, , Nr. 43370/04, 8252/05 and 18454/06, Z. 112.

330 Vgl. EGMR, Urteil vom 19.10.2012, Catan et al v Moldova and Russia, Nr. 43370/04, 8252/05 and 18454/06, Z. 112: „In these circumstances, where the Court has already concluded that the Russian Federation had jurisdiction over certain events in Transdniestria during the relevant period, it considers that the burden now lies on the Russian Government to establish that Russia did not exercise jurisdiction in relation to the events complained of by the present applicants."

331 EGMR, Urteil vom 19.10.2012, Catan et al v Moldova and Russia, Nr. 43370/04, 8252/05 and 18454/06, Z. 120; zuletzt kam der Gerichtshof in EGMR (GK), Urteil vom 23.2.2016, Mozer v Moldova and Russia, Nr. 11138/10, Z. 108 unter Rückgriff auf Catan v Moldova and Russia: „The Court considers, given the absence of any relevant new information to the contrary, that this conclusion continues to be valid for the period under consideration, namely November 2008 to July 2010."

332 EGMR, Urteil vom 13.12.2011, Georgien v Russland, Nr. 38263/08.

Gebiete als durch Russland besetzt anzunehmen[333]. Die Entscheidung der Großen Kammer steht in dem Verfahren noch aus[334].

γ. Berg-Karabach-Konflikt

In zwei Urteilen, die nach Al-Skeini gefallen sind und deshalb dort mit Blick auf das territoriale Modell nicht erwähnt werden, beschäftigte sich der Gerichtshof mit dem Konflikt zwischen Aserbaidschan und Armenien in der Gegend von Berg-Karabach (im Englischen als „Nagorno-Karabakh“ bezeichnet)[335]. Der Berg-Karabach-Konflikt gehört, wie die Konflikte zwischen Moldawien und Russland, sowie Georgien und Russland zu den Konflikten, die im Zuge der Auflösung der Sowjetunion begründet waren bzw. wieder aufbrachen[336]. Bereits 1988 begannen die ersten Auseinandersetzungen mit Massendemonstrationen, welche eine Sezession der Region von Aserbaidschan zum Ziel hatten. 1992 mündeten diese in einem bewaffneten Konflikt zwischen Aserbaidschan und Armenien, dem bis 1994 um die 25.000 Menschen zum Opfer fielen[337] und darüber hinaus große Fluchtbewegungen auslösten[338]. Nachdem 1994 ein Waffenstillstand vereinbart worden war, wurde auch der Konflikt um Berg-Karabach zu einem „frozen conflict“, der einer Lösung über die Jahre nicht näher kam[339]. 2016 kam es allerdings wiederum zu gewalttätigen Auseinandersetzungen in der Region[340].

Die Fälle Chiragov et al v Armenia und Sargsyan v Azerbaijan hatten jeweils die Klage Vertriebener zum Gegenstand, die durch die bewaffneten Auseinandersetzungen den Zugang zu ihrem Eigentum und Heim auf aserbaidschanischem

---

333 Vgl. Leach, in Wilmshurst (Hrsg.) 2012, S. 348 mwN; Leach selbst kommt zu folgendem Schluss: „After the termination of hostilities in August 2008, the evidence suggests that the continuing presence of Russian armed forces in South Ossetia an in the ‚buffer zone‘ around South Ossetia (i.e.in undisputed Georgian territory), constituted a state of occupation, as defined by article 42 of the Hague Regulations.“, S. 353.Für Südossetien vgl. insofern Waters, in Walter/Ungern-Sternberg/Abushov, S. 178. Für beide Regionen Mirzayev, in Walter/Ungern-Sternberg/Abushov, S. 206.

334 Im Mai 2018 fand jedoch das „final hearing“ for der Großen Kammer statt., vgl. Pressemitteilung des EGMR vom 31.8.2018, ECHR 287 (2018), abrufbar unter https://hudoc.echr.coe.int/eng-press#%20, zuletzt besucht im Februar 2019.

335 Für eine ausführliche rechtliche Analyse des Konflikts bis 2009, vgl. Krüger.

336 Larsen, Nordic Journal of International Law 2009, S. 1.

337 Krüger, S. 1.

338 Krüger, S. 26.

339 Ähnlich Krüger, S. 1.

340 https://www.economist.com/news/europe/21696563-after-facing-decades-armenia-and-azerbaijan-start-shooting-frozen-conflict-explodes, zuletzt besucht im Februar 2019.

Hoheitsgebiet verloren hatten[341]. Die Individualbeschwerden richteten sich hierbei gegen die jeweils andere Partei des Konfliktes; der jeweils andere Staat trat jedoch dem Verfahren als Nebenintervenient bei. *Milanovic* bezeichnet die Konstellation deshalb als „interstate cases by proxy"[342]. Im Unterschied zu den Fällen im Konflikt um Transdnistrien richtete sich die Beschwerde der Beschwerdeführer nicht gegen beide beteiligten Staaten, sondern nur jeweils gegen einen.

In Chiragov et al v Armenia ging es hierbei um das offiziell im Hoheitsgebiet Aserbaidschans liegende Laçin, welches der Gerichtshof unter der Überschrift „Current situation" folgendermaßen beschreibt: „According to the respondent Government, the ‚NKR' [Nagorno-Karabakh-Republic] controls 4,061 sq. km of the former Nagorno-Karabakh Autonomous Oblast. While it is debated how much of the two partly *conquered* districts is *occupied* by the ‚NKR', it appears that the *occupied territory* of the seven surrounding districts in total amounts to some 7,500 sq. km."[343] Damit verwendete der Gerichtshof einmal mehr humanitärvölkerrechtlich besetzte Begriffe[344]. Der Gerichtshof begründete die Jurisdiktion Armeniens im Rahmen des territorialen Modells[345]. Dabei legte er für seine Prüfung folgende Faktoren fest: „(...)[T]his assessment will primarily depend on military involvement, but other indicators, such as economic and political support, may also be of relevance." Mit Blick auf die militärische Involvierung betrachtete der Gerichtshof die Entwicklung des militärischen Konflikts sowie die den aktiven Kampfhandlungen nachfolgende Phase genauer[346]. Er kam zu dem Schluss, dass die Beteiligung Armeniens zu Beginn des Konflikts zu vermuten sei, aber im Rahmen des Verfahrens nicht schlüssig nachgewiesen werden könne[347]. Jedenfalls aber sei eine Beteiligung armenischer Truppen ab 1994 formalisiert und ihre Anwesenheit wiederholt bestätigt worden[348]. Bezüglich der militärischen Beteiligung Armeniens kam der Gerichtshof zu dem Schluss, dass die militärische Unterstützung Armeniens in der Vergangenheit und auch weiterhin entscheidend für die territoriale Kontrolle in dem streitgegenständlichen Gebiet sei und dass die Streitkräfte Armeniens und die der „NKR" stark integriert seien[349]. Bezüglich des „other support", der separat geprüft wird, stellte der Gerichtshof

---

341 EGMR, Urteil vom 16.6.2015, Chiragov et al v Armenia, Nr. 13216/05, Z. 32 ff; EGMR, Urteil vom 16.6.2015, Sargsyan v Azerbaijan, Nr. 40167/06, Z. 29 ff.

342 Milanovic, European Journal of International Law Talk! 2014, https://www.ejiltalk.org/the-nagorno-karabakh-cases/.

343 EGMR, Urteil vom 16.6.2015, Chiragov et al v Armenia, Nr. 13216/05, Z. 26; Hervorhebung durch die Verfasserin.

344 Die Begriffe „besetzt" und „okkupiert" benutzt auch Krüger mit Blick auf das Gebiet, vgl. Krüger, S. 1,2.

345 EGMR, Urteil vom 16.6.2015, Chiragov et al v Armenia, Nr. 13216/05, Z. 169.

346 EGMR, Urteil vom 16.6.2015, Chiragov et al v Armenia, Nr. 13216/05, Z. 172 ff.

347 EGMR, Urteil vom 16.6.2015, Chiragov et al v Armenia, Nr. 13216/05, Z. 173/174.

348 Vgl. EGMR, Urteil vom 16.6.2015, Chiragov et al v Armenia, Nr. 13216/05, Z. 175 ff.

349 EGMR, Urteil vom 16.6.2015, Chiragov et al v Armenia, Nr. 13216/05, Z. 180.

fest, dass es sowohl politische, legislative, judikative und erhebliche finanzielle Unterstützung und Verschränkung Armeniens mit der„NKR“ gebe[350]. All dies zusammengenommen führe zur Jurisdiktion Armeniens: „All of the above reveals that the Republic of Armenia, from the early days of the Nagorno-Karabakh conflict, has had a significant and decisive influence over the ‚NKR‘, that the two entities are highly integrated in virtually all important matters and that this situation persists to this day. In other words, the ‚NKR‘ and its administration survives by virtue of the military, political, financial and other support given to it by Armenia which, consequently, exercises effective control over Nagorno-Karabakh and the surrounding territories, including the district of Lachin. The matters complained of therefore come within the jurisdiction of Armenia for the purposes of Article 1 of the Convention.“[351] Damit verlässt sich der Gerichtshof erneut nicht allein auf die militärische Präsenz eines Vertragsstaates auf fremdem Hoheitsgebiet zur Begründung territorialer Jurisdiktion, sondern führt noch weitere Einflüsse auf. Es kommt wie in Ilaşcu et al auf „decisive influence“ an; Teil dieses Einflusses ist jedoch eine starke militärische Involvierung.

In Sargsyan v Azerbaijan bewertete der EGMR die Jurisdiktion der anderen Partei des Berg-Karabach-Konflikts; diesmal ging es um Gülüstan, ein umkämpftes Gebiet ebenfalls auf dem Hoheitsgebiet Aserbaidschans. Im Unterschied zu den übrigen Fällen ging es hier somit nicht um extraterritoriale Jurisdiktion, sondern darum, ob und unter welchen Umständen Jurisdiktion auf eigenem Hoheitsgebiet beschränkt sein kann. Wäre, wie in Ilaşcu et al auch, eine Beschwerde auch gegen die andere Konfliktpartei gerichtet worden, hätte es zu einer Betrachtung der Rollen beider Parteien kommen können. So aber bewertete der Gerichtshof allein die Rolle des Territorialstaats. Jedoch traf er hierbei auch eine für die extraterritoriale Jurisdiktion in räumlicher Ausprägung interessante materielle Aussage: „The Court observes that a limitation of a State's responsibility on its own territory to discharging positive obligations has only been acceptsed in respect of areas where another State or separatist regime exercises effective control.“[352] Eine solche effektive Kontrolle des Gebiets und insbesondere eine Besatzung durch einen anderen Staat liege jedoch nicht vor, sodass trotz der Umkämpftheit des Gebiets die Jurisdiktion des Territorialstaats gegeben sei[353]. Aserbaidschan hatte dies mangels eigener effektiven Kontrolle Gülüstans bestritten[354]. Der

350 EGMR, Urteil vom 16.6.2015, Chiragov et al v Armenia, Nr. 13216/05, Z. 181 ff.
351 EGMR, Urteil vom 16.6.2015, Chiragov et al v Armenia, Nr. 13216/05, Z. 186.
352 EGMR, Urteil vom 16.6.2015, Sargsyan v Azerbaijan, Nr. 40167/06, Z. 140.
353 EGMR, Urteil vom 16.6.2015, Sargsyan v Azerbaijan, Nr. 40167/06, Z. 144.
354 EGMR, Urteil vom 16.6.2015, Sargsyan v Azerbaijan, Nr. 40167/06, Z. 123. Aserbaidschan hatte argumentiert: „(...) [T]he presumption that a State exercised jurisdiction throughout its territory could be limited not only withregard to areas under occupation by other parties but also with regard to small areas ‚rendered inaccessible by circumstances‘. Gulistan was such an area. It was on the line of contact, meaning that it was surrounded by armedforces of Azerbaijan on the one

Territorialstaat behält nach dieser Rechtsprechung des EGMR also auch dann Jurisdiktion über sein eigenes Hoheitsgebiet, wenn er es nicht effektiv kontrollieren kann. Zur Begründung wurde angeführt, dass es kein Vakuum in der Geltung der Konventionsrechte im „legal space“[355] der Konvention geben dürfe[356]. Damit wurde erstmals ein fiktives Element in die Begründung der Jurisdiktion aufgenommen; das Element passt besser zu dem völkerrechtlichen Jurisdiktionsbegriff als zu dem der Jurisdiktion in Menschenrechtsverträgen (vgl. Ziff. 2.). Dies widerspricht dem bisher Untersuchten und wirft die Frage auf, wie die Einhaltung der Konventionspflichten bei fehlendem tatsächlichen Einfluss garantiert werden soll. Diese Begründung der Jurisdiktion durch die Mehrheit der Richter rief vehementen Widerspruch der Minderheit hervor[357].

(bb) Menschenrechtsausschuss

Äußerungen des Menschenrechtsausschusses erfolgten vorwiegend in „Concluding Observations“ zu Staatenberichten des Irak[358], Israels[359], Zyperns[360] sowie in einem „Special Report“[361], der die Situation in der Bundesrepublik Jugoslawien betraf.

Einen territorialen Anklang hatten die „Concluding Observations“ zum Staatenbericht des Irak. Hier bemerkte der Ausschuss: „The failure of the report to address events in Kuwait after 2 August 1990, given Iraq's *clear responsibility* under

side (in the north and east) and of Armenia on the other side (in the south and west) and was not under the effective control of either side.“

355 Vgl. EGMR, Urteil vom 16.6.2015, Sargsyan v Azerbaijan, Nr. 40167/06, Z. 147.

356 EGMR, Urteil vom 16.6.2015, Sargsyan v Azerbaijan, Nr. 40167/06, Z. 148: „In such circumstances the Court, taking into account the need to avoid a vacuum in Convention protection, does not consider that the respondent Government has demonstrated the existence of exceptional circumstances of such a nature as to qualify their responsibility under the Convention.“

357 Vgl. Ausführungen zur Jurisdiktion in EGMR, Sargsyan v Azerbaijan, „Concurring Opinion“, Richter Yudkivska; „Partly Dissenting Opinion“, Richter Hajiyev; „Dissenting Opinion“, Richter Pinto de Albuquerque. Alle monieren, dass tatsächliche effektive Kontrolle eines Territoriums erforderlich ist, um Jurisdiktion auszuüben.

358 MRA, Concluding Observations on the Third Periodic Report of Iraq vom 19.7.1991, UN doc. A/46/40; S. 150ff.

359 MRA, Concluding Observations on a Special Report of the Federal Republic of Yugoslavia vom 28.12.1992, UN Doc. CCPR/C/79/Add. 16, Z. 5.

360 MRA, Consideration of Reports submitted by the States Parties under Article 40 of the Covenant (Cyprus) vom 3.8.1994, UN Doc. CCPR/C/79/Add. 39; wortgleich: Concluding Observations on Reports submitted by the States Parties under Article 40 of the Covenant (Cyprus) vom 6.4.1998, UN Doc. CCPR/C/79/Add.88, Z. 3.

361 MRA, Concluding Observations on the Initial Report of Israel vom 18.8.1998, UN Doc. CCPR/C/79/Add.93.

international law for the observance of human rights *during its occupation* of that country, was a matter of particular concern to the Committee."[362] Der Menschenrechtsausschuss knüpfte die Verpflichtung[363], die Menschenrechte zu achten, zunächst allein an das Vorliegen der Besatzung. Bereits in seinen Betrachtungen der Berichte Zyperns nahm er jedoch das Kriterium der Kontrolle auf: „The Committee notes that the State Party, as a consequence of events which occurred in 1974 and which resulted in the occupation of part of the territory of Cyprus, is *not in a position to exercise control over all of its territory* and consequently cannot ensure the application of the Covenant in areas not under its control."[364] Der Fall betraf somit die Jurisidiktion des Staates, der sie gerade mangels Kontrolle über das Territorium nicht hatte. Im Umkehrschluss bedeutet dies jedoch auch, dass Kontrolle über ein Gebiet zur Jurisdiktion führen kann. Ähnlich formulierte der Ausschuss auch in seinen „Concluding Observations" Moldawien betreffend[365].

Positiv gewendet wurde dieses Kriterium in den „Concluding Observations" zum Staatenbericht Israels, in dem es um die Verpflichtung Israels ging, über die palästinensischen Gebiete zu berichten: „The Committee is deeply concerned that Israel continues to deny its *responsibilities to fully apply the Covenant in the occupied territories.* In this regard, the Committee points to the long-standing presence of Israel in these territories, Israel's ambiguous attitude towards their future status, as well as the exercise of effective jurisdiction by Israeli security forces therein. (...) [T]he Covenant must be held applicable to the occupied territories and *those areas* of Southern Lebanon and West Bekaa *where Israel exercises effective control.* The Committee requests the State party to include in its second periodic report all information relevant to the application of the Covenant in territories which it occupies."[366] Auch hier spielt eine entscheidende Rolle, dass Israel der Meinung des Ausschusses nach die betroffenen Gebiete besetzt[367]. Hier

---

362 MRA, Concluding Observations on the Third Periodic Report of Iraq vom 19.7.1991, UN Doc. A/46/4, S. 158, Hervorhebung durch die Verfasserin.

363 Der Ausschluss spricht vorliegend von „responsibility"; die Verwendung dieses Ausdrucks im Zusammenhang mit extraterritorialer Anwendbarkeit der Menschenrechtsverträge ist – wie bereits erwähnt – nicht unproblematisch.

364 MRA, Concluding Observations on the Second Periodic Report of Cyprus vom 3.8.1994, UN Doc. CCPR/C/79/Add. 39, Z. 3.

365 MRA, Concluding Observations on the Initial Report of Moldova vom 5.8.2002, UN Doc. CCPR/CO/75/MDA, Z. 4; MRA, Concluding Observations on the Second Periodic Report of Moldova vom 4.11.2009, UN Doc. CCPR/C/MDA,/CO/2, Z. 5: „The Committee takes note of the State party's information that its *inability to exercise effective control* over the territory of Transdniestria continues to impede the implementation of the Covenant in that region."

366 MRA, Concluding Observations on the Initial Report of Israel vom 18.8.1998, UN Doc. CCPR/C/79/Add.93, Z. 10.

367 Der IGH nimmt in seinem Gutachten zu den rechtlichen Folgen der Errichtung einer Mauer in den besetzten Gebieten ebenfalls zur Frage der Anwendbarkeit des Zivilpakts Stellung, vgl. IGH, Gutachten vom 9.7.2004, Legal Consequences of the

kommt – wie in der Rechtsprechung des EGMR – ein Kriterium der effektiven Kontrolle zum Einsatz.

Obwohl Israel 2005 seine Truppen aus den sog. „Occupied Territories" abzog[368], blieb der Menschenrechtsausschuss bei seiner Ansicht, dass Israel in Bezug auf dieses Gebiet auch weiterhin an die Verpflichtungen des Zivilpakts gebunden sei: „The Committee therefore reiterates and underscores that, contrary to the State party's position, in the current circumstances, the provisions of the Covenant apply to the benefit of the population of the occupied territories, including in the Gaza Strip, with regard to all conduct by the State party's authorities or agents in those territories affecting the enjoyment of rights enshrined in the Covenant (arts. 2 and 40). The State party should ensure the full application of the Covenant in Israel as well as in the occupied territories, including the West Bank, East Jerusalem, the Gaza Strip and the occupied Syrian Golan Heights. In accordance with the Committee's general comment Nr. 31, the State party should ensure that *all persons* under its jurisdiction and effective control are afforded the full enjoyment of the rights enshrined in the Covenant."[369] Dies deutet darauf hin, dass auch eine weniger starke Stellung als die des Besatzers zu einer Verpflichtung zur Einhaltung des Zivilpakts ausreicht.

Zuletzt erfolgte eine Äußerung zur Begründung der Jurisdiktion im Fall der Kontrolle eines Territoriums außerhalb des eigenen Hoheitsgebiets mit Blick auf das Recht auf Leben im „General Comment" Nr. 36: „Furthermore, States parties must respect and protect the lives of individuals located in places, which are under their effective control, such as occupied territories, and in territories over which they have assumed an international obligation to apply the Covenant."[370]

Construction of a Wall in the Occupied Palestinian Territory, Z. 107 ff. Allerdings beschränkt er sich vorwiegend darauf, die Ansicht des Menschenrechtsausschuss zu zitieren und sich ihr anzuschließen. Obwohl es der Fall einer „Jurisdiktion durch Besatzung" zu beurteilen war, stellt der IGH nur sehr allgemein fest: „In conclusion, the Court considers that the International Covenant on Civil and Political Rights is applicable in respect of acts done by a State in the exercise of its jurisdiction outside its own territory.", Z. 111; in seinem Urteil v. 19.12.2005 zum Fall „Armed Acitivities on the Territory of the Congo" erstreckt er diese Formel jedoch auf besetzte Gebiete: „The Court further concluded that international human rights instruments are applicable "in respect of acts done by a State in the exercise of its jurisdiction outside its own territory", *particularly in occupied territories.*", Z. 216, Hervorhebung durch die Verfasserin.

368 Zur rechtlichen Einordnung des Status nach Abzug der israelischen Truppen: Shany, Yearbook of International Humanitarian Law 2006, 369 ff; Scobbie, in Wilmshurst (Hrsg.) 2012, S. 290 ff.

369 MRA, Concluding Observations on the Fourth Periodic Report of Israel v. 21.11.2014, UN Doc. CCPR/C/ISR/ CO/4, Z. 5.

370 MRA, General Comment Nr. 36 on the Right to Life, UN Doc. CCPR/C/GC/36, Z. 63.

(cc) Interamerikanisches System

Im interamerikanischen System ist der territoriale Ansatz bis vor Kurzem stiefmütterlich behandelt worden. Gelegenheit zur Aufnahme dieses Ansatzes zur Begründung von Hoheitsgewalt hätten die Fälle rund um Guantanamo Bay geboten[371]. Während die Kommission in ihrer Entscheidung zum Erlass einstweiliger Verfügungen bezüglich der Gefangenen in Guantanamo Bay[372] dem personalen Ansatz treu bleibt, schwang in der Zulässigkeitsentscheidung im Fall Djamel Ameziane v USA ein Anklang von territorialer Kontrolle mit: „With regard to the events that have taken place in the U.S. Detention Facility in Guantanamo Bay, it appears clear to the Commission that the United States has been exercising its jurisdiction there (*de jure* and *de facto*) for more than a century. Actually, as the petitioners mention, Justice Kennedy said in his concurring opinion in *Rasul v. Bush*, that ‚*Guantanamo Bay is in every practical respect a United States territory*‘ *over which the United States has long exercised ‚unchallenged and indefinite control*‘. The United States, through the signing of the Cuban-American Treaty in 1903 at the close of the Spanish American War, agreed that ‚during the period of the occupation by the United States of [Guantanamo Bay] the United States shall exercise complete jurisdiction and control.‘ Thus, it is clear that the State exercises its jurisdiction over its Military facilities at Guantanamo Bay.“ Wenn die Kommission ihren Ansatz auch nicht weiter erläutert, scheint es in der Begründung nicht auf die durch einzelne Agenten über einzelne Personen ausgeübte Kontrolle zu gehen, sondern um eine „globalere“ Sichtweise. Wenn auch der Begriff „occupation“ vorliegend wohl auch nicht als terminus technicus zu verstehen ist, weisen jedenfalls die zitierten Passagen über die Begründung der Jurisdiktion aus der abweichenden Meinung im Fall Rasul v Bush[373] auf eine Gebietsbezogenheit hin, da dort die Hoheitsgewalt gerade territorial begründet wird.

Im Fall Franklin Guillermo Aisalle Molina (Ecuador v Colombia)[374], welcher die militärische Operation Phoenix Kolumbiens auf dem Hoheitsgebiet Ecuadors nahe der kolumbianischen Grenze gegen die Fuerzas Armadas Revolucionarias de Colombia (FARC), eine sozialrevolutionäre Guerillabewegung, betraf, fand sich relativ unvermittelt ebenfalls ein territoriales Element. Die Kommission stellte zunächst einmal mehr auf ihre personale Jurisdiktionsformel ab, als sie ausführte: „Under Inter-American human rights law, each American State is

---

371 In den Fällen der US-Invasionen in Grenada und Panama war ab einem gewissen Zeitpunkt effektive Kontrolle über Territorium zwar gegeben, jedoch betrafen die vorgebrachten Fälle Situationen vor der Etablierung einer solchen.

372 AKMR, Detainees at Guantanamo Bay, Cuba, Request for Precautionary Measures vom 12.3.2002, Z. 32.

373 US Supreme Court, 28.6.2014, abrufbar unter: https://supreme.justia.com/cases/federal/us/542/466/opinion.html, zuletzt besucht im Februar 2019.

374 AKMR, Entscheidung (Zulässigkeit) vom 21.10.2010, Franklin Guillermo Aisalle Molina (Ecuador v Colombia), Nr. IP-02.

obligated therefore to respect the rights of all persons within its territory and of those present in the territory of another state but subject to the control of its agents."[375] In der Folge zitierte die Kommission zur Unterstützung ihrer Position, dass Jurisdiktion nicht ausschließlich hoheitsbezogen ist, die Rechtsprechung und Praxis sowohl des UN-Menschenrechtsausschuss, als auch des EGMR und des IGH. In Bezug auf den EGMR zitierte die Kommission auch Rechtsprechung, welche sich mit dem territorialen Ansatz beschäftigte (Loizidou v Cyprus and Turkey, Ilaşcu et al v Moldova and Russia), aber auch Issa et al v Turkey, der ihr sehr vergleichbar schien[376], da es dem Vertragsstaat ebenfalls vorgeworfen worden sei, eine grenzüberschreitende Bekämpfung von Terroristen durchgeführt zu haben. Wie unter Ziff. aa) (1) (cc) erläutert, stellte der EGMR in diesem Zusammenhang auf das personale Modell ab, wenn auch die Voraussetzungen des territorialen Ansatzes diskutiert und verneint wurden[377]. Anders als in Issa et al v Turkey, indem die Präsenz der türkischen Truppen in dem fraglichen Gebiet im Nordirak nicht bewiesen werden konnte, kam die Kommission für den vorliegenden Fall zu dem Schluss, dass die Präsenz kolumbianischen des Militärs auf ecuadorianischem Boden nicht umstritten sei[378]. Bezüglich der Frage der Jurisdiktion stellte sie letzten Endes fest: „In addition, according to the allegations in the complaint and not contested by the State of Colombia, during those hours when they remained at the Angostura camp, the *Colombian officials had under their control the survivors, the bodies of the dead and the objects in the camp.* Consequently, the Commission considers that there are sufficient indications to conclude that in the present case the State of Colombia *exercised extraterritorial jurisdiction over the area attacked.*"[379] Die Schlussfolgerung, dass das *Gebiet*, welches angegriffen wurde, unter extraterrirtorialer Jurisdiktion Kolumbierns gestanden hatte, bezieht sich eindeutig auf den territorialen Ansatz. Dieser Bezug kommt allerdings etwas überraschend, betrachtet man, dass direkt vorher noch der personale Ansatz („Colombian officials had under their control the survivors, the bodies of the dead and the objects in the camp") zum Einsatz kam.

Im aktuell entschiedenen Fall Salas et al v United States schlug die Kommission erstmals sehr deutliche[380] territoriale Töne an. Der Fall spielte vor dem

375 AKMR, Entscheidung (Zulässigkeit) vom 21.10.2010, Franklin Guillermo Aisalle Molina (Ecuador v Colombia), Nr. IP-02, Z. 91.

376 AKMR, Entscheidung (Zulässigkeit) vom 21.10.2010, Franklin Guillermo Aisalle Molina (Ecuador v Colombia), Nr. IP-02, Z. 97.

377 Vgl. EGMR, Urteil vom 16.11.2004, Issa et al v Turkey, Nr. 31821/96, Z. 72 ff.

378 AKMR, Entscheidung (Zulässigkeit) vom 21.10.2010, Franklin Guillermo Aisalle Molina (Ecuador v Colombia), Nr. IP-02, Z. 102.

379 AKMR, Entscheidung (Zulässigkeit) vom 21.10.2010, Franklin Guillermo Aisalle Molina (Ecuador v Colombia), Nr. IP-02, Z. 102, Hervorhebung durch die Verfasserin.

380 AKMR, Entscheidung vom 5.10.2018 (Begründetheit), Salas v United States, Nr. 10.573.

Hintergrund der US-Invasion in Panama im Dezember 1989. Die Beschwerdeführer sahen sowohl durch die Kampfhandlungen unter anderem ihre Rechte nach der Amerikanischen Deklaration verletzt, darunter Article I (right to life, liberty and personal security), VII (right to protection for children), XXIII (right to property) and XVIII (right to a fair trial). In der Zulässigkeitsentscheidung aus dem Jahr 1993 hatte die Kommission die Frage der territorialen Anwendbarkeit der Deklaration nicht ausdrücklich aufgegriffen; dies holte sie – wenn auch unter der Überschrift „Extra-Territorial International Responsibility and Effective Control" und im Rahmen der Begründetheit – im Jahr 2018 nach. Die Ausführungen erscheinen als nicht ganz kohärent, insbesondere da die Kommission für den vorliegenden Fall kein Ergebnis der Prüfung feststellte; jedoch scheint ein Abrücken von dem personalen Ansatz hin zu einem territorialen Ansatz zu erkennen. Die Kommission begann zunächst mit einer Formel, die dem personalen Modell anzugehören scheint: „Given that individual rights inhere simply by virtue of a person's humanity, each American State is obliged to uphold the rights of any person subject to its jurisdiction. While this most commonly refers *to persons within a state's territory*, it may, under given circumstances, refer to situations where the person concerned is present in the territory of one state, *but subject to the control or authority of another state, usually through the acts of the latter's agents abroad*."[381] In der Folge zitierte sie Rechtsprechung, die die grundsätzliche extraterritoriale Anwendbarkeit der Menschenrechtsverträge auch in anderen Menschenrechtssystemen bestätigen[382]. Sodann erfolgte in der Praxis zum ersten Mal ein deutlicher Umschwung weg von der reinen „authority-and-control" über Personen, hin zur Kontrolle des Territoriums: „On the extraterritorial exercise of jurisdiction, the IACHR has pointed out that it must be ascertained that *the territory under review and consequently the alleged victims have been subjected to the authority and control of the agents of foreign forces.* (...)This is not confined to actions inside their territories, but rather extends, in addition, to circumstances occurring in the territory of another state, as long as the control and authority

381 AKMR, Entscheidung vom 5.10.2018 (Begründetheit), Salas v United States, Nr. 10.573, Z. 308; vgl. auch die Wiederholung der Formel in einer anderen Variante in Z. 309: „The Commission has pointed out that, under the Inter-American System, each State is obligated to respect the rights of all persons within its territory and of those present in the territory of another State but subject to the control of its agents."

382 AKMR, Entscheidung vom 5.10.2018 (Begründetheit), Salas v United States, Nr. 10.573, Z. 310–312; hierbei nimmt sie in den zugehörigen Fußnoten extensiv gerade auch Bezug zur Praxis der Europäischen Kommission für Menschenrechte, die im europäischen Menschenrechtssystem gerade den personalen Ansatz repräsentiert. Daneben nimmt sie auch Bezug auf die Rechtsprechung des IGH und die Praxis des UN-MEnschenrechtsausschusses

of the respective agents *over that territory* have been established."[383] Auch wenn die Kommission dies als einen gewöhnlichen Ansatz in ihrer Praxis darstellte, äußerte sich erstmalig in dieser Deutlichkeit zum territorialen Ansatz im Rahmen der Jurisdiktion. In dem zitierten Fall Frankling Guillero Aisalle Molina (Ecuador v Colombia) war die Kommission jedenfalls erst im letzten Satz des Ergebnisses auf ein territoriales Element „umgeschwenkt". Der Grund für eine stärkere Orientierung am territorialen Modell könnte ein ähnlicher wie in dem in der Folge zitierten[384] Entscheidung des EGMR in Loizidou v Turkey sein; auch hier wurden dem personalen Ansatz im Rahmen eines internationalen bewaffneten Konflikts die Grenzen aufgezeigt und der Fokus verschob sich von einer individuellen Herangehensweise, die die Machtausübung einzelner Vertreter des Staates über einzelne Personen betraf, auf die Kontrolle eines bestimmten Gebiets und somit die Machtausübung über potenziell eine Vielzahl von Personen (s. unter Ziff. (1) (aa) (α)). Sodann beschäftigte sich die Kommission mit der Rechtsprechung anderer Menschenrechtsorgane zum Konzept der effektiven Kontrolle über ein Gebiet und dem Konzept der Besatzung, ohne noch einmal den Bogen zu den im konkreten Fall vorliegenden Umständen zurückzuschlagen[385]. So ging die Kommission zwar auf die verschiedenen Phasen eines internationalen Konflikts, in dem zwischen „Invasion" und „Besatzung" (für letztere nahm die Kommission an, dass es der effektiven Kontrolle bedürfe"[386]; hierzu noch genauer in Teil C) unterschieden wird, ein, jedoch nicht auf die Bedeutung dieser Phasen für die Jurisdiktion ein; die Kommission beließ es diesbezüglich bei abstrakten Feststellung der humanitärvölkerrechtlichen Vorschriften für diese Fälle[387].

(2) Rechtsfolge

(aa) Umfang der Verpflichtung des Vertragsstaats

Das räumliche Modell, so entschied der Europäische Gerichtshof für Menschenrechte bereits in den Nordzypern-Fällen, führe dazu, dass der Vertragsstaat „the entire range"[388] der Konventionsverpflichtungen einzuhalten habe. Dies wiederholte er im Fall Al-Skeini noch einmal[389]. Die Rechtsfolge erscheint vor

---

383 AKMR, Entscheidung vom 5.10.2018 (Begründetheit), Salas v United States, Nr. 10.573, Z. 313, Hervorhebung durch die Verfasserin.

384 AKMR, Entscheidung vom 5.10.2018 (Begründetheit), Salas v United States, Nr. 10.573, Z. 315.

385 Vgl. AKMR, Entscheidung vom 5.10.2018 (Begründetheit), Salas v United States, Nr. 10.573, Z. 315 ff.

386 AKMR, Entscheidung vom 5.10.2018 (Begründetheit), Salas v United States, Nr. 10.573, Z. 318.

387 Vgl. insbesondere AKMR, Entscheidung vom 5.10.2018 (Begründetheit), Salas v United States, Nr. 10.573, Z. 319–321.

388 EGMR, Urteil vom 10.5.2001, Cyprus v Turkey, Nr. 25781/94, Z. 77.

389 „The controlling State has the responsibility under Article 1 to secure, within the area under its control, the entire range of substantive rights set out in the

dem Hintergrund der Nordzypern-Fälle folgerichtig: Die Entwicklung des territorialen Konzepts diente dazu, eine Flucht aus Konventionsverpflichtungen zu unterbinden, welche unter dem ursprünglichen personalen Ansatz der Kommission – der die direkte Involvierung der Truppen des Vertragsstaates in die Verletzungshandlung erforderlich machte – möglich schien[390].

Auch nach der Rechtsprechung des Menschenrechtsausschusses bleibt auf besetztem Gebiet der IPBPR in vollem Umfang anwendbar. In den „Concluding Observations“ bezüglich Israel kommt der Gerichtshof wiederholt zu dem Schluss, dass Israel in vollem Umfang an den IPBPR auf dem von ihm kontrollierten Territorium gebunden sei[391]. Die Haltung der Kommission zu dieser Frage scheint derzeit noch nicht klar.

Es erscheint nur gerechtfertigt, bei einer Hoheitsgewalt vergleichbar der auf eigenem Hoheitsgebiet auch einen gleichwertigen Standard des Schutzes aufrecht erhalten zu müssen. Damit besteht bezüglich des Umfangs der Verpflichtung ein klarer Gegensatz zu dem personalen Modell, welches, wie bereits oben erwähnt, lediglich zu einer partiellen Menschenrechtsbindung führt[392].

(bb) Umfang der Verpflichtung des Territorialstaats

Der Territorialstaat wird sowohl nach der Rechtsprechung des EGMR als auch der Praxis des Menschenrechtsausschusses – anders als es hier für das personale Modell vertreten wird – nicht völlig aus seiner Verpflichtung aus den Menschenrechtsverträgen entlassen.

In den Nordzypern-Fällen war von einer weiterbestehenden Verbindlichkeit für den Territorialstaat noch nicht die Rede. Eine Restverbindlichkeit kam in der Rechtsprechung des EGMR erst im Fall Ilaşcu et al v Moldavia and Russia, die in Catan et al v Moldova and Russia bestätigt wurde[393], auf. Der Gerichtshof

---

Convention and those additional Protocols which it has ratified. It will be liable for any violations of those rights (see *Cyprus v. Turkey*, cited above, §§ 76–77).“, Al-Skeini, Z. 138.

390 Vgl. EGMR, Urteil vom 10.5.2001, Cyprus v Turkey, Nr. 25781/94, Z. 77: „Having effective overall control over northern Cyprus, its responsibility cannot be confined to the acts of its own soldiers or officials in northern Cyprus but must also be engaged by virtue of the acts of the local administration which survives by virtue of Turkish military and other support. It follows that, in terms of Article 1 of the Convention, Turkey's ‚jurisdiction‘ must be considered to extend to securing the entire range of substantive rights set out in the Convention and those additional Protocols which she has ratified, and that violations of those rights are imputable to Turkey.“

391 ZB MRA, Concluding Observations on the Initial Report of Israel vom 18.8.1998, UN Doc. CCPR/C/79/Add.93, Z. 10.

392 Lorenz, S. 105.

393 EGMR, Urteil vom 19.10.2012, Catan et al v Moldova and Russia, Nr. 43370/04, 8252/05 and 18454/06, Z. 110.

entschied, dass der verdrängte Territorialstaat eine Art „Rumpfjurisdiktion“[394] für sein Hoheitsgebiet behalte: „However, even in the absence of effective control over the Transdniestrian region, Moldova still has a positive obligation under Article 1 of the Convention to take the diplomatic, economic, judicial or other measures that it is in its power to take and are in accordance with international law to secure to the applicants the rights guaranteed by the Convention.“[395] Eine Hoheitsgewalt existiere also noch, wenn auch der Umfang der Pflichten reduziert sei: „The Court considers that where a Contracting State is prevented from exercising its authority over the whole of its territory by a constraining *de facto* situation, such as obtains when a separatist regime is set up, whether or not this is accompanied by military occupation by another State, it does not thereby cease to have jurisdiction within the meaning of Article 1 of the Convention over that part of its territory temporarily subject to a local authority sustained by rebel forces or by another State.“[396] Jedoch müsse eine solche Situation Auswirkungen auf die Hoheitsgewalt haben: „Nevertheless, such a factual situation reduces the scope of that jurisdiction in that the undertaking given by the State under Article 1 must be considered by the Court only in the light of the Contracting State's positive obligations towards persons within its territory. The State in question must endeavour, with all the legal and diplomatic means available to it *vis-à-vis* foreign States and international organisations, to continue to guarantee the enjoyment of the rights and freedoms defined in the Convention.“[397]

In der Praxis des Menschenrechtsausschuss ergab sich bezüglich der spiegelbildlichen Hoheitsgewalt des Territorialstaates eine zum Gerichtshof parallele Entwicklung: Wurde im Fall des Libanons[398] und Zyperns[399] noch akzeptiert, dass

394 Milanovic, Extraterritorial Application of Human Rights Treaties, S. 147 ff nennt diese „residual functions“.

395 EGMR, Urteil vom 8.6.2004, Ilaşcu et al v Moldova and Russia, 48787/99, Z. 331.

396 EGMR, Urteil vom 8.6.2004, Ilaşcu et al v Moldova and Russia, 48787/99, Z. 333.

397 EGMR, Urteil vom 8.6.2004, Ilaşcu et al v Moldova and Russia, 48787/99, Z. 333.

398 Unter der Überschrift „Factors and difficulties affecting the implementation of the Covenant“ heißt es: „The Committee appreciates that the State party is not in a position to ensure that the provisions of the Covenant are effectively applied and respected throughout the territory, since the authorities have no access to the southern part of the country, which remains under Israeli occupation.“, MRA, Concluding Observations on the Second Periodic Report of Lebanon vom 5.5.1997, UN Doc. CCPR/C/79/Add. 78, Z. 4.

399 Unter derselben Überschrift (vgl. Fn. *oben*) heißt es: „The Committee notes that the State party, as a consequence of the events which occurred in 1974 and which resulted in the occupation of part of the territory of Cyprus, is not in a position to exercise control over all of its territory and consequently cannot ensure the application of the Covenant in areas not under its control.“, MRA, Concluding Observations on the Second Periodic Report of Cyprus vom 3.8.1994, UN Doc. CCPR/C/79/Add.39, Z. 3.

die Hoheitsgewalt mit der Besatzung weggefallen war, wurde dies im Falle Moldawiens strenger beurteilt. Der Ausschuss bezog sich zunächst nicht – wie im Falle Libanons und Zyperns – auf die Umsetzung des Vertrags, sondern mehr auf die Frage, ob überhaupt über die Region berichtet werden kann. In der „Introduction" bemerkte der Ausschuss: „The Committee notes that the State party did not provide, either in its report or in its oral presentation, more detailed information on the situation in the Transnistrian region. While accepting that the Moldovan authorities' control over the Transnistrian region is limited and that parallel structures of governance have established themselves there, the Committee must nonetheless be in a position to *assess* the enjoyment of Covenant rights in the entire territory under the jurisdiction of the State party. It *welcomes*, however, the willingness of the authorities of the State party to engage in the pursuit of durable solutions to this matter, which would enable it to give fuller effect to its responsibilities under the Covenant in that region."[400] Geht es 2002 also noch mehr um die Möglichkeit des Ausschusses Stellung zu nehmen und werden die Bemühungen Moldawiens nur willkommen geheißen, geht der Ausschuss im Jahr 2009 insoweit von einer Pflicht Moldawiens aus: „The Committee takes note of the State party's information that its inability to *exercise effective control over the territory* of Transdniestria continues to impede the implementation of the Covenant in that region. It notes, however, the State party's continuing obligation to ensure respect for the rights recognised in the Covenant in relation to the population of Transdniestria within the limits of its effective power. The State party should renew its efforts to resolve the impediments to the implementation of the Covenant in Transdniestria and should provide, in its next report, information on the steps taken in this regard."[401] Der Ausschuss nimmt Moldawien somit bezüglich des ihm nicht unterstehenden Gebiets ausdrücklich in die Pflicht.

Damit besteht die Jurisdiktion des Territorialstaats bezüglich des von einem fremden Staat kontrollierten Gebiets – in erheblich reduziertem – Umfang weiter. Sie beschränkt sich jedoch darauf, diplomatischen und rechtliche Möglichkeiten auszuschöpfen, um die tatsächliche Gewalt über den betreffenden Teil des Hoheitsgebiets wiederzubekommen und unterscheidet sich somit erheblich von voll bestehender Jurisdiktion.

(3) Ergebnis

Es stellt sich die Frage, ob die Bezeichnung „effective control over an area", wenn auch oft benutzt und auch im Urteil Al-Skeini so bezeichnet, für die Beschreibung des territorialen Modells die treffende ist. Betrachtet man die bisher vorgestellte

400 MRA, Concluding Observations on the Initial Report of Moldova vom 5.8.2002, UN Doc. CCPR/CO/75/MDA, Z. 4.

401 MRA, Concluding Observations on the Second Periodic Report of Moldova vom 4.11.2009, UN Doc. CCPR/C/ MDA,/CO/2, Z. 5.

Rechtsprechung und Praxis der Menschenrechtsorgane, so steht zumindest der Begriff „effective" in Frage. Mag man hierfür auch inhaltlich Spielraum lassen, so fällt doch auf, dass der EGMR in Ilaşcu et al den Maßstab eindeutig abgesenkt hat: Zwar geht er davon aus, dass Russland effektive Kontrolle über das Gebiet Transdniestriens hat, jedoch scheint – im Mindestfall – auch ein entscheidender sowie womöglich nur indirekter Einfluss zu genügen[402]. Die direkte Gegenüberstellung der beiden Maßstäbe zeigt, dass die Kontrolle nach Ansicht des Gerichts nicht unbedingt effektiv sein muss, um Jurisdiktion zu begründen. Selbst in den Fällen, die Anlass zur Entwicklung des territorialen Modells gaben – diejenigen, die die Besatzung Nordzyperns zum Gegenstand hatten – wird unterschiedliche Terminologie gewählt. Wird Jurisdiktion in Loizidou noch begründet, indem „*effective* control of an area outside its national territory"[403] ausgeübt wird, reicht in Cyprus v Turkey „effective *overall* control"[404]. Ist die Änderung des Wortlauts wohl auch dadurch bedingt, dass im Rahmen der Staatenbeschwerde auch das Handeln der lokalen Kräfte – im Unterschied zu dem der türkischen Soldaten selbst – in den Gewaltbereich des Vertragsstaates einbezogen werden sollte[405], stellt sich dennoch die Frage, ob dies auch eine Veränderung des Maßstabs der Kontrolle bedingt.

Ähnliches ist beim Menschenrechtsausschuss beobachten. So benutzt der Menschenrechtsausschuss zwar ebenfalls den Begriff der „effective control over territories", scheint hierfür aber verschiedene Maßstäbe anzusetzen. Im Rahmen langjähriger „klassischer" Besatzungen wie die der palästinensischen Gebiete durch Israel entwickelt, scheint Kontrolle über ein Territorium auch dann zu bestehen, wenn der Einfluss des Vertragsstaates auf das Gebiet weniger stark ausgebildet ist. So nahm der Menschenrechtsausschuss eine menschenrechtliche Bindung Israels für die palästinensischen Gebiete auch nach Abzug der Truppen im Jahr 2005 an. Möglicherweise beschränkt sich territoriale Kontrolle nach Ansicht des UN-Organs nicht auf Besatzung, sondern beinhaltet darüber hinaus auch eine „Belagerung"[406].

Der Maßstab der Kontrolle in der Praxis der Kommission muss sich noch stärker herausbilden; zwar führte sie in Salas et al v United States das territoriale Modell auch in ihrer Praxis ein, jedoch wurden zum Maßstab der Kontrolle noch keine konkreten Ausführungen gemacht. Wie in Teil C noch näher auszuführen

---

402 Vgl. EGMR, Urteil vom 8.6.2004, Ilaşcu et al v Moldova and Russia, 48787/99, Z. 392.

403 EGMR, Urteil vom 23. 3. 1995, Loizidou v Turkey (preliminary objections), Nr. 15318/89, Z. 62.

404 EGMR, Urteil vom 10.5.2001, Cyprus v Turkey, Nr. 25781/94, Z. 77.

405 Vgl. EGMR, Urteil vom 10.5.2001, Cyprus v Turkey, Nr. 25781/94, Z. 77.

406 Vgl. Milanovic, Extraterritorial Application of Human Rights Treaties, S. 142, für den die Situation nach Rückzug der israelischen Truppen aufgrund der Kontrolle, die immer noch von außen ausgeübt wurde, eine Belagerung („siege") darstellt.

sein wird, ging die Kommission auf den Maßstab der effektiven Kontrolle des territorialen Ansatzes im Rahmen einer Besatzung ein.

Jedenfalls aber kann aus den vorgestellten Fällen eines geschlossen werden: Auf die völkerrechtliche Rechtmäßigkeit kommt es wiederum im Rahmen der Jurisdiktion durch effektive Kontrolle über ein Gebiet nicht an. Ausdrücklich bestätigt dies der EGMR in Loizidou, Cyprus v Turkey und Ilaşcu: „(...) the responsibility of a Contracting Party may also arise when as a consequence of military action – *whether lawful or unlawful* – it exercises effective control of an area outside its national territory."[407] Konkludent ergibt sich dies darüber hinaus auch aus Praxis der UN-Organe und Rechtsprechung des IGH, da die Rechtmäßigkeit hier *niemals auch nur thematisiert wird.* Auch die AKMR begnügt sich nicht damit, für Guantanamo Bay lediglich die Berechtigung zur Ausübung hoheitlicher Befugnisse dort festzustellen, sondern erwähnt ebenso, dass dort de facto Kontrolle ausgeübt wird[408]. Darüber hinaus wird weder in Franklin Guillermo Aisalle Molina (Ecuadorv Colombia), noch in Salas et al v United States die Rechtmäßigkeit der Militäreinsätze Kolumbiens bzw. der Vereinigten Staaten untersucht. Es kommt – wie schon im Rahmen des personalen Ansatzes – allein auf die faktische Lage an: Kontrolliert ein Staat ein Gebiet, erwächst daraus die Verpflichtung zur Einhaltung der Menschenrechte[409].

Dieser Befund wird deutlich dadurch bestätigt, dass trotz unbestrittenem Titels, Gebiete wie Nordzypern und Transdniestrien gerade *nicht* in die Hoheitsgewalt des berechtigten Staates fallen. Wäre völkerrechtliche Rechtmäßigkeit nach Ansicht der vertraglichen Menschenrechtsorgane entscheidend, müsste die Hoheitsgewalt und die Bindung an die vertraglichen Pflichten stets gegeben sein. Dies ist jedoch nicht der Fall, da die Erfüllung der Vertragspflichten ohne Kontrolle über die Umstände, unmöglich ist. Auch die aktuelle Entwicklung der Annahme von Rumpfpflichten des Territorialstaates widerspricht dem nicht, da diese nur in dem Umfang bestehen, wie sie vom Vertragsstaat wahrgenommen werden können. Getrübt wird dieses relative stringente Bild allerdings durch die neueste Entwicklung in der Rechtsprechung des EGMR im Fall Sargsyan v Azerbaijan, welcher für die Jurisdiktion des Territorialstaats aus Wertungsgesichtspunkten – es dürfe kein Vakuum in der Geltung der Menschenrechte in dem sog. „legal space" der Konvention entstehen – auf dem *eigenen Hoheitsgebiet* annimmt, selbst wenn das Gebiet umkämpft ist und keine der Konfliktparteien effektive

---

407 EGMR, Urteil vom 23.3.1995, Loizidou v Turkey (preliminary objections), Nr. 15318/89, Z. 62.

408 Vgl. AKMR, Detainees at Guantanamo Bay, Cuba, Request for Precautionary Measures vom 12.3.2002, Z. 32.

409 Wie der EGMR es ausdrückt: „The obligation to secure, in such an area, the rights and freedoms set out in the Convention *derives from the fact of such control* (...).", EGMR, Urteil vom 23. 3. 1995, Loizidou v Turkey (preliminary objections), Nr. 15318/89, Z. 62, Hervorhebung durch die Verfasserin.

Kontrolle vorweisen kann. Dieses bedenkliche Ergebnis einer fiktiven Jurisdiktion, welches zudem an den allgemein-völkerrechtlichen Jurisdiktionsbegriff erinnert, wird dadurch abgemildert, dass ihre Annahme aufgrund von Wertungsgesichtspunkten, nicht von Rechtmäßigkeitsgesichtspunkten geschieht. Zudem ging der Gerichtshof auch in diesem Fall davon aus, dass die Verpflichtungen an den Grad der Kontrolle angepasst werden müsse, wenn dies auch nicht bereits im Rahmen der Jurisdiktion, sondern im Rahmen der materiellen Verpflichtung geschah[410]. Es bleibt somit eine tatsächliche Komponente, welche sich aus dem Grundsatz des „impossibilium nulla est obligato" ergibt, erhalten, wenn auch in abgeschwächter Form.

cc) Sonderfälle: Banković und Al-Skeini

Bisher nicht zur Sprache kam die schon häufig erwähnte Rechtsprechung in Banković et al v Belgium et al. Diese Grundsatzentscheidung des EGMR beschäftigt die Literatur bis heute. Seit der Entscheidung in Al-Skeini mag sie in mancher Ausprägung nicht mehr anwendbar sein; mit Blick auf andere Prinzipien scheint dies jedoch weniger klar, da der Gerichtshof nicht auf Widersprüche in seiner Rechtsprechung eingeht, sondern vorgibt, dass alle Entscheidungen miteinander vereinbar wären[411]. Insbesondere postulierte der Gerichtshof in Banković, dass Jurisdiktion nicht durch die Verletzungshandlung begründet werden dürfe, eine Absage an den sog. „cause-and-effect"-Ansatz[412]. In der Banković folgenden Rechtsprechung schien dieses Verbot aber nicht konsequent eingehalten zu werden. Die Rechtsprechung der anderen Menschenrechtsorgane spricht ebenfalls eine andere Sprache, wie im Anschluss dargestellt werden soll. Daneben muss auch der bereits viel zitierte Fall Al-Skeini v UK näher beleuchtet werden.

---

410 Vgl. EGMR, Urteil vom 16.6.2015, Sargsyan v Azerbaijan, Nr. 40167/06, Z. 150: „In fact, the situation at stake in the present case is more akin to the situation in Assanidze (cited above, § 146) in that, from a legal point of view the Government of Azerbaijan have jurisdiction as the territorial state and full responsibility under the Convention, while they may encounter difficulties at a practical level in exercising their authority in the area of Gulistan. In the Court's view such difficulties will have to be taken into account when it comes to assessing the proportionality of the acts or omissions complained of by the applicant."

411 Dies bringt ihm immer wieder Kritik ein, vgl. nur EGMR, Urteil vom 20.11.2014, Jaloud v The Netherlands, Nr. 47708/08, „Concurring Opinion", Richter Motoc, Z. 1; vgl. auch Sari, European Journal of International Law Talk! 2014, https://www.ejiltalk.org/jaloud-v-netherlands-new-directions-in-extra-territorial-military-operations/: „The Court's jurisprudence on the subject [of jurisdiction] is a source of endless fascination. Like any good thriller, its twists and turns leave the observer suspended in fearful anticipation on an never ending quest for legal certainty. (...) Will der Court prevail against conceptual confusion? Which of the *dicta* is up for silent reversal?"

412 EGMR, Urteil vom 12.12.2001, Banković et al v Belgium et al, Nr. 52207/99, Z. 75.

Letzterer erschöpft sich nicht in der Zusammenfassung der Rechtsprechung zur Jurisdiktion bisher, sondern begründet im konkret zu beurteilenden Fall selbst die Anwendbarkeit der EMRK. Die Art, wie er dies tut, lässt sich jedoch weder in das personale, noch in das räumliche Modell einordnen, weshalb er im Folgenden als Sonderfall behandelt werden soll.

Der tatsächliche Sachverhalt der hier zu untersuchenden Fälle bezieht sich auf extraterritoriale Tötungshandlungen, welche für den hier vorliegenden Untersuchungsgegenstand von besonderem Interesse ist. Eine genaue Aufarbeitung der Anwendbarkeit der Konventionen auf Kampfhandlungen soll in Teil B erfolgen; da eine Untersuchung der Dogmatik der Jurisdiktion – die womöglich eine allgemeinverbindliche Aussage bezüglich des extraterritorialen Verhaltens zulässt – jedoch ohne diese Fälle unvollständig wäre, lässt sich eine gewisse Überlappung dieses Teils mit Teil B nicht vermeiden.

(1) Die Banković-Rechtsprechung

Der Fall Banković wurde in der Darstellung der beiden Ansätze zur Begründung von Jurisdiktion in Al-Skeini ausgespart, obwohl er geradezu berühmt-berüchtigt[413] ist. Unzählige Autoren[414] haben sich bereits an diesem Urteil abgearbeitet; keine Schrift zum Problem der extraterritorialen Anwendbarkeit der Konvention kommt ohne es aus. Der Fall Banković sorgte dafür, dass die Frage der extraterritorialen Anwendbarkeit in den Mittelpunkt der Aufmerksamkeit rückte. Insbesondere stellen sich seitdem gerade für den bewaffneten Konflikt fundamentale Fragen (vgl. hierzu auch unter Teil B). Darüber hinaus hatte der Gerichtshof in dieser Entscheidung seine Rechtsprechung erstmals auf ein – wenn auch umstrittenes – dogmatisches Fundament gestellt; zuvor hatte er über den extraterritorialen Anwendungsbereich ohne größeren dogmatischen Aufwand entschieden[415].

(aa) Sachverhalt und Entscheidungsgründe

In der Sache ging es um Folgendes: Banković und andere Beschwerdeführer hatten den Tod Familienangehöriger und eigene Verletzungen zu beklagen, die

---

413 Lord Brown nannte ihn im Urteil des House of Lords im Fall Al-Skeini „a watershed authority in the light of which the Strasbourg jurisprudence as a whole has to be re-evaluated.“, House of Lords, Urteil vom 13.6.2007, Al-Skeini et al v Secretary of Defence, Z. 108. Abrufbar unter: https://publications.parliament.uk/pa/ld200607/ldjudgmt/ jd070613/skeini-5.htm, zuletzt besucht im Februar 2019.

414 Für viele: Schäfer, MenschenRechtsMagazin 2002; Ress, The Italian Yearbook of International Law 2002; Milanovic, Extraterritorial Application of Human Rights Treaties; Cowan, Cambridge Journal of Cambridge Journal of International and Comparative Law 2012, Altiparmak, Journal of Conflict and Security Law 2004.

415 So auch Johann, 35, S. 73; vgl. die oben dargestellten Entscheidungen des EGMR.

von einem Luftangriff der Nato-Staaten auf eine Fernsehstation (Radio Televizje Srbizje) im April 1999 verursacht worden waren. Hintergrund des Luftschlags war das Scheitern einer politischen Lösung der Kosovo-Krise und das darauf folgende militärische Eingreifen der NATO. Die Antragsteller Beschwerdeführer rügten die Verletzung des Rechts auf Leben, der Meinungsfreiheit und ihres Rechts auf ein effektives Rechtsmittel wie es durch Art. 2, 10 und 13 der Konvention garantiert wird. Antragsgegner waren die 17 am Luftschlag beteiligten Mitgliedsstaaten der NATO.

Der Gerichtshof stellte die Weichen bereits zu Beginn, indem er als den relevanten Akt denjenigen bezeichnete, der außerhalb des Hoheitsgebiets der Mitgliedsstaaten durchgeführt wurde bzw. dort Auswirkungen hatte, der sog. „extra-territorial act“[416]. Damit war bereits klar, dass der Gerichtshof nicht auf die vom Fall Soering v UK[417] inspirierte Argumentation eingehen würde, die die Planung und den Beginn der Operation auf dem Hoheitsgebiet der Mitgliedsstaaten verortete und lediglich die Konsequenzen dieser Entscheidungen als extraterritorial sah[418]. So wurde diese Argumentation auch später im Urteil knapp mit dem Hinweis auf „fundamental differences between that case [Soering] and the present“[419] abgewiesen[420]. Der Gerichtshof rekurrierte sodann auf die Wiener Vertragsrechtskonvention, um die folgende Auslegung des Begriffs „jurisdiction“ zu verankern. Hierbei entnahm der die „gewöhnliche Bedeutung“ des Begriffs dem allgemeinen Völkerrecht[421], welcher – wie unter Ziff. 2.a. erörtert – entscheidend auf die Kompetenzen der Staaten untereinander abstellt. Auch die Staatenpraxis sowie die travaux préparatoires sprachen seiner Ansicht nach dafür, dass dies der richtige Ausgangspunkt für seine Überlegungen zur menschenrechtlichen Jurisdiktion sei[422]. Mit Blick auf das allgemeine Völkerrecht führte der Gerichtshof

416 EGMR, Urteil vom 12.12.2001, Banković et al v Belgium et al, Nr. 52207/99, Z. 54.

417 EGMR, Urteil vom 7.7.1989, Soering v United Kingdom, Nr. 14038/88.

418 EGMR, Urteil vom 12.12.2001, Banković et al v Belgium et al, Nr. 52207/99, Z. 53.

419 EGMR, Urteil vom 12.12.2001, Banković et al v Belgium et al, Nr. 52207/99, Z. 77.

420 Kritisch hierzu Schäfer, in Schäfer, MenschenRechtsMagazin 2002, S. 157/158, der die Konstellationen gerade als nicht weit voneinander entfernt sieht, da es sich jeweils um Entscheidungen handle, die noch „within the jurisdiction“ gefällt würden, während die Auswirkungen erst auf dem Hoheitsgebiet spürbar würden. Erst recht soll dies der Fall sein, wenn das fundamentale Recht auf Leben durch den Vertragsstaat selbst und nicht wie in Soering durch einen anderen Staat betroffen werde.

421 EGMR, Urteil vom 12.12.2001, Banković et al v Belgium et al, Nr. 52207/99, Z. 59.

422 EGMR, Urteil vom 12.12.2001, Banković et al v Belgium et al, Nr. 52207/99, Z. 62/63. Das Argument, dass Art. 15 EMRK dafür spräche, dass die in Banković gegenständliche Situation durchaus von der Konvention abgedeckt sei, wischte der EGMR mit dem Argument beiseite, dass Art. 15 EMRK nur in dem Umfang gelte, wie Art. 1 EMRK dies zuließe.

in das europäische Menschenrechtssystem erstmals[423] die in der Folge stets wiederholte Formel vom Regel-Ausnahme-Verhältnis ein: „The Court is of the view, therefore, that Article 1 of the Convention must be considered to reflect this ordinary and *essentially territorial notion of jurisdiction, other bases* of jurisdiction *being exceptional* and requiring special justification in the particular circumstances of each case."[424] Sodann zählte der Gerichtshof die Fallgruppen auf, in denen er eine solche Ausnahme von der generell nur auf das Hoheitsgebiet bezogenen Hoheitsgewalt angenommen hatte. Dabei nahm er Soering-Konstellationen aus der Fallgruppe extraterritorialer Anwendbarkeit aus, da sich die von den Handlungen des Vertragsstaates betroffenen Personen gerade auf dem Hoheitsgebiet und in der Hoheitsgewalt befänden[425]. Als weitere Fallgruppen aus der Rechtsprechung des Gerichtshofs käme sodann noch die Konstellationen aus Drozd und Janousek v France and Spain und die Nordzypern-Rechtsprechung in Betracht[426]. Diese Fallgruppen brachte Gerichtshof wie folgt auf einen Nenner: „In sum, the case-law of the Court demonstrates that its recognition of the exercise of extraterritorial jurisdiction by a Contracting State is exceptional: it has done so when the respondent State, through the effective control of the relevant territory and its inhabitants abroad as a consequence of military occupation or through the consent, invitation or acquiescence of the Government of that territory, *exercises all or some of the public powers normally to be exercised by that Government.*"[427] Daneben sei aber auch noch die gewohnheitsrechtliche Ausübung von Hoheitsgewalt durch diplomatisches oder konsularisches Personal und auf Schiffen unter einer bestimmten Flagge anzuerkennen[428].

Die Frage, ob die Beschwerdeführer vorliegend der Jurisdiktion der Vertragsstaaten unterfielen, beantwortete der Gerichtshof im Ergebnis negativ[429]. Es lägen keine den dargestellten Ausnahmen gleichgestellten Umstände vor, die eine solche Jurisdiktion begründen könnten[430]. Die Argumentation der Beschwerdeführer,

---

423 Wenn es auch einen Anklang der Formel in dem – in Z. 66 auch zitierten – Urteil im Fall Soering v UK gibt: „Article 1 sets a limit, notably territorial, on the reach of the Convention. In particular, the engagement undertaken by a Contracting State is confined to securing (‚*reconnaître*' in the French text) the listed rights and freedoms to persons within its own ‚jurisdiction'."

424 EGMR, Urteil vom 12.12.2001, Banković et al v Belgium et al, Nr. 52207/99, Z. 61; hinsichtlich des dem Gerichtshofs in der Begründung durch Rückgriff auf das allgemeine Völkerrecht unterlaufenden Kategorienfehlers s.o.; vgl. auch Milanovic, Extraterritorial Application of Human Rights Treaties, S. 22, der den Schluss von der Bedeutung der „jurisdiction" im allgemeinen Völkerrecht auf die Bedeutung von „jurisdiction" im Rahmen der Menschenrechte als „non sequitur" bezeichnet.

425 EGMR, 12.12.2001, Banković et al v Belgium et al, Nr. 52207/99, Z. 68.

426 EGMR, 12.12.2001, Banković et al v Belgium et al, Nr. 52207/99, Z. 69/70.

427 EGMR, 12.12.2001, Banković et al v Belgium et al, Nr. 52207/99, Z. 71.

428 EGMR, 12.12.2001, Banković et al v Belgium et al, Nr. 52207/99, Z. 73.

429 EGMR, 12.12.2001, Banković et al v Belgium et al, Nr. 52207/99, Z. 82.

430 EGMR, 12.12.2001, Banković et al v Belgium et al, Nr. 52207/99, Z. 74.

dass man das Konzept der effektiven Kontrolle aus den Nordzypern-Fällen anpassen könne und die Verpflichtung, die Menschenrechte zu wahren, ins Verhältnis mit dem Maß der Kontrolle setzt[431], wies der Gerichtshof in Übereinstimmung mit den Antragsgegnern mit dem Argument zurück, dass ein solcher „cause-and-effect"-Ansatz zur Folge hätte, dass jeder, der durch einen dem Vertragsstaat *zurechenbaren* Akt negativ betroffen wäre, in die Jurisdiktion desselben fiele, was eine unzulässige Gleichsetzung des Jurisdiktionserfordernis mit dem tatbestandlichen Verletzungshandeln bedeute. Zum anderen gäbe es im Wortlaut des Art. 1 EMRK keinen Hinweis, dass die Bindung an die Menschenrechte auf die Umstände der extraterritorialen Situation zugeschnitten[432] werden könne. Eine Auslegung wie sie die Antragsteller vorschlagen, mache das Erfordernis eines Vorliegens von Jurisdiktion überflüssig[433]. Sodann beschäftigte sich der Gerichtshof mit dem Argument der Antragsteller, dass bei einer Unanwendbarkeit der Konvention eine Lücke im Menschenrechtsschutz entstünde[434]. Dieses Argument wurde in den Nordzypern-Fällen zur *Begründung* der Anwendbarkeit der Konvention herangezogen[435]. Hier aber scheint der Gerichtshof die Argumentation zu benutzen, um die Anwendbarkeit der Konvention gerade zu beschränken: „In short, the Convention is a multi-lateral treaty operating, subject to Article 56 of the Convention, in an essentially regional context and notably in the legal space (*espace juridique*) of the Contracting States. The FRY clearly does not fall within this legal space. The Convention was not designed to be applied throughout the world, even in respect of the conduct of Contracting States. Accordingly, the desirability of avoiding a gap or vacuum in human rights' protection has so far been relied on by the Court in favour of establishing jurisdiction only when the territory in question was one that, but for the specific circumstances, would normally be covered by the Convention."[436] Diese Äußerungen des Gerichtshofs zu dieser Frage haben zu einer großen Kontroverse in der Literatur geführt und teilweise vehementen Widerspruch herausgefordert[437].

Der Gerichtshof äußerte – wie oben bereits erwähnt – zudem die Ansicht, dass die Rechte der Konvention nicht geteilt und zugeschnitten („divided and

431 EGMR, 12.12.2001, Banković et al v Belgium et al, Nr. 52207/99, Z. 75.

432 Hier benutzte der Gerichtshof seine berühmt gewordene Formulierung „divided and tailored", EGMR, Urteil vom 12.12.2001, Banković et al v Belgium et al, Nr. 52207/99, Z. 75.

433 EGMR, Urteil vom 12.12.2001, Banković et al v Belgium et al, Nr. 52207/99, Z. 75.

434 EGMR, Urteil vom 12.12.2001, Banković et al v Belgium et al, Nr. 52207/99, Z. 79.

435 EGMR, Urteil vom 10.5.2001, Cyprus v Turkey, Nr. 25781/94, Z. 78.

436 EGMR, Urteil vom 12.12.2001, Banković et al v Belgium et al, Nr. 52207/99, Z. 80.

437 Vgl. zB Schäfer, MenschenRechtsMagazin 2002; Milanovic, Extraterritorial Application of Human Rights Treaties; Scheinin in Coomans/Kamminga; Lawson in Coomans/Kamminga; aA: Ress, The Italian Yearbook of International Law 2002, Dennis, American Journal of International Law 2005.

tailored") werden könnten[438]. Dies würde bedeuten, dass die Konvention nur ganz oder gar nicht anzuwenden sein müsste, was nicht ohne Auswirkung auf die Anforderungen an die Jurisdiktion bleiben kann: Müssen im Rahmen extraterritorialer Akte die gesamten Konventionsrechte garantiert werden, muss die extraterritoriale Jurisdiktion der Hoheitsgewalt eines Territorialstaats gleichkommen. Dies würde das gesamte personale Modell ausschließen. Dem wurde in Al-Skeini inzwischen ausdrücklich entgegengetreten.

In Banković wurde somit die Jurisdiktion im Wesentlichen mit zwei Argumenten verneint: dem Argument, dass extraterritoriale Jurisdiktion nicht durch die Verletzungshandlung selbst begründet werden können und dass dies schon gar nicht auf einem Hoheitsgebiet eines Nicht-Vertragsstaats geschehen könne.

(bb) Rechtsprechung des EGMR in der Folge

In der Folge aber ließ der EGMR Zweifel aufkommen, ob er an der Rechtsprechung in Banković festhalten wolle. Ein erster Fall, der im Licht der Banković-Entscheidung von einer Anwendbarkeit der EMRK ausgeschlossen schien, war Issa et al v Turkey[439]. Die Zulässigkeitsentscheidung[440] – die ohne Diskussion der Extraterritorialität erfolgte – wurde von den Beschwerdeführern in Banković als Argument für eine Jurisdiktion auch in ihrem Fall benutzt[441]. Nachdem ein Bestehen von Hoheitsgewalt in Banković verneint worden war, wandte die Türkei als Antragsgegner ein, dass auch in Issa et al die Frage der Jurisdiktion beleuchtet werden müsse, da sich die Rechtsprechung des Gerichtshofs geändert habe[442]. Erstaunlicherweise bediente sich der Gerichtshof in seinen Ausführungen zu den „general principles" des Anwendungsbereichs der Konvention nun genau der Argumente – und von den Antragstellern vorgebrachte Rechtsprechung –, die er in Banković noch brüsk zurückgewiesen hatte: „Moreover, a State may also be held accountable for violation of the Convention rights and freedoms of persons who are in the territory of another State but who are found to be under the former State's authority and control through its agents operating – whether lawfully or unlawfully – in the latter State. Accountability in such situations stems from the fact that Article 1 of the Convention cannot be interpreted so as to allow a State party to perpetrate violations of the Convention on the territory of another State, which it could not perpetrate on its

438 EGMR, Urteil vom 12.12.2001, Banković et al v Belgium et al, Nr. 52207/99, Z. 75.
439 EGMR, Urteil vom 16.12.2004, Issa et al et al v Turkey, Nr. 31821/96.
440 EGMR, Urteil vom 30.5.2000 (Zulässigkeit), Issa et al et al v Turkey, Nr. 31821/96.
441 EGMR, Urteil vom 12.12.2001, Banković et al v Belgium et al, Nr. 52207/99, Z. 48; der Gerichtshof begegnet dem mit der Argumentation, dass in diesem Fall die Jurisdiktion nicht bestritten worden sei, als würde er sie nicht von Amts wegen prüfen, was jedoch der Fall ist.
442 EGMR, Urteil vom 16.12.2004, Issa et al et al v Turkey, Nr. 31821/96, Z. 52.

own territory (*ibid.*).“[443] Da die Türkei zu der Zeit, in der die Verwandten der Beschwerdeführer getötet worden waren, unbestritten im Nordirak militärische Operationen über einen Zeitraum von sechs Wochen ausführten[444], schien der Gerichtshof sowohl den „effective-control-over-an-area“-Ansatz als auch den „state-agent-authority-and-control“-Ansatz in Betracht zu ziehen. Er kam zu dem Schluss, dass trotz massiver militärischer Präsenz „it does not appear that Turkey exercised effective overall control of the entire area of northern Iraq“[445], was in diesem Fall zu einer Ablehnung der „effective control over territory“ führt[446]. Für den personalen Ansatz forderte der Gerichtshof den Beweis „beyond reasonable doubt“, dass türkische Truppen sich in dem Gebiet, in dem die Verwandten der Beschwerdeführer ums Leben gekommen waren, aufgehalten hatten[447]. Dieser sei nicht erbracht worden. Wurde auch das Bestehen einer Jurisdiktion in diesem Fall aufgrund der tatsächlichen Beweislage abgelehnt, ist dennoch die Argumentation des Gerichtshofs bemerkenswert, mit der er eine Jurisdiktion grundsätzlich für die Erschießung von Personen durch Truppen auf fremden Staatsgebiet für gegeben hielt.

Im Fall Pad v Turkey[448] ging es um Schüsse, die von einem Helikopter aus auf die Verwandten der Beschwerdeführer abgefeuert worden waren und die sie getötet hatten. Umstritten war unter anderem, ob diese Geschehnisse auf dem Hoheitsgebiet der Türkei oder dem Iran stattgefunden hatten – jedoch bestand die Möglichkeit, dass die Tötungshandlung aus dem Luftraum des Irans und somit außerhalb des „legal space“ erfolgt hätte sein können. Die große Ähnlichkeit zur Konstellation in Banković ist somit nicht von der Hand zu weisen. Bemerkenswerterweise nahm der Gerichtshof an, dass „it is not required to determine the exact location of the impugned events, given that the government had already admitted that the fire discharged from the helicopters had caused the killing of the applicants' relatives, who had been suspected of being terrorists.“[449] Möglicherweise war hier mit Blick auf die Zulässigkeit für ausreichend erachtet worden, dass nach Darstellung des Antragsgegners selbst – der die Geschehnisse als auf seinem eigenen Hoheitsgebiet stattfindend dargestellt hatte – seine

443 EGMR, Urteil vom 16.12.2004, Issa et al et al v Turkey, Nr. 31821/96, Z. 71; vgl. demgegenüber die Ausführungen des Gerichtshofs in Banković, Z. 78.

444 EGMR, Urteil vom 16.12.2004, Issa et al et al v Turkey, Nr. 31821/96, Z. 73.

445 EGMR, Urteil vom 16.12.2004, Issa et al et al v Turkey, Nr. 31821/96, Z. 75.

446 EGMR, Urteil vom 16.12.2004, Issa et al et al v Turkey, Nr. 31821/96, Z. 75.

447 EGMR, Urteil vom 16.12.2004, Issa et al et al v Turkey, Nr. 31821/96, Z. 76 ff.

448 EGMR, Urteil vom 18.6.2007 (Zulässigkeit), Pad et al v Turkey, Nr. 60167/00.

449 EGMR, Urteil vom 18.6.2007 (Zulässigkeit), Pad et al v Turkey, Nr. 60167/00, Z. 54; es erscheint merkwürdig, dass der Gerichtshof sich der Version des Antragsgegners ohne weitere Begründung anschloss, da die von ihm behauptete Fakten (bloße Tötung, keine Folter) auch in der Begründetheit zu einem anderen Ergebnis führen.

Jurisdiktion ohne Weiteres begründet ist[450]. Auffällig erscheint jedoch, dass eine solche Überlegung im Wortlaut nicht auftauchte: Danach reichte es aus, dass die Verwandten durch Schüsse eines Helikopters ums Leben gekommen sind – gleichgültig, ob sie sich nun in oder außerhalb des Hoheitsgebiets der Türkei aufgehalten hatten. Dies scheint dem Urteil in Banković diametral entgegengesetzt.

In Isaak et al v Turkey[451] ging es um die Tötung eines Demonstrationsteilnehmers in der UN-Puffer-Zone[452]. An der Tötungshandlung waren neben türkisch-zypriotischer Zivilisten auch türkisch-zypriotische Polizisten aktiv beteiligt; zudem unternahm man auf türkisch-zypriotischer Seite nichts gegen die massive Gewalteinwirkung. Der Gerichtshof nahm auch für diese Tötungshandlung – die unbestritten außerhalb des von der Türkei besetzten Gebiets stattfand – Jurisdiktion durch „state-agent-control-and-authority" an[453]. Die personale Kontrolle schien sowohl durch die aktiven Handlungen begründet, als auch durch das Versäumnis, etwas gegen die Gewalt zu unternehmen[454]. Ähnlichkeit zum Fall Banković war insoweit gegeben, als eine Tötungshandlung außerhalb kontrollierten Territoriums durch Organe des Staates stattfand; die unmittelbare Präsenz weiterer Kräfte des Vertragsstaates, die eine Pflicht zum Einschreiten trifft, sowie die „neutrale" Stellung des Gebiets, auf dem die Verletzungshandlung stattfand, scheint die Konstellation jedoch vom Fall Banković zu unterscheiden.

Im Anschluss an die Beerdigung des getöteten Demonstranten Isaak kam es zu einem weiteren relevanten Todesfall: im Fall Andreou v Turkey[455] ging es um einen Schuss auf eine auf griechisch-zypriotischem Boden stehende Beobachterin. Wiederum sind sich die Fälle Andreou v Turkey und Banković nicht unähnlich. Die Beschwerdeführerin in Andreou wurde von einer der Kugeln, die türkisch-zypriotische Kräfte aus dem Territorium des TRNZ auf die Demonstranten abschossen, getroffen[456]. Die Handlung der türkisch-zypriotischen Kräfte in der UN-Puffer-Zone führte somit zu schweren Verletzungen der Beschwerdeführerin auf nicht der Kontrolle eben jener Kräfte unterliegenden Territorium, was der in Banković abgewiesenen „cause-and-effect"-Konstellation nahe kommt. Ohne substantiell auf den Widerspruch zu Banković einzugehen, begründete der EGMR das Bestehen der Jurisdiktion des Antragsgegners wie folgt: „The Court reiterates that, in exceptional circumstances, the acts of Contracting States which produce effects outside their territory and over which they exercise no control or authority may amount to the exercise by them of jurisdiction within the meaning of Article 1 of the Convention. (...) In these circumstances, even

450 Der Gerichtshof könnte dies als eine Art Anerkenntnis gewertet haben.
451 EGMR, Urteil vom 28.9.2006 (Zulässigkeit), Isaak et al v Turkey, Nr. 44587/98
452 EGMR, Urteil vom 28.9.2006 (Zulässigkeit), Isaak et al v Turkey, Nr. 44587/98, S. 2.
453 EGMR, Urteil vom 28.9.2006 (Zulässigkeit), Isaak et al v Turkey, Nr. 44587/98, S. 21.
454 EGMR, Urteil vom 28.9.2006 (Zulässigkeit), Isaak et al v Turkey, Nr. 44587/98, S. 21.
455 EGMR, Urteil vom 3.6.2008 (Zulässigkeit), Andreou v Turkey, Nr. 45653/99.
456 EGMR, Urteil vom 3.6.2008 (Zulässigkeit), Andreou v Turkey, Nr. 45653/99, S. 11.

though the applicant sustained her injuries in territory over which Turkey exercised no control, the opening of fire on the crowd from close range, which was the *direct and immediate cause* of those injuries, was such that the applicant must be regarded as ‚within [the] jurisdiction' of Turkey within the meaning of Article 1 and that the responsibility of the respondent State under the Convention is in consequence engaged."[457] Ob der Gerichtshof eine im Vergleich zu Banković unterschiedliche Einschätzung der Situation daraus ableitete, dass der Polizist von einem Territorium aus schoss, welches unter der Kontrolle des Vertragsstaates stand, bleibt unklar. Warum dies dogmatisch einen Unterschied machen soll, bleibt fraglich. Ein „Feigenblatt" benutzte der Gerichtshof dann doch, um die den Fall von Banković zu unterscheiden: „The Court further notes that, when she was hit by the bullet, the applicant was standing outside the neutral UN buffer zone and in close vicinity to the Greek-Cypriot National Guard checkpoint. Unlike the applicants in the *Banković and Others* case (cited above) she was accordingly within territory covered by the Convention."[458] Dies hinterlässt den Nachgeschmack, dass allein aufgrund der Zugehörigkeit zum „legal space" eine der fraglichen Handlung in Banković durchaus gleichwertige Handlung zu einer Bejahung der Jurisdiktion führt.

(cc) Rechtsprechung anderer Organe in vergleichbaren Fällen

Nicht unerwähnt soll bleiben, dass andere vertragliche Organe ähnliche Konstellationen – allerdings vor der Entscheidung in Banković – anders bewertet haben. So lag der AKMR im sog. „Brothers to the rescue"-Fall[459] eine durchaus vergleichbare Konstellation vor: Ein kubanisches Militärflugzeug hatte in internationalem Luftraum zwei zivile Flugzeuge der Organisation „Brothers to the rescue", welche kubanische Flüchtlinge unterstützte, auf entsprechenden Befehl hin abgeschossen. Alle vier Insassen starben. Vor der Kommission rügten die Angehörigen eine Verletzung des Rechts auf Leben und auf ein faires Verfahren durch diese extra-legale Tötung. Die AKMR bejahte die Hoheitsgewalt Kubas mit folgender Erwägung: „In the case *sub lite,* the petitioners stated that their allegations were guided by the provisions of the American Declaration of the Rights

457 EGMR, Urteil vom 3.6.2008 (Zulässigkeit), Andreou v Turkey, Nr. 45653/99, S. 11; beachtenswert scheint die Formulierung des Gerichtshofs, die beinahe vortgleich mit dem von Lawson – Vertreter der Antragsteller in Banković – in Coomans/Kamminga, S. 104 vorgeschlagenen Konzept des „direct and immediate link" ist.

458 Eine solche Argumentation gerade zur Begründung einer Jurisdiktion im Unterschied zu Banković widerspricht der Einschätzung einiger Autoren, der Gerichtshof habe mit den entsprechenden Ausführungen nur die Grenzen des von den Antragstellern vorgebrachten „Vakuum"-Arguments aufzeigen wollen, vgl. zB Ress, The Italian Yearbook of International Law 2002, S. 63.

459 AKMR, Entscheidung vom Entscheidung vom 29.9.1999, Armando Alejandre Jr. et al v Republica de Cuba, Nr. 86/99.

and Duties of Man. The Commission has examined the evidence and finds that the victims died as a consequence of direct actions taken by agents of the Cuban State in *international airspace*. The fact that the events took place outside Cuban jurisdiction does not limit the Commission's competence *ratione loci*, because, as previously stated, when agents of a state, whether *military* or civilian, *exercise power and authority over persons outside national territory*, the state's obligation to respect human rights continues – in this case the rights enshrined in the American Declaration. The Commission finds conclusive evidence that *agents* of the Cuban State, although outside their territory, *placed the civilian pilots of the ‚Brothers to the Rescue' organization under their authority*. Consequently, the Commission is competent *ratione loci* to apply the American Convention extraterritorially to the Cuban State in connection with the events that took place in international airspace on February 24, 1996."[460] Für die Kommission reichte die Tötung zur Begründung einer Anwendbarkeit der Deklaration somit aus; dass die Verletzungshandlung nicht im „legal space" der Deklaration sondern gerade in „international (air) space" erfolgte, führte ebenso wenig zu einer Einschränkung der Geltung.

Auch eine Situation des bewaffneten internationalen Konflikts scheint an dieser Haltung nichts zu ändern, wie insbesondere die Zulässigkeitsentscheidung im Fall Salas v United States[461] aus dem Jahr 1993 zeigte: Der Fall spielte vor dem Hintergrund der US-Invasion in Panama im Dezember 1989. Die Beschwerdeführer sahen sowohl durch die Kampfhandlungen der Bodentruppen als auch der Luftwaffe unter anderem das Recht auf Leben verletzt. Die Kommission entschied: „Where it is asserted that a use of military force has resulted in noncombatant deaths, personal injury, and property loss, the human rights of the noncombatants are implicated."[462] In der Entscheidung zu Begründetheit unterschied sie in ihren Erwägungen zur extraterritorialen Anwendbarkeit der Amerikanischen Deklaration nicht zwischen Bombardierungen aus der Luft und

460 AKMR, Entscheidung vom 29.9.1999, Armando Alejandre Jr. et al v Republica de Cuba, Nr. 86/99, Z. 25; die Terminologie, die zwischen „jurisdiction" und „obligation to respect human rights" zu unterscheiden scheint, wobei „jurisdiction" als mit dem Hoheitsgebiet identisch zu sein scheint, kann teilweise damit erklärt werden, dass die AKMR über die eigene Kompetenz „ratione loci" entscheidet und die Deklaration keine ausdrückliche Jurisdiktionsklausel enthält. Fakt bleibt jedoch, dass es ihr um die Bindung an die Menschenrechte bei extraterritorialem Verhalten geht – der Kernfrage der extraterritorialen Jurisdiktion.

461 AKMR, Entscheidung (Zulässigkeit) vom 14.10.1993, Salas et al v United States, Nr. 10.573.

462 AKMR, Entscheidung (Zulässigkeit) vom 14.10.1993, Salas and others v United States, Z. 6; in diesem Fall gab es zuletzt 2016 eine mündliche Verhandlung (vgl. http://hrbrief.org/hearings/case-10-573-salas-others-versus-united-states-merits/), jedoch, soweit ersichtlich, immer noch keine Entscheidung der Kommission in der Sache.

anderen Kampfhandlungen[463]. Im Fall Disabled Peoples' International v United States[464] – in dem es ebenfalls um die Bombardierung einer zivilen Einrichtung im Rahmen einer militärischen Intervention in Grenada ging, aufgrund derer 16 Menschen getötet wurden – die Beschwerde ohne Weiteres für zulässig erklärt[465]. Auch hier ging sie von einer unproblematischen Anwendbarkeit der Deklaration aus.

Ob der IGH in seinem Atomwaffen-Gutachten konkludent eine Anwendbarkeit des Zivilpaktes auf den extraterritorialen Einsatz von (Atom)waffen beantwortete, ist umstritten[466]. Nichtsdestotrotz lassen die oben genannten Urteile erkennen, dass andere vertragliche Menschenrechtsorgane, insbesondere unter Anwendung des personalen Modells nicht zu einer so restriktiven Auslegung der Jurisdiktionsklauseln kommen wie der EGMR in Banković.

(dd) Analyse

In seiner Substanz ist das Urteil im Fall Banković – wie auch immer man das Urteil bewerten will – eine Negativrechtsprechung. Banković beantwortet die Frage, wann die Konvention *nicht* anwendbar ist und unterscheidet sich somit grundlegend von der vorher vorgestellten Rechtsprechung. Hierbei lautet die konkrete Antwort des Gerichtshofs, dass ein Luftangriff auf einen Nichtvertragsstaat im Rahmen eines internationalen bewaffneten Konflikts den Anwendungsbereich der EMRK nicht eröffnet. Abstrakt wird eine Ausübung von Hoheitsgewalt dann verneint, wenn ein Individuum von einem Hoheitsakt „nur" betroffen wird, sodass die Verletzungshandlung mit der Jurisdiktion zusammenfiele. Eine Begründung von Hoheitsgewalt durch den sog. „cause-and-effect"-Ansatz scheint somit ausgeschlossen, ebenso wie ein gradueller Ansatz (da die Konventionsrechte nicht „divided and tailored" werden könnten). Festzuhalten bleibt aber auch, dass die Banković folgende Rechtsprechung Zweifel an dessen substantieller Aussagekraft aufkommen lässt; immer wieder wurden Konstellationen, die nach den strengen Maßstäben des Urteils ausgeschlossen sein müssten, doch als in die Jurisdiktion des Vertragsstaates fallend gesehen. Dies geschah jedoch stets unter formalem Festhalten des Gerichtshofs an Banković. Bemerkenswert erscheint, dass der Gerichtshof möglicherweise versucht, Banković in der neueren Rechtsprechung in ein neues Licht[467] zu rücken: So sprach der

---

463 AKMR, Entscheidung vom 5.10.2018 (Begründetheit), Salas v United States, Nr. 10.573, Z. 306 ff.

464 AKMR, Entscheidung (Zulässigkeit) vom 22.9.1997, Disabled Peoples' International v United States, Nr. 9213.

465 Auch hier kam es zu keiner Begründetheitsentscheidung, da sich die Parteien auf einen Vergleich einigten.

466 Instruktiv hierzu LORENZ, S. 46 ff.

467 Vgl. hierzu auch MILANOVIC, Extraterritorial Application of Human Rights Treaties, S. 163: „new gloss".

Gerichtshof ins späterer Rechtsprechung im Zusammenhang mit Banković davon, es habe sich hier um einen „*instantaneous* extraterritorial act"[468] gehandelt, der nicht unter Art. 1 EMRK fiele. Was dies genau bedeutet – ob zum Beispiel eine Tötungshandlung durch heranrückende Bodentruppen womöglich weniger „instantaneous" wären – ist nicht geklärt. Es bleibt abzuwarten, ob der Gerichtshof im Rahmen des Falles Georgien v Russland erneut zu Luftangriffen Stellung zu nehmen, nutzen wird.

Die Rechtsprechung wird von Gegnern der extraterritorialen Anwendbarkeit der Konvention begrüßt, von ihren Befürwortern dagegen stark abgelehnt. Wie bereits dargestellt, lehnen die Kritiker bereits den Ausgangspunkt des Urteils ab: Die Aussage, dass der Jurisdiktionsbegriff der EMRK mit dem Jurisdiktionsbegriff des allgemeinen Völkerrechts gleichzusetzen sei. Angesichts dessen, dass das Konzept der Jurisdiktion im allgemeinen Völkerrecht auf völlig andere Konstellationen zugeschnitten ist als das Konzept der Jurisdiktion im Rahmen der Menschenrechte, kann der Kritik an Banković nur zugestimmt werden. Es steht außer Zweifel, dass ein Staat auf fremdem Territorium Hoheitsakte setzen kann – die Menschenrechtsverletzung des Individuums wird nicht dadurch beeinflusst, ob dies im Einklang mit dem allgemeinvölkerrechtlichen Jurisdiktionsbegriff geschah oder nicht. Deshalb ist *Breuer* zuzustimmen, wenn er sagt: „Der Rückgriff auf die völkerrechtliche Sichtweise erweist sich aber auch inhaltlich als verfehlt: Denn während für das Völkerrecht die Abgrenzung staatlicher Einflusssphären im Vordergrund steht und sich hieraus der Satz erklärt, dass ein Staat ohne Zustimmung eines anderen Staates grundsätzlich keine Hoheitsakte setzen darf, rückt aus der Perspektive des von staatlicher Hoheitsgewalt betroffenen Menschen nicht das rechtliche *Dürfen*, sondern das faktische *Können* in den Mittelpunkt."[469] Somit ist es die faktische Ausübung von Hoheitsgewalt, die den Anwendungsbereich der Menschenrechtsverträge bestimmt – nur dies kann mit dem Ziel und Zweck des größtmöglichen Schutzes der Menschenrechte im Einklang stehen[470]. Hinzu kommt der gerade der den Menschenrechten inhärente Gedanke, dass beim Schutz des Menschen nicht mit zweierlei Maß gemessen

468 EGMR, Urteil vom 29.3.2010, Medyedyev et al v France, Nr. 3394/03, Z. 64.

469 Breuer, Europäische Grundrechte Zeitschrift, S450; ebenso Milanovic: „[...] the territorial state's sovereignty is in any event immaterial for the question of whether the individuals in that state are entitled to human rights protection against a third state. Therefore, the personal model could not be limited only to lawful exercise of state power, as between two states and as a matter of general international law.", Milanovic, Extraterritorial Application of Human Rights Treaties, S. 200; vgl. auch Orakhelashvili, European Journal of International Law 2003, S. 540.

470 Ebenfalls dieser Ansicht: Lorenz, S. 82; Scheinin Martin, in: Extraterritorial Application of Human Rights Treaties, S. 80; Milanovic, Human Rights Law Review 2008, S. 447.

werden darf"[471]: soll eine am allgemeinen Völkerrecht orientierte Auslegung des Begriffs „jurisdiction" wirklich dazu führen, dass Vertragsstaaten ihre Menschenrechtsverletzungen „outsourcen" können? Dies wäre der Fall, sollte man erlauben, dass sie außerhalb des eigenen Hoheitsgebiets Menschenrechtsverletzungen begehen könnten, die ihnen in ihrem Hoheitsgebiet verboten sind[472]. Für den IPBPR hat der IGH diesen Gedanken aufgenommen, wenn er sagt: „(...) the drafters of the [ICCPR] did not intend to allow States to escape from their obligations when they exercise jurisdiction outside their national territory."[473] Dementsprechend ist der Sichtweise der Jurisdiktion des EGMR in Banković nicht zuzustimmen.

(2) Al-Skeini

In Al-Skeini et al v United Kingdom wurde versucht, die Jurisdiktion ein weiteres Mal dogmatisch einzubetten, wenn dies auch nicht in dem Maße gelang, wie es vielen erforderlich schien[474]. Jedoch scheint der Gerichtshof mit Al-Skeini ein gutes Stück von Banković abgerückt zu sein.

(aa) Sachverhalt und Entscheidungsgründe

Der Fall Al-Skeini erregte bereits vor Entscheidung des Gerichtshofs große Aufmerksamkeit in der Fachliteratur[475]. In Großbritannien beschäftigten sich drei Instanzen insbesondere mit der Frage des Bestehens der Jurisdiktion[476]. Brisant

---

471 Vgl. Written Comments von Menschenrechtsorganisationen zu Al-Skeini gem. Art. 36 Abs. 2 EMRK, Ziff. 6, abrufbar unter:.https://www.libertyhumanrights.org.uk/sites/default/files/al-skeini-v-uk-european-court-of-human-rights-2009.pdf

472 Vgl. hierzu prägnant Richter Bonello in „Concurring Opinion", EGMR, Urteil vom 7.7.2011, Al-Skeini et al v United Kingdom, Nr. 55721/07, Z. 18: „I am unwilling to endorse à la carte respect for human rights. (...) Any State that worships fundamental rights on its own territory but then feels free to make a mockery of them anywhere else does not, as far as I am concerned, belong to that comity of nations for which the supremacy of human right is both mission and clarion call."

473 IIGH, Gutachten vom 9.7.2004, Legal Consequences of the Construction of a Wall in the Occupied Palestinian Territory, Z, 109.

474 Milanovic, European Journal of International Law 2012; vgl. auch Richter Bonello: „The Court could, in my opinion, have started the exercise by accepting that this was judicial terra incognta, and could have worked out an organic doctrine of extraterritorial jurisdiction, unrammelled by the irrelevant and indifferent to the obfuscating.", Bonello, Concurring Opinion, EGMR, Urteil vom 7.7.2011, Al-Skeini et al v United Kingdom, Nr. 55721/07, Z. 30.

475 Vgl. zB Milanovic, Extraterritorial Application of Human Rights Treaties 191 f.; Gondek, The Reach of Human Rights in a Globalising World.

476 Zu den Verfahren vor dem „Divisional Court", dem „Court of Appeal" und „House of Lords" vgl. EGMR, Urteil vom 7.7.2011, Al-Skeini et al v UK, Nr. 55721/07, Z. 72 ff.

war sowohl der politische Hintergrund, da es um den umstrittenen Einsatz der Koalitionskräfte im Irak ging[477], sowie im Hinblick auf die seit Banković und der Folgerechtsprechung aufgeworfenen Fragen der Anwendbarkeit der EMRK auf derartige Konstellationen.

In der Sache ging es um sechs Tötungen, die sich nach der Erklärung der Beendigung größerer Kampfhandlungen[478] nach dem 1.5.2003 in von britischen Truppen kontrolliertem Gebiet ereigneten[479]. Die Funktion der britischen Streitkräfte im Irak nach Ende der Kampfhandlungen beschreibt der Gerichtshof wie folgt: „From 1 May 2003 onwards British forces in Iraq carried out *two main functions*. The first was to *maintain security* in the Multinational Division (South-East) area, in particular in the Basra and Maysan provinces. The principal security task was the effort to re-establish the Iraqi security forces, including the Iraqi police. Other tasks included patrols, arrests, anti-terrorist operations, policing of civil demonstrations, protection of essential utilities and infrastructure and protecting police stations. The second main function of the British troops was the *support of the civil administration* in Iraq in a variety of ways, from liaison with the CPA [Coalition Provisional Authority] and Governing Council of Iraq and local government, to assisting with the rebuilding of the infrastructure."[480] Obwohl die Kampfhandlungen für abgeschlossen erklärt worden waren, kam es auch nach dem 1.5.2003 noch zu zahlreichen gewalttätigen Ausbrüchen[481].

---

477 Die ebenfalls sehr umstrittene Frage der Zurechnung des Verhaltens der Koalitionskräfte war jedoch im vorliegenden Fall bereits deshalb als Einwendung ausgeschlossen, weil der Antragsgegner diesen nicht vor den nationalen Instanzen erhoben hatte, vgl. EGMR, Urteil vom 7.7.2011, Al-Skeini et al v United Kingdom, Nr. 55721/07, Z. 100.

478 Vgl. EGMR, Urteil vom 7.7.2011, Al-Skeini et al v United Kingdom, Nr. 55721/07, Z. 10.

479 Genauer heißt es in dem Urteil: „During this period, the Coalition Forces consisted of six divisions that were under the overall command of US generals. Four were US divisions and two were multinational. Each division was given responsibility for a particular geographical area of Iraq. The United Kingdom was given command of the Multinational Division (South-East), which comprised the provinces of Basra, Maysan, Thi Qar and Al-Muthanna, an area of 96,000 square kilometres with a population of 4.6 million. There were 14,500 Coalition troops, including 8,150 United Kingdom troops, stationed in the Multinational Division (South-East). The main theatre for operations by United Kingdom forces in the Multinational Division (South-East) were the Basra and Maysan provinces, with a total population of about 2.75 million people. Just over 8,000 British troops were deployed there, of whom just over 5,000 had operational responsibilities.", EGMR, Urteil vom 7.7.2011, Al-Skeini et al v United Kingdom, Nr. 55721/07, Z. 20.

480 EGMR, Urteil vom 7.7.2011, Al-Skeini et al v United Kingdom, Nr. 55721/07, Z. 21.

481 Zu den Details vgl. EGMR, Urteil vom 7.7.2011, Al-Skeini et al v United Kingdom, Nr. 55721/07, Z. 23.

Vor diesem Hintergrund kam es zu sechs Todesfällen, die Grund der Klage der Angehörigen vor den britischen Gerichten sowie letzten Endes auch zur Beschwerde vor dem EGMR waren. Die Beschwerdeführer begnügten sich damit, die prozedurale Komponente des Art. 2 EMRK – das Fehlen einer effektiven Untersuchung der Todesfälle durch britische Behörden – zu rügen. Vier der sechs Angehörigen der Beschwerdeführer kamen durch Schüsse der britischen Streitkräfte um, wobei drei gezielt erschossen und eine durch eine verirrte Kugel aus einem Feuergefecht zwischen britischen Truppen und Irakern getroffen wurde. Der Sohn des fünften Beschwerdeführers wurde mutmaßlich von britischen Soldaten in einen Fluss getrieben, in dem er ertrank. Der sechste Angehörige eines Beschwerdeführers starb nach schweren Misshandlungen auf britisch-kontrolliertem Gefängnisgelände.

Die Instanzgerichte kamen nach intensiver Analyse insbesondere des Urteils im Fall Banković im Ergebnis einhellig[482] zu dem Schluss, dass Großbritannien lediglich im Fall des letzten Beschwerdeführers Hoheitsgewalt ausgeübt hätte[483]. Der Antragsgegner schloss sich dieser Ansicht auf der Basis der von dem House of Lords entwickelten Analogie, ein Gefängnis sei wie eine Botschaft, an, weshalb nur bei einem Verbringen einer Person in ein solches Jurisdiktion angenommen werden könne[484]. Im Übrigen war Großbritannien der Ansicht, dass die in den Nordzypern begründete Ausnahme der effektiven Kontrolle über ein Territorium bereits deshalb hier nicht einschlägig sei, weil der Irak nicht im „legal space" der Konvention liege[485]. Abgesehen davon, bestünde nicht die erforderliche Kontrolle und dies würde auch nicht durch einen Status eines Gebiets, der durch ein andere Rechtsmaterie definiert würde – namentlich die Besatzung – beeinflusst[486]. Banković habe eine Anwendbarkeit der EMRK auf militärische Aktionen, die zur Tötung von Menschen führe, verneint; insofern könne es keinen Unterschied machen, ob eine solche Tötung durch Bodentruppen oder durch die Luftwaffe erfolge[487].

Die Beschwerdeführer argumentieren damit, dass in der Rechtsprechung des EGMR eine Anwendung des „state-agent-authority-and-control"-Ansatzes auf das Militär nicht ausgeschlossen und auch nicht lediglich „military custodial authority" beschränkt sei[488]. Auch wenn man mit Banković einen rein konsequenzbasierten personalen Ansatz ablehne, bedeute dies keinen Ausschluss der

---

482 Wenn auch mit unterschiedlichen Begründungen, vgl. EGMR, Urteil vom 7.7.2011, Al-Skeini et al v United Kingdom, vgl. Z. 72 ff.

483 Der Fall des fünften Antragstellers wurde in den Instanzen jedoch nicht beurteilt, vgl. EGMR, Urteil vom 7.7.2011, Al-Skeini et al v United Kingdom, Z. 73.

484 EGMR, Urteil vom 7.7.2011, Al-Skeini et al v United Kingdom, Z. 118.

485 EGMR, Urteil vom 7.7.2011, Al-Skeini et al v United Kingdom, Z. 109 ff.

486 EGMR, Urteil vom 7.7.2011, Al-Skeini et al v United Kingdom, Z. 112.

487 EGMR, Urteil vom 7.7.2011, Al-Skeini et al v United Kingdom, Z. 116.

488 EGMR, Urteil vom 7.7.2011, Al-Skeini et al v United Kingdom, Z. 121.

hier vorliegenden Konstellation. „Auhority and control" werde dadurch begründet, dass Großbritannien die Pflicht übernommen hatte, für Sicherheit und Ordnung zu sorgen. Würden Individuen in der Ausübung dieser Funktion in ihren Menschenrechten betroffen, müsse sich eine Anwendbarkeit der Konvention ergeben[489]. Zudem habe der Antragsgegner als Besatzungsmacht effektive Kontrolle über das fragliche Territorium und sei deshalb auch nach dem räumlichen Modell zur Einhaltung der Menschenrechte verpflichtet[490].

Der Gerichtshof erläuterte zunächst ausführlich, welche Fallgruppen in der bisherigen Rechtsprechung zu einer Annahme extraterritorialer Anwendbarkeit der Konvention geführt hatten (vgl. die obige ausführliche Darstellung unter Ziff. 3.a)). Entscheidend für den zukünftigen extraterritorialen Anwendungsbereich ist insbesondere, was der Gerichtshof zur Geltung der Konvention im europäischen Rechtsraum zu sagen hatte: „The Court has emphasised that, where the territory of one Convention State is occupied by the armed forces of another, the occupying State should in principle be held accountable under the Convention for breaches of human rights within the occupied territory, because to hold otherwise would be to deprive the population of that territory of the rights and freedoms hitherto enjoyed and would result in a ‚vacuum' of protection within the ‚legal space of the Convention'. However, the importance of establishing the occupying State's jurisdiction in such cases does not imply, *a contrario*, that jurisdiction under Article 1 of the Convention can never exist outside the territory covered by the Council of Europe member States. The Court has not in its case-law applied any such restriction (see, among other examples, *Öcalan*; *Issa et al and Others*; *Al-Saadoon and Mufdhi*; and *Medvedyev and Others*, all cited above)."[491] Diese Aussage zum „legal space" erscheint als sehr bedeutende Klarstellung, die sogleich noch näher erläutert werden soll.

In der Sache folgt der Gerichtshof weitgehend der Argumentation der Beschwerdeführer. In der „Application of these principles to the facts of the case" arbeitete der Gerichtshof die Verpflichtung Großbritanniens heraus, für Sicherheit in dem ihm überwiesenen Gebiet zu sorgen. Dies geschah, indem er die Ereignisse, die zur Übernahme dieser Pflicht als die einer Besatzungsmacht, von der Invasion des Iraks bis zum Ende der Besatzung am 28.6.2004 rekapitulierte. Der Gerichtshof kam zu dem Schluss: „It can be seen, therefore, that following the removal from power of the Ba'ath regime and until the accession of the interim Iraqi government, the United Kingdom (together with the United States of America) assumed in Iraq the exercise of some of the public powers normally to be exercised by a sovereign government. In particular, *the United Kingdom assumed authority and responsibility for the maintenance of security* in south-east Iraq. In these exceptional circumstances, the Court considers that the

489 EGMR, Urteil vom 7.7.2011, Al-Skeini et al v United Kingdom, Z. 124.
490 EGMR, Urteil vom 7.7.2011, Al-Skeini et al v United Kingdom, Z. 125.
491 EGMR, Urteil vom 7.7.2011, Al-Skeini et al v United Kingdom, Z. 142.

United Kingdom, *through its soldiers engaged in security operations in Basra during the period in question, exercised authority and control over individuals killed in the course of such security operations*, so as to establish a jurisdictional link between the deceased and the United Kingdom for the purposes of Article 1 of the Convention."[492] Ein solcher „jurisdictional link" gelte auch, für die Person, bei der nicht klar sei, durch wessen Kugel sie getötet wurde, da ihr Tod anlässlich („in the course") einer Sicherheitsoperation des britischen Militärs erfolgte.

(bb) Analyse

α. Aufgabe des Konzepts des „espace juridique"

Zunächst soll auf die Bedeutung der Rechtsprechung des Gerichtshofs mit Blick auf das Konzept des „legal space" betrachtet werden, welches in der Literatur überwiegend kritisiert wurde[493]. Nimmt man eine solche Einschränkung des extraterritorialen Anwendungsbereichs der EMRK an, käme sie allein in internationalen bewaffneten Konflikten zwischen den Vertragsstaaten zur Anwendung. Wenn sich die zitierte Rechtsprechung auch nur auf das personale Modell bezieht (vgl. hierzu unter Ziff. 3 a) aa)), stehen diese Ausführungen zum „legal space" auf der gleichen Gliederungsebene wie die Ausführungen zu je dem personalen und dem räumlichen Modell, weshalb davon auszugehen ist, dass die Rechtsprechung, die die extraterritoriale Anwendbarkeit der EMRK auf das Gebiet der Vertragsstaaten beschränken wollte, mit diesen Ausführungen im Gesamten aufgegeben ist. Besonders bemerkenswert erscheint die Hinzuziehung des Falls Issa et al v Turkey, indem es potentiell um extraterritoriale Handlungen auf dem Hoheitsgebiet Irans ging und dessen Bedeutung im Fall Al-Skeini sowohl die Instanzgerichte als auch die Antragsgegner stets negiert hatten.

β. Jurisdiktion durch „cause-and-effect" bei Ausübung von Regierungsfunktionen

Die Begründung des Gerichtshofs scheint mehrere Gedanken des personalen Modells zu kombinieren. Dabei weigert sich *Milanovic*, die neue Kategorisierung der Ausübung von Regierungsfunktionen als Teil des personalen Modells anzuerkennen und spricht davon, dass vorliegend die Jurisdiktion durch „a rather bizarre mix of the personal model with the spatial one"[494] begründet sei. Banković, aus dem das Zitat stammte, hatte sich gerade nicht mit dem personalen Ansatz beschäftigt, weshalb es auch zu Verunsicherung über die weitere

492 EGMR, Urteil vom 7.7.2011, Al-Skeini et al v United Kingdom, Z. 149; Hervorhebung durch die Verfasserin.

493 Schäfer, MenschenRechtsMagazin 2002, S. 159; Lawson in (Coomans/Kamminga); Altiparmak, Journal of Conflict and Security Law 2004.

494 Milanovic, European Journal of International Law 2012, S. 303.

Existenz des Ansatzes gab. Zudem passt die Ausübung von Regierungsfunktionen schon deshalb besser in das territoriale Modell, da – im Gegensatz zu den übrigen Kategorien des personalen Modells – eine Vielzahl an Menschen von der extraterritorialen Jurisdiktion betroffen ist, ebenso wie dies im räumlichen Modell der Fall ist. Doch auch wenn man akzeptiert, dass die Ausübung von Regierungsfunktionen eine personale Jurisdiktion begründet, geschieht dies auf eine Weise, die die vorher gewonnen Erkenntnisse bereits wieder in Frage stellen, sodass der Ansatz insgesamt alles andere als überzeugend wirkt. Der Gerichtshof kombinierte zur Bejahung der extraterritorialen Anwendbarkeit der EMRK den Ansatz der Ausübung von Regierungsfunktionen mit dem „cause-and-effect"-Gedanken der übergreifenden Formulierung[495]: Übernimmt ein Vertragsstaat spezifische Hoheitsgewalt auf fremdem Gebiet – in diesem Fall, für Ordnung und Sicherheit zu sorgen –, scheint es ausreichend, wenn im Übrigen nur eine „cause-and-effect"-Verbindung gegeben ist. Dies zeigte sich insbesondere am Beispiel der Beschwerdeführerin, die nur anlässlich der Schießerei getroffen wurde: Obwohl die Kugel nicht einmal von einem britischen Soldaten abgefeuert worden sein musste, nahm der Gerichtshof die Ausübung von Hoheitsgewalt an. Großbritannien scheint somit für alle durch die Ausübung ihrer Regierungsfunktion ausgelösten Konventionsverletzungen „verantwortlich".

Dabei konnte es im konkreten Fall – anders als in der zuvor abstrakt behandelten Fallgruppe – gerade nicht darauf ankommen, dass die Regierungsfunktionen mit Einverständnis des Territorialstaats übernommen wurden. Die Anwesenheit des Vereinigten Königreichs im Hoheitsgebiet des Iraks stellte zunächst eine Invasion, sodann eine Besatzung dar; von „consent, inivitation or acquiescence"[496] war in keinster Weise auszugehen. Wenn es auch sehr seltsam erscheint, dass der Gerichtshof eine Fallgruppe zunächst näher beschreibt und diese dann konkret anwendet, ohne dass die Merkmale gegeben wären, unterstreicht dies zumindest noch einmal, dass es nicht auf die Rechtmäßigkeit der Ausübung von Regierungsfunktionen ankommt, sondern allein auf die tatsächliche Ausübung.

Es verwundert des Weiteren, dass der Gerichtshof eine neue Kombination des personalen Ansatzes einer Begründung der Jurisdiktion über das territoriale Modell vorzieht. Das Vereinigte Königreich war laut EGMR in dem relevanten Zeitraum als Besatzungsmacht anzusehen[497] – die Bejahung der effektiven Kontrolle über ein Territorium hätte somit näher gelegen, als eine merkwürdige Kombination aus Fallgruppen des personalen Ansatzes, der nicht einmal zu den abstrakten Ausführungen passen will.

---

495 „The term 'jurisdiction' is not limited to the national territory of theHigh Contracting Parties; their responsibility can be involved because of facts of their authorities producing effects outside their own territory", vgl. EGMR, Entscheidung vom 26.6.1992, Drozd and Janousek v France and Spain, Nr. 2747/87, Z. 91.

496 EGMR, Urteil vom 7.7.2011, Al-Skeini et al v United Kingdom, Z. 135.

497 Vgl. EGMR, Urteil vom 7.7.2011, Al-Skeini et al v United Kingdom, Z. 143/148.

(cc) Rechtsprechung des EGMR in der Folge

Der EGMR hat einen dem in Al-Skeini sehr ähnlichen Begründungsansatz der Jurisdiktion in Jaloud v The Netherlands gewählt. Die Beschwerde des Beschwerdeführers beklagte die Verletzung des Artikel 2 EMRK mit Blick auf den Tod seines Sohnes, der im April 2004 an einem von irakischen und niederländischen Truppen überwachtem Checkpoint erschossen wurde[498]. Wer die tödlichen Schüsseauf das Auto, in welchem der Verstorbene und ein Beifahrer auf die Kontrollstation zugefahren waren, gefeuert hatte, wurde nicht festgestellt. Die Beschwerde beschränkte sich, wie bereits in Al-Skeini, auf die prozedurale Ausprägung des Rechts aufLeben.

Die Truppen der Niederlande waren in der Provinz Al-Muthanna als Teil der „Multinational Division South-East" stationiert, welche unter dem Kommando eines Offiziers der Streitkräfte Großbritanniens stand[499]. Das Verhältnis der britischen und der niederländischen Truppen wurde in einem Bericht an das niederländische Parlament folgendermaßen beschrieben: „As requested by the British, the Netherlands units will be deployed in the south of Iraq, in the province of Al-Muthanna. This province comes within the responsibility of a British division. The operational line of command thus runs via British divisional headquarters and then via American headquarters in Baghdad to American Central Command (CENTCOM) which co-ordinates military direction."[500] In dem Zitat des Berichts wie auch im Rahmen des vom Gerichtshof ausgewählten „Relevant international law" fand auch die Resolution des UN-Sicherheitsrats 1483 als das Mandat der militärischen Präsenz der Niederlande im Irak Erwähnung. Dort heißt es: „Noting the letter of 8 May 2003 from the Permanent Representatives of the United States of America and the United Kingdom of Great Britain and Northern Ireland to the President of the Security Council (S/2003/538) and recognizing the specific authorities, responsibilities, and obligations under applicable international law of these states as occupying powers under unified command (the 'Authority'), [n]oting further that other States that are not occupying powers are working now or in the future may work under the Authority, (...)"[501]. Bezüglich Besatzung des Iraks im Zeitraum zwischen dem 1.5.2003 und dem 28.6.2004 verweist das Urteil auf die entsprechenden Stellen in Al-Skeini[502].

Der Antragsgegner verwies in seiner Argumentation[503] darauf, dass die Niederlande weder Besatzungsmacht wären, noch die Verantwortung für die Ausübung von Hoheitsgewalt übernommen hätten. Die operative Kontrolle läge bei Großbritannien. Gewahrsam habe nicht vorgelegen und die Kräfte der Niederlande

498 EGMR, Urteil vom 20.11.2014, Jaloud v The Netherlands, Nr. 47708/08, Z. 12ff.
499 EGMR, Urteil vom 20.11.2014, Jaloud v The Netherlands, Nr. 47708/08, Z. 57.
500 EGMR, Urteil vom 20.11.2014, Jaloud v The Netherlands, Nr. 47708/08, Z. 57.
501 EGMR, Urteil vom 20.11.2014, Jaloud v The Netherlands, Nr. 47708/08, Z. 93.
502 EGMR, Urteil vom 20.11.2014, Jaloud v The Netherlands, Nr. 47708/08, Z. 56.
503 Vgl. EGMR, Urteil vom 20.11.2014, Jaloud v The Netherlands, Nr. 47708/08, Z. 112 ff.

reichten für territoriale Kontrolle nicht aus. Mit Blick auf die Rechtsprechung des Gerichtshofs in Banković argumentierten der Antragsgegner: „The fact of a serviceman firing at a person, even assuming it could be established that the shot was fatal, was not in itself sufficient for jurisdiction in this sense to arise."[504]

Der Gerichtshof begann seine Ausführungen zur Jurisdiktion mit einem Zitat der in Al-Skeini festgestellten Prinzipien der Jurisdiktion (zum einen das „territorial principle", welches eine Vermutungsregel aufstellt, sowie „state agent authority and control" und „effective control over an area", welche die extraterritoriale Jurisdiktion betreffen[505]). Der EGMR fuhr mit der Aussage fort, dass der Status oder das Fehlen des Status als Besatzungsmacht nicht per se feststelle, ob ein Vertragsstaat Jurisdiktion habe[506]. Damit fing er die Argumentation ab, weil die Niederlande nicht vom UN-Sicherheitsrat als Besatzungsmacht genannt worden seien, könnten sie in der vorliegenden Situation keine Jurisdiktion gehabt haben. Sodann analysierte der Gerichtshof die Art der Kontrolle, den die Niederlande über ihre Truppen gehabt hatten: „The respondent Party is therefore not divested of its ‚jurisdiction', within the meaning of Article 1 of the Convention, solely by dint of having accepted the operational control of the commander of MND (SE), a United Kingdom officer. The Court notes that the Netherlands retained ‚full command' over its military personnel (…)."[507] „Full command" ist ein militärrechtlicher Begriff und steht somit Gegensatz zu „operational command". Ein Kommentator erläutert den Unterschied wie folgt: „States contributing forces to multinational military operations routinely assign operational control over their troops to foreign commanders. However, they invariably retain ultimate authority, known as full command, to themselves. Otherwise their contingents would fall outside the national chain of command and, essentially, cease to function as national military units."[508] Der Gerichtshof bemerkte weiter, dass „while the forces of nations other than the ‚lead nations' took their day-to-day orders from foreign commanders, the *formulation of essential policy* – including, within the limits agreed in the form of Rules of Engagement appended to the Memoranda of Understanding, the drawing up of *distinct rules on the use of force* – remained the reserved domain of individual sending States."[509] Des Weiteren hätten die Niederlande die Verantwortung übernommen, in dem fraglichen Gebiet für Sicherheit zu sorgen und dies unter Ausschluss anderer teilnehmender Staaten[510]. Mit

504 EGMR, Urteil vom 20.11.2014, Jaloud v The Netherlands, Nr. 47708/08, Z. 119.

505 EGMR, Urteil vom 20.11.2014, Jaloud v The Netherlands, Nr. 47708/08, Z. 139.

506 EGMR, Urteil vom 20.11.2014, Jaloud v The Netherlands, Nr. 47708/08, Z. 142. Diese Aussage wird in Teil C noch näher untersucht werden.

507 EGMR, Urteil vom 20.11.2014, Jaloud v The Netherlands, Nr. 47708/08, Z. 143.

508 Sari, European Journal of International Law Talk! 2014, https://www.ejiltalk.org/jaloud-v-netherlands-new-directions-in-extra-territorial-military-operations/.

509 EGMR, Urteil vom 20.11.2014, Jaloud v The Netherlands, Nr. 47708/08, Z. 147; Hervorhebung durch die Verfasserin.

510 EGMR, Urteil vom 20.11.2014, Jaloud v The Netherlands, Nr. 47708/08, Z. 149.

diesen Erläuterungen schien der Gerichtshof einmal mehr unter der Überschrift „Jurisdiktion“ auf die Zurechenbarkeit des Verhaltens der Streitkräfte abzuzielen; dies unterstrich er noch, indem er in diesem Zusammenhang Artikel 6 der ICL-Artikel zur Staatenverantwortlichkeit zitierte[511]. Trotz aller Lippenbekenntnisse schafft es der Gerichtshof somit auch weiterhin, Zurechenbarkeit und Jurisdiktion zu vermischen, etwas, was auch die Kommentatoren erneut bemängeln[512]. Letzten Endes kam der Gerichtshof zu dem Schluss, dass durch die Übernahme der Verantwortung durch die Niederlande, in dem fraglichen Gebiet für Sicherheit zu sorgen und weil der Sohn des Beschwerdeführers im Rahmen der Ausübung dieser übernommenen Verantwortung zu Tode gekommen war, Jurisdiktion der Niederlande bestünde[513]. Wörtlich sagte der Gerichtshof: „The Court is satisfied that the respondent Party exercised its ‚jurisdiction‘ within the limits of its SFIR mission and for the purpose of asserting authority and control over persons passing through the checkpoint. That being the case, the Court finds that the death of Mr Azhar Sabah Jaloud occurred within the ‚jurisdiction‘ of the Netherlands, as that expression is to be construed within the meaning of Article 1 of the Convention.“[514] Nach hier vertretener Ansicht handelt es sich bei der Begründung in Jaloud v Netherlands um eine Al-Skeini sehr ähnliche Konstruktion: Die ehemals im territorialen Modell angesiedelte Ausübung von Regierungsfunktionen – hier die Aufgabe, für Sicherheit zu sorgen – soll, wenn sie zu einer Tötung führt, Jurisdiktion begründen.

(3) Ergebnis

Betrachtet man Banković und Al-Skeini im Vergleich, fallen zunächst vor allem die Unterschiede ins Auge: In Al-Skeini wurden – wenn auch nicht in formeller Abweichung von Banković – einige seit Banković verbreitete Konzepte aufgegeben. So steht fest, dass die Argumentation, die EMRK könne nur im europäischen Rechtsraum Anwendung finden und somit sei jedenfalls der territoriale Ansatz auf eben jenes Gebiet beschränkt, ausdrücklich vom Gerichtshof abgelehnt wurde. Der Gerichtshof widmete sich diesem Konzept auf einer der Erläuterung des personalen und räumlichen Ansatzes gleichgeordneten Ebene und macht deutlich, dass die Konvention in beiden Fällen nicht auf das Hoheitsgebiet von Vertragsstaaten beschränkt werden kann. Es scheint, als könne dieses Argument

511 EGMR, Urteil vom 20.11.2014, Jaloud v The Netherlands, Nr. 47708/08, Z. 151.
512 Sari, European Journal of International Law Talk! 2014, https://www.ejiltalk.org/jaloud-v-netherlands-new-directions-in-extra-territorial-military-operations/.
513 EGMR, Urteil vom 20.11.2014, Jaloud v The Netherlands, Nr. 47708/08, Z. 152.
514 EGMR, Urteil vom 20.11.2014, Jaloud v The Netherlands, Nr. 47708/08, Z. 152.

eines sonst entstehenden Vakuums nur positiv, jedoch nicht negativ verwendet werden[515].

Ebenso gehört die Argumentation, Jurisdiktion müsse stets in dem Umfang bestehen, dass alle Konventionsrechte garantiert werden könnten, der Geschichte an. Die Rechte der EMRK können sehr wohl auf die Situation zugeschnitten und somit „divided and tailored" sein.

Mit diesen neuen Entwicklungen stellt sich die Frage, was aus der Begründung in Banković zur Verneinung eines kausalen Ansatzes noch übrig bleibt, da insbesondere das Argument, die Konventionsrechte müssten ganz oder gar nicht im Rahmen des Art. 1 EMRK garantiert werden können, herangezogen wird. Daneben argumentierte der Gerichtshof in Banković damit, dass für einen weiteren Geltungsbereich die Formel aus Art. 1 GK übernommen hätte werden können[516] – eine nach überwiegender Ansicht unkorrekte Auslegung dieser Formel. Übrig bleibt somit nach Al-Skeini nurmehr, dass Jurisdiktion ein Konzept ist, welches nicht durch die Verletzungshandlung selbst begründet werden kann. Angesichts dessen, dass die – auch durch den Gerichtshof als jurisdiktionsbegründend akzeptierte – Fallgruppe Gewahrsam ebenfalls eine Eingriffhandlung ist und augenblicklich geschieht, erscheint ein weiterer Ausschluss von extraterritorialen Tötungshandlungen kaum mehr zu rechtfertigen. Im Konkreten vermeidet aber auch Al-Skeini die Antwort auf diese wichtige Fragestellung, wenn er auch das Verbot des „cause-and-effect"-Ansatzes nicht wiederholt. Durch die Betonung des Gerichtshofs, dass es sich bei dem konkret zu entscheidenden Fall um eine Ausnahme handelt, welche durch die Ausübung einer Regierungsfunktion und den Eingriff in das Menschenrecht im Rahmen eben dieser Regierungsfunktion begründet wird, scheut der Gerichtshof jedoch ein weiteres Mal davor zurück, über „schlichte" extraterritoriale Tötungen zu entscheiden. Ganz ähnlich hält er es im Fall Jaloud v The Netherlands.

Zusammenfassend ist die Rechtsprechung in Al-Skeini positiver zu bewerten als diejenige in Banković, da sie abstrakt beleuchtet, wann es zu einer extraterritorialen Anwendbarkeit der EMRK kommen kann. Das Verbot der Jurisdiktion durch kausale Eingriffshandlung scheint somit immer noch – und trotz aller Widersprüche in der Rechtsprechung – nicht aus der Welt geräumt. Während Banković somit eine Negativrechtsprechung darstellt, ist Al-Skeini in den entscheidenden Teilen als Vermeidungsrechtsprechung zu sehen.

---

515 Vgl. EGMR, Urteil vom 7.7.2011, Al-Skeini et al v United Kingdom, Z. 142; vgl. hierzu auch die Begründung der Jurisdiktion in EGMR, Urteil vom 16.6.2015, Sargsyan v Azerbaijan, Nr. 40167/06.

516 EGMR, Urteil vom 7.7.2011, Al-Skeini et al v United Kingdom, Z. 75.

ee) Ergebnis

Die Analyse der Rechtsprechung erfolgte mit dem Ziel, eine Dogmatik bezüglich der Anwendbarkeit menschenrechtlicher Verträge zu entwickeln. Eine solche hätte den Zweck, mit Blick auf kriegstypische Situationen besser einschätzen zu können, ob sie in den Anwendungsbereich der Jurisdiktionsklauseln fallen. Nach ausführlicher Betrachtung der relevanten Rechtsprechung und Praxis fällt das Ergebnis nicht zufriedenstellend aus, wenn auch einige grundsätzliche Prinzipien festgestellt werden konnten. Diese sollen nun nach Rechtsprechungsorganen getrennt vorgestellt werden.

(1) Interamerikanisches System

Das interamerikanische System arbeitet materiell hauptsächlich – aber jedenfalls seit Salas et al v United States nicht mehr exklusiv – mit dem personalen Ansatz und nimmt an, dass Jurisdiktion außerhalb des Hoheitsgebiets durch „state-agent-authority-and control" begründet werden kann. Die Interamerikanische Kommission geht hierbei nicht davon aus, dass Verletzungshandlung und Jurisdiktion in einem Stufenverhältnis stehen müssen oder dass eine regelmäßige, dem innerstaatlichen Verhältnis zwischen Individuum und Staat ähnliche Rechtsbeziehung Beziehung zwischen Staat und Person bestehen müsse. Wie sich im Rahmen des territorialen Ansatzes die Rechtsprechung der Kommission mit Blick insbesondere auf das Maß der Kontrolle über ein Gebiet weiterentwickelt, bleibt abzuwarten.

(2) Menschenrechtsausschuss

Der UN-Menschenrechtsausschuss vertritt sowohl das territoriale wie auch das personale Modell, um Jurisdiktion zu begründen. Für das personale Modell hat sich der Ausschuss bisher allerdings lediglich abstrakt in einem „General Comment" ausgesprochen, während das territoriale Modell in einigen „Concluding Observations" im Zusammenhang mit besetzten Gebieten angesprochen wurde. Sowohl im Rahmen des personalen als auch des territorialen Modells geht es jedoch um „effektive Kontrolle". Das UN-Vertragsorgan scheint zudem davon auszugehen, dass eine Rumpfverantwortlichkeit des Territorialstaats auch dann verbleibt, wenn ein Teil des Hoheitsgebiets besetzt ist.

(3) Die europäischen Organe

Demgegenüber kämpft das europäische System immer noch mit den Auswirkungen des Urteils Banković. Nachdem die Kommission zunächst den personalen Ansatz entwickelt hatte, kam in der Rechtsprechung des EGMR der räumliche Ansatz zum Einsatz, um Lücken im Menschenrechtsschutz im Rahmen der Kontrolle eines Gebiets zu schließen. Mit Banković machte der Gerichtshof einen gewaltigen Rückschritt: Seinen – wie auch immer motivierten – Unwillen, den Luftangriff im Rahmen eines internationalen bewaffneten Konflikts in den

Anwendungsbereich der EMRK fallen zu lassen, versuchte er dogmatisch durch eine Rückbesinnung auf den allgemein-völkerrechtlichen Jurisdiktionsbegriff zu rechtfertigen. Da dieser zum Schutzzweck der Menschenrechtsverträge nicht passen will, ergab sich im Anschluss an dieses Urteil eine Vielzahl an Urteilen, die den in Banković vorgebrachten Prinzipien widersprachen. Al-Skeini als neuer „leading case" ignorierte die Widersprüche jedoch und versuchte, die Rechtsprechung dogmatisch aufzuarbeiten[517]. Dies ist nur teilweise gelungen, nicht zuletzt deshalb, weil Al-Skeini in seiner konkreten Entscheidung die festgestellten Prinzipien selbst wiederum nicht dogmatisch nachvollziehbar anwendet, sondern ein weiteres Sondermodell entwickelt. Dies besteht aus dem – angeblich[518] – personalen Ansatz der Ausübung von Regierungsfunktionen und einer Anwendung von „cause-and-effect", welchem in Banković eine ganz klare Absage erteilt worden war. Banković wurde niemals offiziell außer Kraft gesetzt, sodass das Verhältnis der verschiedenen Entscheidungen weiterhin nicht völlig geklärt ist. Demgegenüber scheinen Issa et al und Pad wiederum sehr wohl allein auf „cause -and – effect" zu beruhen[519]; auch der Umstand, dass im Rahmen der nun ausdrücklich anerkannten Fallgruppe des Gewahrsams Verletzungshandlung und Jurisdiktion zusammenfallen können, wird nicht systematisch aufgearbeitet. Trotz aller dieser Ungereimtheiten, soll zusammengefasst werden, welche Prinzipien sich aus dem materiellen Teil der Rechtsprechung ergeben haben, wenn sich hieraus auch keine Dogmatik ergeben mag.

Zum einen spielt sowohl im personalen wie auch im territorialen Modell die durch Staatsorgane gleich welcher Art ausgeübte Kontrolle die zentrale Rolle. Daraus lässt sich schließen, dass diese das zentrale Element der Jurisdiktion ganz allgemein ist. Bestätigt wird diese Annahme dadurch, dass die Jurisdiktion des Territorialstaats dort nicht oder nurmehr in einer ganz rudimentären Ausprägung gegeben ist, wo ein anderer Staat die effektive Kontrolle über das Hoheitsgebiet innehat. Wäre das der menschenrechtlichen Jurisdiktion tatsächlich unterliegende Prinzip eine an das allgemeine Völkerrecht angelehnte Berechtigung oder Titel, müsste die Jurisdiktion nach den Menschenrechtsklauseln auf dem Hoheitsgebiet unabhängig von der Möglichkeit der tatsächlichen Einflussnahme stets gegeben sein. Zu diesem Prinzip will nicht passen, dass der Gerichtshof aus Wertungsgesichtspunkten heraus in Sargsyan et al v Azerbaijan

---

517 Milanovic, European Journal of International Law 2012, S. 127: „As is regrettably often the case in Strasbourg, particularly on this issue, in doing so the Court basically pretended that all of its prior jurisprudence somehow fitted neatly into a bigger picture even though it manifestly did not (...)."; vgl. Richter Bonello in EGMR, Urteil vom 7.7.2011, Al-Skeini et al v UK, Nr. 55721/07, Separate Concurring Opinion, Z. 4 ff.

518 Milanovic argumentiert nicht zu Unrecht, dass dieser Ansatz zum räumlichen Modell gehört.

519 Milanovic, European Journal of International Law 2012, S. 131.

Jurisdiktion auf eigenem Hoheitsgebiet unabhängig von der Möglichkeit, Kontrolle auszuüben, annimmt. Seine – der tatsächlichen Natur der Kontrolle nicht gerecht werdende Argumentation – ist, dass es kein Vakuum im Menschenrechtsschutz geben dürfe. Wenn er diese Aussage durch den Umfang der Verpflichtung – ähnlich wie in Ilaşcu et al v Moldova and Russia – auch wieder relativiert, bedeutet dies doch eine Friktion mit dem bisher gefundenen Prinzip, dass tatsächliche Kontrolle Jurisdiktion ausmacht.

Sowohl im personalen Modell, als auch im räumlichen Modell beschreibt der Gerichtshof genauer, auf wen sich diese Kontrolle bezieht. Im personalen Modell werden in zwei Fallgruppen Individuen als Bezugspunkt der Kontrolle genannt. Einen Ausreißer stellt allein die Ausübung von Regierungsfunktionen dar, was sich dadurch erklärt, dass diese Kategorie eigentlich besser in das räumliche Modell passt. Genau wie in diesem bezieht sich ihre Ausübung nämlich nicht auf Individuen, sondern auf die Bevölkerung bzw. Teile hiervon. Das räumliche Modell wird gemeinhin als effektive Kontrolle eines Territoriums beschrieben. Dies ergibt auf den zweiten Blick jedoch wenig Sinn, da die allein Berechtigten im Sinne eines Menschenrechtskonvention Menschen sind. Hier ergibt sich ein gewisser Unterschied zu dem unten noch zu erörternden Begriff der territorialen Kontrolle im Besatzungsrecht, in dem auch die Beziehung zwischen Staaten in Ansehung des eroberten Territoriums eine Rolle spielt. Im Recht der Menschenrechte können allein Menschen – und nicht etwa Staaten – durch Rechtsverletzungen betroffen sein; nur für sie ergibt die Eröffnung des Anwendungsbereichs der Menschenrechtskonventionen einen Sinn[520]. Deshalb wird hier vertreten, dass auch die Kontrolle im räumlichen Modell sich auf Menschen und nicht auf ein Stück Land bezieht. Das territoriale Element wird nurmehr gebraucht, um außerhalb der extraterritorialen Kontrolle im Einzelfall, die potentielle Kontrolle über eine Vielzahl von Personen zu mitteln. Gegenstand der Kontrolle sind also im Rahmen beider Modelle Menschen. Diese Ansicht scheint die Interamerikanische Kommission zu teilen, wenn sie in ihrem aktuell entschiedenen Fall Salas et al v United States den territorialen Modell wie folgt beschreibt: „On the extraterritorial exercise of jurisdiction, the IACHR has pointed out that it must be

520 Orakhelashvili spricht davon, dass Art. 1 EMRK vorwiegend den Sinn hat, den durch Verletzungen betroffenen Individuen ein Rechtsmittel an die Hand zu geben; „Thus, ‚jurisdiction' (...) is a tool for identifying whether alleged violations of the Convention may be imputable to one or another contracting state. This is *remedial, as opposed to a substantive, notion of jurisdiction.* Its function is to ensure that breaches of the Convention are duly attributed to the relevant contracting state and that therefore responsibility is assumed and remedies implemented.", ORAKHELASHVILI, European Journal of International Law 2003, S. 540, Hervorhebung durch die Verfasserin; ebenso Richterin Yudkivska in EGMR, Urteil vom 16.6.2015, Sargsyan v Azerbaijan, Nr. 40167/06, Separate Concurring Opinion, S. 91: „(...) No actual authority over Gulistan is or can be exercised by Azerbaijan in the absence of any population."

ascertained that the territory under review and *consequently* the alleged victims have been subjected to the authority and control of the agents of foreign forces."[521] Die Kontrolle über die Individuen erscheint hier als Folge der Kontrolle über das Territorium.

Dieser Gedanke wiederum hilft, die Rechtsnatur der Kontrolle näher zu bestimmen, wenn dies auch aufgrund des aktuellen Standes der Rechtsprechung nicht mit letzter Sicherheit möglich ist. In der Rechtsprechung des EGMR zum personalen Modell finden sich zahlreiche Beispiele, wie diese Kontrolle begründet werden kann. So wurde Jurisdiktion in der Rechtsprechung bejaht, wenn Menschen durch Schüsse das Leben genommen und wenn sie in Gewahrsam genommen sowie inhaftiert wurden. Zwar ist in Al-Skeini wiederum – ohne die entsprechende Rechtsprechung mit Blick auf das Recht auf Leben näher einzuordnen – nur der Gewahrsam als Ausprägung ausdrücklich diskutiert worden. Jedoch wurde als Überbegriff der Ausdruck „use of force" benutzt, der mehr an den Einsatz potentiell tödlicher Gewalt als an Gewahrsam denken lässt. Deshalb wird sich hier dafür ausgesprochen, dass unter Kontrolle im personalen Modell die Einwirkung auf eine Person durch Staatsagenten zu verstehen ist – ob dies nun sein Leben, seine körperliche Unversehrtheit oder seine Bewegungsfreiheit betrifft. Insofern müsste aber noch deutlicher als bisher die Banković-Rechtsprechung aufgegeben werden, dass Jurisdiktion und Eingriff in ein Recht nicht zusammenfallen dürfen. Eine solches Verständnis des Begriffs der Kontrolle würde sich zudem mit der nun möglichen partiellen Menschenrechtsbindung vertragen und im Sinne der weit überwiegenden Ansicht sein[522].

Im territorialen Modell ist die Kontrolle nicht in Fallgruppen unterteilt. Dies ist insofern folgerichtig, als der Vertragsstaat den Menschen, die auf dem Gebiet leben, in dem er Kontrolle ausübt, mit einer dem Souverän vergleichbaren Hoheitsgewalt entgegentritt und somit ein „Gesamtverhältnis" zwischen Staat und Bewohnern besteht. Die Kontrolle übt er, wie bereits erwähnt, nicht über das Gebiet aus, sondern über die Menschen, die in dem Gebiet leben[523]. Die Kontrolle,

---

521 AKMR, Entscheidung vom 5.10.2018 (Begründetheit), Salas v United States, Nr. 10.573, Z. 313, Hervorhebung durch die Verfasserin.

522 Schäfer, MenschenRechtsMagazin 2002, S. 162/163; Scheinin, in Coomans/Kamminga, S. 76; Lawson, in Coomans/Kamminga, S. 104; vgl. auch Richter Loucaides, der Jurisdiktion als „actual authority, that is to say the possibility of imposing the will of the State on any person, whether exercised within the territory of the High Contracting Party or outside that territory. " definiert, Richter Loucaides, EGMR, Urteil vom 08.04.2004, Assanidze v Georgia, Nr. 71503/01, Separate Concurring Opinion, S. 52.

523 Vgl. hierzu auch Szydło, International Criminal Law Review 2012, S. 287: „From the vast body of the relevant judgments of the ECtHR it may be inferred that ‚jurisdiction' withing the meaning of Article 1 ECHR means indeed physical power, and actual authority and control that a Convention State has over certain persons, including the authority and control over a given territory where the persons are located."

ist hier – wiederum mit Blick auf die Hoheitsgewalt des Staates – bei grundsätzlich gleicher Natur, etwas abstrakter als im personalen Modell: Nimmt der Staat in diesem tatsächlich Einfluss auf das Individuum, ist es im territorialen Modell das *Potential* zur Einwirkung, welches Jurisdiktion begründet. Mit potentieller Einwirkung ist gemeint, dass die abstrakte Möglichkeit nach Willen des kontrollierenden Staates jederzeit in eine konkrete Einwirkung umschlagen kann. Eine solches Verständnis der Kontrolle würde auch die in Ilaşcu propagierte „decisive influence" auf ein Regime umfassen, wenn diese das Potential hat, sich kurzfristig in konkrete Einflussnahme zu wandeln. Aufgrund des größeren Umfangs der potentiellen Einflussnahme, ist der Vertragsstaat im Rahmen des territorialen Modells jedoch im Unterschied zum personalen Modell umfassend menschenrechtlich gebunden. Dem Grunde nach geht es jedoch in beiden Modellen darum, auf Menschen einzuwirken oder die schnell konkretisierbare Möglichkeit, auf Menschen einzuwirken. Der Begriff „Kontrolle" impliziert zudem, dass der Vertragsstaat bezüglich der Einwirkung eine Steuerungsmöglichkeit besitzt. Dies führt dazu, dass die Jurisdiktion nicht ungebührlich ausgedehnt wird, was sowohl die Rechtsprechung als auch die Literatur als Gefahr erkennt (s. Ziff. 2.b)).

Damit ist nach hier vertretener Auffassung der Kontrollbegriff der beiden Modelle wesensgleich. Nach hier vertretener Auffassung ist ein Verständnis der Kontrolle als tatsächliche Einwirkung oder Einwirkungsmöglichkeit des Staates auf Menschen, soweit sie durch den Vertragsstaat gesteuert werden kann, in der Rechtsprechung bereits indiziert, müsste jedoch aufgrund der Entscheidung in Banković noch einmal ausdrücklich bestätigt werden.

b) Prozessuale Ansätze

Nachdem nun ausführlich der Tatbestand der Jurisdiktion, sowie die Rechtsfolge bei ihrem Vorliegen untersucht wurde, soll nun knapp die prozessualen Seite des in der Rechtsprechung insbesondere des EGMR entwickelten Jurisdiktionsbegriffs angesprochen werden. Um Erkenntnisse über das Wesen der Jurisdiktion im Sinne der Menschenrechtsverträge zu gewinnen, erscheint dies ebenso wichtig, wie sich mit dem materiellen Gehalt zu beschäftigen, da sich aus der prozessualen Behandlung – insbesondere im Rahmen der Beweislast – ebenfalls Rückschlüsse auf das Wesen des Begriffs ziehen lassen.

aa) Das Regel-Ausnahme-Verhältnis

Zum ersten Mal hatte der EGMR ein Regel-Ausnahme-Verhältnis in seiner Entscheidung in Banković statuiert: „„The Court is of the view (...) that Article 1 of the Convention must be considered to reflect this ordinary and essentially territorial notion of jurisdiction, other bases of jurisdiction being *exceptional* and requiring special justification in the particular circumstances of the case."[524]

524 EGMR, Urteil vom 12.12.2001, Banković et al v Belgium et al, Nr. 52207/99, Z. 61;

Dieser Bezug auf die Territorialität hatte, wie bereits erwähnt, den Sinn, die extraterritoriale Anwendbarkeit mit einer Rückbesinnung auf den Jurisdiktionsbegriff des allgemeinen Völkerrechts möglichst zu beschränken. In den ersten Fällen zur extraterritorialen Jurisdiktion findet sich eine solche Einschränkung noch nicht. In Loizidou v Turkey heißt es noch sehr viel weniger restriktiv: „The Court recalls in the first place that (...) under its established case-law the concept of ‚jurisdiction' under Article 1 of the Convention is *not* restricted to the national territory."[525] In Cyprus v Turkey, der in weiten Teilen aus Loizidou zitiert, kommt ein Regel-Ausnahme-Verhältnis ebenfalls nicht ausdrücklich vor. Auch die Kommission formulierte ohne große Einschränkungen: „[a] state is *under certain circumstances* responsible under the Convention for the actions of its authorities outside its territory (...).There is in principle, from a legal point of view, no reason why the acts of the British authorities in Berlin should not entail the liability of the United Kingdom under the Convention (...)."[526]. Inzwischen ist die Regel-Ausnahme-Formel jedoch fester Bestandteil einer jeden Jurisdiktionsentscheidung; auch in Al-Skeini fand sie Verwendung in folgender, seit Banković etwas verfeinerten Formulierung: „A State's jurisdictional competence under Article 1 is primarily territorial. Jurisdiction is presumed to be exercised normally throughout a State's territory. Conversely, acts of the Contracting States performed, or producing effects, outside the territory can constitute an exercise of jurisdiction in the meaning of Article 1 only in exceptional circumstances."[527] Diese

---

Johann spricht hier davon, dass die *Ausübung* extraterritorialer Jurisdiktion besonderer Rechtfertigung bedarf, vgl. Karpenstein, EMRK, Art. 1 Rn. 20. Dies ist aber nicht die Aussage des EGMR: er spricht von „bases of jurisdiction", was besser mit Grundlage übersetzt ist. Zwar mag auch die Ausübung extraterritorialer Hoheitsgewalt durch Staaten eher die Ausnahme als die Regel sein; diese Erkenntnis trägt jedoch nichts zur rechtlichen Einordnung eines solchen Handelns bei, wenn es nun einmal vorliegt. Genauso wenig ist die Frage, ob die Ausübung der Jurisdiktion *zulässig* ist, sondern lediglich ob sie besteht. Der EGMR beurteilt nicht die Rechtmäßigkeit der Ausübung von Hoheitsgewalt im allgemeinen Völkerrecht, sondern die davon getrennte Frage, ob die faktische Ausübung zu Jurisdiktion nach Art. 1 EMRK führt.

525 Loizdou (Merits), Z. 51, Hervorhebung durch die Verfasserin.

526 EKMR, Entscheidung vom 18.51975, Hess v UK, 6231/73, S. 73.

527 EGMR, Urteil vom 7.7.2011, Al-Skeini et al v UK, Nr. 55721/07, Z. 131; zuvor bereits sehr ähnlich in EGMR, Urteil vom 16.11.2004, Issa et al v Turkey, Nr. 31821/96, Z. 67/68: „From the standpoint of public international law, the words „within their jurisdiction" in Article 1 of the Convention must be understood to mean that a State's jurisdictional competence is *primarily territorial*, but also that jurisdiction is *presumed* to be exercised normally *throughout the State's territory*. However, the concept of „jurisdiction" within the meaning of Article 1 of the Convention is not necessarily restricted to the national territory of the High Contracting Parties. In *exceptional circumstances* the acts of Contracting States performed outside their territory or which produce effects there („extra-territorial act") may amount to

Formulierung enthält eine Vermutung: Sie besagt, dass die Ausübung lediglich auf dem Hoheitsgebiet die Regel, die Ausübung außerhalb des Hoheitsgebiets die Ausnahme ist. Dass die Vermutung in zwei Richtungen geht, ist einer Vermutung wesenseigen: die Regel wird vermutet, die Ausnahme muss besonders belegt werden[528]. Mit Blick auf das eigene Hoheitsgebiet ist dies in der Rechtsprechung des EGMR auch ganz deutlich ausgesprochen und geprüft worden. So stellte sich im Fall Assanidze v Georgia die Frage, ob eine bestimmte Region Georgiens zu dessen Hoheitsgebiet gehörte. Hier verlangte der Gerichtshof ausdrücklich, dass die Vermutung der Zugehörigkeit zur Jurisdiktion widerlegt werden müsse: „The Ajarian Autonomous Republic is indisputably an integral part of the territory of Georgia and subject to its competence and control. In other words, there is a presumption of competence. The Court must now determine whether there is valid evidence to rebut that presumption."[529]

Besonders wichtig war das Regel-Ausnahme-Verhältnis auch im Fall Sargsyan v Azerbaijan, der sich besonders auf Assanidze v Georgia beruft. In Sargsyan kam der Gerichtshof jedoch zu dem Schluss, dass Jurisdiktion auf eigenem Hoheitsgebiet auch dann bestehen kann, wenn keine effektive Kontrolle über das Gebiet vorliegt. Dies leitete sich aus einer besonderen Ausgestaltung der Vermutungsregel her: „The Court observes that a limitation of a State's responsibility on its own territory to discharging positive obligations has only been accepted in respect of areas where another State or separatist regime exercises effective control."[530] Es genügt dementsprechend für eine Widerlegung der Jurisdiktion des Territorialstaats nicht, dass bewiesen wird, dass die effektive Kontrolle über das Hoheitsgebiet oder Teile davon fehlt. Eine Widerlegung sei nur im Fall der Besatzung durch einen anderen Staat oder die Errichtung eines separatistischen Regimes möglich[531]. Damit hat die Vermutungsregel, die nur

---

exercise by them of their jurisdiction within the meaning of Article 1 of the Convention.", Hervorhebung durch die Verfasserin.

528 So auch Larsen, Nordic Journal of International Law 2009, S. 77: „The case-law thus illustrates that the ‚primarily territorial' notion of jurisdiction is significant in two ways. One, that a State normally does not exercise jurisdiction outside of its own territory, and, two, that a State is presumed to exercise jurisdiction throughout ist entire territory."

529 EGMR, Urteil vom 08.04.2004, Assanidze v Georgia, Nr. 71503/01, Z. 139.

530 EGMR, Urteil vom 16.6.2015, Sargsyan v Azerbaijan, Nr. 40167/06, Z. 140.

531 EGMR, Urteil vom 16.6.2015, Sargsyan v Azerbaijan, Nr. 40167/06, Z. 148: „In contrast, in the present case it has not been established that Gulistan is occupied by the armed forces of another State or that it is under the control of a separatist regime. In such circumstances the Court, taking into account the need to avoid a vacuum in Convention protection, does not consider that the respondent Government has demonstrated the existence of exceptional circumstances of such a nature as to qualify their responsibility under the Convention."

eine spezielle Widerlegung der Jurisdiktion auf eigenem Hoheitsgebiet zulässt, für ein fiktives Element im Jurisdiktionsbegriff der EMRK gesorgt.

Auch in der Rechtsprechung der AKMR finden sich Anklänge eines solchen Regel-Ausnahme-Verhältnisses: „Given that individual rights inhere simply by virtue of a person's humanity, each American State is obliged to uphold the protected rights of any person subject to its jurisdiction. While this *commonly* refers to persons within a state's territory, *it may, under given circumstances,* refer to conduct with an extraterritorial locus where the person concerned is present in the territory of one state, but subject to the control of another state – usually through the acts of the latter's agents abroad."[532] Ähnlich heißt es im Fall Saldaño: „[A] state party to the American Convention may be responsible *under certain circumstances* for the acts or omissions of its agents which produce effects or are undertaken outside that state's own territory."[533] Im Vergleich zur Rechtsprechung des Gerichtshofs scheint der Bezug zum Hoheitsgebiet jedoch weit weniger ausgeprägt.

Während der Menschenrechtsausschuss sich kaum[534] mit einem Regel-Ausnahme-Prinzip beschäftigt, stellte der IGH hinsichtlich des Anwendungsbereichs des Zivilpakts Folgendes fest: „The Court would observe that, while the jurisdiction of States is *primarily territorial,* it may sometimes be exercised outside the national territory. Considering the object and purpose of the International Covenant on Civil and Political Rights, it would seem natural that, even when such is the case, States parties to the Convention should be bound to comply with its provision. (...) In conclusion, the Court considers that the International Covenant on Civil and Political Rights is applicable in respect of acts done by a State in the exercise of its jurisdiction outside its own territory."[535]

---

532 AKMR, Entscheidung vom 29.9.1999, Coard et al v United States, Nr. 10.951, Z. 37.

533 AKMR, Entscheidung vom 11.3.1999, Victor Saldaño v Argentinien, Nr. 12.254, Z. 17.

534 Im Fall Wan Kuok Koi v Portugal entschied der Menschenrechtsausschuss für abhängige Gebiete (obwohl im Pakt keine Kolonialklausel vorhanden), dass die *Unanwendbarkeit* des Protokolls nicht ohne ausdrücklich dahingehende Erklärung unterstellt werden könne, vgl. MRA, Wan Kuok Koi v Portugal, View vom 30.7.1996, UN Doc. CCPR/C/ 57/D/1995, §Z. 5.7. Dies spricht dafür, dass der MRA ebenfalls eine Anwendbarkeit vermutet. In der Folge wurde auch die Möglichkeit, such durch eine solche Erklärung von seinen menschenrechtlichen Pflichten zu befreien, in Frage gestellt, vgl. Lorenz, S. 41.

535 IGH, Gutachten vom 9.7.2004, Legal Consequences of the Construction of a Wall in the Occupied Palestinian Territory, Z. 109, 111.

bb) Rechtsfolgen

(1) Allgemeines

Obwohl allenthalben[536] die Vermutung in der Rechtsprechung vor allem des EGMR wohl wahrgenommen wird, beschäftigen sich Kommentatoren – soweit ersichtlich – kaum mit der rechtlichen Einordnung. Die Schlussfolgerungen, die aus ihr zu ziehen sind, hängen jedoch maßgeblich von ihrer dogmatischen Einordnung ab.

Vermutungen erfüllen sowohl im nationalen wie auch im internationalen Recht denselben Zweck und hängen eng mit den Fragen der Beweislast und des Beweismaßes zusammen. Jedes gerichtliche Verfahren, ob nun national oder international, leidet daran, dass die objektive Wahrheit häufig schwer zu fassen ist. Da aber keine Gerichtsbarkeit auch keine Lösung ist, muss man sich behelfen; hierbei sind die „richterliche Überzeugung“ und die „Beweislast“ die Mittel der Wahl. Während die richterliche Überzeugung – für die es je nach Staat und Verfahren unterschiedliche Maßstäbe gibt[537] – das Maß bestimmt, bei welchem das Gericht streitgegenständliche Tatsachen als wahr erachten darf, erfüllt die Beweislast den Zweck, eine Entscheidung auch dann treffen zu können, wenn Tatsächliches ungeklärt bleibt[538]. Letzteres wird auch als Verbot des non-liquet

---

536 Vgl. für viele: Besson, Leiden Journal of International Law 2012, 876ff; Gondek, Netherlands International Law Review 2005, S. 370; O'Boyle, in Coomans/Kamminga; zum Teil wird auch von einer Vermutung „gegen“ extraterritoriale Jurisdiktion gesprochen, s. sogleich.

537 So ist auf dem europäischen Kontinent das Beweismaß der „vollen richterlichen Überzeugung“ vorherrschend, während im anglo-amerikansichen System teilweise auch „balance of probablilities“ oder „clear and convincing evidence“ als Beweismaß ausreicht, vgl. Schorm-Bernschütz, S. 119/120; regelmäßig ist sind die Anforderungen, die an das Beweismaß gestellt werden umso höher, je mehr in die Rechte des Individuums eingegriffen wird, wie beispielsweise im Strafprozess. Das Beweismaß vor dem EGMR ist dabei nirgends festgeschrieben; es ist jedoch ebenfalls von der Erforderlichkeit voller richterlicher Überzeugung auszugehen, vgl. Schorm-Bernschütz, S. 120, 122 mwN.

538 Teilweise wird vertreten, dass im internationalen Recht nicht ähnlich scharf wie im nationalen Recht zwischen Tatsachen und Rechtsnormen getrennt wird, wobei im nationalen Recht der Grundsatz gilt: „iura novit curia“. So meint Zehenter:„Während in den innerstaatlichen Rechtsordnungen wegen ihrer weitgehenden Lückenlosigkeit und Perfektionierung allein Tatsachen im engeren Sinn zu beweisen sind, bietet die völkerrechtliche Judikatur Anhaltspunkte, daß Rechtsnormen unter bestimmten Voraussetzungen als Tatsachen gewertet werden. Das betrifft (...) in erster Linie und nicht zu Unrecht auch partikuläres Völkergewohnheitsrecht (...).“, vgl. Zehenter Franz, in: Miehsler/Mock/Simma/Tammelo(Hrsg.) 1980, S. 703. Der Autor führt im Folgenden aus, dass gerade Völkergewohnheitsrecht einen besonderen Bezug zum Tatsächlichen aufweise. Hierin wiederum liegt der entscheidende Faktor: Auch bei partikulärem Völkerrecht wird das befasste Gericht nicht nicht wissen, wann ein solches rechtlich

bezeichnet[539]. Das Bedürfnis einer funktionierenden Judikative darf nicht durch tatsächliche Beweisschwierigkeiten beeinträchtigt werden. Dies gilt auch und gerade für internationale Gerichte, die häufig mir großen tatsächlichen Ungewissheiten zu kämpfen haben[540].

Zur Tatsachenfeststellung tragen Vermutungen bei. *Kazazi* definiert diese folgendermaßen: „Presumptions are conclusions drawn from known facts about unknown facts. The known fact serving as the basis of a presumption could be either a particular proven fact in the case at issue, or a fact which is to be held true indiscriminately in all cases unless the contrary is proven."[541]

Wo sind solche Vermutungen nun verankert? Wenn im Völkerrecht auch häufig höchstens rudimentär formuliert[542], finden sich vereinzelt geschriebene Beweislastregeln auch im menschenrechtlichen System. So besagt zum Beispiel Art. 42 der Verfahrensordnung der Interamerikanischen Kommission unter der Überschrift „Presumption": „The facts reported in the petition whose pertinent parts have been transmitted to the government of the State in reference shall be presumed to be true if, during the maximum period set by the Commission under the provisions of Article 34 paragraph 5, the government has not provided the pertinent information, as long as other evidence does not lead to a different conclusion." Diese Vermutungsregel ist im Zusammenspiel mit den staatlichen Kooperationspflichten in Verfahren vor Menschenrechtsorganen zu sehen[543]. Aus der Tatsache der Nichtmitwirkung wird insoweit geschlossen, dass der Staat etwas zu verbergen habe[544]. Dies hebelt jedoch nicht den grundsätzlich in menschenrechtlichen Verfahren bestehenden Amtsermittlungsgrundsatz aus[545], auf den sogleich noch näher einzugehen sein wird. Vorwiegend sind jedoch Vermutungen in den menschenrechtlichen Verfahren durch die Rechtsprechung entwickelt worden. Ein Beispiel aus der Rechtsprechung der AKMR betrifft die Praxis des Verschwindenlassens: So sei die Verantwortlichkeit eines Staates für das Verschwinden eines Individuums dann zu vermuten, wenn eine allgemeine

---

gesehen vorliegt; es sind die tatsächlichen Voraussetzungen, die belegt werden müssen, damit die Rechtsfolge „Es liegt partikuläres Völkergewohnheitsrecht vor" eintreten kann. Insofern kann auch hier zwischen Tatbestand – also tatsächlicher Ebene – und Rechtsfolge – normativer Ebene – unterschieden werden.

539 Kokott Juliane, S. 376; grundsätzliche Überlegungen für das nationale Recht auch bei Prütting, 46, S. 6, 43.

540 Vgl. Kokott, Bd. 110, S. 377 mwN.

541 Kazazi, 1, S. 239.

542 Siehe hierzu Kokott, Bd. 110, S. 373.

543 Vgl. zu den Kooperationspflichten der Vertragsstaaten ausführlich Schorm-Bernschütz, S. 157 ff; zu den Kooperationspflichten der Staaten in internationalen Verfahren allgemein: Kokott, Bd. 110, S. 390 ff.

544 Vgl. hierzu auch EGMR, Urteil vom 18.1.1978, Irland v UK, Nr. 5310/71, Z. 161.

545 Dies deutet auch bereits die Formulierung „other evidence" in Art. 42 der Verfahrensordnung an.

staatliche Praxis des Verschwindenlassens nachgewiesen sei und zwischen der Praxis und dem Verschwinden ein Zusammenhang hergestellt werden könne[546].

Grundsätzlich ist der Rückgriff auf „presumptions" und „inferences", die weitgehend synonym verwendet werden, allgemein anerkannt[547]. Dies ist auch nach der Rechtsprechung des EGMR der Fall: „(...) proof may follow from the coexistence of sufficiently strong, clear and concordant inferences or of similar unrebutted presumptions of fact."[548]

(2) Rechtsprechung der Organe

Es stellt sich die Frage, welchen Inhalt die insbesondere vom EGMR entwickelte Vermutung bezüglich der Jurisdiktion hat. Ausgangspunkt soll nochmals die Formulierung aus Al-Skeini sein: „A State's jurisdictional competence under Article 1 is primarily territorial. Jurisdiction is presumed to be exercised normally throughout a State's territory. Conversely, acts of the Contracting States performed, or producing effects, outside the territory can constitute an exercise of jurisdiction in the meaning of Article 1 only in exceptional circumstances."[549] Damit scheint die Vermutung zur Jurisdiktion eine im von *Kazazi* definierten Sinn zu sein: „a fact which is to be held true indiscriminately in all cases unless the contrary is proven."[550]

Inhaltlich lässt sich aus ihr die Vermutung entnehmen, dass auf dem Hoheitsgebiet Hoheitsgewalt im Sinne des Artikel 1 EMRK ausgeübt wird. Diese ist auch keine unwiderlegbare Vermtutung, da sie in bestimmten Fällen entkräftet

---

546 AGMR, Urteil vom 29.7.1988, Velásquez Rodríguez v Honduras, Series C Nr. 4, Z. 126; vgl. auch Kokott, Bd. 110, S. 372.

547 Vgl, IGH, Urteil vom 9.4.1949, The Corfu Channel Case, S. 18: „[I]ndirect evidence is admitted in all systems of law, and its use is recognized by international decisions."; weitere Nachweise bei Kazazi, 1, S. 260.

548 EGMR, Urteil vom 18.1.1978, Irland v UK, Nr. 5310/71, Z. 161. Diese Formel wurde in vielen Entscheidungen wiederholt, so zB auch in EGMR, Urteil vom 10.5.2001, Cyprus v Turkey, Nr. 25781/94, Z. 112.

549 EGMR, Urteil vom 7.7.2011, Al-Skeini et al v UK, Nr. 55721/07, Z. 131; zuvor bereits sehr ähnlich inEGMR, Urteil vom 16.11.2004, Issa et al v Turkey, Nr. 31821/96, Z. 67/68: „From the standpoint of public international law, the words „within their jurisdiction" in Article 1 of the Convention must be understood to mean that a State's jurisdictional competence is *primarily territorial*, but also that jurisdiction is *presumed* to be exercised normally *throughout the State's territory*. However, the concept of „jurisdiction" within the meaning of Article 1 of the Convention is not necessarily restricted to the national territory of the High Contracting Parties. In *exceptional circumstances* the acts of Contracting States performed outside their territory or which produce effects there („extra-territorial act") may amount to exercise by them of their jurisdiction within the meaning of Article 1 of the Convention.", Hervorhebung durch die Verfasserin.

550 Kazazi, 1, S. 239.

werden kann. Wie, dies zeigt die Formulierung in Ilaşcu: „[J]urisdiction is presumed to be exercised normally throughout the state's territory. This presumption may be limited in exceptional circumstances, particularly where a State is prevented from exercising its authority in part of its territory as as result of ‚military occupation by the armed forces of another State which effectively controls the territory concerned (...)', to acts of war or rebellion, or to acts of a foreign state supporting the installation of a separatist state within the territory of the State concerned."[551] Liegen also diese – mit der Rechtsprechung in Sargsyan nun womöglich abschließenden[552] – Umstände vor, so ist die Vermutung entkräftet. Allerdings ist die vollständige Widerlegbarkeit der Vermutung des Bestehens von Jurisidiktion auf dem eigenen Hoheitsgebiet seit der Entscheidung in Ilaşcu fraglich: Der Gerichtshof nimmt nur eine „Begrenzung" der Vermutung[553] an. In vorheriger Rechtsprechung war mit dem Verlust der Kontrolle über einen Teil des Staatsgebiets ohne Weiteres der Ausschluss der Jurisdiktion verbunden[554]. Dennoch ist eine Widerlegung insofern möglich, als mit dem Nachweis eine erhebliche Einschränkung der wahrzunehmenden Pflichten verbunden ist; eine menschenrechtliche Bindung im eigentlichen Sinne ist mit den „residual obligations"[555] nicht mehr gegeben. Dies zeigt sich schon daran, dass die verbleibenden Pflichten „diplomatic, economic, judicial or other"[556] mehr mit der Einwirkung auf den tatsächlichen Machthaber, als auf das Individuum direkt zu tun haben.

Das Regel-Ausnahme-Verhältnis hat eine weitere Folge: Nicht nur muss das *Nichtbestehen* der Jurisdiktion *im* Hoheitsgebiet bewiesen werden, ebenso muss das *Bestehen* der Jurisdiktion *außerhalb* des Hoheitsgebiets bewiesen werden. Teilweise wird angenommen, dass die Vermutungsregelung des EGMR eine Vermutung *gegen* extraterritoriale Jurisdiktion beinhalte[557]. Ob dies einen

---

551 EGMR, Urteil vom 8.6.2004, Ilaşcu et al v Moldova and Russia, 48787/99, Z. 312; vgl. auch EGMR, Urteil vom 08.04.2004, Assanidze v Georgia, Nr. 71503/01, Z. 139 ff.

552 Vgl. die Rechtsprechung in Sargsyan v Azerbaijan; aA LARSEN, Nordic Journal of International Law 2009, S. 81 sowie die bisherige Formel („particularly") in EGMR, Urteil vom 8.6.2004, Ilaşcu et al v Moldova and Russia, 48787/99 und EGMR, Urteil vom 8.4.2004, Assanidze v Georgia, Nr. 71503/01.

553 „This presumption may be *limited* in exceptional circumstances (...)", EGMR, Urteil vom 8.6.2004, Ilaşcu et al v Moldova and Russia, 48787/99, Z. 312, Hervorhebung durch die Verfasserin.

554 Vgl. zum einen EGMR, Urteil (Merits) vom 18.12.1996, Loizidou v Turkey, Nr. 15318/89, Z. 57.

555 MILANOVIC, Extraterritorial Application of Human Rights Treaties, S. 118, Fn. 2.

556 EGMR, Urteil vom 8.6.2004, Ilaşcu et al v Moldova and Russia, 48787/99, Z. 331; Kritik zu den bezüglich der verbleibenden Jurisdiktion bei fehlender Kontrolle bei Loucaides: GONDEK, The Reach of Human Rights in a Globalising World, S. 190.

557 Vgl. JOHANN, S. 70ff; Johann scheint sogar anzunehmen, dass rechtliche Unklarheiten zu Lasten des Beweispflichtigen geht, wenn er sagt: „Entsprechend dieser Prämisse sah es der Gerichtshof in Banković nicht als notwendig an, positiv zu der Gewißheit zu gelangen, daß es zwischen den Beschwerdeführern und

Erkenntniswert über die Anwendung einer „normalen“ Vermutung für das Vorliegen einer bestimmten Tatsache hat, scheint fraglich; die Ausnahme ist stets zu beweisen. Dass beispielsweise ein noch strengerer Beweismaßstab zu erfüllen wäre, ist nicht zu erkennen.

cc) Ergebnis

Nachdem nun die Bedeutung der Rechtsprechung zur prozessualen Handhabung der Jurisdiktionsfrage näher betrachtet wurde, lassen sich für den Jurisdiktionsbegriff einige Schlüsse ziehen. Zum einen bestätigt die bloße Existenz einer Vermutungsregel in dieser Frage, was sich schon im materiellen Teil herauskristallisiert hatte: Das Vorliegen von Jurisdiktion bestimmt sich aufgrund des Tatsächlichen; nur auf eine solche kann sich eine Vermutung im Rechtssinne beziehen.

Des Weiteren verrät die Vermutung noch etwas: Jurisdiktion kann nicht mit dem Hoheitsgebiet oder auch Kontrolle über ein Gebiet, also mit Territorialität gleichgesetzt werden. Denn wird in diesen Fällen die Jurisdiktion lediglich vermutet, muss das eigentliche Prinzip, das hinter der Jurisdiktion steht, ein anderes – und zwar ein einheitliches – sein. Dieses kommt zwar regelmäßig in diesen Konstellationen vor – was ebenfalls ein Hinweis auf seine Rechtsnatur ist – beschränkt sich aber nicht hierauf. Welches das Prinzip ist, bringt die AKMR auf den Punkt: „In principle, the inquiry turns not on the presumed victim's nationality or presence within a particular geographic area, but on whether under the specific circumstances, the State observed the rights of a person subject to its authority and control.“[558] Damit macht die Kommission klar, dass es bezüglich jeglicher Jurisdiktion, sei sie auf das Hoheitsgebiet des Vertragsstaats bezogen oder extraterritorial, das Verhältnis zwischen Staat und Individuum ist, welches entscheidend ist. Dieses mag zwar regelmäßig innerhalb des Hoheitsgebiets gegeben sein und außerhalb desselben ausnahmsweise, jedoch ändert dies nichts daran, dass die tatsächliche Beziehung und nicht der Aufenthaltsort Jurisdiktion bestimmen.

Das Fazit auch für die Rechtsprechung des EGMR vor dem Hintergrund des von ihm propagierten Regel-Ausnahme-Verhältnisses lautet nach hier vertretener

---

den Beschwerdegegnern an einem ‚jurisdictional link‘ fehlte. Er begnügte sich vielmehr damit, festzustellen, er sei ‚nicht überzeugt‘ davon, daß eine solche Verbindung bestand. Zweifel über die extraterritoriale Geltung der Konvention gehen nach dieser Rechtsprechung somit zu Lasten des betroffenen Einzelnen.“ Johann, 35, S. 73. Eine solche Wirkung einer Vermutung – wenn auch angesichts der zweifelhaften Formulierung des Gerichtshofs nicht ganz von der Hand zu weisen – widerspräche jedoch allen Grundsätzen der Vermutung und insbesondere dem Prinzip: „iura novit curia“. Der tatsächliche Sachverhalt in Banković war in keinster Weise zweifelhaft.

558 AKMR, Entscheidung vom 29.9.1999, Coard et al v United States, Nr. 10.951, Z. 37.

Ansicht wie folgt: Rhetorisch mag der EGMR beim allgemeinvölkerrechtlichen „alten“ Jurisdiktionsbebgriff verbleiben, jedoch spielt dieser in der Konsequenz nur im Rahmen der Beweislast eine Rolle. Die völkerrechtliche Jurisdiktion auf dem eigenen Hoheitsgebiet ist stets gegeben, die menschenrechtliche wird dagegen nur vermutet. Die prozessuale Konstruktion bestätigt einmal mehr, dass materiell das tatsächliche Verhältnis zwischen Individuum und Vertragsstaat entscheidend ist. Damit ist der EGMR im Ergebnis nicht weit von der Praxis der AKMR entfernt.

III. Ergebnis

Im Ergebnis ist festzustellen, dass es im Rahmen aller Menschenrechtsverträge Potential zur Überschneidung mit dem humanitären Völkerrecht gibt, was extraterritoriale Akte der Vertragsstaaten anbelangt. Grundsätzlich tragen die Konventionen das Potential in sich, auf Situationen angewendet zu werden, die Menschen in ihren Menschenrechten betreffen – dies auch während des Krieges und überall auf der Welt. Die Rechtsprechung der Organe ist insofern durchaus unterschiedlich, weist aber gemeinsame Merkmale auf. Am kompliziertesten ist derzeit die Rechtsprechung des EGMR, dessen Dogmatik trotz einer gewissen Systematisierung in Al-Skeini schwer fassbar bleibt. Es sind jedoch einige wichtige Prinzipien sowohl aus der materiellen als auch der prozessualen Behandlung seit Banković herauszulesen, die zu einer Erfassung vieler kriegstypische extraterritoriale Situationen führen. Eine genaue Analyse erfolgt gesondert in Teil B. Festzuhalten ist, dass im Rahmen eines einheitlichen Jurisdiktionsbegriffs das tatsächliche Verhältnis des Vertragsstaates zu den betreffenden Individuen entscheidend ist, nicht das völkerrechtlich legitime. Insofern tut sich eine große Überschneidung mit dem bewaffneten Konflikt auf, der Menschen direkt und ohne Rücksicht auf eine völkerrechtliche Legitimation betrifft.

B. Auswirkungen der Rechtsprechung der Menschenrechtsschutzorgane zur extraterritorialen Jurisdiktion auf kriegstypische Situationen

Im Rahmen der Untersuchung der Rechtsprechung der Menschenrechtsorgane zur Jurisdiktion wurden bereits viele Fälle vorgestellt, in denen jurisdiktionsbegründende extraterritoriale Handlungen im internationalen bewaffneten Konflikt vorgenommen wurden. Dies verwundert nicht zu sehr, stellen kriegerische Handlungen (bedauerlicherweise) einen der typischen und regelmäßig vorkommenden Akte auf fremdem Hoheitsgebiet dar. Oben wurden diese Fälle mit dem Ziel beleuchtet, die der Jurisdiktion zugrunde liegenden Prinzipien zu erfassen, um eine Aussage treffen zu können, welche extraterritorialen Handlungen grundsätzlich zu erfassen sind. Trotz der gewonnenen Erkenntnisse musste festgestellt werden, dass eine Einzelfallrechtsprechung noch nicht überwunden ist, weshalb die entsprechenden Fälle, die behandelte Konstellation und die Auswirkung auf kriegstypische Situationen in der Rechtsprechung der jeweiligen Menschenrechtsorgane noch einmal prägnant zusammengefasst werden sollen. Ein Augenmerk soll auch darauf gelegt werden, welche Konstellationen noch nicht entschieden sind und ein Ausblick auf eine mögliche Entwicklung im Lichte der oben entwickelten Prinzipien gegeben werden.

I. Ingewahrsamnahme und Haft im internationalen bewaffneten Konflikt

Die Ingewahrsamnahme und Haft stellt denjenigen extraterritorialen Sachverhalt dar, der in der Rechtsprechung der Vertragsorgane am detailliertesten behandelt wurde. Alle Rechtsprechungsorgane hatten insoweit bereits Konstellationen vor dem Hintergrund eines internationalen bewaffneten Konflikts zu bewerten. Im bewaffneten Konflikt stellt der Gewahrsam eine typische Situation dar, die im humanitären Völkerrecht entsprechend detailliert geregelt ist (vgl. hierzu Teil II B). Die wichtigsten Aspekte der Rechtsprechung sollen mit Blick auf die Bedeutung für den Gewahrsam im internationalen bewaffneten Konflikt beleuchtet werden.

1. UN-Menschenrechtsausschuss

Die Äußerungen des UN-Menschenrechtsausschuss im Rahmen des bewaffneten Konflikts sind bisher auf Inhaftierung beschränkt geblieben, wobei davon auszugehen ist, dass die Ingewahrsamnahme als Beginn der Freiheitsentziehung ebenfalls unter die Jurisdiktion fallen müsste. Dabei war die Aussagen des „General Comments“ mit Blick auf die Bindung Kroatiens in Bosnien-Herzegovina auf eine Zeit bezogen, in der es zu aktiven Feindseligkeiten kam. Im Gegensatz zu den anderen Vertragsorganen nahm der UN-Menschenrechtsausschuss aber nicht so ausdrücklich zu dieser Fallgruppe Stellung. So nahm er auf eine „Verantwortlichkeit“ Kroatiens und nicht auf die Jurisdiktion Bezug, wenn dies auch ein Begriff ist, der – trotz dogmatischer Unterschiedlichkeit – teilweise in seiner Spruchpraxis synonym verwendet zu werden scheint.

Für besetzte Gebiete ist davon auszugehen, dass der Menschenrechtsausschuss die Vertragsstaaten für umfassend gebunden hält – so selbstverständlich auch im Fall der Freiheitsentziehung.

2. Praxis der Interamerikanischen Kommission für Menschenrechte

Die AKMR hat in einer Fallkonstellation zur Inhaftierung von Individuen im internationalen bewaffneten Konflikt Stellung genommen; es handelt sich hierbei um den Fall Coard et al v United States. Hintergrund war ein militärischer Einsatz der Vereinigten Staaten in Grenada, in dessen Verlauf die Antragsteller durch das amerikanische Militär in Gewahrsam genommen und im Anschluss inhaftiert wurden[559]. Die Kommission war nicht der Ansicht, dass die Freiheitsentziehung während einer aktiven Phase der Feindseligkeiten zu einer mangelnden Jurisdiktion führte. Ebensowenig konnte nach diesem Prinzip darauf ankommen, ob die Gefangenen nun Zivilisten oder Kriegsgefangene waren[560] – die Deklaration als menschenrechtliches Dokument stellt allein auf die Betroffenheit von Menschen ab und vollzieht die Statusbezogenheit des humanitären Völkerrechts nicht nach.

Diese Begründung macht deutlich, dass die Umstände des bewaffneten Konflikts keine Rolle spielen, wenn es um die Begründung der Jurisdiktion geht. Entscheidend ist – wie bereits ausführlich ermittelt – die tatsächliche Kontrolle des Militärs über Individuen[561]. Dies wurde im Fall Djamel Ameziane v USA noch einmal bestätigt: Hier stand die Gefangennahme nicht im Zusammenhang mit einer internationalen bewaffneten Konflikt, jedoch war wiederum die Kontrolle des Militärs über das Gefängnis auf der Militärbasis sowie die Individuen in dem Gefängnis entscheidend[562]. Obwohl dies vorliegend nur für den Fall der aktiven Feindseligkeiten entschieden worden ist, ist von einer Geltung dieses Prinzips erst recht für eine Besatzung auszugehen. Eine anderslautende Rechtsprechung im Rahmen der AMRK ist nicht zu erwarten.

Die Jurisdiktion nach Rechtsprechung der AKMR ist nach hier vertretener Ansicht mit Beginn der Freiheitsentziehung egal in welchem Stadium des Konflikts gegeben und deckt somit jegliche menschenrechtlich relevante Konstellation ab.

3. Rechtsprechung des Europäischen Gerichtshofs für Menschenrechte

Die Rechtsprechung des EGMR zu Gewahrsam und Haft wurde bereits ausführlich dargestellt. Die für den internationalen bewaffneten Konflikt bedeutsamen Aspekte sollen kurz zusammengefasst werden.

Mit Blick auf Gewahrsam und Haft ähnelt die Rechtsprechung im Ergebnis sehr der Rechtsprechung der Interamerikanischen Kommission. Es kommt allein auf die durch Staatsorgane – in diesem Fall das Militär – erlangte Kontrolle über Individuen an, um die Jurisdiktion zu begründen. Dies bestätigte mit letzter Gewissheit der Fall Hassan v UK, der im Unterschied zu den vorherigen Fälle in einem kriegerischen Zusammenhang[563] nicht im Rahmen einer Besatzung,

---

559 AKMR, Entscheidung vom 29.9.1999, Coard et al v United States, Nr. 10.951.

560 AKMR, Entscheidung vom 29.9.1999, Coard et al v United States, Nr. 10.951, Z. 37: „[An] individual rights inhere simply by virtue of a person's humanity (...)."

561 AKMR, Entscheidung vom 29.9.1999, Coard et al v United States, Nr. 10.951, Z. 37.

562 AKMR, Entscheidung (Zulässigkeit) vom 20.03.2012, Djamel Ameziane v Vereinigte Staaten, Fall-Nr. 10.951, Z. 32.

563 EGMR, Urteil(Preliminary Objections) vom 23. 3.1995, Lozidou v Turkey, Nr. 15318/89; EGMR, Urteil (Merits) vom 18.12.1996, Loizidou v Turkey, Nr. 15318/89; EGMR, Urteil (Merits) vom 18.12.1996, Loizidou v Turkey, Nr. 15318/89; EGMR, Urteil vom 8.6.2004, Ilaşcu et al v Moldova and Russia, 48787/99.

sondern im Rahmen noch aktiver Feindseligkeiten stattfand[564]. Obwohl die Maßnahme äußerlich dem typischen Fall einer jurisdiktionsbegründenden Gewahrsam entsprach, war eine solche für diese Phase des bewaffneten Konflikts noch nicht entschieden worden, sodass der Antragsgegner argumentierte, zur Zeit der aktiven Feindseligkeiten könnte aufgrund der Geltung allein des humanitären Völkerrechts die Jurisdiktion nicht gegeben sein. Wie bereits oben bemerkt, ist diese Argumentation eigentlich keine, die die Jurisdiktion betrifft, sondern das Verhältnis der Rechtsmaterien. Der Gerichtshof stellte dementsprechend klar, dass die Rechtsmaterien nebeneinander anwendbar sind und klärte, dass Gewahrsam in jeder Phase des internationalen bewaffneten Konflikts Jurisdiktion begründet.

Wenn auch letzten Endes bisher kein Fall der Kriegsgefangenschaft untersucht wurde, ist aufgrund der prinzipiellen Argumentation des Gerichtshof nicht davon auszugehen, dass diese Situation anders bewertet würde.

II. Kampfhandlungen

Die aufgrund der Rechtsprechung des EGMR besonders umstrittene Kategorie ist diejenige der Kampfhandlungen. Der Ausgangspunkt für Diskussionen, ob Kampfhandlungen überhaupt in den Anwendungsbereich der Menschenrechtsverträge fallen können und wenn ja, welche[565], begann – wie bereits erwähnt – mit der Entscheidung in Banković. *Milanovic* fragte in diesem Zusammenhang provokativ, ob „mere power to kill" für Jurisdiktion ausreiche[566]? Und sollte extraterritoriale Tötungen grundsätzlich in den Anwendungsbereich der EMRK fallen, ist dies dann im internationalen bewaffneten Konflikt auch der Fall?

1. Definition

Um den Untersuchungsgegenstand besser einordnen zu können, soll genauer betrachtet werden, was unter einer Kampfhandlung im humanitären Völkerrecht zu verstehen ist. Der Begriff wird in der Literatur rund um die extraterritoriale Jurisdiktion häufig verwendet[567], ohne jedoch definiert zu werden. Der Begriff der Kampfhandlung gehört in den Bereich der aktiven Phase eines bewaffneten Konflikts. Im internationalen bewaffneten Konflikt kann diese Phase auch von einer Besatzung abgelöst werden, wenn eine entsprechende Kontrolle des fremden Staatsgebiets durch die Kriegspartei gelingt. All dies ist jedoch nicht statisch: So

564 Vgl. EGMR, Urteil vom 16.09.2011, Hassan v UK, Nr. 29750/09.

565 Insbesondere wird immer wieder diskutiert, ob Luftschläge eine Sonderstellung haben und zB zu Tötungshandlungen durch Bodentruppen unterschiedlich gesehen werden; eine unterschiedliche Wertung der Art der Tötung wird kritisiert, vgl. für viele Scheinin in Coomans/Kamminga, S. 77.

566 Milanovic, European Journal of International Law 2012, S. 129.

567 Lorenz; Krieger 2002; Schäfer, MenschenRechtsMagazin 2002.

kann die Besatzung wieder in eine aktive Kampfphase übergehen, wenn die Kontrolle über das Gebiet verloren geht. Zu beachten ist darüber hinaus, dass es für die Anwendbarkeit des humanitären Völkerrechts nicht zu Kriegshandlungen kommen muss; die Genfer Konventionen sind gem. gemeinsamen Artikel 1 der Genfer Konventionen auch dann anzuwenden, wenn die Besetzung fremden Staatsgebiets nicht auf Widerstand trifft.

Als Kriegshandlungen werden alle Anwendungen von Gewalt bezeichnet, die in einem internationalen bewaffneten Konflikt eine Partei gegen eine andere Partei mit militärischen Mitteln unternimmt[568]. Weiter heißt es: „Dazu gehören Kampfhandlungen, mit denen die gegnerischen Streitkräfte und andere militärische Ziele außer Gefecht gesetzt werden sollen."[569] Zudem wird klargestellt, dass der Begriff der Kriegshandlung nichts über die Rechtmäßigkeit derselben aussage; die völkerrechtliche Zulässigkeit müsse im Einzelfall festgestellt werden[570]. Oberbegriff ist demnach der der Kriegshandlung, die sich wiederum aus einzelnen Kampfhandlungen zusammensetzt[571].

Von Kampfhandlungen zu unterscheiden sind Handlungen, die lediglich zur selben Zeit und am selben Ort des bewaffneten Konflikts vorgenommen wurden, mit ihm jedoch in keinem inneren Zusammenhang stehen[572]. Diese Frage spielt vorwiegend im internationalen Strafrecht eine Rolle, bei der Frage, ob es sich bei dem in Frage stehenden Verhalten um ein Kriegsverbrechen handelt. Ein solcher Verstoß gegen das humanitäre Völkerrecht liegt mit den Worten des ICTY vor, wenn folgende Voraussetzung gegeben ist: „The existence of an armed conflict must, at a minumum, have played a substantial part in the perpetrator's ability to commit [the crime, the] decision to commit it, the manner in which it was committed or the purpose for which it was committed." Handlungen wie die beschriebene sind im Zusammenhang mit der Anwendbarkeit der Menschenrechtsverträge ebenfalls von Interesse, da es bedauerlicherweise häufig vorkommt, dass sich Gewalttaten ohne jeglichen militärischen Nutzen gegen die Zivilbevölkerung richten, welche somit nicht als Kampfhandlungen eingestuft werden können, aber dennoch menschenrechtlich höchst relevant sind.

---

568 Greenwood, in Bothe/Fleck, Nr. 212.

569 Greenwood, in Bothe/Fleck, Nr. 212.

570 Greenwood, in Bothe/Fleck, Nr. 213.

571 Diese Definition ist eng mit dem internationalen bewaffneten Konflikt verknüpft; Kriegshandlungen gibt es jedoch auch im nicht-internationalen Konflikt. Fraglich ist hier vor allem, welchen Schwellenwert die Gewaltanwendung durch die nicht-staatliche Partei überschreiten muss. Gasser meint hierzu, dass die Anforderungen an die Anwendbarkeit des Gemeinsamen Artikel 3 nicht sehr hoch seien, aber doch vom Vorliegen kriegerischer oder kriegsähnlicher Gewalt ausgehen, vgl.Gasser, German Yearbook of International Law 2002, S. 69. Diese Frage war auch Gegenstand ausführlicher Überlegungen der AKMR, Entscheidung vom 18.11.1997, Juan Carlos Abella v Colombia, Nr. 11.137, Z. 149 ff.

572 Crowe/Weston-Scheuber/Scheuber, S. 15.

Eine substantielle Unterscheidung der Kriegshandlungen danach, ob sie aus der Luft, auf See oder vom Boden aus erfolgen, scheint es nicht zu geben. Dies leuchtet ein: Gewalt mit dem Ziel gegnerische Ziele außer Gefecht zu setzen, bleibt Gewalt, gleichgültig, mit welchem Mittel diese genau ausgeführt wird.

2. Rechtsprechung der Menschenrechtsorgane

Auch mit Blick auf Kampfhandlungen soll die in Teil A ausführlich behandelte Rechtsprechung der Menschenrechtsorgane noch einmal mit Blick speziell auf ihre Bedeutung für Kampfhandlungen analysiert werden. Der UN – Menschenrechtsausschuss hat sich zu einer solchen Konstellation noch nicht geäußert[573], sodass die Ausführungen auf die Praxis der Interamerikanischen Kommission und die Rechtsprechung des Europäischen Gerichtshofs für Menschenrechte beschränkt bleiben müssen.

a) Interamerikanische Kommission für Menschenrechte

Wie bereits erwähnt, hatte die Kommission eine einer Kampfhandlung nahekommende Situation im Fall „Brothers to the rescue“ zu beurteilen[574]. Hier hatte ein kubanisches Militärflugzeug zwei zivile Maschinen in internationalem Luftraum abgeschossen, was direkt zum Tod der Besatzung führte. Dies ist eine Gewaltanwendung, wie sie in einem bewaffneten Konflikt typisch ist. Extraterritorial war die Handlung deshalb, weil sie sich in internationalem Luftraum ereignete. Hier genügte der Kommission, dass der Tod der Insassen eine direkte Folge der Handlungen des Militärs war, um die Jurisdiktion nach dem „state-authority-Ansatz“ zu bejahen[575].

Doch auch wenn zusätzlich ein bewaffneter Konflikt vorliegt, kommt die Kommission zu keinem anderen Ergebnis. Dies wurde sowohl im Fall Disabled Peoples' International v USA sowie Salas et al v USA – in der Entscheidung zur Zulässigkeit ebenso wie in der zur Begründetheit – deutlich, in denen jeweils Kampfhandlungen im Rahmen eines internationalen bewaffneten Konflikts zu bewerten waren. Während die Kommission in ersterem Fall die Jurisdiktion nicht thematisierte – die Zulässigkeit aber unproblematisch bejahte –, ging sie in der Zulässigkeitsentscheidung zu Salas et al v United States besonders auf die Gruppe der Nicht-Kombattanten ein. Im Fall deren Todes oder Verletzung wie auch die Zerstörung ihres Eigentums seien ihre Menschenrechte impliziert. Damit sah die

---

573 Allerdings hat der IGH in seinem Gutachten vom 8.7.1996, Legality of the Threat or Use of Nuclear Weapons, den Einsatz von Atomwaffen am Maßstab des Zivilpakts geprüft.

574 AKMR, Entscheidung vom Entscheidung vom 29.9.1999, Armando Alejandre Jr. et al v Republica de Cuba, Nr. 86/99.

575 AKMR, Entscheidung vom 29.9.1999, Armando Alejandre Jr. Et al v Kuba, Nr. 86/99, Z. 25.

Kommission die Anwendbarkeit der Deklaration auf Kampfhandlungen sowohl aus der Luft, als auch vom Boden aus für gegeben, wenn auch ausdrücklich in diesem Fall nur für Nichtkombattanten. In der Entscheidung zu den „Merits", die die Anwendbarkeit der Deklaration noch einmal ausdrücklich thematisierte, ergab sich insofern nichts anderes: Es wurde nicht zwischen der Art der Angriffe unterschieden. In der Begründetheit selbst ging es jedoch allein um die Tötung von Zivilisten; der Tod eines Kombattanten wurde nicht gerügt. Es bleibt somit abzuwarten, wie die Kommission die Jurisdiktion bezüglich Kampfhandlungen gegen Kombattanten sieht. Es erscheint aufgrund ihrer Argumentation, Menschenrechte stünden Menschen aufgrund ihres Menschseins zu, gleichgültig wo sie sich aufhielten, unwahrscheinlich, dass sie bezüglich der Jurisdiktion eine Unterscheidung zwischen den beiden Gruppen vornimmt.

b) Europäischer Gerichtshof für Menschenrechte

Es muss noch einmal betont werden, dass die Eröffnung des Anwendungsbereichs der EMRK für Kampfhandlungen erst mit dem Urteil in Banković wirklich problematisch wurde. Zuvor war diese Frage nicht entschieden, jedoch sprach der von der Europäischen Kommission entwickelte personale Ansatz nicht gegen die Einbeziehung solcher Handlungen. Auch die weite vom Gerichtshof entwickelte Formel aus Drozd and Janousek v France and Spain[576] hätte den Anwendungsbereich der Konvention eröffnet. Kampfhandlungen gleichgültig welcher Art können problemlos als „acts of their authorities producing effects outside their own territory" gesehen werden.

Banković entschied dagegen, die Jurisdiktion drastisch zu beschränken und insbesondere gerade die in Drozd and Janousek anklingende kausale Wirkung von hoheitlichen Akten (also den sog. „cause-and-effect"-Ansatz) aus dem Jurisdiktionsbegriff zu nehmen. Stattdessen besann der Gerichtshof sich – wie bereits dargestellt – auf den allgemein-völkerrechtlichen Jurisdiktionsbegriff, welcher seinen Anknüpfungspunkt im Hoheitsgebiet hat, zurück und erklärte alle extraterritoriale Jurisdiktion zur Ausnahme. Ganz konkret betrachtete der Gerichtshof die Bombardierung von Menschen auf fremdem Hoheitsgebiet aus der Luft nicht als von der Jurisdiktion umfasst.

Banković wurde nie – auch nicht durch das neue Grundsatz-Urteil Al-Skeini – außer Kraft gesetzt, sodass im Rahmen der EMRK teilweise sehr widersprüchliche Rechtsprechung nebeneinander steht, ohne dass klar ist, wie sie sich zueinander verhalten[577]. So haben Pad v Turkey ebenso wie Issa et al v Turkey

---

576 EGMR, Urteil vom 26.6.1992, Drozd and Janousek v France and Spain, Nr. 12747/87.

577 So auch Richter Bonello in seiner „Concurring Opinion", wobei er durch die Entscheidung selbst einen Fortschritt sieht: „Up until now, the Court has, in matters concerning the extraterritorial jurisdiction of Contracting Parties, spawned a number of ‚leading' judgments based on a need-to-decide-basis, patchwork

beide Sachverhalte zum Gegenstand, die zur in Banković postulierten Absage an „cause-and-effect“ nicht passen. Wenn auch beide nicht vor dem Hintergrund eines internationalen bewaffneten Konflikts spielten, ging es in beiden Fällen um die Anwendung von Gewalt durch das Militär auf fremdem Hoheitsgebiet[578]. Insbesondere der Fall Pad v Turkey hat Ähnlichkeit mit Banković, da es sich um die Anwendung tödlicher Gewalt aus der Luft handelte. Dabei kam es – wie bereits unter Ziff. Teil A Ziff. 3 c) (Rechtsprechung des EGMR in der Folge) erwähnt – dem Gerichtshof gerade aufgrund der Kausalität der Tötungshandlung nicht darauf an, ob sich die Ziele derselben auf türkischem oder iranischem Hoheitsgebiet aufhielten. Die Differenzierung rührte auch nicht daher, dass Banković einen internationalen bewaffneten Konflikt zum Gegenstand hatte und die übrigen widersprüchlichen Fälle nicht; dies ist durch Hassan v UK klargestellt. Die Jurisdiktion wird nicht durch die Anwendbarkeit des humanitären Völkerrechts ausgeschlossen – auch nicht in der Phase der aktiven Feindseligkeiten.

Al-Skeini wiederum führte zwar die Fallgruppe der „use of force“ ein, welche Jurisdiktion nach dem personalen Ansatz begründen kann. Der Wortlaut „use of force“ würde der Einsatz von tödlicher Gewalt durchaus zulassen; jedoch stellte der Gerichtshof als einziges Beispiel die Ingewahrsamnahme und Haft vor. Obwohl der konkrete Sachverhalt, in dem es um die Tötung von Zivilisten durch oder anlässlich der von Soldaten eingesetzten Gewalt ging, Gelegenheit geboten hätte, diese Art des Gewalteinsatzes als jurisdiktionsbegründend in den personalen Ansatz einzubeziehen, schlug der Gerichtshof wiederum einen Haken und begründete einen weiteren Ausnahmefall, indem er die gerade begründeten Fallgruppen des personalen Ansatzes[579] kombinierte. Ähnliches passierte nach hier vertretener Ansicht in Jaloud v The Netherlands, in dem ebenfalls neben der Tötung auf die Übernahme der Verantwortung für die Sicherheit und des zu diesem Zweck aufgestellten Checkpoints abgestellt wurde. Durch diese Kombination der Ansätze hat es der Gerichtshof vermieden, zu zwei Fragen Stellung zu nehmen: Im Zusammenhang mit dem räumlichen Modell vermied er die Frage, ob zusammen mit der Besatzung auch eine jurisdiktionsbegründende effektiven Kontrolle des Territoriums vorlag[580] (vgl. zu diesem Untersuchungsgegenstand Ziff. C). Im Zusammenhang mit dem personalen Modell vermied er es durch die

case-law at best.“, vgl. EGMR, Urteil vom 7.7.2011, Al-Skeini et al v UK, Nr. 55721/07, Separate Concurring Opinion, Z. 4.

578 In beiden Fällen wäre jedoch jedenfalls nicht von einer rechtmäßigen Kampfhandlung auszugehen, da sich die Gewalt ohne humanitärvölkerrechtliche Rechtfertigung gegen Zivilisten richtete.

579 Wobei die Fallgruppe der Ausübung von „public powers“ eigentlich dem territorialen Modell zugehörig ist, vgl. Milanovic, European Journal of International Law 2012, S. 128.

580 So auch Milanovic: „It completely avoided the question whether the UK had effective overall control over Basra/Southern Iraq as a basis for Article 1 jurisdiction, and more particularly whether that threshold was identical to, or indeed higher

unstimmige Kombination von vorher abstrakt festgestellten Prinzipien wiederum, die Frage zu beantworten, ob die augenblickliche Tötung von Menschen unter den „use-of-force"-Ansatz fällt[581].

Damit ist die Anwendbarkeit der EMRK auf Kampfhandlungen noch immer nicht endgültig geklärt, wenn sich, wie oben argumentiert, aufgrund der bisher offenbarten Prinzipien eine solche auch in Zukunft ergeben müsste.

3. *Stellungnahme*

Überwiegend wird diese Rechtsprechung des EGMR negativ bewertet. Kritisiert wird hierbei zum einen der Ansatz des Gerichtshofs, kein übergreifendes Konzept für die Anwendbarkeit der EMRK auf extraterritoriale Sachverhalte zu entwickeln[582], zum anderen missfällt, dass der Gerichtshof mit Blick auf Banković im Vergleich zu den nachfolgenden Fällen womöglich eine Unterscheidung zwischen Angriffen aus der Luft und Erschießungen durch das Militär am Boden trifft. *Scheinin* kritisiert vor dem Hintergrund der Entwicklungen moderner Kampfmethoden, die gerade zu der immer größeren Ausweitung des Angriffes aus der Luft, insbesondere mit Drohnen, geführt hat: „Personally, I am troubled by the idea that the choice of method of warfare could result in an advantage for a state resorting to military force as to the non-applicability of human rights law. As put by Myres McDougal in his classic work on the international law of war, ‚modality of delivery' is not decisive. Why should it, then, be decisive under human rights law?"[583] Bezüglich der Jurisdiktion durch Tötungen von Menschen durch das Militär oder andere Staatsbeamte bemerkt Richter Bonello sehr prägnant: „Jurisdiction flows not only from the exercise from democratic governance, not only from ruthless tyranny, not only from colonial usurpation. It also hangs from the mouth of a firearm."[584]

Dies stimmt überein mit den in Teil A ermittelten Prinzipien, die sich grundsätzlich auch der Rechtsprechung des EGMR entnehmen lassen. Jurisdiktion muss einer bestimmten Dogmatik folgen – alles andere wäre keine legitime

---

than, that for belligerent occupation, as was held by the House of Lords in Al-Skeini.", MILANOVIC, European Journal of International Law 2012, S. 129/130.

581 MILANOVIC, European Journal of International Law 2012, S. 130.

582 Vgl. hierzu nochmals Bonello, Fn. 543. Ganz ähnlich äußern sich Autoren wie Milanovic immer wieder in seinen Schriften. Jankowska-Gillenberg erklärt: „Die Begründung in der Rechtsprechung des EGMR fällt meist sehr knapp aus. Der Gerichtshof verzichtet darauf ausdrücklich, dem Prinzip folgend, dass der Gerichtshof nicht allgemeine Theorien zu entwickeln habe. Vielmehr sei der EGMR in erster Linie an einer pragmatischen Lösung in einem bestimmten Einzelfall interessiert.", JANKOWSKA-GILLENBERG, S. 64.

583 Scheinin, in COOMANS/KAMMINGA, S. 77.

584 Richter Bonello in EGMR, Urteil vom 7.7.2011, Al-Skeini et al v UK, Nr. 55721/07, Separate Concurring Opinion, Z. 28.

Rechtsprechung mehr, sondern Willkür. Das Prinzip, welches sowohl den materiellen Aussagen als auch der prozessualen Konstruktion entnommen werden kann, ist, dass es allein auf das tatsächlich erfolgte Verhalten des Staatsorgans und nicht auf das legitimierte ankommt. Dabei ist entscheidend, inwiefern der Vertreter des Staates in der Lage ist, in die Rechte von Menschen einzugreifen. Nicht entscheidend ist, dass er in der Position ist, alle Rechte eines Menschen zu garantieren. Nicht entscheidend ist ebenso, ob er sich im Rahmen der Ausübung der extraterritorialen Kontrolle auf dem Vertragsgebiet der EMRK aufhält. Wie eine Tötung eines Menschen durch das Militär aus diesen Prinzipien auszunehmen sein könnte, bleibt rätselhaft.

Eine Ausnahme scheint Richter Bonello zu sehen, wenn er bemerkt: „In *non-combat situations*, everyone in the line of fire of a gun is within the authority and control of whoever is wielding it."[585] Dementsprechend wäre seiner Ansicht zufolge jedenfalls eine direkte Kampfsituation von der Jurisdiktion ausgenommen. Als Argument im Rahmen der bisher ermittelten Prinzipien ist denkbar, dass sich zum einen zwei „state agents" gegenüberstehen und nicht ein Staatsorgan und ein den Staatsorgan potentiell Unterworfener, zum anderen, dass ein Soldat, dem ein bewaffneter und kampfbereiter Kombattant gegenübersteht, keine Kontrolle über diesen ausübt. Es erscheint somit durchaus denkbar, dass eine Jurisdiktion nach den bisher erarbeiteten Prinzipien im Fall des Kampfes von Kombattanten nicht gegeben ist. Andererseits ist auch ein Kombattant ein Mensch und als solcher grundsätzlich der EMRK gemäß schutzberechtigt. Es könnte argumentiert werden, dass er nur als solcher in seinem Recht auf Leben betroffen sein kann, da ein Staatsorgan nicht sterben kann. Spätestens mit Platzierung eines tödlichen Schusses bestünde auch nichts mehr, was der Kontrolle des anderen Staatsorgans entgegengesetzt werden könnte.

Selbst wenn man also Jurisdiktion im Kampf der Kombattanten annehmen würde, wären jedoch nicht zwangsläufig über das Recht der Menschenrechte bedenkliche Ergebnisse zu erwarten. Nicht jede Tötungshandlung in diesem Zusammenhang müsste auch eine Verletzung des Rechts auf Leben bedeutete. Hier wiederum kommt das materielle Verhältnis der Rechtsmaterien ins Spiel, in dem humanitärvölkerrechtliche Erwägungen natürlich Berücksichtigung finden müssten. Eine Verletzung des Rechts auf Leben wäre bei Rechtmäßigkeit der Kampfhandlung im Ergebnis also – trotz Jurisdiktion – nicht gegeben.

III. Ergebnis

Während man sich in der Rechtsprechung einig ist, dass Ingewahrsamnahme und Haft durch Staatsorgane Jurisdiktion begründen – dies auch zu Zeiten der aktiven Phase des bewaffneten Konflikts – besteht mit Blick auf Kampfhandlungen

585 Richter Bonello in EGMR, Urteil vom 7.7.2011, Al-Skeini et al v UK, Nr. 55721/07, Separate Concurring Opinion, Z. 28, Hervorhebung durch die Verfasserin.

weniger Einigkeit und mit Blick auf den EGMR immer noch widersprüchliche Rechtsprechung, die bis heute kein klare Linie zeigt.

Eines der Hemmnisse für eine kohärente Rechtsprechung ist, dass der Gerichtshof in Banković die kausale Eingriffshandlung in das Recht eines Menschen außerhalb des Hoheitsgebiets aus der Jurisdiktion ausschließen wollte und spätere Entscheidungen hiermit nicht in Einklang zu bringen sind. Es ist nicht auszuschließen, dass der Gerichtshof nominell an dieser Rechtsprechung festhalten will. Unter diesem Gesichtspunkt verwundert es aber, dass sich der Gerichtshof an der Jurisdiktion durch Gewahrsam ausdrücklich nicht stört. Denn genau betrachtet ist prinzipiell die Ingewahrsamnahme mit der Tötung durchaus vergleichbar: Die Ingewahrsamnahme greift ebenso augenblicklich in das Recht auf Freiheit ein, wie es der tödliche Schuss in das Recht auf Leben tut. Nach der Rechtsprechung ist die Anwendbarkeit nach dem personalen Modell unmittelbar mit Begründung des Gewahrsams gegeben – der Eingriff in das Recht begründet somit Jurisdiktion. Warum dies mit Blick auf die Eingriffshandlung in das noch fundamentalere Recht auf Leben anders sein sollte, bleibt rätselhaft. Dementsprechend ist zu hoffen, dass der Gerichtshof die bereits unmittelbar nach Banković begonnene Route weiterverfolgt und sich auch bezüglich des extraterritorialen Eingriffs in das Recht auf Leben vom Verbot des „cause-and-effect" löst.

C. Die Rolle der Besatzung im Rahmen der Rechtsprechung zur Jurisdiktion

Die Besatzung, so viel wird in Teil A schon deutlich, wird im Zusammenhang mit der Kontrolle über ein Territorium immer wieder erwähnt. Um die Beziehung zwischen den Konzepten der Jurisdiktion und der Besatzung besser einordnen zu können, muss zunächst das Konzept der Besatzung näher beleuchtet werden (vgl. Teil I), bevor die Rechtsprechung hierzu untersucht werden kann (vgl. Teil II).

I. Die Besatzung im humanitären Völkerrecht

Das humanitäre Völkerrecht besitzt – neben seiner Anwendbarkeit „under all circumstances" (vgl. Teil A, Ziff. I) – eine territoriale Komponente mit Blick auf seinen Anwendungsbereich. Tatsächlich ist nach dieser ein eigener Zweig des Rechtsgebiets[586] benannt: das Recht der

---

586 Ferraro, Occupation and other forms of administration of foreign territory, S. 4; die Entwicklung des Rechts der Besatzung als eigener Zweig hängt mit dem Ablauf des „klassischen" bewaffneten Konflikts zusammen, in dem die Besatzung die logische zweite Phase darstellte. Zunächst kam die bewaffnete Auseinandersetzung – oft als Fortsetzung der Politik mit anderen Mitteln begriffen – und nach Überwindung des militärischen Widerstands des Gegners begann die Besatzung des eroberten Gebiets.

Besatzung[587]. Die Besatzung spielt in der Diskussion um die extraterritoriale Anwendbarkeit der EMRK eine große Rolle (vgl. insbesondere die Ausführungen zum territorialen Modell, Teil A Ziff. 3. a)). Deshalb soll in der Folge auf das Konzept der Besatzung näher eingegangen werden. Teilweise wird vertreten, dass zwei Besatzungsbegriffe[588] existieren: zum einen der der „klassischen" Besatzung gem. Art. 42 HLKO, zum anderen der der „funktionalen Besatzung". Während in der klassischen Besatzung *alle* Vorschriften des Besatzungsrechts zur Anwendung kommen, stellt die funktionale Besatzung einen graduellen Ansatz im Rahmen der Genfer Konventionen dar. Es ist nicht von der Hand zu weisen, dass diese beiden Ansätze der Besatzung Ähnlichkeiten mit dem bereits vorgestellten territorialen Modell der Jurisdiktion einerseits und dem personalen Modell andererseits aufweisen könnten. Vor dem Hintergrund welche Bedeutung die Jurisdiktion im internationalen bewaffneten Konflikt hat, lohnt sich deshalb ein Blick auf diese beiden Ansätze im Besatzungsrecht.

1. Klassische Besatzung

a) Rechtsquellen und ihr Hintergrund

Das Recht der Besatzung wird aus mehreren Rechtsquellen gespeist[589]. Vorwiegend sind dies humanitärvölkerrechtliche Verträge, die jedoch teilweise Völkergewohnheitsrecht kodifizierten oder deren Normen sich seit ihrer Niederschrift zu Völkergewohnheitsrecht entwickelt haben. Ein noch heute wichtiger Vertrag, der in weiten Teilen Völkergewohnheitsrecht widerspiegelt[590], ist die bereits

587 Die Begriffe „Besatzung" und „Besetzung" werden in der Folge synonym verwendet.

588 Vgl. hierzu FERRARO, Occupation and other forms of administration of foreign territory, S. 137; vgl. auch Siegrist, Introduction, Rn. 1 ff; vgl. auch ICTY, Urteil vom 31.3.2003, Naletilić and Martinvović, Nr. IT-98-34-T, Z. 219/220.

589 Neben den im Folgenden genannten, gibt es noch weitere Rechtsquellen, die aber aufgrund ihres speziellen Regelungsgegenstands für den vorliegenden Untersuchungsgegenstand keine Rolle spielen, aber doch zum aktuellen Besatzungsrecht gehören. Dies sind zum einen „Die Haager Konvention zum Schutz von Kulturgut in bewaffneten Konflikten" von 1954, welche den Besatzern spezielle Verpflichtungen auferlegt, zu anderem die „UNESCO Convention the Means of Prohibiting and Preventing the Illicit Import, Export and Transfer of Ownership of Cultural Property" (1970). In Art. 9 definiert letztere als „illicit" „the export and transfer of ownership of cultural property under compulsion arising directly or indirectly *from the occupation* of a country by a foreign power." Mit diesen Abkommen soll unwiederbringliches Kulturgut aller Menschen geschützt werden, gerade auch in Zeiten der Besatzung. Die vielen Vertragsstaaten der beiden Abkommen zeigen, dass es eine breite Akzeptanz für den Schutz von Kulturgut im Rahmen bewaffneter Konflikte und Besatzung gibt.

590 zB DINSTEIN, The International Law of Belligerent Occupation, S. 5; vgl. hierzu auch das Nürnberger Tribunal, Urteil vom 19.2.1948, USA v List (Hostages Case),

erwähnte Haager Landkriegsordnung von 1907. Mit dem Recht der Besatzung beschäftigt sich insbesondere Abschnitt III. Bis heute von hoher Relevanz ist ihr Art. 42 – in ihm findet sich die einzige Definition der Besatzung. Die dort niedergelegten Kriterien sind nach wie vor maßgeblich und werden von Rechtsprechung[591] und Literatur[592] herangezogen. Jedoch ist das sog. Haager Recht Kind einer anderen Epoche: Es steht noch ganz unter dem Eindruck, insbesondere die Interessen der beteiligten Staaten schützen zu müssen; der Einzelne, durch die Besatzung Betroffene, wird lediglich mittelbar – als Ausfluss seiner Stellung als Staatsangehöriger des verdrängten Staates – geschützt[593]. Auch war das tatsächliche Bedürfnis nach Schutz vor dem „Feind" zu Zeiten der Entstehung des Haager Rechts noch nicht im gleichen Maße gegeben: So wurde die Zivilbevölkerung während eines bewaffneten Konflikts im 19. Jahrhundert großteils außen vor gelassen, sodass ziviles und ökonomisches Leben auch weiterhin stattfinden konnte[594]. Das zweite Fundament des Rechts der Besatzung findet sich im Genfer Recht, welches vor einem radikal gewandelten Hintergrund beschlossen worden war: Wird schon im Ersten Weltkrieg klar, dass individueller Schutz vor den Besatzern nötig ist, kann sich die Staatengemeinschaft spätestens nach dem Zweiten Weltkriegs dieser Erkenntnis nicht mehr verschließen[595]. Das humanitäre Völkerrecht wandelte sich: Die überarbeiteten schon existierenden Genfer Konventionen sowie insbesondere die neue vierte Genfer Konvention zum Schutz der Zivilpersonen verdrängten den Staat aus dem Zentrum des Völkerrechts und

---

Trials of War Criminals Before the Nuremberg Military Tribunals Under Control Council Law Nr. 10, Volume XI/2: „The rules of land warfare expressed in the [Hague] Convention undoubtedly represented an advance over existing international law at the time of their adoption. But (...) by 1939 these rules laid down in the Convention were recognized by all civilized nations, and were being regarded as being declaratory of the laws and customs of war." Dies wurde aktueller auch vom IGH bestätigt, IGH, Gutachten vom 9.7.2004, Legal Consequences of the Construction of a Wall in the Occupied Palestinian Territory, Z. 75.

591 ZB IGH, Urteil vom 19.12.2005, Case concerning Armed Acitivities on the Territory of the Congo (Democratic Republic of the Congo v Uganda), Z. 169; IGH, Gutachten vom 9.7.2004, Advisory Opinion on the Legal Consequences of the Construction of a Wall in the Occupied Palestinian Territory, Z. 78. Zu aktueller Rechtsprechung der Menschenrechtsorgane, vgl. Ziff. II.2.

592 Für viele: Ferraro, Occupation and other forms of administration of foreign territory; Dinstein, The International Law of Belligerent Occupation; Benvenisti.

593 Der Schutz des Einzelnen wird häufig als Reflex bezeichnet.

594 Benvenisti, S. 11; Siegrist, II. 1, Rn. 3.

595 Vgl. Siegrist, III.1, Rn. 1: „In particular, civilians in occupied territory were left without adequate protection and faced horrendous practices during the Second World War; crowds of civilians being deported to faraway camps where they went through incredible suffering and where many among them met with a ghastly death. The nightmare of the Second World War should become the birth of the Geneva Conventions as we know and apply them until today."

setzten an dessen Stelle das Individuum[596]. Der gemeinsame Artikel 2 Abs. 2 der Genfer Konventionen erstreckte den Anwendungsbereich auf Besatzungen: „The Convention shall also apply to all cases of partial or total occupation of the territory of a High Contracting Party, even when the said party meets with no armed resistance."[597] In Teil III Abschnitt I finden sich „Gemeinsame Bestimmungen für die Gebiete der am Konflikt beteiligten Parteien und die besetzten Gebiete", während sich der Abschnitt III ausschließlich mit „Besetzte(n) Gebieten" beschäftigt. Ob diese Regelungen auch Völkergewohnheitsrecht sind, ist aktuell nicht relevant, da alle Staaten Vertragsparteien sind und es somit universelle Akzeptanz erfährt. Als weitere Rechtsquelle ist das Zusatzprotokoll I von 1977 zu nennen, welches die Vorschriften der Genfer Konventionen ergänzt[598] und in bestimmten Fällen auch ersetzt. Im Gegensatz zum Haager Recht und den Genfer Konventionen ist es jedoch weniger akzeptiert – vor allem die USA und Israel sind weder Vertragsparteien, noch akzeptieren sie die Regelungen als Spiegelung des „customary law".

Zusammenfassend lässt sich sagen, dass das Recht der Besatzung – wie viele völkerrechtliche Rechtsmaterien – eine Wandlung von einer staatenzentrierten Sichtweise zu einer Sichtweise, die mehr auf das Individuum achtet, durchlaufen hat. Gerade im humanitären Völkerrecht ist besonders, dass Regelungen aus einer anderen Epoche neben „modernen" völkerrechtlichen Regelungen stehen. In diesem Spannungsfeld bewegt sich auch die Auslegung des Begriffs der Besatzung, zu dem nun Näheres ausgeführt werden soll.

b) Kriterien

Die Frage, wann eine Besatzung vorliegt ist mit Blick auf die Rechtsfolgen, die sich für Besatzer und Besetzte ergeben[599], aber auch mit Blick auf die Analyse der Rechtsprechung der Menschenrechtsorgane im Angesicht von Besatzungen von zentraler Bedeutung. Dennoch hat die Frage lange Zeit keine große Aufmerksamkeit erfahren[600] – möglicherweise schien eine genaue Abgrenzung nicht

596 Siegrist, Number 7 III.1, Rn. 2.

597 In der ebenso authentischen französischen Version heißt es. „La Convention s'appliquera également dans tous les cas d'occupation de tout ou partie du territoire d'une Haute Partie contractante, même si cette occupation ne rencontre aucune résistance militaire." In deutscher Übersetzung: „Das Abkommen findet auch in allen Fällen vollständiger oder teilweiser Besetzung des Gebiets einer Hohen Vertragspartei Anwendung, selbst, wenn diese Besetzung auf keinen bewaffneten Widerstand stößt.", vgl. BGBl. II S. 1133.

598 Dinstein, The International Law of Belligerent Occupation, S. 7; vgl. für die Änderungen, die das ZP I für die Vertragsparteien vornimmt, ibid. Ziff. 149, 153, 221, 428, 675.

599 Ferraro, Occupation and other forms of administration of foreign territory, S. 16.

600 Ferraro, Occupation and other forms of administration of foreign territory, S. 16.

nötig, weil Staaten Besetzung nicht als Last, sondern als Vorteil[601] und sichtbares Zeichen ihres militärischen Erfolgs[602] verstanden. Es ist ein noch relativ junges Phänomen, dass das Bestehen einer Besatzung von den verantwortlichen Staaten bestritten wird[603].

Gerade an den „Rändern"[604] des Begriffs steht manches nicht fest. Im Zentrum der aktuellen Diskussion stehen die Fragen, wann eine Besatzung beginnt, wann sie endet und ob für die beiden Ausprägungen des humanitären Besatzungsrechts – Haager Landkriegsordnung und Genfer Recht – überhaupt derselbe Besatzungsbegriff gilt. Zunächst gilt es aber zu klären, was eine Besatzung im Wesentlichen ausmacht.

aa) Wortlaut

Besteht in der Peripherie des Begriffes auch noch Klärungsbedarf, ist man sich doch weitgehend einig, was den „Kern" der Besatzung ausmacht. Mit einer solchen „vollständigen" Besatzung treten sämtliche Rechtsfolgen – ob nun nach Haager oder Genfer Recht – des Besatzungsrechts ein. Sucht man nach einer Definition des Begriffs der Besatzung wird man lediglich an einer Stelle des humanitären Völkerrechts fündig: Art. 42 Haager Landkriegsordnung. Dieser Artikel lautet in der authentischen französischen Fassung: „Un territoire est considéré comme occupé lorsqu'il se trouve placé de fait sous l'autorité de l'armée ennemie. L'occupation ne s'étend qu'aux territoires où cette autorité est établie

601 So konnte der Besatzer von der Bevölkerung Gehorsam verlangen und Ungehorsam bestrafen. Zwar konnte nach Art. 23, 44 und 45 HLKO niemand gezwungen werden, militärisch gegen den eigenen Souverän vorzugehen, jedoch konnte der Besatzer Neutralität der Bevölkerung verlangen und einen Verstoß hiergegen – durch bewaffneten Widerstand – schwer bestrafen, vgl. Oppenheim, S. 211/212.

602 So beschreibt Oppenheim die Besatzung noch als „aim of warfare": „If a belligerent succeeds in occupying a part or even the whole of the enemy territory, he has realised a very important aim of warfare. He can now not only make use of the resources of the enemy country for military purposes, but can also keep it for the time being as a pledge of his military success, and thereby impress upon the enemy the necessity of submitting to terms of peace.", vgl. Oppenheim, S. 205.

603 ZB Ferraro, Occupation and other forms of administration of foreign territory, S. 16; dies mag sich daraus erklären, dass der Besatzung vor dem Hintergrund des Gewaltverbots und der allgemeinen Ächtung des Krieges etwas Widerrechtliches an. Obwohl damit das ius ad bellum mit dem ius in bello vermengt wird, scheinen die Staaten einen Ansehensverlust zu fürchten. Hinzu kommt, dass das Vorliegen einer Besatzung viele Pflichten mit sich bringt, die wahrzunehmen Staaten scheuen.

604 Roberts formuliert dies treffend: „The core meaning of the term is obvious enough, but as usually happens with abstract concepts, its frontiers are less clear.", vgl. Roberts, The British Yearbook of International Law 1986, S. 249.

et en mesure de s'exercer.“[605] Im ebenfalls wichtigen Art. 43 Haager Landkriegsordnung heißt es: „L'autorité du pouvoir légal ayant passé de fait entre les mains de l'occupant, celui-ci prendra toutes les mesures qui dépendent de lui en vue de rétablir et d'assurer, autant qu'il est possible, l'ordre et la vie publics en respectant, sauf empêchement absolu, les lois en vigueur dans le pays.“[606] Obwohl nicht authentisch, soll hier auch die englische Fassung wiedergegeben werden, da auf sie die Beiträge der englischsprachigen Literatur Bezug nehmen: „Territory is considered occupied when it is actually placed under the authority of the hostile army. The occupation extends only to the territory where such authority is established and in a position to assert itself.“[607] Bereits hier fällt auf, dass der Wortlaut der Vorschriften durchaus widersprüchlich ist: So ist einmal die Rede davon, dass Territorium „actually (...) placed under the territory“ und „where such authority is established“ als besetzt gilt; zum anderen scheint es auszureichen, dass die Autorität „in a position to assert itself“ ist[608]. Auf diese Ambiguität wird im Folgenden noch zurückzukommen sein.

bb) Militärische Präsenz

Sowohl die französische („l'armée ennemie“) als auch die englische Fassung („hostile army“) beinhaltet die fundamentale Voraussetzung, ohne deren Vorliegen eine Besatzung nicht einmal in Erwägung gezogen würde: militärische Präsenz in fremdem Territorium. Sowohl nach der klassischen Vorstellung der Haager Landkriegsordnung, in der auf Invasion im „Erfolgsfalle“ Besatzung folgt, aber auch in all den Variationen, die heutige bewaffnete Konflikte mit sich bringen, kann es ohne militärischen Einsatz auf fremdem Gebiet nicht zu einer Besatzung kommen. Zwar wird überwiegend[609] davon ausgegangen, dass reine Präsenz – ohne effektive Kontrolle – nicht ausreicht, um eine Besatzung

---

605 In deutscher Übersetzung: „Ein Gebiet gilt als besetzt, wenn es sich tatsächlich in der Gewalt des feindlichen Heeres befindet. Die Besetzung erstreckt sich nur auf Gebiete, wo diese Gewalt hergestellt ist und ausgeübt werden kann.“

606 Bothe liest hier heraus, dass die Besatzung nach klassischer Vorstellung in zwei Phasen vonstatten geht: Die alte Macht wird in einem ersten Schritt verdrängt und in einem zweiten durch die neue ersetzt, vgl. Bothe, in FERRARO, Occupation and other forms of administration of foreign territory, S. 38.

607 Laut Bothe ist dies die offizielle Übersetzung des US Department of State, vgl. Bothe, in FERRARO, Occupation and other forms of administration of foreign territory, S. 37. Teilweise wird ist aber statt „in a position to assert itself“ auch „and can be exercised“ übersetzt, vl. Internetseite des IKRK https://www.icrc.org/applic/ihl/ihl.nsf/ART/195-200052?OpenDocument, (zuletzt abgerufen im Februar 2019) oder auch bei ARAI-TAKAHASHI, 11.

608 Vgl. hierzu auch SHANY, Yearbook of International Humanitarian Law 2006, S. 374.

609 Die andere Herangehensweise des „functional approach“ wird sogleich noch vorgestellt werden.

zu begründen, jedoch ist sie eine notwendige Voraussetzung für die Etablierung einer Besatzung.

Weitgehende Einigkeit besteht auch darüber, dass es sich nicht um eine beliebige Präsenz des Militärs auf fremden Territorium handeln darf. Als nicht ausreichend wird die Anwesenheit feindlicher Truppen im Luftraum oder in fremden Gewässern gesehen, selbst wenn dies zu deren Kontrolle führen sollte[610]. Jedenfalls für die Begründung[611] einer Besatzung wird für unabdingbar gehalten, dass es eine Anzahl von „boots on the [foreign] ground" gibt[612]. Argumente für diese Ansicht liefern insbesondere auch die Rechte und Pflichten, die aus dem Vorliegen einer Besatzung folgen. Zwar darf einerseits nicht eine Rechtsfolge nicht zum Tatbestand gemacht werden, andererseits ist die Voraussetzung durchaus im Lichte ihrer Rechtsfolge zu sehen. Die Bestimmung des Begriffs ist kein Selbstzweck, sondern muss sich von den Rechtsfolgen, die hierdurch ausgelöst werden, mitbestimmt werden. Viele der Rechtsfolgen setzen aber eine Anwesenheit von Militär am Boden voraus[613]. Das Kriterium der militärischen Präsenz steht in direktem Zusammenhang mit dem der effektiven Kontrolle des fremden Territoriums, welches im Folgenden noch erläutert werden wird. *Ferraro* fasst das Kriterium der militärischen Präsenz treffend zusammen, wenn er sagt: „While the presence of foreign troops may not be sufficient to cause an area to be classified as occupied territory, it is nonetheless a prerequisite because it generally provides the necessary conditions for the exercise of effective control."[614]

cc) Fehlende Zustimmung

Zu der eben beschriebenen militärischen Präsenz muss kommen, dass der Staat, der zur Ausübung von Hoheitsgewalt auf eben diesem Gebiet berechtigt ist – also Jurisdiktion im allgemein-völkerrechtlichen Sinne besitzt –, dieser Präsenz nicht zustimmt[615]. Hierbei ist die Formulierung „berechtigt *ist*" mit Bedacht gewählt,

---

610 Ferraro, Occupation and other forms of administration of foreign territory, S. 17; „Belligerent occupation cannot rest solely on either naval power or air power, however formidable that may be."; Dinstein, The International Law of Belligerent Occupation, S. 44

611 Für die Aufrechterhaltung wird eine solche körperliche Präsenz von Truppen zu Land jedoch nicht einhellig gefordert; so vertritt *Gisha* die Ansicht, dass – ist die Besatzung mit Truppen vor Ort einmal begründet – durch moderne Technologien diese auch von außerhalb der Grenzen aufrecht erhalten werden kann, vgl. Bashi/Mann, S. 269 ff.

612 Ferraro, Occupation and other forms of administration of foreign territory, S. 10; Gasser, „Belligerent occupation", in Fleck, S. 273–274.

613 Vgl. Ferraro, International Review of the Red Cross 2012, S. 144, der als Beispiele Art. 43, 46, 52, 53, 55 und 56 der Haager Landkriegsordnung und Art. 55, 56, 59 und 66 der Vierten Genfer Konvention nennt.

614 Ferraro, International Review of the Red Cross 2012, S. 147.

615 Vgl. hierzu Arai-Takahashi, 11, S. 9; Benvenisti, S. 67

da die Rolle des Besatzers eine rein faktische ist und nichts an den bestehenden Rechten ändert. Insbesondere schafft der Zustand Besatzung kein irgendwie geartetes Recht des Besatzers an dem fremden Territorium. Ein Einverständnis des Territorialstaats kann im Vorhinein, aber auch im Nachhinein erfolgen[616]. Die Zustimmung unterscheidet eine „belligerent occupation" von einer „pacific occupation".[617] Es besteht Einigkeit darüber, dass die Zustimmung des Staates zu der Anwesenheit fremden Militärs auf dem Staatsgebiet „genuine, valid and explicit"[618] sein muss. Diese Kriterien sind kumulativ zu sehen – alle drei müssen vorliegen, um das Vorliegen einer Besatzung und somit die Anwendbarkeit des Besatzungsrechts auszuschließen. Da das humanitäre Völkerrecht keine Kriterien für die Zustimmung bietet, wird dafür plädiert, auf das allgemeine Völkerrecht zurückzugreifen[619]. Dennoch verursacht diese Voraussetzung in der Praxis oft nicht unerhebliche Probleme: Wie soll beispielsweise eine öffentlich geäußerte Zustimmung des Staates, in dem fremde Truppen anwesend sind, darauf überprüft werden, ob diese auch authentisch ist[620]? Diese praktischen Unsicherheiten können jedoch nichts daran ändern, dass das Fehlen der Zustimmung eine unabdingbare Voraussetzung[621] für eine Besatzung ist. Im Einzelnen umstritten ist wiederum, ob es nun die de-jure-Regierung sein muss, die ihre Zustimmung

---

616 Dinstein, The International Law of Belligerent Occupation, S. 36; mit Blick auf die nachträglich Zustimmung werden jedoch durchaus Bedenken geäußert. Grund hierfür ist Art. 47 GK IV: „Protected persons who are in occupied territory shall not be deprived, in any case or in any manner whatsoever, of the benefits of the present Convention by (...) any agreement concluded between the authorities of the occupied territories and the Occupying Power (...)." Die nachträgliche Zustimmung des berechtigten Staates darf also nicht zu einem Verlust des Schutzes der Genfer Konventionen führen.

617 Dinstein, The International Law of Belligerent Occupation, S. 35.

618 Ferraro, Occupation and other forms of administration of foreign territory, S. 21.

619 Vgl. hierzu die Ergebnisse der Fachkonferenz des ICRC: „(...) a large majority of the experts stressed that IHL and occupation law in particular did not constitute a self-contained regime and did not provide any criteria for evaluating consent. The experts said that the issue of consent should be interpreted in the light of current public international law, in particular the law of treaties, discarding a specific interpretation of the notion if consent for the purposes of occupation law.", Ferraro, Occupation and other forms of administration of foreign territory, S. 21.

620 Als Beispiel für eine zweifelhafte Zustimmung sei hier der sog. „engineered consent" genannt, bei dem der Truppen entsendende Staat alle ihm zur Verfügung stehenden Mittel und rechtliche Konstruktionen nutzt, um es so aussehen zu lassen, als sei der andere Staat einverstanden, vgl. Ferraro, Occupation and other forms of administration of foreign territory, S. 21.

621 Über die Einordnung des Kriteriums „Zustimmung" als „precondition" besteht allerdings keine Einigkeit, Ferraro, Occupation and other forms of administration of foreign territory, S. 20.

gibt oder ob die Zustimmung des de-facto-Regimes erforderlich ist[622]. Schwierig ist die Frage der wirksamen Zustimmung auch im Falle eines „failed state“[623].

dd) Effektive Kontrolle

Sind die militärische Präsenz und das fehlende Einverständnis des betroffenen Staates auch notwendige Voraussetzungen einer Besatzung, ist ihr wichtigstes Kriterium jenes, das sowohl unter dem Stichwort „exercise of authority“[624] als auch unter dem der „effective control of territory“[625] diskutiert wird. Das Kriterium der effektiven Kontrolle findet sich hierbei nicht im Wortlaut des Art. 42 HLKO, sondern hat sich im Rahmen der Auseinandersetzung mit dem Begriff der Besatzung entwickelt[626] und versucht, die vielfach als „vage“ empfundene Definition der Haager Landkriegsordnung[627] zu konkretisieren. Soweit ersichtlich, werden die Begriffe weitgehend synonym verwendet[628]. Vorliegend soll dieses entscheidende Kriterium, welches offensichtliche Ähnlichkeit mit dem der Jurisdiktion der Menschenrechtsverträge aufweist (hierzu unter Teil A Ziff. 3) näher beleuchtet werden.

(1) Faktische Kontrolle

Erst durch das Kriterium der „effektiven Kontrolle“ wird eine Invasion zur Besatzung. Militärische Präsenz ohne Einverständnis kann auch zur Anwendung des Rechts des bewaffneten Konflikts führen. Es ist die effektive Kontrolle des Territoriums, welches die Besatzung zur Besatzung macht. Mit den Worten *Oppenheims*: „(...) [I]t is certain that mere invasion is not occupation. Invasion is the marching or riding of troops – or the flying of a military air vessel – into enemy country. Occupation is invasion *plus* taking possession of enemy country for the purpose of holding it, at any rate temporarily.“[629] Bei der Frage, wann

---

622 Ferraro, Occupation and other forms of administration of foreign territory, S. 22; vgl. hierzu Benvenisti, der sich klar für die Zustimmung des de-jure-Staates ausspricht: „[Consent] must be extended by the recognized government of a recognized state“, Benvenisti, S. 67.

623 Ferraro, Occupation and other forms of administration of foreign territory, S. 23.

624 Vgl. Ferraro, Occupation and other forms of administration of foreign territory, S. 10 ff.

625 Dinstein, The International Law of Belligerent Occupation, S. 42.

626 Vgl. Bothe, in Ferraro, Occupation and other forms of administration of foreign territory, S. 37; Ferraro, International Review of the Red Cross 2012, S. 139; von vielen Autoren wird die fehlende Anknüpfung im Wortlaut nicht mehr hinterfragt, sondern „effective control“ ganz selbstverständlich als entscheidendes Kriterium genannt, vgl. zB Arai-Takahashi, 11, S. 6.

627 Vgl. Ferraro, International Review of the Red Cross 2012, S. 134.

628 So arbeitet das ICRC nur mit dem Begriff authority, behandelt hierunter aber dieselben Fragen wie andere Autoren im Rahmen der effektiven Kontrolle.

629 Oppenheim, S. 207.

eine Besatzung vorliegt, kann nur die faktische Lage eine Rolle spielen. Da die Rechtmäßigkeit der Ausübung der Kontrolle gerade kein Merkmal der Besetzung ist, muss es denknotwendig auf die faktische Ausübung der Hoheitsgewalt ankommen. Dies zeigt sich auch daran, dass die im Besatzungsrecht verankerten Rechte und Verpflichtungen tatsächliche Einflussmöglichkeit voraussetzen. Die tatsächliche Natur der Besatzung lässt sich auch dem Wortlaut der entscheidenden Vorschriften entnehmen: So wird nach Art. 42 HLKO ein Gebiet als besetzt betrachtet „lorsqu'il se trouve placé *de fait* sous l'autorité de l'armée ennemie."[630] Auch nach Art 43 HLKO muss die Autortität *tatsächlich* in die Hände des Besatzers übergegangen sein: „ayant passé *de fait* entre les mains de l'occupant"[631]. Bereits im Vorfeld dieser Bestimmungen war klar, dass es sich bei der Frage der Besatzung um eine faktische handeln musste; so stellte bereits 1880 das „Institute of International Law" hierauf ab: „(...) [T]erritory is considered as occupied when, as the consequence of invasion by hostile forces, the State to which it belongs has ceased, *in fact*, to exercise its ordinary authority therein, and the invading State is alone in a position to maintain order there."[632] Ganz klar kam auch das Nürnberger Tribunal im Geiselmord-Fall zu dem Schluss: „(...) whether an invasion has developed into an occupation *is a question of fact*."[633] Diese Auffassung wurde bis heute in Rechtsprechung[634] und Literatur[635] immer wieder bestätigt.

(2) Gegenstand der Kontrolle

Bevor näher auf den Umfang der effektiven Kontrolle eingegangen werden soll, muss ermittelt werden, auf was sich die effektive Kontrolle genau bezieht. Klingt in *Oppenheims* Zitat (s.o.) eine gegenständliche Sichtweise („*enemy country*") an, ist in anderen Ausführungen ein anderer Gegenstand der Kontrolle ersichtlich. In Art. 42 und 43 HLKO wird von „autorité" gesprochen, die der Besatzer von dem verdrängten Souverän übernimmt und die er tatsächlich herstellen muss. Auch das Nürnberger Tribunal führt aus: „The term invasion implies a military operation while an occupation indicates *the exercise of governmental authority* to the exclusion of the established government. This presupposes the destruction of organised resistance and the establishment of an administration to preserve

630 Hervorhebung durch die Verfasserin.

631 Hervorhebung durch die Verfasserin.

632 Art. 41 des Manual on the Laws of War on Land (the Oxford Manual), Hervorhebung durch die Verfasserin.

633 Nürnberger Tribunal, Urteil vom 19.2.1948, USA v List (Hostages Case), Trials of War Criminals Before the Nuremberg Military Tribunals Under Control Council Law Nr. 10, Volume XI/2, S. 1243.

634 ICTY, Urteil vom 31.3.2003, Naletilić and Martinvović, Nr. IT-98-34-T, Z. 211.

635 Für viele: Ferraro, Occupation and Other Forms of Administration of Foreign Territory, S. 7; ebenso in International Review of the Red Cross 2012, S. 134; Benvenisti, S. 43.

law and order. To the extent that the occupant's control is maintained and that of the civil government eliminated, the area will be said to be occupied."[636] Die Gewalt[637] ist hierbei identisch mit derjenigen, die der vorherige Souverän zuvor ausgeübt hatte – mit der Ausnahme, dass der neue Machthaber diese tatsächlich, aber nicht rechtmäßig ausübt. Um das „Machtvakuum" zu füllen, das durch die Verdrängung des vorhergehenden Machthabers entsteht, muss die Gewalt auf denjenigen übergehen, der zu ihrer Ausübung faktisch in der Lage ist. Grundsätzlich ist davon auszugehen, dass die Herrschaftsgewalt, die der Besatzer anstelle des Souveräns ausübt, wesensgleich ist, wenn sie auch nach dem humanitären Völkerrecht mit Blick auf die nur vorübergehend gedachte Rolle des Besatzers beschränkt ist[638].

Diese Wesensgleichheit und die Begrifflichkeiten der „governmental authority" und Hoheitsgewalt, die im Zusammenhang mit der Besatzung gewählt werden, stellen nach hier vertretener Ansicht nicht die Beziehung zu einem Stück Land in den Mittelpunkt. Will man eine Parallele zum Privatrecht ziehen, müsste im diesen Fall lediglich das Besitzverhältnis zwischen zwei Staaten geregelt werden, wobei einer Eigentümer und der andere der Besitzer im tatsächlichen Gewahrsam wäre. Obwohl dieses Verhältnis im ursprünglich staatenzentrierten Recht durchaus eine Rolle spielt[639], liegt der Schwerpunkt der Beziehung in der Besatzung nach hier vertretener Ansicht nicht auf dem Territorium, sondern auf den Menschen, die in diesem Territorium leben. „Governmental authority" ist ein Verhältnis, welches die Beziehung zwischen Staat und Individuum kennzeichnet.

---

636 Nürnberger Tribunal, Urteil vom 19.2.1948, USA v List (Hostages Case), Trials of War Criminals Before the Nuremberg Military Tribunals Under Control Council Law Nr. 10, Volume XI/2, S. 1243; Auch aktuell wird dieses Verständnis nach Phasen durch die Rechtsprechung aufgegriffen, vgl. ICTY, Urteil vom 31.3.2003, Naletilić and Martinvović, Nr. IT-98-34-T, Z. 214: „Occupation is defined as a transitional period following invasion an preceding the agreement on the secession of hostilities.".

637 So die deutsche Übersetzung von „autorité" in Art. 42/43 HLKO.

638 Das klassische Besatzungsrecht geht davon aus, dass der Besatzer lediglich temporärer Treuhänder des verdrängten Regimes ist, vgl. Benvenisti, S. 11; Fox, International Review of the Red Cross 2012, S. 238. Ob dieses sog. „conservationist principle" inzwischen in der Staatenpraxis durch ein „transformative principle" abgelöst wurde, wie dies insbesondere seit der Besetzung des Iraks durch die Koalitionskräfte diskutiert wird, sprengt den Umfang dieser Untersuchung.

639 Vgl. hierzu The Hague Regulation 55: „The occupying State shall be regarded only as an administrator of public buildings, real estate, forests, and agricultural estates belonging to the hostile State, and situated in the occupied country. It must safeguard the capital of these properties, and administer them in accordance with the rules of usufruct." Dinstein erläutert hierzu,: „An Occupying Power may seize public property belonging to the displaced sovereign and use it in accordance with its needs. But the degree of permissible use hinges on a distinction between movable and immovable property.", S. 213.

Effektive Kontrolle bedeutet somit nach hier vertretener Ansicht unter Beachtung des Wortlauts und des Zwecks der Besatzung, die Einflussmöglichkeit auf *Menschen*. Die Bezugnahme auf ein räumliches Gebiet legt somit überwiegend nicht die Beziehung zwischen diesem Gebiet und dem Besatzer dar, sondern stellt vielmehr ein Mittel dar, die Einflusssphären des Besatzers von der des rechtmäßigen Souveräns abzugrenzen. Dabei muss die Einflusssphäre eine gewisse Größe erreichen, um als Besatzung zu gelten. Welche Mindestgröße hierbei erforderlich ist, ist jedoch nicht geklärt[640].

(3) Umfang der Kontrolle

Wann liegt eine solche effektive Kontrolle nun vor bzw. wann hat ein Staat „Gewalt“[641] über fremdes Territorium? Aus dem bisher Gesagten ergibt sich, dass die Herbeiführung einer Besatzung zwei Stufen hat, die sich beide auf die Ausübung hoheitlicher Funktionen beziehen. Durch die militärische Präsenz muss der bisherige Souverän daran gehindert sein, seine hoheitlichen Aufgaben auszuführen[642]; eine solche Verdrängung muss dabei allerdings nicht von Kampfhandlungen begleitet sein, wie der gemeinsame Art. 2 Absatz 2 der Genfer Konventionen zeigt. Für die Ausgestaltung der zweiten Stufe gibt es zwei Möglichkeiten: Es könnte die tatsächliche Ausübung von Kontrolle erforderlich sein müssen oder aber es genügt das Potential eine solche Kontrolle ausüben zu können.

(aa) Potentielle Kontrolle

Der Wortlaut des Artikel 42 HLKO lässt hinsichtlich dieser Frage an Klarheit zu wünschen übrig. Wohl überwiegend wird vertreten, dass für das Bestehen einer Besatzung ausreicht, dass der Invasor hoheitliche Gewalt ausüben *könnte* – auch wenn er dies tatsächlich nicht tut[643]. Hintergrund ist, dass sich andernfalls der einmarschierte Staat durch Untätigkeit seinen humanitärvölkerrechtlichen

---

640 Milanovic, Extraterritorial Application of Human Rights Treaties, S. 129ff.

641 Vgl. deutsche Übersetzung der Art. 42 und 43 HLKO.

642 Eine reine Stationierung ohne Einverständnis erfüllt nicht die Kriterien einer Besatzung, vgl. IGH, Urteil vom 19.12.2005, Case concerning Armed Acitivities on the Territory of the Congo (Democratic Republic of the Congo v Uganda), Z. 174.

643 Diese Meinung spiegelt nicht nur die wohl herrschende Meinung in der Literatur wider (Shany, Yearbook of International Humanitarian Law 2006, S. 376; Benvenisti, S. 51), sondern liegt auch einigen einflussreichen „military manuals“ zugrunde: Britisches Verteidigungsministerium, The Manual of the Law of Armed Conflict, 2004, Kapitel. 11; Kanadisches Office of Judge Advocate General, Joint Doctrine Manual: Law of Armed Conflict at the Operational and Tactical Level, 2001, Z.. 1202–1203 (fordert unter anderem die Präsenz von „sufficient force“ auf fremdem Territorium); Israelischer Supreme Court im Fall Tsemel, wie er im UK Manual auf S. 275 inoffiziell übersetzt wird.

Pflichten entziehen könnte[644]. Man befände sich in der widersinnigen Position, dass der Verpflichtete seinen Pflichten nur nicht nachzukommen brauchte, um nicht verpflichtet zu sein. Ein solches Ergebnis ist nicht mit dem Schutzzweck des Rechts der Besatzung zu vereinbaren. Für die Auffassung spricht der Wortlaut des Art. 42 HLKO zumindest teilweise: So heißt es dort, dass „cette autorité est établie et *en mesure de* s'exercer"[645]. Der Besatzer muss somit nur *in der Lage* sein, die Autorität, die er durch Vertreibung des vorherigen Machthabers erhalten hat, auszuüben, nicht ist die Ausübung selbst Kriterium.

Eine engere Auslegung scheint jedoch der IGH zu bevorzugen, wie dies in seinem – deswegen viel kritisierten[646] – Urteil zu den Armed Activities on the Territory of the Congo (DRC v Uganda) zum Ausdruck kommt. Der Gerichtshof scheint die tatsächliche Ausübung von Kontrolle zu fordern und die bloße Fähigkeit hierzu nicht für ausreichend zu erachten. Während er in dem Fall die effektive Kontrolle der ugandischen Kräfte in den Gebieten bejahte, in denen eine Militärregierung errichtet worden war[647], verneinte er eine solche effektive Kontrolle und somit den Status Ugandas als Besatzungsmacht in Gebieten, mit dem Argument, es hätte nicht gezeigt werden können, „[that] authority was exercised by Ugandan armed forces in any areas other than Ituri district."[648] Damit scheint der Gerichtshof implizit davon auszugehen, dass eine potentielle Fähigkeit, effektive Kontrolle auszuüben, auch bei einem Unterlassen, nicht ausreicht, um den Status als Besatzungsmacht zu begründen. Kritisiert wird insbesondere, dass es somit genau zu den nicht erwünschten Folgen kommt, die die weite Auslegung des Begriffs der effektiven Kontrolle vermeiden will: „The implicit rejection of the potential for the effective control test by the Court and its substitution with a more restrictive reading of Article 42 resulted in an awkward legal situation, according to which vast areas of the Congo, which were out of reach for the central government (i.e., effectively controlled by rebel groups), remained non-occupied despite the deployment of Ugandan troops in them. This meant that no international entity had legal responsibility over the human rights conditions and basic needs of the local population in these areas."[649] Wenn eine Prüfung der potentiellen Kontrolle auch unter Umständen ebenfalls dazu führen hätte können, dass Uganda keine Besatzungsmacht gewesen wäre, sei dies doch der teleologisch bessere Ansatz[650].

---

644 Shany, Yearbook of International Humanitarian Law 2006, S. 378.

645 Hervorhebung durch die Verfasserin.

646 Shany, Yearbook of International Humanitarian Law 2006, S. 377ff.

647 Genauer: im Iutri Distrikt, vgl. IGH, Urteil vom 19.12.2005, Case concerning Armed Activities on the Territory of the Congo (Democratic Republic of the Congo v Uganda), Z. 175.

648 IGH, Urteil vom 19.12.2005, Case concerning Armed Activities on the Territory of the Congo (Democratic Republic of the Congo v Uganda), Z. 177.

649 Shany, Yearbook of International Humanitarian Law 2006, S. 378.

650 Shany, Yearbook of International Humanitarian Law 2006, S. 378.

Folgt man der überwiegend vertretenen Ansicht, dass die Fähigkeit, Hoheitsgewalt ausüben *zu können* ausreicht, bleibt die Frage, wie dieses – erneut abstrakte – Konzept mit Leben zu füllen ist. Ob der Staat auf fremdem Territorium Hoheitsgewalt ausüben kann, ist eine Frage der Umstände des Einzelfalls; eine schematische Betrachtung verbietet sich[651]. Dennoch gibt es einige Anhaltspunkte, die eine Rolle spielen. Als gesichert gilt, dass punktueller Widerstand nicht zu einer Beendigung der Besatzung führt. So führte das Nürnberger Tribunal im Geiselmord-Fall aus: „While it is true that the partisans were able to control sections of these countries at various times, it is established that the Germans could at any time they desired assume physical control of any part of the country. The control of the resistance forces was temporary only and not such as would deprive the German Armed Forces of its status of an occupant."[652] Dies ist zugleich auch Maßstab dafür, wann ein Staat über ausreichend potentielle effektive Kontrolle, um als Besatzungsmacht zu gelten. Im Naletilić-Fall des ICTY wurde die Formel nochmals verfeinert: „[The Occupying Power must have] a sufficient force present, or the capacity to send troops within a reasonable time to make the authority of the occupying power felt."[653] Der Staats muss also über genügend militärische Macht verfügen können, um seine Hoheitsbefugnisse durchsetzen zu können. Wie viele Kräfte hierfür nötig sind, hängt von vielen Faktoren ab. Hierzu gehören beispielsweise die Beschaffenheit des Terrains, die Bevölkerungsdichte, sowie die ursprünglichen Machtstrukturen. Zeigten letztere schon Auflösungserscheinungen – wie bei einem „failed state" – mögen zur Etablierung hoheitlicher Funktionen weniger Truppen nötig sein. Diese Liste ließe sich fortsetzen, da bewaffnete Konflikte sich sehr vielfältig gestalten können.

(bb) Ausübung der Hoheitsgewalt durch sog. „Proxies"

Vielfältig beschaffen kann auch die Art und Weise sein, wie die Hoheitsgewalt ausgeübt wird. Teilweise wird dies unter Berufung auf Art. 41 des Oxford Manual von 1880 bestritten und behauptet, dass die Hoheitsgewalt nur dann im Sinne des Besatzungsrechts ausgeübt wird, wenn dies exklusiv[654] geschieht. Dies würde

---

651 DINSTEIN, S. 43 „But defining the exact amount of control is an imponderable problem. In particular, the optimal size of the army of occupation and the manner of its deployment cannot be determined a priori. Circumstances vary from one occupied territory to another, and the degree of effective controlrequired may depend on the terrain, the density of the population and a slew of other considerations."

652 Nürnberger Tribunal, Urteil vom 19.2.1948, USA v List (Hostages Case); teilweise wird dies auch als eine Bestätigung für die Ansicht empfunden, dass es auf potentielle und nicht auf tatsächliche effektive Kontrolle ankomme, vgl. SHANY, Yearbook of International Humanitarian Law 2006, S. 374f.

653 ICTY, Urteil vom 31.03.2003, Naletilić and Martinvović, Nr. IT-98-34-T, Z. 217; so auch die ganz überwiegende Meinung in der Literatur: DINSTEIN, S. 44.

654 Vgl Art. 41, The Laws of War on Land. Oxford, 9 September 1880.

bedeuten, dass es keinerlei Beteiligung der bisherigen Administration mehr an der Wahrnehmung der hoheitlichen Funktionen mehr geben dürfte. Mehrheitlich wird jedoch angenommen, dass diese Auffassung das Recht der Besatzung nicht auf seinem aktuellen Stand wiedergibt[655]. Eine Besatzung erfordere nicht, dass örtliche Administration völlig von der Ausübung von Hoheitsgewalt ausgeschlossen wird, wenn sie nur letzten Endes den Weisungen des Besatzers unterstehen und auf dessen Wunsch handeln[656]. Eine solche Unterordnung des bestehenden Apparats wird als „vertical sharing of authority“[657] bezeichnet. Davon zu unterscheiden sind Fälle, in denen die Behörden noch eigene Hoheitsgewalt ausüben. In diesem Fall ist davon auszugehen, dass sich die Besatzungsmacht noch nicht vollständig durchgesetzt hat und nicht die „ultimate and overall authority“[658] im fraglichen Gebiet ausüben kann. In diesem Fall liegt mangels effektiver Kontrolle keine Besatzung vor. *Ferraro* fasst dies treffend zusammen: „Such sharing of power (...) must issue from the Occupying Power's genuine desire to share the authority it has gained as the result of military invasion and not from the inability to overcome the local government and/or its surrogates.“[659] Für letztere Auffassung spricht, dass die Art, wie Hoheitsgewalt ausgeübt werden soll, in den Vertragstexten nicht näher geregelt ist, eine solches Teilen der hoheitlichen Funktionen unter ultimativer Kontrolle des einmarschierten Staates insbesondere nicht ausgeschlossen ist. Im Gegenteil setzen einige Artikel der Vierten Genfer Konvention[660] das Weiterbestehen der bisherigen Administration gerade voraus und fordern ein Zusammenarbeiten zwischen dieser und dem Besatzer. Als weitere Frage stellt sich in diesem Zusammenhang, wie die Ausübung von Hoheitsgewalt einer neuen, vorgeblich unabhängigen Entität zu beurteilen ist. Diese Frage der humanitärvölkerrechtlichen Einschätzung dieser Frage ist insbesondere auch vor dem Hintergrund von hoher Relevanz, als in zahlreichen Fällen vor dem EGMR der Antragsgegner behauptet hatte, nicht er, sondern ein lokales Regime übe die Hoheitsgewalt aus[661]. Um beurteilen zu können, ob sich hier ein Gleichklang in der Beurteilung durch den EGMR mit dem humanitären Völkerrecht ergibt, muss die entsprechende Einschätzung näher beleuchtet werden.

---

655 Vgl. Ferraro, International Review of the Red Cross 2012, S. 149; Ferraro, Occupation and Other Forms of Administration of Foreign Territory, S. 20.

656 Tatsächlich wird kaum ein Besatzer Hoheitsgewalt ausüben können, ohne auf bestehende Strukturen zurückzugreifen. Dies ist eine Frage der Zweckmäßigkeit und der Ressourcenschonung, vgl. Dinstein, The International Law of Belligerent Occupation, S. 57.

657 Shany, Occupation and Other Forms of Administration of Foreign Territory, S. 20.

658 Ferraro, International Review of the Red Cross 2012, S. 149.

659 Ferraro, International Review of the Red Cross 2012, S. 149.

660 Zu nennen sind Art. 6 Abs. 3, 47, 50 und 56.

661 Vgl. Cyprus v Turkey, Loizidou; EGMR, Urteil vom 8.6.2004, Ilaşcu et al v Moldova and Russia, 48787/99.

Die Frage der Beurteilung der Besatzung bei Einsetzung eines Marionettenregierung ist soweit ersichtlich noch nicht ausführlich diskutiert[662]. In Zeiten, in denen eine Besatzung sowohl einen Ansehensverlust als auch unwillkommene Verpflichtung bedeutet, ist das Verweisen auf einen anderen Machthaber, der angeblich die Kontrolle innehabe, eine attraktive Option für die Besatzungsmacht. Die Problematik einer solchen Argumentation liegt jedoch sowohl in humanitärvölkerrechtlicher als auch menschenrechtlicher Hinsicht auf der Hand: Ein Staat könnte sich durch Vorschieben eines solchen „puppet regime" aller rechtlichen Verantwortung entziehen[663]. Während man sich weitgehend einig scheint, dass dies ein unerwünschtes Ergebnis ist[664], scheint es jedoch keine klaren Kriterien zu geben, wann eine solche „occupation by proxy"[665] besteht. Dies mag dadurch bedingt sein, dass eine solche indirekte Form der Besatzung an Fragen der Sezession und des Vorliegens eines de facto Staates angrenzen[666]. Ist das vorherige Regime eines Staates völlig vernichtet („debellatio"), stellt sich ebenfalls die Frage, ob die Bildung einer neuen Regierung den Besatzer aus seiner Verantwortung entlässt. In dieser Gemengelage zwischen Recht der Besatzung und nationaler Selbstbestimmung kommt *Thürer* zu folgendem Schluss: „The validity of an agreement by a new national government, allowing the continued presence of foreign troops with the effect of ending occupation, depends on the government's legitimacy. As is well known, in practice the legitimacy of new governments is often controversial. One way for government to have such legitimacy, is for it to be elected by the local population in an exercise of their right to self-determination. Express international recognition of such legitimacy could also offer important support."[667]

In der Literatur wird die Erscheinungsform der indirekten Besatzung diskutiert[668]. *Akande* umschreibt sie folgendermaßen: „Alternatively, it may be possible for a State to be in occupation of the territory of another State, or part of it, not

662 Dies beklagt auch Ferraro, in Ferraro, International Review of the Red Cross 2012, S. 159.

663 Vgl. hierzu auch Ferraro, International Review of the Red Cross 2012, S. 160.

664 ZB Shany, Yearbook of International Humanitarian Law 2006.

665 Der Begriff scheint hierbei nicht einheitlich benutzt zu werden: Während Ferraro hierunter auch die Einsetzung eines „puppet regimes" versteht, scheint Benvinisti nur die Zurechnung des Handelns ursprünglich staatsfremder Milizen zu meinen, vgl. Ferraro, International Review of the Red Cross 2012, S. 158 und Benvenisti, S. 61.

666 Die hiermit zusammenhängenden Fragen müssen mit Blick auf den Untersuchungsgegenstand der vorliegenden Schrift jedoch außer Betracht bleiben.

667 Thürer Daniel, in: Vuijlsteke/Olteanu (Hrsg.) 2006, S. 20.

668 Vgl. hierzu Ferraro, Occupation and other forms of administration of foreign territory, S. 23; auf dem ICRC Expert Meeting kam man übereinstimmend zu dem Schluss, dass „occupation could take the form of overall control exerted b a foreign State over local authorities who had effective control over a territory."

directly but rather through a subordinate (or puppet) administration that it controls. Where the former State exercises such control over the territory of a State such that the acts of the administration are attributable to the State, the State may constitute an occupying power."[669] *Benvinisti* stellt für das Vorliegen einer „occupation by proxies" auf Folgendes ab: „According to the law of state responsibility, occupation could be recognized when the occupying state prefers to operate through proxies. These proxies could be local insurgents, and they could also be private military companies."[670] Beide Fälle – die des Handelns durch Milizen sowie die Einsetzung eines Marionettenregierung – scheint dagegen *Ferraro* im Blick zu haben: „It is submitted here that effective control may be exercised through surrogate armed forces as long as they are subject to the overall control of the foreign state. Thus, a state would be an occupying power for the purposes of IHL when it exercises overall control over *de facto* local authorities or local organized groups that are themselves in effective control of a part thereof."[671]

Wie jedoch die Beziehung zwischen Besatzer und Marionette genau ausgestaltet sein muss, scheint weitgehend ungeklärt. Auch das Verhältnis zu den übrigen Merkmalen der Besatzung wird – soweit ersichtlich – kaum diskutiert: Ist eine militärische Präsenz des eigentlichen Besatzers durch eigene Truppen noch erforderlich? Dies erscheint für den Fall der Zurechnung des Handelns ursprünglich staatsfremder Milizen nicht erforderlich – was aber, wenn es eine etablierte und angeblich unabhängige lokale Administration gibt?

Im Tadić-Fall hatte der ICTY eine indirekte Besatzung[672] festgestellt und im Fall Blăskić das erforderliche Verhältnis der beiden Beteiligten als das einer „overall effective control" beschrieben: „In these enclaves, Croatia played the role of occupying Power through the overall control it exercised over the HVO [eine lokale Miliz], the support it lent it and the close ties it maintained with it." Ergänzend fügte das Tribunal hinzu: „Thus, by using the same reasoning which applies to establish the international nature of the conflict, the overall control exercised by Croatia over the HVO means at the time of its destruction, the property

---

669 Akande Dapo, in: Wilmshurst (Hrsg.) 2012, S. 44.

670 Benvenisti, S. 61.

671 Ferraro, International Review of the Red Cross 2012, S. 158; zudem erwähnt auch das UK Manual of the Law of Armed Conflict die Frage der indirekten Besetzung und kommt zu dem Schluss: „In such cases, despite certain differences from the classic form of military occupation, the law relating to military occupation is likely to be applicable.", vgl. UK Manual of the Law of Armed Conflict, Section 11.3.1.

672 „[T]he relationship of *de facto* organs or agents to the foreign Power includes those circumstances in which the foreign Power ‚occupies' or operates in a certain territory solely through the acts of local *de facto* organs or agents.", ICTY, Urteil (Trial Chamber) vom 7.5.1997, Tadić, Nr. IT-94-1-T, Z. 584.

of the Bosnian Muslims was under the control of Croatia and was in occupied territory."[673]

Das Kriterium der „overall effective control" im Verhältnis zwischen Besatzer und lokalem Regime ist jedoch nicht unwidersprochen geblieben. Im Fall Naletilić nahm das Tribunal ausdrücklich Bezug auf die genannten Entscheidungen und urteilte: „The overall control test, submitted in the Blăskić Trial Judgment, is not applicable to the determination of the existence of an occupation. The Chamber is of the view that there is an essential distinction between the determination of a state of occupation and that of the existence of an international armed conflict. The overall control test is applicable to the latter. A further degree of control is required to establish occupation."[674] *Ferraro* kritisiert diese Ausführungen jedoch zurecht dahingehend, dass das Tribunal die Objekte der Kontrolle vermischt: Objekt der „effective overall control" sind die staatsfremden Kräfte, während das Territorium selbst weiterhin Gegenstand der „effective conrol" – allerdings der, der lokalen Kräfte –, wie von Art. 42 HLKO gefordert, bleibt[675].

Wenn der IGH im Fall Armed Activities (DRC v Uganda) zwar eine indirekte Besatzung mangels ausreichender Belege dafür, dass die Milizen „under the control" Ugandas waren, nicht bejahte, zog er sie jedoch jedenfalls in Betracht[676].

Neben der Frage, welches Maß an Kontrolle genau über die lokalen Kräfte – ob nun Milizen oder Administration – ausgeübt werden muss, um zu einer indirekten Besatzung zu führen, scheint zudem unklar, wie die übrigen Merkmale der Besatzung beeinflusst werden. Wäre zum Beispiel bei der Installierung eines Marionettenregimes noch die Anwesenheit eigener Soldaten auf

673 ICTY, Urteil (Trial Chamber) vom 3.3.2000, Blăskić, Nr. IT-95-14-T, Z. 149.

674 ICTY, Urteil vom 31.3.2003, Naletilić and Martinvović, Nr. IT-98-34-T, Z. 214.

675 Ferraro, International Review of the Red Cross 2012, S. 159, Fn. 78: „overall control over an territory" sei nicht mit der „overall control over an entity that itself has effective control over the territory concerned" zu verwechseln.

676 IGH, Urteil vom 19.12.2005, Case concerning Armed Acitivities on the Territory of the Congo (Democratic Republic of the Congo v Uganda), Z. 177: „The Court observes that the DRC makes reference to "indirect administration" through various Congolese rebel factions and to the supervision by Ugandan officers over local elections in the territories under UPDF control. However, the DRC does not provide any specific evidence to show that authority was exercised by Ugandan armed forces in any areas other than in Ituri district. The Court further notes that, although Uganda recognized that as of 1 September 1998 it exercised ‚administrative control' at Kisangani Airport, there is no evidence in the case file which could allow the Court to characterize the presence of Ugandan troops stationed at Kisangani Airport as occupation in the sense of Article 42 of the Hague Regulations of 1907. Neither can the Court uphold the DRC's contention that Uganda was an occupying Power in areas outside Ituri controlled and administered by Congolese rebel movements. As the Court has already indicated, the evidence does not support the view that these groups were ‚under the control' of Uganda."

dem Hoheitsgebiet des fremden Staates nötig[677]? Wenn ja, reicht dann eine reduzierte Anzahl aus? Wie verhält sich eine solche „occupation by proxy" zu der Frage des Vorliegens eines de-facto-Staates oder zu einer möglichen Sezession?

ee) Ergebnis

Festzuhalten ist somit für die klassische Besatzung, dass es sich hierbei um einen faktischen Zustand handelt, der durch die Präsenz einer fremden Staatsmacht auf dem Hoheitsgebiet und die Möglichkeit derselben, unter Ausschluss des berechtigten Souveräns Hoheitsgewalt auszuüben, gekennzeichnet ist. Nach hier vertretener Meinung bezieht sich die auszuübende Gewalt des Besatzers überwiegend auf die Menschen in dem Territorium, in dem er den Einfluss des Souveräns ausschließen kann. Hierzu kann der Besatzer auch Mittler finden; welche Kriterien wiederum an dieses Verhältnis angelegt werden soll, ist jedoch nicht abschließend geklärt.

c) Dauer der Besatzung

Die Dauer einer Besatzung hängt grundsätzlich von dem Vorliegen der eben diskutierten materiellen Kriterien ab: Soweit und solange diese vorliegen, dauert die Besatzung an[678]. Nur ein solches Ergebnis ist auch mit der faktischen Natur der Besatzung zu vereinbaren. Besatzung beginnt somit „where combat is not occurring in an area controlled even for just a few days by the armed forces of a hostile Power (...)"[679].

---

677 *Ferraro* scheint der Ansicht zu sein, dass eigene „boots on the ground" in diesem Fall nicht erforderlich seien, vgl. FERRARO, International Review of the Red Cross 2012, S. 159 Fn. 80. Die Autoren Kolb und Vité hält er für von der Theorie der indirekten effektiven Kontrolle nicht völlig überzeugt, da diese in „Le droit de l'occupation militaire: perspectives historiques et enjeux juridiques actuels' die Notwendigkeit von ‚boots on the ground" betonten (dort: S. 180f). Die zitierte Stelle heißt: „dans le cas d'un exercice d'autorité indirect, par contrôle global ou effectif d'une faction interposée, il n'est pas exclu ue certains devoirs issus de droit de l'occupation puissent ponctuellement s'appliquer, du moins indirectment."

678 Dies gilt insbesondere für das Haager Recht, vgl. auch deren travaux préparatoires; Shany bemerkt hierzu: „The *travaux préparatoires* of the Hague Regulations confirm that the scope of application *ratione temporis* of these rule is aligned to their scope *ratione materiae.*", KOUTROULIS, International Review of the Red Cross 2012, S. 172.

679 Eritrea-Ethiopia Claims Commission – Partial Award: 9, Central Front – Eritrea's Claim April 2,4,6,7,8,22 and 28, 2004, Reports of International Awards Vol. X8XVI (2009), Z. 57; zustimmend: BENVENISTI, S. 55; zurückhaltend: DINSTEIN, The International Law of Belligerent Occupation, S. 39 („more extreme view").

Wann aber endet Besatzung? Nach der HLKO scheint der Fall eindeutig: nur mit Wegfall eines der Kriterien – oder allen dreien, klassisches Beispiel hierfür der Rückzug der Truppen aus dem betroffenen Gebiet[680] – endet die Besatzung. Weniger eindeutig scheint dieses Ergebnis jedoch bei Lektüre des Art. 6 Abs. 3 Vierte Genfer Konvention: „In case of occupied territory, the application of the present Convention shall cease one year after the general close of military operations; however, the Occupying Power shall be bound, for the duration of the occupation, to the extent that such Power exercises the functions of government in such territory, by the provisions of the following Articles of the present Convention: 1 to 12, 27, 29 to 34, 47, 49, 51, 52, 53, 59, 61 to 77, 143."

Obwohl durch das Mauer-Gutachten des IGH wieder mit einer gewissen Aktualität ausgestattet[681], ist man sich in der Literatur weitgehend einig darüber, dass die Ein-Jahres-Regel nicht mehr gültig sei[682]. Der weit überwiegende Teil der Staatengemeinschaft[683] hat zudem das Erste Zusatzprotokoll ratifiziert, dessen Art. 3(b) den Art. 6 Abs. 3 Vierte Genfer Konvention verdrängt. Dort heißt es: „The application of the Conventions and of this Protocol shall cease (...) in case of occupied territories, on the termination of occupation, except for those persons whose final release, repatriation or re-establishment takes place thereafter." Doch selbst die Staaten, die das Protokoll nicht ratifiziert haben, taten dies nicht, weil sie den Inhalt des Art. 3 (b) nicht unterstützten, wie die Plenarsitzung zur Vorbereitung des Protokolls zeigt[684]. Die Haltung, dass eine Besatzung mit dem Wegfall der materiellen Kriterien endet, spiegelt auch eine Reihe von Resolutionen des UN General Assembly wider[685].

Bekannte Besatzungen der jüngeren Vergangenheit zeichneten sich gerade dadurch aus, dass sie sehr viel länger als ein Jahr nach der Beendigung der Kampfhandlungen andauerten; so ist zum Beispiel Israel über Jahrzehnte Besatzungsmacht der palästinensischen Gebiete gewesen. Dieses Problem der „prolonged occupation" – in deren Rahmen die erweiterte Rechtsetzungsbefugnis des

---

680 Vgl. IGH, Urteil vom 19.12.2005, Case concerning Armed Acitivities on the Territory of the Congo (Democratic Republic of the Congo v Uganda), Z. 167, 178/179, 254: Der Gerichtshof nahm Ugandas Verantwortlichkeit für die Verletzung des humanitären Völkerrechts bis zum Tage des kompletten Rückzugs der Truppen am 2.6.2003 an.

681 IGH, Gutachten vom 9.7.2004, Legal Consequences of the Construction of a Wall in the Occupied Palestinian Territory, Z. 125.

682 Vgl. die ausführlichen Nachweise bei Koutroulis, International Review of the Red Cross 2012, S. 173 Fn. 39.

683 Derzeit haben das ZP I 174 Staaten ratifiziert, vgl. https://ihl-databases.icrc.org/ihl/INTRO/470, zuletzt abgerufen im Februar 2019.

684 Vgl. Koutroulis, International Review of the Red Cross 2012, S. 174.

685 Koutroulis, International Review of the Red Cross 2012, S. 175 Fn. 49.

Besatzers diskutiert wird[686] – zeigt zusätzlich, dass die Ein-Jahres-Regel obsolet ist[687].

2. Funktionale Besatzung

Unbestritten kommt beim Vorliegen der gerade vorgestellten Kriterien das gesamte Besatzungsrecht zur Anwendung. Schwieriger gestaltet sich demgegenüber die Frage, ob es hinsichtlich aller Vorschriften der Vierten Genfer Konvention einer Besatzung bedarf, die den „klassischen" Erfordernissen gerecht wird. Wie bereits einleitend angedeutet, wird in diesem Zusammenhang die Ansicht vertreten, dass zwei verschiedene Besatzungsbegriffe existierten, wobei einer die Anwendbarkeit des Haager Rechts und der andere die Anwendbarkeit des Genfer Rechts bedinge[688].

a) Problemaufriss

Wie bereits erwähnt, unterscheidet das Haager Besatzungsrecht trennscharf zwischen zwei Phasen: der Phase der Invasion und, nachdem die Autorität der fremden Macht stabilisiert wurde, der Phase der Besatzung[689]. Das Recht der Besatzung findet nach diesem Modell nur dann Anwendung, wenn diese Phase und insbesondere die erforderliche Kontrolle erreicht wurde und endet, wenn die oben diskutierten Kriterien nicht mehr vorliegen. Demgegenüber wird diskutiert, ob den Genfer Konventionen dieselbe strikte Aufteilung nach Phasen zugrunde liegt, oder ob mit Blick auf das Kriterium der Kontrolle eine graduelle Anwendbarkeit möglich ist. Dies wird im Ergebnis wohl überwiegend bejaht[690], jedoch besteht Streit darüber, ob der Vierten Genfer Konvention allgemein ein anderer, „großzügigerer" Besatzungsbegriff zugrunde liegt.

b) Meinungsstand

Um die Frage zu klären, muss zunächst einmal das Verhältnis zwischen den beiden Instrumenten näher betrachtet werden. Geregelt wird dies grundsätzlich

686 Koutroulis, International Review of the Red Cross 2012, S. 176 ff; Benvenisti, S. 246 ff.

687 Eine genauere Erörterung des Sonderfalls der verlängerten Besatzung muss im Rahmen der vorliegenden Untersuchung ausgeklammert werden.

688 Vgl. hierzu Ferraro, International Review of the Red Cross 2012, S. 137.

689 Dies wird – neben der Tatsache, dass zur Zeit der Haager Konventionen dies der typische Ablauf eines internationalen Konflikts war, insbesondere am Wortlaut des Art. 43 HLKO festgemacht, Oppenheim, S. 207.

690 Ferraro, Occupation and other forms of administration of foreign territory, S. 24/25: „(...) [T]he vast majority of participants showed some empathy for the application of the Fourth Geneva Convention across the board and favoured the application in situations of invasion as a matter of law or policy."

durch Art. 154 Vierte Genfer Konvention: „In the relations between the Powers who are bound by the Hague Conventions respecting the Laws and Customs of War on Land, whether that of July 29, 1899, or that of October 18, 1907, and who are parties to the present Convention, this last Convention shall be *supplementary* to Sections II and III of the Regulations annexed to the above-mentioned Conventions of The Hague."[691] Dies entspricht dem Grundsatz „lex posterior derogat legi priori" insoweit die beide Verträge dieselbe Materie regeln[692]. Enthält das spätere Instrument jedoch keine Regelung zu einer bestimmten Frage, ist von einer Weitergeltung der früheren Regelung auszugehen. Nun nimmt die Vierte Genfer Konvention im gemeinsamen Art. 2 ausdrücklich auf den Zustand der Besatzung Bezug[693] definiert diesen aber nicht. Dies, obwohl die Vierte Genfer Konvention durchaus zwischen den Phasen der Invasion und der Besatzung zu unterscheiden scheint. Dies spricht für viele[694] dafür, dass der Besatzungsbegriff, wie er in Art. 42 Haager Landkriegsordnung geregelt ist, nicht angetastet werden sollte[695] und für beide Instrumente gelte. Nach dieser Ansicht setzt die Vierte Genfer Konvention den Besatzungsbegriff voraus und ergänzt ihn lediglich dahingehend, dass eine Besatzung nicht von einem vorhergegangenen bewaffneten Widerstand abhängig sei.

Nach anderer Ansicht ist es mit dem Telos der Vierten Genfer Konvention nicht zu vereinbaren, dass ihr Schutz erst dann eingreift, wenn eine Besatzung im Sinne des Art. 42 Haager Landkriegsordnung, also „effective control" mit all den gerade geschilderten Voraussetzungen vorliegt. Insbesondere *Pictets* Kommentierung des Artikels 6 der Vierten Genfer Konvention begründet diese Auffassung. *Pictet* führt aus: „In all cases of occupation, whether carried out by force or without meeting any resistance, the Convention becomes applicable to individuals, i.e. to the protected persons, as they fall into the hand of the Occupying Power. It follows from this that the word ‚*occupation*', as used in the Article, *has a wider meaning than it has in Article 42 of the Regulations annexed to the Fourth*

691 Hervorhebung durch die Verfasserin; dieses Verhältnis wird durch den EGMR im Fall Kononov v Latvia aufgenommen: „Both the ‚Hague' and the ‚Geneva' branches of law were closely interrelated, the latter supplementing the former.", EGMR (GK), Urteil vom 17.5.2010, Kononov v Latvia, Nr. 36376/04, Z. 207.

692 Dies wurde auch auf der Genfer Konferenz als Lösung eines potentiellen Normkonflikts gesehen: Im Falle von Abweichungen des einen Instruments von dem anderen, sollten diese „be settled according to the recognized principles of law, in particular according to the rule that a latter law superseded an earlier one", Final Record of the Diplomatic Conference of Geneva 1949, Vol. II, S. 787.

693 „The Convention shall also apply to all cases of partial or total occupation of the territory of a High Contracting Party, even if the said occupation meets with no armed resistance."

694 Ferraro, International Review of the Red Cross 2012, S. 136; Dinstein, S. 6/7.

695 Vgl. zu den fehlenden Hinweisen auf eine solche Absicht in den „travaux preparatoires" auch Ferraro, International Review of the Red Cross 2012, S. 136.

Hague Convention of 1907. So far as individuals are concerned, the application of the Fourth Geneva Convention *does not depend upon the existence of a state of occupation within the meaning of the Article 42* referred to above.(…) There is no intermediate period between what might be termed the invasion phase and the inauguration of a stable regime of occupation. Even a patrol which penetrates into enemy territory without any intention of staying must respect the Conventions in its dealings with the civilians it meets."[696] Dieser Ansicht schließt sich der ICTY in der Entscheidung Prosecutor v Naletilić and Martinović an: „The Chamber accepts this to mean that the application of the law of occupation as it effects ‚individuals' as civilians protected under Geneva Convention IV does not require that the occupying power have actual authority. For the purposes of those individuals' rights, a state of occupation exists upon their falling into ‚the hands of the occupying power.' Otherwise civilians would be left, during an intermediate period, with less protection than that attached to them once occupation is established. Consequently, the Chamber will have recourse to different legal tests to determine whether the law of occupation applies, depending on whether it is dealing with individuals or with property and other matters."[697]

Die Sichtweise, die Vierte Genfer Konvention habe den Begriff der Besatzung neu definiert, insbesondere, was den zeitlichen Aspekt beträfe[698], blieb nicht ohne Anhänger[699]. Argumentiert wird damit, dass die Vierte Genfer Konvention auf einen möglichst umfassenden Schutz der „protected persons"[700] ausgerichtet sei und es demgemäß keine Schutzlücken geben dürfe. Das Telos der Vierten Genfer Konvention unterscheide sich von dem der Haager Landkriegsordnung, da nicht mehr die Interessen des Staates, sondern die des Individuums im Mittelpunkt stünden[701]. *Benvenisti* ist in diesem Zusammenhang der Ansicht, dass die effektive Kontrolle im Rahmen der Vierten Genfer Konvention als diejenige über Menschen und nicht diejenige über Territorium anzusehen wäre[702]

Zur weiteren Begründung des Konzepts „functional beginning of belligerent occupation"[703] wird insbesondere auf die Art. 2, 4 und 6 der Vierten Genfer

---

696 Pictet, S. 60, Hervorhebung durch die Verfasserin.

697 ICTY, Urteil vom 31.3.2003, Naletilić and Martinvović, Nr. IT-98-34-T, Z. 219/220.

698 Welcher wiederum unmittelbar mit dem Kriterium der „effective control" zusammenhängt.

699 Vgl.Siegrist; Koutroulis, Revue Belge de Droit International 2006 S. 719 ff.

700 Art. 4 der Vierten Genfer Konvention definiert diese so: „those who, at a given moment and in any manner whatsoever, find themselves, in case of a conflict or occupation, in the hands of a Party to the conflict or Occupying Power of which they are not nationals."

701 Siegrist, III. Ziff. 2.2, Rn. 5.

702 Fundstelle? Zitat lautet: „In other words, the applicability of the fourth Geneva Convention during the invasion phase would be based on effective control over persons rather than on effective control over foreign territory (or parts of it)."

703 Siegrist, III. 2.3.b., Rn. 20.

Konvention zurückgegriffen[704]. Art. 4 der Vierten Genfer Konvention zeige, dass dieser grundsätzlich ein anderer „Regelungsgegenstand" zugrunde liege als der Haager Landkriegsordnung; deshalb müsse auch der Gegenstand der effektiven Kontrolle im Genfer Besatzungsrecht der Mensch sein[705]. Aus der Sicht der Vierten Genfer Konvention zähle „not the effective control of a state over the territory and its authority, but the broader effective control of a state over the civilian population of a territory."[706] *Hupkes* sieht zudem in Art. 6 Abs. 3 der Vierten Genfer Konvention[707] einen Hinweis darauf, dass der Besatzungsbegriff der beiden Abkommen nicht derselbe sei: Während der Haager Besatzungsbegriff stark davon abhänge, dass die Regierungsfunktionen des vorherigen Souveräns übernommen würden, zeige dieser Artikel, dass es nach dem Genfer Besatzungsbegriff hierauf nicht entscheidend ankomme.[708]

c) Ergebnis

Auch wenn sich am Besatzungsbegriff und insbesondere der Frage des Beginns der Besatzung die Geister scheiden, führen die beiden Theorien wohl nicht zu sehr unterschiedlichen Ergebnissen. Mögen die Anhänger der „Haager Schule" die Einführung eines neuen Besatzungsbegriffs durch die Vierte Genfer Konvention auch verneinen, so schließen sie eine Anwendung bestimmter Vorschriften der Vierten Genfer Konvention auch in der Invasionsphase nicht aus. *Ferraro* fasst das Verhältnis zwischen den beiden Strömungen zusammen: „Moreover, one should not misinterpret the position expressed in the ICRC's Commentaries as well as the ICTY's decision in the Naletilić case. They suggest only that certain provisions of the law of occupation, as set out in the GC IV, should also apply during the invasion phase."[709] Umgekehrt gehen auch die Vertreter der Genfer Schule nicht davon aus, dass der von ihnen angenommene, erweiterte Besatzungsbegriff zur Anwendbarkeit aller besatzungsrechtlichen Vorschriften

---

704 Vgl. Siegrist, I. Rn. 4, III. Rn. 16, der diese Klauseln als „cornerstone of the functional beginning of the belligerent occupation theory" bezeichnet; ähnlich Hupkes, der Art. 4, 47 und 6 Abs. 3 Vierte Genfer Konvention zitiert, Dikker Hupkes, S. D, MI 141, S. 31/32.

705 Vgl. Dikker Hupkes, S. D, MI 141, S. 31: „The definition of occupation under the Fourth Geneva Convention, and more specifically the object of the effective control of the occupant, must be construed broader than that of the Hague Regulations."

706 Dikker Hupkes, S. D, MI 141, S. 32.

707 Satz 2 lautet in deutscher Übersetzung: „Die Besatzungsmacht ist jedoch während der Dauer der Besetzung – *soweit* sie die Funktionen einer Regierung in dem in Frage stehenden Gebiet ausübt – durch die Bestimmungen der folgenden Artikel des vorliegenden Abkommens gebunden: (...)", Hervorhebung durch die Verfasserin.

708 Dikker Hupkes, S. D, MI 141, S. 32.

709 Ferraro, International Review of the Red Cross 2012, S. 138, in Fußnote 14.

führt: „(...) [T]he provisions of the Fourth Geneva Convention applicable to occupation become applicable in a progressive manner and not *en bloc.* The Fourth Geneva Convention applies by degrees and in accordance with the nature and level of contact between the local population and the enemy troops; some provisions will thus apply immediately, others only at a later stage."[710] Für eine solche Ausdehnung des Schutzes einiger Klauseln des Vierten Genfer Protokolls kann man sich in der Literatur[711] und Praxis[712] – gleichgültig welcher Couleur – weit überwiegend erwärmen.

3. Ergebnis

Das Recht des bewaffneten Konflikts kommt grundsätzlich unabhängig vom Ort zur Anwendung, wenn die Schwelle zu einem bewaffneten Konflikt überschritten ist. Diese „all-territoriale" Geltung ist zwar nicht aus dem Begriff „under all circumstances" des gemeinsamen Art. 1 GK herzuleiten (vgl. Teil A Ziff. I 1), jedoch ist man sich im Ergebnis hierüber einig. Daneben ist fraglich, wann das Recht der Besatzung zur Anwendung kommt. Während man sich bezüglich der Merkmale militärischer Präsenz ohne Einverständnis des Territorialstaats einig ist, bestehen bezüglich des Grades der Kontrolle unterschiedliche Auffassungen. Während die Haager Schule mit ihrem klassischen Besatzungsbegriff die Etablierung effektiver Kontrolle auf einem Gebiet fordert, nimmt die Genfer Schule eine Besatzung an, wenn Personen in die Hände der fremden Staatsmacht fallen. Wenn sie auch auf dogmatisch unterschiedlichen Wegen zu dem Ergebnis kommen, nehmen doch beide Ansichten an, dass bestimmte Vorschriften der Genfer Konventionen bereits vor Erfüllung der Haager Kriterien einer Besatzung zur Anwendung kommen.

Es ist jedoch die Genfer Schule, die den Besatzungsbegriff der Genfer Konventionen als – dem Geist der Zeit entsprechend – auf den Menschen bezogen betrachtet. Im Unterschied zum Haager Recht, welches die Beziehung zwischen

---

710 Siegrist, III. 2.3.b, Rn. 20.

711 Vgl. hierzu zB Ferraro, Occupation and other forms of administration of foreign territory, S. 24/25: „(...) the vast majority of participants showed some empathy for the application of the Fourth Geneva Convention across the board and favoured its application in situations of invasion as a matter of law or policy."

712 Vgl. hierzu zum Beispiel das US Army Field Manual, welches unter der Überschrift „Application of Law of Occupation": „The rules set forth in this chapter apply of their own force only to belligerently occupied areas, but they should, as a matter of policy, be observed as far as possible in areas through which troops are passing and even on the battlefield.", Rn. 352, abrufbar unter: http://www.shtfinfo.com/shtffiles/good_info/Department%20Of%20The%20Army/THE%20LAW%20OF%20LAND%20WARFARE%20FM%2027-10%20%28160%29/THE%20LAW%20OF%20LAND%20WARFARE%20FM%2027-1%20-%20Department%20Of%20The%20Army.pdf, zuletzt abgerufen im Februar 2019.

den beiden Staaten in den Mittelpunkt stelle, basiere der Besatzungsbegriff auf der effektiven Kontrolle von Personen. Dies wird als eines der großen Unterscheidungsmerkmale der beiden Denkschulen gesehen. Nach hier vertretener Ansicht, geht es aber auch im Haager Recht schwerpunktmäßig um das Verhältnis – oder potentielle Verhältnis – des Besatzers zu den Menschen auf dem eingenommenen Gebiet. Dies nicht, weil das Haager Recht den Schutz dieser Menschen in den Mittelpunkt stellen würde, sondern weil jedwede Herrschaftsgewalt sich im Verhältnis von Souverän und Bürger definiert. Natürlich interessiert das klassische Besatzungsrecht auch Dingliches, zum Beispiel wie mit den Ressourcen des Landes umgegangen wird, welches der Besatzer nur treuhänderisch verwalten soll, jedoch ist der entscheidende Begriff der „autorité", die der Besatzer ausüben muss, um zum Besatzer zu werden und die er von dem rechtmäßigen Souverän übernimmt, ein Begriff, der nur im Verhältnis zu Menschen Sinn ergibt. Deshalb ist nach hier vertretener Ansicht Kern beider Besatzungsbegriffe nach die Kontrolle von Menschen: die eine potentiell, weil sie sich auf eine größere Menge Menschen auf einem Gebiet von gewisser Größe bezieht, die andere direkt, da die Menschen „in die Hände" der fremden Macht gefallen sind. Diese Struktur weist große Ähnlichkeit zu dem personalen und territorialen Modell auf, welches im Rahmen der Rechtsprechung zur Anwendbarkeit der Menschenrechtsverträge nun näher vorgestellt werden soll.

II. Die Rolle der Besatzung im Rahmen der Rechtsprechung zur Jurisdiktion

Die im Rahmen der Untersuchung der Besatzung gefundenen Ergebnisse sollen nun in eine Beziehung mit der Rechtsprechung zur Jurisdiktion gebracht werden. Es soll untersucht werden, ob und wie der Besatzungsbegriff in der Rechtsprechung und Praxis der Menschenrechtsorgane verwendet wird. Dabei wird – der besseren Umschreibung zuliebe und ohne sich inhaltlich der einen oder anderen oben erörterten Auffassung anschließen zu wollen – terminologisch an die „Haager" und an die „Genfer Schule" angeknüpft und Beziehung der Konzepte mit der Jurisdiktionsfrage untersucht.

1. Meinungsstand

Was die Bedeutung der Besatzung für die Jurisdiktionsfrage angeht, gibt es ein breitgefächertes Meinungsspektrum, welches von der Verneinung irgendeiner Bedeutung[713], über die Annahme einer Parallelität der Konzepte[714], bis zur

713 Vortrag Großbritanniens in EGMR, Urteil vom 7.7.2011, Al-Skeini et al v UK, Nr. 55721/07; Johann, 35; diese Ansicht wird mit einiger Wahrscheinlichkeit durch die Äußerungen des Gerichtshofs in Jaloud v The Netherlands, Urteil vom 20.11.2014, noch Auftrieb gewinnen.

714 Lorenz.

Annahme einer starken Vermutung für Jurisdiktion bei Vorliegen einer Besatzung[715] reicht. Da die Frage, was die humanitärvölkerrechtliche Besatzung für eine Auswirkung auf die Jurisdiktion eines Vertragsstaates hat, so unterschiedlich beantwortet wird, lohnt sich ein Blick auf die Begründung der jeweiligen Ansichten. Aus der Rechtsprechung kann insbesondere der Fall Al-Skeini für die Betrachtung fruchtbar gemacht werden, da von den Parteien die Auswirkung der Besatzung auf die Anwendbarkeit der EMRK diskutiert wird[716].

Teilweise wird ein Rückschluss auf die Frage der Anwendbarkeit des jeweiligen Menschenrechtsvertrags bei Vorliegen einer Besatzung im humanitärvölkerrechtlichen Sinn völlig verneint. So geschehen im Vortrag des Antragsgegners im Fall Al-Skeini: Großbritannien sah keinerlei Zusammenhang zwischen den Konzepten „occupation“ und „jurisdiction“ und sah sich insofern auch in der Rechtsprechung des EGMR bestätigt: „In the Government's submission, the fact that between May 2003 and June 2004 the United Kingdom was an Occupying Power within the meaning of the Hague Regulations did not, in itself, give rise to an obligation to secure the Convention rights and freedoms to the inhabitants of south-east Iraq. (...) In any event, the Court's case-law demonstrated that it approached the question whether a State exercised jurisdiction extraterritorially as one of fact, informed by the particular nature and history of the Convention. The obligations imposed by the Fourth Geneva Convention and the Hague Regulations were carefully tailored to the circumstances of occupation and could not in themselves have consequences for the very different issue of jurisdiction under the Convention.“[717] Begründet wird die mangelnde Bedeutung des einen Konzepts für das andere also damit, dass es sich um unterschiedliche Rechtsmaterien handele. Allerdings scheint es, als würde Großbritannien davon ausgehen, dass die humanitärvölkerrechtlichen *Rechtsfolgen* der Besatzung in Gestalt der Verpflichtungen des Besatzers keine Bedeutung für die Frage der Jurisdiktion haben. Dies scheint am Kern der Frage vorbeizugehen, da es um die Bedeutung des *Tatbestands* der Besatzung und seine Auswirkungen auf die Begründung von Jurisdiktion geht. Eine Auswirkung der hieraus folgenden Verpflichtungen nach den Genfer Konventionen und HKLO können denknotwendig erst im inhaltlichen Bereich eine Rolle spielen. Der Ansicht, dass das Vorliegen einer humanitärvölkerrechtlichen Besatzung keine Auswirkung auf die Beantwortung der Jurisdiktionsfrage habe, schließt sich *Johann* an. Bezüglich der Rechtsprechung des EGMR ist er der Meinung, dass zwar kein einheitlicher Maßstab erkennbar

---

715 Antragsteller in EGMR, Urteil vom 7.7.2011, Al-Skeini et al v UK, Nr. 55721/07, Z. 129.

716 Wenn es im Ergebnis auf diese Frage nach Ansicht des EGMR nicht entscheidend ankam, war eine Konzentration der Diskussion auf diese Frage durchaus nachzuvollziehen, da das Vorliegen einer Besatzung der entscheidende Unterschied zu Banković schien.

717 EGMR, Urteil vom 7.7.2011, Al-Skeini et al v UK, Nr. 55721/07, Z. 114.

sei, was die Formel „effective control over territory“ anbelange, sich jedoch auch aus der Besetzung eines Gebietes im Sinne des humanitären Völkerrechts nichts für das Kriterium ziehen lassen[718]. Insbesondere sei „effektive Kontrolle“ im Sinne des territorialen Modells nicht jedenfalls dann anzunehmen, wenn ein Gebiet militärisch besetzt sei[719]. Zur Begründung führt er insbesondere an, dass der EGMR lediglich im Fall Assanidze v Georgien ausdrücklich auf die militärische Besatzung Bezug nehme und dies auch nur in einem „obiter dictum“[720]. In der Nordzypern-Rechtsprechung sei von Besatzung nicht die Rede gewesen, sondern der Begriff der effektiven Kontrolle autonom ausgelegt worden[721]. Hierfür spreche zudem auch, dass der Gerichtshof die Frage offen gelassen habe, ob mit dem offiziellen Status als Besatzungsmacht auch effektive Kontrolle im Sinne des territorialen Modells ausgeübt wurde[722]. *Johann* kommt zu dem Schluss: „Vor diesem Hintergrund kann nicht angenommen werden, daß ein militärisch besetztes Gebiet *per definitionem* der 'effektiven Kontrolle' der Besatzungsmacht untersteht.“[723]

Ganz anders die Bedeutung, die die Beschwerdeführer in Al-Skeini der Besatzung beimessen: „It was their case that where, as a matter of international law, territory was occupied by a State as an Occupying Power, because that territory was actually placed under the authority of that State's hostile army (see Article 42 of the Hague Regulations (...)), that was sufficient to constitute extraterritorial jurisdiction under Article 1 of the Convention. This consequence of belligerent occupation reflected the approach in international law, both as regards extraterritorial jurisdiction and extraterritorial application of human rights based on ‚jurisdiction‘.“[724] Diese Ansicht scheint auch *Milanovic* zu vertreten. Er beleuchtet ebenfalls die Beziehung zwischen den beiden Konzepten und versucht die Frage zu beantworten, „whether the state jurisdiction threshold for the application of human rights treaties is the same as or different than the threshold required for the establishment of a belligerent occupation.“[725] Insbesondere beschäftigt ihn die Frage, ob „effective control“ in beiden Zusammenhängen dasselbe bedeutet. Er kommt zu dem Schluss, dass „ [i]n all but the most exceptional of cases, the two thresholds should be the same, so long as it is borne in mind that effective control

718 Johann, S. 75/76.

719 Johann, S. 76.

720 Johann, S. 76.

721 Johann, S. 76/77.

722 Johann, S. 78.

723 Johann, S. 78; im Übrigen bemerkt er, dass „ein solcher Ansatz letztlich auch keine besonderen Vorzüge böte. Die Problematik, eine präzise Definition der „effektiven Kontrolle“ zu finden, würde damit lediglich verlagert. Denn es ist auch keineswegs immer unproblematisch zu beantworten, wann ein Gebiet als militärisch besetzt angesehen wird.“, vgl. S. 78, Fn. 35.

724 EGMR, Urteil vom 7.7.2011, Al-Skeini et al v UK, Nr. 55721/07, Z. 125.

725 Milanovic, Extraterritorial Application of Human Rights Treaties, S. 142.

implies the power not only to affect the human rights of the population, but also to secure them, yet that the consequent obligation to secure or ensure human rights is a flexible one."[726] Im Umkehrschluss bedeutet dies für *Milanovic* jedoch auch, dass territoriale Kontrolle, die die Kriterien für eine militärische Besatzung nicht erreicht, grundsätzlich nicht für das territoriale Modell ausreiche[727]. Auch andere Stimmen in der Literatur sprechen sich für einen Zusammenhang zwischen Besatzung und Jurisdiktion aus[728]

Die Nebenintervenienten in Al-Skeini sahen ebenfalls eine Bedeutung des Vorliegens einer Besatzung nach dem humanitären Völkerrecht für die Frage der Jurisdiktion. Zwar setzten sie die Begriffe nicht gleich, kamen jedoch zu dem Ergebnis: „Certain situations, such as military occupations, created a strong presumption that individuals were under the control, authority or power of the occupying State. Indeed, one principle which emerged from the case-law of the International Court of Justice, *inter alia*, was that once a situation was qualified as an occupation within the meaning of international humanitarian law, there was a strong presumption of ‚jurisdiction' for the purposes of the application of human rights law."[729] Dieser Gedanke der Vermutung einer Jurisdiktion bei Vorliegen einer Besatzung schien Anklang bei Richter *Bonello* zu finden. Allerdings schlug er in seiner „Concurring Opinion" in Al-Skeini vor, dass bereits die Anerkennung eines Staats als Besatzungsmacht zu einer Vermutung der Jurisdiktion führen solle[730]. Der feine Unterschied ist, dass für die Vermutung, Jurisdiktion zu

---

726 Milanovic, Extraterritorial Application of Human Rights Treaties, S. 147; ähnlich die Ansicht Lorenz' der von einer „Parallelität der Konzepte" ausgeht, ohne dies jedoch näher auszuführen, vgl. Lorenz, S. 91; von der Annahme, das Besetzung grundsätzlich die Jurisdiktion der Vertragsstaaten begründet, gehen zudem aus: Koutroulis, International Review of the Red Cross 2012, S. 197, Fn. 178.

727 Milanovic, Extraterritorial Application of Human Rights Treaties, S. 147; hierzu führt er aus: „Conversely, turning back to the above example of Gaza, we should also resist accepting that jurisdiction may arise without occupation in situations where states obtain control over foreign territory by force. While it may seem attractive in some cases to relax the threshold of jurisdiction below that of occupation, doing so would actually expose extraterritorial application to the charge of utopia as an ideal completely divorced from practical considerations." Diese Argumentation mag etwas für sich haben, jedoch zeigt die Rechtsprechung, dass sie Jurisdiktion im Rahmen des territorialen Modells wohl durchaus auch dann annimmt, wenn keine militärische Besatzung im Sinne des humanitären Völkerrechts vorliegt, vgl. Ziff. II.2.b).

728 Pedersen, Nordic Journal of International Law 2004, S. 302; Jankowska-Gillenberg, S. 75: „Eine klassische Form der extraterritorialen Ausübung von Hoheitsgewalt stellt die Besetzung eines Staatsgebiets durch staatliche Organe dar."

729 EGMR, Urteil vom 7.7.2011, Al-Skeini et al v UK, Nr. 55721/07, Z. 129.

730 Richter Bonello in EGMR, Urteil vom 7.7.2011, Al-Skeini et al v UK, Nr. 55721/07, Separate Concurring Opinion, Z. 24.

haben, die *Anerkennung* ausreicht, welche einen formalen Akt darstellt, der mit der – gerade im Besatzungsrecht allein entscheidenden – tatsächlichen Lage vor Ort nicht unbedingt übereinstimmen muss. Dementsprechend ist nach Bonellos Vorstellung die Vermutung auch widerlegbar. Dieser prozedurale Einsatz der formalen Anerkennung der Besatzung als Beleg für Jurisdiktion hat den Vorteil, dass es nicht länger Sache der Opfer von Kriegsverbrechen wäre, die effektive Kontrolle der Besatzungsmacht zu beweisen, sondern Sache der Besatzungsmacht, die Vermutung zu widerlegen[731].

2. *Die klassische Besatzung und das territoriale Modell*

a) *Keine Besatzung ohne Jurisdiktion*

Die Kriterien, die sich im Rahmen der Untersuchung sowohl der Rechtsprechung zur Jurisdiktion (vgl. Teil A, Ziff. 3) als auch des Konzepts der Besatzung (vgl. Teil C, Ziff. I) herauskristallisiert haben, legen nahe, dass die beiden Konzepte in einer Beziehung zueinander stehen müssen. Welcher Art diese Beziehung ist, soll im Folgenden genauer untersucht werden. Die Vorgehensweise der Untersuchung gestaltet sich so, dass zunächst näher betrachtet werden soll, wie sich der humanitärvölkerrechtliche Hintergrund der Entscheidungen zum territorialen Modell gestaltet. Es erscheint unwahrscheinlich, dass das Konzept der militärischen Besatzung keinen Einfluss auf das territoriale Modell zur Begründung extraterritorialer Jurisdiktion hat, wenn es genau in solchen Situationen entwickelt wurde. Deshalb ist zum einen zu prüfen, ob in den Fällen, in denen die Jurisdiktion nach dem Modell der „effective control over territory" begründet wurde, tatsächlich eine militärische Besatzung vorlag. Zudem erscheint wichtig, wie die Menschenrechtsorgane selbst in ihren Entscheidungen die Situation einschätzten. Sodann soll in einem zweiten Schritt die Verwendung des Besatzungskonzepts im Rahmen der Begründung der Jurisdiktion nach dem territorialen Modell untersucht werden.

aa) Humanitärvölkerrechtlicher Hintergrund der Entscheidungen zum territorialen Modell

In der Folge ist zu prüfen, ob in den Fällen der Menschenrechtsorgane, in denen die Jurisdiktion nach dem Modell der „effective control over territory" begründet wurde, tatsächlich eine militärische Besatzung vorlag. Zudem erscheint wichtig, wie die Organe in ihren Entscheidungen die Situation einschätzten, soweit sie sich hierzu äußern. Maßgeblich geprägt wurde das Modell – wie in Teil A, Ziff. 3 bereits dargestellt – von EGMR und dem UN-Menschenrechtsausschuss, weshalb

731 Richter Bonello in EGMR, Urteil vom 7.7.2011, Al-Skeini et al v UK, Nr. 55721/07, Separate Concurring Opinion, Z. 24.

die den Entscheidungen zugrunde liegenden Konflikte näher betrachtet werden sollen.

(1) Nordzypern

Zunächst ist die Situation in Nordzypern[732] zu beleuchten, die für die Entwicklung des territorialen Ansatzes in der Rechtsprechung der europäischen Menschenrechtsorgane eine herausragende Rolle gespielt hatte. Auf dem Hoheitsgebiet Zyperns marschierten ohne dessen Einverständnis am 20.7.1974 türkische Truppen ein, welche erst an der sog. Attila Linie Halt machten und so ein Drittel der Insel unter ihre Kontrolle brachten. Formal stützte die Türkei ihr Vorgehen auf den Garantievertrag von 1960, der neben Großbritannien und Griechenland auch der Türkei das Recht vorbehielt, zur Wiederherstellung der verfassungsgemäßen Ordnung einseitig intervenieren zu können. Seitdem sind auf zypriotischen Hoheitsgebiet durchgehend 20.000 bis 30.000 Soldaten stationiert; die Wirtschaft des Nordteils der Insel ist gleichsam Teil der türkischen Wirtschaft. Zudem sind seit 1974 ca. 60.000 Türken auf den Nordteil der Insel ausgewandert. Auf der Insel selbst wurden ca. 200.000 Menschen entsprechend der Verteilung auf den griechischen und türkischen Teil Zyperns umgesiedelt. Der bereits vor der türkischen Intervention bestehende „Turkish Cypriot autonomous body“, der sich um die Verwaltung türkischer Enklaven gekümmert hatte, formierte sich 1975 neu als „Turkish Federated State of Cyprus“. Im selben Jahr wurden allgemeine Wahlen abgehalten. Nach langem Ringen um eine politische Lösung wurde 1983 unter Berufung auf das Recht zur Selbstbestimmung die Türkische Republik Nordzypern (TRNZ) ausgerufen, welche bis heute lediglich von der Türkei anerkannt wurde. Die übrige Staatengemeinschaft sieht Nordzypern einhellig als von der Türkei militärisch besetzt an. Dies zeigt sich unter anderem in mehreren Resolutionen der UN-Generalversammlung, die die Anwesenheit der türkischen Truppen als Besetzung qualifizieren[733]. Auch in der Literatur wird die Situation in Nordzypern stets als eine der „belligerent occupation“ bezeichnet[734].

Wendet man die materiellen Kriterien, die zum Vorliegen einer Besatzung erforderlich sind (vgl. Ziff. I. 1.), an, so ist diese Einschätzung nicht von der Hand zu weisen: Seit der Invasion im Jahr 1974 halten sich unstreitig türkische

732 Hierbei wird für den Sachverhalt auf die Schilderung des Konflikts bei Benvenisti, S. 191 ff zurückgegriffen.

733 UN GA Res. 33/15, 9.11.1978, Prämbel Z. 6 (110 dafür, 4 dagegen, 22 Etnhaltungen); UN GA Res. 34/30, 20.11.1979, Präamble Ziff. 9 (99 dafür, 5 dagegen, 35 Enthaltungen); UN GA Res. 37/253, 13.5.1983, Präambel Ziff. 8 und Ziff. 8 (103 dafür, 5 dagegen, 20 Enthaltungen).

734 Vgl. zB Koutroulis, International Review of the Red Cross 2012, S. 171; Benvenisti, S. 191 ff, der hierbei jedoch durchaus auf das widersprüchliche Verhalten der internationalen Gemeinschaft im Vergleich zu anderen Fällen eingeht, vgl. Benvenisti, S. 194.

Bodentruppen auf zypriotischen Hoheitsgebiet ohne das Einverständnis des Territorialstaates auf. Als Territorialstaat wird immer noch das seit der Invasion auf den südlichen Teil verdrängte Zypern gesehen; das in Nordzypern entstandene Regime wird lediglich von der Türkei anerkannt[735]. Das Kriterium der Fähigkeit, effektive Kontrolle über das Territorium auszuüben, wirft vorliegend zwei Fragen auf: Ihre Ausübung scheint sowohl durch die türkischen Truppen selbst als auch durch das die lokalen Kräfte des TRNZ möglich. Was die Ausübung der effektiven Kontrolle der türkischen Truppen selbst angeht, ist Indikator hierfür die Anzahl der Soldaten im Verhältnis zur Bevölkerung[736], wenn dies auch in sich kein Alleinentscheidungsmerkmal ist. Dabei scheinen 20.000 bis 30.000 Soldaten gemessen an Größe und Bevölkerungsdichte als ausreichend, um die Autorität der Türkei kurzfristig auf dem Nordteil der Insel durchzusetzen. Angesichts des Einflusses, den die Türkei in Nordzypern hat, ist es zudem nicht ausgeschlossen, dass die Handlungen des TRNZ zurechenbar sind – ob man nun den Maßstab der „effective overall control" für ausreichend hält oder „effective control" fordert (vgl. Ziff. I.1.b)). Demnach könnte zusätzlich zu der direkten effektiven Kontrolle auch indirekte effektive Kontrolle, wie sie für eine „occupation by proxy" üblich ist, vorliegen. Der EGMR und der Menschenrechtsausschuss jedenfalls legten in ihren Äußerungen zugrunde, dass die Türkei Nordzypern (illegal[737]) besetzt[738].

(2) Transdniestrien

Im Vergleich zu Nordzypern erscheint die Situation in Moldawien – die der wichtigen Entscheidung in Ilaşcu et al v Moldova and Russia zugrunde lag und auch vom UN-Menschenrechtsausschuss aufgegriffen wurde – bezüglich der

---

735 Gerade im Spannungsfeld zu Fragen der Sezession zeigt sich, dass der grundsätzlich rein faktische Begriff der Besatzung nicht völlig frei von rechtlicher Einschätzung bzw. von dem Verhalten der Staatengemeinschaft angesichts der Besatzung ist: Erkennen Staaten ein Regime an, kann es dazu kommen, dass eine Sezession erfolgreich ist und der verdrängte Staat nicht mehr als Territorialstaat gesehen wird; in diesem Fall ist sein Einverständnis nicht mehr erforderlich und aus einer ursprünglichen Besatzung kann ein neuer – nicht mehr besetzter – Staat entstehen; vgl. auch Benvenisti, S. 194, der die Situation in Nordzypern als eine fehlgeschlagene Sezession sieht.

736 Für viele: Benvenisti, S. 51.

737 EGMR, Urteil vom 01.03.2010, Demopoulos et al v Turkey, Nr. 46113/99, 3843/02, 13751/02, 13466/03, 10200/04, 14163/04, 19993/04, 21819/04, Z. 94.

738 Vgl. zB EGMR, Urteil vom 23.3.1995, Lozidou v Turkey (preliminary objections), Nr. 15318/89, Z. 53 und 63; EGMR, 18.12.1996, Loizdou v Turkey (merits), Nr. 15318/89, Z. 31; EGMR, Urteil vom 01.03.2010, Demopoulos et al v Turkey, Nr. 46113/99, 3843/02, 13751/02, 13466/03, 10200/04, 14163/04, 19993/04, 21819/04, Z. 94; MRA, Concluding Observations on the Second Periodic Report of Cyprus vom 3.8.1994, UN Doc. CCPR/C/79/Add.39; wortgleich: MRA, Concluding Observations on the Third Periodic Report of Cyprus vom 6.4.1998, CCPR/C/79/Add.88, Z. 3.

besatzungsrechtlichen Einordnung weniger klar einzuordnen. Dies mag daran liegen, dass in der Literatur der sezessionistische Aspekt der Situation im Vordergrund steht[739]. Die Konflikte der post-sowjetischen Ära werden allgemein als „frozen conflicts“[740] bezeichnet, was die mangelnde Lösung der Territorialstreitigkeit über einen langen Zeitraum widerspiegelt. Diese „gefrorenen Konflikte“ weisen ähnliche Merkmale auf[741], von denen insbesondere eines für die humanitärvölkerrechtliche Einordnung von Interesse ist: die Beteiligung von drei Parteien, welche zu einer Internationalisierung eines zunächst internen Konflikts führt[742]. Der Konflikt in Moldawien begann als ein Konflikt zwischen dem Territorialstaat und einer regional in Transdniestrien konzentrierten Bevölkerung, welche sich Russland zugehörig fühlte[743]. Zuvor hatte Moldawien seine Unabhängigkeit von der Sowjetunion erklärt, was wiederum Transdniestrien dazu bewegte, seine Unabhängigkeit von Moldawien zu erklären. In dem nun folgenden bewaffneten Konflikt wird die Rolle Russlands als entscheidend gesehen: Nicht nur unterstützte Russland Transdniestrien politisch, moralisch, ökonomisch und finanziell[744], sondern auch militärisch. Während unstreitig ist, dass die 14. Division der russischen Armee in der Region Transdnistrien stationiert war[745], fragen sich

739 Borgen, Record of the Association of the Bar of the City of New York 2006; bereits der Titel ordnet die Situation als „separatist crisis“ ein. Teilweise wird – jeweils aber ohne genauere Begründung – die in Moldawien ohne genauere Begründung entweder als Besatzung verstanden oder als eine Situation, die unterhalb der Schwelle der Besatzung bleibt, vgl. Milanovic, Extraterritorial Application of Human Rights Treaties, S. 144; s, auch Bowring, in Walter/Ungern-Sternberg/Abushov, S. 171 ff.

740 Für die Situation ins Moldawien vgl. wiederum Borgen, Record of the Association of the Bar of the City of New York 2006; weiterhin werden hierunter die Territorialstreitigkeiten in Abkhazien, Südossetien und Nagorno Karabakh gefasst, vgl. Tudoroiu, East European Politics and Societies 2011, S. 136.

741 Zu der gemeinsamen Struktur der Konflikte vgl. Tudoroiu, East European Politics and Societies 2011, S. 137. Hierunter seien zu fassen: die anfängliche, wenn auch kurze kriegerische Auseinandersetzung; das Bestehenbleiben des Einsatzes von Gewalt als Option, wenn dieser auch weniger wahrscheinlich wird; die politische Instrumentalisierung der Sezession; Entwicklung eines autoritären und militarisierten de-facto-Regimes, welches auf Russland fokussiert sei. In den betroffenen Regionen herrsche ein Klima der Gewalt, der Korruption und des organisierten Verbrechens.

742 Vgl. Reilly/Higgins, Irish Studies in International Affairs 2008, S. 67; Tudoroiu, East European Politics and Societies 2011, S. 137.

743 Roper Steven D., in: Hughes James/ Sasse, Gwendolyn (Hrsg.) 2002, S. 106.

744 Vgl. Tudoroiu, East European Politics and Societies 2011, S. 137.

745 Die 14. Division war dort schon seit einiger Zeit stationiert und hätte im Falle eines bewaffneten Konflikts während des Kalten Krieges innerhalb von sieben Tagen Istanbul einnehmen sollen; zu diesem Zweck war sie auch mit großen Vorräten an Waffen und Munition ausgestattet, vgl. Tudoroiu, East European Politics and Societies 2011, S. 140.

O'Reilly und *Higgins* darüber hinaus, ob Russland nicht auch „overall effective control“[746] über die lokalen Kräfte hatte und hierdurch der Konflikt internationalisiert wurde. Unter Rückgriff auf die Fakten, wie sie in der Ilaşcu-Entscheidung als bewiesen erachtet wurde, kommen die Autoren zu dem Schluss: „In the light of theTadić case discussed above, and given such evidence as the direct involvement in the conflict of the ROG, then under Russia's control, when it ordered Moldovan forces to withdraw immediately from an area where it had surrounded separatists, along with the ECtHR's acceptance of other evidence of support given by the Russian Federation to the separatists, this leads to the conclusion that Moscow did exert overall control over the separatists. This amounted to a third-party involvement, thus elevating the conflict to an international armed conflict.“[747]

Wenn aber der ursprüngliche Konflikt international war, liegt der Gedanke nahe, dass das Gebiet, welches immer noch unter der Kontrolle der Separatisten steht und in dem immer noch russische Truppen präsent sind[748], besetzt ist. Selbst wenn man Russlands Argumentation folgen sollte, dass die eigenen Truppen nicht ausreichten, um effektive Kontrolle über das Territorium ausüben zu können[749], kommt wiederum die Ausübung indirekter effektiver Kontrolle über die lokale Administration in Frage. Wenn gerade die in Ilaşcu belegten Fakten die Internationalisierung des Konfliktes bewirken können, müsste nach der in Tadić und Blăskić entwickelten „effective overall control“-Formel über das lokale Regime auch eine Besatzung des Gebietes durch Russland begründen können[750]. Bemerkenswert erscheint in diesem Zusammenhang, dass der britische Court of Appeal in Al-Skeini wie selbstverständlich von einer Besatzung Moldawiens durch Russland ausging[751].

---

746 Vgl. ICTY, Urteil (Appeal Chamber) vom 15.7.1999, Tadić, Nr. IT-94-1-A, Z. 137.

747 Reilly/Higgins, Irish Studies in International Affairs 2008, S. 71.

748 Vgl. auch Tudoroiu, East European Politics and Societies 2011, S. 137.

749 Vgl. die Argumentation Russlands bezüglich des in Ilaşcu et al betreffenden Zeitraums in EGMR, Urteil vom 19.10.2012, Catan et al v Moldova and Russia, Nr. 43370/04, 8252/05 and 18454/06, Z. 98.

750 Die Situation in Transdniestrien ist durchaus vergleichbar mit derjenigen in Berg-Karabach, welche als Beispiel für eine indirekte Besatzung eingeordnet wird, siehe sogleich.

751 Das Gericht stellt an der betreffenden Stelle einen Lagevergleich an, der die Situation in Al-Skeini von der bisherigen Rechtsprechung des EGMR im Rahmen von Besatzungen unterscheiden soll: „But whatever may have been the position under the Hague Regulations, the question this court has to address is whether British troops were in effective control of Basra City for ECA purposes. The situation in August to November 2003 contrasts starkly with the situations in northern Cyprus and in the *Russian-occupied part of Moldova* which feature in Strasbourg case-law. In each of those cases part of the territory of a Contracting State was occupied by another Contracting State which had every intention of exercising its control on a long-term basis. The *civilian administration of those territories was under the control*

(3) Berg-Karabach

Auch bei dem dem Zerfall der Sowjetunion folgenden Konflikt um die Region Berg-Karabach auf dem Staatsgebiete Aserbaidschans handelt es sich um einen „frozen conflict“[752], der 2016 punktuell wieder in aktive Kampfhandlungen umschlug. *Krüger*, der unter anderem die Rolle Armeniens in dem Konflikt untersucht, kommt zu dem Ergebnis, dass der Nachbarstaat von Beginn an stark beteiligt war. Der Autor führt aus: „Daneben erwies sich, dass die Republik Armenien tiefgehend in den Karabach – Konflikt involviert ist. Die Wurzeln der bestehenden Verbindungen reichen bis ins Jahr 1986 zurück, als die Abspaltungsbewegung in Berg-Karabach auch aus der Armenischen SSR heraus initiiert wurde. Truppen der Republik Armenien führten zwischen 1992 und 1994 gegen Aserbaidschan Krieg und besetzen bis heute aserbaidschanische Gebiete. Die militärischen, politischen und finanziellen Hilfeleistungen bilden noch immer das Rückgrat für das in Berg-Karabach etablierte Gemeinwesen. Die Verknüpfungen zwischen Armenien und Berg Karabach sind so stark, dass kaum die Rede von einem selbstständigen De-facto-Regime in Berg – Karabach sein kann.“[753]

Diese Ausführungen sprechen eindeutig für eine Besatzung des Hoheitsgebiets Aserbaidschans durch Armenien; dies insbesondere auch, da nach Ansicht der Staatengemeinschaft und internationalen Organisationen eine Sezession Berg-Karabachs ausscheidet[754]. Die armenischen Kräfte befinden sich somit weiterhin ohne Einverständnis auf dem Hoheitsgebiet Aserbaidschans. *Krüger* zufolge schließen sie die Möglichkeit Aserbaidschans, Regierungsfunktionen auf dem Gebiet auszuüben, aus[755]. Der Auffassung, dass in Berg-Karabach eine Besetzung durch armenische Truppen besteht, war auch die Parlamentarische Versammlung des Europarats[756] wie auch die UN-

---

of the Occupying State, and it deployed sufficient troops to ensure that its control of the area was effective.“, vgl. LJ Brooke, Al-Skeini, Z. 120, Hervorhebung durch die Verfasserin.

752 Krüger, S. 95.

753 Krüger, S. 119.

754 Siehe Resolutionen des UN-Sicherheitsrates 822 (1993), 853 (1993), 874 (1993), 884 (1993); Resolution der Parlamentarischen Versammlung des Europarats 1416 (2005); Organization for Security and Co-operation in Europe 1996, Summit Lisbon 2–3 December 1996, Statement of the OSCE chairman-in-office.

755 Krüger, S. 95.

756 Vgl. Resolution 1416, angenommen am 25.1.2005, in der es heißt: „The Parliamentary Assembly regrets that, more than a decade after the armed hostilities started, the conflict over the Nagorno-Karabakh region remains unsolved. Hundreds of thousands of people are still displaced and live in miserable conditions. Considerable *parts of the territory of Azerbaijan are still occupied by Armenian forces*, and separatist forces are still in control of the Nagorno-Karabakh region.“; Hervorhebung durch die Verfasserin.

Generalversammlung[757]. *Ferraro* und *Akande* gehen davon aus, dass Berg-Karabach und die umliegenden Gebiete jedenfalls indirekt durch Armenien besetzt seien[758]. Der Europäische Gerichtshof für Menschenrechte scheint dieser Einschätzung zuzustimmen, wenn er in Chiragov et al v Armenia sagt: „While it is debated how much of the two partly conquered districts is occupied by the ‚NKR' [Nagorno-Karabakh-Republic], it appears that the occupied territory of the seven surrounding districts in total amounts to some 7,500 sq. km."[759] Der Gerichtshof beleuchtete darüber hinaus ausführlich die Rolle armenischer Truppen in dem Konflikt[760]. Er kam zu der Einschätzung, dass die genaue Zahl der auf dem Hoheitsgebiet Aserbaidschans zwar streitig sei[761], der Gerichtshof diese Frage aber nicht abschließend bestimmen müsse: „(...)[The Court] finds it established that the Republic of Armenia, through its military presence and the provision of military equipment and expertise, has been significantly involved in the Nagorno-Karabakh conflict from an early date. This military support has been – and continues to be – decisive for the conquest of and continued control over the territories in issue, and the evidence, not the least the 1994 military co-operation agreement, convincingly shows that the armed forces of Armenia and the ‚NKR' are highly integrated."[762]

(4) Israelisch besetzte Gebiete

Die Situation in den – bezeichnenderweise – schon „occupied territories" genannten palästinensischen Gebieten war Hintergrund mehrerer Entscheidungen der

---

757 Vgl. Resolution der UN-Generalversammlung "The Situation in the occupied territories of Azerbaijan" (A/RES/62/243) aus dem Jahr 2008, in der es heißt: „The General Assembly (...) 2. Demands the immediate, complete and unconditional *withdrawal of all Armenian forces from all occupied territories of the Republic of Azerbaijan*; (...)"; Hervorhebung durch die Verfasserin; eine ähnliche Forderung erhob auch das Europäische Parlament in seiner „Resolution on the need for an EU strategy for the South Caucasus" vom 20.5.2010.

758 Ferraro, Occupation and other forms of administration of foreign territory, S. 23 und Akande Dapo, in: Wilmshurst (Hrsg.) 2012, S. 45: „However, it has been asserted that the situation in Nagorno-Karabakh constitutes an example of indirect occupation on the basis that Armenia is in control of the administration that exercises control of the so-called ‚Nagorno-Karabakh Republic', which is recognized as a part of Azerbaijan."

759 EGMR, Urteil vom 16.6.2015, Chiragov et al v Armenia, Nr. 13216/05, Z. 26.

760 EGMR, Urteil vom 16.6.2015, Chiragov et al v Armenia, Nr. 13216/05, Z. 172 ff.

761 Die Zahl bewegte sich zwischen der von Armenien angegeben Zahl von nicht mehr als 1.500 Soldaten und der durch das „International Institute if Strategic Studies" und „International Crisis Group" angegebenen Zahl von 8.000 bis 10.000 Truppen, vgl. EGMR, Urteil vom 16.6.2015, Chiragov et al v Armenia, Nr. 13216/05, Z. 180.

762 EGMR, Urteil vom 16.6.2015, Chiragov et al v Armenia, Nr. 13216/05, Z. 180.

UN – (Menschenrechts)Organe (vgl. Ziff. Teil A, Ziff. II.3.a)). In der internationalen Gemeinschaft unbestritten ist, dass nach Ende des Sechs-Tage-Kriegs im Jahr 1967 Israel Besatzungsmacht in den Golanhöhen, der Sinai Halbinsel, im Gazastreifen und im Westjordanland war[763].

Während sich Israel von der Sinai Halbinsel nach Abschluss eines Friedensvertrags mit Ägypten im Jahr 1982 endgültig zurückzog[764], blieben die Golanhöhen, die zu Jordanien gehören, der Gazastreifen und das Westjordanland für Jahrzehnte unter der effektiven Kontrolle Israels. Bezüglich der Golanhöhen wurde 1981 – ähnlich wie in Ostjerusalem 1967 – durch Erstreckung des israelischen Rechts, der Gerichtsbarkeit und Verwaltung nach Wertung der internationalen Gemeinschaft sogar versucht, die entsprechenden Gebiete zu annektieren[765].

Der Gazastreifen, welcher seit dem Rückzug der britischen Kräfte nach Beendigung ihres Mandats 1948 von ägyptischen Truppen eingenommen und besetzt worden war, blieb 38 Jahre unter der Kontrolle Israels. Zur Verwaltung der besetzten Gebiete wurde eine Militärregierung errichtet – seit dem Ende des Zweiten Weltkriegs ein Einzelfall[766].

Zur Zeit der zweiten Intifada[767] in den Jahren 2000 bis 2005 wurde diskutiert, ob die Besatzung einem bewaffneten Konflikt gewichen sei und wenn ja, welche Rechtsnatur dieser Konflikt habe[768]. Seit dem Rückzug der Bodentruppen im

---

763 RUBIN, Israel, Occupied Teritories, http://opil.ouplaw.com/view/10.1093/law:epil/9780199231690/law-9780199231690-e1301?rskey=sC5xfr&result=1&q=&prd=EPIL, Rn. 3; BENVENISTI, S. 203.

764 RUBIN, Israel, Occupied Teritories, http://opil.ouplaw.com/view/10.1093/law:epil/9780199231690/law-9780199231690-e1301?rskey=sC5xfr&result=1&q=&prd=EPIL, Rn 84.

765 RUBIN, Israel, Occupied Teritories, http://opil.ouplaw.com/view/10.1093/law:epil/9780199231690/law-9780199231690-e1301?rskey=sC5xfr&result=1&q=&prd=EPIL, Rn. 72.

766 Jedenfalls bis zur Errichtung einer solchen im Irak im Jahr 2003, vgl. BENVENISTI, S. 203

767 Die israelische Regierung beschrieb die tatsächliche Situation laut des Sharm-El Sheik Fact-finding Comittee in ihrem „First Statement of Governent“ so: „[The conflict] is characterised by life-fire attacks on a significant scale, both quantitatively and geographically – around 2.700 such attacks over the entire area of the West Bank and the Gaza Strip. The attacks are carried out by a well-armed and organised militia, under the command of the Palestinian political establishment, operating from outside Israeli control.“, vgl. SCOBBIE, in: International Law and the Classification of Conflicts, S. 287.

768 SCOBBIE, in: International Law and the Classification of Conflicts, S. 287f. So sprach die israelische Regierung von einem „armed conflict short of war“, vgl. ‚First Statement of Governent‘, SCOBBIE, in: International Law and the Classification of Conflicts, S. 287. Da das humanitäre Völkerrecht diese Kategorie jedoch nicht kennt und die Regierung zudem die Definition des bewaffneten Konflikts ausTadić außer acht lässt, ist diese Klassifizierung zweifelhaft, vgl. Scobbie 2012 #168}. S. 287/288.

Jahr 2005 (sog. „Disengagement") aus dem Gazastreifen wird die Frage diskutiert, ob dieser noch im Sinne des humanitären Völkerrechts besetzt ist. Anlass zum Zweifel am Ende einer Besetzung war das Maß der Kontrolle, welches Israel immer noch auf den Gazastreifen ausübte[769]. So kontrollierte Israel alle Grenzen[770], sowie die Küste und den Luftraum. Immer wieder wurden „military incursions" durchgeführt, um Ziele im Gazastreifen auszuschalten. Zudem wurden militärisch kontrollierte „No-go-areas" eingerichtet, wo sich früher israelische Siedlungen befanden. Der wirtschaftliche Einfluss Israels zeigt sich anhand der mit der Kontrolle der Küste einhergehenden Blockade der Fischerei, der Regulierung des Geldmarkts, sowie der Kontrolle der Steuern und Zölle.

Während auf palästinensischer Seite daher die Meinung vertreten wird, dass das Gebiet trotz fehlender militärischer Präsenz im fraglichen Gebiet selbst immer noch besetzt sei[771], ist Israel der Meinung, dass durch den Rückzug die Besatzung beendet worden sei. 2008 bestätigte Israels Supreme Court als High Court of Justice diese Ansicht[772].

Die internationale Gemeinschaft hingegen schlug sich auf die Seite der Palästinenser. Der *Goldstein Report*, welcher die Operation „Cast Lead" – eine weiterer bewaffneter Konflikt in den Jahren 2007/2008 – untersuchte, kam zu folgendem Ergebnis: „Despite Israel's declared intention to relinquish its position as an occupying Power by evacuating troops and settlers from the Gaza Strip during its 2005 ‚disengagement', the international community continues to regard it as the occupying Power."[773] Begründet wurde dies in dem Bericht zum einen mit dem Einfluss, welchen Israel trotz Rückzug der Bodentruppen noch auf das Gebiet hatte[774], zum anderen mit dem Einfluss, welchen Israel immer noch auf die lokale

---

Scobbie scheint die Klassifizierung als internationaler bewaffneter Konflikt vorzugswürdig, Scobbie, in: International Law and the Classification of Conflicts, S. 288.

769 Vgl. hierzu United Nations General Assembly, Goldstein Report, 25.09.2009, A/HRC/12/48, Z. 278.

770 Auch diejenige zu Ägypten durch das „Agreement on Movement and Access", vgl. United Nations General Assembly, Goldstein Report, 25.09.2009, A/HRC/12/48, Z. 278.

771 Vgl. Palestinian Negotiations Affairs Department, auf https://www.nad.ps/en/publication-resources/factsheets/gaza-occupation-siege, zuletzt besucht im Februar 2019.

772 High Court, Jaber al Bassiouni Ahmed et al v Prime Minister and Minister of Defence, HCJ 9132/07, Z. 12. Diese Rechtsprechung wurde in der Folge bestätigt, vgl. Scobbie Iain, in: International Law and the Classification of Conflicts, S. 291 Fn. 5 mwN.

773 United Nations General Assembly, Goldstein Report, 25.09.2009, A/HRC/12/48, Z. 277; es erscheint möglich, dass in dem Report der funktionale Besatzungsbegriff benutzt wird, vgl. Z. 275.

774 Vgl. nochmals United Nations General Assembly, Goldstein Report, 25.09.2009, A/HRC/12/48, Z. 278; ebenfalls für andauernde Besatzung Scobbie, der die Relevanz

Administration ausübte[775]. Zu letzterem führt der Goldstein Report aus: „The ultimate authority over the Occupied Palestinian Territory still lies with Israel. (...) Although Israel has transferred to the Palestinian Authority a series of functions within designated zones, it has done so by agreement, through the Oslo Accords and related understandings, keeping for itself ‚powers and responsibilities not so transferred'. When Israel unilaterally evacuated troops and settlements from the Gaza Strip, it left in place a Palestinian local administration. There is no local governing body to which full authority has been transferred."[776]

Überwiegend wird also angenommen, dass sowohl wegen der direkten Kontrolle wie auch wegen der indirekte Kontrolle die Besatzung trotz Rückzugs der Bodentruppen in den besetzten Gebieten fortdauere.

(5) Irak

Die rechtliche Bewertung der Lage im Irak in der Folge der Invasion der Koalitionskräfte, geführt von den USA und mit größeren Truppenkontingenten von Großbritannien unterstützt[777], erscheint vor dem Hintergrund der bedeutenden Entscheidungen des EGMR in Al-Skeini et al v UK, Hassan v UK wie auch Jaloud v The Netherlands von besonderem Interesse.

Unzweifelhaft begann mit den Luftschlägen der Koalitionskräfte auf irakischem Boden am März 2003 ein internationaler bewaffneter Konflikt[778]. Weniger

---

der kompletten Kontrolle des Luftraums für die Fortführung der Besatzung betont, wenn einmal „klassische" Besatzung etabliert war, vgl. SCOBBIE, in: International Law and the Classification of Conflicts, S 297. Gegen eine Fortdauer der Besatzung dagegen SHANY, Yearbook of International Humanitarian Law 2006, S. 379 ff. Shany scheint hauptsächlich darauf abzustellen, dass „boots on the ground" vom Recht der Besatzung vorausgesetzt wird, damit die entsprechenden Verpflichtungen zu erfüllen, und solche nicht mehr gegeben sind; ebenso wie Milanovic scheint er nicht vom Vorliegen einer Besatzung, sondern einer Belagerung auszugehen, vgl. MILANOVIC, Extraterritorial Application of Human Rights Treaties, S. 142, SHANY, Yearbook of International Humanitarian Law 2006, S. 382.

775 United Nations General Assembly, Goldstein Report, 25.09.2009, A/HRC/12/48, Z. 279.

776 United Nations General Assembly, Goldstein Report, 25.09.2009, A/HRC/12/48, Z. 279.

777 Mit kleineren Truppenkontingenten außerdem unterstützt von Australien, den Niederlanden und Polen, vgl. EGMR, Urteil vom 7.7.2011, Al-Skeini et al v UK, Nr. 55721/07, Z. 10.

778 Einhellige Meinung der Staaten: dies ergibt sich unter anderem daraus, dass die Erinnerung des IKRK an die Verpflichtungen unter dem Recht des internationalen Konflikts (Memorandum on the Rules of International Humanitarian Law to be Respected by the States involved in Military Hostilities) von den Adressaten widerspruchslos akzeptiert wurde, vgl. SCHMITT MICHAEL N., in: International Law and the Classification of Conflicts, S. 359; zur Einordnung siehe auch DÖRMANN/COLASSIS, German Yearbook of International Law 2004, S. 295 sowie

klar ist jedoch, wann die Invasion in eine Besatzung überging und wer aus der multinationalen Gruppe als Besatzungsmacht zu qualifizieren war. Ebenfalls umstritten – wenn auch im Zusammenhang mit den beiden oben genannten Fällen zeitlich weniger relevant – ist, wann die Besatzung endete. Die Streitfragen entzünden sich hierbei insbesondere an der Rolle, die Resolutionen des Sicherheitsrates in diesem Zusammenhang spielen. Was den Beginn der Besatzung und die Rolle der an der Invasion beteiligten Staaten betrifft, wird immer wieder Resolution 1483[779] zitiert. In ihr heißt es an entscheidender Stelle in der Präambel: „(...) recognising the specific authorities, responsibilities, and obligations under applicable international law of these States [die USA und Großbritannien] as *Occupying Powers* under unified command (the 'Authority') (...")[780]. Hieraus leitet beispielsweise *Schmitt* ab, dass es auf das Vorliegen faktischer Kriterien nicht mehr ankomme: „However, it must be equally understood that once the Security Council recognizes the existence of a state of occupation, as it did in this case, an occupation exists as a matter of law aside from whatever is happening on the ground. For instance, if an occupying power loses control of a certain territory, it will nevertheless remain legally in occupation of that area if the Security Council so deems it. Such a legal fiction would result from operation of UN Charter article 103, which gives primacy to Charter obligations over those of other treaties."[781] Dieser Ansicht nach hat die Resolution des Sicherheitsrats konstitutive Wirkung, gleichgültig, wie die Tatsachen aussehen. Eine Besatzung liege vor, wenn der Sicherheitsrat dies beschließen würde. Eine solche Sichtweise ist jedoch kaum mit dem oben ausführlich dargestellten Prinzip der Besatzung als „question of fact", auf die weder Absichten, noch Erklärungen Einfluss haben[782], zu vereinbaren. Eine Besatzung ist gerade keine Frage des Rechts, sondern eine Tatsache.

Überwiegend ist man deshalb der Ansicht, dass auch der Sicherheitsrat keinen Einfluss darauf hat, wann eine Besatzung vorliegt: „However, it is the reality and not the label that matters. From a legal standpoint though, a formal proclamation of the end of occupation would be of limited importance if the facts on the ground indicate otherwise. The test remains whether, despite any labelling in the Security Council resolution, a territory or part of it is ‚actually placed under the authority of the hostile army' as required by Article 42 Hague Regulations."[783]

Schmitt Michael N., in: International Law and the Classification of Conflicts, S. 359/360.

779 Beschlossen am 22.5.2003.

780 Hervorhebung durch die Verfasserin.

781 Schmitt Michael N., in: International Law and the Classification of Conflicts, S. 366.

782 Vgl. auch Kolb, International Review of the Red Cross 2008, S. 42.

783 Thürer Daniel, in: Vuijlsteke/Olteanu (Hrsg.) 2006, S. 20/21; ebenso: Arai-Takahashi, 11, S. 72 ff; Kolb, International Review of the Red Cross 2008, S. 41/42; Dinstein, The International Law of Belligerent Occupation, S. 255; Stadlmeier Sigmar/Leidenmuehler Franz, in: Arnold (Hrsg.) 2008, S. 24/25.

Begründet wird dies damit, dass es sich bei vielen der humanitärvölkerrechtlichen Normen um *jus cogens* handelt, von dem auch der Sicherheitsrat – zudem nicht lediglich implizit – derogieren darf. Wenn es sich jedoch inhaltlich um jus-cogens-Normen handelt, darf auch der Tatbestand, der sie zur Anwendung bringt nicht derogierbar sein, da dieses Verbot sonst unterlaufen werden könnte[784]. Dementsprechend kann eine Resolution nicht bestimmen, wer Besatzungsmacht ist und wann diese endet. Bestätigt wird diese Haltung auch durch die Praxis des Roten Kreuzes: Dieses erinnerte nicht lediglich die durch die Resolution des Sicherheitsrates benannten Besatzungsmächte USA und Großbritannien[785] an ihre Pflichten als Besatzungsmacht, sondern jeden Staat, der durch die faktische Lage ihrer Ansicht als Besatzungsmacht in Frage kam[786].

Für das Vorliegen der Besatzung im Irak kann es somit wiederum nur darauf ankommen, ob die Invasoren fähig waren, effektive Autorität im Sinne des Art. 42 HLKO über den gesamten Irak oder Teile des Landes auszuüben. Ob dies stets der Fall war, kann insbesondere nach dem Vortrag des Antragsgegners Großbritannien im Fall Al-Skeini bezweifelt werden[787]. Auch nachdem die größeren Kriegshandlungen für beendet erklärt worden waren[788], hatten die „Coalition Forces" noch mit erheblichem Widerstand zu kämpfen[789].

Wie mit solchem Widerstand gegen die Besatzungsmacht umgegangen werden soll, ist umstritten. Während man sich durchaus einig ist, dass der Zustand der Besatzung gerade aufgrund seiner Faktizität ein fließender ist, ist zum anderen die Ansicht verbreitet, dass bewaffneter Widerstand eine Besatzung nicht beseitigen kann. Begründet wurde diese Ansicht durch die Entscheidung des Nürnberg Tribunals im Geiselmord-Fall, in dem es hieß: „It is clear that the German armed forces were able to maintain control of Greece and Yugoslavia until they evacuated them in the fall of 1944. While it is true that the partisans were able to control sections of these countries at various times, it is established that the Germans could at any time they desired assume physical control of any part of the country. The control of the resistance forces was temporary only and not

784 Überzeugend: Kolb, International Review of the Red Cross 2008, S. 46.

785 Die übrigen beteiligten Truppen wurden vom Sicherheitsrat ausdrücklich als Nicht-Besatzungsmächte bezeichnet: „*Noting further* that other States that are not Occupying Powers are working now or in the future may work under the Authority."

786 Kolb, International Review of the Red Cross 2008, S. 43; der Autor fügte hinzu, dass sich die betreffenden Staaten hiergegen nicht wehrten.

787 Großbritannien bestreitet zwar nicht seinen Status als Besatzungsmacht, bringt aber im Rahmen der Prüfung des Art. 1 EMRK Argumente gegen eine ‚effective control of an area' vor, vgl. …

788 Vgl. hierzu den berühmt-berüchtigten Auftritt Präsident Bushs auf dem Flugzeugträger am 1.5.2003, vgl. https://www.n-tv.de/politik/Bush-erklaert-Ende-der-Kaempfe-article109987.html, zuletzt besucht im Februar 2019

789 Vgl. zB EGMR, Urteil vom 7.7.2011, Al-Skeini et al v UK, Nr. 55721/07.

such as would deprive the German armed forces of its status as an occupant."[790] Eine solche Situation erscheint – in besatzungsrechtlicher Hinsicht – derjenigen im Irak nicht unähnlich: Deutschland hatte das gesamte Land eingenommen und das bisherige Regime vertrieben. Jedoch regte sich Widerstand[791] und die Kontrolle des Besatzers wurde nicht unerheblich gestört. Deshalb wird angenommen, dass die beiden Situationen auch rechtlich gleich zu behandeln sind[792]. Erstaunlich selten wird die Frage diskutiert, wann der Widerstand gegen die Besatzungsmacht ein Maß erreicht hat, das das Vorliegen einer Besatzung in Frage stellt. Ein großes Thema in der Literatur ist demgegenüber ist, *wie* bei dem Andauern von Feindseligkeiten und gleichzeitigem Vorliegen einer Besatzung gegen diese vorgegangen werden darf[793]. Vertreten wird hierbei ein sog. „law enforcement model", welches sich letztlich an dem Einsatz von Gewalt, wie sie von der Polizei in Friedenszeiten ausgeübt würde, und das sog. „conduct of hostilities model", welches sich am humanitären Völkerrecht orientiert[794]. Zwar wird im Rahmen dieser Diskussion teilweise auf die Frage eingegangen, ob bei einer Situation, die ein Vorgehen nach dem „conduct of hostilities"-Modell rechtfertigt, überhaupt noch eine Besatzung gegeben sei, jedoch wird dies aus politischen Erwägungen

790 Nürnberger Tribunal, Urteil vom 19.02.1948, Hostage Case, Trials of War Criminals Before the Nuremberg Military Tribunals Under Control Council Law Nr. 10, Volume XI/2, S. 1243; bemerkenswert erscheint, dass das Geiselmord-Urteil auf das Verhältnis in den zeitweise nicht unter Kontrolle stehenden Gebieten strenggenommen nicht eingeht; es kann auch so verstanden werden, dass der punktuelle bewaffnete Widerstand nichts am Status als Besatzungsmacht generell – bezogen auf den übrigen Teil des Landes – ändert. In dieser Hinsicht könnte dies mit dem Irak durchaus verglichen werden.

791 Wobei dies im Falle der deutschen Besatzung erst nach einer Phase relativer Ruhe geschah und im Irak kaum Ruhe einkehrte.

792 Vgl. Zwanenburg, International Review of the Red Cross 2004, S. 748: „In the case of Greece and Yugoslavia, with which the Tribunal was dealing, the fact that there were guerrilla operations against the Germans and that the guerrillas were able to control sections of those countries at various times did not detract from the conclusion that there was an occupation. It is submitted that the same applies to Iraq."

793 An dieser Stelle soll nur kurz auf die beiden in diesem Zusammenhang entwickelten „law enforcement model" und das „conduct of hostilities model" verwiesen werden, vgl. für viele Paulus, „The Use of Force in Occupied Territory: The Applicable Legal Framework", in Ferraro, Occupation and other forms of administration of foreign territory, S. 131 ff.

794 Für viele Paulus, „The Use of Force in Occupied Territory: The Applicable Legal Framework", in Ferraro, Occupation and other forms of administration of foreign territory, S. 131 ff.

bejaht. Dahinter steht, dass das Recht der Besatzung einen weiterreichenden Schutz der Betroffenen liefert[795].

Wenn *Paulus* selbst die Ansicht auch nicht vertritt, fasst er jedoch treffend zusammen: „In an armed conflict, there is no control and where there is control and thus occupation, there is no armed conflict."[796] Wo also der bewaffnete Widerstand so stark ist, dass er eine effektive Kontrolle eine Gebietes ausschließt, dort ist nach all dem unter Ziff. I.1.b) dd) Ausgeführten auch keine Besatzung gegeben. Demgemäß ist es fraglich, ob bei ausreichend starkem Widerstand und sei es begrenzt auf kurze Zeit und ein kleines Gebiet wirklich noch eine Besatzung angenommen werden kann oder ob diese Annahme nicht auf eine – für dieses allein auf tatsächlichen Umständen basierende Recht – Fiktion hinausliefe. Da die effektive Kontrolle im Besatzungsrecht jedoch die *condicio sine qua non* ist, erscheint es dogmatisch überzeugender, im Falle eines solchen Widerstands das Bestehen einer Besatzung nicht zu bejahen. Hinzu kommt, dass angesichts der fehlenden Kontrolle besatzungstypische Pflichten ohnehin nicht erfüllt werden können, sodass ein größerer Schutz der Bevölkerung durch die Anwendung des Besatzungsrechts fraglich ist[797].

Für die Beurteilung der Situation im Irak zur Zeit der potentiellen Menschenrechtsverletzungen, die Gegenstand der Entscheidungen in Al-Skeini et al v UK, Hassan v UK und Jaloud v The Netherlands waren, ist die Beurteilung des geleisteten Widerstands von großer Bedeutung. Im Rahmen des Verfahrens lassen die Schilderungen, die sowohl vor den nationalen Instanzen als auch vor dem EGMR geäußert wurden, Zweifel daran aufkommen, ob effektive Kontrolle im Sinne des Art. 42 HLKO zum fraglichen Zeitpunkt wirklich gegeben war. Der britische Court of Appeal führte insofern aus: „(...) [T]he commander of the British forces in the Basra area between May and November 2003] was not provided with nearly enough troops and other resources to enable his brigade to exercise effective control of Basra City. ... [H]e described how the local police would not uphold the law. If British troops arrested somebody and gave them to the Iraqi police, the police would hand them over to the judiciary, who were themselves intimidated

795 Paulus, „The Use of Force in Occupied Territory: The Applicable Legal Framework", in Ferraro, Occupation and other forms of administration of foreign territory, S. 134.

796 Paulus, „The Use of Force in Occupied Territory: The Applicable Legal Framework", in Ferraro, Occupation and other forms of administration of foreign territory, S. 133; Orakhelashvili, European Journal of International Law 2008, S.?: „(...) no territory can legally be occupied territory and area of hostilities at the same time." Paulus selbst plädiert allerdings dafür, aus humanitären Gründen eine „general control" für das Vorliegen einer Besatzung ausreichen zu lassen, vgl. S. 134.

797 Allerdings ist eines zu bedenken: Der Invasor wäre in einer solchen Situation nicht dazu verpflichtet, Sicherheit und Ordnung wiederherzustellen. Theoretisch könnte er sich einfach zurückziehen und das Gebiet sich selbst überlassen, was der zivilen Bevölkerung möglicherweise nicht zum Vorteil gereicht.

by the local tribes, and the suspected criminals were back on the streets within a day or two. (...) After describing other aspects of the highly volatile situation in which a relatively small number of British military personnel were trying to police a large city as best they could, Brig[adier] Moore said ...:'The combination of terrorist activity, the volatile situation and the ineffectiveness of Iraqi security forces meant that the security situation remained on a knife-edge for much of our tour. Despite our high work rate and best efforts, I felt that at the end of August 2003 we were standing on the edge of an abyss. It was only when subsequent reinforcements arrived ... and we started to receive intelligence from some of the Islamic parties that I started to regain the initiative.' Unlike the Turkish army in northern Cyprus, the British military forces had no control over the civil administration of Iraq."[798]

Im Kern geht es hier um die Frage, ob die „effective control over territory", die Jurisdiktion nach Art. 1 EMRK begründet, eine andere ist, als diejenige, die zum Status einer Besatzungsmacht führt[799]. Dennoch werfen die Ausführungen durchaus die Frage auf, ob denn die Situation eine der effektiven Kontrolle im

---

798 Appeal Court, Al-Skeini, wie im Urteil des EGMR zitiert, vgl. EGMR, Urteil vom 7.7.2011, Al-Skeini et al v UK, Nr. 55721/07, Z. 80; Bezug wird hierauf auch noch einmal in EGMR, Urteil vom 16.9.2014, Hassan v UK, Nr. 29750/09 genommen, vgl. Z. 75.

799 Vgl. nochmals Appeal Court, Al-Skeini, wie im Urteil des EGMR zitiert, vgl. EGMR, Urteil vom 7.7.2011, Al-Skeini et al v UK, Nr. 55721/07, Z. 80: „In my judgment it is quite impossible to hold that the UK, although an Occupying Power for the purposes of the Hague Regulations and [the] Geneva IV [Convention], was in effective control of Basra City for the purposes of [the European Court's] jurisprudence at the material time." Wobei zu betonen ist, dass es naturgemäß weder Gegenstand des nationalen Verfahrens noch des Verfahrens vor dem EGMR war, das Vorliegen einer Besatzung zu prüfen. Beide Verfahren beschäftgen sich ausschließlich mit der Anwendbarkeit der EMRK, die sich nach Art. 1 bemisst. Zudem scheint im nationalen Verfahren davon ausgegangen zu werden, dass das Bestehen einer Besatzung „zugestanden" war, wie in Z. 119 des Urteils des Court of Appeal anklingt: „Basra City was in the [Coalition Provisional Authority] regional area called 'CPA South'. During the period of military occupation there was a significant degree of British responsibility and authority in CPA South, although its staff were drawn from five different countries and until the end of July 2003 the regional coordinator was a Dane. Indeed, only one of the four governorate teams in CPA South was headed by a British coordinator. However, although the chain of command for the British military presence in Iraq led ultimately to a US general, the Al-Basra and Maysan provinces were an area of direct British military responsibility. As I have already said ..., the *Secretary of State accepts that the UK was an Occupying Power within the meaning of Article 42 of the Hague Regulations ...*, at least in those areas of southern Iraq, and particularly Basra City, where British troops exercised sufficient authority for this purpose.", Hervorhebung durch die Verfasserin.

Sinne des Rechts der Besatzung war. *Oberleitner* bezweifelt dies richtigerweise, wenn er sagt: „A situation without effective control is not conceivable, given that occupation is by definition a de facto situation of such control. The Hague Regulations and subsequent law are not interested in measuring the degree of control in order to establish specific duties. If control cannot be sustained, no occupation exists. Arguments that as an Occupying Power one can exercise authority but not control (as seemingly put forward by the United Kingdom in the Al-Skeini case) are indeed contradictory."[800] In diese Bewertung muss auch einbezogen werden, dass mit einem anderslautenden Beschluss des UN-Sicherheitsrats zwar politisch schwierig umzugehen sein mag[801], an dieser Einschätzung jedoch nichts ändert.

(6) Ergebnis

In den für die Rechtsprechung der Menschenrechtsorgane mit Blick auf das territoriale Modell der Jurisdiktion ausschlaggebenden Situationen kommt die Analyse zu dem Ergebnis, dass im Falle Nordzyperns bis heute und im Fall der palästinensischen Gebiete jedenfalls bis zum Abzug der israelischen Truppen aus dem Hoheitsgebiet eine Besatzung vorlag. Im Fall Nordzypern kommt sowohl die direkte Form der Besatzung als auch die indirekte Form der Besatzung in Frage. Der Gerichtshof und der UN-Menschenrechtsausschuss akzeptierten hierbei ohne Weiteres, dass Nordzypern besetzt war. Im Fall der israelisch besetzten Gebiete nahm der Ausschuss wegen des hohen Maßes an Kontrolle des Gebiets von außen trotz mangelnder Präsenz von Truppen auf palästinensischem Gebiet eine Besatzung an. Milanovic widerspricht dieser Einschätzung und ordnet diesen Zustand als Belagerung ein.

Schwieriger einzuschätzen ist die humanitärvölkerrechtliche Situation in Moldawien. Als interner Konflikt begonnen, spricht einiges dafür, dass er später internationalisiert wurde und jedenfalls eine indirekte Form der Besatzung durch ein Marionettenregime vorliegt. Zudem befinden sich auch Truppen Russlands auf dem fraglichen Hoheitsgebiets Moldawiens, wenn diese auch womöglich nicht die Stärke erreichen, um eine direkte Besatzung zu ermöglichen.

Die Situation in Berg-Karabach könnte ebenfalls sowohl eine direkte wie auch eine indirekte Besatzung darstellen. Während manche Autoren Berg-Karabach als indirekt durch Armenien besetzt sehen, scheint die internationale Staatengemeinschaft in ihren Äußerungen durch internationale Organisationen eher von einer Besetzung durch armenische Truppen direkt auszugehen. Der Gerichtshof scheint zwischen diesen beiden Modellen in seiner Entscheidung in Chiragov et al v Armenia nicht trennscharf zu unterscheiden, untersucht jedoch ausführlich die Präsenz armenischer Soldaten direkt auf dem Hoheitsgebiet Aserbaidschans.

---

800 Oberleitner, S. 224; so bereits Campanelli, International Review of the Red Cross 2008, S. 665f.

801 Thürer, in: Vuijlsteke/Olteanu (Hrsg.) 2006, S. 15.

Für den Irak wiederum bestehen zu den streitgegenständlichen Zeitpunkten erhebliche Zweifel daran, dass – trotz einer anderslautenden Sicherheitsratsresolution – für eine Besatzung ausreichend effektive Kontrolle in dem in Frage stehenden Gebiet vorlag.

bb) Die Besatzung in der Rechtsprechung zum territorialen Modell

Nachdem nun untersucht wurde, vor welchem humanitärvölkerrechtlichen Hintergrund die Entscheidungen zum territorialen Modell gefällt wurden, muss nun eine genauere Betrachtung der Bedeutung der Besatzung in der Rechtsprechung der Menschenrechtsorgane erfolgen. Der Schwerpunkt der Betrachtung liegt hierbei unweigerlich auf dem EGMR, da er sich immer wieder mit Besatzungssituationen konfrontiert sah und sich dementsprechend wiederholt mit dem Besatzungskonzept auseinandersetzen musste. Daneben spielte die Besatzung auch in der Praxis des UN – Menschenrechtsausschusses eine prominente Rolle. Da die Interamerikanische Kommission mittlerweile in Salas et al v United States ebenfalls das territoriale Modell zur Begründung der Jursidiktion in Erwägung zieht, soll ihre Haltung zur Rolle der Besatzung ebenfalls kurz angerissen werden.

(1) UN-Menschenrechtsausschuss

In seiner Spruchpraxis zu Israel setzte der UN – Menschenrechtsausschuss seinen territorialen Ansatz zur Begründung von extraterritorialer Jurisdiktion mit der Besatzung gleich. Dies zeigte sich in seinen „Concluding Observations“ sowohl zum ersten als auch zum zweiten Bericht Israels aus den Jahren 1998 und 2003. In ersterer Äußerung hieß es: „The Committee is therefore of the view that, under the circumstances, the Covenant must be held applicable to the occupied territories and those areas of southern Lebanon and West Bekaa where Israel exercises effective control. The Committee requests the State party to include in its second periodic report all information relevant to the application of the Covenant in territories which it occupies.“[802] Die effektive Kontrolle im Rahmen der Jurisdiktion wird insofern mit der effektiven Kontrolle einer Besatzung gleichgesetzt. Ohne die Formel der effektiven Kontrolle stellte der Ausschuss 2003 allein auf das Vorliegen der Besatzung ab, um Jurisdiktion zu begründen: „Nor does the applicability of the regime of international humanitarian law preclude accountability of States parties under article 2, paragraph 1, of the Covenant for the actions of their authorities outside their own territories, including in occupied territories. The Committee therefore reiterates that, in the current circumstances, the provisions of the Covenant apply to the benefit of the population of the Occupied Territories, for all conduct by the State party's authorities or agents in those territories that affect the enjoyment of rights enshrined in the Covenant and fall within the ambit of

802 MRA, Concluding Observations on the Initial Report of Israel vom 18.8.1998, UN Doc. CCPR/C/79/Add.93, Z. 10.

State responsibility of Israel under the principles of public international law."[803] Wie bereits erwähnt gilt dies im umgekehrten Fall für die Jurisdiktion des durch die Besatzung verdrängten Territorialstaats seit der Entscheidung des EGMR in Ilaşcu möglicherweise nicht mehr ganz spiegelbildlich: War in den „Concluding Observations" 1994 und 1998 Zypern mit der Besatzung Nordzyperns aus der Jurisdiktion entlassen[804], nahm der Ausschuss 2009 in den „Observations" zu Moldawien residuale Pflichten an (s. bereits Teil A, Ziff. II.3.a)bb)). Allerdings ist zu bemerken, dass weder in den „Observations" 2002, noch in denen von 2009 der Zustand in Trandsnistrien vom Ausschuss als Besatzung bezeichnet wird. Eine mögliche Erklärung für die Änderung der Rechtsprechung könnte sein, dass die Besatzung in den Augen des Ausschusses stets zu einer reinen Jurisdiktion des Besatzers führt und die Jurisdiktion des Territorialstaates spiegelbildlich ausschließt, in Situationen, die unterhalb der Schwelle der Besatzung bleiben, eine Restjurisdiktion des Territorialstaates verbleibt. Der Ansicht, dass der IPBPR in besetzten Gebieten anwendbar sei, schloss sich auch der IGH in seinem Gutachten über den Bau einer Mauer an[805].

(2) Interamerikanische Kommission für Menschenrechte

Nachdem die Kommission lange Zeit (beinahe) ausschließlich dem personalen Ansatz treu gewesen war, hat sie in Salas et al v United States das territoriale Modell zur Begründung extraterritorialer Jurisdiktion nunmehr ebenfalls für sich entdeckt. Um den territorialen Ansatz näher zu beschreiben, griff die Kommission im Rahmen ihrer Ausführungen insbesondere auf die Rechtsprechung anderer Menschenrechtsorgane in Situationen zurück, die sie selbst als „scenarios of occupation"[806] bezeichnete. Wenn auch nicht alle zitierte Rechtsprechung sich tatsächlich auf einen Fall der Besatzung beziehen – so zitierte die Kommission auch den Fall Issa et al v Turkey, in dem die Frage über effektive Kontrolle über ein Gebiet zwar diskutiert, aber letzten Endes verneint wurde –, schien die

---

803 MRA, Concluding Observations on the Second Periodic Report of Israel vom 21.8.2003, UN Doc. CCPR/CO/78/ISR, Z. 11.

804 Vgl. MRA, Concluding Observations on the Second Periodic Report of Cyprus vom 3.8.1994, UN Doc. CCPR/C/79/Add.39 und wortgleich: MRA, Concluding Observations on the Third Periodic Report of Cyprus vom 6.4.1998, CCPR/C/79/Add.88, Z. 3: „The Committee notes that the State Party, as a consequence of events which occurred in 1974 and which resulted in the *occupation* of part of the territory of Cyprus, *is not in a position to exercise control over all of its territory and consequently cannot ensure the application of the Covenant in areas not under its control.*", Hervorhebung durch die Verfasserin.

805 IGH, Gutachten vom 9.7.2004, Legal Consequences of the Construction of a Wall in the Occupied Palestinian Territory, Z. 110/111.

806 AKMR, Entscheidung vom 5.10.2018 (Begründetheit), Salas v United States, Nr. 10.573, Z. 318.

Komission diese als Fälle der Besetzung wahrzunehmen. Die Kommission führte in der Folge bezüglich ihres neuen territorialen Ansatzes aus: „Under these scenarios of occupation, the Inter-American Commission observes that *it is necessary to confirm the existence of 'effective control'*, and for this the *relevant standards of international humanitarian law* and human rights *for territory subject to occupation apply.*"[807] In der Folge stellte die Kommission jedoch allein auf das humanitäre Völkerrecht ab, sodass offen bleibt, was sie mit den „relevant standards of human rights" meint. Die Kommission zitierte zunächst Art. 42 HLKO, um den Begriff der Besetzung näher zu erläutern[808].

Aus dem Dargestellten wird ersichtlich, dass die Kommission zur Feststellung der the „existence of 'effective control' " die „relevant standards of international humanitarian law for territory subject to occupation" heranzieht und somit derzeit – vorbehaltlich weiterer Entwicklungen des neuen Ansatzes – jedenfalls zu den Menschenrechtsorganen gezählt werden muss, die Besatzung und effektive Kontrolle im Sinne des territorialen Modells gleichsetzen.

(3) Europäischer Gerichtshof für Menschenrechte

(aa) Besatzung als terminus technicus

Da durchaus bezweifelt wird, ob die Besatzung in der Rechtsprechung des EGMR irgendeine Rolle spielt (vgl. unter Ziff. II.1.), der Begriff aber vom Gerichtshof gebraucht wird, muss zunächst festgestellt werden, inwiefern der Gerichtshof den Begriff der Besatzung als terminus technicus benutzt.

Ein deutlicher Hinweis darauf, dass der Gerichtshof Besatzung meint, wenn er Besatzung sagt, ist, dass er den Begriff in den Situationen gebraucht, in denen eine Besatzung tatsächlich vorliegt oder zumindest vertretbar erscheint, dass eine Besatzung vorliegt (s. obige Analyse der Situationen, zu denen die entsprechende Rechtsprechung erfolgte).

Daneben zeigten insbesondere auch die Ausführungen des Gerichtshofs in der Rechtsprechung vor dem Hintergrund des bewaffneten Konflikts im Irak, dass er den Begriff Besatzung im humanitärvölkerrechtlichen Sinne verwendet. Wenn auch das tatsächliche Vorliegen einer Besatzung im Sinne des Haager Rechts zu den streitgegenständlichen Zeitpunkten nach hier vertretener Ansicht nicht abschließend geklärt werden kann, akzeptierte der Gerichtshof in Al-Saadoon and Mufdhi v UK[809] Rechtsgrundlagen und grundsätzliche Konzepte der Besatzung: „Major combat operations in Iraq ceased at the beginning of May 2003.

807 AKMR, Entscheidung vom 5.10.2018 (Begründetheit), Salas v United States, Nr. 10.573, Z. 318, Hervorhebung durch die Verfasserin.

808 AKMR, Entscheidung vom 5.10.2018 (Begründetheit), Salas v United States, Nr. 10.573, Z. 319.

809 EGMR, Urteil vom 2.3.2010, Al-Saadoon and Mufdhi v United Kingdom, Nr. 61498/08.

The United States of America and the United Kingdom thereafter *became occupying powers* within the meaning of section III of the Hague Regulations on the Laws and Customs of War on Land (1907) and the Convention (IV) relative to the Protection of Civilian Persons in Time of War (Geneva, 1949) ("the Fourth Geneva Convention")."[810] Gerade die Selbstverständlichkeit dieser Darstellung im Rahmen der „Facts" zeigt, dass der Gerichtshof vom humanitärvölkerrechtlichen Besatzungsbegriff ausgeht. So müssen „major combat operations" beendet sein, damit eine Besatzung überhaupt möglich ist – insofern ist er auf einer Linie mit der ganz herrschenden Meinung im humanitären Völkerrecht, zumindest was den Besatzungsbegriff des Haager Rechts angeht (s.o.). Im Gefolge der entsprechenden UN-Sicherheitsratsresolutionen konzentrierten sich die Ausführungen auf die Merkmale der klassischen Besatzung, sodass nicht geklärt werden kann, ob der Gerichtshof möglicherweise auch den funktionalen Besatzungsbegriff im Blick hat. Im Folgenden kam er auf die Rechte und Pflichten eines Besatzers nach dem humanitären Völkerrecht gem. Art. 27 Vierte Genfer Konvention zu sprechen: Großbritannien habe seiner Ansicht nach somit die zivile Bevölkerung gegen Gewalt zu schützen und könne zugleich als Besatzer nach Art. 41, 42 und 78 Vierte Genfer Konvention irakische Zivilisten aus zwingenden Sicherheitsgründen internieren. Auch das Ende der Besatzung folgte in den Ausführungen des Gerichtshofs humanitärvölkerrechtlichen Grundsätzen. Wiederum im Rahmen der „Facts" führte der Gerichtshof aus, dass für ein Ende der Besatzung das Einverständnis des Souveräns mit der Anwesenheit der Truppen des (ehemaligen) Besatzers nötig ist. Dementsprechend heißt es: „On 28 June 2004 the occupation came to an end when full authority was transferred from the CPA to the interim government and the CPA ceased to exist. Subsequently *the MNF*, including the British forces forming part of it, *remained in Iraq pursuant to requests by the Iraqi government* and authorisation from the UNSC."[811]

Diese Überlegungen werden durch aktuellere Rechtsprechung bestätigt: Sowohl in Sargsyan v Azerbaijan als auch in Chiragov et al v Armenia wird der Begriff der Besatzung durch den Gerichtshof als humanitärvölkerrechtlicher Fachbegriff definiert. Während der Gerichts dies in Chiragov et al v Armenia noch unter der Überschrift des relevanten internationalen Rechts tat[812], zog er

---

810 EGMR, Urteil vom 2.3.2010, Al-Saadoon and Mufdhi v United Kingdom, Nr. 61498/08, Z. 11.

811 EGMR, 2.3.2010, Al-Saadoon and Mufdhi, Nr. 61498/08, Z. 22, Hervorhebung durch die Verfasserin.

812 EGMR, Urteil vom 16.6.2015, Chiragov et al v Armenia, Nr. 13216/05, Z. 96: „Accordingly, occupation within the meaning of the 1907 Hague Regulations exists when a state exercises actual authority over the territory, or part of the territory, of an enemy state. The requirement of actual authority is widely considered to be synonymous to that of effective control. Military occupation is considered to exist in a territory, or part of a territory, if the following elements can be demonstrated: the presence of foreign troops, which are in a position to exercise effective control

die Ausführungen zu Art. 42 HLKO in Sargsyan v Azerbaijan zusätzlich in die Ausführungen zum materiellen Recht. Der Gerichtshof definierte wie folgt: „The Court notes that under international law (in particular Article 42 of the 1907 Hague Regulations) a territory is considered occupied when it is actually placed under the authority of a hostile army, ‚actual authority' being widely considered as translating to effective control and requiring such elements as presence of foreign troops, which are in a position to exercise effective control without the consent of the sovereign."[813]

Jedenfalls nach der Rechtsprechung in Chiragov et al v Armenia und Sargsyan v Armenia steht somit außer Zweifel, dass der Gerichtshof den Begriff Besatzung in seiner humanitärvölkerrechtlichen Bedeutung verwendet. Darüber hinaus hat er durch diese Rechtsprechung zum humanitären Völkerrecht Stellung genommen, was für den Europäischen Gerichtshof für Menschenrechte keine Selbstverständlichkeit darstellt.

(bb) Analyse der Rechtsprechung

In der Entscheidung Jaloud v The Netherlands, der vor dem Hintergrund des Irak-Krieges spielte, machte der Gerichtshof eine Aussage, die – vermeintlich – alle Spekulationen bezüglich eines Zusammenhangs zwischen den Konzepten Besatzung und Jurisdiktion hinfällig machte. In einem obiter dictum sah sich der Gerichtshof zu folgender Stellungnahme veranlasst: „Turning first to the international-law background, the Court points out that the status of ‚occupying power' within the meaning of Article 42 of the Hague Regulations, or lack of it, is not *per se* determinative."[814] Ist der Gerichtshof so zu verstehen, dass die Besatzung keine Bedeutung für das Vorliegen der Jurisdiktion in territorialer Ausprägung hat? Um diese Frage zu beantworten, ist es erforderlich die Rechtsprechung bis, in und über die Entscheidung in Jaloud v The Netherlands hinaus, auf ihren Zusammenhang mit den Kriterien einer Besatzung zu untersuchen.

α. Nordzypern

In einer Reihe von Fällen beschäftigte sich der EGMR mit der Situation in Nordzypern, die – wie unter Ziff. II.2.a) aa) dargestellt – humanitärvölkerrechtlich eine Besatzung des Inselteils durch die Türkei darstellt. Der erste Fall, in dem die europäischen Organe mit diesem Konzept konfrontiert wurden, war Loizidou v

without the consent of the sovereign. According to widespread expert opinion physical presence of foreign troops is a sine qua non requirement of occupation, i.e. occupation is not conceivable without "boots on the ground" therefore forces exercising naval or air control through a naval or air blockade do not suffice."

813 EGMR, Urteil vom 16.6.2015, Sargsyan v Azerbaijan, Nr. 40167/06, Z. 144.

814 EGMR, Urteil vom 20.11.2014, Jaloud v The Netherlands, Nr. 47708/08, Z. 142.

Turkey[815]. In der Entscheidung der Zulässigkeit bezeichnete der Gerichtshof die Situation in Nordzypern zum einen ausdrücklich als Besatzung, zum anderen wurde das territoriale Modell mit einer Formel begründet – welche bis heute Geltung hat – die eine Besatzung im humanitärvölkerrechtlichen Sinne beschreibt. In den Ausführungen zur Jurisdiktion in Loizidou v Turkey hieß es: „Bearing in mind, the object and the purpose of the Convention, the responsibility of a Contracting Party may also arise when as a consequence of military action – whether lawful or unlawful – it exercises effective control of an area outside its national territory." Die effektive Kontrolle des Hoheitsgebiets eines anderen Staates, als Folge eines Einsatzes seiner Streitkräfte spiegelt genau die Merkmale wider, die für eine Besatzung erfüllt sein müssen (vgl. Ziff. I.1.). Nach humanitären Völkerrecht ist es zudem ohne Belang, aus welchem Grund ein solcher militärischer Einsatz erfolgt ist; auch diese Gleichgültigkeit des humanitären Völkerrechts gegenüber dem „ius ad bellum" spiegelt die Formel des Gerichtshofs wider. Des Weiteren nimmt der Gerichtshof die beiden Arten der Besatzung in die Formel auf: „The obligation to secure, in such an area, the rights and freedoms set out in the Convention derives from the fact of such control whether it be exercised directly, through its armed forces, or through a subordinate local administration."[816] Diese Stellungnahme ist insofern bemerkenswert, als sie sowohl die „direkte Besatzung" durch eigene Truppen, wie sie dem humanitären Völkerrecht zugrunde liegt, in das territoriale Modell einbezieht, als auch die in der Literatur diskutierte „indirekte Besatzung" (vgl. Ziff. I.1.b) dd) (3)), die bei Installation einer Marionettenregierung ebenfalls vom Vorliegen einer Besatzung ausgeht. Dass der Gerichtshof mit dieser Beschreibung auch die humanitärvölkerrechtliche Besatzung meint, wird bereits im nächsten Satz klar: „In this connection the respondent Government have acknowledged that the applicant's loss of control of her property stems from the *occupation of the northern part of Cyprus by Turkish troops and the establishment there of the ‚TRNC'*."[817] Nicht nur benannte der Gerichtshof die Besatzung hier ausdrücklich, er geht wiederum sowohl auf die direkte, als auch auf die indirekte Variante des Konzepts ein. Da seiner Ansicht nach beide Merkmale vorlagen, brauchte er sich insofern auch nicht zwischen den beiden Möglichkeiten zu entscheiden.

---

815 Wie bereits dargestellt, beschäftigte sich zunächst die Kommission und dann der Gerichtshof mit dem Fall; EKMR, Zulässigkeitsentscheidung vom 4.3.1991, Crysostomos, Papachrysostomou and Loizidou v Turkey, Nr. 15299/89, 15300/89 und 15318/89; EGMR, Urteil(Preliminary Objections) vom 23. 3.1995, Lozidou v Turkey, Nr. 15318/89 sowie EGMR, Urteil (Merits) vom 18.12.1996, Loizidou v Turkey, Nr. 15318/89.

816 EGMR, Urteil(Preliminary Objections) vom 23. 3.1995, Lozidou v Turkey, Nr. 15318/89, Z. 62.

817 EGMR, Urteil(Preliminary Objections) vom 23. 3.1995, Lozidou v Turkey, Nr. 15318/89, Z. 63.

Bezüglich des Maßes der Kontrolle lässt die Rechtsprechung den Gedanken zu, dass der EGMR womöglich der überwiegend abgelehnten Ansicht des IGH anhängt[818], es sei tatsächliche Kontrolle im Gegensatz zur potentiellen Kontrolle erforderlich, um als Besatzungsmacht zu gelten. Der Wortlaut „exercises“ der Formel des EGMR könnte hierauf schließen lassen. Gegen diese Annahme spricht aber das Indiz, welches im Zusammenhang mit der Nordzypern-Rechtsprechung für das Vorliegen der Kontrolle entwickelt wurde: die Anzahl der fremden Truppen, die sich in fraglichem Gebiet aufhalten. In der Entscheidung zur Begründetheit Loizidous v Turkey befand das Gericht, die Kontrolle sei „obvious from the large number of troops“[819], die in Nordzypern im aktiven Dienst seien. In Al-Skeini v UK wurde dieses Kriterium nochmals bekräftigt: „In determining whether effective control exists, the Court will primarily have reference to the strength of the State's military presence in the area.“[820] Die *Anwesenheit* der Truppen und damit ihr Potential, Kontrolle auszuüben, scheint – ebenso wie im Recht der Besatzung – zu genügen, um territoriale Jurisdiktion zu bejahen.

β. Banković et al v Belgiumet al

Die Bedeutung der Besatzung wurde selbst in der restriktivsten Rechtsprechung des EGMR zur Jurisdiktion im Fall Banković unangetastet gelassen. Obwohl sich der Gerichtshof hier fälschlicherweise auf den völkerrechtlichen Jurisdiktionsbegriff versteifte, blieb die Besatzung als Ausnahme von einer Beschränkung der Jurisdiktion auf das eigene Hoheitsgebiet erhalten: „In addition, a State may not actually exercise jurisdiction on the territory of another without the latter's consent, invitation or acquiescence, *unless the former is an occupying State* in which case it can be found to exercise jurisdiction in that territory, at least in certain respects.“[821] In der Folge verwies der Gerichtshof auf seine Rechtsprechung in Loizidou v Turkey und Cyprus v Turkey und kam bezüglich der extraterritorialen

---

818 Vgl. IGH, Urteil v. 19.12.2005, Case concerning Armed Acitivities on the Territory of the Congo (Democratic Republic of the Congo v Uganda).

819 EGMR, Urteil (Merits) vom 18.12.1996, Loizidou v Turkey, Nr. 15318/89, Z. 56.

820 EGMR, Urteil vom 7.7.2011, Al-Skeini et al v UK, Nr. 55721/07, Z. 139. In der Fundstelle verweist der Gerichtshof bezüglich des Kriteriums zudem auf EGMR, Urteil vom 8.6.2004, Ilaşcu et al v Moldova and Russia, 48787/99, Z. 387. Dort heißt es: „The Russian army is still stationed in Moldovan territory in breach of the undertakings to withdraw it completely given by the Russian Federation at the OSCE summits in Istanbul (1999) and Porto (2001). Although the number of Russian troops stationed in Transdniestria has in fact fallen significantly since 1992 (see paragraph 131 above), the Court notes that the ROG's weapons stocks are still there. Consequently, in view of the size of this arsenal (see paragraph 131 above), the ROG's military importance in the region and its dissuasive influence persist.“

821 EGMR, Urteil vom 12.12.2001, Banković et al v Belgium et al, Nr. 52207/99, Z. 60, Hervorhebung durch die Verfasserin.

Anwendung der Konvention zu folgendem Ergebnis: „In sum, the case-law of the Court demonstrates that its recognition of the exercise of extra-territorial jurisdiction by a Contracting State is exceptional: it has done so when the respondent State, through the effective control of the relevant territory and its inhabitants abroad *as a consequence of military occupation* or through the consent, invitation or acquiescence of the Government of that territory, *exercises all or some of the public powers normally to be exercised by that Government.*“[822] Dies beschreibt ein weiteres Mal wichtige Kennzeichen einer Besatzung, nämlich die Verdrängung des Territorialstaats aus seinen Regierungsfunktionen und die Übernahme dieser durch den Besatzer.

γ. Assanidze v Georgia

In Assanidze v Georgia verdichtete der Gerichtshof die Formel zur Besatzung noch ein weiteres Mal: „In addition to the State territory proper, territorial jurisdiction extends to any area which, at the time of the alleged violation, is under ‚overall control' of the State concerned [Loizidou v Turkey], *notably occupied territories* [Cyprus v Turkey], to the exclusion of areas outside such control [Banković].“[823] Hier wird die Besatzung gleichsam als Regelbeispiel für eine Situation aufgeführt, in denen territoriale Kontrolle, welche zu Jurisdiktion führt, vorliegt. Warum dies laut *Johann* keine Bedeutung haben soll (vgl. unter Ziff. II.1.), bleibt rätselhaft. Zum einen ist auch ein obiter dictum eine Rechtsansicht des Gerichtshofs, mag sie im vorliegenden Fall auch nicht streitentscheidend sein, zum anderen nahm der EGMR in diesem obiter dictum gerade Bezug auf Fundstellen, in denen das Vorliegen der territorialen Kontrolle sehr wohl jurisdiktionsbegründend und damit streitentscheidend war. Einmal mehr verankerte der Gerichtshof an dieser Stelle, dass er die Situation in Nordzypern als Besatzung sah und dies insbesondere („notably“) zur Bejahung der Jurisdiktion geführt habe.

δ. Moldawien

In Ilaşcu et al v Moldova and Russia näherte sich der Gerichtshof der Frage der Besatzung im Rahmen der Jurisdiktion aufgrund der Konstellation von beiden Seiten: zum einen mit der Folge des (weitgehenden) Ausschlusses der Jurisdiktion auf Seiten des verdrängten Territorialstaats und zum anderen als jurisdiktionsbegründend auf Seiten des fremden Staats. Zum Verlust der Jurisdiktion des Territorialstaats führte der Gerichtshof aus: „This presumption [jurisdiction in the State's territory] may be limited in exceptional circumstances, particularly

822 EGMR, Urteil vom 12.12.2001, Banković et al v Belgium et al, Nr. 52207/99, Z. 71, Hervorhebung durch die Verfasserin.

823 EGMR, Urteil vom 08.04.2004, Assanidze v Georgia, Nr. 71503/01, Z. 138, Hervorhebung durch die Verfasserin.

where a State is prevented from exercising its authority in part of its territory. That may be as a result of *military occupation by the armed forces of another State which effectively controls the territory concerned* [see Loizidou v. Turkey, Cyprus v. Turkey], acts of war or rebellion, or the acts of a foreign State supporting the installation of a separatist State within the territory of the State concerned."[824] Für die jurisdiktionsbegründende Seite zog der Gerichtshof einmal mehr die Formel aus Loizidou heran[825]. In Ilaşcu wurde jedoch entschieden, dass auch ein geringerer Einfluss als der des Besatzers ausreichen könne, um Jurisdiktion zu begründen (hierzu unten Ziff. B, Jurisdiktion ohne Besatzung).

ε. Irak

Sowohl Al-Skeini et al v UK, als auch Hassan v UK, als auch der eingangs zitierte Fall Jaloud v The Netherlands hatten Konventionsverletzungen, die sich im Irak-Konflikt ereigneten, zum Hintergrund. Obwohl in Hassan v UK der klassische Fall des personalen Modells, der Gewahrsam, vorlag, gab der Gerichtshof in diesem Fall einen die Rechtsprechung in Al-Skeini erhellenden Kommentar ab. Sowohl in Al-Skeini als auch in Jaloud spielt für den Umgang mit der Besatzung nach hier vertretener Auffassung eine Rolle, dass der UN-Sicherheitsrat Großbritannien zu einer Besatzungsmacht erklärt hatte, ohne dass möglicherweise die hierfür erforderliche Kontrolle vorlag und der Sicherheitsrat den Niederlanden keinen offiziellen Besatzungsmachtstatus aussprach, obwohl sie humanitärvölkerrechtlich grundsätzlich als Besatzungsmacht in Frage kamen.

In Al-Skeini wurde, wie bereits erwähnt durch *Milanovic* kritisiert, das eindeutig dem territorialen Modell zugehörige Ausüben der Regierungsfunktionen und das insoweite Verdrängen des Territorialstaates aus diesen Funktionen (vgl. Ziff. I.1.b)) in den personalen Ansatz eingeflochten[826]. Wie bereits ausgeführt, war in Al-Skeini sehr umstritten, ob Großbritannien jurisdiktionsbegründende Kontrolle über das fragliche Gebiet ausgeübt hatte. Großbritannien und die nationalen Instanzgerichte waren zu dem Schluss gekommen, dass dem nicht so war. Dem gegenüber stand, dass Großbritannien und die USA zum relevanten Zeitpunkt zu

---

824 EGMR, Urteil vom 8.6.2004, Ilaşcu et al v Moldova and Russia, 48787/99, Z. 312, Hervorhebung durch die Verfasserin.

825 EGMR, Urteil vom 8.6.2004, Ilaşcu et al v Moldova and Russia, 48787/99, Z. 314: „According to the relevant principles of international law, a State's responsibility may be engaged where, as a consequence of military action – whether lawful or unlawful – it exercises in practice effective control of an area situated outside its national territory. The obligation to secure, in such an area, the rights and freedoms set out in the Convention derives from the fact of such control, whether it be exercised directly, through its armed forces, or through a subordinate local administration."

826 Vgl. Milanovic, der dies als einen „bizarren Mix" bezeichnet, vgl. MILANOVIC, European Journal of International Law 2012, S. 131.

Besatzungsmächten erklärt worden waren. Es war somit gut möglich – ohne dies abschließend beurteilen zu können – dass Erklärungen und faktischer Zustand im Irak zum streitgegenständlichen Zeitpunkt auseinandergefallen waren (s. auch unter Ziff. II.2.a) aa)). Zu betonen ist jedoch, dass die Besatzung nicht mit dahingehende Erklärungen einhergeht, sondern allein von tatsächlicher Kontrolle abhängt. Der Gerichtshof entschied sich in dieser Situation dafür, das Vorliegen einer territorialen Kontrolle nicht näher zu betrachten und stattdessen auf ein Mischmodell zwischen personaler und territorialer Kontrolle abzustellen[827]; hiermit vermied es der Gerichtshof, sich in Widerspruch zu den Äußerungen wichtiger UN-Organe zu setzen.

In Hassan v UK wurde mit dem Begriff der Besatzung und ihrer Bedeutung für die Jurisdiktion im Gegensatz zu den bisher aufgeführten Entscheidungen etwas unsorgfältig umgegangen. In einem obiter dictum nahm der Gerichtshof nochmals auf die eben geschilderte Situation in Al-Skeini Bezug. Vor diesem Hintergrund erklärte der Gerichtshof in Hassan v UK zur Entscheidung in Al-Skeini: „In the light of this finding, it was unnecessary to determine whether jurisdiction also arose on the ground that the United Kingdom was in effective military control of South East Iraq during that period. However, the statement of facts in Al-Skeini included material which tended to demonstrate that the United Kingdom was far from being in effective control of the south-eastern area *which it occupied*, and this was also the finding of the Court of Appeal, which heard evidence on this question in the domestic Al-Skeini proceedings." Diese Aussage beinhaltet aus humanitärvölkerrechtlicher Sicht einen unauflösbaren Widerspruch: Ein Gebiet, welches nicht unter effektiver Kontrolle ist, ist nicht besetzt. Es ist fraglich, ob der Gerichtshof diesen fundamentalen Grundsatz und seine bisheriger Rechtsprechung mit diesem Halbsatz in Frage stellen wollte. Läge nämlich eine Besatzung ohne territoriale Kontrolle im Sinne des Art. 1 EMRK vor, müsste davon ausgegangen werden, dass das Konzept der Besatzung für das territoriale Modell keine große Rolle mehr spielen könnte bzw. dass der Maßstab für territoriale Kontrolle strenger als der der Besatzung sei, was auch angesichts der Rechtsprechung in Ilaşcu kaum plausibel scheint. Für einen lediglich unsorgfältigen Umgang mit dem Begriff Besatzung spricht zum einen, dass er sich bereits im nächsten Satz auf die sehr viel richtigere Position zurückzieht, dass Großbritannien sich zu einem bestimmten Zeitpunkt zur Besatzungsmacht

827 Möglicherweise wollte der Gerichtshof aber auch den modernen Gegebenheiten von Kriegsführung und Besatzung Rechnung tragen: bei Einsatz einer mulinationalen Truppe ist eine Arbeitsteilung auch im Rahmen der Besatzung denkbar. Während sich eine Nation wie vorliegend mit der Aufrechterhaltung der Sicherheit beschäftigt, ist eine andere beispielsweise für den Wiederaufbau der Administration verantwortlich. Nach dem Mischmodell könnte eine menschenrechtliche Verpflichtung nur in dem Bereich in Frage kommen, in dem die Umstände auch durch den jeweiligen Konventionsstaat kontrolliert werden können.

erklärt hatte, ohne zu bewerten, ob es dies auch tatsächlich geworden war[828]. Zum anderen hatte der Gerichtshof gerade erst folgende Fundstelle aus Al-Skeini wiederholt, die der Besatzung weiterhin eine zentrale Rolle im Rahmen des territorialen Modells zuschreibt[829]: „The Court has emphasised that, where the territory of one Convention State is occupied by the armed forces of another, *the occupying State should in principle be held accountable under the Convention* for breaches of human rights *within the occupied territory*, because to hold otherwise would be to deprive the population of that territory of the rights and freedoms hitherto enjoyed and would result in a 'vacuum' of protection within the 'Convention legal space'. However, the importance of *establishing the occupying State's jurisdiction* in such cases does not imply, a contrario, that jurisdiction under Article 1 of the Convention can never exist outside the territory covered by the Council of Europe Member States."[830]

Problematischer erscheint bezüglich der These, dass im Falle einer Besatzung stets auch Jurisdiktion gegeben sein muss, die eingangs bereits erwähnte Aussage des Gerichtshofs, dass der Status als Besatzungsmacht oder ihre Fehlen im Sinne des Art. 42 HLKO für die Etablierung der Jurisdiktion nicht per se determinierend sei[831]. Während die Aussage, dass ein *Fehlen* der Besatzungsmacht für Jurisdiktion nicht entscheidend sei, im Angesicht des personalen Modells, welches keinerlei territoriale Kontrolle erfordert, sowie des abgesenkten Maßstabs der territorialen Kontrolle in Ilaşcu wenig bemerkenswert erscheint, ist die Aussage, dass der *Status* als Besatzungsmacht für das Vorliegen von Jurisdiktion nicht entscheidend sei, schwieriger einzuordnen. Dies widerspricht nicht nur der Praxis des UN – Menschenrechtsausschusses und der Interamerikanischen Kommission, sowie der Rechtsprechung des IGH, sondern auch allem, was der Gerichtshof in dieser Angelegenheit bisher selbst geäußert hat. Möglicherweise könnte der verwendete Begriff „Status" die Bedeutung der Aussage einschränken; dies dann, wenn hiermit (lediglich) die Stellung als Besatzungsmacht nach einer solchen Erklärung des UN – Sicherheitsrats gemeint ist, welche nicht der faktischen Lage entspricht. Der Gerichtshof schwächte diese Aussage durch folgenden Satz ab: „Although [the Court] *found that concept relevant* in Al-Skeini and in Al-Jedda

828 Vgl. EGMR, Urteil vom 16.9.2014, Hassan v UK, Nr. 29750/09, Z. 75: „The present case concerns an earlier period before the United Kingdom and its coalition partners *declared* that the active hostilities phase of the conflict had ended and that they were in occupation and before the United Kingdom has assumed responsibility for the maintenance of security in the South East of the country.", Hervorhebung durch die Verfasserin.

829 Wenn dies auch im Zusammenhang mit der Aufgabe des Konzepts des „espace juridique" geschieht.

830 EGMR, Urteil vom 16.9.2014, Hassan v UK, Nr. 29750/09, Z. 74; EGMR, Urteil vom 7.7.2011, Al-Skeini et al v UK, Nr. 55721/07, Z. 142, Hervorhebung durch die Verfasserin.

831 EGMR, Urteil vom 20.11.2014, Jaloud v The Netherlands, Nr. 47708/08, Z. 141/142.

v. the United Kingdom (...), the Court did not need to have recourse to it in finding that the responsibility of Turkey was engaged in respect of events in northern Cyprus, or that of Russia in respect of the situation in Moldovan territory east of the Dniester."[832] Jedoch ist auch diese Aussage zu kritisieren: Zwar ist es richtig, dass in der Formel, die die extraterritoriale Jurisdiktion der Türkei in Nordzypern die Besatzung nicht erwähnte, wenn sie auch den Tatbestand einer solchen genau wiedergab, jedoch hielt er die Besatzung sehr wohl relevant bezüglich der Beschränkung der Jurisdiktion auf eigenem Hoheitsgebiet[833]. Warum im Verhältnis zwischen zwei Staaten, in dem die Jurisdiktion des einen begründet und des anderen eingeschränkt wird, das zu diesem Schluss führende Konzept nur auf der einen Seite eine Rolle spielen sollte, ist in keiner Weise nachvollziehbar.

Es erscheint so, als sei dem Gerichtshof insbesondere in den Fällen des Irak-Konflikts das Vorliegen der Besatzung ein zu politisches Thema, als dass er unter Einbeziehung des Konzepts eine Jurisdiktion hätte begründen wollen. In beiden Fällen bestand das Risiko, dass bei Abstellen auf das territoriale Modell der Gerichtshof der Einschätzung des UN-Sicherheitsrats widersprechen hätte müssen. Da jedoch nicht das territoriale Modell zur Begründung der Jurisdiktion benutzt wurde, sind beide Fälle mit Blick auf dem hier vertretenen Zusammenhang zwischen Besatzung und Jurisdiktion zwar nicht hilfreich, schließen einen solchen aber auch nicht aus.

ζ. Berg-Karabach

Angesichts dessen, dass der Gerichtshof in Jaloud v The Netherlands so kritische Worte bezüglich des Zusammenhangs zwischen Besatzung und Jurisdiktion fand, ist interessant, wie dieser in den nachfolgenden Urteilen Chiragov et al v Armenia und Sargsyan v Azerbaijan gesehen wurde. In Chiragov wiederholte der Gerichtshof einmal mehr die Formel, dass extraterritoriale Jurisdiktion dort begründet sein könne, wo als Folge einer militärischen Aktion ein Staat effektive Kontrolle über Gebiet außerhalb seines Hoheitsgebiets ausgeübt werde[834]. Wie bereits erwähnt, beinhaltet diese Formel alle Elemente einer Besatzung. Hinzu kommt einmal mehr, wie Jurisdiktion auf eigenem Hoheitsgebiet widerlegt wird, mit dem Ergebnis, dass der Territorialstaat nurmehr eine Rumpfjurisdiktion und – falls der die Jurisdiktion beschränkende Staat ein Vertragsstaat ist – die Jurisdiktion des anderen in vollem Ausmaß begründet: Dies geschieht wie bereits

832 EGMR, Urteil vom 20.11.2014, Jaloud v The Netherlands, Nr. 47708/08, Hervorhebung durch die Verfasserin.
833 Vgl. mit Blick auf die Nordzypern-Rechtsprechung EGMR, Urteil vom 8.6.2004, Ilaşcu et al v Moldova and Russia, 48787/99, Z. 312.
834 EGMR, Urteil vom 16.6.2015, Chiragov et al v Armenia, Nr. 13216/05, 168; der Gerichtshof zitiert insofern aus Al-Skeini.

in Banković und Ilaşcu propagiert ausdrücklich durch „military occupation“[835]. Kann aber die militärische Besatzung die Jurisdiktion des Territorialstaats einschränken, muss sie die extraterritoriale Jurisdiktion des anderen Staates begründen können. Dies sind die zwei Seiten derselben Medaille, wie schon im Rahmen der Jurisdiktionsdogmatik erörtert wurde (vgl. zum einheitlichen Begriff der Jurisdiktion Teil A, Ziff. II.3.).

(cc) Ergebnis

Spätestens seit den Entscheidungen in Chiragov und Sargsyan steht fest, dass der Gerichtshof den Begriff der Besatzung als terminus technicus verwendet. Dies im Rahmen der Analyse der Rechtsprechung des EGMR in Betracht gezogen, führt zu dem Ergebnis, dass das Vorliegen einer (Haager) Besatzung – ob nun direkt oder indirekt in ihrer Erscheinungsform – ohne gleichzeitiges Vorliegen der Jurisdiktion nicht denkbar ist. Zweifel können hieran weder die dogmatisch unklare Ausdrucksweise des Gerichtshofs in Hassan, noch die „besatzungskritische“ Aussage in Jaloud säen. Letztere muss vor dem Hintergrund einer schwierigen politischen Lage gesehen werden und dem schon in Al-Skeini deutlich gewordenen Wunsch, dem UN – Sicherheitsrat nicht zu widersprechen. Dies hat jedoch zur Folge, dass die Rechtsprechung des EGMR zur Jurisdiktion noch undogmatischer wird, indem personales und territoriales Modell vermischt werden. Mag die Begründung der extraterritorialen Jurisdiktion im Zusammenhang mit der Besatzung schwierig sein, so ist sich der Gerichtshof in seinem jüngeren Urteil Sargsyan umso sicherer, dass die Jurisdiktion auf eigenem Hoheitsgebiet mittels militärischer Besatzung ausgehebelt werden kann. Bei beiden Fällen handelt es sich aber weitgehend um spiegelbildliche Fragen, sodass Besatzung sehr wohl auch extraterritoriale Jurisdiktion begründen muss. Mag der Gerichtshof eine solche auch unter der Schwelle der Besatzung angenommen haben, wie beispielsweise in Ilaşcu, bedeutet dies doch: keine Besatzung ohne Jurisdiktion.

(3) Gleichklang der Kriterien

Die Folgerung, dass Besatzung eines Gebiets im Sinne des humanitären Völkerrechts auch das Bestehen der Jurisdiktion nach dem territorialen Modell ergibt sich, wie mehrfach auch, weil die Kriterien hierzu gleich laufen. So stellt sich die Frage der Jurisdiktion, wie in Teil A, Ziff. II.3. ausführlich untersucht, als eine „question of fact“ dar – ganz genauso verhält es sich auch mit der Frage des Bestehens einer Besatzung. In beiden Fällen kommt es auf Kontrolle an, die potentiell die auf dem fraglichen Gebiet befindliche Menschen betrifft. Kriterium für diese Kontrolle ist die militärische Präsenz eines Staates auf dem Staatsgebiet

835 EGMR, Urteil vom 16.6.2015, Sargsyan v Azerbaijan, Nr. 40167/06, Z. 127; der Gerichtshof zitiert insoweit aus EGMR, Urteil vom 8.6.2004, Ilaşcu et al v Moldova and Russia, 48787/99.

eines anderen. Dass dieses ohne Einverständnis des Staates erfolgt, ergibt sich zum einen aus den jeweiligen Sachverhalten und zum anderen, dass er die militärische Handlung stets im Gegensatz zu „consent, invitation or acquiescence" stellt. Hierbei ist der Gerichtshof von einer territorialen Jurisdiktion nur dann ausgegangen, wenn „boots on the ground" vorlagen – im Einklang mit den Kriterien des Besatzungsrechts hat er Kontrolle des Luftraums in Banković als zur Begründung von Jurisdiktion als nicht ausreichend erachtet. Darüber hinaus bezieht der Gerichtshof eine weitere Form der Besatzung, die in der Literatur diskutiert wird, in sein territoriales Modell ein: die indirekte Besatzung, die durch die Installation eines Marionettenregimes gekennzeichnet ist.

cc) Ergebnis

Das terrtioriale Modell der extraterritorialen Jurisdiktion wurde sowohl in der Rechtsprechung des UN-Menschenrechtsausschusses als auch des EGMR in Situationen entwickelt, in denen eine Besatzung nach der HLKO vorlag bzw. eine solche jedenfalls im Raum stand. Beide Organe benutzen den Begriff der Besatzung darüber hinaus in ihren Formeln zur Begründung extraterritorialer Jurisdiktion und in Situationen nicht angewendet, in denen eine solche Besatzung fraglich war (Al-Skeini). Eine nähere Analyse der Verwendung des Begriffs Besatzung durch den EGMR ergibt, dass er diesen auch als terminus technicus versteht. Eine Zusammenschau der Kriterien des territorialen Modells und der Besatzung, welche beide auf effektive, tatsächliche Kontrolle eines Gebiets abstellen, zeigen den Gleichklang der Kriterien. Anders als von *Johann* behauptet, spielt die Besatzung sowohl in obiter dicta als auch in der ratio decidendi[836] eine bedeutende Rolle.

---

836 In EGMR, Urteil vom 8.4.2004, Assanidze v Georgia, Nr. 71503/01 rekurrierte der Gerichtshof selbst auf Loizidou v Turkey (preliminary objections) und Cyprus v Turky, um Jurisdiktion mit Besatzung zu begründen: „In addition to the State territory proper, territorial jurisdiction extends to any area which, at the time of the alleged violation, is under the ‚overall control' of the State concerned (see Loizidou v. Turkey (preliminary objections), judgment of 23 March 1995, Series A Nr. 310), *notably occupied territories* (see Cyprus v. Turkey [GC], Nr. 25781/94, ECHR 2001-IV), to the exclusion of areas outside such control." In EGMR, Urteil(Preliminary Objections) vom 23. 3.1995, Lozidou v Turkey, Nr. 15318/89 heißt es in Z. 62/63 „Bearing in mind the object and purpose of the Convention, the responsibility of a Contracting Party may also arise when as a consequence of military action – whether lawful or unlawful – it exercises effective control of an area outside its national territory. The obligation to secure, in such an area, the rights and freedoms set out in the Convention derives from the fact of such control whether it be exercised directly, through its armed forces, or through a subordinate local administration. In this connection the respondent Government have acknowledged that the applicant's loss of control of her property stems from the *occupation* of the northern part of Cyprus by Turkish troops and the establishment there of the ‚TRNC'.", Hervorhebungen durch die Verfasserin.

Ebenso wichtig ist, dass Besatzung ausdrücklich eine Jurisdiktion des Territorialstaates – bis auf das in Ilaşcu propagierte sehr reduzierte Maß – ausschließt. Was aber die Jurisdiktion des Territorialstaats ausschließt, muss die extraterritoriale Jurisdiktion des anderen Staates begründen.

All dies zusammengenommen ergibt, dass die Besatzung im Rahmen des territorialen Modells eine wichtige Rolle spielt. Dabei begründet nach vorliegend vertretener Auffassung das Vorliegen einer Haager Besatzung nicht nur die Vermutung der Jurisdiktion; vielmehr ist bei tatsächlichem Vorliegen einer Besatzung die Jurisdiktion stets gegeben.

b) Jurisdiktion ohne Besatzung

Aus den bisherigen Ausführungen ist bereits deutlich geworden, dass „keine Besatzung ohne Jurisdiktion" nicht zugleich auch umgekehrt „Jurisdiktion nur bei Besatzung" bedeutet. Soviel jedenfalls kann auch Jaloud nochmals entnommen werden[837]. Dies liegt zum einen nach der vom Gerichtshof entwickelten Formel dann vor, wenn die Regierungsfunktionen auf fremdem Hoheitsgebiet mit dessen Einverständnis ausgeübt werden[838], zum anderen kann ein gegenüber der Besatzung abgeschwächter Grad der Kontrolle, ein „entscheidender Einfluss" ebenfalls ausreichen. Wenn auch der Gerichtshof nicht endgültig entschieden hatte, ob in Ilaşcu lediglich ein solcher Einfluss – und nicht doch effektive Kontrolle – vorlag, reichte es seiner Ansicht nach zur Begründung der Jurisdiktion auch aus, dass die lokale Regierung „remains (...) at the very least under the decisive influence, of the Russian Federation, and in any event that it survives by virtue of the military, economic, financial and political support given to it by the Russian Federation."[839]

Eine Jurisdiktion ohne Vorliegen der Kriterien einer Besatzung im Sinne der Haager Konventionen vertritt auch der Menschenrechtsausschuss. So nahm er auch nach dem Rückzug der israelischen Truppen aus dem Gazastreifen 2005 an, dass Israel der dortigen Bevölkerung nach dem IPBPR verpflichtet bleibe. Eine Besatzung im klassischen Sinne kann bei fehlenden Soldaten auf dem Hoheitsgebiet eines anderen Staates nach überwiegender Ansicht nicht mehr angenommen werden (vgl. hierzu aber unter I.1.b) bb)). Dennoch änderte der Ausschuss seine oben vorgestellte Formel, nach der in besetzten Gebieten der IPBPR Geltung habe, nicht ab[840]. Dies hat teilweise auch zur Diskussion darüber geführt, ob der Menschenrechtsausschuss den Besatzungsbegriff verändert habe (vgl. unter

837 EGMR, Urteil vom 20.11.2014, Jaloud v The Netherlands, Nr. 47708/08, Z. 142; der Gerichtshof hätte sich richtigerweise darauf beschränken sollen, seine Aussage auf das *Fehlen* des Status als Besatzungsmacht zu beziehen.

838 EGMR, Urteil vom 12.12.2001, Banković et al v Belgium et al, Nr. 52207/99, Z. 60.

839 EGMR, Urteil vom 8.6.2004, Ilaşcu et al v Moldova and Russia, 48787/99, Z. 392.

840 MRA, Concluding Observations on the Third Periodic Report of Israel vom 3.9.2010, UN Doc. CCPR/C/ISR/CO/3, Z. 5.

II.2.a) bb)). Mit welcher Begrifflichkeit der Menschenrechtsausschuss eine Jurisdiktion aber auch begründen mag: Festzuhalten bleibt, dass bei bloßer Kontrolle des Luftraums und der maritimen Grenzen nach überwiegender Ansicht nicht von einer Besatzung ausgegangen werden kann und der Ausschuss Jurisdiktion im Sinne des IPBPR dennoch bejaht. Eine Jurisdiktion ohne Besatzung ist somit gegeben. Dies passt auch zu dem grundsätzlich personalen Modell, welches der UN – Menschenrechtsausschuss vertritt, welches weniger auf den Ort der Menschenrechtsverletzung, als auf die Beziehung zu dem betroffenen Menschen abstellt (vgl. oben Ziff. II.2.a)bb)).

3. Die funktionale Besatzung und das personale Modell

Nachdem nun die Bedeutung der „Haager Besatzung" für das territoriale Modell eingehend beleuchtet wurde, ist abschließend von Interesse, ob der unter Ziff. I.2. vorgestellte funktionale Besatzungsbegriff Parallelen zum personalen Modell aufweist[841]. Womöglich könnten derartige Parallelen einen Erklärungsansatz liefern, warum eine kriegstypische Situation in den Anwendungsbereich einer Menschenrechtskonvention fallen soll und eine andere wiederum nicht.

Im Grundsatz lässt sich bereits große Ähnlichkeit zwischen dem personalen Ansatz der Jurisdiktion und dem Besatzungsbegriff nach „Genfer Recht" feststellen. Wie erläutert, liegt nach einer Ansicht Besatzung im Sinne der Vierten Genfer Konvention bereits vor, wenn ein Individuum Truppen „in die Hände fällt". Anders als der klassische Besatzungsbegriff ist somit allein die Beziehung der feindlichen Soldaten zu dem Individuum auf dem Hoheitsgebiet entscheidend, nicht die Kontrolle, die diese womöglich über ein bestimmtes Gebiet ausüben (könnten). Dies erscheint dem personalen Ansatz sehr ähnlich, welcher extraterritoriale Anwendbarkeit der Menschenrechtskonventionen bei Vorliegen einer bestimmten Beziehung zwischen Individuum und Agenten des Konventionsstaates, welche häufig auch Soldaten sind, annimmt. Der Unterschied zwischen den beiden Konzepten ist, dass im Rahmen der funktionalen Besatzung ein bewaffneter Konflikt zwischen dem Territorialstaat und dem in fremdes Hoheitsgebiet eindringenden Konventionsstaat bestehen muss und dies für eine Begründung extraterritorialer Jurisdiktion nicht der Fall sein muss. Das Vorliegen eines bewaffneten Konflikts ist inhärentes Merkmal des IHL; die Menschenrechtskonventionen sind jedoch stets anwendbar (vgl. hierzu ausführlich Teil III). Abgesehen hiervon scheinen sich die beiden Konzepte jedoch sehr ähnlich.

---

841 Dies ist auch die These von Benvinisti: „Interestingly, the same dual tests are also reflected in human rights law, as treaties apply generally whereever a state party is in effective control over territory or over individuals beyond state territory." Benvenisti, S. 43; vgl. hierzu auch die Fußnote und Kapitel 1.3.2

Nicht abschließend geklärt werden kann, was genau unter „find themselves(...) in the hands of a Party“[842] zu verstehen ist. Dem Wortlaut nach ist jedoch klar, dass Ingewahrsamnahme hierunter auf jeden Fall zu fassen ist und damit gerade die Fallgruppe des personalen Ansatzes, welche im Rahmen der Rechtsprechung die wenigsten Probleme in der Subsumtion bedeutet. Aber auch Tötungshandlungen müssen hierunter zu fassen sein, da andernfalls der Schutz der Vierten Genfer Konvention leer liefe. Bei genauerer Betrachtung der Rechtsprechung des EGMR sind Tötungshandlungen jedenfalls dann als in die Jurisdiktion fallend beurteilt wurden, wenn die im Rahmen des funktionalen Besatzungsbegriffs erforderliche militärische Präsenz des Vertragsstaats auf fremden Territorium gegeben war. Umgekehrt ergibt sich ebenfalls eine Parallele: In Banković war es ein reiner Luftangriff auf fremdem Hoheitsgebiet, den der EMGR nicht unter Art. 1 EMRK fallen lassen wollte. Auch nach dem funktionalen Besatzungsbegriff wäre ein Schutz der betroffenen Zivilisten nicht gegeben gewesen.

Bemerkenswerterweise hat sich die AKMR in Coard et al v United States ausdrücklich den Ausführungen *Pictets* in seiner Kommentierung zum funktionalen Besatzungsbegriff angeschlossen: „It should be noted that the protections of the Fourth Geneva Convention begin to apply ‚from the outset of any conflict or occupation mentioned in Article 2.‘ Relations between advancing troops and civilians are governed by the Convention (whether that advance includes hostilities or not), and there is no gap in the application of the provisions ‚between what might be termed the invasion phase and the inauguration of a stable regime of occupation.‘ “[843]. Zuvor hatte sie die Jurisdiktion bei Ingewahrsamnahme durch Truppen ohne Weiteres nach dem von ihr vertretenen personalen Ansatz bejaht. Dieselbe Ansicht äußerte sie nunmehr nochmals in Salas et al v United States im Zusammenhang mit der erstmaligen Begründung einers territorialen Modells[844].

Auch der EGMR sah sich im Fall Issa et al et al v Turkey – auf den die Interamerikanische Kommission in Salas et al v Turkey verweist[845] – mit einer Situation konfrontiert, die eine Besatzung nach dem Genfer Recht bedeutet hätte und hatte sich zur Jurisdiktion zu äußern. Die Beschwerdeführer hatten insofern auch argumentiert, dass eine Eröffnung des Anwendungsbereichs der Vierten Genfer Konvention auch die Bejahung der Jurisdiktion bedeuten müsse[846]. Wenn

842 So Art. 4 Abs, 1 Vierte Genfer Konvention; ins Deutsche übersetzt mit: „im Machtbereich (...) befinden“.

843 AKMR, Entscheidung vom 29.9.1999, Coard et al v United States, Nr. 10.951, Z. 51.

844 AKMR, Entscheidung vom 5.10.2018 (Begründetheit), Salas v United States, Nr. 10.573, Z. 321.

845 AKMR, Entscheidung vom 5.10.2018 (Begründetheit), Salas v United States, Nr. 10.573, Z. 316.

846 EGMR, Urteil vom 16.11.2004, Issa et al v Turkey, Nr. 31821/96 Z. 64: „The applicants also stressed that the shepherds fell within the protected persons category defined in Article 4 of Fourth Geneva Convention of 1949, namely “those who at any given moment and in any manner whatsoever, find themselves, in case of a conflict or

auch nicht erörtert wurde, inwiefern ein bewaffneter Konflikt zum Zeitpunkt der militärischen Operationen der Türkei auf dem Hoheitsgebiet des Iran vorlag[847], erörterte der Gerichtshof insbesondere, ob die Truppen das Gebiet, in dem sie sich aufhielten, effektiv kontrollierten, ließ die Frage jedoch letzten Endes offen[848]. Die Tötung der Angehörigen der Beschwerdeführer war nicht in dem Gebiet erfolgt, in dem die Truppen sich – womöglich territoriale Jurisdiktion begründend – aufhielten und die Beschwerdeführer konnten nicht beweisen, dass die Angehörigen den Truppen außerhalb des womöglich kontrollierten Gebietes in die Hände gefallen waren[849]. Das Scheitern an der Beweislast zeigte jedoch auch, dass grundsätzlich trotz der Zweifel an dem Bestehen einer Besatzung im Sinne des Haager Rechts im gesamten Nordirak[850] bei einer Begegnung der Truppen mit den betroffenen Personen Jurisdiktion begründet gewesen wäre. Insoweit laufen Jurisdiktion und funktionaler Besatzungsbegriff in diesem Beispiel gleich.

---

occupation, in the hands of a Party to the conflict or Occupying Power of which they are not nationals". Accordingly, the seven Iraqi shepherds were brought within the jurisdiction of the respondent State by virtue of the de minimis protection afforded by the Geneva Conventions. The fact that under international law the victims were clearly within the jurisdiction of Turkey reinforced their submission that the requirements for the applicability of Article 1 of the Convention were satisfied in this case.“

847 Diese Operationen betrafen den Nordirak, der zu dieser Zeit wohl überwiegend von der PKK kontrolliert wurde.

848 Vgl. EGMR, Urteil vom 16.11.2004, Issa et al v Turkey, Nr. 31821/96 Z. 74 ff.: „The Court does not exclude the possibility that, as a consequence of this military action, the respondent State could be considered to have exercised, temporarily, effective overall control of a particular portion of the territory of northern Iraq.“ Letzten Endes fällte er jedoch hierüber keine Entscheidung.

849 Vgl. EGMR, Urteil vom 16.11.2004, Issa et al v Turkey, Nr. 31821/96 Z. 76 ff.

850 Der EGMR verglich die vorliegenden Situation mit derjenigen in Nordzypern, in denen eine Besatzung unstreitig vorlag, und kam bezüglich zu einer kritischen Einschätzung: „However, notwithstanding the large number of troops involved in the aforementioned military operations, it does not appear that Turkey exercised effective overall control of the entire area of northern Iraq. This situation is therefore in contrast to the one which obtained in northern Cyprus in the Loizidou v. Turkey and Cyprus v. Turkey cases (both cited above). In the latter cases, the Court found that the respondent Government's armed forces totalled more than 30,000 personnel (which is, admittedly, no less than the number alleged by the applicants in the instant case – see § 63 above – but with the difference that the troops in northern Cyprus were present over a very much longer period of time) and were stationed throughout the whole of the territory of northern Cyprus. Moreover, that area was constantly patrolled and had check points on all main lines of communication between the northern and southern parts of the island.“, EGMR; Issa et al v Turkey, Z. 75.

Letzten Endes sprechen auch die beiden Entscheidungen Al-Skeini v UK und Hassan v UK für eine Parallelität des funktionalen Besatzungsbegriffs mit dem des personalen Modells zur Begründung extraterritorialer Jurisdiktion. Auch in Al-Skeini ist nach hier vertretener Ansicht nicht abschließend geklärt, ob zur Begründung der Jurisdiktion nach territorialem Modell ausreichende Kontrolle des Gebiets vorlag und dennoch nahm der Gerichtshof im Rahmen des Kontakts von britischen Truppen mit Individuen die Begründung von Jurisditktion an. In Hassan v UK befand sich der Konflikt nach allgemeiner Ansicht noch in der Phase der aktiven Feindseligkeiten und wiederum nahm der Gerichtshof mit Ingewahrsamnahme durch britische Truppen extraterritoriale Jurisdiktion an. In beiden Fällen wäre auch eine funktionale Besatzung gegeben und der Anwendungsbereich der Vierten Genfer Konvention eröffnet gewesen[851].

Darüber hinaus stimmte insbesondere die europäische Kommission, die den personalen Ansatz der extraterritorialen Anwendendbarkeit der EMRK gerade auch in Situationen des bewaffneten Konflikts begründete, in ihrer Rechtsprechung zur Jurisdiktion mit dem funktionalen Besatzungsbegriff überein. Exemplarisch soll für diese Rechtsprechung die Entscheidung der EKMR im Fall Cyprus v Turkey aus dem Namen 1975 stehen. „It follows *that these armed forces* are authorised agents of Turkey and that they *bring any other person or property in Cyprus ‚within the jurisdiction‘ of Turkey*, in the sense of Art. 1 of the Convention, to the extent that they exercise control over such persons or property. Therefore, insofar as these armed forces, by their acts or omissions, affect such persons' rights or freedoms under the Convention, the responsibility of Turkey is engaged."[852] Zuvor hatte die Kommission klargestellt, dass für ein Vorliegen türkischer Hoheitsgewalt nicht schädlich sei, dass keine Regierungsfunktionen übernommen wurde: „It follows from the above interpretation of Art. 1 that the Commission's competence to examine the applications, insofar as they concern alleged violations of the Convention of Cyprus, cannot be excluded on the grounds that Turkey, the respondent Party in the present case, has neither annexed any part of Cyprus not, according to the respondent Government, established either military or civil government there."[853] Gerade ein solches Aufeinandertreffen von Zivilisten und Soldaten, wie es die EKMR beschreibt, ist typisch für ein „in die Hände fallen" im Sinne des funktionalen Besatzungsbegriffs.

Festzuhalten bleibt, dass der personale Ansatz bzw. auch das seit Al-Skeini und Jaloud vom EGMR vertretene Mischmodell viele Parallelen mit dem Genfer

851 In EGMR, Urteil vom 16.9.2014, Hassan v UK, Nr. 29750/09 war die betroffene Person Zivilist.

852 EKMR, Entscheidung 26.5.1975, Cyprus v Turkey (Zulässigkeit), Nr. 6780/74 und 6950/75, S. 137; Hervorhebung durch die Verfasserin.

853 EKMR, Entscheidung 26.5.1975, Cyprus v Turkey (Zulässigkeit), Nr. 6780/74 und 6950/75, S. 137.

Besatzungsbegriff aufweist. Auch insoweit lässt sich annehmen, dass, wenn dieser vorliegt, auch die Jurisdiktion der Menschenrechtskonventionen gegeben ist.

4. Ergebnis

Im Ergebnis ist festzuhalten, dass die „Haager" Besatzung wie auch die „Genfer" Besatzung erstaunliche Zusammenhänge mit dem territorialen Ansatz bzw. dem personalen Ansatz der extraterritorialen Jurisdiktion aufweisen.

So spielt die Besatzung nach Haager Recht eine wichtige Rolle sowohl in der Praxis des UN-Menschenrechtsausschusses und der Interamerikanischen Kommission, wie auch in der Rechtsprechungdes EGMR. Der territoriale Ansatz entwickelte sich in Besatzungssituationen und spiegelt darüber hinaus zentrale Kriterien der klassischen Besatzung wider. Dies alles lässt den Schluss zu, dass Besatzung ohne Jurisdiktion nicht denkbar ist, wenn dies auch nicht für den umgekehrten Gedanken gilt: Jurisdiktion im territorialen Sinn ohne Besatzung ist seit der Rechtsprechung in Ilaşcu ebenfalls denkbar.

Daneben gibt es Parallelen zwischen dem personalen Ansatz der Jurisdiktion und dem – wenn auch umstrittenen – Genfer Besatzungsbegriff. Diese sind im Rahmen der Rechtsprechung wiederum des EGMR nicht von der Hand zu weisen, wenn man sich die großen Linien der Rechtsprechung ansieht: So steht bis heute im Raum, dass ein Luftangriff nicht zu Jurisdiktion führen würde, was der Wertung des funktionalen Besatzungsbegriff entspricht. Demgegenüber wird Jurisdiktion unproblematisch bejaht, wenn Personen in Gewahrsam genommen werden, was wörtlich einem „find themselves(...)in the hands of a Party" entspricht. Zumindest bisher, da es in der Rechtsprechung zur Jurisdiktion um Zivilisten ging, kann eine Parallelität der beiden Konzepte nicht von der Hand gewiesen werden.

D. Gesamtergebnis

Die Untersuchung der Anwendbarkeit von Menschenrechtsverträgen auf ihre für den bewaffneten Konflikt interessanten Aspekte hin, ist eine komplexe Angelegenheit. Dies rührt daher, dass jedenfalls die Rechtsprechung des Europäischen Gerichtshofs an Kohärenz zu wünschen übrig lässt, wie es für eine Dogmatik, die eindeutige Einschätzungen kriegstypischer Situationen auf ihre Überschneidungsmöglichkeiten mit den Menschenrechtsverträgen zulässt, erforderlich gewesen wäre. Dennoch konnten einige Prinzipien der Jurisdiktion erarbeitet werden, die eine Einschätzung auch noch nicht entschiedener Sachverhalte – wie des im humanitären Völkerrecht zentralen Sachverhalts der Tötung von Menschen, die der EGMR noch nicht abschließend bewertet hat – zulassen.

Die ermittelten Prinzipien der Jurisdiktion erlaubten zusammen mit einer Analyse der Rechtsprechung der Menschenrechtsorgane auch eine Einordnung der Besatzung in die Frage der extraterritorialen Jurisdiktion. Es konnte ein Gleichklang der Kriterien der Haager Besatzung mit dem territorialen Modell festgestellt werden; die Untersuchung der Rechtsprechung lässt trotz des vermeintlichen Widerspruchs in einem obiter dicta des Gerichtshofs nur den Schluss zu, dass das Vorliegen einer Besatzung die Jurisdiktion begründet. Umgekehrt kann jedoch auch Jurisdiktion ohne Besatzung vorliegen, sodass sich keine völlige Kongruenz der beiden Konzepte ergibt. Erstaunliche Parallelen finden sich zudem zwischen funktionaler Besatzung und personalem Modell. Dies vermag nicht zu verwundern, da nach hier vertretener Ansicht sich die beiden Konzepte Jurisdiktion und Besatzung grundlegend ähnlich sind: Mag im Besatzungsrecht als Teil des staatenzentrierten „alten" Völkerrechts auch noch andere Aspekte eine Rolle spielen, kommt es bei beiden entscheidend auf die Beziehung zum Menschen an.

Teil II: Untersuchung der Rechtsprechung und Praxis der vertraglichen Menschenrechtsschutzorgane zum humanitären Völkerrecht

Obwohl weitaus größere Schnittmengen zwischen den Rechtsmaterien humanitäres Völkerrecht und Recht der Menschenrechte denkbar sind[854], wird die

854 Wollte man strukturiert ermitteln, welche Menschenrechte mit Blick auf ein Zusammenspiel mit dem humanitären Völkerrecht besonders interessant ist, sollte man sich nicht allein an dem teilweise punktuellen Aufgreifen des humanitären Völkerrechts in der Rechtsprechung der Menschenrechtsorgane orientieren. Um die potentiellen Schnittmengen zu erfassen, sind drei Vorgehensweisen bzw. eine Kombination derselben, denkbar: Zum einen könnte man die verschiedenen Phasen eines bewaffneten Konflikts gedanklich durchgehen und die jeweils betroffenen Menschenrechte ermitteln. In der aktiven Kampfphase werden bestimmte Menschenrechte lediglich eine kleine oder keine Rolle spielen, die während einer Besatzung – oder sogar einer „prolonged occupation" – immer wichtiger werden würden. Zu kombinieren wäre dieser Ansatz mit der Ermittlung des humanitären Völkerrechts: Welche Regelungsgegenstände erfasst es in den verschiedenen Phasen eines bewaffneten Konflikts? Hierbei ist nicht nur wichtig, positive Regelungen zu ermitteln, sondern auch Schweigen richtig zu deuten, damit eine etwaige Lückenfüllung mit den Menschenrechten gelingen kann. Daneben kann es hilfreich sein, die Argumentation der Antragsteller in Verfahren vor den Menschenrechtsorganen zu analysieren. Wenn dieses Feld auch noch in Entwicklung begriffen ist, werden die Antragsteller die Verletzung derjenigen Rechte rügen, die im bewaffneten Konflikt besonders dringlich erscheinen und die in besonderem Maße gefährdet sind. Einen weiteren Anhaltspunkt über Schnittmengen können auch andere Äußerungen der Menschenrechtsorgane liefern; so stellt der „Report on Terrorism and Human Rights" der interamerikanischeinteramerikanischen Kommission den durch den Kampf gegen den Terrorismus berührten Menschenrechten das relevante humanitäre Völkerrecht gegenüber. Eine solche systematische Darstellung der beiden Rechtsmaterien trägt dazu bei, dass sich ein sinnvolles Zusammenwirken der beiden Rechtsmaterien entwickelt. Auch in AKMR, Entscheidung (Begründetheit) vom 5.10.2018, José Isabel Salas et al v USA, Nr. 10.573, Z. 3 machen die Beschwerdeführer die Verletzung einer ganzen Reihe von Menschenrechten gelten, darunter neben dem Recht auf Leben und Freiheit auch „the right to freedom of investigation, opinion, expression and dissemination, the right to a family and to protection thereof, the right to protection of mothers and children, the right to residence and movement, the inviolability of the home, the preservation of health and well-being, the right to education, the right to the benefits of culture, the right to work, the right to vote and to participate in

folgende Analyse sich auf die beiden wichtigsten Rechte beschränken: das Recht auf Leben und das Recht auf Freiheit[855]. Diese beiden Rechte habe – wenig überraschend – in der Rechtsprechung der vertraglichen Menschenrechtsorgane bisher die größte Rolle gespielt. Zu ersterem haben sich insbesondere die interamerikanischen Organe geäußert, während das Recht auf Freiheit und Sicherheit in dem wichtigsten Fall des Europäischen Gerichtshof der letzten Jahre aus diesem Bereich die Hauptrolle gespielt hat. Auch in der Literatur und den Expertenrunden zum Verhältnis der Rechtsmaterien sorgen diese beiden Rechte für die meisten Diskussionen[856]. Dies mag daran liegen, dass hier die Wertungen des humanitären Völkerrechts auffallend von den Wertungen des Rechts der Menschenrechte abweichen[857]. Zum anderen sind genau diese beiden Rechte im Rahmen sowohl des internationalen als auch des nicht-internationalen bewaffneten Konflikts besonders betroffen.

A. Das Recht auf Leben

Das Menschenrecht auf Leben und der Schnittpunkt zum humanitären Völkerrecht: Für viele ist dies eine Unvereinbarkeit, ein Paradox[858]. Zugespitzt könnte man sagen: Kann es eine Schnittmenge geben, wenn eine Rechtsmaterie gerade erlaubt, was die andere verbietet – die Tötung von Menschen? Dies ist jedoch zu kurz gegriffen, denn auch im Recht der Menschenrechte ist der Schutz des Lebens nicht absolut, sondern der Staat kann unter bestimmten Umständen in das Recht

---

government, the right of assembly, the right of association, the right to property and the right of asylum.“

855 Auch Sassòli/Olson sind der Ansicht, dass dies die beiden relevantesten Rechte in der Schnittmenge des humanitären Völkerrecht und des Rechts der Menschenrechte sind: Sassòli/Olson, International Review of the Red Cross 2008.

856 Expert Meeting on the Right to Life in Armed Conflicts and Situations of Occupation, organisiert durch das University Centre for International Humanitarian Law, 1–2. September 2005 in Genf, abrufbar unter: https://docplayer.net/361400-Expert-meeting-on-the-right-to-life-in-armed-conflicts-and-situations-of-occupation.html, zuletzt abgerufen im Februar 2019; Expert Meeting on the Supervision of the Lawfulness of Detention during Armed Conflict', organisiert durch das University Centre for International Humanitarian Law, 24–25 Juli 2004 in Genf, abrufbar unter: http://www.ruig-gian.org/ressources/communication_colloque_rapport04.pdf, zuletzt abgerufen im Februar 2019; Sassòli/Olson, International Review of the Red Cross 2008, Henckaerts Jean-Marie, in: Arnold/Quénivet N. R. (Hrsg.) 2008, Oberleitner.

857 Henckaerts Jean-Marie, in: Arnold/Quénivet N. R. (Hrsg.) 2008, S. 4.

858 Mit den Worten Oberleitners: „In the eyes of many commentators, the way in which human rights and humanitarian law think about the use of deadly force – the central element of armed conflicts – reflects paradigmatic differences so profound that there can be no complementarity in this matter.“, Oberleitner, S. 131.

eingreifen. Umgekehrt ist auch im humanitären Völkerrecht nicht jede Tötung erlaubt[859].

Zudem nehmen die Menschenrechtsorgane – insbesondere der EGMR – an, dass der Staat im Rahmen des Rechts auf Leben auch eine prozedurale Pflicht hat, den (mutmaßlichen) Tod eines Menschen zu untersuchen. Das Versäumen dieser Pflicht führt ebenfalls zu einer Verletzung des Rechts auf Leben. Bei der Erfüllung dieser Pflicht vor dem Hintergrund eines bewaffneten Konflikts könnten Pflichten aus dem humanitären Völkerrecht ebenfalls eine Rolle spielen.

Die Regelung dieser beiden Komplexe soll somit zunächst näher dargestellt werden (unter I.), bevor in einem zweiten Schritt (II.) auf die Rechtsprechung der Menschenrechtsorgane eingegangen wird.

I. Das Recht auf Leben im Recht der Menschenrechte und im humanitären Völkerrecht

1. *Zusammenschau der verschiedenen Konventionen zum Recht auf Leben*

Das Recht auf Leben genießt im Recht der Menschenrechte einen hohen Status, was sich auch am Ort der Verankerung erkennen lässt – in allen Verträgen ist es eine der ersten materiellen Regelungen[860]. Auch die Rechtsprechung der Menschenrechtsorgane hat sich stets zum hohen Gut Leben bekannt, welches die Basis für den Genuss aller anderen Menschenrechte ist[861]. Dennoch ist seine

---

859 Vgl. hierzu auch AKMR, 31.12.2013, Truth, Justice an Reparation, Fourth Report on Human Rights in Colombia, OEA/Ser.L/V/II, Doc. 49/13, Z. 95. Die Kommission zählt hier grundlegende Prinzipien des humanitären Völkerrechts als das Leben schützend auf.

860 Artikel I Amerikanische Deklaration: „Every human being has the right to life, liberty and security of his person."; Art. 4 Abs. 1 AMRK: „Every person has the right to have his life respected. This right shall be protected by law and, in general, from the moment of conception. No one shall be arbitrarily deprived of his life."; Art. 2 EMRK: „Everyone's right to life shall be protected by law. No one shall be deprived of his life intentionally save in the execution of a sentence of a court following his conviction of a crime for which this penalty is provided by law. Deprivation of life shall not be regarded as inflicted in contravention of this Article when it results from the use of force which is no more than absolutely necessary: (a) in defence of any person from unlawful violence; (b) in order to effect a lawful arrest or to prevent the escape of a person lawfully detained; (c) in action lawfully taken for the purpose of quelling a riot or insurrection." Art. 6 Abs. 1 IPBPR: „Every human being has the inherent right to life. This right shall be protected by law. No one shall be arbitrarily deprived of his life."

861 So der EGMR in EGMR, Urteil vom 17.09.1995, McCann et al v UK, Nr. 18984/91, Z. 147; AGMR, Urteil vom 21.6.2002, Hilaire, Constantine and Benjamin et al. v Trinidad and Tobago, Z. 103: „the most cherished possession" sowie in Urteil vom 25.11.2003, Myrna Mack-Chang v Guatemala, Ser. C, Nr. 101, Z. 92: „the right lo life plays a fundamental role in the American Convention because it is a prior

Geltung nicht absolut; unter bestimmten Voraussetzungen kann in das Recht eingegriffen werden. Insbesondere aus den Schrankenregelungen des Rechts auf Leben selbst ergeben sich seine Grenzen.

Das Recht auf Leben hat in allen vertraglichen Ausgestaltungen sowohl eine negative als auch eine positive Komponente. Zum einen ist das Recht klassisches Abwehrrecht, das vor unrechtmäßigen Eingriffe in das Recht auf Leben durch den Vertragsstaat schützt, zum anderen verpflichtet das Recht den Vertragsstaat auch, bestimmte Maßnahmen zum Schutz des Rechts zu ergreifen. In mancher Rechtsprechung hat sich zudem noch eine prozedurale Ausprägung des Rechts auf Leben entwickelt.

a) Das Recht auf Leben als Abwehrrecht

In seiner abwehrrechtlichen Funktion schützt das Recht auf Leben umfassend vor Eingriffen durch den Staat, wobei Eingriffe hier rechtlicher[862] und tatsächlicher Art sein können. Dies zeigt sich besonders deutlich in der Formulierung des Artikel 2 EMRK, der sowohl einen Eingriff durch die Vollstreckung der Todesstrafe, als auch durch tatsächliche Handlungen der Exekutive zur Verfolgung eines bestimmten Zwecks vorsieht. Wenn auch Art. 6 IPBPR und Art. 4 AMRK ihrem Wortlaut nach lediglich auf die Schranke „Todesstrafe“ eingehen, hat sich in Rechtsprechung und Praxis zur Frage, wann eine „willkürliche“ Tötung vorliegt, eine ähnliche Schrankenregelung wie die des Art. 2 Abs. 2 EMRK entwickelt. Geschütztes Rechtsgut ist das Leben, im Allgemeinen nicht die körperliche Unversehrtheit, sodass ein Eingriff grundsätzlich bei Verursachung des Todes eines Menschen in Frage kommt; zumindest muss aber eine konkrete Gefährdung des Lebens[863] vorgelegen haben.

---

condition for the realization of the other rights. When the right to life is not respected, all other things lack meaning.“; MRA, View vom 4.4.1985, Baboream v Suriname, Nr. 146/1983, Z. 14.3 sowie MRA, General CommentMRA, General Comment Nr. 36 on Article 6 (Advance unedited version vom 30.10.2018), UN Doc. CCPR/C/GC/36, Z. 2 („most precious“).

862 Wobei mit einem rechtlichen Eingriff die Vollstreckung der Todesstrafe gemeint ist, die notwendig auch eine tatsächliche Komponente hat.

863 Vgl. für die EMRK: zunächst Erfordernis außergewöhnlicher Umstände bei Einsatz von Gewalt ohne tödliche Wirkung, zB EGMR, Osman v UK, Urteil vom 28.0.1998, Nr. 23452/94, Z. 115 ff; inzwischen aber auch Eingriff bei potentiell tödlicher Gewalt ohne lebensgefährliche Verletzung tatbestandsmäßig, vgl. zB Isayeva et al. v Russia, Urteil vom 24.2.2005, Nr. 57947/00, Z. 201; für eine versuchte Tötung vgl. MRA, View vom 25.10.2000, Chongwe v Zambia Nr. 821/98, Z. 5.2.

aa) Eingriffe

(1) Todesstrafe

Der Eingriffstatbestand der Todesstrafe soll hier der Vollständigkeit halber erwähnt werden. Wenn es auch Schnittpunkte mit dem humanitären Völkerrecht gibt[864] und lange Zeit die Todesstrafe gerade in Kriegszeiten akzeptiert war[865], haben sich die vorliegend behandelten Menschenrechtsorgane bisher nicht mit der Durchführung der Todesstrafe in Zeiten eines bewaffneten Konflikts befassen müssen. Dies mag auch mit der Entwicklung zur vollständigen Abschaffung der Todesstrafe zusammenhängen. Abzugrenzen ist die Todesstrafe hierbei von den sog. „targeted killings“[866] und anderen extralegalen Exekutionen, die aus der Situation heraus ohne jegliches förmliches Gerichtsverfahren stattfinden[867].

Die in allen Rechten verankerte Ausnahme der Todesstrafe unterliegt zahlreichen Schranken-Schranken. Die prozeduralen Garantien der Todesstrafe, die in allen Rechtsprechungen streng gehandhabt werden, gibt am genauesten Art. 4 Abs. 2 AMRK wieder: „In countries that have not abolished the death penalty, it may be imposed only for the most serious crimes and pursuant to a final judgment rendered by a competent court and in accordance with law establishing such punishment, enacted prior to the commission of the crime. The application of such punishment shall not be extended to crimes to which it does not presently apply.“ Dieser Eingriffstatbestand spiegelt dabei lediglich die Realität in vielen Vertragsstaaten zum Zeitpunkt der Ratifikation wider und stellt kein Werturteil hinsichtlich der Legitimität einer solchen Bestrafung dar. Wie erwähnt, wird unter allen Menschenrechtsregimen darauf hingearbeitet, die Todesstrafe abzuschaffen. Für die Vertragsstaaten der EMRK ergibt sich dies aus den Protokollen

---

864 So enthalten die Art. 100, 101 und 107 GK III Beschränkungen der Todesstrafe bezüglich Kriegsgefangener; Art. 68, 74 und 75 GK IV enthalten Beschränkungen der Todesstrafe bezüglich Zivilisten in besetzten Gebieten. Der gemeinsame Artikel 3 GK limitiert die Todesstrafe im Wege bestimmter prozeduralen Garantien. Darüber hinaus sehen die Zusatzprotokolle weitere Einschränkungen vor, vgl. Scheinin, Max Planck Encyclopedia of Public International Law 2008, Z. 11.

865 Vgl. nur Europarat, Protokoll Nr. 6 vom 28. April 1983 zur Konvention zum Schutz der Menschenrechte und Grundfreiheiten über die Abschaffung der Todesstrafe (BGBl. 1988 II S. 662, 663), welches eine Ausnahme von dem Verbot der Todesstrafe gerade für in Kriegszeiten begangene Taten vorsah.

866 Hierunter ist laut Nolte folgendes zu verstehen: „(...) [A] State practice to intentionally kill individually selected persons who neither pose an immediate threat to the life or limb of other persons, nor are executed in enforcement of a death penalty pronounced after criminal proceedings.“, Nolte, Max Planck Encyclopedia of Public International Law 2011, Z. 1.

867 Vgl. hierzu insbesondere die in Ziff. II.2.b) noch ausführlich behandelten Massaker in Lateinamerika.

6 und 13[868], für die OAS-Staaten aus dem „Protocol to the American Convention to Abolish the Death Penalty“[869] und für die Vertragsstaaten des IPBPR aus dem Fakultativprotokoll zur Abschaffung der Todesstrafe[870]. Hatte das Protokoll Nr. 6 aus dem Jahr 1983 für die EMRK die Todesstrafe im Falle von im Krieg oder bei imminenter Kriegsgefahr begangenen Taten noch zugelassen, schaffte das Protokoll Nr. 13 die Todesstrafe endgültig ab, sodass für alle Vertragsstaaten des 13. Protokolls das sechste Protokoll außer Kraft getreten ist.

(2) Ausübung tödlicher oder lebensgefährdender Gewalt

Ein Eingriff in das Recht auf Leben liegt zudem in der tatsächlichen Ausübung tödlicher oder lebensgefährdender Gewalt[871]. Entgegen dem etwas missverständlichen Wortlaut des Art. 2 Abs. 1 EMRK ist das Recht auf Leben grundsätzlich sowohl vor absichtlichen als auch vor fahrlässigen Tötungen geschützt[872].

bb) Schranken-Schranken

Wie bereits erwähnt, konzentrieren sich aufgrund der Bedeutsamkeit der Ausübung tödlicher oder lebensgefährdender Gewalt die Ausführungen zu den Schranken-Schranken auf diesen Eingriff.

---

868 Europarat, Protokoll Nr. 6 vom 28. April 1983 zur Konvention zum Schutz der Menschenrechte und Grundfreiheiten über die Abschaffung der Todesstrafe (BGBl. 1988 II S. 662, 663); Europarat, Protokoll Nr. 13 vom 3. Mai 2002 zur Konvention zum Schutz der Menschenrechte und Grundfreiheiten über die vollständige Abschaffung der Todesstrafe (BGBl. 2004 II S. 982, 983).

869 OAS General Assembly, Protocol to the American Convention to Abolish the Death Penalty vom 6.8.1990.

870 Fakultativprotokoll zur Abschaffung der Todesstrafe, angenommen durch die Resolution 44/128 der Generalversammlung der UNO vom 15.12.1989 (in Kraft getreten am 11.07.1991); eine aktuelle Stellungnahme des MRA zur Todesstrafe und dem Ziel, diese in allen Vetragsstaaten abzuschaffen, vgl. MRA, General Comment Nr. 36 on Article 6 (Advance unedited version vom 30.10.2018), UN Doc. CCPR/C/GC/36, Z. 32 ff.

871 MRA, General Comment Nr. 36 on Article 6 (Advance unedited version vom 30.10.2018), UN Doc. CCPR/C/GC/36, Z. 6/7.

872 So ausdrücklich der EGMR im Urteil vom 17.09.1995, McCann et al v UK, Nr. 18984/91 Z. 148; auch der IPBPR und die AMRK schützen vor jeder staatlichen Tötung, ob nun vorsätzlich oder fahrlässig, vgl. für den IPBPR MRA, View vom 18.7.1996, Burell v Jamaica, Nr. 546/93, U.N. Doc. CCPR/C/53/D/546/1993, Z. 9.5, wie auch MRA, View vom 30.10.2008, Umateliev v Kyrgystan, Nr. 1275/04, U.N. Doc. CCPR/C/94/D/1275/2004, Z. 8.09 sowie die Kommentierung hierzu in JOSEPH/CASTAN, The Right to Life, Rn. 8.08.

(1) Legitime Zwecke

Während IPBPR und AMRK die Schranken-Schranken für diesen Eingriff dadurch definieren, dass dieser nicht „willkürlich“ erfolgen darf, sind sie in Art. 2 Abs. 2 EMRK genau geregelt. Dort heißt es: „Deprivation shall no be regarded as inflicted in contravention of this article when it results from the use of force which is no more than absolutely necessary: (a) in defence of any person from unlawful violence; (b) in order to effect lawful arrest or to prevent the escape of a person lawfully detained; (c) an action lawfully taken for the purpose of quelling a riot or insurrection.“

Schranken des Rechts auf Leben nach der EMRK sind somit Gewaltanwendungen, die den aufgeführten legitimen Zwecken dienen. In Rechtsprechung und Praxis der anderen Vertragsorgane haben sich ähnliche Schranken entwickelt: So hält der Menschenrechtsausschuss im Fall Suárez de Guerrero v Colombia die Anwendung von potentiell tödlicher Gewalt dann für gerechtfertigt, wenn die Sicherheitskräfte sich oder einen anderen verteidigen müssen, eine Person verhaften oder an der Flucht hindern wollen[873]. Im interamerikanischen System werden im Zusammenhang mit dem Gebrauch von Schusswaffen, die ein hohes Risiko für das Recht auf Leben darstellen, die „Basic Principles on the Use of Force and Firearms by Law Enforcement Officials“[874] herangezogen, um die Rechtmäßigkeit tödlicher Gewalt zu beurteilen. Im Prinzip 9 finden sich für die Anwendung von Schusswaffen, die naturgemäß mit einem hohen Risiko für das Recht auf Leben einhergehen, den Regelungen in Art. 2 Abs. 2 EMRK sehr ähnliche Zwecke[875]. Darüber hinaus wird angenommen, dass die in Art. 2 Abs. 2 EMRK genannten Ziele auch für das interamerikanische System Gültigkeit besitzen[876].

Art. 2 Abs. 2 EMRK nimmt Bezug auf das jeweilige nationale Recht, wenn es von „lawful“ und „unlawful“ spricht. Für den Fall aber, dass das nationale Recht selbst dem strengen Verhältnismäßigkeitsgrundsatz nicht genügt, führt

---

873 MRA, View vom 29.3.1982, Suárez de Guerreo v Colmbia, Nr. 11/45, UN Doc. CCPR/C/15/D/45/1979, Z. 13.2; vgl. hierzu auch Joseph/Castan, The Right to Life, Rn. 8.05.

874 Abrufbar unter: http://www.ohchr.org/EN/ProfessionalInterest/Pages/UseOfForceAndFirearms.aspx, zuletzt besucht im Februar 2019.

875 Prinzip 9 lautet hierbei: „Law enforcement officials shall not use firearms against persons except in self-defence or defence of others against the imminent threat of death or serious injury, to prevent the perpetration of a particularly serious crime involving grave threat to life, to arrest a person presenting such a danger and resisting their authority, or to prevent his or her escape, and only when less extreme means are insufficient to achieve these objectives. In any event, intentional lethal use of firearms may only be made when strictly unavoidable in order to protect life.“

876 Vgl. Expert Meeting on the Right to Life in Armed Conflicts and Situations of Occupation, organisiert durch das University Centre for International Humanitarian Law, 1–2. September 2005 in Genf, S. 13

die Rechtmäßigkeit nach nationalem Recht nicht zur Konventionsmäßigkeit, wie der Fall Suárez de Guerrero v Colombia des MRA zeigt[877]. Zuletzt hatte der Menschenrechtsausschuss dies in seinem General Comment Nr. 36 so zusammengefasst: „Deprivation of life is, as a rule, arbitrary if it is inconsistent with international law or domestic law. A deprivation of life may, nevertheless, be authorized by domestic law and still be arbitrary."[878]

(2) Verhältnismäßigkeit

Die Schranken-Schranke der „absoluten Notwendigkeit" der Gewaltanwendung wird streng ausgelegt[879]. Für die EMRK wird dies deutlich im „leading case" McCann v UK. Neben dem Erfordernis, dass der Einsatz von tödlicher Gewalt einem der Ziele des Art. 2 Abs. 2 EMRK gedient haben muss, wird zudem in zwei weiteren Schritten geprüft, ob das Maß und die Art der Gewalt absolut erforderlich war, um das erklärte Ziel zu erreichen sowie ob das Maß und die Art der ausgeübten Gewalt auch der Bedeutung des Zieles angemessen ist[880]. Auch das oben bereits genannte Prinzip 9 der „Basic Principles", auf die die interamerikanischen Organe gern zurückgreifen, fordert die Einhaltung strikter Verhältnismäßigkeit.

Als Grundsatz hat sich in der Rechtsprechung aller Organe herausgebildet, dass, wo eine Ingewahrsamnahme möglich ist, der Einsatz tödlicher Gewalt unverhältnismäßig ist[881]. Dabei gilt jedenfalls im Rahmen der Rechtsprechung des EGMR und nach aktuellem General Comment No. 36 on Article 6 des Menschenrechtsausschusses, dass selbst bei Vorliegen der übrigen Voraussetzungen tödliche Gewalt nicht eingesetzt werden darf, wenn der zu Verhaftende keine Gefahr für andere darstellt und wegen einer nicht-gewalttätigen Straftat verhaftet werden soll[882].

---

877 MRA, View vom 29.3.1982, Suárez de Guerreo v Colmbia, Nr. 11/45, UN Doc. CCPR/C/15/D/45/1979, Z. 13.3; vgl. hierzu auch Joseph/Castan, The Right to Life, Rn. 8.04.

878 MRA, General Comment Nr. 36 on Article 6 (Advance unedited version vom 30.10.2018), UN Doc. CCPR/C/GC/36, Z. 12.

879 So ist der Maßstab „necessary" im Sinne des Art. 2 EMRK nicht gleichbedeutend mit dem Maßstab „necessary in a democratic society" der Art. 8–11 EMRK, vgl. EGMR, Urteil vom 17.09.1995, McCann et al v UK, Nr. 18984/91, Z. 149.

880 ZB AGMR, Entscheidung vom 17.4.2015, Cruz Sánchez et al. v. Peru, Nr. 12.444, Z. 262.

881 Für den MRA: MRA, Concluding Observations on the Second Periodic Report of Israel vom 21.8.2003, UN Doc. CCPR/CO/78/ISR; für den EGMR: EGMR, Urteil vom 17.09.1995, McCann et al v UK, Nr. 18984/91; AKMR, Annual Report 2015, Kapitel IV. A, The Use of Force, Z. 13 – die Kommission spricht von „less harmful alternative means".

882 Vgl. EGMR, Urteil vom 06.07.2005, Nachova v Bulgaria, Nr. 43577/98 und 43579/98, Z. 95; MRA, General Comment Nr. 36 on Article 6 (Advance unedited version vom 30.10.2018), UN Doc. CCPR/C/GC/36, Z. 12.

(3) Das sog. „law enforcement model"

Gerade im Rahmen der Diskussion mit Blick auf das humanitäre Völkerrecht wird der beschriebene strikte Verhältnismäßigkeitsgrundsatz des Menschenrechts auf Leben sowie die Beschränkung der Gründe, die einen Einsatz tödlicher Gewalt erlauben, häufig als „law enforcement model" bezeichnet[883]. Laut *Gaggioli* und *Kolb* beinhaltet dieser Ansatz die folgenden Ausprägungen des Verhältnismäßigkeitsgrundsatzes: Die staatlichen Kräfte (1) müssen alle Möglichkeiten ausschöpfen, Rechtsbrecher ohne Einsatz von Gewalttätigkeit zu verhaften; (2) müssen, soweit möglich, nicht-tödliche Waffen einsetzen; und (3) dürfen tödliche Gewalt erst einsetzen, nachdem der Betroffene gewarnt und auch Warnschüsse abgefeuert wurden[884]. Rudimentärer wird das „law enforcement model" auch damit umschrieben, dass, wenn möglich, eine Person verhaftet werden muss und nicht getötet werden darf[885]. Dieser Grundsatz muss in jeglicher Phase des staatlichen Handelns berücksichtigt werden: in der Planungsphase, in der Ausführungsphase, aber auch wenn plötzlich auf Unerwartetes reagiert wird[886].

Diesem Modell wird das „conduct of hostilities model" gegenübergestellt[887]. Dieses umfasst demgegenüber die Regeln zum Einsatz von tödlicher Gewalt, wie sie das humanitäre Völkerrecht vorschreibt. Die einschlägigen Vorschriften werden sogleich noch näher dargestellt werden; an dieser Stelle sei jedoch erwähnt, dass nach allgemeiner Ansicht der vornehmliche Unterschied dieses Modells zum „law enforcement model" darin besteht, dass ein Kombattant (und unter Wahrung weiterer humanitärvölkerrechtlicher Grundsätze auch ein Zivilist) getötet werden darf, *ohne* dass zunächst der Versuch unternommen werden muss, ihn in Gewahrsam zu nehmen[888].

---

883 Vgl. Expert Meeting on the Right to Life in Armed Conflicts and Situations of Occupation, organisiert durch das University Centre for International Humanitarian Law, 1–2. September 2005 in Genf S. 8; vgl. auch Gaggioli/Kolb, Israel Yearbook on Human Rights 2007, S. 158.

884 Gaggioli/Kolb, Israel Yearbook on Human Rights 2007, S. 158.

885 Expert Meeting on the Right to Life in Armed Conflicts and Situations of Occupation, organisiert durch das University Centre for International Humanitarian Law, 1–2. September 2005 in Genf, S. 8.

886 Expert Meeting on the Right to Life in Armed Conflicts and Situations of Occupation, organisiert durch das University Centre for International Humanitarian Law, 1–2. September 2005 in Genf, S. 17.

887 Expert Meeting on the Right to Life in Armed Conflicts and Situations of Occupation, organisiert durch das University Centre for International Humanitarian Law, 1–2. September 2005 in Genf, S. 8.

888 Expert Meeting on the Right to Life in Armed Conflicts and Situations of Occupation, organisiert durch das University Centre for International Humanitarian Law, 1–2. September 2005 in Genf, S. 8.

cc) Beweislastverschiebungen

Nicht unwichtig ist in Zusammenhang mit der substantiellen Verletzung des Rechts auf Leben ein prozeduraler Aspekt, da es viele Fälle gibt, in denen die Parteien gerade darüber streiten, ob der Staat den Tod einer Person verursacht hat. Die Anzahl dieser Fälle – insbesondere auch im Zusammenhang mit bewaffneten Konflikten – in Kombination mit der fehlenden Ermittlungsbefugnis, der Überlastung mancher Organe und der teilweisen Unmöglichkeit der Aufklärung der tatsächlichen Umstände haben dazu geführt, dass unter bestimmten Umständen auf Beweislastverschiebungen zurückgegriffen wird. Diese Beweislastverschiebungen betreffen sowohl Fälle, in denen der Staat Gewahrsam hatte und die Person verstirbt[889], sowie Fälle des Verschwindens einer Person unter bestimmten Umständen.

Bezüglich ersteren Falles sei vorliegend der EGMR in Salman v Turkey zitiert: „In assessing evidence, the Court has generally applied the standard of proof ‚beyond reasonable doubt'. However, such proof may follow from the coexistence of sufficiently strong, clear and concordant inferences or of similar unrebutted presumptions of fact. Where the events in issue lie wholly, or in large part, within the exclusive knowledge of the authorities, as in the case of persons within their control in custody, *strong presumptions of fact will arise in respect of injuries and death occurring during such detention*. Indeed, *the burden of proof may be regarded as resting on the authorities* to provide a satisfactory and convincing explanation."[890]

Ganz ähnlich lautet der Ansatz der Menschenrechtsorgane, wenn es um das Verschwinden von Personen geht und es Hinweise darauf gibt, dass der Vertragsstaat in dieses Verschwinden involviert war. Der EGMR stellt hier insbesondere darauf ab, ob es Anhaltspunkte dafür gibt, dass sich der Vermisste zuletzt im Gewahrsam des Staates befunden hat[891]. Dabei reicht es aus, wenn Antragsteller *prima facie* aufzeigen, dass Personen sich im Gewahrsam des Vertragsstaates befunden haben. Der Gerichtshof führte in Toğcu v Turkey, der das Verschwinden des Sohnes des Antragstellers betraf, aus: „The Court has already noted the difficulties for an applicant to obtain the necessary evidence in support of his or her allegations which is in the hands of the respondent Government in cases

---

889 Vgl. für den UN-Menschenrechtsausschuss: MRA, Eshonov v Uzbekistan, Nr. 1756/2008, UN Doc. CCPR/C/99/D/1225/2003, Z. 8.8; zudem MRA, General Comment Nr. 36 on Article 6 (2018), UN Doc. CCPR/C/GC/36, Z. 29; für EGMR: beständige Rechtsprechung seit EGMR, Urteil vom 27.7.2000, Salman v Turkey, Nr. 21986, Z. 99/100; AGMR, Urteil vom 07.07.2003, Juan Humberto Sanchez v Honduras, Ser. C Nr. 99, Z. 111.

890 EGMR, Urteil vom 27.7.2000, Salman v Turkey, Nr. 21986, Z. 100.

891 EGMR, Urteil vom 31.5.2005, Toğcu v Turkey, Nr. 27601/95, Z. 95; EGMR, Urteil vom 12.6.2012, Umarovy v Russia, Nr. 2546/08, Z. 115; EGMR, Urteil vom 18.12.20012, Aslakhanova et al v Russia, Nr. 2944/06, 8300/07, 50184/07, 332/08, 42509/10, Z. 114.

where that Government fail to submit relevant documentation. It has previously held that, where it is the Government's non-disclosure of crucial documents in their exclusive possession which is preventing the Court from establishing the facts, it is for the Government either to argue conclusively why the documents in question cannot serve to corroborate the allegations made by the applicants, or to provide a satisfactory and convincing explanation of how the events in question occurred. Failing this, an issue under Article 2 and/or Article 3 of the Convention will arise. However, *to shift the burden of proof onto the Government in such circumstances requires*, by implication, *that the applicant has already made out a prima facie case.*"[892] Sehr ähnlich bewertet dies der Menschenrechtsausschuss[893].

Einen etwas anderen Weg geht der interamerikanische Gerichtshof: Zwar stellt auch er darauf ab, dass das Verschwinden prima facie bewiesen wird, jedoch verknüpft er die Umstände ein wenig anders. Die Kommission hat im Fall vor dem Gerichtshof insbesondere darzulegen, dass es zur Zeit des Verschwindens eine systematische Praxis des Verschwindenlassens in dem betreffenden Staat gegeben hat[894]. Sodann müssen die Umstände des Falles darauf hinweisen, dass das Verschwinden der Person mit dieser Praxis zu tun hat[895]. Kann die Kommission dies darlegen, verschiebt sich die Beweislast wiederum und der Staat hat die Annahme zu widerlegen. Auch vor dem EGMR wurde teilweise in Anlehnung an diese Rechtsprechung des AGMR mit einer Staatenpraxis des Verschwindenlassens argumentiert[896]. Der EMGR setzte die Hürden für eine solche Annahme für lange Zeit sehr hoch an[897] und löste vergleichbare Fälle über eine Schutzpflichtverletzung (s. unter Ziff. b)); inzwischen wurde aber im Zusammenhang mit der Situation in Tschetschenien und Inguschetien ein systematisches Problem anerkannt[898]. Nach Ansicht des Gerichtshofs betraf dieses jedoch mehr das systematische Versagen der Untersuchungsmechanismen.

Für alle drei Organe spielt es im Rahmen der Vermutung des Todes eine Rolle, wie viel Zeit seit dem letzten Lebenszeichen des Vermissten verstrichen ist[899].

---

892 EGMR, Urteil vom 31.5.2005, Toğcu v Turkey, Nr. 27601/95, Z. 95, Hervorhebung durch die Verfasserin.

893 MRA, View vom 29.3.1982, Bleier v Uruguay, Nr. 7/30, Z. 13.3 und insbesondere MRA, View vom 15.03.2006, Bousroual (on behalf of Saker) v Algeria, 992/2001, Z. 9.2 -9.4.

894 Lot Vermeulen, S. 228.

895 Lot Vermeulen, S. 228.

896 EGMR, Urteil vom 25.5.1998, Kurt v Turkey, Nr. 15/1997/799/1002, Z. 101. Aufgrund der Staatenpraxis bezeichnete die Beschwerdeführerin die Lage ihres Sohnes als „life-threatening".

897 Vgl. Lot Vermeulen, S. 246/247.

898 Vgl. EGMR, Urteil vom 18.12.2012, Aslakhanova et al v Russia, Nr. 2944/06 und 8300/07, 50184/07, 332/08, 42509/10, Z. 216 ff.

899 AGMR, Urteil vom 29.7.1988, Velásquez Rodríguez v Honduras, Ser. C Nr. 4, Z. 130: „The context in which the disappearance of Manfredo Velasquez occurred and the lack of knowledge seven years later about his fate create a reasonable

Hinter beiden Beweislastverschiebungen scheint zum anderen der Gedanke zu stecken, dass exklusives Wissen des Staates, welches dieser nicht teilen will, nicht zu Lasten des Antragstellers gehen kann[900] sowie im Rahmen der EMRK eine Konsequenz aus dem Verstoß gegen die Kooperationspflicht des Staates gem. Art. 38 EMRK[901]. Daneben wird regelmäßig die prozedurale Verpflichtung zur Untersuchung des Todesfalls verletzt sein.

Folge dieser Beweislastverschiebung ist in der Regel eine substantielle Verletzung des Rechts auf Leben[902]. Steht in den beschriebenen Fallgruppen der Tod der

---

presumption that he was killed."; der EGMR stellte auf einen Zeitraum zwischen vier und 10 Jahren ab, vgl. EGMR, Urteil vom 24.10.2013, Dovletukayev et al v. Russia, Nr. 7821/07, 10937/10, 14046/10 and 32782/10, Z. 196. Der zeitliche Aspekt wird in der Rechtsprechung des Menschenrechtsausschusses weniger betont, ist aber vorhanden, vgl. MRA, View vom 15.03.2006, Bousroual (on behalf of Saker) v Algeria, 992/2001 und MRA, View vom 15.07.1994, Mojica v Dominican Republic, Nr. 449/91, U.N. Doc. CCPR/C/51/D/449/1991, Z. 5,6.

900 Vgl. Keller/Heri, Journal of International Criminal Justice 2014, S. 738ff; Burgorgue-Larsen/Úbeda de Torres, Amaya, The Inter-American Court of Human RightsS. 314: „When evidence is in the hands of the defendant State and cannot be obtained without the State cooperating, any silence or inaction on its part can be interpreted by the Court and an adverse inference can be drawn in the favour of the other party."

901 Dieser lautet: „The Court shall examine the case together with the representatives of the parties and, if need be, undertake an investigation, for the effective conduct of which the High Contracting Parties concerned shall furnish all necessary facilities." Der EGMR führt hierzu aus: „It is inherent in the proceedings relating to cases of this nature, where individual applicants accuse State agents of violating their rights under the Convention, that in certain instances it is only the respondent State that has access to information capable of corroborating or refuting these allegations. A failure on a Government's part to submit such information which is in their hands without a satisfactory explanation may not only give rise to the drawing of inferences as to the well-foundedness of the applicant's allegations, but may also reflect negatively on the level of compliance by a respondent State with its obligations under Article 38 § 1 (a) of the Convention.", EGMR, Urteil vom 09.11.2006, Imakayeva v Russia, Nr. 7615/02, Z. 200. In diesem Fall war die Veletzung der Kooperationspflicht Gegenstand einer gesonderten Bewertung. Ähnliche Verpflichtung im Rahmen des Zivilpakts nach Art. 4 Abs. 2 Zusatzprotokoll und in Regel 91 der „Rules of procedure".

902 Allerdings ist die Rechtsprechung des Menschenrechtsausschusses in dieser Hinsicht nicht kohärent: Teilweise nimmt er eine Verletzung der substantiellen Seite des Rechts auf Leben, (vgl. zB MRA, View vom 29.3.1982, Bleier v Uruguay, Nr. 7/30, U.N. Doc. Supp. Nr. 40, Z. 14; MRA, View vom 30.03.2006, Saker v Algeria, Nr. 992/01, Un Doc. CCPR/C/86/D/1085/2002 Z. 9.11) an, teilweise lediglich eine Verletzung der prozeduralen Seite (vgl. MRA, View vom 22.03.2011, Aouabdia v Algeria, Nr. 1780/08, UN Doc. CCPR/C/101/D/1780/2008).

Person fest, wird die Verantwortlichkeit des Staates vermutet, bleibt die Person verschwunden, wird der Tod vermutet.

b) Das Recht auf Leben als Schutzrecht

aa) Grundsätzliches

Einig sind sich die Organe auch darüber, dass das Recht auf Leben neben der abwehrrechtlichen auch eine schutzrechtliche Dimension aufweist. Deutlich wird dies bereits aus dem Wortlaut der Menschenrechtskonventionen, die einhellig einen Schutz durch die Gesetzgebung fordern[903]. Darüber hinaus sind jedoch auch die anderen Staatsgewalten zum Schutz des Rechts auf Leben verpflichtet[904]. Dies ergibt sich aus Art. 1 AMRK/EMRK, sowie aus Art. 2 des Zivilpakts, die die Vertragsstaaten verpflichten, die Menschenrechte zu sichern („to ensure", „to secure"). Angesichts der Bedeutung des Rechts auf Leben hat der Staat umfassende Maßnahmen zu ergreifen, um es zu garantieren. Für Art. 4 Abs. 1 AMRK führt der AGMR aus: „Compliance with Article 4 of the American Convention, in combination with Article 1(1) of that same Convention, requires not only that no person be arbitrarily deprived of his or her life (negative obligation), but also that the States adopt all appropriate measures to protect and preserve the right to life (positive obligation), under their duty to ensure full and free exercise of the rights by all persons under their jurisdiction. This active protection of the right to life by the State involves not only its legislators, but all State institutions, and those who must protect security, be these its police forces or its armed forces. Therefore, the States must adopt all necessary measures, not only to prevent, try, and punish deprivation of life as a consequence of criminal acts, in general, but also to prevent arbitrary executions by its own security agents."[905] Der Staat muss somit nicht nur dafür sorgen, dass wirksame strafrechtliche Bestimmungen das Leben schützen und diese durchsetzen[906], er muss das Recht auf Leben insbesondere auch dann schützen, wenn es um Maßnahmen der Exekutive geht. Hierbei kann eine Verletzung sowohl durch Unterlassen geschehen, wenn Behörden eine tatsächliche und unmittelbare Lebensgefahr ignorieren[907], wie auch durch das aktive Tun der Behörden.

---

903 Vgl. Art. 2 Abs. 1 EMRK, Art. 6 Abs. 1 IPBPR, Art. 4 Abs. 1 AKMR.

904 Vgl. Schübel-Pfister in Karpenstein, EMRK, Art. 2, Rn. 30; AGMR, Urteil vom 25.11.2003, Mack Chang v Guatemala, Z. 153.

905 AGMR, Urteil vom 25.11.2003, Mack Chang v Guatemala, Z. 153; vgl. ähnlich General Comment 6, Z. 1.

906 Vgl. hierzu auch Schübel-Pfister in Karpenstein, EMRK, Art. 2, Rn. 35.

907 Für die EMRK: zB EGMR, Urteil vom 8.11.2015, Gongadze v Ukraine, Nr. 34056/07 und EGMR, Urteil vom 14.10.2010, Dink v Turkey, Nr. 2668/07, vgl. auch Schübel-Pfister, in Karpenstein, EMRK, Art. 2, Rn. 36/37. Für den MRA: MRA, General Comment Nr. 36 on Article 6 (Advance unedited version vom 30.10.2018), UN Doc. CCPR/C/GC/36, Z. 23.

Ergreifen Behörden aktive Maßnahmen, die eine Gefährdung des Lebens beinhalten, reicht insbesondere in der Rechtsprechung des EGMR die Schutzpflicht in die ersten Stadien einer solchen Maßnahme hinein: „In keeping with the importance of this provision (art. 2) in a democratic society, the Court must, in making its assessment, subject deprivations of life to the most careful scrutiny, particularly where deliberate lethal force is used, taking into consideration not only the actions of the agents of the State who actually administer the force but also all the surrounding circumstances including such matters as the planning and control of the actions under examination.“[908] Im Fall McCann v UK kam der Gerichtshof zu dem Schluss, dass die Planung eines Anti-Terror-Einsatzes, welcher zum Tod der Verdächtigen führte, nicht den Anforderungen des Art. 2 EMRK genügte. Die Annahme eines solchen „Organisationsverschuldens“[909] kann in der Rechtsprechung und Praxis der anderen Organe bisher nicht beobachtet werden, wenn auch der AGMR im Fall Mack Chang v Guatemala die Phase vor der eigentlichen Tötung als rechtsverletzend ansehen mag[910]. In diesem Fall handelte es sich allerdings um die extra-legale Exekution[911] einer dem Staat missliebigen Person und ist somit mit dem vom Ziel her legitimen Anti-Terror-Einsatz im Fall McCann nicht zu vergleichen[912].

Daneben ergibt sich im Rahmen der Rechtsprechung des EGMR auch dann eine Schutzpflicht, wenn dem Staat eine konkrete Bedrohung des Lebens bekannt ist oder bekannt sein sollte und der Betroffene sodann verschwindet oder tot aufgefunden wird. Versäumt der Staat es in diesem Zusammenhang, sofortige investigative Maßnahmen zu ergreifen, sieht der Gerichtshof in diesem Unterlassen eine Verletzung des materiellen Rechts auf Leben[913]. Die Unterscheidung von der prozeduralen Verpflichtung zu einer effektiven Untersuchung (siehe sogleich

---

908 EGMR, Urteil vom 17.09.1995, McCann et al v UK, Nr. 18984/91, Z. 150.

909 Schübel-Pfister, in Karpenstein, EMRK, Art. 2, Rn. 38.

910 Vgl. Harrington, Loyola of Los Angeles International and Comparative Law Review 2013, S. 323; den Ausführungen des Gerichtshofs ist diese Ansicht wohl nicht deutlich zu entnehmen, vgl. AGMR, Urteil vom 25.11.2003, Mack Chang v Guatemala, , Z. 138 ff; der von der Autorin weiter als Fundstelle angegebene Fall Kawas-Fernandez enthält keine Ausführungen zu den in Mack Chang erläuterten drei Phasen der extra-legalen Exekution.

911 Harrington hat hierbei die folgende Definition für „extra-judicial killing“ aus der Rechtsprechung des AGMR extrahiert: „[t]he process of state actors (or imputed/quasi-state actors) killing individuals without a trial or other hallmarks of legitimate judicial process, regardless of whether judicially sanctioned imposition of the death penalty is legally permitted in the state in question.“, Harrington, Loyola of Los Angeles International and Comparative Law Review 2013, S. 322.

912 Der Gerichtshof hatte im Urteil vom 17.09.1995, McCann et al v UK, Nr. 18984/91 zurückgewiesen, dass eine Tötung der Verdächtigen von vorneherein geplant gewesen war.

913 ZB EGMR, Urteil vom 28.10.1998, Osman v Turkey, Nr. 87/1997/871/1083.

unter Ziff. bb)) erscheint in diesen Fällen nicht einfach[914]. Im Zusammenhang mit dieser Schutzpflichtverletzung kommt es auf den lebensbedrohlichen Kontext des Verschwindens an. Im Vergleich mit dem interamerikanischen System wirkt es so, als würde der EGMR – auch mangels Annahme einer Staatenpraxis des Verschwindenlassens – sich anstatt einer Verletzung des Abwehrrechts durch staatliches Handeln auf eine Schutzpflichtverletzung zurückziehen, da er so dem Vertragsstaat das Verschwindenlassen nicht direkt zurechnen muss.

bb) Untersuchungspflicht

Bezüglich einer anderen Schutzpflicht sind sich alle drei Menschenrechtsorgane jedoch einig: Um das Recht auf Leben angemessen zu schützen, ist dem Vertragsstaat die Pflicht zur Untersuchung eines Todesfalls auferlegt[915]. Diese zeitlich nachgelagerte Pflicht leiten die Organe aus der substantiellen Verpflichtung, teilweise in Verbindung mit Verfahrensgarantien, her[916]. Die Basis für eine solche prozedurale Schutzpflicht wurde im interamerikanischen System gelegt: Der AGMR entschied früh, „that if a right enshrined by the Convention was violated, the procedural aspect of the right in question was also violated, under Article 1 relative to ‚The Obligation to Respect Rights', and in particular the first paragraph."[917]

Wie bereits unter Ziff. 1.a).cc) (Beweislastverschiebungen) angedeutet, besteht die Untersuchungspflicht insbesondere – wenn auch nicht nur – wenn eine Person in Gewahrsam des Staates verstirbt oder verschwindet. Letzteres betrifft die besondere Fallgruppe der „forced disappearance", die in bewaffneten Konflikten besonders häufig vorkommt und einige Besonderheiten aufweist. Art. II der „Inter-american Convention on Forced Disappearance of Persons" definiert den Tatbestand wie folgt: „[T]he act of depriving a person or persons of his or their

---

914 Vgl. hierzu EGMR, Urteil vom 28.10.1998, Osman v Turkey, Nr. 87/1997/871/1083; ausführliche Analyse bei Lot Vermeulen, S. 402 ff.

915 Der EGMR drückt den Gedanken folgendermaßen aus: „The general legal prohibition of arbitrary killing by agents of the State would be ineffective in practice if there existed no procedure for reviewing the lawfulness of the use of lethal force by State authorities.", zB in EGMR, Urteil vom 7.7.2011, Al-Skeini et al v UK, Nr. 55721/07, Z. 163.

916 Für die EMRK ergibt sich diese Pflicht substantiell aus Art. 2 EMRK; Art. 1 EMRK wird teilweise verstärkend hinzuzitiert, vgl. Schübel-Pfister, in Karpenstein, EMRK, Art. 2, Rn 41; der UN-Menschenrechtsausschuss stellt demgegenüber auf die verfahrensrechtliche Garantie des Art. 2 Abs. 3 des Zivilpakts in Verbindung mit Art. 6 ab, vgl. Joseph/Castan, The Right to Life, Rn. 8.16; demgegenüber stellt der AGMR ähnlich dem EGMR auf die substantielle Garantie des Art. 4 AKMR in Verbindung mit Art. 1 ab, vgl. Urteil vom 25.11.2003, Mack Chang v Guatemala, Z. 157, AGMR, Urteil vom, 3.4.2009, Kawas-Fernandez v Honduras, Z. 100.

917 Burgorgue-Larsen, in Burgorgue-Larsen/Úbeda de Torres, Amaya, The Inter-American Court of Human Rights, S. 304.

freedom, in whatever way, perpetrated by agents of the state or by persons or groups of persons acting with the authorization, support, or acquiescence of the state, followed by an absence of information or a refusal to acknowledge that deprivation of freedom or to give information on the whereabouts of that person, thereby impeding his or her recourse to the applicable legal remedies and procedural guarantees."[918] Häufig werden verschwundene Personen getötet[919]. Daneben bejaht der EGMR auch dann eine Untersuchungspflicht, wenn Personen unter lebensbedrohlichen Umständen verschwinden[920].

Bewaffnete Konflikte führen auch im Anwendungsbereich der Menschenrechtskonventionen zum Verschwinden von Menschen. Für die EMRK ist hierbei an den Zypernkonflikt[921], an den Kampf gegen separatistische Bestrebungen im Südosten der Türkei, den Krieg in Bosnien-Herzegovina[922] und Tschetschenien und Inguschetien zu denken. Das interamerikanische System sah sich häufig mit dem massenhaften Verschwinden von Menschen im Rahmen der internen Konflikte in Lateinamerika befasst[923].

Während das humanitäre Völkerrecht weniger den Schutz des Lebens als den Aspekt des Verschwindens und insbesondere auch dessen Auswirkungen auf die Angehörigen betont[924], hat sich im Rahmen der Rechtsprechung der Menschenrechtsorgane ein ganz eigener Umgang mit der Erscheinung „forced

---

918 Vgl. auch die ähnliche Definition in Art. 2 der „International Convention for the Protection of All Persons from Enforced Disappearance", abrufbar unter: http://www.ohchr.org/EN/HRBodies/CED/Pages/ConventionCED.aspx, zuletzt besucht im Februar 2019.

919 „[T]he practice of disappearances often involves secret execution without trial followed by concealment of the body to eliminate any material evidence of the crime and to ensure the impunity of those responsible. This is a flagrant violation of the right to life as recognized in Article 4 of the Convention.", AGMR, Urteil vom 29.7.1988, Velásquez Rodríguez v Honduras, Series C Nr. 4, Z. 157.

920 EGMR, Urteil vom 24.01.2008, Osmanoğlu v.Turkey, Nr. 48804/99, Z. 87; EGMR, Urteil vom 18.09.2009 (GK), Varnava et al v Turkey, Nr. 16064/90, 16065/90, 16066/90, 16068/90, 16069/90,16070/90, 16071/90, 16072/90 und 16073/90, Z. 136.

921 Vgl. zur Anzahl der Verschwundenen Kyriakou, European Human Rights Law Review 2011, S. 190.

922 Hier verschwanden ca. 27.000 Personen, Finucane, The Yale Journal of International Law 2010, S. 88.

923 So verschwanden beispielsweise in Argentinien den Angaben von Menschenrechtsorganisationen zufolge im Zeitraum von 1976–1983 ca. 30.000 Personen. In Kolumbien ist in dem seit 50 Jahren währenden internen Konflikt von über 60.000 Verschwundenen die Rede, vgl. http://www.coha.org/forced-disappearances-in-colombia/, zuletzt besucht im Februar 2019.

924 Nach Ansicht Finuncanes liegt der Ursprung des heute vor allem durch das Menschenrecht geprägten Komplexes des erzwungenen Verschwindens im humanitären Völkerrecht, genauer, in der Vorgabe an den Besatzer, Familienrechte zu schützen, vgl. Finucane, The Yale Journal of International Law 2010, S. 172/173.

disappearance“ entwickelt. Nach der Rechtsprechung insbesondere des AGMR, später auch des EGMR, ist neben dem Recht auf Leben auch das Recht auf Freiheit und das Recht auf menschenwürdige Behandlung berührt[925]. Dem hat sich der Menschenrechtsausschuss in seinem General Comment Nr. 36 angeschlossen[926]. Zudem sehen die Menschenrechtsorgane auch das Leid der Angehörige, die im Ungewissen bleiben[927]. Die Tatsache, dass der Zustand der Ungewissheit fortdauert, unterscheidet die „forced disappearance“ von einem verdächtigen Todesfall[928] und eröffnet durch dieses Fortdauern auch dort eine Zuständigkeit ratione temporis, wo sie andernfalls nicht gegeben wäre[929].

---

925 Begründet wurde diese Rechtsprechung des AGMR im Urteil vom 29.7.1988, Velásquez Rodríguez v Honduras, Series C Nr. 4, Z. 155f; dieser „Dreiklang“ findet sich auch in der Rechtsprechung des EGMR, vgl. EGMR, Urteil vom 8.7.1999, Cakici v Turkey, 23657/94.

926 Der MRA führt aus: „The deprivation of liberty, followed by a refusal to acknowledge that deprivation of liberty or by concealment of the fate of the disappeared person, in effect removes that person from the protection of the law and places his or her life at serious and constant risk, for which the State is accountable. It thus results in a violation of the right to life as well as other rights recognized in the Covenant, in particular, article 7 (prohibition of torture or cruel, inhuman or degrading treatment or punishment), article 9 (liberty and security of persons), and article 16 (right to recognition of a person before the law).“, MRA, General Comment Nr. 36 on Article 6(Advance unedited version vom 30.10.2018), Z. 58.

927 So die ständige Rechtsprechung des AGMR; EGMR, Urteil vom 13.06.2000, Timurtas v Turkey, Nr. 23531/94, Z. 98.

928 So treffend der EGMR (Große Kammer), Urteil vom 18.09.2009, Varnava et al v Turkey, Nr. 16064/90–16073/90, Z. 148; „There is, however, an important distinction to be drawn in the Court's case-law between the obligation to investigate a suspicious death and the obligation to investigate a suspicious disappearance. A disappearance is a distinct phenomenon, characterised by an ongoing situation of uncertainty and unaccountability in which there is a lack of information or even a deliberate concealment and obfuscation of what has occurred. This situation is very often drawn out over time, prolonging the torment of the victim's relatives. It cannot therefore be said that a disappearance is, simply, an ‚instantaneous‘ act or event; the additional distinctive element of subsequent failure to account for the whereabouts and fate of the missing person gives rise to a continuing situation. Thus, the procedural obligation will, potentially, persist as long as the fate of the person is unaccounted for; the ongoing failure to provide the requisite investigation will be regarded as a continuing violation. This is so, even where death may, eventually, be presumed.“

929 Vgl. für den IPBPR: MRA, View vom 29.03.1982, Bleier v Uruguay, Nr. 7/30, Z. 7; für die AMRK: AGMR, Urteil vom 02.07.1996, Blake v Guatemala, Series C Nr. 26, Z. 35; für die EMRK: EGMR, Urteil vom Urteil vom 10.05.2001, Cyprus v Turkey, Nr. 25781/94, Z. 150.

Da das Schicksal der verschwundenen Person ungeklärt ist, kommt der Pflicht zur Ermittlung sowie der Pflicht zur Bestrafung eine besondere Bedeutung zu[930]. Diese ergibt sich aus folgender Erwägung des AGMR: „Thus, in cases of extrajudicial executions, forced disappearances and other grave human rights violations, the Court considered that the realization of a prompt, serious, impartial and effective investigation *ex officio*, is a fundamental element and a condition for the protection of certain rights that are affected or annulled by these situations, such as the right to personal liberty, humane treatment and life."[931] Der UN-Menschenrechtsausschuss legt ebenfalls besonderen Wert auf die Ermittlungspflicht im Rahmen der „forced disappearance", wie General Comment Nr. 36[932] zeigt.

cc) Inhaltliche Anforderungen an die Untersuchung

Sowohl im Rahmen der Untersuchung von Todesfällen, wie auch bei Vorliegen einer „forced disappearance" genügt nach der Ansicht aller Menschenrechtsorgane nicht jede Untersuchung des Staates; angesichts der Bedeutung des Rechts auf Leben muss sie bestimmte Kriterien erfüllen. Hierbei greifen die Menschenrechtsorgane auf Prinzipien zurück, wie sie von der UN-Generalversammlung hinsichtlich „Effective Prevention and Investigation of Extra-legal, Arbitrary and Summary Executions"[933] niedergelegt wurden[934]. Dort finden sich folgende Merkmale, die als Mindeststandard für eine Ermittlung bei staatlich verursachten Todesfällen gelten müssen: Unabhängigkeit derer, die die Untersuchung durchführen; Adäquanz und Effektivität; Unverzüglichkeit; Überwachung durch die Öffentlichkeit[935].

---

930 Im Zusammenhang mit der sog. „Operation Condor", einer konzertierten Aktion der Sicherheits- und Nachrichtendienste einiger südamerikanischer Länder zur Beseitigung politisch linksgerichteter Personen (vgl. hierzu Burgorgue-Larsen, in Burgorgue-Larsen/Úbeda de Torres, Amaya, The Inter-American Court of Human Rights, S. 299), bemerkte der AGMR zur Ermittlungspflicht: „[T]he prohibition of forced disappearance of persons and the corresponding obligation to investigate and punish those responsible has attained the status of *jus cogens*.", AGMR, Urteil vom 22.9.2006, Goiburu v Paraguay, Series C Nr. 153, Z. 90.

931 AGMR, Urteil vom 22.9.2006, Goiburu v Paraguay, Series C Nr. 153, Z. 88, mwN der Rechtsprechung im Urteil selbst.

932 MRA, General Comment Nr. 36 on the Right to Life (2018), UN Doc. CCPR/C/GC/36, Z. 58; zuvor bereits MRA, General Comment Nr. 6 on Article 6 (1986) Z. 4.

933 UN General Assembly Resolution 44/162, 15.12.1989.

934 So auch Rusinova Vera, in: Tomuschat (Hrsg.) 2010, S. 72; für eine Kritik, dass der AGMR mit einer solchen Einbeziehung von UN-soft-law dieses in regionales bindendes Recht verwandelt, vgl. Neuman, European Journal of International Law 2008, S. 110/111.

935 Vgl. für den MRA: MRA, General Comment Nr. 36 on the Right to Life (2018), UN Doc. CCPR/C/GC/36, Z. 28; zuvor schon: General Comment Nr. 31 on Article 2 vom 26.5.2004, UN Doc. CCPR/C/21/Rev.1/Add. 13, Z. 15.

Was Unabhängigkeit der Untersuchung bedeutet, hat insbesondere der EGMR weiter spezifiziert: Die für die Untersuchung Verantwortlichen müssen tatsächlich unabhängig sein, was eine hierarchische und institutionelle Unabhängigkeit umfasst, hierauf aber nicht beschränkt ist[936]. Der AGMR stellte im Fall Velásquez Rodríguez die Ernsthaftigkeit der dort vorgenommenen Untersuchung in Frage, da die Untersuchung durch die Armee erfolgte, welche beschuldigt war, für das Verschwinden der Person überhaupt verantwortlich gewesen zu sein[937].

Die Untersuchung muss zudem adäquat und effektiv sein. Nach Ansicht des AGMR beinhaltet dies zumindest: „a) to identify the victim; b) to collect and preserve evidence related to the death in order to assist in any investigation; c) to identify possible witnesses and obtain testimonies in relation to the death under investigation; d) to determine the cause, manner, place and time of death, as well as any pattern or practice which may have brought about such death, and e) to distinguish between natural death, accidental death, suicide and homicide. In addition, it is necessary that a thorough investigation of the crime scene be conducted and rigorous autopsies and analyses of human remains be performed by competent professionals, using the best available procedures."[938] Nach Ansicht des EGMR ist eine Untersuchung dann effektiv, wenn sie zum einen geeignet ist, zu bestimmen, ob die staatliche Gewalt unter den Umständen gerechtfertigt war[939], sowie, die Verantwortlichen festzustellen und zu bestrafen[940].

Unverzügliche Ermittlungen erhöhen die Chance, den Sachverhalt aufzuklären[941]. Zudem führte der EGMR aus: „[A] prompt response by the authorities in investigating the use of lethal force may generally be regarded as essential in maintaining public confidence in maintenance of the rule of law and in preventing any appearance of collusion in or tolerance of unlawful acts."[942]

Das Element der „public scrutiny" bezieht sich zum einen auf die Öffentlichkeit, zum anderen auf die Stellung der Angehörigen im Ermittlungsverfahren. In Trubnikov v Russia[943] kam der EMGR zu dem Schluss, dass die von russischen

---

936 EGMR, Urteil vom 20.5.1999, Oğur v Turkey, Nr. 21594/93, Z. 91f; EGMR, Urteil vom 27.7.1998, Ergi v Turkey, Nr. 66/1997/850/1057, Z. 81f; Z. 86.

937 AGMR, Urteil vom 29.7.1988, Velásquez Rodríguez v Honduras, Series C Nr. 4; ähnlich die Lage in Trubnikov v Russia, in dem die Untersuchung durch die Gefängnisleitung durchgeführt worden war, die der Tötung verdächtigt wurde.

938 AGMR, Urteil vom 3.4.2009, Kawas-Fernandez, Z. 102; ähnlich Prinzip 9 der ECOSOC Principles (UN Economic and Social Council Resolution 1989/65, 24.5.1989).

939 EGMR, Urteil vom 19.02.1998, Kaya v Turkey, Nr. 158/1996/777/978, Z. 87.

940 EGMR, Urteil vom 20.5.1999, Oğur v Turkey, Nr. 21594/93, Z. 88.

941 So meint auch der EGMR in „these delays alone compromised the effectiveness of the investigation and could not bu t have had a negative impact on the prospects of arriving at the truth", EGMR, Urteil vom 27.07.2006, Bazorkina v Russia, Nr. 69481/01 Z. 121.

942 EGMR, Urteil vom 27.07.2006, Bazorkina v Russia, Nr. 69481/ 01, Z. 119.

943 EGMR, Urteil vom 5.7.2005, Trubnikov v Russia, Nr. 49790/99.

Behörden durchführten Untersuchungen weder „sufficient public accountability to provide the investigation and its results with a sufficient element of public scrutiny" aufwies, noch „did it safeguard the interests of the next-of-kin."[944] Das Recht auf Leben war somit verletzt worden.

Neben der „duty to investigate" wird eine Verpflichtung „to prosecute and punish the perpetrators"[945] angenommen. Ob eine solche Verfolgung strafrechtlich sein muss, wird unterschiedlich beurteilt. Teilweise lässt der EGMR nichtstrafrechtliche Verfahren ausreichen[946]. Der UN-Menschenrechtsausschuss spricht sich demgegenüber dafür aus, dass eine strafrechtliche Verfolgung erfolgen sollte[947].

c) Derogation

Das Recht auf Leben ist sowohl im Rahmen des Zivilpakts als auch der AMRK nicht-derogierbar, wie Art. 4 Abs. 2 IPBPR und Art. 27 Abs. 2 AMRK ausdrücklich festlegen[948]. Die Entscheidung, das Recht auf Leben von der Möglichkeit einer Derogation auszunehmen, ist auch eine Betonung der fundamentalen Bedeutung des Rechts. Anders verhält es sich demgegenüber mit dem Recht auf Leben der EMRK. Die Ausgestaltung der Derogation nimmt eine Sonderstellung ein. Art. 15 Abs. 2 EMRK bestimmt: „ No derogation, except in respect of deaths resulting from lawful acts of war (...) shall be made under this provision." Nach allgemeiner Ansicht[949] ist mit der Formel „lawful acts of war" das humanitäre Völkerrecht in Bezug auf Tötungen von Personen gemeint. Die Bedeutung dieser Referenz wird unterschiedlich bewertet. Während mancher die Norm als Möglichkeit sein, das humanitäre Völkerrecht als lex specialis in Bezug auf den Kampfhandlungen zu inkorporieren, halten andere die Rechtfertigungsebene des Rechts auf Leben für

---

944 EGMR, Urteil vom 5.7.2005, Trubnikov v Russia, Nr. 49790/99, Z. 93.

945 Vergleiche zu beidem: AGMR, Urteil vom 24.1.1998, Blake v Guatemala, Z. 66; MRA, Views vom 15.10.2014, Durić v Bosnia and Herzegovina, Nr. 1956/2010, UN Doc. CCPR/C/111/D/1956/2010, Z. 9.6.

946 So der Gerichtshof unter anderem in Janowiec et al v Russia, Urteil vom 21.10.2013, Nr. 55508/07 und 29520/09, Z. 143: „[A]cts undertaken in the framework of criminal, civil, administrative or disciplinary proceedings which are capable of leading to the identification and punishment of those responsible or to an award of compensation to the injured party.". Vgl. Schübel-Pfister, die der Rechtsprechung entnimmt, dass nur bei fahrlässiger Tötung eine nicht-strafrechtliche Untersuchung ausreichen soll, vgl.Karpenstein, EMRK, Art. 2, Rn. 44.

947 MRA, General Comment Nr. 36 on the Right to Life (2018), UN Doc. CCPR/C/GC/36, Z. 27.

948 Zudem: Betonung auch immer wieder in der Rechtsprechung.

949 Vgl. für viele Johann, in Karpenstein, EMRK, Art. 15 Rn. 12; Abresch, European Journal of International Law 2005, S. 745; Korff, No. 8, S. 55.

betroffen[950]. Entscheidend für die Einordnung wird sein, wie man die Derogation allgemein dogmatisch einordnet.

Im Vorgriff auf die Ergebnisse des Teils III sei gesagt, dass vorliegend von einer *Suspendierung* der Menschenrechte durch die Derogation, nicht von einer Wirksamkeit auf der Rechtfertigungsebene ausgegangen wird. Insofern führt der Mechanismus über Art. 15 Abs. 1 und 2 EMRK zu einem Verhältnis dergestalt, dass das Recht auf Leben insoweit eine Tötungshandlung durch das humanitäre Völkerrecht geregelt ist, suspendiert wird und somit bereits nicht anwendbar ist. Statt des Menschenrechts greift das humanitäre Völkerrecht. Von einer „Inkorporation“ oder einem lex-specialis-Verhältnis kann insoweit jedoch nicht gesprochen werden, da die beiden Rechtsmaterien nicht gemeinsam anwendbar sind, soweit die gesetzliche Anweisung reicht.

Festzuhalten bleibt, dass der Mechanismus der Anwendung des humanitären Völkerrechts durch Derogation bisher noch nicht zum Einsatz kam. Dies bedeutet jedoch nach hier vertretener Ansicht nicht, dass ein Verhältnis zwischen den Rechtsmaterien gerade in der so entscheidenden Frage des Rechts auf Leben nicht dennoch hergestellt werden kann: dies geschieht jedoch über Auslegung, die sich als Mechanismus völlig anders darstellt, als der der Derogation (vgl. hierzu ausführlich Teil III, A. Ziff. II.1.). Eine solche Auslegung sorgt zudem für eine Harmonisierung der Menschenrechtsverträge, da im Rahmen mancher Verträge, in denen das Recht auf Leben von vorneherein nicht derogierbar ist, eine Beziehung der beiden Rechtsmaterien nur über die Auslegung – in diesem Fall des Begriffs der Willkürlichkeit – möglich ist.

2. *Der Einsatz von tödlicher Gewalt im humanitären Völkerrecht*

Wenig überraschend ist auch im humanitären Völkerrecht detailliert geregelt, wie tödliche Gewalt einzusetzen ist. Die Schwelle zur Anwendung der Vorschriften des humanitären Völkerrechts hängt hierbei von dem Vorliegen eines bewaffneten Konflikts ab[951]. Zur Ermittlung der relevanten humanitärvölkerrechtlichen

---

950 Johann, in Karpenstein, EMRK, Art. 15 Rn. 9.

951 Diese Frage der Anwendbarkeit des humanitären Völkerrechts kann vorliegend nicht ausführlich behandelt werden. Hingewiesen sei für den internationalen bewaffneten Konflikt auf den gemeinsamen Artikel 2 der GK (also in „all cases of declared war or of any other armed conflict which may arise between two or more of the High Contracting Parties, even if the state of war is not recognized by one of them“ sowie in „all cases of partial or total occupation of the territory of a High Contracting Party, even if the said occupation meets with no armed resistance“) und für den nicht-internationalen bewaffneten Konflikt auf den gemeinsamen Artikel 3 GK („armed conflict not of an international character occurring in the territory of one of the High Contracting Parties“). Naturgemäß ist das Vorliegen eines internationalen bewaffneten Konflikts einfacher festzustellen, als das Vorliegen eines nicht-internationalen bewaffneten Konflikts, da letzterer von niedrigschwelligerem Einsatz von Gewalt abzugrenzen ist. Hierzu hat die

Vorschriften wird vorliegend die IKRK-Studie zum humanitären Völkergewohnheitsrecht[952] herangezogen. Dabei ist darauf hinzuweisen, dass die völkergewohnheitsrechtliche Geltung des dort festgehaltenen humanitären Völkerrechts bezüglich des internen bewaffneten Konflikts nicht unbestritten ist. Kritik kommt vorwiegend, wenn auch nicht ausschließlich[953] von Autoren, die der Ansicht sind, dass die Menschenrechte die geeignete Rechtsmaterie für den internen bewaffneten Konflikt sind[954]. In Teil III wird hierauf noch ausführlich einzugehen sein. Hier bleibt festzuhalten, dass in Anbetracht dessen, dass die Ergebnisse der Studie nur von wenigen Staaten bestritten worden sind und in der Rechtsprechung – auch in der der Menschenrechtsorgane[955] – Aufnahme gefunden haben, nach vorliegend vertretener Auffassung wertvolle Hinweise auf das derzeitig geltende Völkergewohnheitsrecht auch in Bezug auf den internen bewaffneten Konflikt liefern.

Es ist ein Wesensmerkmal des humanitären Völkerrechts, dass durch die Genfer Konventionen bestimmte Personengruppen oder Personen in bestimmten Situationen besonders geschützt sind. Hierin unterscheidet sich das humanitäre Völkerrecht fundamental vom Recht der Menschenrechte, nach dem jeder Mensch aufgrund seines Menschseins grundsätzlich vom personalen Schutzbereich der Menschenrechte umfasst ist. Das humanitäre Völkerrecht schützt in seinen Vier Genfer Konventionen die Verwundeten und Kranken der bewaffneten Kräfte im Felde (GK I), Verwundeten, Kranken und Schiffbrüchigen der bewaffneten Kräfte zur See (GK II), die Kriegsgefangenen (GK III) und die Zivilpersonen in Kriegszeiten (Genfer Abkommen IV). Kombattanten sind demgegenüber nicht besonders geschützt. Allerdings gelten im humanitären Völkerrecht auch ihnen gegenüber bestimmte Beschränkungen, die näher vorgestellt werden sollen.

---

interamerikanischeinteramerikanische Kommission in Juan Carlos Abella et al v Argentina, Entscheidung vom 18.11.1997, Nr. 11.37, Z. 149 ff ausführlich Stellung genommen.

952 Die Studie des Internationalen Kreuz Komitees dauerte fast zehn Jahre und umfasst zwei Bände: während der eine die Regeln formuliert, belegt der andere diese Regeln ausführlich mit Staatenpraxis, vgl. zu ersterem Henckaerts/Doswald-Beck, Customary International Humanitarian Law und zu zweiterem Henckaerts/Doswald-Beck, Customary International Humanitarian Law.

953 Vgl. zB Sassòli/Olson, International Review of the Red Cross 2008, S. 602.

954 Tamura, Chinese Journal of International Law 2011; Abresch, European Journal of International Law 2005.

955 Vgl. nur AGMR, Urteil vom 30.11.2012, Santo Domingo Massacre v Colombia, zB Z. 187, 212 Fn. 307, 308 und 309, Z. 214.

a) Kriegshandlungen

Kriegshandlungen[956] – also Handlungen einer Kriegspartei, die den Einsatz von Gewalt beinhalten[957] – müssen die Vorgaben des humanitären Völkerrechts beachten, um rechtmäßig zu sein. Traditionell wird im humanitären Völkerrecht zwischen dem internationalen bewaffneten Konflikt und dem nicht-internationalen bewaffneten Konflikt unterschieden. Für beide Konfliktarten gilt aber grundsätzlich, dass eine Kriegshandlung dann rechtmäßig ist, wenn sie sich gegen ein legitimes Angriffsziel richtet, die Tötung nicht mit humanitär-völkerrechtlich verbotenen Methoden und Mitteln erfolgt oder gegen allgemeine Grundsätze wie das Verhältnismäßigkeitsgebot verstößt[958]. Kriegshandlungen oder auch militärische Operationen sind Teil der Feindseligkeiten („hostilities"), die die IKRK wie folgt definiert: „acts of war which are intended by their nature and purpose to hit specifically the personnel and the material of the armed forces of the adverse party."[959]

Die Regelung des internationalen bewaffneten Konflikts läuft im Vertragsrecht wie im Gewohnheitsrecht parallel, sodass die Regelungen wie sie in den Genfer Konventionen und dem ZP I zum Ausdruck kommen, für alle Staaten gelten[960]. Für den internen bewaffneten Konflikt gelten das das ZP II – welches 168 Staaten ratifiziert haben[961] – und humanitäres Völkergewohnheitsrecht (zur Kontroverse s. Teil III, A. Ziff. II.2.b)).

aa) Legitimes Angriffsziel

Grundsätzlich gilt in jedem bewaffneten Konflikt das Prinzip der Unterscheidung. Dieses Prinzip ist hierbei sowohl für den internationalen[962] als auch für

---

956 Die deutsche Terminologie für den Einsatz von Gewalt in einem bewaffneten Konflikt scheint nicht einheitlich zu sein. Während der Begriff der Kriegshandlung in den Genfer Konventionen nicht auftaucht, findet er in ZP I Erwähnung. Dies insbesondere auch in Art. 48 ZP I, welcher das Prinzip der Unterscheidung formuliert. Bei Ipsen findet sich daneben auch der Begriff der „bewaffneten Schädigungshandlung", vgl. Ipsen, S. 1235 ff.

957 Vgl. Sandoz/Swinarski/Zimmermann, Commentary on the Additional Protocols, Z. 2191: „The term ‚military operations' should be understood to mean any movements, manoeuvres and other activities whatsoever carried out by the armed forces with a view to combat."

958 Strüwer, S. 93.

959 Sandoz/Swinarski/Zimmermann, Commentary on the Additional Protocols, Z. 1679.

960 Strüwer, S. 94.

961 https://ihl-databases.icrc.org/applic/ihl/ihl.nsf/States.xspxp_viewStates=XPages-NORMStates Parties&xp_t reatySelected=475#panel Reservation, zuletzt besucht im Februar 2019.

962 IGH, Gutachten vom 8.7.1996, Legality of the Threat or Use of Nuclear Weapons, Z. 78: „The cardinal principles contained in the texts constituting the fabric of

den nicht-internationalen bewaffneten Konflikt[963] gewohnheitsrechtlich verankert; seine Nichtbeachtung stellt ein Kriegsverbrechen dar[964]. Das Prinzip der Unterscheidung bestimmt, auf was oder wen sich ein Angriff beziehen darf. Ein Angriff ist hierbei in Art. 49 Abs. 1 ZP I sowohl als offensive als auch als defensive Gewaltanwendung gegen Gegner definiert.

Im internationalen bewaffneten Konflikt wird für Personen zwischen Kombattanten und Zivilisten, für andere Angriffsziele zwischen militärischen und zivilen Zielen unterschieden. Diese (auch so bezeichnete) „Basic Rule" findet sich in Art. 48 ZP I: „In order to ensure respect for and protection of the civilian population and civilian objects, the Parties to the conflict shall at all times distinguish between the civilian population and combatants and between civilian objects and military objectives and accordingly shall direct their operations only against military objectives."

Im nicht-internationalen Konflikt ist ebenfalls zwischen legitimen und illegitimen Angriffszielen zu unterscheiden. Während der Begriff des Kombattanten im Recht des internen bewaffneten Konflikts nicht ausdrücklich verankert ist und Streit darüber besteht, wie die Gegner der staatlichen Streitkräfte in diesem Fall zu definieren sind, ist dennoch der grundlegende Status der Zivilisten auch hier klar: „Attacks must not be directed against civilians."[965] Ebenso muss auch im nicht-internationalen bewaffneten Konflikt gewohnheitsrechtlich zwischen zivilen und militärischen Objekten unterschieden werden[966].

Neben direkten Angriffen auf die geschützten Personen und Objekte sind auch unterschiedslose Angriffe gewohnheitsrechtlich in beiden Konfliktarten verboten[967]. Unterschiedslose Angriffe sind solche, die nicht zwischen zivilen

---

humanitarian law are the following. The first is aimed at the protection of the civilian population and civilian objects and establishes the distinction between combatants and non-combatants; States must never make civilians the object of attack and must consequently never use weapons that are incapable of distinguishing between civilian and military targets." Weiter meint der Gerichtshof: „Further these fundamental rules are to be observed by all States whether or not they have ratified the conventions that contain them, because they constitute intransgressible principles of international customary law.", idid, Z. 79.

963 Zu der gewohnheitsrechtlichen Verankerung des Prinzips der Unterscheidung auch für den nicht-internationalen Konflikt vgl. ausführliche Belege in Henckaerts/Doswald-Beck, Customary International Humanitarian Law, Rule 1, S. 5 ff.

964 Vgl. Art. 8 Abs. 2 lit. b (i) für internationale bewaffnete Konflikte und Art. 8 Abs. 2 lit. e (i) für nicht-internationale bewaffnete Konflikte.

965 Vgl. Rule 1 in Henckaerts/Doswald-Beck, Customary International Humanitarian Law, S. 3, 5ff; Art. 13 Abs. 2 ZP II.

966 Rule 7 in Henckaerts/Doswald-Beck, Customary International Humanitarian Law, S. 25ff.

967 Henckaerts/Doswald-Beck, Customary International Humanitarian Law, S. 37 ff.

und militärischen Objekten unterscheiden. Eine Definition unterschiedsloser Angriffe findet sich hierbei in Art. 51 Abs. 4 a ZP I.

Die Legitimität eines Angriffs bestimmt sich im humanitären Völkerrecht somit grundsätzlich nach dem Status des Zieles.

(1) Personen

Entscheidend für den rechtmäßigen Einsatz tödlicher Gewalt, welche sich direkt gegen einen Menschen richtet, ist im internationalen bewaffneten Konflikt somit, ob die Person eine Kombattant oder ein Zivilist ist.

(aa) Kombattanten

Definiert wird der Kombattant in Art. 43 Abs. 2 ZP I als Angehöriger der Streitkräfte – mit Ausnahme des Sanitäts- und Seelsorgepersonals – einer am Konflikt beteiligten Partei[968]. Wie sich aus Art. 43 Abs. 1 ergibt, sind „Streitkräfte" die Gesamtheit der organisierten bewaffneten Gruppen und Einheiten, die einer Führung unterstehen, welche der am Konflikt beteiligten Partei für das Verhalten ihrer Untergebenen verantwortlich ist und einem internen Disziplinarsystem unterliegen, das unter anderem die Einhaltung der Regeln des in bewaffneten Konflikten anwendbaren Völkerrechts gewährleistet[969]. Die Konfliktpartei muss dabei nicht von der anderen Konfliktpartei anerkannt sein. Es genügt die Zugehörigkeit zu einem de-facto-Regime.[970] *Henckaerts/Doswald-Beck* sehen diesen Regelungen folgende Prinzipien zugrunde liegen: „In essence, this definition of armed forces covers all persons who fight on behalf of a party to a conflict and who subordinate themselves to its command. As a result, a combatant is any person who, under responsible command, engages in hostile acts in an armed conflict on behalf of a party to the conflict."[971] An diesen Status ist einerseits das Kombattantenprivileg geknüpft, gegnerische Kombattanten (im Rahmen des humanitärvölkerrechtlich zulässigen) zu töten[972], ohne strafrechtlich verfolgt zu werden und unter bestimmten Umständen als Kriegsgefangener zu gelten[973]. Andererseits beinhaltet der Status auch den „Kombattantenmalus", getötet werden zu dürfen. Kombattanten sind *jederzeit* und insbesondere unabhängig von ihrem konkreten Verhalten legitime Ziele einer tödlichen Kriegshandlung.

---

968 Vgl. bereits Art. 3 HLKO.

969 Vgl. Strüwer, S. 96.

970 Strüwer, S. 96.

971 Rule 4 in Henckaerts/Doswald-Beck, Customary International Humanitarian Law, S. 15.

972 Vgl. Art. 43 Abs. 2 ZP I: „[Combatants] have the right to participate directly in hostilities."

973 Vgl. Henckaerts/Doswald-Beck, Customary International Humanitarian Law, S. 384.

Eingeschränkt wird dieser Grundsatz lediglich dadurch, dass ein Angriff auch auf legitime Ziele einen eindeutigen militärischen Vorteil bieten muss und kein unnötiges Leiden verursachen darf[974]. Zu letzterer Einschränkung gehört auch, dass der Einsatz bestimmter Kampfmittel verboten ist[975].

(bb) Zivilisten

Die zweite Kategorie des Menschen im humanitären Völkerrecht ist der Zivilist. Für beide Konfliktarten gilt für den Status als Zivilist gewohnheitsrechtlich folgende Regel: „Civilians are persons who are not members of the armed forces. The civilian population comprises all persons who are civilians."[976] Für den internationalen Konflikt gilt ausdrücklich gem. Art. 50 Abs. 1 ZP I: „A civilian is any person who does not belong to one of the categories of persons referred to in Article 4 A (1), (2), (3) and (6) of the Third Convention and in Article 43 of this Protocol."[977] Der Zivilistenstatus wird darüber hinaus in Art. 50 Abs. 1 Satz 2 ZP I vermutet. Einzige Ausnahme von dieser Regel ist die sog. „levée en masse" (Massenerhebung), welche Zivilisten dann zu Kombattanten macht, wenn ein Großteil der Bevölkerung gegen einen heranrückenden Feind spontan zu den Waffen greift, ohne die Zeit zu haben, reguläre Streitkräfte zu formen[978]. Diese Ausnahme ist jedoch kaum mehr von Relevanz.

Es fällt auf, dass der Zivilist negativ definiert ist: Letzten Endes ist jede Person, die nicht Kombattant ist, Zivilist. Im nicht-internationalen bewaffneten Konflikt gestaltet sich die Bestimmung eines legitimen Angriffsziels mit möglicherweise kombattantenähnlichen Funktion mangels Streitkräfte auf Seiten der nicht-staatlichen Kriegspartei jedoch schwierig[979], was folgerichtig auch für die Bestimmung des Begriffs „Zivilist" im internen Konflikt Auswirkungen hat. Grundsätzlich gilt jedoch auch hier, dass der Status des Zivilisten existiert und durch das Prinzip der Unterscheidung geschützt ist. Wegen des engen

---

974 Vgl. Art. 52 Abs. 2 ZP I; Oberleitner, S. 134.

975 Vgl. zum Einsatz von blendenden Laserwaffen „Protocol IV to the Convention on Certain Conventional Weapons", zu chemischen und biologischen Waffen die „Convention on the prohibition of the development, production, stockpiling and use of chemical weapons and on their destruction".

976 Rule 5 in Henckaerts/Doswald-Beck, Customary International Humanitarian Law, S. 17.

977 Vgl. hierzu auch IKRK, Interpretative Guidance on the Notion of Direct Participation in Hostilities unter der Überschrift „The Concept of Civilian in International Armed Conflict": „For the purposes of the principle of distinction in international armed conflict, all persons who are neither members of the armed forces of a party to the conflict nor participants in a *levée on masse* are civilians (...)", abgedruckt in Tomuschat/Walter, Völkerrecht, S. 613.

978 Art. 2 HLKO, Art. 4 A. (6) GK III.

979 Vgl. hierzu beispielsweise Sassòli/Olson, International Review of the Red Cross 2008, S. 606ff; vgl. auch Schmitt, Harvard National Security Journal 2010, S. 5ff.

Zusammenhangs des Begriffs des Zivilisten mit dem des legitimen Ziels im internen Konflikt, wird das Weitere unter Ziff. (dd) ausgeführt, in dem es um die Frage der Existenz einer kombattantenähnlichen Figur im internen bewaffneten Konflikt geht.

(cc) Der unmittelbar an Feindseligkeiten teilnehmende Zivilist

Sowohl im internationalen als auch im nicht-internationalen Konflikt[980] gibt es eine Ausnahme von dem Grundsatz, dass Zivilisten nicht zum Ziel eines Angriffs gemacht werden dürfen: Dies ist dann der Fall, wenn er unmittelbar an Feindseligkeiten teilnimmt. Für den internationalen bewaffneten Konflikt ergibt sich dies aus Art. 51 Abs. 3 ZP I, welcher besagt: „Civilians shall enjoy the protection afforded by this Section, unless and for such time as they take a direct part in hostilities." Jedenfalls im internationalen bewaffneten Konflikt gilt insoweit, dass der Zivilist hierdurch seinen *Status* als Zivilist nicht verliert, sondern *aufgrund seines Verhaltens* zum legitimen Ziel für einen Angriff wird.

Für den internationalen bewaffneten Konflikt ergibt sich dies aus Art. 51 Abs. 3 ZP I, welcher besagt: „Civilians shall enjoy the protection afforded by this Section, unless and for such time as they take a direct part in hostilities." Wann eine solche Teilnahme an Feindseligkeiten gegeben ist, wird in den Verträgen nicht näher definiert[981] und ist auch in der Staatenpraxis nicht einheitlich[982]. Um dieses für die Rechtmäßigkeit völkerrechtlicher Angriffshandlungen sehr wichtige Konzept genauer zu studieren, kamen 2003 auf Initiative des IKRK Experten aus aller Welt zusammen und entwickelten gemeinsam[983] die „Interpretive Guidance on the Notion of Direct Participation in Hostilities"[984], die 2009 veröffentlicht wurden. Diese repräsentieren die Ansichten des IKRK und sind

---

980 Für den nicht-internationalen bewaffneten Konflikt ist das Konzept der an Feindseligkeiten teilnehmenden Person, die aber dennoch Zivilist bleibt, grundsätzlich ebenfalls anerkannt, vgl. Art. 13 Abs. 3 ZP II; vgl. zu den Belegen der Staatenpraxis zudem HENCKAERTS/DOSWALD-BECK, Customary International Humanitarian Law, S. 21.

981 HENCKAERTS/DOSWALD-BECK, Customary International Humanitarian Law, S. 19F; IKRK, Interpretive Guidance on Direct Participation in Hostilities under International Humanitarian Law, S. 41; SCHMITT Harvard National Security Journal 2010, S. 25.

982 HENCKAERTS/DOSWALD-BECK, Customary International Humanitarian Law, Rule 6, S. 22f; MELZER, Interpretive Guidance on Direct Participation in Hostilities under International Humanitarian Law, S. 41.

983 Allerdings bemerkt Schmitt, dass einige Experten wegen der Aufnahme umstrittener Konzepte in die „Interpretive Guidance" das Ergebnis nicht unterstützen wollten, vgl. SCHMITT, Harvard National Security Journal 2010, S. 6.

984 MELZER, Interpretive Guidance on the Notion of Direct Participation in Hostilities under International Humanitarian Law.

nicht bindend[985]. Daneben beschäftigten sich auch *Henckaerts/Doswald-Beck* in ihrer bereits erwähnten völkergewohnheitsrechtlichen Studie mit dem Konzept. Trotz dieser Bemühungen bezeichnet *Kellenberger* in seinem Vorwort zur „Interpretive Guidance" die Fragen im Zusammenhang mit der unmittelbaren Teilnahme an Feindseligkeiten, als „one of the most difficult, but as yet unresolved issues of international humanitarian law"[986]. Umstritten sind sowohl die „tatbestandlichen" Voraussetzungen, als auch der zeitliche Umfang einer Teilnahme an Feindseligkeiten.

Der „kleinste gemeinsame Nenner" der tatbestandlichen Voraussetzungen der Teilnahme an Feindseligkeiten scheint der in *Henckaerts/Doswald-Beck* identifizierte zu sein scheint: „[A] civilian uses weapons and other means to commit acts of violence against human or material enemy forces."[987] Das IKRK empfiehlt in ihrer „Interpretive Guidance" die kumulative Erfüllung mehrerer Merkmale zur Einordnung eines Verhaltens eines Zivlisten als direkte Teilnahme an Feindseligkeiten: die Überschreitung einer bestimmten Schadensgrenze („threshold of harm")[988], einen direkten Kausalzusammenhang zwischen dem Akt des Zivilisten und dem Schaden („direct causation")[989] sowie ein Zusammenhang mit dem bewaffneten Konflikt („belligerent nexus")[990]. *Schmitt* zufolge waren diese Kriterien unter den Experten relativ unumstritten[991]. Teilweise wurde das letzte Kriterium als zu eng gesehen, da dies Konstellationen ausschließt, in denen eine Beteiligung nur zur Schädigung einer Partei erfolgt, nicht um der anderen Kriegspartei zu helfen[992]. Bezüglich des ersten Elements kritisiert *Schmitt*,

985 Melzer, Interpretive Guidance on the Notion of Direct Participation in Hostilities under International Humanitarian Law, S. 6. Allerdings bieten sie laut Kellenberg dennoch „provides an interpretation of the notion of direct participation in hostilities within existing legal parameters.", ibid.

986 Melzer, Interpretive Guidance on the Notion of Direct Participation in Hostilities under International Humanitarian Law, S. 6.

987 Henckaerts/Doswald-Beck, Customary International Humanitarian Law, Rule 6, S. 22.

988 „The act act must be likely to adversely affect the military operations or military capacity of a party to an armed conflict or, alternatively, to inflict death, injury, or destruction on persons or objects protected against direct attack", vgl. IKRK, Interpretive Guidance on the Notion of Direct Participation in Hostilities under International Humanitarian Law, abgedruckt in Tomuschat/Walter, Völkerrecht, S. 613.

989 „There must be a direct causal link between the act and the harm likely to result either from that act, or from a coordinated military operation of which that act constitutes an integral part", ibid.

990 „The act must be specifically designed to directly cause the required threshold of harm in support of a party to the conflict and to the detriment of another.", ibid.

991 Schmitt, Harvard National Security Journal 2010, S. 27.

992 Vgl. Schmitt Harvard National Security Journal 2010, S. 27. Der Autor nennt als Beispiel: „For example, an armed group might wish to fight an invading force in

dass auch die Stärkung des Feindes als die Schadensgrenze überschreitend hätte angesehen werden sollen[993]. Richtigerweise darf die Definition der Teilnahme an Feindseligkeiten nach dem Telos des humanitären Völkerrechts nicht soweit gehen, dass große Teile der Zivilbevölkerung ihres Schutzes beraubt würden, da dann das Prinzip der Unterscheidung unterlaufen würde[994].

Daneben ist auch der zeitliche Umfang („for such time") der Teilnahme an Feindseligkeiten umstritten[995]. Dieses Kriterium spiegelt noch einmal wider, dass der Zivilist seinen geschützten Status nicht verliert, da er nur zeitlich begrenzt und mit Blick auf ein bestimmtes Verhalten zum Ziel eines Angriffs gemacht werden darf. Die „Interpretive Guidance" führt hierzu aus: „Civilians lose protection against direct attack for the duration of each specific act amounting to direct participation in hostilities (...)."[996] Begleitend heißt es in der Kommentierung durch das IKRK: „it may also include measures preparatory to the execution of such an act, as well as the deployment to and return from the location of its execution, where they constitute an integral part of such a specific act or operation."[997] Für die Frage, wann die Teilnahme des Zivilisten beginnt und wann sie endet, erscheint entscheidend, wie lange der Zivilist eine Gefahr für den Gegner darstellt[998].

Wie stets im humanitären Völkerrecht muss die Balance zwischen dem Prinzip der Menschlichkeit und den Notwendigkeiten des Krieges so gehalten werden, dass kriegsführende Staaten sie akzeptieren können[999]. Welche weitere Entwicklung das humanitäre Völkerrecht in dieser wichtigen Frage nimmt und ob es zu einer Klärung dieser Frage durch Vertrags- oder Völkergewohnheitsrecht kommt, muss beobachtet werden.

---

the hope of situating itself to seize power." Er gibt jedoch zu: „Of course, in most cases, direct participation is a zero-sum game. To the extent one side is harmed, the other benefits."

993 Schmitt Harvard National Security Journal 2010, S. 27: „(...) [I]t must be recognized that the strengthening of enemy capacity may be just as much concern for commanders in the field as the weakening of one's own force."

994 Vgl. Pilloud/Pictet, in: Sandoz/Swinarski/Zimmermann, Commentary on the Additional Protocols, Rn. 1945.

995 vgl. Strüwer, S. 114; Schmitt Harvard National Security Journal 2010, S. 34.

996 IKRK, Interpretive Guidance on Direct Participation in Hostilities under International Humanitarian Law, abgedruckt in Tomuschat/Walter, Völkerrecht, S. 613.

997 IKRK, Interpretive Guidance on Direct Participation in Hostilities under International Humanitarian Law, S. 65.

998 Pilloud/Pictet, in: Sandoz/Swinarski/Zimmermann, Commentary on the Additional Protocols, Rn. 1943f.; aASchmitt Harvard National Security Journal 2010, S. 37, der bemerkt: „(...) [T]he reason civilians lose protection while directly participating in hostilities is because they have chosen to be part of the conflict; it is not because they represent a threat."

999 Schmitt, Harvard National Security Journal 2010, S. 27.

(dd) „Kombattanten" auch im nicht-internationalen bewaffneten Konflikt?

Im nicht-internationalen bewaffneten Konflikt wird die Abgrenzung des an Feindseligkeiten teilnehmenden Zivilisten noch dadurch erschwert, dass nicht geklärt ist, ob es auf nicht-staatlicher Seite eine Gruppe gibt, die – ähnlich den Kombattanten – aufgrund ihres Status stets legitimes Angriffsziel sind[1000]. Möglich erscheint es auch anzunehmen, dass die auf nicht-staatlicher Seite kämpfenden Personen Zivilisten bleiben[1001]. Ob die am Kriegsgeschehen auf nicht-staatlicher Seite Beteiligten als Zivilisten oder als davon zu unterscheidende Gruppe zu sehen sind, geht weder aus Art. 3 GK, noch aus dem ZP II[1002] hervor. Zwar werden die Gegner der staatlichen Streitkräfte hier als „organized armed groups" bezeichnet, aber ebenfalls nicht näher umschrieben. Auch eine einheitliche Staatenpraxis hat sich diesbezüglich bisher nicht entwickelt[1003]. Von Bedeutung ist die Frage deshalb, weil Zivilisten nur während ihrer – wie auch immer definierten – Teilnahme an Feindseligkeiten angegriffen werden können, Angehörige der Streitkräfte als Kombattanten jedoch zu jeder Zeit. Dies führt zu einem Ungleichgewicht zwischen den staatlichem und nicht-staatlichem Gegner[1004]. In diesem Zusammenhang insbesondere problematisch erscheint der „revolving-door"-Effekt, der auch unter dem Stichwort „farmers by day and fighters by night"[1005] diskutiert wird. Dies hätte auch Auswirkungen auf viele der asymmetrischen Konflikte, die es heute gibt: Terroristen wären nur während der Durchführung eines Anschlags legitime Ziele und würden anschließend sofort wieder den vollen Schutz des Zivilistenstatus genießen.

Um dieses Ungleichgewicht zu beheben, werden zwei Ansätze ins Spiel gebracht: Entweder die den staatlichen Streitkräften entgegentretenden Personen bleiben Zivilisten, die jedoch kontinuierlich an den Feindseligkeiten teilnehmen und somit deshalb ein dauerhaftes legitimes Ziel von Angriffen sind oder

---

1000 Vgl. IKRK, Interpretive Guidance on Direct Participation in Hostilities under International Humanitarian Law, S. 27.

1001 MELZER, Interpretive Guidance on Direct Participation in Hostilities under International Humanitarian Law, S. 27.

1002 Eine Definition des Zivilisten in ZP II als ‚anyone who is not a member of the armed forces or of an organized armed group' wurde im letzten Moment nicht in das Zusatzprotokoll aufgenommen, vgl. HENCKAERTS/DOSWALD-BECK, Customary International Humanitarian Law, S. 19.

1003 HENCKAERTS/DOSWALD-BECK, Customary International Humanitarian Law, S. 19/21; vgl. auch SASSÒLI/OLSON, International Review of the Red Cross 2008, S. 608.

1004 HENCKAERTS/DOSWALD-BECK, Customary International Humanitarian Law, S. 21.

1005 MELZER, Interpretive Guidance on Direct Participation in Hostilities under International Humanitarian Law, S. 72; vgl. auch STRÜWER, S. 106 ff.

sie sind keine Zivilisten und haben einen Status ähnlich dem der Kombattanten[1006]. Überwiegend[1007] wird diese Frage status-orientiert gelöst, indem es neben der Gruppe der staatlichen Streitkräfte und der Zivilisten noch eine Gruppe von Kämpfern gibt, die jederzeit Ziel militärischen Vorgehens sein können. Die „Interpretive Guidance" schlägt folgende Formel vor: „In non-international armed conflict, organized armed groups constitute the armed forces of a non-state party to the conflict and consist only of individuals whose continuous function it is to take a direct part in hostilities (‚continuous combat function')." Alle Personen, die keine solche „continuous combat function" innehaben, sind im Umkehrschluss als Zivilisten zu sehen. Eine solche „continuous combat function" setzt eine dauernde Integration in die organisierte bewaffnete Gruppe voraus, die als Streitkräfte der nicht-staatlichen Partei dient[1008]. Die Funktion kann durch bestimmte äußere Merkmale, aber auch konkludent durch die wiederholte direkte Teilnahme einer Person an Feindseligkeiten aus Seiten organisierten bewaffneten Gruppe kommuniziert werden[1009]. Andere fordern, dass diese „Kämpfer" unter verantwortlichem Kommando stünden und fähig wären, militärische Operationen auszuführen[1010]. Im Rahmen der status-basierten Lösung gibt es jedoch auch weiterhin Zivilisten, die – sporadisch, spontan und auf unorganisierter Basis – direkt an Feindseligkeiten teilnehmen, die hierbei jedoch nicht ihren Status als Zivilisten verlieren[1011].

(2) Objekte

Ähnlich wie der humanitärvölkerrechtliche Schutz von Personen verläuft auch der Schutz von Objekten in Kategorien. Die die Objekte als militärische Ziele betreffenden Regeln laufen in Grundsätzen parallel zu den Regeln, die für Personen gelten.

1006 Sassòli/Olson, International Review of the Red Cross 2008, S. 607; vgl. auch Schmitt, Harvard National Security Journal 2010, S. 17.

1007 Vgl. IKRK, Interpretive Guidance on Direct Participation in Hostilities under International Humanitarian Law, abgedruckt in Tomuschat/Walter, Völkerrecht, S. 613; Strüwer, S. 131; Darstellung der Gegenmeinungen bei Strüwer, S. 130.

1008 Melzer, Interpretive Guidance on Direct Participation in Hostilities under International Humanitarian Law, S. 34.

1009 Melzer, Interpretive Guidance on Direct Participation in Hostilities under International Humanitarian Law, S. 35; zur Kritik dieses Konzepts, s. Schmitt, Harvard National Security Journal 2010, S. 23ff.

1010 Bothe, in: Dicke/Hobe, S. 78ff.

1011 Melzer, Interpretive Guidance on Direct Participation in Hostilities under International Humanitarian Law, S. 33/34.

In ihrer Studie zur gewohnheitsrechtlichen Geltung des humanitären Völkerrechts formulieren *Henckaerts/Doswald-Beck* für beide Konfliktarten folgende Regel bezüglich der Unterscheidung von zivilen und militärischen Zielen: „The parties to the conflict must at all times distinguish between civilian objects and military objectives. Attacks may only be directed against military objectives. Attacks must not be directed against civilian objects."[1012] Nach dem Statut des Internationalen Gerichtshofs ist ein absichtlicher Angriff auf zivile Objekte im internationalen bewaffneten Konflikt zudem ein Kriegsverbrechen, vgl. Art. 8 (2) (b) (ii). Nicht ganz so eindeutig ist die Rechtslage im nicht-internationalen bewaffneten Konflikt, jedoch ist auch hier die Zerstörung und Beschlagnahme von Eigentum des Gegners verboten, es sei denn, sie ist durch die Erfordernisse des Konflikts zwingend geboten, vgl. Art. 8 (2) (e) (xii) StIGH-Statut.

Entscheidend für die Legitimität des Angriffsziels ist somit wiederum, welcher Kategorie es angehört. Sowohl für den internationalen als auch für den nicht-internationalen[1013] bewaffneten Konflikt drückt Art. 52 Abs. 2 ZP I aus, welche Kriterien ein legitimes militärisches Ziel zu erfüllen hat: „In so far as objects are concerned, military objectives are limited to those objects which by their nature, location, purpose or use make an effective contribution to military action and whose total or partial destruction, capture or neutralization, in the circumstances ruling at the time, offers a definite military advantage." Die völkergewohnheitsrechtliche Geltung der in Art. 52 Abs. 3 ZP I festgehaltene Vermutung, dass in Zweifelsfällen ein in der Regel für zivile Zwecke bestimmtes Objekt nicht zu den militärischen Zielen zählen soll, wird teilweise bestritten[1014].

Zwei Kriterien sind somit kumulativ zu erfüllen[1015], damit ein Objekt legitimes militärisches Ziel wird: (1) das Objekt muss auf Grund seiner Beschaffenheit, Standorts, Zweckbestimmung („purpose") oder Verwendung wirksam zu militärischen Handlungen beitragen und (2) die Zerstörung, Inbesitznahme oder Neutralisierung muss unter den im betreffenden Zeitpunkt gegebenen Umständen einen eindeutigen militärischen Vorteil darstellen.

Ihrer Beschaffenheit nach sind militärische Objekte dabei Objekte mit einer Eigenschaft, die aus sich selbst heraus einen Beitrag zu militärischen Handlungen leisten, wie zum Beispiel Waffensysteme[1016]. Während sich die Nutzung eines

1012 Rule 7, in Henckaerts/Doswald-Beck, Customary International Humanitarian Law, S. 25.

1013 Vgl. zur Staatenpraxis Henckaerts/Doswald-Beck, Customary International Humanitarian Law, S. 30/31.

1014 Vgl, die Position der Vereinigten Staaten in Henckaerts/Doswald-Beck, Customary International Humanitarian Law, S. 36.

1015 Dinstein, Israel Yearbook on Human Rights 2001, S. 143.

1016 Weitere Beispiele bei Dinstein, Israel Yearbook on Human Rights 2001, S. 146f.

Objekts als militärisches auf die Gegenwart bezieht, beinhaltet die Zweckbestimmung zukünftige Nutzung[1017]. Dies erweitert den Anwendungsbereich der Regel erheblich, da viele zivile Objekte auch militärisch genutzt werden können. Allerdings ist zur Feststellung der zukünftigen militärischen Nutzung eines Objekts sorgfältige Evaluierung angebracht[1018]. Durch ihren Standort wird eine Sache zum militärischen Ziel, wenn sie selbst zwar nicht militärischer Natur ist, und auch so nicht genutzt wird oder geplant ist, sie auf diese Weise zu nutzen, aber dennoch von strategischer Bedeutung ist. Zu denken ist beispielsweise an „a site which is of special importance for military operations in view of its location, either because it is a site that must be seized or because it is important to prevent the enemy from seizing it, or otherwise because it is a matter of forcing the enemy to retreat from it."[1019] Uneinigkeit scheint zudem darüber zu bestehen, wie „effective contribution to military action" auszulegen ist. Die Interpretation der Vereinigten Staaten, welche unter „miliary action" neben „war-fighting" auch „war-sustaining capability" subsumieren will[1020], geht weiter als das Verständnis anderer Staaten[1021].

Das zweite Kriterium des „definite military advantage" wiederum wird allgemein dahingehend interpretiert, dass der zu erringende militärische Vorteil hinsichtlich „an attack as a whole" zu betrachten ist und nicht hinsichtlich einzelner Teile der militärischen Handlung[1022]. Auf der anderen Seite darf sich der militärische Vorteil nicht auf den Krieg als Ganzes beziehen. Der IKRK-Kommentar fügt hinzu: „In other words, it is not legitimate to launch an attack which only offers potential or indeterminate advantages. Those ordering or executing the attack must have sufficient information available to take this requirement into account; in case of doubt, the safety of the civilian population, which is the aim of the Protocol, must be taken into consideration."[1023] Manche Staaten betrachten auch

---

1017 Pilloud/Pictet, in: SANDOZ/SWINARSKI/ZIMMERMANN, Commentary on the Additional Protocols, Rn. 2022.

1018 Pilloud/Pictet, in: SANDOZ/SWINARSKI/ZIMMERMANN, Commentary on the Additional Protocols, Rn. 2022.

1019 Pilloud/Pictet, in: SANDOZ/SWINARSKI/ZIMMERMANN, Commentary on the Additional Protocols, Rn. 2021; vgl. auch DINSTEIN, Israel Yearbook on Human Rights 2001, S. 150/151.

1020 THOMAS/DUNCAN, 73, *S. 402;* vgl. auch HENCKAERTS/DOSWALD-BECK, Customary International Humanitarian Law, S. 3: danach sind nach Ansicht der Vereinigten Staaten auch „areas of land, objects screening other military objectives and war-supporting economic facilities" mit eingeschlossen.

1021 Vgl. HENCKAERTS/DOSWALD-BECK, Customary International Humanitarian Law, S. 31; Dinstein hält diese Auslegung für zu weit, vgl. DINSTEIN, Israel Yearbook on Human Rights 2001, S. 145

1022 HENCKAERTS/DOSWALD-BECK, Customary International Humanitarian Law, S. 31.

1023 Pilloud/Pictet, in: SANDOZ/SWINARSKI/ZIMMERMANN, Commentary on the Additional Protocols, Rn. 2024.

erhöhte Sicherheit für die eigenen oder verbündete Streitkräfte als zulässigen militärischen Vorteil[1024]. Daneben stellt der Wortlaut des Art. 52 Abs. 2 ZP I klar, dass militärische Ziele neben Objekten auch Personen (Kombattanten) sind[1025].

Zu betonen ist, dass das Prinzip der Unterscheidung nicht dazu führt, dass Zivilisten und zivile Objekte nicht durch militärische Handlungen in Mitleidenschaft gezogen werden; das Prinzip der Unterscheidung besagt lediglich, dass die nicht zum direkten Ziel eines Angriffs gemacht werden dürfen[1026]. Inwiefern zivile Kollateralschäden zulässig sind, ist vielmehr eine Frage des Prinzips der Verhältnismäßigkeit.

bb) Prinzip der Verhältnismäßigkeit

Das Prinzip der Verhältnismäßigkeit findet sich nicht als ausdrückliches, unabhängiges Prinzip, welches dem gesamten humanitären Völkerrecht zugrunde liegt. Es findet sich vielmehr in konkreten Regelungen seinen Ausdruck.[1027] Zu diesen Regelungen gehört die eben erörterte Definition eines legitimen militärischen Angriffsziels, zu welchen die Kombattanten gehören. Diese dürfen, wie bereits festgestellt, grundsätzlich jederzeit angegriffen werden. Eingeschränkt wird dies jedoch dadurch, dass der Angriff einen „definite military advantage" zur Folge haben muss[1028]. Die Tötung von Kombattanten darf somit nicht willkürlich geschehen, sondern muss zur Erreichung des militärischen Vorteils notwendig sein.

Auch Zivilisten dürfen durch Kriegshandlungen getötet werden, wenn sie auch nie zum Ziel einer solchen gemacht werden dürfen. Hierbei darf der Verlust an zivilem Leben jedoch nicht außer Verhältnis zu dem mit dem Angriff erreichten militärischen Gewinn stehen. Gewohnheitsrechtlich gilt für beide Konfliktarten folgende Regel: „Launching an attack which may be expected to cause incidental loss of civilian life, injury to civilians, damage to civilian objects, or a combination thereof, which would be excessive in relation to the concrete and direct military advantage anticipated, is prohibited."[1029] Im Vertragsrecht findet sich diese Regelung für den internationalen bewaffneten Konflikt in Art. 51

1024 Henckaerts/Doswald-Beck, Customary International Humanitarian Law, S. 31.

1025 Pilloud/Pictet, in: Sandoz/Swinarski/Zimmermann, Commentary on the Additional Protocols, Rn. 2017; Dinstein, Israel Yearbook on Human Rights 2001, S. 142.

1026 Vgl. Henckaerts/Doswald-Beck, Customary International Humanitarian Law, S. 29.

1027 Hampson/Lubell, in Amicus curiae, Hassan v UK, Z. 11; abrufbar unter: http://repository.essex.ac.uk/9690/, zuletzt besucht im Februar 2019.

1028 Oberleitner, S. 134.

1029 Rule 14 in Henckaerts/Doswald-Beck, Customary International Humanitarian Law, S. 46.

Abs. 5 (b) ZP I. Ein Verstoß gegen dieses humanitärvölkerrechtliche Gebot, ist gem. Art. 8 (2) (b) (iv) des StIGH-Statuts ein Kriegsverbrechen[1030].

Die IKRK-Kommentierung legt den konkreten und direkten militärischen Vorteil dahingehend aus, dass dieser „substantial and relatively close" sein muss, und zudem „advantages which are hardly perceptible and those which would only appear in the long term"[1031] außer Acht gelassen werden müssen. Die Beurteilung eines solchen Vorteils basiert hierbei auf den zur Zeit des Angriffs zur Verfügung stehenden Informationen[1032] und somit aus der ex-ante-Sicht des Angreifenden.

cc) Vorsichtsmaßnahmen

Eng mit den Prinzipien der Unterscheidung und der Verhältnismäßigkeit in Zusammenhang stehen die völkergewohnheitsrechtlichen Regeln in Bezug auf Vorsichtsmaßnahmen[1033], die zum Schutz der Zivilbevölkerung zu ergreifen sind. Grundlegend für alle anderen spezifischeren Ausprägungen ist folgendes Gebot: „In the conduct of military operations, constant care must be taken to spare the civilian population, civilians and civilian objects. All feasible precautions must be taken to avoid, and in any event to minimise, incidental loss of civilian life, injury to civilians and damage to civilian objects."[1034] Hierzu gehört auch die Pflicht, die Zivilbevölkerung soweit es die Umstände erlauben vor einem Angriff zu warnen[1035], im Vorfeld alles praktisch Mögliche zu tun, um sicherzugehen, dass das Angriffsziel ein militärisches ist[1036] und Angriffsmittel so auszuwählen, dass die Zivilbevölkerung möglichst wenig in Mitleidenschaft gezogen

1030 Die Vorschrift spricht insoweit von einem „overall military advantage". Vgl. zur Bedeutung Henckaerts/Doswald-Beck, Customary International Humanitarian Law, S. 50.

1031 Pilloud/Pictet, in: Sandoz/Swinarski/Zimmermann Commentary on the Additional Protocols, Z. 2209.

1032 Viele Staaten sind der Ansicht, dass bei der Beurteilung alle verfügbaren Quellen herangezogen werden müssten, Henckaerts/Doswald-Beck, Customary International Humanitarian Law, S. 50.

1033 Vgl. hierzu Henckaerts/Doswald-Beck, die an verschiedener Stelle die spezifischen Vorsichtsmaßnahmen für den nicht-internationalen bewaffneten Konflikt aus diesen Prinzipien herleiten, vgl. Henckaerts/Doswald-Beck, Customary International Humanitarian Law, S. 53, 56, 58, 60, 62, 64, 66.

1034 Rule 15, Henckaerts/Doswald-Beck, Customary International Humanitarian Law, S. 51; für den internationalen bewaffneten Konflikt ist diese Regel in Art. 57 ZP I kodifiziert.

1035 Rule 20, Henckaerts/Doswald-Beck, Customary International Humanitarian Law, S. 62; Art. 57 Abs. 2 lit. c ZP I.

1036 Rule 16, Henckaerts/Doswald-Beck, Customary International Humanitarian Law, S. 55; vgl. Art. 57 Abs. 2 lit. a (i) ZP I.

wird[1037]. Zudem ist von einem Angriff Abstand zu nehmen, wenn sich herausstellt, dass das Ziel ein ziviles ist oder die Durchführung des Angriffs zu einem nicht mehr verhältnismäßigen Kollateralschaden führen würde[1038].

b) Humanitärvölkerrechtliche Untersuchungspflichten

Auch im Rahmen des humanitären Völkerrechts gibt es unter bestimmten Umständen Untersuchungspflichten. So schreiben sowohl Art. 121 GK III als auch Art. 131 GK IV vor, dass bei Todesfällen von Kriegsgefangenen oder internierten Zivilisten eine Untersuchung einzuleiten ist. Gem. Art. 90 des ZP I besteht zudem eine Pflicht der Vertragsparteien und der am Konflikt beteiligten Parteien, schwere Verletzungen der Genfer Konventionen oder des ZP I zu ahnden. Als schwere Verletzungen gelten unter anderem der unterschiedslose Angriff auf die Zivilbevölkerung, (Art. 85 Abs. 3 lit. a ZP I), sowie unterschiedslose wirkende Angriffe in Kenntnis der Unverhältnismäßigkeit (Art. 85 Abs. 3 lit. b ZP I).

3. Schnittmengen

Nachdem nun die wesentlichen Züge der beiden Rechtsmaterien dargestellt worden sind, sollen abschließend potentielle Schnittmengen ermittelt werden. Gerade mit Blick auf das „Recht auf Leben“ scheinen vielen Autoren die Unterschiede zwischen den beiden Rechtsmaterien jedoch besonders unversöhnlich[1039]. Während das Recht der Menschenrechte die Tötung eines anderen Menschen grundsätzlich streng verbiete und strenge Maßstäbe anlegt, wenn es doch geschieht, gehe es im humanitären Völkerrecht überspitzt formuliert darum, „[h]ow to kill your fellow human beings in a nice way.“[1040] Jedoch liegt gerade in dieser Regulierung

---

1037 Rule 17, Henckaerts/Doswald-Beck, Customary International Humanitarian Law, S. 56; vgl. Art. 57 Abs. 2 lit. a (ii) ZP I.

1038 Rule 19, Henckaerts/Doswald-Beck, Customary International Humanitarian Law, S. 60; vgl. Art. 57 Abs. 2 lit. b ZP I.

1039 So sieht das Internationale Komitee des Roten Kreuzes „the greatest differences“ zwischen den beiden Rechtsmaterien, vgl. ICRC, International Humanitarian Law and the Challenges of Contemporary Armed Conflicts, Report to the 31st International Conference of the Red Cross and Red Crescent (2011), S. 18ff; vgl. auch Andreas Paulus, „The Use of Force in Occupied Territory: The Applicable Legal Framework“, in Appendix to the Expert Meeting: Occcupation and Other Forms of Administration of Foreign Territory, Geneva: International Committee of the Red Cross, 2012, S. 144, der der Ansicht ist, dass zur Stärkung der Rechtssicherheit und damit der Einhaltung des Rechts, die beiden Regime soweit als möglich auseinanderzuhalten seien; McLaughlin, Yearbook of International Humanitarian Law, S. 219 und 223; Milanovic, Journal of Conflict and Security Law 2010, S. 478

1040 Oft zitiert: Draper, Israeli Yearbook of Human Rights 1971 (Reprinted in Reflections on Law and Armed Conflict: The Selected Works on the Laws of War by the Late Professor Colonel G.I.A.D. Draper“), S. 128.

des Tötens auch ein gewisser Schutz des Lebens. Im Bereich des unmittelbaren Einsatzes von tödlicher Gewalt sollen deshalb die Unterschiede sowie ein mögliches Zusammenspiel der beiden Rechtsmaterien noch einmal beleuchtet werden. Hierbei ist auch an die verschiedenen Phasen eines bewaffneten Konflikts zu denken. Darüber hinaus gibt es Bereiche, in denen die Regelungsdichte der Menschenrechte höher ist, als die des humanitären Völkerrechts, ohne diesem prinzipiell zu widersprechen. Auch in diesen Bereichen könnten sich die Rechtsmaterien gegenseitig fruchtbar machen.

a) Einsatz tödlicher Gewalt

aa) Vergleich der Rechtsmaterien

Tatsächlich kommen die beiden Rechtsmaterien von zwei unterschiedlichen Ausgangspunkten: Während das Töten im humanitären Recht erlaubt ist, wenn es nicht verboten ist, ist es in den Menschenrechten verboten, wenn es nicht erlaubt ist[1041]. Im Rahmen der Menschenrechte ist Tötung eines Menschen „ultima ratio", während es im Rahmen des humanitären Völkerrechts grundsätzlich erlaubt ist, wenn es einen erforderlichen militärischen Vorteil erbringt und nicht gegen die weiteren Vorgaben des humanitären Völkerrechts verstößt. Dies zeigt, dass der Verhältnismäßigkeitsgrundsatz – wenn auch in beiden Rechtsmaterien so bezeichnet – völlig andere Maßstäbe aufweist. Zudem besteht ein fundamentaler Unterschied in der Konstruktion der Rechtsmaterien darin, dass in der Entscheidung, wer Ziel tödlicher Gewalt werden darf, ganz verschieden vorgegangen wird: Wie das bisher Ausgeführte deutlich macht, operiert das humanitäre Völkerrecht insofern grundsätzlich statusbasiert[1042] und Menschenrecht operiert verhaltensbasiert[1043]. In Bezug auf die Kombattanten ist die Erlaubnis

---

1041 Damit ist nicht gemeint, dass es im humanitären Völkerrecht keine Generalklauseln gäbe, die für jede Kriegshandlung heranzuziehen ist, wie beispielsweise die Martens'sche Klausel, vgl. IPSEN, § 68, Rn. 10/12. Gemeint ist, dass der Einsatz tödlicher Gewalt nach dem humanitären Völkerrecht der Normalzustand ist und nach den Menschenrechten der Ausnahmezustand; vgl. hierzu HATHAWAY/CROOTOF/LEVITZ, Minnesota Law Review 2012, S. 1903: „Many humanitarian law rules that conflict with human rights law may be characterized as permissive exceptions to baseline peacetime norms carved out to accomodate military necessity. For example, humanitarian law grants States limited permission to take the lives of combatants in the course of armed conflict."; vgl. auch PILLOUD/PICTET, IN: SANDOZ/SWINARSKI/ZIMMERMANN, Commentary on the Additional Protocols, Z. 1389.

1042 Ausnahme ist der an Feindseligkeiten teilnehmende Zivilist, welcher verhaltensbasiert zum Ziel tödlicher Gewalt wird, vgl. unter Ziff. I.2.a).

1043 OBERLEITNER, S. 134; vgl. auch für den nicht-internationalen bewaffneten Konflikt: Expert Meeting on the Right to Life in Armed Conflicts and Situations of Occupation, organisiert durch das University Centre for International Humanitarian Law, 1–2. September 2005 in Genf, S. 37.

hierbei niedrigschwellig, für Zivilisten höherschwellig. Personen beider Kategorien dürfen aber getötet werden, wenn es die militärische Notwendigkeit gebietet. Die unterschiedlichen Verhältnismäßigkeitsmaßstäbe werden teilweise als die größte Unvereinbarkeit der beiden Rechtsmaterien gesehen. Allgemein wird der Ansatz des humanitären Völkerrechts als jedenfalls im Vergleich zum Menschenrecht als „liberaler"[1044] und „flexibler"[1045] gesehen. Umgekehrt scheint es jedoch ebenfalls schwierig, den für den bewaffneten Konflikt entwickelten Standard dem strengen menschenrechtlichen Standard anzupassen.

Jedoch zeigt der Vergleich der Rechtsmaterien auch, dass es auch Möglichkeiten der Überlappung gibt: Im humanitären Völkerrecht ist Töten eben nicht immer erlaubt und im Recht der Menschenrechte nicht immer verboten. Im Rahmen des Verbotstatbestands des einen und des Erlaubnistatbestands des anderen können sich die Rechtsmaterien ergänzen – wenn dies womöglich mit *Milanovic* (s.u. Ziff.) teilweise mehr durch Pragmatismus als durch Dogmatik geschehen könnte. *Kellenberger* teilt die Ansicht über die Gemeinsamkeiten der Rechtsmaterien, wenn er sagt: „International humanitarian law rules on the conduct of hostilities and on the treatment of persons who find themselves in enemy hands are designed to safeguard the right to life."[1046] So tragen die Regelungen des humanitären Völkerrechts, die die Vermeidung von unnötigem Verlust des Lebens zum Gegenstand haben, zum Schutz des Lebens unter sehr schwierigen Umständen bei. Zu denken ist hier insbesondere an das Prinzip der Unterscheidung, das Prinzip zur Ergreifung von Vorsichtsmaßnahmen und das Verhältnismäßigskeitsprinzip, welche Zivilisten vor tödlicher militärischer Gewalt zu schützen sucht.

bb) Schnittmengen

Nachdem nun sowohl die Unterschiede, als auch die Gemeinsamkeiten der beiden Rechtsmaterien noch einmal komprimiert wurden, stellt sich die Frage, inwieweit ein Zusammenspiel der Rechtsmaterien vorstellbar ist. Abstrakt erscheint möglich, dass das humanitäre Völkerrecht humanisiert, aber auch das das Menschenrecht humanitarisiert wird.

(1) Menschenrechtliche Wertungen im humanitären Völkerrecht

Denkbar wäre zunächst, dass auch in der aktiven Kampfphase Platz für menschenrechtliche Wertungen geschaffen werden könnte. Im Extremfall könnte man vertreten, dass der humanitärvölkerrechtliche Standard dahingehend angepasst wird, dass Töten die letzte Option ist, selbst wenn Krieg herrscht[1047].

1044 Tamura, Chinese Journal of International Law 2011, S. 132.

1045 Byron, Virginia Journal of International Law 2007, S. 856.

1046 Kellenberger, Revue Internationale de la Croix-Rouge 2003, S. 647.

1047 Alston, Report of the Special Rapporteur on Extra-judicial, Summary or Arbitrary Executions vom 26.3.2006, Mission to Sri Lanka, E/CN.4/2006/53/Add.5

Um das – menschenrechtlich geschützte – Recht auf Leben des Kombattanten zu schützen, könnte es Streitkräften im aktiven Kampf zumutbar sein, zu verhaften, anstatt zu töten. Jedoch darf bei allem Idealismus nicht aus den Augen verloren werden, dass sich die Entwicklung des Verhältnisses der Rechtsmaterien gerade in diesem Kernbereich der beiden Rechtsmaterien nicht in einem Vakuum abspielt und Auswirkungen auf die tatsächliche Kriegsführung haben mag. Sind die Regeln nicht praktikabel – das heißt, werden militärische Notwendigkeiten nicht ausreichend beachtet – werden sie keine Beachtung finden und im schlimmsten Fall bestehende Regeln aufweichen[1048]. Mit den Realitäten einer aktiven Kampfphase scheinen die Maßstäbe der beiden Rechtsmaterien tatsächlich kaum miteinander vereinbar.

Allerdings käme in Betracht, menschenrechtliche Wertungen dann einfließen zu lassen, wenn der bewaffnete Konflikt zwar noch andauert, jedoch keine aktive Kampfphase vorliegt, wie dies bei einer Besatzung der Fall ist[1049]. Hintergrund der Überlegungen ist, dass im humanitären Völkerrecht nicht genauer geregelt ist, wie der Auftrag, die Sicherheit und öffentliche Ordnung im besetzten Gebiet herzustellen und zu wahren ausgestaltet ist. Hier bietet sich laut Experten die Einbeziehung der menschenrechtlichen Regeln, also das sog. law-enforcement-Modell für den Einsatz von potentiell tödlicher Gewalt an[1050]. Dieses Konzept erschließt sich insbesondere mit Blick auf die Besatzung: Sind die aktiven Feindseligkeiten beendet und ist das erforderliche Maß an Kontrolle erreicht, so sollen die Maßstäbe des Rechts auf Leben mit seinen limitierten Rechtfertigungsgründen und dem strengen Verhältnismäßigkeitsgrundsatz zum Einsatz kommen[1051]. Brechen dagegen wieder aktive Feindseligkeiten aus bzw. nähert sich eine Situation einer solchen an, soll ein Vorgehen nach den Maßstäben des humanitären Völkerrechts

---

Z. 29, abrufbar unter https://reliefweb.int/sites/ reliefweb.int/files/resources/45AA7826E34E6C838525715E005B5B03-ecosoc-lka-27mar.pdf, zuletzt besucht im Februar 2019.

1048 So auch: Paulus,„The Use of Force in Occupied Territory: The Applicable Legal Framework“, in FERRARO, Occupation and other forms of administration of foreign territoryS. 144; MILANOVIC, Journal of Conflict and Security Law 2010, S. 121: „[t]here is perhaps no other area of potential conflict where the infusion of international humanitarian law with human rights law could lead to a greater slide into utopia, and a consequent slide into irrelevance.“

1049 Ryan bemerkt jedoch richtigerweise, dass der Begriff „area of active hostilities“ kein Fachbegriff ist, GOODMAN, RYAN, abrufbar unter: https://www.justsecurity.org/45613/laws-war-apply-drone-strikes-areas-active-hostilities-a-memo-human-rights-community/, zuletzt besucht im Februar 2019.

1050 Expert Meeting on the Right to Life in Armed Conflicts and Situations of Occupation, organisiert durch das University Centre for International Humanitarian Law, 1–2. September 2005 in Genf, S. 20.

1051 Vgl. FERRARO, Occupation and other forms of administration of foreign territory, S. 116 ff.

legitim sein. Hierbei vertritt *Sassòli* die Ansicht, dass dies ein abgestufter Prozess sein könne, der die Gegebenheiten des Einzelfalls mit in Betracht zieht[1052].

(2) Humanitärvölkerrechtliche Wertungen im Recht der Menschenrechte

Die bisher bekannteste Entscheidung, in der Wertungen des humanitären Völkerrechts in die Prüfung des Rechts auf Leben eingeflossen ist, ist die des IGH im Gutachten „Legality of the Threat or Use of Nuclear Weapons“[1053]. Dieses bis heute viel diskutierte Gutachten beschäftigte sich explizit mit der Einbeziehung des humanitären Völkerrechts in Art. 6 des Zivilpakts. Einfallstor für das fremde Recht war das menschenrechtliche Verbot der willkürlichen Tötung[1054]. Der Gerichtshof führte aus: „The Court observes that the protection of the International Covenant of Civil and Political Rights does not cease in times of war, except by operation of Article 4 of the Covenant whereby certain provisions may be derogated from in a time of national emergency. Respect for the right to life is not, however, such a provision. In principle, the right not arbitrarily to be deprived of one's life applies also in hostilities. The test of what is an arbitrary deprivation of life, however, then falls to be determined by the applicable lex specialis, namely, the law applicable in armed conflict which is designed to regulate the conduct of hostilities. Thus whether a particular loss of life, through the use of a certain weapon in warfare, is to be considered an arbitrary deprivation of life contrary to Article 6 of the Covenant, can only be decided by reference to the law applicable in armed conflict and not deduced from the terms of the Covenant itself.“[1055] Mit dieser Entscheidung stand der lex-specialis-Ansatz im Verhältnis der Rechtsmaterien im Raum, der bis heute die Beschäftigung mit der Thematik prägt. Im sog. Mauer-Gutachten bekräftigte er den lex-specialis-Ansatz noch einmal[1056]. Dies wird in Teil III noch ausführlich zu erläutern sein. Ohne an dieser

---

1052 Sassòli, Israel Yearbook on Human Rights 2009, S. 183; vgl. hierzu auch Hampson/Lubell, in Amicus curiae, Hassan v UK, Z. 29: „This may be the case, for example, when attempting to detain a civilian who does not pose a direct threat at that precise moment, in an area under the complete control of the military and in which they can operate unhindered. In such circumstances, even if the individual may have lost civilian protection under LOAC/IHL due to rules on participation in hostilities, human rights law may require a graduated use of force rather than direct lethal force.“

1053 IGH, Gutachten vom 8.7.1996, Legality of the Threat or Use of Nuclear Weapons.

1054 Art. 6 Abs. 1 Satz 3 IPBPR: „No one shall be arbitrarily deprived of his life.“

1055 IGH, Gutachten vom 8.7.1996, Legality of the Threat or Use of Nuclear Weapons, Z. 25.

1056 IGH, Gutachten vom 9.7.2004, Legal Consequences of the Construction of a Wall in the Occupied Palestinian Territory, Z. 106: „As regards the relationship between international humanitarian law and human rights law, there are thus three possible situations: some rights may be exclusively matters of international humanitarian law; others may be exclusively matters of human rights law; yet

Stelle schon etwas vorwegzunehmen, wird durch diese Ansicht des IGH klar, dass er im bewaffneten Konflikt von einem inhaltlichen Vorrang bestimmter humanitärvölkerrechtlicher Vorschriften und Prinzipien ausgeht.

Während diese Charakterisierung des Zusammenspiels teilweise nicht hinterfragt wird, wird sie teilweise auch sehr kritisch gesehen (vgl. Teil III). Zu den kritischen Autoren zählt auch *Milanovic,* der den durch die unterschiedlichen Maßstäbe entstehenden Normkonflikt für möglicherweise unlösbar hält[1057]. Zwar böten die Verträge durch den Begriff der Willkürlichkeit (AMRK und IPBPR) und durch Art. 15 Abs. 2 EMRK ein Einfallstor für das humanitäre Völkerrecht, jedoch könne es auch auf diesem Weg keine komplette Aufgabe des menschenrechtlichen Verhältnismäßigkeitsgrundsatzes geben[1058]. Auch der lex-specialis-Grundsatz des IGH könne eine solche Auslöschung des Grundprinzips des Rechts der Menschenrechte nicht leisten. Der Autor kommt zu dem Schluss: „„Even if IHRL is read down so far that it would *never* consider as arbitrary killing of a combatant who is not hors de combat, per IHL, this would not be because of the *lex specialis* principle, but because of a policy judgment that IHRL has (forcibly) to be read down far enough to be effective.“[1059] Demgemäß würde eine Vereinbarkeit der Rechtsmaterien mit Blick auf dieses Problem keine dogmatische, sondern höchstens eine rein pragmatische Lösung finden. In diesem Zusammenhang scheint besonders interessant, ob und wie die Rechtsprechung mit dieser Frage bisher umgegangen worden ist.

b) Menschenrechtlicher Einfluss im Nachgang zum Einsatz tödlicher Gewalt

Menschenrechte könnten das humanitäre Völkerrecht zudem ergänzen. Besonders bietet sich hier die oben vorgestellte Untersuchungspflicht an, da sie sich jedenfalls zum Teil ohnehin im humanitären Völkerrecht spiegelt (vgl. Ziff. 1.b) bb)). Während die humanitärvölkerrechtliche Pflicht zur Untersuchung eines Todesfalls nur sehr begrenzt ist, ist die Untersuchungspflicht im Rahmen des Rechts auf Leben sehr viel detaillierter. Einen besonders wichtigen Anwendungsfall könnte die Untersuchungspflicht zudem im Rahmen der „forced disappearances“ haben, die insbesondere im bewaffneten Konflikt vorkommen. Hier zielen beide Rechtsmaterien bereits in eine Richtung, wie folgendes Zitat des Internationalen Komitee des Roten Kreuzes noch einmal unterstreicht: „Customary rules

others may be matters of both these branches of international law. In order to answer the question put to it, the Court will have to take into consideration both these branches of international law, namely human rights law and, as *lex specialis*, international humanitarian law.“

1057 Milanovic, Journal of Conflict and Security Law 2010, S. 478. Allerdings geht der Autor davon aus, dass es keinerlei Schwelle bei der Tötung der Kombattanten gebe, nicht einmal die der „military necessity“, vgl. ibid.

1058 Milanovic, Journal of Conflict and Security Law 2010, S. 478.

1059 Milanovic, Journal of Conflict and Security Law 2010, S. 479/480.

of IHL and human rights soft law instruments contain similar explicit provisions on the obligation of registration of detainees and the prohibition of unacknowledged detention, as well as provisions on contacts with family, applicable in situations of non-international armed conflicts and other situations of violence. All of the above-mentioned rules aim at preventing, *inter alia,* enforced disappearance, which is prohibited under international law, including customary IHL. As far as IHL is concerned, the phenomenon of forced disappaerance violates or risks violating, a range of customary rules, most notably the prohibition of arbitrary deprivation of liberty and the prohibition of torture and/or other cruel, inhuman and degrading treatment."[1060] Die durch die Menschenrechtsorgane – und insbesondere durch den EGMR – entwickelten Anforderungen an den Umgang mit einem solchen Verschwinden und eine entsprechende Verletzung des Rechts auf Leben bei Unterlassen durch den Staat könnten das humanitäre Völkerrecht bereichern.

4. Ergebnis

Das Verständnis der vertraglichen Menschenrechtsorgane bezüglich des Rechts auf Leben stellt sich trotz unterschiedlicher Wortlaute der jeweiligen Konventionsvorschriften ähnlich dar. Die Rechtfertigung für den Einsatz tödlicher Gewalt hat insofern immer mit einem bestimmten Verhalten der Person zu tun. Mit Blick auf die Schutzpflichten des Vertragsstaats haben sich teilweise unterschiedliche Wege entwickelt, da die Organe mit unterschiedlichen Herausforderungen konfrontiert waren. So spielte die Staatenpraxis des Verschwindenlassens insbesondere in der Rechtsprechung und Praxis des interamerikanischen Systems eine Rolle, während der EGMR sich erst später mit diesem Problem auseinandersetzte. Auch der MRA hat mittlerweile in General Comment No. 36 eine Haltung zu dieser Thematik entwickelt.

Auch im humanitären Völkerrecht kann man Regeln zum Schutz des Lebens ausmachen. Dieser liegt in der Regulierung des Tötens. Wenn auch – anders als im Recht der Menschenrechte – grundsätzlich erlaubt, wird jedoch für bestimmte Personengruppen über das Prinzip der Unterscheidung, der Verhältnismäßigkeit und des Ergreifens von Vorsichtsmaßnahmen eingeschränkt.

Tatsächlich ist dieser Kernbereich beider Rechtsmaterien für ihr Zusammenspiel eine große Herausforderung. Mit den Realitäten des Krieges konfrontiert scheint auf dem Schlachtfeld selbst wenig Raum für die Wertungen des Rechts der Menschenrechte. Hier stellt sich jedoch insbesondere die Frage, wie die vertraglichen Rechtsprechungsorgane das humanitäre Völkerrecht in die Konventionsnorm aufnehmen, wenn der Wortlaut – wie im Fall der EMRK – wenig geeignet

---

1060 IKRK, Report on the Treatment of Fourteen „High Value Detainees" in CIA Custody, S. 24; für die von den USA Internierten sah das Komitee folgende Normen als verletzt an: Art. 21, 118 GC III; 42,78 GC IV, gemeinsamer Artikel 3, und Art. 9 Abs. 1 des Zivilpakts.

scheint, humanitäres Völkerrecht einzubeziehen. Das Menschenrecht auf Leben könnte jedoch umso mehr eine Rolle spielen, wenn die Hitze des Gefechts verflogen ist; insofern wird ein menschenrechtlich gespeistes „law-enforcement"-Modell insbesondere im Rahmen der Besatzung vorgeschlagen. Für verdächtige Todesfälle oder verschwundene Personen könnte auch und gerade in Situationen des bewaffneten Konflikts die Untersuchungspflicht des Vertragsstaates wertvoll sein, um das Leben von Menschen in dieser Extremsituation zu schützen.

II. Die Rechtsprechung und Praxis der Menschenrechtsschutzorgane zum humanitären Völkerrecht im Rahmen des Rechts auf Leben

1. Europäischer Gerichtshof für Menschenrechte

Der EGMR hat lange Zeit nicht ausdrücklich zum humanitären Völkerrecht Stellung genommen. Die Analyse seiner Rechtsprechung muss deshalb den Umgang mit dem Recht auf Leben in bewaffneten Konflikten umfassen und sich die Frage stellen, ob und wie die oben vorgestellten Prinzipien des Rechts der Menschenrechte an die Situation angepasst wurde. Hierbei soll auch der Annahme auf den Grund gegangen werden, der EGMR würde gerade nicht humanitäres Völkerrecht anwenden, sondern ein ganz eigenes „menschenrechtliches" Recht des bewaffneten Konflikts entwickeln[1061]. Diese Sichtweise entwickelte sich im Zusammenhang mit dem Recht auf Leben im internen bewaffneten Konflikt. Den Vertretern dieser Ansicht zufolge gibt es zwar immer noch ein Recht des bewaffneten Konflikts – allerdings ein menschenrechtlich und nicht ein humanitärvölkerrechtlich Geprägtes (vgl. zu dieser Ansicht ausführlich in Teil III Ziff. II.2.b), Menschenrechte als lex specialis?). Die Gegenansicht vertritt, dass der Gerichtshof „sub silentio" das humanitäre Völkerrecht anwende und durch seine Rechtsprechung zur Bildung eines völkergewohnheitsrechtlichen Rechts des internen bewaffneten Konflikts beitrage, welches zu dem des bewaffneten internationalen Konflikts parallel laufe[1062]. Es stellt sich für die folgende Untersuchung somit die Frage, welchem Recht die Maßstäbe des EGMR in Fällen des bewaffneten Konflikts entlehnt sind. Hierbei sollen sowohl materielle wie auch prozedurale Aspekte betrachtet werden.

a) Das Recht auf Leben im bewaffneten Konflikt: materiell-rechtliche Aspekte

Der EGMR hat bisher substantiell zum Recht auf Leben vorwiegend im Rahmen nicht-internationaler bewaffneter Konflikte Stellung genommen. Demgegenüber

---

1061 Abresch, European Journal of International Law 2005; Chevalier-Watts, International Journal of Human Rights 2010; Bowring, Journal of Conflict and Security Law 2009.

1062 Melzer, Targeted Killing in International Law; Forowicz; Oberleitner, S. 311; Heintze, International Review of the Red Cross 2004.

hat sich die Gelegenheit, sich zum Recht auf Leben im internationalen Konflikt materiell zu äußern, bisher noch wenig geboten. Der Fall Al-Skeini v UK hatte mit dem Irakkrieg von 2003 zwar einen internationalen bewaffneten Konflikt zum Gegenstand, jedoch hatten sich die Antragsteller in ihrer Beschwerde auf die prozeduralen Aspekte des Art. 2 EMRK beschränkt. In dem früheren und bis heute viel diskutierten Fall Banković et al v Belgium et al ging es inhaltlich um die Tötung von Zivilisten durch einen Luftangriff in dem internationalen bewaffneten Konflikt im Kosovo. Allerdings hatte der Gerichtshof für diesen Fall den Anwendungsbereich der EMRK verneint, sodass auch hier materiell-rechtlich keine Entscheidung fiel. Vorliegend sollen die Entscheidungen Georgia v Russia und Kononov v Latvia genauer betrachtet werden; da sie zumindest Hinweise auf die Sichtweise des Gerichtshofs geben können. Georgia v Russia wurde an die Große Kammer übertragen und wartet hier derzeit auf Entscheidung, jedoch sollen die Bemerkungen, die der Gerichtshof im Rahmen der Zulässigkeit gemacht hatte, betrachtet werden. In Kononov v Latvia beschäftigt sich der Gerichtshof mit dem humanitären Völkerrecht zur Zeit des Zweiten Weltkriegs. Auch wenn beide Entscheidungen nur von begrenzter Aussagekraft sind, sollen sie dennoch ebenfalls näher betrachtet werden.

aa) Die Legitimität des Einsatzes von tödlicher Gewalt im bewaffneten internen Konflikt

Neben dem Prinzip der Unterscheidung besteht der praktisch wohl größte Unterschied mit Blick auf die Handhabung des Rechts auf Leben im Recht der Menschenrechte und dem humanitären Völkerrecht bei der Rechtfertigung für den Einsatz tödlicher Gewalt (hierzu bereits unter Ziff. 1.c) aa)). Während im humanitären Völkerrecht prinzipiell die militärische Notwendigkeit Rechtfertigung genug ist, sind in Art. 2 EMRK abschließend Rechtfertigungsgründe aufgezählt, zu deren Erreichung Gewalt nur streng verhältnismäßig eingesetzt werden darf. Deshalb ist es besonders interessant, genauer zu beleuchten, wie der EGMR diese Situation bisher gehandhabt hat. Inwiefern hat er den Einsatz tödlicher Gewalt in Situationen des bewaffneten Konflikts „dem Grunde nach" für legitim befunden?

(1) Entscheidungen im Rahmen des Konflikts zwischen Türkei und PKK

Zur näheren Erörterung dieser Fragen sind zunächst die Entscheidungen des EGMR vor dem Hintergrund des türkisch-kurdischen Konflikts relevant. Bei diesem handelte es sich um einen internen bewaffneten Konflikt, in dem phasenweise ein hohes Maß an Gewalt eingesetzt wurde[1063].

1063 Vgl. Gledtisch/Wallensteen/Eriksson, Journal of Peace Research 2002, S. 615 ff Appendix 1: Dort sind die Phasen des bewaffneten Konflikts in den Jahren 1984–2001 nachvollziehbar; vgl. auch Forowicz, S. 327

Ein erster Fall, der sich für eine Erörterung dieser Thematik angeboten hätte, war Ergi v Turkey[1064]. Gegenstand des Falles war der Tod der Schwester des Antragstellers, welche in einem bewaffneten Zusammenstoß zwischen türkischen Sicherheitskräften und Anhängern der PKK zu Tode kam. Der Gerichtshof nahm an, dass die Sicherheitskräfte in dem Dorf der Verstorbenen einen Hinterhalt gelegt hatten; es konnte nicht abschließend geklärt werden, von welcher Partei die tödliche Kugel stammte[1065]. Die Türkei hatte sich damit gerechtfertigt, dass der Tod Ergis im Rahmen eines legalen Einsatzes der türkischen Sicherheitskräfte mit dem Ziel, das Leben der Bürger vor Terrorismus zu schützen, geschehen sei und dass dies keine Verletzung des Artikels 2 EMRK darstellen könnte[1066]. Dieser Fall hätte sich insoweit geeignet, sich mit der Frage des Verhältnisses zwischen militärischer Notwendigkeit und dem Verhältnismäßigkeitsgrundsatz des Art. 2 EMRK zu beschäftigen, als diese Konfrontation im Rahmen eines internen bewaffneten Konflikts stattfand[1067]. Der Gerichtshof beschäftigte sich zunächst abstrakt mit dem Einsatz von potentiell tödlicher Gewalt und betonte, dass diese primär nicht zur gezielten Tötung eingesetzt werden dürfe, sondern diese nur eine unbeabsichtigte Nebenfolge sein dürfe[1068], was mit Blick auf die Kämpfer der PKK bereits nicht zur behandelten Situation passen will. Als es jedoch zur Bewertung des konkreten Einsatzes der tödlichen Gewalt der türkischen Kräfte gehen sollte, sprang der Gerichtshof sogleich zur mangelnden Planung der Operation und ließ die grundsätzliche Frage offen, ob ein Einsatz potentiell auch für Unbeteiligte tödlicher Gewalt in dieser Situation legitim sei[1069].

1064 EGMR, Urteil vom 28.7.1998, Ergi v Turkey, Nr. 66/1997/850/1057.

1065 EGMR, Urteil vom 28.7.1998, Ergi v Turkey, Nr. 66/1997/850/1057, Z. 77.

1066 EGMR, Urteil vom 28.7.1998, Ergi v Turkey, Nr. 66/1997/850/1057, Z. 74.

1067 Insofern geht Oberleitners Einschätzung der Rechtsprechung fehl: Der Autor nimmt an, dass Ergi v Turkey ein Beispiel für die Rechtsprechung bezüglich des Rechts auf Leben rein nach dem Menschenrecht ist, vgl. Oberleitner, S. 134. Tatsächlich handelt es sich bereits um einen der ersten Fälle, die das Recht auf Leben in einer kriegstypischen Situation im bewaffneten Konflikt zum Gegenstand haben. So geht der Autor davon aus, dass die Rechtsprechung „bystanders“ beträfe, dabei spricht der Gerichtshof an entsprechender Stelle bereits ausdrücklich von „civilians“, vgl. EGMR, Urteil vom 28.7.1998, Ergi v Turkey, Nr. 66/1997/850/1057, Z. 79.

1068 Vgl. EGMR, Urteil vom 28.7.1998, Ergi v Turkey, Nr. 66/1997/850/1057, Z. 79: „In this regard, it is to be recalled that the text of this provision (see paragraph 68 above), read as a whole, demonstrates that paragraph 2 does not primarily define instances where it is permitted intentionally to kill an individual, but describes the situations where it is permitted to ‘use force‘ which may result, as an unintended outcome, in the deprivation of life.“

1069 EGMR, Urteil vom 27.7.1998, Ergi v Turkey, Nr. 66/1997/850/1057, Z. 79.

In Gülec v Turkey[1070] wurde die genaue Rechtfertigung des Einsatzes von Gewalt ebenso wenig geprüft. In dem Fall ging es um Schüsse türkischer Sicherheitskräfte auf eine gewalttätige Demonstration, die den Sohn des Antragstellers, der auf dem Heimweg von der Schule war, töteten[1071]. Auch vorliegend handelte der Gerichtshof den Einsatz von Gewalt nur mit einer knappen Formel ab: „The Court (...), accepts that the use of force may be justified in the present case under paragraph 2(c) of Article 2, but it goes without saying that a balance must be struck between the aims pursued and the means employed to achieve it."[1072] Bei Gülec v Türkey handelte es sich zwar nicht um eine kriegstypische Situation[1073], jedoch nach Feststellung des EGMR um einen Aufruhr oder Aufstand im Sinne des Art. 2 Abs. 2 lit.c EMRK. Auch hier beließ es der Gerichtshof bei einer sehr summarischen Prüfung des Ziels und der Verhältnismäßigkeit an sich, bevor er auf die Ungeeignetheit der eingesetzten Mittel einging[1074].

In Özkan v Turkey[1075] ging es im relevanten Teil des Falles[1076] um eine militärische Operation von türkischen Sicherheitskräften gegen Mitglieder der PKK in einem Dorf. Nachdem Schüsse auf die Sicherheitskräfte abgegeben worden waren, antworteten diese mit intensivem Einsatz von Feuer- und anderen Waffen; hierdurch wurde ein Mädchen getötet[1077]. Der Gerichtshof beurteilte den grundsätzlichen Einsatz tödlicher Gewalt im vorliegenden Fall wie folgt: „Reiterating that at the material time there were *serious disturbances in south-east Turkey involving armed conflict* between the security forces and members of the PKK, that Ormaniçi was located near to the Gabar mountain chain, where in 1993 a number of PKK groups were staying and that the PKK was active in the region around Ormaniçi, the Court accepts, taking due account of all these circumstances, that *the security forces' tactical reaction* to the initial shots fired at them from the village on 20 February 1993 *cannot be regarded as entailing a disproportionate degree of force.*"[1078] Es wird also deutlich, dass in einer Situation des – vom Gerichtshof ausdrücklich so bezeichneten – bewaffneten Konflikts die Verhältnismäßigkeit

1070 EGMR, Urteil vom 27.7.1998, Gülec v Turkey, Nr. 54/1997/838/1044.
1071 EGMR, Urteil vom 27.7.1998, Gülec v Turkey, Nr. 54/1997/838/1044, Z. 70.
1072 EGMR, Urteil vom 27.7.1998, Gülec v Turkey, Nr. 54/1997/838/1044, Z. 71.
1073 Der Gerichtshof sah keine Hinweise darauf, dass wie vom Antragsgegner behauptet, dass sich bewaffnete Terroristen unter den Demonstranten befunden hätten, die Schüsse abgefeuert hätten, EGMR, Urteil vom 27.07.1998, Gülec v Turkey, Nr. 54/1997/838/1044, Z. 72.
1074 EGMR, Urteil vom 27.7.1998, Gülec v Turkey, Nr. 54/1997/838/1044, Z. 71.
1075 EGMR, Urteil vom 06.4.2004, Özkan et al v Turkey, Nr. 21689/93.
1076 In einem weiteren Teil ging es um die Misshandlung der männlichen Einwohner des Dorfes, EGMR, Urteil vom 06.04.2004, Özkan et al v Turkey, Nr. 21689/93, Z. 127 ff.
1077 EGMR, Urteil vom 06.4.2004, Özkan et al v Turkey, Nr. 21689/93, Z. 85 ff.
1078 EGMR, Urteil vom 06.4.2004, Özkan et al v Turkey, Nr. 21689/93, Z. 305, Hervorhebung durch die Verfasserin.

einer kriegstypischen Reaktion ohne Weiteres bejaht wird. Der Rechtfertigungsgrund des Schutzes des Lebens anderer wird nur knapp im Ergebnis erwähnt[1079]. Dagegen war das Recht auf Leben der PKK-Mitglieder, gegen die sich die Gewalt richtete, keiner Erwähnung wert (vgl. hierzu Ziff. (bb)).

(2) Die Tschetschenien-Fälle

Sehr ähnlich verhält es sich mit der Rechtsprechung in den sog. Tschetschenien – Fällen Isayeva, Yusupova and Bazayeva v Russia[1080] und Isayeva v Russia[1081]. Die beiden Fällen zugrunde liegenden Geschehnisse waren Teil des bewaffneten Konflikts in Tschetschenien[1082].

Im Fall Isayeva, Yusupova and Bazayeva v Russia ging es um die Bombardierung von Zivilisten durch russische Streitkräfte, als erstere dabei waren, Grozny zu verlassen[1083]. Die Prüfung durch den Gerichtshof erfolgte unter der Annahme, dass diese, wie von Russland vorgetragen, aufgrund eines Angriffs der russischen Luftstreitkräfte durch Rebellen vom Boden aus erfolgte[1084]. Hier zeigte sich erneut, wie das Vorliegen eines bewaffneten Konflikts die Verhältnismäßigkeitsprüfung verändert: „However, *given the context of the conflict in Chechnya at the relevant time, the Court will assume* in the following paragraphs that the military reasonably considered that there was an attack or a risk of attack from illegal insurgents, and *that the air strike was a legitimate response to that attack.*"[1085] Bereits zuvor hatte sich angekündigt, dass die Beurteilung der Legitimität des Einsatzes von Gewalt zu Kriegszeiten eine andere ist als zu Friedenszeiten: „The Court accepts that the situation that existed in Chechnya at the relevant time called for exceptional measures on behalf of the State in order to regain control over the Republic and to suppress the illegal armed insurgency. These measures could presumably include employment of military aviation equipped with heavy combat weapons. The Court is also prepared to accept that if the planes were attacked by illegal armed groups, that could have justified use of lethal force, thus

---

1079 EGMR, Urteil vom 06.4.2004, Özkan et al v Turkey, Nr. 21689/93, Z. 306.

1080 EGMR, Urteil vom 24.2.2005, Isayeva, Yusupova and Bazayeva v Russia, Nr. 57947/00, 57948/00 und 57949/00.

1081 EGMR, Urteil vom 24.5.2005, EGMR, Urteil vom 24.5.2005, Isayeva v Russia, Nr. 57950. Nr. 57950.

1082 Gledtisch/Wallensteen/Eriksson, Journal of Peace Research 2002, S. 615 ff Appendix 1.

1083 EGMR, Urteil vom 24.2.2005, Isayeva, Yusupova and Bazayeva v Russia, Nr. 57947/00, 57948/00 und 57949/00, Z. 11.

1084 EGMR, Urteil vom 24.02.2005, Isayeva, Yusupova and Bazayeva v Russia, Nr. 57947/00, 57948/00 und 57949/00, Z. 181.

1085 EGMR, Urteil vom 24.02.2005, Isayeva, Yusupova and Bazayeva v Russia, Nr. 57947/00, 57948/00 und 57949/00, Z. 181, Hervorhebung durch die Verfasserin.

falling within paragraph 2 of Article 2."[1086] Damit wurde die in Tschetschenien vorherrschende Situation – die, wie eben erläutert, einen bewaffneten Konflikt darstellt – herangezogen, um den Einsatz von tödlicher Gewalt zu begründen. Der Gerichtshof zog hierbei jedoch nicht Art. 15 Abs. 2 EMRK heran, der Tötung aufgrund rechtmäßiger Kriegshandlung erlaubt, sondern wollte in dem Einsatz von Gewalt im bewaffneten Konflikt einen Rechtfertigungsgrund nach Art. 2 Abs. 2 EMRK sehen. Eine genauere Festlegung auf einen der dort abschließend genannten Rechtfertigungsgründe erfolgt an dieser Stelle bezeichnenderweise nicht[1087].

In Isayeva v Russia ging es ebenfalls um einen Luftangriff auf Zivilisten, die auf einem vermeintlichen humanitären Korridor vor heftigen Kämpfen in Katyr-Yurt fliehen wollten. Hierbei kamen zahlreiche Fliehende ums Leben. Die grundsätzliche Legitimität des Einsatzes von militärischer Gewalt bejahte der Gerichtshof wortgleich wie im Fall Isayeva, Yusupova and Bazayeva v Russia[1088]. Wiederum ging es um die Ausnahmesituation in Tschetschenien, die den Einsatz militärischer Gewalt gem. Art. 2 Abs. 2 EMRK legitimieren könne.

Somit scheint die Rechtmäßigkeit des Einsatzes tödlicher Gewalt vorliegend einem herabgesetzten Standard zu folgen. Dieser Ansicht ist auch *Forowicz*, wenn sie sagt: „With this statement, the Court departed from the strict standard of ‚absolute necessity' and opted for a standard of ‚reasonable necessity'."[1089] Soweit *Melze*r mit „reasonable necessity" meint, der Gerichtshof nütze diesen nur in Situationen, in denen das Risiko eines Angriffs vernünftigerweise angenommen werden könnte, spricht der Wortlaut des vom EGMR Ausgeführten dagegen: Mag er zwar in den bisher beurteilten Fällen den Antragstellern stets zugute gehalten haben, sie wären angegriffen worden oder hierfür hätte zumindest ein Risiko bestanden[1090], sagte er doch ausdrücklich unabhängig davon, dass „exceptional

---

1086 EGMR, Urteil vom 24.02.2005, Isayeva, Yusupova and Bazayeva v Russia, Nr. 57947/00, 57948/00 und 57949/00, Z. 178.

1087 In der Folge ging er wiederum nur äußerst knapp auf die vom Antragsgegner vorgebrachte Ansicht ein, er hätte zur Verteidigung eines anderen gegen unrechtmäßige Gewalt gehandelt, Art. 2 Abs. 2 lit. a EMRK.

1088 EGMR, Urteil vom 24.05.2005, EGMR, Urteil vom 24.5.2005, Isayeva v Russia, Nr. 57950. Nr. 57950, Z. 180; in den vergleichbaren Fällen EGMR, Urteil vom 2.12.2010, Abuyeva et al v Russia, Nr. 27065/05 und EGMR, Urteil vom 15.10.2015, Abakarova v Russia, Nr. 16664/07, in denen es ebenfalls um den Einsatz militärischer Gewalt gegen diejenigen, die in Kartyr-Yurt geblieben waren, ging. Auch hier kam die Formel des Gerichtshofs zur grundsätzlichen Legitimität des Einsatzes von Gewalt in diesem Ausmaß zur Anwendung, vgl. Abayeva et al v Russia, Z. 197 und Abakarova v Russia, Z. 84.

1089 Forowicz, S. 345; zuvor bereits Melzer, Targeted Killing in International Law, S. 389.

1090 Diese großzügige Annahme, die den Gerichtshof teilweise selbst nicht zu überzeugen schien – vgl. EGMR, Urteil vom 24.02.2005, Isayeva, Yusupova and Bazayeva v Russia, Nr. 57947/00, 57948/00 und 57949/00, Z. 181 – rührte auch

measures on behalf of the State in order to regain control over the Republic and to suppress the illegal armed insurgency“[1091] erforderlich seien. Von einer bloßen Verteidigung gegen Angriffe des illegalen bewaffneten Aufstands war dagegen nicht die Rede, sodass von einer Beschränkung auf Defensivmaßnahmen nicht auszugehen ist. Abzuwarten bleibt, welcher Rechtfertigungsgrund für eine solche aktive Kriegshandlung herangezogen werden würde; Art. 2 Abs. 2 lit. a EMRK scheint sich hierfür wenig zu eignen.

Interessanterweise nimmt der Gerichtshof darüber hinaus sowohl in Isayeva, Yusupova, Bazayeva v Russia, als auch Isayeva v Russia eine Schutzpflichtverletzung an[1092]. Dabei stellt er insbesondere auf den Einsatz unterschiedslos wirkender Waffen und die Nichtbeachtung bestimmter Vorsichtsmaßnahmen ab. Dies ist eine interessante dogmatische Einordnung: Zivilisten sind nicht in ihrem Abwehrrecht gegenüber dem Staat verletzt (was bei einer direkten Tötung die naheliegendere Konstruktion wäre), sondern durch die Verletzung der humanitärvölkerrechtlichen Pflichten zur Ergreifung von Vorsichtsmaßnahmen und der Beachtung des Prinzips der Unterscheidung, versäumt es der Staat, Zivilisten vor der – im Krieg auch vom Gerichtshof als grundsätzlich legitim eingeschätzten tödlichen Gewalt – ausreichend zu schützen. Im Grunde übersetzt auch hier der Gerichtshof die humanitärvölkerrechtliche Denkweise in das Recht der Menschenrechte, bildet die klassische Schutzpflichtverletzung in Friedenszeiten doch ganz andere Sachverhalte ab (vgl. Ziff. I.1.b)).

(3) Ergebnis

Die eben vorgestellte Rechtsprechung des Gerichtshofs hat in der Zusammenschau dazu geführt, dass mancher durch sie eine Vermutung der Legitimität des Einsatzes von Gewalt im bewaffneten Konflikt begründet sieht. Ein Experte formuliert folgendermaßen: „(...)[W]here the State's forces resort to the use of potentially lethal force in the context of armed conflict, the Court will tend to assume the lawfulness of the decision to resort to the use of force. In other words, given the situation of an armed conflict, the Court will no longer ask whether the resort to force was lawful; it will simply proceed to consider whether the use of force was proportionate.“[1093] *Melzer* ist der Meinung, dass der vom

---

daher, dass die Rechtmäßigkeit unter Art. 2 EMRK aus anderen Gründen bereits nicht gegeben war.

1091 EGMR, Urteil vom 24.02.2005, Isayeva, Yusupova and Bazayeva v Russia, Nr. 57947/00, 57948/00 and 57949/00, Z. 178.

1092 EGMR, Urteil vom 24.5.2005, Isayeva v Russia, Nr. 57950. Z. 201; Isayeva, Yusupova, Bazayeva v Russia, Z. 200; ebenso in EGMR, Urteil vom 2.12.2010, Abuyeva et al v Russia, Nr. 27065/05, Z. 203 und EGMR, Urteil vom 15.10.2015, Abakarova v Russia, Nr. 16664/07, Z. 91.

1093 Expert Meeting on the Right to Life in Armed Conflicts and Situations of Occupation, organisiert durch das University Centre for International Humanitarian Law, 1–2. September 2005 in Genf, S. 12.

EGMR verwendete Prüfungsmaßstab sich der „military necessity" angenähert habe[1094]. Selbst *Abresch,* der im Übrigen die Meinung vertritt, der EGMR wende gerade kein humanitäres Völkerrecht an, gibt zu: „The ECHR's approach to the proportionality of attacks is generally quite similar to that of humanitarian law (...)."[1095]

Nachdem die entscheidenden Fälle näher betrachtet wurden, lässt sich feststellen, dass sowohl mit Blick auf die Rechtfertigungsgründe, als auch auf die Verhältnismäßigkeit ein reduzierter Maßstab zur Anwendung kommt. So bestimmt der Gerichtshof vielfach nicht mehr, welcher der Rechtfertigungsgrund genau zum Einsatz kommt, sondern nimmt unspezifisch auf Art. 2 Abs. 2 EMRK Bezug. Die Verhältnismäßigkeit des Einsatzes wird ebenfalls gerade aufgrund der vorherrschenden Situation – also des bewaffneten Konflikts – großzügiger gehandhabt. Damit ist den Autoren, die Prüfung des Gerichtshofs mit Blick auf die Legitimität des Einsatzes tödlicher Gewalt im internen bewaffneten Konflikt in die Nähe des humanitären Völkerrechts gerückt sehen, Recht zu geben. Bisher hatte der Gerichtshof dabei das „Glück", dass er den militärischen Einsatz aus anderen Gründen für rechtswidrig erklären konnte, sodass es auf die Handhabung der Frage der unterschiedlichen Verhältnismäßigkeitsstandards nicht entscheidend ankam. Jedoch ist klar, dass er einen Maßstab verwendet, der zu denselben Ergebnissen führt, wie das humanitäre Völkerrecht und sich über die dogmatischen Grundlagen nicht erklärt. Im Gegenteil: Durch sein Beharren darauf, dass mangels Derogation normale rechtliche Maßstäbe an die Prüfung des Einsatzes militärischer Gewalt angelegt werden müssten und die angesichts des Hintergrunds und der Art der Ausführung der Gewaltanwendung seitens Russlands seltsam anmutende Bemerkung zu den *Friedenszeiten*[1096], in denen somit diese tödliche Gewalt angewendet würde, setzt der Gerichtshof sich in eklatanten Widerspruch zum vorher verwendeten Maßstab bezüglich der Rechtfertigung der Anwendung der Gewalt. Eine solche Auffassung ist nicht nur dogmatisch falsch, sondern passt auch nicht zu dem fundamentalen Grundsatz des humanitären Völkerrechts, dass sich das Vorliegen des Krieges – und das damit anwendbare Recht – rein faktisch bestimmt und nicht von einer Erklärung abhängig ist.

1094 Melzer, Targeted Killing in International Law, S. 389.

1095 Abresch, European Journal of International Law 2005, S. 764.

1096 ZB EGMR, Urteil vom 24.05.2005, EGMR, Urteil vom 24.5.2005, Isayeva v Russia, Nr. 57950. Nr. 57950/00, Z. 191: „The Court considers that using this kind of weapon in a populated area, *outside wartime* and without prior evacuation of the civilians, is impossible to reconcile with the degree of caution expected from a law-enforcement body in a democratic society. No martial law and no state of emergency has been declared in Chechnya, and *no derogation has been made under Article 15* of the Convention. The operation in question therefore has to be judged against a normal legal background.", Hervorhebung durch die Verfasserin.

bb) Das Prinzip der Unterscheidung

Was die Auswahl des legitimen Ziels von tödlicher Gewalt angeht, stehen sich die Menschenrechte und das humanitäre Völkerrecht ebenfalls diametral entgegen (vgl. Ziff. I. 3.a)). Ein Teil der Literatur geht in dieser Frage von einem womöglich unlösbaren Normkonflikt aus[1097]. Der Gerichtshof steht somit vor der Aufgabe, das fundamentale Prinzip des humanitären Völkerrechts, dass Kombattanten legitime Angriffsziele sind, mit dem ebenso fundamentalen menschenrechtlichen Prinzip zu vereinbaren, dass jedes Leben zu schützen und in das Recht nur als ultima ratio und verhaltensbasiert eingegriffen werden darf. Eingeschränkt wird die Erlaubnis zur Tötung von Menschen durch das Prinzip der Unterscheidung: während Kombattanten grundsätzlich stets angegriffen werden dürfen, dürfen Zivilisten nie zum *Ziel* eines Angriffs gemacht werden[1098]. Im internen Konflikt kommt – wie bereits erwähnt – hinzu, dass umstritten ist, ob der Status des Kombattanten (oder Kämpfer, da der Kombattant als Fachbegriff lediglich im humanitären Völkerrecht vorkommt) existiert und wie er von dem des Zivilisten abzugrenzen ist. Wie der Gerichtshof mit diesen Fragen umgeht, soll in der Folge untersucht werden.

(1) Kein Recht auf Leben des „Kombattanten"

Einmal mehr thematisiert der Gerichtshof das Problem der sich mit Blick auf das Leben der Kämpfer auf nicht-staatlicher Seite fundamental unterscheidenden Wertungen des humanitären Völkerrechts und des Art. 2 EMRK nicht ausdrücklich. Dementsprechend finden sich verschiedene Ansätze, wie seine Rechtsprechung in dieser Hinsicht zu verstehen sei. Teilweise wird die Ansicht vertreten, dass der Gerichtshof das Recht auf Leben des Kombattanten sehr wohl anerkenne[1099], sodass sich der Normkonflikt zugunsten des Menschenrechts lösen würde. Zur Begründung dieser Ansicht zieht *Abresch* insbesondere die Rechtsprechung des Gerichtshofs im Fall McCann et al v UK[1100] heran. Der Fall spielte vor dem Hintergrund des Nordirlandkonflikts[1101].

1097 Milanovic, Journal of Conflict and Security Law 2010, S. 478 ff; grundsätzlich stünde jedoch Art. 15 Abs. 2 EMRK zur Verfügung, um diesen Normkonflikt zu lösen, ibid.

1098 Der sog. Kollateralschaden, der den Tod von Zivilisten als Folge eines Angriffs auf ein legitimes Ziel in Kauf nimmt, bleibt jedoch erlaubt, vgl. Ziff. I.2 a).

1099 Vgl. hierzu Abresch, European Journal of International Law 2005, S. 757 ff.

1100 EGMR, Urteil vom 17.09.1995, McCann et al v UK, Nr. 18984/91.

1101 Für eine Analyse des Konflikts: Haines, in Wilmshurst, S. 117–145; die in McCann gegenständlichen Ereignisse fallen nach „Civil Disturbances" (1968–1971), „Insurgency (1971–1974)" in die Phase des „Terrorism 1975–1994"; der Autor hält es für vertretbar, bis 1994 einen bewaffneten Konflikt im Sinne des Gemeinsamen Art. 3 GK anzunehmen, S. 135.

In dem Fall ging es um drei des Terrorismus Verdächtige, die nach Einschätzung der britischen Sicherheitsbehörden einen Bombenanschlag in Gibraltar planten. Bei dem Versuch des Militärs, die drei zu ergreifen, wurden sie getötet. Die Soldaten, die sie verhaften sollten, waren davon ausgegangen, dass die Verdächtigen jederzeit eine Bombe vor Ort zünden könnten. Zu dem Zeitpunkt der Tötung war jedoch nirgends eine Bombe platziert. Der Gerichtshof nahm eine Verletzung des Art. 2 EMRK bereits in der Planungsphase an, und entschied, dass aufgrund dieser rechtswidrigen Planung den Soldaten zum maßgeblichen Zeitpunkt kaum mehr eine andere Wahl geblieben war, als die drei Männer zu erschießen.

Hieraus ergibt sich für *Abresch* ein Recht auf Leben des Kombattanten im internen bewaffneten Konflikt: „The case law is best interpreted as providing the same rule for battles as for arrests, and for civil wars as for riots. This does not mean that the intensity of conflict is legally immaterial. Resort to lethal force is more likely to be lawful if the insurgent is actively participating in battle, because then he poses an actual or imminent threat to others and capturing him would more likely unreasonably endanger government soldiers. *But there is no per se rule that insurgents may be targeted with lethal force.*“[1102] Dabei übersieht der Autor jedoch, dass es eine solche Regel – jedenfalls nicht unbestritten – auch im humanitären Völkerrecht des internen Konflikts nicht gibt. Wie bereits unter Ziff. I.2. dargestellt, ist es umstritten, ob es eine den Kombattanten gleichzusetzende Gruppe, die jederzeit zum Ziel tödlicher Gewalt gemacht werden darf, im *internen* bewaffneten Konflikt überhaupt gibt. *Sassòli* spricht sich dafür aus, dass die Frage nach dem legitimen Angriffsziel im internen bewaffneten Konflikt mit dem Prinzip der „Teilnahme an Feindseligkeiten“ zu beantworten ist. Die Rechtsprechung des EGMR sei dahingehend auszulegen, dass er Personen, die nicht an Feindseligkeiten teilnehmen nicht als legitime Angriffsziele im internen bewaffneten Konflikt sieht[1103]. In diese Richtung geht auch der Ansatz von *Gaggioli/Kolb*. Unter Heranziehung zweier weiterer Fälle[1104] stellen sie die These auf, dass der Gerichtshof auch vor dem Hintergrund eines bewaffneten Konflikts eine Tötung von Menschen, die zu diesem Zeitpunkt nicht an Feindseligkeiten teilnehmen, nicht für rechtmäßig hält[1105]. Der Theorie *Abreschs*, der ein Recht auf Leben des

1102 Abresch, European Journal of International Law 2005, S. 759, Hervorhebung durch die Verfasserin.

1103 Sassòli/Olson, International Review of the Red Cross 2008, S. 615.

1104 Die Autoren zitieren in diesem Zusammenhang EGMR, Urteil vom 20.5.1999, Ogur v Turkey, Nr. 21594/93 und EGMR, Urteil vom 14.12.2000, Gül v Turkey, Nr. 22676/93. In beiden Fällen ging es darum, dass mutmaßliche Terroristen in Alltagssituationen (im Fall Gül v Turkey war der Betroffene gerade mit seiner Familie zu Hause) ohne Warnung und ohne den Versuch einer Verhaftung erschossen wurden. Der Gerichtshof sah dies als grob unverhältnismäßig an und bejahte in beiden Fällen eine Verletzung des Art. 2 EMRK.

1105 Gaggioli/Kolb, Israel Yearbook on Human Rights 2007, S. 144 ff.

Kombattanten annimmt, muss also die These entgegengehalten werden, dass der Gerichtshof die Menschen, die in diesen Fällen getötet werden, eben gerade – im Einklang mit einer für das humanitäre Völkerrecht vertretenen Ansicht – nicht für „Kombattanten" hält.

Im Übrigen wird auch unabhängig von dem Meinungsstreit, ob der EGMR nun reines Recht der Menschenrechte oder auch humanitäres Völkerrecht anwendet, vertreten, dass es gerade im internen Konflikt und in Situationen der Besatzung anstatt des „conduct-of-hostilities"-Modell das „law-enforcement"-Modell angewendet werden müsse[1106] (vgl. auch Ziff. I.1.b)) Da es insoweit Lücken im humanitären Völkerrecht gebe, spreche nichts dagegen, dass in Situationen, in denen der Staat die Kontrolle über die Situation hat, das menschenrechtliche Modell angewendet werden müsse. Dementsprechend wäre tödliche Gewalt auch gegenüber Personen, die verdächtigt werden, in die Feindseligkeiten verwickelt zu sein, zu verhaften und nicht zu erschießen. Fehlt dem Staat jedoch die Kontrolle – also in kriegstypischen Situationen – käme mit dem „conduct-of-hostilities"-Modell das humanitäre Völkerrecht zum Einsatz.

Für die beiden letzteren Thesen spricht auch die Handhabung des Rechts auf Leben der Rebellen in den Fällen Isayeva, Yusupova and Bazayeva v Russia sowie Isayeva v Russia. In beiden Fällen nahm der Gerichtshof zugunsten Russlands an, dass die staatlichen Kräfte von Rebellen beschossen worden waren[1107]. Anstatt das Recht auf Leben dieser Personengruppe aber in irgendeiner Weise zu thematisieren, wird dieses Thema höchst pauschal abgehakt, wie die oben bereits zitierten Fundstellen zeigen: „The Court accepts that the situation that existed in Chechnya at the relevant time called for exceptional measures on behalf of the State in order to regain control over the Republic and to suppress the illegal armed insurgency. (...) The Court is also prepared to accept that if the planes were attacked by illegal armed groups, that could have justified use of lethal force, thus falling within paragraph 2 of Article 2."[1108] In dieser Vermutung der Legitimität des Einsatzes militärischer Gewalt liegt zugleich die humanitärvölkerrechtliche Einschätzung des Rechts auf Leben des an den Feindseligkeiten Teilnehmenden: Dieser darf getötet werden. Damit ist Abreschs' These nach hier vertretener Ansicht widerlegt.

1106 Expert Meeting on the Right to Life in Armed Conflicts and Situations of Occupation, organisiert durch das University Centre for International Humanitarian Law, 1–2. September 2005 in Genf.

1107 Es ist nach dem Sachverhalt auch sehr zweifelhaft, ob diese Angreifer existierten und nicht eine bloße Schutzbehauptung des Antragsgegners sind.

1108 EGMR, Urteil vom 24.02.2005, Isayeva, Yusupova and Bazayeva v Russia, Nr. 57947/00, 57948/00 und 57949/00, Z. 178; EGMR, Urteil vom 24.5.2005, Isayeva v Russia, Nr. 57950. Nr. 57950, Z. 180.

(2) Stattdessen: Prinzip der Unterscheidung

Eng mit der Frage nach dem Recht auf Leben des „Kombattanten" im bewaffneten Konflikt hängt die Frage nach dem Prinzip der Unterscheidung zusammen. Auch diese typische Wertung des humanitären Völkerrechts, nach der bei jeder Kriegshandlung zwischen Kombattanten und Zivilisten zu unterscheiden ist, vollzieht der EGMR nach. Das Recht auf Leben der Zivilisten ist nach dem humanitären Völkerrecht zu einem gewissen Grad geschützt, da diese nicht zum Gegenstand von Angriffen gemacht werden dürfen. Allerdings ist auch das Leben der Zivilisten Gegenstand der Abwägung: Ist ein legitimes Ziel ausgewählt und gebietet es die militärische Notwendigkeit, dürfen zivile Opfer in Kauf genommen werden (vgl. unter Ziff. I.2.). Die Herangehensweise des EGMR mit Blick auf diese fundamentalen Fragen im bewaffneten Konflikt soll nun näher betrachtet werden. Zu dieser Frage lassen sich auch für den internationalen bewaffneten Konflikt Hinweise in der Rechtsprechung des Gerichtshofs finden. Deshalb sollen die Fälle Georgia v Russia und Kononov v Latvia in der folgenden Analyse nicht außer Acht gelassen werden.

(aa) Internationaler bewaffneter Konflikt

Der Gerichtshof hat zum materiellen Teil des Rechts auf Leben im internationalen bewaffneten Konflikt noch kaum Stellung genommen. Die Gelegenheit in Banković et al v Belgium at al ließ er verstreichen und in Jaloud v UK wurde nur die Verletzung der prozeduralen Seite des Rechts auf Leben gerügt. Der Fall Georgia v Russia[1109] ist derzeit zur Begründetheit noch nicht entschieden. Der Gerichtshof sieht sich mit einer Beschwerde Georgiens konfrontiert, welche „in the context of the armed conflict that occurred between Georgia and the Russian Federation in August 2008 following an extended period of ever-mounting tensions, provocations and incidents that opposed the two countries"[1110] eingelegt worden war. Bereits in der Zulässigkeitsentscheidung von 2011 sind jedoch mit Blick auf Art. 2 EMRK Wertungen des humanitären Völkerrechts beinhaltet. Die Beschwerdeführerin Antragsteller klagt: „[T]he respondent Government had failed to comply with their substantive obligations under Article 2 during the armed conflict and subsequent occupation and also with their procedural obligations. They indicated that a total of 228 civilians had been killed and 547 wounded. (...) *[D]uring the attacks* carried out by the Russian forces and/or South Ossetian or Abkhaz militias acting under their orders, *no distinction had been made between combatants and civilians*; by indiscriminately bombing and shelling areas which were not legitimate military targets, and by using means of warfare such as landmines and cluster bombs, the respondent Government had

1109 EGMR, Urteil vom 13.12.2011, Georgia v Russia, Nr. 38263/08.
1110 EGMR, Urteil vom 13.12.2011, Georgia v Russia, Nr. 38263/08, Z. 18.

failed to take sufficient precautions to protect the lives of the civilian population."[1111] Des Weiteren habe es extralegale Exekutionen während der Besatzung gegeben und in Todesfällen sei die Untersuchungspflicht nicht erfüllt worden[1112]. Interessanterweise beschränkte der Beschwerdeführerin die Pflicht zur Untersuchung der Todesfälle auf die Zivilisten[1113]. Die Kammer, die in der Entscheidung über die Zulässigkeit viele der aufgeworfenen Fragen als zur Begründetheit der Beschwerde zugehörig betrachtete, nahm zur Frage des Rechts auf Leben folgendermaßen Stellung: „(...) [T]he Court refers to its previous case-law in which it has held that the procedural obligation under Article 2 of the Convention continued to apply even where the security conditions were difficult, including in the context of armed conflict. Furthermore, Article 2 must be interpreted in so far as possible in the light of the general principles of international law, including the rules of international humanitarian law which play an indispensable and universally accepted role in mitigating the savagery and inhumanity of armed conflict. In a zone of international conflict Contracting States are under an obligation to protect the lives of those not, or no longer, engaged in hostilities. Generally speaking, the Convention should so far as possible be interpreted in harmony with other rules of international law of which it forms part."[1114] In einer Fußnote verwies die Kammer auf die vier Genfer Konventionen und die drei Zusatzprotokolle. Abschließend bemerkt der Gerichtshof, dass vorliegend keiner der Staaten derogiert habe[1115]. Der Fall wurde mit Blick auf die Begründetheit an die Große Kammer übertragen und wartet auf Entscheidung[1116]. Es scheint jedoch klar, dass der Gerichtshof den Lebensschutz des humanitären Völkerrechts für die, die nicht an den Feindseligkeiten beteiligt sind – also Zivilisten – und die, die nicht mehr an Feindseligkeiten beteiligt sind – also Kombattanten, die hors de combat sind oder Zivilisten, die vormals wohl an Feindseligkeiten teilgenommen hatten – nachvollziehen möchte. Über das Recht auf Leben des Kombattanten schweigt der Gerichtshof an dieser Stelle, sodass nahe liegt, dass er das Prinzip der Unterscheidung im Rahmen der Begründetheit nachvollziehen wird.

Einen möglichen Ausblick auf die Behandlung des humanitären Völkerrechts im internationalen bewaffneten Konflikt bietet die Rechtsprechung des

1111 EGMR, Urteil vom 13.12.2011, Georgia v Russia, Nr. 38263/08, Z. 27, Hervorhebung durch die Verfasserin.

1112 EGMR, Urteil vom 13.12.2011, Georgia v Russia, Nr. 38263/08, Z. 27.

1113 EGMR, Urteil vom 13.12.2011, Georgia v Russia, Nr. 38263/08, Z. 27.

1114 EGMR, Urteil vom 13.12.2011, Georgia v Russia, Nr. 38263/08, Z. 72.

1115 EGMR, Urteil vom 13.12.2011, Georgia v Russia, Nr. 38263/08, Z. 73.

1116 Vgl. hierzu Press Release des EGMR vom 31.8.2018, „New inter-state application brought by Georgia against Russia, ECHR 287(2018), abrufbar unter: https://hudoc.echr.coe.int/eng-press#%20, zuletzt besucht im Februar 2019.

Gerichtshofs in Kononov v Latvia[1117]. Gegenstand dieses Urteils war die Verletzung des Art. 7 EMRK und die Frage, ob der Beschwerdeführer zur Zeit des Zweiten Weltkriegs ein Kriegsverbrechen begangen hatte. Da dies eine reine Frage des damals geltenden humanitären Völkerrechts ist, fielen in der Prüfung viele interessante Probleme, wie das Verhältnis der EMRK und des humanitären Völkerrechts weg. Übrig blieb aber eine Anwendung des humanitären Völkerrechts, wie es zur Zeit des Zweiten Weltkriegs gegolten hatte. Das Verständnis des Gerichtshofs könnte ein Licht auf das grundsätzliche Verständnis humanitärvölkerrechtlicher Fragestellungen und insbesondere auch auf das Prinzip der Unterscheidung werfen, weshalb die Entscheidung in diese Analyse mitaufgenommen werden soll.

Tatbestandlich ging es in dem Fall um eine Vergeltungsaktion der „Roten Partisanen" an neun Dorfbewohnern in von Deutschen besetztem Gebiet. Die Dorfbewohner wurden verdächtigt, eine Gruppe Roter Partisanen verraten zu haben, welche von deutschen Soldaten getötet worden war. In Wehrmachtsuniformen fiel deshalb eine Gruppe Roter Partisanen unter dem Kommando des Beschwerdeführers in das Dorf ein, welches sich gerade auf das Pfingstfest vorbereitete, erschoss sechs Personen, verwundete vier andere zum Teile erheblich und verbrannte diese in ihren Häusern. Eine der verbrannten Personen war eine hochschwangere Frau.

Sowohl die Kammerentscheidung als auch die Entscheidung der Großen Kammer sahen das humanitäre Völkerrecht[1118] in der zur Zeit der Taten geltenden Fassung als für die Frage, ob der Antragsteller für ein Kriegsverbrechen strafverfolgt hatte werden können, als entscheidend an[1119]. Das Prinzip der Unterscheidung wurde in beiden Entscheidungen eingehend diskutiert.

1117 Zwei Instanzen beschäftigten sich mit der Sache: EGMR, Urteil vom 17.5.2010 (GK), Kononov v Latvia, Nr. 36376/04; EGMR, Urteil vom 24.7.2008 (Kammer), Kononov v Latvia, Nr. 36376/04.

1118 Vgl. EGMR, Urteil vom 17.5.2010 (GK), Kononov v Latvia, Nr. 36376/04, Z. 196; EGMR, Urteil vom 24.7.2008 (Kammer), Kononov v Latvia, Nr. 36376/04, Z. 117: „The Court notes that the applicant was given a prison sentence pursuant to Article 68-3 of the former Latvian Criminal Code, a provision introduced by the Law of 6 April 1993 on War Crimes. Although that provision contained a summary list of the outlawed acts – such as murder, torture and pillage – it referred directly to the "relevant legal conventions" for a precise definition of such acts (see paragraph 53 above). The impugned conviction was, therefore, based on international rather than domestic law and must, in the Court's view, be examined primarily from that perspective."

1119 Dabei war es nicht am EGMR, die strafrechtliche Verantwortung des Antragstellers zu klären; wie die Kammer ausführte, bestand die Aufgabe darin, „to consider, from the standpoint of Article 7 § 1 of the Convention, whether on 27 May 1944 the applicant's acts constituted offences that were defined with sufficient accessability and foreseeability by domesticor international law.", EGMR, Urteil vom 24.7.2008, Kononov v Latvia, Nr. 36376/04, Z. 116; ähnlich EGMR, Urteil

Die Kammer war der Ansicht, dass es eine trennscharfe Unterscheidung zwischen Kombattanten und Zivilisten zur Zeit der Begehung der Taten durch die Einheit des Antragstellers nicht gegeben habe: „In that connection, it notes that the Regulations appended to the Hague Convention of 1907 do not define the notions of ‚civilian' or ‚civil population'."[1120] Das nationale Gericht hätte insofern auf erst später entstandenes Völkerrecht, nämlich Art. 50 ZP I Bezug genommen. Auch für zukünftige Entscheidungen interessant führte das Gericht aus: „It is true that that provision contains a presumption that any person not belonging to one of the predefined categories of combatants or in respect of whom there is a doubt on that point must be considered a ‚civilian'."[1121] Für die damalige Rechstlage kam die Kammer jedoch zu dem Schluss: „In sum, there is nothing to show that under the *jus in bello* as it existed in 1944 a person who did not satisfy the formal conditions to qualify as a ‚combatant' had automatically to be assigned to the category of ‚civilians' with all its attendant guarantees."[1122]

Ganz anderer Ansicht war demgegenüber die Große Kammer. Zum Prinzip der Unterscheidung wie es zur Zeit des Zweiten Weltkriegs verstanden wurde, führte sie aus: „As to the protection attaching to ‚civilians who had participated in hostilities', the other hypothesis made as regards the deceased villagers, the Court notes that in 1944 the distinction between ‚combatants' and ‚civilians' (and between the attendant protections) was a cornerstone of the laws and customs of war, the International Court of Justice (ICJ) describing this to be one of the two ‚cardinal principles contained in the texts constituting the fabric of humanitarian law'. Earlier treaty provisions and declarations would indicate that by 1944 ‚civilians' were defined *a contrario* to the definition of ‚combatants'. It was also a rule of customary international law in 1944 that civilians could only be attacked *for as long as* they took a direct part in hostilities."[1123]

---

vom 17.5.2010 (GK), Kononov v Latvia, Nr. 36376/04, Z. 187/199 (Z. 199: „In sum, the Court must examine whether there was a sufficiently clear legal basis, having regard to the state of international law in 1944, for the applicant's conviction.")

1120 EGMR, Urteil vom 24.7.2008 (Kammer), Kononov v Latvia, Nr. 36376/04, Z. 131.

1121 EGMR, Urteil vom 24.7.2008 (Kammer), Kononov v Latvia, Nr. 36376/04, Z. 131.

1122 EGMR, Urteil vom 24.7.2008 (Kammer), Kononov v Latvia, Nr. 36376/04, Z. 131; diese Auffassung fand heftigen Widerspruch in der ‚Joint Dissenting Opinion' der Richter Fura-Sanström, David Thór, Björgvinsson und Ziemele, Z10/11: „According to the Court, the Hague Regulations do not define the notions of ‚a civilian' and ‚civilian population'. *Jus in bello* at the time did not provide that if a person did not qualify as a combatant he/she should be afforded the guarantees enjoyed by civilians. This is a mistake in terms of the international humanitarian law applicable at the time. First of all, it is true that the regulation concerning the protection of civilians was in a relatively rudimentary state at that time, but it did exist. It is well-known that: ‚A central feature of the laws of armed conflict ever since the eighteenth century has been the distinction between combatants and civilians.' "

1123 EGMR, Urteil vom 17.5.2010 (GK), Kononov v Latvia, Nr. 36376/04, Z. 202.

Die Große Kammer kam zu dem Schluss, dass das humanitäre Völkerrecht verletzt worden war, gleichgültig, ob man die getöteten Dorfbewohner nun – zugunsten des Antragstellers – als Kombattanten oder als Zivilisten, die an Feindseligkeiten teilgenommen hatten, sah. Nahm man Kombattanten-Status an, hätte Folgendes gegolten: „As to the rights attaching to ‚combatant' status, *jus in bello* recognised in 1944 the right to ‚prisoner of war' status if combatants were captured, surrendered or were rendered *hors de combat*, and prisoners of war were entitled to humane treatment. It was therefore unlawful under *jus in bello* in 1944 to ill-treat or summarily execute a prisoner of war, use of arms being permitted if, for example, prisoners of war attempted to escape or to attack their captors."[1124] Bezüglich der Version, dass die Dorfbewohner Zivilisten gewesen wären, die an Feindseligkeiten teilgenommen hätten, vertrat der Gerichtshof die folgende Ansicht: „It was also a rule of customary international law in 1944 that civilians could only be attacked *for as long as* they took a direct part in hostilities. (...) [I]f it was suspected that the civilians who had participated in hostilities had committed violations of *jus in bello* in doing so (for example, war treason for passing on information to the German military administration), then they remained subject to arrest, fair trial and punishment by military or civilian tribunals for any such acts, and their summary execution without that trial would be contrary to the laws and customs of war."[1125]

Die Große Kammer kam somit, anders als die Kammer, zu dem Ergebnis, dass der Antragsteller sich in jedem Fall eines Kriegsverbrechens schuldig gemacht hatte[1126]. Die ausführlichen Betrachtungen zum – wenn auch historischen – humanitären Völkerrecht zeigen, dass der Großen Kammer das Prinzip der Unterscheidung, welches bis heute eine überragende Rolle im humanitären Völkerrecht spielt, bekannt ist. Ebenso ist dem Gerichtshof bewusst, dass Zivilisten nur im Falle ihrer Teilnahme an Feindseligkeiten zum Ziel einer Kriegshandlung

1124 EGMR, Urteil vom 17.5.2010 (GK), Kononov v Latvia, Nr. 36376/04, Z. 216.

1125 EGMR, Urteil vom 17.5.2010 (GK), Kononov v Latvia, Nr. 36376/04, Z. 202–204; darüber hinaus nimmt die Große Kammer an, dass ein besonderer Lebensschutz bereits damals für schwangere Frauen gegolten hätte: „That women, especially pregnant women, should be the object of special protection during war was part of the laws and customs of war as early as the Lieber Code 1863 (Articles 19 and 37). It was further developed through ‚Geneva law' on prisoners of war (women were considered especially vulnerable in this situation). The Court considers these expressions of ‚special protection', understood in conjunction with the protection of the Martens Clause, sufficient to find that there was a plausible legal basis for convicting the applicant of a separate war crime as regards the burning to death of Mrs Krupniks. The Court finds this view confirmed by the numerous specific and special protections for women included immediately after the Second World War in the Geneva Conventions (I), (II) and (IV) of 1949, notably in Article 16 of the last-mentioned Convention.", vgl. ibid, Z. 222.

1126 EGMR, Urteil vom 17.5.2010 (GK), Kononov v Latvia, Nr. 36376/04, Z. 202 ff.

gemacht werden dürfen. Deutlich wird auch, dass der Gerichtshof es sich durchaus zutraut, die Rechtsmaterie anzuwenden. Eine Entscheidung, in dem nicht das historische humanitäre Völkerrecht zum Einsatz tödlicher Gewalt, sondern das aktuelle materiell eine Rolle spielt, steht, wie bereits beklagt, noch aus.

(bb) Interner bewaffneter Konflikt

Betrachtet man die Rechtsprechung des Gerichtshofs zum internen bewaffneten Konflikt, fällt auf, dass der Begriff „Zivilist" sehr häufig verwendet wird. Teilweise wird behauptet, dass es sich bei der Verwendung des Begriffs nicht um Fachsprache handle[1127], während andere in den zugehörigen Ausführungen das Prinzip der Unterscheidung erkennen wollen[1128]. Jedoch kann sich eine Einbeziehung des Prinzips – wie es in Art. 48, 51 Abs. 2, sowie Art. 52 Abs. 2 ZP I für den internationalen bewaffneten Konflikt kodifiziert ist – auch ohne ausdrücklichen Verweis ergeben.

So zeigten die Ausführungen in Ergi v Turkey, dass der Gerichtshof einen Unterschied zwischen legitimen Zielen – den Kämpfern der PKK – und Zivilisten macht[1129], die nicht ohne Weiteres von militärischen Einsätzen betroffen werden dürfen. Dies kam in einer Formel zum Ausdruck, welche auch im Rahmen der Ergreifung von Vorsichtsmaßnahmen eine Rolle spielt. Im Rahmen der Prüfung des Rechts auf Leben einer Zivilistin im Rahmen eines bewaffneten Zusammenstoßes zwischen staatlichen Kräften und der PKK ging der Gerichtshof von der grundsätzlichen Legitimität des Einsatzes der Gewalt aus (s. oben, Ziff. 1.a)aa)), jedoch nur so lange die Zivilisten nicht im Übermaß zu Schaden kämen: „(...) [T]he responsibility of the State is not confined to circumstances where there is significant evidence that misdirected fire from agents of the State has killed a civilian. It may also be engaged where they fail to take all feasible precautions in the choice of means and methods of a security operation mounted against an opposing group with a view to *avoiding and, in any event, to minimising, incidental loss of civilian life*."[1130] Diese Formel beinhaltet zum einen den Gedanken, dass allein die Zivilisten besonderen Schutzes bedürfen, aber auch, dass dieser Schutz nicht absolut ist, da letzten Endes die Pflicht lediglich darin besteht, den Verlust

---

1127 Abresch, European Journal of International Law 2005, S. 759. Der Autor meint: „At this point, the ECtHR does not appear to be using the word 'civilian' as a term of art. Even in the Chechen cases, the ECtHR cited to McCann for the applicable law." Wie diese beiden Gedanken zusammenhängen sollen, bleibt jedoch offen.

1128 Forowicz, S. 331, 341; Melzer, Targeted Killing in International Law. S. 386.

1129 So auch Melzer, Targeted Killing in International Law, S. 386; Forowicz, S. 341.

1130 EGMR, Urteil vom 28.7.1998, Ergi v Turkey, Nr. 66/1997/850/1057, Z. 79, Hervorhebung durch die Verfasserin; dieselbe Formel verwendet der Gerichtshof auch in EGMR, Urteil vom 06.4.2004, Özkan et al v Turkey, Nr. 21689/93, Z. 297.

an zivilem Leben zu minimieren, wenn eine Vermeidung nicht möglich ist. Diese Formel bezieht somit Kollateralschäden bereits mit ein.

Noch deutlicher wurde diese Wertung im Fall Özkan v Turkey, in dem bei einem Feuergefecht zwischen staatlichen Kräften und der PKK ein kleines Mädchen tödlich verwundet wurde: „Reiterating that at the material time there were serious disturbances in south-east Turkey involving *armed conflict* between the security forces and members of the PKK, that Ormaniçi was located near to the Gabar mountain chain, where in 1993 a number of PKK groups were staying and that the PKK was active in the region around Ormaniçi, the Court accepts, taking due account of all these circumstances, that the security forces' tactical reaction to the initial shots fired at them from the village on 20 February 1993 cannot be regarded as entailing a disproportionate degree of force. *In so finding, the Court has also taken into consideration the fact that, apart from Abide Ekin, no civilians were injured as a result of the security forces' intensive firing.*“[1131] Dies ist das Grundmuster humanitärvölkerrechtlichen Denkens: Der Einsatz von Gewalt ist militärisch notwendig; Zivilisten können hierbei getötet werden, wenn dies nicht unverhältnismäßig ist. Dementsprechend hielt der Gerichtshof durch diese Verhaltensweise der staatlichen Kräfte Art. 2 EMRK nicht für verletzt, sondern erst durch das Unterlassen des Militärs, sorgfältig nach verwundeten Zivilisten zu suchen[1132]. Damit ist klar, wie der Gerichtshof mit Kollateralschäden umgeht: Hierdurch wird Art. 2 EMRK nicht verletzt, wenn diese nicht unverhältnismäßig sind[1133].

Sowohl in Isayeva, Yusupova, Bazayeva v Turkey, wie auch in Isayeva v Russia bezogen die Antragsteller das Prinzip der Unterscheidung in ihre Argumentation ein. In beiden Argumentationen wurde ein Bericht von Human Rights Watch zitiert: „The report invoked provisions of international humanitarian law, namely Common Article 3 to the Geneva Conventions of 1949, as well as Article 13 (2) of Protocol II Additional to the Geneva Conventions of August 1949. The report submitted that ‚where aircraft make multiple attack passes over a civilian convoy, or convoys are subject to prolonged attack by ground troops, the most plausible inference is that such attacks are intentional and with the likely knowledge of the predominantly civil character of the convoy. Customary international law

---

1131 EGMR, Urteil vom 06.4.2004, Özkan et al v Turkey, Nr. 21689/93, Z. 305.

1132 Das Mädchen starb erst einige Tage später an ihren schweren Verletzungen, die jedoch aufrund der Gleichgültigkeit der staatlichen Kräfte unentdeckt geblieben waren, vgl. EGMR, Urteil vom 06.4.2004, Özkan et al v Turkey, Nr. 21689/93, Z. 308.

1133 So auch MELZER, Targeted Killing in International Law, S. 387: „The judgment also shows that, during the conduct of hostilities, the interpretation of the requirement of proportionality shifts from evaluating the injury inflicted on the targeted person (law enforcement paradigm) to that incidentally inflicted on peaceful civilians (paradigm of hostilities) and that, therefore, Article 2 tolerates ‚collateral damage‘ in the conduct of hostilities.“

requires that any attacks discriminate between the civilians and military objects and that foreseeable injury to civilians be proportionate to the direct and concrete military advantage to be gained by the attack. (...) Each of the incidents described below raises concerns that civilians may have been targeted intentionally or that the force used was not proportionate to the military advantage pursued...' "[1134]. Die Antragsteller kamen in Isayeva, Yusupova, Bazayeva v Russia zu dem Schluss: „The applicants regarded the aerial bombardment as *an indiscriminate attack on civilians*, which could not be justified under international humanitarian law. They referred, in this respect, to the *common Article 3* of the Geneva Conventions of 12 August 1949."[1135] In Isayeva v Russia argumentierten die Antragsteller ebenfalls detailliert mit dem humanitären Völkerrecht, dessen Voraussetzungen nicht eingehalten worden seien[1136].

Der Gerichtshof ging auf diese Zitate einmal mehr nicht direkt ein, stellte aber ähnliche Überlegungen an. So nahm er wie selbstverständlich an, dass das Militär ein legitimes Ziel verfolgt habe, nämlich „disarmament or destruction of the fighters"[1137]. Zudem zog der Gerichtshof ein weiteres Mal die Formel aus Ergi v Turkey heran, um deutlich zu machen, dass die Zivilbevölkerung soweit als möglich geschont werden müsse[1138]. In Isayeva v Russia subsumierte er dieses humanitärvölkerrechtliche Erfordernis unter Artikel 2 EMRK: „Bearing this in mind, the documents submitted by the parties and the investigation file nevertheless allow the Court to draw certain conclusions as to whether the operation was planned and conducted in such a way as to avoid or minimise, to the greatest extent possible, harm to civilians, *as is required by Article 2 of the Convention.*"[1139] Angesichts dessen, dass jeglicher Hinweis auf eine solche Regelung in Art. 2 EMRK fehlt und diese Aussage allein das humanitäre Völkerrecht widerspiegelt, erscheint diese Aussage als weiterer Versuch, die Anwendung des humanitären Völkerrechts zu verschleiern.

1134 EGMR, Urteil vom 24.02.2005, Isayeva, Yusupova and Bazayeva v Russia, Nr. 57947/00, 57948/00 and 57949/00, Z. 102; EGMR, Urteil vom 24.5.2005, Isayeva v Russia, Nr. 57950. Nr. 57950, Z. 114.

1135 EGMR, Urteil vom 24.02.2005, Isayeva, Yusupova and Bazayeva v Russia, Nr. 57947/00, 57948/00 and 57949/00, Z. 157, Hervorhebung durch die Verfasserin.

1136 EGMR, Urteil vom 24.05.2005, EGMR, Urteil vom 24.5.2005, Isayeva v Russia, Nr. 57950. Nr. 57950, Z. 163. Unter anderem wurde argumentiert, es seien humanitärvölkerrechtlich verbotenen indiskriminierende Waffen verwendet worden und die militärischen Vorteile der Operation seien fraglich.

1137 EGMR, Urteil vom 24.5.2005, Isayeva v Russia, Nr. 57950, Z. 188.

1138 EGMR, Urteil vom 24.5.2005, Isayeva v Russia, Nr. 57950. Z. 176; Isayeva, Yusupova, Bazayeva v Russia, Z. 177.

1139 EGMR, Urteil vom 24.5.2005, Isayeva v Russia, Nr. 57950. Z. 183, Hervorhebung durch die Verfasserin; in Isayeva, Yusupova, Bazayeva v Russia, Z. 177 fehlt ein solcher Hinweis auf Art. 2 EMRK.

Mehrfach hat der Gerichtshof den Einsatz von Waffen verurteilt, die aufgrund ihrer Eigenschaften keinen begrenzten, gezielten Effekt haben können. So erachtete er sowohl im Fall Isayeva, Yusupova, Bazayeva v Russia als auch Isayeva v Russia die jeweils eingesetzten Waffen als unverhältnismäßig[1140] und benutzt in diesem Zusammenhang auch den humanitärvölkerrechtlichen Begriff „indiscriminate": „This mere reference [to the presence of refugees] cannot substitute for comprehensive evaluation of the *limits of and constraints on the use of indiscriminate weapons within a populated area*."[1141] Die im jeweiligen Fall benutzten Waffen, hatten einen Streuradius von über 300[1142] bzw. über 1000 Meter[1143].

Auch zur Frage, wann ein Zivilist die Waffen im Sinne des gemeinsamen Art. 3 GK niedergelegt hat, hat der Gerichtshof bereits Stellung genommen. Anlass hierzu bot der Fall Korbely v Hungary[1144], in dem es um die Frage der Vereinbarkeit eines Urteils des nationalen Gerichts mit Art. 6 und 7 EMRK ging. Im Rahmen der Überprüfung kam es darauf an, festzustellen, ob ein von dem Antragsteller während der ungarischen Revolution erschossener Aufständischer seine Waffen im Sinne des gemeinsamen Art. 3 GK niedergelegt gehabt hatte. Der Aufständische, der nicht offenbart hatte, dass er eine Waffe trug, hatte dem Gerichtshof zufolge nicht ausreichend signalisiert, dass er seine Waffen niedergelegt hatte: „The Court notes that it is widely accepted in international legal opinion that in order to produce legal effects such as the protection of common Article 3, any intention to surrender in circumstances such as those in issue in the present case needs to be signalled in a clear and unequivocal way, namely by laying down arms and raising hands or at the very least by raising hands only."[1145] Der Gerichtshof zitiert hierbei bereits Regel 47 der noch damals noch veröffentlichten Völkergewohnheitsrechtsstudie des IKRK. Diese lautet: „Attacking persons who are recognised as hors de combat is prohibited. A person hors de combat is: (...) (c) anyone who clearly expresses an intention to surrender; provided he or she abstains from any hostile act and does not attempt to escape."[1146]

1140 EGMR, Urteil vom 24.5.2005, Isayeva v Russia, Nr. 57950, Z. 191; EGMR, Urteil vom 24.2.2005, Isayeva, Yusupova and Bazayeva v Russia, Nr. 57947/00, 57948/00 und 57949/00, Z. 197.

1141 EGMR, Urteil vom 24.5.2005, Isayeva v Russia, Nr. 57950. Z. 189, Hervorhebung durch die Verfasserin; vgl. auch ibid, Z. 193: „It thus appears that the declaration of the corridor became known to the residents only after several hours of bombardment by the military using heavy and indiscriminate weapons, which had already put the residents' lives at great risk."

1142 EGMR, Urteil vom 24.2.2005, Isayeva, Yusupova and Bazayeva v Russia, Nr. 57947/00, 57948/00 und 57949/00, Z. 195.

1143 EGMR, Urteil vom 24.5.2005, Isayeva v Russia, Nr. 57950. Z. 190.

1144 EGMR, Urteil vom 19.09.2008, Korbely v Hungary, Nr. 9174/02.

1145 EGMR, Urteil vom 19.09.2008, Korbely v Hungary, Nr. 9174/02, Z. 90.

1146 Vgl. Henckaerts/Doswald-Beck, Customary International Humanitarian Law, S. 164.

Der Gerichtshof war nicht überzeugt, dass der erschossene Aufständische dies getan hatte[1147]. Sowohl das Völkergewohnheitsrecht wie auch die Entscheidung des Gerichtshofs ist nicht ganz einfach einzuordnen, da umstritten ist, ob es im internen bewaffneten Konflikt Personen gibt, die Kombattanten sind und wie sich diese von Zivilisten unterscheiden. Die Rechtsprechung könnte als Bestätigung der Sichtweise gelten, die eine solche Figur annimmt – denn nur Kombattanten können hors de combat sein, während Zivilisten allenfalls an Feindseligkeiten nicht mehr teilnehmen. Jedenfalls aber war der Gerichtshof der Ansicht, dass der Getötete seine Absicht, sich zu ergeben nicht deutlich genug gemacht hatte.

In der Zusammenschau ergeben die Ausführungen des EGMR für den Fall des internen bewaffneten Konflikts ein einheitliches Bild: Dem humanitären Völkerrecht entsprechend gibt es zwei Gruppen von Personen, die unterschiedlich zu behandeln sind. Dies sind zum einen die Zivilisten, die soweit als möglich, aber auch nicht grenzenlos, zu schützen sind und Menschen, die zum legitimen Ziel eines Angriffs gemacht werden dürfen. Dass diese nicht einheitlich bezeichnet werden und es an einem Begriff wie dem des „Kombattanten" fehlt, spiegelt ebenfalls das humanitäre Völkerrecht wider, in dem es bezüglich des legitimen Ziels Unsicherheiten gibt. Allerdings scheint es, als habe sich der Gerichtshof bisher an die überwiegende Meinung gehalten, dass nur diejenigen angegriffen werden dürfen, die gerade an Feindseligkeiten teilnehmen[1148].

cc) Die Erforderlichkeit von Vorsichtsmaßnahmen

Ein Bereich des humanitären Völkerrechts, in dem der EGMR unzweifelhaft zur Entwicklung des Völkergewohnheitsrechts beigetragen hat, ist der der „precautions in attack". Diese Regel, die vorgibt, wie die Zivilbevölkerung im Falle von Kriegshandlungen zu schützen ist, ist ein weiteres Kernstück des humanitären Völkerrechts und hängt wiederum eng mit dem Prinzip der Unterscheidung zusammen. Die Zivilbevölkerung, die nie zum Ziel eines Angriffs gemacht werden darf, ist vor den Auswirkungen einer Kriegshandlung gegen ein legitimes Ziel, soweit es möglich ist, zu schützen (vgl. Ziff. I.2.). Im internationalen bewaffneten Konflikt wird diese Regel durch Art. 57 Abs. 1 ZP I kodifiziert: „In the conduct of military operations, constant care shall be taken to spare the civilian population, civilians and civilian objects." Art. 57 Abs. 2 lit. a (ii) lautet: „[T]hose who plan or decide upon an attack shall take all feasible precautions in the choice of means and methods of attack with a view to avoiding, and in any event to minimizing, incidental loss or civilian life, injury to civilians and damage to civilian objects."

1147 EGMR, Urteil vom 19.09.2008, Korbely v Hungary, Nr. 9174/02, Z. 91.

1148 Wenn dies auch teilweise entgegen den Indizien unterstellt wurde. So war in vielen Fällen nicht klar, ob die staatlichen Kräfte tatsächlich angegriffen worden waren oder ob sie nicht Vergeltungsschläge gegen rein zivile Ziele verübt hatten.

Im internen Konflikt übernahm der Gerichtshof diese Formel interessanterweise geradezu wortwörtlich[1149]: „[The responsibility of a State] may also be engaged where they fail to take all feasible precautions in the choice of means and methods of a security operation mounted against an opposing group with a view to avoiding and, in any event, to minimising, incidental loss of civilian life."[1150] Auffällig ist, dass, um nicht zu humanitärvölkerrechtlich zu klingen und den angeblichen „normal legal background"[1151] Genüge zu tun, statt von einer Attacke von einer „security operation mounted against an opposing group" die Rede ist.

Diese Rechtsprechung wird von *Henckaerts* als Beleg für die völkergewohnheitsrechtliche Geltung des Prinzips der Vorsichtsmaßnahmen für den internen bewaffneten Konflikt gesehen[1152]. Eine solche Regelung fehle im vertraglichen humanitären Völkerrecht des ZP II gerade[1153]. Nichtsdestotrotz kann auch die wortgleiche Übernahme eines Prinzips des internationalen bewaffneten Konflikts manchen Experten nicht davon überzeugen, es handle sich bei der Rechtsprechung des Gerichtshofs nicht um ein reines Recht der Menschenrechte des internen Konflikts[1154]. Zugegeben sei, dass der EGMR in seiner Ausgestaltung des Prinzips über das im humanitären Recht Übliche hinausgeht. Bereits in Ergi v Turkey verpflichtet er den Staat, nicht nur bezüglich der eigenen Kriegshandlungen Vorsicht zu üben, sondern auch die Kriegshandlungen des Gegners in die Planung miteinzubeziehen[1155]. So führt der EGMR aus: „In these circumstances, the villagers had been placed at considerable risk of being caught in cross-fire between security forces and any PKK terrorists who had approached from the north or north-east. Even if it might be assumed that the security forces would have responded with due care for the civilian population in returning fire against terrorists caught in the approaches to the village, it could not be assumed that the terrorists would have responded with such restraint. There was no information

1149 Forowicz, S. 329.

1150 EGMR, Urteil vom 28.7.1998, Ergi v Turkey, Nr. 66/1997/850/1057, Z. 79; Özkan v Tukey, Z. 288; EGMR, Urteil vom 24.5.2005, Isayeva v Russia, Nr. 57950, Z. 176.

1151 EGMR, Urteil vom 24.5.2005, EGMR, Urteil vom 24.5.2005, Isayeva v Russia, Nr. 57950. Nr. 57950/00, Z. 191

1152 Vgl. Henckaerts/Doswald-Beck, Customary International Humanitarian Law, Rule 17.

1153 Henckaerts/Doswald-Beck, Customary International Humanitarian Law, S. 57.

1154 Vgl. Abresch, European Journal of International Law 2005.

1155 EGMR, Urteil vom 28.7.1998, Ergi v Turkey, Nr. 66/1997/850/1057 Z. 79: „Thus, even though it has not been established beyond reasonable doubt that the bullet which killed Havva Ergi had been fired by the security forces, the Court must consider whether the security forces' operation had been planned and conducted in such a way as to avoid or minimise, to the greatest extent possible, any risk to the lives of the villagers, *including from the fire-power of the PKK members caught in the ambush.*", Hervorhebung durch die Verfasserin; vgl. hierzu auch Forowicz, Z. 341.

to indicate that any steps or precautions had been taken to protect the villagers from being caught up in the conflict."[1156]

Eine solche Verpflichtung der staatlichen Kräfte mag von einer sehr menschenrechtlichen Prägung kommen: Während das humanitäre Völkerrecht – auch das des internen bewaffneten Konflikts – beide Kriegsparteien bindet, bindet das Recht der Menschenrechte nur die staatliche Seite. Dementsprechend bestehen Pflichten nach der EMRK stets nur für Staaten und nicht für nichtstaatliche Akteure, wie die PKK. Da diese nicht gebunden sind, aber für das Recht auf Leben eine ebenso starke Bedrohung sind, entspricht es der menschenrechtlichen Logik, dass der Staat die Reaktion des Gegners miteinbeziehen muss.

Darüber hinaus ist der Staat auch verpflichtet, Mitglieder eines bewaffneten Widerstands von zivilen Dörfern fernzuhalten und sie erst recht nicht in diese hineinzutreiben[1157]. Zumindest aber sind, wie im klassischen Völkerrecht der Vorsichtsmaßnahmen, die Zivilisten in dem Dorf vor der drohenden Gefahr zu warnen[1158]. Im Rahmen der Planung eines bewaffneten Zusammenstoßes ist das Militär zudem verpflichtet, die Evakuierung von Zivilisten in ihre Planungen miteinzubeziehen und diesbezüglich abzuwägen[1159]: „There is no evidence that at the planning stage of the operation any *serious calculations* were made about the *evacuation of civilians*, such as ensuring that they were informed of the attack beforehand, how long such an evacuation would take, what routes evacuees were supposed to take, what kind of precautions were in place to ensure safety, what steps were to be taken to assist the vulnerable and infirm etc."[1160] Sollte nicht evakuiert worden sein, seien jedenfalls die Fluchtbewegungen von Zivilisten zu beachten und die Lage vor und während des Angriffs sei stets im Blick zu behalten[1161].

dd) Der bewaffnete Konflikt und Begründung von Schutzpflichten

Wenn es auch schwierig ist, eine Schutzpflichtverletzung von der eigenständigen prozeduralen Verpflichtung zur Untersuchung nach Art. 2 EMRK abzugrenzen[1162], soll dieser Aspekt dennoch kurz beleuchtet werden. Das Vorliegen eines bewaffneten Konflikts hat in der Rechtsprechung des Gerichtshofs bisher auch dann eine Rolle gespielt, wenn es um die Begründung bestimmter Schutzpflichten

1156 EGMR, Urteil vom 28.7.1998, Ergi v Turkey, Nr. 66/1997/850/1057, Z. 80.

1157 EGMR, Urteil vom 24.5.2005, Isayeva v Russia, Nr. 57950. Z. 187.

1158 EGMR, Urteil vom 24.5.2005, Isayeva v Russia, Nr. 57950. Z. 187.

1159 Die vom Gerichtshof bezeichneten „serious calculations" bezüglich der Evakuierung verschleiern, dass es sich hierbei um eine rein humanitärvölkerrechtliche Abwägung handelt.

1160 EGMR, Urteil vom 24.5.2005, Isayeva v Russia, Nr. 57950. Z. 189.

1161 Vgl. Isayeva, Yusupova, Bazayeva v Russia, Z. 187/188; EGMR, Urteil vom 24.5.2005, Isayeva v Russia, Nr. 57950. Z. 189.

1162 So auch Lot Vermeulen, S. 402.

des Vertragsstaates bezüglich des Rechts auf Leben ging. Wie bereits unter Ziff. I.1.b) erläutert, hat der Gerichtshof eine Pflicht des Vertragsstaates angenommen, investigative Schritte zu unternehmen, wenn ihm bekannt gewesen war, dass sich die Person in echter und gegenwärtiger Lebensgefahr befand[1163]. Diese Rechtsprechung hat sich dergestalt fortentwickelt, dass das Vorliegen eines bewaffneten Konflikts in die Bewertung des Kontexts des Verschwindens einzubeziehen ist[1164], der eine solche solche echte und gegenwärtige Gefahr des Lebens darstellte und somit „life-threatening" war[1165]. Daneben zog der Gerichtshof noch weitere Kriterien in Betracht, wie das Profil des Opfers[1166] und vorherige Drohungen[1167].

Nicht auszuschließen ist, dass im Fall Cyprus v Turkey die Beschwerdeführer zur Begründung eine Verletzung des Art. 2 EMRK an diese Rechtsprechung anknüpfen wollten. Folgende Bemerkung ließ die „Osman-Rechtsprechung" anklingen: „The respondent State had failed to take the necessary operational measures to protect the right to life of the missing persons all of whom had disappeared in life-threatening circumstances known to, and indeed created by the respondent State."[1168] Es wirkt, als sollte eine Schutzpflicht bestimmte operative Maßnahmen zu ergreifen daraus abgeleitet werden, dass der Vertragsstaat eine lebensgefährdende Situation nicht nur gekannt, sondern geschaffen hatte. Soweit ersichtlich, wurde dieser Ansatz jedoch nicht weiterverfolgt. Stattdessen spielt die lebensgefährliche Situation eines (internationalen) bewaffneten Konflikts bei der Verpflichtung zur Untersuchung im Rahmen der prozeduralen Seite des Art. 2 EMRK eine Rolle. Wie bereits erwähnt, scheint der Übergang von Schutzpflicht zu prozeduralen Pflicht insoweit fließend.

b) Das Recht auf Leben im bewaffneten Konflikt: prozedurale Aspekte

Das Vorliegen eines bewaffneten Konflikts spielt nicht nur im Rahmen des materiellen Rechts eine Rolle, sondern weist auch prozedurale Auswirkungen auf. Dabei fällt es teilweise schwer, die verschiedenen Aspekte der Schutzpflicht, der

---

1163 Vgl. zu diesem sog. „Osman-Test" nochmals Lot Vermeulen.

1164 Vgl. EGMR, Urteil vom 24.1.2009, Osmanoğlu v Turkey, Nr. 48804/99, Z. 57: „In this connection the Court observes that on a number of occasions it has reached the conclusion that the disappearance of a person in south-east Turkey at the relevant time could be regarded as life-threatening." EGMR, Urteil vom 05.4.2007, Baysayeva v Russia, 74237/01, Z. 119.

1165 Vgl. auch Lot Vermeulen, S. 407.

1166 Im Südosten der Türkei zum Beispiel die vermutete Zugehörigkeit des Opfers zur PKK.

1167 Lot Vermeulen, S. 408.

1168 EGMR, Urteil vom 10.5.2001, Cyprus v Turkey, Nr. 25781/94, Z. 126; in diese Richtung scheint auch die Argumentation des Nebenintervenienten Zypern in EGMR (dritte Sektion), Urteil vom 10.1.2008, Varnava et al v Turkey, Nr. 16064/90–16073/90, Z. 125 ff zu gehen.

Untersuchungspflicht und der Beweislastverschiebungen auseinanderzuhalten, da Sprache und Gedanken häufig ähnlich oder identisch sind, jedoch unterschiedliche Rechtsfolgen nach sich ziehen[1169]. Ohne das dogmatische Geflecht somit völlig auflösen zu können, soll trotzdem der Versuch gemacht werden, herauszufiltern, welche unterschiedlichen prozeduralen Rollen der bewaffnete Konflikt in der Argumentation des Gerichtshofs spielt.

aa) Beweislastverschiebungen und ihre Rechtsfolgen

Wie bereits unter Ziff. I.1.b) angesprochen, muss der Gerichtshof mit Beweislastverschiebungen arbeiten, um dort zu einem gerechten Ergebnis zu kommen, wo der Sachverhalt eines Todesfalls oder eines Vermisstenfalls umstritten ist. Hierbei unterscheiden sich je nach Konstellation die Anforderungen, die an eine Beweislastverschiebung zu stellen sind und welche Rechtsfolgen sich aus ihr ergeben. Beweislastverschiebungen gibt es sowohl in Fällen, in denen Personen tot aufgefunden werden, also auch in Fällen, in denen Personen vermisst werden.

Typische Fallgestaltung[1170] eines Todes- oder Vermisstenfalls ist es, dass die Beschwerdeführer Hinweise darauf haben, dass der Betreffende zuletzt im Gewahrsam von staatlichen Kräften gesehen wurde, und dann entweder tot aufgefunden wurde oder es seitdem kein Lebenszeichen mehr von ihm gib. Der Vertragsstaat bestreitet, etwas mit dem Tod oder Verschwinden zu tun gehabt zu haben und argumentiert, seine Verantwortlichkeit sei nicht in hinreichendem Maß („beyond reasonable doubt") bewiesen.

Um diese Problematik in den Griff zu bekommen, arbeitet der Gerichtshof in diesen Fällen regelmäßig mit einer Beweislastverschiebung[1171]. Um zu einer Zurechnung zu gelangen, ist zunächst erforderlich, dass die Beschwerdeführer einen Anscheinsbeweis für die Involvierung staatlicher Kräfte liefern. Diese Involvierung kann dadurch gegeben sein, dass es Anzeichen für die Ingewahrsamnahme der betreffenden Person durch staatliche Kräfte gibt, aber auch dann, wenn es Hinweise gibt, dass der Betreffende sich zuletzt in einem durch den Staat kontrollierten Gebiet aufgehalten hat. Gerade die letzte Fallgestaltung ist für den bewaffneten Konflikt von Bedeutung und wurde auch im Zusammenhang mit dem Vorliegen eines bewaffneten Konflikts entwickelt.

Erster wichtiger Fall für diese Fallgruppe war Akkum v Turkey. In diesem Fall waren Personen tot in einem Gebiet aufgefunden worden, in dem sich zuvor

1169 Vgl. zB EGMR, Urteil vom 24.1.2009, Osmanoğlu v Turkey, Nr. 48804/99; hier spricht der Gerichtshof selbst aus, dass lebensbedrohliche Umstände sowohl zu einer Vermutung des Todes führen können, als auch zu einer Untersuchungspflicht.

1170 Vgl. für viele EGMR, Urteil vom 24.2.2005, Khashiyev und Akayeva v Russia, Nr. 57942/00 und 57945/00; EGMR, Urteil vom 27.07.2006, Bazorkina v Russia, Nr. 69481/01.

1171 Für viele EGMR, Urteil vom 24.2.2005, Khashiyev und Akayeva v Russia, Nr. 57942/00, Z. 131.

türkisches Militär aufgehalten hatte. Der Gerichtshof entschied: „The Court considers it legitimate to draw a parallel between the situation of detainees, for whose well-being the State is held responsible, and the situation of persons found injured or dead in an area within the exclusive control of the authorities of the State."[1172] Akkum v Turkey wurde vor dem Hintergrund eines internen bewaffneten Konflikts entschieden; jedoch galt nach Ansicht der Großen Kammer im Fall Varnava et al v Turkey, in dem es um vermisste Soldaten des Nordzypernkonflikts ging, für den internationalen bewaffneten Konflikt nichts anderes: „(...)[I]n the situation where persons are found injured or dead, or who have disappeared, in an area within the exclusive control of the authorities of the State and there is prima facie evidence that the State may be involved, the burden of proof may also shift to the Government since the events in issue may lie wholly, or in large part, within the exclusive knowledge of the authorities."[1173]

Während es im internen Konflikt darum geht, mit dem Anscheinsbeweis zu belegen, dass dem Staat der Todesfall oder das Verschwinden einer Person zuzurechnen ist, ist die Lage im internationalen Konflikt etwas komplizierter, wie Varnava et al v Turkey zeigt. In diesem Fall ging es – wie bereits angedeutet – um Personen, die seit der Beendigung der Kampfhandlungen und folgender Besetzung des Gebiets durch die Türkei als vermisst galten[1174]. Bei den Vermissten handelte es sich überwiegend um Kombattanten[1175], für die im internationalen bewaffneten Konflikt ohne Zweifel die Vorschriften des humanitären Völkerrechts gelten. Insofern mussten bestimmte Aspekte des Rechts auf Leben mit dem geltenden humanitären Völkerrecht in Einklang gebracht werden. Eine substantielle Verletzung stand in Varnava et al v Turkey allerdings nicht zur Debatte, da eine solche sich außerhalb der Kompetenz ratione temporis befunden hatte[1176].

1172 EGMR, Urteil vom 24.3.2005, Akkum et al v Turkey, Nr. 21894/93, Z. 211. Gedanke ist wiederum, dass die Geschehnisse somit exklusiv im Wissen des Antragsgegners liegt und dieser dieses nicht teilt.

1173 EGMR (Große Kammer), Urteil vom 18.9.2009, Varnava et al v Turkey, Nr. 16064/90–16073/90, Z. 184; die dritte Sektion verlangte insofern lediglich minimale Hinweise darauf, dass sich die Angehörigen der Antragsteller in dem fraglichen Gebiet aufgehalten hatten, EGMR (dritte Sektion), Urteil vom 10.01.2008, Varnava et al v Turkey, Nr. 16064/90–16073/90, Z. 130: „Circumstances will frequently be such that the events in issue lie wholly, or in large part, within the exclusive knowledge of the military forces in the field, and it would not be realistic to expect applicants to provide more than minimal information placing their relative in the area at risk".

1174 Die Überreste eines Vermissten wurden jedoch während des Verfahrens aus einem Massengrab exhumiert, vgl. EGMR (Dritte Sektion), Urteil vom 10.1.2008, Varnava et al v Turkey, Nr. 16064/90 -16073/90, Z. 89.

1175 EGMR (Große Kammer), Urteil vom 18.9.2009, Varnava et al v Turkey, Nr. 16064/90–16073/90, Z. 23, 27, 32, 39, 43, 49, 59, 62.

1176 EGMR (Dritte Sektion), Urteil vom 10.1.2008, Varnava et al v Turkey, Nr. 16064/90–16073/90, Z. 103 ff; EGMR (Große Kammer), Urteil vom 18.9.2009, Varnava

Während die Antragsgegner vor der Kammer argumentierten, eine Untersuchungspflicht mit Blick auf im Kampf gefallene Kombattanten könne es nicht geben[1177], gingen sowohl die Kammer, als auch die Große Kammer einen anderen Weg. Statt eine prozedurale Pflicht gem. Art. 2 EMRK in einer solchen Situation von vorneherein auszuschließen, suchten sie Beweisanzeichen für einen Tatbestand, der sowohl nach humanitärem Völkerrecht wie auch nach Menschenrecht eine andauernde Pflicht begründete, über den Verbleib der Vermissten Rechenschaft abzulegen. Die Große Kammer ging – ähnlich wie die Kammern[1178] – von einem Zusammenwirken oder jedenfalls von einer Gleichgerichtetheit der Verpflichtungen aus. Die Große Kammer führte an entscheidender Stelle aus: „There is nonetheless an arguable case that the other seven men were last seen in an area under, or about to come under, the control of the Turkish armed forces. Whether they died, in the fighting or of their wounds, or whether they were captured as prisoners, they must still be accounted for. Article 2 must be interpreted in so far as possible in light of the general principles of international law, including the rules of international humanitarian law which play an indispensable and universally accepted role in mitigating the savagery and inhumanity of armed conflict. The Court therefore concurs with the reasoning of the Chamber in holding that in a zone of international conflict Contracting States are under obligation to protect the lives of those not, or no longer, engaged in hostilities. This would also extend to the provision of medical assistance to the wounded; where combatants have died, or succumbed to wounds, the need for accountability would necessitate proper disposal of remains and require the authorities to collect and provide information about the identity and fate of those concerned, or permit bodies such as the ICRC to do so."[1179]

Rechtsfolge der Vermutung, dass sich die Vermissten zuletzt in einem Gebiet unter Kontrolle des türkischen Militärs befunden hatten, ist somit die Verpflichtung im Rahmen des Artikel 2 EMRK im Lichte des relevanten humanitären Völkerrechts, dass die Kontrolle ausübende Kriegspartei in jedem Fall – ob nun Tod, Verwundung oder Gefangenschaft – Rechenschaft über den Verbleib der vermissten Personen abzulegen hat. Dies ist mit Blick auf die zahlreichen

---

et al v Turkey, Nr. 16064/90–16073/90, Z. 121. Die Problematik führte zudem dazu, dass sich die Antragsteller gegen eine Vermutung des Todes – die angesichts der lebensgefährdenden Umstände des Verschwindens und der langen Zeit ohne ein Lebenszeichen nahe gelegen hatte – wehrten. Der Gerichtshof folgte dieser Argumentation.

1177 EGMR (Dritte Sektion), Urteil vom 10.1.2008, Varnava et al v Turkey, Nr. 16064/90–16073/90, Z. 122/123.

1178 EGMR (Dritte Sektion), Urteil vom 10.1.2008, Varnava et al v Turkey, Nr. 16064/90–16073/90, Z. 130.

1179 EGMR (Große Kammer), Urteil vom 18.9.2009, Varnava et al v Turkey, Nr. 16064/90–16073/90, Z. 186; ein einer Fußnote nimmt die Große Kammer Bezug auf die vier Genfer Konventionen und ihre Zusatzprotokolle.

Fälle des Verschwindenlassens im internationalen Konflikt ein bemerkenswertes Ergebnis, da diese humanitärvölkerrechtliche Verpflichtung hierdurch mittelbar justiziabel wird. Ob diese Pflicht zur „Rechenschaftablegung“ wiederum mit der prozeduralen Untersuchungspflicht des Art. 2 EMRK identisch ist, kann nicht abschließend bewertet werden. Jedenfalls kam der Gerichtshof zu dem Schluss, dass diese Seite des Art. 2 EMRK nicht durch die Arbeit des CMP[1180] erfüllt worden war[1181].

Seit einiger Zeit hat der Gerichtshof die Formel der Beweislastverschiebung folgendermaßen verdichtet: „In cases concerning armed conflicts, the Court has extended that obligation [the Government's obligation to disclose crucial documents to enable the Court to establish the facts or otherwise provide a satisfactory and convincing explanation] to situations where individuals were found injured or dead, or had disappeared, in areas under the exclusive control of the authorities and where there was prima facie evidence that State agents could be involved.“[1182]

In Todesfällen führt diese Beweislastverschiebung dazu, dass der Tod dem Staat zugerechnet wird[1183]. Im Fall des Verschwindens führt die Beweislastverschiebung im Zusammenspiel mit dem Vorliegen lebensgefährdender Umstände[1184] zu einer Vermutung des Todes sowie der Zurechnung desselben[1185]. Beides stellt eine substantielle Verletzung des Rechts auf Leben gem. Art. 2 EMRK dar.

bb) Untersuchungspflicht

Wie bereits unter Ziff. I.1.b) erwähnt, besteht zudem nach der Rechtsprechung aller Menschenrechtsorgane und insbesondere auch der des EGMR eine Verpflichtung, das Recht auf Leben durch eine effektive Untersuchung von Todes- und Vermisstenfällen zu schützen. Diese Pflicht ist nach Ansicht des EGMR von

---

1180 Committee on Missing Persons in Cyprus.

1181 EGMR (Dritte Kammer), Urteil vom 10.1.2008, Varnava et al v Turkey, Nr. 16064/90–16073/90, Z. 131; EGMR (Große Kammer), Urteil vom 18.9.2009, Varnava et al v Turkey, Nr. 16064/90–16073/90, Z. 187.

1182 Für viele EGMR, Urteil vom 18.12.2012, Aslakhanova et al v Russia, Nr. 2944/06 und 8300/07, 50184/07, 332/08, 42509/10), Z. 97; EGMR, Urteil vom 24.10.2013, Dovletukayev et al v Russia, 7821/07, 10937/10, 14046/10 und 32782/10, Z. 191.

1183 Zum Beispiel EGMR, Urteil vom 24.2.2005, Khashiyev und Akayeva v Russia, Nr. 57942/00 und 57945/00, Z. 147.

1184 Diese wiederum können wiederum – ganz ähnlich wie bei der Schutzpflichtverletzung – in der Situation eines bewaffneten Konflikts, begründet liegen, vgl. EGMR, Urteil vom 31.5.1005, Akdeniz v. Turkey, Nr. 25165/94, Z. 99: „In the general context of the situation in south-east Turkey in 1994, it can by no means be excluded that an unacknowledged detention of such persons would be life-threatening.“

1185 EGMR, Urteil vom 24.10. 2013, Dovletukayev et al v Russia, 7821/07, 10937/10, 14046/10 und 32782/10, Z. 215, 220.

dem substantiellen Gehalt des Art. 2 EMRK losgelöst und eigenständig. Auch im Rahmen des prozeduralen Standbeins des Art. 2 EMRK spielt der bewaffnete Konflikt eine besondere Rolle. Die Behandlung und Ausgestaltung dieser Pflicht soll Gegenstand der nun folgenden Ausführungen sein.

(1) Interner bewaffneter Konflikt

(aa) Vermisstenfälle

Im internen bewaffneten Konflikt können die hierdurch herrschenden lebensbedrohlichen Umstände nicht nur zu einer Vermutung des Todes eines Vermissten führen (also Auswirkungen bezüglich der substantiellen Verletzung des Art. 2 EMRK haben), sondern auch die Pflicht zur Untersuchung des Verschwindens auslösen[1186]. In Toğcu v. Turkey betonte der Gerichtshof neben der Zugehörigkeit zu einer bestimmten Gruppe wiederum die besondere Situation im Südosten der Türkei, die, wie bereits erwähnt, ein bewaffneter Konflikt war: „In this respect, it has previously held that the disappearance and unacknowledged detention of a person suspected by the authorities of PKK involvement could be considered as life-threatening in the general context of the situation in south-east Turkey in 1993."[1187] Da eine effektive Untersuchung des Verschwindens nicht erfolgt war, nahm der Gerichtshof eine Verletzung der prozeduralen Seite des Art. 2 EMRK an[1188].

Gerade mit Blick auf die vielen unaufgeklärten Vermisstenfälle in Tschetschenien und Inguschetien in den Jahren zwischen 1999 und 2006 hat der Gerichtshof klar gemacht, welche Anforderungen an die Untersuchungspflicht im bewaffneten Konflikt bestehen bleiben: „The Court is fully aware of the difficulties faced by the Russian Federation in combating illegal militant groups in the Northern Caucasus who make recourse to the most audacious terrorist methods. It therefore understands the need to mount an efficient system capable of counteracting them, and maintaining law and order in this much-suffering region. Nevertheless, the confines of a democratic society governed by the rule of law cannot allow this system to operate in conditions of guaranteed impunity for the abuses committed by its agents. *Within the limits of the obligations imposed by the Convention, it should*

1186 EGMR, Urteil vom 24.1.2009, Osmanoğlu v Turkey, Nr. 48804/99, Z. 57: „In this connection the Court observes that on a number of occasions it has reached the conclusion that the disappearance of a person in south-east Turkey at the relevant time could be regarded as life-threatening (for the purposes of presumption of death see, *inter alia*, *Akdeniz v. Turkey*, Nr. 25165/94 § 99, 31 May 2005; for the purposes of the obligation to carry out effective investigations into allegations of disappearances with a view to establishing the circumstances surrounding the disappearance and identifying those responsible see, *inter alia*, *Toğcu v. Turkey*, Nr. 27601/95 § 112, 31 May 2005, and the cases cited therein)."

1187 EGMR, Urteil vom 31.5.2005, Toğcu v. Turkey, Nr. 27601/95, Z. 112.

1188 EGMR, Urteil vom 31.5.2005, Toğcu v. Turkey, Nr. 27601/95, Z. 121.

be possible to ensure accountability of the anti-terrorist and security services without compromising the legitimate need to combat terrorism and to maintain the necessary level of confidentiality."[1189] Der Gerichtshof gab überdies folgende Handlungsanweisung an die Hand: „Practically speaking, it is of utmost importance that the disappearances which have occurred in the region in the past become the subject of a comprehensive and concentrated effort on the part of the law enforcement authorities. In view of the clear patterns and similarities in the occurrence of such events, it is vital to adopt a time-bound general strategy or action plan to elucidate a number of the questions that are common to all the cases where it is suspected that the abductions were carried out by State servicemen. The plan should also include an evaluation of the adequacy of the existing legal definitions of the criminal acts leading to the specific and widespread phenomenon of disappearances."[1190]

Dies zeigt, dass eine systematisches Versagen bezüglich der Untersuchung von Vermisstenfällen im bewaffneten Konflikt mit Art. 2 EMRK nicht zu vereinbaren ist.

(bb) Todesfälle

Auch bezüglich von Tötungen im bewaffneten Konflikt hat der Gerichtshof zum Bestehen und dem Umfang der Untersuchungspflicht Stellung genommen.

Mit Blick auf den Konflikt der Türkei mit der PKK hat der Gerichtshof grundsätzlich die Pflicht zur Untersuchung von Todesfällen während Kampfhandlungen geäußert: „The Court notes that loss of life is a tragic and frequent occurrence in view of the security situation in south-east Turkey. However, neither the prevalence of violent armed clashes nor the high incidence of fatalities can displace the obligation under Article 2 to ensure that an effective, independent investigation is conducted into deaths arising out of clashes involving the security forces, more so in cases such as the present where the circumstances are in many respects unclear."[1191] Diese Einschätzung wiederholte er im Rahmen dieses Konflikts noch in vielen weiteren Fällen[1192]. Die Formel deutet bereits an, dass es gleichgültig ist, wer letzten Endes den Tod der Betroffenen verursacht hat – die Untersuchungspflicht trifft den Vertragsstaat in jedem Fall[1193]. Dies entspricht der

---

1189 Für viele: EGMR, Urteil vom 18.12.2012, Aslakhanova et al v Russia, Nr. 2944/06 und 8300/07, 50184/07, 332/08, 42509/10), Z. 231.

1190 EGMR, Urteil vom 18.12.2012, Aslakhanova et al v Russia, Nr. 2944/06 und 8300/07, 50184/07, 332/08, 42509/10), Z. 232.

1191 EGMR, Urteil vom 19.02.1998, Kaya v Turkey, Nr. 158/1996/777/978, Z. 91.

1192 Vgl. Ergi v Turkey, Z. 85; Özkan v Turkey, Z. 319; Gülec v Turkey, Z. 81; Sirin Yilmaz v Turkey, Z. 85; Mentese v Turkey, Z. 56; Akpinar and Altun v Turkey, Z. 59.

1193 So auch in der Entscheidung Ergi v Turkey, in der nicht mit Sicherheit festgestellt worden konnte, von wem die tödliche Gewalt ausging, vgl. Z. 77ff. Der Gerichtshof nahm jedenfalls eine Verletzung der Untersuchungspflicht an, ibid, Z. 82 ff.

menschenrechtlichen Denkweise, nach der allein der Staat – und nicht etwa die andere Kriegspartei – die Menschenrechte umfassend garantiert.

An der Untersuchungspflicht wird des Weiteren auch festgehalten, wenn der bewaffnete Konflikt größere Ausmaße annimmt, wie die Tschetschenien-Fälle zeigen. In diesem Zusammenhang hielt der Gerichtshof nicht an der oben entwickelten Formel fest, sondern entwickelte die Untersuchungspflicht weiter. In den Fällen Isayeva, Yusupova, Bazyeva v Russia und Isayeva v Russia ging es um groß angelegte Angriffe mit Bomben aus der Luft. In beiden Fällen kamen dutzende Zivilisten ums Leben. Der Gerichtshof sah in beiden Fällen die Verpflichtung des Vertragsstaats darin, die Angriffe an sich zu untersuchen und beschränkt sich insofern nicht darauf, „lediglich" die Verletzung der Untersuchungspflicht bezüglich der Antragsteller zu bewerten[1194]. Neben dem anfänglichen Versäumnis, trotz glaubhafter Berichte über den Tod einer großen Anzahl von zivilen Opfern, eine Untersuchung zu beginnen, rügte der Gerichtshof in beiden Fällen, dass keine nähere Untersuchung der Verbreitung von Informationen über einen „humanitären Korridor" erfolgt wären: „Finally, and probably most importantly, no efforts were made to collect information about the declaration of the ‚safe passage' for civilians for 29 October 1999, or to identify someone among the military or civil authorities who would be responsible for the safety of the exit. Nothing has been done to clarify the total absence of coordination between the public announcements of a ‚safe exit' for civilians and the apparent lack of any considerations to this effect by the military in planning and executing their mission."[1195] Der Gerichtshof kam aufgrund dieses und vieler anderer Versäumnisse in Isayeva, Yusupova, Bazayeva v Russis zu dem Schluss: „In the light of the foregoing, the Court finds that the authorities *failed to carry out an effective investigation into the circumstances of the attack on the refugee convoy* on 29 October 1999."[1196]

An der Wandlung der Untersuchungspflicht in den Tschetschenien-Fällen, weg von der Untersuchung individueller Todesfälle, hin zur Untersuchung der militärischen Operation an sich, zeigt sich, dass sich die Untersuchungspflicht im Umfang der Kriegshandlung anpasst. Dabei gilt grundsätzlich, dass auch in Kriegszeiten die Maßstäbe der Untersuchung in Friedenszeiten zu beachten sind,

---

1194 Insbesondere ist der Vertragsstaat auch aufgefordert, auch unbekannte Opfer zu identifizieren, vgl. Isayeva, Yusupova, Bazayeva v Russia, Z. 224; EGMR, Urteil vom 24.5.2005, Isayeva v Russia, Nr. 57950. Z. 222.

1195 Isayeva, Yusupova, Bazayeva v Russia, Z. 222; ganz ähnlich in EGMR, Urteil vom 24.5.2005, Isayeva v Russia, Nr. 57950. Z. 219.

1196 Isayeva, Yusupova, Bazayeva v Russia, Z. 225, Hervorhebung durch die Verfaserin. Ganz ähnlich heißt es in EGMR, Urteil vom 24.5.2005, Isayeva v Russia, Nr. 57950. Z. 224, wobei der Gerichtshof an dieser Stelle merkwürdigerweise von einem „assault" und nicht einer „attack" auf Katyr-Yurt spricht.

was teilweise für zu streng gehalten wird[1197]. Es finden sich aber bezüglich der temporalen Elemente der „Unverzüglichkeit" Hinweise darauf, dass hier – wie stets – gilt, dass das Unmögliche nicht verlangt werden kann. So sind Verzögerungen in der Untersuchung aufgrund des Krieges hinzunehmen[1198].

(2) Internationaler bewaffneter Konflikt

(aa) Vermisstenfälle

Im Rahmen des internationalen bewaffneten Konflikts dienen die lebensbedrohlichen Umstände ebenfalls dazu, eine Untersuchungspflicht zu begründen. Dies ergibt sich inbesondere aus der Staatenbeschwerde Cyprus v Turkey und Varnava et al v Turkey, die beide den Nordzypernkonflikt betreffen.

In Cyprus v Turkey ging es unter anderem um 1,491 vermisste griechische Zyprioten die während des Kampfgeschehens 1974 verschwunden waren. Die Frage der substantiellen Verletzung des Art. 2 EMRK klammerte der Gerichtshof aus, da dies außerhalb des Anwendungsbereichs geschehen wäre und er nicht spekulieren könnte, ob die Vermissten durch türkische Kräfte getötet worden waren[1199]. Allerdings stellte er eine Verletzung der fortdauernden Untersuchungspflicht vor folgendem Hintergrund fest: „[T]he evidence bears out the applicant Government's claim that many persons now missing were detained either by Turkish or Turkish-Cypriot forces. Their *detention* occurred *at a time when the conduct of military operations was accompanied by arrests and killings on a large scale*. The Commission correctly described the situation as *life-threatening*."[1200]

Der Gerichtshof stellt somit auf den Krieg als lebensbedrohliche Situation sowie auf einen Gewahrsam in derselben ab, welche zusammen die Untersuchungspflicht gem. Art. 2 EMRK auslösen. Diese Pflicht zu einer staatlichen Untersuchung, die allen Anforderungen des Art. 2 EMRK genügen muss, dauert fort und ist auch noch lange nach Beendigung des aktiven Kampfgeschehens zu erfüllen.

Diesen Gedanken der fortdauernden Pflicht, das Schicksal von Vermissten zu klären, griff die Große Kammer in Varnava et al v Turkey auf: „In the light of the findings in the fourth inter-State case, which have not been controverted, these disappearances occurred in life-threatening circumstances where the conduct of military operations was accompanied by widespread arrests and killings. Article

---

1197 Gaggioli/Kolb, Israel Yearbook on Human Rights 2007, S. 154 f; hier findet sich auch nochmals ein Überblick der Vorgaben für eine Untersuchung gem. Art. 2EMRK.

1198 EGMR, Urteil vom 27.07.2006, Bazorkina v Russia, Nr. 69481/ 01, Z. 121; in diesem Fall war der Gerichtshof jedoch der Ansicht, dass alle verständlichen Verzögerungen weit überschritten worden waren.

1199 EGMR, Urteil vom 10.05.2001, Cyprus v Turkey, Nr. 25781/94, Z. 129.

1200 EGMR, Urteil vom 10.05.2001, Cyprus v Turkey, Nr. 25781/94, Z. 133, Hervorhebung durch die Verfasserin; vgl. auch ibid, Z. 136.

2 therefore imposes a continuing obligation on the respondent Government to account for the whereabouts and fate of the missing men in the present case; if warranted, consequent measures for redress could then be effectively adopted."[1201]

Dies zeigt noch einmal deutlich, was oben schon festgehalten wurde: Lebensbedrohliche Umstände sind sowohl in Bezug auf substantielle Verletzungen des Art. 2 EMRK (Vermutung des Todes bei Vermissten), als auch mit Blick auf die Verletzung der prozeduralen Verpflichtung des Art. 2 EMRK (Untersuchungspflicht) von Bedeutung[1202].

(bb) Todesfälle

Im Detail mit der Untersuchungspflicht im internationalen bewaffneten Konflikt beschäftigte sich der Gerichtshof in Al-Skeini et al v UK sowie Jaloud v The Netherlands. Die Beschwerdeführer hatten ihre Beschwerde auf die prozedurale Seite des Art. 2 EMRK beschränkt[1203].

Zwischen den Parteien war insbesondere umstritten, inwiefern die tatsächliche Situation im Irak kurz nach Beendigung der Kampfhandlungen hinsichtlich des Maßstabs, der an die Untersuchungspflicht angelegt werden sollte, zu berücksichtigen wären. Der Gerichtshof selbst beschrieb die tatsächlichen Verhältnisse folgendermaßen: „The Court is conscious that the deaths in the present case occurred in Basrah City in South East Iraq in the aftermath of the invasion, during a period when crime and violence were endemic. Although major combat operations had ceased on 1 May 2003, the Coalition forces in South East Iraq, including British soldiers and military police, were the target of over a thousand violent attacks in the subsequent 13 months. In tandem with the security problems, there were serious breakdowns in the civilian infrastructure, including the law enforcement and criminal justice systems."[1204]

Während die Beschwerdeführer in diesen Umständen keine Rechtfertigung für eine Untersuchung sahen, die den Ansprüchen des Art. 2 EMRK nicht genügte[1205], argumentierten die Antragsgegner, dass dem Staat keine „impossible

1201 EGMR (Große Kammer), Urteil vom 18.09.2009, Varnava et al v Turkey, Nr. 16064/90–16073/90, Z. 186.

1202 Hinzu kommt, dass sie auch im Rahmen einer substantiellen Schutzpflichtverletzung eine Rolle spielen können, vgl. oben unter Ziff. I.1.a).

1203 EGMR, Urteil vom 7.7.2011, Al-Skeini et al v UK, Nr. 55721/07, Z. 151; EGMR, Urteil vom 20.11.2014, Jaloud v The Netherlands, Nr. 47708/08, Z. 157.

1204 EGMR, Urteil vom 07.7.2011, Al Skeini et al v UK, Nr. 55721/07, Z. 161.

1205 Die Antragsteller argumentierten unter anderem: „The United Kingdom was aware, or should have been aware, prior to the invasion and during the subsequent occupation, of the difficulties it would encounter. Its shortcomings in making provision for those difficulties could not exonerate it from the failure to comply with the investigative duty.", EGMR, Urteil vom 7.7.2011, Al Skeini et al v UK, Nr. 55721/07, Z. 158.

or disproportionate burden“[1206] auferlegt werden dürfe. Daneben stand insbesondere in Streit, ob die Untersuchung unabhängig gewesen sei[1207].

Der Gerichtshof bekräftigte zunächst, dass die bisherige Rechtsprechung zur Untersuchungspflicht im bewaffneten Konflikt auch hier gelte: „The Court has held that the procedural obligation under Article 2 continues to apply in difficult security conditions, including in a context of armed conflict.“[1208] Weiterhin stellte er aber erneut fest, dass die tatsächlichen Umstände, innerhalb derer Todesfälle ermittelt werden, sehr wohl in die Anforderungen an die Untersuchungspflicht miteinbezogen werden müssten: „It is clear that where the death to be investigated under Article 2 occurs in circumstances of generalised violence, armed conflict or insurgency, obstacles may be placed in the way of investigators and, as the United Nations Special Rapporteur has also observed, concrete constraints may compel the use of less effective measures of investigation or may cause an investigation to be delayed. Nonetheless, the obligation under Article 2 to safeguard life entails that, even in difficult security conditions, all reasonable steps must be taken to ensure that an effective, independent investigation is conducted into alleged breaches of the right to life.“[1209] Die Pflicht zur Untersuchung gem. Art. 2 EMRK müsse realistisch angewendet werden[1210]. Diese Prinzipien zitierte der Gerichtshof in seinen Ausführungen in Jaloud v The Netherlands[1211].

Die Übertragung dieser Aussagen, die bereits aus anderen Fällen bekannt sind, macht klar, dass auch in einem klassischen internationalen bewaffneten Konflikt zwar tatsächliche Umstände mit einzubeziehen sind – wie in jedem anderen Fall letzten Endes auch -, sich jedoch rechtlich nichts an der Verpflichtung zur Untersuchung des Todesfalls ändert. Das Militär hat in einer humanitärvölkerrechtlich relevanten Situation somit grundsätzlich die gleiche (Untersuchungs) Verpflichtung wie ein Staat auf seinem Hoheitsgebiet.

Tatsächlich scheint sich die Verpflichtung womöglich sogar noch ausweiten, jedenfalls dort, wo es Hinweise auf ein „systemisches“ Versagen gibt. Mit Bezug auf den Sohn des fünften Antragstellers, der mutmaßlich von britischen Soldaten ertränkt wurde, kritisierte der Gerichtshof den Fokus der Untersuchung auf die Strafbarkeit Einzelner als nicht genügend. Vielmehr war der Gerichtshof der Ansicht, „that Article 2 required an independent examination, accessible to the victim's family and to the public, of *the broader issues of State responsibility for the death*, including the instructions, training and supervision given to soldiers undertaking tasks such as this in the aftermath of the invasion.“[1212] Dies ist

---

1206 EGMR, Urteil vom 7.7.2011, Al-Skeini et al v UK, Nr. 55721/07, Z. 152.
1207 EGMR, Urteil vom 7.7.2011, Al-Skeini et al v UK, Nr. 55721/07, Z. 154 und 159.
1208 EGMR, Urteil vom 7.7.2011, Al-Skeini et al v UK, Nr. 55721/07, Z. 164.
1209 EGMR, Urteil vom 7.7.2011, Al-Skeini et al v UK, Nr. 55721/07, Z. 164.
1210 EGMR, Urteil vom 7.7.2011, Al-Skeini et al v UK, Nr. 55721/07, Z. 168.
1211 EGMR, Urteil vom 20.11.2014, Jaloud v The Netherlands, Nr. 47708/08, Z. 186.
1212 EGMR, Urteil vom 7.7.2011, Al-Skeini et al v UK, Nr. 55721/07, Z. 174, Hervorhebung durch die Verfasserin.

eine durchaus interessante Entwicklung, die zu beobachten bleibt: Art. 2 EMRK könnte dahingehend ausgelegt werden müssen, dass systematische Gefährdungen des Rechts auf Leben durch das Militär untersucht werden müssen. Eine solche Verpflichtung könnte zu einem effektiven Instrument zur Schaffung verbesserter Strukturen im Militär führen. Verbesserte Strukturen wiederum könnten dazu führen, dass das Recht auf Leben im bewaffneten Konflikt und Besatzung besser geschützt wird.

Zudem bewertete der Gerichtshof die Unabhängigkeit der britischen Militärpolizei und ihres „Special Investigation Branch“. Für zukünftige Ermittlungen, die durch das Militär im Zusammenhang mit eine internationalen bewaffneten Konflikt durchgeführt werden, gelte insofern, dass eine Unabhängigkeit der Ermittlungseinheit dann nicht gegeben ist, wenn diese nicht eigenständig entscheiden kann, wann sie eine Ermittlung beginnt und beendet[1213]. Zudem müsse die Weiterleitung an eine Strafverfolgungsbehörde allein Entscheidung der Ermittlungsbehörde sein; insbesondere dürfe der Kommandant der involvierten Soldaten nicht in diese Entscheidung miteinbezogen werden[1214]. Die institutionelle Abhängigkeit sei auch dann schädlich, wenn es im konkreten Fall keinerlei Einmischung in die Ermittlungen gegeben habe[1215].

In Jaloud v The Netherlands, welcher die Tötung eines jungen Irakers an einem irakisch-niederländisch besetzten Kontrollpunkt zum Gegenstand hatte, legte der Gerichtshof einen strengen Maßstab an die Verpflichtungen des Vertragsstaats an. Zwar war nach Ansicht des Gerichtshofs in diesem Fall ausreichende Unabhängigkeit der ermittelnden Organe gegeben[1216], jedoch sah der Gerichtshof andere Mängel des Verfahrens. So sei das Verfahren dadurch erheblich beeinträchtigt worden, dass dem über die Strafbarkeit entscheidendem Gericht die Aussagen der irakischen Soldaten nicht vorgelegt worden war[1217], keine Maßnahmen ergriffen worden waren, die geeignet gewesen wären, den Verdächtigen von einer Absprache mit anderen am Tatort abzuhalten[1218] und die Autopsie vor Ort nicht fachgerecht durchgeführt worden sei[1219]. All dies führte dazu, dass der Gerichtshof trotz der zu berücksichtigenden Umstände die Untersuchungspflicht gem. Art. 2 EMRK als verletzt ansah[1220]. Diese Ansicht traf bei einem Teil der Richterschaft ob des Maßstabs, der an die Untersuchung unter den Umständen,

---

1213 EGMR, Urteil vom 7.7.2011, Al-Skeini et al v UK, Nr. 55721/07, Z. 172.
1214 EGMR, Urteil vom 7.7.2011, Al-Skeini et al v UK, Nr. 55721/07, Z. 172.
1215 EGMR, Urteil vom 7.7.2011, Al-Skeini et al v UK, Nr. 55721/07, Z. 174.
1216 EGMR, Urteil vom 20.11.2014, Jaloud v The Netherlands, Nr. 47708/08, 191ff.
1217 EGMR, Urteil vom 20.11.2014, Jaloud v The Netherlands, Nr. 47708/08, 197ff.
1218 EGMR, Urteil vom 20.11.2014, Jaloud v The Netherlands, Nr. 47708/08, Z. 206. Es gab jedoch keine Hinweise darauf, dass der Soldat dies versucht hätte.
1219 EGMR, Urteil vom 20.11.2014, Jaloud v The Netherlands, Nr. 47708/08, Z. 212 ff.
1220 EGMR, Urteil vom 20.11.2014, Jaloud v The Netherlands, Nr. 47708/08, Z. 227.

die zur Zeit des Todesfalls im Irak herrschten, durchaus auf Kritik[1221]. Diese betraf insbesondere die Bewertung der Autopsie, die durch irakisches Personal durchgeführt worden war; eine rechtliche Grundlage für die niederländischen Kräfte, hier anwesend zu sein, wie vom Gerichtshof gefordert, hätte es nicht gegeben[1222]. Zudem sei es kaum vorstellbar gewesen, alle an dem Vorfall Beteiligten abzuziehen und zu trennen, da sie auch für die Sicherheit vor Ort zu sorgen gehabt hätten[1223].

cc) Ergebnis

Wenn auch die verschiedenen prozeduralen Aspekte des Rechts auf Leben im bewaffneten Konflikt nicht einfach auseinanderzuhalten sind – was insbesondere auch an den vielfältigen Rechtsfolgen der im Krieg herrschenden „lebensgefährdenden Umstände“ liegt – zeigt die Rechtsprechung des EGMR doch, dass mit den zur Verfügung stehenden Mitteln die rechtliche Aufarbeitung der tatsächliche Situation in den Griff zu bekommen ist. Der bewaffnete Konflikt hat insofern nicht zu unterschätzende Auswirkungen auf die Beweislastverschiebungen. Daneben stellt die Untersuchungspflicht, die in einem vernünftigen Maß auch im bewaffneten Konflikt zu beachten ist, eine das humanitäre Völkerrecht teilweise integrierende[1224] und teilweise komplementäre[1225] Pflicht dar, die jedenfalls zu einer besseren Überwachung der Staaten führt. Insbesondere auch im internationalen bewaffneten Konflikt stellen die detaillierten Vorschriften, wie sie in Al-Skeini v UK eingeführt wurden, ein Novum dar, welches aber das Potential hat, die Eigenkontrolle der Vertragsstaaten zu verbessern. Auch für den internen bewaffneten Konflikt enthält die Rechtsprechung des Gerichtshofs Kriterien, die zu einer Überprüfung großangelegter militärischer Handlungen verpflichtet, wie die Tschetschenien-Fälle zeigen. Zu begrüßen ist aber auch, dass der EGMR

1221 EGMR, Urteil vom 20.11.2014, Jaloud v The Netherlands, Nr. 47708/08, „Joint Concurring Opinion“ der Richter Casadevall, Berro-Lefevre, Šikuta, Hirvelä, López Guerra, Sajó und Silvis: „However, we respectfully regret that the Grand Chamber also found it appropriate to scrutinise the investigations in Iraq in such a painstaking way that eyebrows may be raised about the role and competence of our Court.“

1222 EGMR, Urteil vom 20.11.2014, Jaloud v The Netherlands, Nr. 47708/08, „Joint Concurring Opinion“ der Richter Casadevall, Berro-Lefevre, Šikuta, Hirvelä, López Guerra, Sajó und Silvis, Z. 6.

1223 EGMR, Urteil vom 20.11.2014, Jaloud v The Netherlands, Nr. 47708/08, „Joint Concurring Opinion“ der Richter Casadevall, Berro-Lefevre, Šikuta, Hirvelä, López Guerra, Sajó und Silvis, Z. 7.

1224 Vgl. in EGMR (Große Kammer), Urteil vom 18.09.2009, Varnava et al v Turkey, Nr. 16064/90- 16073/90 das Zusammenspiel, welches zur Pflicht führt, über Personen in Kontrolle Rechenschaft ablegen zu müssen.

1225 So auch GAGGIOLI/KOLB, Israel Yearbook on Human Rights 2007, S. 152ff.

auf die Realitäten des Krieges bezüglich des Umfangs der Untersuchungspflicht Rücksicht nimmt, da eine irreale Verpflichtung den genau gegenteiligen Effekt haben kann und die Vertragsstaaten demotiviert. Deshalb sollte die strenge Linie aus Jaloud v The Netherlands auch nicht weiterverfolgt werden.

c) Ergebnis

Der Gerichtshof wendet im bewaffneten internen Konflikt eindeutig andere Maßstäbe mit Blick auf das Recht auf Leben an, als er dies in Friedenszeiten tut. Dies gilt insbesondere für die Prüfung die Legitimität des Einsatzes von tödlicher Gewalt, die er im bewaffneten Konflikt zu vermuten scheint. Darüber hinaus akzeptiert der Gerichtshof, dass Kämpfer in Kampfsituationen getötet werden dürfen und dass auch Opfer unter Zivilisten im bewaffneten Konflikt in Kauf zu nehmen sind. In diesem Zusammenhang kommt es ihm aber – im Einklang mit humanitärvölkerrechtlichen Maßstäben – auf das Prinzip der Unterscheidung und das Prinzip der Ergreifung von Vorsichtsmaßnahmen an. Bezüglich letzterer teilt er mit dem humanitären Völkerrecht sogar den genauen Wortlaut.

Ein wirklicher Test der Frage, ob der Gerichtshof im internen Konflikt höhere – menschenrechtliche – Maßstäbe an das materielle Recht auf Leben anwendet, ist bisher ausgeblieben, da das staatliche Handeln bisher immer bereits schon gegen humanitärvölkerrechtliche Standards verstoßen hatte. Bisher deutet die Rechtsprechung des Gerichtshofs aber bereits in eindeutig in die Richtung, dass es kein materiell-rechtliches Menschenrecht auf Leben im bewaffneten Konflikt gibt. Vielmehr hat der Gerichtshof deutlich humanitäres Völkerrecht aus dem internationalen bewaffneten Konflikt übernommen und hierdurch das Völkergewohnheitsrecht des internen bewaffneten Konflikts weiterentwickelt[1226].

Deutliche menschenrechtliche Wertungen finden sich demgegenüber im Rahmen der prozeduralen Aspekte. So bleibt auch im bewaffneten Konflikt – ob nun intern oder international – der prozedurale Aspekt des Art. 2 EMRK in Gestalt der Untersuchungspflicht bestehen. Dies gilt auch bei großangelegten militärischen Aktionen wie die Bombardierungen in Tschetschenien, auf die sich der Gerichtshof die Untersuchungspflicht bezog. Daneben spielt der bewaffnete Konflikt auch im Verfahren vor dem Gerichtshof selbst eine Rolle, da er zu nicht unerheblichen Beweislastverschiebungen führt, die es leichter machen, dem Vertragsstaat substantielle Verletzungen des Rechts auf Leben zuzurechnen.

1226 Die IKRK-Studie zitiert zusätzlich zu den bereits genannten Entscheidungen EGMR, Urteil vom 28.7.1998, Ergi v Turkey, Nr. 66/1997/850/1057. und EGMR, Urteil vom 2.11.1998, Yasa v Turkey, Nr. 22495/93 als Beleg für „Rule 89“: „Murder ist prohibited.“, vgl. HENCKAERTS/DOSWALD-BECK, Customary International Humanitarian Law, S. 312; FOROWICZ, S. 341/342, die nicht sicher ist, ob das Prinzip zur Zeit des Urteils bereits Völkergewohnheitsrecht im internen bewaffneten Konflikt darstellte.

2. Interamerikanische Menschenrechtsorgane

Die interamerikanischen Organe haben sich in durchaus unterschiedlicher Häufigkeit und Tiefe zum humanitären Völkerrecht gerade im Zusammenhang mit dem Recht auf Leben geäußert. Auch sie haben hierbei Einfluss auf die Ausprägungen des humanitären Völkergewohnheitsrechts genommen und werden beispielsweise in der entsprechenden IKRK-Studie zitiert. Es stellt sich somit die Frage, wie die interamerikanischen Organe das Recht auf Leben im bewaffneten Konflikt beurteilen und ob hierbei auch Raum für menschenrechtliche Einflüsse bleibt.

a) Die Interamerikanische Kommission für Menschenrechte

aa) Absolutes Verbot der „summary execution"

Die Kommission hatte sich im Laufe ihrer Tätigkeit sehr häufig mit der sofortigen Tötungen wehrloser und verwunderter Menschen im Rahmen interner bewaffneter Konflikte zu beschäftigen. Die Tötungen betrafen dabei sowohl Zivilisten, die nicht an Feindseligkeiten teilgenommen hatten, als auch Personen, die in ein Kampfgeschehen verwickelt waren und getötet wurden, nachdem sie verwundet worden oder in die Hände der gegnerischen Partei gefallen waren. Staatliche Kräfte[1227] sind in dieser Situation sowohl durch Art. 4 AMRK als auch durch das humanitäre Völkerrecht – insbesondere durch den gemeinsamen Art. 3 GK – gebunden. Die Formel, die die Kommission im Zusammenhang mit der sofortigen Hinrichtung entwickelt hat, lautet wie folgt: „(...) [B]oth Common Article 3 and Article 4 of the American Convention protect the right to life and, thus, prohibit inter alia summary executions in all circumstances."[1228] Dieser Regel misst die Kommission höchste Bedeutung bei[1229]. Weiter präzisiert hat die

---

1227 Derartige Exekutionen werden auch von Angehörigen nicht-staatlicher Kriegsparteien vorgenommen; diese sind nach Auffassung der Kommission jedoch allein nach dem humanitären Völkerrecht zu beurteilen, vgl. AKMR, Third Report on the Situation of Human Rights in Colombia.

1228 AKMR, Entscheidung vom 18.11.1997, Juan Carlos Abella v Colombia, Nr. 11.137, Z. 161; ebenso AKMR, Third Report on the Situation of Human Rights in Colombia, OEA/Ser.L/V/II.102, Chapter IV, Z. 12; für die Amerikanische Deklaration aktuell in AMRK, Entscheidung vom 5.10.2018 (Begründetheit), Salas v United States, Nr. 10.573, Z. 323.

1229 Vgl. AMRK, Entscheidung vom 30.9.1997, Avilán et al v Colombia, Nr. 11.142, Z. 140: „Military operations must always be conducted within the regulations and prohibitions imposed by the application of the rules of international humanitarian law. The *first of these rules* is that a wounded person and/or a combatant who is captured or hors de combat must be afforded humane treatment. This rule recognizes that when some combatants have ceased participating in the hostilities and no longer pose a threat or the possibility of immediate harm to the adversary, they do not qualify as legitimate military targets. Mistreatment,

Kommission dieses Verbot für Zivilisten[1230] und Personen, die im Gewahrsam einer Staatspartei[1231] sind.

bb) Anwendung des humanitären Völkerrechts allein

Besonders intensiv wurde die Thematik des anwendbaren Rechts im internen bewaffneten im Dritten Staatenbericht betreffend die Menschenrechte in Kolumbien (in der Folge: „Dritter Staatenbericht Kolumbien") behandelt. Angesichts der wenig detaillierten vertraglichen Regelungen des humanitären Völkerrechts im nicht-internationalen bewaffneten Konflikt, bedeutet die Stellungnahme der Kommission zur Rechtmäßigkeit von Angriffshandlungen in einen wichtigen Beitrag zur Festigung der Rechtslage. Die Kommission legte hierbei zum einen abstrakt wichtige humanitärvölkerrechtliche Regelungen dar[1232] und untersuchte im Folgenden sowohl das Verhalten der bewaffneten rebellischen Gruppen[1233], der paramilitärischen bewaffneten Gruppen[1234] sowie auch des Vertragsstaates selbst[1235]. Hierbei ist in Erinnerung zu behalten, dass Schnittmengen zwischen der Rechtsmaterie humanitäres Völkerrecht und Menschenrechte sich jedoch allein in der Überprüfung des Verhaltens des Staates (und ihm eventuell zuzurechnenden Verhaltens des Paramilitärs) Raum finden kann, da nicht-staatliche Kriegsparteien nicht an die interamerikanischen Menschenrechtsdokumente gebunden sind[1236].

---

and even more so extrajudicial executions, of wounded or captured combatants are grave violations of Common Article 3.", Hervorhebung durch die Verfasserin.

1230 Vgl. AKMR, Entscheidung vom 6.4.2001, Riofrío Massacre, Nr. 11.654 Z. 54: „It is also important to note that intentional mistreatment, and particularly extrajudicial execution of civilians under the control of one of the parties in any kind of armed conflict is absolutely prohibited in all circumstances in light of the basic considerations of humanity reflected in common Article 3 of the Geneva Conventions."

1231 AKMR, Entscheidung vom 06.4.2001, Carlos Manuel Prada González and Evelio Antonio Bolaño Castro, Report- Nr. 63/01, Z. 32: „It is salient, in this context, that intentional mistreatment, let alone extrajudicial execution, of persons in the custody of a party to any form of armed conflict is absolutely prohibited under any circumstance in the light of the fundamental considerations of humanity reflected in the common Article 3 of the Geneva Conventions."

1232 AKMR, Third Report on the Situation of Human Rights in Colombia, OEA/Ser.L/V/II.102, Chapter IV, B. Z. 36 ff.

1233 Insbesondere der FARC, vgl. AKMR, Third Report on the Situation of Human Rights in Colombia, OEA/Ser.L/V/II.102, Chapter IV, B. Z. 84 ff.

1234 AKMR, Third Report on the Situation of Human Rights in Colombia, OEA/Ser.L/V/II.102 Chapter IV, B. Z. 151 ff..

1235 AKMR, Third Report on the Situation of Human Rights in Colombia, OEA/Ser.L/V/II.102 Chapter IV, B. Z. 234 ff.

1236 AKMR, Third Report on the Situation of Human Rights in Colombia vom 26.2.1999, OEA/Ser.L/V/II.102 Doc. 9 rev. 1, Chapter IV, Z. 13: „Moreover and

Im aktuell entschiedenen Fall Salas et al v United States behandelte die Kommission ebenfalls in langen Passagen[1237] – der eigentlichen Prüfung des konkreten Falls vorangestellt – abstrakt das geltende humanitäre Völkerrecht. In dem konkreten Fall ging es um einen internationalen bewaffneten Konflikt, jedoch schien es der Kommission hierauf bei der Erläuterung des relevanten humanitären – vertraglichen wie völkergewohnheitsrechtlichen[1238] – Völkerrechts nicht entscheidend anzukommen. Die Kommission schickte der Prüfung voraus: „International humanitarian law provides for a series of general principles that represent a minimum of humanity applicable at any time, place, or circumstance; they are mainly used to interpret standards applicable in armed conflicts."[1239] Die Prüfung des Rechts auf Leben erfolgte hierbei im Rahmen des Artikel I der Amerikanischen Deklaration, da die USA der AMRK bisher nicht beigetreten sind. Zu den relevanten Prinzipien führte die Kommission aus: „In situations of armed conflict, the analysis needs to be consonant with the *principles of proportionality, distinction, necessity, and precaution* that govern the use of force in attempt to limit the suffering of the civilian population and unnecessary loss of life."[1240] Diese Prinzipien blieben in der weiteren Prüfung nicht abstrakt, sondern wurden anhand der konkret zu beurteilenden Situationen mit Leben gefüllt (hierzu sogleich).

Aber auch im Rahmen der Prüfung des Art. 4 AMRK im internen bewaffneten Konflikt stellte sie auf das humanitäre Völkerrecht ab, wie sich aus folgender Formel der Kommission schließen lässt: „[T]he Commission's ability to resolve claimed violations of this non-derogable right arising out of an armed conflict may not be possible in many cases by reference to Article 4 of the American Convention alone. This is because the American Convention contains no rules that either *define or distinguish civilians from combatants and other military targets*, much less, specify *when a civilian can be lawfully attacked or when civilian casualties are a lawful consequence of military operations*. Therefore, the Commission must necessarily look to and apply definitional standards and

importantly, humanitarian law rules governing internal hostilities apply equally to and expressly bind all the parties to the conflict, i.e. State security forces, dissident armed groups and all of their respective agents and proxies. *In contrast, human rights law generally applies to only one party to the conflict, namely the State and its agents.*", Hervorhebung durch die Verfasserin.

1237 AMRK, Entscheidung vom 5.10.2018 (Begründetheit), Salas v United States, Nr. 10.573, Z. 341 ff.

1238 AMRK, Entscheidung vom 5.10.2018 (Begründetheit), Salas v United States, Nr. 10.573, Z. 343; hierbei greift die Kommission wiederum stark auf die IKRK-Studie zum Völkergewohnheitsrecht zurück.

1239 AMRK, Entscheidung vom 5.10.2018 (Begründetheit), Salas v United States, Nr. 10.573, Z. 341.

1240 AMRK, Entscheidung vom 5.10.2018 (Begründetheit), Salas v United States, Nr. 10.573, Z. 338, Hervorhebung durch die Verfasserin

relevant rules of humanitarian law as sources of authoritative guidance in its resolution of this and other kinds of claims alleging violations of the American Convention in combat situations."[1241] Die Kommission sprach sich somit für die Existenz sowohl des Prinzips der Unterscheidung, als auch des Prinzips der Verhältnismäßigkeit, als auch der Pflicht zur Ergreifung von Vorsichtsmaßnahmen im internen bewaffneten Konflikt aus. In ihrer Entscheidung zu Avilán et al v Colombia machte sie ihren Grundsatz bezüglich des Verhaltens bei Feindseligkeiten klar: „In conclusion, the Commission does not question the right of the State to defend itself and its population against an armed enemy. But neither the State, nor the dissidents, have the power to select how to conduct hostilities. Military operations must always be conducted within the regulations and prohibitions imposed by the application of the rules of international humanitarian law."[1242]

Die Prinzipien und die Haltung der Kommission sollen im Folgenden näher dargestellt werden.

(1) Prinzip der militärischen Notwendigkeit und Prinzip der Menschlichkeit

Die Kommission nahm in ihren Ausführungen auch zum Prinzip der militärischen Notwendigkeit und dem Prinzip der Menschlichkeit Stellung. Im „Report on Terrorism and Human Rights"[1243] bezeichnet die Kommission diese beiden Prinzipien als solche, die in allen Konflikten, gleichgültig welcher Natur, Anwendung finden[1244]. Das Prinzip der militärischen Notwendigkeit umschreibt sie dabei im Einklang mit der herrschenden Meinung folgendermaßen: „The principle of military necessity (...) justifies those measures of military violence not forbidden by international law that are necessary and proportionate to securing the prompt submission of the enemy with the least possible expenditure of human and economic resources."[1245] Das Prinzip der Menschlichkeit ergänze und

---

1241 AKMR, Entscheidung vom 18.11.1997, Juan Carlos Abella v Colombia, Nr. 11.137, Z. 161, Hervorhebung durch die Verfasserin; fast wortwörtlich bereits in AKMR, Third Report on the Situation of Human Rights in Colombia vom 26.2.1999, OEA/Ser.L/V/II.102 Doc. 9 rev. 1, Chapter IV, Z. 12; AMRK, Entscheidung vom 30.9.1997, Avilán et al v Colombia, Nr. 11.142, Z. 173.

1242 AMRK, Entscheidung vom 30.9.1997, Avilán et al v Colombia, Nr. 11.142, Z. 140.

1243 AKMR, Report on Terrorism and Human Rights vom 22.10.2002, OEA/Ser.L/V/II.116, Doc. 5 rev. 1 corr.; zuvor hatte sie zu den Prinzipien bereits im AKMR, Third Report on the Situation of Human Rights in Colombia vom 26.2.1999, OEA/Ser.L/V/II.102 Stellung genommen, vgl. Chapter IV, Z. 38.

1244 AKMR, Report on Terrorism and Human Rights vom 22.10.2002, OEA/Ser.L/V/II.116, Doc. 5 rev. 1 corr., Z. 65.

1245 AKMR, Report on Terrorism and Human Rights vom 22.10.2002, OEA/Ser.L/V/II.116, Doc. 5 rev. 1 corr., Z. 65.

begrenze dieses Prinzip der militärischen Notwendigkeit[1246]. Den Inhalt des Prinzips beschrieb die Kommission wie folgt: „This principle prohibits the infliction of suffering, injury or destruction not actually necessary, i.e. proportionate, for the realization of lawful military purposes. Moreover, the principle of humanity also confirms the basic immunity of civilians from being the object of attack in all armed conflicts."[1247] An dieser Einschätzung hat sich auch Jahre später nichts geändert, wie die seitens der Kommission benutzte Formel mit Blick auf das Prinzip zeigte: „The principle of necessity looks toward the lawful military goals of the conflict, while the principles of proportionality and precaution look toward humanitarian protections of civilians and noncombatants. As the ICRC has developed, the purpose of international humanitarian law is to strike a balance between these interests."[1248]

(2) Prinzip der Unterscheidung

Das Prinzip der Unterscheidung ist für die Kommission das Ergebnis aus dem Prinzip der militärischen Notwendigkeit zum einen und dem der Menschlichkeit zum anderen[1249].

In der Entscheidung Salas et al v US, in der es – wie bereits erwähnt – um einen internationalen bewaffneten Konflikt ging, benannte die Kommission das Prinzip der Unterscheidung wie folgt: „Based on the principle of distinction, the Parties to the conflict shall at all times distinguish between the civilian population and combatants. Accordingly, attacks may only be directed at combatants and civilians must not be attacked."[1250] Für ein Beispiel des Verstoßes gegen das Prinzip der Unterscheidung griff sie auf den Fall Santo Domingo Massacre v Colombia des AGMR zurück, der ebenfalls noch untersucht werden wird. Die Kommission stellte fest: „The IACHR stresses that this prohibition of indiscriminate attacks by bombardment includes the methods or means deployed against a town, village, or other area in which there is a similar concentration of civilians or civilian objects known as ‚area bombings.' "[1251] Da auch die Vereinigten Staaten

---

1246 AKMR, Report on Terrorism and Human Rights vom 22.10.2002, OEA/Ser.L/V/II.116, Doc. 5 rev. 1 corr., Z. 65.

1247 AKMR, Report on Terrorism and Human Rights vom 22.10.2002, OEA/Ser.L/V/II.116, Doc. 5 rev. 1 corr., Z. 65.

1248 AMRK, Entscheidung vom 5.10.2018 (Begründetheit), Salas v United States, Nr. 10.573, Z. 364.

1249 AKMR, Report on Terrorism and Human Rights vom 22.10.2002, OEA/Ser.L/V/II.116, Doc. 5 rev. 1 corr., Z. 66; dies gilt ebenso für das Prinzip der Verhältnismäßigkeit.

1250 AMRK, Entscheidung vom 5.10.2018 (Begründetheit), Salas v United States, Nr. 10.573, Z. 347.

1251 AMRK, Entscheidung vom 5.10.2018 (Begründetheit), Salas v United States, Nr. 10.573, Z. 355.

im Rahmen ihrer Operation „Just Cause" „heavily populated civilian areas"[1252] bombardiert hatten, nahm die Kommission zur Frage der menschlichen Schutzschilde ebenfalls Stellung. Dies soll unter Ziff. (4) noch näher erörtert werden[1253].

Die Kommission ist der Überzeugung, dass auch im internen bewaffneten Konflikt das Prinzip der Unterscheidung gilt. Im Dritten Staatenbericht Kolumbien zog sie als Beleg zum einen die Rechtsprechung des Jugoslawien-Tribunals heran. Im Fall Tadić hatte das Tribunal zwei UN-Resolutionen – Resolution 2444 (Respect for Human Rights in Armed Conflicts)[1254] und 2675 (Basic Principles for the Protection of Civilian Populations in Armed Conflicts)[1255] – identifiziert, welche das Prinzip der Unterscheidung in seinen Augen zu Völkergewohnheitsrecht erhob[1256]. Daneben zog die Kommission die im gemeinsamen Art. 3 GK und in Art. 13 ZP II widergespiegelte Schutz der Zivilbevölkerung als Beleg des Prinzips der Unterscheidung heran[1257]. Von der Völkergewohnheitsrechtsstudie wird daneben auch die Entscheidung der Kommission in La Tablada (Juan Carlos Abella v Argentina) herangezogen, um zu begründen, dass die Unterscheidung zwischen Zivilisten und Kombattanten in beiden Arten des bewaffneten Konflikts Völkergewohnheitsrecht darstellt[1258]. Grundsätzlich ist die Kommission der Ansicht, dass der hinter einem legitimen Angriffsziel stehende Gedanke der der Gefährlichkeit der Person ist[1259].

1252 AMRK, Entscheidung vom 5.10.2018 (Begründetheit), Salas v United States, Nr. 10.573, Z. 396.

1253 Vorliegend wird davon ausgegangen, dass es sich bei der Frage des Angriffs von unfreiwilligen menschlichen Schutzschilden um eine Frage der Verhältnismäßgkeit handelt, SCHMITT, HARVARD NATIONAL SECURITY JOURNAL 2010.

1254 Abrufbar unter: http://www.un.org/documents/ga/res/23/ares23.htm, zuletzt besucht im Februar 2019.

1255 Abrufbar unter: http://www.un.org/documents/ga/res/25/ares25.htm zuletzt besuchte im Februar 2019.

1256 AKMR, Third Report on the Situation of Human Rights in Colombia, OEA/Ser.L/V/II.102, Chapter IV, B. Z. 39.

1257 AKMR, Third Report on the Situation of Human Rights in Colombia, OEA/Ser.L/V/II.102, Chapter IV, B. Z. 41/42.

1258 HENCKAERTS/DOSWALD-BECK, Customary International Humanitarian Law, Rule 1, S. 8.

1259 Dies zeigt sich daran, dass die AKMR einen Angriff auf an Feindseligkeiten Beteiligte nur so lange für legitim hält, wie sie eine Gefahr darstellen, vgl. AMRK, Entscheidung vom 30.9.1997, Avilán et al v Colombia, Nr. 11.142, Z. 140: „This rule recognizes that when some combatants have ceased participating in the hostilities and no longer pose a threat or the possibility of immediate harm to the adversary, they do not qualify as legitimate military targets.", aA SCHMITT, Harvard National Security Journal 2010, S. 37: „First, the reason civilians lose protection while directly participating in hostilities is because they have chosen to be part of the conflict; it is not because they represent a threat."

Wie bereits beschrieben, ist eine Kernfrage des Prinzips der Unterscheidung, wer zum legitimen Ziel eines Angriffs im Rahmen eines bewaffneten Konflikts gemacht werden kann (vgl. Ziff. I.2. a)).In der Folge soll nun untersucht werden, wie die Kommission bestimmte Problemfelder des Prinzips der Unterscheidung im Rahmen der beiden Konfliktarten beurteilt.

(aa) Kombattanten auch im nicht-internationalen bewaffneten Konflikt?

Wie unter Ziff. I.2. bereits ausführlich behandelt, ist im Rahmen des humanitären Völkerrechts für den internen Konflikt umstritten, ob es eine Gruppe von Personen auf nicht-staatlicher Seite gibt, die im Unterschied zu Zivilisten jederzeit – das heißt, ohne dass sie zu diesem Zeitpunkt an Feindseligkeiten teilnehmen – zu legitimen Angriffszielen gemacht werden können. Wie erläutert, wird teilweise vertreten, dass eine Lösung dieses Problems über eine weite Auslegung des Begriffs der „unmittelbaren Teilnahme an Feindseligkeiten" erfolgen soll[1260]. Während manche hierbei für eine weite Auslegung plädieren, die letzten Endes zu einem kombattantenähnlichen Status der Mitglieder der bewaffneten Gruppen führt[1261], sprechen sich andere für eine engere Auslegung aus. Angeführt wird als Argument, dass ein kombattantenähnlicher Status der Rebellengruppe durch die entsprechenden humanitärvölkerrechtlichen Regelungen gerade nicht gewollt sei und ein Drehtüreffekt für die Beteiligten auf nicht-staatlicher Seite gemäß Art. 13 und Art. 51 ZP II zwangsläufig angelegt sei[1262]. Überwiegend wird sich jedoch dafür ausgesprochen, dass es auch im internen Konflikt „Kämpfer" gebe, die jederzeit legitimes Ziel eines Angriffs sein können[1263]. Dies wird aus den Begriffen „armed forces" im gemeinsamen Art. 3 GK sowie auf „dissident armed forces" in Art. 1 Abs. 1 ZP I hergeleitet[1264], sowie aus dem Prinzip, dass auch im internen Konflikt Ziele nicht willkürlich gewählt werden dürften. Ihnen zufolge müsse sich aus dem Prinzip der Unterscheidung, welches gewohnheitsrechtlich

1260 Sassòli/Olson, International Review of the Red Cross 2008, S. 607; vgl. auch Schmitt, Harvard National Security Journal 2010, S. 17

1261 Melzer, International Review of the Red Cross, S. 1006 ff. Als Argument wird vornehmlich ins Feld geführt, dass eine Regelung, die gegen die Grundsätze der gleichen Rechte und Pflichten der Kriegsparteien verstößt, nicht akzeptiert werden würde, Melzer, Third Expert Meeting on the Notion of Direct Participation in Hostilities, https://www.icrc.org/eng/assets/files/other/2005-09-report-dph-2005-icrc.pdf, S. 48/49

1262 Melzer, Third Expert Meeting on the Notion of Direct Participation in Hostilities, https://www.icrc.org/eng/assets/ files/other/2005-09-report-dph-2005-icrc.pdf, S. 50; dies ergebe sich insbesondere aus der Formulierung „solange als".

1263 Strüwer, S. 128. ff.

1264 Henckaerts/Doswald-Beck, Customary International Humanitarian Law, Rule 6, S. 19.

auch im internen bewaffneten Konflikt gilt, zwingend eine von Zivilisten zu unterscheidende Gruppe ergeben[1265].

Die Haltung der Kommission in dieser Frage erscheint widersprüchlich. Im Dritten Staatenbericht Kolumbien schien sie inhaltlich zu letzterem Ansatz zu tendieren, nahm sich aber in letzter Konsequenz jedenfalls sprachlich stets zurück. So zitierte sie einerseits *Bothe*, der in seiner Auslegung auf Art. 43 ZP I zurückgreift[1266] und plädierte dafür, dass *Mitglieder* paramilitärischer Gruppen als Kombattanten anzusehen sind[1267]. Des Weiteren schien sie anzunehmen, dass allein die Präsenz der Mitglieder einer bewaffneten nicht-staatlichen Gruppe einen Ort zu einem legitimen Angriffsziel machen könnte[1268] – direkte Teilnahme an Feindseligkeiten schien zur Zeit des Angriffs nicht für erforderlich gehalten zu werden. Auch bezüglich paramilitärischer Gruppen auf Seite des Staates führte sie aus: „However, when the direct participation of such persons in hostilities becomes their principal daily activity, the question arises as to whether they may have thereby divested themselves of their civilian status and effectively become combatants subject to direct attack to the same extent as members of regular armed forces. [...] As a result, their members are considered to be combatants rather than civilians."[1269] Auch bezüglich der Polizei, die grundsätzlich zivilen Status hat, schienen die Gedanken der Kommission in eine ähnliche Richtung zu gehen[1270]. Darüber hinaus schien sie in Avilán v Colombia[1271] der Ansicht, dass die Mitglieder nicht staatlicher Gruppen erst dann nicht mehr legitime Ziele eines Angriffs sind, wenn sie sich ergeben, gefangen genommen oder verwundet sind[1272]. Dies sind genau die Tatbestände, die auch einen Kombattanten im internationalen bewaffneten Konflikt vor einem direkten Angriff schützen, während der an Feindseligkeiten teilnehmende Zivilist seine Teilnahme einfach nur beenden muss. Trotz dieser Ausführungen aber kam die Kommission zu dem Schluss: „Accordingly, the civilian population comprises all other persons *who do not actively participate in the hostilities*, which means participating in an attack that is intended to cause physical harm to enemy personnel

---

1265 Bothe, in: Dicke/Hobe, S. 77.
1266 AKMR, Third Report on the Situation of Human Rights in Colombia, OEA/Ser.L/V/II.102, Chapter IV, B. Z. 46.
1267 AKMR, Third Report on the Situation of Human Rights in Colombia, OEA/Ser.L/V/II.102, Chapter IV, B. Z. 61.
1268 AKMR, Third Report on the Situation of Human Rights in Colombia, OEA/Ser.L/V/II.102, Chapter IV, B. 180.
1269 AKMR, Third Report on the Situation of Human Rights in Colombia, OEA/Ser.L/V/II.102, Chapter IV, B. Z. 61.
1270 AKMR, Third Report on the Situation of Human Rights in Colombia, OEA/Ser.L/V/II.102, Chapter IV, B. Z. 66.
1271 AMRK, Entscheidung vom 30.11.1997, Avilan et al v Colombia, Nr. 11.142.
1272 AMRK, Entscheidung vom 30.11.1997, Avilan et al v Colombia, Nr. 11.142, Z. 133.

or objects."[1273] Eine solche Formulierung weist auf die erste Ansicht hin, die eine Unterscheidung legitimer und illegitimer Angriffsziele über die Auslegung der „direkten Teilnahme" erreichen will. Auch verwundert diese Aussage im Licht humanitärvölkerrechtlicher Grundsätze: Der Status als Zivilist bleibt von der aktiven Teilnahme an Feindseligkeiten gerade unberührt; die Konsequenz ist allein, dass in dieser Situation auch der Zivilist Angriffsziel ist. Die Zivilbevölkerung besteht also auch aus Zivilisten, die direkt an Feindseligkeiten teilnehmen. Des Weiteren irritiert, dass die Kommission in der Überschrift von „Civilians and Combatants"[1274] spricht. Der Begriff des Kombattanten entstammt dem Recht des internationalen Konflikts und wird in der fachlichen Diskussion des Prinzips der Unterscheidung im internen bewaffneten Konflikt vermieden[1275]. Zuletzt verwendete sie im Vierten Staatenbericht betreffend die Menschenrechte in Kolumbien den Begriff „enemy combatant"[1276].

Im Ergebnis kann die Kommission angesichts ihrer Wortwahl keiner Ansicht mit Sicherheit zugeordnet werden; allerdings scheint sie eher dem Mitgliedschaftsansatz zuzuneigen, der jedenfalls die kämpfenden Anhänger einer bewaffneten Gruppe als stets legitime Ziele militärischer Angriffe gelten. Es mag an dieser widersprüchlichen Sicht liegen, dass die Kommission – anders als zum Beleg des gewohnheitsrechtlichen Status des Prinzips der Unterscheidung[1277] – bezüglich der Art, wie sie die Unterscheidung vornimmt, nicht in der IKRK-Studie des humanitären Völkergewohnheitsrechts zitiert wird. Jedoch ist

---

1273 AKMR, Third Report on the Situation of Human Rights in Colombia, OEA/Ser.L/V/II.102, Chapter IV, B. Z. 46, Hervorhebung durch die Verfasserin. Ähnlich die Formulierung in AKMR, Report on Terrorism and Human Rights vom 22.10.2002, OEA/Ser.L/V/II.116, Doc. 5 rev. 1 corr., Z. 66: „In a similar vein, the principle of distinction prohibits, *inter alia*, the launching of attacks against the civilian population or civilian objects and requires the parties to an armed conflict, at all times, to make a distinction between members of the civilian population and persons actively taking part in the hostilities or civilian objects and military objectives, and to direct their attacks only against persons actively taking part in the hostilities and other legitimate military objectives."

1274 Vgl. AKMR, Third Report on the Situation of Human Rights in Colombia, OEA/Ser.L/V/II.102, Chapter IV, B. 2. c.; der Begriff des Kombattanten taucht auch in anderer Rechtsprechung der Kommission auf, vgl. AKMR, Entscheidung vom 30.11.1997, Avilan et al v Colombia, Nr. 11.142. Z. 140; AKMR, Entscheidung vom 13.4.999, José Alexis Fuentes Guerrero v Colombia, Nr. 11.519, Fn. 24; AKMR, Entscheidung vom 27.1.1999, Lucio Parada Cea v El Salvador, Nr. 10.480, Z. 67.

1275 Vgl. Melzer, Third Expert Meeting on the Notion of Direct Participation in Hostilities, https://www.icrc.org/eng/ assets/files/other/2005-09-report-dph-2005-icrc.pdf; International Review of the Red Cross.

1276 AKMR, Fourth Report on the Situation of Human Rights in Colombia, 31.12.2014, OEA/Ser.L/V/II. Doc. 49/13, Chapter 2, Z. 99.

1277 Henckaerts/Doswald-Beck, Customary International Humanitarian Law, Part I, Chapter 1, S. 12.

die Haltung der Kommission auch nicht völlig ohne Resonanz in der akademischen Welt geblieben, wie folgende Aussage zur ständigen Angreifbarkeit von Rebellen belegt: „Another expert observed that there has never been a complaint brought to the effect that Colombia has violated the right to life where it forces bomb FARC camps when these rebel forces were not actively involved in combat operations. Such bombings occur quite often, and in this expert's opinion, no one would attempt to argue that this sort of bombing is prohibited by HRL. The rationale is that such rebels, armed, assembled and organized cannot be arrested. This example therefore, further provides parameters for the application of the right to life in NIAC."[1278] Als Argument für den Mitgliedschaftsansatz wird die Haltung der Kommission also durchaus herangezogen.

(bb) Direkte Teilnahme an Feindseligkeiten durch Zivilisten

α. Direkte Teilnahme

Eng mit dieser Thematik hängt wiederum die Frage zusammen, wann eine direkte Teilnahme an Feindseligkeiten vorliegt, sodass ein Zivilist den Schutz davor, direkt angegriffen zu werden, verliert. Diese Frage wird sowohl im Zusammenhang mit dem internationalen bewaffneten Konflikt[1279], als auch mit dem nicht-internationalen bewaffneten Konflikt[1280] diskutiert. Gerade wenn man – wie augenscheinlich die Kommission – von einem Mitgliedschaftsansatz ausgeht, der eine kombattantenähnliche Figur im internen bewaffneten Konflikt erschafft, muss dennoch geklärt werden, wann Zivilisten an Feindseligkeiten teilnehmen, sodass auch sie temporär zum Ziel von Kampfhandlungen gemacht werden können. Diesen Grundsatz sieht die IKRK-Völkergewohnheitsrechtsstudie in La Tablada begründet: „In the case concerning the events at La Tablada in Argentina, the Inter-American Commission on Human Rights held that civilians who directly take part in fighting, whether singly or as members of a group, thereby become legitimate military targets but only for such time as they actively participate in combat."[1281]

Die Kommission scheint sich insoweit den unbestrittenen Eckpunkten (vgl. unter Ziff. I.2.) der Auslegung anzuschließen. Sie ist der Ansicht, dass diejenigen Handlungen als direkte Teilnahme an Feindseligkeiten gelten müssen, „which, by their nature or purpose, are intended to cause actual harm to enemy personnel

---

1278 Expert Meeting on the Right to Life in Armed Conflicts and Situations of Occupation, organisiert durch das University Centre for International Humanitarian Law, 1–2. September 2005 in Genf, S. 18.

1279 Vgl. Art. 51 Abs. 3 ZP I.

1280 Vgl. Art. 13 ZP I.

1281 Henckaerts/Doswald-Beck, Customary International Humanitarian Law, Rule 6, S. 21.

and material."[1282] In früherer Rechtsprechung hatte sie eine direkte Teilnahme an Feindseligkeiten damit umschrieben, dass Zivilisten die „Rolle eines Kombattanten" annähmen[1283]. Besonderen Anlass zur Beschäftigung mit der Frage der direkten Teilnahme in Feindseligkeiten bot der Dritte Staatenbericht Kolumbien, in denen die paramilitärische Autodefensas Unidas de Colombia (AUC) deklariert hatte, sie halte grundsätzlich die gesamte Bevölkerung in einem von der Gegenseite kontrollierten Gebiet für legitime Angriffsziele, da diese zumindest aktiv oder passiv mit dem Gegner sympathisiere[1284]. Die Kommission nahm hierzu wie folgt Stellung: „In contrast, civilians whose activities merely support the adverse party's war or military effort or otherwise only indirectly participate in hostilities cannot on these grounds alone be considered combatants. This is because indirect participation, such as selling goods to one or more of the armed parties, expressing sympathy for the cause of one of the parties or, even more clearly, failing to act to prevent an incursion by one of the armed parties, does not involve acts of violence which pose an immediate threat of actual harm to the adverse party."[1285] Wenn im Einzelnen auch vieles umstritten ist, liegt sie hiermit in auf Linie der herrschenden Meinung, was nicht als direkte Teilnahme

---

1282 AKMR, Third Report on the Situation of Human Rights in Colombia, OEA/Ser.L/V/II.102, Chapter IV, B., Z. 53; in diesem Zusammenhang zitiert sie PILLOUD/PICTET, IN: SANDOZ/SWINARSKI/ZIMMERMANN, Commentary on the Additional Protocols, 516: erforderlich sei „direct causal relationship between the activity engaged in and harm done to the enemy at the time and place where the activity takes place."; vgl. auch AKMR, Entscheidung vom 13.4.999, José Alexis Fuentes Guerrero v Colombia, Nr. 11.519, Z. 41 („real and immediate threat to the adversary").

1283 Vgl. hierzu insbesondere AKMR, Entscheidung vom 18.11.1997, Juan Carlos Abella v Colombia, Nr. 11.137, Z. 178: „Specifically, when civilians, such as those who attacked the Tablada base, assume the role of combatants by directly taking part in fighting, whether singly or as a member of a group, they thereby become legitimate military targets. As such, they are subject to direct individualized attack to the same extent as combatants."; AKMR, Entscheidung vom 16.10.1997, Hugo Bustíos Saavedra v Peru, Nr. 10.584, Z. 61.

1284 AKMR, Third Report on the Situation of Human Rights in Colombia, OEA/Ser.L/V/II.102 Chapter IV, B., Z. 50.

1285 AKMR, Third Report on the Situation of Human Rights in Colombia, OEA/Ser.L/V/II.102, Chapter IV, B., Z. 56. Damit schloss sich die Kommission nach eigener Aussage der Ansicht Bothes in {Bothe 2013 #310}, S. 303 an. Auch in AKMR, Entscheidung vom 13.4.999, José Alexis Fuentes Guerrero v Colombia, Nr. 11.519 Z. 41 sowie in AKMR, Entscheidung vom 13.04.2000, Monsignor Oscar Arnulfo Romero y Galdámez v El Salvador, Report Nr. 11.481, Z. 69 bekräftigt die Kommission noch einmal, dass bloße Sympathiebekundungen für eine Partei einen Zivilisten nicht zum legitimen Ziel eines Angriffs machen.

an Feindseligkeiten anzusehen ist[1286]. Darüber hinaus bemerkt die Kommission, könne auch die Ausübung des aktiven und passiven Wahlrechts niemals als feindseliger Akt angesehen werden[1287]. Interessant erscheint insoweit der Begriff der „indirekten Teilnahme" für Teilnahme, die Zivilisten nicht zu legitimen Angriffszielen macht[1288]. Eine solche Unterscheidung findet sich im humanitären Völkerrecht – soweit ersichtlich – nicht.

Zeitlich schließt sie im Einklang mit der IKRK-Kommentierung[1289] sowie auch die „Interpretive Guidance"[1290] auch die Rückkehr von einem Angriff ein, was nicht unumstritten ist[1291].

β. Rechtsfolge: „Unlawful combatants"?

Jedenfalls für den internen bewaffneten Konflikt kommt die Kommission zu dem Schluss, dass Zivilisten trotz der Teilnahme an Feindseligkeiten grundsätzlich ihren Status behielten, wenn sie auch nach nationalem Recht für ihr Verhalten zur Rechenschaft gezogen werden könnten[1292].

Für den internationalen bewaffneten Konflikt machte die Kommission jedoch einen Unterschied zwischen „unlawful/unprivileged combatants" und „privileged/lawful combatants"[1293]. Letztere wären diejenigen, die berechtigt seien, an den Feindseligkeiten teilzunehmen (also insbesondere die Angehörigen der Streitkräfte) und die damit einhergehende „license to kill", sowie den Status des

---

1286 Melzer, Third Expert Meeting on the Notion of Direct Participation in Hostilities, https://www.icrc.org/eng/ assets/files/other/2005-09-report-dph-2005-icrc.pdf, S. 17 ff.

1287 AKMR, Third Report on the Situation of Human Rights in Colombia, OEA/Ser.L/V/II.102 Chapter IV, B., Z. 56.

1288 Eine Unterscheidung zwischen direkter und indirekter Teilnahme wird von der Kommission sogar als „critical distinction" bezeichnet, vgl. AKMR, Third Report on the Situation of Human Rights in Colombia, OEA/Ser.L/V/II.102, Chapter IV, B., Z. 57.

1289 Pilloud/Pictet, in: Sandoz/Swinarski/Zimmermann, Commentary on the Additional Protocols, Z. 1943.

1290 „Measures preparatory to the execution of a specific act of direct participation in hostilities, as well as the deployment to and the *return from* the location of its execution, constitute an integral part of that act.", IKRK, Interpretive Guidance on Direct Participation in Hostilities under International Humanitarian Law, abgedruckt in Tomuschat/Walter, Völkerrecht, s. 613. Hervorhebung durch die Verfasserin.

1291 Vgl. Bothe, in: Dicke/Hobe, S. 71.

1292 AKMR, Third Report on the Situation of Human Rights in Colombia, OEA/Ser.L/V/II.102, Chapter IV, B., Z. 55.

1293 AAKMR, Report on Terrorism and Human Rights vom 22.10.2002, OEA/Ser.L/V/II.116, Doc. 5 rev. 1 corr.. Z. 67 ff.

Kriegsgefangenen hätten[1294], während erstere unter anderem[1295] Zivilisten seien, die diese Ermächtigung zum Töten und den Status als Kriegsgefangene gerade nicht hätten und dennoch an Feindseligkeiten teilnähmen[1296]. Diese Terminologie findet sich nicht im humanitärvölkerrechtlichen Vertragsrecht[1297], wird in der Literatur jedoch durchaus verwendet[1298]. Interessant ist insbesondere, dass laut Kommission im internationalen bewaffneten Konflikt ein Wechsel zwischen den beiden Status nicht ohne Weiteres möglich sei: „(...) [O]nce a person qualifies as combatant, whether regular or irregular, privileged or unprivileged, he or she cannot on demand revert back to civilian status or otherwise alternate between combatant and civilian status.“[1299] Damit scheint sich die Kommission von der Grundregel des humanitären Völkerrechts im internationalen bewaffneten Konflikt zu entfernen, dass auch eine Teilnahme an Feindseligkeiten aus einem Zivilisten keinen Kombattanten macht[1300]. *Gaggioli/Kolb* sehen in dieser Aussage eine Ablehnung des „revolving-door-approach“[1301]. In ihren Augen steht die Kommission insofern im Kontrast zu UN-Menschenrechtsausschuss wie auch zum EGMR[1302].

1294 AKMR, Report on Terrorism and Human Rights vom 22.10.2002, OEA/Ser.L/V/II.116, Doc. 5 rev. 1 corr., Z. 68.

1295 Hinzu kommen „members of militias and of other volunteer corps – invluding those of organized resistance movements – not being integrated in the regular armed forces but belonging to a a party to conflict, provided that they do not comply with the conditions of Article 4A (2) of GC III.“, DÖRMANN, International Review of the Red Cross 2003, S. 47.

1296 AKMR, Report on Terrorism and Human Rights vom 22.10.2002, OEA/Ser.L/V/II.116, Doc. 5 rev. 1 corr., Z. 69.

1297 DÖRMANN, International Review of the Red Cross 2003, S. 46

1298 Vgl. zB Dörmann, der folgende Definition verwendet: „(...)[A]ll persons taking a direct part in hostilities without being entitled doing so and who therefore cannot be classified as prisoners of war on falling into the power of an enemy.“, DÖRMANN, International Review of the Red Cross 2003; GILL/VAN SLIEDREGT, Utrecht Law Review 2005, S. 32 mwN.

1299 AKMR, Report on Terrorism and Human Rights vom 22.10.2002, OEA/Ser.L/V/II.116, Doc. 5 rev. 1 corr., Z. 69; die Kommission zitiert in diesem Zusammenhang Pilloud/Pictet, in: SANDOZ/SWINARSKI/ZIMMERMANN, Commentary on the Additional Protocols, S. 515, Rn. 1677.

1300 Vgl. hierzu IKRK, Interpretive Guidance on Direct Participation in Hostilities under International Humanitarian Law, abgedruckt in TOMUSCHAT/WALTER, Völkerrecht, s. 613: „For the purposes of the principle of distinction in international armed conflict, all persons who are neither members of the armed forces of a party to the conflict nor participants in a levée en masse are civilians and, therefore, entitled to protection against direct attack unless and for such time as they take a direct part in hostilities.“

1301 GAGGIOLI/KOLB, Israel Yearbook on Human Rights 2007, S. 148.

1302 GAGGIOLI/KOLB, Israel Yearbook on Human Rights 2007, S. 148.

Die Kommission ist weiterhin der Meinung, dass derartige „unlawful combatants“, wenn in den Händen des Gegners, sowohl aus dem Anwendungsbereich der GK III als auch der GK IV fallen[1303]. Dies ist in der Literatur nicht unumstritten: Viele Autoren sprechen sich durchaus dafür aus, dass auch der illegale Kombattant durch die GK IV geschützt ist[1304]. Einig ist sich Literatur dahingehend, dass jedenfalls aber noch der Schutz des Art. 75 des ZP I verbleibe[1305]. Zu bemerken bleibt, dass die Kommission den Begriff des illegalen Kombattanten nicht in der Weise gebraucht, wie es die USA in Bezug auf die im „Krieg gegen den Terror“ tun, um den Betroffenen jeglichen Schutz zu entziehen[1306].

(3) Prinzip der Ergreifung von Vorsichtsmaßnahmen

Im Zusammenhang mit dem Prinzip der Unterscheidung mahnt die Kommission wiederholt an, dass zum Schutz der Zivilbevölkerung Vorsichtsmaßnahmen zu ergreifen seien: „In order to spare civilians from the effects of hostilities, other customary law principles require the attacking party to take precautions so as to avoid or minimize loss of civilian life or damage to civilian property incidental or collateral to attacks on legitimate military targets.“[1307] Im Fall Marino López et al v Colombia erwähnte sie, wie solche Vorsichtsmaßnahmen im Fall eines Bombardements aus der Luft[1308] aussehen könnten. Diese könnten beinhalten: „(...) for example, the evacuation of the civilian population prior to the bombing, or establishing precise bombing targets in areas uninhabited by the communities“[1309].

1303 AKMR, Report on Terrorism and Human Rights vom 22.10.2002, OEA/Ser.L/V/II.116, Doc. 5 rev. 1 corr., Z. 74.

1304 Dörmann, International Review of the Red Cross 2003, S. 59 mwN. Dörmann selbst ist ebenfalls der Ansicht, dass sog. illegale Kombattanten durchaus dem Schutzbereich der GK IV unterfallen, vgl. Dörmann, International Review of the Red Cross 2003, S. 73.

1305 AKMR, Report on Terrorism and Human Rights vom 22.10.2002, OEA/Ser.L/V/II.116, Doc. 5 rev. 1 corr., Z. 74; Dörmann, International Review of the Red Cross 2003, S. 73.

1306 Vgl. hierzu Gill/van Sliedregt, Utrecht Law Review 2005.

1307 AKMR, Entscheidung vom 18.11.1997, Juan Carlos Abella v Colombia, Nr. 11.137, Z. 177; AKMR, Third Report on the Situation of Human Rights in Colombia, OEA/Ser.L/V/II.102, Chapter IV, B., Z. 40; AKMR, Entscheidung vom 31.03.2011, Marino López et al v Colombia, Nr. 12.573, Z. 240; ausführliche Stellungnahme zum Prinzip der Ergreifung von Vorsichtsmaßnahmen: AKMR, Entscheidung vom 5.10.2018 (Begründetheit), Salas v United States, Nr. 10.573, Z. 365 ff.

1308 Welches hier zusätzlich auch noch unterschiedslos erfolgt war und somit darüber hinaus auch noch gegen das Prinzip der Unterscheidung verstieß, vgl. AKMR, Entscheidung vom 31.03.2011, Marino López et al v Colombia, Nr. 12.573, Z. 240. Das Prinzip der Unterscheidung verortete sie hierbei in ZP II, ohne hierzu jedoch Genaueres zu sagen, vgl. auch Oberleitner, S. 284.

1309 AKMR, Entscheidung vom 31.03.2011, Marino López et al v Colombia, Nr. 12.573, Z. 240.

In Salas et al v US stellte sie in der Anwendung des Prinzips im internationalen bewaffneten konkreter dar und forderte, per Radio und Fernsehen übertragene Warnung müssten ausreichend früh[1310] vor einem Angriff und in der Landessprache[1311] bekannt gegeben werden. Auch müssten Maßnahmen ergriffen werden, um eine effektive Evakuation der Zivilbevölkerung zu gewährleisten[1312].

(4) Prinzip der Verhältnismäßigkeit

Nicht zuletzt müssen die von den Parteien ergriffenen Maßnahmen stets verhältnismäßig sein. Insbesondere Stellung zu diesem Prinzip hat die Kommission im Dritten Staatenbericht Kolumbien und dem „Report on Terrorism and Human Rights"[1313] Stellung genommen. „The legitimacy of a military target does not provide unlimited license to attack it. The rule of proportionality prohibits ‚[a]n attack which may be expected to cause incidental loss of civilian life, injury to civilians, damage to civilian objects, or a combination thereof, which would be excessive in relation to the concrete and direct military advantage anticipated.' "[1314] Einmal mehr schließt sich die Kommission damit der Ansicht *Bothes* an[1315]. Im Übrigen ist die Kommission der Ansicht, dass an den militärischen Vorteil höhere Ansprüche zu stellen sind, wenn zivile Opfer zu erwarten sind[1316] (vgl. zu diesem direkten oder konkreten Vorteil auch unter Ziff. I.2.) und dass eine hohe Zahl an zivilen Opfern nie gerechtfertigt werden könne[1317]. Bezüglich letzterer Einschätzungen orientierte sich die Kommission am IKRK-Kommentar zu den Zusatzprotokollen.

1310 AKMR, Entscheidung vom 5.10.2018 (Begründetheit), Salas v United States, Nr. 10.573, Z. 397/398.

1311 AKMR, Entscheidung vom 5.10.2018 (Begründetheit), Salas v United States, Nr. 10.573, Z. 397; Durchsagen in englischer Sprache waren insofern nicht ausreichend.

1312 AKMR, Entscheidung vom 5.10.2018 (Begründetheit), Salas v United States, Nr. 10.573, Z. 398.

1313 Im Report on Terrorism and Human Rights greift die Kommission auf die bereits im Third Report on the Situation of Human Rights in Colombia geäußerte Ansicht zurück, vgl. Z. 66 Fn. 203.

1314 AKMR, Third Report on the Situation of Human Rights in Colombia, OEA/Ser.L/V/II.102, Chapter IV, B., Z. 77; vgl. auch AKMR, Entscheidung vom 5.10.2018 (Begründetheit), Salas v United States, Nr. 10.573, Z. 360; hier sprach die Kommission sich noch einmal ausdrücklich für eine völkergewohnheitsrechtliche Geltung des Prinzips sowohl im internationalen als auch im nicht-internationalen Konflikt aus

1315 Sie zitiert insofern aus Bothe/Partsch/Solf, S. 310.

1316 AKMR, Third Report on the Situation of Human Rights in Colombia, OEA/Ser.L/V/II.102, Chapter IV, B., Z. 78.

1317 AKMR, Third Report on the Situation of Human Rights in Colombia, OEA/Ser.L/V/II.102, Chapter IV, B., Z. 80.

In Salas et al v US nahm die Kommission darüber hinaus zu den Pflichten der Vereinigten Staaten im Falle der Existenz unfreiwilliger menschlicher Schutzschilde Stellung[1318]. Das panamaische Militär hatte seine militärischen Stützpunkte in von der Zivilbevölkerung besiedelten Gebieten stationiert[1319]. Während die Frage der Behandlung freiwilliger menschlicher Schutzschilde auch unter dem Gesichtspunkt der direkten Teilnahme an Feindseligkeiten diskutiert wird[1320], wird die Frage der humanitärvölkerrechtlichen Vorgaben im Zusammenhang mit sog. „involuntary human shields" im Zusammenhang mit dem Verhältnismäßigkeitsprinzip erörtert[1321]. Die Kommentatoren sind sich – im Unterschied zu den „voluntary shields", wo dies umstritten ist – überwiegend einig, dass unfreiwillige menschliche Schutzschilde ihren Status als Zivilisten nicht verlieren[1322]. *Schmitt* definiert „involuntary human shield" folgendermaßen: „When a party takes advantage of international humanitarian law protections as a form of counter-targeting without the consent, or perhaps even knowledge, of the civilians in question."[1323] Klar ist, dass ein solches Vorgehen seitens der Kriegspartei absolut verboten ist[1324]. Im Zentrum der Diskussion steht die Frage, wie sich die angreifende Partei in einem solchen Fall zu verhalten hat. Eine extreme Ansicht schlägt vor, dass unfreiwillige menschliche Schilde im Rahmen der Verhältnismäßigkeitsabwägung und mit Blick auf die Ergreifung von Vorsichtsmaßnahmen ignoriert werden sollten[1325]. Der Feind habe das humanitäre Völkerrecht verletzt und dies solle nicht zu Lasten des Angreifers gehen. Die Gegenauffassung, die zudem wohl die herrschende Meinung darstellt, behandelt dagegen unfreiwillige menschliche Schilde als Zivilisten, die zu vollem humanitärvölkerrechtlichen

---

1318 AKMR, Entscheidung vom 5.10.2018 (Begründetheit), Salas v United States, Nr. 10.573, Z. 401 ff.

1319 AKMR, Entscheidung vom 5.10.2018 (Begründetheit), Salas v United States, Nr. 10.573, Z. 401/402; vgl. zu dieser schon seit dem Amerikanischen Bürgerkrieg genutzten, aber bis heute äußerst relevanten Praxis im Zuge der Kriegsführung, SCHMITT, Columbia Journal of Transnational Law 2009, S. 293ff.

1320 Vgl. Kommentierung zu IKRK, „Interpretive Guidance on the Notion of Direct Participation in Hostilities", S. 56 f; vgl. auch SCHMITT, Columbia Journal of Transnational Law 2009, S. 316 ff.

1321 Vgl. SCHMITT, Columbia Journal of Transnational Law 2009, S. 326 ff; daneben spielen aber selbstverständlich auch andere, ohnehin eng miteinander verknüpfte Prinzipien, wie die Pflicht zur Ergreifung von Vorsichtsmaßnahmen eine Rolle.

1322 SCHMITT, Columbia Journal of Transnational Law 2009, S. 327.

1323 SCHMITT, Columbia Journal of Transnational Law 2009, S. 326,

1324 HENCKAERTS/DOSWALD-BECK, Customary International Humanitarian Law, Rule 97.

1325 Vgl. SCHMITT, Columbia Journal of Transnational Law 2009, S. 327; zur Quelle der Ansicht führt er aus: „This is an approach that occasionally surfaces in discussions with international humanitarian law experts and military affais specialists".

Schutz berechtigt sind – dementsprechend sind sie auch in alle Abwägungen der Verhältnismäßigkeit mit vollem Gewicht einzubeziehen[1326]. Nach einem dritten Ansatz sollen „involuntary human shields" zwar ihren Status als Zivilisten behalten, jedoch im Rahmen der Verhältnismäßigkeitsprüfung aufgrund des ursprünglich völkerrechtswidrigen Verhaltens auf der Gegenseite, mit geringerem Gewicht angesetzt werden[1327].

Die Kommission hatte sich mit dieser Problematik im Zuge der Argumentation der Vereinigten Staaten, „the aforementioned actions on civilians and civilian objects was the direct result of the Panamaniam military regime's decision to locate its military facilities in the vincinity of the civilian population"[1328], zu beschäftigen. Während die USA sich strikt an das humanitäre Völkerrecht gehalten hätten, hätte die Gegenseite mit der inhumanen Praxis gegen dieses Recht verstoßen[1329]. Letzerem Argument, welches den Grundgedanken der striktesten oben dargestellten Ansichten anklingen lässt, nämlich dass der Gegner nicht von seinem Bruch des humanitären Völkerrechts profitieren soll[1330], erteilte die Kommission eine klare Absage: „The IACHR underscores the customary rule of international humanitarian law that provides that the obligation to respect and enforce international humanitarian law ‚does not depend on reciprocity' Therefore, irrespective of the role of the Panamanian authorities or troops in these events and their responsibility, the United States forces are duty-bound to comply with their obligations, first as a combatant party and then as an occupying force in the conflict."[1331] Sie äußerte sich in der Folge zwar nicht näher zum Umfang dieser Pflichten insbesondere mit Blick auf die Verhältnismäßigkeitsabwägung – entschied sich also nicht für eine der beiden anderen oben geäußerten

1326 Vgl. Schmitt, Columbia Journal of Transnational Law 2009, S. 328 mwN; Kommentierung zu IKRK, „Interpretive Guidance on the Notion of Direct Participation in Hostilities", S. 57, Fn. 141.

1327 Schmitt zitiert in diesem Zusammenhang aus dem „Manual of the Law of Armed Conflict" Großbritanniens, in dem es heißt: „Even where human shields are being used, the proportionality rule must be considered. However, if the defenders put civilians or civilian objects at risk by placing military objectives in their midst or by placing civilians in or near military objectives, this is a factor to be taken into account in favour of the attackers in considering the legality of attacks on those objectives.", vgl. Schmitt, Columbia Journal of Transnational Law 2009, S. 329.

1328 AKMR, Entscheidung vom 5.10.2018 (Begründetheit), Salas v United States, Nr. 10.573, Z. 401.

1329 AKMR, Entscheidung vom 5.10.2018 (Begründetheit), Salas v United States, Nr. 10.573, Z. 401.

1330 Vgl. Schmitt, Columbia Journal of Transnational Law 2009, S. 327; Grundgedanke sei der, dass „the enemy should not benefit militarily from its unlawful conduct".

1331 AKMR, Entscheidung vom 5.10.2018 (Begründetheit), Salas v United States, Nr. 10.573, Z. 402.

Meinungen – befand jedoch, dass die USA vorliegend ihre speziellen Kenntnisse der militärischen Ziele besser hätte nutzen müssen: „The Commission also stresses the familiarity of the State's armed forces with the location of certain strategic points in areas densely populated by civilians due to its military presence in Panamanian territory since before the signing of the Torrijos-Carter Treaties. That should have made it possible to adjust the means and methods of warfare in planning and executing the Operation."[1332] Es scheint also so, als seien in den Augen der Kommission hohe Maßstäbe an Planung und Ausführung der Attacke zu stellen, wenn es um den Schutz menschlicher Schilde geht.

(5) Ergebnis

Die interamerikanische Kommission trägt durch ihre Praxis zur Entwicklung des völkergewohnheitsrechtlichen humanitären Völkerrecht bei. Ihre Entscheidungen und Ausführungen in Staatenberichten und themenbezogenen Berichten werden dementsprechend auch häufig als Beleg für eine bestimmte Entwicklung im humanitären Völkergewohnheitsrecht zitiert[1333]. Die Kommission nimmt insbesondere auch in ihren (Staaten)Berichten umfassend allein zum humanitären Völkerrecht Stellung – etwas, was kein anderes Menschenrechtsorgan in diesem Umfang getan hat. Dementsprechend trägt die Kommission zur Klärung des Inhalts sowohl des vertraglichen als auch des gewohnheitsrechtlichen humanitären Völkerrechts bei. Sie geht dabei sowohl auf die nicht-staatliche, als auch auf die staatliche Seite des Konflikts und ihre jeweiligen humanitärvölkerrechtlichen Verpflichtungen ein. Bezüglich der Auslegung des humanitären Völkerrechts hält sie sich überwiegend eng an die Kommentarliteratur. Nicht immer aber werden ihre Positionen klar: So bleiben bezüglich der Frage, ob es im internen bewaffneten Konflikt einen kombattanten-ähnlichen Status gibt, Unsicherheiten bestehen.

Aber auch in streitigen Fällen greift die Kommission im Rahmen konkreter gerügter Verletzungen auf das humanitäre Völkerrecht zurück[1334], wie zuletzt das

---

1332 AKMR, Entscheidung vom 5.10.2018 (Begründetheit), Salas v United States, Nr. 10.573, Z. 402.

1333 Vgl. HENCKAERTS/DOSWALD-BECK, Customary International Humanitarian Law, Rule 6, S. 21: „In the case concerning the events at La Tablada in Argentina, the Inter American Commission on Human Rights held that civilians who directly take part in fighting, whether singly or as members of a group, thereby become legitimate military targets but only for such time as they actively participate in combat."; zur völkergewohnheitsrechtlichen Geltung des Prinzips der Unterscheidung vgl. HENCKAERTS/DOSWALD-BECK, Customary International Humanitarian Law, Rule 1, S. 8 aber auch in der übrigen Literatur, vgl. für viele: DÖRMANN, International Review of the Red Cross 2003, S. 45.

1334 In einer frühen Phase erklärte sie in diesem Zusammenhang auch die Verletzung des humanitären Völkerrechts, später nur noch die Verletzung der menschenrechtlichen Vorschrift, vgl. Teil IV.

umfangreiche Urteil im Fall Salas et al v US zeigte. Auch hier tragen die ausführlichen Betrachtungen des humanitären Völkerrechts – diesmal für einen Fall eines internationalen bewaffneten Konflikts – zur Klärung umstrittener Positionen, wie die Pflichten von Kriegsparteien gegenüber menschlichen Schutzschilden bei. Bezüglich des Rechts auf Leben bleiben die Ausführungen jedoch eng am humanitären Völkerrecht orientiert, ohne dass ein menschenrechtlicher Einschlag zu spüren ist. Das Menschenrecht auf Leben dient hierbei lediglich als „Aufhänger“[1335].

cc) Menschenrechtlicher Einfluss

(1) Untersuchungspflicht

Der Vorrang des humanitären Völkerrechts in Bezug auf das Recht auf Leben gilt nicht über die unmittelbare Kampfsituation hinaus. In allen Fällen, in denen es – vorwiegend im internen Konflikt – um die Tötung von Personen durch staatliche oder dem Vertragsstaat zugerechnete Kräfte ging, wurde neben der Verletzung des Rechts auf Leben wie durch das humanitäre Völkerrecht ausgestaltet, auch die Verletzung der Untersuchungspflicht des Todesfalls festgestellt[1336]. Anders als im Rahmen der Rechtsprechung des EGMR wird diese Untersuchungspflicht aber nicht der prozeduralen Seite des Rechts auf Leben zugerechnet, sondern wird meist im Zusammenhang mit den Garantien nach Art. 8 und 25 AMRK geprüft. Wie bereits im allgemeinen Teil (vgl. Ziff. I.1.b)) angesprochen, geht dies auf die Dogmatik zurück, dass Menschenrechtsverletzungen untersucht und insbesondere im Zusammenhang mit dem Recht auf Leben die Verantwortlichen bestraft werden müssen. Im Zusammenhang mit der Verletzung des humanitären Völkerrechts als lex specialis zum menschenrechtlichen Recht auf Leben gibt die Kommission zudem Hinweise darauf, wie eine Untersuchung und gerichtliche Aufarbeitung einer Verletzung auszusehen hat. In zwei Fällen, welche Tötungen in Kolumbien betrafen, entschied die Kommission – im Einklang mit der Rechtsprechung des Verfassungsgerichts Kolumbiens – dass ein Prozess gegen einen den Streitkräften angehörigen Täter nicht vor einem Militärtribunal stattfinden dürfe, sondern der zivilen Gerichtsbarkeit unterstellt werden müssten[1337]. Alles andere stelle eine Verletzung des Rechts der Angehörigen auf effektiven

1335 Vgl. AKMR, Entscheidung vom 18.11.1997, Juan Carlos Abella v Colombia, Nr. 11.137, Z. 161; AKMR, Third Report on the Situation of Human Rights in Colombia vom 26.02.1999, OEA/Ser.L/V/II.102 Doc. 9 rev. 1, Chapter IV, Z. 12; AMRK, Entscheidung vom 30.9.1997, Avilán et al v Colombia, Nr. 11.142, Z. 173.

1336 Vgl. zB AMRK, Entscheidung vom 30.9.1997, Avilán et al v Colombia, Nr. 11.142, Z. 138/139; vgl. auch AKMR, Entscheidung vom 16.10.1997, Hugo Bustíos Saavedra v Peru, Nr. 10.584, Z. 79.

1337 AKMR, Entscheidung vom 13.4.999, José Alexis Fuentes Guerrero v Colombia, Nr. 11.519, Z. 45 f; AKMR, Entscheidung vom 6.4.2001, Prada González v Colombia, Z. 41.

Rechtsschutz nach Art. 8 und 25 AMRK dar. Nicht untersucht wurde bisher durch die Kommission, wie es sich mit der Untersuchungspflicht verhält, wenn eine nach dem humanitären Völkerrecht rechtmäßige Tötung einer Person vorliegt.

Die Kommission geht zudem im Einklang mit der Rechtsauffassung des Internationalen Komitees des Roten Kreuzes davon aus, dass eine Amnestie für die Verletzung humanitärvölkerrechtlicher Vorschriften nicht aus Art. 6 Abs. 5 ZP II herzuleiten ist[1338]. Gerichtshof und Kommission seien der Ansicht, dass Menschenrechtsverletzungen – welche die Verletzung humanitärvölkerrechtlicher Vorschriften als lex specialis zwangsläufig darstellen – stets zu untersuchen und zu verfolgen sei: „The Court has established that State Parties have the duty ‚to investigate human rights violations, prosecute those responsible and avoid impunity' and has identified impunity as the lack of investigation, pursuit, detention, prosecution and punishment of those responsible for human rights violations."[1339] Die Kommission geht hierüber sogar noch hinaus, wenn sie feststellt: „Thus, where violations of international humanitarian law coincide with human rights violations, universal criminal jurisdiction exists in relation to those violations even where they do not rise to the level of crimes against humanity. Whatever their label, all of these violations are international crimes and every State has a duty to repress them and a right to prosecute or else extradite the offender(s)."[1340]

(2) Beweislastverschiebung

Wie bereits unter Ziff. I.1. erläutert, arbeiten die Vertragsorgane zur Überwindung von Problemen in der Tatsachenfeststellung mit Beweislastverschiebungen. Gerade wenn es um den Tod oder das Verschwinden von Menschen, die sich in Gewahrsam des Staates befunden hatten, findet eine solche Beweislastverschiebung statt. In Salas et al v US galt es zunächst, die Eingriffe in die Menschenrechte der Antragsteller den Vereinigten Staaten zuzurechnen. Die USA hatten vorgebracht, dass es zum einen nicht bewiesen sei, dass sie für den Eingriff verantwortlich waren und zum anderen hatten sie versichert, dass sie alle notwendigen Schritte unternommen hatten, um sicherzustellen, dass die militärische Intervention mit den Vorgaben des humanitären Völkerrechts übereinstimmte[1341].

1338 AKMR, Third Report on the Situation of Human Rights in Colombia vom 26.2.1999, OEA/Ser.L/V/II.102, Chapter IV, B., Z. 345.

1339 AKMR, Report on the Situation of Human Rights in ColombiaAKMR, Third Report on the Situation of Human Rights in Colombia vom 26.2.1999, vom 26.2.1999, OEA/Ser.L/V/II.102, Chapter IV, B., Z. 345, Hervorhebung durch die Verfasserin.

1340 AKMR, Third Report on the Situation of Human Rights in Colombia vom 26.2.1999, OEA/Ser.L/V/II.102, Chapter IV, B., Z. 347.

1341 AKMR, Entscheidung vom 5.10.2018 (Begründetheit), Salas v United States, Nr. 10.573, Z. 384.

Um die Hürde der Zurechenbarkeit zu überwinden, stellte die Kommission auch für den internationalen bewaffneten Konflikt fest: „(...) [O]nce it has been established that state agents used lethal force against civilians, the burden of proof is reversed, meaning that it is up to the State concerned to provide a satisfactory and convincing explanation of what happened, so as to respond to and overcome the allegations of international liability. That reversal of the burden of proof is based on the fact that it is incumbent upon the state, ex officio, to investigate what happened; that duty may not be made dependent on other initiatives by those involved“[1342]. Die Kommission stellte darüber hinaus klar, wie dieser Grundsatz für den Fall des bewaffneten Konflikts zu modifizieren ist: „That requirement is not diminished by the fact that this is a case of the use of force in connection with armed conflict. In such contexts, the content of the ‚satisfactory and convincing explanation' *needs to be related to applicable principles of international humanitarian law*, but the burden of providing it still falls to the State using the lethal force.“[1343] Diese Pflichten gestaltete sie in einer weiteren Bemerkung als sehr weitgehend aus: „Consequently, in the instant case, for the State's explanation to be deemed satisfactory and convincing, it must: i) result from diligent investigation that meets Inter-American standards on access to justice; ii) make reference to actions of a preventive nature, as well as those concomitant and subsequent to the use of lethal force; and iii) in cases of armed conflict, address applicable international humanitarian law principles, *especially the principles of distinction, proportionality, necessity, and precaution.*“[1344]

In dem vorliegenden Fall befand die Kommission die Ausführungen der Vereinigten Staaten als nicht ausreichend und stellte in diesem Zusammenhang etwas konkreter dar, welche Informationen sie für von Seiten des Staates vorgetragen haben möchte, um die Legalität von Tötungen im bewaffneten Konflikt zu beurteilen: „As regards the second and third criteria, the Commission observes that the State merely argued in general terms that the aforementioned operation had been designed in consonance with the principles of international humanitarian law, without providing the *specifics* that the Commission would need to analyze in order to determine whether, in the *design of the Operation*, necessary and sufficient steps were taken to ensure that the intervention was conducted in a manner that adhered strictly to international humanitarian law. Nor does the information provided by the State make it possible to analyze whether the *concrete actions taken with regard to both general aspects of the deployment of the armed forces and individual (concomitant and subsequent) acts by State agents* during the Operation

1342 AKMR, Entscheidung vom 5.10.2018 (Begründetheit), Salas v United States, Nr. 10.573, Z. 389.

1343 AKMR, Entscheidung vom 5.10.2018 (Begründetheit), Salas v United States, Nr. 10.573, Z. 389, Hervorhebung durch die Verfasserin.

1344 AKMR, Entscheidung vom 5.10.2018 (Begründetheit), Salas v United States, Nr. 10.573, Z. 390.

complied with the aforementioned normative framework, in light of the facts submitted to the Commission."[1345] Rechtsfolge des Versäumnisses seitens der Vereinigten Staaten ist, dass den Aussagen der Antragsteller „probative value"[1346] beigemessen und den folgenden materiellen Prüfungen zugrunde gelegt wurde.

Die Kommission verlangt vorliegend somit konkrete Informationen zur Planung der Intervention, zum Einsatz der Streitkräfte, sowie zu einzelnen Handlungen von Soldaten dergestalt, dass eine Rechtmäßigkeit dieser mit Blick auf humanitärvölkerrechtliche Grundprinzipien überprüft werden können. Es erscheint, als würde vorliegend über die Beweislastverschiebung eine Pflicht zu nicht unerheblicher Transparenz des Vertragsstaats geschaffen, wenn Einsatz von tödlicher Gewalt zum Tod von Zivilisten geführt hat. Wie bemerkt, kann eine solche Tötung als Kollateralschaden humanitärvölkerrechtlich völlig legitim sein. Die Kommission schafft durch Salas et al v US eine weitreichende Offenlegungspflicht, bei deren Nichtbeachtung die Version des Antragstellers zugrunde gelegt wird. Offen bleibt, ob diese einer Form von Plausibilitätskontrolle unterzogen wird; andernfalls scheint es hier eine Gefahr des Missbrauchs zu geben. Dies insbesondere, da kriegsführende Staaten durchaus legitime militärische Interessen haben können, sich zu den Einzelheiten einer militärischen Operation nicht im Einzelnen äußern zu wollen. Auf der anderen Seite ist der Kommission zuzugeben, dass eine Tatsachengrundlage, auf der eine Entscheidung mit ausreichender Sicherheit getroffen werden kann, im bewaffneten Konflikt schwierig zu schaffen ist. Mit dieser neuen Pflicht zur Offenlegung im bewaffneten Konflikt schlägt die Kommission einen Weg ein, der dem des UN-Menschenrechtsausschusses in seinem neuen „General Comment" Nr. 36 sehr ähnlich ist (vgl. Ziff. 3).

dd) Ergebnis

Die Kommission formuliert ihren Ansatz immer wieder dahingehend, dass sie im Rahmen eines bewaffneten Konflikts zwingend das humanitäre Völkerrecht als Maßstab heranziehen muss, um eine Verletzung der menschenrechtlichen Garantie des Rechts auf Leben bestimmen zu können. Die Kommission benennt das humanitäre Völkerrecht dabei ausdrücklich als lex specialis. Die Spezialität des humanitären Völkerrechts zeigt sich in allen Erscheinungsformen des Tötens im bewaffneten Konflikt: Wann eine extra-legale Hinrichtung vorliegt bestimmt sich ebenso in den Kategorien des humanitären Völkerrechts wie der Tod, der durch Kampfhandlungen herbeigeführt wird. Dieser Ansatz erlaubt es der Kommission auch, sehr genau auf die Regeln des humanitären Völkerrechts einzugehen und insbesondere für den internen bewaffneten Konflikt, mit dem sie

1345 AKMR, Entscheidung vom 5.10.2018 (Begründetheit), Salas v United States, Nr. 10.573, Z. 391, Hervorhebung durch die Verfasserin.

1346 AKMR, Entscheidung vom 5.10.2018 (Begründetheit), Salas v United States, Nr. 10.573, Z. 393.

aufgrund der schwerwiegenden Konflikte, wie sie über lange Zeit in Lateinamerika herrschten, zur Entwicklung von Völkergewohnheitsrecht beizutragen. Es verwundert nicht, dass sie diesem Ansatz auch im Rahmen des internationalen bewaffneten Konflikts treu bleibt, wie zuletzt in Salas et al v US gezeigt.

Die Rechtsprechung der Kommission zum Recht auf Leben ist somit sehr von der Ansicht des IGH im Gutachten zur „Legality of the Threat or Use of Nuclear Weapons" geprägt (vgl. genauer zur Rechtsprechung des IGH Teil III). Der Gerichtshof hatte für das Recht auf Leben, wie es durch den IPBPR garantiert wird, dahingehend Stellung genommen, dass das humanitäre Völkerrecht im bewaffneten Konflikt bestimme, wann eine Person willkürlich ihres Lebens beraubt worden sei. Die AMRK formuliert ihre Garantie des Rechts auf Lebens ebenso über die Willkürlichkeit des Entzugs, sodass es nicht verwundert, dass die Kommission sich dieses Konzept zum Vorbild genommen hat.

Gerade im Rahmen des Rechts auf Leben zeigt sich sehr deutlich, dass die Kommission – obschon ein Menschenrechtsorgan – nicht auf die Menschenrechte setzt, was die rechtliche Beurteilung interner Konflikte betrifft. Diese Einschätzung gerade auch in Bezug auf das Recht auf Leben ist – wie bereits erwähnt – nicht unumstritten; so gibt es eine Strömung in der Wissenschaft, die interne Konflikte allein über die Menschenrechte lösen will. Die Kommission ist das Gegenbeispiel zu diesem Entwurf: im Rahmen des Artikel 4 AMRK prüft sie allein das humanitäre Völkerrecht – das Menschenrecht auf Leben kommt nicht einmal als Anklang vor. So vertritt die Kommission bezüglich des Rechts auf Leben den reinen lex-specialis-Ansatz.

Ein deutlicher menschenrechtlicher Einfluss kann jedoch in der Ausgestaltung der Untersuchungspflicht und im Zuge der Beweislastverschiebung wahrgenommen werden. Hierbei ist insbesondere die Beweislastverschiebung zwar einerseits ein Mittel, um das stets gegebene Ungleichgewicht zwischen Individuum und Staat mit Blick auf die zur Verfügung stehenden Informationen auszugleichen, kann jedoch auch zur Forderung einer Transparenz führen, die Staaten in Bezug auf sensible militärische Daten zu Recht nicht liefern wollen, Es bleibt spannend, wie sich diese neuen „Pflicht zur Transparenz" weiterentwickeln wird.

b) Der Interamerikanische Gerichtshof für Menschenrechte

Der AGMR hat sich im Vergleich mit der interamerikanischen Kommission in weniger Fällen inhaltlich mit dem humanitären Völkerrecht auseinandergesetzt. Angesichts dessen, dass sich die Anzahl der Fälle, die die Kommission vor den Gerichtshof bringt, stetig gestiegen ist und eine Vielzahl dieser Fälle Tötungen im Rahmen eines bewaffneten Konflikts betreffen, erscheint dies auffällig. Auch ist kein sachlicher Grund ersichtlich, warum sich der Gerichtshof wiederum in manchen Fällen sehr ausführlich mit dem humanitären Völkerrecht beschäftigt[1347]. Um die wenigen Fälle, in denen er sich im Rahmen des Rechts auf Leben

1347 Vgl. insbesondere AGMR, Urteil vom 30.11.2012, Santo Domingo Massacre v Colombia.

mit dem humanitären Völkerrecht auseinandersetzt, besser würdigen zu können und in all ihren Aspekten zu erfassen, soll in der nun folgenden Analyse – anders als bei der Analyse der Spruchpraxis der Kommission – eine Analyse nach Fällen und nicht nach humanitärvölkerrechtlichem Inhalt erfolgen.

aa) Fall des „Mapiripán Massacer v Colombia"

In der Entscheidung Mapiripán Massacre behandelte der AGMR das humanitäre Völkerrecht im Rahmen der Frage der Staatenverantwortlichkeit. Die Prüfung des Rechts auf Leben (welches zusammen mit dem Recht auf menschenwürdige Behandlung und dem Recht auf Freiheit geprüft wurde[1348]) ging dagegen nicht mehr auf das humanitäre Völkerrecht ein[1349]. In der Entscheidung ging es um ein Massaker paramilitärischer Truppen mit Unterstützung der kolumbianischen Armee an mindestens 49 Dorfbewohnern. Dabei ging der Gerichtshof vom Vorliegen eines nicht-internationalen bewaffneten Konflikts aus[1350], sodass neben dem gemeinsamen Art. 3 GK auch das ZP II Geltung hätten[1351].

Im Einzelnen nahm der Gerichtshof zum humanitären Völkerrecht wie folgt Stellung: „(...) [T]he Court cannot set aside the existence of general and special duties of the State to protect the civilian population, derived from International Humanitarian Law, specifically Article 3 common of the August 12, 1949 Geneva Agreements and the provisions of the additional Protocol to the Geneva Agreements regarding protection of the victims of non-international armed conflicts (Protocol II)."[1352]

Welcher Art dieser Schutz der Zivilbevölkerung – zu welcher die getöteten Dorfbewohner im Fall des Mapriripán Massacre gehörten – im humanitären Völkerrecht ist, beschrieb der Gerichtshof in der Folge: „Due respect for the individuals protected entails *passive obligations* (not to kill, not to violate physical safety, etc.), while the protection due entails *positive obligations* to impede violations against said persons by third parties. Carrying out said obligations is significant in the instant case, insofar as the massacre was committed in a situation in which civilians were unprotected in a non-international domestic armed conflict."[1353] Damit fasste der Gerichtshof seine Auffassung der Verpflichtungen durch das humanitäre Völkerrecht in sehr menschenrechtliche Begriffe: die der negativen

1348 AGMR, Urteil vom 15.9.2005, Case of the Mapiripán Massacre v Colombia, Z. 126 ff.

1349 Der Antragsgegner hatte ein Teilanerkenntnis abgegeben, welches eine echte materielle Prüfung über einige strittige Punkte hinaus unnötig machte, vgl. AGMR, Urteil vom 15.9.2005, Case of the Mapiripán Massacre v Colombia, Z. 129.

1350 AGMR, Urteil vom 15.9.2005, Case of the Mapiripán Massacre v Colombia, Z. 114.

1351 AGMR, Urteil vom 15.9.2005, Case of the Mapiripán Massacre v Colombia, Z. 114.

1352 AGMR, Urteil vom 15.9.2005, Case of the Mapiripán Massacre v Colombia, Z. 114.

1353 AGMR, Urteil vom 15.9.2005, Case of the Mapiripán Massacre v Colombia, Z. 114, Hervorhebung durch die Verfasserin.

und der positiven Verpflichtung. Interessant ist insbesondere die Schutzpflicht, die der Gerichtshof ausmachte. Zwar haben alle Staaten die Pflicht „to respect and ensure respect“[1354] für das humanitäre Völkerrecht, womit jedoch keine Schutzpflichten im Sinne der Menschenrechte gemeint sind. Der IGH hatte in Military and Paramilitary Activities in and against Nicaragua (Nicaragua v United States)[1355] entschieden, dass diese Verpflichtung bezüglich Dritter dahin gehe „not to encourage persons or groups engaged in the conflict in Nicaragua to act in violation of the provisions of Article 3 common to the four 1949 Geneva Conventions.“[1356] Eine Verpflichtung, gegen das Verhalten eines Dritten im Sinne einer menschenrechtlichen Schutzpflicht einzuschreiten, beinhaltet dies jedoch nicht.

In der Folge zitierte der AGMR den kolumbianischen Verfassungsgerichtshof mit dessen Ansicht zu Art. 4 ZP II: „Article 4 of [Protocol II] not only orders general protection of non-combatants but also, developing Article 3 common of the 1949 Geneva Conventions, embodies a series of absolute prohibitions, which may be considered the essential nucleus of the guarantees provided by international humanitarian law. [...] [The principle of] differentiating between the combatant and non-combatant population has basic consequences. Thus, first of all, as the immunity rule of Article 13 [of Protocol II] sets forth, the parties have the general obligation to protect the civilian population against the dangers caused by military operations. Therefore, as paragraph 2 of this article states, this population, as such, cannot suffer military attack, and acts or threats of violence whose main aim is to terrorize it are forbidden. Also, this general protection of the civilian population against the dangers of war also means that it is not in accordance with international humanitarian law for one of the parties to involve this population in the armed conflict, since in this way it becomes an actor in that conflict, which would expose it to military attacks by the other party. [...] Whatever the legal status of normalcy or of a politically abnormal situation, civil society that is a victim of armed confrontation must be protected by the State.“

Der Gerichtshof schließt an, dass „obligations derived from said international provisions“ mit in die Auslegung einbezogen werden müssten[1357]. Ob er jedoch die zitierte Auslegung des Artikel 4 ZP II in eine materielle Prüfung des Rechts auf Leben aufnehmen würde, bleibt offen, da dieses aufgrund eines Zugeständisses des Vertragsstaates nur rudimentär geprüft wurde.

1354 Gemeinsamer Artikel 1 der Genfer Konventionen.

1355 IGH, Urteil vom 26.11.1984, Military and Paramilitary Activities in and against Nicaragua (Nicaragua v United States).

1356 AGMR, Urteil vom 15.9.2005, Case of the Mapiripán Massacre v Colombia, Z. 114.

1357 AGMR, Urteil vom 15.9.2005, Case of the Mapiripán Massacre v Colombia, Z. 115.

bb) Fall der „Massacres of El Mozote and nearby places v El Salvador“

Im Fall Massacres of El Mozote and nearby places v El Salvador[1358] ging es um die Bewertung von Massakern, die das Militär 1981 vor dem Hintergrund eines nicht-internationalen bewaffneten Konflikts begangen hatte und die ca. 1000 Personen, darunter viele Kinder, das Leben gekostet hatte. Der Gerichtshof ging im Rahmen des Rechts auf Leben kurz auch auf das humanitäre Völkerrecht ein. Er führte aus: „The rights to life and to personal integrity are essential in the Convention. Under Article 27(2) of this treaty, these rights form part of the non-derogable nucleus, because they cannot be suspended in case of war, public danger or other threats to the independence or security of the States Parties. In addition, article 4 of Protocol II Additional to the Geneva Convention indicates that ‚violence to the life, health and physical or mental well-being of persons [who do not take a direct part or who have ceased to take part in hostilities], in particular murder as well as cruel treatment such as torture, mutilation, or any form of corporal punishment, [... is] and shall remain prohibited at any time and in any place whatsoever.‘ It also emphasizes that it is prohibited to order that there shall be no survivors. Article 13 also specifies the obligation to protect the civilian population and individual civilians unless and for such time as they take a direct part in hostilities, when stating that ‚they shall enjoy general protection against the dangers arising from military operations‘ and that ‚they shall not be the object of attack.‘ “[1359] Der Gerichtshof fügte an, dass es die Aufgabe des Vertragsstaates gewesen wäre, die Zivilbevölkerung vor den Auswirkungen des bewaffneten Konflikts zu schützen[1360]; stattdessen hätte er gerade diese Menschen angegriffen, obwohl klar gewesen sei, dass es sich bei den Getöteten nicht um Kämpfer, sondern um Zivilisten, darunter Kinder, Frauen – manche schwanger – und Ältere gehandelt hätte.[1361] Der Gerichtshof kam zu dem Schluss, dass das Recht auf Leben der Opfer der Massaker verletzt worden sei[1362].

cc) Fall des „Santo Domingo Massacre v Colombia“

Im Fall des Santo Domingo Massacres v Colombia[1363] bombardierten kolumbianische Streitkräfte im Rahmen der Bekämpfung von Aufständischen eine Siedlung

1358 AGMR, Urteil vom 25.10.2012, Case of the Massacres of El Mozote and nearby places v El Salvador.
1359 AGMR, Urteil vom 25.10.2012, Case of the Massacres of El Mozote and nearby places v El Salvador, Z. 148.
1360 AGMR, Urteil vom 25.10.2012, Case of the Massacres of El Mozote and nearby places v El Salvador, Z. 155.
1361 AGMR, Urteil vom 25.10.2012, Case of the Massacres of El Mozote and nearby places v El Salvador, Z. 153.
1362 AGMR, Urteil vom 25.10.2012, Case of the Massacres of El Mozote and nearby places v El Salvador, Z. 156.
1363 AGMR, Urteil vom 30.11.2012, Santo Domingo Massacre v Colombia.

aus der Luft mit Splitterbomben. Hierdurch wurden 17 Zivilisten, darunter auch Kinder, getötet und 27 weitere Zivilisten verletzt. Auf die Überlebenden, die den Verletzten helfen oder fliehen wollten, schossen die Streitkräfte mit Maschinengewehren. Nachdem die Bewohner aus dem Dorf vertrieben waren – dies dauerhaft – wurde es geplündert[1364]. Der Gerichtshof stützte sich in diesem Fall besonders stark auf das humanitäre Völkerrecht, insbesondere auch, was die Prüfung des Rechts auf Leben und des Rechts auf körperliche Unversehrtheit anbelangte[1365]. Einen Grund für diese Vorgehensweise, auf die er in anderen Fällen verzichtete[1366], nannte er nicht.

(1) Prinzip der Unterscheidung, der Verhältnismäßigkeit und der Ergreifung von Vorsichtsmaßnahmen

Im Rahmen der Überprüfung des Rechts auf Leben und körperlichen Unversehrtheit zog der Gerichtshof drei Kernprinzipien des humanitären Völkerrechts heran: Das Prinzip der Unterscheidung, das Prinzip der Verhältnismäßigkeit und das Prinzip der Ergreifung von Vorsichtsmaßnahmen.[1367] Dabei fällt auf, dass der Gerichtshof stark auf die Studie zum humanitären Völkergewohnheitsrecht des IKRK[1368] zurückgriff[1369]. Eine mögliche Erklärung ist, dass in Kolumbien zu diesem Zeitpunkt ein nicht-internationaler bewaffneter Konflikt vorlag und das Vertragsrecht zu dieser Art des Konflikts weniger detailliert geregelt ist[1370], als

---

1364 AGMR, Urteil vom 30.11.2012, Santo Domingo Massacre v Colombia, Z. 3.

1365 Der AGMR analysierte diese beiden Rechte aufgrund der Komplexität des Falles gemeinsam, vgl. Urteil vom 30.11.2012, Santo Domingo Massacre v Colombia, Z. 187.

1366 Auch andere Entscheidungen beschäftigen sich mit Massakern an der Zivilbevölkerung: so zB AGMR, Urteil vom 31.1.2006, Case of the Pueblo Bello Massacre v Colombia; AGMR, Urteil vom 01.7.2006, Case of the Ituango Massacres v Colombia. Im Fall AGMR, Urteil vom 04.11.2012, Case of the Río Negro Massacres v Guatemala war der Gerichtshof jedoch ratione temporis, im Fall AGMR, Urteil vom 24.11.2009, Case of the Las Dos Erres Massacre v Guatemala durch den Antrag auf die Verletzung der Untersuchungspflicht und der Pflicht zur Strafverfolgung in seiner Rechtsprechung beschränkt.

1367 AGMR, Urteil vom 30.11.2012, Santo Domingo Massacre v Colombia, Z. 211: „(...) [The Court] will analyze the facts of the case interpreting the provisions of the American Convention in light of the pertinent norms and principles of international humanitarian law, namely: (a) the principle of distinction between civilians and combatants; (b) the principle of proportionality, and (c) the principle of precaution in attacks."

1368 Henckaerts/Doswald-Beck, Customary International Humanitarian Law.

1369 AGMR, Urteil vom 30.11.2012, Santo Domingo Massacre v Colombia, zB Z. 187, 212 Fn. 307, 308 und 309, Z. 214.

1370 Vgl. gemeinsamer Art. 3 GA; Zusatzprotokoll II zu den Rotkreuzabkommen.

das Vertragsrecht in Bezug auf den internationalen bewaffneten Konflikt[1371]. Inhaltlich unterteilte der Gerichtshof seine Prüfung der Ereignisse zum einen in den Angriff aus der Luft mit der Splitterbombe und zum anderen in die Schüsse mit dem Maschinengewehr, was in der folgenden Untersuchung nachvollzogen werden soll.

(aa) Bombenangriff aus der Luft

Was den Angriff des kolumbianischen Militärs aus der Luft mittels einer Splitterbombe angeht, ging der Gerichtshof zunächst auf das Prinzip der Unterscheidung zwischen Zivilisten und Kombattanten ein. Als Beleg für dieses völkergewohnheitsrechtliche Prinzip zog er unter anderem[1372] die erste[1373] und siebte Regel[1374] der Völkergewohnheitsrechtsstudie heran (vgl. hierzu auch Ziff. I.2.). Bezüglich des Prinzips der Unterscheidung kommt der AGMR ohne Weiteres zu folgendem Schluss: „In the instant case, the Court has found proved that, in the context of confrontations with the FARC guerrilla, on December 13, 1998, the Colombian Air Force launched an AN-M1A2 cluster bomb on the village of Santo Domingo, causing the death and injury of civilians. The Court takes note that the domestic judicial and administrative organs have considered that the State failed to comply with the principle of distinction when conducting the said airborne operation."[1375]

Bezüglich des Prinzips der Verhältnismäßigkeit griff der Gerichtshof auf Regel 14 der Völkerrechtsstudie zurück[1376]. Die Auslegung des Prinzips durch den

1371 Vgl. die vier Genfer Abkommen sowie Zusatzprotokoll I.

1372 So erwähnte der Gerichtshof zudem Art. 13 Abs. 2 ZP II sowie die Rechtsprechung der internationalen Strafgerichtshöfe, AGMR, Urteil vom 30.11.2012, Santo Domingo Massacre v Colombia, Z. 212.

1373 AGMR, Urteil vom 30.11.2012, Santo Domingo Massacre v Colombia, Z. 212 Fn. 307; vgl. auch Henckaerts/Doswald-Beck, Customary International Humanitarian Law, Rule 1: „The parties to the conflict must at all times distinguish between civilians and combatants. Attacks may only be directed against combatants. Attacks must not be directed against civilians."

1374 AGMR, Urteil vom 30.11.2012, Santo Domingo Massacre v Colombia, Z. 212 Fn. 308; vgl. auch Henckaerts/Doswald-Beck, Customary International Humanitarian Law, Rule 7: „The parties to the conflict must at all times distinguish between civilian objects and military objectives. Attacks may only be directed against military objectives. Attacks must not be directed against civilian objects."

1375 AGMR, Urteil vom 30.11.2012, Santo Domingo Massacre v Colombia, Z. 213.

1376 AGMR, Urteil vom 30.11.2012, Santo Domingo Massacre v Colombia, Z. 214 Fn. 311; vgl. auch Henckaerts/Doswald-Beck, Customary International Humanitarian Law, Rule 14: „Launching an attack which may be expected to cause incidental loss of civilian life, injury to civilians, damage to civilian objects, or a combination thereof, which would be excessive in relation to the concrete and direct military advantage anticipated, is prohibited."

Gerichtshof lautete dabei: „Thus the said principle establishes a limitation to the purpose of the war, stipulating that the use of force must not be disproportionate, limiting it to what is essential to obtain the military advantage pursued."[1377] Ob dieses Prinzip eingehalten wurde, konnte nach Ansicht des Gerichtshofs vorliegend aber gar nicht untersucht werden, da eine rein hypothetische Situation bewertet werden müsste. Nach der Vorstellung des Militärs hätte sich der Angriff allein gegen Aufständische gerichtet und Opfer unter Zivilisten wären nicht zu befürchten gewesen[1378]. Da tatsächlich aber ausschließlich Zivilisten und keine Aufständischen betroffen waren, kam es auf das Prinzip der Proportionalität nach Ansicht des Gerichtshofs nicht an.

Diese Feststellungen legen zugleich beinahe zwingend nahe, dass das „principle of precaution" durch den Vertragsstaat nicht ausreichend beachtet wurde. Der Gerichtshof griff inhaltlich ein weiteres Mal auf die Völkergewohnheitsrechtsstudie des IKRK zurück und zitiert Regeln 15, 17 und 18[1379]. Regel 15 lautet hierbei: „In the conduct of military operations, *constant care* must be taken to spare the civilian population, civilians and civilian objects. All feasible precautions must be taken to avoid, and in any event to minimise, incidental loss of civilian life, injury to civilians and damage to civilian objects."[1380] Regel 17 und 18 konkretisieren diesen Grundsatz zusätzlich. Die in vorliegendem Zusammenhang besonders interessante Regel 17 lautet hierbei: „Each party to the conflict must take all feasible precautions in the *choice of means and methods* of warfare with a view to avoiding, and in any event to minimising, incidental loss of civilian life, injury to civilians and damage to civilian objects."[1381] Regel 18 lautet: „Each party to the conflict must do everything feasible to *assess* whether the attack may be expected to cause incidental loss of civilian life, injury to civilians, damage to civilian objects, or a combination thereof, which would be excessive in relation to the concrete and direct military advantage anticipated."[1382]

Der Gerichtshof beschäftigte sich als erstes mit dem verwendeten Kampfmittel, einer in den 1940er Jahren entwickelten Splitterbombe. Er stellte fest, dass diese zum einen keine präzise Waffe sei[1383] und zum anderen angenommen werden könne, dass derjenige, der sie eingesetzt hatte, keine visuelle Verbindung zu dem geplanten Ziel hatte[1384]. Weiterhin könne angenommen werden, dass die

---

1377 AGMR, Urteil vom 30.11.2012, Santo Domingo Massacre v Colombia, Z. 214.

1378 AGMR, Urteil vom 30.11.2012, Santo Domingo Massacre v Colombia, Z. 215.

1379 AGMR, Urteil vom 30.11.2012, Santo Domingo Massacre v Colombia, 216.

1380 Henckaerts/Doswald-Beck, Customary International Humanitarian Law, S. 51, Rule 15, Hervorhebung durch die Verfasserin.

1381 Henckaerts/Doswald-Beck, Customary International Humanitarian Law, S. 56, Rule 17, Hervorhebung durch die Verfasserin.

1382 Henckaerts/Doswald-Beck, Customary International Humanitarian Law, S. 58, Rule 18, Hervorhebung durch die Verfasserin.

1383 AGMR, Urteil vom 30.11.2012, Santo Domingo Massacre v Colombia, Z. 217/219.

1384 AGMR, Urteil vom 30.11.2012, Santo Domingo Massacre v Colombia, Z. 218.

Bombe nicht an den anvisierten Ort gefallen sei[1385]. In der Gesamtschau sei der gesamte Luftangriff unpräzise erfolgt[1386]. Aber auch die übrigen Umstände sprächen dafür, dass der Luftangriff entgegen des Prinzips der Vorsicht durchgeführt worden sei: So sei der kolumbianischen Armee kurz vor diesem Angriff bereits ein Fehler unterlaufen und man habe die eigenen Streitkräfte bombardiert[1387]. Auch sei eine Unterstützung aus der Luft aufgrund der Beschaffenheit des Terrains ohnehin nicht angezeigt gewesen[1388]. Die Luftwaffe schien zu keinem Zeitpunk in ihre Entscheidungen mit einfließen zu lassen, dass sich im Zielgebiet eine zivile Siedlung befand[1389]. Der Gerichtshof kam zu dem Schluss: „In any case, given the lethal capacity and limited precision of the device used, its launch in the urban center of the village of Santo Domingo or nearby, was contrary to the principle of precaution in attack."[1390]

Dies kann dahingehend gedeutet werden, dass bereits die fehlende Präzision der verwendeten Waffe in der Nähe einer Siedlung, welche nur von Zivilisten bewohnt ist, als eine Verletzung des „principles of precaution" zu sehen ist; in diesem Fall gibt der Gerichtshof durch seine ausführliche Betrachtung der Geschehnisse jedoch weitere Hinweise auf eine Konkretisierung des Prinzips. So scheinen auch die übrigen Verfehlungen der Streitkräfte[1391] durchaus als dem humanitärvölkerrechtlichen Prinzip widersprechend in Betracht zu kommen. Dies spiegelt auch den Stand der Literatur in dieser Frage wider[1392].

Der Gerichtshof kam zu dem Schluss: „Based on all the above, this Court finds that the State is responsible for the violation of the right to life recognized in Article 4(1) of the Convention, in relation to Article 1(1) of this instrument, to the detriment of the persons who died in the village of Santo Domingo, as well as Article 5(1) of the Convention, in relation to Article 1(1) thereof, to the detriment of the persons who were injured on December 13, 1998."[1393]

1385 AGMR, Urteil vom 30.11.2012, Santo Domingo Massacre v Colombia, Z. 222.

1386 AGMR, Urteil vom 30.11.2012, Santo Domingo Massacre v Colombia, Z. 223.

1387 AGMR, Urteil vom 30.11.2012, Santo Domingo Massacre v Colombia, Z. 224.

1388 AGMR, Urteil vom 30.11.2012, Santo Domingo Massacre v Colombia, Z. 226.

1389 AGMR, Urteil vom 30.11.2012, Santo Domingo Massacre v Colombia, Z. 228.

1390 AGMR, Urteil vom 30.11.2012, Santo Domingo Massacre v Colombia, Z. 229.

1391 Nochmals zusammengefasst in AGMR, Urteil vom 30.11.2012, Santo Domingo Massacre v Colombia, Z. 227.

1392 Vgl. Schmitt Michael N., in: Arnold/Quénivet, S. 548, der sich dafür ausspricht, dass ein Angriff abgebrochen werden muss, wenn der Angreifer realisiert, dass er exzessiven kollateralen Schaden verursachen wird; vgl. zudem Pilloud/Pictet, in: Sandoz/Swinarski/Zimmermann, Commentary on the Additional Protocols, Z. 2198, die bezüglich der Festlegung des Ziels ausführen: „What is required of the person launching an offensive is to take the necessary identification measures in good time in order to spare the population as far as possible."

1393 AGMR, Urteil vom 30.11.2012, Santo Domingo Massacre v Colombia, Z. 230.

Ähnlich wie die Kommission in ihrer aktuellen Praxis kam er, nachdem er reines *humanitäres Völkerrecht* geprüft hatte, zu dem Ergebnis, dass die *Menschenrechte* auf Leben und körperliche Unversehrtheit verletzt sind.

(bb) Schüsse mit dem Maschinengewehr

Im Zusammenhang mit den Maschinengewehrattacken auf die fliehenden Zvilisten kam der Gerichtshof nochmals auf das Prinzip der Unterscheidung zu sprechen: „Regarding the principle of distinction between civilians and combatants, the Court recalls that, according to the norms of international humanitarian law indicated above, conducts that constitute indiscriminate attacks are also prohibited ‚which employ a method or means of combat which cannot be limited as required by international humanitarian law [...] and, consequently, [...] are of a nature to strike military objectives and civilians or civilian objects without distinction.' "[1394] Damit ließ er die Regel 12 aus der Völkergewohnheitsrechtsstudie einfließen[1395].

Auffällig erscheint, dass der Gerichtshof im Unterschied zur Prüfung des Angriffs aus der Luft (vgl. Ziff. (aa)) diesmal das hypothetische Szenario doch überprüft. Dieses besteht darin, dass Aufständische unter den Fliehenden, auf die geschossen wurde, gewesen wären. Selbst für diesen Fall hätte der militärische Vorteil durch die Tötung dieser hypothetischen Kämpfer den Tod von Zivilisten nicht gerechtfertigt. Das Prinzip der Verhältnismäßigkeit wäre also durch das Abfeuern des Maschinengewehrs in jedem Fall „betroffen"[1396]. Mit Blick auf das humanitäre Völkerrecht kann dieser Aussage entnommen werden, dass Aufständische in den Augen des Gerichtshofs – ähnlich wie in denen der Kommission – wohl grundsätzlich angegriffen werden dürfen.

Das Vorgehen der kolumbianischen Armee verletzte in den Augen des Gerichtshofs „the obligation to guarantee the rights to life and personal integrity in the terms of the American Convention of the inhabitants of Santo Domingo, who were affected by the endangerment of their rights by the mere fact of having been the object of these indiscriminate attacks, irrespective of whether anyone was killed or injured."[1397] Dies sind natürlich weitreichende Folgen des Zusammenspiels des humanitären Völkerrechts und der Menschenrechte: Durch einen unterschiedslosen Angriff im Sinne des humanitären Rechts scheint somit das Recht auf Leben auch dann verletzt sein zu können, wenn niemand zu Tode

1394 AGMR, Urteil vom 30.11.2012, Santo Domingo Massacre v Colombia, Z. 234.

1395 Henckaerts/Doswald-Beck, Customary International Humanitarian Law, S. 40.

1396 AGMR, Urteil vom 30.11.2012, Santo Domingo Massacre v Colombia, Z. 235; die Wortwahl hängt wohl damit zusammen, dass der Gerichtshof sich nicht für kompetent hält, eine Verletzung des humanitären Völkerrechts zu erklären, vgl. hierzu ausführlich Teil IV.

1397 AGMR, Urteil vom 30.11.2012, Santo Domingo Massacre v Colombia, Z. 237.

kommt. Dies entspricht der menschenrechtlichen Wertung, dass eine erhebliche Gefährdung des Lebens den Schutzbereich des Rechts auf Leben eröffnet.

(2) Kinder als Ziele eines Angriffs

Womöglich lassen sich im Fall Santo Domingo noch die Anfänge einer weiteren Entwicklung beobachten: So könnten sich durch die menschenrechtliche Rechtsprechung die Anforderungen an die Entscheidung, welche Ziele angegriffen werden dürfen, verschärfen. Einen solchen Ansatz könnten die im Urteil folgenden Ausführungen zu den Rechten des Kindes bilden. Der Gerichtshof bekräftigte in seinem Urteil die Ansicht, dass es einen internationalen corpus juris der Rechte des Kindes gibt und zitierte in diesem Zusammenhang Art. 4 Abs. 3 ZP II: „[c]hildren shall be provided with the care and aid they require, and in particular: [...] (b) all appropriate steps shall be taken to facilitate the reunion of families temporarily separated[...].“[1398] Hierzu zitierte er in einer Fußnote die Kommentierung des IKRK, nach der diese Verpflichtung vor allem beinhalte, die familiären Bande wiederherzustellen[1399]. Die Pflicht, Kindern die erforderliche Pflege und Hilfe zukommen zu lassen, bezieht sich jedoch nicht auf Angriffshandlungen wie die vorliegende, sondern auf die Pflicht, sich in Gebieten unter der Kontrolle einer Kriegspartei um die Entwicklung der Kinder so gut als möglich zu kümmern[1400]. Das humanitäre Völkerrecht bestimmt nicht, dass im Rahmen der Entscheidung, welches Angriffsziel in Betracht kommt, Kinder anders als erwachsene Zivilisten in die Entscheidung miteinbezogen werden müssen[1401].

Für den Gerichtshof schien jedoch allein die Tötung von sechs und die Verwundung von sieben Kindern als Verletzung der Rechte des Kindes gem. Art. 19 AMRK auszureichen[1402]. Eine Begründung mit den Prinzipien des humanitären Völkerrechts, welche die Rechtmäßigkeit einer Kriegshandlung betreffen,

---

1398 Vgl. AGMR, Urteil vom 30.11.2012, Santo Domingo Massacre v Colombia, Z. 238.

1399 AGMR, Urteil vom 30.11.2012, Santo Domingo Massacre v Colombia, Z. 238 Fn. 347; vgl. auch PILLOUD/PICTET, IN: SANDOZ/SWINARSKI/ZIMMERMANN, Commentary on the Additional Protocols, Z. 4553.

1400 SANDOZ/SWINARSKI/ZIMMERMANN, Commentary on the Additional Protocols, Z. 4546.

1401 Vgl. PLATTNER, International Review of the Red Cross 1984: „As members of the civilian population, children benefit from the rules of international humanitarian law relative to the conduct of hostilities.“; ähnlich auch POPOVSKI VESSELIN, in: ARNOLD/QUÉNIVET, S. 388; auch im humanitären Völkergewohnheitsrecht ist eine besondere Rücksichtnahme auf Kinder im Rahmen von Kriegshandlungen nicht ersichtlich.

1402 AGMR, Urteil vom 30.11.2012, Santo Domingo Massacre v Colombia, Z. 240. Der Gerichtshof sagt lediglich: „In the instant case, the Court has found proved that, as a result of the events of December 13, 1998, in the village of Santo Domingo, six boys and girls died and another 10 were injured, who had been seen by the aircraft pilots.“

erfolgte gerade nicht. Der Gerichtshof stellte zuvor lediglich fest: „It should be recalled that the Court has indicated that ‚the special vulnerability, owing to their condition as children, is even more evident in a situation of internal armed conflict, (...) because they are least prepared to adapt or respond to this situation and, unfortunately, are those who suffer from its excesses disproportionately.'"[1403]

Es ist nicht auszuschließen, dass durch den besonderen Schutz, den der Gerichtshof im Rahmen seiner Rechtsprechung für Kinder entwickelt hat, die humanitärvölkerrechtlichen Legitimität einer Kriegshandlung über die bisher geltenden Prinzipien der Verhältnismäßigkeit, Unterscheidung und Vorsicht hinaus, beeinflusst wird.

(3) Ergebnis

Festhalten muss man in Bezug auf diese einzige ausführliche Prüfung des humanitären Völkerrechts in Bezug auf das Recht auf Leben, dass der Gerichtshof bei inhaltlich rein humanitärvölkerrechtlicher Prüfung eine Verletzung allein des Menschenrechts feststellt. Zur Anwendung kommt zu einem großen Teil das humanitäre Völkergewohnheitsrecht, wie es die IKRK-Studie festhält – womit sich der Gerichtshof eindeutig gegen die Theorie ausspricht, die im bewaffneten internen Konflikts eine rein menschenrechtliche Bewertung vorsieht (vgl. Teil III).

Besonders interessant erscheint seine Rechtsprechung mit Blick auf eine Rechtfertigung der Anwendung von Gewalt allein nach der Vorstellung der Kriegspartei. Der Gerichtshof spielt eine derartige Situation zweimal durch, wobei er hierbei zu widersprüchlichen Ergebnissen kommt: Im Rahmen der Prüfung des Angriffs aus der Luft ist er der Ansicht, dass die hypothetische Situation, es wären legitime Ziele in dem bombardierten Gebiet gewesen, nicht der weiteren Betrachtung bedürfe, im Rahmen der Prüfung der Maschinengewehrschüsse hält er sie dagegen einer Betrachtung wert, kommt jedoch zu dem Schluss, dass der Angriff auch dann nicht verhältnismäßig gewesen wäre. Der Gerichtshof wirft somit die nicht unwichtige Frage auf, ob es so etwas wie eine putative Verhältnismäßigkeit im humanitären Völkerrecht geben könnte. Eine solche wäre gegeben, wenn die Kriegshandlung den Vorstellungen der Kriegspartei rechtmäßig gewesen wäre, wenn sie denn vorgelegen hätten[1404]. Leider lässt der Gerichtshof diese – von ihm selbst aufgeworfene – Frage offen, nachdem er sich bereits widersprüchlich hierzu geäußert hatte. Nach dem im Urteil Ausgeführten ist aber anzunehmen, dass in solchen „Putativsituation" regelmäßig das Prinzip zur Ergreifung von Vorsichtsmaßnahmen verletzt sein wird.

Womöglich erlässt sich aus der Rechtsprechung des Gerichtshofs ein Einfluss der Rechte des Kindes auf das humanitäre Völkerrecht erahnen. Wie sich die

---

1403 AGMR, Urteil vom 30.11.2012, Santo Domingo Massacre v Colombia, Z. 239.
1404 Vergleiche hierzu die strafrechtliche Figur der Putativnotwehr.

Rechte des Kindes mit Blick auf rechtmäßige Kriegshandlungen verhalten, ist noch nicht abzusehen; jedoch scheinen sie verhältnismäßig schwer zu wiegen. Womöglich könnten Vertragsstaaten verpflichtet sein, auf die Belange der Kinder im Rahmen von Zielentscheidungen besondere Rücksicht zu nehmen. Eine solche besondere Rolle nehmen Kinder im humanitären Völkerrecht nicht ein.

c) Ergebnis interamerikanische Organe

In den Fällen, in denen es zu einer inhaltlichen Prüfung des humanitären Völkerrechts kommt, scheint das Menschenrecht auf Leben allein mehr den Rahmen für diese Prüfung zu bieten: Die Prüfung des humanitären Völkerrechts erfolgt unter der Überschrift des Rechts auf Leben und das Ergebnis gibt die Verletzung des Rechts auf Leben bekannt. Dazwischen wird materiell reines humanitäres Völkerrecht geprüft. Gerichtshof und Kommission scheinen sich darin einig, dass im Fall des bewaffneten internen Konflikts das humanitäre Völkerrecht das Recht der Wahl ist. Während die Kommission dies unter die Formel „lex specialis“ einordnet, enthält sich der Gerichtshof einer solchen Aussage (vgl. hierzu auch Teil B.).

Ein solches Vorgehen entwickelt das humanitäre Völkerrecht, wenn die Implikationen auch nicht immer völlig klar scheinen[1405]. Ganz eindeutig sind beide Organe auch zum Lager derer zu zählen, die die Lücken im humanitärvölkerrechtlichen Vertragsrecht für den internen bewaffneten Konflikt durch humanitäres Völkergewohnheitsrecht und nicht durch Menschenrechte füllen wollen. In Bezug auf eine wirkliche Integration der beiden Rechtsmaterien trägt eine solche Rechtsprechung des humanitären Völkerrechts „im Pelz“ der Menschenrechte jedoch nicht bei. Dies mag allerdings an der sehr speziellen und zentralen Frage des Rechts auf Leben im bewaffneten Konflikt liegen: Es sprechen gute Gründe dafür, diese Kernvorschriften des humanitären Völkerrechts unangetastet zu lassen. Darüber hinaus eigneten sich die den Organen vorgelegten Fälle womöglich auch wenig, etwaige zusätzliche Erfordernisse des Menschenrechts auf Leben zu ergründen, da bereits die „gröberen“ Vorgaben des humanitären Völkerrechts durch die beklagten Staaten eklatant verletzt worden waren.

Die interamerikanischen Organe stehen oft im Einklang mit der überwiegenden Ansicht der Literatur, was Kernprinzipien des humanitären Lebensschutzes betrifft. Sie beeinflussen wiederum auch das Verständnis humanitärvölkerrechtlicher Regeln, wie sie in der IKRK-Studie zum humanitären Völkergewohnheitsrecht dargestellt werden.

Zu beobachten ist jedoch, dass die Menschenrechte durchaus einen Einfluss auf den bewaffneten Konflikt haben könnten. So stellt die Untersuchungs- und Strafverfolgungspflicht der Staaten auch im bewaffneten Konflitk einen

---

1405 Vergleich zB die widersprüchlichen Aussagen zur Existenz einer „Putativverhältnismäßigkeit“, Ziff. cc).

menschenrechtlichen Einfluss dar, der in dieser Form im humanitären Völkerrecht nicht enthalten ist. In Salas et al v United States hat die Kommission zudem über eine Beweislastverschiebung eine Transparenzpflicht des Staates im Verfahren geschaffen, deren weitere Entwicklung abzuwarten bleibt. Zu denken ist darüber hinaus an die Rechte des Kindes, die in der AMRK verankert sind und die dazu führen könnten, dass die Anwesenheit von Kindern im Rahmen der Zielauswahl für einen Angriff anders als bisher besonders zu berücksichtigen sein könnte. Eine dahingehende Entwicklung bleibt zu beobachten.

3. UN-Menschenrechtsausschuss

Der UN-Menschenrechtsausschuss hat sich in seinen „General Comments"[1406] schon früh ausdrücklich zu dem Verhältnis der Rechtsmaterien humanitäres Völkerrecht und Menschenrechte geäußert[1407] (vgl. hierzu Teil III). In seinem aktuellen „General Comment" Nr. 36 zu Art. 6 IPBPR nimmt er nun auch ausdrücklich zum Verhältnis des humanitären Völkerrechts zum Recht auf Leben Stellung. Bis zu diesem Zeitpunkt stellte die Rechtsprechung des Ausschusses mehr ein Mosaik bezüglich des Umgangs mit dem humanitären Völkerrecht im Allgemeinen und dem Recht auf Leben dar, dem aber zumindest einzelne potentielle Herangehensweisen zum Recht auf Leben im bewaffneten Konflikt entnommen werden konnten. Durch die kohärente Beschäftigung des Menschenrechtsausschusses mit dem Recht auf Leben im bewaffneten Konflikt in seinem neuen „General Comment" wurden einige – wenn auch nicht alle – Fragen geklärt. Teilweise wurden auch neue Fragen aufgeworfen (s. hierzu unter Ziff. a)). Das Nähere soll nun im Folgenden dargestellt werden.

a) Aussagen zu ius ad bellum

Bevor im Folgenden auf die materiellen und prozeduralen Aspekte der Praxis des Menschenrechtsausschusses eingegangen werden soll, sollen vorweg kurz die Ansichten des Ausschusses mit Blick auf das „ius ad bellum" beleuchtet werden; ist dieses für sich genommen auch nicht Thema der vorliegenden Schrift, ist derzeit eine Tendenz in der Spruchpraxis des Ausschusses zu erkennen, die womöglich eine Auswirkung auch auf das „ius in bello" zeitigt.

Bereits zu den beiden älteren – nun durch „General Comment" Nr. 36 ersetzten[1408], jedoch für die vorliegende Untersuchung dennoch weiterhin

---

1406 MRA, General Comment on Article 6, Nr. 6 (1982), U.N. Doc. HRI\GEN\1\Rev. 1; MRA, General Comment on Article 6, Nr. 14 (1984), U.N. Doc. HRI\GEN\1\Rev. 1; MRA, General Comment on Article 6, Nr. 36 (2018), U.N, Doc CCPR/G/GC/36.

1407 Milanovic findet jedoch seine Bemerkung wenig hilfreich: Milanovic, Journal of Conflict and Security Law 2010, S. 464; Näheres hierzu in Teil III

1408 Vgl. MRA, General Comment on Article 6, Nr. 36 (2018), U.N, Doc CCPR/G/GC/36, Z. 1.

interessanten – „General Comments“ bemerkte ein Experte, dass der Ausschuss „the very existence of war in terms of the right to life“[1409] betrachte. Konkret ging es um die Ansicht des Ausschusses, dass das Recht auf Leben durch die *Verhinderung* von Krieg, insbesondere auch nuklearem, zu schützen sei: „The Committee observes that war and other acts of mass violence continue to be a scourge of humanity and take the lives of thousands of innocent human beings every year. Under the Charter of the United Nations the threat or use of force by any State against another State, except in exercise of the inherent right of self-defence, is already prohibited. The Committee considers that States have the *supreme duty to prevent wars*, acts of genocide and other acts of mass violence causing arbitrary loss of life. *Every effort they make to avert the danger of war*, especially thermonuclear war, and to strengthen international peace and security w*ould constitute the most important condition and guarantee for the safeguarding of the right to life.*“[1410] Wenn auch nicht mehr speziell auf die Gefahr des nuklearen Krieges bezogen, ist der Ausschuss auch ganz aktuell der Ansicht, dass Anstrengungen, die Risiken des Krieges zu verhindern und internationalen Frieden und Sicherheit zu stärken zu den wichtigsten Maßnahmen zum Schutz des Rechts auf Leben zählen[1411].

In den Augen des Ausschusses war somit im Rahmen des Rechts auf Leben gem. Art. 6 IPBPR das „ius ad bellum“ schon nach den älteren „General Comments“ eingeschränkt und auch weiterhin haben die Staaten die Pflicht zum Schutz des Lebens Krieg zu verhindern. In seinem aktuellen „Gerneral Comment“ Nr. 36 geht der Ausschuss jedoch noch einen Schritt weiter und statuiert: „States parties engaged in acts of aggression as defined in international law, resulting in deprivation of life, *violate ipso facto article 6 of the Covenant.* (...) States parties that fail to take all reasonable measures to settle their international disputes by peaceful means might fall short of complying with their positive obligation to ensure the right to life“[1412] Gerade die erste Aussage, dass bei Verstoß gegen das „ius ad bellum“ eine Verletzung des Rechts auf Leben stets gegeben ist, könnte weitreichende Folgen auch für das „ius in bello“ haben. Letzteres ist aus gutem Grund völlig neutral gegenüber der Rechtmäßigkeit des bewaffneten Konflikts – die vom Krieg Betroffenen sollen unabhängig davon, auf welcher Seite sie stehen,

---

1409 Expert Meeting on the Right to Life in Armed Conflicts and Situations of Occupation, organisiert durch das University Centre for International Humanitarian Law, 1–2. September 2005 in Genf, S. 9.

1410 MRA, General Comment on Article 6, Nr. 6 (1982), U.N. Doc. HRI\GEN\1\Rev. 1, Z. 2, Hervorhebung durch die Verfasserin; vgl. auch MRA, General Comment on Article 6, Nr. 14 (1984), U.N. Doc. HRI\GEN\1\Rev. 1, Z. 2.

1411 MRA, General Comment on Article 6, Nr. 36 (2018), U.N, Doc CCPR/G/GC/36, Z. 69: „Efforts to avert the risks of war, and any other armed conflict, and to strengthen international peace and security, are among the the most important safeguards for the right to life.“

1412 MRA, General Comment on Article 6, Nr. 36 (2018), U.N, Doc CCPR/G/GC/36, Z. 70, Hervorhebung durch die Verfasserin.

geschützt werden. Dies gilt auch für die zum „Aggressor" zählenden Personen. Diese Neutralität des „ius in bello" gegenüber dem „ius ad bellum" zählt zu den fundamentalen Konzepten des humanitären Völkerrechts. Zurecht wundert sich *Dill* deshalb: „Could we argue now that combatants who contribute to a state's use of force in contravention of Article 2(4) of the UN Charter (i.e., a state engaged in aggression) are using force unlawfully, even if their conduct accords with IHL? Does participation in hostilities on the side of an aggressor state open a combatant to the non-arbitrary deprivation of her human right to life?"[1413] Dies wären untragbare Konsequenzen, weshalb diese Ausführungen des MRA als sehr problematisch zu sehen sind[1414].

b) Materielle Aspekte

Im „General Comment" Nr. 36 ging der Ausschuss erstmals ausdrücklich auf das Verhältnis des Rechts auf Leben zum humanitären Völkerrecht ein. Dem IGH folgte der Ausschuss in dessen Ansicht insoweit, als dass er das humanitäre Völkerrecht im Rahmen der Auslegung des Begriffs „arbitrary" heranzog. Wörtlich führte der MRA aus: „Use of lethal force *consistent with international humanitarian law* and other applicable international law norms is, in general, *not arbitrary*."[1415] Was die Einordnung des humanitären Völkerrechts als lex specialis zum Recht der Menschenrechte allgemein und zum Recht auf Leben im Besonderen betrifft, folgte der Menschenrechtsausschuss dem IGH jedoch nicht; er blieb insoweit bei seiner Formel, dass die beiden Rechtssphären „complementary, not mutually exclusive" seien[1416] (vgl. hierzu noch ausführlicher Teil III). Auffällig ist, dass der Ausschuss das Verhältnis der beiden Rechtsmaterien jedoch nicht in Absolutheit zugunsten des humanitären Völkerrechts klärt, sondern mit der Formulierung „in general" eine Tür zu einer anderen, als einer rein humanitärvölkerrechtlichen Bewertung des Rechts auf Leben im bewaffneten Konflikt, offen lässt. Dies bewahrt eine gewisse Flexibilität, lässt aber auch Unsicherheit aufkommen, welche Situationen hiervon erfasst sein könnten[1417]. Dies erscheint in einem Rechtsgebiet, welches derart auf eine konsolidierte Rechtslage angewiesen ist wie das Recht im bewaffneten Konflikt, nicht ohne Risiko.

Sodann konkretisierte der Ausschuss die Vereinbarkeit des Rechts auf Leben mit humanitären Völkerrecht weiter: „By contrast, practices inconsistent with international humanitarian law, entailing a risk to the lives of civilians and other

---

1413 Dill, Just Security 2019, abrufbar unter: https://www.justsecurity.org/62473/general-comment-36-missed-opportunity/, zuletzt besucht im Februar 2019.

1414 So auch Dill, , ibid.

1415 MRA, General Comment on Article 6, Nr. 36 (2018), U.N, Doc CCPR/G/GC/36, Z. 64, Hervorhebung durch die Verfasserin.

1416 MRA, General Comment on Article 6, Nr. 36 (2018), U.N, Doc CCPR/G/GC/36, Z. 64.

1417 Erste Vermutungen finden sich bei Dill, Just Security 2019.

persons protected by international humanitarian law, including the targeting of civilians, civilian objects and objects indispensable to the survival of the civilian population, indiscriminate attacks, failure to apply the principles of precaution and proportionality, and the use of human shields, would also violate article 6 of the Covenant." Damit nannte der MRA abstrakt wichtige Prinzipien des humanitären Völkerrechts, die dem Schutz von Krieg betroffener Personen dienen. Wie *Todeschini* richtig bemerkt, unterscheidet der Ausschuss insoweit nicht zwischen dem internationalen und nicht-internationalen bewaffneten Konflikt[1418]– dies mag ein Zeichen dafür sein, dass er den Gleichlauf des Rechts über das humanitäre Völkergewohnheitsrecht für beide Konfliktarten akzeptiert hat. Interessant erscheint zudem, dass er sich dazu entschlossen hat, zur näheren Ausgestaltung seiner neuen Formel (verkürzt: „Use of lethal force consistent with international humanitarian law is not arbitrary") eben nicht auf die *zulässigen* Formen der Gewaltausübung, sondern auf die *nicht* zulässigen Formen der Gewaltausübung abstellte. Möglicherweise erschien es dem Ausschuss als Schutzorgan angemessener, auf diejenigen Prinzipien hinzuweisen, die dem Schutz bestimmter Personengruppen dienen, als Vorgaben zu zulässigen Tötungshandlungen zu machen. Wichtig erscheint zudem, dass der MRA eine nicht unerhebliche Erweiterung des Schutzes durch humanitärvölkerrechtliche Maßstäbe vornimmt, da er – im Einklang mit seinen allgemeinen Grundsätzen[1419] – bereits eine *Lebensgefährdung* durch die Verletzung humanitären Völkerrechts[1420] genügen lässt. Mit dieser weiten Auslegung der Verletzung des Rechts auf Lebens im bewaffneten Konflikt steht der Ausschuss in Gefolgschaft des AGMR, der im Fall Santo Domingo Massacre ähnlich entschieden hatte (s. unter Ziff. 2. b)).

Aus der Spruchpraxis des Menschenrechtsausschusses war bis zur Veröffentlichung des „General Comment" Nr. 36 nicht deutlich ersichtlich gewesen, ob er das humanitäre Völkerrecht in seine Erwägungen im Rahmen des Art. 6 IPBRP einbezog. Während Individualbeschwerden hierzu bis heute fehlen – aber möglicherweise durch den neuen „General Comment" zum Recht auf Leben ermutigt werden[1421] – fanden sich lediglich in den „Concluding Observations" zu Staatenberichten von Staaten, die sich in humanitärvölkerrechtlich relevanten Situationen befanden, Anklänge des humanitären Völkerrechts. Wenn das humanitäre

---

1418 Todeschini, Just Security 2019.

1419 MRA, General Comment on Article 6, Nr. 36 (2018), U.N, Doc CCPR/G/GC/36, Z. 7.

1420 Vgl. MRA, General Comment on Article 6, Nr. 36 (2018), U.N, Doc CCPR/G/GC/36, Z. 64: „practices inconsistent with international humanitarian law, entailing a risk to the lives of civilians and other persons protected by international humanitarian law".

1421 Vgl. hierzu Todeschini, Just Security 2019, Todeschini begrüßt, dass der „General Comment" und die gewonnene Klarheit über die Rolle des humanitären Völkerrechts im Rahmen des Rechts auf Leben zu einer besseren gerichtlichen Sanktionierung von Verletzungen des humanitären Völkerrechts führen könnte.

Völkerrecht auch häufig ignoriert wurde, fanden sich Ansätze insbesondere in den „Concluding Observations" zu den Staatenberichten, die aufgrund der wegen des Balkankrieges herrschenden Zustände sowohl von Kroatien wie auch Bosnien-Herzegovina eingefordert worden waren[1422], sowie in den „Concluding Observations" zu den vier bisherigen Staatenberichten Israels.

Bezüglich des Jugoslawienkrieges bemerkte der Ausschuss: „[Large scale military action] had resulted in massive violations of human rights, including significant loss of life, torture, disappearances and summary executions, with entire towns destroyed and populations displaced."[1423] Dies zeigt die grundsätzliche Einschätzung, dass militärische Operationen das Recht auf Leben verletzen können und dieses in besonderem Maße bedrohen. An anderer Stelle machte der Ausschuss folgerichtig klar, dass auch im bewaffneten Konflikt die Vorgehensweise des Staates die Regeln des IPBPR zu achten hätten[1424]. Dies zeigte mit Bezug auf das Recht auf Leben auf, dass der IPBPR auch in Kriegszeiten anwendbar bleibt und in der Bewertung des Geschehens eine Rolle spielt; dies bestätigte der „General Comment" Nr. 36 nun noch einmal ausdrücklich.

Darüber hinaus benutzte der Ausschuss insbesondere in den „Concluding Observations" zu den Staatenberichten Israels humanitärvölkerrechtliche Sprache. So sprach er wie selbstverständlich von der Zivilbevölkerung und schien diese sowohl von Angehörigen des Militärs, als auch von mutmaßlichen Terroristen zu unterscheiden[1425]. Eine solche Kategorisierung von Personengruppen trägt

---

1422 MRA, Comments on the Report of the Republic Croatia vom 28.12.1992, U.N. Doc. CCPR/C/79/Add.15; MRA, Comments on the the Report of the Repubic of Bosnia and Herzegovina vom 28.12.1992, U.N. Doc. CCPR/C/79/Add.14. Daneben hatte auch Jugoslawien einen Bericht abzuliefern: MRA, Comments on the Report of the Federal Republic of Yugoslavia vom 28.12.1999, U.N. Doc. CCPR/C/79/Add. 16.

1423 MRA, Comments on the Report of the Republic Croatia vom 28.12.1992, U.N. Doc. CCPR/C/79/Add.15, Z. 5; ganz ähnlich formuliert der Menschenrechtsausschuss im Comment zum Bericht Bosnien-Herzegovinas: „Since Bosnia-Herzegovina became a separate State, a significant part of its territory has remained out of its control and has been subjected to military action entailing massive human rights violations resulting in loss of life, torture, summary executions, rapes and general ill-treatment of persons.", MRA, Comments on the the Report of the Repubic of Bosnia and Herzegovina vom 28.12.1992, U.N. Doc. CCPR/C/79/Add.14, Z. 5.

1424 MRA, Concluding Observations on the Second Periodic Report of Israel vom 21.8.2003, UN Doc. CCPR/CO/78/ISR, Z. 14: The State party should ensure that measures designed to counter acts of terrorism, (...) adopted (...) in the context of the ongoing armed conflict, are in full conformity with the Covenant."

1425 Vgl. MMRA, Concluding Observations on the Initial Report of Israel vom 18.8.1998, UN Doc. CCPR/C/79/Add.93, Z. 4, Z. 17; MRA, Concluding Observations on the Second Periodic Report of Israel vom 21.8.2003, UN Doc. CCPR/CO/78/ISR, Z. 3; MRA, Concluding Observations on the Third Periodic Report of Israel vom 3.9.2010, UN Doc. CCPR/C/ISR/CO/3, Z. 8 ff; MRA, Concluding Observations on

eindeutig humanitärvölkerrechtliche Züge. Die Situation in Israel ist zudem ohne die Einbeziehung von humanitärem Völkerrecht nur schlecht zu bewerten; wie bereits an anderer Stelle ausgeführt, liegt in den betroffenen Gebieten eine „prolonged occupation", die immer wieder von Feindseligkeiten durchbrochen wird. Dabei spielte für den Ausschuss der Schutz der Zivilbevölkerung eine besondere Rolle. Konkret war der Ausschuss besorgt bezüglich des direkten Angriffs auf Zivilisten[1426], der Zerstörung ziviler Infrastruktur[1427], sowie des direkten Angriffs auf Schulen und UN-Einrichtungen, die Zivilisten beherbergten[1428]. Dies spiegelt die Verletzung einer ehernen Regel des humanitären Völkerrechts[1429] wider, die der Ausschuss in diesem Zusammenhang jedoch als Verletzungen des internationalen Menschenrechts bezeichnete[1430]. Das genauere Verhältnis dieser beiden Materien wurde in diesem Rahmen jedoch – trotz der eindeutigen Bezugnahme auf das humanitäre Völkerrecht – nicht geklärt[1431]. Mit Veröffentlichung des „General Comment" Nr. 36 gehört diese Unsicherheit der Vergangenheit an: Der Ausschuss zitiert als Fundstelle für die aufgelisteten Prinzipien des humanitären Völkerrechts, deren Verletzung gleichzeitig eine Verletzung des Art. 6 IPBPR bedeuten, eben diese Fundstelle aus den „Concluding Observations" zum Staatenbericht Israels aus dem Jahr 2010.

Vor der Veröffentlichung des „General Comment" Nr. 36 kam das Prinzip der Unterscheidung und die Pflicht, bezüglich der Zivilbevölkerung Vorsichtmaßnahmen zu ergreifen, am deutlichsten in den „Concluding Observations" zum dritten Staatenbericht Israels zum Vorschein. Der Ausschuss beschrieb die

---

the Fourth Periodic Report of Israel vom 21.11.2014, UN Doc. CCPR/C/ISR/ CO/ 4, Z. 6.

1426 MRA, Concluding Observations on the Third Periodic Report of Israel vom 3.9.2010, UN Doc. CCPR/C/ISR/CO/3, Z. 9.

1427 MRA, Concluding Observations on the Third Periodic Report of Israel vom 3.9.2010, UN Doc. CCPR/C/ISR/CO/3, Z. 9.

1428 MRA, Concluding Observations on the Fourth Periodic Report of Israel vom 21.11.2014, UN Doc. CCPR/C/ISR/ CO/4, Z. 6; daneben verurteilte der Ausschuss auch die Verwendung von Zivilisten als „human shields", MRA, Concluding Observations on the Second Periodic Report of Israel vom 21.8.2003, UN Doc. CCPR/CO/78/ISR, Z. 15; vgl. hierzu auch Byron, Virginia Journal of International Law 2007, S. 850.

1429 Vgl. Henckaerts/Doswald-Beck, Customary International Humanitarian Law: Rule 1 und Rule 9, wobei Schulen ausdrücklich als grundsätzlich zivile Objekte genannt sind.

1430 MRA, Concluding Observations on the Fourth Periodic Report of Israel v. 21.11.2014, UN Doc. CCPR/C/ISR/ CO/4, Z. 6; MRA, Concluding Observations on the Third Periodic Report of Israel vom 3.9.2010, UN Doc. CCPR/C/ISR/CO/ 3, Z. 9.

1431 Es könnte spekuliert werden, dass der Menschenrechtsausschuss davon ausgeht, dass Verletzungen des humanitären Völkerrechts stets auch Verletzungen des Menschenrechts sind.

Situation zunächst folgendermaßen: „Nevertheless, the Committee reiterates its concern, (...) that, since 2003, the State party's armed forces have targeted and extrajudicially executed 184 individuals in the Gaza Strip, resulting in the collateral unintended death of 155 additional individuals, this despite the State party's Supreme Court decision of 2006, according to which a stringent proportionality test must be applied and other safeguards respected when targeting individuals for their participation in terrorist activity."[1432] Damit beschrieb der Gerichtshof die Situation eines Kollateralschadens. Bezüglich der Zivilbevölkerung empfahl er: „The State party should ensure that all its agents uphold the principle of proportionality in their responses to terrorist threats and activities. It should also ensure that the *utmost care is taken to protect every civilian's right to life*, including civilians in the Gaza Strip."[1433]

Gibt es eine Zivilbevölkerung, die geschützt werden muss, gibt es nach humanitärvölkerrechtlicher Logik auch Personen, die nicht geschützt werden müssen. Umstritten ist hierbei wiederum, ob diese im internen Konflikt[1434] und auch im Rahmen einer Besatzung verhaltens – oder statusbasiert ausgewählt werden; hier hat auch der „General Comment" Nr. 36 keine Klarheit gebracht. Bezüglich dieser, bereits mehrfach erwähnten Frage nach dem legitimen Ziel des Einsatzes tödlicher Gewalt, lassen sich den Äußerungen des Menschenrechtsausschusses allenfalls Andeutungen entnehmen. Möglich erscheint es aber, dass sich die Spruchpraxis des Ausschusses weg von einer rein menschenrechtlichen hin zu einer robusteren Auswahl entwickelt. In den „Concluding Observations" zum zweiten Staatenbericht Israels empfahl der Ausschuss noch ein rein menschenrechtliches Modell für den Einsatz tödlicher Gewalt, selbst wenn der Betroffene mutmaßlich *gerade dabei war*, einen terroristischen Akt zu begehen. An entsprechender Stelle heißt es: „Before resorting to the use of deadly force, all measures to arrest *a person suspected of being in the process of committing acts of terror* must be exhausted."[1435] Auch wenn nicht näher dargestellt wurde, welche Situationen hiermit gemeint sind, ist klar, dass das humanitäre Völkerrecht auch in seiner engsten Auslegung eine Person dann zum legitimen Ziel tödlicher Gewalt macht, wenn jemand bereits dabei ist, an Feindseligkeiten teilzunehmen. Deshalb wäre ein Modell, dass dem obigen Ausspruch entspricht, ein rein menschenrechtliches.

1432 MRA, Concluding Observations on the Third Periodic Report of Israel vom 3.9.2010, UN Doc. CCPR/C/ISR/CO/3, Z. 10; vgl. auch MRA, Concluding Observations on the Second Periodic Report of Israel vom 21.8.2003, UN Doc. CCPR/CO/78/ISR, Z. 15.

1433 MRA, Concluding Observations on the Third Periodic Report of Israel vom 3.9.2010, UN Doc. CCPR/C/ISR/CO/3, Z. 10, Hervorhebung durch die Verfasserin.

1434 Vgl. A. I.2.

1435 MRA, Concluding Observation on the Second Report of Israel (2003), CCPR/CO/78/ISR, Z. 15, Hervorhebung durch die Verfasserin; der Vertragsstaat selbst hatte bemerkt, nur „persons taking direct part in hostilities have been targeted.", ibid.

Von einer rein menschenrechtlichen Herangehensweise des Menschenrechtsausschusses gehen auch *Herik/Duffey* aus. Ihrer Ansicht nach bezieht der Ausschuss das humanitäre Völkerrecht in keinster Weise ein, wenn es um die gezielte Tötung von mutmaßlichen Terroristen geht[1436].

Von dieser sehr strengen Ansicht könnte der Ausschuss jedoch zwischenzeitlich wieder abgerückt zu sein. So ersetzte er in den „Concluding Observations" zum vierten Staatenbericht Israels die obige Formel durch die Folgende: „The State party should exhaust all measures for the arrest and detention of a person suspected of involvement in terrorist activities before resorting to the use of deadly force."[1437] Dies betont den Aspekt der Gegenwärtigkeit des Verhaltens weniger und kann deshalb für die Theorie herangezogen werden, der Ausschuss verfolge – wie der EGMR[1438] – einen Ansatz, nachdem die bloße Mitgliedschaft eines Zivilisten nicht ausreicht, um ihn zum Ziel eines Angriffs zu machen, die aktive Teilnahme an Feindseligkeiten dagegen schon. Als weiterer Beleg dieser Auffassung wird der Fall Suárez de Guerrero v Colombia[1439] genannt[1440]. Hier hatten staatliche Kräfte des Terrorismus Verdächtige ohne Gefahr einfach erschossen[1441]. Der Menschenrechtsausschuss legte in dieser Situation wiederum einen menschenrechtlichen Maßstab an[1442]. Wenn der „General Comment" Nr. 36 auf diese Frage auch ebenfalls nicht eingeht, bleibt abzuwarten, ob die ausdrückliche Anerkennung der humanitärvölkerrechtlichen Maßstäbe zu einer intensiveren Auseinandersetzung mit dieser Thematik in der Zukunft sorgen.

c) Prozedurale Aspekte

aa) Untersuchungspflicht

Die Verpflichtung der Vertragsstaaten, vermutete Verletzungen des Rechts auf Leben auch im bewaffneten Konflikt zu untersuchen, unterstrich der MRA

1436 van den Herik Larissa/Duffy Helen, in: The Harmonisation of Human Rights Law, S. 9.

1437 MRA, Concluding Observations on the Third Periodic Report of Israel vom 3.9.2010, UN Doc. CCPR/C/ISR/CO/3, Z. 10.

1438 Vgl. unter Ziff. 1.

1439 MRA, View vom 29.03.1982, Suárez de Guerreo v Colmbia, Nr. 11/45.

1440 Gaggioli/Kolb, Israel Yearbook on Human Rights 2007, S. 147.

1441 MRA, View vom 29.03.1982, Suárez de Guerreo v Colmbia, Nr. 11/45, Z. 1.2.

1442 MRA, View vom 29.03.1982, Suárez de Guerreo v Colmbia, Nr. 11/45, Z. 13.2: „Moreover, the police action was apparently taken without warning to the victims and without giving them any opportunity to surrender to the police patrol or to offer any explanation of their presence or intentions. There is no evidence that the action of the police was necessary in their own defence or that of others, or that it was necessary to effect the arrest or prevent the escape of the persons concerned."

nochmals in seinem „General Comment" Nr. 36[1443]. Bereits zuvor hatte er sich in den „Concluding Observations" stets für die Verpflichtung einer Untersuchung ausgesprochen[1444]. Fraglich ist allerdings, welchem Maßstab die Untersuchungen im bewaffneten Konflikt unterliegen: Dem hohen „menschenrechtlichem" Maßstab oder einem abgesenkten Maßstab, der die Umstände des bewaffneten Konflikts miteinbezieht?.

Mit Blick auf den Umfang der Untersuchungspflichten führte der MRA in seinen „Concluding Observations" zum Staatenbericht Israels 2014 Folgendes aus: „It should ensure that all human rights violations committed during its military operations in the Gaza Strip in 2008–2009, 2012 and 2014 are thoroughly, effectively, independently and impartially investigated, that perpetrators, including, in particular, persons in positions of command, are prosecuted and sanctioned in a manner commensurate with the gravity of the acts committed, and that victims or their families are provided with effective remedies, including equal and effective access to justice and reparations."[1445] Auch im Rahmen von Individualbeschwerden zur Untersuchungspflicht im bewaffneten Konflikt[1446] blieb der Menschenrechtsausschuss bei den hohen menschenrechtlichen Standards der menschenrechtlichen Untersuchungspflicht. Teilweise wird dies als Versäumnis gesehen[1447]; möglich erscheint aber auch, dass der Ausschuss bezüglich der Untersuchungspflicht im bewaffneten Konflikt keine Abstriche machen wollen. Hierzu passt zunächst auch, dass der Ausschuss in diesem Zusammenhang nicht zwischen Zivilbevölkerung und mutmaßlicher Terroristen, die gezielt getötet wurden, unterscheidet. So heißt es in den „Concluding Observations" zum dritten Staatenbericht Israels pauschal auf den Einsatz tödlicher Gewalt bezogen: „The State party should also establish an independent body to promptly and thoroughly investigate complaints about disproportionate use of force."[1448] Dies mag auch dadurch beeinflusst sein, dass in den von den Operationen betroffenen Gebieten die besondere Situation der „prolonged occupation" vorliegt. Liegt ein

---

1443 MRA, General Comment on Article 6, Nr. 36 (2018), U.N, Doc CCPR/G/GC/36, Z. 64.

1444 Vgl. für viele: MRA, Concluding Observations on the Fourth Periodic Report of Israel vom 21.11.2014, UN Doc. CCPR/C/ISR/ CO/4, Z. 6

1445 MRA, Concluding Observations on the Fourth Periodic Report of Israel vom 21.11.2014, UN Doc. CCPR/C/ISR/ CO/4, Z. 6.

1446 MRA, View vom 27.10.1995, Bautista v Colombia, Nr. 563/1993; MRA, View vom 16.07.2003, Sarma v Sri Lanka, Nr. 950/2000.

1447 So wohl VAN DEN HERIK/DUFFY in: The Harmonisation of Human Rights Law, S. 12.

1448 MRA, Concluding Observations on the Third Periodic Report of Israel vom 3.9.2010, UN Doc. CCPR/C/ISR/CO/3, Z. 10; vgl. auch MRA, Concluding Observations on the Fourth Periodic Report of Israel vom 21.11.2014, UN Doc. CCPR/C/ISR/ CO/4, Z. 13.

solcher Grad von Kontrolle vor, erscheint die Untersuchung eines jeden Todesfalls möglich und erforderlich[1449].

Womöglich kann aber dem General Comment Nr. 36 ein neuer Hinweis entnommen werden: Zwar verweist der MRA in einer Fußnote[1450] einerseits auf seine eigenen Ausführungen bezüglich der Untersuchungspflicht im selben Kommentar, die die gewohnt hohen Maßstäbe zugrunde legen, jedoch auch auf das „Minnesota Protocol on the Investigation of Potentially Unlawful Death“[1451], welches eine Erleichterung des Maßstabs für die Situation des bewaffneten Konflikts vorsieht[1452]. Es bleibt abzuwarten, wie der Ausschuss dies in die Praxis umsetzt.

bb) Soll-Vorschrift zur Transparenz

Der Menschenrechtsausschuss – und dies ist womöglich die Passage, die auf den größten Widerspruch der Vertragsstaaten stoßen wird – statuiert in „General Comment“ Nr. 36 zudem Folgendes: „States parties *should*, in general, *disclose the criteria for attacking with lethal force* individuals or objects whose targeting is expected to result in deprivation of life, including the legal basis for specific attacks, the process of identification of military targets and combatants or persons taking a direct part in hostlities, the circumstances in which relevant means and methods of warfare have been used.“[1453] Der Menschenrechtsausschuss zieht als Quelle seine „Concluding Observations“ zu einem Staatenbericht der USA aus dem Jahr 2014[1454] heran. Anlass der Forderungen nach Transparenz waren in diesem Fall jedoch Drohneneinsätze gegen Al-Quaida und die Taliban sowie assoziierte Kräfte gewesen[1455]. Der Menschenrechtsausschuss äußerte erhebliche

---

1449 Vgl. hierzu oben unter Teil I.C.II.2.a) im Rahmend der Ausführungen zum Irak die Argumentation, dass während einer Besatzung das law-enforcement-Modell gelten sollte.

1450 s. MRA, General Comment on Article 6, Nr. 36 (2018), U.N, Doc CCPR/G/GC/36, Fn. 270.

1451 The Minnesota Protocol on the Investigation of Potentially Unlawful Death (2016), Office of the United Nations High Commissioner for Human Rights, New York/ Geneva, 2017, abrufbar unter: https://www.ohchr.org/Documents/Publications/ MinnesotaProtocol.pdf, zuletzt besucht im Februar 2019.

1452 The Minnesota Protocol on the Investigation of Potentially Unlawful Death (2016), Office of the United Nations High Commissioner for Human Rights, New York/ Geneva 2017, S. 6.

1453 MRA, General Comment on Article 6, Nr. 36 (2018), U.N, Doc CCPR/G/GC/ 36, Z. 64.

1454 MRA, Concluding Observations on the Fourth Periodic Report of the United States of America vom 23.4.2014, U.N. Doc. CCPR/CUSA/CO/4.

1455 MRA, Concluding Observations on the Fourth Periodic Report of the United States of America vom 23.4.2014, U.N. Doc. CCPR/CUSA/CO/4, Z. 9.

Zweifel an der Rechtmäßigkeit dieser Einsätze[1456] und forderte in den Vertragsstaat in diesem Zusammenhang auf, „[to] disclose the criteria for drone strikes, including the legal basis for specific attack, the process of target identification and the circumstances in which drones are used“[1457].

Die Transparenz, die der Ausschuss nun aber in jeglichem Prozess der militärischen Zielauswahl verlangt, ist an keine „Unrechtsvermutung“, wie diese bei den Drohneneinsätzen der USA anklingt, geknüpft. Sie betrifft vielmehr ausdrücklich jeden Einsatz tödlicher Gewalt, auch ein solcher gegen die gemäß dem humanitären Völkerrecht legitime Ziele Kombattanten, militärische Ziele und Personen, die unmittelbar an Feindseligkeiten teilnehmen. Eine solche Pflicht zur Transparenz findet keinerlei Entsprechung im humanitären Völkerrecht und berührt elementare strategische Belange des kriegsführenden Staates. *Todeschini* ist Recht zu geben, wenn er sagt: „The request to make public the criteria governing the targeting process in armed conflict is unlikely to receive a warm welcome by States.“[1458] Mag die Überprüfung durch die Öffentlichkeit auch noch so wichtig und Haftung des Staates für Verstöße gegen das humanitäre Völkerrecht wünschenswert sein, so scheint diese Verpflichtung doch zu weitgehend, um von den Staaten akzeptiert zu werden.

c) Ergebnis

Durch die Veröffentlichung des „General Comments“ Nr. 36 hat der Ausschuss viele Ansätze, die sich bereits in seiner Praxis gezeigt hatten, bestätigt. Hierunter ist insbesondere die Heranziehung des humanitären Völkerrechts zur Auslegung des Rechts auf Leben im bewaffneten Konflikt zu fassen. Wenn bezüglich der Frage des legitimen Angriffsziels auch noch Fragen offen bleiben[1459], klärte der Ausschuss sowohl für den internationalen als auch den internen Konflikt, dass die Verletzung wichtiger humanitärvölkerrechtlicher Vorschriften zum Schutz

---

1456 Konkret führte er folgende Bedenken auf: „Nevertheless, the Committee remains concerned about the State party's very broad approach to the definition and geographical scope of "armed conflict", including the end of hostilities, the unclear interpretation of what constitutes an "imminent threat", who is a combatant or a civilian taking direct part in hostilities, the unclear position on the nexus that should exist between any particular use of lethal force and any specific theatre of hostilities, as well as the precautionary measures taken to avoid civilian casualties in practice.“, MRA, Concluding Observations on the Fourth Periodic Report of the United States of America vom 23.4.2014, U.N. Doc. CCPR/CUSA/CO/4, Z. 9.

1457 MRA, Concluding Observations on the Fourth Periodic Report of the United States of America vom 23.4.2014, U.N. Doc. CCPR/CUSA/CO/4, Z. 9.

1458 Todeschini, Just Security 2019.

1459 Vertretbar erscheint, dass der MRA derzeit dem „revolving-door“-Ansatz anhängt.

bestimmter Personengruppen mit der Verletzung des Rechts auf Leben einhergeht. Auch mit Blick auf die Existenz und den Maßstab der Untersuchungspflicht im bewaffneten Konflikt liefert der „General Comment“ N. 36 wichtige Hinweise. Allerdings wirf der „General Comment“ auch Probleme auf: So ist zu erwarten, dass sowohl seine Aussagen zum „ius ad bellum“, wie auch die Statuierung einer Pflicht zur Transparenz mit Blick auf militärische Entscheidungen in der Zielauswahl noch zu Kontroversen führen wird.

III. Gesamtergebnis

Mit Blick auf das Recht auf Leben lässt sich in Rechtsprechung und Praxis der untersuchten Menschenrechtsorgane Unterschiede wie auch Gemeinsamkeiten feststellen. Vorausgeschickt sei, dass nun auch der UN-Menschenrechtsausschuss sich im Rahmen des neuen „General Comment“ zum Recht auf Leben erstmals ausdrücklich zum Verhältnis des Rechts auf Leben zum humanitären Völkerrecht Stellung genommen hat. Er nähert sich damit in einigen Aspekten seinen Kollegen an.

Die interamerikanischen Menschenrechtsorgane sind diejeniggen, die das humanitäre Völkerrecht eindeutig zum frühesten Zeitpunkt und am eindeutigsten in ihre Rechtsprechung zum Recht auf Leben im bewaffneten Konflikt aufgenommen haben. Dies gilt für die klassischen Prinzipien des Lebensschutzes des humanitären Völkerrechts, nämlich das Prinzip der Unterscheidung, das Prinzip der Verhältnismäßigkeit und die Pflicht, Vorsichtsmaßnahmen zu ergreifen. Insbesondere mit Blick auf mit dem Prinzip der Unterscheidung im internen bewaffneten Konflikt trägt das interamerikanische System hierbei zur Konsolidierung des humanitären Völkergewohnheitsrechts bei. Der UN-Menschenrechtsausschuss misst nunmehr erstmals ausdrücklich ebenfalls die Verletzung des Rechts auf Leben im bewaffneten Konflikt am humanitären Völkerrecht.

Der Europäische Gerichtshof unterscheidet sich insbesondere von dem interamerikanischen System vor allem dadurch, dass er die Anwendung humanitärvölkerrechtlicher Prinzipien im internen bewaffneten Konflikt nicht anspricht. Inhaltlich wendet er jedoch durchaus humanitärvölkerrechtliche Prinzipien an, wenn man sich die Entscheidungen mit Blick auf die Legitimität des Einsatzes tödlicher Gewalt, das Prinzip der Unterscheidung und die Pflicht, Vorsichtsmaßnahmen zu ergreifen, näher betrachtet. Hier ist der Gerichtshof im Ergebnis – und teilweise sogar im Wortlaut – eng am humanitären Völkerrecht. Allein die Anforderungen an die Vorsichtsmaßnahmen gehen teilweise über das vom humanitären Völkerrecht Verlangte hinaus, da auch das Verhalten der anderen Kriegspartei in die Planungen einzukalkulieren ist.

Darüber hinaus sind aus der Rechtsprechung und Praxis des Menschenrechtsausschusse, des interamerikanischen Systems und des Europäische Gerichtshofs aber auch menschenrechtliche Besonderheiten zu entnehmen: So ist bezüglich der Untersuchungspflicht eines Vermissten- oder Todesfalls kein Abstrich zu machen. Selbst in internationalen bewaffneten Konflikte gelten laut EGMR hier strenge Maßstäbe, die sich in der humanitärvölkerrechtlichen Untersuchungspflicht nicht widerspiegeln. Hinzu kommt im Rahmen der Rechtsprechung des AGMR, das die Rechte des Kindes Beachtung finden könnten, wie sie dies im humanitären Völkerrecht nicht tun.

Ganz aktuell scheint sich ein weiterer menschenrechtlicher Einfluss zu entwickeln, der im humanitären Völkerrecht keine Entsprechung findet: eine Transparenzpflicht für Vertragsstaaten, was ihre militärisches Vorgehen betrifft. Während diese im Rahmen der Rechtsprechung der Interamerikanischen Kommission Ausfluss einer Beweislastverschiebung ist, statuiert der Menschenrechtsausschuss diese ohne genaueren Zusammenhang in seinem „General Comment" Nr. 36. Mit Spannung ist abzuwarten, wie die Staatengemeinschaft auf diese Verpflichtung, die ihre strategischen Interessen nicht unerheblich beeinflussen würde, reagieren wird.

B. Das Recht auf Freiheit

Das Recht auf Freiheit ist neben dem Recht auf Leben ein fundamentales Menschenrecht, das vielfältig durch nationale und internationale Instrumente geschützt ist[1460]. Es liegt auf der Hand, dass dem Recht auf Freiheit in prekären Situationen wie dem bewaffneten Konflikt besondere Bedeutung zukommt. Dementsprechend ist die Entziehung der Freiheit durch eine Kriegspartei im humanitären Völkerrecht auch umfangreich reguliert. Die jeweiligen „detention regimes" der Menschenrechte und des humanitären Völkerrechts weisen hierbei – wenig überraschend – Unterschiede auf. Wie stets spielt im humanitären Völkerrecht im Gegensatz zum Recht der Menschenrechte der Gedanke der militärischen Notwendigkeit eine bestimmenden Rolle. Es bestehen jedoch auch Gemeinsamkeiten: Die Rechtsmaterien sind sich mit Blick auf die Freiheitsentziehung strukturell nicht unähnlich, wie noch zu zeigen sein wird.

Das Recht auf Freiheit ist somit einerseits mit Blick auf die Dogmatik der beiden Rechtsgebiete besonders interessant, sowie praktisch wichtig, da es im bewaffneten Konflikt besonders betroffen ist. Aus Sicht der Vertragsstaaten gilt es, ein Zusammenspiel der Rechtsmaterien im bewaffneten Konflikt zu entwickeln, das es erlaubt, möglichst beiden Rechtsmaterien gerecht zu werden und unlösbare Konflikte zu vermeiden.

1460 Vgl. bei Debuf, 20, S. 25/26.

I. Das Recht auf Freiheit im Recht der Menschenrechte und im humanitären Völkerrecht

1. Zusammenschau der Konventionen

a) Allgemeines

Das Recht auf Freiheit ist als „right to liberty and security of person“[1461] in allen drei Konventionen verankert. Mit Ausnahme des Zivilpakts, in Rahmen dessen dem „Recht auf Sicherheit“ eine eigenständige Bedeutung zukommt[1462], wird aus dieser Garantie ein Recht auf Freiheit abgeleitet[1463]. Geschützt ist die körperliche Fortbewegungsfreiheit[1464], wenn auch nicht die Freizügigkeit[1465].

Schranke dieses Rechts ist die Freiheitsentziehung[1466]. Diese wird allgemein weit verstanden, sodass nicht nur der „klassische“ Gewahrsam darunter

---

1461 Vgl. Art. 9 Abs. 1 Satz 1 IPBPR; Art. 5 Abs. 1 Satz 1 EMRK; in leicht anderer Formulierung, ohne inhaltliche Änderung: Art. 7 Abs. 1 IAMRK (‚right to personal liberty and seurity‘); zudem: Art. XXV Amerikanische Deklaration.

1462 Vgl.MRA, General Comment Nr. 35 (welcher den General Comment Nr. 8 zum Recht auf Freiheit und Sicherheit ersetzt, vgl. ibid, Z. 1), Art. 9, CCPR/C/GC/35, Z. 9: „The right to security of person protects individuals against intentional infliction of bodily or mental injury, regardless of whether the victim is detained or non-detained. For example, officials of States parties violate the right to personal security when they unjustifiably inflict bodily injury. The right to personal security also obliges States parties to take appropriate measures in response to death threats against persons in the public sphere, and more generally to protect individuals from foreseeable threats to life or bodily integrity proceeding from any governmental or private actors.“ Demgegenüber enthält das Recht auf Sicherheit im europäischen System keinen eigenen Schutzbereich, Elberling, in Grabenwarter, Art. 5 Rn. 5. Ebenso die Interamerikanische Konvention, vgl. Burgorgue-Larsen/Úbeda de Torres, Amaya, The Inter-American Court of Human Rights, The Right of Detainees, S. 477, Rn. 19.02.

1463 Dementsprechend wird in vorliegender Schrift auch die Terminologie „Recht auf Freiheit“ gewählt.

1464 Vgl. für die EMRK: EGMR, Urteil vom 08.7.1976, Engel et al v The Netherlands, Nr. 5100/71; 5101/71; 5102/71; 5354/72; 5370/72, Z. 58; für die AMRK: AGMR, Urteil (Preliminary Objections) vom 21.11.2007, Chaparro Alvarez Iniugez v Ecuador, Z. 53; für den IPBPR: MRA, Entscheidung vom 27.7.1994, Celepli v Sweden, Nr. 456/91, U.N. Doc. CCPR/C/51/D/456/1991, Z. 6.1.

1465 EGMR, Urteil vom 08.07.1976, Engel et al v The Netherlands, Nr. 5100/71; 5101/71; 5102/71; 5354/72; 5370/72, Z. 58; vgl. auch Council of Europe/European Court of Human, Guide on Article 5 of the Convention, http://www.echr.coe.int/Documents/Guide_Art_5_ENG.pdf, Z. 1; MRA, General Comment Nr. 35, Art. 9, CCPR/C/GC/35, Z. 5.

1466 Elberling in Grabenwarter, Art. 5, Rn. 6; dabei ist die Wahl zweier verschiedener Begriffe „arrest“ und „detention“) ohne rechtliche Bedeutung, ibid.; vgl. für IAMRK und IPBPR: Burgorgue-Larsen/Úbeda de Torres, Amaya, The

fällt[1467]. Für die EMRK wird ein Eingriff in das Recht als „Begrenzung eines Individuums gegen seinen Willen und unter Anwendung staatlichen Zwangs auf einen eng begrenzten Raum für eine gewisse Dauer“[1468] definiert.

Bezüglich der Schranken-Schranken gibt es zwischen den Konventionen viele Ähnlichkeiten, jedoch auch einige Unterschiede. Eine spiegelt sich bereits im Wortlaut der Konventionen wider: Ähnlich wie beim Recht auf Leben verbieten IPBPR und interamerikanische Konvention „willkürliche“ Ingewahrsamnahme[1469], während die EMRK die legitimen Gründe für eine Ingewahrsamnahme in Art. 5 Abs. 1 lit. (a) – (f) abschließend[1470] aufzählt. Allerdings ist auch für Art. 5 EMRK anerkannt, dass es dessen Ziel ist, Individuen vor willkürliche Freiheitsentziehung zu schützen[1471]. Nach der Maßgabe „liberty is always the rule and the limitation or restriction always the exception“[1472], sind die Gewahrsamsgründe eng auszulegen[1473].

Alle drei Konventionen verlangen dabei, dass das Legalitätsprinzip[1474] eingehalten wird und das Verfahren für den Gewahrsam gesetzlich vorgeschrieben ist[1475]. Dabei ist zwischen „Willkürlichkeit“ und „Legalität“ zu unterscheiden[1476]: Gegen das Legalitätsprinzip wird in den Augen des UN-Menschenrechtsausschusses

---

Inter-American Court of Human Rights, S. 478, Rn. 19.03; vgl. zur Terminologie, MRA, General Comment Nr. 35 vom 15.12.2014, Art. 9, CCPR/C/GC/35, Z. 13.

1467 EGMR, Urteil vom 06.11.1980, Guzzardi v Italy, Nr. 7367/76 Z. 95; MRA, General Comment Nr. 35, Art. 9, CCPR/C/GC/35, Z. 1; Burgorgue-Larsen/Úbeda de Torres, Amaya, The Inter-American Court of Human Rights, S. 478, Rn. 19.03.

1468 Elberling in Grabenwarter, Art. 5, Rn. 6; vgl. auch MRA, General Comment Nr. 35 vom 15.12.2014, Art. 9, CCPR/C/GC/35, Z. 3.

1469 Vgl. Art. 9 Abs. 1 Satz IPBPR: „No one shall be subjected to arbitrary arrest or detention.“; Art. 7 Abs. 3 AMRK: „No one shall be subject to arbitrary arrest or imprisonment.“

1470 EGMR, Urteil vom 08.7.1976, Engel et al v The Netherlands, Nr. 5100/71; 5101/71; 5102/71; 5354/72; 5370/72, Z. 57: „[T]he list of deprivations of liberty set out therein is exhaustive, as is shown by the words „save in the following cases“.

1471 EGMR (GK), Urteil vom 30.10.2006, McKay v UK, Nr. 543/03, Z. 30: „Its key purpose is to prevent arbitrary or unjustified deprivations of liberty.“: ebenso: EGMR, Urteil vom 29.3.2010, Medvedyev et al v France, Nr. 3394/03, Z. 76; EGMR, Urteil vom 18.03.2008, Ladent v Poland, Nr. 11036/03, Z. 45.

1472 AGMR, Urteil vom 21.11.2007, Chapparro Alvarez Iniguez v Ecuador, Z. 53; vgl. auch Debuf, 20, S. 37.

1473 EGMR, Urteil vom 22.2.1989, Ciulla v. Italy, Nr. 11152/84, Z. 41.

1474 Office of the High Commissioner for Human Rights, S. 165; vgl. auch Debuf, 20, S. 35 ff.

1475 Art. 9 Abs. 1 Satz 3 IPBPR; Art. 7 Abs. 2 IAMRK; Art. 5 Abs. 1 Satz 2 EMRK.

1476 Burgorgue-Larsen/Úbeda de Torres, Amaya, The Inter-American Court of Human Rights, S. 478, Rn. 19.05; Debuf, 20, S. 39; vgl. auch EGMR, Urteil vom 23.2.2012, Creanga v Romania, Nr. 29226/03) Z. 84

verstoßen, „if an individual is arrested or detained on grounds which are not clearly established in domestic legislation."[1477] Dasselbe gilt, wenn prozessuale Vorschriften nicht eingehalten werden[1478]. Zu Willkürlichkeit hingegen äußert sich der Ausschuss dahingehend, dass „[it] is not to be equated with ‚against the law', but must be interpreted more broadly to include elements of inappropriatness, injustice, lack of predictability and due process of law (...)"[1479]. Wie *Jospeh/Castan* prägnant bemerken: „(...) ‚[A]rbitrariness is a principle *above* rather than *within* the law."[1480] Letzteres führt dazu, dass alle drei Menschenrechtsorgane trotz unterschiedlich formulierter Konventionsvorschriften ähnliche Gewahrsamsgründe als legitim betrachten[1481], wie die folgenden Ausführungen noch zeigen werden.

Übergreifend als einer der schwersten Verstöße auch gegen das Recht auf Freiheit werden die im Rahmen des Rechts auf Leben bereits erörterten „forced disappearances" gewertet[1482]. Um solchen vorzubeugen, gehört es zu den fundamentalen Pflichten des Vertragsstaates, den Verbleib von Personen in ihrem

---

1477 MRA, View vom 18.7.1999, C.McLawrence v Jamaica, Nr. 702/1996, Z. 5.5.

1478 AGMR, Urteil vom 21.1.1994, Gangaram Panday v Surinam, Series C Nr. 16, Z. 32; im AGMR, 3.11.1997, Castillo Páez v Peru waren sowohl Art. 7 Abs. 2 als auch Art. 7 Abs. 2 IAMRK verletzt, da der Beschwerdeführer durch die nationale Polizei ohne schriftliche Anordnung entgegen sowohl dem nationalen als auch entgegen der grundlegenden Prinzipien der Konvention festgehalten worden war.

1479 MRA, View vom 21.7.1994, A.W. Mukong v Cameroon, Nr. 458/1991; AGMR, Urteil vom 21.1.1994, Gangaram Panday v Surinam, Series C Nr. 16, Z. 47: No one may be subjected to arrest or imprisonment for reasons and using methods that – although classified as legal – can be considered incompatible with regard for the fundamental rights of the individual, because they are, among other matters, unreasonable, unpredictable, or disproportionate."; vgl. für die EMRK Grabenwarter, § 21 Freiheit und Freizügigkeit, Rn. 19.

1480 Joseph/Castan, Freedom from Arbitrary Detention, Z. 11.11.

1481 Vgl. Menschenrechtsausschuss im Anschluss an vorhergehendes Zitat: „Remand in custody must further be necessary in all the circumstances, for example, to prevent flight, interference with evidence or the recurrence of crime.", MRA, View vom 21.7.1994, A.W. Mukong v Cameroon, Nr. 458/1991, Z. 9.8.

1482 Vgl. zB MRA, View vom 15.03.1996, C. Laureano v Peru, Nr. 540/1993, Z. 8.6; EGMR, Urteil vom 08.7.1999, Cakici v Turkey, Nr. 23657/94, Z. 104: „As the Court previously held in the Kurt case, the unacknowledged detention of an individual is a complete negation of these guarantees and discloses a most grave violation of Article 5."

Gewahrsam nachzuweisen[1483] und ein Verschwinden unverzüglich und effektiv zu untersuchen[1484].

b) Gewahrsamsgründe

Während Art. 5 Abs. 1 lit. (a) – (f) EMRK genau vorgeben, aus welchen Gründen eine Freiheitsentziehung grundsätzlich gerechtfertigt ist, mussten sich solche im Fall des Zivilpakts und der AMRK erst durch die Rechtsprechung und Praxis herausbilden. Hierbei haben sich jedoch, wie bereits erwähnt, ähnliche Tatbestände entwickelt. Lange Zeit unterschied sich hier die Ansichten der Menschenrechtsorgane, jedoch ist sehr aktuell eine überraschende Öffnung des EGMR für den präventiven Gewahrsam erfolgt. Hierunter ist ein Gewahrsam zu verstehen, der aus Sicherheitsgründen nicht aufgrund eines vergangenen Verhaltens, sondern mit Blick auf ein zukünftiges Verhalten erfolgt[1485]. Eine große Rolle spielt ein solcher Gewahrsam mit Blick auf mögliche terroristische Taten. Die Terminologie ist hierbei nicht immer einheitlich[1486].

aa) Strafhaft

Art. 5 Abs. 1 lit. (a) EMRK nennt als Gewahrsamsgrund „the lawful detention after conviction by a competent court". Obwohl nur die EMRK den Haftgrund ausdrücklich nennt, ist er in den anderen Konventionsvorschriften vorausgesetzt[1487]. In der Jurisprudenz des EGMR setzt eine Strafhaft eine Verurteilung,

---

1483 Vgl. MRA, General Comment Nr. 35 vom 15.12.2014, Art. 9, CCPR/C/GC/35, Z. 58: „Detainees should be held only in facilities officially acknowledged as places of detention. A centralized official register should be kept of the names and places of detention, and times of arrival and departure, as well as of the names of persons responsible for their detention, and made readily available and accessible to those concerned, including relatives."; EGMR, Urteil vom 08.7.1999, Çakıcı v Turkey, 23657/94, Z. 104; Inter-American Commission on Human Rights, Z. 127.

1484 EGMR, Urteil vom 08.07.1999, Çakıcı v Turkey, Nr. 23657/94, Z. 104; in Z. 105 spezifiziert er: „The recording of accurate holding data concerning the date, time and location of detainees, as well as the grounds for the detention and the name of the persons effecting it, is necessary for the detention of an individual to be compatible with the requirements of lawfulness for the purposes of Article 5 § 1."

1485 Vgl. Macken, The Adelaide Law Review 2005, S. 2/3; Warbrick, International Commission of Jurists 1984, S. 394

1486 So wird teilweise die Untersuchungshaft auch als „preventive detention" bezeichnet, während der Begriff der „administrative detention" nicht allein für den präventiven Gewahrsam auch Sicherheitsgründen reserviert ist.

1487 Office of the High Commissioner for Human Rights, S. 172; vgl. auch Inter-American Commission on Human Rights, Z. 124 sowie Art. 5 AMRK; Burgorgue-Larsen/Úbeda de Torres, Amaya, The Inter-American Court of Human Rights, S. 478, Rn. 19.03; MRA, General Comment Nr. 35 vom 15.12.2014, Art. 9, CCPR/C/GC/35, Z. 10 („enforcement of criminal laws").

also eine gerichtliche Entscheidung, die wegen einer schuldhaft begangenen Tat eine Strafe auferlegt, voraus[1488]. Dabei muss die Haft nicht nur zeitlich nach der Verurteilung erfolgen, sondern auch auf der Verurteilung basieren[1489]. An das Gericht, welches die Haftstrafe auferlegt, sind bestimmte Anforderungen zu stellen. So muss seine Unabhängigkeit und die Einhaltung grundsätzlicher prozessualer Garantien gewährleistet sein[1490]. Verboten ist demgegenüber nach allen drei Konventionen die „Schuldhaft", also ein Haft aufgrund der Unfähigkeit, eine vertragliche Verpflichtung zu erfüllen[1491].

bb) Beugehaft

Weiterhin ist als legitimer Gewahrsamsgrund die Beugehaft anerkannt. Art. 5 Abs. 1 lit. (b) lautet: „the lawful arrest or detention of a person for non-compliance with the lawful order of a court or in order to secure the fulfilment of any obligation prescribed by law." Der Europäische Gerichtshof spezifizierte näher, dass hiermit „an obligation, of a specific and concrete nature, (...) already incumbent on the person concerned"[1492] gemeint sei.

cc) Untersuchungshaft

Alle drei Menschenrechtsorgane erkennen die Untersuchungshaft bzw. die vorläufige Festnahme als zulässigen Haftgrund an. Im Rahmen der EMRK ergibt sich dies wiederum ausdrücklich aus Art. 5 Abs. 1 lit. (c): „the lawful arrest or detention of a person effected for the purpose of bringing him before the competent legal authority on reasonable suspicion of having committed an offence or when it is reasonably considered necessary to prevent his committing an offence or fleeing after having done so"[1493]. Die Vorschrift ist im Zusammenhang mit Art. 5

1488 EGMR, Urteil vom 08.7.1976, Engel et al v The Netherlands, Nr. 5100/71; 5101/71; 5102/71; 5354/72; 5370/72, Z. 41; EGMR, Urteil vom 21.102013, Del Río Prada v Spain, Nr. 42750/09, Z. 125; Elberling in GRABENWARTER, Art. 5, Rn. 29; vgl. auch OFFICE OF THE HIGH COMMISSIONER FOR HUMAN RIGHTS, S. 172.

1489 EGMR, Urteil vom 11.2.2013, James, Wells and Lee v UK, Nr. 25119/09, 57715/09 and 57877/09, Z. 189; vgl. auch COUNCIL OF EUROPE/EUROPEAN COURT OF HUMAN, Guide on Article 5 of the Convention, http://www.echr.coe.int/Documents/Guide_Art_5_ENG.pdf, Z. 47: „In short, there must be a sufficient causal connection between the conviction and the deprivation of liberty at issue."

1490 EKMR, Urteil vom 10.9.1989, Weeks v UK, Z. 61; EGMR, Urteil vom 18.6.1971, De Wilde, Ooms and Versyp v Belgium, Nr. 2832/66; 2835/66; 2899/66, Z. 78.

1491 Art. 1 Protokoll Nr. 4 zur EMRK; Art. 11 IPBPR.

1492 EGMR, Urteil vom 22.2.1989, Ciulla v. Italy, Nr. 11152/84, Z. 36.

1493 Elberling bezeichnet dies als „eine der schlechtestformulierten Vorschriften der gesamten EMRK", da dem Wortlaut nach drei alternative Haftgründe enthalten seien, bei näherer Betrachtung jedoch nur ein einziger, vgl. Elberling in GRABENWARTER, Art. 5, Rn. 49. Kern der Vorschrift sei die erste Alternative, nämlich

Abs. 3 EMRK zu lesen[1494], der in Satz 1 vorschreibt, dass „[e]veryone arrested or detained in accordance with the provision of paragraph 1.c of this article shall be brought promptly before a judge or other officer authorised by law to exercise judicial power and shall be entitled to trial within a reasonable time or to release pending trial." In diesem in der Praxis sehr relevanten Fall sehen auch Art. 9 Abs. 3 IPBPR[1495] und Art. 7 Abs. 5 AMRK[1496] Ähnliches vor. Dies ist jedoch nicht dahingehend zu verstehen, dass Haft, mit dem Ziel, ein strafrechtliches Verfahren durchzuführen[1497], stets gerechtfertigt ist – gemäß der Regel, dass Freiheit die Regel und Haft die Ausnahme ist, ist sie auch im Rahmen strafrechtlicher Ermittlungen als ultima ratio zu betrachten[1498]. Der AGMR führte hierzu aus: „The Court deems it indispensable to underline that preventive imprisonment is the most severe measure that may be applied to the person accused of a crime, for which reason its application must be exceptional, since it is limited by the principles of lawfulness, presumption of innocence, necessity, and proportionality, indispensable in a democratic society."[1499]

Für diesen Gewahrsamsgrund ist insbesondere von Bedeutung, dass ein hinreichender („reasonable") Tatverdacht besteht[1500]. Für den EGMR bedeutet dies „the existence of facts or information which would satisfy an objective observer that the person concerned may have commited the offence."[1501] Bezüglich

---

die Vorführung vor die zuständige Gerichtsbehörde bei hinreichendem Verdacht einer Straftat.

1494 EGMR, Urteil vom 22.02.1989, Ciulla v. Italy, Nr. 11152/84, Z. 38.

1495 Dessen Satz 1 lautet: „Anyone arrested or detained on a criminal charge shall be brought promptly before a judge or other officer authorized by law to exercise judicial power and shall be entitled to trial within a reasonable time or to release."

1496 Satz 1 lautet hier: „Any person detained shall be brought promptly before a judge or other officer authorized by law to exercise judicial power and shall be entitled to trial within a reasonable time or to be released without prejudice to the continuation of the proceedings."

1497 Vgl. Elberling in Grabenwarter, Art. 5, Z. 52.

1498 Office of the High Commissioner for Human Rights, S. 173; vgl. auch Rule 6.1 United Nations Standard Minimum Rules for Non-Custodial Measures („Tokyo Rules"); vgl. auch MRA, View vom 15.3.2006, Taright v Algeria, Nr. 1085/02, Z. 8.3: „[P]retrial dtention should be the exception and (...) bail should be granted, except in situations where the likelihood exists that the accused would abscond or destroy evidence, influence witnesses or flee from the jurisdiction of the State party."

1499 AGMR, Urteil vom 7.9.2004 (Preliminary Objections), Tibi v Ecuador, Z. 106.

1500 Vgl. für das interamerikanische System: Inter-American Commission on Human Rights, Z. 123.

1501 EGMR, Urteil vom 30.08.1990, Fox, Campbell and Hartley v UK, Nr. 12244/86; 12245/86; 12383/86, Z. 32; der Gerichtshof fügte hinzu: „What may be regarded as ‚reasonable' will however depend upon all the circumstances."

der vorläufige Festnahme wegen terroristischer Akte führte der EGMR daneben aus: „(…) [I]n view of the difficulties inherent in the investigation and prosecution of terrorist-type offences (…), the ‚reasonableness' of the suspicion justifying such arrests cannot always be judged according to the same standards as are applied in dealing with conventional crime. Nevertheless, the exigencies of dealing with terrorist crime cannot justify stretching the notion of ‚reasonableness' to the point where the essence of the safeguard secured by Article 5 § 1 (c) (art. 5-1-c) is impaired."[1502]

Zu beachten ist weiterhin, dass die Freiheitsentziehung auch in diesem Zusammenhang verhältnismäßig sein muss[1503] (vgl. bereits der ulitma-ratio-Gedanke). Im Rahmen der EMRK bedeutet das, dass für den Fall der über eine vorläufige Festnahme hinausgehenden Untersuchungshaft neben dem Tatverdacht ein weiterer Haftgrund im engeren Sinne vorliegen muss[1504]. In der Rechtsprechung des EGMR sind insbesondere vier Haftgründe im engeren Sinn anerkannt: das Risiko, dass der Beschuldigte nicht zur Gerichtsverhandlung erscheint; das Risiko, dass der Beschuldigte das Ermittlungsverfahren behindert; das Risiko, dass er weitere Straftaten begeht; das Risiko, die öffentliche Ordnung in Gefahr zu bringen[1505].

Es sei bereits an dieser Stelle darauf hingewiesen, dass Art. 5 Abs. 1 lit. c EMRK – trotz des missverständlichen Wortlauts „necessary to prevent his committing an offence" – keine präventive Haft aus Sicherheitsgründen zulässt[1506].

1502 EGMR, Urteil vom 30.8.1990, Fox, Campbell and Hartley v UK, Nr. 12244/86; 12245/86; 12383/86, Z. 32.

1503 Elberling in Grabenwarter, Art. 5, Rn. 54.

1504 Vgl. EGMR, Urteil vom 3.10.2006, McKay v UK, Nr. 453/03, Z. 44: „The persistence of reasonable suspicion that the person arrested has committed an offence is a condition sine qua non for the lawfulness of the continued detention, but with the lapse of time this no longer suffices and the Court must then establish whether the other grounds given by the judicial authorities continued to justify the deprivation of liberty. Where such grounds were "relevant" and "sufficient", the Court must also be satisfied that the national authorities displayed "special diligence" in the conduct of the proceedings." Solche Haftgründe ieS können Fluchtgefahr, Verdunkelungsgefahr und Wiederholungsgefahr sein, vgl. §§ 112, 112a StPO; zur Fluchtgefahr: MRA, View vom 21.7.1994 Nr. 458/1991, A.W. Mukong v Cameroon, Z. 9.8.; vgl. auch Inter-American Commission on Human Rights, Z. 123.

1505 Council of Europe/European Court of Human, Guide on Article 5 of the Convention, , Z. 164, http://www.echr.coe.int/ Documents/Guide_Art_5_ENG.pdf, zuletzt besucht im Februar 2019; zum letzten Haftgrund, welcher in der deutschen Rechtsordnung nicht existiert („kochende Volksseele"), ist anerkannt: „[B]y reason of their particular gravity and public reaction to them, certain offences may give rise to a social disturbance capable of justifying pre-trial detention at least for a time.", Council of Europe/European Court of Human, Guide on Article 5 of the Convention, http://www.echr.coe.int/Documents/Guide_Art_5_ENG.pdf, Z. 177.

1506 Vgl. Elberling in Grabenwarter, Art. 5, Rn. 56.

Eine Person kann im Rahmen dieser Vorschrift also nicht allein deshalb festgehalten werden, weil sie für gefährlich gehalten wird oder eine Gefahr künftiger Straftaten besteht[1507]. Besteht jedoch bereits hinreichender Tatverdacht bezüglich einer Straftat und die Gefahr der Wiederholung, liegt ein Haftgrund vor[1508].

dd) Überwachte Erziehung Minderjähriger

Art. 5 Abs. 1 lit. (d) sieht „the detention or a minor by lawful order for the purpose of educational supervision or his lawful detention for the purpose of bringing him before the competent legal authority" vor[1509]. „Erziehung" bedeutet in diesem Zusammenhang jede Form von Einflussnahme auf die Entwicklung von Kindern und Jugendliche, nicht lediglich Schulbildung[1510]. Art. 5 Abs. 1 lit. (d) EMRK schafft einen spezifischen Gewahrsamsgrund, schließt aber nicht aus, dass Minderjährige auch aus anderen legitime Gründen in Gewahrsam genommen werden dürfen[1511].

ee) Kranke und andere Gruppe

Alle drei Konventionen erlauben die Freiheitsentziehung bei (psychischer) Krankheit[1512]. Art. 5 Abs. 1 lit. (e) EMRK formuliert: „the lawful detention of persons for the prevention of the spreading of infectious diseases, of persons of unsound mind, alcoholics or drug addicts or vagrants". Allerdings ist eine Ingewahrsamnahme dieser Personen nach der Rechtsprechung des EGMR nur dann gerechtfertigt, wenn diese eine Gefahr für sich selbst oder die Allgemeinheit darstellen, die nicht anders behoben werden kann[1513]. Für die Unterbringung psychisch Erkrankter stellte er in seiner Grundsatzentscheidung Winterwerp v Netherlands drei Kriterien auf: Der Nachweis der psychischen Erkrankung muss zuverlässig erbracht sein, die Unterbringung verhältnismäßig durch eine aus der

1507 Elberling in Grabenwarter, Art. 5, Rn. 56.

1508 Vgl. zB § 112 a StPO; Elberling in Grabenwarter, Art. 5, Rn. 56.

1509 Während der Gewahrsam für ‚educational purposes' in General Comment Nr. 8 zu Art. 9 noch zu finden war (vgl. Z. 1), wird dieser in General Comment Nr. 35, CCPR/C/GC/35 nicht mehr erwähnt.

1510 EGMR, Urteil vom 12.10.2000, Koniarska v UK, Nr. 33670/96, Z. 1.

1511 EGMR, Urteil vom 12.10.2006, Mubilanzila Mayeka et al v Belgium, 13178/03, Z. 100; vgl. auch Eberling in Grabenwarter, Art. 5, Rn. 58.

1512 MRA, General Comment Nr. 35, Art. 9, CCPR/C/GC/35, Z. 19; zudem auch: MRA, View vom 15.7.1999, A. V New Zealand, Nr. 754/1997, Z. 7.2; für das interamerikanische System: EKMR, Ferrer-Mazorra et al. v United States, Nr. 9903, Z. 210 (die Kommission bezieht sich hierbei auf die Grundsatzentscheidung des EGMR in Urteil vom 24.10.1979, Winterwerp v Netherlands, Nr. 6301/73).

1513 Elberling in Grabenwarter, Art. 5, Rn. 62; so ist auch die Ingewahrsamnahme von Obdachlosen nur aufgrund ihrer Eigenschaft als Obdachlose wohl nicht mehr ausreichend, ibid, Art. 5, Rn. 77.

Erkrankung resultierenden Gefahr und der Gewahrsam muss regelmäßig überprüft und bei Wegfall der Voraussetzungen beendet werden[1514].

ff) Abschiebe- und Auslieferungshaft

Art. 5 Abs. 1 lit. (f) EMRK gestattet Gewahrsam „to prevent his effecting an unauthorised entry into the country or of a person against whom action is being taken with a view to deportation or extradition". Mit dieser Vorschrift kann sowohl die Verhinderung unerlaubter Einreise durch Inhaftierung erfolgen[1515], als auch Abschiebebzw. Auslieferungshaft gerechtfertigt werden[1516]. Sowohl im interamerikanischen System, als auch im Rahmen des Zivilpakts ist Ingewahrsamnahme zum Zweck der „immigration control" zulässig[1517].

gg) Präventive Haft

Unter präventiver Haft (häufig auch unter dem Begriff „administrative detention"[1518] geführt) ist – wie oben bereits erwähnt – nach der „International Commission of Jurists" Folgendes zu verstehen: „the deprivation of a person's liberty, whether by order of the Head of State or of any executive authority, civil or military, for the purpose of safeguarding national security or public order, or other similar purposes, without that person being charged or brought to trial."[1519] Entscheidend ist, dass diese Art der Freiheitsentziehung darauf abzielt, *zukünftiges* Verhalten im Interesse der Sicherheit zu verhindern. Ein solcher Gewahrsam ist besonders menschenrechtsrelevant, da ein zukünftiges Verhalten naturgemäß nicht mit letzter Gewissheit vorhergesagt werden kann und der Eingriff in die Freiheit schwer wiegt. Genau diese Art von Haft spielt die Hauptrolle im humanitären Völkerrecht, welches hierfür den Begriff des „internment" verwendet (vgl. Ziff. I.2.). Diese Art des Gewahrsams ist auch im Recht der Menschenrechte nicht allgemein verboten[1520], wenn sie auch für

---

1514 EGMR, Urteil vom 24.10.1979, Winterwerp v Netherlands, Nr. 6301/73, Z. 39; vgl. auch Elberling in Grabenwarter, Art. 5, Rn. 63.

1515 Elberling in Grabenwarter, Art. 5, Rn. 81; vgl. hierzu die Kriterien des EGMR, Urteil vom 29.01.2008, Saadi v Italy, Nr. 37201/06, Z. 74.

1516 Elberling in Grabenwarter, Art. 5, Rn. 83.

1517 MRA, General Comment Nr. 35, Art. 9, CCPR/C/GC/35, Z. 18; vgl. auch MRA, View vom 03.04.1997, A. v Australia, Nr. 560/1993, Z. 9.3 f; Inter-American Commission on Human Rights, Z. 124.

1518 Macken, The Adelaide Law Review 2005, S. 2.

1519 Warbrick, International Commission of Jurists 1984, S. 394.

1520 United Nations Economic and Social Council, Commission on Human Rights, Sub-Commission on Prevention of Discrimination and Protection of Minorities, „Revised Report on the Practice of Administrative Detention", submitted

besonders missbrauchsanfällig gehalten und zunehmend kritisch betrachtet wird[1521].

Die präventive Haft ist weder im IPBPR, noch im interamerikanischen System ausdrücklich geregelt. Dies wurde aufgrund gefestigter Rechtsprechung des EGMR[1522] bisher auch für die EMRK angenommen. Der EGMR hatte mehrfach festgestellt, dass Art. 5 Abs. 1 lit. (c) Alt. 2 EMRK („when it is reasonably considered necessary to prevent his committing an offence") keine Präventivhaft gestatte, sondern ausschließlich im Zusammenhang mit dem Verdacht auf ein bereits begangenes Delikt zu sehen ist[1523]. Dies wurde zuletzt in Al-Skeini v UK ausdrücklich bestätigt: „It has long been established that the list of grounds of permissible detention in Article 5 § 1 does not include internment or preventive detention when there is no intention to bring criminal charges within a reasonable time."[1524] Deshalb ging die Annahme stets dahin, dass eine präventive Haft aus Sicherheitsgründen nur im Falle einer Derogation gem. Art. 15 EMRK für zulässig erachtet werden könne[1525]. In seinem Urteil S., V. and A. v Denmark vom 22.10.2018[1526] vollzog der EGMR jedoch eine unerwartete Kehrtwende und fasste vor dem Hintergrund von Massenevents wie Fußballspielen und drohenden Kämpfen von Hooligans Gewahrsam allein aus präventiven Gründen unter

---

by Mr Louis Joinet, E/CN.4/Sub.2/1990/29; Hartridge Samuel, in: Jinks (Hrsg.) 2014, S. 37.

1521 Vgl. MRA, General Comment Nr. 35, Art. 9, CCPR/C/GC/35, Z. 15; so auch die in EGMR, Urteil vom 22.10.2018, S., V. and A. v Denmark, Nr. 35553/12, 36678/12, 36711/12, Z. 42 zitierten „travaux préparatoires" die in diesem Zusammenhang erwähnen, dass präventive Haft nicht zu einem Polizeistaat führen dürften. Für eine detaillierte Auflistung der Missstände im Rahmen präventiver Haft: Moir, Human Rights Quarterly: A Comparative and International Journal of the Social Sciences, Humanities, and Law 2003, S. 327.

1522 Vgl. EGMR, Urteil vom 22.2.1989, Ciulla v Italy, Nr. 11152/84; EGMR, Urteil vom 31.7.2000, Jėčius v Lithuania, Nr. 34578/97; EGMR, Urteil vom 7.3.2013, Ostendorf v Germany, Nr. 15598/08; vgl. auch Antragssteller in EGMR, Urteil vom 22.10.2018, S., V. and A. v Denmark, Nr. 35553/12, 36678/12, 36711/12, Z. 68: „The applicants pointed to long-established case-law according to which sub-paragraph (c) of Article 5 § 1 governed only pre-trial detention within criminal proceedings."

1523 EGMR, Urteil vom 7.3.2013, Ostendorf v Germany, Nr. 15598/08, Z. 82.

1524 EGMR, Urteil vom 16.9.2014, Hassan v UK, Nr. 29750/09, Z. 97; vgl. auch Milanovic, Journal of Conflict and Security Law 2010, S. 477, für den die Frage der Präventivhaft im Rahmen der EMRK im Zusammenhang mit dem humanitären Völkerrecht in die Kategorie der unlösbaren Normkonflikte gehört.

1525 EGMR, Urteil vom 18.1.1978, Ireland v UK, Nr. 5310/71, Z. 213; vgl. auch Tabak Shana, in: Jinks (Hrsg.) 2014, S. 84; Moir, Human Rights Quarterly: A Comparative and International Journal of the Social Sciences, Humanities, and Law 2003, S. 331.

1526 EGMR, Urteil vom 22.10.2018, S., V. and A. v Denmark, Nr. 35553/12, 36678/12, 36711/12.

den Haftgrund Art. 5 Abs. 1 lit. (c), zweite Alternative[1527] („the lawful arrest or detention of a person effected for the purpose of bringing him before the competent legal authority (...) when it is reasonably considered necessary to prevent his committing an offence (...)"). Dies geschah in ausdrücklicher Abkehr von der Entscheidung in Ostendorf, ein Fall der vor einem ganz ähnlichen Hintergrund stattgefunden hatte, aber in dem ein präventiver Haftgrund ausdrücklich verneint wurde[1528]. Die Meinungsänderung geschah laut Gerichtshof im Anschluss an die schon sehr viel ältere Entscheidung in Lawless[1529] und vor dem Hintergrund, dass es der Polizei nicht unmöglich gemacht werden dürfe, ihre Verpflichtung zur Aufrechterhaltung der öffentlichen Ordnung und Sicherheit nachzukommen[1530].

Der IPBPR lässt – ebenso wie die AMRK und die Amerikanische Deklaration – einen größeren Spielraum was die Gewahrsamsgründe angeht[1531]. Noch 1982 schien der UN-Menschenrechtsausschuss der präventiven Haft unter Beachtung bestimmter Voraussetzungen nicht völlig abgeneigt, wie folgendes Zitat aus dem – mittlerweile überholten – „General Comment" Nr. 8 zu Art. 9 IPBPR belegt: „Also, if so-called preventive detention is used, for reasons of public security, it must be controlled by these same provisions, i.e. it must not be arbitrary, and must be based on grounds and procedures established by law (para. 1), information of the reasons must be given (para. 2) and court control of the detention must be available (para. 4) as well as compensation in the case of a breach (para. 5). And if, in addition, criminal charges are brought in such cases, the full protection of article 9 (2) and (3), as well as article 14, must also be granted."[1532] Die Präventivhaft erscheint hier als ein Haftgrund wie jeder andere[1533].

Jedoch scheint der UN-Menschenrechtsausschuss inzwischen die präventive Haft um einiges kritischer zu sehen, wenn man den aktuellen „General Comment" zum Recht auf Freiheit zugrunde legt: „To the extent that States parties

1527 EGMR, Urteil vom 22.10.2018, S., V. and A. v Denmark, Nr. 35553/12, 36678/12, 36711/12, Z. 114 ff.

1528 EGMR, Urteil vom 7.3.2013, Ostendorf v Germany, Nr. 15598/08, Z. 82.

1529 EGMR, Urteil vom 14.11.1960, Lawless v Ireland, Nr. 332/57.

1530 EGMR, Urteil vom 22.10.2018, S., V. and A. v Denmark, Nr. 35553/12, 36678/12, 36711/12, Z. 116.

1531 Vgl. auch Moir, Human Rights Quarterly: A Comparative and International Journal of the Social Sciences, Humanities, and Law 2003, S. 331: „On the other hand, it is fairly clear that the ICCPR [International Covenant on Civil and Political Rights], the ACHR (Interamerican Convention on Human Rights], AfCHPR [African Charter on Human and Peroples' Rights], and the ADHR [American Declaration of the Rights and Duties of Man] allow security detention, as long as it is not arbitrary, it is previously established by law and if certain other conditions (...) are met."

1532 MRA, General Comment Nr. 8 vom 30.6.1982, Art. 9, Z. 4.

1533 Vgl. auch Macken, The Adelaide Law Review 2005, S. 18, die zu dem Schluss kommt, dass präventiver Gewahrsam durchaus mit Art. 9 IPBPR zu vereinbaren ist.

impose security detention (sometimes known as administrative detention or internment) not in contemplation of prosecution on a criminal charge, the Committee considers that such detention presents severe risks of arbitrary deprivation of liberty. Such detention would normally amount to arbitrary detention as other effective measures addressing the threat, including the criminal justice system, would be available. If, under the most exceptional circumstances, a present, direct and imperative threat is invoked to justify the detention of persons considered to present such a threat, the burden of proof lies on States parties to show that the individual poses such a threat and that it cannot be addressed by alternative measures, and that burden increases with the length of the detention."[1534] In der Folge legte der Menschenrechtsausschuss fest, dass die Länge einer besonders strengen Verhältnismäßigkeitskontrolle und gerichtlicher Überwachung unterliegen müsse, um mit dem IPBPR vereinbar zu sein. Damit scheint Präventivhaft zwar immer noch zulässig, dies jedoch auf absolute Ausnahmefälle beschränkt zu sein.

Die Haltung der interamerikanischen Organe scheint ebenfalls dahin zu gehen, dass Präventivhaft[1535] zulässig ist. In ihrem „Report on Terrorism and Human Rights" führte die Kommission aus: „However, under prevailing international human rights standards, states may, under certain limited circumstances, deprive individuals of their liberty, both in relation to the investigation and punishment of crimes as well as the administration of state authority in other areas where measures of this nature are strictly necessary. This may include, for example, administrative detention for compelling reasons relating to law enforcement, health or *other public purposes*. These measures must, however, comply with standards as prescribed under applicable regimes of international law."[1536]

Die allgemeine Ansicht scheint dahin zu gehen, dass präventiver Gewahrsam nur dann zulässig ist, wenn die Person eine Bedrohung der Sicherheit darstellt – nicht jedoch, wenn es um den Gewinn von Informationen über eine mögliche Bedrohung geht[1537].

1534 MRA, General Comment Nr. 35 vom 15.12.2014, Art. 9, CCPR/C/GC/35, Z. 15.

1535 Wobei die Terminologie der interamerikanischen Organe dahin zu gehen scheint, dass unter „preventive detention" Untersuchungshaft verstanden werden zu scheint; die Präventivhaft erscheint demgegenüber als „administrative detention for reasons of public order".

1536 Inter-American Commission on Human Rights, Executive Summary, Z. 23, Hervorhebung durch die Verfasserin.

1537 EGMR, 18.1.1987, Ireland v UK, Nr. 5310/71, Z. 196 (bei Derogation scheint ein solcher Gewahrsam jedoch möglich, vgl. ibid Z. 212; MRA, View vom 25.3.1993, Monguya Mbenge et al v Zaire Nr. 16/1977, Z. 20; ebenso: Debuf, 20, S. 82; Moir, Human Rights Quarterly: A Comparative and International Journal of the Social Sciences, Humanities, and Law 2003, S. 340; genau dieser Zweck scheint jedoch sehr häufig mit präventiver Haft verfolgt zu werden, vgl. ibid, S. 330.

c) Verfahrensrechte

Um die Einhaltung der Schranken-Schranken des Rechts auf Freiheit effektiv zu machen, ist es naturgemäß wichtig, dass den Inhaftierten Verfahrensrechte zukommen, mit Hilfe derer sie die materielle Zulässigkeit ihrer Freiheitsentziehung überprüfen lassen können. Teilweise sind diese Verfahrensrechte nach Ansicht der Menschenrechtsschutzorgane – anders als das Recht auf Freiheit selbst – nicht derogierbar[1538].

aa) Recht auf Informationen

Die drei Menschenrechtsverträge bestimmen mit ähnlichen Formulierungen, dass der Verhaftete unverzüglich über die Gründe seiner Verhaftung informiert werden muss[1539]. Dies ermöglicht dem Inhaftierten eine fundierte Entscheidung darüber, ob er seine Haft gerichtlich angreifen möchte[1540]. Dementsprechend muss die Information in einer Sprache vermittelt werden, die der Inhaftierte versteht[1541] und so zur Kenntnis gelangen, dass sie inhaltlich von dem Inhaftierten verstanden werden kann. Inhaltliche Besonderheiten ergeben sich bei der Unterrichtung über bestimmte Art von Vorwürfe, zB terroristische Akte[1542] und subversive Aktivitäten[1543].

Was unter einer „prompten" Unterrichtung über den Haftgrund zu verstehen ist, ist je nach Rechtsprechung etwas unterschiedlich; grundsätzlich ist jedoch davon auszugehen, dass eine Verzögerung von ein paar Stunden noch als angemessen betrachtet wird, mehrere Tage jedoch nicht[1544]. Der UN-Menschenrechtsausschuss

---

1538 In diesem Fall liegt ein sog. „non-derogable core" vor, vgl. Debuf, 20, S. 102.

1539 Vgl. Art. 9 Abs. 2 IPBPR („Anyone who is arrested shall be informed, at the time of arrest, of the reasons for his arrest and shall be promptly informed of any charges against him."), Art. 7 Abs. 4 AMRK („Anyone who is detained shall be informed of the reasons for his detention and shall be promptly notified of the charge or charges against him.") und Art. 5 Abs. 2 EMRK („Everyone who is arrested shall be informed promptly, in a language which he understands, of the reasons for his arrest and of any charge against him.").

1540 Vgl. EGMR, Urteil vom 30.8.1990, Fox, Campbell and Hartley v UK, Nr. 12244/86, 12245/86, 12383/86, Z. 40; MRA, Entscheidung vom 30.3.1992, , Campbell v Jamaica, Nr. 248/1987, Z. 6.3.

1541 In Art. 5 Abs. 2 bereits audrücklich vorgeschrieben; vgl. auch MRA, General Comment Nr. 35 vom 15.12.2014, Art. 9, CCPR/C/GC/35, Z. 30.

1542 EGMR, Urteil vom 30.8.1990, Fox, Campbell and Hartley, Nr. 12244/86, 12245/86, 12383/86, Z. 41; es genügt nicht, dass den Inhaftierten mitgeteilt wird, dass sie wegen Verdachts auf Terrorismus festgehalten werden, sondern die Informationen müssen sich auf bestimmte Delikte und die Mitgliedschaft in bestimmten Organisationen beziehen.

1543 MRA, View vom 27.3.1981, Carballal v Uruguay, Nr. 8/33, Z. 12–13.

1544 Elberling in Grabenwarter, Art. 5, Rn. 93; Office of the High Commissioner for Human Rights, S. 181/182.

unterscheidet hierbei im Übrigen zwischen den Gründen für den Arrest, welche sofort mit Ingewahrsamnahme mitzuteilen sind[1545] und der Mitteilung von Anklagepunkten, für die sich die Behörden etwas mehr Zeit lassen dürften[1546].

bb) Recht auf gerichtliche Haftprüfung

Ebenso sehen alle Menschenrechtsverträge vor, dass die Haft ebenfalls in kurzer Zeitspanne durch eine unabhängige Instanz überprüft werden muss. Hierbei werden die Rechte von Untersuchungshäftlingen besonders geschützt[1547]; grundsätzlich gilt dies jedoch für jede Art der Freiheitsentziehung[1548]. Die gerichtliche Kontrolle der Freiheitsentziehung durch die Exekutive ist ein wichtiger Ausfluss des Rechtsstaatsprinzips[1549] und soll ungerechtfertigte Freiheitsentziehung

---

1545 MRA, General Comment Nr. 35 vom 15.12.2014, Art. 9, CCPR/C/GC/35, Z. 27; anders der EGMR, vgl. Council of Europe/European Court of Human, Guide on Article 5 of the Convention, http://www.echr.coe.int/Documents/Guide_Art_5_ENG.pdf, Z. 113, der eine einheitliche Informationspflicht auferlegt. Anklagepunkte sind nur dann mitzuteilen, wenn es sich um strafverfolgende Maßnahme handelt. Demgegenüber scheint im interamerikanischen System die Informationspflicht eine spezielle Vorschrift nur für strafverfolgende Maßnahmen, vgl. Burgorgue-Larsen/Úbeda de Torres, Amaya, The Inter-American Court of Human Rights, The rights of detainees, Rn. 19.15.

1546 Vgl. MRA, General Comment Nr. 35 vom 15.12.2014, Art. 9, CCPR/C/GC/35, Z. 30 („some hours later").

1547 Dies ist jedenfalls im Rahmen des Zivilpakts und der EMRK der Fall, vgl. Art. 9 Abs. 3 IPBPR („Anyone arrested or detained on a criminal charge shall be brought promptly before a judge or other officer authorized be law to exercise judicial power.") und Art. 5 Abs. 3 EMRK („Everyone arrested or detained in accordance with the provision of paragraph 1.c of this article shall be brought promptly before a judge or other officer authorised by law to exercise judicial power (...)."); Art. 7 Abs. 4 AMRK: „Any person detained shall be brought promptly before a judge or other officer authorized by law to exercise judicial power (...)"; vgl. auch Karpenstein, EMRK, Art. 5, Rn. 109 ff; MRA, General Comment Nr. 35 vom 15.12.2014, Art. 9, CCPR/C/GC/35, Z. 31 ff.

1548 Vgl. die allgemeine Vorschrift der AMRK, Art. 7 Abs. 6; Art. 9 Abs. 4 IPBPR: „Anyone who is deprived of his liberty by arrest or detention shall be entitled to take proceedings before a court, in order that that court may decide without delay on the lawfulness of his detention and order his release if the detention is not lawful."; Art. 5 Abs. 4 EMRK: „Everyone who is deprived of his liberty by arrest or detention shall be entitled to take proceedings by which the lawfulness of his detention shall be decided speedily by a court and his release ordered if the detention is not lawful."

1549 EGMR, Urteil vom 29.11.988, Brogan et al v UK, 11209/84; 11234/84; 11266/84; 11386/85, Z. 58.

vermeiden[1550]. Abgesehen davon stellt sie eine Schutzmaßnahme bezüglich Misshandlung von Inhaftierten dar[1551].

Der Spruchkörper muss wiederum gewisse Anforderungen an Unabhängigkeit und Unparteilichkeit erfüllen[1552] und zudem eine ausdrückliche Entscheidung über die Haft fällen[1553]. Darüber hinaus muss er kompetent sein, eine Freilassung verbindlich anzuordnen[1554]. Dabei ist im Rahmen der Untersuchungshaft besonders zu beachten, dass die Vorführung vor ein Gericht automatische erfolgen muss und nicht von einem Antrag des Häftlings abhängt[1555]. Jedenfalls im Rahmen der Überprüfung der Untersuchungshaft muss der Häftling persönlich vor Gericht erscheinen[1556].

Das Recht auf Haftprüfung („habeas corpus“[1557]) nimmt im Rahmen der Praxis des Menschenrechtsausschusses und im interamerikanischen System eine besondere Stellung ein. So zählt der Menschenrechtsausschuss es zu den

---

1550 Council of Europe/European Court of Human, Guide on Article 5 of the Convention, http://www.echr.coe.int/Documents/Guide_Art_5_ENG.pdf, Z. 131; MRA, General Comment Nr. 35 vom 15.12.2014, Art. 9, CCPR/C/GC/35, Z. 25.

1551 EGMR, Urteil vom 18.03.2008, Ladent v Poland, Nr. 11036/03, Z. 72; MRA, General Comment Nr. 35 vom 15.12.2014, Art. 9, CCPR/C/GC/35, Z. 33.

1552 Council of Europe/European Court of Human, Guide on Article 5 of the Convention, http://www.echr.coe.int/Documents/Guide_Art_5_ENG.pdf, Z. 142/198, sowohl für die allgemeine als auch für die Untersuchungshaft; MRA, General Comment Nr. 35 vom 15.12.2014, Art. 9, CCPR/C/GC/35, Z. 32

1553 Council of Europe/European Court of Human, Guide on Article 5 of the Convention, http://www.echr.coe.int/Documents/Guide_Art_5_ENG.pdf, Z. 202; diese Entscheidung muss dabei eine reelle Überprüfung der Haft widerspiegeln und nicht rein formalistisch sein, MRA, View vom 3.4.1997, A. v Australia, Nr. 560/1993, Z. 9.5; ebenso: AGMR, Urteil vom 30.5.1999, Castillo Petruzzi et al v Peru, Z. 184.

1554 Elberling in Grabenwarter, Art. 5, Rn. 102; vgl. auch MRA, View vom 3.4.1997, A. v Australia, Nr. 560/1993, Z. 9.5.

1555 EGMR (GK), Urteil vom 3.10.2006, McKay v UK, Nr. 543/03, Z. 34; dieser Automatismus unterscheidet im Rahmen der EMRK die Haftprüfung bei Untersuchungshäftlingen von der allgemeinen Haftprüfung, vgl. Council of Europe/European Court of Human, Guide on Article 5 of the Convention, http://www.echr.coe.int/Documents/Guide_Art_5_ENG.pdf, Z. 135.

1556 Vgl. Council of Europe/European Court of Human, Guide on Article 5 of the Convention, http://www.echr.coe.int/Documents/Guide_Art_5_ENG.pdf, Z. 145; auch im Rahmen der allgemeinen Überprüfung der Haft zählt dies jedoch zu den fundamentalen Garantien, ibid, Z. 204; MRA, General Comment Nr. 35 vom 15.12.2014, Art. 9, CCPR/C/GC/35, Z. 34/41.

1557 Mit dem Recht auf „habeas corpus“ ist im Unterschied zur automatischen Prüfung der Rechtmäßigkeit der Untersuchungshaft das umfassender Recht des Häftlings gemeint, aus eigenem Antrieb die Rechtmäßigkeit der Haft prüfen zu lassen.

nicht-derogierbaren Rechten und somit zum „hard core of human rights“[1558]. Ähnlich sieht es der AGMR mit der Begründung: „(...) [It] performs a vital role in esuring that a person's life and physical integrity are respected, in preventing his disappearance or keeping of his whereabouts secret and in protecting him against torture or other cruel, inhumane or degrading punishment or treatment.“[1559] Es kann mit guten Argumenten vertreten werden, dass auch der EGMR davon ausgeht, dass das Recht auf Haftprüfung nicht derogierbar ist[1560], da der Gerichtshof die Wichtigkeit gerichtlicher Kontrolle stets betont hat[1561]. Das Recht auf Haftprüfung ist zudem nicht mit einmaliger Überprüfung erledigt, sondern es bedarf bei längerer Haft vielmehr der periodischen Kontrolle[1562]. Wie *Debuf* richtig bemerkt scheint es auch nur schwer vorstellbar, dass eine Einschränkung des Rechts auf eine effektive Überprüfung der Haft durch die Umstände einer Notsituation gefordert sein könnte[1563].

Was den Zeitrahmen der Vorführung vor ein Gericht betrifft, erscheint im Rahmen des Art. 5 Abs. 3 EMRK („promptly“) alles über vier Tage prima facie als zu lang – allerdings können auch kürzere Perioden Art. 5 Abs. 3 EMRK verletzen, wenn es keine Gründe gibt, warum der Häftling dem Richter nicht früher vorgeführt worden ist[1564]. In seinem in S., V. and A. v Denmark neu entwickelten präventiven Haftgrund fordert der EGMR eine Vorführung vor den

---

1558 Pejic, International Review of the Red Cross 2005, S. 379; MRA, General Comment Nr. 29 vom 31.8.2001, CCPR/C/21/Rev.1/Add.11, Z. 16: „In order to protect non-derogable rights, the right to take proceedings before a court to enable the court to decide without delay on the lawfulness of detention, must not be diminished by a State party's decision to derogate from the Covenant.“

1559 AMRK, Gutachten vom 30.1.1987, Habeas Corpus in Emergency Situations (Arts. 27(2) and 7(6) of the American Convention on Human Rights, Z. 35; vgl. auch Inter-American Commission on Human Rights, Z. 126: „Accordingly, while the right to personal liberty and security is derogable, the right to resort to a competent court under Article 7(6), which by its nature is necessary to protect non-derogable rights during criminal or administrative detention, such as the right to humane treatment, may not be the subject of derogation in the inter-American system.“; im interamerikanischen System wird zu Art. 7 Abs. 6 AMRK stets auch Art. 25 AMRK zitiert, vgl. Office of the High Commissioner for Human Rights, S. 200.

1560 Moir, Human Rights Quarterly: A Comparative and International Journal of the Social Sciences, Humanities, and Law 2003, S. 333.

1561 EGMR, Urteil vom 25.5.1993, Branningan and McBride v UK, Nr. 14553/89; 14554/89 (hier war durch UK tatsächlich derogiert worden); EGMR, Urteil vom 18.12.1996, Aksoy v Turkey, Nr. 21987/93.

1562 Elberling in Grabenwarter, Art, 5, Rn. 100; AKMR, Entscheidung vom 4.4.2001, Ferrer-Mazorra et al v USA, Nr. 9903, Z. 212, allerdings für Art. XXV Deklaration.

1563 Debuf, 20, S. 105.

1564 Council of Europe/European Court of Human, Guide on Article 5 of the Convention, http://www.echr.coe.int/ Documents/Guide_Art_5_ENG.pdf, Z. 133.

Haftrichter innerhalb von Stunden[1565], es sei denn, eine Entlassung erfolgt bereits vor Ende dieser Zeitspanne. Eine Periode von bis zu acht Stunden wurde nicht beanstandet[1566].

Im Rahmen des Art. 5 Abs. 4 EMRK („speedily") ist eine etwas längere Dauer bis zur Überprüfung möglich. Dies ist allerdings nicht der Fall, wenn die Entscheidung der Ingewahrsamnahme ohne gerichtliche Beteiligung gefallen ist – dann nähert sich das Erfordernis in Art. 5 Abs. 4 EMRK dem des Art. 5 Abs. 3 EMRK an[1567]. Der UN-Menschenrechtsausschuss hält eine Zeitspanne von über 48 Stunden im Rahmen der Untersuchungshaft als nur unter besonderen Umständen für gerechtfertigt und mehr als einige Tage für in jedem Fall zu lang[1568]. Auch die allgemeine Überprüfung der Haft auf Bestreben des Häftlings hin, sollte so schnell als möglich entschieden werden[1569]. Die interamerikanische Kommission orientiert sich bezüglich der Vorführung eines Untersuchungshäftlings zeitlich an der Rechtsprechung des EGMR und des UN-Menschenrechtsausschusses[1570]. Im Rahmen der Haftprüfung hat der Inhaftierte das Recht, die Hilfe eines Rechtsbeistands in Anspruch zu nehmen[1571].

cc) Recht auf ein zügiges Verfahren

Dieses Recht ist speziell auf die Untersuchungshaft zugeschnitten und Ausfluss sowohl der Unschuldsvermutung[1572] als auch der Regel, dass der Freiheitsentzug die Ausnahme und nicht die Regel sein sollte[1573]. Es ist in allen drei Verträgen verankert[1574]. Dabei ist es grundsätzlich Frage des Einzelfalls, wann die Dauer

---

1565 EGMR, Urteil vom 22.10.2018, S., V. and A. v Denmark, Nr. 35553/12, 36678/12, 36711/12, Z. 134.

1566 EGMR, Urteil vom 22.10.2018, S., V. and A. v Denmark, Nr. 35553/12, 36678/12, 36711/12, Z. 143 ff.

1567 Council of Europe/European Court of Human, Guide on Article 5 of the Convention, http://www.echr.coe.int/ Documents/Guide_Art_5_ENG.pdf, Z. 209.

1568 MRA, General Comment Nr. 35 vom 15.12.2014, Art. 9, CCPR/C/GC/35, Z. 33.

1569 MRA, General Comment Nr. 35 vom 15.12.2014, Art. 9, CCPR/C/GC/35, Z. 47; vgl. zu den zeitlichen Vorgaben: MRA, View vom 2.4.1990, M.I. Torres v Finland, Nr. 291/1988, Z. 7.3/7.4.

1570 AKMR, Entscheidung vom 13.4.2000, McKenzie et al v Jamiaca, Nr. 12.023, Z. 251.

1571 Pejic, International Review of the Red Cross 2005, S. 387.

1572 MRA, General Comment Nr. 35 vom 15.12.2014, Art. 9, CCPR/C/GC/35, Z. 37; EGMR, Urteil vom 28.10.1998, Assenov et al v Bulgaria, Nr. 90/1997/874/1086, Z. 154; vgl. auch Office of the High Commissioner for Human Rights, S. 190.

1573 MRA, General Comment Nr. 35 vom 15.12.2014, Art. 9, CCPR/C/GC/35, Z. 38; vgl. auch Office of the High Commissioner for Human Rights, S. 190; AGMR, Urteil vom 6.5.2008, Yvon Nepune v Haiti, Z. 107.

1574 Art. 5 Abs. 3 EMRK; Art. 7 Abs. 5 IAMRK; Art. 9 Abs. 3 IPBPR (häufig zusammen mit Art. 14 Abs. 3 lit. c geprüft).

der Untersuchungshaft nicht mehr angemessen ist[1575]; jedoch gelten bestimmte Gründe, die im Verantwortungsbereich der Vertragspartei liegen (mangelnde personelle oder finanzielle Ausstattung[1576]) nicht als ausreichend. Auch ist mit in Betracht zu ziehen, dass allein der Verdacht der Begehung einer Straftat zwar sine-qua-non der Untersuchungshaft sind, jedoch weitere Gründe hinzukommen müssen, damit die Freiheitsentziehung gerechtfertigt ist[1577].

2. *Das Recht auf Freiheit im humanitären Völkerrecht*

Die Inhaftierung von Personen im Zusammenhang mit einem bewaffneten Konflikt ist – ebenso wie die Tötung von Menschen – ein kriegstypisches Phänomen und bedarf deshalb der Regelung durch das humanitäre Völkerrecht. Dabei ist die Terminologie eines „Rechts auf Freiheit" in diesem Zusammenhang nicht ganz passend, da das humanitäre Völkerrecht nicht das (einklagbare) Recht eines Individuums einem Staat gegenüber zum Gegenstand hat, sondern vielmehr – ganz in der Tradition des klassischen Völkerrechts – allein den Staat in die Pflicht nimmt; darüber hinaus regelt das humanitäre Völkerrecht ausdrücklich nur die *Einschränkungen* der Freiheit. Dennoch ist man sich in der völkerrechtlichen Literatur einig: Auch das humanitäre Völkerrecht erkennt grundsätzlich an, dass Individuen frei sein sollten, wenn nicht bestimmte Gründe dagegen sprechen[1578]. Diese Gründe unterscheiden sich allerdings in Vielem von denen des Rechts der Menschenrechte, was im Folgenden näher erläutert werden soll.

a) Allgemeines

Das humanitäre Völkerrecht muss auch mit Bezug auf die Freiheitsentziehung zwei Ziele miteinander vereinbaren: Zum einen – wie stets – die „military necessity", deren Beachtung dem humanitären Völkerrecht seine Legitimität verleiht, zum anderen den Schutz vor willkürlicher Inhaftierung[1579]. Die militärische Notwendigkeit beinhaltet dabei, ähnlich wie bei der Überwindung des Widerstands der gegnerischen Streitkräfte durch Kriegshandlungen, den Gegner zu schwächen, indem man ihm Streitkräfte entzieht und sich vor Zivilisten, die

---

1575 MRA, General Comment Nr. 35 vom 15.12.2014, Art. 9, CCPR/C/GC/35, Z. 37; EGMR (GK), Urteil vom 3.10.2006, McKay v UK, Nr. 543/03, Z. 41–45.

1576 MRA, General Comment Nr. 35 vom 15.12.2014, Art. 9, CCPR/C/GC/35, Z. 37; vgl. auch EGMR, Urteil vom 27.08.1992, Tomasi v France, Nr. 12850/87, Z. 102.

1577 Council of Europe/European Court of Human, Guide on Article 5 of the Convention 2014, http://www.echr.coe.int/Documents/Guide_Art_5_ENG.pdf, Z. 158; vgl. auch AGMR, Urteil vom 30.10.2008, Bayarri v Argentinien, Z. 74.

1578 Debuf, 20, S. 5.

1579 Vgl. Doswald-Beck, „Background Paper" in Expert Meeting on the Supervision of the Lawfulness of Detention during Armed Conflict, organisiert durch das University Centre for International Humanitarian Law, 24–25 Juli 2004 in Genf, S. 2.

ein Sicherheitsrisiko darstellen, schützt[1580]. Die Logik des bewaffneten Konflikts zielt damit also auf zukünftiges Verhalten der Betroffenen ab, während die Menschenrechte weitgehend auf vergangenes Verhalten abstellen. Im Kern geht es also im humanitären Völkerrecht um präventive Freiheitsentziehung. Daneben kann während einer Besatzung der Gewahrsam aber ähnlich wie im Recht der Menschenrechte dazu dienen, die öffentliche Ordnung wiederherzustellen und aufrechtzuerhalten, vgl. Art. 43 HLKO[1581].

Das humanitäre Völkerrecht in Gestalt der Vier Genfer Konventionen hat für den internationalen bewaffneten Konflikt umfangreiche Regelungen in Bezug auf im Krieg Gefangengenommene geschaffen. Dagegen ist der Gewahrsam im nicht-internationalen bewaffneten Konflikt vertraglich nur rudimentär geregelt. Dies gilt insbesondere für die im bewaffneten Konflikt so typische Internierung, also den präventiven Gewahrsam[1582].

Viele humanitärvölkerrechtliche Regelungen beziehen sich auf die Behandlung der Inhaftierten. Im Vordergrund steht die Verpflichtung des Staates zur menschenwürdige Behandlung der Personen in seinem Gewahrsam[1583]. Hieraus folgen unter anderem Ansprüche auf adäquate Versorgung mit allem Lebenswichtigen[1584], Anspruch auf ein sicheres und gesundheitlich unbedenkliches

1580 Doswald-Beck, „Background Paper" in Expert Meeting on the Supervision of the Lawfulness of Detention during Armed Conflict, organisiert durch das University Centre for International Humanitarian Law, 24–25 Juli 2004 in GenfS. 2.

1581 Sassòli, „Background Paper" in Expert Meeting on the Supervision of the Lawfulness of Detention during Armed Conflict, organisiert durch das University Centre for International Humanitarian Law, 24–25 Juli 2004 in Genf,S. 4.

1582 Debuf, 20, S. 449.

1583 Henckaerts/Doswald-Beck, Customary International Humanitarian Law, Rule 87, S. 306: „Civilians and persons *hors de combat* must be treated humanely." Dies gilt insbesondere für Kriegsgefangene, was bereits im Lieber Code, der Brussels Declaration und in der HLKO anerkannt war und heute in Art. 13 GK III festgehalten ist. Für Zivilisten – ob nun interniert oder nicht – ergibt sich entsprechender Schutz aus Art. 5 und Art. 27 GK IV. Auch für den internen Konflikt ist der Grundsatz der menschlichen Behandlung in Art. 3 festgehalten. Beide Zusatzprotokolle erkennen diese grundlegende Garantie an (Art. 75 Abs. 1 ZP I und Art. 4 Abs. 2 ZP II). Für die durch GK I und II besonders geschützten Personen gelten Art. 28 GK I und Art. 37 GK II.

1584 Henckaerts/Doswald-Beck, Customary International Humanitarian Law, Rule 118, S. 428: „Persons deprived of their liberty must be provided with adequate food, water, clothing, shelter and medical attention."; vgl. für den internationalen bewaffneten Konflikt: Art. 25–32 und 125 GK III; Art. 7 HLKO; für den internen bewaffneten Konflikt: Art. 5 Abs. 1 Zusatzprotokoll II sowie die Ausführungen zum Völkergewohnheitsrecht bei Henckaerts/Doswald-Beck, Customary International Humanitarian Law, S. 429 f.

Umfeld[1585], Recht auf Registrierung[1586], Recht auf Kontakt zur Familie[1587]. Um diese „Haftbedingungen" soll es jedoch vorliegend im Rahmen der Schnittpunkte zwischen dem (Menschen)Recht und Freiheit und den entsprechenden humanitärvölkerrechtlichen Vorschriften nicht gehen, da das menschenrechtliche Recht auf Freiheit die Bedingungen in der Haft kaum betrifft[1588]. Vielmehr geht es bei dem Recht auf Freiheit – wie oben gezeigt – um die Gewahrsamsgründe und die prozessualen Garantien, die eine Überprüfung der Haft erlauben. Deshalb soll vorliegend die Untersuchung des humanitären Völkerrechts auf korrespondierende Vorschriften beschränkt bleiben.

b) Gewahrsamsgründe

Bei Ermittlung der rechtlichen Grundlagen des Gewahrsams im humanitären Völkerrecht ist – wie stets – zwischen den Arten des bewaffneten Konflikts zu unterscheiden. Während im internationalen bewaffneten Konflikt die Gewahrsamsgründe ausdrücklich geregelt sind, bestehen für den internen bewaffneten Konflikt Regelungslücken. Wie in den Menschenrechten gilt jedoch, dass Gewahrsam nur insoweit zulässig ist, als hierfür eine Rechtsgrundlage besteht[1589]. Eine Spezialität des humanitären Völkerrechts mit Blick auf den Entzug der Freiheit ist, dass Personen aus präventiven Gründen ohne Weiteres interniert werden dürfen[1590].

1585 Henckaerts/Doswald-Beck, Customary International Humanitarian Law, Rule 121, S. 435: „Persons deprived of their liberty must be held in premises which are removed from the combat zone and which safeguard their health and hygiene."; vgl. für den internationalen bewaffneten Konflikt: Art. 22 Abs. 1, Art. 23 Abs. 1 GK III; A. 83 Abs. 1, Art. 85 Abs. 1 GK IV; für den internen bewaffneten Konflikt: Art. 5 Abs. 1 lit. b und Abs. 2 lit. c sowie die Ausführungen zum Völkergewohnheitsrecht bei Henckaerts/Doswald-Beck, Customary International Humanitarian Law, S. 436f.

1586 Für Zivilisten gem. Art. 147 GK IV; außerdem: Art. 8 Abs. 2 lit. a (vii) des Römischen Statuts.

1587 Vgl. Art. 5, 106, 107, 116 GK IV; Pejic, International Review of the Red Cross 2005, S. 390: „In brief, the general assumption is that family contacts – correspondence and visits – must be allowed within a reasonable time frame in all but very exceptional circumstances."

1588 Diese Rechte sind durch andere Vorschriften geschützt, beispielsweise durch das Verbot der Folter, welches in allen drei Konventionen verankert ist.

1589 Henckaerts/Doswald-Beck, Customary International Humanitarian Law, Rule 99, S. 345.

1590 Vgl. auch Pejic, International Review of the Red Cross 2005, S. 380: „The exceptional nature of internment lies in the fact that it allows the detaining authority to deprive persons of liberty who are not subject to criminal process, but are nevertheless considered to represent a real threat to its security in the present or in the future.".

aa) Internationaler bewaffneter Konflikt

Im humanitären Völkerrecht gibt es zwei Haftgründe: einmal die präventive Haft aus Gründen der Sicherheit und einmal die Haft im Zusammenhang mit strafrechtlicher Verfolgung des Inhaftierten.

(1) Präventive Haft

Zunächst soll noch einmal in Erinnerung gerufen werden, dass das humanitäre Völkerrecht ein statusbasiertes Recht ist. Obwohl also grundsätzlich ein einheitlicher Gewahrsamsgrund auszumachen ist, bestehen, je nach Status der inhaftierten Person, unterschiedliche Regelungen.

(aa) Kriegsgefangene

Die Internierung von Kriegsgefangenen bestimmt sich nach der Dritten Genfer Konvention. Die Zulässigkeit der Internierung von Kriegsgefangenen ist hierbei in Art. 21 GK III geregelt[1591]. Grundsätzlich bestimmt Art. 4 GK III im Detail, wer Kriegsgefangener ist. Insbesondere sind darunter Angehörige der Streitkräfte zu verstehen, vgl. Art. 4 Abs. 1 GK III. Gem. Art. 45 Abs. 1 ZP I besteht für Individuen, die am Kriegsgeschehen teilgenommen haben, eine Vermutung zugunsten des Kriegsgefangenenstatus[1592]. Hinzuzulesen sind aber die für einen großen Teil der Vertragsparteien geltenden Bestimmungen des ZP I, in deren Art. 43 Abs. 2 und 44 Abs. 1 es zusammengefasst heißt: „Members of the armed forces of a Party to the conflict (...) are combatants, that is to say, they have the right to participate directly in hostilities. (...) Any combatant (...) who falls into the power of an adverse Party shall be a prisoner of war." *Debuf* bemerkt richtig, dass sich die Kategorien „Streitkräfte", „Kombattanten" und „Kriegsgefangene" immer noch zum größten Teil überlappen, aber aufgrund der Entwicklungen im bewaffneten Konflikt nicht mehr ganz kongruent sind[1593]. Die Autorin kommt zu folgender Definition des Kriegsgefangenen, die vorliegend übernommen wird: „Prisoners of war are (1) members of the armed forces of a party to the conflict (apart from medical and religious personnel), who (2) have not forfeited their entitlement to prisoner of war status, and (3) other specific categories of persons, who are not members of the armed forces of a party to the conflict but are entitled to prisoner of war status upon capture."[1594]

1591 Dieser spiegelt Völkergewohnheitsrecht seit Mitte des 17. Jahrhunderts wider und ist universell akzeptiert, Debuf, 20, S. 228 ff.

1592 A person who takes part in hostilities and falls into the power of an adverse Party shall be presumed to be a prisoner of war, and therefore shall be protected by the Third Convention, if he claims the status of prisoner of war, or if he appears to be entitled to such status, or if the Party on which he depends claims such status on his behalf by notification to the detaining Power or to the Protecting Power.

1593 Debuf, 20, S. 187.

1594 Debuf, 20, S. 188.

Zeitlich findet die Dritte Genfer Konvention gem. Art. 5 Abs. 1 Anwendung, sobald Kombattanten in Feindeshand fallen[1595] bis hin zu ihrer endgültigen Freilassung und Heimschaffung. Dabei ist zu beachten, dass Kriegsgefangene dann freizulassen sind, wenn sie kampfunfähig sind[1596], spätestens aber nach Ende der aktiven Feindseligkeiten[1597].

Eine strafrechtliche Inhaftierung der Kombattanten ist wegen des Kombattantenprivilegs gerade ausgeschlossen[1598]. Haftgrund ist allein der Status der Person. Dies zeigt, dass der Inhaftierung der Kombattanten als Kriegsgefangene präventive Überlegungen zugrunde liegen: Es ist dem Kombattantenstatus geradezu immanent, dass er eine Gefahr für den inhaftierenden Staat darstellt; als Soldat wird er im Zweifel auf das Schlachtfeld zurückkehren (müssen)[1599]. Folgerichtig ist ein Kriegsgefangener freizulassen, sobald eines solche Gefahr nicht mehr gegeben ist: Dies ist einmal für alle Kombattanten mit Ende der aktiven Kriegshandlungen gegeben (vgl. Art. 21, 118 Abs. 1 GK III) und für den Einzelnen, wenn er kampfunfähig ist (vgl. Art. 109, 110 GK III)[1600]. Diese Regelungen entsprechen der bereits vorher im Völkergewohnheitsrecht verankerten Regelung, dass Kriegsgefangene für die Dauer der aktiven Feindseligkeiten inhaftiert werden dürfen[1601].

1595 Hierunter fallen auch Kapitulationen, Debuf, 20, S. 189.

1596 Art. 109 GKIII.

1597 Art. 118 GKIII.

1598 Dies jedenfalls insoweit als rechtmäßige Kriegshandlungen betroffen sind. Art. 43 Abs. 1 ZP I lautet: „Members of the armed forces of a Party to a conflict (other than medical personnel and chaplains covered by covered by Article 33 of the Third Convention) are combatants, that is to say, they have the right to participate directly in hostilities."

1599 Vgl. Doswald-Beck, „Background Paper" in Expert Meeting on the Supervision of the Lawfulness of Detention during Armed Conflict, organisiert durch das University Centre for International Humanitarian Law, 24–25 Juli 2004 in Genf, S. 2; Hampson/Lubell, Amicus curiae, Hassan v UK, Z. 33: „The grounds for detaining a POW do not require that the individual will have engaged in some form of behaviour that constitutes a crime; rather, it is by virtue of the security threat that a captured member of the armed forces poses *ipso facto* that these individuals are automatically subject to the power of detention by the opposing party to an international armed conflict. This detention is not punitive, but simply a measure taken to prevent members of the armed forces of opposing parties from returning to the fight, and POWs must be released at the end of active hostilities."

1600 Vgl. auch Henckaerts/Doswald-Beck, Customary International Humanitarian Law, S. 345: „[T]he Third Geneva Convention requires the repatriation of seriously wounded and sick prisoners of war because they are not longer likely to take part in hostilities against the detaining power."

1601 Henckaerts/Doswald-Beck, Customary International Humanitarian Law, Rule 99, S. 344.

Wird der Gewahrsam schlussendlich beendet, endet die Verantwortlichkeit des Gewahrsamststaats jedoch nicht mit dem Zeitpunkt der Entlassung. Die Repatriierung hat mit Sicherungsvorkehrungen der Kriegsgefangenen einherzugehen und es sind dieselben Vorkehrungen zu treffen wie bei einem Transfer[1602].

(bb) Zivilisten

Das humanitäre Völkerrecht sieht auch für Zivilisten präventiven Gewahrsam vor. Geregelt ist dieser in der Vierten Genfer Konvention, die sich mit dem Schutz der Zivilperson befasst. Unterschieden wird danach, ob sich die zu internierende Person im Hoheitsgebiet des Gewahrsamsstaats oder in besetztem Gebiet befindet[1603]. Art. 41 GK IV weist für ersteren Fall die Ingewahrsamnahme als die strengste Kontrollmaßnahme aus, die erst eingreift, wenn andere Kontrollmaßnahmen als ungenügend erachtet werden[1604]. Art. 78 GK IV autorisiert demgegenüber die Internierung von Zivilisten im besetzen Gebiet[1605].

Zunächst stellt sich die Frage, welche Personen in den Anwendungsbereich der GK IV fallen. Dies bestimmt sich grundsätzlich nach Art. 4 Abs. 1 GK IV: „Persons protected by the Convention are those who, at a given moment and in any manner whatsoever, find themselves, in case of a conflict or occupation, in the hands of a Party to the conflict or Occupying Power of which they are not nationals." Art. 4 Abs. 4 GK IV schließt zudem diejenigen Personen aus, die bereits durch eine der anderen Genfer Konventionen geschützt sind. Dabei ist es wichtig, im Blick zu behalten, das die Vierte Genfer Konvention nicht dieselben Unterscheidungen macht wie im Rahmen des „conducts of hostilities", sondern vielmehr alle Personen, auch diejenigen, die an Feindseligkeiten teilgenommen haben, geschützt sind[1606].

1602 Henckaerts/Doswald-Beck, Customary International Humanitarian Law, S. 456: „Practice indicates that the responsibility of the former detaining power does not end at the moment of release, but continues in the sense of ensuring the safety of persons during return and providing subsistence for the duration of the journey. The Third Geneva Convention requires that the repatriation of prisoners of war take place under the same humane conditions as transfers of prisoners."; Art. 119, 46, 48 GKIII.

1603 Die jeweiligen Rechtsgrundlagen für den Gewahrsam sind zudem abschließend, vgl. Art. 79GKIV.

1604 Art. 43 Abs. 1 GK IV: „Should the Power in whose hands protected persons may be consider the measures of control mentioned in the present Convention to be inadequate, it may not have recourse to any other measure of control more severe than that of assigned residence or internment, in accordance with the provisions of Articles 42and43."

1605 Daneben autorisiert Art. 42 Abs. 2 GK IV eine weitere Form des Gewahrsams, welcher vorliegend jedoch keine Rolle spielt.

1606 Vgl. insbesondere mit Blich auf sog. „unprivileged" und „unlawful combatants" Debuf, 20, S. 278 ff.

Bei Internierung von geschützten Personen auf eigenem Hoheitsgebiet sind die Erfordernisse des Art. 42 GK IV einzuhalten, der lautet: „The internment or placing in assigned residence of protected persons may be ordered *only if the security of the Detaining Power makes it absolutely necessary.*"[1607] Für besetztes Gebiet lauten die Voraussetzungen des Art. 78 GK IV: „If the Occupying Power considers it *necessary, for imperative reasons of security,* to take safety measures concerning protected persons, it may, at the most, subject them to assigned residence or to internment."[1608] Wenn die Formulierungen auch unterschiedlich sind, geht man davon aus, dass in beiden Fällen dieselben Voraussetzungen gelten[1609]. Für Art. 42 GK IV hat das ICTY im Fall Delalíc entschieden, dass es ernste und legitime Gründe für die Annahme geben müsse, dass die interntierte Person die Sicherheit der Besatzungsmacht ernsthaft bedrohen könne, so zum Beispiel im Fall der Sabotage oder Spionage[1610]. Beide Vorschriften sind Ausfluss der allgemeinen Bestimmung in Art. 27 GK IV, dass in Bezug auf die geschützten Personen diejenigen Kontroll- und Sicherheitsmaßnahmen ergriffen werden können, die sich infolge des Krieges als notwendig erweisen[1611].

Gewahrsamsgrund ist – im Unterschied zum Gewahrsam der Kriegsgefangenen – ausdrücklich, dass eine Gefahr für die Sicherheit des Gewahrsamsstaats besteht. Diese muss durch ein Verhalten der betroffenen Person begründet werden[1612]. Damit besteht der klassische Gewahrsamsgrund der Prävention. Von Internierung betroffen sind häufig Zivilisten, die an Feindseligkeiten teilgenommen hatten sowie Zivilisten, die im Verdacht stehen, in Zukunft Sabotage oder Spionage zu verüben[1613]. Zu beachten ist hierbei der Grundsatz der Nicht-Diskriminierung[1614]. Zugleich weisen die Vorschriften aber auch einen

---

1607 Hervorhebung durch die Verfasserin.

1608 Hervorhebung durch die Verfasserin.

1609 Vgl. Debuf, 20, S. 277; aA Pictet, der davon ausgeht, dass in besetzten Gebieten die Internierung einen noch stärkeren Ausnahmecharakter haben sollte, als auf dem Hoheitsgebiet des Gewahrsamsstaats, vgl. Pictet, S. 367 [„In occupied territories the internment of protected persons should be even more exceptional than it is inside the territory of the Parties to the conflict; for in the former case the question of nationality does not arise."]

1610 ICTY, Urteil vom 20.3.2001, Prosecutor v Delalić, Nr. IT-96-21-A, Z. 321 ff.

1611 Pictet, S. 367.

1612 Hampson/Lubell, Amicus curiae, Hassan v UK, Z. 35.

1613 Vgl. Henckaerts/Doswald-Beck, Customary International Humanitarian Law, S. 345; vgl. auch Pejic: „It is uncontroversial that direct participation in hostilities falls into that category [civilians whose activity is deemed to pose a serious threat to security].", Pejić, International Review of the Red Cross 2011, S. 845; von diesem präventiven Gewahrsam ist derjenige zu unterscheiden, der deshalb verhängt wird, weil sich die Betroffenen hierdurch strafbar gemacht haben. Diese Tatbestände sind zudem nicht abschließend, Pictet, S. 257.

1614 Art. 27 GK IV: „Without prejudice to the provisions relating to their state of health, age and sex, all protected persons shall be treated with the same

Verhältnismäßigkeitsgrundsatz aus, der dem fundamentale Recht auf Freiheit des Individuums Rechnung trägt[1615]. Bezüglich der Frage, wann die Sicherheit des Gewahrsamsstaates betroffen ist, scheinen die Vertragsstaaten einen weiten Beurteilungsspielraum zu haben[1616]. Nicht unterlaufen werden darf aber nach allgemeiner Meinung, dass eine solche Ingewahrsamnahme Ausnahmecharakter hat[1617]. Es wird angenommen, dass eine Grenze jedenfalls dort erreicht ist, wo Internierung erfolgt, um überhaupt erst Informationen über mögliche Sicherheitsgefährdungen zu erlangen[1618].

Zu beachten ist daneben, dass jede Entscheidung bezüglich eines Gewahrsamsentzugs individuell getroffen werden muss[1619]. Unzulässig ist eine kollektive Ingewahrsamnahme[1620]. Der Gewahrsam ist gem. Art. 132 GK IV und Art. 75 Abs. 2 ZP I – welche Völkergewohnheitsrecht widerspiegeln[1621] – sofort zu beenden, wenn keine Gründe mehr für ihn bestehen. Dies ist auch für alle internierten Zivilisten spätestens dann der Fall, wenn die Feindseligkeiten beendet wurden[1622]. Art. 5 Abs. 4 ZP II sieht vor, dass die Sicherheit bei Freilassung einer Person zu gewährleisten ist.

(2) Haft im Rahmen der Strafverfolgung

Sowohl Kriegsgefangene wie auch Zivilisten können strafrechtlich verfolgt werden, vgl. Art. 99 GK III und Art. 64 GK IV[1623]. Art. 119 V GK III erlaubt insofern, dass Kriegsgefangene, die strafrechtlich verfolgt werden, auch nach Ende der Feindseligkeiten bis zum Abschluss des Gerichtsverfahrens und gegebenenfalls der Verbüßung der Strafe in Haft bleiben können. Dasselbe gilt für Kriegsgefangene, die bereits verurteilt waren. Dabei versteht es sich von selbst, dass Kriegsgefangene nicht wegen rechtmäßiger Kriegshandlungen strafverfolgt werden dürfen, da dies dem Kombattantenprivileg und somit einem der Grundprinzipien des humanitären Völkerrechts widersprechen würde.

---

consideration by the Party to the conflict in whose power they are, without any adverse distinction based, in particular, on race, religion or political opinion."

1615 Debuf, 20, S. 318.

1616 Pictet, Art. 42, S. 257.

1617 Pictet, Art. 78, S. 368.

1618 Pejic, International Review of the Red Cross 2005, S. 380.

1619 Pejic, International Review of the Red Cross 2005, S. 381; Pictet, Art. 78, S. 367; Hampson/Lubell, Amicus Curiae, Hassan v UK, Z. 35.

1620 Vgl. für die das eigene Hoheitsgebiet des Gewahrsamsstaats: Art. 75 Abs. 2 lit. d ZP I, welcher Kollektivstrafen verbietet.

1621 Pejic, International Review of the Red Cross 2005, S. 382.

1622 Art. 133 Abs. 1 GK IV; vgl. auch Hampson/Lubell, Amicus curiae, Hassan v UK, Z. 39.

1623 Letzteres Vorschrift gilt für die im besetzten Gebiet Internierten.

Bezüglich der strafrechtlichen Verfolgung von Zivilisten, besteht, wie bereits erwähnt, im Falle einer Besatzung gem. Art. 43 Haager Landkriegsordnung, die Verpflichtung der Besatzungsmacht, die öffentliche Ordnung wiederherzustellen und aufrechtzuerhalten; das Strafrecht des besetzten Gebietes bleibt gem. Art. 64 Abs. 1 GK IV grundsätzlich in Kraft. Eine Wiederherstellung der öffentlichen Ordnung bedeutet ganz traditionell auch, dass die Strafverfolgung wieder aufgenommen wird[1624]. Dem Legalitätsprinzip wird insoweit Rechnung getragen, als eine Bestrafung eines Kriegsgefangenen oder Zivilisten verboten ist, wenn das Verhalten nicht zur Zeit der Begehung bereits strafbar war[1625]. Im Rahmen der Strafverfolgung sind alle grundsätzlichen prozessualen Garantien einzuhalten[1626].

Daneben kann die Besatzungsmacht gem. Art. 64 Abs. 2 GK IV die Bevölkerung Bestimmungen unterwerfen, die zur Erfüllung der durch die GK IV auferlegten Verpflichtungen[1627], zur Aufrechterhaltung einer ordentlichen Verwaltung sowie der Gewährleistung der Sicherheit der Besatzungsmacht unerlässlich sind.

bb) Nicht-internationaler bewaffneter Konflikt

Eine ausdrückliche vertragliche Regelung der Internierung fehlt im humanitären Völkerrecht des nicht-internationalen Konflikts. Eine Erklärung hierfür findet sich darin, dass die Vertragsstaaten der gegnerischen Partei nicht den dafür erforderlichen besonderen Status zuerkennen möchten. Dementsprechend führt *Debuf* aus: „The absence in NIAC-IHL of a legal basis to intern equivalent to those in the Geneva Conventions for situations of international armed conflict and occupation is no accident; it is closely connected to the refusal of States to confer neither combatant or prisoner of war status on members of organized armed groups engaged in armed conflict against a State. Moreover, the idea that rebels or insurgents could be considered anything else than ordinary criminals was, and continues to be, one of the main reasons advanced by States for not expanding the scope of application of the full body of international humanitarian law to situations of non-international armed conflict.“[1628]

1624 Sassòli, „Background Paper“ in Expert Meeting on the Supervision of the Lawfulness of Detention during Armed Conflict', organisiert durch ,The University Centre for International Humanitarian Law, S. 4

1625 Henckaerts/Doswald-Beck, Customary International Humanitarian Law, Rule 101, S. 371.

1626 Henckaerts/Doswald-Beck, Customary International Humanitarian Law, Rule 100, S. 352 ff.

1627 Dies kann beispielsweise die Bereiche Kindeswohl, Arbeit, Essen, Hygiene oder öffentliche Gesundheit betreffen, Pictet, S. 337.

1628 Debuf, 20, S. 451;

Nur folgerichtig gewähren weder gemeinsamer Art. 3 GK noch ZP II den am bewaffneten Konflikt Beteiligten einen besonderen Status[1629]. Die Staaten können im internen Konflikt auf ihre nationalen Vorschriften zurückgreifen, um Personen zu inhaftieren[1630], sodass sich keine Basis für Internierung im humanitären Vertragsrecht findet[1631].

Eine Autorisierung der Staaten zur Internierung lässt sich auch nicht dem Völkergewohnheitsrecht entnehmen. *Debuf* kommt in ihrer umfassenden Analyse der Rechtslage zu dem Schluss, dass ein solches bisher nicht existiert[1632]. Auch die Völkergewohnheitsrechtsstudie des IKRK kommt zu keinem anderen Ergebnis: Bezüglich der Rechtsgrundlagen des Gewahrsams im internen bewaffneten Konflikt geht die Studie allein auf die Menschenrechte ein[1633].

Über ein ungeschriebenes Recht aus dem humanitären Völkerrecht, im nichtinternationalen bewaffneten Konflikt, Personen zu internieren, besteht Streit. Einige bejahen ein solches, wobei sie sich auf das a maiore ad minus Argument zu berufen scheinen: Wem erlaubt ist, zu töten, muss auch das Recht haben, zu internieren[1634]. Gerade mit Bezug auf das „targeted killing" wird befürwortet, dass im Zweifel eine Festnahme tödlicher Gewalt vorzuziehen ist[1635]. Dem hält *Rona* entgegen: „Because the power to detain is not co-extensive with the power

---

1629 Vgl. Pilloud/Pictet, in: SANDOZ/SWINARSKI/ZIMMERMANN, Commentary on the Additional Protocols, Art. 5 ZP II, Rn. 4570. Dort heißt es: „Protocol II, following the example of common Article 3, does not grant a special status to members of the armed forces or armed groups who have fallen into enemy hands. They are not legally prisoners of war entitled to special protection; this is why it is so important that the rules laid down in this article establish minimum guarantees."

1630 Debuf führt insoweit aus, dass es im Rahmen der nationalen Rechtsordnungen bereits eine Straftat sein würde, an einer Rebellion gegen den Staat teilzunehmen und der Staat auf dieser Basis inhaftieren könne, vgl. DEBUF, 20, S. 459. Allerdings unterscheidet sich eine solche Strafhaft von einer präventiven Haft, wie sie im internationalen bewaffneten Konflikt möglich ist. Mag das Ergebnis dasselbe sein, ist die rechtliche Einordnung doch eine andere. Letzten Endes erscheint dies aber als Konsequenz des fehlenden Kombattantenprivilegs. Darüber hinaus ist unter bestimmten Umständen auch präventiver Gewahrsam erlaubt, wie unter Ziff. I.1.b) ausgeführt wird. Zu den Problemen, die eine Lösung der Internierung im internen bewaffneten Konflikt durch nationales und menschenrechtliches Recht mit sich bringen, vgl. RONA, International Law Studies U.S. Naval War College 2015, S. 34.

1631 DEBUF, 20, S. 459.

1632 DEBUF, 20, S. 469 ff.

1633 HENCKAERTS/DOSWALD-BECK, Customary International Humanitarian Law, S. 347 ff.

1634 UK High Court of Justice, Urteil vom 2.5.2014, Mohammed v Ministry of Defence, [2014] EWHC 1369 (QB); Z. 252.

1635 Israeli Supreme Court, Urteil vom 11.12.2005, Targeted Killing Case, HCJ 769/02, Z. 40.

to target, the latter power cannot simply be asserted as a basis for the former. More importantly, the choice between, on the one hand, IHL detention authority and, on the other hand, kill or release is a false one. The absence of IHL detention authority does not leave a party to armed conflict with no option but to either kill or release enemy forces or civilians who pose a security threat. Rather, it requires merely that detention be authorized under another legal basis."[1636]

Teilweise wird überlegt, das Recht des internationalen bewaffneten Konflikts auf den internen bewaffneten Konflikt analog anzuwenden[1637]. Vertreter dieser Ansicht sprechen sich dafür aus, dass wegen des Fehlens der status-basierten Kategorien im Vertragsrecht und der daraus resultierenden Uneinigkeit, ob und wenn ja, wie die durch den internen bewaffneten Konflikt Betroffenen einzuordnen sind, nicht die Dritte Genfer Konvention und die Vierte Genfer Konvention analog anzuwenden sind, sondern allein die Vierte Genfer Konvention[1638]. Die fehlende Klarheit der Kategorien, die dem System der Internierung im internationalen bewaffneten Konflikt gerade zugrunde liegt, führe dazu, dass die weitreichenderen Überprüfungsmöglichkeiten der Vierten Genfer Konvention erforderlich seien[1639]. Eine solche Analogie zum humanitären Völkerrecht des internationalen Konfliktes wird jedoch wohl überwiegend abgelehnt[1640]. Es wird insbesondere damit argumentiert, dass eine solche Analogie dem Legalitätsprinzip widerspräche, welches einer rechtmäßigen Freiheitsentziehung inhärent und gerade bei dem so missbrauchsanfälligen präventiven Gewahrsam von größter Bedeutung sei[1641].

Darüber hinaus beinhalten auch der gemeinsame Art. 3 der Genfer Konventionen und Art. 5 ZP II keine Basis für eine Internierung im nicht-internationalen bewaffneten Konflikt. Ersterer lässt lediglich erkennen, dass es eine Ingewahrsamnahme auch im nicht-internationalen bewaffneten Konflikt gibt und legt fest, dass die Gefangengenommenen unter allen Umständen mit Menschlichkeit zu behandeln und zudem alle grundsätzlichen prozessualen Garantien einzuhalten sind. Letzterer setzt ebenfalls voraus, dass Personen im Zusammenhang mit einem internen bewaffneten Konflikt in Haft genommen werden und bestimmt Mindeststandards ihre Behandlung betreffend. Die weite Formulierung des Art. 5 Abs. 1 ZP II erfasst hierbei sowohl präventive wie auch strafrechtliche Haft; allerdings muss stets ein Zusammenhang mit dem bewaffneten Konflikt

1636 Rona, International Law Studies U.S. Naval War College 2015, S. 42/43.

1637 Sassòli/Olson, International Review of the Red Cross 2008, S. 623 ff; Pejic, International Review of the Red Cross 2005, S. 377; vgl. Goodman, American Journal of International Law 2009.

1638 Sassòli/Olson, International Review of the Red Cross 2008, S. 623 ff.

1639 Sassòli/Olson, International Review of the Red Cross 2008, S. 624.

1640 Debuf, 20, S. 473 ff; Rona, International Law Studies U.S. Naval War College 2015, S. 44 ff; aA: Goodman, American Journal of International Law 2009.

1641 Debuf, 20, S. 474/475.

gegeben sein, sodass Gefangene im regulären Strafvollzug nicht darunter fallen[1642]. Diesen Bestimmungen lassen sich jedoch keine Voraussetzungen dafür entnehmen, wann insbesondere auch die präventive Haft aus Sicherheitsgründen möglich ist[1643].

Art. 4 Abs. 2 lit. b ZP II, welcher Kollektivstrafen verbietet, kann entnommen werden, dass die Entscheidung über eine Haft – ebenso wie im Recht des internationalen bewaffneten Konflikts – nicht kollektiv getroffen werden darf, sondern eine Einzelfallentscheidung sein muss.

Es bleibt somit festzuhalten, dass es nach überwiegender Ansicht keine humanitärvölkerrechtliche Rechtsgrundlage für Haft im nicht-internationalen bewaffneten Konflikt gibt.

c) Überprüfung des Gewahrsams

aa) Internationaler bewaffneter Konflikt

(1) Kriegsgefangene/Kombattanten

Eine Überprüfung des Gewahrsams ist im Falle des Kriegsgefangenen nicht im humanitären Völkerrecht verankert. Dies erschließt sich aus dem Gewahrsamsgrund der Kriegsgefangenschaft: dem Status des Kombattanten ist immanent, dass er eine Gefahr für den Gewahrsamsstaat darstellt, da er nach innerstaatlichem Recht in der Regel verpflichtet sein wird, auf der gegnerischen Seite am Kriegsgeschehen wieder teilzunehmen[1644]. Man könnte sagen, dass unwiderlegbar vermutet wird, dass der kampffähige Kriegsgefangene ein Sicherheitsrisiko darstellt[1645]. Die Kriegsgefangenschaft ist somit präventiver Gewahrsam, der nach der ratio des humanitären Völkerrechts einer Überprüfung nicht bedarf[1646]. Diesen Gedanken spiegelt auch Art. 5 Abs. 2 GK III[1647] wider, nach dem lediglich der Status, an den der Gewahrsamsgrund geknüpft ist, bei Zweifeln zu überprüfen ist.

1642 Pilloud/Pictet, in: Sandoz/Swinarski/Zimmermann, Commentary on the Additional Protocols, Art. 5, Rn. 4568.

1643 Expert Meeting on the Supervision of the Lawfulness of Detention during Armed Conflict, organisiert durch das University Centre for International Humanitarian Law, 24–25 Juli 2004 in Genf, S. 3; vgl. auch Henckaerts/Doswald-Beck, Customary International Humanitarian Law, Rule 99, S. 347, die ausschließlich nicht humanitärvölkerrechtliche Quellen zur Begründung des Völkergewohnheitsrechts heranziehen.

1644 In vielen nationalen Rechtsordnungen wird der Deserteur mit Haft oder sogar dem Tod bestraft.

1645 Dies wird durch die Ausnahme bestätigt, dass die Frage der Repatriierung oder Hospitalisierung des verwundeten oder kranken Soldaten gem. Art. 110 und 112 der GK III sehr wohl durch gemischte ärztliche Ausschüsse überprüft wird.

1646 Hampson/Lubell, Amicus curiae, Hassan v UK, Z. 38.

1647 Dort heißt es: „Should any doubt arise as to whether persons, having committed a belligerent act and having fallen into the hands of the enemy, belong to any of

Allerdings bestehen nach Art. 69, sowie 122, 123 GK III Informationspflichten. So ist sowohl die Schutzmacht über das Bestehen einer Kriegsgefangenschaft zu informieren als auch ein amtliches Auskunftsbüro zu schaffen. In der Praxis hat vor allem das Auskunftsbüro Bedeutung, da bisher noch nur im absoluten Ausnahmefall ein Staat zur Schutzmacht ernannt wurde[1648]. Das Auskunftsbüro muss Informationen bezüglich Transfers, Entlassungen, Repatriierungen, Entschädigungen, Flucht, Verlegung in ein Krankenhaus und Versterben enthalten. Die Funktion der Zentralauskunftsstelle in einem neutralen Land gem. Art. 23 GK III wird durch das Internationale Komitee des Roten Kreuzes übernommen[1649].

(2) Zivilisten

Im Unterschied zu den Kriegsgefangenen sieht das humanitäre Völkerrecht für internierte Zivilisten prozessuale Überprüfung des (ursprünglichen und fortdauernden) Vorliegens eines Gewahrsamsgrundes vor. Diese bestehen neben den Informationspflichten, wie sie auch für Kriegsgefangene gelten[1650]. Zudem ist Gelegenheit zu geben, die Familie so schnell wie möglich über den Aufenthaltsort und den Gesundheitszustand zu benachrichtigen[1651]. Dem Gewahrsamsregime der Genfer Konventionen liegt der Gedanke zugrunde, dass die Inhaftierten registriert werden müssen und an offiziell bekannten Orten festgehalten werden, die insbesondere dem Internationalen Komitee des Roten Kreuzes zugänglich sind[1652].

Bezüglich des ursprünglichen Grundes für den Gewahrsam sieht Art. 43 Abs. 1 GK IV für die im eigenen Land internierte Person vor, „to have such action reconsidered as soon as possible by an appropriate court or administrative board designated by the Detaining Power for that purpose." In besetzten Gebieten gilt gem. Art. 78 Abs. 2 GK IV: „Decisions regarding such assigned residence or internment shall be made according to a regular procedure to be prescribed by the Occupying Power in accordance with the provisions of the

---

the categories enumerated in Article 4, such persons shall enjoy the protection of the present Convention until such time as their status has been determined by a competent tribunal."

1648 Vgl. Expert Meeting on the Supervision of the Lawfulness of Detention during Armed Conflict, organisiert durch das University Centre for International Humanitarian Law, 24–25 Juli 2004 in Genf, S. 17; in diesem Fall geschah dies allerdings allein, um wirtschaftliche Interessen zu schützen.

1649 Vgl. Hampson/Lubell, Amicus Curiae, Hassan v UK, Z. 42.

1650 Vgl. Art. 9 GK IV, Art. 136 GK IV. Die in Art. 136 GK IV angesprochene Gewahrsamsdauer von zwei Wochen ist im Ergebnis bedeutungslos, da sich auch für kürzeren Gewahrsam Pflichten ergeben, die nur durch Buchhaltung erfüllt werden können, vgl. Hampson/Lubell, Amicus Curiae, Hassan v UK, Z. 44.

1651 Art. 106, 138 GK IV:

1652 Pejic, International Review of the Red Cross 2005, S. 385; vgl. auch Art. 143 GK IV.

present Convention.“ *Pictet* erklärt die Alternative des Verwaltungsausschusses damit, dass auf nationale Besonderheiten Rücksicht genommen werden sollte[1653]. Ob nun von einem Gericht oder einem Verwaltungssausschuss überprüft wird, muss sichergestellt sein, dass diese Instanz unabhängig und unparteiisch entscheiden kann[1654]. Das Zusatzprotokoll I sieht in Art. 75 Abs. 3 zudem vor, dass der Betroffene unverzüglich in einer Sprache, die er versteht, vom Grund seiner Ingewahrsamnahme erfährt[1655]. Die Regelung spiegelt Völkergewohnheitsrecht wider[1656]und scheint teilweise auch als ein Element der menschlichen Behandlung gesehen zu werden[1657]. Die Vorschrift dient dazu, dass der Betroffene die Gründe für seinen Gewahrsam sobald als möglich überprüfen lassen kann[1658]. Die getroffene Entscheidung ist rechtsmittelfähig[1659].

Im Anschluss ist die ursprüngliche Internierungs-Entscheidung periodisch gem. Art. 43 Abs. 1 GK IV und Art. 78 Abs. 2 GK IV zu überprüfen. Gegenstand der Überprüfung muss stets sein, ob der Gewahrsam auch weiterhin unbedingt erforderlich ist; dabei wird, je länger die Internierung andauert, die Beweislast auf Seiten des Gewahrsamsstaats für eine fortbestehende Gefahr höher[1660]. Die kompetente Stelle muss – ebenso wie im Rahmen der ursprünglichen Überprüfung – ausreichend unabhängig und unparteiisch sein und zudem die Befugnis haben, eine endgültige Entscheidung über die Fortsetzung oder Beendigung der Internierung zu fällen[1661]. Darüber hinaus ist eine solche Entscheidung, ebenso wie die ursprüngliche Entscheidung, zu internieren, eine Einzelfallentscheidung[1662]. Keinesfalls darf über die Internierung von Personengruppen pauschal getroffen werden. Darüber hinaus hat der Internierte gem. Art. 101 GK IV das Recht, die Konditionen seiner Haft überprüfen zu lassen.

1653 Pictet, S. 260.

1654 Pictet, S. 260.

1655 Vgl. Henckaerts/Doswald-Beck, Customary International Humanitarian Law, Rule 99, S. 346.

1656 Pejic, International Review of the Red Cross 2005, S. 377; Henckaerts/Doswald-Beck, Customary International Humanitarian Law, Rule 99, S. 346.

1657 Pejic, International Review of the Red Cross 2005, S. 384: „The right of a person to know why he or she has been deprived of liberty may be said to constitute an element of the obligation of humane treatment, as a person's uncertainty about the reasons for his or her detention is known in practice to constitute a source of acute psychological stress.“

1658 Pejic, International Review of the Red Cross 2005, S. 384.

1659 Art. 78 Abs. 2 GK IV: „This procedure shall include the right of appeal for the parties concerned. Appeals shall be decided with the least possible delay.“

1660 Pejic, International Review of the Red Cross 2005, S. 382.

1661 Pejic, International Review of the Red Cross 2005, S. 388.

1662 Debuf, 20, S. 326 ff; Pejic, International Review of the Red Cross 2005, S, 381/382.

bb) Nicht-internationaler bewaffneter Konflikt

Wie bereits unter Ziff. I.b)bb) erörtert, existieren keine humanitärvölkerrechtlichen Regelungen bezüglich der Internierung im nicht-internationalen Konflikt. Nur folgerichtig sieht das vertragliche Recht des nicht-internationalen bewaffneten Konflikts auch kaum prozeduralen Garantien der Internierten vor[1663]. Eine Ausnahme mag Art. 4 Abs. 2 lit b ZP II darstellen, der Kollektivstrafen auch für den nicht-internationalen Konflikt ausdrücklich verbietet[1664].

c) Schnittmengen

aa) Vergleichende Betrachtung: Gemeinsamkeiten und Unterschiede

Inhaltlich gibt es im Recht der Menschenrechte und im humanitären Völkerrecht mit Blick auf das Recht auf Freiheit bzw. die Freiheitsentziehung sowohl Gemeinsamkeiten als auch Unterschiede. Dabei soll noch einmal daran erinnert werden, dass sich die Gemeinsamkeiten und Unterschiede zwischen den Rechtsmaterien mit Blick auf das Recht auf Freiheit allein auf das humanitäre Völkerrecht des internationalen bewaffneten Konflikts beziehen, da nach überwiegender und hier vertretener Auffassung ein humanitäres Völkerrecht des nicht-internationalen Konflikts in dieser Frage nicht besteht.

Ganz grundsätzlich betrachtet verstehen beide Rechtsmaterien inhaltlich unter Freiheitsentzug dasselbe: Ein Mensch wird in seiner körperlichen Bewegungsfreiheit beschnitten. Die Terminologie mag dabei variieren (so ist im humanitären Völkerrecht von Internierung und Zuweisung eines Zwangsaufenthalts die Rede), jedoch ändert dies nichts daran, dass die Regelungen im humanitären Völkerrecht und die des Menschenrechts denselben Sachverhalt betreffen. Dies bildet überhaupt erst die Basis, um über das Zusammenspiel der Rechtsmaterien nachzudenken.

Auch wenn die Terminologie der Menschenrechte nicht einfach auf das humanitäre Völkerrecht übertragen werden können, da sich dieses strukturell von dem Recht der Menschenrechte unterscheidet[1665], besteht auch im humanitären Völkerrecht der Grundsatz, dass Freiheit nicht entzogen werden soll und ein Bedürfnis für eine Rechtfertigung einer Freiheitsentziehung in Form von Gewahrsamsgründen besteht. So kommentieren auch *Henckaerts/Doswald-Beck* die Haltung der beiden Rechtsmaterien dahingehend, dass in

---

1663 PEJIC, International Review of the Red Cross 2005, S. 382.

1664 Für Vertreter der Ansicht, dass im nicht-internationalen bewaffneten Konflikt die GK IV analog für alle Internierten angewendet werden soll, wären die eben dargestellten prozeduralen Garantien der GK IV anwendbar, vgl. SASSÒLI/OLSON, International Review of the Red Cross 2008, S. 624.

1665 So spricht das humanitäre Völkerrecht nicht in den ‚Rechten' des Einzelnen, auch wenn es diese schützt. Der Schutz wird – klassisch völkerrechtlich – über die Verpflichtung des Staates und ohne eigenes „standing" des Individuums erreicht.

beiden die willkürliche Freiheitsentziehung verboten sei: „Although there are differences between these branches of international law, both international humanitarian law and human rights law aim to prevent arbitrary detention by specifying the grounds for detention based on needs, in particular security needs, and by providing for certain conditions and procedures to prevent disappearance and to supervise the continued need for detention."[1666] Teilweise wird angenommen, dass sich in den Gewahrsamsgründen der wichtigste Unterschied zwischen den Rechtsmaterien finde: Während der präventive Gewahrsam aus Sicherheitsgründen im Recht der Menschenrechte verboten sei, sei er der wichtigste Grund für die Ingewahrsamnahme im humanitären Völkerrecht[1667]. Dies muss jedoch – wie die Zusammenschau des Rechts auf Freiheit der hier untersuchten Konventionen ergibt – mit Vorsicht betrachtet werden. Zwar wird der präventive Gewahrsam aufgrund seiner Missbrauchsanfälligkeit im interamerikanischen System sowie im universellen System zunehmend kritischer gesehen, jedoch gibt es kein grundsätzliches Verbot der Ingewahrsamnahme aus Gründen der Sicherheit im Recht der Menschenrechte. Der EGMR scheint seine Rechtsprechung nunmehr sogar in die entgegengesetzte Richtung zu entwickeln. Ob und welche Auswirkungen dies auf das Zusammenspiel der Rechtsmaterien in diesem Bereich hat, bleibt abzuwarten.

Weiterhin scheint beachtlich, dass für Zivilisten – insofern die Zulässigkeit präventiven Gewahrsams bejaht werden kann – auch bei der Entscheidung über das Vorliegen des präventiven Gewahrsamgrundes keine gravierenden Unterschiede bestehen: Sie beruht sowohl im Rahmen der Menschenrechte als auch im Rahmen des humanitären Völkerrechts auf einer Einzelfallentscheidung. Für Zivilisten gilt darüber hinaus, dass der Gewahrsamsgrund darüber hinaus in beiden Rechtsmaterien verhaltens- und nicht statusbasiert ist. Es mag sein, dass inhaltlich an das Vorliegen einer Gefahr für die Sicherheit nach den Menschenrechten höhere Anforderungen zu stellen sind; beachtlich erscheint jedoch, dass sich der Gewahrsam gleichwohl auch im humanitären Völkerrecht als scharfes Instrument darstellt und „imperative reasons of security" erforderlich sind, um inhaftieren zu können. Eine höhere Fallzahl des präventiven Gewahrsams

---

1666 Henckaerts/Doswald-Beck, Customary International Humanitarian Law, S. 344.

1667 Vgl. zB Hathaway/Crootof/Levitz, Minnesota Law Review 2012, S. 1902: „One example is the treatment of persons captured during armed conflict: humanitarian law specifies that ‚combatants' be held as POWs until the end of hostilities (and then returned), while human rights law specifies that detainees be tried for their offenses and detained only if convicted and then only for the period of the sentence." Diese Aussage lässt eine sehr eingeschränkte Sichtweise auf die Menschenrechte erkennen, da diese nicht lediglich die Strafhaft als Gewahrsamsgrund kennen (vgl. zu den weiteren Gewahrsamsgründen Ziff. I.1.b) und zudem präventiver Gewahrsam nicht kategorisch ausgeschlossen ist.

von Zivilisten im bewaffneten Konflikt mag auch daher rühren, dass durch die Umstände des Konflikts mehr Personen zum Sicherheitsrisiko werden.

Beachtliche Unterschiede ergeben sich demgegenüber bei der Entscheidung über die Ingewahrsamnahme Kriegsgefangener. Diese muss gerade nicht individuell getroffen werden und erfolgt allein aufgrund des Status der Person. Zugrunde liegt die Annahme, dass ein Kombattant ein immanentes Sicherheitsrisiko darstellt, welches durch Internierung gebannt wird. Jedoch bleibt auch hier der Gewahrsam*grund* – die Wahrung der Sicherheit des Gewahrsamsstaates – unberührt; lediglich eine Überprüfung, welche über den Status hinausgeht, entfällt. Während sich das humanitäre Völkerrecht und die Menschenrechte mit Blick auf die Internierung von Zivilisten in der Regelmäßigkeit der Überprüfung lediglich graduell unterscheiden, findet – ein weiterer wichtiger Unterschied – bei Kriegsgefangenen keinerlei Überprüfung statt. Auch dies liegt jedoch in der bereits beschriebenen Logik des humanitären Völkerrechts begründet: Wenn eine Sicherheitsgefahr den Angehörigen einer Gruppe immanent ist, ist eine Überprüfung der Gefahr nicht erforderlich. *Milanovic* äußert Bedenken dahingehend, ob dies mit der Forderung des Art. 5 EMRK, dass „jede Person" ihren Gewahrsam überprüfen können lassen muss, vereinbar ist[1668].

Unterschiede finden sich auch in der Instanz, die überprüft, ob eine Ingewahrsamnahme eines Zivilisten gerechtfertigt ist[1669]. Während im humanitären Völkerrecht die Überprüfung durch einen Verwaltungsausschuss genügen kann, gilt im Menschenrecht, dass ein Gericht die Haft kontrollieren muss[1670]. Zu beachten ist jedoch, dass im Rahmen des Art. 5 Abs. 4 EMRK ausreicht, wenn dies „a body of ‚judicial character' offering certain procedural guarantees"[1671] ist. Hierzu gehört, dass er von der Exekutive und den Parteien unabhängig ist[1672]. Diesen Erfordernissen genügt der Verwaltungsausschuss (s. Ziff. I.2.). Wenn möglich, sollte im Licht der Menschenrechte jedoch ein Gericht die Überprüfung des Gewahrsams

---

1668 Milanovic, Journal of Conflict and Security Law 2010, S. 477.

1669 Vgl. hierzu auch Milanovic, Journal of Conflict and Security Law 2010, S. 477.

1670 Hier sieht Milanovic eine der wichtigsten Unvereinbarkeiten zwischen den Regelungen des humanitären Völkerrechts und der EMRK: während die EMRK die Überprüfung durch ein Gericht fordere, genüge im Fall der Internierung von Zivilisten bereits ein Verwaltungsausschuss, vgl. Milanovic, Journal of Conflict and Security Law 2010, S. 477; ebenso Hampson/Lubell, Amicus curiae, Hassan v UK, Z. 39, sowie Moir, Human Rights Quarterly: A Comparative and International Journal of the Social Sciences, Humanities, and Law 2003, S. 341.

1671 Council of Europe/European Court of Human, Guide on Article 5 of the Convention 2014, http://www.echr.coe. int/Documents/Guide_Art_5_ENG.pdf, Z. 198.

1672 Council of Europe/European Court of Human, Guide on Article 5 of the Convention 2014, http://www.echr.coe. int/Documents/Guide_Art_5_ENG.pdf, Z. 198.

vornehmen. *Milanovic* wirft zudem die Frage auf, wie die Unverzüglichkeit dieser Überprüfung im Fall eines bewaffneten Konflikts gehandhabt werden soll[1673].

Gern wird im Zusammenhang mit dem humanitären Völkerrechts behauptet, dieses lasse „indefinite internment" zu[1674]. Dem ist zu widersprechen: Ebenso wie im Recht der Menschenrechte ist auch im humanitären Völkerrecht Gewahrsam genau so lange gerechtfertigt, wie ein Gewahrsamsgrund vorliegt. Dies gilt sowohl für Kriegsgefangene als auch für Zivilisten. Fallen die Gründe, die zur Gefährdung der Sicherheit führen, weg, ist eine Freilassung geboten – insbesondere stellt eine unberechtigte Freiheitsentziehung (sog. „unlawful confinement") auch im humanitären Völkerrecht eine schwere Rechtsverletzung dar.[1675] Ob ein Gewahrsamsgrund noch vorliegt, ist für Zivilisten im Einzelfall und für Kriegsgefangene in der Regel als Gruppe festzustellen. Auch im Recht der Menschenrechte gibt es Gewahrsamsgründe (Gewahrsam physisch und psychisch Kranker; präventiver Gewahrsam), zu deren Beginn ein Ende nicht absehbar ist, weil nicht absehbar ist, wann der Gewahrsamsgrund wegfällt. Dies wird immer dann der Fall sein, wenn dieser auf einem tatsächlichen Umstand basiert. Lediglich bei der Strafhaft ist mit dem Urteil im Voraus bestimmbar, wann der Gewahrsam beendet sein wird[1676].

bb) Mögliches Zusammenspiel der Rechtsmaterien

Es stellt sich die Frage, wie die beiden Rechtsmaterien mit all ihren Unterschieden, aber auch Gemeinsamkeiten im Fall der Freiheitsentziehung während eines internationalen bewaffneten Konflikts materiell zusammenspielen könnten. Vorliegend soll es um die Frage gehen, wie die Rechtsmaterien sich im Einzelaspekt der Freiheitsentziehung zueinander verhalten. Bei der Frage, wie die Materien in diesem Einzelaspekt zusammenspielen könnten, sollen hierbei Ansätze ausgeklammert werden, die auf dem Abschluss neuer völkerrechtlicher Verträge beruhen[1677], da diese nicht Teil der derzeitigen Rechtslage sind. Zudem soll im Grundsatz nicht von einer Derogation vom Recht auf Freiheit ausgegangen

---

1673 Milanovic, Journal of Conflict and Security Law 2010, S. 477.

1674 Vgl. auch EGMR, Urteil vom 16.9.2014, Hassan v UK, Nr. 29750/09, Dissenting Opinion, Richter Spanó, zustimmend Richter Nicolaou, Bianku und Kalaydjieva, Z. 17.

1675 Vgl. Art. 147 GK IV; nach Article 8(2)(a)(vii) des Römischen Statuts des Internationalen Strafgerichtshof könnte dies nicht nur für Zivilisten, sondern auch für die nach den anderen Genfer Konventionen Geschützten gelten, vgl. Henckaerts/Doswald-Beck, Customary International Humanitarian Law, S. 346.

1676 Vgl. hierzu auch Pejić, International Review of the Red Cross 2011, S. 848.

1677 Vgl. Petzhold, 104, S. 475: „One suggested solution is to write a treaty of IHL enlightened by IHRL and a treaty of IHRL applicable in wartime enlightened by IHL, and hope that the two reach the same conclusions. Another option would be to analyze the inter-relationship between each provision of IHL and IHRL and draft a restatement of the law from the results of that analysis."

werden, da in diesem Fall die Menschenrechte im einzelfallabhängigen Umfang nicht mehr anwendbar sind und es insofern nicht mehr zu einer Überschneidung der Rechtsmaterien kommen kann (vgl. hierzu unter Teil III A.II.). Die Lösungsansätze für eine Vereinbarkeit der Rechtsmaterien sind teilweise pragmatisch und teilweise dogmatisch. Sie sollen im Folgenden näher vorgestellt werden.

(1) Pragmatischer Ansatz

Das „Amicus Curiae brief" zu Hassan v UK von *Hampson/Lubell* versucht sich zum einen daran, eine Formel für das Zusammenspiel der Rechtsmaterien insgesamt, wie auch für die Frage der Freiheitsentziehung im Speziellen zu finden. Hinsichtlich der dogmatischen Einordnung sind die Ausführungen zurückhaltend; lediglich zur lex-specialis-Theorie wird Stellung genommen und diese als „unhelpful" verworfen[1678]. Grundsätzlich scheinen *Hampson/Lubell* davon auszugehen, dass es im Verhältnis der Rechtsmaterien zwei Fallgestaltungen gibt: Diejenige, die eine Bejahung der Verletzung des Menschenrechts nur dann zulässt, wenn das Völkerrecht verletzt ist[1679] – also faktisch ein Vorrang des Völkerrechts vor den Menschenrechten – sowie eine, in der es auf eine Mischung des humanitären Völkerrechts und des Rechts der Menschenrechte ankommt, um eine Verletzung des Menschenrechts zu bejahen[1680]. Beide Fragen scheinen als sehr kontextabhängig[1681] eingeschätzt zu werden und von weiteren Faktoren abzuhängen[1682]: „Putting these elements [vgl. Fn 1674] together will produce a spectrum. At the one end will be issues where, in the circumstances, there will only be a breach of human rights law if there is a breach of LOAC/IHL [law of armed conflict/international humanitarian law]. At the other hand, a human rights body

---

1678 Hampson/Lubell, Amicus curiae, Hassan v UK, Z. 18.

1679 Hampson/Lubell, Amicus Curiae, Hassan v UK, Z. 26: „The first question to be addressed is the identification of those issues where there will only be a violation of human rights law if there is a violation of LOAC/IHL)."

1680 Hampson/Lubell, Amicus Curiae, Hassan v UK, Z. 27.

1681 Hampson/Lubell, Amicus Curiae, Hassan v UK, Z. 27.

1682 Genannt werden für beide Fälle folgende Faktoren: „First, is the situation an IAC or a NIAC? The degree of intensity of a NIAC may also be relevant. Second, it may be relevant to consider whether any military operation is proactive or reactive. Third, it may be necessary to consider the means used to conduct the operation, bearing in mind that too much reliance on this element may reduce the level of scrutiny applied. Fourth, it may be necessary to consider whether there is an existing provision of LOAC/IHL and, if so, whether it is customary or treaty based. Fifth, it may be relevant to know whether the State has derogated and/or acknowledged the applicability of LOAC/IHL.", Hampson/Lubell, Amicus curiae, Hassan v UK, Z. 26; zudem scheint auch die Nähe zu „conduct of hostilities" als entscheidend betrachtet zu werden, vgl. Z. 27; als äußerst kontextabhängig schätzt auch Olson das Zusammenspiel der Rechtsmaterien mit Blick auf das Recht auf Freiheit ein, vgl. PETZHOLD, 104, S. 475.

will be required to blend LOAC/IHL and human rights law. Some issues will be generally at the one end of the spectrum but, on occasion, a different solution will be required."[1683] Dementsprechend heißt es auch für Situationen der Freiheitsentziehung: „[They] can trigger the examination of grounds of detention, review, treatment, fair trial (if a criminal charge is laid), and more. It may be the case that some of these matters will need to be determined primarily by LOAC/IHL and others by human rights law. Any given situation is likely to require elements of both bodies of law working together, but the balance and interplay will vary."[1684]

Hampson/Lubell kommen für den Fall der gleichzeitigen Anwendbarkeit der Genfer Konventionen und des Rechts der Menschenrechte im Fall einer Freiheitsentziehung zu der Einschätzung, dass die Gewahrsamsgründe, die Überprüfungsmechanismen und die Gründe für die Beendigung des Gewahrsams allein über das humanitäre Völkerrecht zu lösen seien[1685]. Raum für menschenrechtliche Regelungen könne im Rahmen der prozeduralen Regelungen verbleiben: das Intervall der Überprüfung, das Recht auf Information und Rechtsbeistand, sowie Kommunikationsrechte befänden sich in der Mitte des Spektrums und könnte durch menschenrechtliche Regelungen ergänzt werden[1686]. Die Zusammensetzung des Überwachungsorgans sei jedoch wiederum eine Frage des humanitären Völkerrechts[1687]. Die physischen und psychischen Umstände der Gefangenschaft sollen demgegenüber vor allem eine Frage der Menschenrechte sein[1688].

(2) Dogmatischer Ansatz

Zur Dogmatik des Zusammenspiels der Rechtsmaterien bezüglich der Gewahrsamsgründe macht sich insbesondere *Milanovic* Gedanken. Grundsätzlich spricht er sich ebenfalls gegen das lex-specialis-Prinzip aus und plädiert für die Integration der beiden Rechtsmaterien durch Auslegung[1689]. *Milanovic* wählt hierfür den Blickwinkel der Menschenrechte und fragt sich, inwiefern humanitäres Völkerrecht in die Auslegung menschenrechtlicher Vorschriften integriert werden könne. Gerade für das Recht auf Freiheit böten der IPBPR und die interamerikanische Konvention ein Einfallstor, da die Garantie des Rechts auf Freiheit mit dem Tatbestandsmerkmal der „Willkürlichkeit" offener formuliert sei[1690]. Festzuhalten sei darüber hinaus, dass sich der präventive Gewahrsam aus Gründen der Sicherheit in diesen Rechtssystemen ohnehin finde, sodass das humanitäre

---

1683 Hampson/Lubell, Amicus Curiae, Hassan v UK, Z. 26.
1684 Hampson/Lubell, Amicus Curiae, Hassan v UK, Z. 28.
1685 Hampson/Lubell, Amicus Curiae, Hassan v UK, Z. 53.
1686 Hampson/Lubell, Amicus Curiae, Hassan v UK, Z. 54.
1687 Hampson/Lubell, Amicus Curiae, Hassan v UK, Z. 54.
1688 Wobei es für Kriegsgefangene detaillierte Vorschriften gibt, zu welchen Arbeiten sie herangezogen werden dürfen;
1689 Milanovic, Journal of Conflict and Security Law 2010, 467 ff.
1690 Milanovic, Journal of Conflict and Security Law 2010, S. 475.

Völkerrecht somit auch inhaltlich nichts völlig Fremdes mit sich bringe. Anders dagegen – bisher und zur Zeit der Betrachtung durch Milanovic – das europäische System: Durch die Abgeschlossenheit der Gewahrsamsgründe und fehlende Generalklausel fand sich im Wortlaut keine Basis für den humanitärrechtllichen präventiven Gewahrsam[1691]. Dementsprechend nahm *Milanovic* für das europäische System auch einen nicht lösbaren Normkonflikt an[1692]. Eine Vereinbarkeit der humanitärvölkerrechtlichen Internierung mit dem europäischen System funktioniert für den Autor mit Blick auf Art. 5 EMRK allein über eine Derogation nach Art. 15 EMRK[1693]. Wie sich die Rechtsprechung hier im Lichte der Entscheidung des EGMR in S., V. and A. v Denmark entwickelt, bleibt abzuwarten.

(3) Bewertung

Die vorgestellten Theorien zum Zusammenspiel der Rechtsmaterien mit Blick auf das Recht auf Freiheit haben beide ihre Vor- und Nachteile. Nähme man *Milanovics* – nunmehr möglicherweise nur noch eingeschränkt geltenden – Standpunkt an, wäre die Folge dieser dogmatischen Sichtweise, dass das Zusammenspiel der beiden Rechtsmaterien in Bezug auf den Freiheitsentzug je nach Rechtssystem unterschiedliche Formen annehmen würde. Während im interamerikanischen und UN-System eine Integration des humanitären Völkerrechts möglich wäre, wäre dies im europäischen System ausgeschlossen. Damit liefe das humanitärvölkerrechtlich und menschenrechtlich gemischte Recht in Gefahr, je nach den beteiligten Vertragsstaaten unterschiedliche Pflichten aufzuerlegen. Während dies für die Menschenrechte in der Regionalität der Menschenrechtsverträge begründet liegt, sind unterschiedliche Maßstäbe für unterschiedliche Parteien für das humanitäre Völkerrecht geradezu ein systemischer Fehler. Das humanitäre Völkerrecht bezieht seine Legitimation daher, dass es die am Krieg

---

1691 Milanovic, Journal of Conflict and Security Law 2010, S. 475.

1692 Der Autor knüpft seine Überlegungen an die wohl ungeklärte Frage, ob es sich bei dem lex-specialis-Prinzip um eine Normkonflikt-Vermeidungsstrategie oder um eine Normkonflikts-Lösungsstrategie handelt. Sollte es lediglich um Vermeidung des Konflikts gehen: „However, if *lex specialis* is merely a method of avoidance, we would be powerless if the same issue was examined under Article 5(1) ECHR, which allows for no 'window' through which IHL could enter; no reasonable interpretation of its text is possible that would reach a compatible result. In the absence of a derogation, it is only if the ECtHR *forcibly* read Article 5 ECHR as if it set out an arbitrariness standard akin to that in Article 9 ICCPR that conflict avoidance would be possible.", Milanovic, Journal of Conflict and Security Law 2010, S. 475. Einen möglichen Vorrang des Gewahrsamsregimes des humanitären Völkerrechts sieht Milanovic nur für den Fall, dass das lex-specialis-Prinzip eine Methode zur Konfliktlösung (durch einen Vorrang einer Rechtsvorschrift) sei, was jedoch nirgendwo belegt sei.

1693 Milanovic, Journal of Conflict and Security Law 2010, S. 475.

Beteiligten gleichmäßig berechtigt und verpflichtet[1694]. Es erscheint deshalb nicht ungefährlich, je Menschenrechtsvertrag ein unterschiedlich eingefärbtes Mischrecht zu entwickeln.

Bezüglich der Integration eines präventiven Gewahrsamsgrundes könnte man eine nicht völlig undogmatische Einbeziehung dadurch erreichen, indem man sich am Telos der Norm, wie sie in gefestigter Rechtsprechung immer wieder bestätigt wird, orientiert: Genau wie seine „Geschwister-Normen" hat auch Art. 5 EMRK den Zweck, vor willkürlicher Ingewahrsamnahme zu schützen. Dieser Zweck könnte – wie dies in den anderen Systemen bereits der Wortlaut tut – das Einfallstor für den Gewahrsamsgrund der Prävention des humanitären Völkerrechts bilden[1695]. Letzteres gilt für den Fall, dass die neue Aufgeschlossenheit für einen präventiven Haftgrund für das „internment" des humanitären Völkerrechts nicht greift. Scheinen sich EMRK und humanitäres Völkerrecht auch nicht mehr so diametral entgegenstehen wie nach bisher gefestigter Rechtsprechung, bleibt festzuhalten, dass das humanitärrechtliche „internment" weiterhin nicht unter Art. 5 Abs. 1 lit. (c). zweite Alternative passen will. Dieser Haftgrund stellt auf die Gefahr der konkreten Begehung einer Straftat ab, während eine Strafbarkeit von Kombattanten wegen des Kombattantenprivilegs gerade nicht im Raum steht. Es ist allein das in ihnen immanente Risiko der Rückkehr in das Kampfgeschehen unterbunden werden soll. Anders verhält es sich möglicherweise mit Blick auf die präventive Inhaftierung von Zivilisten im internationalen bewaffneten Konflikt, da hier zumindest Tatbestände „Spionage" und „Sabotage" (vgl. Ziff. 2.b) aa) (1) (bb)) im Raum stehen. Die Entwicklung des Zusammenspiels bleibt abzuwarten.

Darüber hinaus hält *Milanovic* auch die fehlende Überprüfung der Kriegsgefangenschaft als für mit dem Recht der Menschenrechte unvereinbar[1696]. Die Vertragstexte der Menschenrechtskonventionen schrieben vor, dass jedermann die Rechtmäßigkeit seiner Haft überprüfen lassen können muss. Dieses Recht setzt jedoch logisch voraus, dass die Entscheidung über das Vorliegen eines Gewahrsamsgrund offen und eine individuelle Überprüfung deshalb sinnvoll ist. Der Gewahrsamsgrund der Prävention ist in Bezug auf Kombattanten jedoch diesem Status immanent – eine Überprüfung, die über die Frage des Status hinausgeht, ist deshalb nicht erforderlich. Damit das humanitäre Völkerrecht nicht völlig ausgehöhlt wird, müsste das Recht der Menschenrechte diese Wertung akzeptieren. Es erscheint nicht völlig unmöglich, die statusbezogene Entscheidung zur

---

1694 Deshalb ist es im Rahmen des nicht-internationalen bewaffneten Konflikts auch immer wieder Gegenstand der Diskussion, dass nicht beide, sondern nur die staatliche Kriegspartei bezüglich der Menschenrechte verpflichtet ist. Obgleich dies eine wichtige Thematik ist, sprengt sie den hier vorgegebenen Rahmen.

1695 AA wohl Milanovic, der eine solche Auslegung als „judicial vandalism" bezeichnet, vgl. Milanovic, Journal of Conflict and Security Law 2010, S. 475.

1696 Milanovic, Journal of Conflict and Security Law 2010, S. 477.

Inhaftierung Kriegsgefangener in die Dogmatik der Menschenrechte zu integrieren: Denkbar scheint, hier eine unwiderlegliche Vermutung für die Gefährlichkeit der Kombattanten anzunehmen. Die Verhältnismäßigkeit könnte insofern als gewahrt gelten, als Kriegsgefangene, die offensichtlich kampfunfähig sind, freizulassen sind. Im Rahmen des europäischen Systems, welches eine präventive Haft im nicht-derogierten Zustand nicht kennt, könnte insofern womöglich eine Parallele zu dem Gewahrsam aus Gesundheitsgründen gezogen werden. Wenn dies auf den ersten Blick auch weit hergeholt scheint, weisen die beiden Situationen Ähnlichkeit auf: in beiden wohnt der Person eine Gefahr inne, einmal eine körperliche und einmal eine verhaltensbasierte. Art. 5 EMRK erlaubt in ersterem Fall eine Internierung. Bezüglich der Überprüfung des Gewahrsams erscheint es möglich, dass auch ein humanitärvölkerrechtlicher Spruchkörper die Anforderungen der Menschenrechtskonventionen an Unabhängigkeit und Unparteilichkeit erfüllt; Telos dieser Regelungen ist letzten Endes die Erfüllung einer substantiellen Kontrollfunktion gegenüber den Ingewahrsamnehmenden, welche auch durch einen Verwaltungsausschuss gewährt sein könnte.

Der Ansatz des „amicus curiae brief" ist insofern hilfreich, als er die gesamte Rechtsmaterie zur Freiheitsentziehung einbezieht und für alle Bereiche ein gewisse Orientierung zu bieten versucht. Unklar bleibt jedoch, auf welcher dogmatischen Basis dies geschehen soll: Der rein pragmatische Ansatz scheint nicht zu berücksichtigen, dass es für die materielle Einordnung einen Rahmen geben muss – wie beispielsweise den des lex-specialis-Ansatzes oder den der systemischen Integration. Zur Dogmatik äußern sich die Autoren ausschließlich negativ, indem sie den lex-specialis-Ansatz als nicht hilfreich verwerfen. Dennoch scheinen sie selbst nicht ganz auf den Gedanken der spezielleren Regelung verzichten zu wollen, wenn sie darauf abstellen, dass das spezifische Regime die Arbeit von Kriegsgefangenen betreffend den Normen des Menschenrechts vorgehen könnten[1697]. Auch dass allgemein detaillierte vertragliche Regelungen des humanitären Völkerrechts denen des Menschenrechts vorgehen sollen, spricht dafür. Inhaltlich scheint sich die Autoren – bis auf die großen Züge – nicht zu sehr festlegen zu wollen; alles steht unter dem Vorbehalt der Einzelfallbetrachtung. Dies erscheint wiederum als Leitlinie für die Praxis schwierig, da kaum vorauszusehen sein würde, wie die Frage des Zusammenspiels im konkreten Einzelfall betrachtet werden wird. Dies ist gerade für Situationen des bewaffneten Konflikts problematisch, da es hier feste Vorgaben geben müsste, damit diese Beachtung finden können. Auf der anderen Seite gehen auch die Menschenrechtsorgane im Fall einer Individualbeschwerde einzelfallbezogen vor, sodass der Ansatz *Hampson/Lubells* jedenfalls in dieser Beziehung realitätsnah erscheint. Recht haben die Autoren jedoch wohl damit, dass nicht alle durch das humanitäre Völkerrecht nicht ausdrücklich geregelten Bereiche durch die Menschenrechte zu ergänzen

1697 Hampson/Lubell, Amicus curiae, Hassan v UK, Z. 53.

sind[1698]. Im Fall des Freiheitsentzugs könnte man hinsichtlich der mangelnden Überprüfung der Kriegsgefangenschaft eine „Lücke" im Schutz des humanitären Völkerrechts annehmen[1699]. Das Basieren auf Status und damit verknüpft die fehlende Überprüfung des Freiheitsentzugs läuft den Prinzipien der Menschenrechte zuwider, hat aber im humanitären Völkerrecht seine Berechtigung. Tatsächlich ist im bewaffneten Konflikt die Situation jedenfalls in rechtlicher Hinsicht schwarz-weiß und darf den Umständen des Krieges geschuldet auch als solche behandelt werden. Mitglieder der Streitkräfte stellen ein Sicherheitsrisiko dar, welches durch Internierung unterbunden werden darf. Dieses fundamentale Prinzip müsste – wie bereits erwähnt – wohl im Rahmen einer Überprüfung des Freiheitsentzugs durch die Menschenrechtsorgane nachvollzogen werden.

d) Ergebnis

Die Untersuchung der Rechtsprechung drei Menschenrechtssysteme hat ergeben, dass sich wesentliche Züge im Rahmen des Rechts auf Freiheit ähnlich herausgebildet haben. Dies gilt neuerdings auch für den im vorliegenden Zusammenhang besonders interessierenden präventiven Gewahrsam, für den nunmehr auch im europäischen System mehr Raum besteht. Diese Entwicklung überrascht, da man sich insbesondere im interamerikanischen und universellen Menschenrechtssystem gegenläufig zunehmend der Anfälligkeit eines solchen Gewahrsams für Missbrauch bewusst wird. Wie sich diese Rechtsprechung im Zusammenhang mit dem humanitären Völkerrecht entwickelt, lässt sich derzeit schwer abschätzen.

Ein prägendes Element des humanitären Völkerrechts ist, dass ein präventiver Gewahrsam im internationalen bewaffneten Konflikt jedenfalls in einem sehr viel größerem Ausmaß vorgesehen ist. Die Anforderungen sind je nach Status – Kombattant oder Zivilist – unterschiedlich. Während der präventive Gewahrsam des Kombattanten gerade aufgrund seines Status und der ihm deswegen innewohnenden Gefährlichkeit bis auf den Ausnahmefall der Kampfunfähigkeit stets möglich ist, müssen bei Zivilisten jedoch zwingende Gründe der Sicherheit vorliegen. Diese sind – wie ihm Rahmen des Rechts der Menschenrechte – verhaltensbasiert, müssen individuell festgestellt werden und sind überprüfbar. Im internen bewaffneten Konflikt existiert mit Blick auf den Gewahrsam kein humanitäres Völkerrecht; die Ingewahrsamnahme richtet sich somit nach nationalem Recht.

Eine Rechtsprechung der Menschenrechtsorgane muss sich im Spannungsfeld der beiden Rechtsmaterien bewegen. Schwierig mit Blick auf die Vereinbarkeit der beiden Rechtsmaterien scheint, neben einzelnen Fragen des Prozessrechts,

---

1698 Vgl. auch Hampson/Lubell, Amicus curiae, Hassan v UK, Z. 28: „[D]oes the absence of a specific LOAC/IHL [law of armed conflict/international humanitarian law] provisions mean that LOAC/IHL specifically says that these are not required, or would it mean that human rights law is required to fill the gap?"

1699 Petzhold, 104, S. 454.

dass der präventive Gewahrsam im humanitären Völkerrecht die prägende Rolle spielt, während diese Art des Gewahrsams im Recht der Menschenrechte entweder mit Vorsicht betrachtet wird oder, wie im Fall der EMRK, im Wortlaut nicht vorgesehen ist. Zum Teil werden hier in der Literatur unvereinbare Normkonflikte gesehen. Dennoch wird vorliegend im Einklang mit den pragmatischen Ansätzen vertreten, dass eine Überprüfung des humanitärvölkerrechtlichen Gewahrsams im Rahmen des Rechts auf Freiheit grundlegende Wertungen des humanitären Völkerrechts akzeptieren müsste. Hierfür stünde womöglich auch ein dogmatischer Weg offen, wenn auf das Telos aller drei menschenrechtlichen Normen rekurriert würde, willkürlichen Gewahrsam zu verhindern.

II. Die Rechtsprechung der Menschenrechtsschutzorgane zum humanitären Völkerrecht im Rahmen des Rechts auf Freiheit

1. Die europäischen Organe

Nachdem der Europäische Gerichtshof für Menschenrechte sich lange nicht ausdrücklich zum humanitären Völkerrecht geäußert hatte, war es schließlich ein Fall aus dem Jahr 2014, in dem er dieses Schweigen brach und einige grundlegende Fragen klärte. Anlass war der Fall Hassan v UK[1700], in dem es um Gewahrsam in einem internationalen bewaffneten Konflikt ging. Zuvor war bereits der Fall Al-Jedda v UK[1701] mit Spannung erwartet worden, jedoch hielt sich der Gerichtshof in diesem Fall mit anderen Fragen auf, wie die Analyse noch zeigen wird. Erstmals hatte sich jedoch die Europäische Kommission für Menschenrechte mit dem Recht auf Freiheit im Nordzypernkonflikt beschäftigt. Diese drei Entscheidungen sollen in der Folge näher vorgestellt werden.

a) Cyprus v Turkey

Die Kommission ging im Rahmen ihres Berichts vom 10.7.1976, dem mehrfache Rügen von Menschenrechtsverletzungen durch die Türkei im Rahmen des Nordzypernkonflikts zugrunde lagen, auch auf die Lage der Gefangenen ein. Während sie die Gefangenschaft von Angehörigen des Militärs wie auch von Zivilisten in der Türkei selbst der Türkei für zurechenbar hielt und eine Verletzung des Art. 5 EMRK bejahte – da eine Rechtfertigung für diese in den Gewahrsamsgründen nicht zu finden sei[1702] – schien sie den Gewahrsam bezüglich der in Nordzypern

---

1700 Bei diesem Fall handelte es sich um EGMR, Urteil vom 16.9.2014, Hassan v UK, Nr. 29750/09.

1701 EGMR (GK), Urteil vom 7.7.2011, Al-Jedda v UK, Nr. 27021/08.

1702 EKMR, Entscheidung vom 10.7.1976 (Begründetheit), Cyprus v Turkey, Nr. 6780/74 und 6950/75, Z. 309/310.

festgesetzten Personen der Türkei nicht zurechnen zu wollen[1703]. Aus diesem Grund fühlte sich die Kommission bereits nicht berufen, eine Ansicht bezüglich der Verletzung des Art. 5 EMRK in diesem Fall zu äußern. Dennoch – und seltsamerweise – äußert sie sich in diesem Zusammenhang dann doch und zwar sowohl mit Blick auf eine Zulässigkeit solcher Maßnahme gem. Art. 15 EMRK sowie durch allgemeine Ausführungen bezüglich der Geltung und Einhaltung des humanitären Völkerrechts in diesem Fall. Bezüglich erster Frage kam die Kommission insofern zu dem Schluss, dass bezüglich der Gefangenen in Nordzypern nicht ordnungsgemäß von den Verpflichtungen derogiert worden war[1704]. Mit Blick auf das humanitäre Völkerrecht bemerkte die Kommission: „The Commission has taken account of the fact that both Cyprus and Turkey are Parties to the (Third) Geneva Convention of 12 August 1949, relative to the treatment of prisoners-of-war, and that, in connection with the events in the summer of 1974, Turkey in particular assured the International Committee of the Red Cross (ICRC) of its intention to apply the Geneva Conventions and its willingness to grant all necessary facilities for humanitarian action. In fact, ICRC delegates made regular visits to soldiers and civilians who had been granted prisoner-of-war status by the authorities on either side. They included, before the resumption of hostilities on 14 August 1974, 385 Greek Cypriots in Adana, who were visited by two ICRC delegates, one of them a doctor, 63 Greek Cypriots in Saray prison in the Turkish part of Nicosia and 3,268 Turkish Cypriots in camps in Cyprus. After fighting in August had come to an end the ICRC obtained permission to visit Greek Cypriot prisoners first in transit camps in Cyprus and then in three camps in Turkey, and several thousand Turkish Cypriot prisoners in four camps in the south of Cyprus. Having regard to the above, the Commission has not found it necessary to examine the question of a breach of Art. 5 of the European Convention on Human Rights with regard to persons accorded the status of prisoners of war."[1705]

Obwohl also eine Prüfung der Kommission mangels Zurechenbarkeit der Gefangennahme gar nicht angebracht war, schien die Kommission doch ein mögliches Verhältnis des Art. 5 EMRK im Fall der Geltung des humanitären Völkerrechts zu zeichnen. Für einen solchen Fall schien die Kommission anzunehmen, dass bei Geltung und Einhaltung des humanitären Völkerrechts, eine Verletzung

---

1703 EKMR, Entscheidung vom 10.7.1976 (Begründetheit), Cyprus v Turkey, Nr. 6780/74 und 6950/75, Z. 311.

1704 EKMR, Entscheidung vom 10.7.1976 (Begründetheit), Cyprus v Turkey, Nr. 6780/74 und 6950/75, Z. 528: „The Commission, by twelve votes against three votes, concludes as regards the present case that it cannot, in the absence of some formal and public act of derogation by Turkey, apply Art. 15 of the Convention to measures taken by Turkey with regard to persons or property in the north of Cyprus."

1705 EKMR, Entscheidung vom 10.7.1976 (Begründetheit), Cyprus v Turkey, Nr. 6780/74 und 6950/75, Z. 313.

des Art. 5 EMRK nicht in Frage käme. Für diejenigen, deren Status als Kriegsgefangene anerkannt war, schien das humanitäre Völkerrecht lex-specialis[1706]. Dies könnte den entscheidenden Unterschied zu den Gruppen von Gefangenen ausmachen, bezüglich derer eine Verletzung des Art. 5 EMRK ohne Weiteres festgestellt wurde: Ihnen wurde – soweit aus dem Report ersichtlich – kein Status und auch keine Rechte nach dem humanitären Völkerrecht zuerkannt. Interessant erscheint des Weiteren, dass die Geltung des humanitären Völkerrechts mit Auswirkungen auf die Verletzung des Art. 5 EMRK erörtert wird, obwohl die Frage nach einer wirksamen Derogation verneint wurde. Die Einbeziehung schien nach Ansicht der Kommission somit nicht von einer Derogation abzuhängen[1707].

Die Entscheidung der Kommission hat sehr unterschiedliche Rezeption erfahren. Sie wird zur Begründung der unterschiedlichsten Positionen herangezogen. So scheinen *Hampson/Lubell* geradezu das Gegenteil von dem eben gefundenen Ergebnis aus der Entscheidung herauszulesen[1708], während die Antragsgegner in Al-Jedda v UK sie als Beleg für ihre Ansicht sahen, dass das Regime des humanitären Völkerrechts in Bezug auf das Recht auf Freiheit lex-specialis den Menschenrechten gegenüber sei[1709]. Mag die Kommission sich hier also auch

---

1706 Ebenso: Forowicz, S. 335.

1707 Dieser Ansicht scheint auch die „Joint Dissenting Opinion“ von Sperduti/Trechsel in EKMR, Entscheidung vom 10.7.1976 (Begründetheit), Cyprus v Turkey, Nr. 6780/74 und 6950/75; obwohl sie einen anderen Ansatz zu wählen schien: In der Ansicht wurde wohl vertreten, dass eine Derogation nicht formal, sondern materiell betrachtet werden sollte; eine Anwendung des humanitären Völkerrechts im Rahmen einer Besetzung sollte den erlaubten Rahmen einer Derogation einhalten und bräuchte keiner weiteren formellen Erklärung. Im Ergebnis würde eine solche Ansicht wohl zu denselben Ergebnissen kommen, wie eine separatistische Anwendung des lex-specialis-Grundsatzes.

1708 Hampson/Lubell, Amicus curiae, Hassan v UK, Fn. 8: „[A] majority of the Commission did not acknowledge the existence of an international armed conflict, with a specific regime for the detention of prisoners of war (POWs), since Turkey had neither derogated nor invoked the law of armed conflict. The majority held that the detention of POWs was unlawful. A minority (Messr. Trechsel and Sperduti) said that the applicability of another detention regime, applicable by virtue of factual situation, had to be recognized.“ Zumindest dem letzten Satz kann zugestimmt werden, vgl. vorhergehende Fn. der Schrift.

1709 Antragsgegner in EGMR (GK), Urteil vom 7.7.2011, Al-Jedda v UK, Nr. 27021/08, Z. 87: „Thus, in Cyprus v Turkey, nos 6780/74 und 650/75, Report of the Commission of 10 July 1976, volume 1, the Commission did not consider it necessary to address the question of breach of Article 5 where persons were detained under the Third Geneva Convention in the context of taking prisoners of war. Moreover, it had been the consistent approach of the International Court of Justice that international humanitarian law applied as *lex specialis* in the context of an international armed conflict in circumstances where a given human rights treaty also applied.“

ausdrücklich mit dem humanitären Völkerrecht beschäftigt haben, tat sie dies nicht mit ausreichender Klarheit, um zur Frage des Art. 5 EMRK im bewaffneten internationalen Konflikt etwas beizutragen.

b) Al-Jedda v UK

In Al-Jedda v UK[1710] wurde der Gerichtshof erstmals mit der Internierung einer Person während eines internationalen bewaffneten Konflikts konfrontiert.

aa) Relevanter Inhalt

In Al-Jedda v UK ging es um die Inhaftierung eines britisch-irakischen Staatsbürgers[1711] mit irakischen Wurzeln durch britische Truppen im Irak ab 2004 für eine Dauer von über drei Jahren[1712]. Der Beschwerdeführer wurde mit der Begründung festgehalten, dies sei aus Gründen der Sicherheit unabdingbar[1713]. Er wurde wurde verdächtigt, Terroristen rekrutiert und an der Planung eines Anschlags mitgewirkt zu haben; eine Anklage erfolgte nicht[1714]. Die Haft wurde durch das Militär autorisiert und überprüft[1715]. Nach 18 Monaten der Haft ging die Entscheidungsgewalt auf ein nur noch teilweise militärisch, weiterhin aber exekutiv besetztes Komitee über[1716].

Der Beschwerdeführer rügte eine Verletzung des Art. 5 Abs. 1 EMRK[1717]. Der Beschwerdegegner brachte vor, dass Art. 5 Abs. 1 EMRK durch Art. 103 UN-Charta in Verbindung mit der UN-Sicherheitsratsresolution 1546 verdrängt

---

1710 EGMR (GK), Urteil vom 7.7.2011, Al-Jedda v UK, Nr. 27021/08.

1711 Die Tatsache, dass es sich bei dem Antragsteller um einen britischen Staatsbürger handelte, stellt mit Blick auf das humanitäre Völkerrecht ein Problem dar. So nimmt Art. 4 GK IV die eigenen Staatsangehörigen einer Kriegspartei ausdrücklich von ihrem Schutz aus. Es wird allerdings teilweise angenommen, dass dies nicht mehr zeitgemäß sei und besser auf Ethnizität und Gefolgschaft abgestellt werden sollte, ICTY, Urteil (Appeal Chamber) vom 15.7.1999, Tadić, Nr. IT-94-1-A, Z. 164–169. Im vorliegenden Fall spielte eine mögliche Autorisierung präventiven Gewahrsams durch das humanitäre Völkerrecht jedoch nach dem vom Gerichtshof verfolgten Ansatz ohnehin keine Rolle.

1712 EGMR (GK), Urteil vom 7.7.2011, Al-Jedda v UK, Nr. 27021/08, Z. 10.

1713 EGMR (GK), Urteil vom 7.7.2011, Al-Jedda v UK, Nr. 27021/08, Z. 11 („[H]is internment was necessary for imperative reasons of security“).

1714 EGMR (GK), Urteil vom 7.7.2011, Al-Jedda v UK, Nr. 27021/08, Z. 11.

1715 EGMR (GK), Urteil vom 7.7.2011, Al-Jedda v UK, Nr. 27021/08, Z. 12.

1716 „[The Joint Detention Committe] included senior representatives of the Multinational Force, the Iraqi interim government and the ambassador for the United Kingdom.“, EGMR (GK), Urteil vom 7.7.2011, Al-Jedda v UK, Nr. 27021/08, Z. 13.

1717 Diese Beschränkung hat zur Folge, dass der Gerichtshof nicht zur Frage der Angemessenheit der Entscheidungsträger insbesondere auch im Rahmen des Art. 5 Abs. 4 EMRK Stellung nehmen musste. Zur Zeit der Beschwerde befassten sich noch die britischen Instanzen mit dem prozeduralen Aspekt,

(„displaced") worden sei[1718]. Zur weiteren Stärkung der Position, es sei britischen Truppen erlaubt gewesen, zu internieren, rekurrierten sie darüber hinaus auf Befugnisse aus dem humanitären Völkerrecht, nämlich Art. 43 HLKO, Art. 27, 64 und 78 der Vierten Genfer Konvention[1719].

Der Beschwerdeführer hielt dagegen, dass die Sicherheitsratsresolution Großbritannien nicht verpflichtet habe, ihn zu internieren: „In Resolution 1546 the Security Council conferred on the United Kingdom a power, but not an obligation, to intern."[1720]

Der Gerichtshof hielt es für eine Anwendung des Art. 103 UN-Charta und somit einen potentiellen Vorrang einer UN-Sicherheitsratsresolution für zentral, dass gemäß dem Wortlaut des Artikels eine *Verpflichtung* des Mitgliedsstaats nach der Charta bestehe[1721]. Daneben untersuchte der Gerichtshof auch das humanitäre Völkerrecht daraufhin, ob dieses eine Verpflichtung beinhaltet habe, den Beschwerdeführer zu internieren[1722]. Nur in diesem Fall bestünde ein (Norm)konflikt, der es überhaupt möglich mache, Art. 5 Abs. 1 EMRK zu verdrängen (zu diesem Verständnis eines Normkonflikts vgl. in Teil III C III.3.). Im Zusammenhang mit dem humanitären Völkerrecht betrachtete der Gerichtshof insbesondere Art. 43 HLKO genauer[1723]. Dabei überzeugte ihn auch die vom Antragsgegner vorgebrachte Rechtsprechung des IGH in DRC v Uganda bezüglich der Pflicht einer Besatzungsmacht, die Bewohner des besetzten Gebiets auch vor Gewalt durch Dritte zu schützen, nicht davon, dass dies eine Verpflichtung beinhalte, Personen in mit Art. 5 EMRK unvereinbarer Weise präventiv in Haft zu nehmen[1724]. Vielmehr habe der IGH in diesem Urteil betont, dass die Besatzungsmacht sich an ihre menschenrechtlichen Verpflichtungen halten müsse.

1718 EGMR, Urteil vom 7.7.2011, Al-Jedda v UK, Nr. 27021/08, Z. 91: „In consequence, it was the Government's case that the application of Article 5 of the Convention was displaced by the legal regime established by United Nations Security Council Resolution 1546 by reason of the operation of Articles 25 and 103 of the Charter of the United Nations, to the extent that Article 5 was not compatible with that legal regime."

1719 EGMR, Urteil vom 7.7.2011, Al-Jedda v UK, Nr. 27021/08, Z. 87.

1720 EGMR, Urteil vom 7.7.2011, Al-Jedda v UK, Nr. 27021/08, Z. 93.

1721 Der Wortlaut des Art. 103 UN-Charta lautet: „In the event of a conflict between the obligations of the Members of the United Nations under the present Charter and their obligations under any other international agreement, their obligations under the present Charter shall prevail."

1722 EGMR, Urteil vom 7.7.2011, Al-Jedda v UK, Nr. 27021/08, Z. 101/107.

1723 Dieser lautet: „The authority of the legitimate power having in fact passed into the hands of the occupant, the latter shall take all the measures in his power to restore, and ensure, as far as possible, public order and safety, while respecting, unless absolutely prevented, the laws in force in the country."

1724 EGMR, Urteil vom 7.7.2011, Al-Jedda v UK, Nr. 27021/08, Z. 107.

Der Gerichtshof kam bezüglich des Art. 43 HLKO zu dem Schluss – und trifft insoweit eine eigene Aussage zur Art der Internierungsgewalt nach dem humanitären Völkerrecht –, dass „it would appear from the provisions of the Fourth Geneva Convention that under international humanitarian law internment is to be viewed not as an obligation on the Occupying Power but as a measure of last resort."[1725]

bb) Einordnung des Urteils

Der Gerichtshof hat sich durch die Einordnung der Internierungsmaßnahmen nach Art. 43 HLKO zum humanitären Völkerrecht geäußert und sein Verständnis dieser Vorschrift klar gemacht. Der Ansatz des Gerichtshofs – der sich aus dem Wortlaut des Art. 103 UN-Charta ergab –, dass nur bei Widerspruch zweier Verpflichtungen ein relevanter Normkonflikt bestehe, machte weitere Betrachtungen des Verhältnisses des Art. 5 EMRK und des humanitären Völkerrechts hinfällig. Ein solches restriktives Verständnis eines Normkonflikts sowie die Konsequenz für die eigentlich interessante materielle Rechtsfrage im vorliegenden Fall, enttäuschte diejenigen, die auf eine inhaltliche Auseinandersetzung mit der Thematik gewartet hatten[1726]. Immerhin jedoch ergab sich eine Stellungnahme des Gerichtshofs, wie er die Vorschriften zur Internierung im humanitären Recht sieht – nämlich als „measure of last resort".

Die Auslegung des humanitären Völkerrechts durch den Gerichtshof wurde in der Folge kritisiert[1727]. *Pejic* kritisiert dass der Gerichtshof sich nicht an den genauen Wortlaut des humanitären Völkerrecht halte – die Formulierung „measures of last resort" würde beinhalten, dass zunächst andere Mittel ausgeschöpft werden müssten, bevor Gewahrsam in Frage käme[1728]. Nach *Pejics* Verständnis ist der Gewahrsam allerdings lediglich die schwerwiegendste („most severe") Maßnahme, was sich auf die Qualität der Maßnahme, nicht aber auf die Abfolge bezöge[1729]. Dem widerspricht – zurecht – *Hayashi*, wenn er sagt: „To begin with, the notion of ‚last resort' need not be seen exclusively in sequential terms. On the contrary, by describing doing something as ‚a measure of last resort', the describer may be said to envisage, or tolerate, doing nothing graver. In other words, ‚last resort' can mean the uppermost stage in a scale of gravity."[1730] Der Autor

1725 EGMR (GK), Urteil vom 7.7.2011, Al-Jedda v UK, Nr. 27021/08, Z. 107; der Gerichtshof verweist insofern auf Art. 4, 27,41,42, 43, 64, 78 der Vierten Genfer Konvention.

1726 Vgl. zB Hayashi, Journal of Conflict and Security Law 2015, S. 141/142: „*Al-Jedda*'s real difficulty is not the manner in which the European Court interpreted the law of belligerent occupation *per se*. It has more to do with how the Court failed to put this law and the European Convention ‚face to face', so to speak."

1727 Vgl. Pejić, International Review of the Red Cross 2011, S. 837 ff.

1728 Pejić, International Review of the Red Cross 2011, S. 849.

1729 Pejić, International Review of the Red Cross 2011, S. 849.

1730 Hayashi, Journal of Conflict and Security Law 2015, S. 139.

kommt zu dem Schluss, dass die Wortwahl des Gerichtshofs durchaus mit dem humanitären Völkerrecht in Einklang zu bringen sei[1731]. Hingewiesen sei darauf, dass auch in der Kommentarliteratur zum Recht der Besatzung ein Anklang der Wortwahl des Gerichtshofs zu finden ist: So spricht *Pictet* von der Ingewahrsamnahme „as measures to be adopted in *the last extremity*"[1732].

Zudem geht *Pejic* davon aus, dass der Gerichtshof in Al-Jedda implizit entschieden hätte, dass die Normen der Vierten Genfer Konvention keine unabhängige rechtliche Basis für Ingewahrsamnahme bildeten[1733]. Dies ist jedoch nicht der Fall: Der Gerichtshof nimmt lediglich Stellung dazu, dass die Vierte Genfer Konvention keine *Verpflichtung* beinhaltet, Personen zu internieren – damit ist nicht gesagt, dass sie Internierung nicht *autorisiert*. Dies stellt eben gerade eine Rechtsgrundlage für Gewahrsam dar[1734]. Die Betrachtung des Gerichtshofs rührt – wie bereits bemerkt – von seiner Prämisse, dass nur zwei sich widersprechende Verpflichtungen überhaupt zu einem Konflikt führen könnten, der wiederum die Verdrängung eines Konventionsrechts zur Folge hätte[1735]. Daraus lässt sich nicht folgern, der EGMR spräche sich dafür aus, dass das humanitäre Völkerrecht in Pflichten gefasst sein müsse; dies wäre, wie *Pejic* richtig bemerkt, nicht wünschenswert[1736].

Zustimmen ist *Pejic* jedoch bezüglich der Kritik, dass durch die Formulierung „indefinite detention without trial" zum einen der Eindruck erweckt wird, dass der Gewahrsam des humanitären Völkerrechts tatsächlich keinen Grund brauche, zum anderen, dass sich der Gedanke festsetzt, jeder Gewahrsam ohne Strafverfahren wäre unrechtmäßiger Gewahrsam. Dies ist jedoch weder im Rahmen

---

1731 Hayashi, Journal of Conflict and Security Law 2015, S. 140.

1732 Pictet, S. 207, Hervorhebung durch die Verfasserin; vgl. auch Hayashi, Journal of Conflict and Security Law 2015, S. 139. An anderer Stelle schein Pictet sich noch viel deutlicher für das von Pejic kritisierte Verständnis auszusprechen, vgl. S. 256, wenn er in Bezug auf Art. 41 GK IV sagt: „Earlier Articles referred to ‚measures of control' without giving any further details; the present text picks out two of them -- assigned residence and internment -- as being the most severe to which the detaining State may resort when other measures have proved inadequate."

1733 Pejić, International Review of the Red Cross 2011, S. 846 f.

1734 Vgl. auch Hayashi, Journal of Conflict and Security Law 2015, S. 141.

1735 Ebenso: Hayashi, Journal of Conflict and Security Law 2015, S. 141, 156 („the norm conflict was misidentified").

1736 Pejić, International Review of the Red Cross 2011, S. 847/848: „It would thus be not legally incorrect but also operationally counter-productive if IHL were read to oblige states to intern in military operations, rather than authorize to do so. By leaving states no possibility but to apply internment, a disservice would also be done to persons who would 'have to be' interned as a result, but could be released if it were not for the legal obligation – hardly a human-rights-friendly outcome."; wie bereits dargelegt ist dies auch mitnichten eine vom EGMR getroffene Aussage, vgl. EGMR, Urteil vom 7.7.2011, Al-Jedda v United Kingdom, Nr. 27021/08.

der Menschenrechte der Fall – vergleiche nur die vielfältigen Gewahrsamsgründe unter Ziff. I.1.b) – noch ist dies den inhärenten Strukturen des humanitären Völkerrechts angemessen[1737].

c) *Hassan v UK*

In Hassan v UK[1738] war es soweit: Der Gerichtshof äußerte sich in einem Urteil der Großen Kammer erstmals ausdrücklich zu den Themen, die in der Literatur schon seit langem intensiv diskutiert wurden. Nach dem für viele enttäuschenden Urteil Al-Jedda v UK, war die Entscheidung mit Spannung erwartet worden[1739]. Inhaltlich ging es um die Rechtmäßigkeit einer Freiheitsentziehung vor dem Hintergrund eines internationalen bewaffneten Konflikts. Das Urteil ist hierbei mit Blick auf mehrere Untersuchungsgegenstände relevant, die eng miteinander verflochten sind. So wird im Rahmen der Erörterung des Verhältnisses des Art. 5 EMRK und Gewahrsam auf Grundlage der Dritten und Vierten Genfer Konventionen auch etwas über das Verhältnis der Rechtsmaterien allgemein gesagt. Daneben beinhalten die Ausführungen zum Verhältnis der Derogation und der Einbeziehung des humanitären Völkerrechts Aspekte, die schwerpunktmäßig in Teil III erörtert werden sollen, jedoch zum besseren Verständnis auch hier erwähnt werden müssen. Im vorliegenden Teil soll das Hauptaugenmerk aber auf der Stellungnahme des Gerichtshofs zu Art. 5 EMRK und seinem Verhältnis zum humanitären Völkerrecht liegen. Im Gedächtnis behalten muss an dieser Stelle, dass das Urteil zu einer Zeit erfolgte, als für einen präventiven Gewahrsam noch keinerlei Platz in den Gewahrsamsgründen nach Art. 5 EMRK gesehen wurde. Dies wurde in der Entscheidung selbst auch noch einmal ausdrücklich bekräftigt. Mag auch nach aktuell erfolgter „Erkenntnis" eines präventiven Haftgrunds auch im Rahmen der EMRK eine präventive Gewahrsamnahme

---

1737 Pejić, International Review of the Red Cross 2011, S. 848: „By way of reminder, the ultimate aim of military operations is to prevail over the enemy's armed forces. (...) Internment is not conceived as a punishment but as a measure aimed at removing combatants, as well as other persons seriously harmful to the detaining authority, from the 'battlefield' for such time as they pose a security threat. The notion of a criminal trial for persons who have merely taken up arms and inflicted violence against the adversary is not part of the 'fabric' of IHL because such activity is not a war crime per se under this body of rules."

1738 EGMR, Urteil vom 16.9.2014, Hassan v UK, Nr. 29750/09.

1739 Wie es ein Kommentator ausdrückt: „The eagerly-awaited Grand Chamber judgment in the case of Hassan v UK has now been released, and its importance for anyone interested in extraterritoriality, detention and the relationship between international humanitarian law (...) and international human rights law (...) cannot be overstated.", Hill-Cawthorne, European Journal of International Law Talk! 2014, http://www.ejiltalk.org/the-grand-chamber-judgment-in-hassan-v-uk/.

auch möglich sein, ist – wie bereits erwähnt – fraglich, ob diese den hier behandelten Normkonflikt entschärfen könnte (s. Ziff. c) bb) (3)). Eine solche Betrachtung muss angesichts der zur Zeit des Urteils geltenden Rechtsprechung jedoch weitgehend unterbleiben.

aa) Relevanter Inhalt

Nachdem eine von den USA geführte Koalition von Streitkräften unter besonderer Beteiligung Großbritanniens im April 2003 im Zuge des Irakkriegs Basrah unter ihre Kontrolle gebracht hatte[1740], wurde der Bruder des Antragstellers – Tarek Hassan – von britischen Truppen festgenommen und in einem Camp festgehalten. Auch wenn einige operationelle Aspekte den USA übertragen waren, handelten die britischen Truppen bei der Festsetzung von Gefangenen eigenverantwortlich und waren dementsprechend der gewahrsamnehmende Staat im Sinne des Art. 5 EMRK[1741]. Hassan wurde – wie jeder Häftling, der nicht wegen eines strafrechtlichen Tatbestandes festgenommen worden war – als Kriegsgefangener eingestuft[1742]. Schnell stellte sich heraus, dass Hassan aufgrund einer Verwechslung in Gefangenschaft geraten war[1743]. Kurze Zeit später entließ Großbritannien ihn dementsprechend aus der Gefangenschaft[1744] und setzte ihn an einem zentralen Entlassungsort ca. 70 km von Basrah entfernt ab[1745]. Seine Familie, die über die Verhaftung nicht informiert worden war, wurde vier Monate später vom Tod Tarek Hassans unterrichtet, der 700 km von Basrah erschossen aufgefunden worden war. Seine Leiche wies Spuren von Misshandlungen auf. Eine Untersuchung der Umstände seines Todes durch das Vereinigte Königreich erfolgte nicht. Der Antragsteller erhob Beschwerde zum Gerichtshof. Da es in den Augen des Gerichtshofs keine Hinweise darauf gab, dass der Vertragsstaat in die Misshandlung oder den Tod involviert gewesen war[1746], lag der Schwerpunkt

1740 Vgl. EGMR, Urteil vom 16.9.2014, Hassan v UK, Nr. 29750/09, Z. 9.

1741 So die Ansicht des EGMR, vgl. Urteil vom 16.9.2014, Hassan v UK, Nr. 29750/09, Z. 78: „While it is true that certain operational aspects relating to Tarek Hassan's detention at Camp Bucca were transferred to United States forces, in particular the tasks of escorting him to and from the JFIT compound and guarding him elsewhere in the Camp, the United Kingdom retained authority and control over all aspects of the detention relevant to the applicant's complaints under Article 5."; ibid, Z. 79: „In the Court's view, however, it appears clear that Tarek Hassan remained in the custody of armed military personnel and under the authority and control of the United Kingdom until the moment he was let off the bus that took him from the Camp."

1742 EGMR, Urteil vom 16.9.2014, Hassan v UK, Nr. 29750/09, Z. 19.

1743 EGMR, Urteil vom 16.9.2014, Hassan v UK, Nr. 29750/09, Z. 24.

1744 EGMR, Urteil vom 16.9.2014, Hassan v UK, Nr. 29750/09, Z. 55.

1745 Vgl. EGMR, Urteil vom 16.9.2014, Hassan v UK, Nr. 29750/09, Z. 14.

1746 Der Gerichtshof lehnte die Beschwerde zu Art. 2 und 3 EMR als „manifestly ill-founded" ab, EGMR, Urteil vom 16.9.2014, Hassan v UK, Nr. 29750/09, Z. 64.

der Prüfung auf Art. 5 EMRK. Die Prüfung umfasste hierbei insbesondere die Frage, „whether it was compatible with the obligations under Article 5 of the Convention to detain a person under the Third and Fourth Geneva Conventions in the absence of a valid derogation under Article 15 of the Convention."[1747]

Der Antragsteller argumentierte unter anderem, dass Großbritannien von der Derogation nach Art. 15 EMRK hätte Gebrauch machen müssen, um sich in dem gewünschten Umfang auf das humanitäre Völkerrecht berufen zu können: „In the applicant's view, the position was that at most, the provisions of international humanitarian law might influence the interpretation of the provisions of the Convention. (...) In the context of Article 5, this might, in an appropriate case, inform the Court's interpretation of ‚competent legal authority' and ‚offence' in Article 5 § 1(c). However, it was not right that Article 5 was displaced in circumstances in which the Geneva Conventions were engaged. The Convention was a treaty aimed at protecting fundamental rights. Its provisions should not be distorted, still less ignored altogether, to make life easier for States which failed to use the mechanism within the Convention that expressly dictated how they were to reconcile its provisions with the exigencies of war."[1748]

Dem hielt Großbritannien als Antragsgegner insbesondere den lex-specialis-Ansatz entgegen, der die Vorschriften der Konvention auch ohne eine Derogation „modifiziere" oder „verdränge"[1749]. Nur für den Fall, dass es eine solche vollständige Verdrängung oder Modifizierung nicht gäbe, schlug die Regierung vor, dass das humanitäre Völkerrecht folgendermaßen in Art. 5 EMRK hineinzulesen sei: „(...) [T]he Government submitted that the list in Article 5 § 1 of permissible purposes of detention had to be interpreted in such a way that it took account of and was compatible with the applicable *lex specialis,* namely international humanitarian law. The taking of prisoners of war pursuant to the Third Geneva Convention, and the detention of civilians pursuant to the Fourth Geneva Convention, had to be a lawful category of detention under Article 5 § 1; it fell most readily as a ‚lawful detention' within Article 5 § 1(c). In this special context, the concept of ‚offence' within that provision could correctly be interpreted to include participation as an enemy combatant and/or challenging the security of the Detaining Power within Article 42 of the Fourth Geneva Convention. The key question for the purposes of Article 5 § 1 would then be whether the detention of

1747 EGMR, Urteil vom 16.9.2014, Hassan v UK, Nr. 29750/09, Z. 99.

1748 EGMR, Urteil vom 16.9.2014, Hassan v UK, Nr. 29750/09, Z. 83.

1749 EGMR, Urteil vom 16.9.2014, Hassan v UK, Nr. 29750/09, Z. 87: „[T]he Government contended that Article 5 had to be interpreted and applied in conformity and harmony with international law. Where provisions of the Convention fell to be applied in the context of an international armed conflict, and in particular the active phase of such a conflict, the application had to take account of international humanitarian law, which applied as the *lex specialis*, and might operate to modify or even displace a given provision of the Convention."

Tarek Hassan was a ‚lawful detention' in the context of an international armed conflict; the Government submitted that it evidently was."[1750]

In seiner Entscheidung über die vorgebrachten Aspekte ließ der Gerichtshof Art. 31 Abs. 3 WVRK eine fundamentale Rolle spielen[1751]. So begründete er zum einen mit Art. 31 Abs. 3 lit. b WVRK, also der nachfolgenden Staatenpraxis, dass eine Derogation von Art. 5 EMRK nicht erforderlich sei, um rechtmäßig gemäß den Genfer Konventionen zu internieren[1752]. Diese Ausführungen sollen in Teil III noch ausführlicher beleuchtet werden. Zum anderen kam Art. 31 Abs. 3 lit.c WVRK zum Einsatz, um die Gewahrsamsgründe der Genfer Konventionen in Art. 5 EMRK zu integrieren[1753].

Zuvor hatte der Gerichtshof der Ansicht Großbritanniens eine Absage erteilt, eine Internierung nach humanitärem Völkerrecht könne unter Art. 5 Abs. 1 lit. c EMRK subsumiert werden. Die abschließenden Gewahrsamsgründe des Art. 5 EMRK böten keine Grundlage für derartige Internierungen[1754]. Hierbei offenbarte er zugleich sein Verständnis für die grundlegenden Strukturen des humanitären Völkerrechts: „[The Court] does not take the view that detention under the powers provided for in the Third and Fourth Geneva Conventions is congruent with any of the categories set out in subparagraphs (a) to (f). Although Article 5 § 1(c) might at first glance seem the most relevant provision, there does not need to be any correlation between security internment and suspicion of having committed an offence or risk of the commission of a criminal offence. As regards combatants detained as prisoners of war, since this category of person enjoys *combatant privilege*, allowing them to participate in hostilities without incurring criminal sanctions, *it would not be appropriate for the Court to hold that this form of detention falls within the scope of Article 5 § 1(c).*"[1755] Das Kombattantenprivileg führt dazu, dass ein Kombattant für seine rechtmäßigen Kriegshandlungen nie strafrechtlich verfolgt werden kann, sodass die „criminal sanctions" – Einschränkung des Art. 5 EMRK richtigerweise nicht greifen kann. Die Antragsgegner hatten gerade – wie in der „Dissenting Opinion" hervorgehoben – nicht behauptet, sie hätten Hassan deshalb festgenommen, weil sie ihn als Zivilisten wegen der Teilnahme an Feindseligkeiten strafrechtlich hätten verfolgen wollen[1756], was einen Gewahrsamsgrund gem. Art. 5 Abs. 1 lit.c EMRK hätte bedeuten

---

1750 EGMR, Urteil vom 16.9.2014, Hassan v UK, Nr. 29750/09, Z. 89.

1751 EGMR, Urteil vom 16.9.2014, Hassan v UK, Nr. 29750/09, Z. 100 ff.

1752 EGMR, Urteil vom 16.9.2014, Hassan v UK, Nr. 29750/09, Z. 101/103.

1753 EGMR, Urteil vom 16.9.2014, Hassan v UK, Nr. 29750/09, Z. 102; vgl. hierzu ausführlich Teil II B.II.2.

1754 EGMR, Urteil vom 16.9.2014, Hassan v UK, Nr. 29750/09, Z. 97.

1755 EGMR, Urteil vom 16.9.2014, Hassan v UK, Nr. 29750/09, Z. 97, Hervorhebung durch die Verfasserin.

1756 EGMR, Urteil vom 16.9.2014, Hassan v UK, Nr. 29750/09, Dissenting Opinion, Richter Spanó, zustimmend Richter Nicolaou, Bianku und Kalaydjieva, Z. 3.

können. So aber war aufgrund der inhärenten Prinzipien des humanitären Völkerrechts eine Integration des Gewahrsamgrunds in Art. 5 Abs. 1 lit. c EMRK nicht möglich, wie der Gerichtshof richtig erkannt hatte[1757].

Dennoch sei es laut Gerichtshof aufgrund des Art. 31 Abs. 3 lit.c WVRK geboten, Art. 5 EMRK in Harmonie mit anderen relevanten Regeln des Völkerrechts auszulegen[1758]. Dies gelte insbesondere auch für das humanitäre Völkerrecht und sei der Ko-Existenz der beiden Materien im Rahmen des bewaffneten Konflikt geschuldet[1759]. Die Methode, Art. 5 EMRK einen Gewahrsamsgrund nach der Dritten und Vierten Genfer Konvention hinzuzufügen, bezeichnete die Große Kammer als „accomodation“. Im Ganzen führte sie aus: „Nonetheless, and consistently with the case-law of the International Court of Justice, the Court considers that, even in situations of international armed conflict, the safeguards under the Convention continue to apply, albeit interpreted against the background of the provisions of international humanitarian law. By reason of the co-existence of the safeguards provided by international humanitarian law and by the Convention in time of armed conflict, *the grounds of permitted deprivation of liberty set out in subparagraphs (a) to (f) of that provision should be accommodated, as far as possible, with the taking of prisoners of war and the detention of civilians who pose a risk to security under the Third and Fourth Geneva Conventions.* The Court is mindful of the fact that internment in peacetime does not fall within the scheme of deprivation of liberty governed by Article 5 of the Convention without the exercise of the power of derogation under Article 15. It can *only* be *in cases of international armed conflict, where the taking of prisoners of war and the detention of civilians who pose a threat to security are accepted features of international humanitarian law, that Article 5 could be interpreted as permitting the exercise of such broad powers.*“[1760]

Damit zog der Gerichtshof für den Fall des internationalen bewaffneten Konflikts einen außer-konventionellen Gewahrsamsgrund heran und integrierte ihn in Art. 5 EMRK. Anders als in Al-Jedda v UK zog er sich nicht auf die Position zurück, dass eine Einhaltung des Art. 5 EMRK ja möglich sei, da die Genfer Konventionen nicht zu einer Internierung verpflichteten. Die Begründung hierfür wird in Teil III näher beleuchtet werden.

1757 Wie sich die Rechtsprechungsänderung des EGMR mit Blick auf den präventiven Gewahrsam auswirkt, bleibt – wie einleitend bemerkt – abzuwarten. Es wird argumentiert, dass jedenfalls im Zusammenhang mit dem Kombattantenprivileg der Haftgrund des Art. 5 Abs. 1 lit (c), zweite Alternative auch in diesem Zusammenhang nicht in Frage kommt, da durch die Teilnahme an Feindseligkeiten gerade nicht die Begehung einer Straftat durch den Kombattanten droht.

1758 EGMR, Urteil vom 16.9.2014, Hassan v UK, Nr. 29750/09, Z. 102.

1759 EGMR, Urteil vom 16.9.2014, Hassan v UK, Nr. 29750/09, Z. 102.

1760 EGMR, Urteil vom 16.9.2014, Hassan v UK, Nr. 29750/09, Z. 104, Hervorhebung durch die Verfasserin.

Der zusätzliche Gewahrsamsgrund aus dem humanitären Völkerrecht unterliege laut Gerichtshof aber den Voraussetzungen des Art. 5 EMRK. So müsse der Gewahrsam im Sinne des Art. 5 Abs. 1 EMRK „lawful" sein: „This means that the detention must comply with the rules of international humanitarian law and, most importantly, that it should be in keeping with the fundamental purpose of Article 5 § 1, which is to protect the individual from arbitrariness."[1761] Damit unterwarf der Gerichtshof den (jedenfalls in Art. 5 EMRK) ungeschriebenen Gewahrsamsgrund den Regelungen des Art. 5 EMRK und insbesondere auch dem Telos, welcher Art. 5 EMRK mit Art. 9 IPBPR und Art. 7 AMRK gemeinsam hat: dem Schutz vor willkürlichem Freiheitsentzug. Solange der Freiheitsentzug nicht willkürlich ist, ist er nach Art. 5 EMRK „lawful".

Einen Schutz vor Willkür bieten insbesondere auch die prozessualen Vorschriften des Art. 5 EMRK, auf die der Gerichtshof als nächstes zu sprechen kam. Auch diese müssten im Lichte des humanitären Völkerrechts ausgelegt werden[1762]. Der Gerichtshof überprüfte sodann die Vorgaben des Art. 5 Abs. 4 EMRK vor dem Hintergrund des humanitären Völkerrechts: „Articles 43 and 78 of the Fourth Geneva Convention provide that internment ‚shall be subject to periodical review, if possible every six months, by a competent body'. Whilst it might not be practicable, in the course of an international armed conflict, for the legality of detention to be determined by an independent ‚court' in the sense generally required by Article 5 § 4, nonetheless, if the Contracting State is to comply with its obligations under Article 5 § 4 in this context, the ‚competent body' should provide *sufficient guarantees of impartiality and fair procedure to protect against arbitrariness.* Moreover, the *first review should take place shortly after the person is taken into detention,* with *subsequent reviews at frequent intervals,* to ensure that any person who does not fall into one of the categories subject to internment under international humanitarian law is *released without undue delay.* While the applicant in addition relies on Article 5 § 3, the Court considers that this provision has no application in the present case since Tarek Hassan was not detained in accordance with the provisions of paragraph 1(c) of Article 5."[1763]

Der Gerichtshof bestimmte als einschlägige Vorschrift zur Überprüfung des humanitärvölkerrechtlichen Gewahrsams somit Art. 5 Abs. 4 EMRK. Hierbei versöhnte er das Erfordernis der Überprüfung durch ein „Gericht" mit dem der Überprüfung durch „a competent body". Im Lichte des humanitären Völkerrechts senkte er somit den Standard der Konvention ab, indem er dem „competent body" eine gegenüber dem normalerweise zuständigen „Gericht" Eignung dann zusprach, wenn er seine Unabhängigkeit und faires Vorgehen ausreichend garantiert sei. Bezüglich der im humanitären Völkerrecht vorgeschriebenen „periodical

1761 EGMR, Urteil vom 16.9.2014, Hassan v UK, Nr. 29750/09, Z. 105.

1762 EGMR, Urteil vom 16.9.2014, Hassan v UK, Nr. 29750/09, Z. 106.

1763 EGMR, Urteil vom 16.9.2014, Hassan v UK, Nr. 29750/09, Z. 106, Hervorhebung durch die Verfasserin.

reviews“ kommt es dagegen zu einer Anhebung des Standards des humanitären Völkerrechts, da die Überprüfung des Gewahrsams nicht nur „periodisch“, sondern „häufig“ erfolgen müsse und zudem die erste Überprüfung kurze Zeit nach der Ingewahrsamnahme zu erfolgen hat, damit bei Nichtvorliegen des humanitärvölkerrechtlichen Gewahrsamsgrunds eine rasche Beendigung der Freiheitsentziehung erfolgen kann. Gegenstand der Überprüfung ist hierbei der Status der Gefangenen. Die Überprüfung diene dazu sicherzustellen, „that any person who does not fall into one of the categories subject to internment under international humanitarian law is released without undue delay.“[1764] Damit akzeptierte der Gerichtshof die immanente Wertung des humanitären Völkerrechts, welches bezüglich des Gewahrsams in Kategorien denkt.

Auf den konkreten Fall bezogen, nahm der Gerichtshof an, dass ein rechtmäßiger Gewahrsamsgrund nach humanitärem Völkerrecht vorlag. Sowohl der Verdacht, dass Hassan ein Kombattant sei, als auch die Annahme, er könnte als Zivilist eine Gefahr für die Sicherheit darstellen, rechtfertigten die Gewahrsamsnahme[1765]. Sehr kurz darauf sei festgestellt worden, dass ein Gewahrsamsgrund nicht vorlag, woraufhin er entlassen worden war. Der Gerichtshof kam somit zu dem Schluss, das Art. 5 EMRK nicht verletzt sei: „Against this background, it would appear that Tarek Hassan's capture and detention was consistent with the powers available to the United Kingdom under the Third and Fourth Geneva Conventions, and was not arbitrary. Moreover, in the light of his clearance for release and physical release within a few days of being brought to the Camp, it is unnecessary for the Court to examine whether the screening process constituted an adequate safeguard to protect against arbitrary detention. Finally, it would appear from the context and the questions that Tarek Hassan was asked during the two screening interviews that the reason for his detention would have been apparent to him.“[1766]

bb) Begründung des abweichenden Minderheiten-Votums

Vier der zehn EGMR-Richter waren jedoch anderer Ansicht und brachten diese in ihrer „Dissenting Opinion“ zum Ausdruck. Insbesondere waren die Richter der Meinung, dass die Auslegung des Gerichtshofs vorliegend die Wortlautgrenze überschritt: „(...) [I]t is certainly true that the Convention must be interpreted in harmony with other rules of international law of which it forms part. But the doctrine of consistent interpretation of the Convention with other norms of international law has its limits, as does any other harmonious method of legal interpretation. Article 5 § 1 is worded exhaustively, as regards the permitted grounds for deprivation of liberty, and the Court has consistently held, without exception

1764 EGMR, Urteil vom 16.9.2014, Hassan v UK, Nr. 29750/09, Z. 106.
1765 EGMR, Urteil vom 16.9.2014, Hassan v UK, Nr. 29750/09, Z. 109.
1766 EGMR, Urteil vom 16.9.2014, Hassan v UK, Nr. 29750/09, Z. 110.

till today, that these grounds should be interpreted narrowly. There is simply no available scope to ‚accommodate', to use the language of the majority, the powers of internment under international humanitarian law *within*, *inherently* or *alongside* Article 5 § 1."[1767] Zu diesem Zweck sei eben gerade der Art. 15 EMRK geschaffen, der die Möglichkeit biete, von den Verpflichtungen des Art. 5 EMRK zu derogieren.

Dieser Ansicht ist – wie bereits erwähnt – auch *Milanovic*[1768], der bestreitet, dass eine Auslegung des Art. 5 EMRK in dem nun geschehenen Sinne mit den Regeln der Auslegung zu vereinbaren sei. Auch andere Autoren kritisierten diese Herangehensweise des Gerichtshofs; so bemerkt *De Koker*, die Mehrheit „are walking on thin ice by re-interpreting the article as expansively as the have"[1769].

Daneben ist Richter Spanó der Meinung, dass die beiden Regime Menschenrechte und humanitäres Völkerrecht zu verschieden seien, als dass sie in dem vorliegenden Ausmaß zusammenspielen könnten[1770]. Die Minderheit der Richter kam sogar zu dem Schluss, der Gerichtshof mit habe mit dieser extensiven Auslegung seine Kompetenz überschritten[1771].

cc) Einordnung

Der Minderheit der Richter ist zuzustimmen, dass eine Integration des humanitären Völkerrechts wegen der Art, wie Art. 5 EMRK gefasst ist, nicht in den Wortlaut erfolgen kann. Dies hängt zum einen mit der – jedenfalls zur Zeit des Urteils noch geltenden ständigen Rechtsprechung des EGMR – engen Formulierung der Gewahrsamsgründe, zum anderen mit dem speziellen – nämlich präventiven – Wesen der Ingewahrsamnahme im humanitären Völkerrecht zusammen, welches eine Subsumtion unter den menschenrechtlichen Gewahrsamsgrund im Zusammenhang mit Strafverfolgung nicht zulässt. Anders als von *Milanovic* befürchtet, wählte der Gerichtshof jedoch nicht den Weg, den Wortlaut zu brechen, sondern erkannte stattdessen einen Gewahrsamsgrund außerhalb der

---

1767 EGMR, Urteil vom 16.9.2014, Hassan v UK, Nr. 29750/09, Dissenting Opinion, Richter Spanó, zustimmend Richter Nicolaou, Bianku und Kalaydjieva, Z. 16, Hervorhebung im Original.

1768 Milanovic, Journal of Conflict and Security Law 2010, S. 475.

1769 Koker Cedric de, Utrecht Journal of International and European Law 2015, http://www.utrechtjournal.org/articles/10.5334/ujiel.db/. Grundsätzlich ist der Autor jedoch der Meinung, dass die Lösung der Mehrheit der Richter gelungen ist: „In summary, it is the view of this author that the Court came up with a nuanced, well-balanced solution to an old an heavily disputed issue."

1770 EGMR, Urteil vom 16.9.2014, Hassan v UK, Nr. 29750/09, Dissenting Opinion, Richter Spanó, zustimmend Richter Nicolaou, Bianku und Kalaydjieva, Z. 17.

1771 EGMR, Urteil vom 16.9.2014, Hassan v UK, Nr. 29750/09, Dissenting Opinion, Richter Spanó, zustimmend Richter Nicolaou, Bianku und Kalaydjieva, Z. 17.

Konvention an und erklärte diesen mit der Konvention für vereinbar[1772]. Hierzu besann er sich auf den der Vorschrift zugrunde liegenden Zweck zurück, nämlich vor willkürlicher Freiheitsentziehung zu schützen. Diesen Kern hat die EMRK mit den Garantien anderer Menschenrechtskonventionen gemein, wenn diese auch offener formuliert sein mögen. Wenn im Kern jedoch dasselbe geschützt sein soll, ergibt es aus einer konventionsvergleichenden Perspektive Sinn, die Vorschriften in einem ähnlichen Maße für die harmonisierende Auslegung mit Blick auf das humanitäre Völkerrecht zu öffnen.

Inhaltlich wurde in diesem Fall stark auf das humanitäre Völkerrecht abgestellt[1773]. Jedoch ließ der Gerichtshof Spielraum auch für eine materielle Einbeziehung menschenrechtlicher Grundgedanken, wenn er die Willkürlichkeit des Gewahrsams verbietet. Im Prozessualen ergibt sich bereits in diesem Fall eine menschenrechtliche Komponente zum einen durch die Forderung der zügigen und häufigen Überprüfung des Gewahrsams. Das Wechselspiel der Rechtsmaterien zeigt sich hierbei auch umgekehrt: Ein „Gericht" im Sinne des Art. 5 EMRK kann ein kompetenter Spruchkörper im Sinne des Art. 43 und 78 Ditter und Vierter Genfer Konventionen sein, wenn bestimmte Mindestanforderungen erfüllt werden[1774].

Wie auch immer sich der menschenrechtliche Einfluss auf das humanitäre Völkerrecht des Gewahrsams noch entwickeln mag, ist jedenfalls die menschenrechtliche Komponente der tatsächlichen Art nicht zu unterschätzen: Mit dem Urteil Hassan v UK sind die Garantien sowohl des humanitären Völkerrechts als auch der EMRK im internationalen bewaffneten Konflikt vor dem EGMR justiziabel geworden. Insgesamt dominiert sodann auch in der Literatur das Gefühl, dass der Gerichtshof einen praktikablen Umgang mit dem humanitären Völkerrecht gefunden hat, mögen auch einige Fragen noch offen sein[1775].

1772 Eine solche Herangehensweise hatte Hayashi in seinem Kommentar zu Al-Jedda v UK bereits vorausgesehen, Hayashi, Journal of Conflict and Security Law 2015, S. 152.

1773 Dies nimmt die „Dissenting Opinion" dahingehend auf, dass statt „accomodation" „disapplication" stattgefunden habe, EGMR, Urteil vom 16.9.2014, Hassan v UK, Nr. 29750/09, Dissenting Opinion, Richter Spanó, zustimmend Richter Nicolaou, Bianku und Kalaydjieva, Z. 18.

1774 Milanovic ist insofern auch hier der Ansicht, dass die Wortlautgrenze überschritten wird, vgl. Milanovic, Journal of Conflict and Security Law 2010, S. 475

1775 Koker Cedric de, Utrecht Journal of International and European Law 2015, http://www.utrechtjournal.org/articles/10.5334/ujiel.db/; Milanovic, European Journal of International Law Talk! 2014, https://www.ejiltalk.org/a-few-thoughts-on-hassan-v-united-kingdom/.

2. *Die interamerikanischen Organe*

Während der Interamerikanische Gerichtshof für Menschenrechte bisher zum Recht auf Freiheit im bewaffneten Konflikt geschwiegen hat, hat die Interamerikanische Kommission einige Gelegenheiten genutzt, um ihre Ansicht darzulegen.

a) Internationaler bewaffneter Konflikt

Mit einiger Ausführlichkeit hat sich die AKMR erstmals mit dem Zusammenspiel des Rechts auf Freiheit und den maßgeblichen humanitärvölkerrechtlichen Regelungen im Fall Coard et al v USA und kurz darauf im „Report on Terrorism and Human Rights" beschäftigt. In Coard et al v USA hatte keine der Parteien bestritten, dass die gerügten Menschenrechtsverletzungen sich vor dem Hintergrund eines bewaffneten Konflikts abgespielt hatten[1776]; vielmehr hatten sich die Vereinigten Staaten ausdrücklich auf die (ausschließliche) Geltung des humanitären Völkerrechts berufen. Die Kommission stellte zum Verhältnis des humanitären Völkerrechts zum Recht der Menschenrechte in Hinblick auf das Recht auf Freiheit fest: „In the present case, the standards of humanitarian law help to define whether the detention of the petitioners was ‚arbitrary' or not under the terms of Articles I and XXV [Right of protection from arbitrary arrest] of the American Declaration."[1777] Damit tritt sie in die Fußstapfen des IGH, der – allerdings in Bezug auf das Recht auf Leben – ebenfalls das humanitäre Völkerrecht den Begriff der Willkürlichkeit näher bestimmend angesehen hatte[1778]. Weiterhin sieht auch die Kommission das humanitäre Völkerrecht als lex specialis an: „(...) [I]n a situation of armed conflict, the test for assessing the observance of a particular right, such as the right to liberty, may, under given circumstances, be distinct from that applicable in a time of peace. For that reason, the standard to be applied must be deduced by reference to the applicable *lex specialis.* The American Declaration is drawn in general terms, and does not include specific provisions relating to its applicability in conflict situations. As will be seen in the analysis which follows, the Commission determined that the analysis of the petitioners' claims under the Declaration within their factual and legal context requires reference to international humanitarian law, which is a source of authoritative guidance and provides the specific normative standards which apply to conflict situations."[1779] Im „Report on Terrorism and Human Rights" fügte die

1776 Vgl. AKMR, Entscheidung vom 29.9.1999, Coard et al v United States, Nr. 10.951, Z. 44.
1777 AKMR, Entscheidung vom 29.9.1999, Coard et al v United States, Nr. 10.951, Z. 42.
1778 IGH, Gutachten vom 8.7.1996, Legality of the Threat or Use of Nuclear Weapons, Z. 25.
1779 AKMR, Entscheidung vom 29.9.1999, Coard et al v United States, Nr. 10.951, Z. 42; vgl. auch AKMR, Precautionary Measures vom 13.3.2002, Detainees in Guantanamo Bay.

Kommission nach nochmaliger Anerkennung des humanitären Völkerrechts als lex specialis an, dass den „overarching principles of necessity, proportionality, humanity and non-discrimination“[1780] Rechnung zu tragen sei. Zum Verhältnis des Rechts auf Freiheit im Rahmen der Amerikanischen Deklaration zum „Recht auf Freiheit“ in den Genfer Konventionen stellte die AKMR fest: „The Geneva Conventions – which provide a wider range of justifications for the deprivation of liberty than does the American Declaration – do authorize deprivation of liberty under certain circumstances.“[1781] Die Kommission hielt es somit abstrakt für möglich, dass die Genfer Konventionen geeignet sind, eine Rechtfertigung für einen Eingriff in das Recht auf Freiheit nach der Amerikanischen Deklaration zu bilden[1782]. Um festzustellen, welche der Konventionen hierfür eine Rechtsgrundlage bilden könnte, stellte sie in der Folge Überlegungen zur Frage an, welchen Status die Antragsteller nach dem Genfer Recht hatten[1783]. Dies, obwohl der Antragsgegner argumentiert hatte, es sei gleichgültig, ob die Verhafteten nun Kriegsgefangene oder Zivilisten seien, da sie jedenfalls de facto als Kriegsgefangene behandelt worden wären und somit den höchsten Schutz des humanitären Völkerrechts genossen hätten[1784].

Bezüglich Kriegsgefangener akzeptierte die Kommission in ihrem „Report on Terrorism and Human Rights“, dass die Internierung von Kriegsgefangenen nach der Dritten Genfer Konvention keiner Überprüfung bedürfe: „By reason of these particular and more specific international legal principles underlying the detention of combatants in armed conflict, therefore, applicable international law should not be considered to provide for any entitlement on the part of detained combatants to be informed of the reasons for their detention, to challenge the legality of their detention, or, in the absence of disciplinary or criminal proceedings, to be provided with access to legal counsel.“[1785] Im Fall der Kriegsgefangenschaft gibt es laut Kommission somit keinen Einfluss der Menschenrechte.

1780 AKMR, Report on Terrorism and Human Rights vom 22.0.2002, OEA/Ser.L/V/II.116, Doc. 5 rev. 1 corr., Z. 141. im Ganzen heißt es dort: „(...) [I]n armed conflict situations, consideration must be given to international humanitarian law rules and principles as the applicable *lex specialis* in interpreting and applying the protections under international human rights instruments, including the right to personal liberty and security, with due regard to the overarching principles of necessity, proportionality, humanity and non-discrimination.“

1781 AKMR, Entscheidung vom 29.9.1999, Coard et al v United States, Nr. 10.951, Z. 47.

1782 Vgl. hierzu auch GOLDMAN ROBERT K., in: KOLB/GAGGIOLI, S. 118: „Thus, the Commission would look to IHL to determine which grounds of deprivation of liberty are lawful druing international hostilities.“

1783 AKMR, Entscheidung vom 29.9.1999, Coard et al v United States, Nr. 10.951, Z. 47.

1784 AKMR, Entscheidung vom 29.9.1999, Coard et al v United States, Nr. 10.951, Z. 32.

1785 AKMR, Report on Terrorism and Human Rights vom 22.0.2002, OEA/Ser.L/V/II.116, Doc. 5 rev. 1 corr., Z. 142.

Auch bezüglich ziviler Gefangener stellte die Kommission auf das humanitäre Völkerrecht als die einschlägige Rechtsmaterie ab. So hielt sie in Coard et al v USA einen präventiven Gewahrsam gem. Art. 78 GK IV für möglich, wenn folgenden Bedingungen erfüllt seien: „Under exceptional circumstances, international humanitarian law provides for the internment of civilians as a protective measure. It may only be undertaken pursuant to specific provisions, and may be authorized when: security concerns require it; less restrictive measure could not accomplish the objective sought; and the action is taken in compliance with the grounds and procedures established in pre-existing law."[1786] Darüber hinaus ging die Kommission auf einen wichtigen Unterschied zwischen der Dritten und der Vierten Genfer Konvention ein: Während die Dritte Genfer Konvention den Gewahrsam von Kriegsgefangenen pauschal zulässt, muss im Rahmen eines Gewahrsams nach der Vierten Genfer Konvention das Vorliegen der Voraussetzungen des präventiven Gewahrsams für jeden Einzelfall geprüft werden[1787]. Daneben seien „minimum safeguards against arbitrary detention" einzuhalten[1788]. Art. 78 GK IV hielt die Kommission für im Einklang mit dem Recht auf Freiheit, da die Vorschrift „provides a recourse which, implemented according to its object and purpose, is generally consistent with the supervisory control required under Article XXV of the American Declaration."[1789] Nach Ansicht der Kommission würde eine solche Kontrollmöglichkeit effektiv verhindern, dass der Inhaftierte allein der Gnade des Gewahrsamstaats ausgeliefert sei; der Grundgedanke des nicht zu derogierenden Rechts auf „habeas corpus" sei somit gewahrt[1790]. Der „Report on Terrorism and Human Rights" ergänzte demgegenüber noch einige für essentiell gehaltene Rechte des Rechts der Menschenrechte: „(...) [it is required] that the decision-maker meets prevailing standards of impartiality, that the detainee is given an opportunity to present evidence and to know and meet the claims of the opposing party, and that the detainee be given an opportunity to be represented by counsel or other representative."[1791] Im

1786 AKMR, Entscheidung vom 29.9.1999, Coard et al v United States, Nr. 10.951, Z. 52.

1787 AKMR, Entscheidung vom 29.9.1999, Coard et al v United States, Nr. 10.951, Z. 53

1788 AKMR, Entscheidung vom 29.9.1999, Coard et al v United States, Nr. 10.951, Z. 54. Dort heißt es: „The applicable rules of international humanitarian law relative to the detention of civilians provide that the ‚regular procedure' by which such decisions are taken shall include the right of the detainee to be heard and to appeal the decision.‚Appeals shall be decided with the least possible delay.' This right to be heard ensures the detainee that the decision is taken with at least a minimal establishment of the need to detain under the circumstances of the particular case.", vgl. auch AKMR, Report on Terrorism and Human Rights vom 22.0.2002, OEA/Ser.L/V/II.116, Doc. 5 rev. 1 corr., Z. 143.

1789 AKMR, Entscheidung vom 29.9.1999, Coard et al v United States, Nr. 10.951, Z. 55.

1790 AKMR, Entscheidung vom 29.9.1999, Coard et al v United States, Nr. 10.951, Z. 55.

1791 AKMR, Report on Terrorism and Human Rights vom 22.0.2002, OEA/Ser.L/V/II.116, Doc. 5 rev. 1 corr., Z. 143.

Rahmen des Prozesses können die Menschenrechte durchaus eine Rolle spielen, wenn bezüglich des Gewahrsamsgrundes auch das humanitäre Völkerrecht das entscheidende scheint. Damit liegt die Kommission im Ergebnis auf der Linie *Hampson/Lubells.*

Wenig überraschend kam die Kommission sodann zu dem Ergebnis, dass Gewahrsam ohne jede Überprüfung im Rahmen eines internationalen bewaffneten Konflikts „incompatible with the terms of the Declaration as understood with reference to art. 78 of Geneva Convention IV"[1792] sei. Sie fügte an: „[P]ursuant to the terms of Geneva Convention IV and the Declaration, [the necessary review of detention] could have been accomplished through the establishment of an expeditious judicial or board (quasi-judicial) review process carried out by US agents with the power to order the production of the person concerned, and release in event the detention contravened applicable norms or was otherwise unjustified."[1793]

In der Praxis der Kommission finden sich noch weitere Hinweise darauf, dass die Menschenrechte inhaltlich nicht völlig durch das humanitäre Völkerrecht als lex specialis ausgeklammert werden. So stellte die Kommission im Rahmen des „Report on Terrorism and Human Rights" fest: „Notwithstanding these specific rules and mechanisms governing the detention of persons in situations of armed conflict, *there may be circumstances* in which the continued existence of active hostilities becomes uncertain, or where a belligerent occupation continues over a prolonged period of time. *Where this occurs, the regulations and procedures under international humanitarian law may prove inadequate to properly safeguard the minimum human rights standards of detainees.*"[1794] Es liegt nahe, dass in diesen Fällen die ebenfalls anwendbaren Menschenrechte die Schutzlücken schließen. Bereits im Fall Ferrer-Mazorra et al v USA[1795] äußerte sich die Kommission dahingehend, dass die Auslegung des humanitären Völkerrechts auch durch die Menschenrechte beeinflusst wird[1796]. In ihrer Resolution 2/11 bezüglich der Gefangenen in Guantanamo Bay wiederholte die Kommission diese Einschätzung nochmals mit der Begründung, dass es

---

1792 AKMR, Entscheidung vom 29.9.1999, Coard et al v United States, Nr. 10.951, Z. 57.

1793 AKMR, Entscheidung vom 29.9.1999, Coard et al v United States, Nr. 10.951, Z. 58.

1794 AKMR, Report on Terrorism and Human Rights vom 22.0.2002, OEA/Ser.L/V/II.116, Doc. 5 rev. 1 corr., Z. 146.

1795 AKMR, Entscheidung vom 4.4.2001, Ferrer-Mazorra et al v USA, Nr. 9903.

1796 AKMR, Entscheidung vom 4.4.2001, Ferrer-Mazorra et al v USA, Nr. 9903, Z. 210: „States may, for example, detain individuals for the purpose of controlling the entry and residence of aliens in their territories or for reasons relating to physical or mental health, and, during occupations governed by international humanitarian law, may intern the civilian population as a safety measure and for imperative reasons of security. In all such cases, however, *any deprivation of an individual's liberty must be informed by the norms prescribed under Article XXV of the Declaration.*", Hervorhebung durch die Verfasserin.

gerade Aufgabe der internationalen Menschenrechte wäre „to protect individuals from being deprived of their liberty for prolonged periods of time at the unfettered discretion of the Executive."[1797]

Es scheint also, als würde die Kommission grundsätzlich eine Verletzung des Rechts auf Freiheit nach der AMRK oder der Amerikanischen Deklaration nach dem lex specialis Grundsatz am humanitären Völkerrecht messen, insbesondere auch was den Gewahrsamsgrund anbelangt. Darüber hinaus ist aber ein Einfluss der Menschenrechet zu erkennen: Zum einen dort, wo das humanitäre Völkerrecht weniger detaillierte Regelungen bietet, also im prozessualen Bereich, zum anderen aber auch dort, wo das humanitäre Völkerrecht aufgrund der tatsächlichen Umstände nicht mehr adäquat erscheint, beispielsweise im Rahmen einer „prolonged occupation" oder wenn unklar ist, ob die Feindseligkeiten beendet wurden.

b) Nicht-internationaler bewaffneter Konflikt

Es sei noch erwähnt, dass die KommissionAnsicht anzuhängen scheint, dass es im nicht-internationalen bewaffneten Konflikt humanitäres Völkerrecht gebe. Dies widerspricht der überwiegenden und auch hier vertretenen Ansicht, dass ein solches für den Fall des Freiheitsentzugs nicht existiert (vgl. unter Ziff. I. b) bb)). Dabei scheint sie anzunehmen, dass der gemeinsame Art. 3 GK, sowie Art. 5 ZP II eine inhärente Autorisierung zur Internierung von Zivilisten enthielte. Die Ausdrucksweise der Kommission ist ambivalent, allerdings verweist sie in einer Fußnote auf einen Ausführungen zur Internierung von Zivilisten im internationalen bewaffneten Konflikt[1798]. An der entsprechenden Stelle führte die Kommission unter Hinweis auf Art. 5 ZP II aus: „IHL also prohibits the detention or internment of civilians except where necessary for imperative reasons of security."[1799] Eine solche Autorisierung ergibt sich nach wohl überwiegender und auch hier vertretener Ansicht nicht, wie bereits unter Ziff. I.2.b) dargestellt.

3. UN-Menschenrechtsausschuss

Der Menschenrechtsausschuss hat sich bis auf einige wenige Kommentare ebenfalls eher zurückgehalten, zum Recht auf Freiheit im bewaffneten Konflikt Stellung zu nehmen. Dennoch lassen sich aus den wenigen Fundstellen einige wenige Schlüsse ziehen.

In den Kommentaren zu den Berichten, die von Kroatien und Bosnien-Herzegovina zur Situation der Menschenrechte während des bewaffnete

---

1797 AKMR, Resolution 2/11 Regarding the Situation of the Detainees at Guantanamo Bay, United States MC 259-02, vom 22.7.2011.

1798 Gasser, in Fleck 1995, S. 288.

1799 AKMR, Report on Terrorism and Human Rights vom 22.0.2002, OEA/Ser.L/V/II.116, Doc. 5 rev. 1 corr., Z. 135.

Konflikts 1992 erbeten wurden, ergibt sich das Bild, dass der Menschenrechtsausschuss mit Blick auf das Recht auf Freiheit auf die materiellen und prozeduralen Vorschriften des humanitären Völkerrechts abstellt. In den Kommentaren zum Bericht Bosnien-Herzegovinas empfahl der Ausschuss: „The Committee recommends (...) that prisoners are not taken for the purpose of eventual exchange of prisoners; that all places of detention are officially proclaimed; that records of all people detained are kept and made public; and that such places of detention are open to visits by the International Committee of the Red Cross and the families of the people detained. All places of detention that do not comply with these conditions should be immediately dismantled. Administrative arrangements should be made to retrace members of their family who have disappeared and prompt investigations should take place to bring all those responsible for violations to trial."[1800] Im entsprechenden Kommentar Kroatien gegenüber hieß es: „Strong efforts should be made to identify undeclared places of detention and to ensure that only *bona fide* prisoners of war are held in properly notified camps operating *in accordance with the Geneva Convention and the Covenant.*"[1801] Bereits diese Kommentare sind ein Hinweis darauf, dass der Ausschuss im internationalen bewaffneten Konflikt auf die Genfer Konventionen als das speziellere Recht abstellt[1802].

Wenn der Menschenrechtsausschuss auch den Begriff lex specialis bisher stets vermied (vgl. hierzu auch unter A. II. 3.), zeigte er in seinem aktuellen Kommentar Nr. 35 zum Recht auf Freiheit und Sicherheit wiederum, dass das humanitäre Völkerrecht bestimmt, was Willkürlichkeit im Rahmen des Art. 9 IPBPR bedeutet: „Security detention authorized and regulated by and complying with international humanitarian law in principle is not arbitrary. In conflict situations, access by the International Committee of the Red Cross to all places of detention becomes an additional safeguard for the rights to liberty and security of person."[1803] Unter den Begriff der „security detention" lassen sich nach der Logik des humanitären Völkerrechts sowohl die Kriegsgefangenschaft als auch die Internierung von Zivilisten fassen.

1800 MRA, Comments vom 28.12.1992, Republic of Bosnia-Herzegovina, CCPR/C/79/Add.14, Z. 7.

1801 MRA, Comments vom 28.12.1992, Croatia, U.N. Doc. CCPR/C/79/Add.15, Z. 9, Hervorhebung durch die Verfasserin.

1802 Dieser Auffassung ist auch Kälin, Expert Meeting on the Supervision of the Lawfulness of Detention during Armed Conflict, organisiert durch das University Centre for International Humanitarian Law, 24–25 Juli 2004 in Genf, S. 31: „Often, IHL is lex specialis in the sense described above in relationship to particular the human rights guarantees. This means that in situations of armed conflict: IHL determines what is ‚arbitrary' in terms of Covenant rights protecting against arbitrary deprivations of a specific right. Thus, e.g., deprivations of life permissible under applicable IHL do not violate the right to life of the Covenant."

1803 RA, General Comment Nr. 35 vom 15.12.2014, Art. 9, CCPR/C/GC/35, Z. 64.

Mit Blick auf die Bedeutung des humanitären Völkerrechts im Rahmen einer Derogation des Rechts auf Freiheit führte der Ausschuss aus: „During international armed conflict, substantive and procedural rules of international humanitarian law remain applicable and limit the ability to derogate, thereby helping to mitigate the risk of arbitrary detention. Outside that context, the requirements of strict necessity and proportionality constrain any derogating measures involving security detention, which must be limited in duration and accompanied by procedures to prevent arbitrary application, as explained in paragraph 15 above, including review by a court within the meaning of paragraph 45 above."[1804] Diese Fundstelle lässt den Schluss zu, dass für den internationalen bewaffneten Konflikt die Maßstäbe des humanitären Völkerrechts bezüglich der Verhältnismäßigkeit übernommen werden. Daneben verlangt der Ausschuss in „General Comment" 29: „Derogating measures must also be consistent with a State party's other obligations under international law, including provisions of international humanitarian law relating to deprivation of liberty, and non-discriminatory. The prohibitions against taking of hostages, abductions or unacknowledged detention are therefore not subject to derogation."[1805] Dies illustriert ein weiteres Mal die Funktion des humanitären Völkerrechts als Auffangrecht im Fall einer Derogation und lässt erkennen, dass der Ausschuss „enforced disappearances" auch nach dem humanitären Völkerrecht für verboten hält. Die besondere Rolle des habeas corpus als in allen Situationen zu beachtend, wird ebenfalls nochmals im „General Comment" betont[1806]. Diese Regelung spielt vor allem im nichtinternationalen Konflikt eine wichtige Rolle, auch was die Wahrung anderer nicht-derogierbarer Rechte betrifft[1807].

1804 MRA, General Comment Nr. 35 vom 15.12.2014, Art. 9, CCPR/C/GC/35, Z. 66.

1805 MRA, General Comment Nr. 35 vom 15.12.2014, Art. 9, CCPR/C/GC/35, Z. 65.

1806 MRA, General Comment Nr. 35 vom 15.12.2014, Art. 9, CCPR/C/GC/35, Z. 67: „The procedural guarantees protecting liberty of person may never be made subject to measures of derogation that would circumvent the protection of non-derogable rights. In order to protect non-derogable rights, including those in articles 6 and 7, the right to take proceedings before a court to enable the court to decide without delay on the lawfulness of detention must not be diminished by measures of derogation."

1807 Pejic, International Review of the Red Cross 2005, S. 387:„As has already been stressed above, even though the right to liberty of person may be derogated from in situations of emergency, such as non international armed conflict, human rights soft law and jurisprudence have established that the right to challenge the lawfulness of one's detention before a judicial body must be preserved in all circumstances. It may in particular not be diminished where the challenge to lawfulness of detention serves, *inter alia*, to protect non-derogable rights, such as the right to life or freedom from torture and other cruel, inhuman or degrading treatment or punishment."

III. Gesamtergebnis

Das Recht auf Freiheit stellt die Versöhnung der Rechtsmaterien vor eine besondere Herausforderung: Der das humanitäre Völkerrecht prägende präventive Gewahrsam scheint mit dem Menschenrecht nur bedingt zu vereinbaren. Dementsprechend wird in der Literatur auch durchaus vertreten, dass es sich hierbei um einen unlösbaren Normkonflikt handele[1808]. Gleichzeitig ist klar, dass die Wertungen des humanitären Völkerrechts für den Gewahrsam im internationalen bewaffneten Konflikt eine Rolle spielen müssen, da andernfalls grundsätzliche Bedürfnisse der Kriegsparteien unberücksichtigt blieben. Eine solche Sichtweise hätte keine Legitimität.

Dies erkennen die vertraglichen Menschenrechtsorgane in ihrer Rechtsprechung an. Soweit sich die Organe mit der Materie auseinandergesetzt haben, wird deutlich, dass sie sich – unter unterschiedlichen dogmatischen Begründungen – an das „Primat des humanitären Völkerrechts" halten und die grundlegenden Wertungen denen des Rechts auf Freiheit vorgehen lassen. Da die EMRK im Unterschied zur AMRK und dem IPBPR im Wortlaut – nach Stand der Rechtsprechung zum Zeitpunkt der Entscheidung – keine Einfallstür bietet, war insbesondere das Urteil in Hassan v UK mit Spannung erwartet worden. Der EGMR fand hierbei zu einer pragmatischen und nach hier vertretener Ansicht auch nicht undogmatischen Lösung, indem er für den internationalen bewaffneten Konflikt einen extra-konventionellen Gewahrsamsgrund des humanitären Völkerrechts anerkannte und dies mit dem Telos der Norm, lediglich willkürliche Gewahrsamnahmen verhindern zu wollen, begründete. Ob sich die geänderte Rechtsprechung bezüglich eines präventiven Haftgrunds gem. Art. 5 Abs. 1 lit. (c), zweite Alternative auf den bisher wahrgenommenen Normkonflikt auswirkt, muss weiter beobachtet werden. Die Analyse der Rechtsprechung zeigte jedenfalls auch, dass das Menschenrecht auf Freiheit im bewaffneten Konflikt bisher nicht obsolet ist, sondern nach Ansicht der Rechtsprechungsorgane seinen Platz im Verfahren zur Überprüfung des Gewahrsams finden könnte.

1808 Vgl. jedoch Rechtsprechungsänderung des EGMR in EGMR, Urteil vom 22.10.2018, S., V. and A. v Denmark, Nr. 35553/12, 36678/12, 36711/12

Teil III: Das Verhältnis der Rechtsmaterien Menschenrechte und humanitäres Völkerrecht

Insbesondere in den letzten Jahren ist das Interesse daran, eine Beziehung zwischen den verschiedenen Rechtsgebieten des Völkerrechts herzustellen, gewachsen[1809]. Das Völkerrecht entwickelt sich stetig weiter, dies jedoch naturgemäß dezentralisiert, sodass mehr und mehr sog. „specialized"[1810] oder gar „self-contained regimes"[1811] entstanden sind, die sich einer ganz bestimmten und abgegrenzten Materie widmen[1812].

Zu diesen spezialisierten Regimen zählen auch die Menschenrechte und das humanitäre Völkerrecht. Diese beiden Materien nehmen schon seit langer Zeit und spätestens seit der IGH-Rechtsprechung zur Weitergeltung der Menschenrechte zu Kriegszeiten (hierzu näher unter Ziff. A.I.3.) einen besonderen Platz in der Diskussion darüber, wie man die fragmentierten Rechtsgebiete in Beziehung setzen könnte, ein. Die Rechtsmaterien Menschenrechte und humanitäres Völkerrecht befinden sich in einem einzigartigen Spannungsfeld an Gemeinsamkeiten und Unterschieden, welches die Herstellung einer fruchtbaren Beziehung so naheliegend, wie auch kompliziert macht. *Oberleitner* bringt einen Teil dieser komplexen Beziehung auf den Punkt: „The tacit agreement between human rights and humanitarian law not to tread on each others toes in the period after 1945 was an uneasy case of fragmentation, as the two fields were not clearly functionally different in terms of the issues they covered (such as, for example, human rights law and trade law), but where rather heading in the same general direction of humaninzation, albeit in different circumstances."[1813] Das gemeinsame Ziel der Humanisierung verbindet die Rechtsmaterien, wenn sie in dogmatischer Hinsicht auch vieles trennt[1814]. Den beiden Rechtsmaterien liegen unterschiedliche

---

1809 Exemplarisch hierfür die Studie der ILC, welche sich mit der zunehmenden Fragmentierung des Völkerrechts und den Ansätzen, diese abzumildern befasst: Koskenniemi.

1810 Koskenniemi, Z. 8.

1811 Koskenniemi, Z. 15.

1812 Vgl. Koskenniemi, Z. 8: „What once appeared to be governed by ‚general international law' has become the field of operation for such specialist systems as ‚trade law', ‚human rights law', ‚environmental law', ‚law of the sea', ‚European law' and even such exotic and highly specialized knowledges as ‚investment law' or ‚international refugee law' etc. – each possessing their own principles and institutions."

1813 Oberleitner, S. 86.

1814 Vgl. Klefner Jann K., in: Fleck (Hrsg.) 2013, S 72: „Human rights law is designed to operate primarily in normal peace time conditions, and within the framework

Prinzipien zugrunde: So werden die Menschenrechtsverträge als „living instruments“[1815] gesehen, deren Rechte tatsächlich und nicht bloß theoretisch sein sollen; dementsprechend müssen Ausnahmen und Einschränkungen auch restriktiv ausgelegt werden[1816]. Diese Haltung lässt sich mit dem Schlagwort „in dubio pro libertate“ zusammenfassen und bedeutet, dass der Mensch im Zweifel besser als schlechter geschützt sein soll. Im humanitären Völkerrecht stehen sich dagegen humanitäre Belange und militärische Notwendigkeit gegenüber. Anders als im Recht der Menschenrechte gilt jedoch, dass es keine Vermutung zugunsten des Schutzes gibt – die militärische Notwendigkeit wird nicht restriktiv gehandhabt[1817]. Den Normen des humanitären Völkerrechts ist dies immanent und zeigt sich umso deutlicher, je mehr sie auf militärische Operationen zugeschnitten sind. Anders als im Recht der Menschenrechte ist der Schutz zudem statutsbasiert[1818]. Der Mensch wird nicht aufgrund seines Menschseins geschützt, sondern aufgrund zu seiner Zugehörigkeit zu einer bestimmten Gruppe. Und dennoch liegt im Herzen des humanitären Völkerrechts der Gedanke, den Betroffenen trotz Anerkennung der Realitäten des Krieges, soviel Schutz als möglich zu bieten[1819].

---

of the legal relationship between a state and its citizens. Human rights law applies primarily – albeit not exclusively – within the territory of the state that is subject to the human rights application in question. Human rights law binds primarily states, whereas its binding nature vis-à-vis non-state actors, especially organized armed groups, is a matter of dispute. International humanitarian law, by contrast, is chiefly concerned with the abnormal conditions of armed conflict, and armed actors themselves, a relationship otherwise based upon power rather than law. The extraterritorial applicability is a given in international armed conflicts and situations of belligerent occupation. The binding nature of international humanitarian law vis-à-vis non-state actors, such as organized armed groups and individuals, is generally accepted.“

1815 EGMR, Urteil vom 25.4.1999, Tyrer v UK, Nr. 5856/72; AGMR, Gutachten vom 1.10.1999, The Right to Information on Consular Assistance in the Framework of the Guarantees of Due Process of Law, OC-16/99. Z. 114/115.

1816 Vgl. Hampson/Lubell, Amicus curiae, Hassan v UK, Z. 11.

1817 Hampson/Lubell, Amicus curiae, Hassan v UK, Z. 11.

1818 Hampson/Lubell, Amicus curiae, Hassan v UK, Z. 11.

1819 Vgl. Sandoz/Swinarski führen in der Kommentierung des ZP II zudem aus: „The Conventions and their additional Protocols have the *same purpose* as international instruments relating to human rights, i.e., the protection of the human person. However, these are two distinct legal systems, each with its own foundations and mechanisms, and international humanitarian law applies in situations of armed conflict.“, Sandoz/Swinarski/Zimmermann, Commentary on the Additional Protocols, Z. 4229.

In diesem Spannungsfeld, welches Gegenstand reger akademischer Debatte war und ist[1820], haben sich zahlreiche Theorien herausgebildet, wie ein Verhältnis zwischen den Rechtsmaterien aussehen könnte. Während es die „Separatisten" bei einer Fragmentierung dieser beiden Regime belassen wollen, macht sich die überwiegende Mehrheit Gedanken dazu, wie ein Verhältnis der Rechtsmaterien aussehen könnte, welches sie füreinander fruchtbar macht, ohne die (notwendigen) Eigenheiten jeweils zu zerstören[1821].

Auch die Vertragsorgane stehen in ihrer Rechtsprechung, wie Teil II bereits für das Recht auf Leben und das Recht auf Freiheit gezeigt hat, vor der Herausforderung, die Rechtsmaterien in ein Verhältnis zu setzen. In der Folge soll unter anderem die Frage untersucht werden, wie sich die bisher gefundenen Ergebnisse in eine Dogmatik der Menschenrechtsorgane bezüglich des Verhältnisses der Rechtsmaterien insgesamt einordnen lassen.

A. Grundsätzliche Voraussetzung: Gleichzeitige Anwendbarkeit der Rechtsmaterien

Wie *Oberleitner* treffend bemerkt, wird das Verhältnis der Rechtsmaterien der Menschenrechte und des humanitären Völkerrechts wie kein anderes in der Debatte um die Fragmentierung des Völkerrechts von einer Eigenart bestimmt: „[O]nly the existence of an armed conflict can trigger the debate on the relationship between human rights and humanitarian law as the latter (with exceptions) does not apply outside this context. No similar triggering mechanism exists in other areas of fragmentation. For human rights and humanitarian law, the question of fragmentation thus arises only within, and is intimately tied to, armed conflict as a legal phenomenon, and hinges on the very perception of ‚war' and ‚peace',

1820 Vlg. nur folgende Beiträge: Abresch, European Journal of International Law 2005, Schäfer, Zum Verhältnis Menschenrechte und humanitäres Völkerrecht, Prud'homme, Israel Law Review 2007, Burgorgue-Larsen/Úbeda de Torres, Amaya, Human Rights Quarterly: A Comparative and International Journal of the Social Sciences, Humanities, and Law 2011, Milanovic, Journal of Conflict and Security Law 2010, Hathaway/Crootof/Levitz, Minnesota Law Review 2012.

1821 In dieser Hinsicht zur Vorsicht mahnend Provost: „[A]nalysis has shown significant differences between human rights and humanitarian law. More telling, it has demonstrated that each displays a peculiar normative richness and resilience likely to be weakened, if anything, by over simplistic or overenthusiastic attempts to recast one in terms of the other. Thus, while there is indeed space for enlightened crosspollination and better integration of human rights and humanitarian law, each performs a task for which it is better suited than the other, and the fundamentals of each system remain partly incompatible with that of the other.", Jinks (Hrsg.) 2014, S. 349/350.

as well as on the categorization of armed conflicts."[1822] Damit hängt die Möglichkeit der Überschneidung zum einen von tatsächlichen Gegebenheiten – nämlich des Vorliegens eines bewaffneten Konflikts – ab, sowie von rechtlichen, nämlich der Weitergeltung der Menschenrechte zu Zeiten des bewaffneten Konflikts. Auf letztere Voraussetzung soll im Folgenden eingegangen werden.

I. Anwendbarkeit der Menschenrechte zu Zeiten des bewaffneten Konflikts

1. Trennungstheorie „alter Schule"

a) Meinungsstand

Bis zur Zeit nach dem Ende des Zweiten Weltkriegs herrschte weitgehend die Meinung, dass Krieg und Frieden zwei völlig unterschiedliche Zustände in den Beziehungen zwischen den Staaten und deshalb auch das Kriegs- und Friedens*recht* zwei völlig unterschiedliche Rechtsmaterien seien, die sich gegenseitig ausschlössen[1823]. Mit dem Beginn eines Krieges – welcher nach dem Zuschnitt des damaligen Völkerrechts nur zwischen Staaten stattfinden konnte – würden friedensrechtliche Verträge automatisch suspendiert und das Kriegsrecht gelange zur Geltung[1824]. Später ignorierten die Rechtsmaterien sich aus einem anderen Grund: Mit der Gründung der Vereinten Nationen und den Menschenrechten als *„ius contra bellum"*[1825] sollte die Geißel des Krieges der Vergangenheit angehören – die für die Ausarbeitung eines Verhältnisses notwendige Anerkennung der andauernden Relevanz des humanitären Völkerrechts hätte dieser Idee widersprochen[1826].

Obwohl die Unterscheidung zwischen Friedens- und Kriegsrecht sich auf das gesamte Völkerrecht bezog, ist die als „Trennungstheorie bezeichnete Haltung[1827] gerade in Bezug auf die Menschenrechte und das humanitäre Völkerrecht

---

1822 Oberleitner, S. 86/87.

1823 Schäfer, Zum Verhältnis Menschenrechte und humanitäres Völkerrecht, S. 10; Heintze, Journal of International Law of Peace and Armed Conflict 2011, S 5.

1824 Schäfer, Zum Verhältnis Menschenrechte und humanitäres Völkerrecht, S. 10. Schäfer weist allerdings daraufhin, dass diese Ansicht nicht unbestritten sei.

1825 Vgl. zB Heintze, Journal of International Law of Peace and Armed Conflict 2011, S. 5.

1826 Vgl. hierzu auch die Ansicht der ILC, das Kriegsrecht nicht in die Kodifizierungs-Agenda aufzunehmen, da dies als "showing a lack of confidence in the efficiency of the means at the disposal of the United Nations for maintaining peace" aufgefasst werden könnte, ILC Yearbook (1949 – I), S. 263/264, Z. 20.

1827 Vgl. Schäfer, Zum Verhältnis Menschenrechte und humanitäres Völkerrecht, S. 37; Heintze, Journal of International Law of Peace and Armed Conflict 2011, S. 5; Oberleitner, S. 81, der sich an Schäfer orientiert, die Terminologie jedoch zu „exclusivity" abwandelt.

Geisteskind dieses historischen Verständnisses des Völkerrechts. Die Ansicht, die von einer Trennung der Rechtsmaterien ausgeht, findet sich beispielsweise bei *Meyrowitz*, der davon ausgeht, «que le droit des conflits armés et la notion des droits de l'hommes sont, par leur origine, leur fondement, leur nature, leur objet, leur contenu, radicalement différents, s'ils ne sont pas diamétralement opposés, et qu'ils sont irréductible l'un à l'autre.»[1828] *Tomuschat* fasst diese Haltung folgendermaßen zusammen: „ [T]here is a clear distinction between the law of war and the law of peace: they do not touch one another, they do not overlap, either one or the other applies, there is no mixture between the two."[1829]

Diese in – jedenfalls nach Ansicht der Mehrheit[1830] – überholten Vorstellungen wurzelnder Trennungstheorie[1831] wird vereinzelt auch noch von Staaten vertreten. Zu nennen sind hierbei insbesondere[1832] Israel und die USA, welche zugleich großes Interesse daran haben, ihre Außenpolitik möglichst ungezügelt von menschenrechtlichen Bedenken verfolgen zu können[1833].

1828 MEYROWITZ, Revue du droit public et de la science politique en France et à l'ètranger 1972, S. 1104; sehr ähnlich auch Draper: „The attempt to confuse the two regimes of laws is insupportable in theory and inadequate in practice. The two regimes are not only distinct but are diametrically opposed (...) at the end of the day, the law of human rights seeks to reflect the cohesion and harmony in human society and must, from the nature of things be a different and opposed law which seeks to regulate the conduct of hostile relationships between states and other organized armed groups, and in internal rebellions.", DRAPER/MEYER/MCCOUBREY, S. 149; möglicherweise ist auch Heintschel von Heinegg ein Verfechter dieser Theorie, wenn er sagt: „[I]t would not make much sense to complicate the situation by demanding to the obligations provided for by human rights instruments.", HEINEGG, Harvard Journal of Law and Public Policy 2004, S. 869.

1829 TOMUSCHAT, European Journal of International Law 2010, S. 16.

1830 Oberleitner spricht von „overwhelming support", OBERLEITNER, S. 94.

1831 Vgl. MELZER, Targeted Killing in International Law, der die Ansicht der USA als „anachronistic" bezeichnet, S. 79.

1832 Jedoch haben auch Ecuador und Kolumbien in Fällen vor der Interamerikanischen Kommission argumentiert, dass allein das humanitäre Völkerrecht das maßgebliche Regime sei. El Salvador argumentierte 2004 vor dem Interamerikanischen Gerichtshof wie folgt: „[I]nternational humanitarian law (...) includes provisions on many matters that are outside the scope of international human rights law. International humanitarian law and international human rights law have been developed independently and appear in different treaties. International humanitarian law is an exceptional, emergency law, which is involved when the international or national order is interrupted, while human rights law applies in times of peace and many of its provisions may be suspended.", vgl. Serrano-Cruz Sisters v El Salvador, Preliminary Objections, Urteil vom 23.11.2004, Z. 108. Etwas später in derselben Ziffer wird das humanitäre Völkerrecht jedoch als lex specialis bezeichnet.

1833 So spekulieren sowohl Oberleitner als auch Strüwer, dass die USA und Israel aufgrund ihrer besonderen außenpolitischen Dispositionen – erstere als

Während die USA sich auf einen pauschalen Ausschluss des Rechts der Menschenrechte durch das humanitäre Völkerrecht als *lex specialis* zu berufen scheinen (hierzu mehr unter Ziff. II.) und somit zumindest ein Lippenbekenntnis bezüglich des Nebeneinanders der beiden Rechtsmaterien abgeben, geht Israels Haltung der Formulierung nach weiter. Exemplarisch sei der zweiten Staatenbericht an den Menschenrechtsausschuss genannt, in dem Israel zur vorgeblich fehlenden Zuständigkeit des Ausschusses bezüglich der besetzten Gebiete ausführt: „This position is based on the well-established distinction between human rights and humanitarian law. Accordingly in Israel's view, the Committee's mandate cannot relate to events in the West Bank and the Gaza Strip, inasmuch as they are part and parcel of the context of armed conflict as distinct from a relationship of human rights."[1834] Dies macht deutlich, dass Israel von einer Trennung der beiden Rechtsmaterien ausgeht, wie sie einmal etabliert war, nun aber nach herrschender Meinung – und auch nach gefestigter Rechtsprechung des IGH (dazu sogleich) – nicht mehr existiert.

Teilweise wird – jedoch unter Anerkennung der inzwischen vorherrschenden Meinung[1835] – die parallele Anwendbarkeit der Rechtsmaterien kritisiert und ihr ein Nutzen für die vom Krieg betroffenen Menschen abgesprochen. So scheint *Modirzadeh* im Wesentlichen zu vertreten, dass die Anwendung der Menschenrechte im bewaffneten Konflikt die Kriegsführenden im Unklaren über ihre Verpflichtungen ließe, in Zivilisten falsche Hoffnungen wecke und die Fundamente der Menschenrechte unterminiere[1836]: „The logic behind the international humanitarian law is also apparent: this is not a long-term relationship, and the law does not provide the grounds for good sociality or interactions based on trust and due process. Rather, this is a set of rules that restricts military forces while they fight, while recognizing that they *will* fight, and that people (even those not

Kriegsführende im „Krieg gegen den Terror" mit all seinen Konsequenzen, zweitere mit Blick auf die Besetzung und kriegerischen Auseinandersetzungen mit den palästinensischen Gebieten – und nicht aus dogmatischer Überzeugung heraus, diese Ansicht vertreten, vgl. Oberleitner, S. 93/94; Strüwer, S. 192.

1834 MRA, Concluding Observations on the Second Periodic Report of Israel vom 21.8.2003, UN Doc. CCPR/CO/78/ISR, Z. 8; auch in jüngerer Zeit hielt Israel im Grundsatz an dieser Haltung fest: vgl. MRA, Vierter Periodischer Bericht Israels vom 14.10.2013, UN Doc. CCPR/C/ISR/4 (2013), Z. 47, in dem Israel trotz Anerkennung der Debatte um die Beziehung der Rechtsmaterien und der Verbindung zwischen den beiden Rechtsgebieten dabei bleibt, dass sie verschieden sind und in unterschiedlichen Umständen anwendbar.

1835 Modirzadeh Naz K., in: Pedrozo (Hrsg.) 2010, S. 358.

1836 In diese Richtung argumentiert auch Smith, der meint: „Intermingling human rights and war law may jeopardize the autonomy of the human rights movement, may chip away at the ‚absoluteness' of humanitarian norms and may enhance the legitimacy of war with its association with rights.", Smith, Journal of Human Rights 2010, S. 24.

involved in the fighting) will die in the process. The addition of human rights law to this clear and honest (albeit) stark framing roles and relationships runs the risk of confusing all actors and (more important) raising expectations that can never be met.“[1837] Die Ansätze in Literatur und Rechtsprechung, ein praktikables Verhältnis der Rechtsmaterien zu schaffen, hält er einerseits für unzureichend[1838], andererseits beurteilt er den Ansatz, in Anerkennung der Realitäten des Krieges lediglich den „Kern“ der Menschenrechte erhalten zu wollen, als eine „Hierarchie der Menschenrechte“, welche moderner Menschenrechts-Dogmatik widerspreche[1839]. Zudem meint der Autor, die Anwendung der Menschenrechte würde die Souveränität des angegriffenen Staates unterminieren, da die Menschenrechte das Verhältnis des Souveräns zu seinen Einwohnern bestimmten[1840]. Ein solcher Eingriff in die Souveränität widerspreche auch dem geltenden humanitären Völkerrecht, der in seinem Art. 43 HLKO die Rechtsordnung des vertriebenen Souveräns schütze[1841].

b) Bewertung

Diese alte Form der Trennungstheorie, welche die Trennung der Rechtsmaterien durch eine automatische Nichtanwendbarkeit des Rechts der Menschenrechte mit Beginn des bewaffneten Konflikts annimmt, scheint angesichts der entgegenstehenden IGH-Rechtsprechung nicht mehr vertretbar. Dementsprechend halten auch nur noch sehr vereinzelte Stimmen an dieser Art der Trennungstheorie fest. Dies mag auch daran liegen, dass diejenigen, die ein Zusammenspiel der Rechtsmaterien vermeiden wollen, auch auf den lex-specialis-Gedanken zurückgreifen können, wie sogleich noch näher darzustellen sein wird (vgl. Ziff. II.).

Auch *Modirzadehs* Position erscheint wenig überzeugend, wenn bereits der Versuch eine Verzahnung der beiden Rechtsmaterien daran scheitern soll, dass er womöglich nicht gelingen werde. Stattdessen sollen allein die – im Vergleich

---

1837 Modirzadeh Naz K., in: Pedrozo (Hrsg.) 2010, S. 364, Hervorhebung durch den Autor.

1838 Modirzadeh Naz K., in: Pedrozo (Hrsg.) 2010, S. 368 ff.

1839 Modirzadeh Naz K., in: Pedrozo (Hrsg.) 2010, S. 376 ff. Genauer führt der Autor aus: „However, this language, and this frequent invocation of ‚basic‘ rights, is deeply problematic, and goes against the dominant (and, until now, victorious) trend in human rights law and scholarship to insist that human rights are indivisible and cannot be picked apart or prioritized on the basis of which rights are more ‚serious‘ or ‚urgent‘ than others.“, Modirzadeh Naz K., in: The War in Iraq, S. 377. Es stellt sich die Frage, inwiefern diese These durch die Entscheidung des EGMR in Al-Skeini v UK – in dem der Ansatz, die Menschenrechte könnten nur in ihrer Gänze Anwendung finden, aufgegeben wurde – noch aufrecht erhalten werden kann.

1840 Modirzadeh Naz K., in: Pedrozo (Hrsg.) 2010, S. 384 ff.

1841 Modirzadeh Naz K., in: Pedrozo (Hrsg.) 2010, S. 385 ff.

zu den Menschenrechten weniger schützenden – Regeln des humanitären Völkerrechts zur Anwendung kommen, mit der Begründung, dass diese klar und ehrlich seien[1842]. Vor dem Hintergrund des möglicherweise zu erreichenden Ziels, nämlich einer weitergehenden Humanisierung des Krieges erscheint allein das Argument, man müsse wissen, woran man sei, wenig überzeugend; hinzu kommt, dass das humanitäre Völkerrecht ohnehin unter allen Umständen einzuhalten ist und somit bereits jetzt das „Auffangrecht" darstellt. Des Weiteren erscheint nicht zuletzt die Möglichkeit, die Durchsetzungsmechanismen der vertraglichen Menschenrechtsorgane auch im bewaffneten Konflikt zu nutzen, als großer Vorteil, da das humanitäre Völkerrecht gerade auch an fehlender Justiziabilität krankt[1843].

Die Ansicht, dass Art. 43 HLKO einen unlösbaren Normkonflikt mit extraterritorialen Verpflichtungen der menschenrechtlich gebundenen Kriegsführenden bringt, teilen auch Autoren, die enthusiastisch für eine Stärkung der Menschenrechte im bewaffneten Konflikt plädieren[1844]. Es sollte jedoch nicht überraschen, dass bei der zunehmenden Verflechtung zweier, trotz ihrer Ähnlichkeiten unterschiedlicher Materien auch solche Konflikte auftauchen; eine solche Situation als Anlass zu nehmen, ganz von einer Anwendung der Menschenrechte im bewaffneten Konflikt abzusehen, scheint übertrieben.

2. *Weitergeltung der Menschenrechte nach maßgeblichem Recht*

a) Menschenrechtsverträge

Der automatischen Suspendierung der Menschenrechte im Kriegsfall, wie sie die Separationstheorie vorsieht, widersprechen ganz klar die Derogationsklauseln[1845].

1842 So scheint Modirzadeh der Meinung zu sein, Menschenrechte würden als Verschleierungstaktik benutzt, die dazu führen würde, dass man sich der kalten Realität des Krieges nicht stellt, Modirzadeh Naz K., in: Pedrozo (Hrsg.) 2010, S. 373.

1843 Hiergegen wendet der Autor jedoch ein, dass die Menschenrechtsorgane für eine Bewertung humanitärvölkerrechtlicher Fragen schlecht gerüstet seien und die Gefahr widersprüchlicher Auslegung durch die Vielzahl der Organe bestünde, Modirzadeh Naz K, in: Pedrozo (Hrsg.) 2010, S. 384.

1844 Vgl. Milanovic, Journal of Conflict and Security Law 2010, S. 480f.

1845 Daneben gehen Menschenrechtsverträge aktuelleren Datums immer wieder ausdrücklich auf das humanitäre Völkerrecht ein und öffnen sich somit dem humanitären Völkerrecht: Beispielsweise verpflichtet Art. 38 of the Convention on the Rights of the Child die Vertragsstaaten dazu, alle Vorschriften des humanitären Völkerrechts einzuhalten, die für die Rechte des Kindes relevant sind. Ebenso gibt es eine direkte Referenz in der Convention on the Rights of Persons with Disabilities: Art. 11 fordert von allen Staaten, die notwendigen Maßnahmen zu ergreifen, um Menschen mit Behinderung im bewaffneten Konflikt zu schützen. Vgl. auch Art. 16 und 43 der International Convention for the Protection of All Persons from Enforced Disappearances.

Exemplarisch sei hier Art. 15 Abs. 1 EMRK genannt, in dem es heißt: „*In time of war* or other public emergency threatening the life of the nation any High Contracting Party may take measures derogating from its obligations under this Convention to the extent strictly required by the exigencies of the situation, provided that such measures are not inconsistent with its other obligations under international law."[1846] Die EMRK nennt den Kriegsfall ebenso wie die AMRK[1847] in ihrer Derogationsklausel ausdrücklich; im Rahmen des Zivilpakts ist nach allgemeiner Ansicht trotz Fehlens der ausdrückliche Nennung der Kriegsfall ebenfalls erfasst[1848]. Damit liegt es auf der Hand, dass die Menschenrechtsverträge von ihrer grundsätzlichen Weitergeltung im Kriegsfall ausgehen[1849]; lediglich der Maßstab kann von den Staaten den Umständen angepasst werden. Hierbei muss sich zum einen an einen strikten Verhältnismäßigkeitsgrundsatz gehalten werden, zum anderen darf nicht die Maßnahmen „nicht im Widerspruch zu sonstigen völkerrechtliche Verpflichtungen stehen"[1850]. Zu diesen „sonstigen völkerrechtlichen Verpflichtungen" an denen sich Maßnahmen der Derogation messen lassen müssen, zählt auch das humanitäre Völkerrecht. In Art. 15 Abs. 2 EMRK ist das humanitäre Völkerrecht ausdrücklich im Zusammenhang mit dem Recht auf Leben erwähnt[1851]. In Bezug auf die „klassische" Separationstheorie lässt sich mit *Heintze* feststellen, dass diese angesichts der Derogationsklauseln als überholt angesehen werden muss[1852].

b) Humanitäres Völkerrecht

Das humanitäre Völkerrecht steht einer gleichzeitigen Anwendbarkeit der beiden Rechtsmaterien ebenfalls nicht entgegen. Im Gegenteil scheint gerade diese Materie durchaus für menschenrechtliche Standards aufgeschlossen: So ist die Martens'schen (General)Klausel, prädestiniert, in sie auch andere Vorschriften mit menschenrechtlichem Kern hineinzulesen[1853]. Diese ist in die Präambel des

---

1846 Hervorhebung durch die Verfasserin.

1847 Art. 27 Abs. 1 AMRK: „In times of war, public danger, or other emergency that threatens the independence or security of a State Party (...)".

1848 OBERLEITNER, S. 170.

1849 Vgl. auch SCHÄFER, Zum Verhältnis Menschenrechte und humanitäres Völkerrecht, S. 13; OBERLEITNER, S. 170.

1850 Vgl. BGBl. II, 2010, Bekanntmachung der Neufassung der Konvention vom 4. November 1950 zum Schutz der Menschenrechte und Grundfreiheiten vom 22.10.2010, S. 1198 ff; für den IPBPR: „vorausgesetzt, dass diese Maßnahmen ihren sonstigen völkerrechtlichen Verpflichtungen nicht zuwiderlaufen", BGBl. II, 1973, S. 1553ff, AMRK: „provided that such measures are not inconsistent with its other obligations under international law".

1851 „No derogation from Article 2, except in respect of deaths resulting from lawful acts of war (...) shall be made under this provision."

1852 HEINTZE, Journal of International Law of Peace and Armed Conflict 2011, S. 7.

1853 HEINTZE, Journal of International Law of Peace and Armed Conflict 2011, S. 4.

ZP II eingeflossen. Dort heißt es: „Recalling that, in cases not covered by the law in force, the human person remains under the protection of the *principles of humanity* and the *dictates of the public conscience* (...)“[1854]. Hinzu kommt der Absatz 2 der Präambel des ZP II, der da lautet: „Recalling furthermore that *international instruments relating to human rights* offer a basic protection to the human person (...)“[1855]. Diese Vorschrift stellt eine Öffnung sowohl für das Menschenrecht der UN, als auch für die regionalen Menschenrechtsverträge dar[1856].

Zum anderen heißt es in Art. 72 ZP I: „The provisions of this Section are *additional* to the rules concerning humanitarian protection of civilians and civilian objects in the power of a Party to the conflict contained in the Fourth Convention, particularly Parts I and III thereof, as well as to other applicable *rules of international law relating to the protection of fundamental human rights* during international armed conflict.“[1857] Auch diese ausdrückliche Bezugnahme auf das Recht der Menschenrechte zeigt, dass von Seiten des humanitären Völkerrechts einer Beziehung zwischen den beiden Rechtsmaterien nichts im Wege steht[1858]. Nach Ansicht *Heintzes* findet sich diese Auffassung auch im Gemeinsamen Art. 3 GK wieder, der eine Liste von Menschenrechten enthält, die auch im nichtinternationalen bewaffneten Konflikt einzuhalten sind und sich darüber hinaus mit weitgehend mit den notstandsfesten Menschenrechten deckten[1859].

c) Ergebnis

In beiden Rechtsmaterien finden sich Vorschriften und Klauseln, die zeigen, dass die beiden Rechtsmaterien einander wahrnehmen und füreinander aufgeschlossen sind. Wie ein Verhältnis aussehen könnte, welches allein auf den jeweiligen Öffnungsklauseln beruht, hängt auch vom Inhalt der Derogationsklauseln ab, welche sogleich noch näher zu betrachten sind. Festzuhalten bleibt, dass die klassische Trennungstheorie mit ihrer automatischen Suspendierung der Menschenrechtsverträge mit Eintritt des Krieges, durch die Menschenrechtsverträge selbst widerlegt ist. Und auch das humanitäre Völkerrecht erlaubt den Rückgriff auf die Menschenrechte[1860].

1854 Hervorhebung durch die Verfasserin.

1855 Hervorhebung durch die Verfasserin.

1856 Sandoz/Swinarski/Zimmermann, Commentary on the Additional Protocols, ZP II, Präambel, Rn. 4427 ff.

1857 Hervorhebung durch die Verfasserin.

1858 Schäfer, Zum Verhältnis Menschenrechte und humanitäres Völkerrecht, S. 16; über die Vernachlässigung dieses Umstands in der theoretischen Diskussion wundert sich Heintze, vgl. Heintze, Journal of International Law of Peace and Armed Conflict 2011, S. 5.

1859 Heintze, Journal of International Law of Peace and Armed Conflict 2011, S. 7.

1860 Pejic, International Review of the Red Cross 2005, S. 378: „Recourse to human rights law as a legal regime complementary to humanitarian law is expressly recognized in both Additional Protocols to the Geneva Convention.“

3. *Die Rechtsprechung des Internationalen Gerichtshofs*

Wie bereits klar geworden ist, hat sich der IGH sowohl zur Frage der Weitergeltung der Menschenrechtsverträge als auch zur Frage des Verhältnisses geäußert. Da diese Rechtsprechung eine außerordentliche Auswirkung auf die Diskussion in der Literatur und auf die Rechtsprechung hatte, soll sie, wie auch ihre Aufnahme in der Literatur, kurz vorgestellt werden.

a) *Aussagen des IGH zum „Ob" der gleichzeitigen Anwendung der Rechtsmaterien*

Erstmals hatte sich der IGH 1996, in dem bereits erwähnten Nuklearwaffen-Gutachten[1861] zur Weitergeltung des Zivilpakts in Zeiten des Krieges geäußert und diese bejaht. Die Frage war aufgekommen, weil die Befürworter der Rechtswidrigkeit der Anwendung von Nuklearwaffen argumentiert hatten, durch einen Einsatz solcher Waffen würde das durch den IPBPR geschützte Recht auf Leben verletzt[1862]. Die Gegner wiederum verwiesen auf die angebliche Dichotomie der beiden Rechtsgebiete, nach der der Schutz der Menschenrechte auf Friedenszeiten beschränkt sei, während Fragen des unrechtmäßigen Verlusts des Lebens vom Recht des bewaffneten Konflikts beherrscht würden[1863].

Im Gutachten zu „Legal Consequences of the Construction of a Wall in the Occupied Palestinian Territory" erstreckte der Gerichtshof die zum IPBPR geäußerte Ansicht auf Menschenrechtsverträge im Allgemeinen: „More generally, the Court considers that the protection offered by human rights conventions does not cease in case of armed conflict, save through the effect of provisions for derogation of the kind to be found in Article 4 of the International Covenant on Civil and Political Rights."[1864] Im Unterschied zum Nuklearwaffen-Gutachten hatte der Gerichtshof zudem die Anwendung der Menschenrechte für einen tatsächlichen Konflikt, eine tatsächlich bestehende Besetzung beurteilt.

2005 hatte der IGH sodann die Gelegenheit, in einem streitigen Verfahren zwischen der Demokratischen Republik Kongo („DRC") und Uganda diese Ansicht noch einmal zu wiederholen. Der Gerichtshof nahm Bezug auf das Mauer-Gutachten und fasste zusammen: „[The Court] thus concluded that both branches of international law, namely international human rights law and international

1861 IGH, Gutachten vom 8.7.1996, Legality of the Threat or Use of Nuclear Weapons.

1862 IGH, Gutachten vom 9.7.2004, Legal Consequences of the Construction of a Wall in the Occupied Palestinian Territory, Z. 24; die Befürworter erwähnen bereits auch regionale Menschenrechtsverträge in ihrer Argumentation.

1863 IGH, Gutachten vom 8.7.1996, Legality of the Threat or Use of Nuclear Weapons, Z. 24.

1864 IGH, Gutachten vom 9.7.2004, Legal Consequences of the Construction of a Wall in the Occupied Palestinian Territory, Z. 106.

humanitarian law, would have to be taken into consideration."[1865] Diese Ansicht machte auch deutlich, dass die Anwendung von Menschenrechten nicht nur dann in Betracht kommt, wenn eine sog. „prolonged occupation" vorliegt[1866]. Somit ist es gefestigte Rechtsprechung des IGH, dass Menschenrechtsverträge sowie die internationalen Menschenrechte im Fall des bewaffneten Konflikts neben dem humanitären Völkerrecht zur Anwendung kommt.

b) Aussagen des IGH zum „Wie" der gleichzeitigen Anwendung der Rechtsmaterien

Zum genaueren Verhältnis der Rechtsmaterien äußerte sich der IGH ebenfalls. Im Mauer-Gutachten hieß es: „As regards the relationship between international humanitarian law and human rights law, there are thus three possible situations: some rights may be exclusively matters of international humanitarian law; others may be exclusively matters of human rights law; yet others may be matters of both these branches of international law. In order to answer the question put to it, the Court will have to take into consideration both these branches of international law, namely human rights law and, as *lex specialis*, international humanitarian law."[1867]

Im Nuklearwaffen-Gutachten ging es nicht um eine Einordnung des Verhältnisses der Rechtsmaterien an sich, sondern konkret um das Recht auf Leben. Die Ansicht des IGH, dass in diesem Fall die Frage des Art. 6 IPBPR, wann in ein Leben „willkürlich" eingegriffen und das Recht somit verletzt sei, mit Hilfe des humanitären Völkerrechts als lex specialis beantwortet werden müsse, kam unter. Teil II A. bereits zur Sprache[1868]. Insofern hat sich der IGH bereits zu einer speziellen und umstrittenen Fallgruppe geäußert, nämlich der Frage, wie humanitäres Völkerrecht und Menschenrechte mit Blick auf das Recht auf Leben im internationalen bewaffneten Konflikt im Verhältnis stehen[1869].

1865 IGH, Urteil vom 19.12.2005, Case concerning Armed Acitivities on the Territory of the Congo (Democratic Republic of the Congo v Uganda), Z. 216.

1866 Vgl. Oberleitner, S. 93.

1867 IGH, Gutachten vom 9.7.2004, Legal Consequences of the Construction of a Wall in the Occupied Palestinian Territory, Z. 106.

1868 „In principle, the right not arbitrarily to be deprived of one's life applies also in hostilities. The test of what is an arbitrary deprivation of life, however, then falls to be determined by the applicable *lex specialis*, namely, the law applicable in armed conflict which is designed to regulate the conduct of hostilities. Thus whether a particular loss of life, through the use of certain weapons in warfare, is to be considered an arbitrary deprivation of life contrary to Article 6 of the Covenant, can only be decided by reference to the law applicable in armed conflict and not deduced from the terms of the Covenant itself.", IGH, Gutachten vom 8.7.1996, Legality of the Threat or Use of Nuclear Weapons, Z. 25.

1869 Teilweise wurden diese Ausführungen allerdings von der Literatur für das allgemeine Verhältnis der Rechtsmaterien fruchtbar gemach, vgl. hierzu Oberleitner,

Hingewiesen sei darauf, dass in der Entscheidung DRC v Uganda die umstrittene pauschale Einordnung des humanitären Völkerrechts als das lex specialis zu den Menschenrechten im Zitat der entsprechenden Fundstelle des Mauer-Gutachtens gerade fehlt[1870].

c) Rezeption in der Literatur

In der Literatur wird zur Begründung der Anwendbarkeit des Rechts der Menschenrechte stets auf die Rechtsprechung des IGH verwiesen. Das Fundament einer Auseinandersetzung mit dem Verhältnis der Rechtsmaterien wurde somit durch den IGH gefestigt.

Die Aussagen zum Wesen des Verhältnisses werden demgegenüber kontrovers diskutiert. Wird der erste Teil der Aussage im Mauer-Gutachten „lediglich" als wenig hilfreich kritisiert wird[1871], stößt vielen Autoren insbesondere die Pauschalität der Charakterisierung des humanitären Völkerrechts als lex specialis auf. Angesichts dessen, dass die dem Gerichtshof gestellte Frage eine sehr breite war („What are the legal consequences arising from the construction of a wall being built by Israel, the occupying Power, in the Occupied Palestinian Territory, including in and around East Jerusalem, as described in the report of the Secretary-General, considering the rules and principles of international law, including the Fourth Geneva Convention of 1949, and relevant Security Council and General Assembly Resolutions?"[1872]), erscheint es schwierig, diese pauschale Aussage durch das Thema des Gutachtens zu begrenzen.

Teilweise wird die Ansicht des IGH aber auch einfach akzeptiert und in eine Dogmatik der Komplementarität und „mutual enforcement" der beiden

---

S. 90. Oberleitner ist zuzustimmen, wenn er die minimale Aussage des IGH im Nuklearwaffen-Gutachten folgendermaßen zusammenfasst: „What the Court certainly did suggest was a duty to interpret a specific norm of international human rights law in light of the special norm of humanitarian law, given that the latter contains specific provisions on this question."

1870 Vgl. IGH, Urteil vom 19.12.2005, Case concerning Armed Acitivities on the Territory of the Congo (Democratic Republic of the Congo v Uganda), Z. 216.

1871 Vgl. aktuell Oberleitner, S. 90; die Kommentare reichen insofern von „didactically correct, albeit not materially helpful", über „offering no guidance whatsoever" zu „an almost comically uninformative statement"; Eden/Happold berichten von einem Symposium zum Verhältnis der Rechtsmaterien über die Haltung der Experten zur Rechtsprechung des IGH allgemein: "Although looking at different issues from different perspectives, the contributors seem agreed at one point: the unhelpfulness of the descriptions given by the International Court of Justice of the relationship between international human rights law and international humanitarian law.", Eden/Happold, Journal of Conflict and Security Law 2010, S. 441.

1872 IGH, Gutachten vom 9.7.2004, Legal Consequences of the Construction of a Wall in the Occupied Palestinian Territory, S. 141.

Rechtsmaterien eingebettet[1873]. *McCarthy* hält die Aussage des IGH für eine Erfassung des lex-specialis-Prinzips als „interpretative process", wenn er meint: „The legal analysis generated by less conclusory use of lex specialis allows for recognition of more nuanced factors in the process of interpretation and enables more carefully calibrated conclusions concerning applicability. This leaves space for less categorical outcomes while acknowledging that in some circumstances a degree of simultaneous applicability may exist. This is perhaps what the International Court of Justice had in mind in the Wall Advisory Opinion where it talked about the ‚three possible situations as regards the relationship between humanitarian and human rights law' (...)."[1874]

Diese unterschiedlichen Interpretationen der Aussagen des Gerichtshof spiegeln das grundsätzliche Problem wider, dass durch die Unbestimmtheit seiner Postulate die Rechtsprechung mit sehr unterschiedlichen Theorien gefüllt werden können. *Oberleitner* fasst das Problem gut zusammen, wenn er sagt: „In both cases, the Court referred to lex specialis only in abstract terms and did not effectively apply human rights as lex specialis, even when it examined the freedom of movement in the West Bank as a human right guaranteed in the ICCPR (which it found Israel to have violated). It is somewhat surprising that despite this lack of analytical clarity and guidance in the two Advisory Opinions, they have allowed the principle of lex specialis to take such a firm grip on the debate on the relationship between human rights law and humanitarian law."[1875]

Die Tatsache, dass in der Entscheidung DRC v Uganda der Verweis auf das lex-specialis-Prinzip gerade unterlassen wurde, wird teilweise dahingehend gedeutet, dass der Gerichtshof von seiner Ansicht, es handle sich bei dem humanitären Völkerrecht um die speziellere Rechtsmaterie, abgerückt sei[1876].

1873 KLEFNER JANN K., in: FLECK (Hrsg.) 2013, S. 73: „The mutual reinforcement can manifest itself in a number of ways, which depend on whether (a) a given question is regulated exclusively by humanitarian law; (b) a given question is regulated exclusively by human rights law; and (c) a given question is regulated by both humanitarian law and human rights law."

1874 MCCARTHY CONOR, in: ARNOLD/QUÉNIVET, S. 110; in der ILC-Studie wird diese Aussage als eine die derzeitige Realität in berücksichtigende, aber schon in die Zukunft weisende Haltung des IGH empfunden: „[L]*ex specialis* did hardly more than indicate that though it might have been desirable to apply only human rights, such a solution would have been to idealistic, bearing in mind the speciality and persistence of armed conflict. So the Court created a systemic view of the law in which the two sets of rules related to each other as today's reality and tomorrow's promise, with a view to the overriding need to ensure the ‚survival of a State'.", KOSKENNIEMI, Z. 104.

1875 OBERLEITNER, S. 92.

1876 Vgl. OBERLEITNER, S. 93; PRUD'HOMME, Israel Law Review 2007, S. 385; vgl. auch die Ausführungen der ‚third party' in EGMR, Urteil vom 16.9.2014, Hassan v UK, Nr. 29750/09, Z. 93: „The reference to *lex specialis* was unhelpful which might account for the fact that the International Court of Justice did not refer to it in

II. Versteckte Trennungstheorie

Neben der klassischen Trennungstheorie, die bereits aufgrund ihrer Prämisse ein fruchtbares Verhältnis der Rechtsmaterien unmöglich macht, gibt es darüber hinaus noch weitere Denkansätze, die letzten Endes – ähnlich wie die Trennungstheorie – nicht zu einer echten Interaktion der Rechtsmaterien führen. Diese „versteckte Trennungstheorie" soll in der Folge dargestellt werden.

1. Die Derogationsklauseln und ihre Bedeutung für das Verhältnis der Rechtsmaterien

In der Literatur und insbesondere auch in der Rechtsprechung des EGMR (vgl. unter D.I.)) kommen regelmäßig die Derogationsklauseln zur Sprache. Das Interesse ist durchaus nachvollziehbar, zeigen doch die Derogationsklauseln – ebenso wie die Öffnungsklauseln im humanitären Völkerrecht –, dass die Rechtsmaterien nicht blind füreinander sind und versuchen, ihre Beziehung zumindest rudimentär zu regeln. Jedoch scheint die dogmatische Einordnung der Derogationsklauseln nicht einfach zu fassen: „Derogation clauses, as well as the whole idea of derogation remain opaque in international legal and international relations scholarship."[1877] Dies mag auch daran liegen, dass die Derogationen keiner stringenten Dogmatik folgen[1878] und angesichts dessen, dass sie in Menschenrechtsverträgen neueren Datums nicht mehr vorkommen, ein Relikt aus vergangenen (separatistischen) Zeiten zu sein scheinen[1879]. Umso erstaunlicher ist, welche Rolle ihnen teilweise bezüglich der Frage zugewiesen wird, wie das humanitäre Völkerrecht und die Menschenrechte zusammenspielen sollen. Im Folgenden soll dies kritisch beleuchtet werden.

a) Ausgangslage: Derogationsklauseln als Lösung für das Verhältnis der Rechtsmaterien

Die Derogationsklauseln sind – wie bereits erwähnt – mit Blick auf das humanitäre Völkerrecht insofern wichtige Vorschriften, als sie deutlich machen, dass Verpflichtungen aus dem „Friedensrecht der Menschenrechte" keineswegs mehr

---

the *Congo* judgment. Use of this term had served to obfuscate the debate rather than provide clarification."

1877 Oberleitner, S. 169.

1878 Insbesondere wird kritisiert, dass die Auswahl der Rechte, von denen jeweils derogiert werden kann, relativ willkürlich erscheint, vgl. Oraá, S. 124; laut Sandoz soll gemeinsamer Nenner jedoch folgender sein: „the so-called fundamental rights protecting the human person which guarantee respect for the physical and mental integrity of the person."Sandoz/Swinarski/Zimmermann, Commentary on the Additional Protocols, Rn. 4429.

1879 Oberleitner, S. 174.

automatisch mit dem Vorliegen eines bewaffneten Konflikts suspendiert werden, sondern die Menschenrechtsverträge grundsätzlich weiterhin anwendbar sind. Immer wieder wird allerdings im Zusammenhang mit den Derogationsklauseln die Ansicht vertreten, dass diese ein Weg wären, um Normkonflikte zwischen den Rechtsmaterien dogmatisch zu lösen. Teilweise wird auch der Eindruck erweckt, dass es sich bei Derogationsklauseln um ein Einfallstor für das humanitäre Völkerrecht in das Recht der Menschenrechte handle.

Milanovic, dessen erklärtes Ziel es ist, das humanitäre Völkerrecht mit Menschenrechten „anzureichern“[1880], beschäftigt sich mit den Rechtsmaterien unter dem Gesichtspunkt des Normkonflikts. Dabei definiert er selbst einen Normkonflikt zwischen den Rechtsmaterien folgendermaßen: „[W]henever the *application* of the two norms leads to two opposite results, for example if IHL provided that a particular use of force was lawful, while IHRL made it unlawful.“[1881] Voraussetzung ist somit, dass die beide Rechtsnormen auf den Sachverhalt *anwendbar* sind. Einer der Wege, einen solchen Normkonflikt zu lösen, ist nach Ansicht des Autors, in den entsprechenden Verträgen vorkommende Konfliktsklauseln zu suchen, die jedoch viel zu selten existierten[1882]. Am nächsten kämen solchen Konfliktklauseln noch die Derogationsklauseln[1883]. Der Autor meint zudem, dass die Derogationsklauseln eine Türe für das humanitäre Völkerrecht öffneten[1884] und empfiehlt den Staaten, den existierenden Mechanismus der Derogation zu benutzen, anstatt unlösbare Normkonflikte zu schaffen[1885].

Die Auslegung der Derogationsklauseln als *Einfallstor* scheint auch den Erläuterungen des Nebenintervenienten im EGMR-Fall Hassan v UK zugrunde zu liegen. Es wird der Eindruck erweckt, dass es der Formalität der Derogation bedürfe, damit die Rechtsmaterien in ein Verhältnis gesetzt werden könnten. Dieses Erfordernis könnte nach Ansicht des Nebenintervenienten deshalb bestehen, weil der IGH die Beziehung zwischen Derogation und Einbeziehung des humanitären Völkerrechts nicht ausdrücklich geklärt habe[1886]. Die entsprechende Stelle des IGH – Urteils[1887] versteht der Nebenintervenient folgendermaßen: „Apparently

---

1880 Milanovic, Journal of Conflict and Security Law 2010, S. 460.

1881 Milanovic, Journal of Conflict and Security Law 2010, S. 465.

1882 Milanovic, Journal of Conflict and Security Law 2010, S. 467.

1883 Milanovic, Journal of Conflict and Security Law 2010, S. 467.

1884 Bzw. ein „Fenster“, Milanovic, Journal of Conflict and Security Law 2010, S. 468.

1885 Milanovic, Journal of Conflict and Security Law 2010, S. 483; ähnlich auch Hathaway/Crootof/Levitz, Minnesota Law Review 2012, S. 1925: „Thus, where permitted and accepted by courts, derogation can *resolve conflicts* between the two bodies of law.“, Hervorhebung durch die Verfasserin.

1886 Hampson/Lubell, Amicus curiae, Z. 19/20: „There are two issues which the ICJ did not expressly address. (...) Second, what is the relationship between derogation and the taking into account of LOAC/IHL by a human rights body.“

1887 Wie bereits oben dargestellt, heißt es in IGH, Gutachten vom 8.7.1996, Legality of the Threat or Use of Nuclear Weapons, Z. 25: „The Court observes that the

conflicting guidance on the issue is provided by the ICJ. On the one hand, human rights law remains applicable in all circumstances, *subject only to derogation.* This appears to point to the necessity of derogation. On the other hand, in some circumstances IHL is the guiding law. It is possible to reconcile, somewhat artificially the two approaches by limiting the former to human rights law itself and understanding the second as not modifying human rights law itself but rather as explaining how it is to be applied in certain circumstances. No other guidance is available."[1888] Bereits vorher stellt der Amicus-curiae-Schriftsatz dar, wie Derogation und die Einbeziehung des humanitären Völkerrechts aussehen könnten: „(...) [I]f the basis for using IHL at all is that human rights bodies should take account of other relevant areas of international law, that might be thought to point to its use whether or not a State has derogated and whether or not the State has invoked IHL. On the other hand, where the State has done neither, the human rights body may wish to refer to the applicability of IHL, whilst saying that the State has chosen to be judged by a higher standard (i.e. peacetime human rights law). The danger is that the result runs the risk of appearing disconnected from reality. (..) [W]here the State has not derogated but *has* relied on IHL, the human rights body has two choices. It can either take account of IHL, on the basis that it is an independently applicable body of rules, or it can argue that *the only way of modifying human rights law is by derogating.* In other words, *it could argue that the 'gateway' to taking account of IHL is derogation and not merely the applicability of IHL.* In that case, the human rights body would presumably also need to find that a State both can and should derogate when involved in armed conflicts outside national territory. *Finally,* where a State has derogated but has not invoked IHL, the human rights body could either refer to the applicability of IHL but say that the State has chosen to be judged by a higher standard or else it could take account of IHL as an independently applicable relevant body of rules."[1889]

---

protection of the International Covenant of Civil and Political Rights does not cease in times of war, except by operation of Article 4 of the Covenant whereby certain provisions may be derogated from in a time of national emergency. Respect for the right to life is not, however, such a provision. In principle, the right not arbitrarily to be deprived of one's life applies also in hostilities. The test of what is an arbitrary deprivation of life, however, then falls to be determined by the applicable *lex specialis,* namely, the law applicable in armed conflict which is designed to regulate the conduct of hostilities. Thus whether a particular loss of life, through the use of a certain weapon in warfare, is to be considered an arbitrary deprivation of life contrary to Article 6 of the Covenant, can only be decided by reference to the law applicable in armed conflict and not deduced from the terms of the Covenant itself."

1888 Hampson/Lubell, Amicus curiae, Hassan v UK, Z. 22.

1889 Hampson/Lubell, Amicus curiae brief, Hassan v UK, Z. 20.

Wenn der Nebenintervenient auch eine andere Vorgehensweise vorschlägt[1890], hält er es durchaus für einen gangbaren Weg, die Einbeziehung des humanitären Völkerrechts von dem Vorliegen einer Derogation abhängig zu machen. Dies zeigt sich in der Ausdrucksweise „gateway", sowie der Aussage, dass nur die Derogation geeignet sei, die Menschenrechte zu „modifizieren" sowie das nahtlose Anschließen mit Überlegungen, wie das Verhältnis der Rechtsmaterien im Einzelnen aussehen könnte[1891]. All dies erweckt den Eindruck, die Derogation wäre eine formelle Hürde, die es zu erfüllen gilt, um dann zu einem Mischrecht aus beiden Rechtsmaterien zu kommen.

Auch *Henckaerts* scheint die Derogationsklauseln als Methode zu sehen, zu der von ihr vorgeschlagenen „concurrent application"[1892] der Rechtsmaterien zu kommen. Hierunter versteht sie ausdrücklich, „that both bodies of law apply at the same time to the same issue and, as a result, overlap or interplay."[1893] In der Folge erweckt sie den Eindruck, dass Derogationsklauseln ein Weg zu einer solchen Art des Zusammenspiels sein könnten: „Hence, [human rights bodies] can only import humanitarian law concepts through interpretation, for example through the interpretation of the derogation clauses or the interpretation of the concept of ‚arbitrary' deprivation of the right to life."[1894]

b) Die Dogmatik der Derogationsklauseln: selbstgewählte Trennung der Rechtmaterien

Sowohl der Ansatz, die Derogationsklauseln böten einen Ausweg aus einem Normkonflikt, wie auch der Ansatz, die Derogationsklauseln wären ein Einfallstor für das humanitäre Völkerrecht, welches ein Verhältnis der Rechtsmaterien überhaupt erst erlaube, gehen bei näherer Betrachtung fehl.

Dies wird klar, wenn man den Mechanismus der Derogationsklauseln genauer betrachtet: Insofern ein Staat hiervon Gebrauch macht und die Derogation den weiteren Erfordernissen wie dem strengen Verhältnismäßigkeitsgrundsatz entsprechen[1895], werden die Menschenrechte – dies ist die wohl weit überwiegende

---

1890 Vgl. den ersten Vorschlag, nämlich dass ein Menschenrechtsorgan das humanitäre Völkerrecht als fremde Rechtsmaterie einbeziehen soll, ob nun eine Derogation vorliegt oder nicht.

1891 Amicus curiae brief, Hassan v UK, Z. 26.

1892 Henckaerts Jean-Marie, in: Arnold/Quénivet N. R. (Hrsg.) 2008.

1893 Henckaerts Jean-Marie, in: Arnold/Quénivet N. R. (Hrsg.) 2008), S. 238.

1894 Henckaerts Jean-Marie, in: Arnold/Quénivet N. R. (Hrsg.) 2008, S. 265.

1895 Manchen Autoren scheinen jedoch daran zu zweifeln, dass eine Derogation bis hin zum absoluten Mindeststandard des humanitären Völkerrechts in der Praxis oft anwendbar wären, vgl. Svensson-McCarthy, S. 378.

Ansicht[1896] – suspendiert. Dies bedeutet, dass die Menschenrechte in diesem Umfang *nicht mehr anwendbar* sind[1897].

Sind die Rechtsmaterien aber nicht mehr gleichzeitig anwendbar, fehlt die Grundvoraussetzung für jede Art von Verhältnis der Rechtsmaterien – außer dem der Trennungstheorie. Die „klassische Trennungstheorie" stellt, wie unter Ziff. I.1. näher dargestellt, gerade darauf ab, dass die Rechtsmaterien nicht nebeneinander anwendbar sind. Die Suspendierung der Rechtsmaterie Menschenrechte durch die Derogationsklauseln mag nicht automatisch und vollständig[1898] sein, jedoch ändert die Selbstgewähltheit und die Beschränkung im Umfang nichts daran, dass eine Nichtanwendbarkeit die Folge ist. Derogationsklauseln können also niemals zu einem Verhältnis im Sinne der komplemenären Theorie (vgl. C.III.) oder der intergrationistischen Theorie (vgl. C.II) führen, da deren Grundvoraussetzung die gleichzeitige Anwendbarkeit der Rechtsmaterien ist[1899]. Das einzige Verhältnis, das die Derogation – soweit diese reichen kann – begründet, ist die Separation der Rechtsmaterien durch Nichtanwendbarkeit der Menschenrechte.

Ebenfalls zweifelhaft, wenn auch in geringerem Maße, erscheint die Einordnung der Derogationsklauseln als Methode der Konflikt*lösung*. Ein Normkonflikt setzt die Anwendbarkeit zweier Rechtsmaterien und hierdurch unterschiedliche Ergebnisse voraus. Durch Derogation und die hierdurch erfolgende Suspendierung einer von zwei potentiell konfligierenden Rechtsmaterien gibt es keinen Konflikt im Sinne der Definition mehr. Deshalb kann wohl in diesem

---

1896 Vgl. IGH, Gutachten vom 8.7.1996, Legality of the Threat or Use of Nuclear Weapons, Z. 25 ("the protection of the International Covenant of Civil and Political Rights does not *cease* in times of war, except by operation of Article 4 of the Covenant"); Oberleitner, S. 169; Grabenwarter, § 2, Rn. 8; aA: Johann, in Karpenstein, EMRK, Art. 15 Rn. 9.

1897 So auch EGMR, Urteil vom 25.05.1993, Brannigan and McBride v UK, Nr. 14553/89; 14554/89, Conurring Opinion Matscher/Morenilla ("quite simply inapplicable").

1898 Vgl. Henckaerts Jean-Marie, in: Arnold/Quénivet N. R. (Hrsg.) 2008, S. 254.

1899 Selbst für den Fall, dass man mit Johann annimmt, dass es sich bei der Derogation nicht um eine Suspendierung, sondern um eine über die besonderen Schrankenregelungen hinausgehende, weitere Rechtfertigungsmöglichkeit handelt, käme man in Bezug auf ein sinnvolles Verhältnis der Rechtsmaterien nicht viel weiter. Zwar wäre in diesem Fall die gleichzeitige Anwendbarkeit der Rechtsmaterien gegeben und das humanitäre Völkerrecht wäre wohl auf der Rechtfertigungsebene einzuordnen, was vorstellbar ist. Jedoch bleibt zu beachten, dass eine Derogation nur dann zulässig ist, wenn die das Leben der Nation durch den Krieg oder den sonstigen Notstand bedroht ist. Dieses Ausmaß nimmt jedoch der bewaffnete Konflikt – ob nun intern oder international – zumeist nicht mehr an. Der ‚moderne' internationale bewaffnete Konflikt ist in den westlichen Staaten teilweise kaum spürbar und findet in der Fremde statt. Eine Derogation wäre insofern nicht erforderlich und würde wiederum nicht zu einem Verhältnis der Rechtsmaterien führen.

Zusammenhang von einer Konfliktvermeidung, aber nicht von einer Konfliktlösung gesprochen werden.

Es ist auffällig, dass weder in Rechtsprechung noch Literatur die Derogationsklauseln eindeutig als das beschrieben werden, was sie sind: selbstgewählte Trennung der Rechtsmaterien[1900]. Auf keinen Fall stellen die Derogationsklauseln ihrem Mechanismus nach ein Einfallstor des humanitären Völkerrechts in das Recht der Menschenrechte dar; ein Türöffner sind sie allenfalls für die Überprüfung des humanitären Völkerrechts als separate Rechtsmaterie durch die Menschenrechtsorgane[1901] (vgl. zudem zu dem sehr eingeschränkten Prüfungsmaßstab Teil IV A.2.). Die Derogationsklauseln stellen einen Mechanismus des Zurückweichens des Rechts der Menschenrechte vor dem humanitären Völkerrecht und keinen der gegenseitige Fruchtbarmachung dar.

Das Verhältnis, welches durch die Derogationsklauseln begründet wird, ist eines der Verzahnung, keines der Überlappung. Anders als im Rahmen der „klassischen" Trennungstheorie wird die Rechtsmaterie der Menschenrechte nicht im Ganzen ihrer Geltung beraubt, sondern gilt je nach Vertrag, deren Derogationsklauseln unterschiedliche Rechte umfassen, sowie nach Umfang der Derogation durch den Staat, fort. Nur soweit die Derogationsklauseln es erlauben, „verzahnt" sich das humanitäre Völkerrecht mit dem Recht der Menschenrechte[1902]. Das humanitäre Völkerrecht scheint sich passend dazu als Mindeststandard zu sehen, als Grenze, die unter keinen Umständen unterschritten werden darf[1903].

1900 Den Derogationsklauseln kritisch gegenüberstehend, aber letztlich nicht überzeugend: Abresch, der grundsätzlich meint, es dürfe Staaten nicht erlaubt werden, zwischen zwei unterschiedlichen rechtlichen Regimen zu wählen, Abresch, European Journal of International Law 2005, S. 745, Fn. 12. Sind die übrigen Erfordernisse einer Derogation eingehalten, ist die Anwendung allein des humanitären Völkerrechts die einzig logische Rechtsfolge.

1901 Vgl. hierzu auch Milanovic, Journal of Conflict and Security Law 2010, S. 460.

1902 Diese Verzahnung scheint in der Literatur auch als Komplementarität umschrieben zu werden: „[A]rticle 15 is here spelling out the new philosophy of the essential relationship between the Law of Armed Conflicts and that of Human Rights. The latter is the normal ordering of civil society. The Law of War, international or internal, is the exceptional situation derogating from the full application of the Human Rights system. The two systems are essentially complementary (...).", Draper, Virginia Journal of International Law 1971, S. 326; ähnlich Pejic, International Review of the Red Cross 2005, S. 378; Milanovic, Journal of Conflict and Security Law 2010, S. 460/461.

1903 Vgl. Art. 75 Abs. 1 ZP I:: „In so far as they are affected by a situation referred to in Article 1 of this Protocol, persons who are in the power of a Party to the conflict and who do not benefit from more favourable treatment under the Conventions or under this Protocol shall be treated humanely in all circumstances and shall enjoy, *as a minimum*, the protection provided by this Article (...)"; Art. 75 Abs. 8 ZP I wider: „No provision of this Article may be construed as limiting or infringing any other more favourable provision granting greater protection,

Damit nimmt das humanitäre Völkerrecht die Rolle des Auffangrechts ein. Welche humanitärvölkerrechtlichen Verpflichtungen im Fall einer Derogation zu erfüllen sind, bestimmt sich danach, an welche Verträge der jeweiligen Vertragsstaat gebunden ist bzw. inwiefern den humanitärvölkerrechtlichen Verpflichtungen gewohnheitsrechtlicher Charakter zukommt.

c) *Auslegung statt Derogation*

Neben der Derogation, die die Rechtsmaterien in ein bestimmtes Verhältnis setzt, gibt es noch eine weitere Methode, die dies möglich macht: die Auslegung des Rechts der Menschenrechte im Licht des humanitären Völkerrechts. Dabei sind die beiden Mechanismen „Derogation" und „Auslegung" nach hier vertretener Ansicht grundverschieden und haben nichts miteinander zu tun. Während Derogation – wie eben erläutert – zu einer selbstgewählten Trennung der Rechtsmaterien führt, die ein echtes Verhältnis der Rechtsmaterien gerade verhindert, ist die Auslegung der Menschenrechte im Lichte des humanitären Völkerrechts etwas, das, soweit die Rechtsmaterien nebeneinander anwendbar sind, stets möglich bleibt.

Dies spiegelt auch die Rechtsprechung des IGH, welche paradoxerweise teilweise herangezogen wird, um das Erfordernis einer Derogation zu begründen[1904], wider. Ganz klar sagt der Gerichtshof an der entsprechenden Stelle nur, dass die Menschenrechte durch eine Derogation ihre Anwendbarkeit verlieren: „The Court observes that the protection of the International Covenant of Civil and Political Rights *does not cease* in times of war, *except by operation of Article 4 of the Covenant whereby certain provisions may be derogated from in a time of national emergency.*"[1905] Im Anschluss gibt er ein allgemeingültiges Rezept, wie bei gleichzeitiger Anwendbarkeit der Rechtsmaterien – wenn also nicht derogiert wurde – das Verhältnis zu gestalten ist: „Respect for the right to life is not, however, such a provision. *In principle*, the right not arbitrarily to be deprived of one's life *applies* also in hostilities. The test of what is an arbitrary deprivation of life, however, then falls to be determined by the applicable *lex specialis*, namely, the law applicable in armed conflict which is designed to regulate the conduct of hostilities. Thus whether a particular loss of life, through the use of a certain weapon in warfare, is to be considered an arbitrary deprivation of life contrary to Article 6 of the Covenant, *can only be decided by reference to the law applicable in armed conflict* and not deduced from the terms of the Covenant itself."[1906] Damit gibt der Gerichtshof eine Anleitung, wie mit einer gleichzeitigen Anwendbarkeit

under any applicable rules of international law, to persons covered by paragraph 1.", Hervorhebung durch die Verfasserin.

1904 Vgl. die Haltung der Nebenintervenienten unter Ziff. a).

1905 Hervorhebung durch die Verfasserin.

1906 Hervorhebung durch die Verfasserin.

der Rechtsmaterien umzugehen sei: es bleibt nur die *Auslegung* des Menschenrechts im Licht des humanitären Völkerrechts. Wie es zu einer gleichzeitigen Anwendbarkeit nun kommt – ob ein Recht nun grundsätzlich nicht derogierbar ist, nicht derogiert wurde oder es sich um einen nicht-derogierbaren Kern eines Menschenrechts[1907] handelt – kann für die Anwendung der Methode nicht entscheidend sein. Der Gerichtshof unterscheidet klar zwischen den beiden Optionen, die Geltung des Menschenrechtsvertrags im Kriegsfall zu beenden und mit geltendem Menschenrecht im Kriegsfall umzugehen. Keinesfalls ist der Fundstelle eine Pflicht zur Derogation als Einfallstor für das humanitäre Völkerrecht in das Recht der Menschenrechte zu entnehmen.

Dem Argument – welches gerade auch in der „Dissenting Opinion" zu Hassan v UK eine Rolle zu spielen scheint (vgl. hierzu unter D.I.2.) – dass man einem Staat ohne Derogation nicht den geringeren Standard des humanitären Völkerrechts erlauben kann[1908], sei entgegnet, dass es dogmatisch durchaus einen Unterschied macht, ob derogiert wird oder nicht: *Mit* Derogation wird der menschenrechtliche Standard im Kriegsfall durch den humanitärvölkerrechtlichen Standard komplett ersetzt, *ohne* Derogation bleibt der menschenrechtliche Standard anwendbar, muss aber mit dem humanitären Völkerrecht in ein Verhältnis

1907 Dabei scheint – auch aufgrund der Praxis vieler Vertragsstaaten, nicht zu derogieren – jedoch nicht klar, was den nicht-derogierbaren Kern der Menschenrechte darstellt. Insbesondere scheint im hier untersuchten Zusammenhang interessant, ob des sich hierbei um ein eigenständigen menschenrechtlichen Kern handelt oder ob sich der nicht-derogierbare Kern im humanitären Völkerrecht erschöpft. Letzteres böte keine Basis für ein Verhältnis mehr, da in diesem Fall von einer Identität des rechtlichen Standards auszugehen wäre. Sandoz/Swinarski scheinen von Letzterem auszugehen, wenn sie ausführen: „This irreducible core of human rights, also known as ‚non-derogable rights', corresponds to the lowest level of protection which can be claimed by anyone at any time. Protocol II contains virtually all the irreducible rights of the Covenant on Civil and Political Rights, which constitute the basic protection mentioned in the paragraph under consideration here.", Sandoz/Swinarski/Zimmermann, Commentary on the Additional Protocols, Z. 4430. Pejic scheint diese Ansicht nicht zu teilen, wenn er ausführt: "However, even in emergency situations the so-called ‚hard core' of human rights, which includes the right to life and the prohibition of torture and other cruel, inhuman or degrading treatment or punishment, cannot be derogated from under any circumstances. The jurisprudence of international and regional human rights bodies has determined which other human rights, apart from those expressly listed in the treaties, should also be considered nonderogable. Among them is the right of a person deprived of liberty to challenge the lawfulness of his or her detention (habeas corpus), which is an essential element of the right to liberty of person.", Pejic, International Review of the Red Cross 2005, S. 379.

1908 Vgl. EGMR, Urteil vom 16.9.2014, Hassan v UK, Nr. 29750/09, Dissenting Opinion, Richter Spanó, zustimmend Richter Nicolaou, Bianku und Kalaydjieva, Z. 9.

gesetzt werden. Ob dies im Ergebnis einen großen Unterschied macht, sei dahingestellt – dogmatisch jedoch handelt es sich um zwei völlig unterschiedliche Mechanismen. Bestünde man in allen Fällen außer in dem der Derogation auf uneingeschränkte Anwendung der Menschenrechte, würde dies zu einer menschenrechtlichen Spielart der Trennungstheorie führen, die ebenso wenig dem Völkerrecht der systemischen Integration entspricht wie es die humanitärvölkerrechtliche Trennungstheorie tut[1909].

2. *Lex specialis als Trennungstheorie „neuer Schule"?*

Auch wenn man sich wie *Oberleitner* darüber wundern mag[1910], spielt der lex-specialis-Ansatz seit der Rechtsprechung des IGH (vgl. I.3.) eine dominante Rolle in der Diskussion über das Verhältnis der Rechtsmaterien. Während manche für einen unaufgeregten Umgang mit dem Begriff „lex specialis" plädieren[1911], wird der Ansatz teilweise dafür benutzt, um im Ergebnis eine Trennung der Rechtsmaterien aufrechtzuerhalten. Während eine Ansicht weiterhin das humanitäre Völkerrecht als die dominante sehen (vgl. Ziff. a)), sind manche Autoren vor allem mit Blick auf den internenen bewaffneten Konflikt – zu dem sich der IGH noch nicht geäußert hat – der Ansicht, dass sich allein die Menschenrechte durchsetzten müssten (vgl. Ziff. b)).

a) Humanitäres Völkerecht als lex specialis?

aa) Meinunsstand

Wendet man die lex-specialis-Theorie des IGH pauschal auf die beiden rechtlichen Regime an, erzielt man einen ganz ähnlichen Effekt wie es die klassische Trennungstheorie tut. Geht eine Rechtsmaterie der anderen konsequent vor, führt dies, wenn auch mit anderer dogmatischer Begründung, ebenfalls zu einem weitreichenden Ausschluss der allgemeineren Rechtsmaterie. Eine solche Auffassung wird in Bezug auf das humanitäre Völkerrecht und sein Verhältnis zum Recht der Menschenrechte sowohl in Literatur, als auch von manchen Staaten vertreten[1912].

Als Vertreter dieser Theorie in der wissenschaftlichen Literatur ist *Dennis* zu nennen. Der Autor ist der Ansicht, dass das humanitäre Völkerrecht als die speziellere Rechtsmaterie im bewaffneten Konflikt das Recht der Menschenrechte

---

1909 Mehr zur menschenrechtlichen Trennungstheorie insbesondere im internen bewaffneten Konflikt unter Ziff. I.2.b).

1910 OBERLEITNER, S. 92: „It is somewhat surprising that despite this lack of anlytical clarity and guidance in the two Advisory Opinions, they have allowed the principle of lex specialis to take such a firm grip on the debate on the relationship between human rights and humanitarian law."

1911 Vgl. HENCKAERTS JEAN-MARIE, in: ARNOLD/QUÉNIVET N. R. (Hrsg.) 2008, S. 264.

1912 KOSKENNIEMI, Z. 103: „It is often stated that the laws of war are lex specialis in relation to rules laying out the peace-time norms relating to the same subject."

verdrängt. Dies stützt er auf die Rechtsprechung des IGH: „In short, the best reading of the interrelationship between the ICCPR and international humanitarian law is the more traditional view that international law should be applied lex specialis in determining what a state's obligations are during armed conflict or military occupation."[1913]

Unter den Staaten haben die USA bei genauerem Hinsehen im Rahmen des „Kriegs" gegen den Terror weniger mit der klassischen Trennungstheorie als mit der „lex-specialis-Trennungstheorie" argumentiert. In der „Additional Response of the United States to Request for Precautionary Measures, Detainees in Guantanamo Bay, Cuba"[1914] schienen die USA die Weitergeltung der Menschenrechte nicht völlig auszuschließen[1915], aber anzunehmen, dass das humanitäre Völkerrecht die Menschenrechte als das speziellere Recht pauschal verdrängt[1916]. Inzwischen haben die USA ihren Ansatz noch weiter verfeinert[1917].

Die Argumentation des Vereinigten Königreichs in Hassan v UK[1918] enthält ebenfalls Anklänge einer Trennungstheorie, der durch eine weitreichende Auslegung des lex-specialis-Prinzips erreicht wird. An entsprechender Stelle heißt es: „(...) [T]he Government contended that Article 5 had to be interpreted and applied in conformity and harmony with international law. Where provisions of the Convention fell to be applied in the context of an international armed conflict, and in particular the active phase of such a conflict, the application

---

1913 Dennis, American Journal of International Law 2005, S. 139.

1914 Abrufbar unter: https://www.state.gov/s/l/38642.htm, zuletzt besucht im Februar 2019.

1915 „Put simply, the Commission's jurisdiction does not include the application of the law of armed conflict, the *lex specialis* governing the status and treatment of persons detained during armed conflict. To be sure, many of the principles of humane treatment found in the law of armed conflict find similar expression in human rights law. And some of the principles of the law of armed conflict may be explicated by analogy or by reference to human rights principles." Diese Ausführungen finden sich unter der Überschrift: „The Laws of Armed Conflict and Human Rights are Distinct Bodies ofLaw."

1916 Vgl. auch in diese Richtung die Analyse Oberleitners, in Oberleitner, S. 93.

1917 Vgl. hierzu auch den aktuellen Ansatz vor dem UN-Menschenrechtsrat: „The delegation noted first, that international human rights law and international humanitarian law are complementary, reinforcing and animated by humanitarian principles to protect innocent life. Second, while the United States complied with human rights law wherever applicable, the applicable rules for the protection of individuals and the conduct of hostilities in armed conflict outside a nation's territory are typically found in international humanitarian law, which apply to government and non-government actors. Third, determining which international law rules apply to any particular government action during an armed conflict is highly fact-specific.", Report of the Working Group of the Universal Periodic Review: United States of America, UN Doc. A/HRC/16/11.

1918 EGMR, Urteil vom 16.9.2014, Hassan v UK, Nr. 29750/09, Z. 87.

had to take account of international humanitarian law, which applied as the *lex specialis*, and might operate to modify *or even displace* a given provision of the Convention. Thus, in *Cyprus v. Turkey*, nos. 6780/74 and 6950/75, Report of the Commission of 10 July 1976, volume 1, the Commission did not consider it necessary to address the question of breach of Article 5 where persons were detained under the Third Geneva Convention in the context of the taking of prisoners of war. Moreover, it had been the consistent approach of the International Court of Justice that international humanitarian law applied as *lex specialis* in the context of an international armed conflict in circumstances where a given human rights treaty also applied."[1919] Folgt man dieser Argumentationslinie Großbritanniens, schließt das lex-specialis-Prinzip die Menschenrechte zugunsten des humanitären Völkerrechts ebenso effektiv aus, wie es die Trennungstheorie tut.

bb) Bewertung

Abgesehen davon, dass es an der Aussagekraft des lex-specialis- Prinzips erhebliche Zweifel gibt (vgl. hierzu C.), führt die kategorische Anwendung des Prinzips zu dem abzulehnenden Ergebnis, dass es wiederum kein echtes Verhältnis der Rechtsmaterien zueinander gibt. Zum Nebeneinander der Rechtsmaterien gäbe es allenfalls ein Lippenbekenntnis, während es materiell bei der Rechtslage des klassischen Trennungstheorie bliebe. Dass der IGH mit der bahnbrechenden Anerkennung der gleichzeitigen Anwendung der Rechtsmaterien es bei einer materiellen Trennung belassen wollte, erscheint zudem nicht plausibel. Eine solche Auslegung des lex-specialis-Prinzips wird somit zu Recht kritisiert: „An expansive lex specialis rule, tending to exclude the applicability of the relevant general rules in favor of more specific ones, could enable the State to evade many of their international obligations."[1920]

b) Menschenrechte als lex specialis?

aa) Meinungsstand

Eine vergleichsweise neue Entwicklung ist demgegenüber eine Art „menschenrechtlicher Trennungstheorie": So gehen einige Autoren[1921] davon aus, dass die Menschenrechte jedenfalls im Fall eines internen Konflikts der geeignetere Maßstab zur Beurteilung der Rechtmäßigkeit des staatlichen Handelns und zum Schutz der hiervon Betroffenen sei. Hintergrund dieser Strömung ist die Klage, dass die humanitärvölkerrechtliche Regelung der Materie des nicht-internationalen

---

1919 EGMR, Urteil vom 16.9.2014, Hassan v UK, Nr. 29750/09, Z. 87.

1920 Ben-Naftali/Shany, Israel Law Review 2003, S. 56.

1921 Abresch, European Journal of International Law 2005; Chevalier-Watts, International Journal of Human Rights 2010; Bowring, Journal of Conflict and Security Law 2009.

bewaffneten Konflikts nur lückenhaft sei, obwohl gerade diese Art des Konflikts den Großteil der Kriege ausmache[1922].

Die menschenrechtliche Trennungstheorie scheint sich als alternative Antwort auf die Frage zu begreifen, wie die Lücken im geschriebenen Recht zum nicht-internationalen bewaffneten Konflikt zu füllen seien. In den Augen mancher Autoren sind humanitäres Völkerrecht und Menschenrechte insoweit „competing projects“[1923]. *Tamura* beschreibt die Ausgangspunkte der beiden Theorien folgendermaßen: „The approach of the ICRC study is traditional because it assumes that the regulation of non-international armed conflicts should borrow from that of international armed conflict as far as possible. However, this note [Aufsatz der Autorin] starts from a different point of view, i.e. that the background legal relationship of a non-international armed conflict is the domestic governmental relationship, which HRL has now mostly covered.“[1924] Die Studie des Roten Kreuzes zum humanitären Völkerrechtsgewohnheitsrecht wird somit einer Seite der konkurrierenden Projekte zugeschlagen und hierdurch ihre Neutralität in der Ermittlung des humanitären Völkerrechts in Zweifel gezogen. Dementsprechend scheint *Abresch* seine Ansicht, welcher die Beurteilung interner Konflikte nach Maßstäben allein der Menschenrechte begrüßt[1925], insbesondere darauf zu stützen, dass humanitäres Völkergewohnheitsrecht entgegen der Studie des IKRK nicht existiere[1926]. *Bowring* geht darüber hinaus von einer grundlegenden Inkompatibilität der Menschenrechte und des humanitären Völkerrechts aus[1927].

Alle drei Autoren halten den Ansatz des EGMR für einen Ausdruck eines „human rights law of internal armed conflict“[1928] bzw. einer Stellung der Menschenrechte als lex specialis im nicht-internationalen bewaffneten Konflikt[1929].

1922 Für viele: SIVAKUMARAN, European Journal of International Law 2011, S. 219; PRUD'HOMME, Israel Law Review 2007, S. 365/366.

1923 ABRESCH, European Journal of International Law 2005, S. 749.

1924 TAMURA, Chinese Journal of International Law 2011, S. 131.

1925 ABRESCH, European Journal of International Law 2005, S. 767.

1926 ABRESCH, European Journal of International Law 2005, S. 748 ff; er findet die Schlüsse, die die Henckaerts und Doswald-Beck in ihrer Studie zum humanitären Völkergewohnheitsrecht ziehen, „unwarranted“, ABRESCH, European Journal of International Law 2005, S. 750; vgl. hierzu auch SASSÒLI/OLSON, International Review of the Red Cross 2008, S. 602, welche insbesondere die Staatenpraxis, auf welche die Studie sich stützt, in Zweifel ziehen.

1927 So bezeichnet Bowring die Ergebnisse einer Kombination der beiden Materien als „chalky cheese“ or „cheesy chalk“, vgl.BOWRING, Journal of Conflict and Security Law 2009, S. 486 – beides sei gleichermaßen unbrauchbar. Kritisch hierzu: OBERLEITNER, S. 84.

1928 Vgl. bereits den Titel des Aufsatzes von Abresch.

1929 Vgl. den Titel bei Chevalier-Watts, sowie ihr Ergebnis: „However, the recent Chechen cases suggest a further development, whereby there is now substantial evidence that that (sic!) human rights law is becoming or has indeed become, lex

Insbesondere die Tschetschenien-Rechtsprechung wird als Beleg dafür gesehen, dass der EGMR allein die Menschenrechte zur Beurteilung einer Situation heranziehe[1930]. Laut *Abresch* spielt hierbei eine, wenn auch keine ausschließliche, Rolle, dass die Vertragsstaaten von der Möglichkeit der Derogation in der Praxis keinen Gebrauch machten[1931]. Der Autor ist vielmehr der Überzeugung, dass bei einer Einbeziehung des humanitären Völkerrechts über die Derogationsklauseln die Ergebnisse im Wesentlichen gleich blieben[1932].

Abresch und *Chevalier-Watts* scheinen den menschenrechtsbasierten Ansatz des EGMR aus vorwiegend politischen bzw. praktischen Gründen zu begrüßen. *Abresch* kommt zu folgendem Schluss: „[T]he ECtHR has taken a new approach, and one that shows great promise. It is providing rules for the conduct of hostilities where, as it applies to internal armed conflicts, humanitarian law that is accepted as legally binding is inadequate and seldom obeyed. Moreover, with rules that treat armed conflicts as law enforcement operations against terrorists, the ECtHR has begun to develop an approach that may prove more protective of victims and more politically viable than that of humanitarian law."[1933] Die Anwendung des Menschenrechtsregimes böte einen nicht zu unterschätzenden Vorteil: „To apply human rights law does not entail admitting that the situation is ‚out of control' or even out of the ordinary."[1934] *Chevalier-Watts* meint, die Entwicklung, die der Gerichtshof nehme „is perhaps to be embraced, as such a body of law imposes accountability and effective remedies, and is subject to rigorous scrutiny, therefore this can only strengthen the legal framework for the protection of human rights, thereby filling any perceived gaps in humanitarian law."[1935]

---

specialis in internal armed conflicts.", Chevalier-Watts, International Journal of Human Rights 2010, S. 599.

1930 Ibid; Abresch, European Journal of International Law 2005; Bowring, Journal of Conflict and Security Law 2009.

1931 Abresch, European Journal of International Law 2005, S. 745, Fn. 12.

1932 Wie bereits unter Ziff.. II.1. erläutert, wird eine solche Sichtweise der Dogmatik der Derogationsklauseln nicht gerecht.

1933 Abresch, European Journal of International Law 2005, S. 767; an anderer Stelle führt er aus: „given the resistance that states have shown to applying humanitarian law to internal armed conflicts, the ECtHR's adaptation of human rights law to this end may prove to be the most promising base for the international community to supervise and respond to violent interactions between the state and its citizens.", Abresch, European Journal of International Law 2005, S. 742. Wie Bowring angesichts dieser Ausführungen zu dem Schluss kommt, Abresch hielte das humanitäre Völkerrecht für das angemessene Recht in diesen Situationen, verwundert (vgl. Bowring, Journal of Conflict and Security Law 2009, S. 496).

1934 Abresch, European Journal of International Law 2005, S. 757.

1935 Chevalier-Watts, International Journal of Human Rights 2010, S. 599.

Bowring ist der Ansicht, der EGMR handle hier auch aus dogmatischer Sicht richtig. Da er der Ansicht ist, dass die beiden Rechtsmaterien humanitäres Völkerrecht und Menschenrechte zwei völlig unterschiedliche Kategorien seien, die am besten nicht in Zusammenhang gebracht werden sollten[1936], hält er die Rechtsprechung, wie er sie in den Tschetschenien-Fällen zu erkennen glaubt, nicht lediglich für politisch, sondern kategorisch richtig[1937].

bb) Bewertung

Auffällig ist, dass für die Sicht, Menschenrechte seien im internen Konflikt das speziellere Recht, kaum dogmatische (oder dogmatisch überzeugende) Gründe vorgebracht werden. Die Befürworter scheinen vielmehr von dem Ergebnis her zu denken, dass ein „Kriegsrecht der Menschenrechte" dem humanitären Völkerrecht vorzuziehen sei. Über die Gründe kann nur spekuliert werden: Womöglich steckt hinter diesen Überlegungen ein nicht ganz artikuliertes Gefühl, dass (menschenrechtliches) Vertragsrecht (humanitärem) Völkergewohnheitsrecht, selbst wenn dieses existierte, vorgehen müsse. Tatsächlich wird teilweise vertreten, dass es eine, wenn auch informelle, Hierarchie zwischen Vertrags- und Völkergewohnheitsrecht gebe: „As has been mentioned earlier, it is widely accepted that parties may, in their mutual relations, derogate from otherwise applicable customary law by means of treaty law. This relationship between treaties and customary law is a complicated and much analysed field (...)."[1938] Dieser Gedanke finde sich auch in der ILC-Studie zur Fragmentatierung des Völkerrechts wieder[1939]. Mit *Lindroos* ist einem solchen Gefühl aber entschieden entgegenzutreten: „Such an informal hierarchy is not generally accepted, although in certain regards, the statement may be correct, given that treaties generally tend to be more specific than customary rules and may also express the more recent will of the parties regarding the rules in force between them. Yet it is possible for a customary norm to be more specific in other regards, or for a norm of special custom to exist which may prevail over a framework convention."[1940] Gerade humanitäres Völkerrecht ist genau ein solch spezialisiertes Recht, welches weniger speziellem Vertragsrecht durchaus vorgehen kann. Darüber hinaus wäre durch ein solches Denkmuster auch nicht erklärt, warum das sehr wohl existierende vertragliche humanitäre Völkerrecht in Gestalt des ZP II keine Beachtung finden soll.

Unabhängig von der Frage, ob die Rechtsprechung des EGMR tatsächlich einen rein menschenrechtlichen Lösungsansatz für den internen bewaffneten

---

1936 Bowring, Journal of Conflict and Security Law 2009, S. 486.
1937 Bowring, Journal of Conflict and Security Law 2009, S. 497.
1938 Lindroos, Nordic Journal of International Law 2005, S. 49.
1939 Koskenniemi, der von einer eben solchen „informal hierarchy" spricht, Z. 85.
1940 Lindroos, Nordic Journal of International Law 2005, S. 49.

Konflikt aufweist[1941], ist kritisch zu sehen, auf welcher Basis insbesondere die Ansicht *Abreschs* steht. So erscheint bereits der Grundgedanke der konkurrierenden Projekte seltsam. Es entspricht nicht den Prinzipien einer Rechtsordnung, dass zwischen zwei Rechtsmaterien frei gewählt werden kann; Recht gilt entweder oder es gilt nicht. Richtig mag sein, dass es lange Zeit kaum Regelungen des internen bewaffneten Konflikts durch das humanitäre Völkerrecht gab[1942], was jedoch nicht heißt, dass sich dies nicht ändern kann. Bezüglich der Identifikation eines solchen Rechtes mag es – gerade was Völkergewohnheitsrecht angeht – unterschiedliche Auffassungen geben. Selbstverständlich muss es im Rahmen des akademischen Diskurses möglich sein, die Methodik einer Studie zur Ermittlung des humanitären Völkerrechts zu kritisieren[1943]. Jedoch erscheint es sehr weitgehend, es als Tatsache zu handeln, ein humanitäres Völkergewohnheitsrecht im internen Konflikt existiere nicht[1944], wenn eine große Studie einer renommierten Institution das Gegenteil ergibt – insbesondere wenn man erklärter Anhänger eines Alternativprojekts ist[1945].

Ein Kriegsrecht der Menschenrechte würde zudem ein weiteres, schwerwiegendes Problem aufwerfen: Menschenrechte binden von ihrer Konzeption her grundsätzlich nur ihre Vertragsstaaten, das humanitäre Völkerrecht alle kriegsführenden Parteien. Dieser so wichtige Unterschied im humanitären Völkerrecht, der ihm Legitimität verleiht, wird im Rahmen der Menschenrechte dogmatisch nur schwer zu begründen sein.

Letztendlich ist *Oberleitner* zuzustimmen, wenn er diese menschenrechtliche Trennungstheorie kritisiert: „[Consciously disregarding hundreds of specific provisions of the universally ratified Geneva Conventions] seems neither a politically sound position nor a convincing act of legal reasoning. Consequently, some commentators see human rights bodies which do not resort to international law as simply expressing an extremist version of the separatist view turned up-side-down; a version in which one, and only one, legal regime (namely, international human rights law) governs armed conflicts.“[1946]

1941 Kritisch zur dahingehenden Auslegung Abreschs, TAMURA, Chinese Journal of International Law 2011, S. 131.

1942 SIVAKUMARAN, European Journal of International Law 2011, S. 219; Hampson/Lubell, Amicus curiae, Z. 21.

1943 Dies tun auch SASSÒLI/OLSON, International Review of the Red Cross 2008, S. 602.

1944 So zB ABRESCH, European Journal of International Law 2005, S. 761: „Humanitarian law leaves the planning and the execution of attacks essentially unregulated in internal conflicts.“

1945 So meint auch Rona: „Contrary to the assertion of some of its detractors, the study does not merely reflect the ICRC's opinion, but rather its conclusions are based on a broad and deep analysis of State practice and opinio juris.“, RONA, International Law Studies U.S. Naval War College 2015, S. 40.

1946 OBERLEITNER, S. 332.

3. *Ergebnis*

Es bleibt somit festzuhalten, dass teilweise versucht wird, über das Schlagwort des lex specialis, die beiden Rechtsmaterien in der konkreten Anwendung weiter getrennt zu halten. Dies geschieht zum Teil, indem eine Rechtsmaterie der anderen grundsätzlich vorgezogen wird, wie dies mit Blick auf den (vorgeblichen) Vorrang des humanitären Völkerrechts vor dem Recht der Menschenrechte geschieht. Für einen kleineren Ausschnitt des Krieges, den internen bewaffneten Konflikt, geschieht dasselbe mit Blick auf das Recht der Menschenrechte. Eine solche Vorgehensweise ist attraktiv, da sie ein grundsätzliches Bekennen zur Geltung der beiden Regime zu Zeiten des Krieges zulässt, ohne ein tatsächliches Zusammenspiel der Materien erforderlich zu machen, wie auch *Oberleitner* findet: „This way, one can have his cake and eat it: human rights are applicable in theory but do not need to be applied in practice."[1947]. Einem solchen Ansatz, der sich als verdeckte Fortsetzung der alten Trennungstheorie darstellt, kann nicht zugestimmt werden.

B. Das lex-specialis-Prinzip und das Verhältnis der Rechtsmaterien: eine Kritik

Die Ausführungen zur Rechtsprechung des IGH wie auch zur tatsächlichen Weiterführung der Trennung der Rechtsmaterien bei gleichzeitigem Lippenbekenntnis zu einem Verhältnis zeigen bereits, dass das lex-specialis-Prinzip in der Diskussion zur Interaktion der Rechtsmaterien eine dominante Rolle spielt. Auch wenn man tatsächliche eine Relation zwischen den Materien herstellen will, hat das Prinzip seinen Reiz, da es handhabbare Lösungen für die Beziehung einander fremder Normen zu bieten scheint.

Dementsprechend tauchte das Prinzip im Rahmen der Vertragsauslegung schon früh auf[1948]. Wenn es auch nicht in die Wiener Vertragsrechtskonvention aufgenommen wurde[1949], spielt es in der aktuellen Völkerrechtsdogmatik eine wichtige Rolle. So diskutiert die ILC in ihrer Studie „Fragmentation of

1947 Oberleitner, S. 103.

1948 Für einen Überblick der historischen Entwicklung: Lindroos, Nordic Journal of International Law 2005, S. 35 ff; vgl. bereits Vattel, Book II, ch. XVII, Z. 316: „Of the laws of two conventions, we ought (all other circumstances being equal) to prefer the one which is less general, and which approaches nearer to the point in question (...) [The special matter] is enjoined with greater precision and appears to have been more pointedly intended."

1949 Jedoch wurde die Auslegungsregel durchaus als zur Auslegung internationaler Verträge auf der Vienna Conference on the Law of Treaties erwähnt; auch ist man sich einig, dass Art. 30 WVRK nicht abschließend ist und somit Raum für weitere Auslegungsregeln lässt, vgl. zu beidem Lindroos, Nordic Journal of International Law 2005, S. 38.

International Law: Difficulties Arising from the Diversification and Expansion of International Law“[1950] aus dem Jahr 2006 ausführlich, ob und inwiefern das Prinzip der fortschreitenden Vereinzelung sog. spezialisierten Regime entgegenwirken könnte[1951]. Zu diesen „specialized regimes“ zählen auch das Recht der Menschenrechte und das humanitäre Völkerrecht. Zunehmend wird der Nutzen dies Prinzips für die hier zu untersuchende Frage in Zweifel gezogen[1952] oder es – wie eben gezeigt – benutzt, um eine Rechtsmaterie aus der Betrachtung de facto wieder auszuschließen. Aus diesem Grund soll das Prinzip und seine Bedeutung für die Relation der Regime nun genauer betrachtet werden.

I. Inhalt

Die Auslegungsregel „lex specialis derogat legi generali“ wird im Deutschen zumeist mit „das spezielle Gesetz verdrängt das allgemeine Gesetz“ übersetzt und ist sowohl im nationalen als auch im internationalen Bereich anerkannt[1953].

Der Inhalt des Prinzips scheint jedoch nicht völlig geklärt[1954]. Die ILC gibt an, dass das Prinzip zwei unterschiedliche Ausprägungen besitzt: „The relationship between the general standard and the specific rule may, however, be conceived in two ways. One is the case where the specific rule should be read and understood within the confines or against the background of the general standard, typically as an *elaboration*, updating or technical specification of the latter. The specific and the general point, as it were, in the same direction. Sometimes *lex specialis* is, however, understood more narrowly to cover the case where two legal provisions that are both valid and applicable, are in no express hierarchical relationship, and provide incompatible direction on how to deal with the same set of facts. In such case, *lex specialis* appears as a conflict-solution technique. It suggests that instead of the (general) rule, one should apply the (specific) *exception*. In both cases, however, priority falls on the provision which is ‚special‘, that is, the

---

1950 Koskenniemi.

1951 Koskenniemi, Z. 56 ff.

1952 In jüngerer Zeit mehren sich die Kritiker des Prinzips, vgl. Oberleitner, S. 95 ff; Prud'homme, Israel Law Review 2007; Lindroos, Nordic Journal of International Law 2005; Milanovic, Journal of Conflict and Security Law 2010.

1953 Dies auch in der Rechtsprechung, vgl. Koskenniemi, Z. 68 ff; Oberleitner, S. 87.

1954 So zumindest die Kritiker: Oberleitner, S. 99 ff; Prud'homme, Israel Law Review 2007, S. 381 ff; Lindroos, Nordic Journal of International Law 2005, S. 41 ff; Pauwelyn; vgl. auch Kammerhofer: „The problem with these devices lies precisely in their acceptance being so widespread that no-one questions their 'legitimacy' as means for resolving conflict of norms. Why has the basis (rather than the modalities) of the maxims never been seriously questioned in international law?“, vgl. http://papers.ssrn.com/sol3/papers.cfm?abstract_id=1535942, S. 4, zuletzt abgerufen im Februar 2019.

rule with a more precisely delimited scope of application."[1955] Laut der ILC-Studie gibt es somit eine „interpretative Ausprägung" des lex-specialis-Prinzips, nach der die speziellere Norm letzten Endes nur eine Konkretisierung der generellen ist, sowie eine „konfliktlösende Ausprägung", nach der die spezielle Norm eine Ausnahme von der generellen Norm ist. In der Literatur scheint umstritten, ob das lex-specialis-Prinzip wirklich beide oder nur eine der Ausprägungen umfasst und wenn letzteres, welche[1956]. Die ILC-Studie gibt zu, dass die beiden Varianten nicht immer klar voneinander abzugrenzen sind[1957]. Vorwiegend stehen hinter dem Prinzip – gleichgültig in welcher Ausprägung – zwei Gedanken[1958]: Zum einen sei die speziellere Norm notwendig die *passendere*, um eine Situation rechtlich zu beurteilen[1959], zum anderen sei die speziellere Norm dafür *vorgesehen*, den jeweils vorliegenden Sachverhalt zu regeln[1960].

Ungeklärt ist des Weiteren, in welcher Beziehung die „generelle" und die „spezielle" Norm zueinander stehen: Geht man im Rahmen der interpretativen Ausprägung davon aus, dass die generelle Norm „im Hintergrund" verbleibt und auf die Auslegung der spezielleren Norm Einfluss hat[1961], scheint das Verhältnis in der konfliktlösenden Variante weniger klar. Führt die spezielle Norm – wie dies frühe Dogmatiker[1962] und in Bezug auf das Verhältnis zwischen humanitärem Völkerrecht und Menschenrechten auch aktuelle Autoren meinen – zu einem völligen Ausschluss der generellen Norm? Oder bleibt die generelle Norm als Einfluss auf die Interpretation der speziellen Norm erhalten[1963]? Die ILC-Studie

1955 Koskenniemi, Z. 56/57, Hervorhebung durch die Verfasserin; vgl. zu den zwei Ausprägungen des Prinzips auch: Prud'homme, Israel Law Review 2007, S. 369; Milanovic, Journal of Conflict and Security Law 2010, S. 465 ff; Oberleitner, S. 99 ff.

1956 Oberleitner, S. 99.

1957 Koskenniemi, Z. 92 und Z. 95.

1958 McCarthy meint, dass diese Überlegungen jedoch nicht abschließend sind: „Other principles could also be seen as encompassed by, or complementary to, these rather broad concepts, such as legal clarity, certainty and predictability.", McCarthy Conor, in: Arnold/Quénivet, S. 111.

1959 Vgl. hierzu Koskenniemi, Z. 60.

1960 Zu diesem auch voluntaristisch genannten Ansatz: McCarthy Conor, in: Arnold/Quénivet, S. 104; Koskenniemi, Z. 60; vgl. auch Pauwelyn, S. 388; Lindroos, Nordic Journal of International Law 2005, S. 36: However, the rationale behind the rule is clear: to apply the most specific rule is to give effect to the intentions of the parties and take into account the the particularities of the case. In this sense, it is an expression of consent and can be easily accepted in the international legal system, which of course has a strong consensual basis."

1961 Vgl. Koskenniemi, Z. 88 mwN; Oberleitner, S. 99.

1962 Vgl. Anzilotti/Gidel, S. 103.

1963 McCarthy meint hierzu: „Particulary over the last decade, findings such as this by authoritative bodies means that typological approaches on lex specialis increasingly run counter to a growing and varied body of authoritative legal

scheint diese Frage nicht mit letzter Sicherheit zu beantworten, jedoch bemerkt sie immerhin: „[T]he relation of general and particular may often be complex and two-sided so that even as the particular sets aside the general, the latter (...) will continue to provide interpretative guidance to the former."[1964]

Umgekehrt ist im Regel-Ausnahme-Verhältnis, wie *Oberleitner* richtig bemerkt, auch zu beachten, dass die Ausnahme nach allgemeinen Grundsätzen eng ausgelegt werden muss[1965]. Die „Enge" der Auslegung wiederum aber kann sich nur unter Einbezug der generellen Norm bemessen, sodass auch hier ein Bezug zwischen genereller und spezieller Norm bestehen bleibt.

II. Anwendung im Völkerrecht

Wie bereits bemerkt, wird die lex-specialis-Regel auch im Völkerrecht angewendet[1966]. Allerdings scheint eine kritische Analyse des Prinzips sowohl in der Rechtsprechung als auch in der Literatur lange Zeit unterblieben zu sein. Neuerdings wird seine Eignung für den Bereich des Völkerrechts in Frage gestellt.

Von den Anhängern des Prinzips wird es zum einen für seine Klarheit und Logik gelobt und zum anderen vorgebracht, es entspräche gerade der konsensualen Natur des Völkerrechts, dass die Norm, die dem Willen der Völkerrechtsgesetztgeber – insbesondere der Staaten – am ehesten widerspiegle, zum Einsatz komme[1967]. So kommt die ILC nach Analyse des lex-specialis-Prinzips zu dem Schluss, das lex-specialis-Prinzip sei „a pragmatic mechanism for dealing with situations where two rules of international law are both valid and applicable deal with the same subject-matter differently."[1968]

Gerade für die Anwendung im Völkerrecht wird jedoch neuerdings an dem Wert des lex-specialis-Prinzips – wohl in beiden Ausprägungen – die Kritik immer lauter. In Zweifel gezogen wird insbesondere die Übertragung des

determinations which envisage some form of concurrent role for *generalis* and *specialis* norms, in particular in the fields of humanitarian and human rights law. The categorical approach inherently leaves little room for such mutual accommodation. At a more fundamental level the nature of the reasoning involved in this approach to lex specialis is also somewhat unsatisfactory.", McCarthy Conor, in: Arnold/Quénivet, S. 108.

1964 Koskenniemi, Z. 412.

1965 Oberleitner, S. 101; vgl. auch Ipsen, S. 145: „So wird der Grundsatz, Ausnahmen eng auszulegen, regelmäßig bereits durch Ziel und Zweck des Vertrages geboten und damit von der teleologischen Auslegung umfasst."

1966 Vgl. nur die IGH-Entscheidungen.

1967 ZB Office of the United Nations High Commissioner for Human Rights in Report on the Outcome of the Expert Consultation on the Issue of Protecting the Human Rights of Civilians in Armed Conflict, UN Doc. A/HRC/11/31 (4. Juni 2009), Z. 13; Provost, Krieger, Journal of Conflict and Security Law 2006.

1968 Koskenniemi, Z. 46.

Prinzips von der hierarchisch geprägten nationalen Normenstruktur, auf die nicht-hierarchisch geprägte Struktur des Völkerrechts[1969]. *Lindroos* bemerkt hierzu: „The international legal system is (...) a decentralised and fragmented legal system, in which the creation, application, and implementation of norms is built on a structure and logic that differs from domestic law. There is no centralised legislator in the international legal system. Norms are created by the subjects of international law themselves in a variety of fora, many of which are disconnected and independent from each other, creating a system different from the more coherent domestic legal order. Where national law is strongly based on hierarchy and institutional structures, the international normative order may be viewed from the perspective of bilateral state relations, something that does not easily lend itself to the establishment of systemic relations between norms. This lack of systemic relations and a centralised law-making process are essential differences between the domestic and the international legal order."[1970] Teilweise wird dem entgegengesetzt, es gebe im Völkerrecht sehr wohl eine – wenn auch informelle – Hierarchie[1971], was jedoch nicht unbestritten ist[1972] (vgl. hierzu bereits unter Ziff. A.II.2.b)). Es sei jedenfalls nicht geklärt, wie das Verhältnis zwischen Vertragsrecht und Völkergewohnheitsrecht im Einzelnen aussähe[1973]. Abgesehen davon hilft selbst eine solche informelle Hierarchie dann nicht weiter,

---

1969 LINDROOS, Nordic Journal of International Law 2005, S. 39 ff; ihr folgend: PRUD'HOMME, Israel Law Review 2007, S. 380 f; vgl. auch MILANOVIC, Journal of Conflict and Security Law 2010, S. 467.

1970 LINDROOS, Nordic Journal of International Law 2005, S. 31.

1971 Vgl. KOSKENNIEMI, Z. 85: „There is no formal hierarchy between the sources of international law. A number of writers have – correctly, it is submitted – nonetheless suggested that there is a kind of informal hierarchy between them. Inasmuch as ‚general law' does not have the status of *jus cogens,* treaties generally enjoy priority over custom and particular treaties over general treaties. In the same vein, it may be assumed (as is indeed suggested by the *Right of Passage* case) that local customs (if proven) have primacy over general customary law and, perhaps, the body of customary law has primacy over the general principles of law under article 38 (1) (c) of the ICJ Statute. This informal hierarchy follows from no legislative enactment but, emerges as a ‚forensic' or a ‚natural' aspect of legal reasoning."

1972 Vgl. hierzu die Kritik einiger Mitglieder der Studiengruppe der ILC selbst, die bestritten, dass es eine solche Hierarchie gebe: KOSKENNIEMI, Z. 18; vgl. auch MACLACHLAN, The International and Comparative Law Quarterly 2005, S. 282: „Lacking a single legislature or court of plenary competence, and depending in all aspects fundamentally on state consent, international law lacks developed rules for a hierarchy of norms."

1973 Vgl. Lindroos: „[I]t is widely accepted that parties may, in their mutual relations, derogate from otherwise applicable customary law by means of treaty law. This relationship between treaties and customary law is a complicated and much analysed field (...).", LINDROOS, Nordic Journal of International Law 2005, S. 49.

wenn die in ein Verhältnis zu bringenden Normen aus derselben Kategorie (zB Vertragsrecht) des Völkerrechts stammen.

Als weiterer, mit dem vorhergehenden Problem der fehlenden Festlegung der Grundstrukturen im Völkerrecht eng zusammenhängender Kritikpunkt an dem Einsatz des lex-specialis-Prinzips wird gesehen, dass das Prinzip keinerlei Kriterien biete, um zu unterscheiden, welche von zwei Normen im Völkerrecht (oder allgemein) nun die speziellere und welche die generelle wäre[1974].

Dieses Problem der fehlenden immanenten Kriterien zur Unterscheidung der Materien stellt sich im Völkerrecht allgemein, ganz besonders aber im Verhältnis zweier „specialized regimes", zu deren Harmonisierung das Prinzip gerade eingesetzt werden soll[1975]. Das Problem ist augenfällig: Spezialisierte Regime bestehen, wie der Name bereits sagt, aus sehr speziellen Normen, die genau auf das von ihnen behandelte Gebiet zugeschnitten sind. Welche von zwei sehr speziellen Normen soll nun in Bezug auf einen bestimmten Sachverhalt die generelle sein? Die Erforschung des Willens der Parteien kann sich schwierig gestalten, da sich Staaten eines Konflikts zwischen zwei Normen nicht bewusst sein müssen (und oft nicht sein werden) und dementsprechend keinen Willen bezüglich des Normkonflikts ausgebildet haben[1976]. *Oberleitner* meint: „Where two special regimes exist, *lex specialis* is not applicable, as it needs a background-foreground relationship. It is not a means to decide on the relationship between two norms of different ‚subsets' of international law which are in potential conflict. And if it is used in such a situation, it can become next to meaningless, as each subsystem, in its self-perception as a special regime, may claim that its rules are *lex specialis.*"[1977] Dieser Gedanke spiegelt sich gerade auch in oben erläuterten Fallgruppen wider, die einmal ohne größere logische Schwierigkeiten einmal das humanitäre Völkerrecht, einmal das Recht der Menschenrechte zum lex specialis erklären. Ohne

1974 Lindroos, Nordic Journal of International Law 2005, S. 42; Prud'homme, Israel Law Review 2007, S. 382; vgl. auch Oberleitner, S. 95 ff; auch die ILC-Studie geht in einem Nebensatz auf diese Schwäche des Prinzips ein: Koskenniemi, Z. 58 und Z. 111.

1975 Vgl. Koskenniemi, Z. 56 ff.

1976 Vgl. Milanovic, Journal of Conflict and Security Law 2010, S. 476: „More fundamentally, *lex specialis* as a rule of conflict resolution rests on an unstated assumption—that for any given situation at any given point in time there is one, and can *only* be one, expression of State consent or intent as to how that situation is to be regulated. That assumption is manifestly unfounded. As we have seen above, States are, like people, perfectly capable of assuming contradictory commitments. Just as *lex specialis* is unable to resolve conflicts such as those in Matthews, Soering or Al-Saadoon, so it is unable to resolve conflicts between IHL and IHRL."

1977 Oberleitner, S. 96; vgl. auch Lindroos, Nordic Journal of International Law 2005, S. 42.

genaue Kriterien, ist es eine – wie *Oberleitner* richtig bemerkt[1978] – reine Wertentscheidung, keine rechtliche, ob die eine oder die andere Norm besser „passt".

III. Anwendung auf das Verhältnis der Rechtsmaterien Menschenrecht und humanitäres Völkerrecht

Obwohl sich die „Lösung" des Konflikts zwischen den beiden Rechtsmaterien über das lex-specialis-Prinzip immer noch großer Beliebtheit erfreut[1979], werden die genannten Bedenken durchaus auch auf die beiden „specialized regime" Menschenrechte und humanitäres Völkerrecht übertragen.

Die beiden Materien bleiben trotz der Öffnung füreinander (vgl. A.I.2.) speziell, da sie sich in unterschiedlichen Foren, in unterschiedlicher Rechtstradition und ohne systemischen Bezug zueinander entwickelt haben[1980]. *Oberleitner* bemerkt zudem, dass in diesem Fall die Spezialität des humanitären Völkerrechts mit seiner zeitlichen Anwendbarkeit gleichgestellt wird[1981]. Tatsächlich begründet das Kriterium des „bewaffneten Konflikts" allein die Anwendbarkeit des Regimes, neben dem nach nunmehr herrschenden Ansicht auch das Menschenrecht anwendbar bleibt. Auch wenn dies auf eine Spezialisierung hinweist[1982], erscheint es unpräzise, die *Anwendbarkeit* mit dem *Verhältnis* zwischen den Rechtsmaterien gleichzusetzen. Dies umso mehr, wenn dies auf die beiden Komplexe in ihrer Gesamtheit bezogen wird (vgl. Ziff. A.I.1.). Die gleichzeitige Anwendbarkeit ist vielmehr *Voraussetzung*, um sich über das Verhältnis Gedanken zu machen, und nicht Problem und Lösung in einem[1983].

1978 „The principle of lex specialis thus leaves much discretion to the decision-maker, who can cloak all sorts of objectives under the pretence of legal reasoning.", Oberleitner, S. 98/99; vgl. auch Prud'homme, Israel Law Review 2007, S. 383.

1979 Provost, S. 277: Krieger, Journal of Conflict and Security Law 2006, S. 271; vgl. auch UN High Commissioner for Human Rights: „[I]n situations of conflict of norms, the most detailed and specific rule should be chosen over the more general rule, on the basis of a case-by-case analysis, irrespective of whether it was a human rights or a humanitarian norm.", Office of the United Nations High Commissioner for Human Rights, Report on the Outcome of the Expert Consultation on the Issue of Protecting the Human Rights of Civilians in Armed Conflict, UN Doc. A/HRC/11/31 (4. Juni 2009), Z. 13.

1980 Vgl. Lindroos, Nordic Journal of International Law 2005, S. 31; ebenso Oberleitner, S. 96, für den die lex generalis für diese beiden Regime das allgmeine Völkerrecht, nicht eine der beiden Rechtsmaterien scheint.

1981 Oberleitner, S. 97.

1982 Oberleitner, S. 97: „The fact that humanitarian law itself identifies the conditions in which it applies does give it the presumption to be special but the speciality needs to be measured on the basis of concrete circumstances and does not derive from the fact that humanitarian law is meant to apply in armed conflicts."

1983 So aber scheinbar Koskenniemi, Z. 104, im Rahmen der Kommentierung des Nuklearwaffen-Gutachtens.

Auch ihrem Inhalt nach wird die lex-specialis-Regel für ungeeignet gehalten, das Verhältnis ganzer Regime zu regeln: „[*L*]*ex specialis* is in some sense a contextual principle. It is difficult to use when determining conflicts between two normative orders *in abstracto*, and is, instead, more suited to the determination of relations between two norms in a concrete case. [A]ttention needs to be drawn to the technical nature of *lex specialis*. It is a rule where contextual sensitivity is given to a special rule in particular circumstances. An abstract determination of an entire area of law as being more specific towards another area of law is not, in effect, realistic. Therefore, the application of *lex* specialis to certain types of conflicts [...] is limited."[1984] Den oben dargestellten Theorien, die das Prinzip auf die gesamten Rechtsregime anwenden wollen und hiermit eine Trennung herbeiführen, ist somit entgegenzuhalten, dass das Prinzip kontextabhängig und auf einzelne Rechtssätze beschränkt ist, und nicht das Verhältnis zweier Rechtsmaterien en bloc bestimmt[1985]. Bei einer solchen Betrachtungsweise bleibt auch Raum für eine Interpretation des Rechts auf Leben mit Hilfe des lex-specialis-Prinzips, wie es der Gerichtshof im Nuklearwaffen-Gutachten vorgenommen hat, da das Problem auf das Verhältnis des Rechts auf Leben zum humanitären Völkerrecht beschränkt war[1986]. Die Erstreckung auf das Verhältnis der Rechtsmaterien an sich, wie sie im Mauer-Gutachten erfolgte, ist dagegen hiermit nicht in Einklang zu bringen[1987].

Auch der Staatenwille ist – abgesehen von der oben genannten Schwierigkeiten mit seiner Ergründung – gerade im Rahmen der Menschenrechte nicht die einzige oder auch nur vorrangige Auslegungsmaxime. *McCarthy* bemerkt, dass „the function of human rights treaties is therefore a further reason why it would be inappropriate to attach overriding siginifcance to a narrow conception

---

1984 LINDROOS, Nordic Journal of International Law 2005, S. 42; PRUD'HOMME, Israel Law Review 2007, S. 381; vgl. auch KLEFNER JANN K., in: FLECK (Hrsg.) 2013, S. 73.

1985 So auch KOSKENNIEMI, Z. 119 ff; KLEFNER., in: FLECK (Hrsg.) 2013, S. 73.

1986 LINDROOS, Nordic Journal of International Law 2005, S. 45: „Prima facie, it may appear that both areas of law aim at protecting human beings under different circumstances, of which war could be viewed as the special circumstance. Still, both areas of law have specific and quite distinct aims and normative scopes, and therefore, stating which is altogether special remains a complicated issue. Thus, the Court correctly decided on the limited issue of deprivation of life and merely used *lex specialis* as a technical tool in this case. However, it can be questioned whether the applicability of human rights law in an armed conflict should be reduced to such a technical question and whether using *lex specialis* in this regard was correct. In any case, attention needs to be drawn to the technical nature of *lex specialis*. It is a rule where contextual sensitivity is given to a special rule in particular circumstances. An abstract determination of an entire area of law as being more specific towards another area of law is not, in effect, realistic."

1987 So auch MILANOVIC, Extraterritorial Application of Human Rights Treaties, S. 233/234.

of state intent in the interpretative process."[1988]. Das allein der Staatenwille nicht über die Interpretation der EMRK entscheidet, wird auch in der Rechtsprechung des EGMR immer wieder betont[1989]. Es ist zudem nicht geklärt, wie sich ein solches vom Staatswillen geprägtes Verständnis von *lex specialis* mit anderen Auslegungsprinzipien der Menschenrechte, wie beispielsweise dem Meistbegünstigungsprinzip verträgt[1990].

Die Ansichten, inwiefern das lex-specialis-Prinzip mit seinem ungeklärten Verhältnis zwischen der generellen und speziellen Norm (Ausschluss oder Einfluss auf die Interpretation, vgl. Ziff.I) eine Komplementarität die Rechtsmaterien zulässt, scheinen auseinanderzugehen[1991].

Ben-Naftali und *Shany* scheinen durchaus von Raum für eine komplementäre Anwendung auszugehen, wenn sie den lex-specialis-Ansatz des IGH folgendermaßen interpretieren: „While the Court determined that in situations of armed conflict, primacy is given to IHL as the *lex specialis*, it suggested that *this primacy does not remove human rights law from consideration*. Indeed, the emphasis the Court placed on the humanitarian considerations that *inform* IHL, underscores the purpose and underlying principles common to both regimes as the rationale for their coapplication."[1992] Demgegenüber scheint *Oberleitner* der Ansicht, dass der lex-specialis-Ansatz eine Komplementarität ausschließt und somit besser Abstand von ihm zu nehmen sei: „The precondition for the use of the principle of *lex specialis* ist that at least some discernible potential incosistency between two norms exists, and the consequence of its application is that the special law prevails over the general norm, whether as the solution of a norm conflict or by way of interpretation. When *lex specialis* is applied, it must consequently lead to preferring one norm over the other, even if the other norm remains applicable, otherwise two norms complement each other: complementarity and *lex specialis derogat legi generali* therefore cannot mean the same."[1993] Seiner Vorstellung nach sollte man sich vom lex-specialis-Ansatz verabschieden und ihn ersetzen durch „the mutual interpretation of human rights and humanitarian law with a view to ensuring maximum protection as the guiding principle, while at the same time preserving the consistency of international law and guaranteeing operational

1988 McCarthy Conor, in: Arnold/Quénivet, S. 114.
1989 Vgl. zB EGMR, Urteil vom 11.1.1961, Austria v Italy, Nr. 788/60, Z. 116.
1990 Lindroos, Nordic Journal of International Law 2005, S. 41.
1991 Prud'homme, Israel Law Review 2007, S. 369: „Seemingly, in the context of the articulation of the relationship between international human rights law and international humanitarian law, the *lex specialis* principle has been used and interpreted in both ways."
1992 Ben-Naftali/Shany, Israel Law Review 2003, S. 57; vgl. auch Pauwelyn, S. 410: „*[Lex specialis]* does not conflict with nor, *a fortiori*, overrule the other norm. Thus, in this case both the *lex specialis* and the *lex generalis* could be applied side by side, the *lex specialis* playing the greater role of the two."
1993 Oberleitner, S. 101.

clarity."[1994] Kritisch sehen auch *Hampson/Lubell* den Ausdruck lex specialis im Zusammenhang mit dem vorliegenden Problem, da er lediglich Verwirrung stiften würde[1995]. Das lex-specialis-Prinzip sei „designed to deal with a different situation – a vertical relationship between a general regime and specific regimes. The relationship between LOAC/IHL and human rights law involves a different problem – the horizontal collision of two separate legal regimes."[1996]

Eine vermittelnde Ansicht[1997] meint, dass das lex-sepcialis-Prinzip grundsätzlich für das Verhältnis der Materien bzw. einzelner Normen der Materien durchaus fruchtbar gemacht werden könne, jedoch je nach Sachverhalt sowohl die Menschenrechte als auch das humanitäre Völkerrecht lex specialis sein könne: „[S]everal participants pointed out that [the] reasoning [of the ICJ] – hough perfectly consistent for interpreting the precise content of the right to life – could not necessarily be generalised to all relations between IHL and human rights law. On the contrary, as human rights law is more precise than IHL in certain domains, the relation of interpretation must also be able to operate in the other direction."[1998]

IV. Ergebnis

Das lex-specialis-Prinzip erscheint zunächst als einfache, dogmatische Lösung der schwierigen Frage des Verhältnisses zweier spezieller Regimes. Dies gilt auch und gerade für eine Übertragung auf das Verhältnis des humanitären Völkerrechts und der Menschenrechte: Während man sich vordergründig zur gleichzeitigen Geltung der Rechtsmaterien bekennt, hat man mit dem konkreten Verhältnis dieser doch teilweise so unterschiedlichen Materien keine Probleme. Bei näherer Betrachtung ergibt sich jedoch, dass das lex-specialis-Prinzip nicht dazu gedacht ist, das Verhältnis zweier Regime in Gänze zu regeln – und zwar weder zu Gunsten der Menschenrechte, noch zu Gunsten des humanitären Völkerrechts[1999]. Letzteres gilt vorliegend insbesondere auch deshalb, weil nicht

1994 Oberleitner, S. 104; vgl. auch Prud'homme, Israel Law Review 2007, S. 359.

1995 Hampson/Lubell, Hassan v UK, Amicus curiae brief, Z. 18.

1996 Hampson/Lubell, Hassan v UK, Amicus curiae brief, Z. 18.

1997 Vgl. zB Doswald-Beck, International Review of the Red Cross 1997 (zitiert bei Prud'homme) und das Internationale Rote Kreuz, Round Table on Current Problems on International Humanitarian Law and Other Legal Regimes, Interplay in Situations of Violence, S. 9.

1998 Internationale Rote Kreuz, Round Table on Current Problems on International Humanitarian Law and Other Legal Regimes, Interplay in Situations of Violence, S. 9; Henckaerts Jean-Marie, in: Arnold/Quénivet N. R. (Hrsg.) 2008, S. 26/27.

1999 Milanovic bemerkt treffend: „[W]e will realise that lex specialis must be abandoned as a sort of magical, two-word explanation of the relationship between IHL and HRL.", Milanovic, Journal of Conflict and Security Law 2010, S. 462.

einzusehen ist, dass die zeitliche Anwendbarkeit der Materie mit ihrer Spezialität gleichzusetzen ist.

Im Übrigen ist nicht zu übersehen, dass der Inhalt des Prinzips bei genauerer Untersuchung vage bleibt und es zudem fraglich erscheint, inwiefern eine Anwendung im Völkerrecht im Allgemeinen und im Bereich der „specialized regimes" im Besonderen in Betracht kommt. Dies liegt zum einen an den Strukturen im Völkerrecht, zum anderen auch daran, dass das Prinzip keine Mittel zur Verfügung stellt, das spezielle gegenüber dem generellen Recht zu ermitteln. *Prud'homme* ist zuzustimmen, wenn sie sagt: „[T]he vagueness of the *lex specialis* principle generates serious reservations as to its ability to stand as a sound theoretical model that clarifies the co-existence of the two disciplines and articulates their interplay."[2000] Somit ist der Nutzen des Prinzips auch mit Blick auf konkrete Normen und Sachverhalte begrenzt. Dennoch bleibt für die Analyse der Rechtsprechung im Hinterkopf zu behalten, dass sich unter dem – nun einmal sehr beliebten Schlagwort – lex specialis auch andere Konzepte verbergen mögen.

C. Weitere Theorien zur Art des Verhältnisses

Die Trennungstheorie – ob nun in klassischer Form oder gewandet im „lex-specialis-Ansatz" – stellt jedoch nicht die überwiegende Meinung dar[2001]. In der Literatur macht man sich vielmehr Gedanken darüber, wie die beiden Rechtsgebiete sich im Lichte ihres gemeinsamen Kerns zueinander verhalten (können). Diese Entwicklung spiegelt die Praxis wider: seit der Teheraner Konferenz 1968, die zur Resolution „Human Rights in Armed Conflict"[2002] führten, haben sowohl UN-Organe[2003], Fallstudien zu Konflikten[2004] und Sondertribunale[2005] bestätigt,

---

2000 PRUD'HOMME, Israel Law Review 2007, S. 381/382.

2001 Wie Milanovic es ausdrückt: „If human rights accrue to human beings solely by virtue of their humanity, why should these rights then evaporate merely because two States, or a State and a non-State actor, have engaged in an armed conflict? More limited these rights might be, but they cannot be completely extinguished or displaced if their basic universality premise, that they are inherent in the human dignity of every individual, is accepted. (...) In other words, it is the *law* that human rights are universal and that they accrue to every human being, war or no war. Nothing more needs to be said, and indeed nothing more *can* be said on the matter.", MILANOVIC, Journal of Conflict and Security Law 2010, S. 464/465.

2002 Abrufbar unter: https://ihl-databases.icrc.org/applic/ihl/ihl.nsf/Article.xsp?action=openDocument&documentId =7F99C549B16DF20BC12563CD0051D3BC, zuletzt besucht im Februar 2019.

2003 Vgl. sogleich unten die Analyse der Rechtsprechung des Menschenrechtsausschusses.

2004 KÄLIN, Human Rights in Times of Occupation.

2005 Vgl. hierzu ausführlich: CRYER, Journal of Conflict and Security Law 2009.

dass Menschenrechte und humanitäres Völkerrecht zusammen anwendbar sind und zum Verhältnis Stellung genommen.

I. Grundsätzliches

Bevor die Theorien weiter untersucht werden sollen, muss zunächst einmal geklärt werden, welchem Zweck sie dienen. Zwei Konstellationen sind grundsätzlich denkbar: So könnten sie lediglich den Zustand beschreiben, in dem sich beide Rechtsmaterien bereits befinden (Ist-Zustand); ebenso aber könnten sie eine Entwicklung im Verhältnis der beiden Rechtsmaterien zueinander prognostizieren oder gar herbei führen wollen (Soll-Zustand). *Milanovic* scheint Letzteres durchaus so zu sehen, da der sich Teil eines Projekts fühlt, welche Regeln bezüglich des Bezugs der beiden Rechtsmaterien zueinander mitgestaltet[2006]. Eindeutig soll sich hier nicht mit deskriptiver Tätigkeit allein begnügt werden. Grundsätzlich stellt sich die Frage, ob dies bei einem Rechtsgebiet, welches derart in Bewegung ist wie das vorliegende, eine reine „Entdeckung" des Verhältnisses überhaupt möglich ist – zumal es im Völkerrecht durch Änderung des Verhaltens, wenn diese durch eine Rechtsansicht getragen ist, gerade zu einer Veränderung des Rechts selbst kommen kann. Die völkerrechtliche Literatur hat – gerade auf neuem Terrain – an eine Weiterentwicklung einen Anteil, in dem sie die dogmatischen Werkzeuge an die Hand gibt.

Vorliegend ist somit davon auszugehen, dass sich die in der Literatur vertretenen Ansichten auf eine sich im Fluss befindliche Materie beziehen, durch ihre Ansichten den Gegenstand beeinflussen und teilweise in der Zukunft liegenden Entwicklungen beschreiben. Teilweise sind die Aussagen recht detailliert und durchdacht, teilweise aber zeichnen sie auch nur ein grobes Bilde dessen, wie die Rechtskörper sich zueinander verhalten oder verhalten sollen.

Eine besondere Rolle spielen in der Literatur insbesondere zwei Strömungen, die als „integrationistische Theorie" und „komplementaristische Theorie" bezeichnet werden. Diese sollen nun genauer analysiert werden.

II. Integrationistische Theorie

Die integrationistische Theorie geht davon aus, dass die beiden Rechtsgebiete humanitäres Völkerrecht und Recht der Menschenrechte zu einem Rechtsgebiet verschmelzen. Ob dies bereits der Fall ist, schon immer der Fall war oder für die Zukunft gewünscht wird, scheint unterschiedlich beurteilt zu werden.

Teilweise scheint es für die Zuordnung zur integrationistischen Theorie schon zu genügen, eine Einordnung der beiden Rechtsmaterien zu versuchen[2007]. Je

2006 Milanovic, Journal of Conflict and Security Law 2010, S. 240.

2007 SSchäfer, Zum Verhältnis Menschenrechte und humanitäres Völkerrecht, S. 35/36; Oberleitner, S. 122 ff.

nachdem, welcher der beiden Rechtsmaterien als Oberbegriff für den anderen gewählt wird, sollen bereits zwei verschiedene Formen des Integrationismus bestehen[2008]. Genannt werden in diesem Zusammenhang insbesondere *Pictet*, da dieser das humanitäre Völkerrecht als das „Grundrecht" der beiden Materien identifiziert[2009], sowie *Robertson*, welcher umgekehrt die Menschenrechte als Basis beider Rechtsmaterien sieht[2010]. Auch der Ausdruck „Human Rights in Armed Conflict" (vgl. A.II.2.) kann so verstanden werden, dass die Menschenrechte als die übergeordnete Rechtsmaterie gesehen werden[2011].

Allein dieser Überbau ist jedoch schwerlich für eine substantielle Theorie zum Verhältnis der beiden Rechtsmaterien im Sinne einer integrationistische Theorie fruchtbar zu machen, ob nun die Menschenrechte zum humanitären Völkerrecht zu zählen sind oder umgekehrt. Die der integrationistische Theorie zugeordneten Autoren machen häufig nur sehr knappe Bemerkungen dahingehend, dass die Rechtsgebiete verschmelzen, ohne Weiteres dazu auszuführen[2012]. Es stellt sich zum einen die Frage, ob die einmalige Wortwahl des „Verschmelzens" oder „Zusammenschluss" bereits ausreicht, um eine völlig neue Theorie zu begründen[2013]. Falls man dies bejaht, stellt sich weiterhin die Frage, ob die

---

2008 Schäfer, Zum Verhältnis Menschenrechte und humanitäres Völkerrecht, S. 35/ 36.

2009 {Pictet 1975 #242}, S. 13: „Humanitarian law comprises two branches: the law of war and human rights."; Pictet spricht sich im Übrigen jedoch für eine Komplementarität der Rechtsmaterien aus, vgl. ibid, S. 15: „Thus, the two systems are complemntary, and indeed they complement one another admirably, but they must remain distinct, if only for the sake of expediency."

2010 Robertson wird insbesondere mit Folgendem Ausspruch zitiert: „(...) [H]uman rights law is the genus of which humanitarian law is the species. Human rights law relates to the basic rights of all human beings everywhere, at all times; humaniitarian law relates to the rights or particular categories of human beings – principally, the sick, the wounded, prisoners of war – in particular circumstances, i.e. during periods of armed conflict."Robertson Arthur Henry, in: Swinarski (Hrsg.) 1984, S. 797; ähnlich: Tomuschat, European Journal of International Law 2010, S. 338.

2011 Schäfer, Zum Verhältnis Menschenrechte und humanitäres Völkerrecht, S. 37; vgl. hierzu auch Oberleitner, S. 122.

2012 Vgl. neben den oben genannten auch Garraway, Journal of Conflict and Security Law 2010, S. 499 ff, der zur Verschmelzung folgendermaßen Stellung nimmt: „Just as the traditional boundaries that have divided conflict into different types appear to have broken down, so the legal regimes have merged into one another with not altogether satisfactory results.", jedoch im Übrigen nicht anders zur Thematik Stellung nimmt als viele Komplementaristen.

2013 Teilweise scheint die Verwendung der Begrifflichkeiten nicht ganz klar. So meint Kolb einerseits: „From a situation of segregation and mutual disinterest, there has been a move towards a situation of progressive *interpenetration*, if not *merger*." Gleich darauf meint der Autor jedoch: „The correct way of conceiving the mutual relationships of the two areas is not to imagine any *fusion* of both.", Kolb Robert,

integrationistische Theorie weniger eine Beschreibung des Istzustands, als vielmehr eine Zukunftsvision ist.

Oberleitner lehnt die Zusammenfassung der beiden Rechtsmaterien unter einen gemeinsamen Oberbegriff mit dem Argument ab, dies spiegele nicht die historische Entwicklung wider[2014]. Vielmehr sieht er den Einfluss der Menschenrechte als „transformative process“[2015], welcher noch nicht zum Abschluss gekommen ist. An dessen Ende soll nach Vorstellung des Autors eine Integration der beiden Rechtskörper nach folgendem Maßstab stehen: „[A] legal framework which governs all questions of armed conflict in their various forms, which is constituted at its core of international humanitarian law, and where international human rights law is applied in a complementary or cumulative fashion while at the same time providing the foundational normative value and operational direction.“[2016] Während er eine formale Verschmelzung der Rechtsmaterien wegen der Gefahr eines verminderten Schutzniveaus nicht gutheißt[2017], scheint er die Grenze zwischen komplementaristischer Theorieund integrationistischer Theorie dort zu ziehen, wo sich Komplementaristen mit einer statischen Auslegung der beiden Rechtsgebiete begnügen und das humanitäre Völkerrecht nicht durch die Linse der Menschenrechte betrachten[2018].

Heintze scheint der Ansicht, dass die Integration der Rechtsmaterien zu einem kleinen Teil bereits heute erreicht sei und nennt als Beispiel hierfür das Abkommen über die Rechte des Kindes[2019]. Er führt aus: „Das 1989 verabschiedete Übereinkommen über die Rechte des Kindes entspricht in eindrucksvoller Weise der Theorie von der Integration des humanitären Völkerrechts in die Rechtsordnung der Menschenrechte. (...) Das Protokoll ist ein Beleg dafür, dass heute der Standard des humanitären Völkerrechts bezüglich des Schutzes der Zivilisten nicht mehr ermittelt werden kann, ohne die Menschenrechte zu berücksichtigen. (...) Diese Konvergenz, die bislang in der kumulativen Anwendung zum Ausdruck kommt, könnte dazu führen, dass der Menschenrechtsschutz und das humanitäre Völkerrecht einmal zu einem einheitlichen Rechtskörper zusammenwachsen.“[2020] *Heintze* scheint somit zwar einerseits Andeutungen einer Integration der Rechtsmaterien bereits heute zu sehen, jedoch eine tatsächliche Verwirklichung erst in der Zukunft zu erwarten. Zudem ist das gewählte Beispiel des Übereinkommens

---

Human Rights and Humanitarian Law, http://opil.ouplaw.com/home/epil, Rn. 44; Hervorhebung durch die Verfasserin.

2014 Oberleitner, S. 124.

2015 Oberleitner, S. 124.

2016 Oberleitner, S. 124.

2017 Oberleitner, S. 124.

2018 Oberleitner, S. 122/124.

2019 UN Doc. A/RES/4/25, 20.11.1989.

2020 Heintze, Journal of International Law of Peace and Armed Conflict 2011, S. 10/11.

über die Rechts des Kindes Beleg dafür, dass für einen integrationistische Theorie ein „gesetzgeberisches" Tätigwerden vonnöten ist – die Rechtsgrundlagen sind bisher aufgrund ihrer Geschichte nur sehr bedingt integrativ und das Völkergewohnheitsrecht benötigt Zeit, um sich in diese Richtung zu entwickeln.

Zusammenfassend lässt sich sagen, dass die integrationistischen Theorien, sobald über Schlagworte hinausgegangen wird, derzeit als in der Entwicklung begriffen als eine Zukunftsvision für das Verhältnis der Rechtsmaterien angesehen werden muss, wenn auch Ansätze bereits zu erkennen sind und der sog. „transformative Komplementarismus" ebenfalls auf dieses Ziel hinarbeiten mag.

III. Komplementaristische Theorie

Wenn auch weit weniger als die integrationistische Theorie scheint auch der komplementaristische Theorie zu einem Teil lediglich aus einem begrifflichem Überbau zu bestehen[2021]. *Schäfer* charakterisiert die Haltung zum Verhältnis dahingehend, dass „das humanitäre Völkerrecht und die Menschenrechte weiterhin gleichgeordnete und voneinander verschiedene, wenn auch eng verbundene und sich zum Teil überlappende Gebiete des Völkerrechts sind, die sich gegenseitig ergänzen."[2022] Als Vertreter dieser – wohl herrschenden – Ansicht sind unter anderem *Gasser*[2023], *Kimminich*[2024], *Prud'homme*[2025], sowie das Internationale Rote Kreuz zu nennen[2026].

Grundlegender Gedanke dieser Theorie ist, dass die beiden Rechtsmaterien trotz ihrer Unterschiedlichkeit einen gemeinsamen Kern haben: das „Prinzip der Menschlichkeit"[2027]. Um den größtmöglichen Schutz der Individuen zu erreichen, müsse ein Weg gefunden werden, wie sich die Rechtsmaterien ergänzen. Die Terminologie kann durchaus kritisiert werden, da Begriffe wie „Konvergenz"

2021 Vgl. auch OBERLEITNER, S. 106.

2022 SCHÄFER, Zum Verhältnis Menschenrechte und humanitäres Völkerrecht, S. 38/39; vgl. auch OBERLEITNER, S. 122: „But both schools of thought agree that the distinctiveness of the two legal regimes need to be preserved, and deny and reject any further integration of human rights and humanitarian law."

2023 GASSER, German Yearbook of International Law 2002, S. 162 („complementary character").

2024 Dieser sprach schon früh von „gegenseitiger Beeinflussung" und „Wechselwirkung", vgl. KIMMINICH, 2, S. 40.

2025 PRUD'HOMME, Israel Law Review 2007, S. 386 ff.

2026 Vgl. KELLENBERGER, Revue Internationale de la Croix-Rouge 2003, S. 646 („distinct but complementary").

2027 SCHÄFER, Zum Verhältnis Menschenrechte und humanitäres Völkerrecht, S. 39; HEINTZE, Sicherheit und Frieden = Security and peace 2007, S. 154F, 161; KELLENBERGER, Revue Internationale de la Croix-Rouge 2003, S. 646: „The common underlying purpose of international humanitarian and international human rights law is the protection of the life, health and dignity of human beings."

und „kumulative Anwendung“ benutzt werden, ohne genau zu klären, was diese bedeuten sollen[2028]. *Oberleitner* charakterisiert die komplemtaristische Theorie wie folgt: „[Complementarists] seek to reconcile differences in the application of norms by way of interpretative techniques to achieve coherent legal framework for armed conflicts which still acknowledges the primacy of humanitarian law, at least in certain circumstances.“[2029] Dem ist zuzustimmen: Anhänger der komplementaristischen Theorie stellen die beiden Rechtsmaterien nicht zusammenhangslos nebeneinander[2030], sondern versuchen sich an der Formulierung eines Zusammenspiels – jedenfalls dort, wo die Theorie über bloße Schlagworte hinausgeht. An dieser Stelle sei insbesondere *Milanovic* zu nennen, der die Entwicklung solcher Bezugnahmen als Projekt sieht, an dem die Literatur mitwirken sollte[2031]. Es werden unterschiedliche dogmatische Ansätze verfolgt, die beiden Rechtsmaterien in ein Verhältnis zu bringen.

1. Lex-specialis-Prinzip

Zu erwähnen ist, dass das lex-specialis-Prinzip auch in den Theorien der Komplementaristen eine wichtige Rolle spielt. Die Rechtsprechung des IGH ist auf unterschiedlichste Art und Weise gedeutet worden – von separatistischen Ansätzen, die dazu führen, dass das humanitäre Völkerrecht als Rechtsmaterie den Menschenrechten vorgeht (s. A.I.1.), zu komplementaristischen Ansätzen, die trotz der Anwendung des lex-specialis-Prinzips noch Raum für eine tatsächliche gleichzeitige Anwendung der beiden Rechtsmaterien sehen. Ein Vertreter dieser Ansicht scheint das United Nations Office of the High Commissioner for Human Rights zu sein. Dieses führt auf den konkreten Einsatz von Gewalt aus: „Even where international human rights law prevails as the lex specialis in the context of armed conflict, international humanitarian law remains in the background and may in some specific situations relax the international human rights law requirements of proportionality and warning, once an attempt to arrest has been unsuccessful or is not feasible. Similarly, even where international humanitarian law prevails as the lex specialis, international human rights law remains in the background and may require an inquiry whenever a person has been deliberately killed by security forces in a non-combat situation.“[2032] Wie deutlich wird, wäre auch die vorrangige speziellere Materien nicht festgelegt; in Frage kommen sowohl die Menschenrechte als auch das humanitäre Völkerrecht.

2028 Vgl. zur Kritik und eine Erklärung der Begrifflichkeiten: Oberleitner, S. 106.
2029 Oberleitner, S. 122.
2030 Oberleitner, S. 106. Der Autor kritisiert die sehr offene Formulierung der „European Union Guidelines on Promoting Compliance with International Humanitarian Law“, [2009] OJ C303/12, Z. 12.
2031 Milanovic, Journal of Conflict and Security Law 2010, S. 460/461.
2032 United Nations Office of the High Commissioner of Human Rights, International Legal Protection of Human Rights in Armed Conflict, HR/PUB/11/01, S. 68.

Der Versuch, den lex-specialis-Ansatz des IGH in die komplementaristische Theorie einzuarbeiten hat – insbesondere von den Gegnern des lex-specialis-Ansatzes – auch Kritik erfahren. Einerseits wird der lex-specialis-Ansatz für untauglich gehalten, das Verhältnis zweier Normen in einem nicht-hierarchischen System überhaupt zu bestimmen, andererseits wird teilweise die Etablierung eines Rangverhältnisses mit dem Begriff der Komplementarität für unvereinbar gehalten[2033].

Jedoch gibt es auch Stimmen, die von einer Variante des lex-specialis-Prinzips ausgehen, die keinen Vorrang statuiert. Nach dieser Ansicht soll die eine Variante einen Vorrang begründen, während die andere zu einer komplementären Anwendung führt. Vertreter dieser Ansicht scheint das University Centre for International Humanitarian Law zu sein, dessen Analyse der beiden IGH-Gutachten zu folgendem Schluss kommt: „IHL is lex specialis complementa (complementary) and not derogate (derogatory) of human rights law."[2034] Nimmt man dies allerdings an, scheint das Wesen des Prinzips ausgehöhlt: wieso eine speziellere Norm identifizieren, wenn man sie komplementär anwendet? Wie *Prud'homme* richtig bemerkt, steht eine solche Auslegung der systemischen nahe[2035].

2. „Renvoi"

Teilweise[2036] wird vorgeschlagen, eine Komplemtarität der Rechtsmaterien über den aus dem Privatrecht entlehnten Ansatz des „renvoi" zu erreichen. Anders als das lex-specialis-Prinzip gibt es dieser Ansatz nicht vor, ein Automatismus zu sein, sondern legt seine wertegeleitete Natur offen, indem es die pragmatischere Norm bevorzugt[2037]. Im Übrigen bleibt vieles im Unklaren, weswegen *Oberleitner* das Konzept auch ablehnt[2038].

Der von *Kolb* unter dem Stichwort „renvoi" vorgeschlagene Ansatz scheint bei näherer Betrachtung sehr der systemischen Integration zu gleichen: Er schlägt vor, dass unbestimmte Rechtsbegriffe in beiden Materien dazu benutzt werden sollten, um die jeweils andere zu berücksichtigen. Zudem meint der Autor: „[The relationship of the two regimes] is thus not so much a matter of putting one source in the place of the other – which is the traditional meaning of the *lex*

2033 Vgl. Oberleitner, S. 107, der meint: „[U]nlike *lex specialis*, complemetarity is less about establishing prevalence than it is about securing consistency, filling gaps and achieving broader normative coverage."

2034 Expert Meeting on the Supervision of the Lawfulness of Detention during Armed Conflict, organisiert durch das University Centre for International Humanitarian Law, 24–25 Juli 2004 in Genf.

2035 Vgl. Prud'homme, Israel Law Review 2007, S. 389.

2036 Vgl. bei Kolb, Human Rights and Humanitarian Law, http://opil.ouplaw.com/home/epil, Z. 35 ff.

2037 Oberleitner, S. 107.

2038 Oberleitner, S. 107.

specialis rule – but rather of complementing both with each other in the context of a proper interpretation. The matter is more properly described as one of ‚renvoi' rather than one of *lex specialis*."[2039] Deshalb scheint es richtiger, diesen Interpretationsvorschlag der systemischen Integration zuzuordnen, die sogleich näher betrachtet werden soll.

3. *Systemische Integration*

Als weiterer wichtiger Ansatz für die „Versöhnung" der beiden Rechtsmaterien ist die systemische Integration zu nennen. In der Literatur wird dieser unterschiedlich bewertet: während die einen ihn für irrelevant halten[2040], sprechen die anderen von einem „master key"[2041], der das gesamte Völkerrecht „aufschließen" kann.

a) Grundzüge

Dieser Ansatz ist weniger dahingehend zu verstehen, dass einer Rechtsnorm Priorität eingeräumt werden soll (wie dies sowohl beim lex-specialis- als auch beim renvoi-Ansatz der Fall ist), sondern möchte durch kohärente Interpretation potentiell konfligierende Rechtsmaterien so ins Verhältnis zu setzen, dass ein Normkonflikt möglichst vermieden wird[2042]. In diesem Zusammenhang wird – jedoch nicht immer[2043] – Art. 31 Abs. 3 lit. c WVRK genannt, der lautet: „There

---

2039 Kolb Robert, Human Rights and Humanitarian Law, http://opil.ouplaw.com/home/epil. Z. 36.

2040 So äußert Judge Weeramantry in seiner Separate Opinion im IGH-Fall Gabčíkovo-Nagymaros die Ansicht: "Unfortunately, the Vienna Convention offers very little guidance regarding this matter which is of such importance in the environmental field. The provision in Article 31, paragraph 3 (c), providing that ‚any relevant rules of international law applicable in the relations between the parties' shall be taken into account, scarcely covers this aspect with the degree of clarity requisite to so important a matter.", IGH, Urteil vom 25.9.1997, Case concerning the Gabčíkovo-Nagymaros Project ((Hungary v Slovakia), S. 114.

2041 Ms. Xue Hanqin, zitiert in der ILC-Studie Koskenniemi, Z. 420; Befürworterin der systemischen Integration für das humanitäre Völkerrecht und die Menschenrechte auch: Prud'homme, Israel Law Review 2007, S. 386 ff.

2042 MacLachlan, The International and Comparative Law Quarterly 2005, S. 286; Koskenniemi, Z. 412: „Interpretation does not intervene only once it has already been ascertained that there is a conflict. Rules appear to be compatible or in conflict *as a result of interpretation*.", Hervorhebung im Original.

2043 Art. 31 Abs. 3 lit. c WVRK wird für den Ausdruck eines über die Vorschrift selbst hinausgehenden Prinzips gehalten, vgl. MacLachlan, The International and Comparative Law Quarterly 2005, S. 280; Koskenniemi, Z. 413; Oberleitner spricht von „systemic coherence", ohne Art. 31 Abs. 3 lit. c WVRK zu zitieren, Oberleitner, S. 108f; vgl. auch Koojimans in seiner Separate Opinion in „Oil Platforms", in der die WVRK nicht erwähnt wird. AA ggf. Dörr/Schmalenbach, Section 3, Interpretation of Treaties, Rn. 89.

shall be taken into account, together with the context: Any relevant rules of international law applicable in the relations between the parties."[2044]

Diese Norm, als völkergewohnheitsrechtliche anerkannt[2045], wurde lange Zeit – jedenfalls in der Rechtsprechung – kaum beachtet[2046]. Aus ihrem Dornröschenschlaf wurde sie jedoch in der letzten Dekade durch die Entscheidungen einiger internationaler Rechtsprechungsorgane geweckt. Neben wirtschaftsrechtlich ausgerichteten internationalen Rechtsstreitigkeiten[2047], ging auch der IGH in seinem Urteil „Oil Platforms"[2048] auf die systemische Integration nach Art. 31 Abs. 3 lit. c WVRK ein. Unter den Menschenrechtsorganen hat sich insbesondere der EGMR auf das Prinzip des systematischen Integration berufen[2049](vgl. auch Ziff. D.I.).

Der genaue Inhalt des Konzepts scheint wiederum nicht ganz leicht zu fassen. Dies mag zum einen daran liegen, dass sich die Rechtsprechung erst seit Kurzem mit dem Prinzip auseinandersetzt; zum anderen daran, dass es auf viele Fälle Anwendung findet und als Auslegungsprinzip deshalb notgedrungen abstrakt bleiben muss. Dennoch soll im Folgenden der Inhalt kurz umrissen werden.

In der Literatur haben sich insbesondere die ILC-Studie[2050] und *McLachlan*[2051] mit der systemischen Integration zur Harmonisierung fragmentierter

---

2044 Diese Auslegungsregel bezieht sich auf die beiden vorhergehenden Absätze, die folgendermaßen lauten: „A treaty shall be interpreted in good faith in accordance with the ordinary meaning to be given to the terms of the treaty in their context and in the light of its object and purpose. (Abs. 1) The context for the purpose of the interpretation of a treaty shall comprise, in addition to the text, including its preamble and annexes:(a) Any agreement relating to the treaty which was made between all the parties in connexion with the conclusion of the treaty; (b) Any instrument which was made by one or more parties in connexion with the conclusion of the treaty and accepted by the other parties as an instrument related to the treaty. (Abs. 2)

2045 Koskenniemi, Z. 427; vgl. auch die Nachweise bei MacLachlan, The International and Comparative Law Quarterly 2005, S. 293, Fn. 61; vgl. auch Dörr/Schmalenbach, Section 3, Interpretation of Treaties, Rn. 6.

2046 MacLachlan, The International and Comparative Law Quarterly 2005, S. 279/280.

2047 Vgl. hierzu die Ausführungen in Koskenniemi, Z. 433 ff.

2048 IGH, Urteil vom 6.11.2003, Case Concerning Oil Platforms (Islamic Republic of Iran v United States of America). Bemängelt wurde allerdings, dass der Gerichtshof nichts Weiteres zur Methodik ausführt: „The Court for the first time acknowledged the pivotal role of article 31 (3) (c) in this process, but did not give any further guidance as to when and how it should be applied.", Koskenniemi, Z. 458.

2049 EGMR, Urteil vom 21.11.2001, Al-Adsani v United Kingdom, Nr. 35763/97; EGMR, Urteil vom 21.11.2001, Fogarty v United Kingdom, Nr. 37112/97; EGMR, Urteil vom 21.11.2001, McElhinney v United Kingdom, Nr. 31253/96.

2050 Koskenniemi, Z. 410 ff.

2051 MacLachlan, The International and Comparative Law Quarterly 2005.

Rechtsgebiete bzw. Normen aus fragmentierten Rechtsgebieten beschäftigt. Letzteres kann bereits als Lehre aus den Studien gesehen werden: Mit Hilfe der systemischen Integration sollen weniger ganze Rechtsgebiete zueinander in Bezug gesetzt als vielmehr einzelne Regeln in einem konkreten Anwendungsfall harmonisiert werden[2052].

Hintergrund auch dieses Prinzips ist wiederum, dass das Völkerrecht grundsätzlich keine Normenhierarchie vorzuweisen hat und somit keiner Norm „intrinsic priority“[2053] zukommt. Um dennoch ein harmonisches Verhältnis zwischen den Normen zu schaffen, gilt laut ILC-Studie für die Interpretation Folgendes: „(...) to carry out the interpretation so as to see the rules in view of some comprehensible and coherent objective, to prioritize concerns that are more important at the cost of less important objectives.“[2054] Die Studie gibt zu, dass die Befolgung dieses Prinzips – anders als dies bei eindeutigen Anweisungen des Vorrangs über Spezialität, Temporalität oder Status[2055] – zu keinem „automatischen Ergebnis“ führe. Dennoch müsse das Völkerrecht in seiner Gesamtheit in die rechtliche Würdigung[2056] Eingang finden. Erfolgreich sei die systemische Integration dann, wenn sie die Rechtsgemeinschaft überzeuge[2057]. Kritiker sehen hierin einen großen Ermessensspielraum für den jeweiligen Rechtsanwender[2058].

Diesem Ansatz sehr ähnlich sind die Ausführungen von *Hampson/Lubell* in ihrem Amicus-curiae-brief im Fall Hassan v UK, wenn sie folgende Methode vorschlagen: „As regards the interplay between the two regimes, there could be no single applicable rule. Any given situation was likely to require elements of both bodies of law working together, but the balance and interplay would vary. (...) The second step would be to undertake a contextual analysis using both international humanitarian law and human rights law, in the light of the circumstances of the case at hand. On condition that the human rights body presented its analysis with sufficient coherence and clarity, the decisions generated would provide guidance to both States and armed forces ahead of future action. It went without saying that the approaches and the result had to be capable of being applied in practice in situations of armed conflict.“[2059] Die Ausführungen sind bereits auf

---

2052 Vgl. auch Milanovic, Journal of Conflict and Security Law 2010, S. 462.

2053 Koskenniemi, Z. 419.

2054 Koskenniemi, Z. 419.

2055 Koskenniemi, Z. 412.

2056 „Legal resoning“, Koskenniemi, Z. 419.

2057 Koskenniemi, Z. 419.

2058 Henckaerts Jean-Marie, in: Arnold/Quénivet N. R. (Hrsg.) 2008, S. 8: „[I]t should not comes as a surprise that the principle of systematic integration leaves a great room of maneuver to law-applying bodies and interpreters, as it behooves them to determine the normative environment of the interpreted norm, and in particular, its centre of gravity.“ Es stellt sich jedoch die Frage, ob dieser Spielraum bei den anderen Theorien kleiner ausfällt.

2059 EGMR, Urteil vom 16.9.2014, Hassan v UK, Nr. 29750/09, Z. 94.

die Perspektive eines menschenrechtlichen Vertragsorgans angepasst, welches die Linse, durch das es das Verhältnis der Rechtsmaterien sieht, nicht frei wählen kann, sondern einen Zugang nur über die Auslegung der Menschenrechte finden kann.

Als normatives Umfeld kommen neben dem Vertragsrecht – an das ausweislich der travaux préparatoires vornehmlich gedacht wurde – auch allgemeine Prinzipien des Völkerrechts und das Völkergewohnheitsrecht[2060] in Betracht. Neben dem Vertragsrecht ist für den vorliegenden Untersuchungsgegenstand gerade auch das Völkergewohnheitsrecht interessant: Akzeptiert man im Einklang mit der Studie des Internationalen Roten Kreuzes dass es im Bereich des nicht-internationalen Konflikts Völkergewohnheitsrecht gibt, müsste auch dieses als normativer Kontext im Sinne des Art. 31 Abs. 3 lit. c WVRK angesehen werden. Damit spricht die systemische Integration auch im Fall des internen Konflikts gegen ein reines Recht der Menschenrechte, wie dies von manchen vertreten wird (vgl. A.II.2.b)).

Nicht vergessen werden sollte allerdings, dass es nicht nur dann zu Schwierigkeiten in der Harmonisierung der Rechtsmaterien kommen kann, wenn zwei Regelungen sich widersprechen; ein Problem kann es auch darstellen, wenn eine Materie keine Regelung aufweist. Eine Analyse des normativen Kontexts könnte es erlauben, mit Lücken in einer Rechtsmaterie umzugehen. Zu denken ist hier insbesondere an fehlende Regelungen im humanitären Völkerrecht, die zu bestimmten Sachverhalten, die im Recht der Menschenrechte geregelt sind, keine Stellung beziehen[2061]. Womöglich stellt die Lücke eine „beredte Lücke“ dar, die ebenfalls eine Aussage trifft und die wiederum bei der Auslegung der Menschenrechte im Kontext eines bewaffneten Konflikts beachtet werden muss. Die systemische Integration scheint flexibel genug, auch solche Konstellationen miteinzubeziehen.

b) Abgrenzung systemische Integration von evolutiver Auslegung

Beschäftigt man sich näher mit dem Konzept der systemischen Integration und dem darüber hinaus häufig hinzu zitierten Art. 31 Abs. 3 lit. c WVRK, stolpert

---

2060 Vgl. IGH, Urteil vom 6.11.2003, Case Concerning Oil Platforms (Islamic Republic of Iran v United States of America), in dem der Gerichtshof im Rahmen des Art. 31 Abs. 3 Nr. 3 WVRK insbesondere auf das Völkergewohnheitsrecht zur Frage der Gewaltanwendung („use of force“) abstellte; vgl. auch MacLachlan, The International and Comparative Law Quarterly 2005.

2061 Hampson/Lubell, Hassan v UK, Amicus curiae brief, Fn. 38: „Examples include the manner and circumstances in which a search is conducted, the policing of demonstrations and controls on the operation of the media, for example to protect national security or to prevent the incitement of genocide, war crimes or crimes against humanity. Here, there is no overall context of LOAC/IHL regulation.“

man auch über das Konzept der der sog. „evolutiven Auslegung“ (synonym auch als dynamische Auslegung bezeichnet[2062]). Um das Konzept der systemischen Integration noch besser zu verstehen, erscheint es von Bedeutung, es mit dem der evolutiven Auslegung zu vergleichen und abzugrenzen. Folgende Ausführungen haben nicht die Intention, die evolutive Auslegung von Normen in jeder Facette zu erfassen, da hierüber ganze Bücher geschrieben werden können[2063], sondern die beiden Konzepte insbesondere mit Blick auf den hier relevanten Untersuchungsgegenstand der Menschenrechte und des humanitären Völkerrechts zu erfassen.

aa) Konzept der evolutiven Auslegung

Zunächst heißt es, das Konzept besser zu verstehen. Sowohl Rechtsprechung als auch Literatur haben sich mit dem Konzept, welches nicht allein auf das Völkerrecht beschränkt ist, aber hier von besonderer Prominenz ist[2064], befasst.

In der „Joint Dissenting Opinion“ in der Entscheidung Feldbrugge v The Netherlands[2065] des EGMR hieß es zur evolutiven Auslegung wie folgt: „An evolutive interpretation allows variable and changing concepts already contained in the Convention to be construed in the light of modern-day conditions (...).“[2066]. *Helmerson* definiert die Auslegung hieran angelehnt: „An evolutive interpretation is an interpretation where a term is given a meaning that changes over time.“[2067]. Die evolutive Auslegung bedarf nach diesen Formeln mehrerer Voraussetzungen: eines (1) begrifflichen Anknüpfungspunkt in dem auszulegenden Vertrag, eines (2) zeitlichen Elements mit Blick auf (3) sich ändernden Umstände. Als Gegenstück zur evolutiven Auslegung wird die „statische Auslegung“ gesehen; „an interpretation where terms do not change their meaning over time“[2068]

Beleuchtet man zunächst das zeitliche Element, stellt man fest, dass bereits der Begriff der *evolutiven* Vertragsauslegung auf den Umstand einer Veränderung

---

2062 Helmersen, European Journal of Legal Studies 2013, S. 1 Fn. 1.

2063 Vgl. zB Djeffal, Static and Evolutive Treaty Interpretation.

2064 Helmersen, European Journal of Legal Studies 2013, S. 164. Die Autorin führt aus: „The problems that evolutive interpretation may alleviate are not restricted to international law; they apply universally to all legal systems. The concept is thus well known in domestic law. There is nonetheless a difference between domestic and international law in that the legislative branches of most domestic governments are considerably more flexible and responsive in their legislating than States are in drafting and revising treaties.“

2065 EGMR, Urteil vom 29.5.1986, Feldbrugge v The Netherlands, Nr. 8562/79.

2066 Vgl. EGMR, Urteil vom 29.5.1986, Feldbrugge v The Netherlands, Nr. 8562/79, „Joint Dissenting Opinion“ der Richter Ryssdal, Bindschedler-Robert, Lagergren Matscher, Sir Vincent Evans, Bernhardt und Gersing, Z. 24.

2067 Helmersen, European Journal of Legal Studies 2013, S. 162.

2068 Helmersen, European Journal of Legal Studies 2013, S. 163.

über einen Zeitraum hinweist. Dies bestätigt auch Djeffal, wenn er auch kurze Zeiträume für ausreichend hält: „The notion of 'evolutive' also indicates that the change occurs after a lapse of time, although this might be marginal."[2069] Der IGH – welcher bezüglich seines Ansatzes der evolutiven Vertragsauslegung stark auf den Parteiwillen abstellt[2070] – macht für seine Vermutung, ob seitens der Parteien eine Evolution eines Vertragsbegriffs intendiert worden war, ebenfalls ein zeitliches Element aus: „(...) [W]here the parties have used generic terms in a treaty, the parties necessarily having been aware that the meaning of the terms was likely to evolve over time, and where the treaty has been *entered into for a very long period or is ‚of continuing duration'*, the parties must be presumed, as a general rule, to have intended those terms to have an evolving meaning."[2071]

Während in der soeben erwähnten Formel der Richter der „Joint Dissenting Opinion" die von der zeitlichen Veränderung betroffenen Umstände relativ allgemein mit „concepts" umschreiben, stellt *Arato* im Rahmen der Rechtsprechung des EGMR drei Fälle fest, in denen der Gerichtshof evolutive Auslegung bejaht hat: „In the view of the Court, the Convention may evolve *in a variety of circumstances*. The Court has considered the provisions of the ECHR to be capable of evolving in light of *changes in the practice* of an overwhelming majority of the Parties (‚European Consensus'). It has also resorted to interpreting particular Convention rights dynamically where doing so appears necessary to guarantee that such rights remain practical and effective – not merely illusory – in light of *changed circumstances* (‚*effet utile*'). Most importantly here, the Court will give the Convention an evolutive interpretation in light of developments in the *international and regional normative environment reflecting a more universal, if perhaps partially external, consensus about the meaning of the rights* incorporated in the ECHR (for which the Court relies on VCLT 31(3)(c))."[2072] Die Veränderung kann somit sowohl im Tatsächlichen, als auch im Rechtlichen liegen. Nimm man es ganz genau, zeigt der letzte Anwendungsfall, den *Arato* aufführt, dass es sich auch mit Blick auf die Heranziehung des normativen Umfelds um eine tatsächliche Entwicklung handelt, die sich im Recht lediglich *reflektiert*. Eine weitere Möglichkeit ist die Veränderung in der linguistischen Bedeutung eines Begriffs, wie *Helmerson* richtig bemerkt[2073]. Auf letzteren Wandel scheint auch *Ipsen* mit Blick auf seine Ausführungen zur evolutiven Auslegung abzustellen, wenn er sagt: „Namentlich bei älteren Verträgen stellt sich häufig das Problem, wie der

2069 So auch DJEFFAL, Static and Evolutive Treaty Interpretation, S. 19.

2070 HELMERSEN, European Journal of Legal Studies 2013, S. 170 ff; vgl auch IPSEN, S. 147.

2071 IGH, Urteil vom 13.7.2009, Disputes regarding Navigational and Related Rights", Z. 66, Hervorhebung durch die Verfasserin.

2072 ARATO, Brooklyn Journal of International Law 2012, S. 364, Hervorhebung durch die Verfasserin.

2073 HELMERSEN, European Journal of Legal Studies 2013, S. 163.

zur Zeit des Vertragsschlusses geltende Sprachgebrauch heute zu verstehen ist und ob bzw. wieweit Begriffswandlungen berücksichtigt werden dürfen."[2074]

Der Wandel von zum auszulegenden Vertrag externen Faktoren – hierzu gehören auch Veränderungen im normativen Umfeld – über eine bestimmte Zeit hinweg, ist somit eines der bestimmenden Merkmale mit Blick auf die Frage, ob eine evolutive Auslegung in Frage kommt.

Das dritte Element betrifft den Anknüpfungspunkt für eine evolutive Auslegung: den auszulegenden Begriff. In der oben zitierten Formulierung des IGH klingt bereits an, dass dieser Begriff bestimmte Eigenschaften aufweisen muss. Der IGH bezeichnete die Art des Begriffs als „generic". Er selbst definierte diesen Begriff in dem Urteil als „referring to a class of activity"[2075]. *Helmersen* untersucht unter Heranziehung der „philosophy of language"[2076] näher, was es mit diesem Begriff auf sich hat und kommt zu folgender Erkenntnis: „It can be defined as a designation for references that may be used to assert a 'generic proposition'. A generic proposition is one whose referent is not a specified group or individual, but an indeterminate class of referents. The generic reference is distinct from the 'singular reference' and the 'general reference'. A singular reference refers to an individual entity, while a general reference refers to a specific set of entities."[2077] In der übrigen Kommentarliteratur wird die Natur des Begriffs – etwas weniger komplex – mit „Offenheit"[2078] oder „broadly framed clauses"[2079] beschrieben. Weder der Begriff „generic" noch der der „Offenheit" verschaffen abstrakt eine gute Vorstellung davon, welche Vertragsbestimmungen gemeint sein könnten. Interessant scheint in diesem Zusammenhang der Ansatz bei *Helmerson* zwischen wertegeleiteten („value driven") und nicht wertegeleiteten („non-value driven") Begriffen zu unterscheiden, wobei erstere eine evolutive Auslegung antizipierten und somit leicht machten und bei zweiteren eine solche schwieriger zu begründen sei[2080]. So hatte zum Beispiel der EGMR in Tyrer v UK[2081] den Wandel in der Strafpraxis miteinbezogen, um die Frage zu beurteilen, ob „degrading punishment" im Sinne des Art. 3 EMRK vorliege[2082]. In dem Gutachten „Legal

2074 IPSEN, S. 146.
2075 IGH, Urteil vom 13.7.2009, Disputes regarding Navigational and Related Rights", Z. 67.
2076 HELMERSEN, European Journal of Legal Studies 2013, S. 177.
2077 HELMERSEN, European Journal of Legal Studies 2013, S. 177/178.
2078 VGL. HERDEGEN, Max Planck Encyclopedia of Public International Law 2013, Z. 15; SO AUCH IPSEN, S. 147.
2079 HERDEGEN, Max Planck Encyclopedia of Public International Law 2013, Z. 15.
2080 HELMERSEN, European Journal of Legal Studies 2013, S. 176/177.
2081 EGMR, Urteil vom 26.4.1978, Tyrer v UK, Nr. 5856/78.
2082 EGMR, Urteil vom 26.4.1978, Tyrer v UK, Nr. 5856/78, Z. 22: The Court must also recall that the Convention is a living instrument which, as the Commission rightly stressed, must be interpreted in the light of present-day conditions. In the case now before it the Court cannot but be influenced by the developments

Consequences for States of the Continued Presence of South Africa in Namibia (South West Africa) Notwithstanding Security Council Resolution 276 (1970)“[2083] entschied der Gerichtshof, dass die Begriffe „the strenouous conditions of the modern world“, „the well-being and development of such peoples“ and „sacred trust“ evolutiv auszulegen seien[2084].

Teilweise[2085] wird für das Konzept der evolutiven Auslegung ein Bezug zu Art. 31 Abs. 3 lit. c WVRK hergestellt, Dies ist von den drei oben genannten Aspekten der möglichen Veränderung allein für den Bereich des „normativen Umfelds“ von Bedeutung. *Arato* führt hierzu aus: „The idea of the ‚evolutive‘ aspect of 31(3)(c) is that under some circumstances a treaty should be interpreted in light of the normative environment of the present day, not the historical international legal system contemporaneous to the treaty's promulgation – even if this entails developing the instrument in ways not envisioned by, or arguably even at apparent odds with the text.“[2086] Der Wortlaut des Art. 31 Abs. 3 lt. C WVRK lässt sich wohl für eine solche Sichtweise fruchtbar machen[2087]. Zu bemerken ist, dass auch in diesem Zusammenhang jedoch wiederum der zeitliche Aspekt betont wird.

---

and commonly accepted standards in the penal policy of the member States of the Council of Europe in this field.

2083 IGH, Gutachten vom 21.6.1971, Legal Consequences for States of the Continued Presence of South Africa in Namibia (South West Africa) Notwithstanding Security Council Resolution 276 (1970).

2084 IGH, Gutachten vom 21.6.1971, Legal Consequences for States of the Continued Presence of South Africa in Namibia (South West Africa) Notwithstanding Security Council Resolution 276 (1970), Z. 53: Der Gerichtshof führte aus: „That is why, viewing the institutions of 1919, the Court must take into consideration the changes which have occurred in the supervening half-century, and its interpretation cannot remain unaffected by the subsequent development of law, through the Charter of the United Nations and by way of customary law. Moreover, an international instrument has to be interpreted and applied within the frame- work of the entire legal system prevailing at the time of the interpretation.“

2085 So zB Arato, Brooklyn Journal of International Law 2012, S. 364; Herdegen, Max Planck Encyclopedia of Public International Law 2013, Z. 22; aA Helmersen, European Journal of Legal Studies 2013, S. 186 ff; keine Erwähnung der Vorschrift auch bei so auch bei Ipsen, S. 147.

2086 Arato, Brooklyn Journal of International Law 2012, S. 354/355.

2087 So argumentiert Arato, dass der EGMR in seiner Entscheidung Demir and Baykara (Urteil vom 18.11.2008, Nr. 34503/97) Art. 31 Abs. 3 lit. c WVRK als Bezugspunkt einer evolutiven Auslegung benutzt, vgl. Arato, Brooklyn Journal of International Law 2012. Dies genauer zu untersuchen, würde jedoch den Rahmen dieser Schrift überschreiten.

bb) Gemeinsamkeiten

Vergleicht man die beiden Konzepte systemische Integration und evolutive Auslegung miteinander, fallen durchaus Gemeinsamkeiten auf. So werden beide im Rahmen des Art. 31 Abs. 3 lit. c WVRK diskutiert[2088] und beide betreffen – naturgemäß – Fragen im Zusammenhang mit der Interpretation von Verträgen. Im Falle der Durchführung sowohl der evolutiven Auslegung, als auch der systemischen Interpretation verändert sich die ausgelegte Norm aufgrund eines externen Impulses. Zudem werden beide Auslegungsmethoden dahingehend kritisiert, dass sie den Auslegenden zu weiten Spielraum verleihen, um Konzepten, wie sie von den Vertragsparteien nicht vorgesehen waren, durchzusetzen[2089].

cc) Unterschiede

Nach hier vertretener Auffassung überwiegen jedoch bei Weitem die Unterschiede der beiden Konzepte, die sie als voneinander (großteils) klar abgrenzbar erscheinen lassen. Betrachtet man die oben beschriebenen konstitutiven Merkmale der evolutiven Auslegung, so spielen diese im Rahmen der systemischen Integration keine Rolle.

So ist die systemische Integration *zu jeder Zeit* zwischen zwei Normen möglich; der Zeitfaktor, der im Rahmen der evolutiven Auslegung die entscheidende Rolle spielt, ist im Rahmen der systemischen Integration kein Thema. Spezialisierte Regime entwickeln sich auch nebeneinander; eine bestimmte zeitliche Abfolge ist nicht erforderlich. Dies liegt daran, dass die systemische Interpretation nicht die Anpassung eines – untechnisch gesprochen – veralteten Begriffs an die neue Realität bezweckt, sondern eine Anpassung von potenziell konfligierenden Regelungen und Regelungssystemen *aneinander.* Dies bestätigt auch *Arato,* der diese – seiner Ansicht nach neben der evolutiven zweite – Seite des Art. 31 Abs. 3 lit, c WVRK so beschreibt: „The *raison d'etre* of this principle, according to the *Fragmentation Report* of the International Law Commission (‚ILC'), is the reality of ever-proliferating treaties and their *ever-growing potential for conflict and legal fragmentation.* The point of systemic integration is to promote, as much as possible, harmony *among* regimes through interpretation."[2090] Dies markiert einen weiteren Unterschied zwischen den beiden Konzepten: während

2088 Vgl. HERDEGEN, Max Planck Encyclopedia of Public International Law, Interpretation in International Law, Z. 22/23; in der ILC-Studie zur Fragmentatierung wird zwar die Frage, ob im Rahmen des Art. 31 Abs. 3 lit. c WVRK auch zukünftige relevante Regeln des Völkerrechts gemeint sind oder ob sich dies auf die zur Zeit des Vertragsschlusses bestehende beschränkt, diskutiert, hierbei aber nicht der Begriff der „evolutiven Auslegung" genannt, vgl. KOSKENNIEMI, Z. 475.

2089 Für die evolutive Auslegung vgl. bei HELMERSEN, European Journal of Legal Studies 2013, S. 174 mwN; für die systemische Integration vgl. unter Ziff. 3a).

2090 ARATO, Brooklyn Journal of International Law 2012, S. 354, Hervorhebung durch die Verfasserin.

die evolutive Auslegung einen Begriff an einen externen Faktor – ob nun an Recht, einen Konsens unter Staaten oder neue tatsächliche Umstände – anpassen möchte und dieser Anpassung auch eine bestimmte Beständigkeit innewohnt, werden im Fall der systemischen Auslegung Normen wechselseitig zu einem harmonisierten Auslegungsergebnis geführt. Die Veränderung erfolgt somit nur punktuell für den Konfliktfall und nicht allgemein und dauerhaft aufgrund eines veränderten Verständnisses für den Begriff.

Auch der für die evolutive Auslegung erforderliche Anknüpfungspunkt passt nicht zur systemischen Integration, da diese nicht nur dann vorgenommen werden kann, wenn eine bestimmte Art von Begriff – vom IGH „generic" genannt – vorliegt. Vielmehr kann systemische Integration auch dann vorgenommen werden, wenn die ausgelegte Norm gerade kein begriffliches Einfallstor bietet[2091]. Dies wird unter Ziff. I.2. bezüglich des Rechts auf Freiheit im bewaffneten Konflikt in der Rechtsprechung des EGMR noch deutlicher werden.

Hinzu kommt, dass das Konzept der evolutiven Auslegung, wie schon angeklungen ist, sehr viel weiter ist, als das der systemischen Interpretation: „This means that the range of relevant arguments to determine the evolution of an evolving term will often be much broader than just the ‚rules of international law' that Article 31 Abs, 3 lit. c mentions."[2092]

Unbestritten können es aber auch rechtliche Entwicklungen sein, die zu einer Anpassung eines Begriffs im Rahmen der evolutiven Auslegung führen können. Hinzu kommt, dass sowohl im Rahmen der evolutiven Auslegung, als auch im Rahmen der systemischen Auslegung auf Art. 31 Abs. 3 lit. c WVRK abgestellt wird[2093]. Allerdings – und dies darf nicht vergessen werden – ist dieser Rückgriff in beiden Interpretationssystemen nicht zwingend[2094]. In dem Bereich der evolutiven Auslegung, in dem sich die Weiterentwicklung eines Begriffs im Recht spiegelt, kann es womöglich schwierig werden, die Linie stets ganz trennscharf zu ziehen. Diese „Graubereiche" ändern jedoch nichts daran, dass nach hier vertretener Ansicht beide Auslegungsprinzipien konzeptionell verschieden sind[2095].

dd) Bedeutung für den Untersuchungsgegenstand

Aus dem bisher Ausgeführten wird auch klar, dass es mit Blick auf das Verhältnis der Menschenrechte zum humanitären Völkerrecht nur um systemische Integration, nicht um evolutive Auslegung gehen kann. Hier entwickelt sich nicht

---

2091 Helmersen, European Journal of Legal Studies 2013, S. 187.

2092 Helmersen, European Journal of Legal Studies 2013, S. 187.

2093 Wenn diese Auffassung auch auf Gegenwind stößt, vgl. Helmersen, European Journal of Legal Studies 2013, S. 187.

2094 So zitiert der IGH in seiner Gutachten zu „Namibia" Art. 31 Abs. 3 lit.c WVRK beispielsweise nicht; keine Bezugnahme auch in EGMR, Urteil vom 26.4.1978, Tyrer v UK, Nr. 5856/78, Z. 22.

2095 So auch Helmersen, European Journal of Legal Studies 2013, S. 188.

ein Rechtsbegriff im Laufe der Zeit weiter, sondern es trifft eine – sogar ältere – Rechtsmaterie auf eine andere[2096]. Hinzu kommt, dass das Zusammenspiel nur in der speziellen Situation des bewaffneten Konflikts überhaupt in Frage kommt, was mit einer evolutiven Entwicklung von Rechtsbegriffen, die den Rechtsbegriff dauerhaft neu prägt, nicht zusammenpasst.

c) Methode

Ein Beispiel, wie gerade eine systemische Integration im Bereich der Menschenrechte und des humanitären Völkerrechts vonstatten gehen könnte, findet sich bei *Milanovic*[2097]. Wie der IGH (vgl. A.I.3.) benutzt er unbestimmte Rechtsbegriffe in den Menschenrechten als Einfallstor für das humanitäre Völkerrecht. Indem man auf den unbestimmten Rechtsbegriff „arbitrary" im Recht auf Leben beispielsweise des Zivilpakts rekurriere, ließen sich gem. Art. 31 Abs. 3 lit. c WVRK dort humanitärvölkerrechtliche Wertungen unterbringen[2098]. Schwierigkeiten bekäme man dann, wenn in den Menschenrechten kein solches Einfallstor vorhanden ist. Dies nimmt er für die europäische Konvention im Falle des Rechts auf Freiheit an: anders als der IPBPR, der auch hier lediglich den willkürlichen Freiheitsentzug verbietet, stelle Art. 5 EMRK auf bestimmte Fälle ab, in die das humanitäre Völkerrecht nicht einfach hineingelesen werden könne[2099]. Wie gerade im Rahmen der Abgrenzung von evolutiver Auslegung und systemischer Integration erörtert, soll systemische Integration aber gerade auch dann möglich sein, wenn der Wortlaut kein Einfallstor bietet.

Für den Fall, dass Normkonflikte auch durch systemische Integration nicht zu beheben sind, soll auf die bekannten Methoden der Konfliktlösung zurückgegriffen. Die ILC-Studie sieht drei Optionen vor: (einmal mehr) Vorrang durch Spezialität, durch Temporalität (lex posterior) sowie durch Status (jus cogens, Verpflichtungen erga omnes und Art. 103 UNC)[2100]. *Milanovic* pflichtet der statusbasierten Priorität bei, lehnt jedoch das lex-specialis-Prinzip als Lösung eines durch systemische Auslegung nicht zu lösenden Konflikt ab. Ähnlich wie *Oberleitner* ist er außerdem der Meinung, dass einige Normkonflikte mit den zur Verfügung stehenden Interpretationsmethoden nicht beizukommen sei. Für diese Fälle sehen beide nur die Lösung, dass sie „gesetzgeberisch'" angegangen werden müssten[2101].

2096 Aus Sicht des humanitären Völkerrechts mag etwas anderes gelten; für dieses stellen die Menschenrechte eine nachgelagerte Entwicklung dar. Vorliegend ist die systemische Integration aber aufgrund des Untersuchungsgegenstandes der Schrift aus der Sicht der menschenrechtlichen Vertragsorgane zu sehen.

2097 Vgl. Milanovic, Journal of Conflict and Security Law 2010, S. 468 ff, S. 473 ff.

2098 Milanovic, Journal of Conflict and Security Law 2010, S. 468.

2099 Milanovic, Journal of Conflict and Security Law 2010, S. 474/475.

2100 Vgl. Koskenniemi, Z. 412.

2101 Milanovic, Human Rights Law Review 2008; Oberleitner, S. 109.

Teilweise wird auch angenommen, dass die systematische Integration durch das lex-specialis-Prinzip bewirkt wird[2102]. Mit Blick auf die Rechtsprechung des IGH (s. Ziff. A.I.3.) meint *d'Aspremont*, dass der Gerichtshof sich weniger in Konfliktlösung, sondern vielmehr in vermittelnder Auslegung übe, die eine Konfliktlösung unnötig mache[2103]. Zur Rolle des lex-specialis-Prinzips führt der Autor aus: „The choice between IHL and HRL as the interpretative standard for the sake of their systemic interpretation is precisely the point where the principle lex specialis derogat legi generali comes into play. Indeed, it is that principle on which the Court relied to determine which of IHL or HRL will be the standard of reference of its conciliatory interpretation. As is demonstrated by the above mentioned paragraphs, IHL was considered by the ICJ as having an object that makes it lex specialis, HRL being seen as a set of rules of a more general application. According to the Court's reasoning, the ‚speciality' of IHL stems from its application being restricted to situations of conflicts and its object being the regulations of the conduct of hostilities."[2104] Diese Auslegungsmethode würde zu einer „humanitarisation of human rights führen"[2105]. Umgekehrt sei im Rahmen einer systematischen Auslegung unter dem Prinzip des lex specialis aber auch eine „humanisation of humanitarian law"[2106] denkbar. Letztlich spricht sich der Autor jedoch für einen Vorrang des humanitären Völkerrechts als interpretativem Standard aus, da dieses andernfalls völlig überflüssig würde und ein überwiegend menschenrechtlicher Standard auch in Kriegssituationen realitätsfern wäre[2107].

d) Ergebnis

Es kann somit auch für die systemische Integration festgehalten werden, dass die Befürworter sich hinsichtlich des „Ob" einer Integration verschiedener Rechtsmaterien im Völkerrecht einig sind; das „Wie" erscheint demgegenüber sehr viel weniger klar. Größtenteils beruft man sich darauf, dass das „Wie" eine Frage des Einzelfalls sei[2108]. Damit hätte man zwar ein sehr flexibles Prinzip, welches mit Blick auf das zerfaserte Völkerrecht nicht unwichtig ist, auf der Kehrseite jedoch kaum Rechtssicherheit bietet. Dennoch ist der Versuch, die verschiedenen spezialisierten Gebiete des Völkerrechts miteinander in Einklang zu bringen,

---

2102 Henckaerts Jean-Marie, in: Arnold Roberta/Quénivet Noëlle N. R. (Hrsg.), S. 23: „It rather is that the principle of systemic integration is being calibrated through the principle Lex specialis derogat generali."
2103 Henckaerts Jean-Marie, in: Arnold/Quénivet N. R. (Hrsg.) 2008, S. 25.
2104 Henckaerts Jean-Marie, in: Arnold Roberta/Quénivet Noëlle N. R. (Hrsg.), S. 25/26.
2105 Henckaerts Jean-Marie, in: Arnold/Quénivet N. R. (Hrsg.) 2008, S. 26.
2106 Henckaerts Jean-Marie, in: Arnold/Quénivet N. R. (Hrsg.) 2008, S. 26.
2107 Henckaerts Jean-Marie, in: Arnold/Quénivet N. R. (Hrsg.) 2008, S. 28.
2108 Koskenniemi, Z. 419/474.

wichtig – dies insbesondere auch bezüglich der sehr relevanten und universalen Rechtsmaterien der Menschenrechte und des humanitären Völkerrechts, die zudem noch mit wirkungsmächtigen Rechtsanwendern – den Menschenrechtsorganen – ausgestattet sind. Die Fragmentierung des Völkerrechts ist in diesem Zusammenhang kein abstraktes Problem, sondern ein sehr konkretes, mit Auswirkungen auf das Verhalten der Vertragsstaaten. Das Prinzip der systemischen Integration bildet in diesem Zusammenhang das dogmatische Sprungbett, welches den Organen erlaubt, die Rechtsmaterien in ein Verhältnis zu setzen. Wie sie dies tun, bestimmt das Prinzip jedoch nicht näher. Jedenfalls aber ist die Methode nach hier vertretener Ansicht von der evolutiven Auslegung – insbesondere für den hier vorliegenden Untersuchungsgegenstand – abzugrenzen und konzeptionell zu unterscheiden, wenn es möglicherweise auch „Graubereiche" gibt. Durchaus möglich erscheint darüber hinaus, dass unter dem Deckmantel der systemischen Integration ein gewisser lex-specialis-Gedanke zum Tragen kommt, wie dies *d'Aspremont* behauptet. Einen genaueren Einblick bietet die Rechtsprechung der maßgeblichen Rechtsanwender, in diesem Fall der Menschenrechtsorgane (vgl. sogleich unter D.).

IV. Ergebnis

Die Theorien, die sich wirklich mit einem möglichen Verhältnis der Rechtsmaterien beschäftigen und sich nicht lediglich auf Schlagworte zurückziehen, scheinen sich auf ein paar Kernpunkte einigen zu können. Oberstes Ziel ist es, die Menschenrechte und das humanitäre Völkerrecht so zusammenspielen zu lassen, dass das Ergebnis vor den Realitäten des Schlachtfelds bestehen kann. Dies muss das wichtigste Ziel einer jeden Theorie sein, damit es sich nicht um eine reine Gedankenspielerei handelt. Die normative Kraft eines Zusammenwirkens der Materien kann nur aus ihrer Praktikabilität kommen. Vielfach wird zu Recht davor gewarnt, dass ein unrealistisches Bild dessen, was in einem Krieg menschenrechtlich geleistet werden kann, zu einer Herabsetzung des Schutzes des Individuums im Krieg führen könnte.

Eine zweite wichtige Erkenntnis der hier vorgestellten Theorien ist, dass es sich immer nur um ein Zusammenspiel von Normen handeln kann, nicht der Rechtsmaterien insgesamt. Problematisch könnte jedoch die Flexibilität werden, die die Normen in jedem Einzelfall behalten werden. Recht lebt davon, dass es vorhersehbar ist – sind die Regeln zu flexibel, handelt es sich streng genommen nicht mehr um Rechtsnormen. Die Schwammigkeit anderer Ansätze mag dazu beigetragen haben, dass die (vermeintlich) klare Linie des lex-specialis-Ansatzes bis heute Anklang findet.

So ist auch im Rahmen der vorgestellten Theorien, die versuchen, die Rechtsmaterien füreinander fruchtbar zu machen, im Einzelnen vieles unklar. Dennoch zeichnen sich die beiden vorliegend vorgestellten Strömungen der integrationistischen und der komplementaristischen Theorie durch bestimmte Eigenschaften aus. Aus dem derzeitigen Stand der Dogmatik kann der Schluss gezogen werden dass der Komplementarismus versucht, die derzeitige Realität abzubilden und die integrationistische Theorie ein in die Zukunft gewandtes Projekt ist[2109]. Diese Dynamik ist eine, die dem Völkerrecht insgesamt zu eigen ist[2110].

Solange sich über die integrationistische Theorie nicht ein neues, gemeinsames Recht entwickelt hat – sei es durch Gesetzgebung oder Völkergewohnheitsrecht – liegt es in der Natur der Rechtsmaterien mit einer so unterschiedlichen Geschichte, dass sie sich nicht immer konfliktfrei auslegen lassen werden. Widersprechen sich die Normen – wie sie dies nach ganz herrschender Meinung insbesondere im Fall der Gewaltanwendung und Freiheitsentziehung tun – ist nach derzeitiger Rechtslage eine Wahl zu treffen, welcher Rechtsnorm inwieweit Vorrang zukommen soll. Die diesem Prozess zugrunde liegenden Prinzipien können vielfältig sein (zB Abstellen auf das Vorliegen einer bestimmten Konfliktart, Prinzip der Menschlichkeit, Prinzip der militärischen Notwendigkeit), sollten aber niemals ihr Anwendungsgebiet vergessen: aktive Feindseligkeiten und die Besatzung. Gerade die Regeln bezüglich der Anwendung von tödlicher Gewalt müssen völlig klar sein, damit sie von denen akzeptiert werden, die sie anwenden müssen. Die Rechtsprechung der Menschenrechtsorgane könnte hier einen Teil zur Entwicklung beitragen, indem sie zur Frage Stellung nimmt und eine Dogmatik entwickelt. Da das humanitäre Völkerrecht in Kernfragen des bewaffneten Konflikts erprobt ist, ist zu erwarten, dass die menschenrechtlichen Vertragsorgan den Wertungen des humanitären Völkerrechts zuneigen werden.

D. Die Rechtsprechung der Menschenrechtsschutzorgane zum Verhältnis der Rechtsmaterien

2005 bemerkte der Hohe Kommissar für Menschenrechte der Vereinten Nationen: „Human rights treaty bodies have no common approach on how human rights law relates to rules of international humanitarian law during armed conflicts. Indeed, neither the European Court nor the African Commission on Human and People's Rights has expressed to date an opinion on the subject. The Human Rights Committee has not yet articulated a comprehensive theory concerning

---

2109 Oberleitner geht demgegenüber davon aus, dass die komplementaristische Theorie die Unterschiedlichkeit der Rechtsmaterien wahren möchte. Jedoch gesteht er zu, dass der Komplementarismus ein Prozess ist, an dessen Ende die Integration der Rechtsmaterien liegen könnte: „Again, the boundaries between these different concepts are fluid and somewhat artificial: if one sees complementarity as a static phenomenon, one is likely to argue for keeping human rights and humanitarian law separate; if one sees complementarity as a process, one may agree that eventually the two fields may merge.", Oberleitner, S. 122.

2110 Vgl. MacLachlan, The International and Comparative Law Quarterly 2005, S. 282: „[T]he content of international law changes and develops continuously – it provides constantly shifting canvas (...)."

this relationship.“[2111] Es stellt sich die Frage, ob dies mehr als knapp 15 Jahre später für die hier behandelten Menschenrechtsorgane immer noch stimmt. Wie in Teil IV noch näher zu erläutern, ist eine bestimmte Perspektive den Menschenrechtsorganen bereits aufgrund ihres Auftrags vorgegeben: Sie haben ihre jeweiligen Menschenrechtsverträge auszulegen und können somit nicht mit völlig freiem Blick auf das Verhältnis der Rechtsmaterien sehen[2112]. Wie sieht dieser Blick auf das Zusammenspiel der Rechtsmaterien aus und haben die Organe dazu beigetragen, deutlichere Konturen herauszuarbeiten? Die Herausforderung, vor der die Organe stehen, ist dabei nicht zu unterschätzen: „Growing consensus on co-application makes the immediate relevance of IHL for human rights bodies inexorable, while the uncertainty that continues to exist regarding the nature and implication of interplay in particular situations make it a daunting task for human rights bodies to properly engage with IHL.“[2113]

I. Der Europäische Gerichtshof für Menschenrechte

Die Rechtsprechung des EGMR wird zur Begründung unterschiedlicher Theorien herangezogen: Während die einen eine Dogmatik des „human rights law in internal armed conflict“ begründet sehen wollen, meinen andere, in seiner Rechtsprechung systemische Integration zu entdecken. Dieses breite Spektrum an Ansichten mag darin begründet liegen, dass der EGMR sich zum Verhältnis der Rechtsmaterien lange Zeit nicht ausdrücklich geäußert und somit vielen Theorien eine Projektionsfläche geschaffen hat.

Der Kurs des EGMR war nicht geradlinig: Nachdem er sich 2009 der Fall Varnava et al v Turkey ausdrücklich mit dem humanitären Völkerrecht beschäftigt hatte, vermied es der Gerichtshof zwei Jahre später in Al-Jedda v UK, sich mit dem Verhältnis der Rechtsmaterien auseinanderzusetzen. Dennoch ist auch letzterer Fall für den vorliegenden Untersuchungsgegenstand interessant, da er ein Licht auf das Verständnis des EGMR von einem Normkonflikt wirft. Mit Blick auf das Verhältnis der Rechtsmaterien jedoch ist die Rechtsprechung erst mit der Entscheidung in Hassan v UK im Jahr 2014 einen Schritt weitergekommen. Bereits vorweggenommen muss werden, dass die ausdrücklichen Stellungnahmen des Gerichtshofs auf Entscheidungen im Rahmen des internationalen Konflikts beschränkt bleiben. Diese Unterscheidung zwischen den beiden

2111 Protection of Human Rights and Fundamental Freedoms while Countering Terrorism, UN Doc. E/CN.4/2005/103 (7.2.2005).

2112 Vgl, auchTabak Shana, in: Jinks (Hrsg.) 2014, S. 221: „The key to understanding this approach [the Inter-american Court's treatment of questions arising under IHL] lies in the court's ratione materiae competence.“ An anderer Stelle bemerkt die Autorin: „(...) [A] clear bias in favor of HRL exists when human rights bodies within the Inter-American system examine legale claims to which IHL and HRL apply.“, ibid, S. 232.

2113 Vgl. hierzu vertieft: Hathaway/Crootof/Levitz, Minnesota Law Review 2012.

Konfliktarten mag durch die Entscheidung in Hassan v UK noch zementiert worden sein (hierzu unter Ziff. 2.a)bb)). In der Folge soll – insbesondere anhand der gerade vorgestellten wichtigen Entscheidungen – untersucht werden, welche Haltung sich der Rechtsprechung des EGMR zur Beziehung der Rechtsmaterien entnehmen lässt.

1. Weitergeltung der Menschenrechte im bewaffneten Konflikt

Ohne Zweifel wird im Rahmen der EMRK davon ausgegangen, dass im bewaffneten Konflikt auch weiterhin Raum für die Anwendung der Menschenrechte bleibt. Bereits die Europäische Kommission für Menschenrechte wendete in den frühen Staatenbeschwerden die Situation in Nordzypern betreffend ohne Weiteres die EMRK in den besetzten Gebieten an[2114]. Der Gerichtshof brachte in Varnava et al v Turkey durch seine grundsätzlichen Aussagen zum Ausdruck, dass er von der gleichzeitigen Anwendbarkeit der Rechtsmaterien ausging[2115]. Ausdrücklich erkannte dies die Große Kammer in Hassan v UK an: „Nonetheless, and consistently with the case-law of the International Court of Justice, the Court considers that, even in situations of international armed conflict, the safeguards under the Convention continue to apply [albeit interpreted against the background of the provisions of international humanitarian law.]“[2116]

2. Das Verhältnis der Rechtsmaterien in der Rechtsprechung des Europäischen Gerichtshofs für Menschenrechte

a) Ursprünge der Einbeziehung fremder Rechtsmaterien

Der EGMR rekurrierte die bereits auf das Prinzip der systemischen Integration, wie es in Art. 31 Abs. 3 lit.c WVRK zum Ausdruck kommt, bevor dies in Mode kam. Erstmals war dies in der Entscheidung Golder v United Kingdom[2117] aus dem Jahr 1975 der Fall[2118]. Der Gerichtshof benutzte hier Art. 31 Abs. 3 lit. c WVRK, um auf Art. 38 Abs. 1 IGH-Statut und die hierin erwähnten „general principles of

2114 Droege, International Review of the Red Cross 2008, S. 501; EKMR, Entscheidung 26.5.1975, Cyprus v Turkey (Zulässigkeit), Nr. 6780/74 und 6950/75.

2115 Vgl. auch die Deutung der Antragsteller in Hassan v UK: „[In Varnava, the Court] did not support the proposition that fundamental rights were automatically curtailed in wartime.“, EGMR, Urteil vom 14.9.2014, Hassan v UK, Nr. 29750/09, Z. 82.

2116 EGMR, Urteil vom 16.9.2014, Hassan v UK, Nr. 29750/09, Z. 103.

2117 EGMR, Urteil vom 21.02.1975, Golder v United Kingdom, Nr. 4451/70.

2118 Damit berief sich der Gerichtshof auf die Auslegungsregel noch vor dem Inkrafttreten der WVRK 1980 (nachdem der Konvention 35 Staaten beigetreten waren); der Gerichtshof sah jedoch die Vertragsbestimmung als Kodifizierung von Völkergewohnheitsrecht an, vgl. EGMR, Urteil vom 21.02.1975, Golder v United Kingdom, Nr. 4451/70, Z. 29.

law recognized by civilized nations" Bezug zu nehmen[2119]. In Loizidou v Turkey[2120] nahm der EGMR ebenfalls unter der Berufung auf Art. 31 Abs. 3 lit. c WVRK Bezug auf vertragsfremde Materien wie UN-Sicherheitsratsresolutionen, um festzustellen, dass es sich bei der Entität der Türkischen Republik Nordzypern nicht um einen Staat handelte[2121]. In drei viel beachteten Entscheidungen 2001[2122] benutzte der Gerichtshof das Prinzip der systemischen Integration, um zu erkunden, ob das Recht der Staatenimmunität in Konflikt mit dem Recht auf Zugang zu einem Gericht gem. Art. 6 Abs. 1 EMRK stünde. Der Gerichtshof prägte in diesem Zusammenhang den Ausdruck, dass die Konvention nicht „in einem Vakuum" ausgelegt werden könne. Genauer führte der Gerichtshof aus: „It reiterates that the Convention has to be interpreted in the light of the rules set out in the Vienna Convention on the Law of Treaties of 23 May 1969, and that Article 31 § 3 (c) of that treaty indicates that account is to be taken of ‚any relevant rules of international law applicable in the relations between the parties'. The Convention, including Article 6, cannot be interpreted in a vacuum. The Court must be mindful of the Convention's special character as a human rights treaty, and it must also take the relevant rules of international law into account. The Convention should so far as possible be interpreted in harmony with other rules of international law of which it forms part, including those relating to the grant of State immunity."[2123] Das Völkerrecht zur Staatenimmunität stand hier in direktem Konflikt mit dem Menschenrecht auf Zugang zu einem Gericht; Art. 31 Abs. 3 lit. c WVRK wurde dazu benutzt, der Staatenimmunität im Rahmen dieses Rechts Gewicht zu verschaffen[2124]. Der Gerichtshof kam zugunsten der Staatenimmunität zu dem Schluss, dass diese keine „disproportionate measure" in Bezug auf Art. 6 Abs. 1 EMRK darstelle[2125]. Der Gerichtshof entschied also zugunsten vertragsfremden Rechts, die Konvention nicht anzuwenden[2126].

2119 EGMR, Urteil vom 21.02.1975, Golder v United Kingdom, Nr. 4451/70, Z. 35; nach allem, was heute über das Prinzip der systemischen Integration bekannt ist, hätten diese „general principles" wohl auch über Art. 31 Abs. 3 lit. c WVRK direkt Einzug erfahren können.

2120 EGMR, Urteil vom 18.12.1996, Loizidou v Turkey (Merits), Nr. 15318/89.

2121 EGMR, Urteil vom 18.12.1996, Loizidou v Turkey (Merits), Nr. 15318/89, Z. 44.

2122 EGMR, Urteil vom 21.11.2001, Al-Adsani v United Kingdom, Nr. 35763/97; EGMR, Urteil vom 21.11.2001, Fogarty v United Kingdom, Nr. 37112/97; EGMR, Urteil vom 21.11.2001, McElhinney v United Kingdom, Nr. 31253/96.

2123 EGMR, Urteil vom 21.11.2001, Al-Adsani v United Kingdom, Nr. 35763/97, Z. 55; EGMR, Urteil vom 21.11.2001, Fogarty v United Kingdom, Nr. 37112/97, Z. 35; EGMR, Urteil vom 21.11.2001, McElhinney v United Kingdom, Nr. 31253/96, Z. 36.

2124 MacLachlan, The International and Comparative Law Quarterly 2005, S. 305.

2125 Vgl. ua. EGMR, Urteil vom 21.11.2001, Al-Adsani v United Kingdom, Nr. 35763/97, Z. 56.

2126 Koskenniemi, Z. 438.

b) Systemische Integration des humanitären Völkerrechts?

Nachdem die EMRK grundsätzlich für eine systemische Integration fremder Völkerrechtsmaterien offen ist, stellt sich die Frage, wie sich dies mit Blick auf das humanitäre Völkerrecht verhält. Während mancher Autor schon früh der Ansicht war, die Rechtsprechung lasse eine Neigung zu dieser Art der Auslegung erkennen[2127], vertreten andere, der EGMR habe jedenfalls für den internen bewaffneten Konflikt einen rein menschenrechtlichen Ansatz entwickelt[2128]. Wenn hier auch vertreten wird, dass materiell durchaus humanitärvölkerrechtliche Prinzipien zum Einsatz kommen, scheint sich die Rechtsprechung des EGRM teilweise für den internationalen bewaffneten Konflikt von der für den internen bewaffneten Konflikt wegzubewegen. Dieser Aspekt wird noch näher zu betrachten sein.

aa) Internationaler bewaffneter Konflikt

Für den internationalen bewaffneten Konflikt hat die Rechtsprechung des EGMR eine erstaunliche Entwicklung durchgemacht, deren Verlauf und Auswirkungen anhand der relevanten Fälle untersucht werden sollen.

(1) Varnava et al v Turkey

Der Fall Varnava et al v Turkey beschäftigte sowohl die dritte Kammer[2129] als auch die Große Kammer[2130] mit der Frage der prozeduralen Ausprägung des Rechts auf Leben im Fall eines internationalen bewaffneten Konflikts. Die Antragsteller hatten gerügt, der Vertragsstaat verletze seine andauernde Pflicht, die Fälle der seit dem bewaffneten Konflikt in Zypern 1974 vermissten Angehörigen zu untersuchen[2131].

Wie bereits erläutert, kamen beide Kammern zu dem Schluss, dass die Rechtsmaterien nebeneinander anwendbar seien. Während die dritte Kammer die Dogmatik hinter ihrer Entscheidung, die beiden Rechtsmaterien nebeneinander zu stellen, nicht erläuterte, bettete die Große Kammer ihren Ansatz folgendermaßen ein: „Article 2 must be interpreted in so far as possible in light of the general

---

2127 Byron, Virginia Journal of International Law 2007, S. 852, die davon ausgeht, dass der EMRG im Falle einer Konfliktsituation das humanitäre Völkerrecht integrieren würde.

2128 Vgl. den Titel des Aufsatzes, Abresch, European Journal of International Law 2005. In dem Aufsatz wird insbesondere die Tschetschenien-Rechtsprechung des EGMR analysiert.

2129 EGMR (Dritte Sektion), Urteil vom 10.01.2008, Varnava et al v Turkey, Nr. 16064/90–16073/90.

2130 EGMR (GK), Urteil vom 18.09.2009, Varnava et al v Turkey, Nr. 16064/90–16073/90.

2131 EGMR (GK), Urteil vom 18.09.2009, Varnava et al v Turkey, Nr. 16064/90–16073/90, Z. 3.

principles of international law, including the rules of international humanitarian law which play an indispensable and universally-accepted role in mitigating the savagery and inhumanity of armed conflict."[2132] Bezug nimmt die Kammer dabei auf eine Fundstelle in Loizidou v Turkey[2133], die allerdings lediglich auf das Völkerrecht, nicht das humanitäre Völkerrecht im Speziellen verweist. Damit schien die Große Kammer dogmatisch der systemischen Integration nahe zu stehen, die es erlaubt, in die Auslegung auch Rechtsquellen außerhalb der Konvention einzubeziehen. Allerdings ging die Große Kammer nicht – wie später in Hassan v UK – ausführlicher auf den Ansatz der systemischen Integration ein, sondern beließ es bei einem Schlagwort.

Die Behandlung des humanitären Völkerrechts durch den Gerichtshof war in beiden Urteilen dadurch gekennzeichnet, dass es um die Verstärkung einer menschenrechtlichen Verpflichtung – nämlich der Pflicht, das Verschwinden der Angehörigen zu untersuchen – durch das humanitäre Völkerrecht ging. Dementsprechend wurde sehr umfassend und zugleich vage auf die fremde Rechtsmaterie Bezug genommen: Erwähnt wurden ganze Konventionen, deren Inhalt in Bezug auf die entsprechenden Pflichten nur grob umrissen wurden. So kam der Gerichtshof auf die Pflicht, sich um Verwundete zu kümmern sowie die Pflicht, sterbliche Überreste zu begraben, zu sprechen, ohne einzelne Bestimmungen zu nennen. Der Gerichtshof schien zeigen zu wollen, dass es im humanitären Völkerrecht Pflichten gegenüber geschützten Personengruppen gibt, die einer Untersuchungspflicht nach Art. 2 EMRK auch im Kriegsfalle nicht nur nicht entgegenstehen, sondern diese sogar befördern. Nach dem humanitären Völkerrecht besteht die Verpflichtung des Staates, sich den Personengruppen gegenüber in gewisser Weise zu verhalten, die dazu führt, dass er über ihren Verbleib in jedem Fall (ob verwundet, gefangen oder tot) Bescheid wissen muss.

Womöglich ist im Fall Varnava et al v Turkey auch ein lex-specialis-Gedanke zu entdecken, wenn jedenfalls die Große Kammer den Eindruck erweckt, dass die Pflichten nach dem humanitären Völkerrecht in diesem Fall die Pflichten nach Art. 2 EMRK definieren[2134]. Die Große Kammer postulierte zunächst, dass Art. 2 EMRK im Lichte des humanitären Völkerrechts auszulegen sei und nannte

---

2132 EGMR (GK), Urteil vom 18.09.2009, Varnava et al v Turkey, Nr. 16064/90–16073/90, Z. 185.

2133 EGMR (GK), Urteil vom 18.12.1996, Nr. 15318/89, Z. 43. An entsprechender Stelle heißt es: „It is recalled that the Convention must be interpreted in the light of the rules of interpretation set out in the Vienna Convention of 23 May 1969 on the Law of Treaties and that Article 31 para. 3 (c) of that treaty indicates that account is to be taken of ‚any relevant rules of international law applicable in the relations between the parties.‘ “

2134 Die dritte Kammer drückt sich vager aus; hier erscheint es auch möglich, dass die Pflichten nach dem humanitären Völkerrecht neben den Pflichten aus dem Menschenrecht stehen, vgl. EGMR (Dritte Sektion), Urteil vom 10.01.2008, Varnava et al v Turkey, Nr. 16064/90–16073/90, Z. 130.

die Genfer Konventionen und die drei Zusatzprotokolle ausdrücklich. Sodann erstreckte sie die humanitärvölkerrechtlichen Pflichten auf die Vertragsstaaten: „This would also extend to the provision of medical assistance to the wounded; where combatants have died, or succumbed to wounds, the need for accountability would necessitate proper disposal of remains and require the authorities to collect and provide information about the identity and fate of those concerned, or permit bodies such as the ICRC to do so. "[2135] Damit schienen die positiven Verpflichtungen nach dem humanitären Völkerrecht als Verpflichtungen auch im Rahmen des Art. 2 EMRK, ohne dass weitere, rein menschenrechtliche Verpflichtungen genannt werden[2136]. Da der Fall Varnava jedoch eine spezielle Konstellation, nämlich allein den prozeduralen Aspekt des Art. 2 EMRK betraf, wurde das Verhältnis von materiellen Pflichten nach dem humanitären Völkerrecht und den materiellen Verpflichtungen nach dem materiellen Recht auf Leben nicht weiter ausgeführt; im Zentrum stand, dass durch diese Pflichten die Antragsgegnerin für den Verbleib der verschwundenen Soldaten (und eines Zivilisten) Rechenschaft ablegen muss. Bemerkenswert erscheint, dass beide Kammern nicht näher erläuterten, wie genau die positiven Verpflichtungen in den Wortlaut des Art. 2 EMRK zu integrieren sind. Dies könnte allerdings dadurch zu erklären sein, dass es vorliegend um die Prüfung einer ebenfalls nicht im Wortlaut des Art. 2 EMRK verankerten positiven Verpflichtung geht, die durch die Rechtsprechung entwickelt wurde (vgl. Teil II A.I). Eine solche Pflicht im Kriegsfalle durch systemische Integration zu ergänzen, zu ersetzen oder zu modifizieren, scheint dogmatisch weniger schwierig, als beispielsweise eine zusätzliche Eingriffsbefugnis durch das humanitäre Völkerrecht zu begründen.

Wie auch immer diese Verwendung des humanitären Völkerrechts dogmatisch nun einzuordnen ist, hießen sie auch die Richter gut, die mit der Einbeziehung des humanitären Völkerrechts in Hassan v UK nicht einverstanden waren. In ihrer Dissenting Opinion kommentierten sie die Entscheidung in Varnava et al v Turkey wie folgt: „Moreover, and no less importantly, *Varnava and Others* dealt with the interpretation of Article 2 within the context of the States' positive obligations to protect life under that provision in a ‚zone of international conflict' (§ 185). It is evident that the positive component of Article 2 is flexible enough to take account of the relevant rules of international humanitarian law so as to create a more robust and coherent regime of protection under the Convention."[2137]

2135 EGMR (Große Kammer), Urteil vom 18.09.2009, Varnava et al v Turkey, Nr. 16064/90–16073/90, Z. 185.

2136 Die Antragsteller in Hassan v UK gehen davon aus, dass der Gerichtshof die Pflichten aus den Menschenrechten durch das humanitäre Völkerrecht erweitern wollte, vgl. EGMR, Urteil vom 14.9.2014, Hassan v UK, Nr. 29750/09, Z. 82 („In Varnava the Court held that the relevant rules of international humanitarian law expanded the obligations on States under Article 2(...).").

2137 EGMR, Urteil vom 16.9.2014, Hassan v UK, Nr. 29750/09, Dissenting Opinion, Richter Spanó, zustimmend Richter Nicolaou, Bianku und Kalaydjieva, Z. 10.

Die Richter fügten zudem an, dass Varnava et al v Turkey zudem die Einbeziehung des humanitären Völkerrechts nur „soweit als möglich“[2138] zuließ.

Der Fall Varnava et al v Turkey kann somit als eine gelungene Einbeziehung humanitärvölkerrechtlicher Verpflichtungen in die prozedurale Verpflichtung zur Untersuchung von Vemisstenfälle nach Art. 2 EMRK gewertet werden. Dogmatisch könnte dies eine systemische Integration mit lex-specialis-Einschlag darstellen, wenn auch noch weitere Rechtsprechung abzuwarten bleibt, um eine solche Bewertung zu bestätigen. Wesentlich umstrittener ist demgegenüber die Einbeziehung des humanitären Völkerrechts im Rahmen des Eingriffs in ein Recht, wie sich bereits an dieser Stelle andeutet. Es erscheint zudem möglich, dass derartige positive Verpflichtungen, die sich aus dem humanitären Völkerrecht ergeben – anders als sich dies im Fall Hassan v UK darstellt – nicht geltend zu machen sind, sondern von Amts wegen Beachtung finden können.

(2) Al-Jedda v UK

Eine zentrale Frage für das weitere Verhältnis der Rechtsmaterien ist, ob ein Normkonflikt zwischen den Menschenrechten und dem humanitären Völkerrecht vorliegt (vgl. hierzu A.II.1.a)). Diese Frage spielte eine wesentliche Rolle im Fall Al-Jedda v UK.

Im Fall musste zum einen entschieden werden, ob eine Resolution des Sicherheitsrates dazu führt, dass ein Recht der EMRK (in diesem Fall Art. 5 Abs. 1 EMRK) nicht mehr anwendbar sei[2139], zum anderen, ob aus dem humanitären Völkerrecht die Nichtanwendbarkeit der EMRK folge[2140]. In beiden Fällen setzte der Gerichtshof voraus, dass ein (Norm)konflikt vorliegen müsse, damit die Frage der Anwendbarkeit überhaupt relevant würde. Zur Frage, was einen solchen Konflikt ausmachen würde, nahm er in Bezug auf die Resolution prägnant Stellung: „(...) [T]he Court must determine whether there was a *conflict between* the United Kingdom's *obligations* under United Nations Security Council Resolution 1546 *and its obligations* under Article 5 § 1 of the Convention. In other words, the key question is whether Resolution 1546 placed the United Kingdom under an *obligation* to hold the applicant in internment.“[2141] Dies zeigt deutlich, dass der EGMR in

---

2138 EGMR, Urteil vom 16.9.2014, Hassan v UK, Nr. 29750/09, Dissenting Opinion, Richter Spanó, zustimmend Richter Nicolaou, Bianku und Kalaydjieva, Z. 10.

2139 EGMR(GK), Urteil vom 7.7.2011, Al-Jedda v UK, Nr. 27021/08, Z. 101.

2140 EGMR(GK), Urteil vom 7.7.2011, Al-Jedda v UK, Nr. 27021/08, Z. 107. Diese Frage ergab sich aber nach der Prüfungsstruktur aber nur über den ‚Umweg‘ der Resolution und nicht aufgrund der – ebenfalls gegebenen – direkten Anwendbarkeit der Rechtsmaterie.

2141 EGMR(GK), Urteil vom 7.7.2011, Al-Jedda v UK, Nr. 27021/08, Z. 101, Hervorhebung durch die Verfasserin; demgegenüber scheint Pejic anzunehmen, dass die Frage, ob nur eine Verpflichtung oder nicht auch eine Autorisierung eines Verhaltens zu einem Normkonflikt führen könnte, gerade nicht durch den EGMR beantwortet worden sei; der Gerichtshof entschied ihrer Meinung nach lediglich, dass der

Al-Jedda davon ausging, dass allein zwei sich widersprechende Verpflichtungen zu einem Konflikt führen, der eine Auswirkung auf die Verpflichtungen eines Vertragsstaates nach der EMRK überhaupt nur zur Folge haben könnte[2142]. In der Folge erstreckt er dies auch auf die Rechtsmaterien humanitäres Völkerrecht und Menschenrechte: „(...) [T]he Court does not find it established that international humanitarian law places an *obligation* on an Occupying Power to use indefinite internment without trial."[2143]

Dieses eingeschränkte Verständnis eines Normkonflikts ist kritisiert worden, da es dazu führt, dass es zu kaum Überschneidungen mit den Menschenrechten käme: Das humanitäre Völkerrecht verpflichtet im Grundsatz weniger, als dass es in gewissem Rahmen ein von Friedenszeiten abweichendes Verhalten *gestattet*. Plakativ gesprochen: Kein Staat *muss* Krieg führen und Menschen töten oder gefangennehmen. Das humanitäre Völkerrecht aber *gestattet* dies und versucht, im Einzelnen dennoch die Balance zwischen kriegerischen Notwendigkeiten und humanitären Belangen zu wahren. Gerade Eingriffsnormen, wie es die Erlaubnis, aus Gründen der Sicherheit zu internieren ist, werden aus humanitären Gründen selten eine Verpflichtung darstellen[2144]. Der Gerichtshof „drückte" sich hier vor der entscheidenden Frage, in welchem Verhältnis eine Ermächtigung des humanitären Völkerrechts zu den Verboten der Menschenrechte steht, mit dem

Wortlaut der Resolution nicht hinreichend klar gewesen sei, um Art. 5 Abs. 1 EMRK zu verdrängen, gleichgültig, ob sie nun eine Autorisierung oder Verpflichtung enthielt, Pejić, International Review of the Red Cross 2011, S. 843.

2142 Hayashi betrachtet den Normkonflikt in Al-Jedda als „misidentified", vgl. Hayashi, Journal of Conflict and Security Law 2015, S. 156.

2143 EGMR(GK), Urteil vom 7.7.2011, Al-Jedda v UK, Nr. 27021/08, Z. 107, Hervorhebung durch die Verfasserin.

2144 Zu diesem Themenkomplex führen Hampson/Lubell in Amicus Curiae zu Hassan v UK, Z. 8 aus, dass man das Urteil in Al-Jedda zwar so lesen könne, als würde der Gerichtshof humanitäres Völkerrecht nur dann in Betracht ziehen, wenn es eine Verpflichtung enthalte und nicht, wenn es eine Maßnahme autorisiere; dies sei jedoch den Umständen des Falls geschuldet, da das humanitäre Völkerrecht lediglich über die – angeblich vorrangig verpflichtende – Resolution des Sicherheitsrats zur Anwendung gekommen wäre. Hätte Großbritannien mit dem humanitären Völkerrecht allein argumentiert, hätte der Gerichtshof das humanitäre Völkerrecht durchaus in Betracht ziehen können. In Ziffer 7 wird vorausgeschickt, dass „the principle that the Court should take account of other applicable rules of international law is both desirable and necessary to avoid States being faced with irreconcilable legal obligations and controversial results. This is particularly important where the rules in question have been specifically designed to address the situation. The detention regime applicable in international armed conflicts is perhaps the best example. It is both specifically designed for situations of international armed conflict and specifically addresses, in considerable detail, the detention regimes applicable. Furthermore, the treaties in question (Geneva Conventions III and IV of 1949) enjoy universal ratification."

Argument, dass die Vertragsstaaten auch im Krieg ihren menschenrechtlichen Verpflichtungen nachkommen könnten, da das humanitäre Völkerrecht sie nicht zu etwas anderem zwinge. In *Hayashis* Worten: „At least formally, an occupying power can always satisfy both norms by acting in accordance with the former duty (...). Problems begin when one chooses to avail itself on the latter power, as the UK did with respect to Al-Jedda."[2145] Deshalb wird für ein breiteres Verständnis eines Normkonflikts argumentiert[2146].

Im Ergebnis befand der Gerichtshof, dass mangels Verpflichtung durch die Resolution – oder durch eine andere Rechtsgrundlage wie dem humanitären Völkerrecht – kein Konflikt bestünde und somit Art. 5 Abs. 1 EMRK auch nicht verdrängt werden konnte[2147]. Da Art. 5 Abs. 1 EMRK präventiven Gewahrsam nicht begründen könne, sei dieser durch die Ingewahrsamnahme des Beschwerdeführers aus Gründen der Sicherheit und ohne die Intention, Anklage zu erheben, verletzt[2148].

Hingewiesen sei darauf, dass der Gerichtshof in einer Nebenbemerkung darauf eingeht, dass neben einer entsprechend verpflichtend formulierten Resolution des Sicherheitsrats auch die Derogation nach Art. 15 EMRK dazu führt, dass Gewahrsam nach dem humanitären Völkerrecht möglich sein könnte[2149]. Zu dieser Option nimmt er in der Entscheidung Hassan v UK noch genauer Stellung.

Obwohl zu bedauern ist, dass sich der Gerichtshof in diesem Fall durch seine enge Sicht des Begriffs „Normkonflikt" eine echte Auseinandersetzung mit dem Verhältnis der Rechtsmaterien abschnitt, könnte die Rechtsprechung einen Hinweis darauf geben, wie im Falle paralleler Anwendbarkeit sowohl des humanitären Völkerrechts als auch des Menschenrechts Konflikte durch entsprechende Auslegung der konventionsfremden Rechtsquelle vermieden werden könnten[2150]. Zwar bezieht sich der EGMR auf die Auslegung der von den Antragsgegnern ins Spiel gebrachten Resolution, jedoch kommt ein grundlegender Gedanke zur Geltung, wenn der Gerichtshof sagt: „In the event of any ambiguity in the terms of a United Nations Security Council resolution, the Court must therefore *choose the interpretation which is most in harmony with the requirements of the Convention and*

2145 Hayashi, Journal of Conflict and Security Law 2015, S. 156.

2146 Milanovic, Journal of Conflict and Security Law 2010, S. 465: „Broadly, a relationship of conflict exists between two norms if one norm constitutes, has led or may lead to, a breach of the other. With regard to IHL and IHRL norms specifically, the notion of conflict could be defined evene more broadly – a norm conflict would exist whenever the application of the two norms leads to two opposite results, for example if IHL provided that a particular use of force was lawful, while IHRL made it unlawful."

2147 EGMR(GK), Urteil vom 7.7.2011, Al-Jedda v UK, Nr. 27021/08, Z. 109.

2148 EGMR(GK), Urteil vom 7.7.2011, Al-Jedda v UK, Nr. 27021/08, Z. 110.

2149 EGMR(GK), Urteil vom 7.7.2011, Al-Jedda v UK, Nr. 27021/08, Z. 99.

2150 Vgl. zur Konfliktvermeidung durch Auslegung auch Milanovic, Journal of Conflict and Security Law 2010.

which avoids any conflict of obligations."[2151] Dies wird im Fall darauf gestützt, dass die UN selbst als hohes Ziel die Verbreitung und Beachtung der Menschenrechte zum Zweck hat und deshalb zu vermuten sei, dass sie nicht zu einer Verletzung eben jener Menschenrechte verpflichten wolle, ohne dies klar zu regeln[2152]. Damit ruht die Auslegung auf den Intentionen der Staaten, wie sie im der UN-Charta zum Ausdruck kommen. Die menschenrechtskonforme Auslegung von fremden Rechtsmaterien führt somit zur Vermeidung von Normkonflikten. Dies ist ein interessanter, wenn auch mit Blick auf die hier behandelten Rechtsmaterien nicht allzu belastbarer Ansatz, da das humanitäre Völkerrecht sich in seinem Kern vor oder zeitgleich mit den Menschenrechten entwickelt hat und somit die vom EGMR entwickelte Vermutung der Menschenrechtskonformität nicht greifen kann. Mit Blick auf die Frage, ob und wie das humanitäre Völkerrecht in die Auslegung der EMRK integriert werden könnte, bot die Entscheidung keine weiterführenden Erkenntnisse an.

(3) Hassan v UK

Ging der Gerichtshof also in Al-Jedda v UK den materiellen Fragen nach dem Verhältnis aus dem Weg und blieben die Bemerkungen des Gerichtshofs in Varnava et al v Turkey zum Verhältnis der beiden Rechtsmaterien noch eher vage und auf das konkret geltend gemachte Recht bezogen[2153], behandelte der Gerichtshof die mit dem Verhältnis der Rechtsmaterien zusammenhängenden Fragen in Hassan v UK[2154] erstmals ausführlicher (vgl. hierzu auch Teil II B.). Der Antragsgegner hatte den Gerichtshof vor dem Hintergrund des Irakkonflikts dazu eingeladen „to disapply its obligation under Article 5 or some other way to interpret them in the light of powers of detention available to it under international humanitarian law."[2155] Der Gerichtshof nutzte diese Möglichkeit, um über die bisherigen Bemerkungen hinaus seine Ansicht zum Verhältnis der Rechtsmaterien darzulegen.

(aa) Materielles Verhältnis der Rechtsmaterien

Nachdem der EGMR bereits in vielen früheren Entscheidungen mit Auslegungsprinzipien argumentiert hatte, die in der Literatur als systemische Integration bezeichnet werden, war besonders spannend, wie er sich zum Verhältnis der Rechtsmaterien genau äußern würde. Wie bereits unter C.III.3. näher beschrieben, ist dieser Ansatz dadurch gekennzeichnet, dass durch Einbeziehung fremder Rechtsmaterien in die Auslegung ein harmonisches, nicht fragmentiertes

---

2151 EGMR(GK), Urteil vom 7.7.2011, Al-Jedda v UK, Nr. 27021/08, Z. 102, Hervorhebung durch die Verfasserin.

2152 EGMR(GK), Urteil vom 7.7.2011, Al-Jedda v UK, Nr. 27021/08, Z. 102.

2153 Dies war das Recht auf Leben in der prozeduralen Ausprägung.

2154 EGMR, Urteil vom 14.9.2014, Hassan v UK, Nr. 29750/09.

2155 EGMR, Urteil vom 14.9.2014, Hassan v UK, Nr. 29750/09, Z. 99.

Völkerrecht geschaffen wird; der Ansatz ist der komplementaristischen Theorie zuzuordnen. Art. 31 Abs. 3 lit. c WVRK wird als Ausdruck dieses Auslegungsprinzips gesehen.

Nachdem der Gerichtshof zunächst festgestellt hatte, dass die abschließenden Gewahrsamsgründe des Art. 5 EMRK präventiven Gewahrsam wie ihn die Genfer Konventionen kennen, – nach der damaligen gefestigten Rechtsprechung (vgl. hierzu Teil II B) – nicht enthielten[2156], beleuchtete er in der Folge, wie eine Einbeziehung einer solchen Rechtsmaterie möglich sei. Hierzu wendete er sich in Einklang mit der bisherigen Praxis den Regeln der Auslegung nach der Art. 31 der WVRK zu[2157]. In einer Variation[2158] der üblichen Formel, die Konvention könne nicht in einem Vakuum interpretiert werden, führte er aus: „Turning to the criterion contained in Article 31 § 3(c) of the Vienna Convention, the Court has made it clear on many occasions that the Convention must be interpreted in harmony with other rules of international law of which it forms part. *This applies no less to international humanitarian law.* The four Geneva Conventions of 1949, intended to mitigate the horrors of war, were drafted in parallel to the European Convention on Human Rights and enjoy universal ratification."[2159] Als ein Unterschied zu früheren Ausführungen des Gerichtshofs erscheint die genaue Benennung der dogmatischen Basis für seine grundsätzliche Regel, dass die Konvention nicht in einem Vakuum auszulegen sei, mit dem Verweis auf Art. 31 Abs. 3 lit. c WVRK[2160]. Sodann gab er die Rechtsprechung des IGH im Fall „Armed Activities" wieder, welche – wie oben bereits angesprochen – den Bezug auf das lex-specialis-Prinzip unterlässt und bekennt sich zu ihr, indem er sagt: „The Court must endeavour to interpret and apply the Convention in a manner which is consistent with the framework under international law delineated by the International Court of Justice."[2161]

Zum einen schloss sich der Gerichtshof damit ausdrücklich der Ansicht an, dass die Konvention und das humanitäre Völkerrecht gleichzeitig anzuwenden sind, zum anderen erschien ihm die systemische Integration – im Einklang mit seiner bisherigen Rechtsprechung – die Methode der Wahl. Die Literatur begrüßt diesen „symbiotischen" Ansatz[2162] und insbesondere auch, dass der EGMR den

---

2156 EGMR, Urteil vom 14.9.2014, Hassan v UK, Nr. 29750/09, Z. 97.

2157 EGMR, Urteil vom 14.9.2014, Hassan v UK, Nr. 29750/09, Z. 100.

2158 Tatsächlich verweist der Gerichtshof in der Z. 102 auf Z. 77 desselben Urteils, in dem es heißt: „As the Court has observed on many occasions, the Convention cannot be interpreted in a vacuum and should so far as possible be interpreted in harmony with other rules of international law of which it forms part."

2159 EGMR, Urteil vom 14.9.2014, Hassan v UK, Nr. 29750/09, Z. 102; Hevorhebung durch die Verfasserin.

2160 Ebenso zitiert der Gerichtshof Koskenniemi, in den „Relevant Materials", vgl. EGMR, Urteil vom 14.9.2014, Hassan v UK, Nr. 29750/09, Z. 38 ff.

2161 EGMR, Urteil vom 14.9.2014, Hassan v UK, Nr. 29750/09, Z. 102.

2162 Koker Cedric de, Utrecht Journal of International and European Law 2015, http://www.utrechtjournal.org/articles/10.5334/ujiel.db/; Hill-Cawthorne, European

lex-specialis-Ansatz nicht übernommen habe[2163] (vgl. zur Kritik desselben unter C.).

Nun stand der Gerichtshof vor der Frage, wie eine Integration des humanitären Völkerrechts im vorliegenden Fall vorzunehmen war. Besonders problematisch war, dass der Wortlaut des Art. 5 EMRK (nach damaliger Rechtsprechung) mit den abschließenden Gewahrsamsgründen keinen Raum für einen präventiven Gewahrsam wie dem der Dritten und Vierten Genfer Konventionen ließ, wie der Gerichtshof selbst feststellte[2164]. Mit Blick auf eine ähnliche Problematik im Rahmen des Rechts auf Leben gem. Art. 2 EMRK erschien es somit besonders bedeutsam, wie der Gerichtshof diese Frage dogmatisch löste. Der Gerichtshof entschied sich insofern für eine Methode der Konfliktlösung, die *Hayashi* bereits als Lösung für den Normkonflikt in Al-Jedda v UK vorhergesehen hatte. Der Autor ist der Ansicht, dass der Konflikt durch eine *Ausnahme* gelöst werden könne: „Exception involves the modifier rule broadening the modified rule's scope of application. The modified rule would not ordinarily apply to the act at hand, but it does now because its scope has been exceptionally broadened by the modifier rule. It would be fair to say that, as a mode of resolving norm conflicts, exception did not per se feature in Al-Jedda. Exception would have featured, however, if Article 5(1) had specifically stipulated a power of detention exercisable on six enumerated grounds, and if the European Court had ruled that Resolution 1546 and/or the

---

Journal of International Law Talk! 2014, http://www.ejiltalk.org/the-grand-chamber-judgment-in-hassan-v-uk/.

2163 Hill-Cawthorne, European Journal of International Law Talk! 2014, http://www.ejiltalk.org/the-grand-chamber-judgment-in-hassan-v-uk/, der kommentiert: „The Court's reliance on subsequent practice and Article 31(3)(c) helps to move beyond the often obfuscator invocation of *lex specialis*."; ebenso Milanovic: „It is good that the Court did not rely on *lex specialis*, an often confusing and misleading principle."

2164 Vgl. EGMR, Urteil vom 14.9.2014, Hassan v UK, Nr. 29750/09, Z. 97: „It has long been established that the list of grounds of permissible detention in Article 5 § 1 does not include internment or preventive detention where there is no intention to bring criminal charges within a reasonable time. (...)Moreover, the Court considers that there are important differences of context and purpose between arrests carried out during peacetime and the arrest of a combatant in the course of an armed conflict. It does not take the view that detention under the powers provided for in the Third and Fourth Geneva Conventions is congruent with any of the categories set out in subparagraphs (a) to (f). Although Article 5 § 1(c) might at first glance seem the most relevant provision, there does not need to be any correlation between security internment and suspicion of having committed an offence or risk of the commission of a criminal offence. As regards combatants detained as prisoners of war, since this category of person enjoys combatant privilege, allowing them to participate in hostilities without incurring criminal sanctions, it would not be appropriate for the Court to hold that this form of detention falls within the scope of Article 5 § 1(c)."

law of belligerent occupation via Article 103 *effectively added a seventh ground of security* on which the UK was entitled to detain Al-Jedda."[2165]

Genau eine solchen siebten Gewahrsamsgrund aus einer fremden Rechtsmaterien sah der Gerichtshof den Vorschriften der Genfer Konventionen. Die Methode, einen solchen dem Art. 5 EMRK hinzuzufügen, bezeichnete er selbst als „accomodation". Im Ganzen führt er aus: „Nonetheless, and consistently with the case-law of the International Court of Justice, the Court considers that, even in situations of international armed conflict, the safeguards under the Convention continue to apply, albeit interpreted against the background of the provisions of international humanitarian law. By reason of the co-existence of the safeguards provided by international humanitarian law and by the Convention in time of armed conflict, the grounds of permitted deprivation of liberty set out in subparagraphs (a) to (f) of that provision should be accommodated, as far as possible, with the taking of prisoners of war and the detention of civilians who pose a risk to security under the Third and Fourth Geneva Conventions. (...) It can only be in cases of international armed conflict, where the taking of prisoners of war and the detention of civilians who pose a threat to security are accepted features of international humanitarian law, that Article 5 could be interpreted as permitting the exercise of such broad powers."[2166]

Den Kritikern dieser Vorgehensweise zufolge befindet sich der Gerichtshof mit einer solchen Auslegung des Art. 5 EMRK außerhalb der Auslegungsmethoden und insbesondere außerhalb der Wortlautgrenze[2167]. Die „Dissenting Opinion" bemängelte weiterhin, dass diese Art der „accommodation" der menschenrechtlichen Rechtsnorm mit der humanitären im Ergebnis nichts anderes als eine „disapplication"[2168] sei. Diese Meinung, dass der Gerichtshof unter der Hand womöglich doch das humanitäre Völkerrecht als lex specialis anwende, wird jedoch von der Literatur nicht geteilt. *Milanovic* nimmt insofern einen substantiellen menschenrechtlichen Einschlag insbesondere bezüglich der *Kontrolle* der staatlichen Gewahrsamsnahme wahr[2169].

2165 Hayashi, Journal of Conflict and Security Law 2015, S. 151, Hervorhebung durch die Verfasserin.

2166 EGMR, Urteil vom 14.9.2014, Hassan v UK, Nr. 29750/09, Z. 104.

2167 Milanovic, Journal of Conflict and Security Law 2010, S. 475; EGMR, Urteil vom 16.9.2014, Hassan v UK, Nr. 29750/09, Dissenting Opinion, Richter Spanó, zustimmend Richter Nicolaou, Bianku und Kalaydjieva, Z. 19.

2168 Vgl. EGMR, Urteil vom 16.9.2014, Hassan v UK, Nr. 29750/09, Dissenting Opinion, Richter Spanó, zustimmend Richter Nicolaou, Bianku und Kalaydjieva, Z. 18.

2169 Milanovic, European Journal of International Law Talk! 2014, https://www.ejiltalk.org/a-few-thoughts-on-hassan-v-united-kingdom/: „Now, some might say that the Court's approach is just lex specialis but without the Latin. This would be a serious misunderstanding. For example, the Court's consideration of the problem of judicial control of detention was brief, but more nuanced than *lex specialis.*"

Zudem zeigt sich an dieser Stelle sehr deutlich auch der Unterschied zwischen evolutiver Auslegung und systemischer Integration, die auch möglich bleibt, wenn die auszulegende Norm keinen „offenen" Begriff bietet.

(bb) Prozedurale Voraussetzungen: von der Derogation zur Einwendung

Das Verhältnis zwischen dem Mechanismus der Derogation und der systemischen Integration wurde unter A.II.1.c) bereits erläutert. In Hassan v UK wurde diese Frage ebenfalls behandelt, wobei sich hier die Ansichten der widersprechenden Richter und der Mehrheit der Richter deutlich unterschieden.

Für die vier Richter, die sich dem Urteil der Mehrheit nicht anschlossen, war die Funktion des Art. 15 EMRK klar: „There is simply no available scope to ‚accommodate', to use the language of the majority, the powers of internment under international humanitarian law within, inherently or alongside Article 5 § 1. That is the very raison d'être of Article 15, which explicitly opens up the possibility for States in times of war or other public emergencies threatening the life of the nation to derogate from Article 5, amongst other provisions. The majority's support for a contrary understanding of Article 5 renders Article 15 effectively obsolete within the Convention structure as regards the fundamental right to liberty in times of war."[2170] Damit offenbarten sie ein Verständnis des Art. 15 EMRK, wie er oben mit dem Schlagwort „selbstgewählte Trennung" beschrieben wird.

Die Mehrheit der Richter positionierte sich jedoch nicht in dem Ausmaß gegen diese Lesart des Art. 15 EMRK in Abgrenzung zur systemischen Integration, wie dies nach hier vertretener Auffassung wünschenswert wäre. Der Gerichtshof vermied die Beantwortung der Frage, ob eine Derogation nötig ist, um zu einer Anwendung des humanitären Völkerrechts zu kommen: Anstatt diese Frage dogmatisch zu lösen, betrachtete der Gerichtshof die bisherigen Praxis der Vertragsstaaten im Licht einer weiteren Auslegungsregel der WVRK, nämlich der des Art. 31 Abs. 3 lit. b[2171]. Dabei kam er zu dem Schluss, dass die Vertragsstaaten die Konvention durch die durchgängige Praxis „not to derogate from their obligations under Article 5 in order to detain persons on the basis of the Third and Fourth Geneva Conventions during international armed conflicts"[2172], den Inhalt der Konvention geändert hätten. Nur im Lichte auch dieses Arguments – neben dem der Auslegung nach Art. 31 Abs. 3 lit.c WVRK – akzeptierte der Gerichtshof „that the lack of a formal derogation under Article 15 does not prevent the Court from taking account of the context and the provisions of international humanitarian law when interpreting and applying Article 5 in this case."

2170 EGMR, Urteil vom 16.9.2014, Hassan v UK, Nr. 29750/09, Dissenting Opinion, Richter Spanó, zustimmend Richter Nicolaou, Bianku und Kalaydjieva, Z. 16.

2171 EGMR, Urteil vom 14.9.2014, Hassan v UK, Nr. 29750/09, Z. 101.

2172 EGMR, Urteil vom 14.9.2014, Hassan v UK, Nr. 29750/09, Z. 101.

Weiterhin schien der Gerichtshof für das Erfordernis der Derogation nach Art. 15 EMRK im Rahmen des nicht-internationalen Konflikts eine Tür offen gelassen zu haben: „The derogations that have been lodged in respect of Article 5 have concerned additional powers of detention claimed by States to have been rendered necessary as a result of internal conflicts or terrorist threats to the Contracting State."[2173] Zusammen mit der Tatsache, dass der EGMR im gesamten Urteil den Zusammenhang mit dem internationalen bewaffneten Konflikt betont, lässt spekulieren, ob er im internen bewaffneten Konflikt seine bisherige Rechtsprechung beibehalten möchte, nach der, solange nicht derogiert wurde, die Einsätze des in einen internen bewaffneten Konflikts verwickelten Vertragsstaats am Maßstab der Konvention zu messen sei. Hierfür spricht auch das neue prozedurale Erfordernis, welches Art. 15 EMRK ersetzten soll: Anstelle der Derogation nach Art. 15 EMRK soll das humanitäre Völkerrecht materiell nur dann zu berücksichtigen sein, wenn prozedural das humanitäre Völkerrecht durch den Vertragsstaat gleichsam als Einwendung geltend gemacht wird[2174]. Der Gerichtshof begründete dies damit, dass auch nach Abbedingung des Derogationserfordernis durch Staatenpraxis weiterhin durch den Staat signalisiert werden müsse, wenn von dem Standard der EMRK abgewichen werden soll. Der Unterschied zu einer Derogation besteht jedoch darin, dass die Vertragsstaaten dies erst im Verfahren vor dem Gerichtshof tun müssen und nicht zu dem Zeitpunkt, in dem sie von dem menschenrechtlichen Standard abweichen wollen. Zudem ist dies ein völlig anderes Instrument: Während das eine ein öffentlicher Akt mit formellen Voraussetzungen ist, ist die Einwendung des Völkerrechts eine prozessuale Erklärung.

(cc) Einordnung

Der materielle Ansatz, der vom Gerichtshof in Hassan v UK gewählt wurde, um die beiden anwendbaren Rechtsmaterien EMRK und humanitäres Völkerrecht in Einklang zu bringen ist unter den der systemischen Integration zu fassen. Zwar wurde das Vorgehen vom Gerichtshof selbst als „accomodation" bezeichnet, jedoch berief er sich hierbei auf Art. 31 Abs. 3 lit. c WVRK und damit auf die klassische Norm dieses dogmatischen Ansatzes. Um trotz des geschlossenen Wortlauts des Art. 5 EMRK das humanitäre Völkerrecht integrieren zu können, bedient er sich des Kniffs, über das Ziel der Norm, vor willkürlicher Gewahrsamnnahme zu schützen, ein offenes Tatbestandsmerkmal zu schaffen. Die Kritik, der Gerichtshof würde unter dem Deckmantel der systemischen Integration eigentlich dem lex-specialis-Ansatz folgen, ist nicht gerechtfertigt; bezüglich des Gewahrsamgrundes ist in der vorliegenden Konstellation nur die Durchsetzung

2173 EGMR, Urteil vom 14.9.2014, Hassan v UK, Nr. 29750/09, Z. 101.
2174 EGMR, Urteil vom 14.9.2014, Hassan v UK, Nr. 29750/09, Z. 107.

einer Rechtsmaterie denkbar, da man den präventiven Gewahrsam nur entweder zulassen oder verneinen kann. Im Kontext des internationalen bewaffneten Konflikts ist es dabei nur folgerichtig, dem humanitären Völkerrecht den Vortritt zu lassen, wenn man sich auf den Weg begeben hat, dieses hinzuziehen. Im Übrigen ist den Kommentatoren zuzustimmen, dass der Gerichtshof den Weg für einen menschenrechtliche Einschlag in der Überprüfung bereitet und teilweise bereits beschreitet (vgl. Teil II.B.I).

Das Vorgehen bezüglich der prozessualen Aspekte ist demgegenüber deutlich kritischer zu sehen. Nach hier vertretener Ansicht wäre ein Umweg über die Staatenpraxis mit Blick auf die Derogation nicht erforderlich gewesen, um das humanitäre Völkerrecht in die Auslegung des Menschenrechts zu integrieren. Die systemische Integration einer Rechtsmaterie ist vielmehr unabhängig von einer Derogation möglich. Mit der Begründung, dass nur die Staatenpraxis das Erfordernis der Derogation geändert hätte, lässt der Gerichtshof der Auslegung des Art. 15 EMRK als dem Einfallstor für das humanitäre Völkerrecht – welches er gerade nicht ist – zu großen Raum.

Darüber hinaus ist die im Urteil neu geschaffene Ersatzderogation der „Einwendung des humanitären Völkerrechts“ scharf zu kritisieren, da sie auf keinerlei dogmatischen Grundlage beruht und zudem die nicht erforderliche Derogation jedenfalls prozessual perpetuiert. Nicht nur sind zahlreiche Fragen bezüglich dieser Erfindung ungeklärt[2175], es erscheint darüber hinaus sehr gut möglich, dass hierdurch die unterschiedliche Behandlung des humanitären Völkerrechts in der Rechtsprechung des EGMR je nach Konfliktart zementiert wird. Wenn bisher auch nicht klar ist, ob diese Einwendung auch für Fälle des internen Konflikts überhaupt zugelassen sind, könnten Vertragsstaaten die Geltendmachung einer solchen Einwendung politisch ebenso ungünstig ansehen, wie sie dies bezüglich der Derogation getan haben. Auch im Rahmen einer solchen Rechtfertigung müssten sie schließlich zugeben, dass sie einen internen Konflikt auf dem eigenen Hoheitsgebiet austragen, der die Schwelle zur Anwendbarkeit des humanitären Völkerrechts überschritten hat.

Auch mit Blick auf die Grundsätze des humanitären Völkerrechts bleibt ein schaler Geschmack zurück, ist es doch ein Fundament des modernen humanitären Völkerrechts, dass allein die materielle Rechtslage und nicht formelle Erklärungen über die Anwendbarkeit des humanitären Völkerrechts entscheiden. Die Anwendung gerade dieser Rechtsmaterie vor einem Menschenrechtsgericht von einer formalen Erklärung abhängig zu machen, stellt einen Missklang dar.

2175 Ungeklärt bleibt, ob es möglich ist, diese Einwendung als die rein prozessuale Erklärung, die sie zu sein scheint, auf ein einzelnes Verfahren zu beschränken. Könnte sich ein Vertragsstaat also in einem Fall auf das humanitäre Völkerrecht berufen, in einem gleich gelagerten, aber unterschiedlichen Fall nicht? Was passiert, wenn der Antragsteller sich auf das humanitäre Völkerrecht berufen wollte?

Diese neue Rechtsprechung der „Einwendung des humanitären Völkerrechts" erscheint somit rein pragmatisch, da der Gerichtshof so bezüglich seines langen Schweigens zum humanitären Völkerrecht sein Gesicht wahren kann, andererseits die Menschenrechte im Rahmen jedenfalls des internationalen bewaffneten Konflikts davor bewahrt sind, ein Gedankenspiel im Vakuum zu werden, da der Maßstab mit der Realität nichts mehr zu tun hätte. Auch müsste der Weg, das humanitäre Völkerrecht explizit nicht zu erwähnen, es jedoch materiell anzuwenden, jedenfalls für den internationalen bewaffneten Konflikt nicht weitergegangen werden.

Insgesamt stellt das Urteil aus der der Sicht der Praxis einen Schritt in die richtige Richtung dar; dogmatisch ist sie jedoch insbesondere in ihren prozeduralen Aussagen fragwürdig.

(4) Ergebnis

Der Gerichtshof befindet sich materiell eindeutig auf dem durch frühere Rechtsprechung bereits vorgezeichneten Weg der systemischen Integration und hat im Fall Hassan v UK das Problem des abgeschlossenen Wortlauts zwar pragmatisch, letzten Endes aber doch richtig gelöst. Der Rückgriff auf den Schutz vor Willkür als den Kern des Art. 5 EMRK könnte die Rechtsprechung des EGMR mit der Rechtsprechung anderer menschenrechtlicher Organe harmonisieren. Dabei ist die Entscheidung in Hassan v UK instruktiv insbesondere auch für das Recht auf Leben, für das die gleiche Problematik besteht.

Der prozedural eingeschlagene Weg wirft jedoch auch gerade mit Blick auf die Entscheidung in Varnava et al v Turkey einige Fragen auf. Derzeit deutet alles darauf hin, dass der Gerichtshof in humanitärvölkerrechtlich relevanten Fällen diverse Abzweigungen nehmen muss, bevor er tatsächlich zu einer Anwendung des humanitären Völkerrechts kommen kann. Zum einen stellt sich die Frage, ob es sich – wie in Varnava et al v Turkey – um eine positive Verpflichtung handelt, die durch das humanitäre Völkerrecht gestärkt wird. In diesem Fall scheint es zu einer Anwendung des humanitären Völkerrechts im Wege der systemischen Integration von Amts wegen zu kommen. Soll durch das humanitäre Völkerrecht aber eine Eingriffsbefugnis in ein Menschenrecht hinaus begründet werden, muss der Vertragsstaat diese als Einwendung geltend machen. Eine Anwendung von Amts wegen scheint ausgeschlossen. Dies erscheint als seltsame Variante der systemischen Integration, die derzeit einen europäischen Sonderweg darstellt. Es scheint auch nicht ausgeschlossen, dass eine Abgrenzung der beiden Optionen in zukünftigen Fällen schwer fallen könnte; ist es möglich, die Modifikation menschenrechtlicher Verpflichtungen stets in die eine oder andere Kategorie einzuordnen? Zu dieser Frage bleibt zukünftige Rechtsprechung abzuwarten.

Damit müssen mit Blick auf den grundsätzlich begrüßenswerten Ansatz des EGMR, bezüglich in den konkret vorgelegten Fällen auf systemische Integration gem. Art. 31 Abs. 3 lit. c WVRK zu setzen, im prozessualen Bereich gewaltige Abstriche gemacht werden. Im Fall der Rechtfertigung eines Eingriffs durch das humanitäre Völkerrecht ist eine Beachtung – entgegen der Natur des Auslegungsansatzes – von Amts wegen nicht möglich. Vielmehr bestimmt der Antragsgegner, welche Rechtsmaterien zum Einsatz kommen.

bb) Nicht-internationaler bewaffneter Konflikt

Eine ausführliche Analyse der Rechtsprechung des EGMR zum humanitären Völkerrecht im nicht-internationalen Konflikt ist bereits unter Teil II A. erfolgt. Ergebnis dieser Untersuchung war, dass der EGMR kein ausdrückliches Verhältnis der Rechtsmaterien begründet, jedoch sub silentio humanitärvölkerrechtliche Standards anwendet. So ist sowohl die Verhältnismäßigkeitsprüfung als auch die Zielauswahl für den Einsatz tödlicher Gewalt dem humanitären Völkerrecht angenähert. Auch die Pflicht zur Ergreifung von Vorsichtsmaßnahmen ist dem humanitären Völkerrecht entnommen, wenn hier auch weitere – menschenrechtliche – Aspekte beachtet werden müssen[2176]. Zum Teil wird die Rechtsprechung des EGMR dazu benutzt, humanitärvölkerrechtliches Völkergewohnheitsrecht des internen Konflikts zu begründen[2177].

Es kann somit durchaus davon gesprochen werden, dass der Gerichtshof auf pragmatische Weise die Vorgaben des humanitären Völkerrechts integriert. Dies tut er jedoch auf eine denkbar undogmatische Weise, da er eine solche Übernahme nicht nur nicht zugibt, sondern sogar ausdrücklich betont, er würde die Bewertung mangels Derogation (zu der es in keinem der behandelten Fälle gekommen ist) vor einem „normalen" rechtlichen Hintergrund vornehmen[2178]. Dies impliziert die rein menschenrechtliche Bewertung, die materiell nach hier vertretener Ansicht jedoch gerade nicht vorgenommen wird. Vielmehr werden die Umstände des bewaffneten Konflikts sehr wohl zum Anlass genommen, den Maßstab der Prüfung zu modifizieren. Dies sehen auch *Hampson/Lubell* ähnlich, wenn sie im Rahmen des Amicus Curiae brief im Fall Hassan v UK ausführen: „The circumstances at hand may affect the manner or extent to which the State can fulfill, or fail to fulfill, its obligations. The factual circumstances in which the State finds itself are already taken into account by the Court, even without a derogation."[2179]

Es ist zu befürchten, dass diese Entwicklung sich auch nach der Rechtsprechung in Hassan v UK, in dem für den internationalen bewaffneten Konflikt das

---

2176 So muss das Verhalten des Gegners in die eigene Planung miteinkalkuliert werden, eine Pflicht, für die es, wie bereits ausgeführt, keine humanitärvölkerrechtliche Entsprechung gibt.

2177 Vgl. Henckaerts/Doswald-Beck, Customary International Humanitarian Law, Rule 18, in dem zB die Entscheidung des EGMR vom 28.7.1998 in Ergi v Turkey, Nr. 66/1997/850/1057 zitiert ist.

2178 EGMR, Urteil vom 24.05.2005, EGMR, Urteil vom 24.5.2005, Isayeva v Russia, Nr. 57950. Nr. 57950/00, Z. 191.

2179 Hampson/Lubell, Amicus curiae, Hassan v UK, Z. 23.

Verhältnis der Rechtsmaterien erstmals ausdrücklich besprochen wurde, für den internen Konflikt weiter fortsetzt. Die neue Lösung der Einwendung des humanitären Völkerrechts statt der Derogation von menschenrechtlichen Verpflichtungen wird im Rahmen eines Verfahrens vor dem EGMR für die Vertragsstaaten ähnlich unattraktiv sein.

3. Ergebnis

Derzeit scheint es, als würde der Gerichtshof die unterschiedliche Vorgehensweise der Rezeption des humanitären Völkerrechts für die beiden Arten des bewaffneten Konflikts zementieren. Dies maßgeblich deshalb, weil er auf eine Art der Derogation besteht – für den internationalen bewaffneten Konflikt hat diese nun die Form einer Einwendung angenommen. Dies ist vor dem Hintergrund, dass gerade der EGMR schon früh begann, mit der systemischen Integration zu arbeiten, schwer verständlich. Diese Methode benötigt keine Derogation oder ein sonstiges Berufen seitens des Staats auf einen anderen Maßstab – sie funktioniert hiervon unabhängig. Es bleibt abzuwarten, ob der Weg, auf den sich der Gerichtshof begeben hat, geeignet ist, um mit der Herausforderung des Menschenrechts im bewaffneten Konflikt umzugehen. Zumindest materiell scheint er hier jedoch auf einem pragmatischen Weg.

II. Die interamerikanischen Organe

1. Interamerikanische Kommission für Menschenrechte

a) Die Weitergeltung der Menschenrechte im bewaffneten Konflikt und der „non-derogable nucleus“

Die Kommission ist – wie dies spätestens seit der Rechtsprechung des IGH weit überwiegend der Fall ist – der Ansicht, dass Menschenrechte im bewaffneten Konflikt weitergelten und lehnt somit den klassischen Trennungstheorie eindeutig ab. Dies gilt für den nicht-internationalen bewaffneten Konflikt[2180] ebenso wie für den internationalen bewaffneten Konflikt[2181]. Auch dem in der vorliegenden

---

2180 Vgl. AKMR, Entscheidung vom 16.10.1997, Hugo Bustíos Saavedra v Peru, Nr. 10.584, Z. 59, in dem die Frage noch speziell auf das Recht auf Leben zugeschnitten ist; AMRK, Entscheidung vom 30.11.1997, Report Nr. 26/97, Avilán et al v Colombi, Z. 171; AMRK, Entscheidung vom 18.11.1997, Report Nr. 55/97, Juan Carlos Abella v Colombia, Z. 158.; zusammenfassend in AKMR, Third Report on the Situation of Human Rights in Colombia vom 26.2.1999, OEA/Ser.L/V/II.102, Chapter IV, Z. 9: „As the Commission noted in recent decisions against Colombia and other States, the American Convention continues to apply during situations of internal armed conflict.“

2181 AKMR, Entscheidung vom 29.9.1999, Coard et al v United States, Nr. 10.951, Z. 41, bezogen auf die Amerikanische Deklaration; vgl. auch AKMR, Detainees at Guantanamo Bay, Cuba, Request for Precautionary Measures vom 12.3.2002: „It

Schrift als „versteckte Trennungstheorie" bezeichneten Ansatz tritt die Kommission entschieden entgegen, wie sie in Salas et al v US klar machte: „Thus, the IACHR asserts that, although the *lex specialis* regarding facts that take place in the context of an armed conflict is international humanitarian law, this does not mean that international human rights law does not apply."[2182]

Dabei zieht die Kommission im Einklang mit der hier vertretenen Auffassung in Betracht, dass Menschenrechte im Kriegsfall derogiert werden können und insofern suspendiert sind, also nicht mehr gelten[2183]. Daneben gebe es aber Rechte, die nicht suspendiert werden könnten, wie das Recht auf Leben[2184]. Für diese, in jedem Fall geltenden Menschenrecht und ihr Verhältnis zum humanitären Völkerrecht hat die Kommission – manchmal leicht abgewandelt[2185] – folgende Formel entwickelt: „The American Convention, as well as other universal and regional human rights instruments, and the 1949 Geneva Conventions share a common nucleus of non-derogable rights and a common purpose of protecting human life and dignity."[2186]

Dogmatisch nicht ganz korrekt[2187] möchte die Kommission mit der Formel „a common nucleus of non-derogable rights" wohl ausdrücken, dass das humanitäre Völkerrecht einen Mindestschutz zur Verfügung stellt und in diesen Mindestvorgaben Wertentscheidungen mit dem nicht abdingbaren Kern der Menschenrechte teilt. Nicht klar wird allerdings, wie dieser Kern der Menschenrechte sich zum humanitären Völkerrecht verhält: *Gleichen sich* die Garantien oder aber sind sie *identisch*? Logisch bietet nur die erste Alternative Raum für eine Überlappung und somit einen Einfluss selbstständiger menschenrechtlicher Wertungen; im

---

is well-recognized that international human rights law applies at all times, in peacetime and in situations of armed conflict."; zuletzt auch AKMR, Entscheidung vom 5.10.2018 (Begründetheit), Salas et al v United States, Nr. 10.573, Z. 322.

2182 AKMR, Entscheidung vom 5.10.2018 (Begründetheit), Salas et al v United States, Nr. 10.573, Z. 329.

2183 AKMR, Annual Report 2015, präsentiert am 17.3.2016, Chapter IV A, „Use of force"; Z. 130: „[Art. 27] also states that those obligations that do not violate others assumed by a state party may be *suspended* ‚provided that such measures are not inconsistent with its other obligations under international law '(...)", Hervorhebung durch die Verfasserin.

2184 AKMR, 31.12.2013, Truth, Justice an Reparation, Fourth Report on Human Rights in Colombia, OEA/Ser.L/V/II, Doc. 49/13, Z. 96.

2185 Vgl. AKMR, Entscheidung (Zulässigkeit) vom 21.10.2010, Franklin Guillermo Aisalle Molina (Ecuador v Colombia), Nr. IP-02, Z. 117.

2186 AKMR, Entscheidung vom 18.11.1997, Juan Carlos Abella v Colombia, Nr. 11.137, Z. 158; AKMR, Entscheidung vom 5.10.2018, Salas et al v United States (Begründetheit), Nr. 10.573, Z. 322.

2187 Derogationen sind ein Mechanismus allein der Menschenrechte und spielen im humanitären Völkerrecht keine Rolle. Vgl. zum Verhältnis der Derogation und dem humanitären Völkerrecht unter A.II.1.

zweiten Fall gälte allein das humanitäre Völkerrecht[2188]. Es scheint, als habe sich die Kommission von der ersten Alternative, wie sie noch in Hugo Bustios Saavedra v Peru anklang[2189], wegbewegt. Hierfür spricht auch, dass an anderer Stelle davon ausgegangen wird, dass den Staaten durch das humanitäre Völkerrecht keine weitergehende Bürde auferlegt wird[2190]. Allerdings – dies darf nicht übersehen werden – bezieht sich die Äußerung im konkreten Fall auf den gemeinsamen Art. 3 GK, der tatsächlich den Mindeststandard des Völkerrechts schlechthin darstellt. In Coard et al v US sprach die Kommission demgegenüber davon, dass es eine substantielle *Überschneidung*[2191] zwischen dem nicht-derogierbaren Kern der Menschenrechte und dem humanitären Völkerrecht gibt, was heißen könnte, dass der Mindeststandard im bewaffneten Konflikt nicht allein aus dem humanitären Völkerrecht besteht.

Die Frage, inwiefern der „non-derogable nucleus“ der Menschenrechte womöglich nur das humanitäre Völkerrecht beinhaltet, was zu einer Unmöglichkeit eines Zusammenspiels führen würde, ist noch nicht endgültig geklärt.

b) Das Verhältnis der Rechtsmaterien: systemische Integration anhand des lex-specialis-Prinzips

Zum genaueren Verhältnis der Rechtsmaterien im Übrigen hat die Kommission eine Formel entwickelt, die sie mit leichten Abwandlungen immer wieder verwendet. Gerade im nicht-inernationalen Konflikt steht das Verhältnis der Rechtsmaterien in ihren Augen unter dem Vorzeichen der Konvergenz und des gegenseitigen Stärkens[2192]. Dabei fand sich in der frühen Rechtsprechung der Kommission zunächst der Gedanke, das humanitäre Völkerrecht auf der Ebene der Rechtfertigung einzuordnen: „It is precisely pursuant to humanitarian law that certain actions, which perhaps would be considered violative of human

2188 Ähnlich scheint auch Oberleitner von einem begrenzten Nutzen auszugehen, wenn die fraglichen Normen inhaltlich tatsächlich identisch wären: „Furthermore, if two norms of humanitarian and human rights law were indeed identical and entirely interchangeable, the only reason to apply both seems to be to emphasize the gravity of the violation.“, OBERLEITNER, S. 280.

2189 Dort heißt es in Z. 58: „The Commission wishes to emphasize that during such conflicts the non-derogable norms of the Convention continue to apply *simultaneously* with the provisions of common Article 3.“, Hervorhebung durch die Verfasserin.

2190 AMRK, Entscheidung vom 30.9.1997, Avilán et al v Colombia, Nr. 11.142, Z. 172.

2191 AKMR, Entscheidung vom 29.9.1999, Coard et al v United States, Nr. 10.951, Z. 39.

2192 „It is, moreover, during situations of internal armed conflict that these two branches of international law most converge and reinforce each other.“, AKMR, Abella v Argentina, Z. 160; sehr ähnlich bereits zuvor in AMRK, Entscheidung vom 30.9.1997, Avilán et al v Colombia, Nr. 11.142, Z. 174 („converge most precisely and reinforce each other“).

rights if taken outside of an armed confrontation, are considered legitimate in the context of an armed conflict. Indeed, humanitarian law may be *a defense* available to a State to rebut charged violations of human rights during internal hostilities. For example, State agents who kill or wound armed dissidents in accordance with applicable laws and customs of warfare incur no liability under international law."[2193] Bereits in Avilán et al v Colombia ging die Kommission prozessual jedoch einen anderen Weg als der EGMR (vgl. Ziff. I.2.), indem sie sogleich klarstellte, dass der Vertragsstaat keine Einrede des humanitären Völkerrechts erheben, sondern die Kommission dies von Amts wegen prüfen müsse[2194].

Obwohl die Formel des gegenseitigen Verstärkens zunächst auf den internen Konflikt zugeschnitten ist, wird später deutlich, dass auch im internationalen Konflikt nichts anderes gelten kann. So heißt es ganz allgemein für den bewaffneten Konflikt in „Precautionary Measures in Guantanamo Bay": „Further, in situations of armed conflict, the protections under international human rights law and humanitarian law *may complement and reinforce each other*, sharing as they do a common nucleus of non-derogable rights and a common purpose of promoting human life and dignity."[2195] Der Ausdruck „converge" wurde mit „complement" ersetzt, worin sich jedoch keine materielle Änderung der Ansicht zum Verhältnis der Rechtsmaterien zu spiegeln scheint. In ihrer aktuellen Entscheidung Salas et al v USA, welche den internationalen bewaffneten Konflikt[2196] zwischen Panama und den USA aus dem Jahr 1989 betrifft, stellte die Kommission erneut fest: „Because of their complementary and the fact that both normative frameworks are based on common core principles and values, international human rights law and IHL can provide reciprocal influence and reinforcement."[2197]

Die Kommission ließ dabei immer wieder anklingen, dass es sich bei dem humanitären Völkerrecht um das spezifischere Recht handelt, zunächst jedoch ohne den vom IGH geprägten Ausdruck „lex specialis" zu verwenden. In Avilán v Colombia formuliert sie die Idee des spezifischeren Rechts folgendermaßen: „[E]ven though technically the American Convention and the other human rights treaties are applicable in times of peace and situations of armed conflict, none of these human rights instruments has been designed to regulate situations

2193 AMRK, Entscheidung vom 30.9.1997, Avilán et al v Colombia, Nr. 11.142, Z. 167/168.

2194 „The law, even if not invoked by the parties, must be applied by the tribunal with jurisdiction over a case pursuant to the ancient Roman principle: ‚iura novit curia.'", AMRK, Entscheidung vom 30.9.1997, Avilán et al v Colombia, Nr. 11.142, Z. 169.

2195 AMRK, Entscheidung vom 30.9.1997, Avilán et al v Colombia, Nr. 11.142, Z. 171.

2196 Das Vorliegen eines solchen nach gemeinsamen Art. 2 GK wurde von keiner Partei bestritten, vgl. AKMR, Entscheidung vom 5.10.2018, Salas et al v United States (Begründetheit), Nr. 10.573, Z. 333.

2197 AKMR, Entscheidung vom 5.10.2018 (Begründetheit), Salas et al v United States, Nr. 10.573, Z. 328.

of armed conflict, and therefore they do not include norms that govern the means and methods of such conflicts."[2198] Im „Third Report on the Situation of Human Rights in Colombia" verwendet die Kommission sodann den Begriff „lex specialis". Nachdem die Kommission nochmals darauf eingegangen war, dass die Menschenrechtsverträge kein spezifisches Recht enthalten, um mit Kriegssituationen umzugehen[2199], nahm sie zum Verhältnis wie folgt Stellung: „Thus, the Commission invokes the norms provided by both human rights law and international humanitarian law in analyzing specific petitions involving alleged abuses by State agents and their proxies which arise in the context of internal armed conflicts. The Commission proceeds in this manner because both sets of norms apply during internal armed conflicts, although in many cases international humanitarian law may serve as *lex specialis*, providing more specific standards for analysis."[2200]

Zu einer sehr ähnlichen Bewertung kam sie in Coard et al v US auch für die Amerikanische Deklaration[2201] und bezüglich eines internationalen bewaffneten Konflikts: „(...) [I]n a situation of armed conflict, the test for assessing the observance of a particular right, may, under given circumstances, be distinct from that applicable in a time of peace. For that reason, the standard to be applied must be deduced by reference to the applicable *lex specialis*. The American Declaration is drawn in general terms, and does not include specific provisions relating to its applicability in conflict situations. As will be seen in the analysis which follows, the Commission determined that the analysis of the petitioners' claims under the Declaration within their factual and legal context requires reference to international humanitarian law, which is a source of authoritative guidance and provides the specific normative standards which apply to conflict situations."[2202] An dieser

2198 AMRK, Entscheidung vom 30.9.1997, Avilán et al v Colombia, Nr. 11.142, Z. 171; ganz ähnlich auch in AKMR, Entscheidung vom 18.11.1997, Juan Carlos Abella v Colombia, Nr. 11.137, Z. 161; AKMR, Report on Terrorism and Human Rights vom 22.10.2002, OEA/Ser.L/V/II.116, Doc. 5 rev. 1 corr., Z. 61.

2199 AKMR, Third Report on the Situation of Human Rights in Colombia vom 26.02.1999, OEA/Ser.L/V/II.102 Doc. 9 rev. 1, Chapter IV, Z. 10.

2200 AKMR, Third Report on the Situation of Human Rights in Colombia vom 26.02.1999, OEA/Ser.L/V/II.102 Doc. 9 rev. 1, Chapter IV, Z. 11, Hervorhebung des Ausdrucks „lex specialis" durch die Kommission selbst.

2201 Für die Kommission ist es bezüglich der Einbeziehung des humanitären Völkerrechts gleichgültig, um welches der ihm anvertrauten menschenrechtlichen Dokumente es geht, vgl. AKMR, Report on Terrorism and Human Rights vom 22.10.2002, OEA/Ser.L/V/II.116 Doc. 5 rev. 1 corr., Z. 62.

2202 AKMR, Entscheidung vom 29.9.1999, Coard et al v United States, Nr. 10.951, Z. 42; vgl. zur ausdrücklichen Benennung des humanitären Völkerrechts als lex specialis auch AKMR, Detainees at Guantanamo Bay, Cuba, Request for Precautionary Measures vom 12.3.2002: „In such situations [situation of armed conflict], international law, including the jurisprudence of this Commission, dictates that it

Ansicht hat sich auch knapp 20 Jahre später nichts geändert, wie Salas et al v US unter Verweis auf seine Rechtsprechung in Coard et al v US beweist: „[A]t the merits stage the IACHR must analyze the State's obligations under the American Declaration in light of the standards of international humanitarian law that apply as lex specialis for purposes of interpretation."[2203]

Es hat sich eingebürgert, dass das humanitäre Völkerrecht als lex specialis bezeichnet wird[2204]. Im Übrigen kommt das humanitäre Völkerrecht nur dann als spezielleres Recht zum Einsatz, wenn die gerügte Menschenrechtsverletzung auch im Kontext des bewaffneten Konflikts stattfindet[2205]. Das Vorliegen eines (Bürger)kriegszustandes dem Grunde nach genügt somit nicht, um das humanitäre Völkerrecht miteinzubeziehen – die konkrete Situation scheint vielmehr eine gewisse Kriegstypik aufweisen zu müssen.

Die Kommission beschreibt das Verhältnis oft im Zusammenhang mit konkreten Normen aus beiden Rechtsmaterien. Wie in der einschlägigen Literatur auch, geschieht dies insbesondere bei „Einsatz von Gewalt" und „Freiheitsentziehung" im bewaffneten Konflikt. Zum ersten Mal genauer erläutert sie ihr Vorgehen in Avilán v Colombia: „Even so, the capacity of the Commission to rule on alleged violations of the right to life and physical integrity in the context of an armed conflict may be limited in many cases by exclusive reference to Articles 4 and 5 of the Convention. This is because the American Convention does not contain provisions that specify, for example, when casualties are a legitimate consequence of military operations. Consequently, the Commission must necessarily refer to and apply definitional provisions and relevant rules from humanitarian law as authoritative sources which provide orientation in the resolution of these cases."[2206] Als Einfallstor hierfür dient das Tatbestandsmerkmal „arbitrary", wie es in Salas et al v US heißt: „If not in conformity with those principles [the principles of proportionality, distinction, necessity, and precaution], the use of lethal force in a context of armed conflict may constitute an arbitrary deprivation of life and

---

may be necessary to deduce the applicable standard by reference to international humanitarian law as the applicable *lex specialis.*"

2203 AKMR, Entscheidung vom 5.10.2018 (Begründetheit), Salas et al v United States, Nr. 10.573, Z. 325.

2204 Vgl. zB AKMR, Third Report on the Situation of Human Rights in Colombia vom 26.2.1999, OEA/Ser.L/V/II.102, Z. 116; AKMR, Entscheidung (Zulässigkeit) vom 23.2.2005, Gregoria Herminia, Serapio Christian and Julia Ines Contreras v El Salvador, Nr. 11/05, Z. 20.

2205 Vgl. AKMR, Third Report on the Situation of Human Rights in Colombia vom 26.02.1999, OEA/Ser.L/V/II.102 Doc. 9 rev. 1, Chapter IV, Z. 11: „Of course, it should be noted that the Commission will apply human rights norms alone in those cases involving alleged abuses by State agents which do not occur in the context of the hostilities."

2206 AMRK, Entscheidung vom 30.9.1997, Avilán et al v Colombia, Nr. 11.142 73, Hervorhebung durch die Verfasserin.

a violation (...) incompatible with the American Declaration."[2207] Diese Formel ähnelt zum anderen sehr der Formel des Menschenrechtsausschuss, wie er sie in seinem neuen „General Comment" Nr. 36 vorgestellt hat und zum anderen der vom IGH vertretenen Ansicht.

In Juan Carlos Abella v Argentina fügt sie dem noch hinzu, dass gerade das auf den bewaffneten Konflikt zugeschnittene humanitäre Völkerrecht „afford[s] victims of armed conflicts greater or more specific protections than do the more generally phrased guarantees in the American Convention and other human rights instruments."[2208] Diese Auffassung, dass das humanitäre Völkerrecht den größeren Schutz biete erscheint zunächst erstaunlich; was die Kommission wohl damit ausdrücken will, ist, dass das humanitäre Völkerrecht einen praktikablen, spezifischeren Schutz[2209] für die kriegstypische Situation bereithält.

In der Staatenbeschwerde Franklin Guillermo Aisalla Molina v Ecuador wurde die Doktrin des lex specialis weiterentwickelt. Ganz im Sinne einer starken Strömung der Literatur, die davon ausgeht, dass nicht allgemein entschieden werden kann, welches das speziellere Recht ist, sondern dass dies vom Kontext und den involvierten Normen abhinge, entschied die Kommission im Rahmen der Zulässigkeit: „(...) [I]nternational human rights law may be interpreted in the light of IHL and the latter may be interpreted in the light of human rights law, as required."[2210] Diese Formel hat die Kommission in ihrer Entscheidung im Fall Salas et al v US wiederholt[2211]. Damit ist klar, dass in den Augen der Kommission das lex-specialis-Prinzip keine Einbahnstraße ist, sondern kontextabhängig sowohl die Menschenrechte als auch das humanitäre Völkerrecht das speziellere

2207 AKMR, Entscheidung vom 5.10.2018 (Begründetheit), Salas et al v United States, Nr. 10.573, Z. 339; vgl. für das Recht auf Leben zudem: AKMR, Third Report on the Situation of Human Rights in Colombia vom 26.02.1999, OEA/Ser.L/V/II.102 Doc. 9 rev. 1, Chapter IV, Z. 169 und 189 sowie AKMR, Entscheidung (Zulässigkeit) vom 21.10.2010, Franklin Guillermo Aisalle Molina (Ecuadorv Colombia), Nr. IP-02, Z. 125; für das Recht auf Freiheit vgl. AKMR, Entscheidung vom 29.9.1999, Coard et al v United States, Nr. 10.951, Z. 42.

2208 AKMR, Entscheidung vom 18.11.1997, Juan Carlos Abella v Colombia, Nr. 11.137, Z. 159; die Kommission zitiert zudem Folgendes aus einem Kommentar [Bothe/Partsch/Solf, „New Rules for Victims of Armed Conflict"] zu den beiden Zusatzprotokollen: „Though it is true that every legal instrument specifies its own field of application, it cannot be denied that the general rules contained in international instruments relating to human rights apply to non-international armed conflicts *as well as the more specific rules of humanitarian law.*", vgl. ibid, Z. 160, Hervorhebung durch die Verfasserin.

2209 Vgl. McCarthy, in: Arnold/Quénivet, S. 116.

2210 AKMR, Entscheidung (Zulässigkeit) vom 21.10.2010, Franklin Guillermo Aisalle Molina (Ecuadorv Colombia), Nr. IP-02, Z. 121.

2211 AKMR, Entscheidung vom 5.10.2018 (Begründetheit), Salas et al v United States, Nr. 10.573, Z. 328.

Recht sein können – dies auch in großangelegten militärischen Konflikten wie dem Krieg zwischen Panama und den USA.

Mit Spannung war mit Blick auf das genauere Verhältnis der Rechtsmaterien in einem internationalen Konflikt die Entscheidung zur Begründetheit im Fall Franklin Guillermo Aisalla Molina v Ecuador erwartet worden[2212]; der Fall wurde jedoch aufgrund eines Vergleichs in der Sache nicht entschieden[2213]. Jedoch brachte die Entscheidung über die Zulässigkeit in Franklin Aisalla Molina v Ecuador Erkenntnisse bezüglich der Entwicklung der normativen Grundlage des Verhältnisses der Rechtsmaterien. Spielte zunächst Art. 29 (b) AMRK eine große Rolle[2214], um das Verhältnis der Rechtsmaterien zu begründen, kommt in Franklin Aisalla Molina v Ecuador Art. 31 Abs. 3 lit. c WVRK zum Einsatz: „Due to their similarity and the fact that both norms are based on the same principles and values, international human rights law and IHL may influence and reinforce each other, following as a interpretative method that enshrined in Article 31.3.c of the Vienna Convention on the Law of Treaties, which establishes that in interpreting a norm any relevant rules of international law applicable in the relations between the parties may be considered.“[2215]. In den Entscheidungen der Kommission im Rahmen der Amerikanischen Deklaration war Art. 31 Abs. 3 lit. c WVRK bereits früh die Norm der Wahl[2216]. Salas et al v US – in dem die Amerikanische Deklaration ebenfalls zur Anwendung kam – bestätigte die Formel aus Franklin Aisalla Molina v Ecuador im Wesentlichen, wenn die Formel auch ein wenig abwandelt wurde[2217]. Die Kommission ging hier im Detail auf das Zusammenspiel der verschiedenen Vorschriften ein. Wie bereits in den Ausführungen in Teil II erörtert, blieb die Kommission ihrem Ansatz treu, das humanitäre Völkerrecht als das für Kriegshandlungen inhaltlich maßgebliche Recht zu nutzen und allein über die Prinzipien der Unterscheidung, der Verhältnismäßigkeit und

2212 Vgl. hierzu auch Amicus Curiae, Hassan v UK, Z. 25.

2213 AKMR, Entscheidung über die Archivierung vom 04.11.2013, Franklin Guillermo Aisalle Molina (Ecuadorv Colombia), Report-Nr. 96/13.

2214 Vgl. ua. AMRK, Third Report on the Situation of Human Rights in Colombia vom 26.02.1999, OEA/Ser.L/V/II.102 Doc. 9 rev. 1, Chapter IV, B. Z. 16.

2215 AKMR, Entscheidung (Zulässigkeit) vom 21.10.2010, Franklin Guillermo Aisalle Molina (Ecuador v Colombia), Nr. IP-02, Z. 121.

2216 AKMR, Entscheidung vom 29.9.1999, Coard et al v United States, Nr. 10.951, Z. 40, Fn. 13.

2217 AKMR, Entscheidung vom 5.10.2018 (Begründetheit), Salas et al v United States, Nr. 10.573, Z. 328: „Because of their complementary and the fact that both normative frameworks are based on common core principles and values, international human rights law and IHL can provide reciprocal influence and reinforcement. This is consistent with, the terms Article 31.3 (c) of the Vienna Convention on the Law of Treaties, which establishes that, when interpreting a law, ‚[a]ny relevant rules of international law applicable in the relations between the parties‘ must be taken into consideration.“

der militärischen Notwendigkeit, sowie über die Pflicht, Vorsichtsmaßnahmen zu ergreifen, zu beurteilen, ob das Recht auf Leben willkürlich verletzt wurde. Allerdings findet sich ein substantieller menschenrechtlicher Ansatz darin, wie die Kommission zur Feststellung der Verletzung des Rechts auf Leben am: Ihr half hierbei eine stark im Menschenrecht verankerte Beweislastverschiebung, mithilfe derer sie die Eingriffe in das Menschenrecht dem Vertragsstaat zurechnete und einen Mangel an Informationen über die Planung und Ausführung der militärischen Operation ausglich (vgl. hierzu auch Teil II A). Bis auf diesen prozeduralen Aspekt blieb jedoch das humanitäre Völkerrecht für die Phase der aktiven Feindseligkeiten maßgeblich. Jedoch identifizierte die Kommission eine weitere humanitärvölkerrechtliche Situation, in der sie sich wohl ein intensiver angelegtes Zusammenspiel der Materien vorstellen könnte: die Besatzung. Unter Bezugnahme auf das – auch in dieser Schrift bereits zitierte – „Expert Meeting" zu „Occupation and Other Forms of Administration of Foreign Territory"[2218] führte die Kommission aus: „Along the same lines, the Commission observes that a group of experts of the ICRC reached a similar conclusion when it established that international human rights law is fully applicable in cases of occupation. The group stressed that, in these cases, it is advisable to address both systems simultaneously *striking a balance* between the interpretation and application of the *lex specialis* and international human rights law so that humanitarian considerations and military needs are respected. Furthermore, this interaction of systems be determined and analyzed case by case."[2219] Die Kommission brachte somit ins Spiel, dass in Besatzungssituationen der Einfluss der Menschenrechte steigen könnte.

Teilweise wählt die Kommission zur Beschreibung des Verhältnisses der Rechtsmaterien eine Formulierung, die der des EGMR, mit der dieser den eigenen Ansatz, fremde Rechtsmaterien einzubeziehen, begründet, sehr ähnlich ist. Ein Beispiel hierfür findet sich in Coard et al v US: „*The Declaration was not designed to apply* in absolute terms *or in a vacuum*, and the Commission has necessarily monitored the observance of its terms with reference to its doctrine on permissible and non-permissible limitations, and to other relevant obligations which bear on that question, including humanitarian law."[2220] Dies mag als Hinweis darauf

2218 Ferraro, Occupation and other forms of administration of foreign territory.

2219 AKMR, Entscheidung vom 5.10.2018 (Begründetheit), Salas et al v United States, Nr. 10.573, Z. 326; ähnlich bereits mit Blick auf Ingewahrsamnahmen bereits AKMR, Report on Terrorism and Human Rights vom 22.10.2002, OEA/Ser.L/V/II.116, Doc. 5 rev. 1 corr., Z. 147.

2220 AKMR, Entscheidung vom 18.11.1997, Juan Carlos Abella v Colombia, Nr. 11.137, Z. 41; die Kommission verweist in ihrer Fußnote allerdings auf den IGH, Interpretation of the Agreement of 25 March 1951 between WHO and Egypt, 1980 I.C.J. 73, 76.

gesehen werden, dass Kommission und EGMR zumindest von einem ähnlichen Ausgangspunkt ausgehen.

c) Die Rolle der Derogationsklausel

Gerade im Lichte aktueller Rechtsprechung des EGMR erscheint bemerkenswert, dass die Kommission in keinem ihrer Fälle die Forderung stellt, der betreffende Staat hätte derogieren müssen, um das humanitäre Völkerrecht Beachtung finden zu lassen. Während dies in der Rechtsprechung des EGMR lange Zeit als *das* Hindernis für die Einbeziehung des humanitären Völkerrechts behandelt wurde, geht die Kommission diesen Weg nicht. Dass sie diese beiden Konzepte als unabhängig voneinander betrachtet, zeigte sich unter anderem im Fall Lucio Parada Cea et al v El Salvador[2221]. Dort hieß es: „Human rights instruments contain norms of a higher level (Article 27 of the American Convention), that, under circumstances such as those we are dealing with of armed conflict, need to be supplemented with interpretation in the light of the standards of International Humanitarian Law. In the instant case, there is no indication in the file that at the time the alleged events occurred the Salvador an State had declared a state of emergency or suspension of guarantees, to which in any case all the rights established under the American Convention for peacetime apply. Now, given that it was a known fact, both nationally and internationally, that at the time of the events in question (1989) El Salvador was engaged in an internal armed conflict, in addition to the rules of the American Convention, the rules of international humanitarian law for non-international armed conflicts are also applicable to the situation in El Salvador at the time (...).“[2222] Die Kommission kam somit nicht einmal auf die Idee, die Anwendung des humanitären Völkerrechts von einer Derogation abhängig zu machen. Vielmehr sieht sie Art. 27 AMRK als einen Beleg dafür, dass der Standard der Menschenrechte für Friedenszeiten geschaffen wurde und im Falle eines Krieges situationsgerecht durch das humanitäre Völkerrecht ergänzt werden muss. Wenn auch mit der Schwerpunktsetzung der umfassenden Anwendbarkeit der AMRK in Zeiten des Krieges, kam im Fall Serrano-Cruz Sisters v El-Salvador[2223] zum Ausdruck, dass auch der Gerichtshof der Ansicht ist, dass der Einsatz von humanitärem Völkerrecht als lex specialis von einer Derogation unabhängig ist: „The protection system established by the American Convention is such that, even in the circumstances indicated in its Article 27, it establishes a firm nucleus of rights that are non-derogable in situations of war, public danger, or other ermergency. Without invalidating the lex

---

2221 AKMR, Entscheidung vom 27.1.1999, Lucio Parada Cea et al v El Salvador, Nr. 10.480.

2222 AKMR, Entscheidung vom 27.1.1999, Lucio Parada Cea et al v El Salvador, Nr. 10.480, Z. 65.

2223 AGMR, Urteil vom (Preliminary Objectionvom) 23.11.2004, Serrano-Cruz Sisters v El-Salvador,

specialis nature of international humanitarian law and the important protections that it offers in times of conflict, the fact that the American Convention on Human Rights was fully applicable in El Salvador during the internal conflict is not in question."[2224]

Die Kommission wiederum geht sogar soweit, dass sie im Falle der Verletzung nicht-derogierbarer Rechte im bewaffneten Konflikt eine separate Verletzung des Art. 27 AMRK in Betracht zieht[2225]. Dies stellt sich nach dem in Ziff. A.II.1. Ausgeführten dogmatisch auch als völlig richtig dar: Die systemische Integration ist von der Derogation als Mechanismus verschieden. Damit sie zum Einsatz kommen kann, müssen beide Rechtsmaterien gerade anwendbar sein und nicht durch Derogation suspendiert werden. Die Möglichkeit einer Überlappung scheint nach der Rechtsprechung der Kommission auch stets gegeben – der „non-derogable nucleus" ist jederzeit anwendbar (zur Frage, ob dieser mit dem humanitären Völkerrecht identisch ist, vgl. Ziff. a)). Auch bei Rechten, die derogiert werden können, beharrt die Kommission nicht auf Derogation – oder einer Einwendung des humanitären Völkerrechts –, sondern legt das Recht im Einklang mit der Dogmatik der systemischen Integration und dem Grundsatz „iura novit curia"[2226] im Lichte des humanitären Völkerrechts aus.

d) Ergebnis

Aus dem Ausgeführten ergibt sich, dass die Kommission einen einheitlichen Ansatz bezüglich der Rechtsmaterien vertritt, ob nun ein interner oder ein internationaler Konflikt oder eine Bewertung nach der AMRK oder der Amerikanischen Deklaration vorliegt. Letzteres ist auch deshalb von Bedeutung, weil unter den Menschenrechtsorganen nur die Kommission in der speziellen Position ist, mehrere menschenrechtliche Dokumente zu überwachen und ein Gleichklang der Vorgehensweise indiziert, dass es sich nicht um das Verhältnis eines Vertrags zu einem anderen handelt, sondern tatsächlich um das Verhältnis *der Menschenrechte* zum humanitären Völkerrecht.

Einzigartig ist der Ansatz der Kommission auch deshalb, weil sie klar ausspricht, dass sie sich im Rahmen kriegstypischer Situationen nicht nur berechtigt, sondern *verpflichtet* fühlt, das humanitäre Völkerrecht anzuwenden[2227]. Sie äußert

2224 AGMR, Urteil vom (Preliminary Objectionvom) 23.11.2004, Serrano-Cruz Sisters v El-Salvador, Z. 109.

2225 AMRK, Third Report on the Situation of Human Rights in Colombia vom 26.02.1999, OEA/Ser.L/V/II.102 Doc. 9 rev. 1 Chapter IV, B. Z. 9.

2226 AMRK, Entscheidung vom 30.9.1997, Avilán et al v Colombia, Nr. 11.142, Z. 25.

2227 „However, as the existence of an armed conflict has been established, it is *indispensible* to refer to IHL as a source of authorized interpretation *which permits* the American Convention's *application* -- with due consideration to the particular set of circumstances in this situation.", AKMR, Entscheidung (Zulässigkeit) vom 21.10.2010, Franklin Guillermo Aisalle Molina (Ecuador v Colombia), Nr. IP-02, Z. 118; Hervorhebung durch die Verfasserin; OBERLEITNER, S. 273.

sich stets dahingehend, dass eine Auslegung der Menschenrechte im – internen oder internationalen Konflikt – nicht möglich wäre, ohne auf die Maßgaben des humanitären Völkerrechts einzugehen[2228]. Damit misst sie der Einbeziehung des humanitären Völkerrechts eine Dringlichkeit bei, die der EGMR bis vor Kurzem missen ließ. Hintergrund dieses Gedankens scheint – wenn auch nicht ausdrücklich auseinandergesetzt – dass die Realitäten des Krieges nicht ignoriert werden können, wenn Menschenrechtsverletzungen beurteilt werden sollen. Die Menschenrechte können nicht in demselben Umfang zur Anwendung kommen, wie dies zu Friedenszeiten der Fall ist – das Anlegen eines solchen Maßstabes erschiene der Wirklichkeit entrückt[2229]. Wenn aber ein anderer Maßstab genutzt werden muss, welcher andere, als das humanitäre Völkerrecht, sollte in Betracht kommen?

Die genaue Einordnung des Ansatzes der Kommission in eine der Verhältnistheorien erscheint nicht ganz einfach. Völlig klar ist jedoch, dass die Kommission – obschon selbst Menschenrechtsorgan – keine Anhängerin der menschenrechtlichen Trennungstheorie ist. Schon sehr früh hat sie klar gemacht, dass die Lücken, die das humanitäre Völkervertragsrecht im internen Konflikt lässt, mit Blick auf das Recht des internationalen bewaffneten Konflikt zu füllen sind[2230]. Hierbei benutzt sie mit Blick auf das Recht auf Leben und das Recht auf Freiheit den Begriff der Willkürlichkeit als Einfallstor, wie insbesondere für das Recht auf Leben in Salas et al v United States deutlich wird.

Während *Oberleitner* meint, aufgrund der Fallgestaltungen keine weitergehende inhaltliche Einordnung machen zu können[2231], meinen andere Kommentatoren, sie aufgrund ihrer Wortwahl („convergence“ und „reinforcement“)

2228 Dieser Ansicht ist auch Oberleitner, der dies auf den Einfluss der Rechtsprechung des IGH zurückführt: „On the basis of the ICJ's view that international humanitarian law continues to apply in armed conflicts and international humanitarian law constitutes *lex specialis*, the Commission began to argue that *it is not only allowed but obliged to resort to international humanitarian law.*“, vgl. Oberleitner, S. 273, Hervorhebung durch die Verfasserin.

2229 So auch die Befürchtung seitens Hampson/Lubell, Amicus curiae, Hassan v UK, für den Fall, dass der EGMR keinen Rückgriff auf das humanitäre Völkerrecht nimmt.

2230 AKMR, Third Report on the Situation of Human Rights in Colombia vom 26.2.1999, OEA/Ser.L/V/II.102, Chapter IV, B. Z. 44: „Given these omissions, the Commission must necessarily look to definitional standards in other humanitarian law instruments for authoritative guidance in making the critical distinction between civilians and combatants. Many of the rules in Protocol I, which applies only to international armed conflicts, are particularly useful referents for interpreting the substantive content of similar, but less detailed, provisions in Protocol II and common Article 3.“

2231 Oberleitner, S. 294.

den Komplementaristen zuordnen zu können[2232]. Im Rahmen der Untersuchung sowohl der Rechtsprechung der Kommission als auch des Gerichtshofs fällt jedoch auf, dass die Terminologie sich häufig ändert und dem nicht viel Bedeutung zugemessen werden zu scheint. Die Kommission schien sich zunächst auf ihr Gefühl zu verlassen, was das Verhältnis der Rechtsmaterien betrifft und dogmatische Erwägungen mit der Zeit nachzuliefern. Zuerst tat sie dies mit dem Begriff des „lex specialis", der sich dahingehend entwickelt hat, dass er einen Vorrang sowohl der einen als auch der anderen Materie begründen kann, was der Forderung nach Flexibilität der komplementaristischen Theorie entgegenkommt. Eingebettet hat die Kommission diesen Ansatz inzwischen in die systemische Integration und sich bezüglich dogmatischer Verankerung (Art. 31 Abs. 3 lit. C WVRK) und Sprache („Vakuum") immer mehr dem europäischen System angenähert. Es erscheint somit nicht zu weit hergeholt, sie als Anhängerin der systemischen Integration zu betrachten, die das lex-specialis-Prinzip immer mehr als Schlagwort für eine wertegeleitete Vorrangsentscheidung benutzt.

2. Interamerikanischer Gerichtshof für Menschenrechte

Um den Umgang des AGMR mit dem humanitären Völkerrecht besser einordnen zu können, lohnt ein Blick auf die Rezeption konventionsfremder Rechtsmaterien durch den Gerichtshof allgemein. Dabei hat der AGMR – soweit sind sich die Kommentatoren einig[2233] – sehr viel stärker auf fremde Rechtsmaterien zurückgegriffen als der EGMR. In der Folge soll untersucht werden, welche dogmatischen Grundlagen der Gerichtshof heranzieht und worin der Grund für den „forscheren" Umgang des AGMR mit fremden Rechtsmaterien liegen mag.

a) Dogmatik der Einbeziehung fremder Rechtsmaterien

Der interamerikanische Gerichtshof hat die dogmatischen Hintergründe seines Umgangs mit fremden Rechtsmaterien bisher nicht ausführlich beleuchtet. Zumeist müssen ein paar knappe Bemerkungen als Begründung für die Einbeziehung einer konventionsfremden Rechtsmaterie genügen. Jedoch können durch Analyse der entsprechenden Rechtsprechung einige Aussagen getroffen werden, die bei der Einordnung helfen.

2232 Schäfer, Zum Verhältnis Menschenrechte und humanitäres Völkerrecht, S. 39, Fn. 126.

2233 Tigroudja, in: Kolb/Gaggioli (Hrsg.) 2013, S. 466; Lixinski, European Journal of International Law 2010, S. 585 ff.; Neuman, European Journal of International Law 2008, S. 101 ff.

aa) Art. 31 Abs. 3 WVRK: Evolutive Auslegung oder systemische Integration?

Der Gerichtshof zeigt sich sehr offen bezüglich der Rezeption fremder Rechtsmaterien. Wie oben bereits erläutert, stehen in diesem Zusammenhang zwei Konzepte im Raum: Das der evolutiven Auslegung, welches sich für die Auslegung bestimmter hierfür offener Begriffe nicht nur, aber auch an Weiterentwicklungen im Recht orientiert, und das der systemischen Integration, welches Normen für einen konkreten Fall miteinander in Einklang bringen möchte. Der Gerichtshof greift im Zusammenhang mit seiner Orientierung an fremden Rechtsmaterien auch immer wieder auf Art. 31 Abs. 3 lit. c WVRK zurück – da diese Norm allerdings im Zusammenhang mit beiden Konzepten zitiert wird, hilft dies nicht weiter, eine Einbeziehung eines der beiden Konzepte zuzuweisen. Es gibt zudem wohl „Graubereiche", in denen eine Zuordnung nicht mit vollständiger Sicherheit erfolgen kann.

Im Zusammenhang mit der Einbeziehung fremder Rechtsmaterien verwies der Gerichtshof immer wieder auf sein Gutachten „Right to Information on Consular Assistance"[2234]. Der Gerichtshof zitierte im Zusammenhang mit der Entwicklung des Rechts auf ein faires Verfahren den IGH aus dessen Namibia-Gutachten. Der Internationale Gerichtshof äußerte sich – wie oben teilweise schon ausgeführt – an der vom AGMR zitierten Stelle wie folgt: „[T]he Court must take into consideration the changes which have occurred in the supervening half-century, and its interpretation cannot remain unaffected by the subsequent development of law. (...) Moreover, an international instrument *has to be interpreted and applied within the framework of the entire legal system prevailing at the time of the interpretation.* In the domain to which the present proceedings relate, the last fifty years (...) have brought important developments. In this domain, as elsewhere, the *corpus iuris gentium* has been considerably enriched, and this the Court, if it is faithfully to discharge its functions, may not ignore."[2235] Im Zusammenhang mit diesem Zitat entwickelt der AGMR eine Formel, mit der in der Folge immer wieder die Einbeziehung fremder Rechtsmaterien begründet wird: „Under [Article 31 VCLT], the interpretation of a treaty must take into account not only the agreements and instruments related to the treaty (paragraph 2 of Article 31), but also the system of which it is part (paragraph 3 of Article 31)."[2236] Diese Formel passt sowohl auf die evolutive Auslegung, als auch auf die systemische Integration; tatsächlich fehlt das für die evolutive Auslegung so wichtige Zeitelement. Wie ausgeführt

---

2234 Vgl. zB AGMR, Urteil vom 19.11.1999, Villagràn Morales et al („Streetchildren") v Guatemala, Z. 192.

2235 IGH, Gutachten vom 21.6.1971, Legal Consequences for States of the Continued Presence of South Africa in Namibia (South West Africa), notwithstanding Security Council Resolution 276 (1970). Z. 53; Hervorhebung durch die Verfasserin.

2236 AGMR, Gutachten vom 1.10.1999, The Right to Information on Consular Assistance in the Framework of the Guarantees of the Due Process of Law, Z. 113.

werden jedoch diese Ausführungen des IGH – zu Recht – als eine Beschreibung der evolutiven Auslegung gesehen[2237]. In der Folge nahm er bei der Einbeziehung fremder Rechtsmaterien immer wieder auf Art. 31 Abs 3 lit. c WVRK Bezug: in den Fällen Villagràn Morales („Streetchildren") v Guatemala[2238], wie auch in Gómez–Paquiyauri Brothers v Peru[2239] mit Blick auf die Einbeziehung der Kinderrechtskonvention in die Auslegung des Art. 19 AMRK[2240]. Ähnlich ging der Gerichtshof in Tibi v Ecuador bezüglich der Anti-Folter-Konvention[2241] und im Fall der Ituango Massacres v Colombia bezüglich der ILO-Übereinkommen über Zwangs- und Pflichtarbeiten[2242] vor.

Der Fall Mapiripàn Massacre v Colombia[2243] zeigte, dass der Gerichtshof sich mit derselben Formel auf ganz konkrete Vorschriften aus der UN-Kinderrechtskonvention berief, nämlich Art. 6, 37, 38 und 39.[2244]. Dies scheint eher für systemische Integration, als für evolutive Auslegung zu sprechen, da das Recht selbst und nicht etwa das derzeitige Verständnis eines bestimmten Rechtsbegriffs herangezogen wird (hierzu noch unter Ziff. c)).

Der Gerichtshof scheint zwischen evolutiver Auslegung und systemischer Integration nicht zu trennen. Dies zeigte sich deutlich insbesondere im Fall Serrano Cruz Sisters v El-Salvador, in der er extensiv auf seine Rechtsprechung zur evolutiven Auslegung Rückgriff nahm, um letzten Endes seine Berechtigung zur Einbeziehung des humanitären Völkerrechts zu begründen. So nannte er in der dazugehörigen Fußnote unter anderem das eben Gutachten zu „Consular Assistance", in dem er seinen evolutiven Ansatz begründete, sowie den Fall Tibi v

2237 Vgl. zB Djeffal, S. 221.

2238 AGMR, Urteil vom 19.11.1999, Villagràn Morales et al („Streetchildren") v Guatemala, Z. 192.

2239 AGMR, Urteil vom 8.7.2004, Gómez – Paquiyauri Brothers v Peru, Z. 164 ff.

2240 „Article 19 of the American Convention places the States under the obligation to adopt ‚measures of protection' that they require as children. The concept of ‚measures of protection' *may be interpreted taking into account other provisions.* This Court has said that ‚the interpretation of a treaty must take into account not only the agreements and instruments related to the treaty (paragraph 2 of Article 31), but also *the system of which it is part (paragraph 3 of Article 31)*'. (...) The Convention on the Rights of the Child, ratified almost universally, contains various provisions that refer to the obligations of the State regarding minors who are in similar factual situations as those examined in this case, and which may throw light, in connection with Article 19 of the American Convention, on the behavior that the State should have had in that situation.", AGMR, Urteil vom 8.7.2004, Gómez – Paquiyauri Brothers v Peru, Z. 164 und 167, Hervorhebungen durch die Verfasserin.

2241 Vgl. AGMR, Urteil vom 7.9.2004, Tibi v Ecuador, Z. 144/145.

2242 AGMR, Urteil vom 1.7.2006, Case of the Ituango Massacres v Colombia, Z. 155 ff.

2243 AGMR, Urteil vom 15.9.2005, Case of the Mapiripán Massacre v Colombia.

2244 AGMR, Urteil vom 15.9.2005, Case of the Mapiripán Massacre v Colombia, Z. 153.

Ecuador herangezogen wurde[2245]. Auch Art. 31 Abs. 3 lit. c WVRK wurde im Fall Serrano Cruz Sisters wiederum hinzu zitiert. Wörtlich führte der Gerichtshof aus: „In its case law, the Court has established clearly that *it has the authority to interpret the provisions of the American Convention in light of other international treaties*, so that it has frequently used provisions from other human rights treaties ratified by the defendant State to provide content and scope to the provisions of the Convention. In this regard, in its constant case law, this Court has decided that 'for the purpose of interpreting a treaty, it does not only take into account the agreements and instruments formally relating to it (second paragraph of Article 31 of the Vienna Convention), but also the context (third paragraph of Article 31).' In its case law, the Court has indicated that this concept is particularly important for international human rights law, which has made *substantial progress* by the evolutive interpretation of the international protection instruments. These parameters allow the Court to use the *provisions of international humanitarian law*, ratified by the defendant State, to give content and scope to the provisions of the American Convention."[2246] Die Formel „for the purpose of interpreting a treaty, it does not only take into account the agreements and instruments formally relating to it (second paragraph of Article 31 of the Vienna Convention), but also the context (third paragraph of Article 31)" blieb somit dieselbe wie im Rahmen der evolutiven Interpretation, jedoch sollte nunmehr eine Rechtsmaterie hinzugezogen werden, welche nicht ein Zeichen von Fortentwicklung eines Rechtsverständnisses ist, sondern im Gegenteil bereits *vor* den Menschenrechtsverträgen relevant war. Dies mag nicht zum Konzept der evolutiven Auslegung passen (s. Ziff. C III. 3).

Es bleibt festzuhalten, dass der Gerichtshof wohl kaum einen Unterschied zwischen den beiden Konzepten sieht und Art. 31 Abs. 3 lit. c WVRK in beiden Zusammenhängen benutzt.

bb) Art. 29 AMRK

Anders als der EGMR, bediente sich der AGMR jedoch über Art. 31 Abs. 3 WVRK hinaus auch seiner Begünstigungsklausel Art. 29(b) AMRK[2247], um die Bezugnahme auf externe Quellen – sei es im Rahmen der evolutiven Auslegung oder der systemischen Integration – zu begründen. Unter der Überschrift „Restrictions

---

2245 Vgl. AGMR, Urteil vom 7.9.2004, Tibi v Ecuador, Z. 144/145.

2246 AGMR, Urteil vom 23.11.2004, Case of the Serrano Cruz Sisters v El-Salvador, Z. 119, Hervorhebung durch die Verfasserin.

2247 Daneben beruft er sich jedoch auch auf Art. 29 AMRK ganz allgemein, sowie im Ausnahmefall auf Art. 29(c) AMRK, wie der Fall AGMR, Urteil vom 31.8.2011, Contreras et al v El Salvador, Z. 112 zeigt. Art. 29(c) AMRK lautet: „No provision shall be interpreted as precluding other rights or guarantees that are inherent in the human personality or derived from representative democracy as a form of government."

regarding interpretation" lautet dieser: „No provision of this Convention shall be interpreted as restricting the enjoyment or exercise of any right or freedom recognized by the virtue of the laws of any State Party or by virtue of another convention to which one of the said states is party."

Obwohl die Klausel negativ formuliert ist, sich also anders als Art. 31 Abs. 3 lit. c WVRK nicht mit der positiven Einbeziehung des normativen Kontexts befasst, legt der Gerichtshof Art. 29 AMRK allgemein und Art. 29 (b) AMRK im Speziellen dahingehend aus, dass keine restriktive Auslegung der AMRK erlaubt sei[2248]. Die Begünstigungsklausel der AMRK scheint durch diese breite Auslegung eine Bedeutung bekommen zu haben, die der des Art. 31 Abs. 3 lit. c WVRK in der Interpretation anderer Menschenrechtsverträge vergleichbar ist[2249]. Wie es zu diesem besonderen Verständnis einer eigentlich gewöhnlichen Begünstigungsklausel kam, ist nicht abschließend geklärt[2250]. Zu vermuten ist, dass eine solche weite Auslegung mit dem „pro-homine"-Ansatz, den der Gerichtshof vertritt, zusammenhängt. Menschenrechtsorgane vertreten stärker als andere Überwachungsorgane einen teleologischen Ansatz, nachdem der Auslegung, die den effektivsten Schutz der Menschenrechte bewirkt, der Vorzug zu geben ist[2251]. Durch die Einbeziehung fremder Rechtsmaterien über Art. 29 AMRK kann der Gerichtshof auf andere Rechtsquellen zugreifen, die das Individuum schützen, was in seinen Augen ein durchschlagendes Argument für eine solche Auslegung sein dürfte.

Der Gerichtshof verwendet Art. 29 AMRK sowohl, um evolutive Auslegung[2252], als auch, um die Einbeziehung fremder Rechtsmaterien zu begrün-

---

2248 Vgl. zB AGMR, Urteil vom 15.9.2005, Case of the Mapiripán Massacre v Colombia, Z. 188: „Through an *evolutive interpretation* of Article 22 of the Convention, taking into account the applicable provisions regarding interpretation and in accordance with Article 29.b of the Convention —*which forbids a restrictive interpretation of the rights*-, this Court deems that Article 22(1) of the Convention protects the right to not be forcefully displaced within a State Party to the Convention.", Hervorhebung durch die Verfasserin.

2249 Vgl. LIXINSKI, European Journal of International Law 2010, S. 588: „ (...) Article 29(b) of the American Convention has essentially the same effect as Article 31(3)(c) VCLT, in promoting interpretation taking into account the normative context of the instrument, but including in this normative context only instruments which are applicable to the state concerned."

2250 Vgl. NEUMAN, European Journal of International Law 2008, S. 112 Fn. 57.

2251 LIXINSKI, European Journal of International Law 2010, S. 588.

2252 In diesem Zusammenhang wird auch die Wiener Vertragsrechtskonvention zitiert. Die verwendete Formel lautet: „This evolutive interpretation is consistent with the general rules of interpretation set forth in Art. 29 of the American Convention, as well as those set forth in the Vienna Convention on Treaty Law.", vgl. AGMR, Urteil vom 15.9.2005, Case of the Mapiripán Massacre v Colombia, Z. 106. So auch in dem Urteil Urteil vom 1.7.2006, Case of the Ituango Massacres

den[2253]. Art. 29*(b)* AMRK jedoch benutzt er, soweit ersichtlich, nur in Zusammenhang mit der systemischen Integration fremder Rechtsmaterien und differenziert insofern genauer zwischen den beiden Konzepten.

cc) Aktuelle Entwicklungen

Einen weiteren Schritt in Richtung einer Abgrenzung von evolutiver Auslegung und Integration fremder Rechtsmaterien, stellte der Fall Rodriguez Vera et al v Colombia[2254] dar. Soweit ersichtlich nahm der Gerichtshof zum ersten Mal ganz konkret auf Art. 31 Abs. 3 *lit. c* und Art. 29*(b)* AMRK zur Begründung allein der Einbeziehung fremder Rechtsmaterien Bezug. Die evolutive Interpretation wird in diesem Zusammenhang nicht erwähnt. In Rodriguez Vera et al heißt es: „In accordance with Article 29(b) of the American Convention and the general rules for the interpretation of treaties contained in the 1969 Vienna Convention on the Law of Treaties, the American Convention can be interpreted in relation to other international instruments."[2255] In der Fußnote zu dieser Aussage, erläutert der Gerichtshof des Weiteren: „In this regard, Article 31.3.c of this Vienna Convention establishes as a general rule of interpretation that: "[t]here shall be taken into account, together with the context: [...] (c) any relevant rules of international law applicable in the relations between the parties."

dd) Ergebnis

Festzuhalten bleibt, dass der Gerichtshof überwiegend nicht zwischen den Konzepten der evolutiven Auslegung und der Integration fremder Rechtsmaterien unterscheidet. Eine Trennung der beiden Konzepte liegt jedoch nahe: Mögen sich beide Methoden auch dahingehend ähneln, dass ein gewisser Außenbezug im Rahmen der Auslegung hergestellt wird, so unterscheidet sich dieser qualitativ doch erheblich. Im Rahmen der systemischen Auslegung werden konkrete Normen miteinander in Einklang gebracht, während sich die evolutive Auslegung mit abstrakteren Konzepten befasst, die sich durchaus auch, jedoch nicht

---

v Colombia, Z. 155 und dem Urteil vom 31.8.2001, Case of the Mayagna (Sumo) Awas Tingni Community v. Nicaragua, Z. 148.

2253 AGMR, Urteil vom 15.9.2005, Case of the Mapiripán Massacre v Colombia, Z. 115: „The obligations derived from said international provisions must be taken into account, according to Article 29.b) of the Convention, because those who are protected by said treaty do not, for that reason, lose the rights they have pursuant to the legislation of the State under whose jurisdiction they are; instead, those rights complement each other or become integrated to specify their scope or their content."

2254 AGMR, Urteil vom 14.11.2014, Case of Rodríguez Vera et al. (The Disappeared from the Palace of Justice) v Colombia.

2255 AGMR, Urteil vom 14.11.2014, Case of Rodríguez Vera et al. (The Disappeared from the Palace of Justice) v Colombia, Z. 39.

nur in Normen niederschlagen (vgl. hierzu nochmals unter C.III.3.b)). Bezieht der AGMR also konkrete Normen aus konkreten Verträgen oder aus dem Völkergewohnheitsrecht in seiner Auslegung mit ein, so handelt es sich um eine systemische Integration dieser Normen, nicht um evolutive Auslegung.

Womöglich ist der Gerichtshof ebenfalls zu diesem Schluss gelangt, hat er doch im aktuellsten Fall Vera Rodriguez et al v Colombia nicht mehr Bezug auf die evolutive Auslegung genommen und zudem auch sehr viel konkreter Art. 31 Abs. 3 lit. c WVRK und Art. 29(b) AMRK als die normative Basis für die Einbeziehung einer fremden Rechtsmaterie zitiert.

b) Distanzierung vom Konsensprinzip?

Die bisherigen Ausführungen zeigen bereits, dass der AGMR keine Scheu hat, sich „fremder" Rechtsmaterien zu bedienen. Diese und andere Entwicklungen, die sogleich noch dargestellt werden sollen, werden von den einen kritisch als Abkehr vom völkerrechtlichen Konsensprinzip gesehen, von den anderen als effektiver Schutz der Rechte des Einzelnen begrüßt. Eine nicht zu vernachlässigende Rolle mit Blick auf den Sonderweg des AGMR hat der ehemalige Gerichtspräsident *Cançado Trindade* gespielt, weshalb auch auf seine Theorie des Völkerrechts kurz eingegangen werden soll.

aa) „Import und Export"

Sowohl die evolutive Auslegung wie auch die Auslegung „pro homine" bedeuten zwangsläufig eine gewisse Entkopplung vom ursprünglichen Willen der Staaten, wie er im Vertragswortlaut seinen Ausdruck findet.

Diese Abkehr vom Staatenwillen und Hinwendung zu einem möglichst umfassenden Schutzes des Individuums kommt in der Rechtsprechung des AGMR stärker zum Ausdruck als in der Rechtsprechung anderer Menschenrechtsorgane[2256]. Dies zeigt sich auf zwei Arten: zum einen bezieht der interamerikanische Gerichtshof extra-konventionelle Quellen zum Schutz der Rechte Einzelner besonders großzügig ein (Import)[2257], zum anderen erklärt er vergleichbar viele Schutzrechte zu ius cogens (Export)[2258]. Wesensmerkmal des ius cogens ist es, dass der einzelne Staat auch ohne oder gegen seinen Willen an es gebunden ist[2259]. *Tomuschat* beschreibt treffend: „The recognition of a distinct category of rules jus cogens provides most tangible proof of the existence of an international community grounded on axiomatic premises other than State sovereignty. While it is

2256 Tigroudja, in: Kolb/Gaggioli (Hrsg.) 2013, S. 466 ff; ebenso, jedoch kritisch: Neuman, European Journal of International Law 2008, S. 101 ff.

2257 Vgl. Neuman 2008 #290}, S. 109 ff.

2258 Vgl. Neuman, European Journal of International Law 2008, S. 116 ff.

2259 Ausdruck dessen ist Art. 50 WVRK, welcher bestimmt, dass ein Vertrag nichtig ist, wenn er gegen ius cogens verstößt; vgl. hierzu auch Ipsen, S. 185 ff.

true that the elements of the international community that go beyond sovereign equality were created by States, it is equally true that these elements cannot be disposed of any more by only some subjects of international law, acting alone or in conjunction with others."[2260] In *Neumans* Augen stellt die Erklärung eines Menschenrechts der AMRK zu ius cogens den ultimativen Export dieser Vorschrift dar, da hierdurch die universelle Anwendbarkeit sichergestellt werde[2261]. Zudem bestätige es die Tendenz, sich vom Konsensprinzip zu emanzipizieren: „The universally binding effect of a *jus cogens* norm is the antithesis of 'state voluntarism'. States cannot exempt themselves from such a norm by declining to ratify a treaty, or by persistent objection. Nor can a region of states contract to modify a *jus cogens* norm."[2262]

Auch die Einbeziehung anderer Völkerrechtsquellen in die Auslegung der Menschenrechtskonvention ist im Zweifel nicht vom ursprünglichen Willen des Vertragsstaates umfasst – und kann dies auch gar nicht sein, befindet sich doch insbesondere das Gebiet der Menschenrechte in einer ständigen Entwicklung, welche immer neue Instrumente hinzukommen lässt. Dies spiegelt auch die Rechtsprechung des AGMR wider, der fremder Rechtsmaterien bezüglich unterschiedlichster Rechte in die Auslegung aufgenommen hat. Das humanitäre Völkerrecht einmal ausgenommen, erfolgte dies bezüglich der Rechte von Migranten[2263], der Rechte von Menschen mit Behinderung[2264], der Rechte von Vertriebenen[2265] und der ESC-Rechte[2266]. Dabei greift der Gerichtshof neben speziellen Verträgen zum Schutz der Menschenrechte auch auf „soft law" wie UN-Leitprinzipien[2267] zurück – eine Praxis, die durchaus in der Kritik steht[2268].

2260 Tomuschat, „Obligations of States", Collected Courses The Hague Academy, S. 307.

2261 Neuman, European Journal of International Law 2008, S. 117.

2262 Neuman, European Journal of International Law 2008, S. 117.

2263 Vgl. AGMR, Gutachten vom 17.9.2003, Juridical Condition and Rights of Undocumented Migrants.

2264 Vgl. AGMR, Urteil vom 4.7.2006, Ximenes-Lopes v Brazil.

2265 Vgl. AGMR, Urteil vom 1.7.2006, Ituango Massacre v Colombia.

2266 Vgl. AGMR, Urteil vom 1.7.2009, Acevedo Buendia v Peru.

2267 Neuman, European Journal of International Law 2008, S. 110 f.

2268 Vgl. Neuman, European Journal of International Law 2008, S. 115: „To the extent that the Court is pursuing the institutional goal of coordinating states 'global and regional obligations, prematurely hardening global soft law at the regional level does not necessarily serve that goal. The dispersed set of processes that produce non-binding global texts may result in contradictions, and may not accurately foreshadow the content that would later be adopted as a binding human rights obligation. Soft law formulations often assert categorical claims that would require qualifications and exceptions to take into account countervailing interests, including other rights and resource constraints."

bb) Philosophie des Gerichtshofs

Immer wieder klingt in den Urteilen des AGMR an, dass er sich als Hüter eines internationalen corpus iuris, der über die AKMR hinausgeht, versteht[2269]. Wie gerade erläutert, zeigt sich dies insbesondere darin, dass der Gerichtshof auf vielfältige Rechtsmaterien außerhalb der Konvention zugreift, um den Umfang der Verpflichtungen zu bestimmen. Dies ist bezüglich der Rechte des Kindes der Fall, aber auch hinsichtlich anderer Personengruppen, die besonders verletzlich erscheinen[2270]. Zu vermuten ist, dass diese Haltung durch den langjährigen Gerichtspräsidenten *Cançado Trindade* beeinflusst wurde, der seine Philosophie insbesondere in seinem Werk „International Law for Humankind“[2271] darlegte. Nach *Cançado Trindade* ist Grundlage des Völkerrechts – und der AMRK – weniger das Konsensprinzip, als ein „universal judicial conscience“[2272]. Für den Richter ist es nicht der zuweilen willkürliche Wille der Staaten, der das Völkerrecht ausmacht, sondern ein Sinn für objektive Gerechtigkeit[2273]. Dementsprechend führt der Gerichtspräsident aus: „The recourse so commonly and uncritically made nowadays to the allegedly ‚creative will‘ of States neglects the fact that the practice ensuing therefrom is not at all devoid of ambiguities, incongruencies and contradictions. The creative role of the universal juridical conscience in pursuance of common goals of the international community is, in turn, clearly demonstrable. It has been consistently invoked in the theory and practice of International Law: in the elaboration of adopted texts of international treaties, in the proceedings before international tribunals and in international case-law, and in the works of international legal doctrine. The universal juridical conscience is, ultimately, the material source of International Law.“[2274]

Je weniger man sich dem Staatswillen und je mehr man sich der objektiven Gerechtigkeit verpflichtet sieht, umso folgerichtiger scheint es, auf diejenigen völkerrechtlichen Normen zurückzugreifen, die das Ziel der Menschenrechte – größtmöglichen Schutz des Einzelnen – befördern. Deshalb mag die Dogmatik *Cançado Trindades* durchaus dazu geführt haben, dass der AGMR mehr noch als andere Organe auf Rechtsquellen außerhalb der Konvention abgestellt hat.

2269 Vgl. hierzu auch Tigroudja, in: Kolb/Gaggioli (Hrsg.) 2013, S. 473.

2270 So erkennt der Gerichtshof auch einen internationalen corpus juris bezüglich des Schutzes von Migranten, sowie bezüglich des Schutzes von behinderten Personen und vertriebenen Personen, vgl. Tigroudja, in: Kolb/Gaggioli (Hrsg.) 2013, S. 473 mwN.

2271 Cançado Trindade.

2272 Cançado Trindade, S. 145 ff; vgl. auch Tigroudja, in: Kolb/Gaggioli (Hrsg.) 2013, S. 466 ff.

2273 Cançado Trindade, S. 146/147.

2274 Cançado Trindade, S. 147.

cc) Ergebnis

Der AGMR sieht sich, mehr noch als der EGMR, als Hüter eines internationalen corpus juris, dessen Inhalte er aufgrund der Regelungen in Art. 29 [(b)] AMRK und Art. 31 Abs. 3 [lit.c] AMRK auch ohne Bedenken heranziehen kann[2275]. *Tigroudja* fasst diese Sichtweise treffend zusammen: „(...) [T]his international *corpus juris* is not limited to the American Convention but is composed of all kind of norms, binding or not, regional or not, international or domestic, related to the provision the Court has to interpret."[2276] *Neuman* empfindet diesen Ansatz und die damit einhergehende Distanzierung von der Zustimmung der Staaten zu den für sie verbindlichen Normen als zu weitgehend.

c) Das Verhältnis des humanitären Völkerrechts zu den Menschenrechen in der Rechtsprechung

Nachdem nun einige Eigenheiten der Rechtsprechung des AGMR allgmein herausgearbeitet wurden, stellt sich die Frage, wie er das humanitäre Völkerrecht behandelt und welche Aussagen er mit Blick auf das Verhältnis der Rechtsmaterien trifft. Vorauszuschicken ist, dass alle Fälle sich auf den internen bewaffneten Konflikt beziehen, da dies bisher die einzige Konfliktart war, mit dem der Gerichtshof konfrontiert wurde. Insbesondere stellt sich die Frage, ob die eben erörterten Eigenarten sich in seiner Haltung gegenüber fremden Rechtsmaterien auch im Umgang mit dem humanitären Völkerrecht widerspiegeln.

aa) Analyse der Rechtsprechung

Der bekannte Fall Las Palmeras[2277] bot keinen Anlass, näher auf das Verhältnis der Rechtsmaterien einzugehen, da der Gerichtshof hier vor allem versuchte, sein Mandat und das der Kommission von der weiten Auslegung letzterer einzugrenzen (vgl. hierzu Teil IV). Allerdings ging der Vorsitzende *Cançado Trindade* in seiner Separate Opinion von „convergences between the corpus juris of human rights and that of International Humanitarian Law (at normative, interpretative and operational levels)"[2278] aus.

2275 Vgl. TIGROUDJA, in: KOLB/GAGGIOLI (HRSG.) 2013, S. 473.

2276 TIGROUDJA, in: KOLB/GAGGIOLI (HRSG.) 2013, S. 473; vgl. auch NEUMAN, European Journal of International Law 2008, S. 114, der dies ganz ähnlich empfindet, wenn er diese Vorgehensweise des Gerichtshofs auch durchaus kritisch bewertet: „This notion of an ever-expanding '*corpus juris*' of binding and non-binding norms available for consideration in the regulation of states underlies much of the Court's practice in interpreting the ACHR."

2277 AGMR, Urteil (Preliminary Objections) vom 4.2.2000, Las Palmeras v Colombia.

2278 AGMR, Urteil (Preliminary Objections) vom 4.2.2000, Las Palmeras v Colombia, Separate Opinion Judge A.A. Cançado Trindade, Z. 7.

Doch bereits in Bámaca Velásquez v Guatemala[2279] stellte der Gerichtshof eine Beziehung zwischen den Rechtsmaterien her. Obwohl er selbst die Option hierzu ins Spiel brachte, beobachtete („observed") der Gerichtshof die Verletzung des gemeinsamen Art. 3 der Genfer Konventionen nicht freischwebend, sondern brachte vielmehr Artikel 3 in einen Zusammenhang mit den Vorschriften der AMRK. Dies tat er in diesem Fall auf eine Weise, die so in seiner Rechtsprechung nie mehr vorkam: er prüfte den gemeinsamen Artikel 3 Genfer Konventionen unter der Überschrift: „Failure to comply with Article 1(1) in relation to Article 3 Common to the Geneva Conventions (Obligation to Respect Rights)"[2280]. Artikel 1 Absatz 1 AMRK enthält die Verpflichtung, die Rechte und Freiheiten der Konvention zu respektieren und ihre Ausübung zu sichern[2281]. Generell wird angenommen, dass diese in allen Menschenrechtsverträgen ähnliche Klauseln eine positive Verpflichtung der Vertragsstaaten beinhalten, die Menschenrechte zu schützen. Der Gerichtshof machte unter dieser Überschrift folgende inhaltliche Aussage zum Verhältnis des gemeinsamen Artikel 3 GK und der AMRK speziell und zum humanitären Völkerrecht und der AMRK im Allgemeinen: „Indeed, there is a similarity between the content of Article 3, common to the 1949 Geneva Conventions, and the provisions of the American Convention and other international instruments regarding non-derogable human rights (such as the right to life and the right not to be submitted to torture or cruel, inhuman or degrading treatment). This Court has already indicated in the *Las Palmeras Case* (2000), that the relevant provisions of the Geneva Conventions may be taken into consideration as elements for the interpretation of the American Convention."[2282] Damit zog er eine inhaltliche Parallele zwischen den Mindestgarantien des humanitären Völkerrechts und den Garantien der AMRK. Darüber hinaus stellte er fest – ohne sich jedoch mit einer dogmatischen Begründung aufzuhalten – dass das humanitäre Völkerrecht zur Auslegung der Menschenrechte herangezogen werden könne. In dieser Bemerkung bereits ein Abstellen auf den lex-specialis-Ansatz zu sehen, scheint jedoch ein wenig weit gegriffen[2283]. Allerdings wird hier zumindest – im Gegensatz zu Las Palmeras – ein rudimentäres Verhältnis zwischen den Rechtsmaterien begründet, in dem Sinne, dass es eines gibt.

2279 AGMR, Urteil (Merits) vom 25.11.2000, Bámaca Velásquez v Guatemala.

2280 AGMR, Urteil (Merits) vom 25.11.2000, Bámaca Velásquez v Guatemala, vor Z. 203.

2281 Der hier relevante Teil des Art. 1 Abs. 1 AMRK lautet: „The State Parties to this Convention undertake to respect the rights and freedoms recognized herein and to ensure to all persons subject to their jurisdiction the free and full exercise of those rights and freedoms (...)."

2282 AGMR, Urteil (Merits) vom 25.11.2000, Bámaca Velásquez v Guatemala, Z. 209.

2283 So jedoch Byron, Virginia Journal of International Law 2007, S. 862; Kolb widerspricht dieser Einordnung: Er empfindet die Verwendung des humanitären Völkerrechts in Bámaca Velásquez gerade nicht als lex specialis, sondern meint, einen unkomplizierteren Renvoi – Ansatz zu erkennen, vgl. Kolb Robert, Human Rights and Humanitarian Law, http://opil.ouplaw.com/home/epil, Rn. 36.

Interessanter – und rätselhafter – erscheint das Abstellen auf Art. 1 Abs. 1 AMRK. Aus den relativ unverbindlich nebeneinander stehenden Aussagen unter der oben genannten Überschrift wird nicht klar, inwiefern Art. 1 Abs. 1 AMRK und Art. 3 GK zusammenspielen sollen[2284]. Muss der Vertragsstaat auch die Einhaltung des gemeinsamen Art. 3 GK im Rahmen des Art. 1 Abs. 1 AMRK gewährleisten?

Die Art der Zitierung hat in der Literatur – soweit ersichtlich – wenig Beachtung gefunden. Einzig *Lixinski* findet die Integration des humanitären Völkerrechts über Art. 1 Abs. 1 AMRK bemerkenswert: „The fact that the Court decided that the only provision it needed in order to give meaning to Article 1(1) was an extraneous provision, coming from international humanitarian law, gives Common Article 3 a very important status."[2285] *Lixinski* schreibt ihr jedoch hauptsächlich Bedeutung für die Erweiterung des Mandats des Gerichtshofs in Richtung humanitäres Völkerrecht zu[2286]. Eine dogmatische Einordnung mit Blick auf das Verhältnis der Rechtsmaterien unterblieb.

Angesichts dessen, dass der Gerichtshof darüber hinaus keinen Bezug auf die Überschrift im Ergebnis nahm – was angesichts der obersatzähnlichen Qualität derselben kurios anmutet, aber wohl darin bedingt liegt, dass der Gerichtshof nach eigener, eben erst eingeführter Ansicht[2287] keine Verletzung des humanitären Völkerrechts feststellen durfte – und seither in der Rechtsprechung nicht mehr aufgegriffen wurde, muss die Bedeutung der Zitierung Gegenstand von Spekulationen bleiben.

Im Fall Serrano Cruz Sisters v El Salvador[2288] ging der Gerichtshof ein wenig „klassischer" an die Beziehung des humanitären Völkerrechts und der Menschenrechte heran als in Bámaca Velásquez. Die Art, wie er das humanitäre Völkerrecht hier in seine Betrachtungen miteinbezog, lässt sich besser in die Kategorien, die unter C. erarbeitet wurden, einordnen. Der Gerichtshof begann damit, der lex-specialis – Trennungstheorie, die von El Salvador zur Begründung des fehlenden

2284 So wird nach einer Erläuterung der Kompetenz das oben genannte Verhältnis der Rechtsmaterien neben eine Erläuterung des Inhalts des Art. 1 AMRK gestellt, um sodann eine systematische Straflosigkeit (‚impunity') der schweren Verbrechen, die in Guatemala begangen wurden, festzustellen. Wie die einzelnen Teile der Ausführungen zusammenhängen, wird nicht näher erklärt, vgl. Bámaca Velásquez, Z. 207 ff.

2285 Lixinski, European Journal of International Law 2010, S. 592.

2286 Lixinski, European Journal of International Law 2010, S. 592: „More important for the present purposes, the Inter-American Court drew on its general provision on the guarantee of rights so as to extend its competence and apply humanitarian law."

2287 Vgl. AGMR, Urteil (Preliminary Objections) vom 4.2.2000, Las Palmeras v Colombia.

2288 AGMR, Urteil vom 23.11.2004, Case of the Serrano Cruz Sisters v El Slavador.

Mandats vorgebracht wurde[2289], die Anwendbarkeit auch der Menschenrechte sowohl in Zeiten des Friedens als auch des Krieges entgegenzuhalten[2290]. Darüber hinaus führte der Gerichtshof aus: „Regarding the *complementarity of international human rights law and international humanitarian law*, the Court considers it should emphasize that all persons, during internal or international armed conflict, are protected by the provisions of international human rights law, such as the American Convention, and by *the specific provisions of international humanitarian law*. Consequently, there is a *convergence* of international norms protecting those who are in such situations. In this regard, the Court stresses that the *specificity* of the provisions of international humanitarian law that protect individuals subject to a situation of armed conflict *do not prevent the convergence and application of the provisions of international human rights law* embodied in the American Convention and other international treaties."[2291] Der Gerichtshof ging somit ausdrücklich von einer Komplementarität und Konvergenz der Rechtsmaterien aus, die gemeinsam für den Schutz des Individuums im Kriegsfall sorgten. Keinesfalls sei die Spezialität des humanitären Völkerrechts dahingehend auszulegen, dass diese die Menschenrechte ausschließe.

Im Rahmen der weiteren Begründung ging der Gerichtshof dabei auch ausführlich auf die Normen ein, die die Rechtsmaterien jeweils für die andere öffnen: Auf Seite der AMRK zitiert er die Derogationsklausel Art. 27[2292], auf Seiten des humanitären Völkerrechts den gemeinsamen Art. 3 GK[2293], die Präambel des ZP II, dessen Art. 4 sowie Art. 75 ZP I[2294]. Damit bemühte sich der Gerichtshof eine normativ Basis für die Komplementarität und Konvergenz der Rechtsmaterien zu finden.

In der Folge begründete der Gerichtshof seine Kompetenz, die Garantien der AMRK im Lichte des humanitären Völkerrechts auszulegen ausdrücklich mit Art. 31 Abs. 3 WVRK: „In its case law, the Court has established clearly that it has the authority to interpret the provisions of the American Convention in light of other international treaties, so that it has frequently used provisions from other human rights treaties ratified by the defendant State to provide content and scope to the provisions of the Convention. In this regard, in its constant case law, this

2289 Vgl. AGMR, Urteil vom 23.11.2004, Case of the Serrano Cruz Sisters v El Slavador, Z. 108.

2290 AGMR, Urteil vom 23.11.2004, Case of the Serrano Cruz Sisters v El Slavador, Z. 111, sowie Z. 118.

2291 AGMR, Urteil vom 23.11.2004, Case of the Serrano Cruz Sisters v El Slavador, Z. 112.

2292 AGMR, Urteil vom 23.11.2004, Case of the Serrano Cruz Sisters v El Slavador, Z. 114.

2293 AGMR, Urteil vom 23.11.2004, Case of the Serrano Cruz Sisters v El Slavador, Z. 115.

2294 AGMR, Urteil vom 23.11.2004, Case of the Serrano Cruz Sisters v El Slavador, Z. 116.

Court has decided that ‚*for the purpose of interpreting a treaty, it does not only take into account the agreements and instruments formally relating to it (second paragraph of Article 31 of the Vienna Convention), but also the context (third paragraph of Article 31)*'."[2295] Wenn diese Einordnung auch wiederum nicht ohne eine Erwähnung der evolutiven Auslegung geschieht[2296], ist die Zitierung des Art. 31 Abs. 3 WVRK im Zusammenhang mit der Feststellung einer Konvergenz und Komplementarität der Rechtsmaterien ein deutlicher Hinweis darauf, dass der AGMR der systemischen Integration zugeneigt ist. Dafür spricht auch, dass der Gerichtshof – wie er dies auch bezüglich anderer Rechtsmaterien tut (vgl. Ziff. 2.a)) – damit schließt, dass es ihm diese Vorgehensweise erlaube, das humanitäre Völkerrecht dazu zu nutzen, den Vorschriften der AMRK „content and scope"[2297] zu geben.

Im Fall Mapiripàn Massacre[2298] kommt der Gerichtshof im Rahmen der Staatenverantwortlichkeit auf das Verhältnis der Rechtsmaterien zu sprechen und ordnet die Rechtsmaterien wiederum als komplementär ein: „The obligations derived from said international provisions [Art. 3 GA, Art. 4 und Art. 13 ZP II, wie sie im zuvor zitierten Urteil des kolumbianischen Verfassungsgerichts zur Sprache kommen] must be taken into account, according to Article 29.b) of the Convention, because those who are protected by said treaty do not, for that reason, lose the rights they have pursuant to the legislation of the State under whose jurisdiction they are; instead, those rights complement each other or become integrated to specify their scope or their content."[2299] Gerade aus dem letzten Halbsatz ist ersichtlich, dass der Gerichtshof sich nicht einfach einer der in Teil C vorgestellten Theorien zuordnen lässt. Komplementarität und Integration scheinen für ihn entweder Synonyme zu sein oder aber die Fundstelle ist dahingehend auszulegen, dass es situationsspezifisch ist, ob die Rechte komplementär oder integrativ zusammenwirken. Die Formulierung scheint außerdem darauf hinzudeuten, dass eine Integration/Komplementarität in beide Richtungen denkbar scheint: So komplementieren die Rechte „einander" und spezifizieren den „jeweiligen" Umfang und Inhalt. In diesem Zusammenhang scheint auch das jeweilige Recht das andere spezifizieren zu können. In dem vorliegenden Fall benutzte der Gerichtshof das humanitäre Völkerrecht konkret, um die Rechte des Kindes genauer zu bestimmen: „The content and scope of Article 19 of the

---

2295 AGMR, Urteil vom 23.11.2004, Case of the Serrano Cruz Sisters v El Slavador, Z. 119, Hervorhebung durch die Verfasserin.

2296 So schießt der Gerichtshof mit der folgenden Bemerkung an: "In its case law, the Court has indicated that this concept is particularly important for international human rights law, which has made substantial progress by the evolutive interpretation of the international protection instruments."AGMR, Urteil vom 23.11.2004, Case of the Serrano Cruz Sisters v El Slavador, Z. 119.

2297 AGMR, Urteil vom 23.11.2004, Case of the Serrano Cruz Sisters v El Slavador, Z. 119.

2298 AGMR, Urteil vom 15.9.2005, Case of the Mapiripán Massacre v Colombia.

2299 AGMR, Urteil vom 15.9.2005, Case of the Mapiripán Massacre v Colombia, Z. 115.

American Convention must be specified, in cases such as the instant one, taking into account the pertinent provisions of the Convention on the Rights of the Child, especially its Articles 6, 37, 38 and 39, *and of Protocol II to the Geneva Conventions*, as these instruments and the American Convention are part of a very comprehensive international *corpus juris* for protection of children, which the States must respect."[2300]

In Masscres of El Mozote and nearby places v El Slavador[2301] betonte der Gerichtshof erneut die Komplementarität und Spezifität des humanitären Völkerrechts: „Similarly, as it has on other occasions, the Court finds it useful and appropriate when analyzing and interpreting the scope of the provisions of the American Convention in this case in which the facts occurred in the context of a non-international armed conflict, and in keeping with Article 29 of the American Convention, to have recourse to other international treaties, such as the Geneva Conventions of August 12, 1949, and in particular to Article 3 common to the four conventions, Protocol II Additional to the 1949 Geneva Conventions and relating to the Protection of Victims of Non-international Armed Conflicts of June 8, 1977 (hereinafter ‚Additional Protocol II') to which the State is a party, and customary international humanitarian law, *as complementary instruments and considering their specificity in this matter*."[2302] Bemerkenswert erscheint, dass er dies nicht im Rahmen eines bestimmten Prüfungsstandorts wie der Kompetenz ratione materiae oder Staatenverantwortlichkeit tat, sondern als eine Art allgemeine Vorbemerkung zur materiellen Prüfung[2303]. Als „Hebel" setzte der Gerichtshof wiederum Art. 29 AMRK – diesmal ganz ohne die Erwähnung der WVRK oder der evolutiven Auslegung – ein.

Im Fall Santo Domingo Massacre v Colombia[2304] wurde deutlich, dass der Blick der Menschenrechtsorgane auf das Verhältnis zwischen den Rechtsmaterien durch ihr Mandat eingeschränkt ist, da sie das humanitäre Völkerrecht stets allein zur Auslegung der Menschenrechte heranzuziehen haben. Der Gerichtshof weist ausdrücklich darauf hin, dass er durch die Betrachtungsweise des humanitären Völkerrechts als „supplementary norm of interpretation" keine Hierarchie aufstellen will: „In this case, by using IHL as a supplementary norm of interpretation to the treaty-based provisions, the Court is not making a ranking between

---

2300 AGMR, Urteil vom 15.9.2005, Case of the Mapiripán Massacre v Colombia, Z. 153, Hervorhebung durch die Verfasserin.

2301 AGMR, Urteil vom 25.10.2012, Case of the Massacres of El Mozote and nearby places v El Salvador.

2302 AGMR, Urteil vom 25.10.2012, Case of the Massacres of El Mozote and nearby places v El Salvador, Z. 141

2303 Dies mag damit zusammen hängen, dass der Vertragsstaat seine Verantwortlichkeit für die Verletzung der AMRK weitgehend anerkannt hatte, vgl. AGMR, Urteil vom 25.10.2012, Case of the Massacres of El Mozote and nearby places v El Salvador, Z. 140.

2304 AGMR, Urteil vom 30.11.2012, Case of Santo Domingo Massacre v Colombia.

normative systems, because the applicability and relevance of IHL in situations of armed conflict is evident. This only means that the Court can observe the regulations of IHL, as the specific law in this area, in order to make a more specific application of the provisions of the Convention when defining the scope of the State's obligations."[2305] Erneut bezeichnete das Gericht das humanitäre Völkerrecht im Fall des bewaffneten Konflikts als „specific", mied aber die Formel des „lex specialis". Im Rahmen seines Mandats könne der AGMR das humanitäre Völkerrecht dahingehend verwenden, dass er die Menschenrechte spezifischer einsetzen kann, wenn das humanitäre Völkerrecht in die Bestimmung des Umfangs der Verpflichtungen einbezogen werden.

Noch einmal in Erinnerung gerufen werden soll an dieser Stelle, dass der Gerichtshof in dieser Entscheidung das humanitäre Völkerrecht inhaltlich sehr stark einsetzt: So beinhaltet die Prüfung des Rechts auf Leben und auf körperliche Unversehrtheit ausschließlich die Prüfung humanitärvölkerrechtlichen Völkergewohnheitsrechts (vgl. Teil II A.II.2.b)). Sich zu einer inhaltlich allein auf das humanitäre Völkerrecht abstellenden Prüfung berufen zu sehen, passt zur Haltung des Gerichtshofs, Hüter des internationalen corpus iuris zu sein.

Derselbe Gedanke kam erneut im Fall Marino López (Case of the Afro-descendant Communities Displaced from the Cacarica River Basin (Operation Genesis)) v. Colombia[2306] zum Tragen. In diesem Fall, kam der Gerichtshof zu dem Schluss, dass es nützlich und angemessen sei, "to interpret the *scope of the treaty-based obligations in a way that is complementary with the provisions of international humanitarian law, bearing in mind the latter's specificity* in this area, especially the Geneva Conventions of August 12, 1949; Article 3 common to the four Conventions; Protocol II additional to the Conventions (hereinafter also ‚Additional Protocol II') to which the State is a party, and customary international humanitarian law."[2307]

Zuletzt kam im Fall Rodriguez Vera et al v Colombia[2308] noch einmal auf den Gedanken zurück, dass er durch seine Rechtsprechung keine Hierarchie zwischen den Rechtsmaterien begründen wolle und die Rechtsmaterien komplementär seien[2309]. Unter Hinweis auf Art. 29(b) AMRK und zum ersten Mal auch auf Art. 31 Abs. 3 *lit. c* WVRK kommt er zu folgendem Schluss bezüglich der Beziehung der Rechtsmaterien im Rahmen seines Mandats: „Therefore, when examining the compatibility with the Convention of a State's actions or norms, the

2305 AGMR, Urteil vom 30.11.2012, Case of Santo Domingo Massacre v Colombia, Z. 24.
2306 AGMR, Urteil vom 20.11.2013, Case of the Afro-Descendant Communities Displaced from the Cacarica River Basin (Operation Genesis) v. Colombia.
2307 AGMR, Urteil vom 20.11.2013, Case of the Afro-Descendant Communities Displaced from the Cacarica River Basin (Operation Genesis) v. Colombia, Z. 221, Hervorhebung durch die Verfasserin.
2308 AGMR, Urteil vom 14.11.2014, Rodríguez Vera et al v Colombia.
2309 AGMR, Urteil vom 14.11.2014, Rodríguez Vera et al v Colombia, Z. 39.

Court may interpret the obligations and the rights contained in this instrument in light of other treaties. In this case, by using international humanitarian law as a norm of interpretation that complements the Convention, the Court is not ranking the different laws, because the applicability and relevance of international humanitarian law in situations of armed conflict is not in doubt. It merely means that the Court may observe the rules of international humanitarian law as a specific law in the matter, in order to apply the norms of the Convention more precisely when defining the scope of the State's obligations."[2310]

bb) Ergebnis

In seiner Rechtsprechung nimmt der interamerikanische Gerichtshof in zahlreichen Fällen Stellung zu seinem Verständnis des Verhältnisses der Rechtsmaterien. Immer wieder fallen hier die Begriffe „Konvergenz" und „Komplementarität", die, soweit ersichtlich, austauschbar verwendet werden. Der Gerichtshof hat für die Frage der Zulässigkeit einer Beschwerde vor dem Hintergrund eines (internen) bewaffneten Konflikts diese generelle Formel entwickelt im Rahmen derer er auch stets auf die Spezifität des humanitären Völkerrechts eingeht. Hierzu gehört auch, zu betonen, dass das humanitäre Völkerrecht lediglich in die Interpretation der *Konventions*normen einbezogen wird – eine Klarstellung, die die Kommission mit der sehr breiten Auslegung des eigenen Mandats nötig gemacht hatte.

Der Gerichtshof lässt in neueren Urteilen darüber hinaus erkennen, dass er sich der Beschränktheit seines eigenen Blickwinkels auf das Verhältnis der Rechtsmaterien bewusst ist: Seine Aufgabe ist nun einmal die Auslegung der AMRK (vgl. hierzu vertiefend Teil IV), weshalb er nur in diesem Rahmen das humanitäre Völkerrecht betrachten kann. Dennoch versucht er sich in einem objektiveren Blickwinkel, wenn er sagt, dass er keine Hierarchie zwischen den beiden Rechtsmaterien herstellen möchte.

Die Normen, auf die er sich bezüglich der Hinzuziehung des humanitären Völkerrechts stützt, helfen vorliegend nicht weiter, die Ansicht des Gerichtshofs einer Denkschule zuzuordnen. Zwar beruft er sich immer wieder auf Art. 31 Abs. 3 WVRK, wenn er fremde Rechtsmaterien heranzieht, jedoch schien er dies lange Zeit nur für einen Ausdruck evolutiver Vertragsauslegung zu halten. Art. 29 AMRK wiederum wird im Rahmen der Rechtsprechung des interamerikanischen Systems recht eigentümlich verwendet und lässt ebenfalls nicht wirklich eine Zuordnung zu. Im Zweifelsfall scheint sie ebenfalls als Beleg einer „evolutiven Auslegung", die die Hinzuziehung fremder Rechtsnormen zulässt, zu dienen.

In jüngster Zeit lässt sich jedoch beobachten, dass es zu einer Hinwendung zu einer neuen Art der Zitierung der gerade genannten Rechtsnormen kommt. So nennt der Gerichtshof in einem aktuelleren Urteil von 2014 unter anderem Art. 31 Abs. 3 *lit. c* WVRK als Norm, welche es erlaubt, systemisch zu integrieren.

2310 AGMR, Urteil vom 14.11.2014, Rodríguez Vera et al v Colombia, Z. 39.

Im Sinne einer Trennung der Konzepte der evolutiven Auslegung und der systemischen Integration erfreulich ist ebenfalls, dass der Gerichtshof erstere diesmal nicht erwähnt.

Inhaltlich ist auffällig, dass der Gerichtshof das humanitäre Völkerrecht sehr unterschiedlich einsetzt. Während in manchen Fällen das humanitäre Völkerrecht materiell gar nicht angesprochen wird, kommt es in anderen Fällen sehr stark zum Einsatz. Ein Beispiel für letzteres ist die Entscheidung Santo Domingo Massacre v Colombia. Äußerst bemerkenswert ist, dass das humanitäre Völkergewohnheitsrecht *ausschließlich* die inhaltliche Prüfung des Rechts auf Leben und körperliche Unversehrtheit bestimmt (vgl. auch Teil II A.II.2.b)). Mag der Gerichtshof auch die Bezeichnung des „lex specialis" in seinen allgemeinen Ausführungen vermeiden, scheint es als könnte jedenfalls in kriegstypischen Situationen allein das humanitäre Völkerrecht den Inhalt mancher Menschenrechte bestimmen. Dogmatisch auffällig darüber hinaus, dass der Gerichtshof die Prüfung des humanitären Völkerrechts jedoch nicht an das Merkmal der Willkürlichkeit („arbitrarily"), sondern die Ausführungen zum humanitären Völkerrecht soweit ersichtlich überhaupt nicht in den Wortlaut der betroffenen Vorschriften einbindet. Dies mag daran liegen, dass er sich ohnehin in seiner Philosophie vom Prinzip des Staatswillens als dem alles bestimmenden im Völkerrecht entfernt hat (siehe Ziff. 2.b)) – damit lässt der Druck nach, den Staatswillen zur Einbeziehung fremder Rechtsnormen im Wortlaut der Konvention zu finden.

Wenn manche Autoren damit unzufrieden sind, dass der Gerichtshof das humanitäre Völkerrecht eher einstreue, als wirklich zu prüfen[2311], dann könnte dies daran liegen, dass das humanitäre Völkerrecht, soweit ersichtlich, noch nie in einem Normkonflikt eingesetzt wurde[2312]. Zumeist waren die Verletzungen des humanitären Völkerrechts eklatant, womit keine Situation vorliegt, in der das humanitäre Völkerrecht als Rechtfertigung für „nur" menschenrechtsverletzendes Verhalten einbezogen werden kann. Vielmehr war stets sowohl das humanitäre Völkerrecht als auch das Menschenrecht verletzt. Womöglich lässt sich jedoch umgekehrt eine Wirkung der Menschenrechte auf das humanitäre Völkerrecht fortsetzen, sollte sich weiter herauskristallisieren, dass die Rechte

2311 van den Herik/Duffy, in: The Harmonisation of Human Rights Law, bezeichnen die Einbeziehung des humanitären Völkerrechts durch den AGMR als „afterthought", vgl. S 16.

2312 van den Herik/Duffy, in: The Harmonisation of Human Rights Law, S. 16; ebenso Oberleitner, S. 294: „In light of the practice of the Inter-American Commission and Court it seems too optimistic to argue that they have shown the way of reconciling international humanitarian law and international human rights law. They moreover never considered a situation of normative conflict between humanitarian law and human rights law, so that lessons to be learned on the interplay of human rights and humanitarian law in such situations remain limited."

des Kindes gem. Art. 19 AMRK im Rahmen der Zielauswahl für eine Kriegshandlung besonders zu beachten sind.

Insgesamt scheut sich der Gerichtshof nicht, sich zum Verhältnis der Rechtsmaterien zu äußern, lässt sich jedoch aufgrund einer gewissen Sprunghaftigkeit im Umgang mit der Materie und der Ambivalenz bezüglich des verwendeten Konzepts und Normen nur schwer einer Theorie zuordnen. Klar ist, dass er dem humanitären Völkerrecht teilweise so großen Raum gelassen hat, dass er sich inhaltlich kaum mehr von der weiten Ansicht der Kommission unterscheidet; weiterhin bleibt er jedoch dabei, dass er eine Verletzung nur der Menschenrechte erklärt, selbst wenn inhaltlich nur humanitäres Völker(gewohnheits)recht geprüft wurde.

III. UN-Menschenrechtsausschuss

Zum Verhältnis des Zivilpakts zum humanitären Völkerrecht hat sich nicht nur der UN-Menschenrechtsausschusses als zur Auslegung des Pakts zuständige Organ geäußert, sondern auch der IGH. Damit stellt sich bezüglich der Rechtsprechung des Ausschusses insbesondere auch die Frage, wie er mit der Auslegung des IGH umgeht. Im Übrigen interessieren dieselben Fragen wie bei den anderen Menschenrechtsorganen: Hat sich der Ausschuss zum Verhältnis eine Meinung gebildet und wie sind entsprechende Aussagen einzuordnen?

1. *Zur Anwendbarkeit der Menschenrechte im bewaffneten Konflikt*

Der UN-Menschenrechtsausschuss hatte sich bereits vor dem IGH zur Frage der Anwendbarkeit des Zivilpakts im bewaffneten Konflikt indirekt geäußert. Wie bereits in Teil I erwähnt, hatte er in seinen „Concluding Observations" zum Staatenbericht Kroatiens während des Jugoslawienkrieges bemerkt: „[Large scale military action] had resulted in massive violations of human rights, including significant loss of life, torture, disappearances and summary executions, with entire towns destroyed and populations displaced."[2313] 1992 herrschte ohne Zweifel Krieg in dem betroffenen Krieg und ohne Weiteres geht der Ausschuss davon aus, dass auch großangelegte Militäraktionen dem Menschenrecht unterliegen, wenn er auf die Details auch nicht weiter eingeht. Diese Position hatte er gerade gegenüber Israel[2314] und den

2313 MRA, Concluding Observations on a Special Report of the Republic of Croatia vom 28.12.1991, UN Doc. CCPR/C79/ Add.15, Z. 5.

2314 MRA, Concluding Observations on the Initial Report of Israel vom 18.8.1998, UN Doc. CCPR/C/79/Add.93, Z. 4, Z. 10; MRA, Concluding Observations on the Second Periodic Report of Israel vom 21.8.2003, UN Doc. CCPR/CO/78/ISR, Z. 11; MRA, Concluding Observations on the Third Periodic Report of Israel vom 3.9.2010, UN Doc. CCPR/C/ISR/CO/3, Z. 5; MRA, Concluding Observations on the Fourth Periodic Report of Israel vom 21.11.2014, UN Doc. CCPR/C/ISR/ CO/ 4, Z. 5.

USA[2315], die dies regelmäßig bezweifeln, verteidigt. In seinen „General Comments“ Nr. 29, 31 und zuletzt auch 36 hat der Ausschuss diese Linie ausdrücklich bestätigt: „Like the rest of the Covenant, article 6 continues to apply also in situations of armed conflict to which the rules of international humanitarian law are applicable, including to the conduct of hostilities.“[2316]

2. Zum Verhältnis der Rechtsmaterien

Der Ausschuss äußerte sich zum Verhältnis ausdrücklich in seinem „General Comment“ Nr. 31 Dort hieß es: „As implied in General Comment 29, the Covenant applies also in situations of armed conflict to which the rules of international humanitarian law are applicable. While, in respect of certain Covenant rights, more specific rules of *international humanitarian law may be specially relevant* for the purposes of the interpretation of Covenant rights, *both spheres of law are complementary, not mutually exclusive.*“[2317]

Es fällt auf, dass der Ausschuss die vom IGH entwickelte Formel nicht wiederholt[2318], sondern einen eigene Formulierung findet. Möglicherweise wollte er insofern auch die Kritik miteinbeziehen, die sich insbesondere um den vom IGH verwendeten Begriff „lex specialis“ entwickelt hatte (vgl. oben unter C.). Inhaltlich scheint die Rechtsprechung des Ausschusses – soweit sich dies bisher sagen lässt – durchaus nicht stark von der Linie des IGH abzuweichen[2319]. So meint *Kälin*

2315 MRA, Concluding Observations on the Second and Third Report of the USA vom 18.12.2006, CCPR/C/USA/CO/3/Rev.1, Z. 10: „The Committee notes with concern the restrictive interpretation made by the State party of its obligations under the Covenant, as a result in particular of (...) its position that the Covenant does not apply (...) in time of war, despite the contrary opinions and established jurisprudence of the Committee and the International Court of Justice (...). The State party should review its approach and interpret the Covenant in good faith, in accordance with the ordinary meaning to be given to its terms in their context, including subsequent practice, and in the light of its object and purpose. The State party should in particular (a) acknowledge the applicability of the Covenant (...) in time of war (...).“

2316 MRA, General Comment Nr. 29 (Derogations during a State of Emergency) vom 31.8.2001, U.N. Doc. CCPR/C/21/Rev.1/Add.11, Z. 3; MRA, General Comment Nr. 31 on Article 2 vom 26.5.2004, UN Doc. CCPR/C/21/Rev.1/Add. 13, Z. 11; MRA, General Comment Nr. 36 (2018), CCPR/C/GC/36, Z. 64.

2317 MRA, General Comment Nr. 31 on Article 2 vom 26.5.2004, UN Doc. CCPR/C/21/Rev.1/Add. 13, Z. 11, Hervorhebung durch die Verfasserin. Zuvor hatte der Ausschuss noch einmal betont, dass der Pakt auf alle Personen in der effektiven Kontrolle des Staates erstreckt, unabhängig von dem Hoheitsgebiet.

2318 Expert Meeting on the Right to Life in Armed Conflicts and Situations of Occupation, organisiert durch das University Centre for International Humanitarian Law, 1–2. September 2005 in Genf, S. 19; PRUD'HOMME, Israel Law Review 2007, S. 384.

2319 Vgl. auch KÄLIN, in: KOLB/ GAGGIOLI 2013, S. 444.

zum Ansatz des Ausschusses: „The Committee thus recognizes the *lex specialis* character of the IHL, however not in the sense of more specific rules derogating the more general ones of the Covenant but rather as a body of law that with its specific rules for a specific situation – i.e. that of armed conflict – complements the more general and more generally applicable human rights guarantees. In its opinion, IHL is what an expert meeting in 2004 called 'lex specialis *complementa* (complementary) and not *derogata* (derogatory) of human rights law'."[2320] Inwiefern diese Erkenntnis allerdings im Einzelfall hilfreich ist, wird teilweise in Frage gestellt. *Milanovic* ist der Ansicht, dass die Aussagekraft der Formel des Ausschusses überschaubar ist: „To say, therefore, that the two 'spheres of law are complementary, not mutually exclusive', may be perfectly true, but is equally unhelpful in providing practical solutions. The complementarity claim is only an answer to the equally broad counter-claim that the two regimes are mutually exclusive. To the extent that the latter was for many years the default position, the complementarity claim does have a purpose but beyond that, it does not solve anything. It is the relationships between specific IHL and IHRL norms that need examining."[2321] Trotz dieser Kritik bliebt der Menschenrechtsausschuss auch aktuell bei dieser Position und wiederholte sie für das Recht auf Leben[2322]. Dies brachte prompt erneute Kritik hervor; so bemerkt *Dill*: „However, when it comes to the conduct of hostilities nothing is gained from the vague affirmation that 'both spheres of law are complementary, not mutually exclusive'. (...) [T]here are other ways of resolving conflicts between substantively divergent laws. I wish the Comment, which is otherwise immensely admirable, would have made use of them (...)."[2323]

Allerdings findet sich ein Anklang des Verhältnisses von Normen im „General Comment" Nr. 35 mit Blick auf das Recht auf Freiheit. Dort scheint der Ausschuss das humanitäre Völkerrecht als spezielles Recht in die Auslegung des Begriffs „arbitrary" zu nutzen: „Security detention authorized and regulated by and complying with international humanitarian law in principle is not arbitrary. In conflict situations, access by the International Committee of the Red Cross to all places of detention becomes an additional safeguard for the rights to liberty and security of person."[2324] Der Ausschuss lässt jedoch offen, auf welche dogmatische

2320 Kälin, in: Kolb/ Gaggioli 2013, S. 444.

2321 Milanovic, Journal of Conflict and Security Law 2010, S. 464.

2322 Vgl. MRA, General Comment Nr. 31 on Article 2 vom 26.5.2004, UN Doc. CCPR/C/21/Rev.1/Add. 13, Z. 11; MRA, General Comment Nr. 36 (2018), CCPR/C/GC/36, Z. 64: „While rules of international law may be relevant for the interpretation and application of article 6 when the situation calls for their application, *both spheres of law are complementary, not mutually exclusive.*", Hervorhebung durch die Verfasserin.

2323 Dill, Just Security 2019.

2324 MRA, General Comment Nr. 35 vom 15.12.2014, Art. 9, CCPR/C/GC/35, Z. 64.

Basis er diese Aussage stellt. Nicht anders verhält es sich mit Blick auf das Recht auf Leben in „General Comment“ Nr. 36[2325].

Eine genauere Beschäftigung mit den verschiedenen Normen in einem konkreten Einzelfall ist auch weiterhin nicht geschehen, sodass die Einschätzungen *Milanovics* und *Dills* ihre Berechtigung haben.

3. Derogation

Der Ausschuss nahm zudem zu seinem Verständnis des Verhältnisses der Rechtsmaterien für den Fall Stellung, dass ein Staat von seiner Befugnis, gem. Art. 4 IPBPR von seinen Verpflichtungen zu derogieren, Gebrauch macht. So führte er in seinem „General Comment“ Nr. 29 zur Rolle des humanitären Völkerrechts im bewaffneten Konflikt aus: „During armed conflict, whether international or non-international, rules of international humanitarian law become applicable and help, in addition to the provisions in article 4 and article 5, paragraph 1, of the Covenant, to prevent the abuse of a State's emergency powers.“[2326] Zudem schien nach Ansicht des Ausschusses der bewaffnete Konflikt als der einzige Fall, in dem eine Derogation dem Grunde nach verhältnismäßig erscheint[2327], wenn selbstverständlich dennoch auch hier gilt: „The Covenant requires that even during an armed conflict measures derogating from the Covenant are allowed only if and to the extent that the situation constitutes a threat to the life of the nation.“[2328] Des Weiteren kam zum Ausdruck, dass das humanitäre Völkerrecht das Auffangrecht ist, wenn die Bestimmungen des Paktes aufgrund der Derogation nicht mehr gelten: „Furthermore, article 4, paragraph 1, requires that no measure derogating from the provisions of the Covenant may be inconsistent with the State party's other obligations under international law, particularly the rules of international humanitarian law.“[2329] Der Ausschuss nimmt Bezug auf das

---

2325 MRA, General Comment Nr. 31 on Article 2 vom 26.5.2004, UN Doc. CCPR/C/21/Rev.1/Add. 13, Z. 64: „Use of lethal force consistent with international humanitarian law and other applicable international law norms is, in general not arbitrary.“

2326 MRA, General Comment Nr. 29 (Derogations during a State of Emergency) vom 31.8.2001, U.N. Doc. CCPR/C/21/Rev.1/Add.11, Z. 3.

2327 MRA, General Comment Nr. 29 (Derogations during a State of Emergency) vom 31.8.2001, U.N. Doc. CCPR/C/21/Rev.1/Add.11, Z. 3: „If States parties consider invoking article 4 in other situations than an armed conflict, they should carefully consider the justification and why such a measure is necessary and legitimate in thecircumstances.“

2328 MRA, General Comment Nr. 29 (Derogations during a State of Emergency) vom 31.8.2001, U.N. Doc. CCPR/C/21/Rev.1/Add.11, Z. 3.

2329 MRA, General Comment Nr. 29 (Derogations during a State of Emergency) vom 31.8.2001, U.N. Doc. CCPR/C/21/Rev.1/Add.11, Z. 10.

Recht, welches er in diesen Fällen in die Prüfung aufnehmen würde[2330] und nennt in einer Fußnote unter anderem die – damals erst in Auftrag gegebene – Studie des IKRK zum Völkergewohnheitsrecht[2331]. Die Grenzen der Derogation fasste der Ausschuss folgendermaßen zusammen: „States parties may in no circumstances invoke article 4 of the Covenant as justification for acting in violation of humanitarian law or peremptory norms of international law, for instance by taking hostages, by imposing collective punishments, through arbitrary deprivations of liberty or by deviating from fundamental principles of fair trial, including the presumption of innocence."[2332] Damit bestätigt sich ein weiteres Mal die Rolle der Derogation: Sie suspendiert das Recht der Menschenrechte zugunsten eines anderen Rechts. Damit ist sie jedenfalls kein Rahmen, in dem ein Verhältnis der Rechtsmaterien diskutiert werden könnte.

4. Ergebnis

Der Ausschuss hat sich bisher leider nur pauschal zu dem Verhältnis der Rechtsmaterien geäußert und auch die Betrachtung des Umgangs mit bestimmten materiellen Rechten im bewaffneten Konflikt schafft keine Klarheit bezüglich der Dogmatik des Ausschusses. Einstweilen muss er dem Wortlaut seiner Formel zum Verhältnis nach wohl der komplementaristischen zugeordnet werden, wenn dies in Bezug auf die Lösung konkreter Normkonflikte auch wenig hilfreich ist. Womöglich erscheint es dem Menschenrechtsausschuss, der stets auch auf den politischen Kontext seiner Rechtsprechung Rücksicht nehmen muss, nicht opportun, seine Ansicht zum Verhältnis der Rechtsmaterien näher zu beschreiben[2333].

2330 Und welches die Staaten von sich aus präsentieren müssten, vgl. MRA, General Comment Nr. 29 (Derogations during a State of Emergency) vom 31.08.2001, U.N. Doc. CCPR/C/21/Rev.1/Add.11, Z. 10.

2331 MRA, General Comment Nr. 29 (Derogations during a State of Emergency) vom 31.8.2001, U.N. Doc. CCPR/C/21/Rev.1/Add.11, Fn. 6 am Ende.

2332 MRA, General Comment Nr. 29 (Derogations during a State of Emergency) vom 31.8.2001, U.N. Doc. CCPR/C/21/Rev.1/Add.11, Z. 11.

2333 So Herik/Duffey, S. 12: „The approach of the committees towards IHL may be qualified as pragmatic and functional.Their recommendations are at times quite policy-specific and context-sensitive, but are not always supported by precise legal argumentation. This practice may well be inspired by the institutional environment and delicate political setting in which the state reporting dialogue takes place. It may be that the committees consider that too overt references to IHL may rebound in the form of distracting allegations that committees have trespassed their mandate, or that they have mischaracterized the conflict. Whatever the reasoning, if any, a certain evolution in the engagement with IHL can be discerned in the reporting process, but it remains rather implicit and *ad hoc*."

E. Gesamtergebnis

Die Untersuchung sowohl der einschlägigen Literatur als auch der Rechtsprechung zeigt im Ergebnis, dass es das Verhältnis der Rechtsmaterien selbst nicht gibt, sondern es vielmehr auf das Verhältnis bestimmter Normen aus dem jeweiligen Rechtsbereich in einem bestimmten Kontext ankommt. Dies mag zu einem gewissen Grad unbefriedigend sein, da es dem Verhältnis eine gewisse Volatilität gibt; jedoch scheint dies bei einer Weiterentwicklung des Völkerrechts immanent[2334]. Die Untersuchung der Rechtsprechung zeigt aber auch, dass die Menschenrechtsorgane geneigt sind, dem humanitären Völkerrecht materiell den Vorrang zu geben, woraus zwei wichtige Schlussfolgerungen resultieren: Zum einen bleibt trotz menschenrechtlichen Einflusses die Praktikabilität des Rechts im bewaffneten Konflikt erhalten und zum anderen bleibt das Recht auch in dieser Phase der völkerrechtlichen Rechtsfindung überwiegend vorhersehbar. Beides ist ungemein wichtig, damit Recht im bewaffneten Konflikt seine normative Kraft behalten kann.

Die Analyse der Rechtsprechung hat ergeben, dass die Menschenrechtsorgane unterschiedliche Wege eingeschlagen haben, um das Verhältnis der Rechtsmaterien zu ergründen. Hierbei ist der EGMR – der der Frage lange Zeit aus dem Weg gegangen ist – womöglich das Menschenrechtsorgan, dessen inhaltliche Beschäftigung mit dem humanitären Völkerrecht im Einklang mit dem modernen Verständnis des Zusammenspiels der Rechtsmaterien im Wege der systemischen Integration steht. Während der Menschenrechtsausschuss sich (bisher) nur sehr pauschal mit der Frage auseinandersetzt und das interamerikanische System sich aufgrund der stets gegebenen Verletzung des humanitären Völkerrechts mit den Feinheiten des Zusammenspiels nicht befassen musste, zeigte sich im Fall Hassan v UK des EGMR, wie einzelne Normen der beiden Rechtsmaterien zusammenspielen könnten.

Bedenklich ist daneben der unterschiedliche prozessuale Umgang mit dem humanitären Völkerrecht; während der MRA und das interamerikanische nicht auf einer Derogation oder einem derogationsähnlichem Mechanismus bestehen, ist der Weg, den der EGMR hier gegangen ist sowohl mit Blick auf seine dogmatische Grundlage, als auch auf die Auswirkungen der Rechtsprechung zu kritisieren. Es steht zu befürchten, dass sich die Rechtsprechung – ohne materielle Rechtfertigung hierfür – mit Blick auf den nicht-internationalen und den

---

2334 Vgl. auch BOTHE MICHAEL, in: FISCHER/FROISSART/HEINEGG VON HEINTSCHEL, S. 37:„[T]riggering events, opportunities and ideas are key factors in the development of international law. This fact accounts for the fragmentation of international law into a great number of issue-related treaty regimes established on particular occasions, addressing specific problems created by certain events. But as everything depends on everything, these regimes overlap. Then, it turns out that the rules are not necessarily consistent with each other. Thus, the question arises whether there is conflict and tension or synergy between various regimes."

internationalen bewaffneten Konflikt, als auch die Rechtsprechung der Menschenrechtsorgane aufgrund ihrer unterschiedlichen Auffassung zu dieser Frage auseinanderentwickelt. Dies ist umso kritikwürdiger, da es im Rahmen der systemischen Integration keine Notwendigkeit gibt, auf Derogation oder einer derogationsähnlichen prozessualen Einwendung zu bestehen.

Sowohl bezogen auf die positiven, als auch auf die negativen Aspekte der Rechtsprechung zum Verhältnis der Rechtsmaterien, bleibt – dem derzeitigen Stand der Frage als „work in progress“ geschuldet – nur, die weiteren Entwicklungen abzuwarten. Auch zehn Jahre nachdem *Droege* die Hoffnung geäußert hatte, bleibt nur, sich der Autorin anzuschließen: „Jurisprudence on concrete cases will, hopefully, provide more clarity over time.“[2335]

2335 DROEGE, International Review of the Red Cross 2008, S. 502.

Teil IV: Die Kompetenz vertraglicher Menschenrechtsschutzorgane bezüglich des humanitären Völkerrechts

Die Kompetenz der menschenrechtlichen Vertragsorgane mit Blick auf das humanitäre Völkerrecht wurde immer wieder in Abrede gestellt[2336]. Die Strategie hinter diesem Ansatz, ähnlich wie hinter den Strömungen der Trennungstheorie, ist, Gerichte aus dem Krieg herauszuhalten. Auf den ersten Blick kann eine solche Argumentation auch einleuchten: Die Menschenrechtsorgane sind dazu geschaffen, ihren jeweiligen Menschenrechtsvertrag zu überwachen, während die Genfer Konventionen ihr eigenes Überwachungssystem besitzen[2337]. Diese Trennung wird aber spätestens dann weniger überzeugend, wenn man davon ausgeht, dass die Menschenrechte auch im bewaffneten Konflikt gelten, was inzwischen kaum mehr bestritten wird (vgl. Teil III). Es ist kaum vorstellbar, dass dies ohne Auswirkungen auf das Mandat der Organe bleiben soll. Es besteht ein enger Zusammenhang zwischen dem gerade erläuterten Verhältnis der Rechtsmaterien und

---

2336 United States, Additional Response to the Request for Precautionary Measures – detention of enemy combatants, Cuba, 15.7.2002; vgl. die Haltung Israels in MRA., Second Periodic Report of Israel vom 20.11.2001, UN Doc. CCPR/C/ISR/2001/2, Z. 8; vgl. auch die Argumentation Russlands in EGMR, Urteil (Zulässigkeit) vom13.1.2013, Georgia v Russia, Nr. 38263/08, Z. 58; ähnlich auch El-Salvador in AGMR, Urteil vom 30.11.2012, Case of the Santo Domingo Massacre v Colombia, Z. 16.

2337 So sieht das humanitäre Völkerrecht in Art. 8 der Ersten, Zweiten und Dritten, sowie Art. 9 der Vierten Genfer Konvention und in Art. 5 ZP I die Ernennung einer Schutzmacht vor, welche die Beachtung der internationalen Verpflichtungen der kriegsführenden Staaten überwacht; Schutzmächte wurden allerdings seit 1949 nur in vier Konflikten berufen, zuletzt 1982 im Falkland-Konflikt zwischen Argentinien und Großbritannien. Wird keine Schutzmacht ernannt, übernimmt das IKR deren Rolle, vgl. Art. 10 GK I, II, III sowie Art. 11 GK IV. Darüber hinaus – und vielleicht noch wichtiger – nimmt das IKRK die wichtige Aufgabe war, Kriegsgefangene und inhaftierte Zivilisten zu besuchen, Art. 125, 126 GK III, Art. 142, 143 GK IV. Mit Art. 90 ZP I wurde die sog. „International Humanitarian Fact-Finding Commission" gegründet, die seit 1991 operiert; allerdings haben die 76 Vertragsstaaten, die die Kompetenz bis heute anerkannt haben, diesen „neuen" Mechanismus noch nicht angerufen. Individuen steht die Kommission zudem nicht offen und die Ergebnisse ihrer Untersuchungen blieben grundsätzlich vertraulich.

der Kompetenz der Menschenrechtsorgane, das humanitäre Völkerrecht in ihrer Rechtsprechung heranzuziehen[2338].

Grundsätzlich wird die Aufgabe der Menschenrechtsorgane durch die jeweilige Menschenrechtskonvention festgelegt[2339]. Es gilt das Konsensprinzip: Die Kompetenz eines Rechtsprechungsorgans geht soweit, wie die Staaten als Vertragsparteien sich darauf geeinigt haben[2340]. Jedoch – und auch dies ist ein Grundsatz des Rechts – sind die Normen, die die Vertragsparteien zur Bestimmung eben jener Kompetenz geschaffen haben, Gegenstand der Auslegung. Diese kann sich von dem ursprünglichen Staatenwillen lösen und objektiven Regeln folgen, wie die WVRK zeigt.

Um die Frage nach dem Mandat beantworten zu können, lohnt es sich dementsprechend zum einen, die maßgeblichen Vertragsnormen sowie ihre Auslegung genauer zu betrachten (Ziff. A). Dabei wird besonders interessant sein, inwiefern das Verhältnis der Rechtsmaterien sich auf das Mandat der Organe auswirkt. Zum anderen sollen selbstverständlich auch die Organe selbst zu Wort kommen und ihre Haltung zur Zuständigkeitsfrage dargestellt werden (Ziff. B).

A. Das Mandat der vertraglichen Menschenrechtsschutzorgane

I. Direktes Mandat

1. Zuständigkeitsklauseln

a) Die Gerichtshöfe

Grundlegend für die Zuständigkeit eines Gerichts ist – wenig überraschend – seine Zuständigkeitsnorm. Dies gilt sowohl im nationalen als auch im internationalen Bereich[2341]. Der Wortlaut der Zuständigkeitsnormen der jeweiligen Organe mag im Detail voneinander abweichen, jedoch teilen sich des interamerikanischen

---

2338 Dieser Ansicht ist auch die AKMR: „Properly viewed, the close interrelationship between human rights law and humanitarian law also supports the (...) authority (...) to apply humanitarian law, where relevant.", AKMR, Entscheidung vom 18.11.1997, Juan Carlos Abella v Colombia, Nr. 11.137, Z. 166.

2339 Für viele Buis Emiliano J., in: Arnold/Quénivet, S. 276: „It is widely known that every mechanism designed with the purpose of enforcing legal provisions depends on the mandate engraved by the instrument that created or constituted the system."

2340 Vgl. Art. 34 WVRK.

2341 Vgl. auch Buis Emiliano J., in: Arnold/Quénivet, S. 276: „It is widely known that every mechanism designed with the purpose of enforcing legal provisions depends on the mandate engraved by the instrument that created or constituted the system."

und europäischen Gerichtshofs die Formulierung, dass ihre Jurisdiktion sich auf „interpretation and application of the/this Convention" beziehe[2342]. Im Fall des EGMR wird dies in Art. 19 EMRK noch erweitert, welcher lautet: „To *ensure the observance of the engagements undertaken by the High Contracting Parties in the Convention* and the Protocols thereto, there shall be set up a European Court of Human Rights (...)."[2343]

Der Wortlaut der Zuständigkeitsvorschriften scheint somit eindeutig: Die Gerichtshöfe sind dazu ermächtigt, den jeweiligen Menschenrechtsvertrag auszulegen. Eine Ermächtigung für andere Konventionen – insbesondere die Genfer Konventionen – findet sich nicht.

b) Interamerikanische Kommission für Menschenrechte

Das Mandat der interamerikanischen Kommission ist durch ihre Rolle sowohl im Rahmen der Amerikanischen Deklaration als auch der interamerikanischen Konvention für Menschenrechte geprägt[2344]. So wurde die Kommission durch die überarbeitete OAS Charta 1970 zum „principal organ"[2345] der „Organisation of American States" bestimmt.

In Art. 1 des Statuts der Interamerikanischen Kommission für Menschenrechte heißt es hinsichtlich der Aufgabe der Kommission: „The Inter-American Commission on Human Rights is an organ of the Organization of the American States, created to promote the observance and defense of human rights and to serve as consultative organ of the Organization in this matter." Menschenrechte im Sinne des Artikels sind gemäß Absatz 2 derselben Vorschrift zum einen „the rights set forth in the American Convention on Human Rights, in relation to the States Parties thereto" sowie „the rights set forth in the American Declaration of the Rights and Duties of Man, in relation to the other member states".

2342 Art. 32 Abs. 1 EMRK lautet in Gänze: „The jurisdiction of the Court shall extend to all matters concerning the *interpretation and application of the Convention* and the Protocols thereto which are referred to it as provided in Articles 33, 34, 46 and 47"; Art. 62 Abs. 3 AMRK: „The jurisdiction of the Court shall comprise all cases concerning the *interpretation and application of the Convention* that are submitted to it, provided that the State Parties to the case recognize or have recognized such jurisdiction, whether by special declaration pursuant to the proceedings paragraphs, or by special agreement"; jeweilige Hervorhebung durch die Verfasserin.

2343 Hervorhebung durch die Verfasserin; als Zuständigkeitsnorm wird Art. 19 EMRK auch bei Hayashi zitiert. Hayashi, Journal of Conflict and Security Law 2015, S. 153.

2344 Vgl. für einen Überblick über die Entwicklung der Rolle der interamerikanischen Kommission: Besson/Tasioulas, S. 275 ff.

2345 Art. 53 und 106 der OAS Charter. In Art. 106 OAS Charter heißt es: „There shall be an Inter-American Commission on Human Rights, whose principal function shall be to promote the observance and protection of human rights and to serve as a consultative organ of the Organization in these matters."

Durch die Rolle, die der Kommission in Bezug auf die Amerikanische Deklaration eingeräumt wurde, bekam diese – ursprünglich unverbindlich – einen quasi-vertraglichen Charakter[2346]. Die verfahrensrechtlichen Vorschriften bezüglich der Individualbeschwerde finden sich für das OAS System in Art. 26 ff der „Commission's Rules and Procedures", für die AMRK in Art. 44 ff AMRK. Die Zuständigkeit der Kommission im Hinblick auf die AMRK wird in Artikel 44 konkretisiert. Dort heißt es: „Any person or group of persons, or any governmental entity legally recognized in one or more member states of the Organization, may lodge petitions with the Commission containing denounciations or complaints of *violation of this Convention* by a State Party."[2347] Damit ist auch mit Blick auf die Kommission der Rahmen dahingehend abgesteckt, dass sie zur Anwendung und Auslegung der AMRK befugt ist[2348].

Während die Kommission im Fall der Zustimmung zur Jurisdiktion des interamerikanischen Gerichtshofs eine Beschwerde im Rahmen der AMRK an diesen weitergeben kann, ist sie im Rahmen der Amerikanischen Deklaration erste und letzte Instanz[2349].

c) UN-Menschenrechtsausschuss

Das Mandat des Menschenrechtsausschuss ist – anders als das der Gerichtshöfe – nicht in einer einzigen Zuständigkeitsklausel verankert. Grundsätzlich überwacht auch der Menschenrechtsausschuss die Einhaltung des Paktes durch die Vertragsstaaten[2350]. Zur Erfüllung dieser Pflicht kommt dem Menschenrechtsausschuss auch die Aufgabe zu, den IPBPR auszulegen[2351]. Dem Menschenrechtsausschuss stehen vier verschiedene Möglichkeiten offen, um die Einhaltung der Menschenrechte zu überwachen: die Prüfung von Staatenberichten, die Individual- und Staatenbeschwerde sowie die Verfassung von „General Comments" zu Vorschriften des Zivilpakts.

Gem. Art. 40 Abs. 1 IPBPR sind die Vertragsstaaten verpflichtet, „to submit reports on the measures they have adopted which give effect to the rights recognized herein and on the progress made in the enjoyment of those rights." Art. 40 Abs. 2 IPBPR bestimmt weiter: „All reports shall be submitted to the Secretary-General of the United Nations, who shall transmit them to the Committee for consideration." Der Menschenrechtsausschuss gibt nach dem Studium des Staatenberichts und einer Erörterung desselben mit dem betreffenden Staat sodann sog. „Concluding Observations" ab.

2346 Besson/Tasioulas, S. 276.
2347 Hervorhebung durch die Verfasserin.
2348 Vgl. Buis Emiliano J., in: Arnold/Quénivet, S. 277.
2349 Besson/Tasioulas, S. 275.
2350 Svensson-McCarthy, S. 32.
2351 Svensson-McCarthy, S. 32.

Das Staatenbeschwerdeverfahren ist in Art. 41 f IPBPR geregelt, hat jedoch bisher in der Praxis keine Rolle gespielt[2352]. Dieses fakultative Verfahren wird derzeit von der Mehrheit der Vertragsstaaten nicht akzeptiert. Grundsätzlich mandatiert die Vorschrift den Menschenrechtsausschuss, „to receive and consider communications to the effect that a State Party claims that another State Part is not fulfilling its obligations under the present Covenant". Die Individualbeschwerde ist im ersten Fakultativprotokoll des Paktes geregelt. Das bedeutet, dass nur Vertragsstaaten, die auch das erste Fakultativprotokoll ratifiziert haben, an diesem Verfahren teilnehmen[2353]. Dort heißt es in Art. 1: „A State Party to the Covenant that becomes a Party to the present Protocol recognizes the competence of the Committee to receive and consider communications from individuals subject to its jurisdiction who claim to be victims of a violation by that State Party of any of the rights set forth in the Covenant. No communication shall be received by the Committee if it concerns a State Party to the Covenant which is not a Party to the present Protocol." Durch die Individualbeschwerde nimmt das Verfahren vor dem Menschenrechtsausschuss gerichtliche Züge an. Der Ausschuss wird hierdurch und aufgrund der der weiten globalen Ratifizierung seines Menschenrechtsvertrags zu dem Organ, das einem internationalen Gerichtshof für Menschenrechte am nächsten kommt[2354].

Nicht zuletzt ist der Menschenrechtsausschuss dazu ermächtigt, die eben schon erwähnten „General Comments" zu den Bestimmungen des Zivilpakts abzugeben. Das Mandat hierzu wird aus Art. 40 Abs. 4 Satz 2 IPBPR gelesen: „[The Committee] shall transmit its reports, *and such general comments* as it may consider appropriate, to the States Parties." Nachdem diese allgemeinen Kommentare zunächst eher ein bescheidenes Ausmaß hatten, stellen sie heute eine detaillierte Auslegung des Gerichtshofs einzelner Vorschriften dar[2355]. Der Ausschuss ist insofern nicht auf Fragen, wie sie sich aus einer bestimmten Fallgestaltung ergeben, beschränkt, sondern kann seine Rechtsauffassung umfassend darlegen.

All dies zusammengenommen ermächtigt den Menschenrechtsausschuss zur Anwendung und Auslegung des Zivilpakts. Dem Ausschuss stehen hierzu allerdings im Vergleich zu den anderen Menschenrechtsorganen nochmals andere

---

2352 Draper, Virginia Journal of International Law 1971, S. 16.

2353 Dies 116 der 171 Vertragsstaaten vgl. http://indicators.ohchr.org/, zuletzt besucht im Februar 2019.

2354 Draper, Virginia Journal of International Law 1971, S. 17, wenn auch seine „Views" nicht so verbindlich wie die Urteile des EGMR und AGMR.

2355 Neuman, European Journal of International Law 2008, S. 24: „A general comment now reads as a general statement of law that expresses the Committee's conceptual understanding of the content of a particular provision, and as such is a very useful guide to the normative substance of international human rights obligations."

Wege offen; insbesondere die „General Comments“ können zur detaillierten Darlegung seiner Rechtsauffassung genutzt werden.

d) Ergebnis

Es bleibt festzuhalten, dass sich aus den Zuständigkeitsklauseln der Menschenrechtsverträge kein Mandat zur Auslegung des humanitären Völkerrechts ergibt. Die Menschenrechtsorgane sind vielmehr allesamt mit der Anwendung und Auslegung der Bestimmungen des jeweiligen Menschenrechtsvertrags beauftragt[2356].

2. Andere kompetenzbegründende Normen

Manche Überwachungsorgane – insbesondere die der Menschenrechtsverträge „neuerer Generation“ – haben im Rahmen ihrer Vertragsnormen ein direktes Mandat, humanitärvölkerrechtliche Vorschriften anzuwenden[2357]. Auch in den hier zu untersuchenden Verträgen der „älteren“ Generation gibt es jedoch durchaus Normen, die zur Begründung einer Kompetenz der Vertragsorgane zur Einbeziehung des humanitären Völkerrechts herangezogen werden können und dies teilweise durch die Rechtsprechungsorgane auch wurden (vgl. hierzu Teil B).

Neben den Derogationsklauseln[2358] und dem Günstigkeitsprinzip, die sich in allen drei hier zu untersuchenden Verträgen befinden, beinhaltet insbesondere die AMRK weitere Normen, die gern als Einfallstor für das humanitäre Völkerrecht herangezogen werden.

a) Das Günstigkeitsprinzip

Interessant für die Begründung einer Kompetenz auch bezüglich fremder Rechtsmaterien sind Klauseln, die das sog. „Günstigkeitsprinzip“ enthalten. Alle drei Menschenrechtsverträge enthalten eine solche Klausel, jedoch spielt sie – wie bereits in Teil III zum Verhältnis der Rechtsmaterien erwähnt – insbesondere in der Rechtsprechung der interamerikanischen Organe eine Rolle. Art. 29

2356 Vgl. hierzu auch Tigroudja, in: Kolb/Gaggioli (Hrsg.) 2013, S. 259.

2357 Hierzu zählen das „UN Committee of the Rights of the Child“ und das „UN Committee of the Rights of Persons with Disabilities“. In Art. 38 Abs. 1 UN – Kinderrechtskonvention verpflichten sich die Vertragsstaaten dazu, alle humanitärvölkerrechtlichen Bestimmungen, die Kinder betreffen, einzuhalten und für ihre Einhaltung zu sorgen. Darüber hinaus statuieren Art. 38 Abs. 2 und 3 eine neue humanitärvölkerrechtliche Verpflichtung, dafür zu sorgen, dass Kinder unter 15 Jahren weder an Feindseligkeiten teilnehmen, noch zu den Streitkräften eingezogen werden. In Art. 11 der UN-Behindertenrechtskonvention verpflichtet die Vertragsstaaten, Menschen mit Behinderungen im Einklang mit ihren Verpflichtungen aus dem humanitären Völkerrecht Schutz und Sicherheit im bewaffneten Konflikt zu gewährleisten.

2358 Vgl. Art. 15 EMRK, Art. 27 AMRK und Art. 4 IPBPR.

(b) AMRK lautet: „No provision of this Convention shall be interpreted as: [...] (b) restricting the enjoyment or exercise of any right or freedom recognized by virtue of the laws of any State Party or by virtue of another convention to which one of the said states is a party." Art. 53 EMRK liest sich demgegenüber ein wenig abgewandelt: „Nothing in this Convention shall be construed as limiting or derogating from any of the *human rights* and fundamental freedoms which may be ensured under the laws of any High Contracting Party or under any other agreement to which it is a party."[2359] Sehr ähnlich hierzu ist auch Art. 5 Abs. 2 des Zivilpakts formuliert: „There shall be no restriction upon or derogation from any of the fundamental *human rights* recognized or existing in any State Party to the present Covenant pursuant to law, conventions, regulations or custom on the pretext that the present Covenant does not recognize such rights or that it recognizes them to a lesser extent."[2360]

Damit ist der Wortlaut der Europäischen Konvention und des IPBPR enger als der der Amerikanischen Konvention: Während letztere von *„any right or freedom* recognized by virtue of the laws of any State Party or by virtue of another convention" spricht, ist in der EMRK und dem IPBPR von „human rights" die Rede. Allerdings gibt es auch Stimmen, die sich für eine weite Auslegung auch dieser Vorschriften aussprechen[2361].

Es scheint aber durchaus durch den weiten Wortlaut der Begünstigungsklausel der interamerikanischen Konvention zu begründen, dass ihr in der Rechtsprechung des interamerikanischen Systems eine tragende – wenn auch umstrittene – Rolle zukommt, um ein Mandat zur Einbeziehung fremder Rechtsmaterien zu begründen. Hierbei sprach sich insbesondere die interamerikanische Kommission für eine Öffnung der Konvention für das humanitäre Völkerrecht aus, wie unter B.II. gleich noch näher darzustellen sein wird.

In der Literatur wird Art. 29 (b) AMRK im Zusammenhang mit dem humanitären Völkerrecht ebenfalls diskutiert. So beschränken *Zegveld* und *Moir* die Einbeziehung des humanitären Völkerrechts auf den Fall, dass ein Vertragsstaat sich zur Verkürzung des Schutzbereiches des humanitäre Völkerrechts auf die Konvention beruft. *Moir* führt hierzu aus: „Article 29(b) does indeed require the Commission to take due notice of international humanitarian law where a state claims that the American Convention allows it to limit or restrict the protection afforded by humanitarian law. Such claims can, after all, only be properly assessed by the Commission if due regard is had for the relevant humanitarian law provision."[2362] In den Augen der Autorinnen stellt Art. 29(b) AMRK eine Vorschrift

---

2359 Hervorhebung durch die Verfasserin. Überschrieben ist der Artikel mit „Safeguard for existing human rights".

2360 Hervorhebung durch die Verfasserin.

2361 Nowak, S. 118, der sich dafür ausspricht, dass der Wortlaut beide Auslegungen erlaubt; vgl. auch Oberleitner, S. 281.

2362 Arato, Brooklyn Journal of International Law 2012, S. 195; ganz ähnlich Zegveld, International Review of the Red Cross 1998, S. 509.

dar, die eigenständig verletzt sein kann[2363]. Ist sie dies nicht, soll sie allerdings auch keinen Anknüpfungspunkt für das humanitäre Völkerrecht bieten. Ob sich ein Vertragsstaat hierauf tatsächlich berufen muss, erscheint zweifelhaft[2364]; zwar kann man die Vorschrift durchaus dahingehend betrachten, dass sie dazu gedacht ist, offenkundig missbräuchlicher Auslegung durch die Vertragsstaaten vorzubeugen, nicht aber dahingehend, dass sie den Gerichtshof dazu ermächtigt, zwischen verschiedenen Quellen des Völkerrechts zu wählen[2365].

Dies ist jedoch nicht die einzige Art, Art. 29(b) AMRK zu sehen. So vertritt *Lixinski* die Ansicht, dass Art. 29 AMRK und insbesondere auch Art. 29(b) herangezogen werden könnten, um ein weites Mandat des interamerikanischen Systems zu begründen: „Any instrument can then be used as a means to expand the jurisdiction of the Inter-American system, as human rights are interdependent, even if they are not all contained within the key instrument the Court is interpreting."[2366] Der Autor meint, dass Art. 29 (b) AMRK insofern eine ähnliche Wirkung wie Art. 31 Abs. 3 lit. c WVRK habe[2367]. Im Unterschied zu *Moir* und *Zegveld* ordnet er Art. 29 AMRK den instrumentalen und nicht den substantiellen Vorschriften zu[2368].

Auch *Oberleitner* räumt die Möglichkeit ein, dass die Begünstigungsklauseln dahingehend verstanden werden könnten „as allowing for positive obligations which also apply to situations where (different) levels of protection exist and argue – with a view towards the systemic coherence of the law and the shared humanitarian goal of human rights and humanitarian law to provide the highest

2363 Cerna, Journal of International Humanitarian Legal Studies 2011, S. 509; vgl. auch Byron, Virginia Journal of International Law 2007, S. 859: „This clearly includes humanitarian law treaties, and therefore allows the Commission to review the provisions of humanitarian law in order to decide whether a State has violated Article 29."; Buis scheint demgegenüber Art. 29(b) AMRK weniger strikt auszulegen: „Concerning Article 29, the treaty makes clear that the Commission is required to take due notice of and, when appropriate, give legal effect to applicable IHL rules in these situations where ACHR and IHL instruments apply concurrently. This means that IHL as the more favourable clause cannot be invoked independently and should be considered together with the relevant HRL statute."; Buis Emiliano J., in: Arnold/Quénivet, S. 280.

2364 Vgl. Lixisnki, der versichert, „that the Inter-American Court has refused to consider Article 29 as an obligation on the same footing as the general obligations of Articles 1(1) and 2 of the American Convention. This means that the specific rules on interpretation of the Convention are instrumental in nature, and not substantive, as a rule on interpretation should be.", Regan Donald H., in: Besson/Tasioulas (Hrsg.) 2010, S. 588.

2365 Oberleitner, S. 281.

2366 Regan Donald H., in: Besson/Tasioulas (Hrsg.) 2010 S. 587.

2367 Regan Donald H., in: Besson/Tasioulas (Hrsg.) 2010, S. 588.

2368 Regan Donald H., in: Besson/Tasioulas (Hrsg.) 2010, S. 588.

level of protection – for their complementarity."[2369] Nach dieser Argumentation könnten die Begünstigungsklauseln ein dem Art. 31 Abs. 3 lit. c WVRK ähnliches Einfallstor für fremde Rechtsmaterien und insbesondere auch das humanitäre Völkerrecht bilden[2370]. Während dies für positive Verpflichtungen nach dem humanitären Völkerrecht stimmen mag, scheint es mit Blick auf die Eingriffsbefugnisse nur schwer zu vertreten, dass das humanitäre Völkerrecht ein höheres Schutzniveau als das Recht der Menschenrechte bietet[2371].

b) Die Derogationsklauseln

Die Derogationsklauseln stellen – wie in Teil III bereits erläutert wurde –, klar, dass die Anwendbarkeit der Menschenrechtsverträge im Fall des Krieges nicht automatisch suspendiert wird. Zusammen mit den Menschenrechtsverträgen bleibt grundsätzlich auch die Kompetenz der Menschenrechtsorgane erhalten[2372]. Interessant erscheint darüber hinaus, ob über die Derogationsklauseln den Menschenrechtsorganen mit Blick auf das humanitäre Völkerrecht ein Mandat erteilt wird und falls ja, welchen Umfang dieses Mandathat.

Zur Beantwortung dieser Frage, soll noch einmal der wesentliche Wortlaut der Klauseln in Erinnerung gerufen werden: „In time of war (...) the State Party may take measures derogating from its obligations under the present Convention (...), provided that such measures are not inconsistent with its other obligations under international law (...)."[2373]

Darin liegt klar der Auftrag an die Menschenrechtsorgane, zu prüfen, ob Maßnahmen, welche von den menschenrechtlichen Verpflichtungen derogieren, mit dem Völkerrecht vereinbar sind[2374]. Für den Fall des Krieges ist unbestreitbar das humanitäre Völkerrecht das maßgebliche Völkerrecht – dieses wird über

---

2369 Oberleitner, S. 281. Oberleitner vertritt jedoch die Meinung, dass die Rechtsprechung der Kommission in dieser Hinsicht nicht eindeutig sei, da sie sich nur auf denn Gemeinsamen Artikel 3 der Genfer Konventionen beziehe und dieser mit menschenrechtlichen Schutzvorschriften gleichlaufe, ibid, S. 281/282.

2370 Regan Donald H., in: Besson/Tasioulas (Hrsg.) 2010, S. 588.

2371 van den Herik/Duffy, in: The Harmonisation of Human Rights Law, S. 14.

2372 Für viele: Hampson/Lubell, Amicus curiae Hassan v UK, Z. 16.

2373 Diese Formulierung stellt eine Zusammenschau des Art. 15 Abs. 1 EMRK, Art. 27 Abs. 1 AMRK und des Art. 4 Abs. 1 IPBPR dar. Art. 4 IPBPR erwähnt „Krieg" nicht ausdrücklich; nach allgemeiner Ansichts fällt dieser aber auch hier unter „public emergency which threatens the life of a nation".

2374 Cerna, in: Kalshoven/Sandoz/Huynh/Macalister-Smith/Zimmermann, S. 47/48; Prud'homme, Israel Law Review 2007, S. 365 – laut der Autorin muss eine solche Überprüfung auch „proprio motu" erfolgen; vgl. auch Moir, nach deren Einschätzung dies „uncontroversial" ist, Arato, Brooklyn Journal of International Law 2012, S. 197.

die Klausel insbesondere zur Überprüfung gestellt[2375]. Damit erteilt der Absatz 1 der jeweiligen Derogationsklausel ein direktes Mandat der Menschenrechtsverträge, humanitäres Völkerrecht zu überprüfen[2376]. Darüber hinaus mag auch die Kompetenz der Organe gegeben sein, das Vorliegen eines bewaffneten Konflikts zu überprüfen, wenn dieser zur Voraussetzung einer Derogation gemacht wird[2377]. Für die EMRK wird ein solch direktes Mandat nochmals über Art. 15 Abs. 2 EMRK erteilt: „No derogation from Article 2, except in respect of deaths resulting from lawful acts of war (...) shall be made under this provision." Hier wird ein noch direkterer Bezug zum humanitären Völkerrecht hergestellt, indem die Rechtmäßigkeit der Kriegshandlung als Voraussetzung einer Derogation des Rechts auf Leben vorausgesetzt wird. Diese Rechtmäßigkeit kann sich nur nach dem humanitären Völkerrecht bemessen, welches somit direkt in die Überprüfung des Gerichtshofs einzubeziehen ist. Dem stimmt *Draper* zu, wenn er sagt: „In Art. 15 (2) of the European Convention dealing with derogation from the right to life – the most fundamental of all human rights – the whole of the law of war as to killing has been incorporated by reference. That law of war will have to be considered (...) by the Court."[2378]

Wie bereits in Teil III diskutiert, werden die Derogationsklauseln teilweise als der maßgebliche Mechanismus gesehen, um das humanitäre Völkerrecht formell korrekt mit den Menschenrechten in ein Verhältnis zu setzen. Die Derogationsklauseln schränken nach dieser Ansicht die Möglichkeit der Bezugnahme auf das humanitäre Völkerrecht ein. Dies hat auch Auswirkungen auf die Kompetenz der Menschenrechtsorgane: Derogiert ein Vertragsstaat, der sich in einem bewaffneten Konflikt befindet, nicht gemäß der jeweiligen Derogationsklausel, soll dies dazu führen, dass das humanitäre Völkerrecht auch nicht durch die

---

2375 So auch Oberleitner, S. 174/175. Das Verhältnis der Rechtsmaterien über die Derogationsklausel bezeichnet er als offensichtlich und nennt als Beispiel das Verbot der Zwangsarbeit: „In the case of derogating from ICCPR, Article 8(3)(a), which prohibits forced labour in general terms, Geneva Convention IV, Article 51, with ten cumulative conditions on the prohibition of forced labour, would the apply."

2376 Vgl.Oberleitner, S. 172; Johann, in Karpenstein, EMRK, Rn. 11.

2377 So aktuell auch Oberleitner: „Given that human rights bodies or courts can examine the validity of a declaration of emergency under the respective treaty, they may be faced with the need to determine whether an armed conflict is indeed a state of emergency. With this, they enter unchartered waters: are human rights bodies and courts entitled to assess the existence of an armed conflict? Some would answer this affirmatively and argue that the derogation clause of human rights treaties provide a window of conflict is indeed a state of emergency.", Oberleitner, S. 172.

2378 Draper, Israeli Yearbook of Human Rights 1971, S. 196; dies wird von Cerna als eine scharfsinnige Einschätzung bewertet, Cerna, in: Kalshoven/Sandoz/Huynh/Macalister-Smith/Zimmermann, S. 47.

Vertragsorgane geprüft werden darf[2379]. Die Derogationsklauseln könnten sich insofern auch als Kompetenzsperre erweisen. Hinzu kommt – und es ist nicht abschließend zu beurteilen, ob dies den Kommentatoren klar ist –, dass die Kompetenz der Menschenrechtsorgane wie sie die Derogationsklauseln vorsehen, von sehr eingeschränktem Ausmaß ist. Ermächtigt werden die Organe lediglich, die *Derogation* auf die Vereinbarkeit mit dem humanitären Völkerrecht zu überprüfen[2380]. Dies erscheint als sehr abstrakter und eingeschränkter Prüfungsmaßstab. Nicht beinhaltet ist es, Kriegshandlungen, die Individuen betreffen, auf Vereinbarkeit mit dem humanitären Völkerrecht zu überprüfen. Eine Überprüfung auf die Vereinbarkeit mit den Menschenrechten kommt nur noch infrage, wenn diese auch nach Derogation überhaupt noch anwendbar sind. Tatsächlich würde dem Gerichtshof durch die Derogation eine erheblicher – und gerade in Zeiten des bewaffneten Konflikts – Teil seiner Kompetenz genommen.

Wie bereits erörtert, ist Derogation jedoch nach hier vertretender Ansicht ein spezieller Mechanismus, der sich von anderen Mechanismen der Einbeziehung fremder Rechtsmaterien – wie der Auslegung im Lichte einer solchen – unterscheidet. Dementsprechend führt der Zugang der Menschenrechtsorgane zum humanitären Völkerrecht (in der eben erläuterten sehr eingeschränkten Form) nach hier vertretener Meinung nicht allein über die Derogationsklauseln.

3. Ergebnis

Festzuhalten bleibt, dass über die Zuständigkeitsklauseln kein und über andere kompetenzbegründende Normen mit Blick auf das humanitäre Völkerrecht ein beschränktes Mandat eröffnet wird. Teilweise wurde über kreative Auslegung insbesondere mit Blick auf die Günstigkeitsklausel der AMRK versucht, ein entsprechendes Mandat zu begründen; dies scheint sich jedoch, wenn überhaupt, auf positive Verpflichtungen des humanitären Völkerrechts zu beschränken und hilft dort nicht weiter, wo es um Eingriffsbefugnisse geht.

II. Indirektes Mandat

Die Einbeziehung des humanitären Völkerrechts muss jedoch nicht im Widerspruch zu den eigentlich begrenzten Kompetenzklauseln stehen. Die ILC bemerkt insoweit in ihrer Studie zur Fragmentatierung des Völkerrechts treffend: „The jurisdiction of most international tribunals is limited to particular types of disputes or disputes arising under particular treaties. A limited jurisdiction does not, however, imply a limitation of scope of the law applicable in the

2379 EGMR, Urteil vom 16.9.2014, Hassan v UK, Nr. 29750/09, Dissenting Opinion, Richter Spanó, zustimmend Richter Nicolaou, Bianku und Kalaydjieva, Z. 19.

2380 Dies geschah bereits einmal im Nordirland-Fall des EGMR, vgl. Heintze, Revue Internationale de la Croix-Rouge 2004, S. 805.

interpretation and application of those treaties. (...) [E]ven as the jurisdiction of a body is limited (as it always – even in the case of the International Court of Justice – is), its exercise of that jurisdiction is controlled by the normative environment."[2381] Wie bereits ausführlich erörtert wurde, werden die Rechtsmaterien in der Literatur und in der Rechtsprechung überwiegend in ein nutzbringendes Verhältnis gesetzt. Im Folgenden soll genauer betrachtet werden, ob und welche Auswirkungen dieses Verhältnis der Rechtsmaterien auf das Mandat der Organe hat.

1. Kompetenz im Rahmen der „lex-specialis-Trennungstheorie"

Vor dem Hintergrund, dass das Völkerrecht eine Rechtsordnung darstellt, in der die Zustimmung völkerrechtlicher Akteure zu jedweder Verpflichtung eine der wichtigsten Maximen ist, scheuen sich einige, den Anwendungsbereich des durch ein rechtsprechendes Organ anzuwendendes Recht, auszuweiten[2382]. Diesen Bedenken kommt dem in Teil III bereits näher erläuterte „lex-specialis-Ansatz in trennender Ausprägung" entgegen[2383].

Wenig überraschend gehören die USA zu den Vertretern der Ansicht, dass auch durch ein mögliches Verhältnis der Rechtsmaterien die Kompetenz unverändert beschränkt bleibt: „Put simply, the Commission's jurisdiction does not include the application of the law of armed conflict, the *lex specialis* governing the status and treatment of persons detained during armed conflict. To be sure, many of the principles of humane treatment found in the law of armed conflict find similar expression in human rights law. And some of the principles of the law of armed conflict may be explicated by analogy or by reference to human rights principles. Yet the Petitioners confuse an overlap of *principles* with an overlap of *jurisdiction*. To say that both human rights law and law of armed conflict draw on similar principles of treatment is not to say that bodies with jurisdiction over the one law have jurisdiction over the other."[2384] Diese Ausführungen ergingen als Reaktion auf die Forderung der AKMR, bezüglich der Gefangenen in Guantanamo Bay vorläufige Maßnahmen zu ergreifen und ihren rechtlichen Status durch ein unabhängiges Gericht beurteilen zu lassen[2385]. Gestützt hatte die Kommission ihr

---

2381 Koskenniemi, S. 30.

2382 Vgl. Koskenniemi, Z. 423: „It is sometimes suggested that international tribunals or law-applying (treaty) bodies are not entitled to apply the law that goes ‚beyond' the four corners of the constituting instrument or that when arbitral bodies deliberate the award, they ought not to take into account rules or principles that are not incorporated in the treaty under dispute or the relevant *compromis.*"

2383 Im Gegensatz zu dem lex-specialis-Ansatz, der ein Element der systemischen Integration darstellt, vgl. unter Teil III, C.

2384 United States, Additional Response to the Request for Precautionary Measures-detention of enemy combatants, Cuba, 15.7.2002.

2385 AKMR, Detainees at Guantanamo Bay, Cuba, Request for Precautionary Measures vom 12.3.2002.

Ansinnen auf Art. I (‚right to life'), II (‚right to equality before law'), III (‚right to religious freedom and worship'), IV (‚rights to freedom of investigation, opinion, expression and dissemination'), XVIII (‚right to fair trial'), XXV (‚right to protection of arbitrary arrest') und XXVI (‚right to due process of law') der Amerikanischen Deklaration. In ihrer Antwort auf diese Forderung sprachen die USA der Kommission die Kompetenz jedoch bereits deshalb ab, weil der Fall Prinzipien des humanitären Völkerrechts involvieren würde[2386]. Diese Ansicht hängt auch mit der Sicht auf das Verhältnis der Rechtsmaterien zusammen, bezüglich dessen die USA lange auf dem Standpunk standen, dass die Anwendbarkeit des humanitären Völkerrechts die Anwendbarkeit der Menschenrechte ausschließen würde[2387].

Auch Israel, welches noch weiter geht und die überholte Trennungstheorie vertritt (vgl. Teil III A.I.1.) sieht eine Kompetenz der Menschenrechtsorgane – in diesem Fall das des Menschenrechtsausschusses – folgerichtig als nicht gegeben an: „This position is based on the well-established distinction between human rights and humanitarian law. Accordingly in Israel's view, *the Committee's mandate cannot relate* to events in the West Bank and the Gaza Strip, inasmuch as they are part and parcel of the context of armed conflict as distinct from a relationship of human rights."[2388]

2386 United States, Response of the United States to Request for Precautionary Measures – Detainees in Guantanamo Bay, Cuba, 15.4.2002: „Because this case involves international humanitarian law principles, the Commission does not have the authority to give guidance to the United States on these matters, let alone request precautionary measures."; an anderer Stelle heißt es: „(...)[I]f the lex specialis forms a separate and distinct rule altogether, the Commission would determine whether it had competence to interpret the separate and distinct lex specialis. In this case, the Commission would recognize that the international humanitarian laws on detention are quite explicit, as well as separate and distinct from the human rights norms in the American Declaration. The Commission would recognize that it, unlike the ICJ, has a very limited jurisdictional competence which does not include international humanitarian law, for reason previously discussed. The Commission would then acknowledge that where it lacks the competence to interpret and apply the relevant law, it must decline to grant the Petitioners' request."

2387 So auch hier: „In fact, international human rights law is *not applicable* to the conduct of hostilities or the capture and detention of enemy combatants, which are governed by the *more specific laws of armed conflict.*", United States, Response of the United States to Request for Precautionary Measures – Detainees in Guantanamo Bay, Cuba, 15.4.2002, Hervorhebung durch die Verfasserin.

2388 MRA., Second Periodic Report of Israel vom 20.11.2001, UN Doc. CCPR/C/ISR/2001/2, Z. 8, Hervorhebung durch die Verfasserin.

2. *Kompetenz im Rahmen der systemischen Integration*

Doch nicht nur im Negativen werden das Verhältnis der Rechtsmaterien und das Mandat der Menschenrechtsorgane eng miteinander verknüpft. Der in Teil III bereits ausführlich vorgestellte Ansatz der systemischen Integration hat auch Auswirkungen auf die Kompetenz der Vertragsorgane. Art. 31 Abs. 3 lit. c WVRK hat das Potential, das Mandat der Organe erheblich zu erweitern, wie in der Folge erörtert werden soll. Dies betrifft insbesondere, aber keinesfalls ausschließlich das humanitäre Völkerrecht.

a) Meinungsstand

Die Auswirkungen des Verhältnisses von Rechtsmaterien wird in Rechtsprechung und Literatur sehr unterschiedlich gesehen. Während manche die Kompetenz der Rechtsprechungsorgane nicht beeinflusst sehen, halten andere die Wechselwirkung für essentiell. Während diese beiden unterschiedlichen Ansätze insbesondere bezüglich des vorliegenden Untersuchungsgegenstands eine wichtige Rolle spielen, wurde die Auswirkung der systemischen Integration auf das Mandat des Rechtsprechungsorgans anhand einer anderen Rechtsmaterie durchgespielt. Da dies jedoch dieselben Fragen betraf, soll im folgenden die Entscheidung des IGH im Fall „Oil Platforms“[2389] vorgestellt werden. Die Konsequenzen der systemischen Integration für die Kompetenz des Rechtsanwenders hatten hier einiges Unbehagen hervorgerufen.

Hintergrund des Falls war der Krieg zwischen Iran und Irak, welcher von 1980 bis 1988 dauerte. Im Zuge des Konflikts beschossen die Kriegsparteien auch unter neutraler Flagge segelnde Schiffe, um den jeweiligen Handelsbeziehungen zu schaden. Hierbei wurde auch zwei unter US-Flagge segelnde Schiffe angegriffen. Der Angriff wurde dem Iran zugerechnet, der als Folge von den USA attackiert wurde. Es erfolgten Militärschläge auf iranische Bohrinseln – hier wurden verdeckte iranische Militärstationen vermutet. Die USA beriefen sich auch ihr Recht zur Selbstverteidigung. Der Iran erhob 1992 Klage zum IGH. Er beklagte die Verletzung eines 1955 geschlossenen Freundschaftsvertrags[2390], der eine automatische Zuständigkeit des IGH zur Folge hatte. Gegenstand der Untersuchung des Gerichtshofs war aber weniger die als verletzt behauptete Klausel Art. X Abs. 1 des Vertrags, welcher den freien Handel und Navigation zwischen den Territorien der beiden Vertragsparteien festschrieb, sondern vielmehr Fragen der Anwendung von Gewalt und Selbstverteidigung. Der Gerichtshof berief sich materiell auf Art. 31 Abs. 3 lit. c WVRK, um bewerten zu können, ob es

2389 IGH, Urteil vom 6.11.2003, Case Concerning Oil Platforms (Islamic Republic of Iran v United States of America).

2390 Treaty of Amity, Economic Relations and Consular Rights between the United States and Iran, 15.8.1955.

eine rechtswidrige Anwendung von Gewalt gegeben habe. Diese Argumentation erstreckte er zudem auch auf die Frage der Kompetenz (s. hierzu gleich mehr).

Von einigen Kommentatoren wurde dies als eine nicht gerechtfertigte Ausweitung der Jurisdiktion des Gerichtshofs gesehen[2391]. Unter den Kritikern des Vorgehens des IGH befand sich auch Richter *Buergenthal*, der anmerkt: „The problem with the Court's reliance on this provision of the Vienna Convention is that, while the rule is sound and undisputed in principle as far as treaty interpretation is concerned, it cannot have the effect of allowing the Court to take account, as it does here, of those ‚relevant rules of international law applicable between the parties', which the parties to the dispute have not submitted to the Court's jurisdiction under the dispute resolution clause of the 1955 Treaty. That is, the principles of customary international law and whatever other treaties the parties to a dispute before the Court may have concluded do not by virtue of Article 31, paragraph *3* (c), become subject to the Court's jurisdiction. This is so whether or not they might be relevant in the abstract to the interpretation of a treaty with regard to which the Court has jurisdiction. Whether one likes it or not, that is the consequence of the fact that the Court's jurisdiction, in resolving disputes between the parties before it, is limited to those rules of customary international law and to those treaties with regard to which the parties have accepted the Court's jurisdiction."[2392]

Folgte man dieser Ansicht, fielen Rechtsprinzip und Rechtsanwendung in den meisten Fällen also auseinander: Während das Prinzip der systemischen Integration durchaus existieren könnte, bliebe es völlig abstrakt, da es vom Mandat der wenigsten Rechtsanwender auf völkerrechtlicher Ebene umfasst wäre. Damit wäre in der Praxis der Versuch der Harmonisierung des immer weiter zersplitternden internationalen Rechtssystems weitgehend beendet. Dementsprechend wird sich auch dafür ausgesprochen, dass das Prinzip der systemischen Integration als ein Mittel der Auslegung sehr wohl auch bei einem beschränkten Mandat des Rechtsanwenders zum Tragen kommt. Hierzu zählt der IGH, welcher in seiner Entscheidung „Oil Platforms" ausführte: „The Court is therefore

---

2391 Henckaerts Jean-Marie, in: Arnold/Quénivet N. R. (Hrsg.) 2008, S. 10: „ In that particular case, the principle of systemic integration allowed the Court to extend its jurisdiction *ratione materiae* in order to judge the behavior of the United States in the light of rules for which the Court, strictly speaking, had no jurisdiction."

2392 GH, Urteil vom 6.11.2003, Case Concerning Oil Platforms (Islamic Republic of Iran v United States of America), Richter Buergenthal, Separate Opinion, Z. 22; ganz anderer Meinung war demgegenüber Richter Simma, der die Rolle des Art. 31 Abs. 3 lit.c WVRK wie sie der IGH gesehen hatte, bestätigte. Eingedenk der Begrenzung durch die Jurisdiktion hätte auf das Völkerrecht zur Anwendung von Gewalt auch im Wege eines obiter dictum eingegangen werden können, vgl. GH, Urteil vom 6.11.2003, Case Concerning Oil Platforms (Islamic Republic of Iran v United States of America), Judge Simma, Separate Opinion, Z. 9und6.

satisfied under Article XXI, paragraph 2, of the 1955 Treaty to decide any question of interpretation or application of (*inter alia*) Article XX, paragraph 1 (d), of that Treaty extends, where appropriate, to the determination whether action alleged to be justified under that paragraph was or was not an unlawful use of force, by reference to international law applicable to this question, that is to say, the provisions of the Charter of the United Nations and customary international law."[2393] Dies umfasse auch das unter dem Freundschaftsvertrag von 1955 übertragene Mandat[2394]. Ganz ähnlich sieht aus auch die ILC-Studie zur Fragmentatierung des Völkerrechts. Dem Einwand, dass die systematische Integration durch das Mandat des jeweiligen Rechtsprechungsorgans Grenzen gesetzt wären, hält sie entgegen: „(...) [I]f (...) all international law exists in systemic relationship with other law, no such application can take place without situating the relevant jurisdiction-endowing instrument in its normative environment. This means that although a tribunal may only have jurisdiction in regard to a particular instrument, it must always *interpret* and *apply* that instrument in its relationship to its normative environment – that is to say ‚other' international law."[2395] *MacLachlan* scheint dies sogar als die fundamentale Aufgabe eines Rechtsprechungsorgans des Völkerrechts zu sehen[2396].

b) Bewertung

Wie bereits angedeutet, wird hier die Ansicht vertreten, dass es eine Auswirkung der Auslegungsregel des Art. 31 Abs. 3 lit. c WVRK auf das Mandat des Rechtsanwenders geben muss, will man das Prinzip nicht völlig illusorisch machen. Um der systemischen Integration eine tatsächliche Wirkung zu verschaffen, muss der Rechtsanwender gleichzeitig ermächtigt sein, fremde Rechtsmaterien in die Auslegung der ihm anvertrauten Rechtsmaterie einzubeziehen. Wie auch der EGMR richtig sagt: Die Auslegung eines völkerrechtlichen Vertrages vollzieht sich nicht in einem Vakuum; vielmehr hängt ein jedes Völkerrecht von der ihn umgebenden normativen Umwelt ab. Dies muss – vor allem angesichts der Fragmentierung im Völkerrecht, die andernfalls zu erheblichen Normkonflikten führen könnte – gerade auch für spezialisierte Rechtsgebiete gelten. Den

2393 IGH, Urteil vom 6.11.2003, Case Concerning Oil Platforms (Islamic Republic of Iran v United States of America), Z. 42.

2394 IGH, Urteil vom 6.11.2003, Case Concerning Oil Platforms (Islamic Republic of Iran v United States of America), Z. 41.

2395 KOSKENNIEMI, Z. 423.

2396 MACLACHLAN, The International and Comparative Law Quarterly 2005, S. 319: „(...) [T]he principle furnishes the interpreter with a master key which enables him, working at a very practical level, to contribute to the broader task of finding an appropriate accomodation between conflicting values and interests in international society, *which may be said to be the fundamental task of international law today.*", Hervorhebung durch die Verfasserin.

Rechtsanwendern kommt hier eine wichtige Rolle zu, „ihre" Materie mit anderen Rechtsgebieten zu versöhnen.

2. Grenzen des indirekten Mandats?

Es stellt sich die Frage, inwiefern dieser Kompetenz der Menschenrechtsorgane, sei sie durch systemische Integration oder andere Mechanismen des Ins-Verhältnis-Setzen (s. Teil III) gewonnen, Grenzen gesetzt sein könnten[2397]. Nimmt man an – wie dies gewichtige Stimmen im Völkerrecht tun – dass jedenfalls die Auslegung der jeweiligen Konventionsnorm durch systemische Integration vom Mandat des jeweiligen Mandats erfasst ist, gelangen die Befürworter teilweise dort an eine Grenze, wo diese Art der Auslegung einen Normkonflikt nicht vermeiden kann.

a) Meinungsstand

Zu den Vertretern der Ansicht, dass das Mandat dort an seine Grenzen stößt, wo ein Normkonflikt entsteht, gehören insbesondere *Milanovic* und *Hayashi*. *Milanovic* neigt im Grundsatz der systematischen Integration durch die Menschenrechtsorgane im Sinne einer effektiven Überprüfung auch des humanitären Völkerrechts zu[2398]. Jedoch hält er das Mandat des EGMR dort für überschritten, wo seiner Ansicht nach unlösbare Normkonflikte[2399] auftreten; diese, so der Autor, könnten nur durch einen politischen Prozess gelöst werden. Dies ist dahingehend zu verstehen, dass im Zweifelsfall das Rechtsprechungsorgan sich auf seine eigentliche Aufgabe zu besinnen habe: die Überprüfung des von ihm zu wahrenden Vertrags und nicht die Lösung von Normkonflikten auf Kosten desselbigen[2400]. *Hayashi* schließt sich dieser Auffassung bezüglich des Mandats des Europäischen Gerichtshofs für Menschenrechte an: „This author is sympathetic

---

2397 Vgl. MacLachlan, The International and Comparative Law Quarterly 2005, S. 288: „But all international tribunals, even the International Court of Justice, are limited in their ability to integrate the disparate elements of the legal system within which they operate by a factor which distinguishes them from most national courts. That is the limitation on their jurisdictional competence, which flows from the fact that they are themselves creatures of state consent and established by treaty."

2398 Milanovic, Journal of Conflict and Security Law 2010, S. 460 ff.

2399 Milanovic, Journal of Conflict and Security Law 2010, S. 477 ff.

2400 Der Autor bedient sich konkret der Fälle Matthews and Soering: in beiden Fällen habe es eine der EMRK widersprechende Verpflichtung gegeben. Jedoch: „The fact that the norm conflicts in *Matthews* and *Soering* were unresolvable does not mean that the two *cases* were unresolvable. In both cases the Court was asked the only question that it had the *jurisdiction* to answer – whether the ECHR was violated. In both cases it said yes.", Milanovic, Journal of Conflict and Security Law 2010, S. 471; erste Hervorhebung durch den Autor, zweite durch die Verfasserin.

towards the view that, whenever possible, the European Court should be encouraged to construe the European Convention in a manner that displays sensitivity to the realities of armed conflict. It would therefore be preferable if the court interpreted the convention in line with IHL wherever feasible. The situation is very different, however, in cases such as Al-Jedda, where norm conflict cannot be avoided. Conflict elimination through restriction or exception involves modifying the scope of one rule in conformity with the other rule. Asking the court to restrict Article 5(1)'s duty of non-detention, or to expand its implicit power of detention, on account of extra-European Convention rules would have limited prospects of success. *Meanwhile, the court does not even have the mandate formally to apply the law of belligerent occupation to its cases, let alone alter the law's scope or content while doing so.* It may very well be that norm conflicts of the sort found in Al-Jedda require a political, rather than a judicial, solution."[2401] An anderer Stelle fügt der Autor an: „Perhaps the court should do what it is tasked to do, namely, to interpret the European Convention and adjudicate claims of alleged non-compliance with its provisions. Arguably, the court did just that in Al-Jedda."[2402]

Damit scheinen beide Autoren einen gewissen Grad der Kohärenz zwischen den beiden Rechtsmaterien in der Rechtsprechung der Menschenrechtsorgane zu begrüßen, allerdings nur insoweit, als die Konventionsrechte nicht zugunsten der fremden Rechtsmaterie in den Hintergrund gedrängt werden.

b) Bewertung

Zunächst einmal wird es allgemein als schwierig betrachtet, die *Auslegung* von Rechtsvorschriften im Verhältnis zu einer fremden Rechtsmaterie von der Lösung eines insofern auftretenden *Normkonflikts* zu unterscheiden. Die ILC-Studie zur Fragmentatierung des Völkerrechts führt diesbezüglich aus: „It follows that, contrary to what is sometimes suggested, conflict-resolution and interpretation cannot be distinguished from each other. Whether there is a conflict and what can be done with prima facie conflicts depends on the way the relevant rules are interpreted."[2403] Hinzu kommt, dass gerade auch die systemische Integration als Methode (noch) nicht scharf umrissen ist; zwar bejaht man wohl überwiegend das „Ob" der Einbeziehung fremder Rechtsmaterien, ist sich jedoch über das „Wie" nicht einig[2404] (vgl. hierzu auch Teil III). Teilweise werden sogar klassische

2401 Hayashi, Journal of Conflict and Security Law 2015, S. 154; Hervorhebung durch die Verfasserin.
2402 Hayashi, Journal of Conflict and Security Law 2015, S. 155.
2403 Koskenniemi, Z. 412.
2404 Vgl. auch Koskenniemi, Rn. 423: „It is true that the formulation of article 31 (3) (c) has been criticized as unclear both in its substantive and temporal scope and its normative force: How widely should ‚other law' be taken into account? What about prior or later law? And what does ‚taking into account' really mean? As Judge Weeramantry noted in the *Gabčikovo-Nagymaros* case, the provision

Normkonfliktslösungsmethoden wie der lex-specialis-Ansatz in die systemische Integration hineingelesen. Andere sind der Ansicht, dass das Verhältnis nur von Fall zu Fall gelöst werden kann und kein allgemein gültiges Prinzip entwickelt werden kann[2405].

Im Lichte dessen erscheint es schwierig, über die Kompetenz nach den von *Milanovic* und *Hayashi* aufgestellten Kriterien zu entscheiden, da diese eine scharfe Trennung zwischen Auslegung und Normkonflikt voraussetzen. Zudem erscheint eine wichtige Grenze bezüglich der Kompetenz bereits durch die Mittelbarkeit des Mandats gewahrt: Stets entscheidet das Menschenrechtsorgan nur, wie sich die ihm anvertrauten Garantien im Verhältnis zu der fremden Rechtsmaterie verhalten. Keineswegs weist ihm die systemische Integration die Kompetenz zu, über die fremde Rechtsmaterie an sich zu entscheiden (vgl. Ziff. C.III.3.).

Wenn die Vorstellung eines unnachgiebigen Hüters der Menschenrechte unter allen Umständen auch verführerisch sein mag, erscheint es ein wenig asymmetrisch, eine Kompetenz nur dann anzunehmen, wenn die Auslegung oder die Lösung des Normkonflikts zugunsten der zu wahrenden Rechte führt. Dies entspricht auch nicht dem Wortlaut der Kompetenzklauseln, die – jedenfalls den Gerichtshöfen – eindeutig auch die Entscheidung über die *Anwendung* der Konventionsnormen an sich zuweisen. Dies muss logisch auch eine Entscheidung des Rechtsprechungsorgans gegen eine Anwendung beinhalten[2406]. Zudem ist die Frage, die sich stets im Zusammenhang mit dem humanitären Völkerrecht und den Menschenrechten stellt, seitdem klar ist, dass sie zusammen anwendbar sind: Soll die Kompetenz der Gerichte lediglich dahin gehen, das humanitäre Völkerrecht zu humanisieren? Oder muss ihnen nicht im selben Atemzug das Recht zugestanden werden, als *die* Autorität im Recht der Menschenrechte, dieses zu humanitarisieren? Verneint man letzteres, so besteht die zu Recht beschworene Gefahr, dass die Menschenrechte im Kriegsfall irrelevant werden könnten, da sie die Realität des Krieges – im Unterschied zum humanitären Völkerrecht – nicht ausreichend widerspiegeln. Genau diese Frage war Gegenstand des Falles Hassan v UK, die noch näher beleuchtet werden muss. Letzten Endes stellt sich die Frage,

---

‚scarcely covers this aspect with the degree of clarity requisite to so important a matter'. Thirlway even doubts ‚... whether this sub-paragraph will be of any assistance in the task of treaty interpretation'. But if the article is merely the expression of a larger principle – that of ‚systemic integration' – and if that principle, again, expresses a reasonable or even necessary aspect of the practice of legal reasoning, then a discussion of its actual and potential uses would constitute a useful contribution to the study of the alleged fragmentation (or diversification) of international law."

2405 Koskenniemi, Z. 419/474.

2406 Auch dies hat der EGMR bereits getan, vgl. EGMR, Urteil vom 21.11.2001, Al-Adsani v United Kingdom, Nr. 35763/97. Der Gerichtshof entschied sich, wie erwähnt, aufgrund des fremden Konstrukts der Staatenimmunität die Garantien des Art. 6 EMRK nicht anzuwenden.

ob Menschenrechtsorgane zu Wahrern der Menschenrechte im Ideellen gemacht werden sollen, oder ob sie die Menschenrechte – so gut als möglich – im Reellen bewahren sollen.

III. Ergebnis

Während die Zuständigkeitsklauseln ein Mandat der Menschenrechtsorgane für die Anwendung und Auslegung der von ihnen zu hütenden Menschenrechtsverträgen begründen, ergeben sich Kompetenzen zu einer eingeschränkten Anwendung des humanitären Völkerrechts aus anderen Vorschriften ihrer Verträge. So geben die Derogationsklauseln den Menschenrechtsorganen das Mandat, zu überprüfen, ob die Derogation mit humanitärem Völkerrecht zu vereinbaren ist. Insbesondere im interamerikanischen System erscheint möglich, dass die Günstigkeitsklausel einen Weg in eine systemische Integration eröffnet.

Für alle Menschenrechtsorgane gleichermaßen ergibt sich nach hier vertretener Ansicht aus eben dieser systemischen Auslegung ein indirektes Mandat zur Einbeziehung des humanitären Völkerrechts. Abschlägig zu beurteilen ist die Ansicht, dass aufgrund der Spezialität des humanitären Völkerrechts kein Mandat der Menschenrechtsorgane bestehe; sie sind eine Fortsetzung der versteckten Trennungstheorie. Vielmehr muss es den Menschenrechtsorganen erlaubt sein, ein Auslegungsprinzip mit Leben zu füllen. Nach hier vertretener Ansicht wird diese Kompetenz zur Auslegung im Rahmen der systemischen Integration auch nicht auf Ergebnisse beschränkt, die zugunsten des Menschenrechtsvertrags ausfällt; das Mandat erfasst vielmehr auch sich gegen die Anwendbarkeit auszusprechen.

B. Die Kompetenzfrage in der Rechtsprechung der vertraglichen Menschenrechtsschutzorgane

I. Europäischer Gerichtshof für Menschenrechte

Es gilt in der Folge zu untersuchen, wie der Europäische Gerichtshof für Menschenrechte sein Mandat sieht; dies insbesondere auch mit Blick auf die viel diskutierte Kompetenz, sich gegen die Anwendung einer Konventionsnorm zugunsten des fremden Rechts zu entscheiden.

1. *Keine ausdrückliche Stellungnahme*

Anders als andere Menschenrechtsorgane hat sich der EGMR bisher nicht ausdrücklich zu seiner Kompetenz, auf das humanitäre Völkerrecht Bezug zu nehmen, geäußert. Angesichts dessen, dass er sich lange Zeit auch gescheut hatte, ausdrücklich zum humanitären Völkerrecht zu äußern, nimmt dies nicht Wunder. Anlass zu einer ausdrücklichen Stellungnahme könnte der Fall Georgia v

Russia[2407] bieten, da durch die Parteien die Kompetenz ausdrücklich thematisiert worden ist. So bestritt Russland, dass der Gerichtshof das Mandat habe, die in Russia v Georgia aufgeworfenen Fragen zu entscheiden: „As a matter of law, the application falls outside the Court's jurisdiction under the European Convention on Human Rights (...) and relates to matters which are not properly the subject of the Convention, or of determination by the Court."[2408] In dem Fall geht es um Kriegshandlungen auf dem Hoheitsgebiet Georgiens, die diese Russland zurechnete. Georgien entgegnet der russischen Argumentation: „[w]hilst regard should be had to international humanitarian law principles because they provided guidelines for interpreting specific human rights standards that [it] alleged had been violated, the present application was based solely on the Convention"[2409]. Damit stehen sich auch vor dem EGMR die klassischen Argumente gegenüber, mit denen sich das interamerikanische System bereits ausgiebig beschäftigt hatte (s. sogleich unter Ziff. II).

Der Gerichtshof sah die Frage der Kompetenz jedoch als zur Begründetheit gehörend: „Like the question of the ‚jurisdiction' of the respondent Government, the Court considers that the question of the interplay of the provisions of the Convention with the rules of international humanitarian law in the context of an armed conflict belongs in principle to the merits stage of the procedure."[2410] Der Fall wurde der Großen Kammer übertragen und wartet hier derzeit auf die Entscheidung zur Begründetheit.

2. *Das indirekte Mandat des Gerichtshofs*

In Georgia v Russia deutet sich dennoch an, dass der Gerichtshof sein Mandat auf die systemische Auslegung stützt und damit das Verhältnis der Rechtsmaterien, wie es sich nach Art. 31 Abs. 3 lit. c WVRK darstellt, dazu führt, dass das Rechtsprechungsorgan sich im Rahmen der Auslegung der Konventionsnormen mit fremden Rechtsmaterien beschäftigen darf. Nachdem der Gerichtshof die ausdrückliche Prüfung der Kompetenz auf die Begründetheit verschoben hatte, zitierte er in der Zulässigkeitsentscheidung bereits die Formel, die er in Varnava et al v Turkey entwickelt hatte: „In that connection the Court refers to its previous case-law in which it has held that the procedural obligation under Article 2 of the Convention continued to apply even where the security conditions were difficult, including in the context of armed conflict. Furthermore, Article 2 must be interpreted in so far as possible in the light of the general principles of international law, including the rules of international humanitarian law which play

2407 EGMR, Urteil (Zulässigkeit) vom 13.12.2011, Georgia v Russia, Nr. 38263/08.
2408 EGMR, Urteil (Zulässigkeit) vom 13.12.2011, Georgia v Russia, Nr. 38263/08, Z. 58.
2409 EGMR, Urteil (Zulässigkeit) vom13.12.2011, Georgia v Russia, Nr. 38263/08, Z. 70.
2410 EGMR, Urteil (Zulässigkeit) vom 13.12.2011, Georgia v Russia, Nr. 38263/08, Z. 71.

an indispensable and universally accepted role in mitigating the savagery and inhumanity of armed conflict.“[2411]

Ein Mandat bezüglich des humanitären Völkerrechts entspricht auch dem übrigen Umgang mit konventionsfremden Rechtsmaterien. .So erörterte er die Einbeziehung des Völkerrechts ausführlich in Fällen wie Al-Adsani v United Kingdom, Fogarty v United Kingdom, sowie McElhinney v United Kingdom, ohne sein Mandat anzusprechen. Diese Auffassung des Gerichtshofs bestätigte sich in Hassan v UK: Der Gerichtshof thematisierte auch hier sein Mandat nicht weiter, sondern ging wie selbstverständlich allein auf die Rechtmäßigkeit des Gewahrsams gem. Art. 5 EMRK im Lichte des Völkerrechts ein. Damit wird klar, dass der Gerichtshof von einem Gleichklang des materiellen Verhältnisses der Rechtsmaterien und seine Kompetenz ausging: Ist die Konvention nach den Auslegungsregeln in ein Verhältnis zu einer fremden Rechtsmaterie zu setzen, ermächtigt dies den Gerichtshof zugleich, dies als Rechtsanwender auch zu tun. Art. 31 Abs. 3 lit. c WVRK fungiert in diesem Zusammenhang als Kompetenzklausel und ist Grundlage des Mandats.

3. Reichweite des indirekten Mandats

Wie bereits erörtert, wird sich in der Literatur darüber hinaus die Frage gestellt, wie weit ein solches Mandat aufgrund der systemischen Integration gehen soll[2412]. Der Gerichtshof – auch dies zeigt Hassan v UK – geht dabei nicht von einer Beschränkung dieses Mandats auf die Fälle aus, in denen der Normkonflikt zugunsten der Konvention entschieden wird oder in dem es lediglich um eine Untermauerung einer ohnehin bereits bestehenden positiven Verpflichtung durch die fremde Rechtsmaterie geht[2413]. In Hassan v UK äußerte die „Dissenting Opinion“ die Ansicht, dass der Gerichtshof *nicht* kompetent sei, einen Normkonflikt zu Ungunsten der Konvention zu lösen: „In conclusion, on the facts of this case, the powers of internment under the Third and Fourth Geneva Conventions, relied on by the Government as a permitted ground for the capture and detention of Tarek Hassan, are in direct conflict with Article 5 § 1 of the Convention. The Court does not have any legitimate tools at its disposal, as a court of law, to remedy this clash of norms. It must therefore give priority to the Convention, as its role is limited under Article 19 to ‚[ensuring] the observance of the

2411 EGMR, Urteil (Zulässigkeit) vom13.12.2011, Georgia v Russia, Nr. 38263/08, Z. 72.

2412 Vgl. zB auch Hayashi, Journal of Conflict and Security Law 2015, S. 154: „What is ultimately of interest to this article, however, is whether, in the event of a genuine norm conflict between the European Convention and IHL that is in need of resolution, the court is formally competent to modify the latter.“

2413 Vgl.EGMR, Urteil vom 10.1.2008, Varnava et al v Turkey, Nr. 16064/90–16073/90 und die Ausführungen in Teil II.

engagements undertaken by the High Contracting Parties in the Convention and the Protocols thereto.' "[2414]

Wie bereits erläutert, ist eine solche Haltung kritisch zu sehen; dies umso mehr vor dem Hintergrund, dass in Fällen, in denen nicht das humanitäre Völkerrecht Gegenstand des Urteils war, eine strukturell ganz ähnliche Entscheidung nicht angegriffen (und diese auch in der Disssenting Opinion in Hassan V UK nicht erwähnt) wird: die oben erwähnten Fälle Al-Adsani v United Kingdom, Fogarty v United Kingdom, sowie McElhinney v United Kingdom zur Staatenimmunität. Auch in diesen Fällen wurde ein Recht der Beschwerdeführer gemäß der Konvention aufgrund außer-konventioneller Prinzipien des Völkerrechts eingeschränkt, jedoch kam niemand auf die Idee, diese Entscheidung des Gerichtshofs zu beanstanden[2415].

Der Gerichtshof selbst kam insofern auch in Hassan v UK zu einem anderen Ergebnis, und legte das Recht auf Freiheit zugunsten des humanitären Völkerrechts einschränkend aus (vgl. hierzu ausführlich in Teil II und Teil III).

4. *Ergebnis*

Die untersuchten Urteile sprechen in der Zusammenschau dafür, dass der Gerichtshof sich im Rahmen seines Mandats nach Art. 31 Abs. 3 lit. c WVRK für kompetent hält, fremde Rechtsmaterien einzubeziehen und Normkonflikte zu lösen, wenn dies auch heißen mag, dass Konventionsrechte eingeschränkt werden. Dies erscheint nur folgerichtig, kann man ein Auslegungsprinzip wie die systemische Integration nicht vom Ergebnis der Auslegung abhängig machen. Wer könnte mit Blick auf diese Entscheidung kompetenter sein als das Organ, dass mit der Anwendung der Rechtsmaterie beauftragt ist?

II. Die interamerikanischen Organe

Die Rechtsprechung der interamerikanischen Organe bezüglich der Kompetenz war – anders als die bisher dargestellten Erwägungen in Literatur und Rechtsprechung – zunächst weniger von einem vorsichtigen Herantasten an eine Erweiterung des Mandats geprägt, als dass es darum ging, die Kommission wieder „einzufangen", die gar argumentierte, sie hätte die Kompetenz, das

---

2414 EGMR, Urteil vom 16.9.2014, Hassan v UK, Nr. 29750/09, Dissenting Opinion, Richter Spanó, zustimmend Richter Nicolaou, Bianku und Kalaydjieva, Z. 19.

2415 Vgl. hierzu auch die Kritik MacLachlans: „Those judges of the Court who dissented did not o so on the basis that international law should be excluded from consideration in the construction of Article 6. Rather, they found that the rule of State immunity should, as a matter of international law, cede precedence to a peremptory rule of international law (jus cogens) prohibiting torture; or admit of an exception for torts committed on the territory of the state.", MacLachlan, The International and Comparative Law Quarterly 2005, S. 305/306.

humanitäre Völkerrecht direkt anzuwenden. Dementsprechend ging es in der Rechtsprechung der interamerikanischen Organe mehr um Eingrenzung dieses ursprünglich sehr weiten Verständnisses des Mandats, als um die Erweiterung eines engen Mandats. Interessanterweise liegen die interamerikanischen Organe aktuell jedoch nicht weit von der eben erläuterten Rechtsprechung des europäischen Menschenrechtsgerichtshof entfernt, wenn sie auch gleichsam aus der entgegengesetzten Richtung kamen.

1. Ansatz der Interamerikanischen Kommission für Menschenrechte

Die Rechtsprechung der Kommission bot Anlass zu besonders intensiver Diskussion[2416] der Kompetenz der Menschenrechtsorgane und insbesondere des Unterschieds zwischen der bloßen Einbeziehung des humanitären Völkerrechts in die Auslegung der Menschenrechte einerseits und der direkten Anwendung andererseits. Einhellige Meinung ist, dass „no other human rights body has gone further than the Commission in speaking out on violations of human rights *and* humanitarian law in situations of armed conflict."[2417]

a) Frühe Phase

Ohne ihre Kompetenz genauer zu erörtern, nahm die Kommission erstmals im „Report on the Situation on Human Rights in Nicaragua"[2418] zum humanitären Völkerrecht Stellung (vgl. Teil II A.II.2.a)). Zuvor hatte sie bezüglich des humanitären Völkerrechts – trotz Vorliegens von bewaffneten Konflikten in Kuba, der Dominikanischen Republik und Chile – geschwiegen[2419].

2416 Vgl. nur Cerna, Journal of International Humanitarian Legal Studies 2011; Byron, Virginia Journal of International Law 2007; Buis Emiliano J., in: Arnold/Quénivet; in jüngerer Zeit auch Grosse Ruse Khan Henning, in: Geiger.

2417 Oberleitner, S. 271; vgl. auch Byron, Virginia Journal of International Law 2007, S. 856 („most proactive"); Moir, Human Rights Quarterly: A Comparative and International Journal of the Social Sciences, Humanities, and Law 2003, S. 211.

2418 AKMR, Report on the Situation of Human Rights in Nicaragua vom 17.11.1978, OEA/Ser.L/V/II.45 doc. 18 rev. 1; in AKMR, Report on the Situation of Human Rights in Argentina vom 11.4.1980, OEA/Ser.L/V/II.49 Doc. 19 corr.1 nahm die Kommission allerdings anders als von Oberleitner (vgl. Oberleitner, S. 271/272) behauptet nicht zur mangelnden Kompetenz bezüglich des humanitären Völkerrechts Stellung, sondern von der mangelnden Kompetenz, terroristische Akte zu begutachten, vgl. Chapter I.E., Z. 3; so auch Cerna, Journal of International Humanitarian Legal Studies 2011, S. 11, der annimmt, durch diese Weigerung sei lediglich implizit auch etwas über die Kompetenz bezüglich des humanitären Völkerrechts ausgesagt.

2419 Cerna, Journal of International Humanitarian Legal Studies 2011, S. 10.

Ausdrücklich wurde die mangelnde Kompetenz der Kommission in Fällen, die das humanitäre Völkerrecht beinhalteten, erstmals durch die USA gerügt[2420]. Sowohl im Fall Disabled Peoples' International et al v US[2421] als auch in der Zulässigkeit des Falls Salas et al v United States[2422], in denen es um Militärschläge der Vereinigten Staaten in Grenada und Panama ging, vertraten die Vereinigten Staaten die Position, dass mangels ausdrücklicher Zustimmung der Vertragsstaaten keine Ermächtigung der Kommission bestünde, sich mit dem humanitären Völkerrecht zu befassen[2423]. Für diese Haltung spielte es keine Rolle, ob sich die Antragsteller auf Rechte aus der Amerikanischen Deklaration oder sich wie im Fall Salas v US eigenständig auf die Genfer Konventionen beriefen. Die Haltung der Vereinigten Staaten änderte sich auch dann nicht, wenn die Antragsteller lediglich begehrten, dass Art. 1 und 10 der Deklaration „*be construed* in conformity with other relevant international rules protecting the human person, such as the Geneva Conventions."[2424] Die Vereinigten Staaten beriefen sich zu diesem Zeitpunkt noch nicht ausdrücklich auf das lex-specialis-Prinzip[2425]. Klar wurde jedoch, dass sie aufgrund des Konsensprinzip die Kompetenz der Kommission nicht für gegeben erachteten – dies sogar dann, wenn es lediglich um die Auslegung der Rechte der Amerikanischen Deklaration *im Lichte* des humanitären Völkerrechts geht.

Die Kommission ihrerseits äußerte sich im Fall Disabled Peoples' International et al nicht, in der Zulässigkeitsentscheidung aus dem Jahr 1993 im Fall Salas et al v US nur knapp zur Frage der Kompetenz. Es wurde aber bereits deutlich, dass sie nicht allein aus der Anwendbarkeit des humanitären Völkerrechts schloss,

---

2420 Bereits vor diesen streitigen Fällen hatte die Kommission im Rahmen der Staatenberichte kurz zum humanitären Völkerrecht Stellung genommen, was darauf hindeutet, dass sie sich damals schon hierzu für kompetent befand. Vgl. AKMR, Report on the Situation of Human Rights in Nicaragua (1978), OAS Doc. OEA/ser.L./V11.45, doc. 16 rev. 1, Ziff. 31–32; AKMR, Report on the Situationof Human Rights in Argentina (1980), OAS Doc. OEA/ser.L./V/II.49, doc. 19 cor. 1, Ziff. 26–27; AKMR, Annual Report of the Inter-American Commission on Human Rights(1982), OAS Doc.OEA/ser.L./V/II.57, S. 116, Z. 2.

2421 AKMR, Entscheidung (Zulässigkeit) vom 22.9.1997, Disabled Peoples' International v United States, Nr. 9213.

2422 AKMR, Entscheidung (Zulässigkeit) vom 14.10.1993, Salas v United States, Report Nr. 31/93.

2423 Vgl. AKMR, Entscheidung (Zulässigkeit) vom 22.9.1997, Disabled Peoples' International v United States, Nr. 9213, Ziff. A. und C.; AKMR, Entscheidung (Zulässigkeit) vom 14.10.1993, Salas v United States, Report Nr. 31/93, Z. 22 ff.

2424 AKMR, Zulässigkeitsentscheidung vom 22.9.1997, Disabled Peoples' International v United States, Nr. 9213, Ziff. B, Hervorhebung durch die Verfasserin.

2425 Stattdessen sprachen sie vom humanitären Völkerrecht als einem „complex and discrete body of law", AKMR, Entscheidung (Zulässigkeit) vom 14.10.1993, Salas v United States, Report Nr. 31/93, Z. 24.

dass die Deklaration und in der Folge ihre Kompetenz, diese zu überwachen, beeinträchtigt wäre: „Where it is asserted that a use of military force has resulted in noncombatant deaths, personal injury, and property loss, the human rights of noncombatants are implicated."[2426] Aus dem Stillschweigen im Fall Disabled Peoples' International wird ebenfalls geschlossen, dass die Kommission die Kompetenz habe, Art. 1 der Amerikanischen Deklaration auf seine Konformität mit den Prinzipien des Völkergewohnheitsrechts zu überprüfen[2427]. Der Fall Disabled Peoples' International wurde materiell-rechtlich nicht entschieden, sondern 1995 auf Antrag der Antragsteller hin für erledigt erklärt[2428].

b) Progressive Phase

Im Jahr 1997 äußerte sich die Kommission um einiges ausführlicher zur Frage ihrer Kompetenz, das humanitäre Völkerrecht in ihre Rechtsprechung einzubeziehen. Hierbei ging sie so weit, ihre Zuständigkeit für die direkte Anwendung des humanitären Völkerrechts anzunehmen. Diese Haltung sorgt in der Literatur bis heute für Diskussionen[2429] und ist weit überwiegend auf Ablehnung gestoßen[2430].

Zum ersten Mal ausdrücklich äußerte sich die Kommission zur Frage ihrer Kompetenz in Sachen humanitäres Völkerrecht im Fall Avilán et al v Colombia[2431]. Kolumbien bestritt zwar ihre Kompetenz[2432], hatte jedoch zuvor versucht, die Vorgehensweise des Staates gerade mit dem Vorliegen eines bewaffneten

---

2426 AKMR, Entscheidung (Zulässigkeit) vom 14.10.1993, Salas et al v United States, Nr. 10.573, Analysis, Z. 6; während sich diese Stelle allein auf Nichtkombattanten zu beziehen scheint, entgegnete die Kommission das weitere Bestreiten der Zulässigkeit der Klage mit: „As to the Government's substantive arguments, at this stage of the case, the Commission need only restate that pursuant to the terms of its mandate and procedures it is clearly authorized to admit and consider petitions alleging the commission of violations of rights recognized in the American Declaration."

2427 Weissbrodt/Andrus, Harvard International Law Journal 1988, S. 63; der Autor erwähnt zudem bereits Art 31 Abs. 3 lit. c WVRK im Rahmen seiner Überlegungen, wie die Kompetenz der Kommission begründet werden könnte.

2428 Oberleitner, S. 272.

2429 Tabak Shana, in: Jinks (Hrsg.) 2014.

2430 Vgl. Zegveld, International Review of the Red Cross 1998, die diese Auslegung als „misguided" bezeichnet, S. 858; Moir, Human Rights Quarterly: A Comparative and International Journal of the Social Sciences, Humanities, and Law 2003, S. 199, die die hierfür vorgebrachten rechtlichen Argumente als „distinctly shaky, and ultimately unconvincing" bezeichnet; Byron, Virginia Journal of International Law 2007; Buis Emiliano J., in: Arnold/Quénivet,; aA: Martin, Revue Internationale de la Croix-Rouge 2001, S. 1040ff.

2431 AMRK, Entscheidung vom 30.9.1997, Avilán et al v Colombia, Nr. 11.142.

2432 Vgl. Entscheidung vom 30.11.1997, , Nr. 11.142, Report Nr. 26/97, Z. 170/198.

Konflikts zu rechtfertigen[2433]. Nach Ansicht der Kommission führte gerade auch dieses Berufen auf den bewaffneten Konflikt dazu, dass das humanitäre Völkerrecht einbezogen werden konnte[2434]. Dies erinnert an die Position, wie sie derzeit vom EGMR vertreten wird: Erst durch das Berufen des Vertragsstaats auf das humanitäre Völkerrecht, wird dieses durch das Menschenrechtsorgan einbezogen (mehr hierzu unter Teil III D.I). Dies scheint auch ein Gedankengang der Kommission zu sein, wenn sie sagt: „The Commission considers that the State's argument, though it did not explicitly invoke humanitarian law, opened the door to and required reference to humanitarian law norms."[2435] Die Kommission schränkte diesen Befund jedoch gleich wieder ein, indem sie klarstellte, dass die Anwendung des humanitären Völkerrechts dennoch nicht von einer Berufung hierauf abhinge: „The facts in this case require the application of humanitarian law if they are to be properly analyzed, as the State indicated when it noted that they had to be analyzed in the context of an armed confrontation. The Commission, sitting in judgment of the case, ‚has the power and the duty to apply the juridical provisions relevant to a proceeding, *even when the parties do not invoke them.*' "[2436] Die Kommission ordnet die Einbeziehung des humanitären Völkerrechts – anders als der EGMR – dem Grundsatz „iura novit curia" zu.

Abgesehen von dieser Argumentationslinie finden sich viele Gesichtspunkte, wie sie im bekannten Fall Abella v Argentina[2437] gebündelt werden, bereits in Avilán v Colombia[2438]. So begründete die Kommission bereits hier ihre umfassende Kompetenz, auf humanitäres Völkerrecht im Rahmen der Auslegung der Konvention zurückzugreifen, sowie es direkt anzuwenden[2439], insbesondere mit

2433 AKMR, Entscheidung vom 30.9.1997, Avilán et al v Colombia, Nr. 11.142, Z. 167: „The State argued specifically that ‚the events occurred in an armed confrontation (not as an extrajudicial execution, as affirmed by the petitioner) in which the police made legitimate use of its authority in order to re-establish public order.' ", Hervorhebung durch den Antragsgegner.

2434 „Therefore, in cases such as this one, which involve situations of armed conflict, and particularly where the State makes special reference to the armed conflict, the Commission should apply humanitarian law to analyze the actions of State agents in order to determine whether they have exceeded the limits of legitimate action.", AMRK, Entscheidung vom 30.9.1997, Avilán et al v Colombia, Nr. 11.142, Z. 168.

2435 AMRK, Entscheidung vom 30.9.1997, Avilán et al v Colombia, Nr. 11.142, Z. 169.

2436 AMRK, Entscheidung vom 30.11.1997, Avilá net al v Colombia, Nr. 11.142, Z. 169; Hervorhebung durch die Verfasserin. Die Kommission zitiert aus dem Urteil des Gerichtshof in Velásquez Rodriguez v Honduras, 29.07.1988, Z. 163, wo es allerdings um die Anwendung nicht gerügter Konventionsrechte geht, nicht um die Anwendung einer fremden Rechtsmaterie.

2437 AKMR, Juan Carlos Abella v Argentina, Entscheidung vom 18.11.1997, Fall 1.137.

2438 Vgl. Oberleitner, S. 272 ff.

2439 AMRK, Entscheidung vom 30.9.1997, Avilán et al v Colombia, Nr. 11.142, Z. 132.

Art. 29 AMRK. In Avilán v Colombia blieb sie jedoch sehr knapp und bemerkte lediglich: „Article 29 of the American Convention establishes that no provision of the Convention may be interpreted as ‚excluding or limiting the effect' of other international acts of the same nature, or of another convention, to which a State is party."[2440] Diese weite Auffassung sah sie durch das Gutachten des Gerichtshofs zu „Other Treaties" bestätigt: Der Gerichtshof habe mit Zustimmung zur Kenntnis genommen, dass die Kommission auf andere Verträge außerhalb der Konvention Bezug nähme[2441]. Die Kürze der Begründung erscheint angesichts der neuen Reichweite der Kompetenz bemerkenswert[2442], wenn auch an anderer Stelle noch weitere Aspekten hinzugefügt wurden[2443]. Im Ergebnis stellte die Kommission fest: „The evidence submitted in this case supports the petitioners' claim that the victims were executed extrajudicially by state agents in a clear violation of Common Article 3 of the Geneva Conventions as well as the American Convention."[2444]

Systematisch und ausführlich wurde zur Basis der Kompetenz bezüglich des humanitären Völkerrechts noch einmal in Abella v Argentina Stellung genommen[2445]. Die Kommission berief sich zur Begründung ihrer Kompetenz insbesondere auf Art. 25, Art. 29 (b) und Art. 27 AMRK sowie auf den Gedanken der systemischen Integration.

Die Literatur kritisiert unter anderem die Heranziehung des Art. 25 AMRK, welcher das Recht auf ein gerichtliches Verfahren bei Verletzung fundamentaler

---

2440 AMRK, Entscheidung vom 30.9.1997, Avilán et al v Colombia, Nr. 11.142, Z. 132.

2441 AMRK, Entscheidung vom 30.9.1997, Avilán et al v Colombia, Nr. 11.142, Z. 132.

2442 Noch weniger begründet sie die Basis für ihre Kompetenz im Fall Hugo Bustius Saavedra v Peru, Entscheidung vom 16.10.1997, Report Nr. 38/97. Hier ist die Kompetenzfrage gerade einmal eine Fußnote wert: „Article 29 of the American Convention provides that no provision of this Convention shall be interpreted as ‚excluding or limiting the effect' of other international acts of the same nature, be they norms of customary international law and general peinciples of international law. Consequently, the Commission is competent to directly apply the norms of international humanitarian law, or inform its interpretation of the provisions of the Convention by reference to said norms.", vgl. Hugo Bustius Saavedra v Peru, Entscheidung vom 16.10.1997, Fn. 7 zu Z. 59.

2443 So griff die Kommission die in Abella et al v Argentina noch ausführlich beleuchteten Aspekte an späterer Stelle auf, vgl. AMRK, Entscheidung vom 30.9.1997, Avilán et al v Colombia, Nr. 11.142, Z. 171 ff, wo sowohl der Gedanke des spezifischeren Schutzes durch das humanitäre Völkerrecht sowie der „„no additional burdens" aufgenommen wird. Die Kommission ging zudem bereits auf die Kompetenz, die durch Art. 25 AMRK begründet würde, ein.

2444 AMRK, Entscheidung vom 30.9.1997, Avilán et al v Colombia, Nr. 11.142, Z. 134.

2445 Ob in diesem Fall überhaupt ein bewaffneter Konflikt, der zur Anwendung des humanitären Völkerrechts führte, vorlag, wird durchaus bezweifelt: van den Herik/Duffy, in: The Harmonisation of Human Rights Law, S. 14.

Rechte festschreibt[2446]. Der Artikel stellt insoweit jedoch kein Argument dar, fremde Rechtsmaterien einzubeziehen und erst recht nicht, das humanitäre Völkerrecht direkt anzuwenden[2447], sondern lediglich dazu, eine Verletzung der Verpflichtung, einen effektiven Rechtsweg zur Verfügung zu stellen, festzustellen. Nach ganz überwiegender und richtiger Ansicht enthält der Artikel ein Recht auf ein Verfahren und keine Zuständigkeitsbegründung zur Auslegung des Völkerrechts, geschweige denn des humanitären Völkerrechts[2448].

Die Derogationsklausel Art. 27 AMRK erscheint, wie oben bereits ausführlich beleuchtet, tatsächlich als eine Norm zur Begründung einer (beschränkten) Zuständigkeit mit Blick auf das humanitäre Völkerrecht. Allerdings erlaubt sie ebenso wenig wie die anderen Normen, die fremde Rechtsmaterie isoliert anzuwenden[2449]. Vielmehr sind tatsächlich gemachte Derogationen dahingehend zu bewerten, ob sie mit dem humanitären Völkerrecht zu vereinbaren sind[2450].

Präziser als dies noch im Entscheidung Avilán der Fall war, berief sich die Kommission nun nicht mehr auf Art. 29 AMRK im Gesamten, sondern auf Art. 29 lit. b AMRK[2451]. Diese Günstigkeitsklausel lässt – wie oben bereits

---

2446 Art. 25 Abs. 1 AMRK lautet: „Everyone has the right to simple and prompt recourse, or any other effective recourse, to a competent court or tribunal for protection against acts that violate his fundamental rights recognized by the constitution or laws of the state concerned or by this Convention, even though such violation may have been committed by persons acting in the course of their official duties."

2447 Vgl. AKMR, Entscheidung vom 18.11.1997, Juan Carlos Abella et al v Argentina, Fall 1.137, Z. 163: „Thus, the American Convention itself authorizes the Commission to address questions of humanitarian law in cases involving alleged violations of Article 25."

2448 So auch Arato, Brooklyn Journal of International Law 2012, S. 196; Buis Emiliano J., in: Arnold/Quénivet, S. 280: „Article 25, for instance, only authorizes a competence to address the allegations of violations of the right to obtain a judicial remedy and not to apply the whole corpus of IHL instruments (...)."

2449 Buis Emiliano J., in: Arnold/Quénivet, S. 280.

2450 In einem späteren Fall tritt die Komission zudem dem Argument entgegen, mit einer Derogation könne die Zuständigkeit der Menschenrechtsorgane gleichsam ausgehebelt werden. In der Entscheidung (Zulässigkeit) vom 23.2.2005, Gregoria Herminia et al v El Salvador, Nr. 708/03, Z. 20 führte die Kommission aus: „[t]he Commission considers that the circumstance that some of the facts alleged had occurred in the context of an armed conflict does not negate the power of this Commission to rule on them. Article 27 of the Convention allows for the suspension of certain rights in the context of armed conflicts, but by no means does it suspend the force of the Convention in its entirety, nor deprive this Commission of its powers."

2451 Vgl. AKMR, Entscheidung vom 18.11.1997, Juan Carlos Abella et al v Argentina, Fall 1.137, Fall 1.137, Z. 164ff; vgl. auch AKMR, Third Report on the Situation of Human Rights in Colombia, OEA/Ser.L/V/II.102, Chapter IV, Z. 15. Im dritten

diskutiert – durchaus Raum für die Einbeziehung anderer Rechtsmaterien[2452]. Dem Wortlaut nach ist dies jedoch nur dann der Fall, wenn die einzubeziehende Rechtsvorschrift ein höheres Schutzniveau aufweist, als die der AMRK[2453]. Dies erscheint angesichts des Zuschnitts des humanitären Völkerrechts auf Kriegssituationen zumeist fraglich[2454].

Zudem scheint die Heranziehung einer Vorschrift, die sich auf ein höheres Schutzniveau beruft der Argumentation der Kommission an anderer Stelle zu widersprechen, in dem sie die Einhaltung des humanitären Völkerrechts für den Staat als „no additional burden[s]"[2455] bezeichnet. Hintergrund dieser Aussage war, dass der gemeinsame Artikel 3 der Genfer Konventionen in seiner Essenz auch in allen Menschenrechtsverträgen zu finden sei[2456]. Diese Begründung für die Kompetenz, die bei Avilán et al v Colombia mehr im Mittelpunkt steht als in Abella et al v Argentina, wird von *Moir* als die des „substantial opverlap" bezeichnet[2457]. Die Autorin sieht das Vorliegen einer substantiellen Überlappung als „least convincing ground"[2458] für eine Kompetenz und *Zegveld* kommentiert: „The

---

Report erwähnt die Kommission vor allem noch das Argument des Art. 29 (b) AMRK.

2452 So bezeichnet auch Oberleitner Artikel 29 als das „strongest argument", OBERLEITNER, S. 280.

2453 Oberleitner bemerkt: „The way in which the Commission used the savings clause as a blanket permission to decide on matters of humanitarian law has been viewed critically, given that such clauses are formulated negatively: no provision of the ACHR may be interpreted as restricting the enjoyment or exercise of rights recognized elsewhere. In contrast, the Commission saw it as a positive obligation to compare the content of human rights and humanitarian treaties and choose the more appropriate one.", OBERLEITNER, S. 281.

2454 Wenn auch die Kommission teilweise von etwas anderem auszugehen scheint, vgl. AKMR, Entscheidung vom 18.11.1997, Juan Carlos Abella et al v Argentina, Fall 1.137, Fn. 19 Z., Z. 159: „It is understandable therefore that the provisions of conventional and customary humanitarian law generally afford victims of armed conflicts *greater* or more specific protections.", Hervorhebung durch die Verfasserin. Herik/Duffy, in VAN DEN HERIK LARISSA/DUFFY HELEN, in: The Harmonisation of Human Rights Law, bezeichnen diese Feststellung als „surprising" (S. 14).

2455 AKMR, Entscheidung vom 18.11.1997, Juan Carlos Abella et al v Argentina, Fall 1.137, Fn. 19 Z. 158; ebenso in AMRK, Entscheidung vom 30.9.1997, Avilán et al v Colombia, Nr. 11.142, Z. 172.

2456 Während die Überlappung in Abella et al v Argentina nur in einer Fußnote erwähnt wird, wird sie in AMRK, Entscheidung vom 30.9.1997, Avilán et al v Colombia, Nr. 11.142 im laufenden Text integriert, vgl. ibid.

2457 MOIR, Human Rights Quarterly: A Comparative and International Journal of the Social Sciences, Humanities, and Law 2003, S. 193f.

2458 BYRON, Virginia Journal of International Law 2007; S. 857; Byron zitiert AKMR, Entscheidung vom 18.11.1997, Juan Carlos Abella et al v Argentina, Fall 1.137, Z. 158 und Entscheidung vom 30.9.1997, Avilán et al v Colombia, Nr. 11.142 Z. 172.

fact that the substantive norms of human rights law and international humanitarian law are complementary in character does not mean that supervisory bodies set up under human rights law are *ipso facto* competent to apply humanitarian law."[2459]

Die Kommission scheint sich darüber hinaus auch auf besondere Art auf die systemische Integration zu berufen, um ihre Kompetenz zu begründen. Sowohl in Abella et al v Argentina als auch in Avilán et al v Colombia führte sie aus, dass sie ohne Einbeziehung der fremden Rechtsmaterie nicht einmal mehr die Kompetenz bezüglich der Konventionsnormen habe: „Claims alleging arbitrary deprivations of the right to life attributable to State agents are clearly within the Commission's jurisdiction. But the *Commission's ability to resolve claimed violations of this non-derogable right arising out of an armed conflict may not be possible* in many cases by reference to Article 4 of the American Convention alone. This is because the American Convention contains no rules that either define or distinguish civilians from combatants and other military targets, much less, specify when a civilian can be lawfully attacked or when civilian casualties are a lawful consequence of military operations. Therefore, the Commission must necessarily look to and apply definitional standards and relevant rules of humanitarian law as sources of authoritative guidance in its resolution of this and other kinds of claims alleging violations of the American Convention in combat situations. *To do otherwise would mean that the Commission would have to decline to exercise its jurisdiction* in many cases involving indiscriminate attacks by State agents resulting in a considerable number of civilian casualties. Such a result would be manifestly absurd in light of the underlying object and purposes of both the American Convention and humanitarian law treaties."[2460] Wenn die systemische Integration auch nicht namentlich genannt wird, wird deutlich, dass die Kommission eine Einbeziehung des humanitären Völkerrechts für unabdingbar hält[2461]. Würde sie dieses Recht außen vor lassen, lägen in ihren Augen derart realitätsferne Ergebnisse vor, dass sie ihre Kompetenz als nicht gegeben sähe. Bemerkenswert ist auch, dass dieser Ansatz – ganz im Geiste der systemische Integration – allein zur Auslegung der *Konventionsnormen* im Lichte des humanitären Völkerrechts und nicht zu einer direkten Anwendung desselben führt. Auch in Äußerungen außerhalb des Rahmens einer Individualbeschwerde scheint die Kommission sich letzten Endes auf die systemische Integration zu berufen, um ihre Kompetenz zu begründen. So ist die Begründung im dritten Staatenbericht Kolumbiens zur Anwendung des humanitären Völkerrechts dem

2459 Cerna, Journal of International Humanitarian Legal Studies 2011, S. 508.

2460 AKMR, Entscheidung vom 18.11.1997, Juan Carlos Abella et al v Argentina, Fall 1.137, , Z. 161, Hervorhebung durch die Verfasserin; vgl. auch AMRK, Entscheidung vom 30.9.1997, Avilán et al v Colombia, Nr. 11.142, Z. 173.

2461 Vgl. hierzu auch Oberleitner, S. 282, der diese Haltung der Kommission ebenfalls mit systemischer Integration in Verbindung bringt.

obigen Argument fast wortgleich[2462]. Hinzu kommt jedoch noch der laut der Kommission wichtige Punkt, dass allein die Anwendung des humanitären Völkerrechts dazu führe, dass auch andere bewaffnete Gruppierungen als der Staat auf die Rechtmäßigkeit ihres Handelns überprüft werden könnten[2463]. Im Einklang mit ihren Entscheidungen in Avilán et al v Colombia und Abella et al v Argentina erklärte die Kommission einmal mehr in dem kurze Zeit später entschiedenen Fall Lucio Parada Cea et al v El Salvador[2464] sowohl die Verletzung der AMRK, wie auch die Verletzung des humanitären Völkerrechts[2465]. Die Kommission erklärte, sie sei „competent in situations of domestic armed conflicts, to *directly* enforce rules of international humanitarian law or interpret provisions of the American Convention, using those rules as reference."[2466] Im dritten Bericht zu Kolumbien wiederholte die Kommission einmal mehr, es sei erforderlich, um die Verletzung fundamentaler Menschenrechte im Rahmen interner Konflikte zu beurteilen, entweder das humanitäre Völkerrecht direkt anzuwenden oder aber die Interpretationen der Menschenrechte durch Prinzipien des humanitären Völkerrechts prägen zu lassen („to inform its interpretations of relevant provisions of the American Convention by reference to these rules"[2467]).

2462 „In this regard, both Article 4 of the Convention and humanitarian law applicable to internal armed conflicts protect this essential right and, thus, prohibit summary executions in all circumstances. However, the Commission in certain instances may not be able to resolve such a case, where it is connected with an armed conflict, by reference to Article 4 of the American Convention alone. This is because the Convention is devoid of rules that either define or distinguish civilians from combatants and other military targets. Nor does the Convention specify the circumstances under which it is not illegal, in the context of an armed conflict, to attack a civilian or when civilian casualties as a consequence of military operations do not imply a violation of international law. Consequently, the Commission must necessarily look to and apply definitional standards and relevant rules of international humanitarian law as sources of authoritative guidance in its resolution of this and other claimed violations of the American Convention in combat situations.", AKMR, Third Report on the Situation of Human Rights in Colombia vom 26.2.1999, OEA/Ser.L/V/II.102, Chapter IV, B.2, Z. 12.

2463 AKMR, Third Report on the Situation of Human Rights in Colombia vom 26.2.1999, OEA/Ser.L/V/II.102, Chapter IV, B.2, Z. 13.

2464 AKMR, Entscheidung vom 27.1.1999, Lucio Parada Cea et al v El Salvador, Fall-Nr. 10.480.

2465 AKMR, Entscheidung vom 27.1.1999, Lucio Parada Cea et al v El Salvador, Fall-Nr. 10.480, Z. 160.

2466 AKMR, Entscheidung vom 27.1.1999, Lucio Parada Cea et al v El Salvador, Fall-Nr. 10.480, Z. 66, Hervorhebung durch die Verfasserin.

2467 AKMR, Third Report on the Situation of Human Rights in Colombia vom 26.2.1999, OEA/Ser.L/V/II.102, Chapter IV, Z. 8; abgesehen davon, scheint die Kommission hier auch noch eine Kompetenz dafür zu begründen, das humanitäre Völkerrecht in Staatenberichten zu beurteilen. Ähnlich wie im Rahmen der systemischen Integration argumentiert sie pragmatisch und ergebnisorientiert damit, dass sie

Während die Argumentation der Kommission den Wortlaut der Normen der AMRK teilweise doch sehr dehnt, liegt eine systemische Auslegung ganz auf der Linie vieler Kommentatoren sowie anderer Menschenrechtsorgane. Im Rahmen der AMRK scheint sich die Kommission zur Begründung dieser auf Art. 29 lit. b zu berufen; für die Amerikanische Deklaration könnte Art. 31 Abs. 3 lit. c WVRK herangezogen werden, um eine Kompetenz der Kommission zur Einbeziehung fremder Rechtsmaterien zu ermächtigen. Wie genau die Kommission Rahmen der Deklaration – trotz des beständigen Widerspruchs der Vereinigten Staaten – zu ihrer Kompetenz kommt, soll im nächsten Abschnitt noch genauer dargestellt werden.

c) Restriktivere Phase

aa) Rechtsprechung im Rahmen der AMRK

Noch bevor der Gerichtshof zur weiten Auslegung der Kommission Stellung nehmen konnte[2468], nahm sich die Kommission im Rahmen der Individualbeschwerde Jose Alexis Fuentes Guerrero et al v Colombia[2469] bereits ein gutes Stück wieder zurück[2470]. Anders als in den seit 1997 entschiedenen Fällen, erklärte sie nicht mehr die Verletzung des humanitären Völkerrechts in Gestalt des Gemeinsamen Artikel 3 direkt, sondern beschränkte sich darauf „*standards* of common Articel 3 of the Geneva Conventions"[2471] als verletzt festzustellen. Im Fall Ellacuria et al v El Slavador[2472] wurde das humanitäre Völkerrecht gar nicht mehr erwähnt, obwohl sich die Antragsteller – im Gegensatz zum Fall Guerrero et al v Colombia – darauf berufen hatten[2473].

In der Entscheidung Romero y Galdamez[2474], welche lediglich zwei Monate nach der Stellungnahme des Gerichtshofs in Las Palmeras veröffentlicht wurde, nutzte die Kommission wiederum eine mildere Formulierung und sprach im Ergebnis davon, dass der Staat Artikel 4 der Amerikanischen Konvention verletzt

---

andernfalls das Verhalten der nicht-staatlichen Akteure nicht beurteilen könnte, da diese nicht an die Menschenrechte, jedoch an das humanitäre Völkerrecht gebunden seien, vgl. ibid, Z. 13/14.

2468 Dies tat er in seinem bekannten Las-Palmeras-Urteil, vgl. Ziff. 2b).

2469 AKMR, Entscheidung vom 13.4.1999, Jose Alexis Fuentes Guerrero et al v Colombia, Nr. 11.519.

2470 Vgl. auch Oberleitner, S. 283.

2471 AKMR, Entscheidung vom 13.4.1999, Jose Alexis Fuentes Guerrero et al v Colombia, Nr. 11.519, Z. 43; Hervorhebung durch die Verfasserin.

2472 AKMR, Entscheidung vom 22.12.1999, Ignacio Ellacuria et al v El Salvador, Fall-Nr. 10.488.

2473 AKMR, Entscheidung vom 22.12.1999, Ignacio Ellacuria et al v El Salvador, Fall-Nr. 10.488, Z. 37.

2474 AKMR, Entscheidung vom 13.4.2000, Monsignor Oscar Arnulfo Romero y Galdamez v El Salvador, Nr. 10.481, Hervorhebung durch die Verfasserin.

hatte „in conjunction with the *principles* codified in common Article 3"[2475]. Dies könnte bedeuten, dass die Kommission zu diesem Zeitpunkt bereits nicht mehr auf das humanitäre Völkerrecht selbst, sondern auf die dort enthaltenen Prinzipien zurückzugreifen wollte[2476]. Geht man jedoch allein von den Prinzipien insbesondere auch des Gemeinsamen Artikels 3 aus, so sind diese – wie die Kommission im Fall Avilán richtig bemerkt hatte – wohl ausnahmslos ohnehin durch die Menschenrechte geschützt[2477]. Die Vermutung liegt nahe, dass die Kommission die Meinung des Gerichtshofs respektieren wollte[2478], ohne die eigene Linie komplett aufzugeben.

Sowohl im Fall Riofrío Massacre[2479], als auch im Fall Prada Gonzalez et al v Colombia[2480] erwähnte die Kommission zwar den Gemeinsamen Artikel 3, stellte jedoch jedes Mal lediglich eine Verletzung der Konvention in Form des Rechts auf Leben fest[2481].

Im Fall Marino López et al v Colombia[2482] kam noch einmal zum Ausdruck, wie die interamerikanische Kommission ihre Kompetenz sieht, wenn sie in der Begründung – wie bereits erörtert – auch nicht trennscharf zwischen systemischer Integration und evolutiver Auslegung unterscheidet. Sie stützte sich in ihren Ausführungen insbesondere auf Art. 29 lit. b AMRK: „The Commission will make *a broad interpretation of the rights in the American Convention based on other international instruments relevant to the case, by virtue of its Article 29.b*, which allows a more comprehensive characterization of the facts. In this regard, both the Inter-American Court of Human Rights (...) as well as the European Court of Human Rights (...) have underlined the living nature of the international human rights instruments and the necessity to interpret them coherently with ‚the changes in the times and the current living conditions.' In addition, the Inter-American Court has established that ‚certain acts or omissions that violate human rights, pursuant to the treaties that they do not have competence to apply, also violate other international instruments for the protection of the individual'. By virtue of this and with attention to the nature of the events denounced, as well as to the context of the internal armed conflict in which they unfolded, the

2475 AKMR, Entscheidung vom 13.4.2000, Monsignor Oscar Arnulfo Romero y Galdamez v El Salvador, Nr. 10.481, Z. 72.

2476 Oberleitner hingegen ist nicht sicher, inwiefern die Kommission doch beide Vorschriften anwendet, Oberleitner, S. 284.

2477 So ja auch die Argumentation der Kommission, s.o.

2478 So auch Tabak Shana, in: Jinks (Hrsg.) 2014, S. 241.

2479 AKMR, Entscheidung vom 6.4.2001, Riofrío Massacre, Nr. 11.654

2480 AKMR, Entscheidung vom 6.4.2001, Carlos Manuel Prada Gonzalez and Evelio Antonio Bolano Castro v Colombia, Nr. 11.710.

2481 AKMR, Entscheidung vom 6.4.2001, Riofrío Massacre, Nr. 11.654, Z. 14 und 54; AKMR, Entscheidung vom 6.4.2001, Carlos Manuel Prada Gonzalez and Evelio Antonio Bolano Castro v Colombia, Nr. 11.710, Z. 32.

2482 AKMR, Entscheidung vom 31.3.2011, Marino López et al v Colombia, Nr. 12.573.

Commission will *consider it necessary to have regard to other international instruments of international humanitarian law* which the State of Colombia has ratified, permitting a comprehensive interpretation and application of the content and breadth of the rights protected by the American Convention.“[2483] Die Kommission sieht sich somit in eine Tradition mit dem Europäischen Gerichtshof, wenn die zitierte Formel auch weniger auf die vom EGMR vorgenommene systemische Integration als auf die evolutive Auslegung stützt. Wie dies seit den Entscheidungen aus dem Jahr 1997 regelmäßig der Fall ist, bezieht die Kommission das humanitäre Völkerrecht zwar in seine Überlegungen mit ein[2484], beschränkte sich aber auf die Feststellung der Verletzung allein der AMRK[2485].

In einem aktuelleren Fall aus dem Jahr 2010 wird der Bezug zur systemischen Integration dann deutlicher: In Franklin Guillermo Aisalla Molina (Ecuador v Colombia) stützt sich die Kommission zur Begründung ihrer Kompetenz Art. 31 Abs. 3 lit. c WVRK, die im Unterschied zu Art. 29 lit. b AMRK Allgemeingültigkeit besitzt. Die Kommission führte zum Verhältnis aus: „Due to their similarity and the fact that both norms are based on the same principles and values, international human rights law and IHL may influence and reinforce each other, following as an interpretative method that enshrined in Article 31.3.c of the Vienna Convention on the Law of Treaties, which establishes that in interpreting a norm ‚any relevant rules of international law applicable in the relations between the parties‘ may be considered.“[2486] Es fällt auf, dass sie diesmal evolutive Anklänge unterlässt und die Ausführungen sich allein auf systemische Integration zu stützen scheinen. Die Kommission kam zu dem Schluss: „The Inter-American Commission, as established in its Statute, must examine the complaints alleging a violation of a right protected within the framework of the American Convention or the American Declaration. The fact that the resolution of such a complaint may require a reference to another treaty does not remove its jurisdiction, and the Inter-American Court has reflected the Commission's practice of invoking ‚other treaties relating to the protection of human rights‘ in its decisions and reports. If the Commission were to decline jurisdiction in such a case, it would risk leaving certain fundamental rights without protection, in contravention of the mandate entrusted to it.“[2487]

2483 AKMR, Entscheidung vom 31.3.2011, Marino López et al v Colombia, Nr. 12.573, Z. 214, Hervorhebung durch die Verfasserin.

2484 Vgl. AKMR, Entscheidung vom 31.3.2011, Marino López et al v Colombia, Nr. 12.573, Z. 240, wo die Kommission ua das Prinzip der Unterscheidung nach dem ZP II anspricht.

2485 AKMR, Entscheidung vom 31.3.2011, Marino López et al v Colombia, Nr. 12.573, Z. 5, 244–265.

2486 AKMR, Entscheidung (Zulässigkeit) vom 21.10.2010, Franklin Guillermo Aisalle Molina (Ecuador v Colombia), Nr. IP-02, Z. 121.

2487 AKMR, Entscheidung (Zulässigkeit) vom 21.10.2010, Franklin Guillermo Aisalle Molina (Ecuador v Colombia), Nr. IP-02, Z. 123.

Damit hat die Kommission ihre Kompetenz im Rahmen der AMRK auf die systemische Integration gestützt. Zu bemerken ist, dass sie – obwohl sich die Antragsteller allein auf Vorschriften der AMRK berufen hatten[2488] – auch die Amerikanische Deklaration in diesen Ansatz miteinbezieht. Im Rahmen der Deklaration sind einige Besonderheiten zu beachten, wie gleich noch näher dargestellt werden wird. Insgesamt stellt die Kommission fest, dass „the complaints alleging arbitrary deprivation of the right to life, attributable to state agents, are clearly within the Inter-American Commission's jurisdiction."[2489]

bb) Rechtsprechung im Rahmen der Amerikanischen Deklaration

Soll die Kompetenz zur Anwendung des humanitären Völkerrechts unter der Amerikanischen Deklaration begründet werden, liegt auf der Hand, dass mit den aus der Amerikanischen Konvention herangezogenen Artikel – wenn auch bereits für diese nicht immer überzeugend – nicht argumentiert werden kann. Jedoch ist die Kommission, wie selbst die USA zugestehen[2490], zur Auslegung auch dieses Menschenrechtsdokuments ermächtigt. Es stellt sich also die Frage, welche Dogmatik die Kommission in diesem Zusammenhang nutzt, um ihre Kompetenzen in Sachen humanitäres Völkerrecht zu begründen. Die sich in diesem Zusammenhang anbietenden Beschwerden richten sich häufig gegen die USA. Grund hierfür ist, dass die Vereinigten Staaten die Amerikanische Konvention zwar unterzeichnet, aber nicht ratifiziert haben und ihr Handeln somit allein unter dem Regime der Amerikanischen Deklaration einer Überprüfung unterzogen werden kann. Dies geschah gerade auch im Kontext internationaler bewaffneter Konflikte, wobei die Vereinigten Staaten die Kompetenz der Kommission zur Überprüfung eines solchen Sachverhalts stets bestritten hatten. Besonders an dieser Konstellation ist zudem, dass der interamerikanische Gerichtshof im Rahmen der Amerikanischen Deklaration keine weitere Instanz bildet, da er kein Organ der OAS ist[2491].

In Coard et al v United States war die Kommission mit der Überprüfung der Rechte der Amerikanischen Deklaration im Rahmen eines internationalen bewaffneten Konflikts konfrontiert[2492]. Die Antragsgegner, die sich erneut auf die Position zurückzogen, dass „the situation denounced was governed wholly by international humanitarian law, a body of law which the Commission lacks

2488 AKMR, Entscheidung (Zulässigkeit) vom 21.10.2010, Franklin Guillermo Aisalle Molina (Ecuador v Colombia), Nr. IP-02, Z. 4.

2489 AKMR, Entscheidung (Zulässigkeit) vom 21.10.2010, Franklin Guillermo Aisalle Molina (Ecuador v Colombia), Nr. IP-02, Z. 118.

2490 Vgl. United States, Additional Response to the Request for Precautionary Measures- detention of enemy combatants, Cuba, 15.7.2002.

2491 Vgl. auch Tabak Shana, in: Jinks (Hrsg.) 2014.

2492 Das Vorliegen eines solchen Konflikts war von keiner Partei bestritten worde, AKMR, Entscheidung vom 29.9.1999, Coard et al v United States, Nr. 10.9519, Z. 44.

the jurisdiction or specialized expertise to apply“[2493], hielt die Kommission auch in diesem Fall entgegen, dass durch die Anwendbarkeit beider Rechtsmaterien im Rahmen des bewaffneten Konflikts ihre Kompetenz grundsätzlich nicht ausgeschlossen sei[2494]. Die Vereinigten Staaten drangen somit mit ihrem Ansatz, zugleich mit der angeblichen Verdrängung der Menschenrechte durch das humanitäre Völkerrecht sei auch die Kompetenz der Menschenrechtsorgane ausgeschlossen – eine Meinung, die später mit demselben Ergebnis durch das lex-specialis-Prinzip gefiltert werden sollte – nicht durch. Im Gegenteil: die Kommission hielt dieser Auswirkung der von den USA vertretenen Trennungstheorie (vgl. hierzu Teil III A.II.) durch die systemische Integration begründete Kompetenz entgegen. Da der Rückgriff auf Art. 29(b) AMRK im Rahmen der Überprüfung der Verletzung der Amerikanischen Deklaration versperrt war, berief sich die Kommission auf Art. 31 Abs. 3 lit. c WVRK[2495]. In diesem Zusammenhang führte sie aus: "(...) [I]t would be inconsistent with general principles of law for the Commission to construe and exercise its Charter-based mandate without taking into account other international obligations of member states which may be relevant. ‚[A]n international instrument must be interpreted and applied within the overall framework of the juridical system in force at the time of the interpretation.‘ "[2496] Der Formulierung des EGMR sehr ähnlich fügt sie an: "The Declaration was *not designed to apply* in absolute terms or *in a vacuum*, and the Commission has necessarily monitored the observance of its terms with reference to its doctrine on permissible and non-permissible limitations, and to other relevant obligations which bear on that question, including humanitarian law."[2497] Wie auch in den Entscheidungen unter der AMRK führte die Kommission zudem das enge Verhältnis der beiden Rechtsmaterien sowie den „substantial overlap“ als Begründung für ihre Kompetenz an[2498]. Abschließend erklärte die Kommission: „The Commission is mandated by its Statute to examine claims alleging the violation of a right protected under the Declaration. The fact that the resolution of such claim may require reference to another treaty is no bar to jurisdiction

2493 AKMR, Entscheidung vom 29.9.1999, Coard et al v United States, Nr. 10.9519, Z. 38.

2494 AKMR, Entscheidung vom 29.9.1999, Coard et al v United States, Nr. 10.951.

2495 Vgl. AKMR, Entscheidung vom 29.9.1999, Coard et al v United States, Nr. 10.951, Z. 40 Fn. 13.

2496 AKMR, Entscheidung vom 29.9.1999, Coard et al v United States, Nr. 10.951, Z. 40.

2497 AKMR, Entscheidung vom 29.9.1999, Coard et al v United States, Nr. 10.951, Z. 41, Hervorhebung durch die Verfasserin; hingewiesen sei an dieser Stelle darauf, dass auch der IGH im Rahmen der systemischen Integration so formuliert, vgl. IGH, Interpretation of the Agreement of 25 March 1951 between WHO and Egypt, 1980 I.C.J. 73, 76: „[A] rule of international law, whether customary or conventional, *does not operate in a vacuum*; it operates in relation to facts and in the context of a wider framework of rules of which it forms only a part.“, Hervorhebung durch die Verfasserin.

2498 AKMR, Entscheidung vom 29.9.1999, Coard et al v United States, Nr. 10.951, Z. 39.

(...).“[2499] Unter anderem unter Rückgriff auf Coard et al v United States drückte die Kommission in Salas et al v United States dies 2018 noch genauso aus[2500].Die Kommission zeigt in diesen Fällen wiederum deutlich, dass es im Wesentlichen der Gedanke der systemischen Integration ist, der die Kompetenz zur Auslegung der Menschenrechte unter Anwendung auch des humanitären Völkerrechts trägt.

Auch in den Maßnahmen der Kommission bezüglich der Personen in Guantanamo Bay, Kuba, welche von den USA im Rahmen des „Kriegs gegen den Terror“ dort gefangen gehalten wurden und teilweise bis heute werden[2501]. Insgesamt hat die Kommission vier vorläufige Maßnahmen an die USA gerichtet, wobei die erste zugunsten aller Gefangener in Guantanamo Bay war[2502], und die drei weiteren jeweils zugunsten eines Individuums[2503]. In der Begründung der Zuständigkeit, eine solche vorläufige Maßnahme zu erlassen, hatte die Kommission entgegen der Ansicht der USA, erstere sei wegen der Anwendbarkeit des humanitären Völkerrechts nicht kompetent[2504], wiederum die Meinung geäußert, dass es aufgrund der systemischen Integration durchaus in ihrem Kompetenzbereich liege, in einer Situation wie der vorliegenden tätig zu werden. Auch wenn sie in diesem Zusammenhang den Ausdruck der systemischen Integration im Unterschied zu anderen Fällen nicht erwähnt, wird ihr Standpunkt wiederum durch die Beschreibung des Verhältnisses der Rechtsmaterien sowie die daraus

---

2499 AKMR, Entscheidung vom 29.9.1999, Coard et al v United States, Nr. 10.951 Z. 43.

2500 „Furthermore, the Inter-American Commission recalls that it is mandated by its Statute to examine claims alleging the violation of a right protected in the framework of the American Declaration.608 Therefore, the fact that resolution of the claim might require reference to another treaty does not preclude that competence, and the Inter-American Court has endorsed the Commission’s practice of invoking “other treaties concerning the protection of human rights“ in its resolutions and reports.609 It only means that the IACHR can observe the norms of international humanitarian law as a concrete legal framework in order to give more specific application to the contents of the American Declaration when defining the scope of state obligations.“, vgl. AKMR, Entscheidung (Begründetheit) vom 5.10.2018, Salas et al v United States, Nr. 10.573, Z. 330.

2501 Für eine Übersicht über die Tätigkeit der Kommission in dieser Hinsicht, vgl. AKMR, „Towards the closure of Guantanamo“, OAS/Ser.L/V/II.Doc. 20/15, 3.6.2015, abrufbar unter: http://www.oas.org/en/iachr/reports/pdfs/ towards-closure-guantanamo.pdf.

2502 AKMR, Detainees at Guantanamo Bay, Cuba, Request for Precautionary Measures vom 12.3.2002.

2503 AKMR, 21.3.2006, Precautionary Measures 8/06 – Omar Khadr, 8/06; AKMR, 20.8.2008, Precautionary Measures 211/08 – Djamel Ameziane, 211/08; AKMR, 31.03.2015, Precautionary Measure 46/15 – Moath al-Alwi.

2504 United States, Additional Response to the Request for Precautionary Measures-detention of enemy combatants, Cuba, 15.7.2002.

folgende Verpflichtung der Kommission, das humanitäre Völkerrecht als lex specialis in der Auslegung der Menschenrechte anzuwenden, begründet[2505].

cc) Argumentation mit Blick auf beide Menschenrechtsinstrumente

In Bezug auf beide Menschenrechtsinstrumente führte die Kommission im „Report on Terrorism and Human Rights“ aus: „When interpreting and applying the provisions of inter-American human rights instruments, it is both appropriate and necessary to take into account member states' obligations under other human rights and humanitarian law treaties, which together create an interrelated and mutually reinforcing regime of human rights protections.“[2506] In diesem Bericht nahm die Kommission auch ausführlich Stellung zum humanitären Völkerrecht[2507], welches sie in Zeiten des „Kriegs gegen den Terror“ für relevant hält. Einmal mehr plädierte sie für ihre – zwingende – Kompetenz, das humanitäre Völkerrecht anzuwenden: „It is therefore appropriate, and indeed *imperative*, for the Commission to consider all relevant international norms, including those of international humanitarian law, while interpreting the international human rights law instruments for which it is responsible. International humanitarian law is also pertinent to the Commission's interpretation of and application of human rights protection to the extent that, as described previously, states' treaty obligations in these regimes of international law prescribe interrelated and mutually reinforcing standards of protection.“[2508]

d) Ergebnis

Nachdem die Kommission in der Einschätzung der eigenen Kompetenz zu weit gegangen war und auf fragwürdiger Basis das humanitäre Völkerrecht direkt angewendet hatte, zog sie sich seitdem beständig auf eine Position und

---

2505 AKMR, Detainees at Guantanamo Bay, Cuba, Request for Precautionary Measures vom 12.3.2002: „In certain circumstances, however, the test for evaluating the observance of a particular right, such as the right to liberty, in a situation of armed conflict may be distinct from that applicable in time of peace. In such situations, international law, including the jurisprudence of this Commission, dictates that it may be necessary to deduce the applicable standard by reference to international humanitarian law as the applicable *lex specialis.*“

2506 AKMR, Report on Terrorism and Human Rights vom 22.10.2002, OEA/Ser.L/V/II.116, Doc. 5 rev. 1 corr., 22.10.2002, OAS Doc. EA Ser.L/V/II.116 Doc. 5 rev. 1 corr, Z. 45.

2507 AKMR, Report on Terrorism and Human Rights vom 22.10.2002, OEA/Ser.L/V/II.116, Doc. 5 rev. 1 corr., 22.10.2002, OAS Doc. EA Ser.L/V/II.116 Doc. 5 rev. 1 corr, Z. 57 ff.

2508 AKMR, Report on Terrorism and Human Rights vom 22.10.2002, OEA/Ser.L/V/II.116, Doc. 5 rev. 1 corr., 22.10.2002, OAS Doc. EA Ser.L/V/II.116 Doc. 5 rev. 1 corr, Z. 62; Hervorhebung durch die Verfasserin.

eine Argumentation zurück, die auch von anderen Menschenrechtsorganen reflektiert wird. Derzeit argumentiert sie mit den Normen und Gedanken der systemischen Integration, um ihre Kompetenz zu begründen, das humanitäre Völkerrecht in die Auslegung der Menschenrechtsnormen einzubeziehen. Hierbei greift sie zunehmend auf Art. 31 Abs. 3 lit. c WVRK zurück und gleicht ihren Ansatz für beide ihr anvertrauten Menschenrechtsdokumente an. Ähnlich wie in der eng mit der Kompetenz zusammenhängenden Frage des Verhältnisses vertritt sie, dass es nicht nur ihr Recht ist, über die systemische Integration das humanitäre Völkerrecht in die Auslegung einzubeziehen, sondern dass sie hierzu sogar verpflichtet sei. Diese Steigerung der systemischen Integration zu einer Pflicht, das Mandat auf diese Weise wahrzunehmen, macht den Ansatz der Kommission besonders.

2. Ansatz des Interamerikanischen Gerichtshofs für Menschenrechte

Für die restriktiveren Phase der Kommission, was ihre Kompetenz bezüglich des humanitären Völkerrechts betrifft, sind mit hoher Wahrscheinlichkeit die klaren Worte des interamerikanischen Gerichtshofs zur Kompetenz sowohl der Kommission als auch des Gerichtshofs selbst im Fall Las Palmeras[2509] verantwortlich. Dabei ist der Gerichtshof im Übrigen durchaus großzügig, was das eigene Mandat mit Blick auf konventionsfremde Rechtsmaterien betrifft. Wiederum erscheint es kaum möglich, die Kompetenzfrage zu besprechen, ohne auch auf das in Teil III bereits Erörterte zurückzugreifen.

a) Vor Las Palmeras und Bámaca Verlásquez

Wie bereits ausgeführt, ist der Gerichtshof nicht zurückhaltend in seinem Zugriff auf fremde Rechtsmaterien (vgl. Teil III D.II.2.). So hat der Gerichtshof – einhergehend mit der Ansicht, dass die Konvention sich für diese fremden Rechtsmaterien öffnet – zunächst unausgesprochen[2510], später auch inklusive Thematisierung des Mandats[2511], seine Kompetenz bezüglich der Hinzuziehung der fremden Rechtsmaterien bejaht. In den Fällen Villagran-Morales et al v Guatemala[2512] (auch unter der Bezeichnung „Street Children" bekannt) und Bámaca Velásquez v

---

2509 AGMR, Urteil (Zulässigkeit) vom 4.2.2000, Case of Las Palmeras v. Colombia,

2510 Vgl. AGMR, Urteil vom 08.03.1998, Fall des „White Van" (Paniagua-Morales et al.) *v.* Guatemala, Z. 133 ff/181, wo er ohne weitere Erörterung seiner Kompetenz die Verletzung bestimmter Normen der Anti-Folter-Konvention bejaht; vgl. hierzu auch Burgorgue-Larsen/Úbeda de Torres, Amaya, The Inter-American Court of Human Rights, S. 65 (Z. 3.18).

2511 AGMR, Urteil vom 19.11.1999, Fall der „Street Children " (Villagran-Morales et al.) *v.* Guatemala, Z. 247f.

2512 AGMR, Urteil vom 19.11.1999, Fall der „Street Children " (Villagran-Morales et al.) *v.* Guatemala.

Guatemala[2513] bezog er die Anti-Folter-Konvention in sein Mandat mit ein. Jedoch stellten sich die entsprechenden Passagen im Urteil nicht schlüssig dar. In der Entscheidung Villagran-Morales et al v Guatemala sprach der Gerichtshof lediglich an, dass in der Anti-Folter-Konvention auf eine explizite Referenz bezüglich der Kompetenz des Gerichtshofs verzichtet wurde, es jedoch grundsätzlich für wichtig gehalten worden war, die Kompetenz einem internationalen Organ zu übertragen[2514]. Warum dies aber gerade der AGMR sein solle, wurde nicht weiter erörtert. Der Gerichtshof begnügte sich vielmehr mit der Feststellung, dass sich Guatemala der Rechtsprechung des Gerichtshofs unterworfen habe. Dass diese Unterwerfung allein die AMRK und nicht die Anti-Folter-Konvention betraf, wurde nicht weiter thematisiert. Auch in Bámaca Velásquez v Guatemala[2515] geht der Gerichtshof ohne weitere Begründung[2516] davon aus, die Kompetenz zur Anwendung der Anti-Folter-Konvention zu haben. In der frühen Phase des Gerichtshofs entsteht der Eindruck, dass der Gerichtshof durchaus großzügig zum einen mit seinem Mandat bezüglich fremder Rechtsmaterien, zum anderen mit der Begründung seines Mandats umging.

Des Weiteren wies auch das Gutachten des Gerichtshofs[2517], welches sich mit der Reichweite seiner gutachterlichen Funktion unter Art. 64 AMRK befasst[2518] auf eine weite Auffassung bezüglich des Mandats der Menschenrechtsorgane hin[2519]. So lobte er die Kommission für ihre Einbeziehung fremder Rechtsmaterien: „[T]he Commission has properly invoked in some of its reports and resolutions ‚other treaties concerning the protection of human rights in the American States', regardless of whether they have been adopted within the framework or

2513 AGMR, Urteil (Begründetheit) vom 25.11.2000, Bámaca Velásquez v Guatemala.

2514 AGMR, Urteil vom 19.11.1999, Fall der „Street Children" (Villagran-Morales et al.) *v.* Guatemala, Z. 247/248.

2515 AGMR, Urteil (Begründetheit) vom 25.11.2000, Bámaca Velásquez v Guatemala.

2516 So sagt der Gerichtshof zum Thema Kompetenz, die die Kommission im Antrag mit Art. 8 Antifolterkonvention und Art. 29 AMRK begründet hatte, lediglich: „In the instant case, it is the Court's responsibility to exercise its competence to apply the Inter-American Convention against Torture, which entered into force on February 28, 1987.", AGMR, Urteil (Begründetheit) vom 25.11.2000, Bámaca Velásquez v Guatemala, Z. 219.

2517 AKMR, Juan Carlos Abella et al v Argentina, Entscheidung vom 18.11.1997, Fall 1.137, Z. 171.

2518 „Other Treaties" Subject to the Consultative Jurisdiction of the Court (Art. 64 of the American Convention on Human Rights), Advisory Opinion OC-1/82, September 24, 1982.

2519 Vgl. auch Byron, Virginia Journal of International Law 2007, S. 861: „Therefore, this opinion can be understood as both, approving of the application of humanitarian law by the Commission, and confirming that the Court can give Advisory Opinions under Article 64 on the interpretation of humanitarian law treaties to which American States are parties."

under the auspices of the Inter-American system."[2520] Weiterhin bemerkte er: „A certain tendency to integrate the regional and universal systems for the protection of human rights can be perceived in the Convention. The Preamble recognizes that the principles on which the treaty is based are also proclaimed in the Universal Declaration of Human Rights and that ‚they have been reaffirmed and refined in other international instruments, worldwide as well as regional in scope.' Several provisions of the Convention likewise refer to other international treaties or to international law, without speaking of any regional restrictions. (....) Special mention should be made in this connection of Article 29, which contains rules governing the interpretation of the Convention, and *which clearly indicates an intention not to restrict the protection of human rights to determinations that depend on the source of the obligations.* (...)"[2521]

Vor diesem Hintergrund erscheint es vielleicht nicht unverständlich, warum die Kommission in Abella et al v Argentina unter Berufung unter anderem auf dieses Gutachten eine weite Auslegung ihres Mandats als wenig problematisch sah. Anders als die bisherige Rechtsprechung des AGMR jedoch vermuten ließ, schlug der Gerichtshof in Las Palmeras strengere Töne an.

b) Las Palmeras und Bámaca Velásquez: Restriktiver Ansatz des Gerichtshofs in Bezug auf das humanitäre Völkerrecht

In Las Palmeras hatte der Gerichtshof Gelegenheit zur Kompetenz der interamerikanischen Organe Stellung zu nehmen und zu klären, inwieweit sie zur Anwendung des humanitären Völkerrechts befugt seien. Gegenstand des Falles war die Tötung von sieben Menschen während eines durch Polizei und Militär durchgeführten bewaffneten Einsatzes in Las Palmeras[2522]. Zwischen der Kommission und Kolumbien war nicht umstritten, dass es zur Zeitpunkt der Tötungshandlungen ein nicht-internationaler bewaffneter Konflikt in Kolumbien stattfand[2523]. Während die Kommission den Gerichtshof aufforderte, neben der Verletzung der AMRK auch eine Verletzung des gemeinsamen Artikels 3 der Genfer Konventionen festzustellen[2524], wendete Kolumbien ein, dass weder die Kommission

2520 „Other Treaties" Subject to the Consultative Jurisdiction of the Court (Art. 64 of the American Convention on Human Rights), Advisory Opinion OC-1/82, September 24, 1982, Z. 43

2521 „Other Treaties" Subject to the Consultative Jurisdiction of the Court (Art. 64 of the American Convention on Human Rights), Advisory Opinion OC-1/82, September 24, 1982, Z. 41, Hervorhebung durch die Verfasserin.

2522 AGMR, Urteil (Begründetheit) vom 6.12.2001, Case of Las Palmeras v Colombia, Z. 2.

2523 AGMR, Urteil (Zulässigkeit) vom 4.2.2000, Case of Las Palmeras v. Colombia, Z. 29; vgl. auch OBERLEITNER, S. 289.

2524 AGMR, Urteil (Zulässigkeit) vom 04.02.2000, Case of Las Palmeras v. Colombia, Z. 12.

noch der Gerichtshof kompetent seien, eine Verletzung des humanitären Völkerrechts zu erklären[2525]. Dabei berief sich Kolumbien auf eine Unterscheidung, die bis heute die Rechtsprechung des Gerichtshofs bezüglich des humanitären Völkerrechts prägen sollte: „the distinction between ‚interpretation' and ‚application.' " Weiter hieß es: „The Court may *interpret* the Geneva Conventions and other international treaties, but it may only *apply* the American Convention."[2526] Zudem wies Kolumbien auf die zentrale Rolle des Staatenwillens hin: Stimme ein Staat nicht zu, dass der Gerichtshof die Genfer Konventionen auslege, sei dies auch nicht zulässig[2527].

Bekanntlich erteilte der Gerichtshof der „pro-active interpretation"[2528], wie die Kommission ihre Herangehensweise an ihr Mandats beschrieb, eine Absage. Der Gerichtshof führte aus: „Although the Inter-American Commission has broad faculties as an organ for the promotion and protection of human rights, it can clearly be inferred from the American Convention that the procedure initiated in contentious cases before the Commission, which culminates in an application before the Court, should refer specifically to rights protected by that Convention (*cf.* Articles 33, 44, 48.1 and 48)."[2529]

Ähnlich äußerte er sich zur eigenen Kompetenz in diesem Bereich unter Berufung insbesondere auf Artikel 62 Abs. 3 AMRK: „[The American Convention] has only given the Court competence to determine whether the acts or norms of the States are compatible with the Convention itself, and not with the 1949 Geneva Conventions."[2530]

Damit war die Kommission in der teilweise allzu breiten Auslegung ihrer Kompetenz zur Ordnung gerufen. Die (Selbst)Beschränkung der interamerikanischen Organe wurde in der Literatur überwiegend begrüßt, da die von der Kommission angenommene Kompetenz als die Grenzen der Auslegung überschreitend kritisiert wurde[2531]. Teilweise wurde es aber auch bedauert, dass der Gerichtshof die Möglichkeit, eine Brücke zwischen den beiden Rechtsmaterien zu schlagen, versäumt habe[2532]. Allerdings – so sollten die folgenden Entscheidungen zeigen[2533] – war der Gerichtshof nicht der Ansicht, dass das humanitäre

2525 AGMR, Urteil (Zulässigkeit) vom 04.02.2000, Case of Las Palmeras v. Colombia, Z. 28.

2526 AGMR, Urteil (Zulässigkeit) vom 4.2.2000, Case of Las Palmeras v. Colombia, Z. 30.

2527 AGMR, Urteil (Zulässigkeit) vom 4.2.2000, Case of Las Palmeras v. Colombia, Z. 30.

2528 AGMR, Urteil (Zulässigkeit) vom 4.2.2000, Case of Las Palmeras v. Colombia, Z. 31.

2529 AGMR, Urteil (Zulässigkeit) vom 4.2.2000, Case of Las Palmeras v. Colombia, Z. 34.

2530 AGMR, Urteil (Zulässigkeit) vom 4.2.2000, Case of Las Palmeras v. Colombia, Z. 33.

2531 ZB Tigroudja, in: Kolb/Gaggioli (Hrsg.) 2013, S. 466; Oberleitner, S. 279; Kritk bei Cerna, Journal of International Humanitarian Legal Studies 2011, S. 49/50.

2532 Martin, Revue Internationale de la Croix-Rouge 2001, S. 1038.

2533 Der Gerichtshof selbst meint in einer späteren Entscheidung, er hätte sich zur Befugnis, das humanitäre Völkerrecht zur Interpretation heranzuziehen bereits in Las Palmeras geäußert, vgl. AGMR, Urteil (Begründetheit) vom 25.11.2000,

Völkerrecht überhaupt keine Rolle in der Rechtsprechung der interamerikanischen Organe spielen könnte.

War nach dem Urteil in Las Palmeras nicht klar, inwiefern das humanitäre Völkerrecht überhaupt in die Rechtsprechung der interamerikanischen Menschenrechtsorgane einbezogen werden könnte, schuf der Gerichtshof in darauffolgenden Entscheidungen, wenn schon nicht letzte Klarheit[2534], doch Grundsätze dafür, wie sich das humanitäre Völkerrecht kompetenzwahrend einbringen ließ.

Wichtigster Fall in dieser Hinsicht ist die dem Las Palmeras-Urteil noch im selben Jahr folgende Entscheidung in Bámaca Velásquez v Guatemala[2535]. In dem Fall ging es um das Verschwinden eines Guerrillero, der in einer bewaffneten Auseinandersetzung mit dem Militär verwundet und gefangengenommen worden war. Velásquez blieb über Monate in Gewahrsam des Militärs und wurde gefoltert, bevor er verschwand. Bemühungen, sein Schicksal durch Exhumierungen zu klären, wurde von staatlichen Kräften behindert[2536]. Damit handelte es sich um einen klassischen Fall der „forced disappearance"[2537]. Der Gerichtshof sah es als erwiesen an, dass zu Zeiten des Verschwindens ein nicht-internationaler bewaffneter Konflikt in Guatemala herrschte[2538].

Auch hier hatte die Kommission in ihrem aus der Zeit noch vor Las Palmeras stammenden Antrag gefordert, der Gerichtshof solle die Verletzung von Vorschriften der AMRK, der Folterkonvention und des gemeinsamen Art. 3 GK feststellen[2539]. Anders als in Las Palmeras hatte der Vertragsstaat einer Anwendung des humanitären Völkerrechts in der mündlichen Verhandlung ausdrücklich zugestimmt[2540]. Die Rechtsprechung des Gerichtshofs schien jedoch nicht

---

Bámaca Velásquez v Guatemala, Z. 209; eine solche Auslegung der Ausführungen in Las Palmeras erschließt sich der Verfasserin jedoch nicht; allerdings wird in der Separate Opinion des Richters Cançado Trindade darauf hingewiesen, die Parteien hätten die Möglichkeit der Heranziehung des gemeinsamen Art. 3 GK zur Auslegung des Art. 4 AMRK für möglich erachtet, vgl. AGMR, Urteil (Zulässigkeit) vom 25.11.2000, Bámaca Velásquez v Guatemala, Separate Opinion Judge A.A. Cançado Trindade, Z. 3.

2534 Vgl. Oberleitner, S. 294, der der Ansicht ist, die Verwendung des humanitären Völkerrechts durch die interamerikanischen Organe bleibe ambivalent.

2535 AGMR, Urteil (Begründetheit) vom 25.11.2000, Bámaca Velásquez v Guatemala.

2536 AGMR, Urteil (Begründetheit) vom 25.11.2000, Bámaca Velásquez v Guatemala, Z. 121.

2537 Vgl. hierzu auch „Inter-American Convention on Forced Disappearance of Persons", abrufbar unter: http://www.oas.org/juridico/english/treaties/a-60.html, zuletzt besucht im Februar 2019.

2538 AGMR, Urteil (Begründetheit) vom 25.11.2000, Bámaca Velásquez v Guatemala, Z. 121.

2539 AGMR, Urteil (Begründetheit) vom 25.11.2000, Bámaca Velásquez v Guatemala, Z. 2.

2540 AGMR, Urteil (Begründetheit) vom 25.11.2000, Bámaca Velásquez v Guatemala, Z. 204.

von diesem Zugeständnis Guatemalas beeinflusst, als er allgemein zu seiner Kompetenz formulierte: „Although the Court lacks competence to *declare* that a State is internationally responsible for the violation of international treaties that do not grant it such competence, it can *observe* that certain acts or omissions that violate human rights, pursuant to the treaties that they do have competence to apply, also violate other international instruments for the protection of the individual, such as the 1949 Geneva Conventions and, in particular common Article 3."[2541] Inwiefern die *Beobachtung*, dass eine Verletzung des humanitären Völkerrechts vorliegt, substantiell etwas anderes bedeutet als die *Anwendung* desselben, bleibt offen[2542]. *Heintze* interpretiert die Entscheidung des Gerichtshofs dahingehend, dass das humanitäre Völkerrecht entgegen Las Palmeras auch weiter direkt angewendet werden kann[2543]. Es scheint nicht von der Hand zu weisen, dass unter Geltung dieses Paradigmas die Rechtsprechung der Kommission im Vergleich zu ihrer weiten Auslegung (vgl. Ziff. 1.b)) allenfalls formell geändert hätte werden müssen: Es könnte die Verletzung einer humanitärvölkerrechtlichen Norm geprüft und eben beobachtet werden; sie dürfte lediglich nicht im Rahmen der Entscheidung bezüglich der Verletzung bestimmter Normen genannt werden.

Bezüglich der Dogmatik seiner Kompetenz bleibt der Gerichtshof relativ vage. Sein Mandat, humanitäres Völkerrecht in die Rechtsprechung einzubeziehen, begründet er folgendermaßen: „Indeed, there is a similarity between the content of Article 3, common to the 1949 Geneva Conventions, and the provisions of the American Convention and other international instruments regarding non-derogable human rights (such as the right to life and the right not to be submitted to torture or cruel, inhuman or degrading treatment). This Court has already indicated in the *Las Palmeras Case* (2000), that the relevant provisions of the Geneva Conventions may be taken into consideration as elements for the interpretation of the American Convention."[2544]

2541 AGMR, Urteil (Begründetheit) vom 25.11.2000, Bámaca Velásquez v Guatemala, Z. 208, Hervorhebung durch die Verfasserin.

2542 Byron spekuliert, dass die Beobachtung einer Verletzung des humanitären Völkerrechts dazu führen soll, dass durch öffentliche Verurteilung der Druck zur Einhaltung desselben erhöht wird, vgl. Byron, Virginia Journal of International Law 2007, S. 862. Auch wenn dieser Gedanke seine Berechtigung hat, trägt er zu einer dogmatischen Einordnung des humanitären Völkerrechts in die Rechtsprechung der interamerikanischen Menschenrechtsorgane wenig bei. Insbesondere werden anders als bei Byron in diesem Zusammenhang weder Art. 27 AMRK, noch Art. 29 (b) AMRK an dieser Stelle vom Gerichtshof angeführt.

2543 Heintze, Revue Internationale de la Croix-Rouge 2004, S. 805; aA Oberleitner, S. 291, der diese Möglichkeit durch die Entscheidung in Las Palmeras definitiv als ausgeschlossen sieht.

2544 AGMR, Urteil (Begründetheit) vom 25.11.2000, Bámaca Velásquez v Guatemala, Z. 208/209, Hervorhebung durch die Verfasserin; vgl. auch AGMR, Urteil vom 15.9.2005, Case of the Mapiripán Massacre v Colombia, Z. 115: „While it is clear that this Court cannot attribute international responsibility under International

Die Kompetenz wurde somit mehr festgestellt als genauer begründet[2545]. Der Verweis auf das Urteil im Fall Las Palmeras – und hier auf die Ziffern 32–34 – ist zur Begründung einer Dogmatik ebenfalls nicht übermäßig hilfreich, da im Vordergrund der Ausführungen steht, die die zu weite Rechtsprechung der Kommission einzuschränken. Einzig der Hinweis drauf, dass das Mandat des Gerichtshof keine Grenzen kenne, wenn es um die Überprüfung von Normen auf ihre Kompatibilität mit der Konvention gehe[2546] und dass der Gerichtshof in dieser Funktion die betreffende Norm im Lichte der AMRK auslege[2547], kann unter Umständen als positive Dogmatik verstanden werden. Jedoch passt auch dies nicht auf die Situation, da typischerweise nicht humanitäre Völkerrechts*normen* auf ihre Vereinbarkeit mit der AMRK überprüft werden müssen, sondern ein *Verhalten* des Staates in einer Situation des bewaffneten Konflikts. Bei der Überprüfung dieses Verhaltens kommt es somit darauf an, ob – angesichts des Vorliegens eines bewaffneten Konflikts – Normen des humanitären Völkerrechts in die Bewertung nach dem Menschenrechtsvertrags einfließen dürfen oder nicht. Auf diese Situation geht der Gerichtshof in Las Palmeras jedoch nicht ein. Der Vorschlag Kolumbiens, dass das humanitäre Völkerrecht zur Interpretation herangezogen, jedoch nicht losgelöst von Normen der AMRK angewendet werden dürfe, wurde nicht in die Entscheidungsgründe des Urteils aufgenommen.

c) Entwicklungen nach Las Palmeras und Bámaca Velásquez

Der Gerichtshof blieb jedoch nicht immer so wortkarg bezüglich der rechtlichen Grundlage seiner Kompetenz, das humanitäre Völkerrecht auszulegen, wie in den Fällen Las Palmeras und Bamaca Velasquez. Im Fall Serrano Cruz Sisters v El Salvador[2548] bestätigte der Gerichtshof ausführlich, dass er – trotz anderslautender Rechtsauffassung des Antragsgegners – zur Beurteilung von Fällen sowie der Auslegung der Konvention im Lichte des humanitären Völkerrechts ermächtigt ist[2549]. Als dogmatische Grundlage für diese Ermächtigung auch in Zeiten des bewaffneten Konflikts zitierte er die Derogationsklausel Art. 27 AMRK[2550], die

---

Humanitarian Law, as such, said provisions are useful to interpret the Convention, in the process of establishing the responsibility of the State and other aspects of the violations alleged in the instant case."

2545 Auch Oberleitner ist sich nicht sicher, worauf zur Begründung der Kompetenz abgestellt werden soll; er äußert die Vermutung, dass entweder der Staatswille oder die Ähnlichkeit der Normen entscheidend sein sollen, vgl. Oberleitner, S. 291.

2546 AGMR, Urteil (Zulässigkeit) vom 4.2.2000, Case of Las Palmeras v. Colombia, Z. 32.

2547 AGMR, Urteil (Zulässigkeit) vom 4.2.2000, Case of Las Palmeras v. Colombia, Z. 33.

2548 AGMR, Urteil vom 23.11.2004, Case of the Serrano Cruz Sisters v El Slavador.

2549 AGMR, Urteil vom 23.11.2004, Case of the Serrano Cruz Sisters v El Slavador, Z. 111ff.

2550 AGMR, Urteil vom 23.11.2004, Case of the Serrano Cruz Sisters v El Slavador, Z. 114.

deutlich mache, dass die Konvention auch in Zeiten des bewaffneten Konflikts weitergelte (mit direkten Auswirkungen natürlich auch auf das Mandat), sowie die Öffnungsklauseln im humanitären Völkerrecht, die Komplementarität und Konvergenz begründeten. Genannt wurden für letzteres die Präambel des ZP II („international instruments relating to human rights offer a basic protection to the human person"), Art. 75 ZP I (eine humanitärvölkerrechtliche Begünstigungsklausel) sowie Art. 4 ZP II (ein Katalog von „fundamental gurantees").

Wie in Teil III bereits ausführlich erläutert, zieht der Gerichtshof inzwischen zur Begründung der Einbeziehung fremder Rechtsmaterien im Sinne der systemischen Integration auch Art. 31 Abs. 3 WVRK heran[2551]. Dies wirkt sich natürlich auch auf seine Kompetenz aus: „In its case law, the Court has established clearly that *it has the authority* to interpret the provisions of the American Convention in light of other international treaties, so that it has frequently used provisions from other human rights treaties ratified by the defendant State to provide content and scope to the provisions of the Convention."[2552]

Im Fall Mapiripàn Massacre v Columbia zog der Gerichtshof jedoch andere Normen heran, um seine Kompetenz zur Auslegung des humanitären Völkerrechts zu begründen. So berief er sich einerseits auf Art. 1 Abs. 1 und Art. 2 AMRK, andererseits auf Art. 29(b) AMRK, um sein Mandat zu umgrenzen. Dies geschah zwar nicht im Zusammenhang mit der Erörterung der Kompetenzfrage, sondern im Rahmen der Prüfung der Staatenverantwortlichkeit Kolumbiens für die Handlungen insbesondere paramilitärischer Organisationen[2553]. Doch da es im streitigen Verfahren gerade die Aufgabe des Gerichtshofs ist, Verletzungen der Konvention festzustellen, sind die Ausführungen gleichermaßen interessant für die Kompetenz, zumal sich der AGMR später derselben Argumentation auch im Zusammenhang mit der Kompetenzfrage bediente[2554]. Art. 1 Abs. 1 und Art. 2 AMRK wirken eher einschränkend auf das Mandat des Gerichtshofs, wie die folgende Passage zeigt: „While the American Convention itself explicitly refers to the rules of general International Law for its interpretation and application, the obligations set forth in Articles 1(1) and 2 of the Convention are ultimately the basis for the establishment of the international responsibility of a State for abridgments to the Convention. (...) Therefore, attribution of international

2551 ZB AGMR, Urteil vom 23.11.2004, Case of the Serrano Cruz Sisters v El Slavador, Z. 119.

2552 AGMR, Urteil vom 23.11.2004, Case of the Serrano Cruz Sisters v El Slavador, Z. 119, Hervorhebung durch die Verfasserin.

2553 Vgl. AGMR, Urteil vom 15.9.2005, Case of the Mapiripán Massacre v Colombia, Z. 97 ff.

2554 vgl. AGMR, Urteil vom 30.11.2012, Case of the Santo Domingo Massacre v Colombia, Z. 23.

responsibility to the State, as well as the scope and effects of the acknowledgment made in the instant case, *must take place in light of the Convention itself.*“[2555]

Wie in Teil III bereits angesprochen, stellte der Gerichtshof seine Auffassung, dass die Konventionsrechte andere Normen zum Schutz des Individuums nicht verdrängen, auf die normative Basis des Art. 29(b) AMRK[2556]. Um seine Kompetenz, eine Staatenverantwortlichkeit in diesem Zusammenhang festzustellen, differenzierte er folgendermaßen: „While it is clear that this Court cannot attribute international responsibility under International Humanitarian Law, as such, *said provisions are useful to interpret the Convention*, in the process of establishing the responsibility of the State and other aspects of the violations alleged in the instant case. These provisions were in force for Colombia at the time of the facts, as international treaty agreements to which the State is a party, and as domestic law, and the Constitutional Court of Colombia has declared them to be *jus cogens* provisions, which are part of the Colombian ‚constitutional block‘ and are mandatory for the States and for all armed State and non-State actors involved in an armed conflict.“[2557] Durch die Aussage, dass das humanitäre Völkerrecht herangezogen werde, weil es zur Interpretation der menschenrechtlichen Vorschriften nützlich sei, zeigt, dass auch der AGMR sich der systemischen Integration bedient, um sein Mandat zur Heranziehung des humanitären Völkerrechts zu begründen. Eine isolierte Feststellung einer Verletzung muss dagegen unterbleiben.

In Masscres of El Mozote and nearby places v El Slavador[2558] bestätigte der Gerichtshof sein Mandat unter Berufung auf Art. 29 AMRK auf das humanitäre als komplementäre und spezifische Rechtsquelle im Rahmen der Auslegung der Konventionsrechte Rückgriff zu nehmen[2559].

Im Fall Santo Domingo Massacre v Colombia[2560] wurde zum wiederholten Male angezweifelt, dass der Gerichtshof im Rahmen eines bewaffneten Konflikts die Kompetenz hätte, über einen Sachverhalt zu richten. Die Argumentation des Antragsgegners wurde dahingehend erweitert, dass dies insbesondere auch deshalb der Fall sei, da eine kriegstypische Situation vorliege, die allein nach humanitären Völkerrecht beurteilt werden müsse[2561]. Demgegenüber bestätigte

---

2555 AGMR, Urteil vom 15.9.2005, Case of the Mapiripán Massacre v Colombia, Z. 107, Hervorhebung durch die Verfasserin.

2556 AGMR, Urteil vom 15.9.2005, Case of the Mapiripán Massacre v Colombia, Z. 115.

2557 AGMR, Urteil vom 15.9.2005, Case of the Mapiripán Massacre v Colombia, Z. 115, Hervorhebung durch die Verfasserin.

2558 AGMR, Urteil vom 25.10.2012, Case of the Massacres of El Mozote and nearby places v El Salvador.

2559 AGMR, Urteil vom 25.10.2012, Case of the Massacres of El Mozote and nearby places v El Salvador, Z. 141.

2560 AGMR, Urteil vom 30.11.2012, Case of the Santo Domingo Massacre v Colombia.

2561 AGMR, Urteil vom 30.11.2012, Case of the Santo Domingo Massacre v Colombia, Z. 16.

der Gerichtshof ein weiteres Mal sein Mandat, die Konvention im Lichte anderer völkerrechtlicher Verträge auszulegen[2562]. Der Gerichtshof verwies auf Teile der Begründung im Fall Mapiripàn Massacre[2563], sowie auf Bámaca Velásquez und Las Palmeras, zog jedoch keine weiteren Normen zur Begründung seines Mandats heran. Der Gerichtshof kam zu dem Schluss, dass er bei seiner Auslegung der Konventionsnormen, wenn erforderlich, sowohl Bezug zu den Normen als auch den Prinzipien des humanitären Völkerrechts nehmen könne[2564].

Im Fall Rodriguez Vera et al v Colombia[2565] argumentierte Kolumbien etwas verfeinert, der Gerichtshof sei ratione materiae nicht zuständig, da vorliegend das humanitäre Völkerrecht nicht nur als „supplement“ zum Einsatz käme, sondern als „special, main and exclusive law“[2566] anwendbar sei. Obwohl dies letzten Endes wiederum auf die Argumentation hinausläuft, dass die Anwendbarkeit des humanitären Völkerrechts die Anwendbarkeit der Menschenrechte ausschließt, schien sich der Antragsgegner gegenüber der klassischen Trennungstheorie darauf zurückgezogen zu haben, dass jedenfalls im Fall des Vorliegens einer kriegstypischen Situationen[2567] allein das humanitäre Völkerrecht zur Anwendung kommen sollte und die Kompetenz des Gerichtshofs damit nicht gegeben sei (vgl. zu diesem Ansatz, das lex-specialis-Prinzip trennend einzusetzen: Teil III A.II.). Der Gerichtshof bejahte seine Zuständigkeit demgegenüber mit dem üblichen Argumenten, allerdings mit ebenfalls „verfeinerter“ normativer Grundlage: „In the instant case, neither the Commission nor the representatives have asked the Court to declare the State responsible for possible violations of norms of international humanitarian law. In accordance with Article 29(b) of the American Convention and the general rules for the interpretation of treaties contained in the 1969 Vienna Convention on the Law of Treaties, the American Convention can

2562 AGMR, Urteil vom 30.11.2012, Case of the Santo Domingo Massacre v Colombia, Z. 24: "(...) [T]he Court reiterates that although the American Convention has only empowered it to determine the compatibility of the States' acts and omissions or laws with this Convention and not with the provisions of other treaties or customary norms, when making this analysis, it can, as it has in other cases, interpret the obligation and the rights contained in the American Convention in light of other treaties."

2563 So insbesondere auf die Beschränkung der Feststellung der Staatenverantwortlichkeit auf die Verletzung von Konventionsnormen gem. Art. 1 Abs. 1 und Art. 2 AMRK, vgl. AGMR, Urteil vom 30.11.2012, Case of the Santo Domingo Massacre v Colombia, Z. 23.

2564 AGMR, Urteil vom 30.11.2012, Case of the Santo Domingo Massacre v Colombia, Z. 25.

2565 AGMR, Urteil vom 14.11.2014, Rodríguez Vera et al v Colombia.

2566 AGMR, Urteil vom 14.11.2014, Rodríguez Vera et al v Colombia, Z. 38.

2567 So ginge es in Rodriguez Vera et al v Clombia um die militärische Bekämpfung einer Gruppe Aufständischer, die im Justizpalast Geiseln genommen hatten, vgl. Z. 93 ff.

be interpreted in relation to other international instruments." In einer Fußnote führt der Gerichtshof seinen Hinweis auf die Wiener Vertragsrechtskonvention noch genauer aus: "In this regard Art. 31.3.c of the Vienna convention establishes as a general rule of interpretation that: ‚[t]here shall be taken into account, together with the context: [...] (c) any relevant rules of the international law applicable in the relations between the parties."

Nicht nur das Verhältnis der Rechtsmaterien wird, wie in Teil III D.II. bereits erläutert, damit sorgfältiger auf eine normative Grundlage gestellt, sondern auch das damit eng zusammenhängende Mandat des Gerichtshofs. Womöglich schreitet die Entwicklung der Formel bezüglich der Einbeziehung des humanitären Völkerrechts weiter voran und wird In Zukunft auf die normativen Grundlagen sowohl des Art. 29(b) AMRK und Art. 31 Abs. 3 lit.c WVRK gestützt. Die weiteren Entwicklungen bleiben abzuwarten.

d) Ergebnis

Der interamerikanische Gerichtshof legt die Konvention dahingehend aus, dass sie die Einbeziehung fremder Rechtsmaterien in hohem Maße zulässt (Teil III D.II.2). Eng mit dieser Frage zusammen hängt das Mandat des Gerichtshofs, wie Tigroudja richtig bemerkt: „The American Convention of Human Rights plays the role of ‚*receptable formel*' of this *international corpus juris*, and the Court, as the organ of implementation of the Convention, is legitimate in referring to this set of rules."[2568] Dies gilt auch für die Phase vor der Rechtsprechung der Kommission in Avilán et al v Colombia und Juan Carlos Abella v Argentina: Wenn sich die Ausführungen teilweise auch auf die gutachterliche Funktion des Gerichtshofs bezogen haben mag, konnten die weiten Formulierungen und die Annahme der eigenen Kompetenz in Bezug auf konventionsfremde Materien durchaus dahingehend ausgelegt werden, dass im Rahmen des interamerikanischen Rechtssystems mit dieser Frage großzügig umgegangen wird.

Einschneidend und weder zur Rechtsprechung davor noch danach wirklich passend stellt sich die Entscheidung im Fall Las Palmeras dar. Dieser Fall beschäftigt sich allein mit der Frage, was das Mandat *nicht* umfasst: Nämlich die Kompetenz, Verletzungen des humanitären Völkerrechts als fremder Rechtsmaterie festzustellen und zu erklären. Ein Rätsel bleibt, dass Gerichtshof in seiner späteren Rechtsprechung immer wieder auf Las Palmeras als angebliche Begründung seiner Ansicht, das humanitäre Völkerrecht könne im Rahmen der Interpretation der Konventionsnormen herangezogen werden, da sich diese Aussage in Las Palmeras nicht findet.

Bereits der Fall Bámaca Velásquez zeigt, in welche Richtung sich die Rechtsprechung des Gerichtshofs sich entwickeln wird. Mit der Aussage, dass eine

---

2568 Tigroudja, in: Kolb/Gaggioli (Hrsg.) 2013, S. 473, Hervorhebung durch die Autorin.

Verletzung des humanitären Völkerrechts zwar nicht festgestellt, aber beobachtet werden kann, wird klar, dass sich der Gerichtshof inhaltlich nicht zu weit von der Vorgehensweise der Kommission entfernen will. In der Folge hält er es auch tatsächlich von seinem Mandat umfasst, das humanitäre Völkerrecht umfangreich zur Bewertung eines Sachverhalts im Rahmen eines bewaffneten Konflikts heranzuziehen und allein die Feststellung der Verletzung im Ergebnis zu unterlassen.

Beachtenswert ist, dass der Gerichtshof zunehmend auf Normen abstellt, was die Begründung seines Mandats angeht. Dabei spielt, wie in Teil III bereits erwähnt, insbesondere Art. 29 AMRK und Art. 31 Abs. 3 WVRK eine Rolle. Ob der Gerichtshof bei der Zitierung der Normen Art. 31 Abs. 3 lit. c WVRK sowie Art. 29(b) AMRK bleiben wird, ist abzuwarten. Jedenfalls aber empfindet der Gerichtshof die systemische Integration nicht nur als eine Möglichkeit, das Verhältnis der Rechtsmaterien zu beschreiben, sondern auch als Mandat, das humanitäre Völkerrecht im Rahmen der Auslegung der Konventionsnormen heranzuziehen[2569].

III. Der UN-Menschenrechtsausschuss

Der Menschenrechtsausschuss hat sich bisher noch nicht ausführlich dazu geäußert, wie er die eigene Kompetenz mit Blick auf Fälle beurteilt, die humanitäres Völkerrecht beinhalten. Insbesondere hatte er noch keine Gelegenheit, in einer Individualbeschwerde hierzu Stellung zu nehmen[2570]. Da er jedoch das humanitäre Völkerrecht in seine Auslegung beispielsweise der Prüfung der Willkürlichkeit des Eingriffs in die Rechte auf Leben und Freiheit miteinbeziehen würde (vgl. unter Teil II A und B), ist davon auszugehen, dass er sich insoweit auch als kompetent betrachten würde, das humanitäre Völkerrecht anzusprechen.

Ausdrücklich hat sich der Menschenrechtsausschuss jedoch zu seiner Kompetenz geäußert, das humanitäre Völkerrecht im Rahmen einer Derogation zu prüfen: „Furthermore, article 4, paragraph 1, requires that no measure derogating from the provisions of the Covenant may be inconsistent with the State party's other obligations under international law, *particularly the rules of international humanitarian law.* Article 4 of the Covenant cannot be read as justification for derogation from the Covenant if such derogation would entail a breach of the State's other international obligations, whether based on treaty or general

2569 Wenn auch nicht im selben Ausmaß, wie dies die Kommission tut.

2570 Zwei Fälle, die indirekt die Kriegsgefangenschaft während des Zweiten Weltkriegs zum Gegenstand hatten, wurde – aus anderen Gründen – für unzulässig erklärt, vgl. MRA, Entscheidung vom 31.10.1995, Atkinson v Canada, Nr. 573/1994, U.N. Doc. CCPR/C/55/D/573/1994 und MRA, Entscheidung vom 03.04.1997, Julian v New Zealand, Nr. 601/1994, U.N. Doc. CCPR/C/59/D/601/1994; vgl. auch Kälin, in: Kolb/ Gaggioli 2013, S. 446.

international law. (….) Although it is not the function of the Human Rights Committee to review the conduct of a State party under other treaties, in exercising its functions under the Covenant *the Committee has the competence to take a State party's other international obligations into account when it considers whether the Covenant allows the State party to derogate from specific provisions of the Covenant.* Therefore, when invoking article 4, paragraph 1, or when reporting under article 40 on the legal framework related to emergencies, States parties should present information on their other international obligations relevant for the protection of the rights in question, in particular those obligations that are applicable in times of emergency. In this respect, States parties should duly take into account the developments within international law as to human rights standards applicable in emergency situations."[2571]

Wie *Byron* richtig bemerkt, ist es im Fall der Bestimmung der Rechtmäßigkeit einer Derogation geradezu notwendig, das geltenden humanitäre Völkerrecht zu prüfen[2572].

Diese Zurückhaltung bezüglich der eigenen Kompetenz bedeutet jedoch nicht, dass der Menschenrechtsausschuss sich niemals zum humanitären Völkerrecht äußert, wie die vorhergehenden Analysen gezeigt haben. Teilweise geschieht dies "unter der Hand", in dem Vertragsstaaten in den „Concluding Observations" auch an ihre Pflichten unter dem humanitären Völkerrecht erinnert werden[2573] und teilweise äußert sich der Ausschuss abstrakt in seinen „General Comments".

C. Gesamtergebnis

Die Analyse der Rechtsprechung der Menschenrechtsorgane ergibt, dass sich aktuell alle Organe ein indirektes Mandat zur Einbeziehung des humanitären Völkerrechts zuschreiben. An diesen Punkt sind die Organe auf unterschiedlichem Weg gelangt: während manche sich zunächst sogar für direkt mandatiert hielten, schienen andere sich für das humanitäre Völkerrecht weniger zuständig

---

2571 MRA, General Comment Nr. 29 (Derogations during a State of Emergency) vom 31.8.2001, U.N. Doc. CCPR/C/21/Rev.1/Add.11, Z. 9/10.

2572 Byron, Virginia Journal of International Law 2007, S. 849; ebenso: Oberleitner, S. 173.

2573 Teilweise erinnert der Menschenrechtsausschuss die Vertragsstaaten auch daran, neben den Verletzungen des Zivilpakts auch die des humanitären Völkerrechts zu untersuchen: MRA, Concluding Observations on the Second Periodic Report of Central African Republic vom 27.7.2006, UN Doc. CCPR/C/CAF/CO/2 Z. 8; MRA, Concluding Observations on the Sixth Periodic Report of the Russian Federation vom 24.11.2009, UN Doc.CCPR/C/RUS/CO/6, Z. 13; MRA, Concluding Observations on the Sixth Periodic Report of Colombia vom 4.8.2010, CCPR/C/COL/CO/6, Z. 9.

zu fühlen[2574]. Mehr und mehr schwenken die Vertragsorgane derzeit jedoch auf einen ähnlichen Kurs ein.

Auch ein indirektes Mandat der Vertragsorgane bezüglich des humanitären Völkerrechtsstößt nicht auf ungeteilte Zustimmung. Nicht ganz unbegründet gibt manch ein Autor zu bedenken, dass die Stellungnahmen verschiedener Menschenrechtsorgane zum humanitären Völkerrecht zu inkohärenten Ansichten, wenn nicht sogar zur Kakophonie bezüglich dieser Rechtsmaterie führen könnte[2575]. Andere rügen die fehlende Expertise der Menschenrechtsorgane, welche zum einen zu einer solchen Dissonanz beitragen könne, und zum anderen dazu führe, dass Staaten und insbesondere das Militär die Autorität der Organe auf diesem Gebiet nicht anerkennen könnten[2576]. Überwiegend wird jedoch begrüßt, dass die Menschenrechte zu ihrer Kompetenz mit Blick auf das humanitäre Völkerrecht gefunden haben. Da die Mechanismen, die das humanitäre Völkerrecht zu seiner Durchsetzung vorsieht, nicht funktionieren, wird der Rechtsweg vor den vertraglichen Menschenrechtsorganen als Chance gesehen, einerseits das humanitäre Völkerrecht inhaltlich durchzusetzen und andererseits dem Individuum im Krieg eine Stimme zu geben[2577]. Daneben erhöhe allein die Option, die Einhaltung des humanitären Völkerechts in einem Verfahren vor den Menschenrechtsorganen zu überprüfen, den Druck auf Staaten, das Recht einzuhalten und Einzelne für schwerwiegende Brüche der Genfer Konventionen zur Rechenschaft zu ziehen[2578]. Ein gewisser menschenrechtlicher Einschlag in das humanitäre Völkerrecht – mit allem caveat, die bereits erwähnt wurden – wird insbesondere für besondere humanitärvölkerrechtliche Situationen wie die prolongierte Besatzung begrüßt[2579].

Derzeit scheint es, als versuchten die menschenrechtlichen Vertragsorgane, den an sie gestellten Forderungen gerecht zu werden. Sie haben die Chance

---

2574 Vgl. hierzu auch Kälin/Künzli, S. 447/448.

2575 Vgl. Modirzadeh Naz K., in: Pedrozo (Hrsg.) 2010, S. 384.

2576 Modirzadeh Naz K., in: Pedrozo (Hrsg.) 2010, S. 383; vgl. auch Helmersen, European Journal of Legal Studies 2013, S. 247: „These bodies often lack expertise in the law of war and tend to reach conclusions that humnaitarian law experts find problematic." Allerdings findet Meron selbst dies im Ergebnis nicht problematisch: „Their very idealism and naivité, however are their geratest strength. Apart from the Yugoslavia and Rwanda Tribunals, few, if any expert bodies are charged with the application of international humanitarian law. Human rights bodies thus fill an institutional gap and give international humanitarian law an even more pro-human-rights orientation."

2577 Cerna, in: Kalshoven/Sandoz/Huynh/Macalister-Smith/Zimmermann, S. 23/33; Prud'homme, Israel Law Review 2007, S. 366; Buis Emiliano J., in: Arnold/Quénivet, S. 292/293; kritischer: Oberleitner, S. 320

2578 Byron, Virginia Journal of International Law 2007, S. 887 ff.; S. 891.

2579 Ben-Naftali/Shany, Israel Law Review 2003, Byron, Virginia Journal of International Law 2007, S. 885.

ergriffen, die in der Einbeziehung des humanitären Völkerrechts in ihre Rechtsprechung steckt. Gleichzeitig versuchen sie jedoch, ihre Aussagen zum humanitären Völkerrecht möglichst wenig kontrovers zu halten, um die Legitimität ihrer Stellungnahmen zu erhalten. Dies erklärt, warum die Menschenrechtsorgane bisher das humanitäre Völkerrecht nur sparsam mit menschenrechtlichen Ansätzen anreichern und sich überwiegend das humanitäre Völkerrecht anwenden. Vor dem Hintergrund, dass das humanitäre Völkerrecht nur so stark ist, wie seine Akzeptanz auf dem Schlachtfeld, kann sich eine Humanisierung des humanitären Völkerrechts nur langsam vollziehen. Nachdem nun der Schritt in die Welt des humanitären Völkerrechts von den wichtigsten vertraglichen Menschenrechtsorganen vollzogen ist, muss dies ihre Prärogative sein.

Teil V: Ergebnisse

Teil I
Extraterritoriale Jurisdiktion: Untersuchung der Überschneidungsmöglichkeiten und Bedeutung kriegstypischer Situationen

A. Schnittmengen: Extraterritoriale Jurisdiktion der menschenrechtlichen Vertragsorgane

I. Die Rechtsprechung der Menschenrechtsorgane wird auf ihre Haltung zur Jurisdiktion untersucht, da der räumliche Anwendungsbereich eine große Rolle dabei spielt, ob sich die untersuchten Rechtsmaterien überschneiden können. Von besonderer Bedeutung ist hierbei die extraterritoriale Jurisdiktion, die sich auf Sachverhalte außerhalb des Hoheitsgebiets des Vertragsstaats bezieht und die im internationalen bewaffneten Konflikt eine große Rolle spielt. Die Literatur geht überwiegend von dem Bestehen eines personalen und eines räumlichen Jurisdiktionsmodells aus, über das extraterritoriale Jurisdiktion begründet wird.

II. Eine Untersuchung der Rechtsprechung zur extraterritorialen Jurisdiktion in ihren materiellen Aspekten kommt zu dem Ergebnis, dass das interamerikanische System das personale Modell stark bevorzugt, wenn sich auch aktuell deutlichere territoriale Anklänge zeigen. In der Rechtsprechung des EGMR sowie der Praxis des UN-Menschenrechtsausschusses werden bereits seit Längerem sowohl das territoriale, als auch das personale Modell vertreten. Gerade die Rechtsprechung des EGMR ist aufgrund der Negativrechtsprechung in Banković, welche sich mit späterer Rechtsprechung nicht in Einklang bringen lässt, inkohärent und lässt sich schwer fassen.

III. Dennoch können ihr und der Rechtsprechung der anderen Menschenrechtsorgane in der Frage der Jurisdiktion einige materielle Prinzipien entnommen werden. Anders als in Banković dargestellt, hat der menschenrechtliche Jurisdiktionsbegriff mit dem völkerrechtlichen Jurisdiktionsbegriff nichts gemein. So kommt es insbesondere *nicht* auf die Legitimität bzw. Rechtmäßigkeit vertragsstaatlichen Verhaltens auf fremden Hoheitsgebiet an. Die Analyse der Rechtsprechung zeigt, dass es allein auf das faktische Handeln des Staates ankommt. Während es insbesondere für das interamerikanische System ausreicht, dass durch das faktische Handeln des Staates Menschen in ihren Menschenrechten berührt sind, um Jurisdiktion anzunehmen, tut sich der EGMR aufgrund der in Banković begründeten Rechtsprechung, in der er diesen sog. „cause-and-effect"-Ansatz ausdrücklich ausgeschlossen hatte, schwer, eine ähnliche Haltung ausdrücklich anzunehmen; allerdings hat er in

Banković nachfolgender Rechtsprechung derartige Situationen immer wieder in die Jurisdiktion des Vertragsstaats fallen lassen. Auch nach Al-Skeini, die neue grundlegende Entscheidung in diesem Bereich, ist aufgrund des dort gewählten gemischten Modells aus Elementen des territorialen und des personalen Modells immer noch nicht endgültig klar, wann extraterritoriale Jurisdiktion vorliegt. Ausdrücklich klargestellt wird, dass Gewahrsam personale Jurisdiktion begründet. Anders als im interamerikanischen System bleibt das Unterfallen von Tötungshandlungen ungeklärt.

IV. Die Analyse der Rechtsprechung zur Jurisdiktion ergibt trotz der Widersprüche, die im Gefolge des Falls Banković auftreten, folgendes Bild: Jurisdiktion ist als einheitliches Konzept zu begreifen, welches nicht in eine hoheitsgebietsbezogene und eine extraterritoriale Jurisdiktion zerfällt. Vielmehr gehorcht Jurisdiktion sowohl auf eigenem und auf fremdem Hoheitsgebiet denselben Regeln: es handelt sich um die tatsächliche Kontrolle, oder das unmittelbare Potential von tatsächlicher Kontrolle über Menschen. Dieser Ansicht scheint auch die Interamerikanische Kommission zu sein. Unter Kontrolle wiederum ist die menschenrechtsrelevante Einwirkung auf Menschen zu verstehen, die vom Vertragsstaat gesteuert werden kann. Die Einheitlichkeit des Konzepts der Jurisdiktion wird durch die prozessuale Behandlung der Jurisdiktion in der Rechtsprechung der Menschenrechtsorgane bestätigt: Als *Tatsache* wird sie auf eigenem Hoheitsgebiet vermutet – kann aber widerlegt werden -, auf fremdem Hoheitsgebiet muss sie bewiesen werden. Eine Vermutung kann sich denknotwendig nur auf dieselbe Tatsache beziehen. Kontrolle über Menschen liegt auf dem eigenen Hoheitsgebiet regelmäßig, auf fremdem Hoheitsgebiet nur ausnahmsweise vor. Diese Kontrolle kann sich auf ein einzelnes oder wenige Individuen beziehen (personales Modell) oder über ein größeres Gebiet vermittelt, auf potentiell viele Menschen (räumliches Modell). In allen Fällen bleibt die Natur der Beziehung zwischen Vertragsstaat und Individuum dieselbe.

B. Auswirkung der Rechtsprechung der Menschenrechtsschutzorgane zur extraterritorialen Jurisdiktion auf kriegstypische Situationen

Während man sich in der Rechtsprechung einig ist, dass die kriegstypische Situation der Ingewahrsamnahme und der Haft durch Staatsorgane Jurisdiktion begründen – dies auch zu Zeiten der aktiven Phase des bewaffneten Konflikts – besteht mit Blick auf Kampfhandlungen weniger Einigkeit. Mit Blick auf den EGMR immer noch widersprüchliche Rechtsprechung, die bis heute kein klare Linie zeigt. Nach den in Teil A ermittelten Prinzipien müsste jedoch auch der Einsatz tödlicher Gewalt zu extraterritorialen Jurisdiktion führen. Dies jedenfalls mit Blick auf Zivilisten, möglicherweise auch mit Blick auf Kombattanten.

C. Die Rolle des Besatzungsrechts im Rahmen der Rechtsprechung zur Jurisdiktion

I. Die Untersuchung des Besatzungsbegriffs nach dem Haager Recht ergibt, dass zur Qualifizierung einer Situation als Besatzung insbesondere das Kriterium der effektiven Kontrolle eine entscheidende Rolle spielt. Des Weiteren werden für das Vorliegen einer Besatzung militärische Präsenz ohne Einverständnis des Territorialstaates vorausgesetzt. Die Kontrolle kann hierbei durch eigene Truppen, jedoch auch durch Marionettenregierungen ausgeübt werden. Nach hier vertretener Ansicht stellt die effektive Kontrolle, welche das Vakuum des verdrängten Souveräns füllt, im Wesentlichen ein Spiegelbild der Hoheitsgewalt des Territorialstaats dar. Mögen im humanitären Völkerrecht auch die Interessen der Staaten an dem Territorium an sich eine Rolle spielen, wird in der vorliegenden Schrift das Verhältnis zwischen Besatzer und Personen auf dem besetzten Gebiet für das entscheidende gehalten. Es besteht somit eine Parallele zu dem Jurisdiktionsbegriff der Menschenrechtsorgane, deren Wesen ebenfalls die Beziehung zu Personen und nicht die Beziehung zur Sache „Land" ist.

II. Der funktionale Besatzungsbegriff geht davon aus, dass der Vierten Genfer Konvention ein anderer als der klassische Besatzungsbegriff zu Grunde liegen könnte. Eine Besatzung in diesem Sinne liege vor, sobald geschützte Personen der Besatzungsmacht „in die Hände fallen".

III. Zwischen der klassischen Besatzung und dem in der Praxis insbesondere des UN-Menschenrechtsausschusses, neuerdings aber auch der Interamerikanischen Kommission, sowie der Rechtsprechung des EGMR vertretenen territorialen Modell besteht entgegen der teilweise in der Literatur vertretenen Ansicht ein Zusammenhang. Diese Ansicht stützt sich auf die Analyse der Situationen, in denen das territoriale Modell entwickelt wurde als solche der Besatzung, die Verwendung des humanitärvölkerrechtlichen Besatzungsbegriffs in Rechtsprechung und Praxis sowie den Gleichklang der Kriterien der beiden Konzepte. All dies führt zu dem Schluss, dass es im Rahmen einer Besatzung stets Jurisdiktion vorliegen muss. Umgekehrt gilt: Territoriale Jurisdiktion kann auch ohne Besatzung vorliegen.

IV. Der funktionale Besatzungsbegriff wiederum weist Parallelen zur Jurisdiktion auf, wie sie im personalen Modell begründet wird.

Teil II
Untersuchung der Rechtsprechung der vertraglichen Menschenrechtsschutzorgane zum humanitären Völkerrecht

A. Das Recht auf Leben

I. Um für die Analyse der Rechtsprechung zum Recht auf Leben ein dogmatisches Fundament zu haben, muss zunächst der Inhalt des „Rechts auf Leben" sowohl in den drei Konventionen, als auch im humanitären Völkerrecht untersucht werden.

1. Die Zusammenschau der Regelung des Rechts auf Leben der verschiedenen Konventionen zeigt grundsätzlich ähnliche Wertungen. Unterschiede ergeben sich insbesondere mit Blick auf den Aufbau des Art. 2 EMRK, der Rechtsfertigungsgründe für den Einsatz tödlicher Gewalt abschließend aufzählt, während der IPBPR und die AMRK diese Rechtfertigungsgründe in der Formel des Verbots der willkürlichen Tötung enthalten. Das Recht der Menschenrechte enthält zudem zusätzlich noch umfangreiche, wenn auch unterschiedlich ausgestaltete Schutzpflichten, zu denen auch die Untersuchung eines Todesfalls oder des Verschwindens einer Person unter bestimmten Umständen gehört.
2. Das humanitäre Völkerrecht regelt den Einsatz tödlicher Gewalt insbesondere unter dem Gesichtspunkt der militärischen Notwendigkeit, um der Situation des bewaffneten Konflikts gerecht zu werden. Wesenseigen ist dem humanitären Völkerrecht aber gerade die Regulierung des Tötens durch Einschränkungen des grundsätzlich erlaubten Einsetzens tödlicher Gewalt. So sind bestimmte Personengruppen, insbesondere Zivilisten besonders geschützt und dürfen nicht zum Ziel eines Angriffs gemacht werden. Die militärische Notwendigkeit wird durch das Prinzip der Unterscheidung, der Verhältnismäßigkeit, des Ergreifens von Vorsichtsmaßnahmen eingeschränkt. Hierin liegt der Lebensschutz des humanitären Völkerrechts.
3. Die Ausgestaltung des Lebensschutzes im humanitären Völkerrecht und im Recht der Menschenrechte ist sehr unterschiedlich. Während dem Recht auf Leben der Gedanke zu Grunde liegt, das Töten verboten ist, wenn es nicht erlaubt ist, verhält es sich im humanitären Völkerrecht genau andersherum. Das Menschenrecht könnte das humanitäre Völkerrecht beispielsweise durch seine Schutzpflichten bereichern, wobei die normative Regelungskraft des humanitären Völkerrechts möglichst erhalten bleiben muss. Dies gilt jedoch umso weniger, je mehr sich von der aktiven Kampfphase entfernt wird. Im Umkehrschluss ist vom humanitären Völkerrecht als dem maßgeblichen Recht für Kriegshandlungen auszugehen. Hierbei bleibt der dogmatische Ansatz umstritten.

II. Der EGMR hat sich mit dem Recht auf Leben vorwiegend – aber nicht ausschließlich – im internen bewaffneten Konflikt auseinandergesetzt. Er orientiert sich hierbei an humanitärvölkerrechtlichen Maßstäben.

1. Die Legitimität des Einsatzes tödlicher Gewalt orientiert sich am Maßstab der militärischen Notwendigkeit des humanitären Völkerrechts. Insbesondere unterscheidet der Gerichtshof nicht mehr zwischen den einzelnen Rechtfertigungsgründen und senkt den Verhältnismäßigkeitsmaßstab ab. Hierbei werden die Umstände des bewaffneten Konflikts ausdrücklich in der Begründung für dieses Vorgehen genannt,

auch wenn der bewaffnete Konflikt selbst nicht immer beim Namen genannt wird.

2. Der Gerichtshof erkennt das Prinzip der Unterscheidung an. Dies ausdrücklich für das historische humanitäre Völkerrecht im internationalen bewaffneten Konflikt, aber ebenso implizit im internen bewaffneten Konflikt der Gegenwart. Ein „Recht auf Leben des Kombattanten“ ist nicht gegeben und auch die Tötung von Zivilisten kann angesichts der Notwendigkeiten des bewaffneten Konflikts gerechtfertigt sein. Dies gibt die Formel des Gerichtshofs wieder, die im Rahmen des Art. 2 EMRK fordert, dass Opfer unter Zivilisten soweit als möglich zu minimieren und keine unterschiedslosen Angriffe durchzuführen seien.
3. Bezüglich des Ergreifens von Vorsichtsmaßnahmen bedient sich der EGMR wörtlich der Sprache des humanitären Völkerrechts. Über das humanitäre Völkerrechts hinaus verpflichtet er jedoch den Vertragsstaat, die Reaktion der nicht-staatlichen Kriegspartei zu berücksichtigen – ein klarer menschenrechtlicher Einschlag, für den im humanitären Völkerrecht kein Bedürfnis besteht.
4. Der bewaffnete Konflikt – sowohl der internationale wie auch der nicht-internationale – hat zudem prozedurale Auswirkungen. So kommt es zur Beweislastverschiebung, zu deren Begründung teilweise auch das humanitäre Völkerrecht herangezogen wird: Bei Vorliegen eines bewaffneten Konflikts und der Verwundung, Tod oder Verschwindens eines Person im staatlich kontrollierten Gebiet wird vermutet, dass der Staat an dem Geschehen beteiligt war; widerlegt der Staat dies nicht, steht eine substantielle Verletzung des Art. 2 EMRK im Raum. Daneben stellt der bewaffnete Konflikt eine lebensbedrohliche Situation dar, die bei Verschwinden einer Person die Untersuchungspflicht des Verschwindens auslöst.
5. Bei Todesfällen besteht trotz des bewaffneten Konflikts die Pflicht, die Umstände des Todes zu untersuchen. Dies gilt sowohl im internen, als auch im internationalen bewaffneten Konflikt und stellt einen deutliche menschenrechtliche Komponente dar. Dies geht soweit, dass militärische Operationen untersucht werden müssen, wie die Tschetschenien-Fälle zeigen. Auch im internationalen bewaffneten Konflikt besteht die Untersuchungspflicht; bei Anlass kann eine Untersuchung, ob es systematische Verletzungen des Rechts auf Lebens gibt, angezeigt sein. Besonderes Augenmerk ist auf die Unabhängigkeit der Untersuchung zu legen, während der zeitliche Rahmen an die Umstände des bewaffneten Konflikts angepasst werden kann.

III. Die interamerikanische Organe haben sich ebenfalls vorwiegend mit dem Recht auf Leben im internen bewaffneten Konflikt beschäftigt. Sie verwenden hierbei ausdrücklich größtenteils rein humanitärvölkerrechtliche Maßstäbe.

1. Die interamerikanische Kommission verwendet ausschließlich humanitärvölkerrechtliche Maßstäbe um den Inhalt des Rechts auf Leben im bewaffneten Konflikt zu bestimmen; dies in abstrakten Betrachtungen, Staatenberichten und streitigen Fällen. Ihre Auslegung der wichtigsten Prinzipien des humanitären Völkerrechts (Prinzip der Unterscheidung, Prinzip der Verhältnismäßigkeit, Prinzip der Ergreifung von Vorsichtsmaßnahmen) schöpft sie aus anerkannten Quellen. Sie trägt – trotz mancher widersprüchlicher Aussagen zur Frage des Kombattantenstatus im internen Konflikt – zur Konsolidierung des humanitären Völkergewohnheitsrechts bei. Die Untersuchungs- und Strafverfolgungspflicht stellt den menschenrechtlichen Einschlag in im Übrigen stark vom humanitären Völkerrecht geprägten Recht auf Leben dar.
2. Der interamerikanische Gerichtshof nutzt nur wenige der sich bietenden Gelegenheiten, um im Rahmen des Rechts auf Leben zum humanitären Völkerrecht Stellung zu nehmen. Tut er dies, bestimmt sich auch in seinen Augen der Inhalt des Rechts auf Leben im nichtinternationalen bewaffneten Konflikt nach dem humanitären Völkerrecht. Besonders Stellung nimmt er zum Prinzip der Unterscheidung, der Verhältnismäßigkeit und der Ergreifung von Vorsichtsmaßnahmen. Ein menschenrechtlicher Einschlag könnte sich bezüglich der Rechte der Kinder entwickeln, die er auch im bewaffneten Konflikt als besonders geschützt zu sehen scheint.

IV. Der UN-Menschenrechtsausschuss hat mittlerweile in einem aktualisierten „General Comment“ zum Recht auf Leben auch kohärent zum Recht auf Leben im bewaffneten Konflikt Stellung genommen. Dabei schlägt auch er – wie es sich in seiner Spruchpraxis vorher bereits angedeutet hatte – die Linie ein, dass humanitärvölkerrechtliche Maßstäbe zur Auslegung des Rechts auf Leben im bewaffneten Konflikt herangezogen werden können. Ein Vertragsstaat, der sich an das humanitäre Völkerrecht hält, verletzt im Allgemeinen nicht das Recht auf Leben. Was sich hinter der Formulierung „im Allgemeinen“ verbirgt, bleibt abzuwarten. Neben der Untersuchungspflicht, die auch im bewaffneten Konflikt als prozedurale Pflicht des Rechts auf Leben bestehen bleibt, möchte der Ausschuss eine Pflicht der Vertragsstaaten zur Transparenz bezüglich militärischer Entscheidungen zum Einsatz tödlicher Gewalt etablieren.

B. Das Recht auf Freiheit

I. Eine Zusammenschau der Konventionsrechte auf Freiheit und des humanitären Völkerrechts ergeben Gemeinsamkeiten und Unterschiede.

1. Das Recht auf Freiheit hat sich trotz unterschiedlicher Wortlaute der Konventionen – ähnlich wie das Recht auf Leben – bezüglich der Gewahrsamsgründe und der Überprüfung des Gewahrsams ähnlich

entwickelt. Im Bereich des präventiven Gewahrsams bildet sich hier im Bereich des interamerikanischen und universellen Menschenrechtsschutzes ein Problembewusstsein mit Blick auf die Missbrauchsgefahren heraus, währen der EGMR ganz aktuell seine Rechtsprechung dahingehend geändert hat, Art. 5 Abs. 1 lit (c), zweite Alternative für präventiven Gewahrsam zu öffnen.

2. Im Recht des internationalen bewaffneten Konflikts geht es – im hier interessierenden Aspekt – um präventiven Gewahrsam. Die zukünftige Gefährlichkeit ist sowohl bei der sog. Internierung von Kombattanten als auch von Zivilisten maßgeblich. Bei Kombattanten besteht hierbei eine nahezu unwiderlegbare Vermutung bezüglich ihres zukünftigen gefährlichen Verhaltens, während dies bei Zivilisten genauer überprüft werden muss. Bezüglich der Überprüfung des Gewahrsams von Zivilisten bestehen einige Übereinstimmungen zwischen Recht der Menschenrechte und humanitärem Völkerrecht. Für den internen bewaffneten Konflikt gibt es demgegenüber keine humanitärvölkerrechtlichen Regelungen.
3. Bezüglich des Verhältnisses der konkreten Regelungen der beiden Rechtsmaterien in dieser speziellen Frage gibt es pragmatische und dogmatische Ansätze. Teilweise wurde jedenfalls mit Blick auf den Wortlaut des Art. 5 EMRK von einem unlösbaren Normkonflikt ausgegangen; weitere Entwicklungen mit Blick auf die Öffnung der EMRK für präventiven Gewahrsam bleiben abzuwarten. Vorliegend wird vertreten, dass eine Überprüfung des humanitärvölkerrechtlichen Gewahrsams im Rahmen des Rechts auf Freiheit grundlegende Wertungen des humanitären Völkerrechts akzeptieren müsste. Hierfür stünde womöglich auch ein dogmatischer Weg offen, wenn auf das Telos aller drei menschenrechtlichen Normen rekurriert würde, willkürlichen Gewahrsam zu verhindern.

II. Unter den menschenrechtlichen Vertragsorganen haben sich überwiegend der Europäische Gerichtshof für Menschenrechte und die interamerikanische Kommission und mit dem Recht auf Freiheit im internationalen bewaffneten Konflikt befasst.

1. Die europäische Kommission für Menschenrechte trug mit ihrem Ausflug in das humanitäre Völkerrecht in Cyrpus v Turkey wenig zur Klärung des Verhältnisses des zum Recht der Menschenrechte bei, da ihre Aussagen unterschiedlichen Auslegungen zugänglich sind. Nachdem der EGMR in Al-Jedda v UK die Gelegenheit verstreichen ließ, sich zur Problematik zu äußern und eine wenig nachvollziehbare Einschätzung bezüglich des Vorliegens eines Normkonflikts abgab, äußerte er sich erstmals ausführlich in Hassan v UK dazu, wie das Recht auf Freiheit im internationalen bewaffneten Konflikt auszulegen sei. Unter Betonung des Telos des Art. 5 EMRK, willkürliche Freiheitsentziehung zu

verhindern, erkannte der Gerichtshof den präventiven Gewahrsam des humanitären Völkerrechts als extra-konventionellen Gewahrsamsgrund an und „akkomodierte“ diesen mit dem Recht der Menschenrechte. Dogmatisch rekurrierte er hierbei auf Art. 31 Abs. 3 lit. c WVRK. Prozessual verbleibt ein menschenrechtlicher Einfluss bezüglich des Intervalls der Überprüfung des Gewahrsams. Gegenstand bleibt jedoch – und hier kommt eine zentrale Wertung des humanitären Völkerrechts zum Tragen – allein die Frage, ob die Person noch in die jeweilige Kategorie von Personen fällt, die in Gewahrsam genommen werden dürfen. Auch bezüglich der Überprüfung durch ein Gericht machte der Gerichtshof Abstriche zugunsten des humanitären Völkerrechts.

2. Während sich der interamerikanische Gerichtshof noch nicht mit dem Recht auf Leben im bewaffneten Konflikt Stellung genommen hat, hat sich die interamerikanische Kommission mit dem Recht auf Freiheit im internationalen bewaffneten Konflikt beschäftigt. Mit Blick auf die Gewahrsamsgründe wird das humanitäre Völkerrecht hierbei als lex specialis verwendet; im Rahmen der Überprüfung bzw. für den Fall, dass reines humanitäres Völkerrecht der Situation nicht mehr angemessen sei (zB lange Besatzung) sei jedoch Raum für die menschenrechtliche Garantie gegeben.
3. Der UN-Menschenrechtsausschuss hat bisher nur zurückhaltend zum Recht auf Freiheit Stellung genommen. Aus den Fundstellen ergibt sich jedoch, dass er im internationalen bewaffneten Konflikt eine Freiheitsentziehung, welche im Einklang mit dem humanitären Völkerrecht steht, nicht als Verletzung des Art. 9 des IPBPR sieht.

Teil III
Das Verhältnis der Rechtsmaterien Menschenrechte und humanitäres Völkerrecht

A. Die gleichzeitige Anwendbarkeit der Rechtsmaterien

I. Der Trennungstheorie der „alten Schule“, die einen gemeinsamen Anwendungsbereich für die Rechtsmaterien von vorneherein ausschließt, wird nur noch sehr vereinzelt und aus politischen Gründen vertreten.

II. Die Argumentation, dass die Derogationsklauseln der Menschenrechtsverträge für ein „dogmatisches“ Verhältnis der Rechtsmaterien sorgen würden, ist nicht stichhaltig. Es wird vielmehr dafür gesorgt, dass ein Verhältnis im Sinne einer gegenseitigen Fruchtbarmachung der Rechtsmaterien im Umfang der Derogation nicht mehr möglich ist, da es sich beim Einsatz von Derogationsklauseln um selbstgewählte Trennung der Rechtsmaterien handelt. Die Derogationsklauseln scheinen zudem kein Modell für das zukünftige Verhältnis der Rechtsmaterien zu sein, da sie in neueren menschenrechtlichen Verträgen nicht mehr enthalten sind.

III. Unter dem Deckmantel des „lex-specialis"-Prinzips hat sich eine neue Art der Trennungstheorie entwickelt. Diese besteht seit der Rechtsprechung des IGH zum Verhältnis der Rechtsmaterien, welche das Prinzip populär gemacht hatte, mit Blick auf das humanitäre Völkerrecht. Aber auch für das Recht der Menschenrechte bestehen für den nicht-internationalen Konflikt Strömungen, die diesem Recht Vorrang einräumen möchten. Beide Arten de versteckten Trennungstheorie verhindern ein echtes Verhältnis der Rechtsmaterien und sind deshalb abzulehnen.

B. Das Verhältnis der Rechtsmaterien und das „lex-xpecialis"-Prinzip: eine Kritik

I. Das „lex-specialis"-Prinzip ist ein Auslegungsprinzip, welches auf der Hierarchie von Rechtsmaterien und einem entsprechenden Willen des Gesetzgebers basiert. Aus diesem Grunde ist es schwer, das Prinzip im Rahmen des Völkerrechts einzusetzen, da die Rechtsmaterien nicht hierarchisch, sondern oftmals fragmentiert sind und aufgrund ihrer Entstehungsweise auch nicht von einem einheitlichen Willen des Gesetzgebers getragen werden.

II. Auch für das Verhältnis der Normen des humanitären Völkerrechts und dem Recht der Menschenrechte bietet das Prinzip keine Lösung, da es sich hier um zwei spezialisierte Rechtsmaterien handelt, für die ein Vorrang nach den Kriterien des Prinzips nicht ermittelt werden kann. Hinter dem Schlagwort „lex specialis" können sich jedoch Wertentscheidungen verbergen, die die Rechtsmaterien in ein praktikables Verhältnis bringen.

C. Weitere Theorien zur Art des Verhältnisse

I. Die integrationistische Theorie, die ein Verschmelzen der Rechtsmaterien humanitäres Völkerrecht und Recht der Menschenrechte beinhaltet, ist zu einem großen Teil als Zukunftsprognose und nicht als Beschreibung des derzeitigen Zustands der Beziehung anzusehen. Gerade im Völkerrecht können derartige Prognosen tatsächliche Entwicklungen beeinflussen

II. Das gegenwärtige Verhältnis der Rechtsmaterien ist am besten mit der komplementaristischen Theorie zu beschreiben, welche die weiterhin für sich bestehen bleibenden Rechtsmaterien in ein handhabbares Verhältnis zu setzen sucht. Hinter den hier vertretenen Theorien des „lex specialis", „Renvoi" und der systemischen Integration verbergen sich Auslegungsmechanismen, die einen gewissen dogmatischen Halt geben. Im Ergebnis werden hinter diesen Mechanismen jedoch keine Automatismen stecken, sondern Wertentscheidungen des Gerichts. Hierbei muss die Praktikabilität im bewaffneten Konflikt oberste Priorität haben, da die Entscheidungen andernfalls keine normative Kraft entwickeln können. Hierdurch wird vorgezeichnet, dass sich gerichtliche Entscheidungen dem humanitären Völkerrecht zuneigen werden.

D. Die Rechtsprechung der Menschenrechtsschutzorgane zum Verhältnis der Rechtsmaterien

I. Der europäische Gerichtshof für Menschenrechte hat zum Verhältnis der Rechtsmaterien lange geschwiegen, nimmt jedoch in jüngerer Vergangenheit das humanitäre Völkerrecht ausdrücklich in seine Überlegungen zum internationalen bewaffneten Konflikt auf.

1. Der EGMR hat fremde Rechtsmaterien bereits früh mittels systemischer Integration nach Art. 31 Abs. 3 lit. c WVRK in seine Rechtsprechung aufgenommen.
2. Jedenfalls mit Blick auf den internationalen bewaffneten Konflikt wählt er inzwischen ebenfalls diese Methode. Im nicht-internationalen Konflikt werden humanitärvölkerrechtliche Maßstäbe trotz der Aussage, eine rechtlich Prüfung fände mangels Derogation vor dem normalen rechtlichen Hintergrund statt, in die Prüfung aufgenommen.
3. Der EGMR hat das humanitäre Völkerrecht in Hassan v UK für den internationalen bewaffneten Konflikt erstmals als außermenschenrechtlichen Rechtfertigungsgrund für den Eingriff in ein Menschenrecht herangezogen.
4. Sowohl das Bestehen des Gerichtshofs auf die Pflicht des Vertragsstaates, im nicht-internationalen Konflikt zu derogieren, um zu einer Anwendung des humanitären Völkerrechts zu gelangen, als auch die prozessuale Behandlung des humanitären Völkerrechts als „Einwendung" im internationalen bewaffneten Konflikt, ist deutlich zu kritisieren. Die systemische Integration bedarf derartiger Mechanismen nicht, um fremde Rechtsmaterien in die Auslegung einzubeziehen.
5. Der EGMR lässt derzeit seine Rechtsprechung für den nicht-internationalen Konflikt und seine Rechtsprechung für den internationalen Konflikt weiter auseinanderdriften.

II. Die interamerikanischen Organe haben sich bereits früh und weitgehend mit dem humanitären Völkerrecht beschäftigt.

1. Die Interamerikanische Kommission gibt im bewaffneten Konflikt dem humanitären Völkerrecht Vorrang. Einfallstor für diese Auslegung ist im Rahmen des Rechts auf Leben, wie auch im Recht auf Freiheit der Begriff der Willkürlichkeit. Sie hält es darüber hinaus für unmöglich, die Menschenrechte im bewaffneten Konflikt ohne Bezugnahme auf das humanitäre Völkerrecht auszulegen. Dogmatisch eingebettet hat sie ihre Bezugnahmen inzwischen in ein Mischmodell aus systemischer Integration und lex-specialis-Ansatz.
2. Der Interamerikanische Gerichtshof empfindet sich aus einer grundlegenden Haltung heraus als Hüter eines internationalen corpus iuris, der sich nicht auf die AMRK beschränkt. Fremde Rechtsmaterien werden großzügig in die Prüfung der AMRK-Normen integriert, wobei er

lange nicht zwischen evolutiver Auslegung und systemischer Integration unterschied. Dies spiegelt sich auch in seiner Rechtsprechung zum humanitären Völkerrecht wider, wobei der Gerichtshof hier womöglich langsam stärker zwischen beiden Konzepten differenziert. Im Übrigen bleibt seine Rechtsprechung dogmatisch schwer zuordenbar; jedoch neigt auch er – teilweise in hohem Maße – dazu, dem humanitären Völkerrecht inhaltlich den Vorrang zu geben.

III. Der UN-Menschenrechtsausschuss hat sich noch nicht im Detail mit dem humanitären Völkerrecht beschäftigt.

1. Der Menschenrechtsausschuss hat es bisher bei sehr pauschalen Aussagen zum Verhältnis der Rechtsmaterien belassen. Diese beinhalten jedoch, dass die Menschenrechte auch in Kriegszeiten weiterhin anwendbar sind und dass das humanitäre Völkerrecht im Zusammenspiel das speziellere Recht sein kann. Rein formal gehört der Ausschuss zu den Komplementaristen, wenn seine Aussage hierzu auch für wenig praktisch hilfreich erachtet wird. Mit Blick sowohl auf das Recht auf Freiheit, als auch auf das Recht auf Leben hat der Ausschuss humanitäres Recht in den Begriff der Willkürlichkeit hineingelesen.
2. Der Menschenrechtsausschuss betrachtet richtigerweise die Derogation als Mechanismus, der die beiden Rechtsmaterien voneinander getrennt hält.

Teil IV
Die Kompetenz vertraglicher Menschenrechtsschutzorgane bezüglich des humanitären Völkerrechts

A. Das Mandat der vertraglichen Menschenrechtsschutzorgane

I. Ein direktes Mandat über die Zuständigkeitsklauseln lässt sich mit Blick auf das humanitäre Völkerrecht nicht feststellen. Andere kompetenzbegründende Normen enthalten ein begrenztes Mandat mit einem bestimmten Zweck.

II. Es findet sich jedoch ein „indirektes Mandat“ in der bereits im Verhältnis-Teil ausführlich diskutierten systemischen Integration, die eine Auslegung des humanitären Völkerrechts als Teil des normativen Umfelds der Menschenrechtskonventionen erlaubt. Der lex-specialis-Ansatz in seiner separatistischen Ausprägung wird dagegen teilweise benutzt, auch die Kompetenz der Menschenrechtsorgane zu bestreiten.

III. Das Mandat der systemischen Integration wird teilweise dahingehend eingeschränkt, dass eine Auslegung im Konfliktfall nur zugunsten der zu hütenden Normen ausfallen könne. Tatsächlich liegt es auch in der Kompetenz der Menschenrechtsorgane, die ihnen anvertrauten Normen zugunsten einer fremden Rechtsmaterie wie dem humanitären Völkerrecht nicht zur Anwendung kommen zu lassen.

B. Die Kompetenzfrage in der Rechtsprechung der Menschenrechtsschutzorgane

I. Der EGMR hat sein Mandat bisher noch nicht ausdrücklich diskutiert, geht aber eindeutig von einem indirekten Mandat über die systemische Integration aus. Hierbei scheut er sich nicht, Konventionsnormen zugunsten fremder Rechtsmaterien auch einzuschränken. Er sieht somit die Grenze des indirekten Mandats anders als seine Kritiker, die insbesondere in Hassan v UK einen Normkonflikt nicht zugunsten des humanitären Völkerrechts gelöst sehen wollen.

II. Die interamerikanischen Organe haben sich einmal mehr als einzige ausdrücklich mit der Frage der Kompetenz auseinandergesetzt.

1. Die interamerikanische Kommission ging hierbei zunächst zu weit und erklärte sich auf zweifelhafter normativer Basis für kompetent, das humanitäre Völkerrecht direkt anzuwenden und seine Verletzung zu erklären. In der Folge ruderte sie jedoch zurück und beschränkte ihr Mandat über die systemische Integration auf die Auslegung der Konventionsnormen. Als einziges Organ sieht sie dies nicht nur als ihr Recht, sondern als ihre Pflicht an.
2. Der interamerikanische Gerichtshof neigt ebenfalls grundsätzlich zu einer weiten Auslegung des Mandats der interamerikanischen Organe, zog jedoch dort eine Grenze, wo es um die direkte Anwendung des humanitären Völkerrechts ging. Sein Mandat begründete er nicht immer schlüssig, beruft sich aber zunehmend ebenfalls auf die systemische Integration, hauptsächlich auf Grundlage des Art. 29 AMRK. Ob er auf die Linie des EGMR und der Kommission einschwenkt, die Grundlage (auch) in Art. 31 Abs. 3 lit. c WVRK zu sehen, bleibt abzuwarten.

III. Der UN-Menschenrechtsausschuss geht eindeutig auch von seinem Mandat aus, das humanitäre Völkerrecht in seine Auslegung des Zivilpakts einzubeziehen, beschäftigt sich aber wie der EGMR nicht ausdrücklich mit der Frage.

Résumé und Ausblick

Nach all den Fragen, die diese Schrift zu beantworten versucht hat und welche es teilweise erforderten, den Verästelungen der Rechtsprechung bis in kleine Details zu folgen, soll nun – zum Schluss – noch einmal ein Schritt zurückgetreten werden und das Gesamtbild betrachtet werden. Dabei kann es sich nur um eine Momentaufnahme handeln, da die Rechtsprechung der Menschenrechtsschutzorgane sich in einer stetigen Entwicklung befindet. Deshalb bietet sich derzeit auch ein Bild, dass nicht jeden zufrieden stellen mag. Dies ist mit Blick auf die Sensibilität der Materie und der Verlässlichkeit des Rechts, welches gerade in einer Extremsituation wie dem bewaffneten Konflikt von herausragender Bedeutung ist, verständlich. Dennoch ist es nach hier vertretener Ansicht nicht nur unvermeidbar, dass sich die vertraglichen Menschenrechtsorgane mit dem humanitären Völkerrecht beschäftigen, es ist darüber hinaus auch wünschenswert. Nach der derzeitigen Ausgestaltung des humanitären Völkerrechts können allein die Mechanismen des Rechts der Menschenrechte dem Einzelnen eine Stimme geben und zum anderen die Vertragsstaaten zur Rechenschaft ziehen. Auf der anderen Seite dürfen die Rechtsmaterien nicht derart in ein Verhältnis gesetzt werden, dass eine Einhaltung des Rechts im Krieg – welches bereits für das „reine" humanitäre Völkerrecht ein großes Problem darstellt – utopisch wird. In diesem Moment würde das Recht des bewaffneten Konflikts seine normative Kraft verlieren.

Es sollte nicht verwundern, dass die Menschenrechtsorgane teilweise zögerlich an diese Aufgabe herangetreten sind. Mit Ausnahme des UN-Menschenrechtsausschusses, der sich in Vielem bisher nur in Andeutungen geäußert hat, findet aber nach dem interamerikanischen System auch das europäische Menschenrechtsschutzsystem zu seiner Stimme. Dabei ist zu begrüßen, dass mehr und mehr die Einbeziehung des humanitären Völkerrechts sowohl bezüglich des Verhältnisses, als auch bezüglich des Mandats auf ein einheitliches dogmatisches Fundament gestellt wird. Diese sog. systemische Integration ist kein Automatismus; dies bringt zwar einerseits eine rechtliche Unsicherheit mit sich, erlaubt andererseits aber pragmatische und wertgeleitete Entscheidungen. Die Vertragsorgane sind sich zudem ihrer Verantwortung für die Praktikabilität der von ihnen gefällten Entscheidungen bewusst und geben sowohl im internationalen, als auch im nicht-internationalen bewaffneten Konflikt inhaltlich den Wertungen des humanitären Völkerrechts überwiegend den Vorrang. Nach derzeitigem Stand spiegeln sich menschenrechtliche Einschläge vor allem mit Blick Schutzpflichten, wie der Untersuchung von Todesfällen und dem Ergreifen von Vorsichtsmaßnahmen wider. Ein spannender menschenrechtlicher Einfluss entwickelt sich gerade höchst aktuell mit Blick auf eine Pflicht zur Transparenz bezüglich der militärischen Entscheidungen der Vertragsstaaten.

Im interamerikanischen System könnte es zudem mit Blick auf die Rechte des Kindes zu einer Einschränkung humanitärrechtlicher Prinzipien kommen.

Mit größerer Sorge ist zu betrachten, dass der Europäische Gerichtshof für Menschenrechte nicht nur mit Blick auf die Jurisdiktion, sondern auch auf die prozessuale Bewertung des humanitären Völkerrechts einen Sonderweg einschlägt. So möchte er das humanitäre Völkerrecht nur dann in Betracht ziehen, wenn dies vom Vertragsstaat als Einwendung in den Prozess eingeführt wird; dies an Stelle der – nach hier vertretener Ansicht eine nicht nachvollziehbare Rolle spielenden – Derogation. Für den internen Konflikt bedeutet dies, dass es wohl bei der Anwendung des humanitären Völkerrechts „sub silentio" bleiben wird, da Vertragsstaaten genauso wenig geneigt sein werden, einen internen bewaffneten Konflikt durch Einwendung des humanitären Völkerrechts zuzugeben, wie sie dies bisher mit Blick auf die Derogation waren. Damit steht zu befürchten, dass es zu einem – jedenfalls formalen – Auseinanderklaffen des Umgangs mit dem humanitären Völkerrechts im internen bewaffneten Konflikts und im internationalen bewaffneten Konflikt kommen wird. Darüber hinaus ist es angesichts des wenig problematischen Umgangs anderer Vertragsorgane insbesondere mit extraterritorialen Tötungen sehr schade, dass der EGMR auch 17 Jahre nach Banković immer noch nicht ausdrücklich zu einer klaren Haltung zu dieser Frage gefunden hat.

Angesichts der leider auch aktuell auf der Welt wütenden Konflikte ist es wichtig, dass die Rechtsprechung der Menschenrechtsorgane sich noch weiter konsolidiert und für alle Beteiligten – Individuen und Staaten – ein verlässlicher Partner in extremen Zeiten wird. Wie die Menschenrechtsorgane hier ihre Balance finden, zeichnet sich teilweise schon deutlich ab, bleibt in anderen Fragen mit Spannung abzuwarten.

Literaturverzeichnis

ABRESCH WILLIAM, A Human Rights Law of Internal Armed Conflict, The European Court of Human rights in Chechnya, European Journal of International Law 2005, 741 ff

AKANDE DAPO, Classification of Armed Conflicts: Relevant Legal Concepts. In: WILMSHURST ELIZABETH, International Law and the Classification of Conflicts, Oxford 2012, 32 ff.

ALTIPARMAK KEREM, „Banković", An Obstacle to the Application of the European Convention on Human Rights in Iraq?, Journal of Conflict and Security Law 2004, 213 ff.

AMERASINGHE, CHITTHARANJAN F., JURISDICTION OF INTERNATIONAL TRIBUNALS, 1. AUFLAGE, KLUWER LAW INTERNATIONAL 2003.

ANZILOTTI DIONISIO/GIDEL GILBERT, Cours de droit international, Paris 1929.

ARAI-TAKAHASHI YUTAKA, The Law of Occupation, Continuity and Change of International Humanitarian Law, and its Interaction with International Human Rights Law, 1. A., Leiden [u.a.] 2009.

ARATO JULIAN, Constitutional Transformation in the ECtHR, Strasbourg's Expansive Recourse to External Rules of International Law, Brooklyn Journal of International Law 2012, 349 ff.

ARNOLD ROBERTA/QUÉNIVET NOËLLE N. R. (Hrsg.), International Humanitarian Law and Human Rights Law, Towards a Merger in International Law, Martinus Nijhoff Publishers 2008.

ARNOLD ROBERTA (HRSG.), Law Enforcement within the Framework of Peace Support Operations, 1. A., Leiden 2008.

BASHI SARI/MANN KENNETH, Disengaged Occupiers, The Legal Status of Gaza, Tel Aviv, Israel 2007.

BEN-NAFTALI ORNA/SHANY YUVAL., Living in Denial, The Application of Human Rights in the Occupied Territories, Israel Law Review 2003, 17 ff.

BENVENISTI EYAL, The International Law of Occupation, 2. A., Oxford 2012.

BESSON SAMANTHA, The Extraterritoriality of the European Convention on Human Rights, Why Human Rights Depend on Jurisdiction and What Jurisdiction Amounts to, Leiden Journal of International Law 2012, 857 ff.

BESSON SAMANTHA/TASIOULAS JOHN (Hrsg.), Philosophy of International Law, 1. A., Oxford 2010.

BORGEN CHRISTOPHER J., Thawing a Frozen Conflict: Legal Aspects of the Separatist Crisis in Moldova, A Report from the Association of the Bar of the City of New York, Record of the Association of the Bar of the City of New York 2006, 1 ff.

Bothe Michael, The Historical Evolution of International Humanitarian Law, International Human Rights Law, Refugee Law and International Criminal Law. In: Fischer, Horst/ Froissart Ulrike/Heinegg von Heintschel Wolff, Krisensicherung und Humanitärer Schutz, Crisis Management and Humanitarian Protection: Festschrift für Dieter Fleck, 1.A., Berlin 2004.

Bothe Michael, Töten und getötet werden:, Kombattanten, Kämpfer und Zivilisten im bewaffneten Konflikt, In: Dicke Klaus/Hobe Stephan, Weltinnenrecht, Liber Amicorum Jost Delbrück, 1.A. Berlin 2005, 67–84.

Bothe Michael/Fleck Dieter, Handbuch des humanitären Völkerrechts in bewaffneten Konflikten, München 1994.

Bothe Michael/Partsch Karl Josef/Solf Waldemar A., New rules for victims of armed conflicts, Commentary on the two 1977 protocols additional to the Geneva conventions of 1949, The Hague 1982.

Bowring Bill, Fragmentation, „Lex Specialis“ and the Tensions in the Jurisprudence of the European Court of Human Rights, Journal of Conflict and Security Law 2009, 485 ff.

Bowring Bill, Transnistria, In Walter Christian/von Ungern-Sternberg Antje/Abushov Kavus (Hrsg.), Self-Determinantion and Secession in international Law, 1. Aufl., Oxford 2014, 157–174.

Breuer Marten, Völkerrechtliche Implikationen des Falles Öcalan, Anmerkung zum Urteil des EGMR vom 12. März 2003, EuGRZ 2003, 472, Europäische Grundrechte Zeitschrift.

Brownlie Ian, Principles of Public International Law, 7. A., Oxford [u.a.] 2008.

Buis Emiliano J., The Implementation of International Humanitarian Law by Human Rights Courts: The Example of the Inter-American Human Rights System. In: Arnold Roberta/Quénivet Noëlle N. R. (Hrsg.), International Humanitarian Law and Human Rights Law 2008, 277–302.

Burgorgue-Larsen Laurence/Úbeda de Torres, Amaya, The Inter-American Court of Human Rights, Case Law and Commentary, 1. A., Oxford u.a 2011.

Burgorgue-Larsen Laurence/Úbeda de Torres, Amaya, „War“ in the jurisprudence of the Inter-American Court of Human Rights, Human Rights Quarterly: A Comparative and International Journal of the Social Sciences, Humanities, and Law 2011, 148 ff.

Byron Christine, A Blurring of the Boundaries: the Application of International Humanitarian Law by Human Rights Bodies, Virginia Journal of International Law 2007, 839–896.

CAMPANELLI DANIO, The Law of Military Occupation Put to the Test of Human Rights Law, International Review of the Red Cross 2008, 653 ff.

CANÇADO TRINDADE ANTÔNIO AUGUSTO, International Law for Humankind, Towards a New Jus Gentium, 1. A., Leiden Netherlands, Boston 2010.

CASSESE ANTONIO, International Law, 2. A., Oxford u.a 2005.

CERNA CHRISTINA M., Human Rights in Armed Conflict, Implementation of International Humanitarian Law Norms by Regional Intergovernmental Human Rights Bodies. In: KALSHOVEN/SANDOZ/HUYNH/MACALISTER-SMITH/ZIMMERMANN, Implementation of International Humanitarian Law, Dordrecht, Boston, U.S.A. 1989, 31–67.

CERNA CHRISTINA M., The History of the Inter-American System's Jurisprudence as regards Situations of Armed Conflict, Journal of International Humanitarian Legal Studies 2011, 3 ff.

CHEVALIER-WATTS JULIET, Has human rights law become lex specialis for the European Court of Human Rights in right to life cases arising from internal armed conflicts?, International Journal of Human Rights 2010, 584 ff.

COOMANS FONS/KAMMINGA MENNO T. (Hrsg.), Extraterritorial Application of Human Rights Treaties, 1. A., Antwerp 2004.

COUNCIL OF EUROPE/EUROPEAN COURT OF HUMAN, Guide on Article 5 of the Convention, Right to Liberty and Security, 2014, http://www.echr.coe.int/Documents/Guide_Art_5_ENG.pdf.

COWAN ANNA, A New Watershed? Re-evaluating Banković in the Light of Al-Skeini, Cambridge Journal of Cambridge Journal of International and Comparative Law 2012, 213–227.

CROWE JONATHAN/WESTON-SCHEUBER KYLIE/SCHEUBER KYLIE WESTON, Principles of International Law, 1. A., Cheltenham u.a. 2013.

CRYER ROBERT, The Interplay of Human Rights and Humanitarian Law, The Approach of the ICTY, Journal of Conflict and Security Law 2009, 511 ff.

DEBUF ELS, Captured in War, Lawful Internment in Armed Conflict, 1. A., Paris, Oxford 2013.

DENNIS MICHAEL J., Application of Human Rights Treaties Extraterritorially in Times of Armed Conflict and Miltary Occupation, American Journal of International Law 2005, 119 ff.

DICKE KLAUS/HOBE STEPHAN (HRSG), WELTINNENRECHT, LIBER AMICORUM JOST DELBRÜCK, 1.A. BERLIN 2005.

DIKKER HUPKES, S. D, What Constitutes Occupation?, Israel as the occupying power in the Gaza Strip after the Disengagement, 1. A., Den Haag 2008.

DILL, JANINA, General Comment 36: A Missed Opportunity?, https://www.justsecurity.org/62473/general-comment-36-missed-opportunity/

DINSTEIN YORAM, Legitimate Military Objectives under the Current Jus in Bello, Israel Yearbook on Human Rights 2001, 1 ff.

DINSTEIN YORAM, The International Law of Belligerent Occupation, 1. A., Cambridge, New York 2009.

DJEFFAL CHRISTIAN, Static and Evolutive Treaty Interpretation, A Functional Reconstruction, Cambridge 2015.

DÖRMANN KNUT, The Legal situation of „Unlawful/Unprivileged Combatants“, International Review of the Red Cross 2003, 45 ff.

DÖRMANN KNUT/COLASSIS LAURENT, International Humanitarian Law in the Iraq Conflict, German Yearbook of International Law 2004, 293 ff.

DÖRR OLIVER/SCHMALENBACH KIRSTEN (HRSG), Vienna Convention on the Law of Treaties, A Commentary, Berlin-Heidelberg 2012.

DOSWALD-BECK LOUISE, International Humanitarian Law and the Advisory Opinion of the International Court of Justice on the Legality of the Threat or Use of Nuclear Weapons, International Review of the Red Cross 1997, 35 ff.

DRAPER G.I.A.D/MEYER MICHAEL A./MCCOUBREY HILAIRE, Reflections on law and armed conflicts, The Selected Works on the Laws of War by the Late Professor Colonel G.I.A.D. Draper, OBE, Boston 1998.

DRAPER GERALD I., Human Rights and the Law of War, Virginia Journal of International Law 1971, 326 ff.

DRAPER GERALD I., The Relationship between the Human Rights Regime and the Law of Armed Conflict, Israeli Yearbook of Human Rights 1971, 191 ff.

DROEGE CORDULA, Elective Affinities?, Human Rights and Humanitarian Law, International Review of the Red Cross 2008, 501 ff.

EDEN PAUL/HAPPOLD MATTHEW, Symposium, The Relationship between International Humanitarian Law and International Human Rights Law, Journal of Conflict and Security Law 2010, 441 ff.

FERRARO TRISTAN, Determining the beginning and end of an occupation under international humanitarian law, International Review of the Red Cross 2012, 133 ff.

FERRARO TRISTAN, Occupation and other forms of administration of foreign territory, Geneva c 2012.

FLECK, DIETER (HRSG.), The Handbook of International Humanitarian Law, 3. A, Oxford 2013.

FINUCANE BRIAN, Enforced Disappearance as a Crime Under International Law, A Neglected Origin in the Laws of War, The Yale Journal of International Law 2010.

Fischer, Horst/ Froissart Ulrike/Heinegg von Heintschel Wolff (Hrsg.), Krisensicherung und Humanitärer Schutz, Crisis Management and Humanitarian Protection: Festschrift für Dieter Fleck, 1.A., Berlin 2004.

Fitzmaurice Malgosia, Whaling and International Law, 1. A. 2015.

Fleck Dieter (Hrsg.), The Handbook of International Humanitarian Law, 3. A., Oxford [u.a.] 2013.

Forowicz Magdalena, The Reception of International Law in the Case Law of the European Court of Human Rights, Harmonisation or Fragmentation of the European Legal Order?, Diss. jur. Zürich, 1. A., 2009.

Fox Gregory H., Transformative Occupation and the Unilateralist Impulse, International Review of the Red Cross 2012, 237 ff.

Gaggioli Gloria/Kolb Robert, A Right to Life in Armed Conflicts?, The Contribution of the European Court of Human Rights, Israel Yearbook on Human Rights 2007, 115–163.

Garraway Charles H. B., „To Kill or Not to Kill?", Dilemmas on the Use of Force, Journal of Conflict and Security Law 2010, 499 ff.

Gasser Hans-Peter, International Humanitarian Law and Human Rights Law in Non-International Armed Conflict, Joint Venture or Mutual Exclusion?, German Yearbook of International Law 2002, 149 ff.

Geiger Christophe (Hrsg.), Research Handbook on Human Rights and Intellectual Property, 1. A., Cheltenham 2015.

Gill Terry/van Sliedregt E., Guantánamo Bay: A Reflection on the Legal Status and Rights of „Unlawful Enemy Combatants", Utrecht Law Review 2005, 28 ff.

Gleditsch Nils/Wallensteen Peter/Eriksson Mikael ua, Armed Conflict 1946–2001: A New Dataset, Journal of Peace Research 2002, 615 ff.

Goldman Robert K., Extraterritorial Application of the Human Rights to Life and Personal Liberty, including habes corpus, during Situations of Armed Conflict. In: Kolb Robert/ Gaggioli Gloria, Research Handbook on Human Rights and Humanitarian Law, 1. A., Cheltenham 2013, 104 ff.

Gondek Michal, Extraterritorial Application of the European Convention on Human Rights, Territorial Focus in the Age of Globalization, Netherlands International Law Review 2005, 349 ff.

Gondek Michał, The Reach of Human Rights in a Globalising World, Extraterritorial Application of Human Rights Treaties, Antwerp, Portland 2009.

Goodman Ryan, The Detention of Civilians in Armed Conflict, American Journal of International Law 2009, 48 ff.

Goodman, Ryan, Why the Laws of War Apply to Drone Strikes outside „Areas of Hostilities", A Memo to the Human Rights Community, 2017, abrufbar unter: https://www.justsecurity.org/45613/laws-war-apply-drone-strikes-areas-active-hostilities-a-memo-human-rights-community/.

Grabenwarter Christoph, Europäische Menschenrechtskonvention, Ein Studienbuch, 5. A., München 2012.

Grosse Ruse Khan Henning, Overlaps and Conflict Norms in Human Rights Law: Approaches of European Courts to Address Intersections with Intellectual Property. In: Geiger Christophe (Hrsg.), Research Handbook on Human Rights and Intellectual Property, 1. A., Cheltenham 2015, 70 ff.

Haines Sven, Northern Ireland 1968–1998, in; Wilmshurst Elizabeth (Hrsg.), International Law and the Classification of Conflicts, Oxford 2012, 117ff

Harrington Alexandra R., Life as we know it, The Expansion of the Right to Life under the Jurisprudence of the Inter-American Court of Human Rights, Loyola of Los Angeles International and Comparative Law Review 2013, 313 ff.

Hartridge Samuel, The European Court of Human Right's Engagement with International Humanitarian Law. In: Jinks Derek (Hrsg.), Applying International Humanitarian Law in Judicial and Quasi-judicial Bodies, International and Domestic Aspects, The Hague 2014, 257 ff.

Hathaway Oona A./Crootof Rebecca/Levitz Philip, Which Law Governs during Armed Conflict?, The Relationship between International Humanitarian Law and Human Rights Law, Minnesota Law Review 2012, 1883 ff.

Hayashi Nobuo, Do the Good Intentions of European Human Rights Law Really Pave the Road to IHL Hell for Civilian Detainees in Occupied Territory?, Journal of Conflict and Security Law 2015, 133 ff.

Heinegg Heintschel von, The Rule of Law in Conflict and Post Conflict Situations: Factors in War and Peace Transitions, Harvard Journal of Law and Public Policy 2004, 843 ff.

Heintze Hans-Joachim, On the Relationship between Human Rights Law Protection and International Humanitarian Law, Revue Internationale de la Croix-Rouge 2004, 789 ff.

Heintze Hans-Joachim, Durchsetzung eines menschenrechtlichen Mindeststandards im bewaffneten Konflikt, Sicherheit und Frieden 2007, 43ff.

Heintze Hans-Joachim, Theorien zum Verhältnis von Menschenrechten und humanitärem Völkerrecht, Journal of International Law of Peace and Armed Conflict 2011, 4 ff.

Helmersen Sondre Torp, Evolutive Treaty Interpretation: Legality, Semantics and Distinctions, European Journal of Legal Studies 2013, 127 ff.

Henckaerts JeanMarie/Doswald-Beck Louise, Customary International Humanitarian Law, Volume I, 1. A., Cambridge [u.a.] 2009a.

HENCKAERTS JEAN-MARIE/DOSWALD-BECK LOUISE, CUSTOMARY INTERNATIONAL HUMANITARIAN LAW, VOLUME II, BAND 2, 1. A., CAMBRIDGE 2009B.

HENCKAERTS JEAN-MARIE, Concurrent Application of International Humanitarian Law and Human Rights Law: A Victim Perspective, in: ARNOLD ROBERTA/QUÉNIVET NOËLLE N. R. (Hrsg.), International Humanitarian Law and Human Rights Law, Towards a Merger in International Law, Martinus Nijhoff Publishers 2008, 237 ff.

HILL-CAWTHORNE, LAWRENCE, THE GRAND CHAMBER JUDGMENT IN HASSAN V UK, EUROPEAN JOURNAL OF INTERNATIONAL LAW TALK! 2014, http://www.ejiltalk.org/the-grand-chamber-judgment-in-hassan-v-uk/.

HUGHES JAMES/ SASSE, GWENDOLYN(HRSG.), ETHNICITY AND TERRITORY IN THE FORMER SOVIET UNION, REGIONS IN CONFLICT, LONDON 2002.

INTER-AMERICAN COMMISSION ON HUMAN RIGHTS, Report on Terrorism and Human Rights, 1. A., Washington D.C 2002.

IPSEN KNUT, Völkerrecht, 5. A., München 2004.

JINKS DEREK (Hrsg.), Applying International Humanitarian Law in Judicial and Quasi-judicial Bodies, International and Domestic Aspects, The Hague 2014.

JOHANN CHRISTIAN, Menschenrechte im internationalen bewaffneten Konflikt, Zur Anwendbarkeit der Europäischen Menschenrechtskonvention und des Internationalen Paktes über bürgerliche und politische Rechte auf Kriegshandlungen, Zugl.: Kiel, Univ., Diss., 2011–2012, Berlin 2012.

JOSEPH SARAH LOUISE/CASTAN MELISSA, The International Covenant on Civil and Political Rights, Cases, materials, and commentary, 3. A., Oxford 2013.

KAMMERHOFER, JÖRG, Unearthing Structural Uncertainty through Neo-Kelsenian Consistency: Conflicts of Norms in International Law, Papers of the European Society of International Law, online, 2010, http://papers.ssrn.com/sol3/papers.cfm?abstract_id=1535942.

KALSHOVEN, F.; SANDOZ, YVES; HUYNH, THI HUONG; MACALISTER-SMITH, PETER; ZIMMERMANN, BRUNO (Hrsg.), Implementation of International Humanitarian Law, Research Papers by Participants in the 1986 Session of the Centre for Studies and Research in International Law and International Relations of the Hague Academy of International Law, Boston 1989.

KARPENSTEIN, ULRICH; MAYER, FRANZ C., EMRK – EUROPÄISCHE KONVENTION FÜR MENSCHENRECHTE, KOMMENTAR, MÜNCHEN 2012.

KÄLIN WALTER, Human Rights in Times of Occupation, The Case of Kuwait, Berne 1994.

KÄLIN WALTER, Universal Human Rights Bodies and International Humanitarian Law. In: KOLB ROBERT/ GAGGIOLI GLORIA, RESEARCH HANDBOOK ON HUMAN RIGHTS AND HUMANITARIAN LAW, 1. A., CHELTENHAM 2013, 441 ff.

KÄLIN WALTER/KÜNZLI JÖRG, Universeller Menschenrechtsschutz, 3. A., Basel 2013.

KAZAZI MOJTABA, Burden of Proof and Related Issues, A Study on Evidence before International Tribunals, The Hague 1996.

KELLENBERGER JAKOB, International Humanitarian Law and Other Legal Regimes, Interplay in Situations of Violence, Revue Internationale de la Croix-Rouge 2003, 645 ff.

KELLER HELEN/HERI CORINA, Enforced Disappearance and the European Court of Human Rights, A ‚Wall of Silence', Fact-Finding Difficulties and States as ‚Subversive Objectors', Journal of International Criminal Justice 2014, 7345 ff.

KESSLER BIRGIT, Die Durchsetzung der Genfer Abkommen von 1949 in nicht-internationalen bewaffneten Konflikten auf Grundlage ihres gemeinsamen Art. 1, Zugl.: Kiel, Univ., Diss., 2000, Berlin 2001.

KIMMINICH OTTO, Schutz der Menschenrechte, Arbeit für den Frieden, München 1979.

KLEFNER JANN K., Scope of Application of International Humanitarian Law, Relevance of Other Fields of International Law. In: FLECK, DIETER (HRSG.), The Handbook of International Humanitarian Law, 3. A, Oxford 2013, 43 ff.

KOKER CEDRIC DE, Extra-territorial Jurisdiction & Flexible Human Rights Obligations: The Case of Jaloud v. The Netherlands, Strasbourg Observers 2014, https://strasbourgobservers.com/2014/12/08/extra-territorial-jurisdiction-flexible-human-rights-obligations-the-case-of-jaloud-v-the-netherlands/.

KOKER CEDRIC DE, Hassan v United Kingdom: The Interaction of Human Rights Law and International Humanitarian Law with regard to the Deprivation of Liberty, Case Notes, Utrecht Journal of International and European Law 2015, http://www.utrechtjournal.org/articles/10.5334/ujiel.db/.

KOKOTT JULIANE, Beweislastverteilung und Prognoseentscheidungen bei der Inanspruchnahme von Grund- und Menschenrechten, The burden of proof in proceedings involving basic constitutional rights and human rights, Berlin, New York 1993.

KOKOTT JULIANE, Human Rights Situation in Kosovo 1989–1999, 1 ff.

KOLB KARL MAXIMILIAN, Wie souverän ist die Bundesrepublik Deutschland?, Zeitschrift für Rechtspolitik 1990, 274 ff.

KOLB ROBERT, Occupation in Iraq since 2003 and the powers of the UN Security Council, International Review of the Red Cross 2008, 29 ff.

KOLB ROBERT/ GAGGIOLI GLORIA, RESEARCH HANDBOOK ON HUMAN RIGHTS AND HUMANITARIAN LAW, 1. A., CHELTENHAM 2013.

KORFF DOUWE, The Right to Life, A Guide to the Implementation Article 2 of the European Convention on Human Rights, 1. A., Strasbourg 2006.

KOSKENNIEMI MARTTI, Fragmentation of International Law, Difficulties arising from the Diversification and Expansion of International Law, Helsinki 2007.

KOUTROULIS VAIOS, L'affaire des activités armées sur le territoire du Congo (Congo c. Ouganda), Une lecture restrictive du droit de l'occupation, Revue Belge de Droit International 2006, 703 ff.

KOUTROULIS VAIOS, The Application of International Humanitarian Law and International Human Rights Law in Situation of Prolonged Occupation, Only a Matter of Time?, International Review of the Red Cross 2012, 165 ff.

KRIEGER HEIKE, Die Verantwortlichkeit Deutschlands nach der EMRK für seine Streitkräfte im Auslandseinsatz 2002, 669 ff.

KRIEGER HEIKE, The Conflict of Norms, The Relationship between Humanitarian Law and Human Rights Law in the ICRC Customary Law Study, Journal of Conflict and Security Law 2006.

KRÜGER HEIKO, Der Berg-Karabach-Konflikt, Eine juristische Analyse, Berlin, Heidelberg 2009.

KYRIAKOU NIKOLAS, Enforced disappearances in Cyprus, Problems and prospects of the case law of the European Court of Human Rights, European Human Rights Law Review 2011, 190 ff.

LARSEN KJETIL MUJEZINOVIĆ, ‚Territorial Non-Application' of the European Convention on Human Rights, Nordic Journal of International Law 2009, 73 ff.

LINDROOS ANJA, Addressing Norm Conflicts in a Fragmented Legal System, The Doctrine of Lex Specialis, Nordic Journal of International Law 2005, 27 ff.

LIXINSKI LUCAS, Treaty interpretation by the Inter-American Court of Human Rights, Expansionism at the service of the unity of international law, European Journal of International Law 2010, 585 ff.

LORENZ DIRK, Der territoriale Anwendungsbereich der Grund – und Menschenrechte, Zugleich ein Beitrag zum Individualschutz in bewaffneten Konflikten 2005.

LOT VERMEULEN MARTHE, Enforced disappearance, Determining state responsibility under the International Convention for the Protection of all Persons from Enforced Disappearance, Cambridge 2012.

MACKEN CLAIRE, Preventive detention and the right of personal liberty and security under the ‚International Covenant on Civil and Political Rights', 1966, The Adelaide Law Review 2005, 1 ff.

MACLACHLAN CAMPBELL C., The Principle of Systemic Integration and Article 31(3)(c) of the Vienna Convention, The International and Comparative Law Quarterly 2005, 279 ff.

MANN F. A., Studies in International Law, Oxford 1973.

Martin Fanny, Application du droit international humanitaire par la Cour interaméricaine des droits de l'homme, Revue Internationale de la Croix-Rouge 2001, 1037 ff.

McCarthy Conor, Legal Conclusion or Interpretative Process?, Lex specialis and the Applicability of International Human Rights Standards. In: Arnold/Quénivet, International Humanitarian Law and Human Rights Law 2008, 101–118.

McLaughlin, The Law of Armed Conflict and International Human Rights Law: Some Paradigmatic Differences and Operational Implications Yearbook of International Humanitarian Law 2010, 213–243.

Melzer, Nils, Third Expert Meeting on the Notion of Direct Participation in Hostilities, Summary Report 2005, https://www.icrc.org/eng/assets/files/other/2005-09-report-dph-2005-icrc.pdf.

Melzer, Nils, Interpretive Guidance on Direct Participation in Hostilities under International HumanitarianLaw

Melzer Nils, Targeted Killing in International Law, Oxford 2008. Genf2009.

Meron Theodor, Revival of Customary Humanitarian Law, American Journal of International Law 2005, 817 ff.

Meyrowitz Henri, Le droit de la guerre et les droits de l'homme, Revue du droit public et de la science politique en France et à l'ètranger 1972, 1059 ff.

Miehsler Herbert/Mock Erhard/Simma Bruno/Tammelo Ilmar (Hrsg.), Ius Humanitatis, Festschrift zum 90. Geburtstag von Alfred Verdross, Berlin1980.

Milanovic Marko, From Compromise to Principle, Clarifying the Concept of State Jurisdiction in Human Rights Treaties, Human Rights Law Review 2008, 411 ff.

Milanovic Marko, A Norm Conflict Perspective on the Relationship between International Humanitarian Law and Human Rights Law, Journal of Conflict and Security Law 2010, 459 ff.

Milanovic Marko, Extraterritorial Application of Human Rights Treaties, Oxford, Cambridge2011.

Milanovic Marko, Al-Skeini and Al-Jedda in Strasbourg, European Journal of International Law 2012, 121 ff.

Milanovic Marko, A Few Thoughts on Hassan v United KingdomBlog of the European Journal of International Law, European Journal of International Law Talk! 2014, https://www.ejiltalk.org/a-few-thoughts-on-hassan-v-united-kingdom/.

Milanovic, Marko, The Nagorno-Karabakh Cases European Journal of International Law Talk! 2015, https://www.ejiltalk.org/the-nagorno-karabakh-cases/.

Mirzayev, Farhad, Abkhazia, In: Walter Christian/von Ungern-Sternberg Antje/Abushov Kavus (Hrsg.), Self-Determinantion and Secession in international Law, 1. Aufl., Oxford 2014, 192–213.

Modirzadeh Naz K., The Dark Side of Convergence, A Pro-civilian Critique of the Extraterritorial Application of Human Rights Law in Armed Conflict. In: Pedrozo Raul A. (Hrsg.), The War in Iraq, A Legal Analysis, 1.A., Newport 2010, 349 ff.

Moir Lindsay, Law and the Inter-American Human Rights System, Human Rights Quarterly: A Comparative and International Journal of the Social Sciences, Humanities, and Law 2003, 182 ff.

Neuman Gerald L., Import, Export, and Regional Consent in the Inter-American Court of Human Rights, European Journal of International Law 2008, 101 ff.

Nolte Georg, Targeted Killing, Max Planck Encyclopedia of Public International Law 2011.

Nowak Manfred, UN Covenant on Civil and Political Rights, CCPR Commentary, 2. A., Kehl, Strasbourg, Arlington, Va. 2005.

Oberleitner Gerd, Human Rights in Armed Conflict, Law, Practice, Policy, 1. A., Cambridge 2015.

Office of the High Commissioner for Human Rights, Human Rights in the Administration of Justice, A Manual on Human Rights for Judges, Prosecutors and Lawyers, New York, NY, Geneva 2003.

Oppenheim, Lassa Francis Lawrence, War and Neutrality, 2. A., London [u.a.] 1912.

Oraá Jaime, Human Rights in States of Emergency in International Law, Oxford [England], New York 1992.

Orakhelashvili Alexander, Restrictive Interpretation of Human Rights Treaties in the Recent Jurisprudence of the European Court of Human Rights, European Journal of International Law 2003, 529 ff.

Orakhelashvili Alexander, The Interaction between Human Rights and Humanitarian Law, Fragmentation, Conflict, Parallelism, or Convergence?, European Journal of International Law 2008, 161 ff.

Oxman Bernard H., Jurisdiction of States, Max Planck Encyclopedia of Public International Law 2007.

Pauwelyn Joost, Conflict of Norms in Public International Law, How WTO Law Relates to Other Rules of International Law, Vollst. zugl.: Diss, Cambridge 01.01.2003.

Pedersern Morten, Territorial Jurisdiction in Article 1 of the Convention on Human Rights, Nordic Journal of International Law 2004, 279 ff.

Pedrozo Raul A. (Hrsg.), The War in Iraq, A Legal Analysis, 1.A., Newport 2010.

PEJIĆ JELENA, Procedural Principles and Safeguards for Internment/Administrative Detention in Armed Conflict and Other Situations of Violence, International Review of the Red Cross 2005, 375 ff.

PEJIĆ JELENA, The European Court of Human Rights' Al-Jedda Judgment, The Oversight of International Humanitarian Law, International Review of the Red Cross 2011, 837 ff.

PETZHOLD BIANCA, Die „Auffassungen“ des UN-Menschenrechtsausschusses zum Schutze der Religionsfreiheit, Univ., Diss.--Münster, 2014, Tübingen 2015.

PICTET J., Geneva Convention relative to the Protection of Civilian Persons in the Time of War, Geneva 1958.

PLATTNER DENISE, Protection of Children in International Humanitarian Law, International Review of the Red Cross 1984, Seiten finden.

POPOVSKI VESSELIN, Protection of Children in International Humanitarian Law and Human Rights Law. In: ARNOLD/QUÉNIVET, International Humanitarian Law and Human Rights Law 2008, 383 ff.

PROVOST RENÉ, International Human Rights and Humanitarian Law, 1. A., Cambridge 2002.

PRUD'HOMME NANCIE, Lex Specialis, Oversimplifying a More Complex and Multifaceted Relationship?, Israel Law Review 2007, 355 ff.

PRÜTTING HANNS, Gegenwartsprobleme der Beweislast, Eine Untersuchung moderner Beweislasttheorien und ihrer Anwendung insbesondere im Arbeitsrecht, Zugl.: Erlangen, Nürnberg, Univ., Habil.-Schr., 1981, München 1983.

REGAN DONALD H., International Adjudication: A Response to Paulus – Courts, Custom, Treaties, Regimes, and the WTO. In: BESSON SAMANTHA/TASIOULAS JOHN (Hrsg.), Philosophy of International Law, 1. A., Oxford 2010, 225 ff.

REIDY AISLING, The Approach of the European Commission and Court of Human Rights to International Humanitarian Law, International Review of the Red Cross 1998, 513 ff.

REILLY KIERAN O'/HIGGINS NOELLE, The Role of the Russian Federation in the Pridnestrovian Conflict: an International Humanitarian Law Perspective, Irish Studies in International Affairs 2008, 57 ff.

RESS GEORG, Problems of Extraterritorial Human Rights Violations, The Jurisdiction of the European Court of Human Rights: the Banković Case, The Italian Yearbook of International Law 2002, 51 ff.

ROBERTS ADAM, What is a Military Occupation?, The British Yearbook of International Law 1986, 249 ff.

ROBERTSON ARTHUR HENRY, Humanitarian Law and Human Rights. in: SWINARSKI CHRISTOPHE, Etudes et essais sur le droit international humanitaire et sur les principes de la Croix-Rouge en l'honneur de Jean Pictet, 1.A., Genf 1984, 793–802.

RONA GABOR, Is There a Way Out of the Non-International Armed Conflict Detention Dilemma, International Law Studies U.S. Naval War College 2015, 32 ff.

ROPER STEVEN D., Regionalism in Moldova: The Case of Transnistria and Gagauzia. In: HUGHES JAMES/ SASSE, GWENDOLYN (HRSG.), ETHNICITY AND TERRITORY IN THE FORMER SOVIET UNION, REGIONS IN CONFLICT, LONDON 2002, 101 ff.

RUBIN BENJAMIN, Israel, Occupied Teritories, Max Planck Encyclopedia of Public International Law, http://opil.ouplaw.com/view/10.1093/law:epil/9780199231690/law-9780199231690-e1301?rskey=sC5xfr&result=1&q=&prd=EPIL.

RUSINOVA VERA, The Duty to Investigate the Death of Persons Arrested and/or Detained by Public Authorities. In: TOMUSCHAT CHRISTIAN (HRSG.), THE RIGHT TO LIFE, 1. A., LEIDEN 2010, 65 ff.

RYNGAERT, CEDRIC, Jurisdiction in International Law, Oxford 2008.

SANDOZ, YVES; SWINARSKI, CHRISTOPHE; ZIMMERMANN, BRUNO, Commentary on the Additional Protocols of 8 June 1977 to the Geneva Conventions of 12 August 1949, Geneva 1987.

SARI, AUREL, JALOUD V NETHERLANDS: NEW DIRECTIONS IN EXTRA-TERRITORIAL MILITARY OPERATIONS, EUROPEAN JOURNAL OF INTERNATIONAL LAW TALK! 2014, https://www.ejiltalk.org/jaloud-v-netherlands-new-directions-in-extra-territorial-military-operations/.

SASSÒLI MARCO, The International Legal Framework for Stability Operations, When May International Forces Attack or Detain Someone in Afghanistan?, Israel Yearbook on Human Rights 2009, 177 ff.

SASSÒLI MARCO/OLSON LAURA M., The Relationship between International Humanitarian and Human Rights Law where it Matters: Admissible Killing and Internment of Fighters in Non-International Armed Conflicts, International Review of the Red Cross 2008, 599 ff.

SCHÄFER BERNHARD, Der Fall Bankovic oder Wie eine Lücke geschaffen wird, MenschenRechtsMagazin 2002, 149 ff.

SCHÄFER BERNHARD, Zum Verhältnis Menschenrechte und humanitäres Völkerrecht, Zugleich ein Beitrag zur exterritorialen Geltung von Menschenrechtsverträgen, Potsdam 2006.

SCHEININ MARTIN, Extraterritorial Effect of the International Covenant on Civil and Political Rights. In: ARNOLD/QUÉNIVET, Extraterritorial Application of Human Rights Treaties, Antwerp 2004, 21 ff.

SCHEININ MARTIN, Death Penalty, Max Planck Encyclopedia of Public International Law 2008.

SCHMALENBACH KIRSTEN, Die rechtlichen Wirkungen der Vertragsauslegung durch IGH, EuGH und EGMR, Zeitschrift für Öffentliches Recht 2004, 213 ff.

SCHMIDT LARS, Das humanitäre Völkerrecht in modernen asymmetrischen Konflikten, Eine Untersuchung unter besonderer Berücksichtigung des Israel-Palästina-Konflikts, Berlin 2012.

SCHMITT MICHAEL N., HUMAN SHIELDS IN INTERNATIONAL HUMANITARIAN LAW, COLUMBIA JOURNAL OF TRANSNATIONAL LAW 2009, S. 292–338.

SCHMITT MICHAEL N., Targeted Killings and International Law, Law Enforcement, Self-defense, and Armed Conflict. In: ARNOLD/QUÉNIVET, International Humanitarian Law and Human Rights Law 2008, 525–553.

SCHMITT MICHAEL N., Iraq (2003 onwards). In: WILMSHURST ELIZABETH, International Law and the Classification of Conflicts, Oxford 2012, 356–386.

SCHMITT MICHAEL N., THE INTERPRETATIVE GUIDANCE ON THE NOTION OF DIRECT PARTICIPATION IN HOSTILITIES: A CRITICAL ANALYSIS, HARVARD NATIONAL SECURITY JOURNAL 2010, S. 5–44.

SCHORM-BERNSCHÜTZ REBECCA, Die Tatsachenfeststellung im Verfahren vor dem Europäischen Gerichtshof für Menschenrechte unter besonderer Berücksichtigung staatlicher Mitwirkungspflichten, Münster 2004.

SCOBBIE IAIN, Gaza. In: WILMSHURST ELIZABETH (HRSG.), International Law and the Classification of Conflicts, Oxford 2012, 280 ff.

SHANY YUVAL, Faraway, so close, The Legal Status of Gaza after Israel's disengagement, Yearbook of International Humanitarian Law 2006, 369 ff.

SIEGRIST MICHAEL, The Functional Beginning of Belligerent Occupation, Genf 2011.

SIVAKUMARAN SANDESH, Re-envisaging the International Law of Internal Armed Conflict, European Journal of International Law 2011, 219 ff.

SMITH THOMAS W., Can Human Rights Build a Better War?, Journal of Human Rights 2010, 24 ff.

STADLMEIER SIGMAR/LEIDENMUEHLER FRANZ, The Law of Occupation and Peace Support Operations—At Odds? In: ARNOLD ROBERTA (HRSG.), Law Enforcement within the Framework of Peace Support Operations, 1. A., Leiden 2008, 23 ff.

STRÜWER ELISABETH, Zum Zusammenspiel von humanitärem Völkerrecht und den Menschenrechten am Beispiel des Targeted Killing, Zugl.: Bonn, Univ., Diss., 2010, Frankfurt am Main, Wien u.a. 2010.

SVENSSON-MCCARTHY ANNA-LENA, The International Law of Human Rights and States of Exception, With Special Reference to the Travaux Preparatoires and Case-Law of the International Monitoring Organs, The Hague 1998.

SWINARSKI CHRISTOPHE (HRSG.), Etudes et essais sur le droit international humanitaire et sur les principes de la Croix-Rouge en l'honneur de Jean Pictet, 1.A., Genf 1984.

SZYDŁO MAREK, Extra-Territorial Application of the European Convention on Human Rights After Al-Skeini and Al-Jedda, International Criminal Law Review 2012, 271 ff.

TABAK SHANA, Armed Conflict and the Inter-American Human Rights System: Application or Interpretation of International Humanitarian Law. In: JINKS DEREK (Hrsg.), Applying International Humanitarian Law in Judicial and Quasi-judicial Bodies, International and Domestic Aspects, The Hague 2014, 219 ff.

TAMS CHRISTIAN J./TZANAKOPOULOS ANTONIOS, Barcelona Traction at 40: The ICJ as an Agent of Legal Development, Barcelona Traction at 40: The ICJ as an Agent of Legal Development, Leiden Journal of International Law 2000, 781 ff.

TAMURA ERIKO, The Isayeva cases of the European Court of Human Rights, The Application of International Humanitarian Law and Human Rights Law in Non-International Armed Conflicts, Chinese Journal of International Law 2011, 129 ff.

THOMAS A. R./DUNCAN JAMES C., Annotated Supplement to the Commander's Handbook on the Law of Naval Operations, Newport, R.I. 1999.

THÜRER DANIEL, Current Challenges to the Law of Occupation. In: VUIJLSTEKE MARC/OLTEANU FLORICICA (HRSG.), Current Challenges to the Law of Occupation, Proceedings of the Bruges Colloquium, Collegium Nr. 34,. 2006, 9ff.

TIGROUDJA HÉLÈNE, The Inter – American Court of Human Rights and International Humanitarian Law. In: KOLB ROBERT/ GAGGIOLI GLORIA, RESEARCH HANDBOOK ON HUMAN RIGHTS AND HUMANITARIAN LAW, 1. A., CHELTENHAM 2013, 466 ff.

TODESCHINI, VITO, The Human Rights Committee's General Comment No. 36 and the Right to Life in Armed Conflict 2019, https://opiniojuris.org/2019/01/21/the-human-rights-committees-general-comment-no-36-and-the-right-to-life-in-armed-conflict/.

TOMUSCHAT CHRISTIAN (HRSG.), THE RIGHT TO LIFE, 1. A., LEIDEN 2010.

TOMUSCHAT CHRISTIAN, Human Rights and International Humanitarian Law, European Journal of International Law 2010, 15 ff.

TOMUSCHAT CHRISTIAN/WALTER CHRISTIAN, Völkerrecht, Textsammlung, 8. A., Baden-Baden 2018.

TUDOROIU THEODOR, The European Union, Russia, and the Future of the Transnistrian Frozen Conflict, The Case of Readmission of Irregular Migrants to Albania, East European Politics and Societies 2011, 135 ff.

VAN DEN HERIK LARISSA/DUFFY HELEN, Human Rights Bodies and International Humanitarian Law Common But Differentiated Approaches, Common But Differentiated Approaches. In: The Harmonisation of Human Rights Law, Leiden forthcoming, abrufbar unter https://papers.ssrn.com/sol3/papers.cfm?abstract_id=2448146.

VATTEL EMMER DE, Les droit des gens ou principes de la loi naturelle, Reproduktion der originalen 1758 Ausgabe, Amsterdam, 1916.

VUIJLSTEKE MARC/OLTEANU FLORICICA (HRSG.), Current Challenges to the Law of Occupation, Proceedings of the Bruges Colloquium, Collegium Nr. 34,. 2006,

WALTER CHRISTIAN/VON UNGERN-STERNBERG ANTJE/ABUSHOV KAVUS (HRSG.), SELF-DETERMINANTION AND SECESSION IN INTERNATIONAL LAW, 1. AUFL., OXFORD 2014.

WARBRICK COLIN, States of Emergency, Their Impact on Human Rights; a Study, International Commission of Jurists 1984, 234235 f.

WATERS, CHRISTOPHER, SOUTH OSSETIA, IN: WALTER CHRISTIAN/VON UNGERN-STERNBERG ANTJE/ABUSHOV KAVUS (HRSG.), SELF-DETERMINANTION AND SECESSION IN INTERNATIONAL LAW, 1. AUFL., OXFORD 2014, 175–190.

WEERAMANTRY CHRISTOPHER G., Constitutional and Institutional Developments: The Function of the International Court of Justice in the Development of International Law, Leiden Journal of International Law 1997, 309 ff.

WEISSBRODT DAVID/ANDRUS BETH, The Right to Life During Armed Conflict, Disabled Peoples' International v United States, Harvard International Law Journal 1988, 59 ff.

WILMSHURST ELIZABETH (Hrsg.), International Law and the Classification of Conflicts, Oxford 2012.

ZECHMEISTER DAVID, Die Erosion des humanitären Völkerrechts in den bewaffneten Konflikten der Gegenwart, Universität Hamburg, Diss., 2006, 1. A., Baden-Baden 2007.

ZEGVELD LIESBETH, The Inter-American Commission on Human Rights and International Humanitarian Law, A Somment on the Tablada case, International Review of the Red Cross 1998, 505 ff.

ZEHENTER FRANZ, Beweislastprobleme im völkerrechtlichen Nachbarrecht des grenzüberschreitenden Umweltschutzes. In: MIEHSLER HERBERT/MOCK ERHARD/SIMMA BRUNO/TAMMELO ILMAR (HRSG.), Ius Humanitatis, Festschrift zum 90. Geburtstag von Alfred Verdross, Berlin 1980, 701 ff.

Zimmermann Andreas/Jötten Sara, Extraterritoriale Staatenpflichten und internationale Friedensmissionen, MenschenRechtsMagazin 2010, 5 ff.

Zwanenburg Marten, Existentialism in Iraq: Security Council Resolution 1483 and the Law of Occupation, International Review of the Red Cross 2004, 745 ff.

www.ingramcontent.com/pod-product-compliance
Ingram Content Group UK Ltd.
Pitfield, Milton Keynes, MK11 3LW, UK
UKHW021557041026
8980IPUK00039B/1420

9 783631 836248